U0632784

《长沙文库》编委会

主　任　彭华松
副主任　冯紫英　邹　特
　　　　张能峰　李　舜
　　　　蒋集政　李德胜
成　员　王习加　贺国成
　　　　肖清平　曾牧野
　　　　张列群
编　务　高　路　尚　畅
　　　　周建文　刘　殷
　　　　童　心　姚宇琳

长沙市地方志编纂委员会

同治
宁乡县志
（上）

（清）郭庆飏／修　（清）童秀春／纂

杨锡贵　曾牧野／点校

湖南师范大学出版社
·长沙·

前　言

　　近年来，长沙市地方志编纂委员会开展了一系列域内名佳旧志的点校出版工作，清同治《宁乡县志》（点校本）是规划任务之一。承蒙厚爱，笔者有幸承担了此志的点校工作，兹将有关情况略述如下。

宁乡县建置沿革

　　古代中国，以宁乡名县者有四。其一为南北朝时期南齐（479—502）设立的宁乡县，系广熙郡（今两广地域）辖县之一。其二为南北朝时期后周（北周）大象元年（579）从离石县析置的宁乡县（因该县有宁乡水而得名），隋代改名平夷县；金朝明昌六年（1195），恢复北周时期的宁乡县旧名，时属汾州府；民国三年（1914），改名山西中阳县，今属山西吕梁市管辖。其三为隋置宁乡县，后改为镇，时属泰州（今属江苏）管辖，明清时设巡检司。其四为北宋太平兴国二年（977）所设宁乡县，时属潭州管辖，今为湖南宁乡市。这4个同名县，唯湖南宁乡县一直沿用至2017年改为宁乡市，其建置沿革演变轨迹如下。

一、未设县以前宁乡的行政隶属

　　先秦及秦汉时期，宁乡一地的行政隶属，清康熙四十一年（1702）、清乾隆十三年（1748）、清嘉庆二十四年（1819）、清同治六年（1867）所修《宁乡县志》（以下分别简称清康熙志、清乾隆志、清嘉庆志、清同治志）记载比较一致。

　　唐虞夏时代，宁乡系禹分天下为九州中的荆州之域；商朝时，宁乡为荆楚地；西周时，宁乡地域属荆楚管辖；东周即春秋战国时期，宁乡为楚黔中地。

秦始皇分天下为三十六郡，宁乡地属长沙郡；西汉时，宁乡地域为长沙国所辖十三县中的益阳县地；东汉建武六年（31），宁乡地域为复置后的长沙郡所辖十二县中的益阳县属地。

东汉末，孙权与刘备争夺长沙，孙派鲁肃率万人屯益阳，与关羽对峙，双方于建安二十六年（221）讲和，以湘水为界，长沙以东属孙权，武陵以西属刘备，宁乡地域隶属孙吴政权。

二、宁乡地域设县后置罢不常

宁乡地域设县，始于三国吴太平二年（257）。是年，从益阳县析出一部分地方，设立新阳县，隶属长沙郡。西晋太康元年（280），将新阳县更名为新康县，隶属衡阳郡，一直沿袭到南朝时期的宋、齐、梁、陈。隋大业三年（607），新康县建置被撤销，并入益阳县。

古代宁乡在唐代的建置，据前述清代宁乡四志记载，唐武德四年（621），从益阳县析出一部分地方，重新设立新康县，隶属潭州。志书又曰"七年复省入"，最早出自南宋潘自牧所撰《记纂渊海》卷十三："宁乡本汉益阳县地，吴分置新阳县，属衡阳郡。晋改为新康。隋省入益阳县。唐武德复置新康，属潭州，七年省之。本朝置宁乡县。"其依据是朱熹弟子南宋清江张洽（字符德）所编《地理沿革表》，即《历代郡县地理沿革表》（今佚）。由于唐宋时期的益阳与宁乡均属于潭州管辖，通观《记纂渊海》所载，应该是指唐武德七年（624）新康省入长沙县，隶属于潭州。

唐代宁乡的建置，清康熙、乾隆二志均称"贞观元年复改置曰宁乡"。但清嘉庆志认为，《唐书·地理志》与作于唐贞观之后的《元和郡县志》所载潭州管辖的六县，均为长沙、湘潭、湘乡、益阳、醴陵、浏阳，没有宁乡县，而《记纂渊海》也没有唐朝设置或改置宁乡县的记载，故唐贞观元年（627）改置宁乡县实不足为据。

五代时期的宁乡建置，清康熙、乾隆两志均称："唐明宗天成二年（927），马殷改潭州为长沙府，宁乡仍隶焉，寻复省入龙喜县。"如前所述，唐时并无宁乡县，也就不存在马楚时宁乡仍隶长沙府的问题。而"寻复省入龙喜县"，更是与史实不符。

薛居正等撰《旧五代史》载："（乾祐二年）秋七月，辛亥。湖南奏析长沙县东界为龙喜县。从之。"欧阳修撰《五代史》卷六十："潭州，龙喜，汉乾祐三年马希范置。"《十国春秋》卷六十九:"汉乾祐三年为唐保大八年十一月丁未也……是岁,潭州置龙喜县。"其卷一百一十二亦云:"龙喜,汉乾祐三年,贞懿王析长沙县置。"清康熙《大清一统志》卷二百二十二则称:"五代汉乾祐三年,楚王马希范尝置龙喜县,今无考。"这些记载表明,龙喜县设立于后汉乾祐二年(949)或乾祐三年(950),设立者为马楚国的第三代国主马希范或南平贞懿王高宝融(920—960年在位),其所处方位在长沙县东界。今查马希范在位时间为932—947年,后汉乾祐三年(950)则是马希广在位的最后一年,《五代史》显然是搞混了马希范和马希广的在位时间;再结合清杨丕复《舆地沿革表》卷十八"汉乾祐三年,马希广置龙喜县于府东,属长沙府"之记载,则龙喜县应该是后汉乾祐三年(950)马希广所置,位于长沙府东。

既然是"析长沙县东界为龙喜县",位于长沙府西的宁乡省入位于长沙府东且相距百多里的龙喜,显然不合常理。故清嘉庆志"案"云:"今长沙东界浏阳,则当日龙喜县治疑在长沙、浏阳县地,未必西越湘江百里之遥,似龙喜县废置与宁乡沿革毫不相涉矣。《方舆胜览》载铜官渚在宁乡县界二十里,杜甫有《铜官渚守风》诗,'官'与'关'音相近,今靖港对岸地名铜关,距宁乡界三十里,岂宁乡之东界为当日长沙之六乡地耶?"清同治志对此亦表示赞同:"考《五代史》称,析长沙县东界为龙喜。今长沙东界浏阳,则当日龙喜疑浏阳县地,其废置与宁乡无涉。"

龙喜县废置既与古代宁乡毫无关系,而据《十国春秋·十国地理表》,其时长沙府领长沙、湘潭、湘乡、益阳、醴陵、浏阳、攸县、龙喜、茶陵等九县,宁乡地域并无建置,则五代马楚政权时未独立设县;又因前已论述唐武德七年(624)新康省入长沙县,唐贞观元年(627)并未改置宁乡县,则马楚时的宁乡地域很有可能仍归长沙县管辖。

由上可知,这一时期古代宁乡地域在三国吴时设为新阳县,西晋至南朝为新康,隋朝时撤销其建置并入益阳县,唐朝时重设新康后又裁省,五代时未独立设县,仍属长沙县地,其隶属,或长沙郡,或衡阳郡,或潭州,或长沙府,呈现出县名多次变更、置罢不常、归属不一的特征。

三、宋代宁乡县的析置

宋建隆四年(963),宋军占领潭州(亦曰长沙郡),时宁乡地域属潭州。

不久，宋王朝对潭州的行政区划进行了重要调整，宁乡县就是在此背景下析置的。

究竟何时析置宁乡，志书记载不一。清乾隆《长沙府志》、清同治《长沙县志》均认为是在北宋初，清康熙、乾隆二志均认为是在宋开宝年间（（968—975），《元丰九域志》《记纂渊海》《文献通考》《读史方舆纪要》、陈芳绩著清光绪《历代地理沿革表》均认为是宋太平兴国二年（977），而清嘉庆、同治志则认为是在太平兴国六年（981）。这四种说法，以太平兴国二年（977）说更为可信，不仅史料较多，而且《元丰九域志》《记纂渊海》《文献通考》是宋元时人著作，更接近事件发生年代，且有以考订精详著称的《读史方舆纪要》佐证。

如何析置的记载，亦详略不一。或曰析长沙县地置宁乡，或曰以长沙县玉潭镇置宁乡县，或曰析长沙六乡置宁乡县，或称改置宁乡县，或称析置宁乡县治于故新康之玉潭镇。而清同治《长沙县志》卷二在概述长沙县沿革时云："乾德元年罢龙喜，置常丰。旋罢常丰，析地入宁乡。"又曰："宋初罢龙喜、置常丰，旋罢常丰，析长沙六乡及益阳县地置宁乡。"究竟是否罢常丰，析其地入（或置）宁乡，这是一个需要加以澄清的问题。其首要前提，必须是宋代在湖南曾设立过常丰县。

我国古代确曾设立过常丰县，但不在湖南境内。其一为唐天宝元年（742）由万安县更名而来的常丰县，时属荆湖北路，在今贵州铜仁西南。欧阳忞《舆地广记》卷二十八："常丰县，本万安县，天宝元年更名。"其二为宋乾德三年（965）由常丰场升格而来的常丰县，时属溧州，今江苏溧阳市。《隆平集》卷一："乾德三年，以溧州常丰场为常丰县，衡州安仁场为安仁县，江陵府白狄巡为潜江县，白日巡为建宁县，万庚巡为万庚县，白沙院为玉沙县。"

志书确有古代湖南境内设有常丰县的记载，首先，《元丰九域志》云："乾德三年，升常丰场为县。开宝中废，省入长沙。"但曾巩《隆平集》的记载是："乾德三年，以溧州常丰场为常丰县。"同一年设立两个同名县，显然难置信，高度怀疑《元丰九域志》将《隆平集》所载省略割裂为"升常丰（原注：别本作安仁）场为县"，然后加上或衍入"开宝中，省入长沙县"。《明一统志》卷六十三则记载为"宋罢龙喜，置常丰县。开宝中废，常丰入焉"，极有可能承袭《九域志》的错讹而加以发挥，而该志被后人评价为"舛错抵牾，疏谬尤甚"。《四库全书》馆臣所加夹注，进一步强化了这一错误。他们在南宋李攸撰《宋朝事实》卷十九"太平兴国七年，析长沙县置宁乡县"后加有小字注：《宋史》载开宝中废长丰县入长沙，元符元年以长沙五乡、湘潭县两乡为善化县。此阙载。"所称"《宋史》载开宝中废长丰县入长沙"，正是清康熙《大清一统志》"开宝中，省入长沙。按:《宋史》'常'作'长'"的直接来源，清康熙《清一统志》因袭其错误。最后，王先谦《全省掌故备考》卷一"长沙县"条亦出现了"五代汉析置龙喜县，宋罢龙喜，置常丰县，开宝中废常丰入焉"的记载，系考辨未详，以讹传讹。至于《清一统志》称"按《宋史》'常'作'长'"，则指的是宋代位于河北任丘县附近的长丰县（后降为长丰镇），《宋史》中没有将龙喜县、长丰县与常丰县联系在一起的记载。既然古代湖南没有常丰县，惟清同治《长沙县志》关于"旋罢常丰，析地入宁乡"的记载也就成了孤证，不足为据。

综上可知，宋代宁乡县应该是在太平兴国二年（977）析长沙县六乡及益阳县部分地域而设（《宁乡县志·大事记》认为是析益阳及长沙、湘乡部分地域置宁乡县，不知何据），至于"常丰县废置后并入长沙县"则为无稽之谈。

四、宁乡县建置延续至改县为市为止

元代，宁乡县的建置得以保留，隶属长沙郡（元天历二年即1329改名天临路）。明洪武五年（1372），天临路改为长沙府，宁乡县为其属县。清顺治四年（1647），清军攻陷长沙后，沿袭明代府、县建置，宁乡为清长沙府下辖的12州县之一。

民国建立后，因历史原因，全国重名县达126个之多，极不合理，于施政更是殊为不便。民国三年（1914），北京政府内政部对各省重复县名进行清理。湖南省宁乡县得以保留，是因为"湖南宁乡县自宋太平兴国析置以来迄今未改，虽与山西省重复而定名较久，拟存"，而山西省宁乡县则被改名中阳县，因"山西宁乡县于金明昌六年改置，今仍之，与湖南省重复，其设置在后，拟即改名。查该县为汉西河郡中阳县地，今县西二十五里即其故治，拟定名中阳县"。民国三年（1914）5月至民国九年（1920），宁乡县属湘江道。改行行政督察区制度后，宁乡县于民

二十六年（1937）1 月始属第一区，民国二十七年（1938）始属第五区，抗战胜利后为省政府直辖县，民国三十七年到三十八年（1948—1949）7月属第五区。

新中国初，宁乡县属益阳专区；1952 年属湘潭专区，1968 年属益阳地区。1983 年 7 月，宁乡县划归长沙市管辖。2017 年 4 月 10 日，经国务院批准，撤销宁乡县，设立县级宁乡市，以原宁乡县所辖区域为宁乡市的行政区域，宁乡市由湖南省直辖，长沙市代管。自宋太平兴国二年（977）以来一直沿用的宁乡县名才被宁乡市名取代，共存在了一千余年。

宁乡县志修纂源流

清章学诚曰："志乃一方之全史。"它以丰富、翔实、全面而准确的资料记载，起到资政、存史、育人之功能，印证了"治天下者以史为鉴，治郡国者以志为鉴"的古训，为历代统治者所重视。从明朝起至民国，宁乡先后十多次纂修县志。

一、明代编修宁乡县志

宁乡之有县志，始于明朝。刘绚来宁乡担任知县，视篆之暇，曾翻阅过宁乡旧志。因无留存，其序文、凡例、目录、修纂人等今已无考。目前所知，明朝正德、嘉靖、万历三朝均纂修过宁乡县志，惜均已失传，只能根据留存下来的志序作一简要介绍。

1. 刘绚主修、袁经纂修明正德《宁乡县志》。

刘绚，江西安福县举人，明弘治十八年（1505）冬出任宁乡县令，有治才。袁经（1456—1512），字大伦，号犀潭，宁乡县人，明成化十九年（1483）举人，明弘治三年（1490）进士，累官至明都察院右佥都御史、辽东巡抚。

宁乡县居南北之冲要，实湖南之名邑，但旧志"多纷舛阙略"。为表彰人物、作兴士类、激厉风化，知县刘绚非常希望重修宁乡县志，但一直没有找到适合的人选。明正德二年（1507），时任按察司按察佥事袁经因丁母忧在家守丧。袁经"操存不苟，材识通敏，扬历中外三十年余，而闻见博洽，且生长兹土，凡先民嘉言善行、人物之名胜，皆亲得传闻目睹"，刘绚遂于明正德三年（1508）五月恭请他纂修宁乡县志。袁经感其至诚，接受其委托，"遂取旧志，重加编摩。博参群书，搜及先哲行状、墓志与夫士庶家所藏谱牒、图契，会众说，摭遗事，繁者芟之，简者益之，遗漏者采录而补续之，讹舛者考据而厘正之"，至明正德四年（1509）正月完成，历时 8 个月。

袁经纂修的《宁乡县志》共八卷，设有二十六目，各目又有引言，说明其所以当志之意。知县刘绚在序中说，这部志书从体例来说，"其所纪虽仍故迹，而分类著条则断自己意，且皆有纲有目，有经与纬，巨细毕备，纤悉无遗，所谓法宜详而因致其详，深得志家之体者矣"；就内容而言，"环百里之内，上下数千年间，若沿革，若疆域，若风俗，若山川、物产，若户口、贡赋，若人才宦迹之类，不必出户庭、稽史籍，一展卷而可悉。然则昔为阙典，今为全书，尚何文献不足之叹耶"；至于其价值，则"是书之成，岂直快士大夫一时之一览而已，将使后之人生于斯、长于斯、游宦于斯得而观之，凡其所以修己治人、居官善俗，一惟前闻人。若张魏公之事业，若五峰、南轩之道学，若易礼部、刘学士之文章词翰，皆得以景仰而师范之。行见礼让之俗，循良之政，道学之传，俱由是而益振，其为功岂浅鲜哉"。

2. 周孔徒主修、周策纂修明嘉靖《宁乡县志》。

据清宁乡同治志记载，明嘉靖《宁乡县志》（以下简称明嘉靖志）主修周孔徒，系四川内江举人，明隆庆年间（1567—1572）出任宁乡知县，后调上元县知县。但周孔徒作明嘉靖志序时，则说是"嘉靖庚戌夏承令是邑"，即他来宁乡担任县令是在嘉靖二十九年（1550），似为误记。查清光绪《内江县志》，周孔徒，字孟淑，明嘉靖十六年（1537）举人。其任上元县知县的时间不可考，但在明嘉靖三十六（1557）出任宛平知县，明万历《顺天府志》、清康熙《宛平县志》均有"周孔徒，四川内江人，举人，嘉靖三十六任"的记载。

明嘉靖志的纂修者，清康熙志在前代修志姓氏中记载为周策嘉靖壬子纂成，清乾隆志则改为"周采嘉靖壬子纂成"。清同治志的记载前后也不一致，《卷首·前代修志姓氏》称"纂修:邑绅周策"，卷之四十四则称是"嘉靖三十一年周采辑稿"。周孔徒明嘉靖志序云其"慕稽山周君，良史才也"，遂"请周君为我重修之"。这位周君竟究是谁？是周策抑或是周采，周孔徒未明确说明。查清同治志，周策、周采传均未提及二人修志之事。周策

（字臣献），明正德十一年（1516）举人，嘉靖八年（1529）任广西贵县令，子周采中进士后，周策"遂返初服，栖息稽山，著书自娱"。周采（字子亮），明嘉靖七年（1528）戊子科举人，嘉靖十一年壬辰（1532）进士（传记作明嘉靖八年进士），官至副都御史，巡抚云南，"开府未久，闻父讣，哀不逾礼，采亦随逝"。陶显功在明万历志序中，则明确指出是周采"厥翁稽山先生亲炙其志"。因此，应是周策受周孔徒之聘纂修明嘉靖志。

据陶显功为明万历《宁乡县志》所作序，自明正德纂修以来，曾有直隶霍邱进士知县胡明善"子弟陕州杨公作稿，稿集思于宾，笔削于两河主人，亡论缮写剞劂之工，即书法有迁、固法，志善矣"。但此志并无其他信息可采。周孔徒知宁乡县后，发现其志书"缺而未入者多且久矣"，加之"间或有讹"，认为订讹补缺是其义不容辞的责任，于是将重修宁乡县志一事委托给了具良史之才的周策。

明嘉靖志"成于嘉靖壬子之夏"，即明嘉靖三十一年（1552），"纪形胜而必纪戍卒，盖宗《春秋》之书城戍虎牢；纪灾祥而必纪庶政，盖宗《春秋》之书陨霜杀菽；纪学校而必纪崇祀，盖宗《春秋》之书世室屋坏；纪杂纪而必纪三害，盖宗《春秋》之书诛乱讨贼"。周孔徒序高度评价该志："岂徒江山写态、花鸟传神而已哉，信乎美而爱，爱而传，百世不刊之信史也。"明嘉靖志凡例是什么、有多少卷、设立了哪些目、具体内容如何，目前无考。

3. 张栋、沈震龙主修，陶显功、梅灿然纂修明万历《宁乡县志》。

据清同治志记载，张栋、沈震龙两位主修者均在明万历年间担任过宁乡县知县。其中，张栋系直隶镇阳举人；沈震龙，字霖海，系云南安临举人，"公余集文献，重修县志"。

清康熙志记载称，陶显功是明万历《宁乡县志》（以下简称明万历志）考评人，清乾隆志增加了同评人梅灿然，清同治志则将陶显功、梅灿然均列为明万历志纂修。陶显功，字肤仲，号太麓，岁贡生，有文誉，做过中江县令、路南知州，辞官回乡后，优游林泉凡三十余年，纂修县志时年已是83岁耄龄。梅灿然，字彬吾，举人，担任过合江、永康县令，明万历三十年（1602）参与县志纂修。明万历志的同修人员则有胡秉忠、吴爵、杨名、许廷策、崔廷用、周耀冕、胡宗臣、杨廷选、杨文华、吴道行等。明万历三十一年（1603），陶显功遵沈震龙之嘱，为明万历《宁

乡县志》作序，于该志凡例、卷次、纲目、具体内容、纂修特点等同样
未具一字，今已无从知其详。

二、清代纂修宁乡县志

明清时期是古代志书纂修的鼎盛时期，清代修志成果则更为突出。
清雍正七年（1729），朝廷颁布谕旨，规定省、府、州、县志书每隔六十
年一修。清顺治、康熙、乾隆、嘉庆、同治时期均纂修过《宁乡县志》，
除清顺治志外，其余各志均留存至今。

1. 清顺治、康熙时三修《宁乡县志》（又名《宁乡新志》）。

是志创自清顺治十五年（1658），清康熙十二年（1673）重加补订，
康熙二十一年（1682）再次续修，记事止于康熙二十三年（1684）。

（1）蒋应泰、权持世主修，陶汝鼐纂修清顺治《宁乡县志》。

蒋应泰，字汇征，北直隶大兴县（今北京大兴区）人，拔贡出身。
清顺治十二年（1655），任宁乡知县。后升长沙同知，代理长沙府知府，
荐升陕西汉中知府。蒋应泰任宁乡令五年，"招遗抚叛，劝农兴学，极力
拊循，彫残渐起"，又"操励冰霜，断狱明允，甄拔人材，宽恤徭役"，
深得士民称许。明末以来，"兵深爇接"，至其履任时，宁乡已50多年未
修过县志，"欲规模古昔，上佐同文"而不得，搜集宁乡旧志，仅得嘉靖
志数页。他常向名宿陶汝鼐咨询掌故，往往受益非浅，遂于清顺治十五
年（1658），"束帛载拜"，礼请其纂修宁乡县志。

陶汝鼐（1601—1683），字仲调，号密庵。清湖南宁乡县人。明崇祯
六年（1633）考取举人，十年（1637）、十六年（1643）两中会试副榜。
先授翰林院待诏，后升检讨。陶汝鼐请假归里不久明亡，薙发沩山，号
忍头陀。陶氏工古今文，诗赋词翰并为海内所推，有"楚陶三绝"之誉。
早在明崇祯五年（1632），陶汝鼐之父就曾私纂过宁乡县志；接受蒋应泰
纂修县志的邀请后，其子陶之典从家中找到了县志旧本，但漫漶不可读。
有鉴于此，蒋、陶决定重新纂修。陶汝鼐独任其艰，"懥然匿草窗之下"，
对前所获之二志截繁补要，又增补明崇祯五年（1632）以后内容，历经5
个月完成。成书后，陶汝鼐又独自出资刊刻。

这部清顺治《宁乡县志》，又名《宁乡新志》，共十卷，是清代长沙
府属县中的第一部县志。此志"于山川名胜，系以考注；田赋徭役，洞

悉本原；宦泽先贤忠孝节义之大，尤急表章；补传十数则，撷芳阐幽，不遗微贱。而持论严正，里人比为董狐。至于叙论抑扬，书其盛者可以兴，书其衰者可以感"。志成之后，蒋应泰深感欣慰，不禁发出"宁何幸而文献足征，予何幸而辀轩藉手也"的感叹。

（2）权持世主修、陶汝鼐重辑清康熙《宁乡县志》。

权持世，字伯亮，陕西三原人。清顺治二年（1645）乙酉科举人。清康熙三年（1664），出任宁乡县令。清康熙五年（1666），曾一度受聘为贵州分考。在宁八年，政治允推第一，廉声上播，清康熙十二年（1673）升扬州府同知。

赴宁乡任职途中，权持世在中州（河南的古称）路遇赴任汉中知府的蒋应泰，遂当面向其请益。蒋应泰披沥以告，诸如"为宁人蠲烦苛、起苍痍"之类，说了一大通，同时示以《宁乡新志》，谦逊地说"未竟之绪，君其图之"，请其进一步完善。清康熙七年（1668），偏沅巡抚决定纂修长沙府志，要求属县提供县志，不久又奉命撰《一统志》。宁乡人士遂请补订前所修《宁乡县志》，权持世欣然同意，"仍以属陶公续订焉"，于康熙十二年（1673）蒇事。

（3）王钱昌修、吴嘉骥等辑清康熙《宁乡县志》。

王钱昌，字延侯，蒲州（今属山西省永济县）人，例贡（通过纳捐取得的贡生）出身。清康熙十八年（1679）题署宁乡知县，三年后实授。其来宁乡任职时，正值刚刚平定吴三桂叛乱之后，"黎庶复困于转输，庐舍更毁于锋镝"。王钱昌敢作敢为，不畏强御，下车伊始，"招流亡、开荒芜、禁苞苴、息争讼、严保甲、缓赎锾、修学校"，治行才干，时称湖南第一人。政事余暇，王氏"更为采考志书"。因志版散落，王氏于清康熙二十一年（1682），聘请邑中宿儒吴嘉骥（字龙媒）、陶之采（字庶常）、陶之典（字五徽）、廖方达（字升生）以及周和溥（字仲宣）、周敬溥（号止斋）昆季等，再次续修《宁乡县志》，"相与补续其遗亡，增修其事实，付之梨枣，俾得流传永久"。

是志规制未备，门类芜杂，纲目不甚清晰，各门有小序者十九篇，今书约十万字。流寓所记唐裴度、宋胡宏、张轼诸公功名事业，文采风流；山水、胜景、古迹、艺文诸类多有载录；所记县治、公署、城池、亭馆、底市、桥梁等多为首录，且颇详赡，尤可称道，为后世保存了珍贵的史料。

2. 清乾隆、嘉庆纂修之《宁乡县志》。

（1）李杰超、郭定主修，王文清纂修清乾隆《重修宁乡县志》。

李杰超，河南夏邑（今隶属河南省商丘市）人，清乾隆六年（1741）拔贡，清乾隆十三年（1748）署宁乡县事。李氏到任后展阅该县志书，发现已有67年没有修过，担心此间那些"可以登明堂、告清庙、勒彝鼎、寿金石"的史事，因年湮世远而绝；又值长沙知府吕肃高"重修郡志，以为诸属邑倡"，遂与该县绅士商量重修县志。适值告老归养在家并担任岳麓书院山长的王文清刚好纂修完《长沙府志》，李杰超"单骑造席相请"，并设修志局于岳麓书院讲堂之东斋。如此，既不耽误王文清在书院的工作，又可兼顾修志事宜。

王文清（1688—1779），字廷鉴，号九溪，清宁乡县人。清雍正二年（1724）进士，授内阁中书，升宗人府主事，官至刑部尚书，清代文学家、经学家、教育家，与王夫之、王闿运、王先谦并称清代湖南"四王"。王文清既感动于李杰超的诚意，又因宁乡近70年"政事之因革，建置之迁移，官府之更代，忠孝节义之树立，文章诗赋之流传，与凡一切兵农礼乐之事迹，参差变易、光怪奇特者，邑乘皆未之一载"，深感县志之修"不容再缓"，欣然受命。

王文清充分利用担任岳麓书院山长的优势，发动其门下弟子司采访、核虚实、综时务、搜成案。清乾隆十三年（1748）六月开局，阅五月成书，记事亦止于是年二月。全志十卷，卷首一卷，正文分26门，除艺文外均无细目，全书约20万字，为宁乡八修县志。卷首附以通县全图。沿革、水利、城池、政迹各门，记载详实。学校门增入祀典、乐教、四箴、卧碑以宣文教，肃礼仪。选举门除谱科第外，并附纶音敕诰。艺文门既载诗文，又列书目。名宦、人物各门采编更为详慎，自宋易被起共传二百余人，皆为文章、行谊知名之士。是志各门类之前列小序并间附后论，直陈社会弊端，聊示讽劝，反映了封建士大夫的道德观，为后世研究宁邑历史提供了颇为真实确凿的文字依据。

清乾隆十三年（1748）秋，《重修宁乡县志》即将完成付梓之际，李杰超卸任，"挟一册于枕中"，序中有云"是宁六十余年之天时地宜、人事物态较若列眉矣"。十一月，山西沁洲（今山西沁县）进士郭定接任宁乡知县。因县志即将付梓，郭定应邀作序，称是举"表扬前休，鼓励后进，所关綦重”，又说“邑中之政治、景物、风土、人情诸大端，胥于兹乎载焉”。

（2）王馀英、许瀛主修，袁名曜总纂清嘉庆《宁乡县志》。

王馀英，字菊潭，清代山东登州府福山（今东省烟台市福山区）人。清嘉庆五年（1800）举人，十四年（1809）进士，十六年（1811）知宁乡县，十八年（1813）十月解饷赴河南，十九年正月初八日（1814 年 1 月 28 日）复任宁乡知县，二十一年（1816）七月，调任善化知县。

自清乾隆至清嘉庆二十一年（1816），宁乡已有 68 年未修过县志，“倘不重加纂修，恐一切事实、文献及忠孝节烈之潜德幽光，将有湮没而不可考者”。恰逢湘省当局续修《湖南通志》，宁乡士绅纷纷以续修县志为请。王馀英遂延请袁名曜主持修志工作，又请周采亭、刘醇夫、胡玉潭予以佐助，要求“勿滥收，勿溢美，务使言皆实录，事无遗漏”。

袁名曜（1764—1835），字焘岚，号岘冈。清代湖南宁乡县人。清乾隆五十三年（1788）乡试举人，清嘉庆六年（1801）恩科进士。授翰林院编修，累迁至侍读，充日讲官，后转侍读。后以亲丧归乡，主讲岳麓书院。严如熤、陶澍推为“楚南人物”。袁名曜曾历任国史馆纂修、功臣馆纂修，独修《高宗实录》，又曾受聘修《湖南省志》，有着丰富的修志经验和真知灼见。他接手《续修宁乡县志》后，首先拟定《提纲例言》，然后与同事诸君、知县王馀英、继任知县许瀛（安徽全椒拔贡），反复讨论，厘订考校，“又质正于湖南各大吏而后成书”。

是志纂修，始于清嘉庆二十一年（1816）三月，十月末成书，共十二卷，分为八门二十五目。卷之一天文志，分北极篇、星野类、灾祥类；卷之二地理志一，疆域篇、沿革类、山水类，附水利；卷之三地理志二，建置类（衙署、驿站、铺递、官地、官田、官山、仓厫、祠庙、城市、义所、坊表、津渡、桥梁、寺观）、古迹类，附邱墓；卷之四赋役志，赋役篇、物産类；卷之五学校志一，学宫篇、典礼类；卷之六学校志二，选举类；卷之七职官志，建官类、名籍类、循良类、政迹类、兵防类；卷之八风俗志，风俗篇、方言类；卷之九人物志一，忠孝类、仕宦类、儒儁类、仁厚类；卷之十人物志二，耆寿类、流寓类、方外类、贞节类；卷之十一艺文志一，文赋类；卷之十二艺文志二，诗词类，附邑人著书目录。约 24 万字。通观全志，体例简要，纲目厘然，义例简括，考据精确，内容丰富，是邑志中之上品。

3. 郭庆飏主修、童秀春总纂清同治《宁乡县志》。

郭庆飏，字玉笙。清代湖北黄陂举人，清同治二年七月初四日（1863年8月17日）任宁乡知县，三年七月初八日（1864年8月9日）卸事入帘。湘鄂壤接，郭氏"习闻此邦声明文物，公暇取志乘观之"，发现自清嘉庆志修竣以后，宁乡已近50年未修过县志，"其间学校之兴，科名之盛，田赋户口之增益，文章词赋之流传，以及理学名儒、孝子悌弟、义夫节妇，愈出愈奇，未免书缺有间"，特别是自清咸丰太平军兴起以来，宁乡从军人数以万计，"或为专城之颇、牧，或为寄阃之范、韩，勋烈烂如，实前兹所未有；其遇难捐躯、尽忠报国者，凛凛大节，尤足为史册光"。时在广东的湘军将领刘典来屡次函催修县志，而湘省当局亦决定三修省志，檄省内各府县采辑掌故，宁乡县志的续修因此而提上了议事日程。郭庆飏就商县中二三贤士，均极表赞同。他先是请致仕在家的知府李劭青主持，李则竭力推荐有过史职工作经历的童秀春。

童秀春，字伯雍，号圭农，清代宁乡县人。清道光二十七年（1847）进士，授翰林院检讨、充国史馆协修，分发广东，署肇罗道，钦加盐运使衔。清同治四年（1865），童秀春因父丧回家守制。他接受郭庆飏聘请后，得到县中宿学刘论卿、周联珊、丁蘦如、黄湘桥的支持，遂着手修志工作。

是志于清同治五年（1866）春开局撰修，翌年冬告竣，记事止于清同治六年（1867）。是志名为《续修宁乡县志》，共四十四卷，首一卷。正文依前志分八门，共设41目。记地理，疆城附险要图，并志历代用兵重地；选举类列保举；兵防类附记团练；忠孝类分忠义、孝行；赋役门附记仓储、官田官地，并历毕诸大臣救弊之方；职官类重循良；政绩类详团练、捕蝗、育婴等等。皆因时核事，各有所重，门类周详，条理井然。是志特重舆图与人物，对属境内山川，编纂者亲巡周览，分都以载，图文并茂；人物类搜采宏富，篇幅约占全书三分之一，尤重忠孝节列，对咸丰以来"捐躯殉难"者，虽微员末卒必登，不免有冗滥之嫌，列女类亦是。同时，志中所记，偶有乖误或彼此矛盾之处。虽有暇疵可议，但总体而言，此志体例恰当，纲目清晰，资料宏富，内容全面，史事记述典型翔实，实为该县明清以来最为完备精审的一部志书。

三、民国宁乡县志的纂修

1. 佚名编纂民国《宁乡县志事纪篇》。

是篇记事自三国吴废帝太平二年（257）立新阳（今宁乡）起，至清宣统三年（1911）辛亥革命止，全篇约 1600 字。编者考稽旧籍，博采详搜，凡与宁乡有关的重大事件，按编年例记载，颇为翔实，对研究该县建置沿革演变，政治、军事斗争等，均有重要参考价值。尤其可贵的是，兹篇则拾缀史志，对农民之反抗运动逐一详为编录。如所录梅山瑶民的历次反抗斗争，南宋钟相、杨么，以及明代沩山梅四保、李高峰，清代何满杂贷等为首的起义斗争等，都是重要史料。其另一特色是在纪事之下间附名人相关艺文，如记崇祯末年农民起义附有陶汝鼐《甲申湖南寇事诗》，记道光二十九年（1849）霪雨大饥附有刘基定《米贵诗》。题咏所存，更可佐证事实。全篇引证确凿，书写工整，为宁乡史志之佳品。

2. 周震鳞修、刘宗向纂民国《宁乡县志》。

周震鳞（1875—1964），字道腴，湖南宁乡县人。清光绪二十四年（1898）入两湖书院。早年参与创立华兴会，加入中国同盟会。曾两次东渡日本留学。辛亥湖南光复后，任都督府筹饷局局长。此后，参与反袁、护法斗争，支持孙中山的联俄、联共、扶助劳工政策和北伐大业。抗战爆发后，主张团结抗日。1949 年 8 月，与唐生智等通电响应湖南和平起义。1951 年当选全国政协委员，后当选第一、二届全国人大代表。

刘宗向（1879—1951），字寅先，别号盅园，晚号补过生。湖南宁乡人。清光绪三十四年（1908）毕业于京师大学堂，官内阁中书，曾任教山西大学、湖南大学、湖南高等师范学堂，担任过湖南文献委员会委员。新中国成立后，任湖南省文史研究馆馆员。

民国二十一年（1932），在宁乡县城设局采访，次年稿成。民国二十三年（1934），重新编订，因不欲即印行于世，故暂罢局。民国二十四年至二十六年（1935—1937），改撰先民传，其余亦多所增删。民国二十七年（1938）秋，由于日本飞机轰炸县城，不久省城长沙大火，县中官绅因担心战祸日剧，恐志稿散失，故于民国二十八年（1939）正月，重新立局于县西灰汤龙门桥，复阅旧稿，悉予改编，且编且印，嗣因经费困难而暂停。民国三十年（1941），移局县之东郊莓田梅宅，始克续印完毕。

是志正文记事自宋太平兴国二年（977），止于清宣统三年（1911），谓之《宁乡县志》，计一百四十三卷，内容分上、下两编；自民国元年（1912）

至三十年（1941）六月止，计五卷，别为《宁乡县新志》。铅印出版时，两志合订，总称《宁乡县志》，凡一百四十八卷。

《宁乡县志·形势编》凡五目，载地图、星气、疆界、山脉、水道。其中，新绘五万分之一地图系铜版制作，精审可观；记山脉、水道，穷源竟委，并随所宜附录风俗、名胜、古迹，间录名贤诗、文、记、序，以资考证。

《宁乡县志·故事编》，分记（即县年记）、录（含建置录、财用录、礼教录、艺文录、兵备录、释道录、志历录）、传（包括官师传、先民传、女士传）、谱（即官师谱、先民谱）四大类，凡十三目。其中，财用录之民业，详述农民之水利、田功、肥料、虫害，物产则专记县境土特名产，如沩山茶、灰汤鸭、盘溪娃娃鱼等，并详述湖南湘绣始源于宁乡之"针神"史事；志历录则汇宁乡历代志乘序例、目录、弁言、附论为一编，有裨了解邑志编纂之沿革及大旨。是志尤重人物，官师、先民、女士诸传，几占全书篇幅三分之一，检索亦极便易。是志不循寻常方志体例，可谓别出心裁，记事侧重经济和人文，对发展该地区自然资源有重要参考价值，不失为地方志中之佳作。

《宁乡县新志》凡四卷二十七门一百四十五目，约十余万言。前有周震麟所撰序文，述是志纂修原委。卷一县纪年，起于民国元年（1912），止于民国三十年（1941）6月本志完稿成书。卷二为诸录，分党务、沿革、选举、官政、赋税、财政、仓储、教育、实业、警卫、兵备、祀典、交通等十三门八十一目。卷三为诸表，分县党部委员、官吏、各学校校长、学籍、人物、忠烈七表，七门三十七目。卷四人物传，分十六门四十八目，虽仅记廖秉衡、朱剑凡、鲁涤平、叶开鑫等正传并附各都名人 65 人，然县党部委员表及选举、官吏、校长、学籍、人物、忠烈诸表，能弥补人物传记篇幅之局限。

3. 此外，尚有杨味根编民国三十年（1941）稿本《宁乡县志勘误》、民国三十七年（1948）稿本《宁乡乡土地理》十二章；佚名编撰民国《宁乡乡土讲义》十五节，约三千字；宁乡县文献委员会编民国三十六年（1947）稿本《宁乡县事纪要》、民国三十八年（1949）稿本《湖南省志稿宁乡县人物志原始材料》。

综上所述，明朝以前，宁乡县无志；自明历清至民国，宁乡先后纂修过十七种县志。其中，明朝志四种，即正德以前（失考）、正德四年（1509）、嘉靖三十一年（1552）、万历三十年（1602）《宁乡县志》，均已失传；清朝志六种，即顺治十五年（1658），清康熙十二年（1673）、二十一年（1682），清乾隆十三年（1748），清嘉庆二十一年（1816），清同治六年（1867）《宁乡县志》，除清顺治志外，其余各志均留传至今；民国志七种，即佚名纂修《宁乡县志·事纪篇》，周震鳞修、刘宗向纂修《宁乡县志》，杨味根编《宁乡县志勘误》稿本、《宁乡乡土地理》稿本，佚名编撰《宁乡乡土讲义》，宁乡县文献委员会编《宁乡县事纪要》稿本、《湖南省志稿宁乡县人物志原始材料》稿本，现均能见到其书。

关于本志之整理

本书系据清同治六年（1867）冬宁乡县署刻本校点整理，该刻本湖南省图书馆、宁乡县档案馆等均有收藏。由于仅此一种版本，在点校整理时，遇有疑难之处，则参照此前现存宁乡县志为之匡正补乙。文本的点校整理，按照《古籍整理通则》规定处理。志中记载有误之处，则在页末出注说明。卷38至卷41系曾牧野校点，其余均由杨锡贵整理，最后由杨锡贵统稿。由于笔者学养不深，书中当存有错误与纰漏，敬希读者诸君不吝赐教，是所盼祷。

杨锡贵　曾牧野
2023年10月

卷首

续修宁乡县志序

　　《周官》：小史掌邦国之志，外史掌四方之志。志之名由此昉。后此司马彪续《汉书》十志，陈寿撰《三国志》。司马光谓李延寿《南北史》，其书可亚陈寿，憾不作志耳，于是作《通志》。江文通云：作史之难，无过于志。诚以志为史家之一体，史文而志质，史简而志繁，故志于史为尤难也。

　　郡县有志，创于唐李吉甫，后世祖之。宁乡自汉迄唐，其地分隶衡、湘二郡，宋置县。初志失考。明正统间，邑宰刘君与乡先正袁宪佥公复倡修之。国朝重修，先于潭属，旧《志》述之详矣。飏以同治癸亥，承乏来兹，睹山川之形胜，觇风化之醇良，复与都人士以礼进退，雍雍乎多彬雅材。飏籍隶楚陂，大湖南北，疆壤相接。既习闻此邦声明文物，公暇取志乘观之，乃知宁邑当长沙西，为衡岳正脉。峙而盘者，灵峰沩岫，亦群亦友也。潴而浏者，温泉玉潭，既沃既荡也。进而求诸遗献，则有易、李、袁、周诸公钟其渊，五峰、南轩诸子相厥攸，伟硕代生，鼎鼎相望，下逮野处，婉瘱卓然以名节著者，莫不炳耀竹素，懿乎铄哉。百里之地，十室之区，萃美固若是哉。

　　爰稽旧《志》，修自丁丑，迄今垂五十年。其间学校之兴，科名之盛，田赋户口之增益，文章词赋之流传，以及理学名儒、孝子悌弟、义夫节妇，愈出愈奇，未免书缺有间。矧自兵兴以后，义愤从征，人以万计。或为专城之颜、牧，或为寄阃之范、韩，勋烈烂如，实前兹所未有。其遇难捐躯、尽忠报国者，凛凛大节，尤足为史册光。阙而弗彰，谁之咎欤？乃与邑中二三贤者谋曰："邑所贵乎志者，非区区词章具文也，将使后之生者识典型之存坠，仕者知今昔之盛衰。故叙事贵质，失之遽则陋；举类必繁，失之滥则芜。荀扬琦辨，皋朔不根，史才弗取，非其人莫能任也。"金曰："然。"繇是造致仕郡守李劭青先生，请以属焉。先生固以让，未及将事。会大府议修省志，檄采掌故。刘克庵副帅又自闽缄催，肫肫恳至，亟思所以报也。适粤东观察童圭农先生奉讳旋里，爰商诸君子，延主其事，并请李云舫正郎、周云先主政暨李、刘、周、黄诸先生赞佐而分理之。剞劂之资，佽以众力。遂以丙寅春开局，次年季冬告竣。

　　展阅缮稿，见其踵事增华，无遽无滥，洵足以信今传后。将附梓氏，例得略述颠末，缀言简端。窃以征献考文，邑之盛举，莫大乎是。行将上之大府，登之辀轩，以备鸡次，庶几古者小史、外史之所掌欤？夫郡县之志郡县之事也，书事以陈，宰之责也，飏与有荣施已。

　　时维同治六年，岁次疆圉单阏嘉平月朔日，诰授朝议大夫、湖南补用知府、知宁乡县事加七级、随带加二级黄城郭庆飏玉生氏撰。

序

　　维东南大定之年，地天交泰，岳渎效灵，民人安集，物类阜昌。固运会使然，要由我皇上宵旰忧勤，旁求宏济。一时俊彦殊尤、忠臣义士，咸挺然出其旋乾转坤之力，相与清疆圉，争气数，翊纲常，数载而臻盛轨。盖莫不炳炳麟麟，登诸史策矣。

　　我宁邑孔道四通，贼踪三过，受害虽浅，观变殊深。地经其事而人心共奋，人显其用而地气益兴。由今以观，竹帛旗常，实开旷代未有之局，固不仅开一邑之掌故者。而邑人抚时感事，因并及乎五十余年阙略之事，而志于是乎急焉。

　　乙丑春，秀春自粤奔父丧归，值李劭青太守以父执来吊，盛称邑侯郭玉生太守廉明敏干。令宁五载，百废具兴，每念邑志，欲余续修久矣，余推世兄史职应为之。春再三谢曰："忧戚之余，语无伦次，终赖公为政。"嗣刘克庵副帅函属殷拳，诸同志请益力，邑侯聘继至。春犹自歉，适有续修省志之檄，而邑中刘论卿、周联珊、丁麓如、黄湘桥诸宿学均肯出而肩其事，因不复固辞。乃事方草创，而李故矣。时周云先比部假归，春犹幸相助有人也。

　　伏思国朝志凡四修，前有作者，师之而已。顾体例具在，故者洽而新者必更，非也。而时势不同，新者增而故者必袭亦非，爰虚己下心，与同志酌之。首天文，史例也，在一邑何敢多所附会。谨遵本朝敬授人时之意可以言及于本邑者，约言而已。地舆之原委，远近亲巡周览，讹者订之，混者清之，分统于都，而约缀于图，牧平旷，扼险要，非悬拟也。赋役条款虽繁，输将实简，圣朝所以宽大也，顾载籍而可茫然哉。明《赋役全书》之旨而叙次不紊，又历举诸大臣救敝之方，则法守垂矣。学校为典礼所由，昭增订一本于颁行。又人才所自出，以宁邑科目代有传人，而近由保举至一、二品者，冠服相望，即见任之卿贰、监司、提镇，柱石各省，汗马边疆，虽生存不列传，而褒奖有明文，历叙官阶而功绩自见云。职官重循良，留遗爱也。政迹详团练、捕蝗、育婴，按时事也。风俗不讳俚鄙，思化导也。至于忠孝节烈，前《志》漏者补之，数十年几于湮没者求之，近日捐躯殉难之多，虽微员末卒必登之。若仕宦观其政，儒俊观其学，固弗轻纪。即仁厚耆寿，物论攸关，亦不滥收。流寓，尤珍重二百年来克绍前修，而光我邑者，一人而已。方外，今无其人也。艺文，所以扶世翼教，文赋诗词，前《志》备矣，后有作者，美不胜收，故增者甚少，著书目录及姓名列后。

春窃以为，志者志实事也。如社谷仅有其数，宾兴仅有其名，空言举典，亦复何益？赖贤令留心教养，与邑绅筹划清厘，有实惠以救济生民而鼓舞士类，书其事，幸得与新建之书院、试馆辉映简端，亦盛矣哉。

总之，今日之宁，适际其盛，凡培养元气之事，在所必行，使后此之载笔，雍容敷陈事实者，得如今日之踌躇满志且更盛焉，是则春深长之思也。春读礼未遑，兢兢从事，念我朝右文之始，宁邑志先各属成。今将续修省志，正当藉纂辑以供采择，于以见偏隅下邑，沐浴于圣德之日新者至深也，春于是役，又焉敢后？

同治六年丁卯孟冬月，邑人童秀春撰。

旧序

正德四年　知县刘绚

　　天地间古今事迹，非志莫传，而志之作，其体不一。有所统大而志法反略者，有所统小而志法加详者。如《皇明一统志》，兼总乎万国，事贵得要，故宜略。郡邑之志，止于一方，事可散书，故宜详。法宜略而不略，则天下之大，史册不胜其书；法宜详而不详，则一方之事，未免挂一而漏万。故作志非难，而立法为难。立法非难，而得人为难。得其人与法，斯善其志矣。

　　宁邑为县，属长沙郡，居郡治之西，相去百里许。东连熊湘之东华山，西抵安化之司徒岭，南揖天马、嵇岽之胜，北据横龙、青华之雄，东南则湘乡、湘潭，地与之参，东北则善化、湘阴，江为之界。其县治广二百有五里，袤视广四之一，方七倍于袤。其县属为坊二，为乡五，都隶乡十有七。其山水则逶迤包络，风气凝聚，人才物产之盛，无代无之，实湖南之名邑也。其道途则四通八达，官贵使人，来往络绎，岁无虚日，实南北冲要之区也。

　　弘治乙丑冬，予拜命来宰是邑。视篆之暇，取旧《志》阅之，间多纷舛阙略。山川如玉几、灵峰、化龙溪，人物如前进士罗仲孺、蒋彦明辈，县治之制如惠民药局、演武场、桑枣园，学校之制如颒池、射圃，悉皆阙载。大者如胡五峰，反谓其师事南轩；小者如玉潭，乃谓其玄宗幸蜀，坠镫得名之类，亦颇谬妄。至若国朝登进士第者，始于今宪金袁君大伦；旌表孝子，若今致仕同知刘君本正。虽事在旧《志》，后脱不续书，将何以为表彰人物、作兴士类、激厉风化之地哉。亟欲采辑编正之，而久难其人。

　　正德三年五月，予应朝还，适宪金公丁内艰家居。予稔闻公操存不苟，材识通敏，扬历中外三十年余，而闻见博洽；且生长兹土，凡先民嘉言善行、人物之名胜，皆亲得传闻目睹者也，乃礼聘以其事托之。公辞至再，而予之请益力，乃允。遂取旧《志》，重加编摩。博参群书，搜及先哲行状、墓志与夫士庶家所藏谱牒、图契，会众说，撮遗事，繁者芟之，简者益之，遗漏者采录而补续之，讹舛者考据而厘正之。其所纪虽仍故迹，而分类著条则断自己意。且皆有纲有目，有经与纬，巨细毕备，纤悉无遗，所谓法宜详而因致其详，深得志家之体者矣。

凡为目二十有六，总为八卷。公于各目又自为引，道其所以当志之意。阅八月而书成。予取而读之，环百里之内，上下数千年间，若沿革，若疆域，若风俗，若山川、物产，若户口、贡赋，若人才宦迹之类，不必出户庭、稽史籍，一展卷而可悉。然则昔为阙典，今为全书，尚何文献不足之叹耶。抑是书之成，岂直快士大夫一时之览而已，将使后之人生于斯、长于斯、游宦于斯得而观之，凡其所以修己治人、居官善俗，一惟前闻人。若张魏公之事业，若五峰、南轩之道学，若易礼部、刘学士之文章词翰，皆得以景仰而师范之。行见礼让之俗，循良之政，道学之传，俱由是而益振，其为功岂浅鲜哉。

予嘉是书有益于后之人也，将命工锲枣以传。庠生胡秉忠辈诣予请曰："县志寥落已久，幸执事注意重修，真足为吾乡千百载文献之征，愿丐一言序于前，庶将来续者得有所考。"予应之曰："可。"乃捃摭事之颠末，僭序于篇端。

旧序

嘉靖二十一年　知县周孔徒

　　从古海内非志不传。然志必重修，酌因革，增缺典也。宁乡志，旧有作，相沿迄今，缺而未入者多且久矣。矧忠信尚有望于十室，文献岂不足征于百里，是以古今相稽，制邑在目，重修之笔乌容靳。

　　孔徒嘉靖庚戌夏承令是邑，尝取旧《志》读之，信以传信者固多。参之公议，间或有讹，是故《春秋》所以有正例之议。讹以传讹者不少，核之乡评，未必不信，是故《春秋》所以有变例之裁。余尝慕稽山周君，良史才也，欲求重修，第政事勠襄，而信者未核实，讹者未订证，废缺者未修举，作令之咎将安道？若因循弗修，是缺典也。我负于山川人物乎，山川人物负于我乎？因请周君为我重修之。

　　夷考古今，作志有纲有目，故邑志详于省志，省志详于一统志。是志也，纪形胜而必纪戍卒，盖宗《春秋》之书城戍虎牢；纪灾祥而必纪庶政，盖宗《春秋》之书陨霜杀菽；纪学校而必纪崇祀，盖宗《春秋》之书世室屋坏；纪杂纪而必纪三害，盖宗《春秋》之书诛乱讨贼。夫得虎牢之书法，则武备当修焉；得陨霜之书法，则刑罚当清焉；得世室之书法，则斯文当原焉；得诛讨之书法，则淑慝当辨焉。是故是志也，岂徒江山写态、花鸟传神而已哉。信乎美而爱，爱而传，百世不刊之信史也。

　　是《志》成于嘉靖壬子之夏，序于是夏之季。

旧序

万历三十一年　陶显功

孔子曰："吾志在《春秋》。"显功春秋八十有三，荒于志已。县志残缺失次，参补就绪，沈大父属前序，吾志弗前，父命也。

谨按：宁乡，汉、唐、宋、元故无志。宋易山斋有《周易》《周礼》《总义》《禹贡疆理》诸书行于世，而于此志缺如也。入我国朝百余年，正德改元，大令安成刘公作初、中丞袁犀潭公作稿，与评与序，乡贤郡丞刘作后序，而志乃整如。嘉靖辛巳，霍邱胡侯以名进士来，其子弟从先君桂平公授《春秋》，其子弟陕州杨公作稿。稿集思于宾，笔削于两河主人，亡论缮写剞劂之工，即书法有迁、固法，志善矣。

追辛亥，来内江周侯，会汝阳周公牧全蜀，亲被其志，所欲行。侯良牧师，厥翁稆山先生，亲炙其志，所欲明。作者详于更新，而旧章靡易。述者果于守故，而精义罕明。于氏族氏表致详，其或以为私家书也，非志也。讵知儒者片言隙见，有裨于史，则不至于涓滴之遗。世家言语文章，悉载之史，自可施之行事之实，其或以为非志也，陋也。

隆庆辛未，来无锡陈侯，文名震世，属纂湖藩通志，深悼吾犹阙文。因论《肤施志》收杨太史家谱世系及历世名臣行乐图，以实人物，一展阅，文光烛天；《射洪志》收陈拾遗、杨忠节家谱及诰敕、传记、诒赠、庆吊、墓铭、诗文以实艺文，一展诵，金声掷地。若作者非圣述者，非明托空言以规模时人，甚于《梼杌》，遂搁笔弗志，无惑乎残缺失次，而亟亟乎参补之也。

大父论世尚友，有志于思兼三侯而集大成者。兹其考成矣，惟自考官守无忒，惟户口无漏，惟转输无愆，惟宾旅无忘，惟烽燧无警，惟土宇、民物无恙，吾志足矣。所不足者文献乎。文，典籍也，《艺文志》如斯而已者也；献，贤人也，《人物志》如斯而已者也。吾无改于其初也，吾与有责焉。岩峣百里，叠岫万重。礌砢一方，争妍十景。苍然雾者，狮顾岚光；荧然露者，楼台晓色；濯然温者，汤泉沸玉；皎然霁者，夜月灵峰。咿唔石柱，书声嘹喨。香山钟韵，气夺大沩。凌云彩分，玉潭横秀。郁为士龙，炳为人凤，而先达易、李、袁、周，岂不煌煌钟鼎，奕奕柱石，而徒以文献少也。士生于斯，攀鳞附翼，题驷鸣商，固熟此掀揭之业，何多让为？矧沈侯新儒，学育菁莪，博之以会友，约之以会文，拳拳乎文献矣。而又琚东阁，旋北斗，翼南轩，浮西榭，开桂岭，筑杨堤，丽三台，妍八景，运心上经纶，清源头活水，岂不亦腾蛟起凤，掀揭鼎柱，罩易、李，笼袁、周，而徒参补为也与哉。以其可验者验之于前，以其可信者信之于后，贤人典籍，自此常常而见，源源而来，以永永无斁已。盖天地奇瑰之气，不钟于物，则钟于人；国家明良之运，不作于前，则作于后。文献有人，足光社稷；宰文献有人，足光旗常。气运然也。士先志抚运而兴，吐气奋志，道德文章勋业，一以贯之，而其志远矣。然文章勋业，易、李、袁、周，自是法程，惟道德性命略见外编。倘足及南轩门，知言胡子升孔子堂，知《春秋》为性命之书，则知志矣。顾名长子为作足，大父实有以藉手而其究为蓄鲜也。余何幸，藉手大父为健，并得无恶于志云。

旧序

顺治十五年 知县蒋应泰

　　杜氏曰："湘川之奥，人丰土辟。"吾宁乡居三湘之间，且代有文献，盖昔称善地矣。廿载以来，兵深燹接，士强半化为鹤，民强半化为磷，城市庐舍强半变为蔓草。所谓人丰土辟者，及予承乏，百不一觏焉。窃欲规模古昔，上佐同文，而邑志阙佚，亦不足观览，盖坠而弗修者五十余年。邑先辈凋谢，独名宿密庵陶先生典型尚在。每咨掌故，较若列眉。予喜语人曰："宁虽荒，今且得昭华之琯矣。"昭华之琯，吹之则山川、车马、城郭、人民之形，隐跃如见。顷闻陶先生言何以异是，乃谋修邑志，束帛载拜，属以邑乘。先生让再三，予请亦再三。数月檄求逸事不得，公乃独执笔，取前二志合删，多所厘正。博采壬寅以后事续之，书法体例并追古史，离为十卷，粲然井然。而于山川名胜，系以考注；田赋徭役，洞悉本原；宦泽先贤忠孝节义之大，尤急表章；补传十数则，撷芳阐幽，不遗微贱。而持论严正，里人比为董狐。至于叙论抑扬，书其盛者可以兴，书其衰者可以感，宁何幸而文献足征，予何幸而辅轩藉手也。

　　尝考宁志，草创于正统时，去元百数十年，故元一代之人物，淹抑不传。皇上御宇三年，即诏修明史，加意图书，远迈乎前代。郡邑外志，所亟采求。泰不敏，殚心哀鸿之区，弗辞茶瘁，而于羽书旁午中复勉焉。以奉职事固长吏责也，而陶先生以邱园白贲，独舒藻掌，所谓非公正不愤发者欤。

　　志成，会当路檄征志以备楚书。陶先生曰："今之宁非昔之宁也。昔之人庶，今之人鲜；昔之土治，今之土荒；昔之士雄，今之士雌也。若不足志也。"予曰："否，否。圣天子励精于上，元老勘定于外，既尽臣荒服，必厚生湖南，而况宁士清慧而文，宁民窳而易治，休养十年，当还旧观。

则前者因之以传，后者因之以法，兹编未尝无助也。予与宁人共处光天之下，将拭目焉。"是役也，属草凡五月，杀青之日倍之。先生独任楮墨，予谬参一得，独任刳劂之费，幸而有成。若夫既富方谷，踵事增华，于后之贤者不能无望矣。

旧序

顺治十五年　陶汝鼐

　　稽吾宁志，作于明之中叶，百五十年间，两续笔而止。壬寅天步之末，文献如线。清兴十一载乙未，燕山蒋侯作宰，为政惠勤廉敏，师古良牧，一切废坠，咸举其纲。而惓惓访落，首搜邑乘，得嘉靖时刻才数版耳。

　　明年，儿子典于敝笥中简壬寅旧本进之，漶漫不可读。侯不以鼐湘累气尽，谋与重修。予避让于邑人士，旅辞。又二年，归自郢。侯先之以币，且相责曰："壬寅志，子先大夫所订，不可以无述。子之身，先朝夎于太学久，颇闻掌故。壬辰年，几中危法，皇上不以荐刀锯，诏宰相辩雪之。文章报国，其未可已也。"于是，懯然匿草窗之下，取前一二志，截繁补要，而虚壬寅以后。檄征故实，凡数月，陶瓶枕箧之藏，无出一则者。区区咨逸事于渔樵，求幽芳于磷碧，空谷跫然，独拍而奏，即粗率固陋，安可渝也。

　　既具草增帙，视所删差倍。侯复加裁定，捐赀授梓，题曰《宁乡新志》，更授简使序焉。乃益黯然中颤，退而自念曰：志曷为而新也哉。于事为改革之际，于书为同文之始。夫古今改革，变莫大于商、周。然孔子殷人，故可谓武有惭德。然箕、微宗臣也，一抱器，一陈范，何也？微子周求之，箕子周释之也。求之释之矣，始悟天之所在，不能自绝，而思托先人之业于道与器之间。虽古人于此，岂得已也。

　　往者右文麟炳，县志且成在百余年后。今朝廷早用词臣为方岳，将监古集思，求稗野以备兰台之盛。宁虽小，当与古子男等。《春秋》之例，不废曹、滕。蒋侯又华胄英人，留意文献，故宁志得先湖南诸邑成。即鼐朴遬非才，弗足观览，庶几代人政，未沦草莽，而新奉朔服，共识遵王，则蒋侯嘉惠吾宁甚厚也。何也？湖南兵燹垂二十年，郡国遗文，罔不放失。且宁数被毒，燔我墨庄，独赖侯之绥猷，先收图籍。其于往代也，如引子孙见高曾之规矩，如进伶人说宫庭之遗事，则不能无感。其于当代也，如辍《黍离》而歌《清庙》，如退《牧誓》而陈《周官》，则不能无奋。一帙之中，感奋具焉。感者戢为敬应，奋者蔚为思皇。侯所为登进厥民，追隆古爱也。

若鼐忧患余生，腐心寸尽，未免承乏，以期无坠先人之绪。侯实命之，报犹卤莽，安所得报国者而称之哉。予滋惧矣。

旧序

康熙十二年　知县权持世

沩阳，楚善地也，至明末极敝矣。然入国朝，独先潭属邑作志，盖燕山蒋公与其乡陶先生共成之，文献尚未替也。皇上甲辰，臣叨授宁牧，捧檄之日，跽白家大人，请就养。大人曰："吾闻宁瘠而冲，孑遗良苦，虽茹蘖饮冰其分也，然不可以举家食敝邑。但奉我以两骑，行将视汝所为政。"至中州，遇蒋公于路，时由潭郡丞特擢汉中守，而前为宁乡令五年，称循良者。大人亟命谒，请受教。公把臂若平生欢，披沥以告，诸所欲为宁人蠲烦苛、起苍痍者倦倦焉。手新志一编以示予曰："未竟之绪，君其图之。"

既受事，未敢一日忘忠告也。今九年于此，去创志之日十五年矣。戊申，大中丞举修郡乘，采邑志而缀之。顷复奉撰《一统志》，开局有期，邑人士请补订，以上于中书省。予唯唯，退而思，九年之内，兢兢奉上官约束，惟恐一不当以贻家大人忧，诚劳且拙尔。顾今所为，宁户视昔登乎耗欤，赋视昔益乎损欤，役视昔均乎渎欤，市视昔朝乎夕欤，郊视昔乐乎扰欤，学视昔兴乎弛欤，祀视昔肃乎慢欤，建置视昔饬乎旷欤。固不敢不夙夜惕然以处此也。幸而博当事之鉴，信宁之瘠且冲，加覆露焉，得容容以久于此。或与为稟成，或与为更始，令实有心，愿为宁尽。盖宁之士醇而雅，吾乐焉可与为邹鲁也；宁之民易而驯，吾安焉可与为单父也。蔬水之暇，思取志乘而哀益之，仍以属陶公续订焉。

今夫百椽之室，一人创之，榱栋户牖具矣。守者至，复相与程其坚瑕，规其疏密，盖未敢蘧庐视也。君更操绳墨而整齐之，得藉手以报创者，则前召之美，其益彰矣。《诗》曰："俾立室家，其绳则直。"亦此物此志也夫。

旧序

康熙二十一年　知县王钱昌

从古郡邑之有志也，岂徒考其山川人物，聊以广采辑、侈词翰已哉。盖将使莅兹土者，览其风土，觇其盛衰，以善用其抚绥之术也。宁邑自明以迄今兹，数罹兵燹，山寇剽掠，献贼鸱张，老弱童稚，几无孑遗。幸而兴朝定鼎，群凶以次剿除。伏莽既息，一二贤有司相与噢咻而衽席之。皇上御极以来，几几乎渐次久安矣。不意滇、黔告变，羽檄星驰，井底之蛙，陆梁无忌，由是黎庶复困于转输，庐舍更毁于锋镝。区区弹丸，安能当此蹂躏乎？

昌不敏，承乏兹邑，受命伊始，颓垣智井。其市也，豺狼荆棘；其野也，鸠形鹄面；其民也，轩輖络绎。无官廨之可居，赋役繁兴，叹哀鸿之未集。凡此凋残，即睹之史册，得之传闻，当亦怆然泣下焉。矧身为民牧，俨然称斯土之父母哉！于是，下车以来，不自暇逸，招流亡，开荒芜，禁苞苴，息争讼，严保甲，缓赎锾，修学校。凡所以利吾民者，知之不敢不行，行之不敢不力。而无如以谫劣之才，当盘错之地，虽尽心靡玩，而向所谓凋弊不堪者，曾不能复一二焉。予用是益滋愧矣。

爰于视事之暇，更为采考志书，亏邑宿儒吴君龙媒、陶子庶常、廖子升生、周子仲宣昆季，相与补续其遗亡，增修其事实，（附）［付］之梨枣，俾得流传永久，非邀誉也。典章未坠，不特稔悉其山川形胜之所在，而历年以来一切颠连无告之状，展简而如在目前，则休养轸恤之心，当亦无时可懈矣。予敢自励，以励后之莅兹土者。

旧序

乾隆十三年　知县李杰超

　　得三楚之雄风者，西宁为最。余以戊辰岁代匮于此，入官舍，摄衣数十级，乃登咳唾鸣山谷，恍惚身立层霄中。出而俯玉潭，览飞凤，访香山玉几之胜，奇奇特特，令人应接不暇。因展其志而读之，乃知通邑风土人物，大率类此。固宜唐之裴相，宋之五峰、南轩诸君子轻数千里而菟裘于斯也。独惜其志自康熙壬戌以后，遂绝而未续。此六十余年中之轶事，有可以登明堂、告清庙、勒彝鼎、寿金石者。史既缺书，其间因革损益、淳漓消长之故，亦仅仅白头父老尚能言之。吁！迁延以往，能无世远年湮之叹乎。且今太守吕南村先生毅然重修郡志，以为诸属邑倡，是又邑乘昌明之一大机也。

　　余因与邑绅士谋之，而难其秉笔者。适邑绅王九溪先生得请终养归，太守以郡志相属。事方竣，邑人士交口属之。而九溪又席于岳麓书院，去邑治百里。余乃单骑造席相请，且移馆局就之，越五月而志成。是宁六十余年之天时地宜、人事物态较若列眉矣，因（附）[付] 剞劂以昭实录。

　　或曰一官传舍耳，子又代庖京兆，何不惮烦也。余谓不然。吾辈守其地一日，则其地一日之事，皆我分内事也，敢惮烦乎。幸而为之获成，亦见此邦士大夫之勇于成宪而不以后人迷矣。顾余以铅刀初割，遂得见信于士大夫，而不我遐弃也，能无怨然乎。余行矣，未识此去以往一枝更在何地，将挟一册于枕中，异日自公退食，风雨独坐时，展而玩之，犹切此都故人之恋，而山川风物亦尝依稀于心目中云。

旧序

乾隆十三年　知县郭定

　　戊辰秋，余承乏沩宁，适修邑志将竣，都人士咸为余告，且浼作序。余实因簿书鞅掌自惭，莫赞一词。然是举也，表扬前休，鼓励后进，所关綦重。矧邑中之政治、景物、风土、人情诸大端，胥于兹乎载焉，其敢不矢慎矢公，悉心披阅，以为一息千古计。后有作者，毋第云善善，宜长乃尔也。

旧序

乾隆十三年 王文清

　　吾邑志自明正德以前不可考矣。正德己巳，县令刘侯与邑人袁犀潭先生实创之。嗣是再修于嘉靖壬子，三修于万历壬子，四修于顺治戊午，五修于康熙癸丑，最后则王侯与吴、陶、周、廖四先生于康熙壬戌修焉。自壬戌迄今又六十七年，其间政事之因革，建置之迁移，官府之更代，忠孝节义之树立，文章诗赋之流传，与凡一切兵农礼乐之事迹，参差变易、光怪奇特者，邑乘皆未之一载。倘一旦有诵训氏来探方志，将何以对之。且阅世递久，文献渐凋，时无束皙，何由访蝌蚪之书；时无王通，何自问竹简之字。且刘杳一去，谁与记《论衡》之短，张扶南之长颈也哉。此邑志之修，迁延数十年，而于今有不容再缓之势也。

　　清先世为长沙卫人，康熙间，卫裁归县，今祖父子孙毛土吾宁者五世矣。父老所传，窃闻其略，顾以薄宦京国，珥笔校雠，而同时士大夫亦皆以驰驱仕路，未暇从事。丙寅秋，清以亲老得告归养，甫解装而郡伯吕南村先生以郡乘见属。事竣而邑父母李侯复属以是役。清时席岳麓书院，以不能兼理固辞。侯乃亲至书院固请之，乃移局岳麓讲堂之东斋。凡司采访、核虚实、综时务、搜成案者，有同学诸君子。开局邑门，特执笔而直书其事，不敢立异，不敢苟同，不敢强所不知，不敢阿其所好。凡五阅月而稿成，诸君子共相校订，而六十七年中所为参差变易、光怪奇特者，始末毕举，巨细不遗。侯于是以授梓人。

　　清为之瞿然曰：迁《史》之浩博也，谯周犹作古史以驳之；古史之辨也，司马彪犹指百二十二事以摘之；《国语》之典以奥也，而子厚且非之。又有非非者一再非之，况浅谬如清者哉！清之为是役也，岂无亳人之请，拒之而已；岂无蜀人之名，却之而已。盖以治郡乘者治邑乘，即以报郡伯者报邑侯焉。区区之意，但求昭典型于既往，垂明鉴于将来。风化扶于闺门，民瘼绘于土俗。前列弁言，后附总论，殆较诸灵鬼、异物诸志，或有间焉。如谓学华阳步桂梅，效颦于会稽，泾表也，则清岂敢。

旧序

嘉庆二十一年　知县王余英

史乘概有定例，不得率意越乱。表章一代之文献政治，而不可上兼乎历代，作史者之定例也；记载地方之人物山川风俗，而不可旁及乎他郡者，志乘之定例也。史不得兼乎历代，故《汉书》之古今人物表，《唐书》之宰相世系表，刘知几皆为其划界不清而交讥之。至于志乘者，按四境之户口、疆域而详载其事迹，山川胜地不在其境者，不必牵连入牍。若吴郡长洲，本广陵东阳县也，题曰"茂苑"者，非也。隋以前之扬州，在今江宁府，今扬州在广陵，古徐州也，作《扬州志》者举东汉之扬州牧若欧阳歙、张禹等皆载入志内，非也。往古名贤不生其地者，不必援以自重。若荀卿为兰陵令，在汉东海郡，今沂州府，杨诚斋以为在延陵，非也。诸葛武侯躬耕于南阳，在襄阳城西二十里，名曰"隆中"，后人误载入南阳郡，非也。宁邑虽小，有大沩、大雾诸山以镇其境，有沩江、靳江诸水以通其气。而由宋暨明以逮于国朝，其缙绅先生之仕宦于京师及出治于封疆者，代不乏人。况如唐之裴丞相、宋之张南轩，又皆爱其风土人情，而流寓于兹地，据实而志之，其功名事业、文采风流，洵足媲古人而传后兹矣。

今逢省会有续修通志之举，宁邑士君子争以续修县志为请。予取王九溪先生所修旧《志》而观之，志之不修也，已六十余载矣，倘不重加纂修，恐一切事实、文献及忠孝节烈之潜德幽光，将有湮没而不可考者。因急延请袁岘冈先生主其事，复延周采亭、刘醇夫、胡玉潭三先生佐之。

英因与诸君子约，修志无他奇，勿滥收，勿溢美，务使言皆实录，事无遗漏，斯得矣。一时核对者有人，采访者有人，募捐者有人。即于本年三月，择期开馆。十月杪，志将脱稿，鸠工刊木，因举其原委而缀数言于右，以志盛举云。

旧提纲例言

嘉庆二十一年　袁名曜

　　臣名曜言：自有史则有志。志莫大于《一统志》也，《一统志》尤莫大于《大清一统志》。舆图之广，较前古幅员开辟数万里，固大而无外也。圣圣相承，重熙累洽，宏谟典册，珍弆史宬。岁月既增，则又开局续载，鸿章彪炳，卓越古今。故曰志莫大于《大清一统志》也。《一统志》之大，由各省邑志积也，志自邑始也。《一统志》成，例必进呈，邑志无进呈例也。

　　臣以家居，勉襄邑志之役，以一统志馆之檄催各省采访也。臣自母服既阕，病假又六年，毫无报效。白馆檄下赍，宁乡县知县臣王余英即以是役相属。臣读馆檄而皇然、瞿然也，遂偕邑人士敬谨将事，而臣尤不敢稍为退委。

　　臣旧史职也，邑志例不进呈，惶恐之心，固如将进呈也。如将进呈，则考校不敢不详，登载不敢不慎。凡前《志》之舛误必正也，俗说之支离必删也，仙佛之诞妄必黜也，耆旧之遗言往行必识而不敢有私讳也，君前臣名之义也。其详与慎，曷昉？昉于天文也。仰北极而会归者南暨也。极既定而星之拱极者有分司，则星野附焉也。敬天则警惕于有象，而灾祥必书也。天统地而志以纪地也，纪地则古今之沿革宜考也，山川之流峙必悉也。依山傍水者，皆人功所建置也，建置不自今始，则古迹宜搜也。天位乎上，地位乎下，而吾君政治，经纬于其中。政在养，而因田则壤，可考于赋役也，则壤定而物产之殷阜见焉也；政在教，有学校以明伦秩，祀敦典教寓于礼仪也。论秀书升，教颁于选举也。养与教，吾君主之，而诸职官所承流宣化者也。化之宣，宣于政迹也，宣于兵防也。实力奉行，教养大备，则名宦之功不可忘也。职官之宣化，首重乎移风易俗也，职官贤而风俗成也。风俗之善，载之可以加勉也，否则可以怵然知戒也。

方言也，土音也，里曲也，备问俗而俟观风也。风俗成而人物出也，上焉者出类拔萃，不囿于俗而可以训俗也；次焉者谨身寡过，亦可以劝俗也；忠孝维风俗之大本也，仕宦所表见也，儒隽所观摩也，纪实而等差寓焉也。里之美曰仁，质之朴曰厚。俗尚古，处而善，善宜长也。盖引而进之也，耆寿之毓瑞也，三代尚齿之义维隆也，巾帼之守贞也，秉阴道之正而芳流彤管者也。仆婢臧获之从义也，不以贱役而或遗也。推之流寓者之择里也，地可以人重也，僧释之著名也，惜其道之左而节录其慧聪也。凡此皆以一邑之耳目为耳目，而非敢有所私也，如是而人物之志全也。天职覆于上，地职载于下，吾君及百执事之政教，经纬于其中，襄赞之猷，蔚为风俗，灵淑之气钟于人物，然后文治大成也。故终之以艺文。凡有韵无韵之文，不拘体格，其有关于邑之政教、形胜，备文献之征及著书立说者，必登也。其人现存，虽佳作暂弗录也。人非生存无专集，藏家托名借刻者，必黜也。凡关于邑之政教、形胜著作者，虽异地人之文必登也，所以彰文治之广敷，而不遗于一邑也。若此者，一天文也，一地理也，一赋役也，一学校也，一职官也，一风俗也，一人物也，一艺文也。门类凡八，而详慎之心一也。盖皆商之同事，质之前知宁乡县、今署善化县事臣王余英，及今知宁乡县臣许瀛，往复辨论，厘订考校，又质正于湖南各大吏而后成书也。虽例不进呈，而区区私衷，固如将进呈也。

臣旧史职也。时嘉庆疆圉赤奋若日躔析木之次。

续修县志姓名

主修
宁乡县知县、补用知府、道光己酉科举人郭庆飏

同修
宁乡县教谕、保升知县、道光乙酉科拔贡黄鹤
宁乡县训导、岁贡生李冠英

总纂
赐进士出身、翰林院检讨、国史馆协修、盐运使衔广东肇罗道童秀春

同纂
候补知府、贵州台拱同知李隆莘
赐进士出身、刑部郎中李新庄
大挑知县、改授郴州直隶州兴宁县教谕、道光己亥科举人刘克道
候选训导、岁贡生周觐扬
庠生黄鹏万
赐进士出身、刑部主事周瑞松
庠生丁应藩
同知衔候选知县、道光乙未科举人程惠吉

参订
运同衔前署湖北宣恩来凤县知县、荆门直隶州州同、廪贡生梅镜源
五品衔中书科中书、例贡生赵瑞
候选知县、咸丰丁巳科举人周豫刚
拣选知县、同治壬戌科举人边维翰
分缺先选训导、岁贡生丁毓良

庠生王鸿文

候选训导、恩贡生刘名成

同治丁卯科举人何祥墀

六品衔遇缺即补训导、郡廪生胡竺

编校

五品衔候选县丞、优附生童瑞瑛

五品衔候选教谕、廪生童光斗

五品衔遇缺即选训导邓佛阿

候选训导、庠生姜瑞增

庠生贺徽典

增生罗秋云

庠生朱钟秀

兼袭云骑尉、邑庠生胡湘瑞

监生王谷焨

候选训导、郡廪生罗珍

收掌

同知衔袁藻实

缮书

童生范开铭

监生胡简

童生黎莪康

从九衔刘昌铣

监生刘彦英

童生刘本干

监生沈敬敷

校刊

候选训导、岁贡生吴定元

县丞衔童元玮

董理

花翎道衔江西补用知府杨咏春

运同衔遇缺即选同知曾毓郊

同知衔广东补用知县、庠生刘汝康

州同衔江西补用县丞廖新祺

同知衔陕西补用知县喻兆圭

蓝翎同知衔四川补用知县周泽昌

本城采访

六品衔附贡生王成

候选训导、庠生林盛寅

九品衔陶鸿音

庠生陈荣寿

一都采访

同知衔周家渚

同治丁卯科举人刘锡康

州同衔朱声传

候选训导、岁贡生胡先镰

庠生刘禧英

二都采访

同知衔曾毓光

州同衔李培真

尽先教谕、邑廪生张运钧

附贡生黎兆霖

候选训导、邑庠生袁恩怡

庠生周甡

监生童暄

三都采访

六品衔附贡生杨光寿

蓝翎州同衔彭荟才

附贡生欧阳晓春

州同衔张继陵

附贡生谢雍

邑廪生张茂柏

四都采访

国子监典簿衔遇缺即选训导、增生李镇湘

五品衔候选训导、廪生成光熙

九品衔成章曾

监生蒋廷桢

州同衔周锡康

遇缺即选府经县丞崔靖

候选训导、邑廪生刘琼

州同衔龙朝楷

附贡生黄懋泮

庠生杨廷彦

附贡生蒋葆源

五都采访

布政司理问衔杨福昌

州同衔杨世权

邑廪生杨世瑝

庠生陶晃

邑廪生彭藻贤

监生杨万枝

邑廪生张寿基

六都采访

承袭云骑尉世职、升用知县、湖北补用县丞邓崇烈

候选训导、庠生廖祖桢

州同衔潘本榘

邑廪生谭炯

监生李余锟

监生卢嵩

庠生王福谦

七都采访

九品衔李秉英

九品衔唐钟燨

监生喻悦臣

庠生张德澡

候选训导、庠生黎元献。

八都采访

五品衔候选州同、邑庠生戴文楷

五品衔布政司理问闵书府

邑廪生萧镜湘

翰林院待诏衔张越

九都采访

光禄寺署正衔、附贡生戴映元

邑廪生夏官百

监生何祥墉

庠生王敦敏

十都采访

州同衔候选县丞姜瑞芳

庠生姜人善

增生姜瑞琪

府经历衔吴能伸

庠生赵光骏

前代修志姓氏

明

正德己巳岁

主修：知县刘绚

纂修：邑绅袁经

嘉靖壬子岁

主修：知县周孔徒

纂修：邑绅周策

万历壬寅岁

主修：知县张栋、沈震龙

纂修：邑绅陶显功、梅灿然

同修：胡秉忠、吴爵、杨名、许廷策、崔廷用、周耀冕、胡宗臣、杨廷选、杨文华、吴道行

国朝修志姓氏

顺治戊戌岁

主修：知县蒋应泰、权持世

纂修：邑绅陶汝鼐

同修：王维汉、杨潜英、陶之典、袁大猷、吴嘉骥、黄子隽、胡衷愉、王长昱、周和溥、易赞、陶之采、周敬溥、陶炘、陶炌、邓林琦

康熙壬戌岁

主修：知县王钱昌

同纂：邑绅胡衷愉、吴嘉骥、陶之典、廖方达、陶之采、周和溥、周敬溥

同校：彭之寿、秦士伟、曹封、胡衷昱、陶淑、胡期孝、王长昌、胡衷煐、杨洪礼、汤师伯、吴映星、廖乔年、陶焞、周拔枢、周挹枢、喻俊英

乾隆戊辰岁

主修：知县李杰超、郭定

纂修：邑绅王文清

参校：余恺、王文沅、黎希文、喻从望、王乐钟、童正宗、胡天泽、陶文鳌、王万言、黎祚郫

嘉庆丙子岁

主修：知县王余英、许瀛、甘庆增

总纂：邑绅袁名曜

同纂：刘瑞经、周锡瑜、王人定、胡光里

编校：蔡先达、成煦、袁汝滋、周校肄、王德邵

约言四则

一、志乘之体，祖书宗史。书道政事，史详得失。故方志体例，画界宜严，而政治所关，不可疏略。明康海《武功志》、韩邦靖《朝邑志》，义例简括，援据精核，世传绝作。然吏治民生，休戚安危之大，或有未详，颇为缺典。兹延请诸君子，均毛土此邦，于凡因革损益、源委利病，无不洞悉，务希笔之于书，可为治谱。但裨实用，不尚繁文。谅有同心，曷胜欣幸。

一、志乘之要，首重疆域，疆域之要，尤在舆图。晋裴秀作《禹贡图》，条陈六法，犹存古意。国朝胡渭申明六法，尤详鸟道。作图之法，必先熟察形势，胸中了然，然后计里开方，绘图立说，以城市统都区，以都区统乡里。凡山川之险夷，壤地之交错，去治之远近，道途之纡直，分合伸缩，巨细备载，以备考究。有事则审几扼要，保固藩篱；无事则保甲团练，从容布置。左图右史，方略具在。其中撮其几要，定厥指归，不厌求详，冀臻完善。

一、志为史之一体，发潜阐幽，正人心，维风俗，于是乎在。无论名德巨公、伟烈丰功，宜垂竹素，即闾巷一至之行，门祚式微，行故坠没，尤宜搜采，幽隐急为表扬。至军兴以来，死绥将士树勋疆场、力竭捐躯者，动以千百计，而霜嫠处女，艰苦卓绝之行，感风雨而泣鬼神者，尤难更仆数，时代未远，搜辑宜勤，幸其苦心，昭兹大节。

一、《人物》一门，如《儒俊》《仁厚》《耆寿》三类，悉沿旧《志》，采择稍宽。然耆儒退士，服膺六艺，穷老不悔者，核其学行，具有本末。其余彬雅之彦，亦必文誉素彰，人品无玷，置之前史《儒林》《文苑》诸传，上焉者既当之克配，其次亦可附骥以彰。至闾巷砥节之子，好行其德，亦足见国家政教，入人之深，怀仁守义，成为风俗。史迁传《游侠》，班固传《独行》，犹斯意也。若夫岩穴庞民，老寿繁祉，均为升平人瑞，足增载笔之光。惟善善从长之中，必寓公是公非之义，不设成心，用存直道，可质父老，可告神明。知我罪我，为宰者愿与都人士共矢之。

同治六年季冬月，黄陂郭庆飏识。

例言撮略

一、旧《志》分八门,体例简要。每一门中分各类,纲目厘然,今多仍之。然各类亦稍为参易。军兴以后,应按时务,如地理之疆域附险要图,选举类列保举,兵防类附团练,忠孝类分作忠义、孝行是也。至灾祥,作祥异。地里中之仓储,官田官地义所附赋役,物产不附赋役附风俗,贞节作列女,皆无乖于旧例云。

一、志乘体例谨严。旧《志》节妇录,有四十岁上下者,谓守节十五年,可先表扬,以坚其志。然守节十五年身故者合例,非语现存也,现存者仍断自五十以上。新例守节十年身故者,亦合并照新例。女德除节孝、贞烈外,其余皆从夫从子之常行也。旧《志》贤媛未续载,年高者入寿妇。又古迹例得载楼、亭、树、石,然除旧《志》已收外,近今数十年中无所增益,且恐因私意以附着地名者,转致乖官书体例,兹不续载。至寺观、塘坝未绝争端者,或照旧《志》,或更旧《志》,务令访察,详明纪实,以彰公道。又军兴以来,忠义之士最多,或一案多人,或一省数处,择其死事最烈、事迹最显者为之立传;其事实未详、姓名可考者,则用前史附见之例,以存其人。

一、志以垂久远,虽大吏亦直书官书名,以符史体。书官以时制为断,如书国朝之官,抚曰巡抚,不称中丞,藩曰藩司,不称方伯之类。

一、邑志旧不分都,然志以便稽览,如凡载地名,俱准县治,按方按里。惟方二百里,庐列繁多,分都则散而有纪,且有一名而数见者,分都则复而不混。又节妇名至幽隐,即于旧《志》现存节妇,此次应载殁年,合邑遍访,无从尽悉,况此次合例者,搜采殆遍,盈篇累简,恐将来更难考究,特于续载分都,以便查阅。各类仍不分都,以符旧例。

同治六年季冬月,邑人童秀春识。

目　录

（上）

天文志

《尧典》始言天事，《豳风》《月令》，百姓日用而不知。故星历之学，掌之专官。蕞尔一隅，甘、石之经，亥、章之步，原可存而不论，以俟镜玑者为之折衷焉。至天有五行，人有五事，征应之理，消息之际，相与甚微。《汉书·五行志》于庶征但及灾眚，沈约《宋书》乃作《符瑞志》，《宋史》兼采祥异，嘉禾、瑞芝与水旱、札瘥并书于册，亦以见剥复之机关乎？人事恐惧修省，所以消疹厉而召修和之本也。故首列《星野》，而以《祥异》附之云，志《天文》。

天文一　星野

京师北极出地，高三十九度五十五分。湖南省城测极，较顺天府低十一度四十二分。宁乡县治在省西百里，仰测北极，高二十八度十七分，东较省城测极高出四分，西较安化县城亦高四分，西南较湘乡县城高三十一分，东南较湘潭县城高三十二分三十秒，北较益阳县城低十五分四十秒。袁氏名曜曰："辰居所而星拱极，政以德而民归极，圣天子平秩南讹，鹑野之邦，翘首瞻就，首测极度数，北面之义也，所以昭皇建极而民归极也。"

邑有四界，疆域即四界邻县之测极，差等明，之所以明度数，起于天枢，而疆域定于朝廷也。且湖南太阳出入及各节气时刻，与他省或同或异，俱由本处测极推算。精占验者又从本处时刻推二曜五纬，会冲以卜丰歉祆祥，故测极宜首载。

按测距极度数，古法多疏，今法较密。《汉书·考度论》云："北极出地三十六度。"此浑天下之地，皆距北极三十六度，其言非是。各省地有高下，距极度数不同，太阳出入时刻各异。明崇祯中，命西洋人至各省分测，始析言各省距极度数，故《明史》载京师距北极四十度。国朝康熙间，命西洋人绘各省北极出地舆图，刘茂古表进，言北极出地京师高三十九度五十五分，湖南省城较顺天府低十一度四十二分。姚信昕《天论》云：天体南低北高，湖南居正南，地高天低，故分测距极度数相悬若此。所云宁乡县治仰测北极高二十八度十七分者，盖较省城为高，较京师则低也。

偏度之说始于《崇祯历书·交食历指》，即《周礼》典瑞土圭测日景致四时日月之法。明《天文志》以京师子午线为中，较各省所偏之度，凡节气之早晚，日月食之先后，胥视诸此。湖南去京三千七百五十七里，偏西七度有奇。徐中干云：各省节气，以二分中气为定，谨遵御制，历象考成，后编新法，日躔月离。核算同治五年时宪书，二月五日乙未春分寅初二刻后，日躔降娄之次京师，寅正初刻十二分交节，已入度五十九分，湖南寅初一刻十三分，不及度十　分，差七十分。八月十五辛丑秋分申初二刻后，日躔寿星之次京师，申正初刻三分交节，已入度五十一分，湖南申初一刻四分，不及度二十分，差七十一分。《明史》云：东西相距三十度，则差一时。湖南偏西七度有奇，节气、时刻、日月食，皆差顺天府二刻有奇。宁乡与省城较差数不及一分也。

軫宿圖

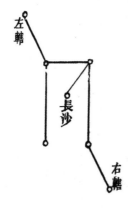

《軫宿步天歌》：四星似张翼相近，中央一个长沙子，左辖、右辖附两星，军门两黄近翼是。门西四个土司空，门东七乌青邱子，青邱之下名器府，器府之星三十二。以上便是太微宫，黄道向上看取是。

黄帝分星，自张十八度，自轸十一度为楚分。

《天官书》曰："轸主冢宰辅臣。"又曰："轸为车，主风。其旁一小星，曰长沙，主其地。"

张衡曰："长沙一星在轸中，主寿命，亮则国家长寿，子孙有庆。"

张谓曰："长沙一星在轸四星之侧，上为辰象，下为郡县。"

陶氏汝鼐曰："扶舆清淑之气，其钟于人也，不偶矣。然画野分疆，参分辰象，则征应实系之，而且吏应厥宿，民惟厥星。士占厥圭璧，宁幸而当玉衡之次，虽在属邑，清淑钟焉，亦何以答光岳贶，其思之矣。"

王氏文清曰："星土之协应久矣。"巫咸曰："长沙明，天子寿丰。"张衡赋亦曰："长沙明而献寿。"夫天锡纯嘏，万寿无疆者，天子之寿也。一人有庆，兆民赖之，则黄耇台背，扶杖而望升平者，万姓之寿也。吾宁密迩长沙，覆帱一体，不可敬候其光昌，以为称觥觥、介眉寿之全庆哉。

按：分野虽本《周官》《左传》，后之祖其说者各异。《汉书》云：荆州，翼轸分野。又云：楚，鹑尾分野，是以翼轸鹑尾为二。《唐书·天文志》云：翼轸，鹑尾也，则合为一。《汉书》"衡殷南斗"，谓北斗之玉衡，宋《天文志》遂以长沙星为玉衡。《后汉书》以五经星配五岳，衡山当荧惑为鹑鸟，杜诗所云南岳配朱鸟者。《寰宇记》云衡山"宿当翼轸，度应玑衡"。《洞渊集》云衡山"上应翼轸玑衡之精，下镇楚地之分野"，又以翼轸玑衡皆楚之分野矣。唐《天文志》驳《周礼郑注》不宜守甘、石遗术，不知变通。如今荆州属湖北郡，而王勃《滕王阁序》言南昌星分翼轸。《天元历理》谓黔之普安为翼轸之分。《五纪说》云列宿在天，九十一日易一次，由西北而转东南。分野之地安能随其变迁乎。又《晋书》载桂阳入轸六度，长沙入轸十六度，而费直云起张十三度至轸七度，晋《天文志》云自张十七度至轸十一度，唐《天文志》云起张十五度至轸九度，未有以楚属轸十六度者。或遂谓轸十六度犹在寿春界，次为郑分。又《潇湘听雨录》云："桂阳地距长沙六百里，山川迁折，以勾股法得弦四百四十余里，而度数相悬乃逾其十乎。"又《星经》以荧惑主荆楚，应长沙。夫火为荧惑，出没不常，何以主楚？又长沙星，《史记》谓是轸旁一星，《通志》云四星中最小者，《唐书》云其中一星。考《翼宿歌》曰"中央一个长沙子"，则谓轸旁者非也。又《府志》以长沙子即轸四星中一星，然轸四星，左右两辖星，长沙子比四星差小，实在中央，其图具在，谓四星之一然欤？即分野之说，尚且轇轕龃龉，宁去省百里，固在长沙星光照之卜，顾其度分微眇，如袁氏所云距星中间二十四分矣。今嘉庆丁丑历载轸初度，起寿星八度，较崇祯元年所测轸第一星在寿星五度者，已逾三度，则长沙在寿星之八度者，亦应东移数度。循是以推，将毋二十四分之说，洎今不又有纤忽差忒者耶？总之，天道高远，非智识所能窥。国朝玑衡齐政，推测精详，集算学之大成，善占念者当知所钦奉而准则矣。

天文二　祥异

《周礼·保章氏》："以五云之物，辨吉凶、水旱、丰荒之祲。"若景星、庆云、器车、马图、阶蓂、厨箑，古称休征，而尧潦汤旱、桑谷共生之类，盛时不讳。君子畏天，见物有反常而为变者，必思其所以致而恐惧修省。然天道远，有不可知者。《春秋》书灾异，繁而不杀，而事应概未之及，盖慎之也。三代后，术数竞兴，董仲舒、刘向之徒皆以《春秋》《洪范》为学，旁引曲取，迁就其说。推其事应，间有不合，将使闻者视为偶然，谓天变不足畏，非史法也。今仍前《志》，记（详）［祥］异而不录事应，或不悖于《春秋》之旨云。

宋以前无考。

元

至正三十一年甲午，大旱，饥。明年，谷种一升，直银一两。

明

正统五年庚申，大旱。

天顺三年己卯五月中旬不雨，至九月九日始小雨。

成化七年辛卯，大旱。

弘治二年己酉，雨旸时若，棂星门产瑞芝二本。

八年己卯，竹吐花，山木生白蜡，民大饥。

九年丙辰，大雨，水泛街衢，通舟楫。

十一年戊午，市宅火，烬余仅十之二。

十五年壬戌，戟门左顺坊产芝五，其首如云，五色备者二，朱色而秃者三。

十八年乙丑冬，大雪冻冰阅三月，坚厚数尺，路平如砥，无江河阻隔，行者日兼数程。

正德二年丁卯，旱。

三年戊辰，大水，蝗伤稼。

四年己巳，益阳界地震，有声如雷，屋瓦尽堕，鸡犬皆鸣。

嘉靖二年癸未，旱。

四年乙酉，天多风，虎患数见。山贼徐渣耳等掠县境凡五六日，后益阳知县王奇枢以计斩于县堂，乱遂平。

十年辛卯，西关市宅火几尽。

十三年甲午，大旱，民苦饥，毛虫集屋椽无空隙。冬，有虎踯躅于市。

十四年乙未，毛虫如前年，县中寇起，掠至湘乡界。秋，官兵讨平之。

十六年丁酉，大水，虎四出伤人。

十七年戊戌，三月不雨，至六月始雨。

十八年己亥，季夏中不雨，至季冬大雨雪。

二十一年壬寅五月初八日，地震，民屋动摇，如船将覆，檐瓦零落，磁器堕地。

二十三年甲辰，大旱。

二十四年乙巳，大饥，石谷直银一两。

二十八年己酉十二月初二日丑时，雷震。

三十六年丁巳四月，荧惑自角退，入轸二舍余。

万历十五年丁亥正月，荧惑退入轸。二月，退行翼次。四月，犯翼。明年，旱荒，连岁饥疫。

二十八年己亥，四月不雨，至九月乃雨。次年，播酋变，征丁夫入黔，民苦之。

三十四年丙午，大水灾。次年复然。

四十年壬子，大旱。

四十四年内辰十二月，荧惑犯翼。

四十七年己未正月，荧惑犯轸，退行。明年，彗见。

天启二年壬戌春，大冰雪，池鱼多冻死。是年盐贵，斤直百钱。

三年癸亥，明伦堂两桂盛开，结子盈枝。次年再实。至崇祯五年、六年，花实如之。

崇祯四年辛未六月，地大震，有声自北来，武陵尤甚。越旬再震。

六年癸酉六月，大风拔木。先是文塔上灌莽丛生，不便翦伐，是日烈风拔之，虬枝满城如舞。

十年丁丑冬，旱。湘乡天王寺贼李高峰、魏龙宇首乱，兵宪高斗枢讨之不克，贼复通临武、蓝田诸矿贼，攻郡城，邑民苦兵事。

十一年戊寅八月夜，地大震，天王寺贼大肆杀掠。十二月，大雨雪，至明年正月既望，冰厚尺许，木冰介。

十四年辛巳春，大雨雹，虫食松林垂尽，夏不雨，至九月大雨兼旬，饥馑洊至。

十五年壬午夏，旱。邵阳贼百数十人焚劫柳林堡唐市，旋入城劫胡三台家，杀三人，大掠而去。知府堵允锡率兵尾其后，战于倒牛坪，守备余云岫死之。

十六年癸未，大旱，草鸡塘贼起。七月，官兵进剿，贼遁。官兵杀良民冒功，乱益炽。九月，张献忠攻长沙，御史刘熙祚护吉藩走衡州。十月，猾胥龚之奇、陈应龙及吉藩左承奉黄明治迎贼，置伪官吏。十九日，贼趋武陵过宁，刖人手耳，委骴成邱，杀绅士不屈者百三十六人于北郊，昼霾如晦，县令邱存忠死之。贼复自衡州执刘熙祚由湘潭过宁乡，至道林市北宗师庙，益肆屠杀，胁熙祚不屈，死之。

国朝

顺治元年甲申，我大清定鼎燕京。谨按：顺治四年，国朝兵始定长沙，故旧《志》于癸未岁后丁亥岁前，但书甲子，未列年号。洪惟龙兴定鼎，肇自甲申，正位体元，声教先被，纪元年大一统也。四月，明福王即帝位于江宁，称宏光元年。先是，明镇臣左良玉屯军汉阳，屡奉诏催，始来长沙击献贼。贼先走，良玉纵兵剽掠残邑，以炮烙索人赀财，较贼倍惨。邑绅杨文华、张所蕴，庠生梅齐贤、朱慈祚等俱遇害，民望我大清兵如望岁焉。是岁，简氏桥土人家母彘产豕，形如象。邑东北乡多虎患，饥疫遍野，民望我兵愈迫。

二年乙酉，枫实如梨。四月，左良玉余党小马溃兵掠县四日遁去，邑绅汤道立遇害，市宅被焚。是月，明福藩城破，被我兵执。五月，明唐王复嗣帝号于福州，称隆武元年。

三年丙戌，大旱。夏秋之交，百日不雨。是岁正月，我兵擒唐藩。至冬十一月，明永明王复嗣帝号于肇庆，称永历元年。

四年丁亥春夏之交，连雨百日，昼如晦。我大清兵来抚楚，明永明藩督师何腾蛟弃走衡州，溃兵焚掠邑之西境，搜山杀人。我兵入长沙，士民争先剃发。

五年戊子十一月，积雪，木冰介。先是，明藩督师何腾蛟、堵允锡招李自成部将马进忠、郝永忠等，分十三镇屯湖北，战败南还，群起为盗。马进忠焚常德，走武冈，大掠。允锡率李赤心、高必正兵尾之。诸镇兵亦多奔宁，屯西南乡，焚掠垂尽，蹀血数百里，黄材市千余家，存者无几。明年正月，腾蛟单旗来吊，大恸，切责允锡纵贼虐民，旋走湘潭，被我兵执，不顺命，绝粒死。后允锡走粤，病死。

七年庚寅，大有年。六月初五夜，大雷电，江水暴涨，山裂伤稼。是年，我兵定粤西，明永明藩由郴遁入黔。

八年辛卯，大有年。

九年壬辰元日，雪雷鸣。冬，明藩将李定国自黔攻陷靖、沅、武冈，入桂林，邑以上失守，民苦之。自是连岁用兵，收滇、黔。越六年，明藩将孙可望降，兵事息。

十一年甲午，大有年。是春，虎入城隍庙噬人。

十四年丁酉，有年。冬，桃李花梅实，笋生出林，西北乡多虎患，噬人百余。

十五年戊戌二月初六夜，雨雹，大如卵。

十六年己亥，有年，蠲免十二年至十五年逋赋。

十八年辛丑，有年。八月，天鼓鸣，土人杨氏庄陨石如斗，穿屋入地五寸。

康熙元年壬寅，有年。

二年癸卯，有年。

五年丙午秋，星陨于西北隅。明年旱，螽螟食禾。

七年戊申，太白昼见。

八年己酉，有年。

九年庚戌，有年。冬，积雪深数尺，河冰坚可渡。

十年辛亥夏，大旱，村民汲水数里外。县令权持世虔祷至泣下，遂得雨。雨先邻邑者一旬。蠲赋十之二。

十一年壬子春，旱。五月，东北雨物如绵。

十二年癸丑，有年。冬，滇南吴三桂叛。明年春，长沙以上失守，窃据者凡五年。置伪官，勒派多项，邑民苦之。

十四年乙卯，谷价贱至一金买二、三、四石不等。以三桂叛后，大湖南北不通舟楫也。明年如之。

十五年丙辰，我兵自萍乡来攻长沙，伪将往来应援，过境骚扰。明年，三桂自常德援长沙，过境骚扰尤甚，旋遁衡州僭号。

十六年丁巳三月，吴逆伏天诛，余孽以次溃。

十八年己未二月，我兵恢复各郡县，还长沙，民乐业如初。

十九年庚申，有年，谷骤贵，石直银一两，以水运路通，商旅云集也。冬，彗见西方，桃李华梅实，竹吐花。

二十一年壬戌，有年。竹吐花遍野，嗣是有屡丰之庆。

二十五年丙寅，谷贵，蠲免秋粮。

二十七年戊辰，谷贵，蠲免明年地丁钱粮。

二十九年庚午，有年。明年如之。

三十七年戊寅，有年。

四十年辛巳，有年。

四十五年丙戌五月，大雨，塘坝溃，农人疏于潴蓄，后遂旱无禾。

五十一年壬辰九月十二日酉时，南城外火。翌日酉时，南城内火，被焚者百数十家。

五十二年癸巳，有年。明年如之。

五十四年乙未，虫食苗穗，无收。明年大饥，乡民多抢劫。

五十九年庚子，有年。

雍正元年癸卯，有年。盐贵，斤直银一钱。

四年丙午，有年。四乡产嘉禾，一茎九穗。

五年丁未春，米价骤昂，斗直银二钱余。秋，大熟，江河鱼贯沂流。

六年戊申，有年。

九年辛亥夏，饥，米价贵，斗直银二钱余，民多弃家入蜀。

十年壬子，有年。

十一年癸丑六月十□[1] 日，有大星昏见西方，长三四寸，逾时没。连日大雨，山多崩裂。

十三年乙卯夏，旱。十一月晦日，旁有一月一星。

乾隆元年丙辰，有年。

三年戊午秋，慧星见西方，数月方没。

七年壬戌二月二十八日，民讹言寇至，合邑惊走，逾夕乃定。秋，大雨，水损田谷。

八年癸亥春，雨雪深数尺。十二月，彗见西方东指。

十年乙丑，旱。正月不雨，至五月。三月二十三夜，西城火，被焚者数十家，牛多疫，人负犁耙。

十一年丙寅，春夏无雷，秋大熟。八月，有三芒大星见西方。

十二年丁卯，大疫，邑市尤甚，自正月起至明年五月始息。一年无雪，江河连年少鱼。

十三年戊辰三月，十都乌龟山枫树结实大如豌，味甘。夏及秋初多雨。

十六年辛未，旱。

十九年甲戌，大有年。

二十年乙亥，旱。

二十一年丙子，大有年。

二十五年庚辰，有年。

二十七年壬午，有年。

三十年乙酉，米价骤贵，斗米三钱。

三十四年己丑，甘露降山木。六月彗见东方，七月没。

---

[1] 凡底本有缺或漫漶不清者均用"□"表示，全书同此处理，不再注。

三十九年甲午，大有年。

四十三年戊戌，大旱，谷贵，石直银二两。嗣是常贵。

四十四年己亥，虫食苗心，岁歉。

四十七年壬寅，大有年。

五十一年丙午，旱。

五十三年戊申，大有年。中秋夜，有赤霞，紫气光映学宫。是年，预行正科乡试，邑中式者八人。

五十七年壬子，大水。

六十年乙卯，有年。长沙发兵平苗乱，邑为首站，供夫役。越二年，兵息。

嘉庆元年丙辰，大有年。

三年戊午冬，大凌，树冰介。

六年辛酉，米价贵，石直银至二两八钱。

七年壬戌六月，大雨，蛟出嵇岚山，崩崖转石，平原水溢，田庐桥梁，倾荡无算。

九年甲子，有年。先是，银一两仅籴谷七斗，至冬可石六七斗。

十二年丁卯，大旱，早中稻无收。七月初十日，大雨如注，蓄稻荪小熟，米价石直银四两。虫食松叶殆尽，越五六年，虫始除。

十六年辛未，陨石于一都，凡七，大如斗，色黑。七月，彗星见北方，九月没。

十九年甲戌十二月，聚山至道林等处地震，屋瓦有堕地者。

二十二年丁丑，大有年，谷价始正。

二十五年庚辰，地震，屋瓦有堕地者。

道光元年辛巳春，庆云出南方，如芝五色。

二年壬午，有年。冬，雪深数尺，冰坚可渡。

三年癸未，连岁谷贵，银两籴七八斗。

五年乙酉，彗星见。

六年丙戌，彗星见西南方，芒丈余。

八年戊子，秋冬无雨。

九年己丑，冬大凌，树冰介。

十年庚寅，冬冰坚可渡。

十一年辛卯秋，彗星见西北方；冬，大雪，冰厚尺许。

十二年壬辰，春疫，夏大水。是年，江华县民赵金陇反，官军过县，设夫局供应。未几灭。

十三年癸巳，大水，蟛蜞食禾。

十四年甲午，谷贵，银两籴四五斗。

十五年乙未夏，旱蝗过界；冬，谷价转贱。

十六年丙申，有年，石谷直银五钱。

十七年丁酉，谷价如前。

十八年戊戌春三月初十日，昼昏霾如夜。有年，谷贱。

十九年己亥，有年，谷贱。

二十年庚子，有年，谷贱。

二十一年辛丑，有年，谷贱。

二十二年壬寅夏，大水，河堤多毁，有秋。

二十三年癸卯正月夕，白虹出西方，长竟天，至三月方没。六月，欃枪自西扫东，长竟天，月余没。

二十四年甲辰夏，大水，连年银贵，钱贱。

二十五年乙巳，石谷直钱五六百文。

二十六年丙午，大有年，盐一石直钱二千八百文，银一两买谷三石零。四都虎出。

二十七年丁未春，旱。四月十二日，雨雹。秋虫伤稼，谷贱如前。

二十八年戊申秋，淫雨连旬，稻生芽，半收半腐。

二十九年己酉，大饥，斗米直钱五六百文，饥民群聚，挨户索食，曰"吃排饭"，开常平、常丰仓平粜，秋收民心始安。秋，彗星见东南。十二月十九夜，月色赤如火。

三十年庚戌，有年，谷价平。

咸丰元年辛亥，有年，石谷直银四钱零，银一两直钱二千零。四都李结实如刀枪，瓜结如螭头。

二年壬子，秋旱。七月，太白昼见，夜有白光，长丈余，自西流至东，闪火如散珠有声。粤贼逼省垣，县兴团练，时居民纷徙，四乡匪起。齐令德五督众尽歼之，焚其巢。十月二十日，贼窜县治，越宿窜益阳，由林子口顺流而下，官军尾之。寻有潮勇逗留奸掠，团练奋逐之，居民复业。冬十月，桃李华，盐一石值钱十千零，谷贱。

三年癸丑，毛虫集松山，阶檐无空隙。秋，彗星见西方，县奉檄设捐局筹饷，侍郎曾国藩起湘勇于衡州。

四年甲寅二月初十日，粤贼窜县治，掠四乡财米，聚百余艘，掳少壮。督办团练曾国藩派武陵训导储玫躬带勇倍道进击，走之，被戕，邑人感伤，建祠以时祀。三月，贼复窜县，朱道孙诒自安化带南勇三百军侧石桥，军功魏大升、生员伍宏鉴自省带湘勇二千，军文书山败绩，伍宏鉴死之。贼东窜，焚县治，沿途民屋陷。湘潭提督塔齐布率师大破之，民心始安。署令周廷鉴详请被灾处蠲饷四成。夏四月十二日，烈风拔大木，雨雹色红。五月，大雨连日，水暴涨，山裂。六月，雨冰块。秋，地震，二都五区椿木抽芽，状如大刀柄刃，皆具长二三尺，桐木不实，结刀剑形。

五年乙卯正月，大风雪，河鱼多冻死，谷贱。冬，奉巡抚骆秉章檄，新定钱漕章程，清厘积弊。县设局催征，民便之。

六年丙辰，雪深数尺，斋匪何满杂货等谋逆于罗仙寨等处。事觉，耿令维中奉檄带团勇暨湘潭、湘乡合剿伏诛，余党散。

七年丁巳，秋收毕，蝗飞蔽天，声如风雨，所过竹叶草根立尽。冬，设局筹费，收蝻子数百石，立纠蝗刘猛将军庙于通安门外。

八年戊午春，奉檄捕小蝗，文武官暨局绅下乡，率民遍搜深山穷谷，所到扑灭成堆，不能尽。四月初，得大雨，淹死无遗类，每水推聚处，以数石计。民捞之粪田，肥极。

九年己未，粤逆石达开围宝庆，县戒严，十都共练勇四千名。寻宝庆捷闻，勇散。

十年庚申七月，彗星见西北方，荧惑入南斗。九月，县东城外雨黑子似豆。冬，大雪，五都虎噬二人。

十一年辛酉夏五月，彗星入紫微垣，逾月没。冬，桃李实。腊月大雪，冰厚尺许。秋八月朔，五星聚张翼。

同治元年壬戌夏五月，连日雨如注，九都芙蓉山出蛟，大水暴涨，舟楫达街衢，沿河二百里田庐桥梁多倾毁。冬，谷价渐昂。是科乡试，中式十二人。

二年癸亥二月二十八日，雨雹。四月十六日，天酷暑，鳅鱼多暴死，晚大雷雨，水暴涨，桂芽山麓崩裂石，坏民居，淹田二十余亩。裂处数月涌清泉，土人以为蛟。春夏荒，石谷直银一两三四钱，大有秋。

三年甲子春正月，大雪。二月二十八日，大风，震屋瓦，雨雹，大者如卵。夏虫食苗心，岁歉，谷贵如前。

四年乙丑，毛虫食松叶殆尽，清明日雨雹，腊月雷鸣。

五年丙寅五月二十六日，大风。时哥老会谋起事于湘潭，所有军械火药船遭风尽覆。是夜，放火城外，拿获多名正法。邑奉文团练，诛会目七名，余予首悔。九月初七夜，有大星，白光长数丈，自东南流西北，变赤绿色，坠地散，声如大炮，远近皆骇。冬十二月，雨黑子似豆，近县数十里多拾得者。

六年三月初十夜，大风揭民屋，雨雹，有年。四月二十七日，湘乡哥老会匪起事伏诛，邑办团练募勇五百名，诛会目二名，撤勇。十一月初二夜，天闪白光，声震如炮。是月，县北菁华铺胡姓家牡丹再华。腊月，连夜雷鸣，一冬无雪。

【卷之三

地里志

《书》曰:申画郊圻,慎固封守。《周礼》:司徒掌邦地图,厥典綦重。《通典》言地里之学,曰辨区域,征因革,知要害,察风土。所谓要害者,疆域形胜而已。贾耽有言,百闻不如一见,十说不如一图,是非明于勾股、洞悉形势不为功也。兹编首列疆域沿革,而险要之地,计里分方,略为之图,欲使无事时禁防肃然,一旦有警,犄角扼吭,方略易设。他如山水、厅宇、古迹之属,以类附见,可按而稽矣。虽然地利不如人和,感孚激励,众志成城,是在守土君子。志地里。

地里一　疆域 附险要

地里先正疆域,即毕,命申画,慎守义也。疆域言四至,始于《尔雅·释地》,唐杜佑《通典》遵之,李吉甫《元和郡县志》、宋《太平寰宇记》更详八到。八到者,正东、正西、正南、正北、兼东南、东北、西南、西北也。《府志》:宁乡包裹腹内,不与他郡连。然于长沙、善化、湘潭、湘乡、湘阴、益阳、安化,固自犬牙相错,则界限宜清也。爰准县治,注方舆远近并险要各乡、都名目,胥胪列焉。

疆域全图

界址

东，至善化县界，三十五里。

南，至湘乡县界，八十里。《通志》作至安化，误。

西，至安化县界，一百六十里。《通志》作至湘乡，《府志》作至益阳，俱误。

北，至益阳县界，二十里。

东南，至湘潭县界，八十里。

西南，至湘乡县界，九十里。

东北，至长沙县界，四十里；至湘阴界，四十五里。

西北，至益阳县界，五十里。

道里

广，二百五十一里。袤，一百八十里。

险要图说

《易·坎·大象》：王公设险，以守其国。《周礼·夏官·司险》：掌九州之图，以周知其山林川泽之阻。安不忘危，古有明训。偃然弛备而欲狡焉思逞者，有所长虑却顾焉，不可得也。宁乡为湖南省城迤西第一关键，势居腹里，近长沙县界，地多平衍。其接壤安化、湘乡、湘潭、益阳、善化者，地多险隘。县治首枕玉几，三面依山，一面滨江。沩岭之西，唇齿梅山。如司徒岭，悬岩峭壁，俱称绝险；迤东如石楞关，为由长达宁孔道，两山壁立，有险可凭。咸丰二年，粤匪西窜，实出此道。由此渡资水，下洞庭，东南大局几坏。利害昭然，犹堪复验。今年会匪倡乱湘乡，我邑戒严邑，人议扼杉木壪，以防其下窜宁之道，幸藏事甚速，得以晏然无恐。近至界善化之黄茅大岭，界安化、益阳之关壪，界湘潭之大界岭，皆称险要。方筹立堡寨，为未雨绸缪之计，山险之处，相势修筑，平原无险，亦可择要具修接连，互相犄角，亦固围之要画也。

兹仿晋裴秀分率准望、道里高下、方邪迂直之体，于去治之远近，地势之险夷，经途之纵横，间道之纡直伸缩分合，为之图而系以说，以俟筹划守土君子之讲求，而居稽之士亦得资考核。遇有侦缉之事，

即可指示发踪。间遇宵小啸聚，即可四面设防。夫运用之妙，在乎一心。地利之微，固有图不能载，说不能详者。纸上之谈，往往举一废百，抑或胸中了然，身亲其地，反若昏瞆，图籍岂尽可据。然审奇正、权缓急，固必决之于临时；而综大纲、识条贯，则必讲之于平日。古人为学，所以图史并重，务使览者了如指掌，思患预防，伏至险于四塞中，当亦治安之世所不废也。

险要旧作关隘

沩口戍。在县东北沩水口，后魏郦氏《水经注》："沩水历沩口戍。"

石楞关。在县东二十五里。《通志》："在天马山旁，昔人因两山对峙，就隘口置关，遗址尚存。"

柳林堡。在县西百四十里蛇皮寨，南通安化、新化、湘乡。嘉靖九年，设指挥哨守，今裁。

唐市镇。《方舆纪要》：元置巡司于唐市，今裁。

以上旧《志》。

三角寨。在县西百六十里，元至正十二年，湘乡岐山李于贤、袁仲清因险立寨，避红巾贼。

蛇皮寨。在县西百五十里。元至正十二年，居民李仕礼因险立寨，避红巾贼。

以上旧《志》、原《通志》。

司徒岭。在县西百七十里，界安化。《通志》：崇冈峭壁，鸟道崎岖，宋将王全驻兵于此，以拒瑶寇。

杉木墺。在县西百五十五里，过墺为湘乡境。

黄茅大岭。在县东南七十里，岭有巨石，尖耸数十丈，俗呼"鹰嘴岭"。

大界岭。在县南九十里，过岭为湘潭境。

罗仙寨。在县南七十里，界湘乡。

三仙墺。在县南九十里高露山麓，前《志》以宁乡、湘潭、湘乡三县接界，讹"三湘墺"，其实不界湘乡。

关墺。通安化大福坪，又界益阳。因关帝驻守于此，故名。说铃赴鲁肃宴会，正在益阳。

芙蓉寨。在县西南九十里，山高而大。明季，土寇梅四保作乱，居民筑寨于此。上有池蓄鱼，贼初疑汲路，绝必溃围。数月，寨中取鱼掷下，乃退。

朱石桥。在县南七十五里，为潭、湘孔道。旧有市百余户。

五乡

释褐乡。在县最西，以宋状元易祓故里得名。

崇德乡。在县西北，以先儒张栻寓居得名。

秀士乡。在县最南，以宋处士谢英故里得名。

温泉乡。在县南，以汤泉名。案：温泉与汤泉别，今二都四区河上桥右侧有温泉冲，或谓以此得名，未知孰是。

浮邱乡。在县北。旧《志》：世传有三女立田中，田叟见而逐之，皆浮泥不得进，女化三鹤去，故名。

袁氏名曜曰：浮邱，古仙名。《府志》：浮邱山，在益阳西南九十里。《通志》：益阳县南至宁乡县九十里，浮邱山是二邑界山，乡名或以此。

案: 县东北五里锁匙冲侧有田，（从）［纵］横约丈许，中有荡，深无底，泥常浮于面，俗呼浮泥丘，金谓乡名以此说似较确。

十都

乾隆年定正名目，附见沿革类。

狮顾一都。仍旧。

龙凤二都。原名飞凤，以飞凤山在学宫后，属三都地，定为龙凤。

洋泉三都。原名玉潭，以玉潭在县治前，属一都、三都地，定为洋泉。

石柱四都。原名灵峰，以灵峰在一都，定为石柱。

石潭五都。原名汤泉，以汤泉在七都，定为石潭。

望北六都。原名石柱，以石柱在四都，定为望北。

汤泉七都。原名天马，以天马在二都，定为汤泉。

柳林八都。原名楼台，以楼台在二都，定为柳林。

罘罳九都。原名香山，以香山寺在县治西北隅，属三都，定为罘罳。

沩山十都。仍旧。

工氏文清曰："考宁邑疆域，旧为六十七都，不知何时并为十七都，迄王令若视，又并为十都。裁并之初，犬牙割裂，尔时沿乡林莽，遍地疆墟，遂以县治地名，分配十都名目。往往都之名，有与其地风马牛不相及者。洎今顾名按实，如祊许之各远其郊也，如郑以咸林旧号施之虢桧间也。承平日久，疆场截然，广袤四百余里中，可枚举而掌指也。值邑乘重辑，尚仍图籍之误，不为之厘正乎？"谨按各都地里，定正其名。

十景

附图。前《志》图弁卷首，景类古迹，今并合之，附列于此。

玉潭环秀。薜花岩下，石壁澄潭，岸松映碧，渔家十数，旧所建玉潭桥处。

飞凤朝阳。山在邑中南向，舒翼若飞凤状，学宫冠其上。《一统志》载宁之飞凤山，盖名胜云。

香山钟韵。香林山，古旃檀生处，当县治之西隅，有双钟洪响，昏晓落烟阓间，晴雨异音，不减姑苏城外寒山寺。

狮顾岚光。狮峰蹲踞白石关下，若搏象之余，回瞩林表，以其滨江抱寺，岚翠缤纷，故朝旭夕曛，每多佳气。

楼台晓色。层峦叠翠，山日楼台，东拱迎薰门，竦碧压江，送青排闼，每朝晖初起，云霞之色照人。

天马翔空。两山腾耸，骧首行空，当县之东南，入省必经之路。昂霄扼要，风景尤佳。

灵峰夜月。当林谷清幽之处，拔起干云，江流其址，胡五峰筑室，张南轩从公讲学。至今明月空山，令人神恬气静。

石柱书声。石柱嶙峋，其上方广，藉其平莹为读书堂，谢征士之遗躅，风晨月夜，往往有咿唔声。

汤泉沸玉。泉滨山溪，白石入溪中，坟起陷处，若釜鬶沸出，数孔间如焯爝不可掬，凌冬望之十里外，青烟如燎，癴痾愈疾，常有奇功。其上有蒋琬庙，土人祀之。

大沩凌云。沩山邑治，准之可高出数十里，自古方丈传灯，海内称祖庭之一，干云薄雾，势绝尘寰，高老入空，夏可拥褐。

袁氏名曜曰："标题胜景，分著名目，昉自米南宫潇湘八景。后人竞效之，雷同剿袭，大雅所讥。然相传已久，志书多从菅蒯之例。西宁十景，创自明臣袁经。正德己巳志稿以后，修志者俱录之，明臣陶汝鼐补注，兹乃其旧。"

■ 卷之四

地里二　沿革

　　分土任人，画疆定治，郡县命名不一，而沿革则可考而知也。宁乡自秦置长沙郡，宁地属焉。西汉封长沙国，置县十三，地隶益阳。吴太平二年，析益阳地，置新阳，后改为新康。乃或云析自长沙，或因玉潭有湘乡街，又蒋琬故宅在县治北伏虎井，并疑析自湘乡。而析置宁乡，则以《一统志》所载宋太平兴国年为断。兹作历代沿革表，起唐虞至国朝，次第注之，以备参考。而宋以前则仅载其略，亦史家阙疑之意云。

唐虞	旧《志》：宁乡古三苗之地。案史三苗国，左洞庭，右彭蠡。苏子瞻《指掌图》：三苗居潭、袁、岳、鄂之间，宁非其地也。
夏	宁乡为荆州域。《禹贡》：荆及衡阳为荆州。陶显功曰：宁乡去衡山三百里，而近西南隅，固衡山之麓也。
商	宁乡为荆楚地。
周	成王封熊绎于熊湘，传至熊渠，辽号国曰楚，宁乡属荆楚地。
东周	宁为楚黔中地。
秦	秦始皇分天下为三十六郡，楚置长沙郡，宁乡属焉。
西汉	高祖五年，封长沙国，置县十三，宁地属益阳县。
东汉	建武六年，复置长沙郡，宁乡地仍隶益阳。 建武二十年，史：孙权争长沙，使鲁肃将兵屯益阳，后刘与权和分湘水为界，武陵以西属刘，长沙以东属权，宁地隶吴。
三国	吴太平二年，析益阳地，置新阳县，即宁地。
晋	太康元年，改新阳曰新康，隶衡阳郡。
隋	大业三年，省新康入益阳。
唐	武德四年，析益阳置新康，仍隶潭州。七年，复省。贞观元年，复改置曰宁乡。
后唐	天成二年，马殷改潭州为长沙府，宁乡隶焉。寻复省入龙喜县。 考《五代史》，称析长沙县东界为龙喜，今长沙东界浏阳，则当日龙喜疑浏阳县地，其废置与宁乡无涉。
宋	建隆四年，取潭州，宁隶焉。 太平兴国六年，析置宁乡县治于故新康之玉潭镇。
元	天历二年，以长沙郡为天临路，宁乡属焉。
明	洪武五年，改天临路仍为长沙府，宁乡属焉。
国朝	顺治四年，开长沙郡，宁乡隶如旧。

原都六十七，并为十七。并之时代不可考。

第一都，第三都，第四都，第五都，第七都，第十都，第十一都，第十三都，第十七都，第二十一都，第三十都，第三十三都，第四十九都，第五十八都，第六十一都，第六十三都，第六十七都。

明宣德年，并作十八坊，为旧坊。宏治年，邑令邓万斛析畸零户为新坊。

国朝顺治十一年，邑令王若视改并为十都。狮顾一都，并三十三都旧坊、新坊为一。飞凤二都，原十七都。玉潭三都，原二十一都。灵峰四都，并五十八都、六十一都、六十三都、六十七都为一。汤泉五都，并三十都、四十九都为一。石柱六都，原十三都。天马七都，原一都。楼台八都，原三都。香山九都，并五都、十一都为一。沩山十都，并四都、七都、十都为一。

地里三　山水 附津梁

郑樵氏曰："州县之设，有时而更；山川之形，千古不易。"宁乡地处湘西，山水清厚，出云雨阜，财用其利薄矣。钟灵毓秀，贤哲代兴，降甫生申，民物无疆之福于是乎赖，尤足增此邦之重也。然绮交脉注，界划宜清。兹编所采，分都以载支干，源流了如指掌。凡山之属若干，水之属若干，以类相从，借以熟悉形势，非徒侈谈名胜已也。

县垣山类

山

玉几山。在县治西数武，端正环抱如几，县治倚焉。

飞凤山。在县治东北，山头突起如凤，左右支如翼，学宫在焉。道光二十八年，郭令世阊倡阖邑士绅移建文昌阁于其顶。

香林山。在县治西北。《府志》：山产旃檀，宋立香山寺。

岭

仓岭。在县治左，粮仓在焉，故名。

水府岭。在县治右，明时有水府庙，故名。今呼西门墺。

谈家岭。在县治右，明永乐时，谈万世自吉水占籍于兹，故名。岭势圆耸，下临玉潭，俗以形似弹弓，又名弹弓岭。今万裔公置墓庐其处。

一都山类

案：石为山骨，前《志》附古迹，今遵乾隆《志》，增入飞凤山、仓岭，已详县垣山类，不再列。

山

狮顾山。在县东北三里，如狮蹲伏，睥睨江滨，玉潭水泻其下，为县治关键，一都得名以此。

浮邱山。在县东北二十里，接益阳界。山有梓梁岩石室。刘宋时，潘逸字子良，《府志》作潘逸，远学浮邱术，炼丹于此，梁天监中飞升，故名。《祖灯集》：澧阳宣鉴禅师尝避难于浮邱石室，即此地也。

小武当山。一名广济山，在县北二十里，上有真武行宫。

小回龙山。一名望南岭，在县东北二十七里，回首顾县治，故名。

金华山。在县东北二十八里，上有善庆寺，唐武德年间建。

书堂山。在县东北三十里，高十余仞，周六七里，上有书堂遗址，为先贤胡瑗讲学处。先儒张栻诗云："书堂何寂寂，芳草亦芊芊。"盖谓此也。

石塘山。在县东北三十七里，山势雄峻，下有石塘。

挂榜山。一名黄土岭，在县东北四十里，峭立沩滨，昂首向县治，若挂榜然，故名。或云逢乡、会试年，山上浮土溃裂，时露新痕，即有登榜者且即土痕疏密，可卜科甲多寡，居民以为极验。

道山。一名灵峰，在县东北四十里，高亚于书堂，如乔梓然，林谷清幽，江流环绕。上有书院遗址，为宋臣胡宏、张栻讲学处，距书堂山十里。或欲并而一之，误矣。

岭

寨子岭。在县东三十八里，沩水绕其北麓。

剅圠岭。在县东四十里，上有古庵遗址。道光初，赵某建屋平基，掘有古镜、古砚、古碗、古钱。

龙王岭。在县东四十一里，面朝县治，为县河下流锁钥，岭东里许长沙界。

岩

藓花岩。在县东一里，玉潭江岸，岩石硐磛。刘瀚润铲平险峻，遂成坦道。

梓梁岩。在县东二十里浮邱山上。

坡

搜奇坡。一名筲箕坡，在县东四十里，形如箕，坡边出无名异草并牌草。

林

枫林。在县东二十里枫江冲，林多大枫，故名。

石

虾蟆石。在薛花岩，有石如蛙，故名。

二都山类

山

楼台山。在县南五里，状若壶峤，为邑治障蔽。

杉山。在县南十二里，山势蜿蜒，为县治西南屏障。

仙吟山。在县南二十里，由秬岽山逆上至黄泥墺，回旋左折，冈峦巉嵲，约十数里，秀起一峰，仍面秬岽。或云曾有人吟咏其上，就之忽不见，疑为仙，故名。

龙凤山。在县南二十五里，自秬岽迤行，衍十数里，矗为高峰，若蜿蜒骧首，踞花桥之原，稍纡而右穿重嶂，矫而张翼如鸎鸎然，故名。登山有径，石级层列。上有玄帝庙，后为天胜寺。每天晴夜碧，钟声可闻数十里，二都得名以此。

纬帽山。在县南二十六里，圆似帽，俗呼毡帽山。上有仙女庙。

天鹅山。在县南二十八里。

天马山。在县东三十里，一名石楞关。《一统志》：两山高耸入云，如二马骧首，故曰天马。《明志》作释陵关，一作石楞关，或作石龙关，又作石仑关。

金甲将军山。在县南三十里，上锐下广，旧多石器。世传元金甲将军居此。

马鞍山。在县南三十里，前后凸中凹，形如马鞍，故名。

浯溪山。在县西三十里，浯水绕其前，故名。明金都御史袁经读书处。

乌封山。在县东三十二里，界善化。下有朝阳庵，旁有泉，流入金马桥。案：朝阳庵在高峰山，下距乌封数里，前《志》误。

五牛山。在县西南六十里，脉自将军坪来，形如牛，头角曲肖。

或曰山蹲踞沩阳，有五石俱似牛，故名。俗讹为乌牛山。

峰

瑞云峰。在县西南四十里，有北竹寺。

冈

企石冈。在县南十五里，有巨石屹立冈巅，平江经其下，俗讹跂石江。

平冈。在县南三十里，下有小江，源出金盘山，流经平冈下，又呼为平江。

赤冈。在县南五十里，脉自乌牛山来。

墺

匾担墺。在县南十五里，墺西两山排闼，双石对峙，卓然如楔，名石门。旧《志》：乌江古石门即此。

黄泥墺。在县南二十里。

茅栗墺。在县南二十五里。

含哺墺。在县东南二十五里，过墺为善化境。

穿石墺。在县南二十五里，龙凤山右。有大石横亘山脊，中空如门。

兰堂墺。在县南三十里平冈冲。

岩

滴水岩。在县南三十里平冈冲月形山，有巨石黏山岸，背径面溪，每夏旱，径焦溪涸，时闻岩下点滴声，清响如石磬，按刻如莲漏，踪迹之，无有也。

乌峰岩。在县西四十里文佳冲。

洞

雅嘉洞。在县东南五十里铜鼓石山上，谺谽豁间，深不见底。

麂子洞。在县西南七十里，洞长里许，深三重，每重各有门，横可四楹，高逾二丈，仰视石板如楼。列炬入，第一洞底平坦，稍前如畦塍鳞次，名千邱田；第二洞石乳垂溜，礧砢如笋，蝙蝠铁燕丛集；第三洞微露天光，磬折而出，则山之阴也。

寨

神通寨。在县东三十里，界善化，僧图明得道处。明季，土民于此立寨避兵。

石

铜鼓石。在县东南四十里秦冲二都九区。

三都山类

玉几山、香林山、水府岭、谈家岭已详县垣山类，不再列。

山

香炉山。在县西北一十里。

嶂山。在县北二十里，连义子桥，结玉几山，县治倚焉。咸丰间，邑绅刘克道、贺懋橿、边蕖、杨光寿、萧镇湘、镇汉、谢荣等，为奸民采石烧灰，禀周令廷鉴、耿令维中均断，永远封禁，申详存案。

斋饭山。在县西三十里，系县仓帐幕，台星列坐，左右纬结钩连，是第一重要处。原开煤矿，叠经封禁存案。乾隆四十三年，冯令鼎高封。四十五年，巡抚刘委员封。嘉庆十五年，巡抚广又饬张令秀芝封。十六年，张令仲塇封禁。该山附近之仑坑山、画匠山均禁开掘。天螺荡在山下。

王溪山。在县西五十里。

鹞子山。在县西北五十里大成桥冲。

玛瑙山。今名马鞍山，在县西北五十里，上有骑山庵。

孟子山。在县西北五十里，沩水经其下。元欧阳德道结庐读书于此，植杉成林，书《孟子·牛山之木》一章于壁，因名。

龙溪山。在县西六十五里。旧《志》：山势盘曲如龙，旁有溪，为龙伏所。

狮子山。在县北七十里。

峰

九龙峰。在县西八十里，脉与十泉峰连，九峰巉崒，昔人比之九嶷。

仑

操几仑。在县西四十里。

寨子仑。在县西五十五里，后为花山墺，前为魏家墺，系县治来脉。

西峰仑。在县西六十里县，仑下脉处穿田过峡，左侧嶂角为斋饭山。

墺

花山墺。在县西北七十里，界益阳。县仑正脉，其左右护脉过峡之谷塘坡、石头窝、芋头坡、黄土坡、银砾塘及孟子山、陡壁仑、吊钟形山、含哺墺等处，均禁开采煤石。

含哺墺。在县西七十五里，俗呼寒婆墺。

坡

龙洞坡。在县西八十里，县治来脉。咸丰辛酉，邑绅因开采煤石，请示封禁。

林

楮林。在县西五里。

桃林。在县北十五里，接益阳伏魔山界。村多种桃，故名。

石

观音石。在县西四十里操几仑口，大石秀耸，背西面东，云自普陀山飞来，状若观音。乾隆时，有龙阳民家妇，因梦访寻诣此，募修庵宇佛像。其子继修，募增田亩供香火。

四都山类

山

麒麟山。在县南七十里，山石壁立，状似麒麟，头角雄耸，俯瞰建江，与隔江狮子山对峙，为上游关键。上有灵慧寺。

狮子山。在县南七十里，与石壁田麒麟山对峙。

香炉山。在县南八十里，界湘潭、善化。

癞子山。在县南八十里，两峰石砌，苔藓斑驳，远望如头生癞。嘉庆年，奸民韩三等强开煤矿，邑绅丁公路、丁元南控封，中丞景奏准该处山及毗连山地永禁开采。

墨石山。在县南九十里八安塘侧，产石色黝如墨，人争采作印章。

华表山。在县南九十里，形如华表，下有华表庵。

纱帽山。在县南九十里道林建水西岸，为麒麟山近脉。顶圆，左右岿崼，宛如软翅纱帽。

高露山。在县南九十里，界湘潭，高数百仞。上有古庙，远近多祷赛于此。

金华山。在县南九十里，山出青石，光润可爱。近年石间涌出清泉两井，涓涓不绝。

岭

缠山岭。在县东南七十里，峡前分水，右趋道林，左出烧汤河，同会建江。

黄茅大岭。在县东南七十里，巅有巨石，尖耸数十丈，俗呼鹰嘴岭。上有向真人雨师庙。

栲木岭。在县南八十里，界湘潭。

大界岭。在县南九十里，过岭为湘潭境。五体皆备，正面周圆平正，屹然玉屏，又名玉屏山。

冈

苏冈。在县南八十里，近潭、善界。

仑

翁家仑。在县南七十里。

墺

三仙墺。在县南九十里高露山麓，上有三仙庙，故名。界湘潭，俗呼山西墺。前《志》以为宁乡、湘潭、湘乡三县接界处，讹作三湘墺，不知与湘乡无涉也。

洞

石屋洞。在县南七十里，由黄茅岭折旋而下，峰峦峻削，有巨洞，洞顶石如建瓴，高可七八丈，广约数亩。旁有窍，天光内射，如窗棂然。乾隆间，里人罗芳周、蒋宗培瞥见石板上露"石屋云岩大仙、刘杨二将"字迹，因闭洞门，作龛刻石像，祷雨多验，遂为祈赛之所。

涵波洞。在县南八十里双狮岭下，每雨后洞口清波流溢，故名。

林

枫林。在县南百里，接善化瑟摩岭界。每秋冬时，二十里丹枫如霞如火。

道林。在县南七十里，宋处士谢英隐居处，卒即葬焉。以英抱道，名道林，犹胡、张讲道处称道山也。或曰英之自号林。有市近湘潭、善化界。

石

石柱。在县东南八十里秀士乡，大界岭旁一小山，窊而长，石岩中耸一石，形如柱，方高三丈，石垒石，推之颤摇不坠。中有缝，可用线划过，以左右互动故也。顶平坦光莹，上有棋枰样，宋处士谢英读书其上，四都得名以此。

石镜。在县东北九十里麒麟山，谢处士墓侧，有石莹净如镜，照见山川人物。

雷分石。在县南八十五里竹山坝鹳岭，有大石如柱，高一丈五尺，周六尺。相传顺治间，雷劈为两，至今屹立不倒。

五都山类

山

秭㟓山。在县东南二十五里，界二都，壁立千仞，周围数十里层岩叠嶂，上有田数亩。每见云气必雨。晴日登眺，郡城如带，洞庭如沼。俗传唐秭真人修炼于此，亦曰秭家山。前代有仙人旧馆，又有崇林茂树。嘉庆间，山下尚有小庵，今皆乌有。丹灶白云，仿佛其意而已。

大屏山。在县南三十五里，形如屏风，绵亘十里。

芳储山。在县南三十五里，横亘东湖，草木多香泽，百芳储焉。一名芳洲山。

簸箕山。在县东南四十里，下有雪米洲。

纱帽山。在县南四十里土桥庙前，峛如冠盖。

金盘山。在县东南五十里，一峰特立，四面环绕如盘，故名。

古楼山。在县南五十五里，明时山上有楼，基址犹存。

聚山。在县南五十五里，《一统志》：上有石如鼓，又名石鼓山。值旱，居民多祷雨于此。山石可聚以炼铁，后禁。

裳山。在县南五十五里，即聚山东麓，形如帷裳。一名城山。

大雾山。在县南五十五里，即云雾山。谾壑崇岩，喷云吐雾。《一统志》：宋建炎间，金骑至境，刘廷佐驻兵于此。

凤鸣山。在县南五十八里，矫若鹓鹳。

岭

符山岭。在县东南三十里，北为风车仑。

关口岭。在县东南四十里，接善化界。石径嵚崎，经居民修治，行人利之。

鳜鱼岭。一名鳜鱼寨，在县南四十五里，首饮石潭，尾曳北湖，风雨时鬐鬣活现。

雷公岭。在县东南四十五里，左麓为西冲，山下有雷公塘，每风雨驰骤，窍籁殷然。

君子岭。在县南五十里火燩后，依寨子仑，两峰屹立，如双戟插屏间。昔王氏某，有君子行，葬此岭。

红冠岭。在县南五十里，土色纯红，如鸡冠横列，故名。

双狮岭。在县南六十里，两山相对如狻猊，大者轩舞，小者蹲伏，上有雨坛庙。

神泉岭。在县东南六十八里，界善化。俗以形如城垣，又名城墙岭。

一字岭。在县东南七十里，与神泉岭对峙。

峰

罗仙峰。一名罗仙寨。在县南七十里，西界湘乡，南界湘潭，左为岳仑，右为湘仑，三峰鼎峙，建江经其下。相传古有罗公炼丹于此，井灶犹存。峰顶有浴仙池、滴水洞，又有白马庙，时有白马将军神出现。侧有凤凰庵，明万历年建。下有观音阁，又有大月山、小月山，俗呼"大月套小月"。

仑

虾匑仑。在县南四十里，形如虾。

铁坑仑。在县南四十里，面对崀岻山，以曾开铁矿，故名。

浮紫仑。在县南四十二里，俗呼猴子仑。右有村市，为鹿角窑，陶户数十，砖泥为瓦缶诸器。

寨子仑。在县南五十里，高险矗天，儿孙罗列，派别支分，为楼台山、稽嵼山、双狮岭、麒麟山及善化谷山、尖山，岳麓山之祖，或呼鹰窝寨，或呼牛眠岭。

石牛仑、盘泉仑。在县南五十里，山高数十丈，石级陡峻。从山巅口入，忽觉平敞，有田十数亩，有井、有塘、有茅庄、有盘泉古刹。刹后仑脊站立石牛，头角宛然，又名石牛仑。举人刘丕文题诗二首云："每逢佳节此逡巡，恍惚潜山洞口身。我亦庭坚横背坐，丹青待觅李公麟。""补天余片女娲留，河鼓钟灵月斧修。不逐人间文绣伴，翘然高卧此峰头。"又塘下溪中忽产娃娃鱼，捉之作小儿啼。

墺

含哺墺。在县南五十里寨子仑下。

慕儒墺。在县东南六十五里神泉岭侧，过岭为善化境。旧有亭，湘潭李腾芳往石栗庵憩此，因题"慕儒"。

洞

滴水洞。在罗仙峰上。

寨

尖嵼寨。在县南五十里，有泉下流，过尖嵼桥。

六公寨。在县东南五十五里，与金盘山连。石壁磅礴，刻"六公公立"四大字，笔力遒劲。旁镌诗句，剥蚀难辨。樵者往往于其处拾得断剑。

林

画林。在县南五十里。

石

石屋石鼓。在聚山，上有石鼓，高二尺，宽倍之，中空如屋。门额"仙人洞"三字。门左右有擘窠书一联云："石经珍秘阁；鼓碣弄名山。"盖袁氏名曜题句，而里人所摩刻云。

六都山类

山

回龙山。在县西南七十里，蜿蜒磅礴，首耸竹田，腹盘粟溪，尾连大石窟。脉自五牛山逆转，故名。

滩山。《一统志》作碴山。在县西九十里，壁立千寻，下临河水，往来车马，径窄难通。成化间，里民谢鉴凿石平堑塞壑，遂成坦道。

岭

剌凤岭。在县西百里。《通志》：两山峻拔，如凤之翔。今逸其名。

峰

九祖峰。在县西六十里，脉自莲花峰来。府、旧《志》：唐张九龄弟九祖居此，俗以弟讹第，遂云张九龄九世祖，误矣。今峰上有九祖墓、九祖祠，邑人郭宣敷重建。前《志》引蜀《绵竹县志》：张南轩为张九龄弟九皋后，是张氏先世早有居此者。浚之卜葬于宁，或以是欤。

望北峰。在县西百里，又名黄蘖峰。旧《志》：山产黄柏，一云柏作伯，以山有黄伯祠也。一云山势北向如望，故曰望北。六都山多小竹，生笋最早。同治元年，里人募装佛像，公置六都五区东塘冲廖姓水田二亩，户名望北峰，正饷三分。碑记。

仑

石牛仑。在县西九十里滩山仑顶，巨石如牛，屹立头角，蹄尾皆具。

香山仑。在县西南百里，上有大石。详后。

墺

佛子墺。在县西九十里，俗呼肺子墺，一曰沸子墺。

岩

聚仙岩。在县西南七十里回龙山白云寺前，石壁崭峭，约三十余丈，泉从石窦飞泻而下。

响泉岩。在县西九十里横市侧。《府志》：深谷中悬岩峭壁，泉流数仞，响震林谷。前明《志》：下若虚室可居，世传宋人尝避兵于此。

洞

白云山洞。在县西南七十里回龙山最高处，名白云山，上有白云寺，稍低有半山亭，下有两洞，谽谺深邃，或疑为龙窟云。

星子洞。在县西七十里下麦田，岩石嶙峋，有洞北向，泉伏流内，产鱼长三寸许，色黑，初出极瘦，二三日方肥，俗名秤星鱼。又山顶一洞，深莫测，投以石，半晌犹铿然。天将雨，洞中先有声飒飒。

鹰窝洞。在县西九十里滩山上。乾隆乙卯，洞外小竹结实如麦，去麸炊之，气香味甘。

石

仙人石、棋枰石。俱在县西百里滩山唐公庙侧，云古仙奕棋处。

香炉石。在县西南一百里香山仑，上有大石，形像鼎，俗呼香炉石。

七星石。在县西北二十里麦子园田边，七石胪列如星。

七都山类

山

桎木山。在县西南五十里横田山，产煤，咸丰年，里绅请示封禁。

罗溪山。在县西南八十五里，脉自五牛山来，天然秀簇。一云溪水穿织，波纹似罗，故名。一云溪边有石，形似螺盘旋水口，原名螺溪。

黄竜山。在县西南九十里，嵯峨崺岿，背湘面宁，为岳仑左嶂。

东鹜山。在县西南九十里。旧《志》：地多野鹜，或云形似鹜东向，故名。周回约三十里，有竜峰箬笠岭石船、石洞、鹰嘴石诸胜。明时多名刹，传有四十八庵，半出处士刘浚建，今存者无几。宋《遗民录》：王显谟不肯仕元，隐居于此。

狮子山。在县西南九十里东鹜山侧，山势突兀，如狮蹲踞。旁有锣鼓石、土地仑、鬼脸石，如助狮跳舞然。

石螺山。在西南百十里，累石如螺，故名。

岭

七星岭。一名七星寨，在县西南六十里。七峰相聚如斗，故名。旧《志》：脉自衡岳来，为嵇崀、岳麓之祖。上有仙女庙。

峰

一尖峰。在县西南九十里，即东鹜山最高处。一峰插汉，秀削绝伦，仿佛木笔含苞，名一尖峰。

冈

皂角冈。在县西南六十里，踞建江上游。山自湘乡两头塘过峡，右支起罗仙峰、高露山，透迤结湘潭县城，左支走烟田墺，出皂角冈，由寨子仑达岳麓。

仑

谭家仑。在县西南五十里，峥嵘岞崿，每天阴望仑顶，云雾起即雨，不过霎时。

石皮仑。在县西南五十里，脉与大雾山相对，岳仑过峡处。

断卡仑。在县西南六十里，相传仑半庵后有蛟窟，一夕若有告僧者，谓诘朝我将去，勿鼓钟。僧忽之，大雷电，水暴涨，殿宇漂泊，仑亦冲断为两，如卡然。

墺

烟田墺。在县西南六十里，两岸山势巀嶭，中开朗如胡同，石子硁硁，满坑满径。相传宋元时，曾设分司衙于此。墺下田数百亩，水滔滔不竭。过墺为湘乡境。

含波墺。在县西南八十五里重湖冲尾，相传湖未堙塞时，波浪每撞到墺下，故名含波。路通湘乡、益阳，湫隘险峻，里人募修石磴二百余级。

丁家墺。在县西南九十五里。

分水墺。在东鹜山高山寺下，水从中分，右下桥亭子，左下重湖冲。

白竹墺。在县西南百五里。

岩

拱日岩。在县西南九十里东鹜山麓，石壁剑立，日初出即照之。上横刊“拱日岩”三大字，下有石门，刊“石门开”字。

洞

羊头洞。在县西南九十里，幽深莫测，云昔人避兵处。

琵琶洞。在县西南九十里甘棠冲，右岸民家屋后洞深黑，泉声嘈嘈切切，如听浔阳琵琶。

寨

成山寨。俗呼常山寨，在县西南六十里，山势峭拔，逆挽河流。

罾虾寨。在县西八十里，俯临罾虾河，对岸为凤嗜山。

芙蓉寨。在县西南九十里，山高而大。明季土寇梅四保乱，居民筑寨于此避害。上有池蓄宜鱼，贼初疑汲路，绝必溃围。数月，寨中取鱼掷下，乃退。

石

八仙石。在县西南八十里，巨石八堆如覆缸。或云昔人仿八阵图于此，一石距田边，上有臀迹，俗传仙人坐而旋焉。

捉鳝石。在县西南八十里黄鹿冲山坡坑中，一大石平如砥。上有鳝蚴蟝痕，有足趾踏痕，底有两指痕，石脑上偏左一方孔，似凿成，阔三寸许，深倍之。有水，常不涸。内有物似鳝似蛇，任玩视不惊怖。

鹰嘴石。在东鹜山上，高百仞，广如之。蹲伏如鹰，岩岩可惧。登上望下，辄目眩头昏。

牛乳石。在县西南八十五里石门冲石洞中，一石垂如牛乳，乳尖有泉如乳滴。

老虫石。在县西南八十五里罗溪寺后大石上，一石蹲踞如虎，头面尾足无不曲肖。

猪婆石。在县西南八十五里潘家冲，花石湾对岸有大石，横卧如母彘，下十数小石酷似豚子。

累子石。在黄竜山左，山高而锐，石累累如熊罴卧，如牛马下饮于溪。距山数百步水口一石，上有马蹄迹，名马蹄石。

鬼脸石。在狮子山侧。一石壁立，圆如面色黔黑，形状怪丑，俗呼为鬼脸。

顶子石。在县西南百里老鸦寨山上。有石如顶人作喧哗声，摇之毫不动，悄地摇之，触手而动，俗又呼爱静石。

八都山类

山

插花山。在县西百二十里。一峰耸秀，圆如天葩。或云昔有仙女插花于此。夏文山建亭表之，附见庙寺类。

华峰山。在县西北四十里，山形秀簇。或以为似花萼，或以为状西华。

上有古刹。

高山。在县西北四十里，形势峭峻，上多胜迹。

仙人山。俗呼仙人迹，在县西北六十里，与罘罳遥对，云昔有仙游戏其上。今石磴间犹存足迹。

石峰山。在县西百六十余里，奇石崇矗，近看成峰，遥望列屏，具有横岭侧峰远近不同之慨。

红皆山。一名楼台山，又名红街，俗讹洪家。在县西百七十里，界湘乡。西南诸山，惟此最高，又其土色皆红，故名。

峰

青云峰。在县西百二十五里杨华江右。《一统志》：峰峦层出，八面如一，又名八面山。旧《志》：峰顶有坪，能容五六百人，上有仙女庵，故又呼仙女峰。

三尖峰。在县西百七十里，三峰屹立。昔唐时有董真人炼丹于此，里人至今庙祀之。

仑

摘星仑。在县西北四十里。仑势峥嵘，去天尺五，拟其高峻，若伸手可摘星辰也。

野竹仑。一名勒马山，在县西北七十里，为宁邑关键。刘令善谟立有宁乡县界碑，并示禁条。里人募修石级八里许，于山巅募建茶亭，塑关圣像，又置朱家湾田六亩，户名野竹仑关圣茶田，正饷三钱三分五厘。

沙子仑。一名沙洲冲，上有筲箕洞。在县西百七十里，路通湘乡。里人募修石级十里许，于上募建茶亭，塑关圣像，又置峡山口茶田五亩，户名沙洲冲关圣茶田，正饷二钱四分。

墺

杉木墺。在县西一百五十五里，有小市，里人公置茶亭施茶，过墺为湘乡境。

洞

云霄洞。在县西百四十里，高山下有洞，门仅容人，内宽约三丈许。

乾江洞。在县西百四十里，夏寒冬燠，每洞口蝙蝠群飞，天必雨。

寨

三角寨。在县西百六十里，嶕峣险阻。元至正十二年，湘乡岐山李于贤、袁仲清立寨，避红中贼。

张公寨。在县西百七十里，相传昔张桓侯札营处。下有培元坑，宋时驿道。

林

柳林。在县西百四十里，明季守备余云岫追剿邵阳贼死节处，沿溪种柳，仿佛隋堤，八都得名以此。

石

神仙石。在县西百四十里高山，有石高丈余。上复累一石，方正平坦，绝类楸枰。有小石星散其上，如布子然，名棋盘石。

雷打石。在县西百五十八里，高三丈，云唐时雷劈为两，今犹字迹半存。

凤栖石。在县西百六十里北村石园，高五丈，广三尺，上合下分，如凤舒翼。下四隅有封印，前有印架山横列。

登龙石。在闵家桥溪边，禁攻凿。

印心石。在闵家桥溪中，禁攻凿。

九都山类

山

瓜畬山。在县西百二十里，《通志》作百里，唐相裴休读书种瓜于此。

团山。在县西百二十里，田中窿然一山，四面诸峰拱卫。前一井，大旱不涸。上有板桥，今易以石，颜曰"团山桥"。

石笋山。在县西百三十里，山腰有石，高二丈许，望之如笋，故名。

铜锣山。在县西百四十里，四面众山拱护，泉流绕环，每步履其上，铿锵声如锣鸣。天将雨，云气先冠其巅。案：此山背九都，面十都，水出官山，列十都亦可。

小芙蓉山。在县西百五十里，脉自司徒岭来，高出天表，奇峰攒簇，状若菡萏。上有田十余亩，醴泉灌注，冬夏不竭。附：大芙蓉山，南接大沩，西联安化。《名胜志》：山中有芙蓉洞。《府志》：高十五里，东西四十五里，南北三十里。奇峰叠秀，状若芙蓉。中有泉，清冽可镜。下为青羊潭。天宝六年，樵者见青羊卧其上，故名。《九域志》称青羊山。案：此山久归安化，故其地名归化。然《府志》纪芙蓉，两书其处，而于宁详、于安略，盖以其原为宁地也，因附录焉。

石马山。在县西百四十里，山巅有石，酷似马，故名。

龟岩山。在县西百四十里，上有娘娘洞。

天台山。在县西百五十里，山产乌药最良，医家称为台乌。

峰

罘罳峰。一名金凤山，在县西百三十里流沙河左，山体纯石，顶尖却平。循石磴盘旋而上，巨石夹路，若栏楯。峰顶有庙，距数武有井，泉如神瀵，今壅。《一统志》：山上有庵，祀缑仙姑，古名缑仙峰。前《志》：缑仙讹罘罳，或且讹称猴子。按：今殿宇崔嵬，既无仙姑庵，又无仙姑像，似缑仙之说未确。《通志》：石纵横，纹理如罘罳，故名。九都得名以此。《府志》：元至正年，邑人立寨拒红巾寇。明季，流寇焚山，喻方衢妻张氏殉节于此。

白云峰。一名灵山，在县西百三十里，今九都上十三区有霭山寺，或即此峰。

云盖峰。在县西百五十里，嶕峣如华盖，昔人掘地得铁碑，有"云盖"字，故名。

仑

芭蕉仑。在县西百二十里，上有芭蕉铺，路通安化。

墺

元坛墺。在县西百四十里，山路崎岖，里人倡募建亭施茶，公置茶田二亩，户名茶亭，公正饷一钱。

寨

鸡冠寨。在县西百四十里，两峰折叠，形如鸡冠。

蛇皮寨。在县西百五十里。《一统志》：山势突兀，四围皆深堑，人马难越。元至正十二年，居民李仕礼因险立寨，避红巾乱。

林

查林。在县西百三十里。

石

钟鼓石。在县西百三十里，罘罳峰麓有巨石，矗立溪边，俗以形像，呼为钟鼓石。

虾蟆石。在县西百三十里，罘罳峰半岭有石，酷似虾蟆，头体口足皆具。

神拳石。一名神仙石，在县西百五十里柑溪边，石上有拳痕，云昔有仙以拳捶石，故名。

宝龟石。在县西百五十里长冲溪内，高丈余，长四丈，阔三丈，形如龟，首足皆具。

三堆石。在县西百六十里李山冲上，石峰鼎峙，恍瞻太华天外。

金鸡石。在县西百六十里，如鸡昂立，后为雷击断。

十都山类

山

简家山。在县西百二十五里，高约百丈，周围数十里，树木丛密。原姜道逵山听黄材一境樵采，同治五年，逵裔将山及兑入之扦担塅捐入云山书院，除推车仑、豹子坑等处属逵裔外，余概附书院管理。

侯家山。在县西百四十里，界益阳，系县仑来脉。

金子山。在县西百四十里，铲削凌空，形如菩萨，俗呼真武山。旁有小山，一曰龟，一曰蛇，皆因真武而名。

大沩山。在县西百五十里，高二十里，周回百四十里，为沩水发源处，奇峰绝巘。自祖塔至回心桥，水木清华，如行桃源辋川中。循磴盘旋，历搔头仑而黄土仑。《寰宇记》：唐裴休葬此山。下仑过楠木井，密印寺在焉。寺前稻畦千顷，溉以云浆，乃诸上善人力作处，至今名罗汉田。《名胜志》：四方皆水，故曰大沩。又旧《志》：醴陵县亦有沩山，宋易被额曰"小沩"，以宁邑为大沩也。十都得名以此。陶氏汝鼐有志。

乌龟山。在县西百五十里大江边，蠹起小峰，乱石鳞砌，形似龟。下石平如砥，周数十丈。天将雨，石罅流润，涓涓如泉，夜半龟口时吐白气。沿江下里许，观音塘两石山夹江而峙，人拟为龟足。其石与龟石均禁攻错。

扶王山。在县西百六十里，群峰插天，森如列笏。唐扶王真人修炼于此。白日翀矗，缘山十里，号曰扶翀。

笔架山。原名桠枝山，在县西百四十里，三峰排列，状如笔架，更今名。

桂岩山。在县西百六十里，界安化，脉自龙山来，雄浑幽秀。左走沩山，发县仑正脉，右走湘乡，发岳仑正干，形家谓为破军星。又西百八十里龙田有桂芽山。

岭

司徒岭。在县西百七十里，以宋司徒王仝得名，俗呼"狮头岭"，界安化。《通志》：崇冈峭壁，鸟道崎岖。宋将王仝驻兵于此，以拒瑶寇。战死，土人立庙祀之。前《志》引《宋史·蛮夷传》：梅山蛮恃险为患，章惇讨之，檄谕开梅山，得其地，东起宁乡司徒岭，置安化。是岭在宋专属宁乡。《府志》安化县疆域云东至宁乡司徒岭，而旧《志》宁乡西南至安化界司徒岭。今山北属宁乡，山南属安化，则为二县界山矣。

峰

十泉峰。在县西九十里。旧《志》：山有十峰，顶各有泉如注。嘉庆《志》则曰：视灵运九泉又增其一，似非漫无所据者。今不得其处，且并逸其名。案：前《志》载玉堂江发源有三，一出大芙蓉麓、一出九仑峰，一出十泉峰。踪迹江源，其出芙蓉麓者即花山墺峡水也，其出九仑峰者即含哺墺峡水也，其出十泉峰者即南岭冲水也。源出大坪里，询其里人，但云昔龙泉寺泉流斗大，今塞矣。其峰麓有泉出石间，又皆涓涓细流。登高望之，亦不见有所谓十峰者，或疑为即莲花峰。然十泉、莲花，音声绝不相似，何讹至此。姑存以俟考。

莲花峰。在县西百里，与雪峰山联，峥嵘岞崿，若天葩吐芬，形家云县治来脉最贵重处。上有石门古庙，祷雨辄应。乾隆戊戌旱，独峰上大雾笼罩，庙亦不见，祷雨者皆迷而返。峰后竹鸡坡、茶园坡等处产铁，掘取损伤县脉，咸丰年耿令维中谕示永远封禁。

麻石峰。一名仙女峰，在县西百十里，沩水经其麓，与罘罳对峙。怪石星列，巅坦可容千人，背耸矗石壁剑立，附见仙女庙下。

毗卢峰。在县西百六十里，密印寺倚焉。禅衣峰、象王峰、龟峰列其前，层峦环抱，潜水蓄云，枫林竹坞间，人烟断续，几不知为万峰中也。

仑

寨子仑。在县西百二十里。下有泉井一、泉塘一。腰有土屏，形如新月。再上为营盘石。

算盘仑。在县西百二十里，为莲花峰右嶂。前《志》：与莲花峰对峙，误。

祖塔仑。在县西北三十里，秀削而高，唐司马头陀择葬䂮佑处，故称祖塔。

黄土仑。在县西百三十五里，自祖塔仑上过回心桥，登此路，极高峻，下仑过南桥达沩山。《寰宇记》：裴休之墓实在此。仑，沩山其统名也。

花园仑。在沩源中屏山，宋臣易祓植花木处。

九折仑。在县西百五十里，上多胜迹。

花马仑。在县西百六十里，界安化沩水发源处。山麓石平如砥，上现马蹄。蹄前三后四，列如北斗，均深寸许，故又呼天马山。

岩

香严岩。在大沩山南九折仑西，石壁崚嶒，下有岩若虚室，巨石下垂如钟，人不语，击之则隐隐镗鞳，语则无响。邑志世传香严祖师修真处。

青龙岩。在大沩山北，万山壁立，溯深涧而入。攀援石磴至其巅，俯瞰龙潭，幽暗不测。旧《志》：旱极祷雨，水骤起，趋避不及者多为汩没。南行三里许，更有小岩，渊深澄澈，祷雨不敢入。大岩者于此处乞水亦应。

寨

郭公寨。在县西百四十里，上有石板塘，石上有牛马蹄迹，上有仙人座。山麓仙家坪，俗云郭公求仙处。

周家寨。在县西百四十里，四壁峭立如盘，谷廓可容千人，有泉足水，有田足粮，断其口，万夫莫开也。传昔周堪赓归隐大沩时，曾欲筑堡于此，故名。寨右峡山口，土美而肥，宜菽粱薯芋，山农利之，募建园林公所。

迎江寨。在县西百五十里，峰顶尖削，文笔卓然。

洞

风洞。在县西百六十里九折仑。上有坪，横（从）[纵]约丈许。每天日炎曦，万木噤声，独坪中凉飙□飒，六月如秋天，将雨飕飔愈甚，名为风洞，实则坪也。

清风洞。在县西百六十里扶王山东，为扶王消夏处。

黑石洞。在县西百七十里司徒岭，为官江发源处。

雷鸣洞。在县西南百八十里，界湘乡、安化，岭有石窍，通巨洞，泉响若雷，汇为灵湫。湫下有石，昂如龙首，泉自口吐，涓涓不绝。

落水洞。在县西百八十里，两峰夹溪，高各数百仞，中有田数十亩，泉水澎湃，至洞口石壁，悬岩而下，响若雷鸣。

谷

裴公谷。在县西百五十里大沩端山坑右，唐裴休寓居处。

高士谷。在县西百五十里芦竹坪，昔有高人隐此，故名。

石

营盘石。在县西百二十里寨子仑。上有石围若营盘，呼营盘石。顶平坦，可容千余人。

钟鼓石。在县西百二十里横塘冲。江边石岩下一石如鼓，四面皆空，下一小石顶立，撼之可动，水冲不去，旁一石酷似钟。距岩数里有金鸡石，铜锣眼，俗传鸡鸣则钟鼓齐动，锣亦声声相应。

大兽石。在县西百二十五里象石湾，石形如象。距石数十步有大石墓，或曰墓前物也。

马鞍石。在县西百四十里沩滨有大石版，上累一石，形如马鞍，抚之偶亦旋转。

铜锣石。在县西百四十里铜锣山。石高数丈，周五六丈。上二石，一象锣，一象鼓，地名锣鼓石。

油盐石。在密印寺警策殿左，高五丈，围二丈，色纯黑，有二孔。相传唐相裴休妻陈夫人斋僧供油盐处，至今石上有夫人履迹。旧《志》：一孔出油，一孔出盐，灵祐开山时如此，后塞。

净盆石。在密印寺，古称净身盆。后堙，建华盖亭。

金鸡石、石鼓。均在扶王山，上有三石似金鸡，山下石如鼓，名鼓田湾。

石臼。在扶王山云盖峰西侧，有扶王炼丹石臼。

镜子石。在县西百六十里。前面九折仑，后面芦竹坪，一石壁立山顶，光白可鉴，雨后愈莹净。正视之，犹不甚了了；睨视之，三五里人物往来，朗然在目。下有飞瀑如练，即县花泉发源处也。

仙人石。距密印寺十里许，名判官仑，又名菩萨仑，巉岩耸拔，上有巨石，如人拱立，传为仙人送供。

石牛。在县西百七十里，田中有石，宛似卧牛。

鼠窍石。府、旧《志》：胡石壁为湖南宪时，宁乡银场取矿石落土，倾众惊出，独胡三八郎陷焉。越三年掘之，僵骸犹生。问之云：向大石有小窍，仅可容掌，每日鼠负食由窍入食之，故不死。案：司徒岭与安化接壤，旧有银场，后堙塞。

县垣水类

河

南门河。在县治南半里迎薰门外，通省城路，河水辽阔，自桥成，庆利涉焉。

木井河。在县治西里许通安门外沩河汤河谷，米船多舣于此。

潭

玉潭。在县南门外，水莹澈如玉，故名。《五代史》：马希广兄希萼诱溪洞诸蛮寇益阳，希广遣崔洪涟以步卒七千屯湘乡玉潭以遏蛮。《一统志》：玉潭，唐五代镇名，在长沙西百二十六里，属宁乡县。前《志》：宋以前未置宁乡，似此地隶湘乡县。又，今玉潭桥南有湘乡街，而湘乡并无玉潭地名可见。至旧传唐明皇幸蜀经此，坠玉镫于潭，遂以名，失之诬矣。

溪

化龙溪。在县北学宫前，发源香炉峰上，至飞凤山南，迤□环绕，引入泮池，芹香藻碧，游鳞鼓鬣，俨有汲浪龙门之意。

井

四眼井。在县署头门外左。

玉泉井。在县署头门右，久堙。

醴泉井。在城隍庙前，庠生欧遵道作铁笼于上，俗呼铁井。今井存铁笼废。

观音井。在香山寺前，清冽甘美。

木井。在县西门外紫溪口，久堙。名其处为木井。

一都水类

南门河、玉潭、化龙溪已详县垣水类，不再列。

江

卯江。一名满官江，在县东四十里，石坝水至此可通舟。

河

赵家河。在县东四十里，沩水至此分流，右下沱市，左走火沙港。

水

枫江水。在县东北三十里，发源河斗铺，至枫江冲长六十里，名六十里长冲。过桃林、枫林桥、白泥桥、下流星桥，至朱郎入益阳界。

罗陂水。在县东南五十里。《通志》：源出罗陂溪，东北流，合新康河入湘。康熙《邑志》：有溪，穿罗陂良箭桥，越金马桥，下新康口。案：源出善化南岳庙下，今呼罗陂河，由良箭下金马桥。

泉

藓花岩泉。岩上有泉，自石罅出，味甘美，盛夏人争饮之。

蟾蜍泉。在县东北二十八里小回龙山下。

观音泉。在县东北七十里，灌溉以次及号不争田。

三停泉。在县东北八十里。《通志》：流八十里入湘，旱则居下者壅下流以灌田。案：今一都无七八十里远，二处道里恐误。

潭

兜子塘。在县东十里潭岸山，为县治关键。

荔枝潭。在县东二十八里，旧传渔人布网，常有物牵挂入水，探之得荔枝树株，枝上黑壳犹存，因名。

黄土潭。在县东三十里挂榜山下，潭边石高数丈，人呼石翁。

黄龙潭。在县东四十里龙王岭下，水深不知所底。昔重午竞渡，于此遇暴风，人船覆没。明日，渔人入捞，见潭中有物，杈丫蜿蜒，光怪陆离。又闻岩下金鼓喧杂，如竞渡然，惧而返。

湖

清水湖。在县南里许。

溪

罗汉溪。在县东北一里罗汉冲，源出锁匙冲，过侧石桥，循书院左流，会化龙溪水入玉潭。

云溪。在县东三十里。

铜瓦溪。在县东南四十一里。旧《志》：溪中曾有拾铜雀瓦者。

洲

熊家洲。在县河下十五里南岸，长约三里，其水分于龙潭，会于丹家河。

蛇洲。一名佘家洲，在县河下十五里北岸，长约十五里，其水分于茶亭寺，会于双江市。

夏家洲。在县河下三十里，尾与挂榜山对。

中洲。在县河下四十里，界长沙，上开垦数亩，种宜稻，旁宜菽、粟诸种。

赵家洲。在县东南四十里赵家河上，宽径半里许，长三倍，上多五色石。

塘

赤湖塘。在县东二十里。

西塘。在县东二十里，近双江口。

包塘。在县东四十里，前《志》：灌王宅义田。

卢家塘。在县东四十里。

冷水大塘。在县东四十二里，水清深，寒入心脾，可灌田百余亩。

坝

梅家坝。在县东门外飞凤山之东。

栗桥坝。在县东四十里古圳，长二里，深八尺，阔五尺，引水下流，灌注屯田。

枫城坝。在县东六十里。

好塘坝。即三停泉。

二都水类

江

乌江，在县南十五里。《一统志》：临江有石如乌，故名。江口有古石门。匾担墺西，两山排闼，双石对峙，卓然如楔，名石门。

江源出上泥塘，十五里至洞庭桥，会古栏桥水；八里杉树湾，会桑井水；五里石螺山，会湘乡大陆坪趐石河水；二里茅埠，会湘乡野鹿冲水；五里至灰汤河，会狮子桥、龙门桥水；一里东鹙山，会冷水井冲水；三里泉江口，会泉江水；二里会屈公桥水；五里社落桥，会潘家冲水；五里罾虾河；五里石板口，会湘乡石坝水；十里蟠桃渡，经黎家铺，下鲇鱼滩，汇为狮子潭；二里白马滩；十里黑门楼；十五里汇为磨子潭；五里将军潭；十里石井；十里来佛洲、粢米洲、企湖；十里汇为乌江，入沩宁邑。舟多出此，号曰乌江子。

平江，在县南三十里，发源金盘山，北经平冈下，故名。江自金盘山下，会善化西湖及本邑西冲山水；至东湖，过泰平桥、英石桥，会戚家塘、草塘诸水，为大寒泉坝；过乌龟山，会符山水；至平冈，过谈家桥、高桥，经企石冈、斑竹桥，至唐公庙入沩，凡五十余里。

水

冷洞水。在县东南三十里，发源嵇岩山，出泚田冲，过王栋桥，会善化石坝水，至八曲河入沩。

泉

鄢泉。在县南二十里鄢家冲，泉涌如泡，夏月饮之，可疗腹疾。

温泉。在县西南五十五里温泉冲，清泉数十道涌出，或谓温泉乡得名以此。今多壅。

龙潭泉。在县西南六十五里儒家冲，泉汹涌，灌田数顷。同一水口，一高一低，岁旱放注，苦不均。嘉庆年，因作间以平其额。

潭

洗马潭。在县南里许。

犀潭。在县南三十里袁家河中，有巨石如犀牛。明臣袁经读书潭上，爱其清澈，因以自号。

白果潭。在县南三十里石井河中，潭石莹如白果，故名。

磨子潭。在县南五十里，旁有小市，旧出石磨。

湖

汤矮子湖。在县南二里。

企湖。一名芰湖，在县南二十五里。湖水发源长塘冲，数里汇为乌江。

落雁湖。在县南四十里。

溪

青溪。在县南十里，水入乌江，有寺。宋乾道间，袁十一郎建，名乌江寺。

浯溪。在县西三十里，即今边街子。

洲

驿马洲。在县南河岸上游。前《志》：校试武童，或于驿马洲，即此地也。

鲇鱼洲。在驿马洲旁。前《志》：鲇鱼洲有书院田若干亩，又其上多古冢。

粜米洲。在县南二十里。

来佛洲。在县南二十五里。

滩

关王滩。在县河上游右，属三都。

早禾滩。在县南三十里，有田一丘，禾熟独早，故名。

白马滩。在县南六十里，每阴雨，滩上见白练如马。道光间，有米船舣此，忽喷米四散，人有见马蹄者，殆白马精云。

塘

弓箭塘。在县南四十里，弯如弓，中有埂似箭，故名。

坝塘。在县西南四十里，合数冲水汇为塘，灌注不竭。

三都水类

木井河、四眼井、玉泉、观音诸井，已详县垣水类，不再列。

江

玉堂江，在县西四十五里。旧《志》：宋易祓以玉堂学士驻此濯缨，故名。太史陈亮有诗，后并以名桥。

发源有三，一出大芙蓉麓，一出十泉峰，一出九仑峰，皆数十里至高田，合而成江，可通舟楫。过大成桥五里，由玉堂桥、炭河入沩，凡三十里。

水

花山墺水。在县西北七十里墺下两水，一由古塘基出衡龙桥，一由欧家大冲出大成桥。

泉

洋泉。在县西二十里者为下洋；又上而七里者为中洋，可灌田三百余亩；又上七里折而入北者为上洋，泉出更盛，灌田倍宽。水由回龙铺入沩，三都得名以此。

湖

东沧湖。在县西十里，周十余里。旧《志》：水灌民田，鱼供祭祀。

黄浦湖。连东沧湖。

溪

紫溪。在县西南一里，溪岸土皆紫色，发源四方山，经石峡，过利涉桥，至狮子湾入沩。

松溪。在县西十五里。

陂

栗子陂。在县西二十五里。

泉塘陂。在县西六里，塘泉灌溉不竭。

港

华林港，在县北二十里。发源魏家墺，绕碧塘，十里经观音石，过贺石桥、青华桥，下白龙潭至华林，遂以名港。下侍郎桥潴为烂泥湖，沿岸以北即益阳地，会沘水出灵子口。孙良贵《楚水考》所云"灵沘水"也。

洲

珍洲。在县西十里。

塘

好婆塘。在县西五里，明宣德、正统间，端午竞渡其中，后垦为田。

林塘。《通志》：在县西三十里长沙界。案：今西三十里无界长沙处。

横塘。在县西北四十里，界益阳。

大塘。在县西。

密岭塘、碧墉。在县西北五十里。

上泉塘。在县西五十里四区，三穴珠联，清泉涌出，昼夜不穷。去塘数十武，有怪石焉，似猿似龟，森然罗列。

下泉塘。距上泉塘约里许。

古塘。在县西北五十里，因山脚为塘基，故名。

坝

楮林坝。在县西五里。

石圳坝。在县西四十里。

大阳坝。在县西四十余里，明成化间义民谢崇玺、陶圆满、刘清兴呈请修理。奉各上宪批准，谢崇玺捐赀疏浚水源，可灌田一万顷，开坝定期，有碑示印册。

大异坝。在县西四十余里。

童田坝、童家坝。均在县西五十里。

四都水类

水

峡水。在县南九十里道林上峡山口山垣桥侧，水出山间，沿桥畔小溪滴石上，潺潺作弦声，旱久不绝，流入黄丝坝。市人取以酿酒，香色味俱佳。

泉

鹰嘴岭瀑布。在县东南七十里鹰嘴岭东有瀑布，悬流约二丈许，下汇石潭。潭前乱石错立，泉穿织其中，撞声如吼，奔注壬子冲。

泉冲。在县东南八十里有穴泉，四时喷欻，灌田数百亩。

厚泉。在县南九十里，灌溉不竭。

湖

韶湖。在县南七十里。

蒋家湖。在县南八十里，接泉塘水尾，灌溉不竭。

滩

晒谷滩。在县南九十里。

塘

陂薮塘、横坏塘、韶塘、龚赤塘、宋家塘、古美塘、北塘、木楂塘、浮坏塘、月湖塘、陂裴塘、上下箕小塘。在县南九十里，溉田四百余亩。

相公塘。在县南六十里。

韶坏塘。在县南六十里，溉田三百余亩。

修文塘。在县南六十里，荫田四百余亩。

小泉塘。在建江南。

上泉塘、下泉塘。在建江北，俱在县南六十里。

广济塘。在县南六十五里，溉田百余亩。

竹坏塘。在县南七十里。

舒坏塘、苦竹塘。俱在县南九十里，东南湘潭界，西北本邑界。

式夏塘。在县南九十里，尾有泉井，灌田二百余亩。

坝

沙棠坝。在县南六十里，溉田数百亩，秋冬资利舟楫。坝基在谢家港下。

大屯坝。在县南九十里。每逢需水之时，拦河担筑，堵水灌入小港，注田二千余亩。左修石口以为蓄泄，官给印册委牌。道光庚戌，船户李心庄等强掘，业户周振鼎等禀县，经宪断令培修，春、夏、秋不许开挖，冬季让与船户放船。等因在案。同治六年，周福祥、周振源、谭明五等于中添修石坨，石口源竭则蓄水灌田，源溢则泄水通舟，惟夏季断不开放，定有章程泐石。

三泉坝。在县南九十里，有桥两塔。

荫塘坝。在县南九十里，有桥七塔。

好塘坝。在县南九十里，有桥九塔。

五都水类

江

建江，在县东南六十里湘水鱼湾市上游，有建江港，即建水入湘处也，源山湘乡两头塘。案：山白两头塘过峡，右支起罗仙峰，由高露山至栳木岭，达潭邑，结湘潭城，为湘仑；左支由两头塘逶迤北行，至邑之皂角冈，由东而南达善化界，止于湘滨，为岳仑。建江绵亘其中，康熙《志》所谓"建江是界水"是也。前《志》引《通志》：蜀汉时，吴增置建宁县，今为湘潭县北地。建江经罗仙峰至碑头市，南为潭地，北为宁地，与建宁之义合，是名为建江宜。或以靳尚坟在江浒，遂谓江以靳尚得名，且谓"建"乃"靳"字之误。夫地以人传，靳何人，而以之名江，不蔑清流耶？然《通志》载：一名剑江，盖因河水发源两头塘，经罗仙峰一带，直下八曲湾、双江口等处，水路约百余里，滩高水浅，怪石离奇，如刀剑然。居其地者均目为剑江，殆以形似者欤？发源自湘乡两头塘三里赵公桥，入宁会万岁塘水，八里赛子山，二十里麻山，二十里建江桥，二十里八曲湾，二十里双江口会韶湖小河水，七里大塘桥，八里大屯营，五里江湾，十二里筒车坝会峡山口水，二里龙口桥会石坝寺水，五里五子桥会烧汤坝水，三里烧汤河入湘潭境，十五里碑头市入善化境，至建江港入湘，凡二百余里。案：旧《志》、前《志》皆注发源湘乡万岁塘，今正之。

泉

大寒泉。在县南四十里，发源善化西湖，至本邑土桥庙左，分上、中、下三泉，为东湖泉坝。

盘泉仑瀑布。在县南五十里，仑顶宽平，有瀑布悬岩飞下。

金盘山泉。在县东南五十里山上寺旁，石岩嶒岈，流泉四出，汇为巨浸，南流经聚山，注建江西北流，经东湖，注平江东流，注善化长冲而下。

温泉。在县南五十里火煽小溪中，四时常燠，风雪中掬之，曾不手冻。

聚山泉。在县南五十五里聚山，有源泉下黄龙坝，入建江。

潭

将军潭。在县南四十五里，与洗马市近，旧传有将军驻兵于此洗马。

石潭。土名石潭口，在县南五十五里。潭底纯石，上有石桥，水出早禾滩。此地两山环抱，峻秀可人，盖岳仑自湘邑两头塘分脉，左起湘仑，右由赛子山、佛骨仑等处，至口内坦平地为北湖，两面小山无数，皆嵚崎艳绝，如龙楼凤阁，令人游玩不尽。五都得名以此。

仙人潭。在县南五十五里，潭水澄澈，两岸列石如屏，俗云仙人遗迹。

龙潭。在县南七十五里淡家湾对岸，左龟山，右蛇山，两山明秀，对峙江干，为建江水出第一关口，又名八曲湾。盖自建江桥至此，约十余里，其湾有八，潆洄环抱，石骨嶙峋，殆形家所谓之玄者欤。

龙坑。在县南六十里建江中，清澈渊深。泅者云，潭底旁有石门，门内水冷浸肌，畏不敢入。

湖

仰天湖。在县南二十五里稽峁山。上有湖曰仰天，大旱不涸；中有蜿蜒，可以净器掬而视之。

北湖、东湖、罗湖。在县南五六十里不等，皆地名。

溪

麻溪。在县南三十里，水入乌江。

凤凰溪。在县南四十里。旧《志》："宋时有凤饮此。"

井

凤竹井。在县南四十里，旁有凤凰竹，行者憩此饮焉。

桂花井。在县南四十里岽峁山。明嘉靖时旱，居民无水可汲，有道人过此，插桂花一枝，泉忽涌。因凿为井，旁生桂树，故名其园曰桂树园。后桂枯井竭。乾隆三十九年，泉复涌，距百步生桂一枝。四十二年旱，远近皆汲此，泉汲不竭，不汲亦不溢。

古井。在县南五十五里狮顾寺前，水味甘。

陂

菉豆陂。在县南四十里。

黄杨陂。在县东南五十里。

港

浪丝港。在县南四十里，由石潭来会洗马市、蓝田坪诸水，涨发可通舟楫，出乌江口。

滩

龙子滩。在县南四十里土桥庙侧。

池

浴仙池。在县南七十里罗仙峰上。

塘

东坏塘。在县南三十五里。

土桥塘。在县南五十里土桥庙。

木瓜塘。在县南灌田二十亩。

赤土塘。一名赤子塘，在县南五十里。

舒符塘。在县南五十里。

坝

郝家坝。在县南五十里建江渡下，灌田数百亩。

六都水类

河

滩山河。在县西九十里，水自流沙河下，汪洋浩淼，数十里至此，忽两山排闼，牢锁紧束，为六、八、九都一大关键。河中石齿齿，舟遇之立碎。云昔有仙夜运铁钯开垦，闻鸡鸣声遂止，今犹露条条钯印，过此如出龙门，豁然开拓。

水

龙洞水。在县西百里，发源分水岭龙洞。一支由滩山入沩，一支由团山汇为约子潭入沩。

泉

龙潭泉。在县西六十里，深二三丈，宽七八丈，酷暑亦有寒气。潭上石孔如斗大，水出其中，坎坎有声，注田四百余亩。雍正十一年腊月晦日，水忽塞，无点滴，潭底鼓泥泡，三日复如初。

塔门泉。在县西八十里塔门山山麓，有大石高如塔，中有穴似门，其泉春温夏凉，秋渐热，至冬望之气如甑蒸。逢春雷震有鱼出，如指大无鳞，口在腹下，味甘。土人呼为靴嵩子，以鱼之多寡，卜年之丰歉。《天文志》：鱼星与糠星连，二星明，则年丰。《诗》曰"众维鱼矣，实维丰年"是也。相传明季有虬须老人，一日入此穴，脱草屦于门外，嘱群牧童曰，候草屦动，即众口作金鼓声，我骑龙出矣。明日草屦跳掷，众大笑，忘作金鼓声，石门遂闭。

潭

约子潭。在县西九十里龙洞中，昔人约绳度之，未穷其底。

乌龙潭。在县西百一十里滩山上。府、旧《志》：元至顺间，有龙空中助解国难，复梦示主帅出路。事平，上遣使褒祀之。潭上有茶亭，里人戴果泉、戴楚良募置田三亩，日煮茗以济行路。

湖

乙家湖。在县西六十里。

溪

秀溪。在县西七十里，俗呼粟溪。

金沙溪。在县西百里，发源秦冈，下流会滩山口。

井

香泉井。在县西南九十里香炉山山脚，有石穴，自然成井，夏冷如冰，冬则热气上腾，探之如汤云。昔有老人汲泉，得小蜥蜴，俄长数丈，升香炉山顶，拿云而去。

虾蟆井。在县西百里长堤冲田中有井，内有虾蟆，时吐气成虹，泉流灌溉不竭。

桑井。在县西百十里，孝子秦安镇好种桑，故名。

塘

枋坏塘、株坏塘、下篷塘。俱在县西。

坝

麻羊坝。在县西蔡家冲。

段江石坝。在县西八十里，可灌田千余亩。

沙塘坝。在县西，长二里七分。轮流放荫，有印册。船户开坝定期，有碑示。

围陂坝、陂石坝。二坝久合为一，在县西九十里，与十都共灌田二千余亩。置坝边水田四亩，以租作坝费，户名廖礼，正饷三分。

白杨坝。在县西百里。

七都水类

江

泉江。在县西南八十七里矮子沙坪上。东鹜山多泉，众流会合，汇为泉江，俗呼"泉江口"。

河

罾虾河。在县西南八十里，流绕罾虾寨，下为湘乡谷米船埠。

灰汤河。在县西百里，水自石螺山毛埠来，河右小港中汤泉在焉。

泉

羊头洞泉。在县西南八十五里，洞中泉流汩汩，灌田数百亩。

汤泉。在县西南百里，俗呼"灰汤泉"。凡三坎，上沸、中温、下热，上可焊羽毛，下可沐浴。鸭饮此泉，胫多骨髓，味极鲜，称汤鸭，争贵重之。嘉庆丁卯旱，居民作堤引泉溉田，田中螺蚌皆死，禾偏茂盛，结实倍常，乃知泉之能肥田也。距泉里许，有村店十数家，往往遭回禄，以烈焰太重故。七都得名以此。案：泉三坎，皆鼎沸，手探不可，况沐浴又其处，只宜畜鸭。即今并未有呼汤鹅者，前《志》殆以传闻误。

潭

狮子潭。在鲇鱼滩下，有巨石如狮。

黄土潭。在县西七十四里，水清洌，下有石屋，渔人尝入之，见石床、石几、石桌、石碗陈列。

尤公潭。在县西南八十五里社落桥侧。

石谷潭。在县西南九十余里，距汤泉里许，石磊珂如谷，有潭水深�辽阔，慕亲桥在此。

相公潭。在县西百里汤河中，旧传汉相蒋琬于兹饮马。

湖

乙家湖。在县西南五十五里。

神山湖。接丁家湖，流可灌田。

丁家湖。在县西南六十里。

井

珊瑚井。在县西南六十里桎木山，水甘美。

神泉井。在黄龙山右，泉洌芳，掬之香如菊。

冷水井。在县西南百里近汤泉，凡泉多夏凉冬温，此独尝冷。或曰有汤泉，自有冷井，寒燠相乘，理固如此。

陂

狮子陂。在县西南八十余里泉江口上半里许。

滩

鲇鱼滩。在县南七十里。

石滩。在县西南百二十里石螺山上河滩沙中，有石板数丈。

塘

周贵塘。在县南五十里，溉田五百余亩。

阳和塘。在县南五十里，溉田三百余亩。

沉鼓塘。在县南六十里，云昔蛟坏断卡仑，寺鼓为水激破，沉于此。

灰汤大塘。在汤河右岸，塘水中分，左冷右热，鱼极肥美。

坝

石坝。在县西南百十里石坝仑下龟蛇水口，坝坐湘乡十三都，地名三荃，水注宁田近千亩。

八都水类

江

杨华江。在县西百四十里，水发源三角寨，十五里新建桥，五里大田方，右会杨华屋小港水，五里人字桥，十里回川潭，五里花门楼，入唐市河。

直江。亦作砌江，在县西百五十里。水源发学堂墺，十里龙塘湾、福星桥，左会廖家滩水，二里田坪里，右会横冲水，又名顺冲，又半里右会水竹冲、仰面冲水，经双河口，一里出车林桥，五里太和桥，十里柳林堡，入流沙河。

水

车林桥水。在县西百四十五里。一发源天台山，一源鹿寨坑，一源三尖峰，一源野竹仑，四流汇合，里许至车林桥，十里柳林堡。

潭

回川潭。在县西百二十五里。

蜘蛛潭。一名龙蟠嘴，在县西百七十里。

井

凉水井。在县西百七十里三尖峰上，四时泉涌如注。

塘

月塘。在县西百二十里。乾隆《邑志》：在八都。

龙塘。在县西南百二十里，灌田数百亩。先贤南轩张氏裔世居此。

坝

响水坝。在县西百二十里，悬流百丈，铿纮镗鞳常，长作钟鼓声，注荫田数百亩。

龙船坝。在县西百四十里，源发龙田冲仑顶寨，逶迤洄漾，汪洋渟蓄，注荫田数百亩。

新坝。在县西百四十里，灌田二百亩。

九都水类

河

流沙河，在县西百三十里。

水发源有二，一出梅树墺，一出杉木墺，经柳林堡会砌江水，十里查林街，又一里马蹄段，左会柑溪、梅溪水，右会草冲、扶冲水，十里铜冲铺，五里唐市，右会杨华江水，二十里左会吉家河水，右会望北峰水，出滩山迳沙坪，五里入黄材江，名双河口。

草冲河，一作造钟河，在县西百四十里。

水源发上仑坑，经苏家亭会元坛墺水，五里关王桥，七里花桥，会山林街水，至新桥下入流沙河。

水

黄绢水，在县西百三十里。前《志》谓发源有二，一出蒋冲，一出芭蕉岭。蒋冲支流也，芭蕉岭小港水也。

水源发九都邹冲塘，五里田子湾，右会十里长冲水，左会雷打石水，五里将军庙，三里堆子山，十里五里堆，五里沈家坝，右会朱溪水，五里栗木桥，右会蒋冲水，三里黄绢桥，左会芭蕉仑水，二里中福桥，二里新桥，怪石横列，至黄材市入沩。

溪

朱溪。一作朱冲，在县西百五十里。水源发石笋，十五里至沈家坝，会黄绢水入沩。

柑溪。一作乾溪，在县西百五十里。水源发干溪墺，五里乾溪桥，左会梅溪水，八里象鼻湾，右会石板桥冲水，七里有奇入流沙河。

梅溪。在县西百六十里，水源发土地墺，十里会乾溪水，入流沙河。

井

界山泉井。在县西百四十余里，水甘冽，常有云气上蒸，灌田百余亩。

龙井。在县西百四十里龙潒村右，水甘冽，偶投秽即浊，洒以香水如初，灌田百余亩，遇旱愈溢。

桂花井。在县西百四十里双凤山芙蓉庵后，泉香似桂。

塘

石塘、老鸦塘、九公塘、神山塘、金蚁子塘、义子塘。俱在县西百三十里，各灌田百余亩。

坝

余家坝。在县西百三十里，灌田四十余亩。

雷公坝。在县西百三十里，灌田八十余亩。

汤公坝。在县西百三十里，灌田四十余亩。

碑山坝。在县西百三十里，圳长二里，壅沙成基，不烦土筑，灌田二百余亩。

大爵坝。在县西百三十里。

十都水类

江

沩江，在县西百五十里。《水经注》：沩水出益阳马头山，前《志》：后魏时，未置宁乡，马头山属益阳。今九折仑后如马鬣，俗呼花马仑，其为马头仑无疑。东经新阳县南，晋太康元年，改新阳为新康。又东入临湘县，前《志》：前《汉书》：长沙国领郡十三，临湘为首，是郦道元所称临湘指今长沙言，非岳州所属临湘也。历沩口戍，前《志》：沩水入湘，一由新康，一由靖港。今二处市肆环列，殆即沩口戍。东南注湘水。零陵亦有沩水，与此无涉。

江发源县西花马仑，十里至接龙桥，五里经香严岩会瀑布泉，十里经沩山，遂名沩江。绕密印寺前，会优钵昙花水，过南桥，绕七星坪，十里经金子山，流为长滩，一曰金滩，会白云洞祖塔仑水，十里右会石板水，号"双河口"，三十里左会段溪、九渡水，五里汇为黄材江，右会黄绢水，二里左会九江水，五里左会横塘港水，十里右会龙洞水，左会长桥水，十里会官江，号曰"双江口"，十五里经回龙山会秀溪水，十里左会玉潭江，十里至炭河，十里至左家河，十里至袁家河，过东车，十五里至珍洲，右会乌江，十里经县治西南左会紫溪、化龙溪，汇为玉潭，十里为兜子潭，右会平江水，十里至茶亭桥缘洲分流，合于双江口，五里经挂榜山，五里至赵家河下沱市，析为二，右从新康入湘，左从靖港入湘。按今水道，至赵家河析为二，右下沱市出新康，左走火砂港出靖港。

官江，在县西百八十里，以宋王司徒驻此，故名。水自司徒岭来，经新街铺、官埠桥，绕官山下。江在十都无疑。《通志》：源出三角寨。嘉庆邑志谓"发源三角寨者，别为杨华江"是已。又云至唐市与官江合流，出滩山，则误以乾溪为官江矣。九都有溪水，浅易乾，曰乾溪，今作柑溪，水入流沙河。又注谓：官江源发司徒岭，经小芙蓉山，二十里过车林桥则水断，不能越扶王诸山而过之也。按旧《志》古迹，胡侯社学六，一在乾江，今巷子口下围上，犹有书院遗址。是官江亦作乾江，前《志》又似因乾江误乾溪。乾溪水入流沙河，又误为出车林桥。不知出车林桥者，砌江也。且既云同出滩山，又云至黄材江入沩，是不又逆上数十里才会合，与大抵滩山口呼双河口，黄绢水亦呼双河口，石板水会官江呼双江口，前《志》又似因此而误。

江源出司徒岭黑石洞，三十五里至旌扬桥，上会石板水，十里莲花桥，十里鸡笼山，会祖塔仓水，五里寨子坝会沩水，经裴洞口会段溪水，出黄材。

水

峡山水。在县西九十五里，系县仓莲花峰关键。两山夹峙，水出其中。道光初，里人募培峡水左砂，并捐置十二区东岳公所前水田数亩，供补修费。户名刘推田，正饷一钱一分四厘。

九曲水。一名小黄河，在县西百十里，黄材市之锁钥，近为沙掩。

九渡水。在县西百二十五里段溪下，春夏水涨，架徒杠而渡。秋冬水落，循跳石而渡。前《志》：拟以三三径，六六湾，其缭曲如此。

段溪水。在县西百三十里，发源关壩，关圣屯兵处，界益阳、安化。十里至杨柳溪，十里至段溪，五里九渡水，十里会白沙洲水，至寨子坝下，距黄材五里入沩。

石板水，在县西百五十里，俗呼"大江边上"，又呼"石板上"。江边石板平铺，阔数十丈，旁有市，上通安化驿路，下达湘乡、湘潭。

按：水源出白花洞，十里至隔山冲；六里金家塅，左会何家冲水，右会邹冲水；三里至石板上，左会石屋冲水；十里至庞扬桥，左会巷子口水；经官山至鸡笼山，左会祖塔仑水；至寨子坝，与沩水合。沩水温，石板水冷。前《志》误以白花洞属安化，又曙山隔山，先后颠倒。

泉

优钵泉。在沩山密印寺前，有石如钵，水注下为盘涡，故曰优钵。昙花泉，唐司马头陀刘潜入靖港，闻优钵昙花水香，即此泉也。旧《志》：可供汲，不可灌溉。

香严瀑布。在九折仑西香严岩有瀑布，高数十丈，砰湃之声振动林谷。

白水洞瀑布。在县西九折仑顶，距风洞数丈，有白水洞瀑布，悬岩而下，冬水热风亦热，夏水凉风亦凉。

龙眼泉、深坝泉。在县西北五十里九折仑荫云亭下，脉由昙花水出，右名龙眼泉，左名深坝泉。坝侧天然石坑，泉水香暖，灌三区田二千余亩。仑上茶亭，咸丰年里人罗永清、罗东林倡建施茶，邑绅张铣题"荫云亭"三字。碑记。

潭

十三潭。在县西百三十里石山腰间，凡十三洞，洞各有门。第一洞门甚小，仅容一人，祷雨求水者，用壶及灯置盆中。匍匐入至三四洞，方有水，门渐大，先以盆浮门内水上，乃入第五洞。有盘龙大柱石，柔软如肉。六洞水寒，有石乳涔涔滴下，乳出洞见风即化为石。七洞至十洞有石椅、石棹、石棋枰，十一二洞有石床、石枕，十三洞宽可坐百人，有石如龙，水自龙口中喷出，以壶承之，不过十余杯，非两人力不能举出。洒其水于祷坛辄雨，非此则无应。僧道多半途反，以水给人。潭上有小庙，距潭百余步有大石岩，岩下泉约可供桔槔两具，潭中水不外泻，或疑为伏流云。

绕龙潭。在县西百五十里，为沩水所汇聚，两岸山麓交回，潭水环绕如龙蟠状，故名。又名老臣潭，云昔唐相国裴休尝钓游于此。

老龙潭。在沩山八角溪，详后养龙池。

溪

八角溪。详后养龙池。

井

龙王井。密印寺后，石龙枧接毗卢峰，水由龙王井来。

神木井。一名楠木井，在大沩山华严坪。相传修密印寺时，巨材出其中，岁久尚有大木一株竖井内。后井堙，木亦朽。

龙田泉井。在县西百七十里龙王塘内岳仑过峡处，旧有两井如龙眼，今存一。

港

横塘港。在县西百二十里，发源侯家山，经侧耳山、司马山下高家仑，汇为港，入黄材江。

洲

白沙洲。在县西百二十里，司马头陀尝水处。

滩

金滩。在金子山下，沩水绕滩而下。

池

天池。在寨子仑上，四时泉流涌溢。

洗马池。在沩源下壶山，宋臣易祓归里洗马于池。

养龙池。在沩山密印寺警策殿前。唐灵祐初来时，知此池有龙，咒钵浮水，龙化为娃娃鱼入钵中，遂送出八角溪老龙潭，因于石枧上立义龙庙。迄今殿前池水澄澈，尝有娃娃鱼游泳。旧《志》：同庆寺亦有养龙池。

洗药池。在县西百六十里扶王山上。

塘

乌石塘。在县西百十里有泉穴出，味甘美，煮茗经宿不变，注而为塘，深数丈，精莹澈底，但不可养鱼，有投之者，不久悉归乌有。

坝

围陂坝、陂石坝。二坝今合为一，在县西九十里，与六都共注田二千余亩。置坝边水田四亩，以租作坝费，户名廖礼，正饷三分。

龙塘坝、陈山坝、姜公坝。俱在县西百十里。

千古坝。一名赛子坝，在县西百廿里，邓、李、唐、姜、僧共户名千古坝，正饷三分。

大坝塘。在县西百四十里，源接了公潭，户名谭、陶、李、傅、易，正饷七分。案：各都塘坝今昔殊名，有访未得其处者，照旧《志》、前《志》所载方位道里分别。

河埠

一、鸾埠，左自黄材河起，右自滩山河起，入牛婆荡会合至粟溪止，黄材两岸系十都，横市、滩山两岸系六都一、八、九等区。距城百一十里。

一、附城埠，自乌江口起至菟子潭止，乌江口南岸系二都，北岸系三都，至县城玉潭桥两岸系一都。距城十里。

一、双市并分埠、丹溪埠，自丹溪茶亭寺起至夏家洲止，两岸系一都。距城三十里。

一、赵市埠，自翟家山起至沱市止。两岸系一都。

一、袁左埠，左自大石窟起，右自高田大成桥起，入玉堂桥会合至乌江口止，大石窟南岸系二都，北岸系六都，高田大成桥南岸系六都，北岸系三都。距城七十里。

一、浪丝埠，自石螺山河起，入乌江口会合至大河止，石螺山两岸系七都，又自檀木桥起南岸系七都，北岸系二都。距城百一十里。

一、道林埠，自麻山起至烧汤河止，水由湘乡县属出靳江河，入长沙大河，上节两岸系五都，下节两岸系四都。距城百里。

宁邑乌江船载货放泊之处，百余里内分上、下、中七埠，鸾埠、袁左、浪丝为上三埠，附城为中埠，双市、赵市、道林为下三埠。埠各设船头小甲供差役，分稽查，其谕示条款详政迹类。

津渡

县垣

南河官渡。石马头在县治南，原渡夫二名，每名给工食银带闰二两零三分。雍正五年，童旭昭捐金搭石板。乾隆初，李子振、元捷等重修，用石三十六块，直搭中流，徐谛佐、汪倬云、汤作仁、雷继尧、陈纯一、童声远襄之。自乾隆三十五年玉潭桥成而渡废。

一都

净土庵渡。原名仁里寺渡，在县东七里，众姓募建。

兜子潭渡。在县东十里，众姓募建。

竹山湾渡。在县东十五里，众姓募建。

唐公庙渡。在县东十六里，李恒升兄弟遵父常青遗命，于嘉庆二十三年备银二百七十五两，置土桥冲尾田十三亩，供舟子及修补费。后恒升兄弟因隔居远窝，附入东城族祠经管。

丹家河渡。在县东十八里，众姓捐建。

檀树湾渡。在县东二十里，乾隆间刘敦成创建，捐基地给渡夫工食。道光年废，咸丰初年众姓又复修。

泥湾寺渡。在县东二十余里，众姓募建。

丁公寺渡。在县东三十里，众姓捐建。

石头口渡。在县东三十里，众姓捐建。

双江市渡。在县东北三十里双江洲。洲广里许，直三四里。起自西塘，有崔阁老故宅；下镦回龙岭，有蟾蜍泉，草坪一片，茅店数间；中有丁三王爷庙，参差渡口，凭此赋咏，立可千言。昔有诗客云。然道光年众姓捐置田亩，以租入供渡夫工食及整修费。

二都

乌江渡。在县南十五里。道光三年，李有光倡建。公置本都八区朱家坡田亩，以租入供渡夫工食。道光年，宋达勋独捐渡船一只。

黄泥港渡。在县南十八里。曾仙舫白庐遵父雯台遗命，独修置铺屋，以住渡夫，建瓦船亭，渡夫工食权在莺窠岭雯台墓田租内给。咸丰年，邑绅曾海帆与弟印沧、灼庵，男翼庄兄弟修东西石岸。

泥湾渡。在县南二十里，廖际照捐田六亩。

东车渡。在县西二十里。康熙年，廖乔年建。道光癸巳，刘东源、袁福田等募金六百有奇，置福田桥田二十五亩，东车河边田八亩，以租入供渡夫工食。又张家港渡夫亦取给于此。

满天星渡。在县南二十五里，原汪立斋造船独建。咸丰十年，众姓造船重建。

走马滩渡。在县南二十五里，周经楚等募众捐修，置田五亩，庄屋一所，又洪姓捐山地一所。

石井渡。在县西南二十五里，袁鸿声、谢廷瞻等募建，置土地冲山一侧石井冲田十三亩，租收二十三石，每月给渡夫一石，余作补修费。渡夫居来佛洲河滨，庄屋地基系周秉彝、秉翟两房嗣孙公建。道光年，周纯庵、伊轩兄弟加捐渡屋前面地一丈四尺，右三尺，归公管理。

黄土潭渡。在县西二十六里。道光十五年，学博邓云台倡建。张云封、袁明典、洪麟书等募置本都六区田数亩，并建义渡亭，里人黎以田捐亭基地，洪光能捐亭外余地，又公置对河埠头。详《义渡志》方令炳文撰《碑记》。

石潭义渡。在县西四十五里石墈潭，邑绅曾敬庄遵父鸿仪遗命，率侄让泉捐潭岸田四亩、山场屋宇一所，并捐五十金倡建。里绅魏冠亭、谢树轩、陈冠云、谈彩亭、徐桂堂、袁文珍、杨诚斋、周鉴莲、李枝芳、徐季青、谢勉吾、曾聚之又倡捐增买卢复初大塘冲等处田十三亩，并山屋一契两处，合载户名石潭义渡，正饷二钱。监生罗青轩等禀请张令示谕，规条存案。碑记。

早禾滩渡。在县南三十里，原汪霞村造船独建，每年雇渡夫，给工食。咸丰年，周俊杰、刘同心等募捐重修，置毛家冲田六亩。

罗公渡。在县西三十五里，原名左家河渡，界三都。罗笔城、吉门、春照侄敏斋、侄孙义林等奉父明若遗命捐建，价买左河廖姓屋基建碑亭及渡夫住屋，又摘买三都二区石桥墩张姓田二十七亩零，庄户一所，山一围，户名罗义亭，正饷四钱四分。

邓家河渡。在县西三十三里。古名犀潭，因明邓秀芳古迹，遂名邓家河。历有渡头、渡夫沿门收谷。嘉庆十五年，邓星扬、明扬两房后裔功宙、功烈、功榜、亮彩、陞荣、朝选、汉廷、云山、锡冕，廪生贤洉，监生贤鬶，郡庠煌礼，举人光禹，暨族功、贤、礼、义四派等，捐本祠租，每年给渡夫谷二十石，并置住屋于埠头附园，约宽七亩。钉船二，其一下水，其一上坡油洗，别钉一小船，大船已过，小船随送，钉费仍出邓家。义渡碶岸均邓祠公地。邓贤湘有碑记。右岸抵本都六区，左岸抵三都二区。邓氏公置祖遗本都六区田百亩，户名邓米山，正饷八钱五分。三都二区田三十亩，户名邓米山，正饷三钱四分。永远不得侵蚀出售，其渡夫谷即取于内。

石壁潭渡。在县南三十五里，众姓募建，置本都八区茶盘冲田数亩。

磨子潭渡。在县南四十里，众姓募建。

成义渡。在县西四十里薛家洲。嘉庆年，邑绅曾衍咏倡，曾紫垣、李光龙、曾道轩、吴大顺等捐赀修建。置船二，置田二十亩，户名成义渡，正饷四钱。衍谓等禀宪示规。咸丰年，曾毓光兄弟曾策臣、启宇、运春、李春萼等捐募补修。《碑记》。同治年，曾劲村、曾敬庄、张仁端等复募修船埠及埠侧大路，皆甃石。曾毓光《碑记》。曾敬庄、萼庄增建木桥，另捐置田亩，供补修费。《碑记》。

曾公渡。在县西四十里瓦薮坪，界三都，邑绅曾翠亭独建，并建木桥，捐瓦薮坪山场、铺屋作义渡亭舟子工食，取给油麻田新屋场祭田租。翠亭自撰规条，子禧春、孙毓郯等呈请邑候郭存案。《碑记》。

大石魁渡。道光己丑，喻、张、黄、邬、陈倡建，募置田亩屋亭。辛丑，陈、宋、罗续捐，兼设木桥，均详《志碑》。

尤家滩义渡。在县西四十里，众姓捐建。

月塘山渡。在县西四十三里。嘉庆二十一年，傅耀祖倡建。《碑记》。

河潭渡。在县西五十里，界六都，一名河埠桥渡。道光初，卢宋氏慕义独建，捐田架屋。事方成，连被水坏。氏乃改捐银壹百陆拾两，周莲朋、卢春桥、卢禹门、卢镇川、胡世瑞、欧英夫、曾咏春、谢树轩又募谢常五捐银四十两，合众捐赀，另置田建亭。《碑记》。

琼家滩渡。俗呼"陈家滩"，在县西南五十里。乾隆甲申，里人陈一政等募建，陈、严、李、刘、张、周等十家醵百七十金，买赫名楼、李毓章田九亩，严大猷捐七都三区河边庄屋一所。后续修，又买本区河边廖迎春田六亩，又于两岸各建船亭一所。

飞蝶仑渡。在县西南五十里，界七都。嘉庆年，李仁田捐亭铺基地，众姓公置桥船。道光戊戌，募置青泥湾田亩。岁丁未，众捐续修。同治四年，售去青泥湾田，另置七都一区柳溪湾田二十亩，庄屋一所，户名飞蝶仑义渡，正饷七钱五分。《碑记》。

赫名楼渡。俗呼"铺子岭"，在县西南五十二里，原有渡无田。道光年，里人募捐买凌仁辉铺屋为船亭，又置李明达田八亩。咸丰年，又置张南山田五亩一分。同治年，又置丁致斋田四亩七分。

河上桥渡。在县西南五十五里，历有桥渡，废。乾隆辛亥，张敬宣、胡翔千等倡募重修，陈云亭捐七都一区基地建桥亭。嘉庆丁巳，复募续修。后公置唐姓石嘴头田十八亩，正饷四钱；又公置黎姓田山铺屋作渡埠，并置张巍焕山一所作义山。道光甲辰，移船亭，建置二都四区河岸。

白马滩桥渡。在县西南五十五里，界七都。嘉庆乙丑，监生彭鹤亭倡，萧正泰、胡国璋、杨日修、杜国青、杜五常、江玉五、江玉堂、黎任阶、唐亦荣、丁世儒、胡锡类、黎书恩、彭洛滨等重修，余赏轮掌续置田亩。道光年，鹤亭又捐桥亭屋宇基地界址。《碑记》。

大河口桥渡。在县西南七十里二都三区，界七都。咸丰元年，众姓捐建，公置田二十二亩半，户名大河口桥渡，正饷六钱三分。

三都

袁家河渡。在县西南二十八里，为袁氏世居。往时各捐升斗，公建渡船，每为南河官渡攘以为利。雍正三年，潘令永禁，此渡不当官差。《碑记》。嘉庆二十年，宋学士袁仕文嗣孙柏友主建，椿龄、光榜、春腴、书斋、泽洋协修，泽坤、光廷、亮彩、定山、行修纠族合立义渡，置田二十五亩，渡口兼置铺屋住渡夫。同治六年，柏友子泽明加捐田二亩半。

黄马湖渡。又名九魁潭，在县西三里。里人倡募建立义渡，置雷姓地基，架屋住渡子，余赏生息。买曾雷水田二契，共正饷三钱六分，每年公择首士经营。

珍洲渡。在县西一十里，周围渡船五只。嘉庆年，宋大任、宋瑞斋、宋大受、宋莲溪、陈尊五、万克明、彭美才、邱宪章、刘大展、朱东溪、朱炳南三合店、三和店共捐银生息，置产建渡。十二年，宋元三、朱溪公、邱会公、宋五峰、陈昌龄、宋义堂、邓光斗、陶明鉴、宋桂林续捐银四十两。咸丰五年，谭谓之、谭树矩、林楚源、谭升斋、邱三益、邱采蘩、邓兰芳又捐银八十三两。合前所捐本银、息银，置本区田家冲田五十亩、李家冲田二十亩。义渡屋基有三，一在磨石潭，陶明鉴捐；一在新开河，邱与之、何万钟兄弟捐；一在东沧湖，原系朱孟邻捐，今系钟德修、钟培元捐。

窑湾渡。在县西南十里。嘉庆间，曾揆一、朱廷运、彭太元、王明高、朱泉溪、杨永和、朱光辉等倡修。道光二十二年，李有光，王友清、东山、万忠、在能、玉洲、东海、光辉，雷万镒、高必照等捐赀重修。同治元年，王在能、王照南捐铺屋基地住渡夫。

炭河渡。在县西三十里，界二都。嘉庆年，众姓捐建，公置田亩。《碑记》。

大河人字坝渡。在县西三十里。谢可人独建，捐水田二十亩，附山场、围院，并修义渡亭。户名谢公渡，正饷四钱三分，议择三、二两都首士，轮流经管，以赡舟子费用。

四都

猫嘴园渡。在县南九十里江湾渡上，系众姓募建，置田二亩并庄屋。

江湾渡。在县南九十里，崔、许、罗、傅、陈、胡六姓捐建，置田十亩；又崔友益捐屋基田二亩。咸丰年，崔、许、傅三姓共捐银数十两，重修船屋。

新埠头渡。原名毡埠渡，在道林上五里，相传明吉藩仪宾崔文莲于此处蹋毡，迎郡主入门，故名。乾隆年，崔书三、黄上芳倡建桥渡，置田三亩，造船构屋。道光年，崔、许、黄、傅重修船屋，众姓公置木桥，陶姓捐田一亩。咸丰年，黄芝亭、崔菊甫、傅兰庄、许明远复倡募置田五亩修建码头，鲁姓捐田二分作码头基址，共计田八亩，与众姓轮管。

五都

建江渡。在县南六十里，众姓捐建。

六都

易家湾渡。又名杨洲渡，在县西五十里，里人杨二洲捐建。

喻家潭渡。在县西六十里。道光年，潘龙江倡募，众姓公建。咸丰年，置田二十七亩，户名喻家潭，正饷七钱七分三厘。

白水坪渡。在县西七十里，众姓公建。

粟溪渡。在县西七十里。乾隆五十三年，众姓置田立渡，并建船亭。同治二年，里人重修。

石龙潭渡。在县西七十五里。道光二十六年，众姓捐建，置田三十亩，正饷六钱三分。同治二年，众复续捐，建亭二进。

牛婆荡渡。在县西八十里。同治二年，里人募修，建亭二进。

双江口渡。在县西八十五里，聂天富倡募捐修，置额田二十亩。

窑塘河广济渡。在县西九十里横市，众姓捐建，买郭田坊田二十亩，大方丘、上湾丘、方丘、横丘、两高台丘、两大水丘、小方丘，共八丘，户名广济渡。

滩山渡。在县西九十二里，历有船渡，渡夫沿门收谷。同治三年，李修文、谢其萃、严富山等募七百余缗，公置秦日章田二十一亩。户名滩山渡，正饷三钱七分五厘。《碑记》。

柳蓝桥渡。在县西九十五里，众姓募建，置田十亩。户名柳蓝桥，正饷三钱七分。

龙洞渡。在县西百里，喻正祥等倡建。嘉庆八年，置杨家滩、峡山口两处田，共十二亩，以租给渡夫外，余以架桥修补。

唐公庙渡。在县西百里，众姓捐建。嘉庆三十二年，置谢献廷牌子丘、荡丘田五亩，并买熊姓铺地。同治年，里人复募二百余缗，加买谢姓株浮塘尾田三丘，计二亩半。户名唐公庙义渡，正饷共一钱九分。

白马庙渡。在县西百里，众姓修建。

老粮仓渡。在县西百十里，众姓建，置田三亩。

万寿寺渡。在县西百一十里，众姓建。

七都

竹牌口渡。在县西南四十里，昔架竹牌为渡。嘉庆年，童体仁、张人价、廖赞周等倡二、七两都募捐置渡，后买本都四区青湖边李兆先田八亩，庄屋一所。

鲇鱼滩渡。在县西南五十五里。嘉庆初，张文柱捐置渡船二只，又与黎俊杰、彭友春等募捐，公置严家冲田二十亩。咸丰年，张文麓、潘梓春等募建二都石嘴头滨河铺屋及渡夫住屋。

蟠桃渡。在县西南六十里，黎麓原捐义渡铺基，黎凌斋捐义渡亭基，黎南一、黎凌斋、黎春泉募置水田十五亩。附录：蟠桃渡公亭，原系黎泾阳、宋碧湖、宋倬云、潘荣昇、黎引周、黎关石、黎西亭、宋其元等管蓄公项，置水田二十亩。咸丰年，合境修建公亭。

罾虾河渡。在县西南七十五里，众姓建。乾隆年，公置潘鲁一兄弟水田四亩。道光年，又置罗朝丞、罗与辉田二亩，并建船亭。

樟树湾渡。在县西南八十里。乾隆年，潘端甫、喻申锡、潘百川等倡建，公置喻良才田六亩。

尤公潭渡。在县西南八十五里。乾隆年，喻宗海等倡修。嘉庆年，罗显名、喻翘楚、喻继濂、喻临川等补修。同治元年，喻尔福、罗碧河等复修；二年，李蔚春等补修碑亭；五年，喻萼村等倡置公田。

江埠渡。一名板桥当上，在县西南八十五里。道光年，喻晴川、李钟秀倡募，重置渡船，并建船亭。

通济渡。在县西南九十里乌龙潭。道光年，黄克知等募建船只及船亭、铺屋，黄汉友、黄春兰合捐亭基，黄云帆、黄应凤捐亭后山一所，黄菊圃妻喻氏同男应凤捐杨家滩水田三亩。户名通济渡，屯饷二钱五分。

八都

花门楼渡。在县西百二十里，众姓捐建。置松山塘田十八亩，户名花门楼义渡，正饷五钱八分。

过河埠渡。在县西百二十五里，众姓募建。置本都十区毛家村田二十二亩，户名过河埠义渡，正饷九钱八分。

九都

洞冲铺渡。在县西百三十里，众姓募置田五亩，并建茶亭。

十都

横港渡。在县西百二十里黄材上，姜肃仪等合建。

桥梁

县垣

玉潭桥。在南关外，明邑人唐有贤、临川陈淑恭建木桥，长四十丈。成化主簿白璧，宏治县令郑惟楠、安佐，嘉靖典史魏瑶俱续建，屡圮。乾隆二十五年，邑绅龙际飞等，呈请刘令善谟创建石桥，废玉带桥。二十六年八月兴工，二十七年刘调，停工三载。三十一年，县令曾应封接修。越一年，曾调，停工二载。三十四年，邑民李廷清以佣工力作，积金百余，首以百金倡捐。邑人感动，酿赏续修，三十五年八月告成，约费万二千金。长百余丈，礤墩二十六座，上有焚字石亭一间，石狮四，铁牛二。邑人纂有《玉潭桥志》。咸丰年，伴北岸二三墩渐次欹斜。同治壬戌夏月水涨，左右阑石悉折沉沙，礤墩半裂，搭板多断，欹斜者几至倾颓。甲子秋，邑侯郭庆飐倡阁邑绅杨后亭、罗翊亭、潘馥亭、朱兰恬、曾敬庄、梅小舲、童价臣、张荔云、黎星槎、姜香畹、蒋方池募捐重修。《碑记》附《艺文类》。

化龙桥。在学宫左化龙溪，桥畔有石纹如米点，以手摩之仍平滑，故一名米花桥。万历三十年，沈令震龙建。康熙二十五年，春涨冲塌，王令某捐修，教谕翟某泐石于右。

青云桥。在儒学前左，明张令翔甃石。石多梅花纹，又呼梅花桥。其上为响水坝，旧有青云桥，明黎令民皞甃砖，后圮。

曹家桥。下距青云桥百步，通金鸡巷，水大可通舟。明正德间，谢彦良甃砖，后圮。乾隆初，李季若、刘濬哲等募建。

上官桥。俗呼土地桥，在学宫右。

观音桥。俗呼杜家桥，通童家巷，出玉潭街，后圮。康熙己亥，监生杨家修捐数百金重建。

通济桥。在新桥湾下，距曹家桥百十三步，又名便民桥，通便民仓。嘉靖间，监生刘良臣建。

过化桥。在玉潭书院右。乾隆三十年，姜精义倡建，张光銮续修，王文清有记。

以上六桥，水自化龙溪来，绕书院奎光阁，曲折入沩，两岸垂杨，旧称"六桥烟柳"。

观德桥。在射圃亭前，取射以观德意。

侧石桥。在仓岭下，弘治时张甫建，乾隆年杨开桂、杨应鳌重修。

利涉桥。俗呼"关王桥"，在西关外武庙前。嘉靖时甃石，上建焚字炉，名武安桥。顺治时，蒋令重修。自康熙后，乡约王正道、刘元吉两次募修，刘伋亨捐赀续修。

通化桥。俗呼"小桥"，距利涉桥三十余步，袁名爵建，更名大观桥，今名通安桥。道光十六年，周敬亭兄弟重修，陈令汝衡《碑记》。

万年桥。在南关外玉潭桥上，通龙潭湾西关外利涉桥。

一都

玉潭、化龙、青云、曹家、上官、观音、通济、过化、观德诸桥，已详县垣，不再列。

玉带桥。在县治东南阳春台前薜花岩下。明弘治六年，陈令以忠建，后圮。渔人汋其下，犹见墩基。乾隆二十五年修桥，众议欲仍旧处，而南关邓氏及客商阴谋便己，遂移建南关外，即今玉潭桥。据形家言，旧桥为学宫水关键，故仕宦多荣显。改建后，未免稍逊。邑人最好义举，即凭空犹不难于结构。近刘氏之慕亲桥，其著也，况墩具存而南桥石板犹可资藉，迁此就彼，桥之兴也，何难之有，旧废复新，跂予望之矣。

余济桥。在玉潭桥右半里。

清湖桥。在玉潭左里许。府、旧《志》作汤矮桥，久废。崇祯初，庠生刘为邦、监生刘邦宪迁基重建石桥，长广倍昔。嘉庆二十年重修。

班竹桥。在县东五里。明徐邦政募修，后圮，里人募捐建石碑记，通省城。

白杨桥。在县东七里。明嘉靖间，义民许廷荣、严政共建，通省城。

鹅笼桥。在县东十里。明正德间，坊民朱德全建，通省城。

林家桥。在县东十里。长八丈有奇，板宽五尺，众姓募建。

主簿桥。在县东南十二里，里人修建。

保寿桥。在县东南十五里，监生汪静轩建。

安怀桥。在县东南十五里。嘉庆十六年，节妇汪王氏命子士焜建，取奉姑育子之义，故名。

茶亭桥。在县东北十五里茶亭寺，乾隆年刘基镇同侄巨煌、侄孙泽润等建，道光咸丰年众姓重修碉岸，更名沙河桥。

桃林桥。在县东北十五里。

寿世桥。在县东北十八里，刘德润建。

安乐桥。在县东二十里，界二都，蔡制有记。

霜板桥。在县东二十五里高坪小河，众姓捐修。

枫林桥。在县东北二十五里。

玉山桥。在县东北二十六里，道光年监生袁泓清、袁大立等捐募修建。

面圣桥、青龙桥、将军桥、谈家桥、双寿桥。以上五桥俱在县东北二十余里，众姓修建。

大石桥。一名神仙桥，在县东三十里，众姓募建。相传桥成时，有仙经过，至今天雨犹现男女足迹。

赵公桥。在县东三十里泉伽山右，山有赵象鼎墓。嘉庆间，象子黄河超然升录，因同建石桥。道光年间，象曾孙瑞倡众补修。

新桥。在县东三十里双江市，水溃，众姓补修。

大坝石桥。在县东三十里，胡简在等倡建。

白泥桥。在县东北三十里，朱柏偕弟灿华倡募，众姓修建。

流星桥。在县东北三十五里，众姓捐建。

复兴桥。在县东三十五里，里人邹建斌建。

才子桥。在县东三十六里赵家河南。咸丰辛酉年，里绅赵瑞、瑛、珍、琳、琛、珪、钰、珩兄弟八人同建。桥成时，适某孝廉经过，赠以是名。

福寿桥。在县东三十六里赵家洲北，里绅赵介亭独建甃石。

王栋桥。在县东三十九里。先是长沙李宗元倡修架木，道光年，里人募捐甃石。《碑记》。

铜瓦桥。在县东四十里,原架木。乾隆初邑绅王文清捐赀甃石,道光间清子运槐等重修,同治癸亥清元孙松筠、德后等补修。桥右有"经学之乡"石碑,大学士陈宏谋题赠。

栗桥。在县东四十里。

穆桥。在县东四十里赵市后谭家港,里人符承泽修建。时年届六十,以称觞之赀,鸠工甃石,自为记。

永安桥。在县东四十里草溪塘侧,监生谭俊典建。

赛岭桥、卯乙桥、回龙桥、沙场桥、扇子桥、蛇嘴桥,六桥皆袁文彩独建。乇为桥。萧尚珍命子佐斋独建。俱在县东三四十里。

卯江桥。在县东四十五里,界长沙、善化,原系萧姓甃石,乾隆年,李能士、胡万钟等倡募重修。

槎子桥。在县东五十里,原架木。道光十二年,监生陈兆定倡募,建石栏杆,狮象皆备。《碑记》。

朱良桥。一作朱郎,在县东北五十里,界益阳。乾隆间,庠生周画一独建,后周裔捐赀重修。《碑记》。

二都

宁华桥。在县南十二里企石冈,原止石板两搭。道光年,童旭初、庾岭等倡募增修两搭。

龙潭桥。在县南二十五里,有小市。

方公桥。在县东南二十里牌头湾,周姓环居,其长老有号方桥者,故名。今讹方家桥。

虎溪桥。在县南二十里老鸦塘。

石桥。一名日升桥,在县南二十七里,众姓修建。桥侧竖立碑亭,两岸柳阴交荫,上有焚字亭一座,相传有罗孝子遗迹。

高桥。在县南二十里。康熙年建,嘉庆间谢廷瞻等募众重修,道光、咸丰间童玉丰等两次倡募续修。

小花桥。在县南二十二里,距古茶园铺一里,跨龙凤山花溪之阳。《府志》作黄花桥。顺治三年,刘胡氏遇寇,殉节于此。乾隆元年,改木架甃石。

龙凤桥。俗名"邓家桥"，在县南二十五里龙凤山。原木架，同治三年，谈启宇等倡修甃石，里人王昆泉捐赀最多，建石板三搭四磴，中立焚字亭。

永济桥。在县南二十五里。

谈家桥。在县南二十六里，路通湘乡，历有瓮桥。嘉庆四年，谈夏先、杨仁武等募众补修。嘉庆六年，水圮，谢廷瞻、周世钦等复募续修。嘉庆二十二年，谈名器、胡秀山、叶之屏等又倡募补修。

求嗣桥。在县南二十八里平江口。

石龙桥。在县东二十八里石楞关。

陟屺桥。在县东南三十里石坝河一都，刘诺兰偕弟楷费三千金，奉母命建，故名。

金马桥。在油草铺前一里，明《志》作歇马桥，后称惊马桥，旧为宁监生张国赞距旧址百余步建木桥，十九年，宁监生刘巨河仍于旧址独建石桥，费四千金，易名金马。布政使翁某有碑记。前《志》：桥在宁邑界碑外，志以纪界，且嘉吾邑人之好义也。

印潭桥。在县东南三十五里。康熙年，秦量容修渡埠，建船亭。乾隆年，秦镜桥改架木。道光年，秦启煌、月潭、秋宇等募族建石板三磴四搭，中立焚字炉，两旁阑石。咸丰间，秦绍温等复倡续修。

济人桥。在县南三十五里东车渡口　。道光十四年，里人傅济川修建并甃石，为船埠，有碑记。

增福桥。原名增步桥，在县东南三十五里，覃继孔倡建。

月形桥。在县西南三十五里，邓子文后裔修建。

万福桥。在县西南三十五里，乾隆间邓良材、王耀楚等倡募众建。

马安桥。在县西三十七里马鞍山，道光年邑绅曾仙舫白庐建。

文佳桥。在县西四十里。乾隆年，众姓建。道光年，曾仙舫等倡捐加宽桥石。咸丰年，曾印沧、吴意屏等募赀补修两岸。《碑记》。

栗木桥。在县西四十里蜘蛛山下，吴嘉佑妻卢氏架以栗木，其孙宫亮暨闻礼倡募甃石，仍旧名。

许可桥。在县西南四十里。道光十年，曾仙舫白庐倡募，建上下两石桥。《碑记》。

清朗桥。在县西南四十里南盘山，道光年众姓捐建。

双板石桥。在县西南四十里。道光十八年，廪生邓霖臣、刘杖黎、刘二南、孙鸿绪等募修，因旧址砻石，桥侧建焚字炉。同治元年，里人补葺。均有碑记。

大步桥。在县西四十里，嘉庆年曾次园、罗明若倡募架石。

新寿桥、新尔桥。俱在县西四十里，乾隆年刘尔寿独建。

乾福桥。在县西南四十里刘家冲，黄国敬倡建。

隆兴桥。在县西南四十里大塘冲，黄国敬倡建。

莫如桥。在县西南四十五里油麻田独松树下，邑绅曾省堂、三乐、翠亭合建。《碑记》。

观澜桥。在县西南五十里石牛口。同治甲子，卢复初、卢艺斋、谢勉吾、曾敬轩倡募修建。

河上桥。一名和尚桥，在县西南五十里。明万历间，黎文典捐建石瓮，后衡州僧募化补修，胡西清等倡募复修。嘉庆间，里人喻峰山、张子翱等倡募各埠，加以黎祠襄助，培高两岸，增修七礅，并建焚字亭。

小湖桥。在县西南五十里白马滩长湖当上，原架木。咸丰年，众姓捐修，架石并建焚字亭。《碑记》。

檀木桥。在县西南六十里，庠生黎次梅倡修，左岸系七都。

河埠桥。在县西南六十二里，庠生黎文典独修。道光年，众姓续修，并建焚字炉，左岸系七都。

花桥。在县西南七十里，嘉庆年监生张思坚续修。

注三桥。在县西南七十里，黎玉书独建。

右水桥。在县西南八十里峡山坝，监生喻忠柏以独力为其父右水建祠，因于祠外小河建桥，故名。又独捐祠田五十亩，异日修理桥费并取给于此。

急水桥。在县西八十里麂子洞侧，黄仁美捐募倡建。

曾公桥。在二都六区油麻田杨家屋场曾公墓侧，因名焉。曾文炳独建。

石牛桥。在二都六区石牛口，彭先绪建。

三都

侧石、利涉、通化、万年诸桥，已详县垣，不再列。

振隆桥。在县西里许，乾隆时更名步云。嘉庆时，邱则庵、宋大任续募修建，仍名振隆。

同兴桥。在县北门外上官山，乾隆初监生吴德芳倡修。

迁佛桥。在县北里许，路通益阳。明正德二年，刘令绚创建。

董家桥。在县北三里，州判刘京建。

惠民桥。在县西三里，原砖砌，后圮。佛泉山僧明尊建，甃石。

红花桥。在县西五里，古贞女建，遗其姓氏矣。

好婆塘桥。在县西五里。

学堂桥。在县西六里。嘉庆丁卯，陈申伯季子主溪独建，有碑记。

叶公桥。在县西七里，邑广文叶嗣铨之祖创建，甃砖，后圮。乾隆年，铨子景先暨张九荣各捐十金，又募三十金重修。同治六年，胡雨楼、童景福、雷荣发、彭惟先、姚载驰、钟龙韬、李永明、胡万青倡募甃石，桥侧建焚字亭，并修旁之印台桥。《碑记》。

严家桥。在县北八里，通益阳小路。

河斗桥。在县北十里河斗铺后，原架木。雍正初，贺景沂捐赀，倡募甃石。详后菁华桥。

关山桥。在县北十二里。

来公桥。在县西十二里。乾隆年，里人募修甃瓮。咸丰年，里人重修，易以石板，桥左建焚字亭。《碑记》。

小利涉桥。在县西十五里秋田冲长港，郭礼濂建。

踏青桥。原名泰临桥，在县西十七里秋田冲，陶卓然倡募，甃石建礅。

大利桥。原名大栗，在县西十七里。监生黄守昂建，水圮。道光十二年，监生陶孔殷倡募甃石，易名大美。二十七年，庠生禹敬修等倡众重修，中加石墩，上建石栏及焚字炉，易今名。距桥三里赤土铺右，有字冢山，名狮子山。同治五年，里人契接彭、莫二姓，以葬字纸。其山东绕狮头骑仑，直下抵彭、莫山，南抵山脚大路，西抵谭家塘，基角抵彭山，横截直上，北抵熊山骑仑分水，周围筑堤为界，有碑。

黄泥桥。在县北二十里，众姓公建。

义子桥。在县北二十里，众姓公建，并建焚字炉。此处系县治来脉，永禁采石烧灰。

关王桥。在县北二十里。乾隆初，军总陈明敏、庠生陈明决倡建。

菁华桥。在县北二十里，原架木。雍正初，贺景沂捐赀倡募甃石。前《志》：河斗、菁华二桥，迭经前令饬三都七、八、九区粮户捐赀修整，以速邮传、便行旅，毋许派累别区。其采买杂差，概予优免。嘉庆初，奉樊令立碑。

鹤龄桥。在县北二十里，卢我寿妻周氏八十时，子理堂等费百余金修建。

福田桥。在县西南二十里，袁仁甲倡修。

喻家桥。喻族合修。

长寿桥。喻张氏建。

黄家桥。黄族合建。

延寿桥。喻从珩兄弟建。

张家桥。有二，一张族建，一张星若独建。

唐家桥。唐族合建。

泰平桥、毛公桥。俱僧近文募修。

以上均在县西二十里袁家河，于雍正间同建。

白龙潭桥。在县北二十里，乾隆年建。咸丰七年，尹甘园、陈高明等倡募重建，又公置桥田数亩，供修补费。

利马桥。在县西二十里马桥港，道光三十年增修。

高桥。在县西二十五里洋泉九皇殿右，雍正年众姓捐建，同治五年众复增修，长约二丈，广半之。

新观桥。在县西三十里穆家湾，嘉庆庚午，魏宏圮甃砖，长二丈，宽一丈。

蔡家坝桥。在县西三十里，嘉庆年魏宏圮独建。

桥亭桥。在县西三十里，里人募修甃石。距桥数步有关圣庙，为七、八、九区公所。桥侧新建焚字亭。

万美桥。在县西三十里，万均美捐建，美孙文学重修，美裔桂亭等补修，建亭屋保桥。案据《碑记》。

回龙桥。在县西三十里，义民谢崇玺建，雍正间谢纯臣重修，嘉庆间谢克衮男维周独修，谢令攀云有碑记。

中山桥。在县西三十里洋泉湖。先是段氏独建，名段家桥，后龙廷佐募修。

双石桥。在县西三十七里漆树湾，原系僧建，圮。邑绅胡名立、李大园倡募重修。

贺石桥。在县西北四十里。明万历间，处士贺宗魁号见桥甃石，长四丈有奇。康熙间圮，易以木。道光年，仍旧址复修，甃石。

九荣桥、显谟桥。俱在县西四十里世家冲，相去二里许，皆甃石。

晴峰桥。在县西四十里，刘元吉甃砖圮，易陶氏架板又圮，元吉子佑亨、伋亨，孙利境、利塾捐募甃石。

孟季桥。在县西四十里，庠生杨国纲为孟兄、季弟俱无嗣建。

玉堂桥。在县西四十五里，孙玉球、玉涟，贡生胡衷愉修。康熙间，贡生朱成点费六百金独修。壬戌，点裔补修，费五百余金。

大成桥。俗呼"大胜桥"，在县西五十里。

茅山湾桥。在县西五十里，里人何士良，年七十有二，汗积二百金，捐其半独修甃石。

古塘刘石桥。在县北五十里，界益阳。原架木。咸丰辛酉，刘可清祠捐赀合修两瓮石桥，宽一丈有奇，长倍之，桥侧建焚字炉。

响塘山石桥。在县西五十里，李世则、世汉修建。

刘公桥。在县西五十里刘家巷口。

四都

双江桥。在县南六十里，建江经焉。原架木。乾隆初，萧叔持、周品级倡募甃石为瓮。后周笃佑、欧光明续修，改置平桥，长五丈，桥左右列石狮，二费千金。

石牛桥。在县南六十里，陈炳文倡修。

广济桥。在县南六十里，以广济塘得名。塘下大小石桥十五座，皆监生萧得亮建。

甲子桥。在县南六十里双江口下，节妇萧王氏修建。

鸦鹊桥。在县南六十里双江口北，萧叔持、陶尊五、萧植三募建。

碑山桥。在县南六十里，杨绶纶倡修。

小湖桥。在县南六十里，贡生王旭临建。

康林桥。在县南六十余里。

让家桥、介祜桥。均在县南七十里，李澍村、萧玉堂、黄宅三、周渭臣、杨建亭、杨春台、黄竹溪、萧宝鸿、彭万泉倡募创建，共费三千余金。两处原募众姓各置渡船，桥成，渡废，存渡船田三亩作该桥修理之费。两边石路，东至恩能山，西至馒头岭，约长二百丈，周石庵、王绶卿捐修。

大石桥、高田桥、涌泉桥、赏荷桥、五福桥。俱在县南七十里，嘉庆初李绍泽独建。

李家坝桥。在县南七十里，李经山、经培捐五百金合建。

水南桥。在县南七十里。

邓家桥。在县南七十里，邓丕儒建，丕孙美权、祖理补修。

必寿桥。在县南七十里，邓功朝建。

继志桥。在县南七十里，邓功朝妻周氏建。

大屯桥。原名大塘桥，在县南七十里，丁公滨倡修，滨子相国倡募复修。

长寿桥、花马桥。俱在县南七十里，丁用康独修。

宁远桥。在县南七十里，李有朋独建。

枫林桥、山塘桥。俱在县南七十里，李经培倡修。

秋溪桥。在县南七十里。

龙口桥。在县东南七十五里。

茂修桥。在县南七十余里，邓贤治、邓辉绪建。

双龙桥。在县南八十里，道光年成克昭、李澍村等倡募重修，费三百余金。

世富桥。在县南八十里，众姓修建，今岸圮重修。

屯营桥。在县南八十里，上为大屯营，建江经焉，邑绅周启杰费二千金独建。

翰宁桥。在县东南八十里。

丙子桥。距屯营桥一里，跨边山湾水坝，周启杰独建，时值乾隆丙子，故名。

连三桥。距屯营丙子不远，故名。邑绅周胜举独建。

赤杨桥。在县南八十五里建江竹山坝，黄懋恭兄弟、黄建准兄弟合修。上有赤杨一株，露根斗大，从桥东横过桥西，故名。

宁远桥。原名埠头桥，在县南八十五里，明崔山禄建，后圮。邑绅黄埴独建。

洪仙桥。在县南九十里峡山口。明崇祯戊辰，杨宗先独建。乾隆乙丑，杨裔孙月轩副室陈氏补修，咸丰元年黄继光重修。

港口桥。在县南九十里，雍正年里绅丁至性建，道光年里绅周协万倡募重修。

源泉桥、荫塘桥。俱在县南九十里，众姓修建。

石灵桥。在县东南九十里烧塘河，邑绅黄日灿费千金独建。

栗湾桥。在县南九十里，邑绅许明瑞独建，咸丰间许裔重修。

泉口桥。距栗湾桥里许，跨边山坝、上小坝，许明瑞独建。

道林桥。原名新桥，在县南九十里。雍正丙午，湘潭李直臣独修。乾隆癸未，直臣继妻赖氏补修。后道光己丑，邑绅周封万纠宁、潭士绅募三千余金重修，袁太史名曜为之记。

踞麟桥。原名枫木桥，在县南九十里道林市侧，后圮。道光己酉，里绅姜逢逵、蒋廷桢等倡募重修。

五子桥。在县南九十里烧塘河，昔有五孝子奉母命建，故名。

遗泽桥。在县南九十里，丁刘氏建墩，众姓合修。

庆余桥。俗名"凌屯桥"，在县南九十里，节妇丁周氏独修。

南一桥、通涉桥。俱在县南九十里，丁公恕独修。

八帙桥。在县南九十里，崔璠年八十建。

金牛桥。在县南九十里，明崔安诚建，众姓重修。

桥头桥。一名老人桥，在县南九十里，崔族公建。

存心桥、广济桥。俱在县南百里，丁至性独修。

李家桥。在县南百里，明正德间邑人李信富、李秉南合建。

继美桥。在县南百四十里，陈世科等倡修。

五都

黄杨板桥。在县南三十里符山水口，王孟祥架木，圮，王孟侃甃石。

报慈桥。俗呼"坝子桥"，在县南三十二里。

泰砺桥。在县南三十二里，僧明宗甃石。

望南桥。在县南三十三里符山南岳庙。

福源桥。在县南三十四里符山。乾隆乙未，众姓募捐建，甃石，后架木。同治年，众姓重捐甃石。

万福桥。在县南三十五里碑塘。

东湖桥。一名泰平桥，在县东南三十五里泰平坝，古东湖铺地，宝庆胡睿募建，岸圮。行人缘山径成路，居民因于上流别建石桥，名上泰平桥，而下泰平桥成虚设。

洗马市桥。在县南三十五里，路通湘乡。

石坝桥。在县南三十六里泉塘下，王孟侃建。

大石桥。在县南三十六里官山湾。

两美桥。在县南四十里戚家坝双溪合流处建双桥，通安化，至省小路。

殷师桥。一名英石桥，俗作阴司桥，在县南四十里。

永垂桥。在县南四十里，廖永清独建。

浪丝桥。在县南四十里，戴祖湖建。

泰平桥。在县南四十里浪丝港上流，监生杨德璠建。

蓝田桥。在县南四十里。

尖峃桥。在县南四十里，水自尖峃寨来。

元龙桥。在县南四十里。乾隆三十九年，廖象贤倡修。道光二十五年，廖献廷、征祥重修。

凤竹桥。在县南四十里，乾隆五十二年廖作孚倡修。

虹霞桥。在县南四十里彭家坝，原架木。咸丰六年杨范臣独修甃石。

石潭桥。在县南四十五里，明万历时刘一校建，乾隆年校裔孙增生士洪重修，同治三年裔孙廷举、良桂复修。

两胜桥。在县南四十五里。

金锁桥。在县南四十五里，乾隆癸亥张越千倡建石桥，嘉庆辛酉水圮，丙寅越孙监生煌翥因旧址独修甃石。

阳公桥。即赤子塘桥，在县南五十里，原架木。道光年，阳正纲独建甃石。

洪宽桥。在县东南五十里。

杨林桥。在县东南五十里，有小市。

上新桥。在县南五十里，彭文藻倡建，里人胡敦万、李玉滨、杨倬云倡募重修。

长龄桥。在县南五十里，彭文藻独建。

栗家桥。在县南五十里，彭文藻倡建。

火煽桥、岳关桥、普渡桥。在县南五十里火煽冲，俱刘步青兄弟募修。

嗣徽桥、继志桥。俱在县南五十里火煽南，监生王道五建。

发祥桥。在县南五十里，监生刘大湘、罗重禧、易廷玉建。

长薮桥。在县南五十里，易长薮建，并呼其地曰“长薮段”。

大科。在县南五十里，庠生易文泽，里人张经文、徐六三等倡修。

长数上石桥。在县南五十二里，原架木，易师训、鼎夫、辉极倡募甃石。

绵福桥。原名绵远桥，在县南五十三里，易哲文、陶秉直、陶立人、易价人募修。咸丰元年，易槐浃、易翰垣倡募重修。

益善桥。在县南五十五里，齐弹冠、佩伦建。

长龄桥。在县南五十五里青冲塘，监生王明昌建，有碑记。

仙人桥。在县南五十五里金盘山，齐若灿建。旁有仙人潭，故名。

九龙桥。在县南五十五里，齐德义、万明、万高建。

石峡桥。在县南五十五里，原架木，圮。乾隆丁巳，陶爵荣倡募甃石。嘉庆戊午，刘玉成重修。咸丰年，易翰垣、齐星墀、廖策廷倡募复修。

柕木坝石桥。在县南五十五里，齐必彰倡修。

连升桥。在县南五十五里，齐廉臣独修。

许母桥。在县南五十五里湖社塘，许刘氏独修，时年九十余。

袁家桥。在县南五十五里，雍正间邑绅袁茂达、茂遵创建甃石，茂达孙庠生名上等屡募补修。

步先桥。在县南五十五里南岳庙下，监生王耀南建。

画林桥。在县南五十五里，明刘宝建。

上新桥。在县南七十里八曲湾，众姓募建。邑绅杨柳畦居桥侧，以桥就圮，独修泊岸。

下新桥。距上新桥三里马埠口，众姓修建，里绅杨柳畦等补修泊岸。

筱湖桥。在县南六十里，桥北有龙姓祠，贡生王旭临建，祀其戚龙姓某无嗣者。

关桥。在县南六十里南塘象鼻山下，明刘为益建。旁有关圣庙，故名。

大碑桥。在县南六十里，汤道拔重修。

张公桥。在县南六十里，连四都。

泰平桥。在县南六十里，杨经德倡修。

延龄桥。原名岐公桥，在县南六十里。明万历间，庠生周岐峰建，岐裔孙屡次修补。道光甲子，杨国镇以母王氏年八十，更为祈寿，出赀重修，改甃为平，因易是名。

庚寅桥。原名张公桥，在县南六十里。杨旭山、玉山、国镇、范臣、开宇捐赀重修，时值道光庚寅，因以易是名。

鸿烈桥。在县南六十里红叶坝，一连二桥。原架木，咸丰六年，杨范臣独修甃石。

清镇桥。在县南六十里。

边山桥。在县南六十里，杨授纶倡修，道光年杨寻乐堂补修。

北湖桥。在县南六十里，水圮。同治五年，杨开泰、钟有万、刘敬忠、李正春等倡募修复。

建江桥。即靳江桥，在县南六十五里，节妇丁周氏独修。

朱石桥。在县南六十八里，石色纯朱，里人募修，并修石路约二里。

柏树桥。在县南七十里，嘉庆间杨李氏重修。

三元桥。在县南七十里，道光间杨李氏独修，杨霈霖、筱亭、新益倡募复修。

万寿桥。在县南七十里，杨霈霖、筱亭、新益倡募复修。

漆嘉桥。在县南七十里。同治四年，杨采亭、万春、卫国、柳乔倡修。

长渡桥。在县南八十里，里人杨公迪费三百余金，独建石礅。桥初架木，咸丰年，众姓捐赏复修，因换以石板。

六都

新建桥。在县西七十里回龙山下，节妇王曾氏独建。

七七桥。在县西七十里西燕冲。原架木。咸丰年，里人杨秀芝捐赏倡众甃石，以七月七日成，故名。

姊妹桥。在县西七十二里双凫铺上，明初闺彦所建，道光三年里人募捐续修，同治五年里绅补修泊岸。《碑记》。

花萼桥。在县西七十三里，雍正年李昌禄、昌美兄弟捐建，嘉庆年禄美后裔万选、宣猷倡族续修，同治年李族补修泊岸。

杨公桥。在县西七十三里姊妹桥上，嘉庆年众姓建。《碑记》。

双凫桥。在县西七十四里。嘉庆年，众姓甃石为瓮，左右设石栏杆。道光年，邑绅邓沼香倡募补修泊岸。同治年，里绅补修。《碑记》。

漾洄桥。在县西七十四里双凫桥上，邓禹忠建。道光二十九年，禹孙沼香续修。

粟溪桥。在县西七十四里，历有桥，高且狭，行者辄堕溺。同治六年，二、六两都里绅倡募，众姓加宽，板阔五尺，费数百缗。

神助桥。在县西七十五里，乾隆年修。

双溪桥。在县西八十里滩山下，谢名举独建。

樟木桥。在县西八十里横市后，邓禹忠、秦文治等倡修架木。近年，众姓加捐改埠重修，公置本都一区各处田共九亩，户名樟木桥，正饷二钱，以田租作修补用费。

众母桥。在县西九十里滩山道中，廖学魁募建。

长寿桥。在县西九十里塔门，前节妇王曾氏建。

长桥。在县西九十里，明县令刘纯建。桥侧有石刻先儒张栻诗。嘉靖时，李秉南、李廷臣重修。嘉庆年，萧禹甸、隆有绪、李汇升、王国安、郭文彬、杨兰亭、范青廷、萧周武等倡募复修，甃石为栏杆、泊岸、石铁、桩板、碑亭、铺屋，无不完备。

步云桥。在县西九十里云山书院前，原略彴，后圮，存田四亩。同治乙丑，邑绅刘瀚生、曾敬庄等募建板桥。长约三十丈，计二十六塔，阔四尺有奇，兼设义渡，建亭二进，费一千八百余缗。加置田十五亩，合旧存岁收租四十余石，充修补雇役费，属里中绅粮轮管。

萧家桥。在县西九十里，萧姓合修。距桥半里，有正约亭，众姓公建。

柳蓝桥。在县西九十五里横市。道光年，陈灿远、雷同清、唐文铭、魏履泰、隆大魁等倡募重建。

陈公桥。在县西百里，连十都。按断碑，为宋举人陈班创建，屡次里人公修。乾隆时，杨深才偕妻张氏，年六十无嗣，遂捐田五亩，以其租息所入，作修补费，并建铺屋，施茶济渴，为往来憩息之所，行人便之。

毛公桥。在县西百里滩山涧上，原架木，众姓甃石。

又新桥。在县西百里，原架木，庠生谭光镇捐赀甃石，光元孙章瓒、章珪建焚字亭。

大花桥。在县西百里滩山，道光年戴轶群、义林兄弟重建。

沟叶桥。在县西百十里，里人募建。

金沙桥。在县西百里金沙溪。康熙间，刘元吉、戴淑玉捐修，孝子刘伋亨等捐募。道光戊子，里人纠募移建河口，余赀生息。同治四年，置周东里、秀昌田八亩，户名金沙桥，正饷一钱一分。

石龟桥。在县西百一十里石肥冲，刘华山建，华孙世扶等重修。

桑园桥。原名青云桥，在县西百二十里大冲，王朴庵甃砖。瓮圮，朴族惠人妻戴氏易以石。又圮，氏手出六百余金，命其子奇宇，孙吉甫、新南、勋臣、作宾、竹村等扩其基址补修，并建焚字炉于桥侧。

双园桥。在县西百二十里，戴择中、胜友募建。

栀子桥。在县西百二十里，康熙年戴梅奇独建，道光戊戌梅裔补修。

达人桥。在县西百二十里大冲，王惠人独修。

双寿桥、两宜桥。在县西百二十五里，道光年戴轶群、义林兄弟建。

驱龙桥。在县西八十里，刘汉暑妻苏氏独建。

七都

邹家港桥。在县南四十五里，五、七两都合建。道光年，监生廖章价倡募重修。

龙潭桥。在县南四十五里，界五都。原系架木，咸丰年杨范臣独建甃石。

书溪桥。在县南四十五里，界五都，众姓建。

萧家桥。在县南五十里靖州湾。

珍珠桥。在县南五十里横田，众姓建。

横田桥。在县南五十里横田冲，众姓建。

长生桥。在县南五十里横田，廖克陞独建。

同陞桥。在县南五十里横田，廖克陞裔孙创建，桥侧建焚字炉。

三多桥。在县南五十里横田，廖选亭独建。

四喜。在县南五十里横田，众姓建。

五福桥。在县南五十里横田，刘敦五妻宋氏独建，时年八十。《碑记》。

停钟桥。在县西南五十里，昔蛟出断卡仓，冲毁庵宇，钟为水推至此始停。后建桥，因以停钟名。里人不时修补。

雷家桥。在县南五十里，监生黎士先重修。

蟠桃桥。在县西南六十里，黎凌斋等倡募修建。附：见义渡。

渡木桥。在县西南七十五里罾虾河，乾隆年喻远猷、潘廷魁、刘远明、罗谛作、张懋一等倡建。

樟树湾桥。在县西南八十里罗家坪，乾隆年潘端甫等倡建。附：见义渡类。距桥半里，公建敦仁亭，系中六区公所。同治年立社仓。

林紫桥。有二，一在县西南八十里颜家冲口，康熙年喻旭芝等倡建；一在县西八十五里潘家冲，汪文轩等倡建。

社落桥。旧《志》误作夏落，在县西南八十五里。康熙年，喻孟元等补修。道光，喻敦敏、黎明山、喻用章、黄之德等复修。

尤公桥。在县西南八十五里。乾隆年，喻宗海等倡修。嘉庆年，喻翘楚等补修。同治元年，罗碧河等复补;五年，邑绅喻庆勋捐赀倡募，建焚字炉。《碑记》。

江埠桥。一名板桥当上，在县西南八十五里，喻添瑞等倡修。乾隆年黎环溪等、嘉庆年喻以仁等、道光年李朝鼎等相继补修。

湘宁桥。在县西南八十五里，跨湘、宁交界处，乾隆年胡海章独修。

仙严桥。在县西南八十五里，介居八仙石、慕严台之间，故名。乾隆年，喻德周等倡修。道光年圮，蒋清辉补修。

掷履桥。一名双合桥，在县西南八十五里峡口子，黄里仁建。原架木，嘉庆年里孙墨林、德征，曾侄孙添承合修甃石。

岳龙桥。在县西南八十五里，当南岳山回龙山路，故合以名桥。道光年，黄秉彝、教之合建。原架木，蒋曙堂、许茂材等两次补修。同治年，喻才甫、李碧山等倡募建石桥，左建焚字炉。

草青桥。在县西南九十里草青冲口，传为黄公琢建。乾隆年，杨仲锡、张振晁等补修。

石门桥。在县西南九十里，众姓建。

黄薮桥。在县西南九十里。嘉庆年，黄清远、喻方正、罗国玉等重修。

康宁桥。在县西南九十里康宁冲，明嘉靖年黄公琢独建。

观音桥。在县西南九十里甘棠冲，通湘潭路，传为黄公琢独建。

讲书桥。在县西南九十里。乾隆年，黎次辰、黄廷峻等倡建。

乌龙庙桥。在县西南九十里。道光年，李质斋、黄克知等倡建。附见义渡类。

屈公桥。在县西南九十里。嘉庆年，黄隆章等倡修，上建焚字炉。咸丰年，周元甫父子将桥升高三尺，并建焚字亭。

大碑桥。在县西南九十里，乾隆年王经纬倡建。

龙潭桥。在县西南九十五里，乾隆年张甫朝独修。

双河桥。在县西南九十五里。原架木。同治年，周寿山、李石台、陶柳堂、喻登如、喻竹庵、张连存等倡募架石，上建焚字亭。

司马桥。在县西南九十五里。同治年，周寿山、陶柳堂、周焕南等倡建，上建焚字炉。

新建桥。在县西南百里。道光年，陶柳堂、刘亮彩等倡修。桥侧建焚字炉。

通济桥。在县西南百里，咸丰年陶柳堂等倡建。

萧家桥。在县西南百里，萧姓合修。

同心桥。在县西南百里，嘉庆年陶承惠、萧坤亮合修。

柏杨桥。在县西南百里，陶菊堂建。

龙门桥。在县西南百里，咸丰年刘允慎、陶菊堂等续修。

慕亲桥。在县西南一百里达湘要路。同治五年，邑绅刘典平粤归，捐廉独建，共享费银壹万贰千两有奇。桥埠，灰汤下里许，长肆拾肆丈，分为拾肆搭，搭用石条柒根，根宽尺肆寸，厚尺二寸，桥出水高壹丈捌尺，中建焚字炉、镇江祠各壹，石狮贰，其左岸建屋数椽，以蔽守者风雨。于桥侧捐置田贰拾贰亩，每年收其租息，以备修整。刘典以其父允慎公葬于桥上面大湾山屋后，特于其旁修筑墓庐，名其桥曰"慕亲"云。

永远桥。在县西南九十里灰汤庙前，喻咸万、僧芳远倡建，黄文绍、喻世豪募置桥田及铺屋。附：石焚字炉，在慕亲桥下五里大河边，高四丈五尺，址周三丈，形如笋，咸丰七年周常达、三试募建。

泰平桥。在县西南百里，众姓建。

福寿桥。在县西南百里冷水井下，传为黄公琢独建。道光年，黄如松、周三畏，监生黄允臣等重修。

江家桥。有二，一在县西南百里冷水井，架亭覆其上，俗呼"桥亭子"，康熙年江姓合建，道光年众姓补修；一在江家铺前，乾隆年江姓合建。

柳溪桥。在县西南百里。原架木，有田三亩。同治年，邑绅黄谷亭捐赀倡募重修，架石。

狮子桥。在县西南百五里，同治年众姓重修。

万福桥。在县西南百五里，道光年唐从周、梁文培等倡修。

贺家桥。在县西南百五里，咸丰年贺德新、贺佑桂等重修。

广济桥。在县西南百五里毛埠，嘉庆年喻石文、喻超颖等倡修。

关圣桥。在县西南百五里茅埠关圣庙前，嘉庆年众姓公建，同治年周珑山等倡募重修。

雷公桥。距关圣桥里许黑江湾下,众姓建。

鲤鱼桥、杉木桥。在县西南百十里湘水合流处,众姓公建。

浏河桥、公济桥、杨柳桥。俱在县西南百十里高迁市侧,众姓捐募修建,各置田数亩,充补修费。

高桥。在县西南百十里,众姓建。

振新桥。在县西南百十里,同治年张柳溪、董桂亭募建。

莲湖桥。在县西南百十里,道光年众姓捐建。

石龟山桥。在县西南百十五里。道光年唐最元、唐以正等倡修,咸丰年唐玉美、唐永镇等于桥右倡建焚字炉。

石桥埠桥。在县西南百十五里,唐姓倡建。《碑记》。

永镇桥。在县西南百二十里,同治年唐行之等倡建。

枫木桥。在县西南百二十里,乾隆年众姓建。

道山桥。在县西南百二十里,乾隆年张命一、张再周等倡建。

八都

瓦泥墺桥。在县西南百二十里,张志俊建。旁有亭,系张氏世修。

插花桥。在县西百二十里,旁有仙女庙。

夏郊桥。在县西百二十五里,道光年夏良华裔孙合建。

闵家桥。在县西百四十里闵氏祠右。桥有四,俱闵章孙、曾建。闵姓环居,因以姓得名。

景德桥。在县西百四十里柳林堡。乾隆初,彭四被、李非泰、刘谛霆、屈荣凯、江右、萧文思募建石桥三瓮,上盖瓦亭,费二千金。功未竣,彭卒,其子显相续成之。

高桥。在县西百五十里。道光七年,胡大吉、李明才等倡修。咸丰九年,捐六百余金补修。,均《碑记》。

太和桥。在县西百五十五里,上建镇江祠并焚字炉,咸丰年里人补修。

比志桥。在县西百六十里。相传两仙人比志,约一夜间,一导河,一成桥,故名。后圮,石鸿才补修。距桥数十武为石家桥,鸿才独建。

太和坪石桥。在县西百六十里,众姓募建。又募建茶亭五间,置青山坪茶田六亩，户名太和茶田，正饷贰钱肆分陆厘。

松山桥。在县西百六十四里，戴彩祥独建。

鸟鸣桥。在县西百六十五里，乾隆年周茂福独修，咸丰年茂裔孙补修。

戴家桥。在县西百六十七里，道光年戴麟台后裔建，上建焚字炉。

扶王桥。在县西百六十七里。

印石桥。在县西百六十七里田坪里。旁有大石如印，故名。

福星桥。在县西百六十七里。

六合桥。在县西百六十八里，严为政倡建。

仁里桥。在县西百六十余里，上建焚字炉。

白马桥。在县西百六十余里，上建焚字炉。

双福桥、福团桥、同源桥、竹林桥、培元桥。以上五桥俱在县西百六七十里不等。

得源桥。在县西百七十里，萧瑾珊建。

三板桥。在县西百七十里，宋纯祐、千子，贺圣喻建。

大同桥。在县西百七十里冷溪，严为政独建。

汤家桥。在县西百三十里，尹明甫妻陈氏独修。

九都

占佳桥。在县西百二十里，众姓捐建，姜族补修，伍孝廉岳有《碑记》。

里仁桥。在县西百二十里青龙铺，刘光明独建。

花桥。在县西百三十里罘罳峰下，元至正时刘文广占籍于此，植芙蓉于桥畔，故名。刘氏世居焉。屡圮，皆刘氏后裔屡次修补。

流沙汀桥。在县西百三十五里，众姓捐建。咸丰年，七、八、九、十、十一、十三等区于桥侧合建六团公所，并建茶亭。

碑山桥。在县西百四十里，道光十五年合境重修。

关王桥。在县西百四十里，建亭其上。

神仙桥。在县西百四十里。

黄绢桥。在县西百二十里，创始于喻三塘。嘉靖时，桥圮，有邵阳刘明生、姜己安倡同里复修。《碑记》。

新桥。在县西百二十里，道光年范永言、范声之、李硕魁等倡修，募六、七、八、九、十都公建。

中福桥。在县西百二十里，蒋灿远倡修，同治四年灿裔补修。

双溪桥。在县西百四十五里，柑梅两溪合流，故名。道光十三年，里人募建。《碑记》。

石星桥。在县西百五十里长冲宝龟石右。道光乙未年，里人公建。论者以龟石上应瑶光星，故名。

小姜公桥。在县西百五十里锣塘，姜廷鉴裔孙捐修，上建焚字炉。

桃花桥、萧公桥。俱在县西百六十里何家冲，夏凌云建。

古稀桥、唐冲桥。俱在县西百六十里何家冲，夏大陞建。

双寿桥。在县西百六十里石屋冲，夏之时建。时夫妇年俱八十，故名。

十都

梅溪桥。在县西百里土冈铺，义民胡国治倡建。

百步三拱桥。在县西百五里沙坪铺。康熙年，里人捐建甃石。乾隆年三修，道光年又修，今改架木。

横塘港桥。一作黄铜港，在县西百八里，为安邑通衢。乾隆年，姜肃仪倡修石桥。桥甫成而河道易，募赀不齐，肃仪本寒士，典自田偿费。数年后，复就新河架木设渡，仍自捐田壹亩。又与隆翠松募置田柒亩，户名横港义渡，正饷叁钱贰分。建船亭，佃舟子，水涨用，渡水落，架桥。

洗丝河桥。在县西百十里，监生姜肇隆独建，其子基雯、基绚，孙人中重修。

义济桥。在县西百十里黄材，明天顺年何允琢建，久圮。

缠山塘桥。在县西百十里，监生何贤汉独建，甃石。

姜公桥。在县西百十里黄材。历有姜家渡，置田十五亩。嘉庆年，姜族架木。道光甲申，姜时越倡族甃石碚墩九座，长二十九丈，阔八尺，上建焚字炉及石狮、石象各二，费万余金。陈令题赞，都人士贺以诗，刊有桥志。

梁洴桥。在县西百十里缠山塘左，众姓修建。

云梯桥。在县西百二十里，两山对峙，中隔一溪，道极险隘，往来者必援山涉水。里人凿石为梯，呼"百步云梯"。道光年间建石桥，因名。

新桥。在县西百二十五里，礤墩七座，两畔皆石，上有亭，松楹覆。

李子湾桥。在县西百三十五里枫树塘桥下，道光十年众姓建。

枫树塘桥。在县西百三十七里贵阳山桥下，同治二年众姓建。

贵阳山桥。在县西百四十里，居人王依胜偕妻卢氏积金二百两，无嗣，乾隆间捐百金建桥，余银择同里老成者十名，同侄仲贤权息补修。后置华胡嘴新田塅二处田数亩，户名王依胜桥，正饷叁钱叁分。

寿南桥。在县西百四十里鲇鱼上水处。原架木。里人陈崧岳独建，甃石。同治年，崧复补修。

步云桥。在县西百四十里邓婆桥下。原架木。道光年，里中九十四岁老人彭步云蜀建，甃石。

大江桥。在县西百四十里。

仙鹅桥。原名鲁家桥，在县西百四十里先儒张栻墓前。乾隆间，吴德芳、李远侯、僧灿梅等重修。

朱溪桥。在县西百四十里琥形山下，里人程湛元重修。桥旁丈许有石坪，上有马蹄痕迹，相传仙马曾经过此。

官埠桥。在县西百四十里。咸丰年，里人倡募续修，费数千金。另建桥屋二进于新开铺，并置田三亩，户名官埠桥，正饷二钱。

邓婆桥。在县西百五十里明臣李某墓前，地名晒谷石。乾隆间，监生李凌霞捐修。

石壁桥。原名仁寿桥。在县西百五十里明臣李某墓前。崇祯间，李凤翔建。乾隆初，李凌电重修。越甲寅，水冲圮，里人合修，以依石山之麓易是名。

西门桥。以西门铺得名，一名狮子桥。在县西百五十里，明县令黄甄建。乾隆间，易谛言、谛恩、光廷、吴德芳、周石庵等复建。嘉庆年重修，王令余英有碑记。

枫林桥。在县西百五十里，周硕夫独建。

犁头桥。在县西百五十里谭家塅，王爵一建，甃石。

龙潭桥。在县西百五十里龙家塅，周象添独建。

周家桥。在县西百五十里响塘湾，周李氏命男治脊、治盛修建，甃石。

花桥。在县西百五十里，李日升建，上建焚字炉。

四知桥。在县西百六十里隔山冲，杨希贤后裔建。

回心桥。在县西百五十里沩山回心岭，水木清华，如行桃源，辋川中穷日之力，乃及其巅。桥水发源桂崖山，经裴公庵及同庆寺，至龚家坪入沩。同治五年，众姓重修。

广平桥。在县西百六十里鼓田湾，贺姓建。

双寿桥。在县西百五十里书山冲，吴怀陞夫妇年六十建，甃石。

三元桥，在县西百五十里，吴朝模建，甃石，旁建焚字炉。

文澜桥。在县西百五十里，众姓捐建甃石。

合金桥。在县西百五十里上狮冲，郡庠生吴洪昇独建。

花甲桥。在县西百五十里，吴洪昇妻姜氏年六十建。

双江桥。在县西百五十里上狮冲，郡庠生吴洪昇独建，竖焚字炉，费四百余金。

淘金桥。在县西百七十里，彭盛、周凤诏募修。

油井桥。在县西百八十里唐官山，王楚山、美英倡族修建甃石。

月印桥。在县西百八十里龙田月塘湾，里人陈魁五苦积成家，七十时独建。

永远桥、彭家桥。俱在县西百八十里，彭有仪、能进合建。

两渡桥。在县西百八十里落水洞，彭盛周、萧高才募建。

长生桥。在县西百九十里唐官山，欧阳定陞、杨万镒募修。

双江桥。在县西百九十里唐官山，接安化界。道光十年，欧阳定陞、杨万镒募修甃石。十四年甲午，杨闻德复修。

寿仙桥。在县西百九十里，接安化界，杨世盛倡修。

旆扬桥。在县西百四十五里花石湾侧。原架木，屡圮。咸丰年，里中李、刘、彭倡众姓重建甃石，礁墩五座，上仍架木。《捐赀碑记》。

峡山桥、八亩桥、杉木桥。均在县西百四十里，里人架木屡圮。道光年，吴亚云、梅庄、映元甃石。

地里四　县治　县垣 附街市　邮舍

尝考《周官》，始称官府，今郡县中厅事燕寝之制所由作也，国家纪纲、法度、兵农、钱谷于是焉司。百尔有位，靖共夙夜。田野何以辟，学校何以兴，养茕独，抑豪强，靖奸宄，惴惴焉求无愧厥职，必有不遑安处者。自粤寇频经，衙署半为灰烬。时周令先葺厅舍，嗣耿令构正堂，迄今令并建六科，十年间栋宇一新，民不知役，想见各贤令治象。今令更取甬道上戒石亭新之，盖其上旧书曰"清慎勤"，两旁旧书曰"尔俸尔禄，民膏民脂，下民易虐，上天难欺"，常目在之，其可矣。

县治

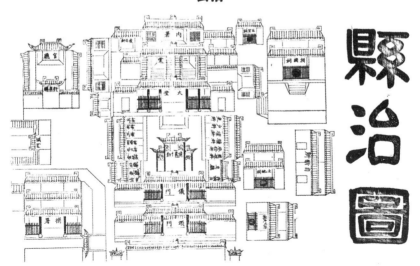

案：县治来脉，由衡岳绕朱陵，至安化梅山百里，为大芙蓉山。《府志》：高十五里，东西四十五里，南北三十里。行数节，为司徒仑、花马仑，起大沩山至插花山，经泻油岭及侯家山，锦屏障空，脉从中出。左水由侧耳山出益阳和溪口，右水出邑之横塘港。由侯家山经福延仑、雪封山，曲折至莲花峰，万山簇拥，左右屏障，展数十里，高可矗天。远望莲花峰，如菡萏立水中，含苞初放，形家所谓立体天葩文星，极贵重之格也。其右算盘仑，壁立万仞，与莲花对峙。中为铁冲，水源出雪封山。由莲花峰下，脉过小峡，左分为白沙泉，出界头，归益阳金沙洲；右水出铁冲、田心、陈公桥，至长桥入沩。行数节，穿田过峡，跌落平冈，逶迤二十余里，至长坂。一作坡。左水出益阳莲河，右水出邑之高田河。由长坂而寒婆墺，左水出益阳古塘基，右水出邑之绿泥塘，会高田河。由寒婆墺而花山墺，左水出益阳衡龙桥，右水出欧家大冲，会大成桥河为玉堂江。花山墺左右诸山若陡壁岩、石头窝、谷塘冲、吊钟形等处，皆正脉亲切至近之地。由花山墺而寨子仑、魏家墺至斋饭山，屏障森严；脉从西峰仑下穿田过峡，左右山环立，皆护卫正脉最要重处。左水出邑之观音石，会益阳泉交河，归灵子口；右出邑之厚旗冲、回龙铺入沩。由斋饭山右毛塘澳而两条塘、天螺函、松木墺、金木坑，至河斗铺过峡，左水出六十里长冲，右水出毛镰冲。乃以一干而分两枝，右行为障山、义子桥，结玉几山，县治倚焉；左行结飞凤山，学宫倚焉。两枝相背而行，已而相向峡水，右至木鱼山，左绕书院，合流入沩。中有溪曰化龙溪，盘旋于飞凤、玉几之麓。飞凤昂首东北，左右张翼；玉几端拱凝神，谛视如銮坡学士。据案草制，真胜地也。总之，沩山而下，乍阴乍阳，起伏顿跌，精神皆专注县治；而其左右开膊展翅，俱数十里群山夹从，侍卫辅弼，皆于县治地脉关系甚大。如花山墺及斋饭山、天螺函等处多煤薮，宜加意防禁。永禁凿掘，庶能培植一县元气云。

衙署

前《志》：县署系丁山、癸向兼未丑。精堪舆者云：宜作坤山艮向，收兑水朝大堂为上吉。咸丰七年，耿令维中改作丁癸正向，不兼。

县旧治在香林山南，通安街北。宋建隆间，蒋令文炳创建。元末毁于兵。明洪武初，薛令德昭鼎建。宣德间，朱令节撤而新之，久圮。成化初，孟令祥重建；十五年，晏令镳以谯楼外地基斜窄，用桑枣园地，易民黄镇居址辟为路，建正门；弘治十一年，张令翔塞之。嘉靖二年，胡令明善拓其地而重构焉。

国初，蒋令重修，添建房屋，后倾坏。乾隆四十七年，陈令畴大加修葺，较旧治益廓。外列照墙，墙左右竖辕门，内面题"人和政通"四字，外面题"整纲饬纪"四字。同治年，邑侯郭庆飏重加修葺，更"整纲饬纪"四字，题"十都化洽，百里风清"八字。

第一门即古谯楼址，今曰鼓楼。基缩二丈五尺，衡倍之，柱视基之缩。朱令廷源辟其中为头门，额曰"宁乡县"。左右房各一，左住舆夫，右住炮手。嘉庆庚申，甘令庆增联云："司牧何心，所望士农工商，须各安本业；修身有道，还期孝弟忠信，莫轻进斯门。"谯楼门内左旁屋数间，为三班及捕役公所。同治年，邑侯郭庆飏于公所下购胡姓屋宇，改建许大夫祠；又于右旁建屋四间，为安置军流所。

谯楼右为典史署。顺治时，典史于应灯创为草厅。康熙九年，典史吴尚德始建厅庭、门室。雍正十一年，典史程廷元重修。嘉庆十五年，典史范渊陆续修理内房、花厅、家庙等处。二十四年，大、一堂将圮，复捐廉兴造，并改建头门于县署头门外之右。署后为监狱。男监一栋凡三间，女监一间，狱门一座，缭以周垣，以时葺补缮治。道光年，典史纪树城、曾甸补修。

第二门曰仪门。门左右为角门，右角门内屋曰茶房，左角门内屋为柬房。嘉庆二年，绅士捐赀拓柬房，建迎宾馆。咸丰四年毁，周令廷鉴募建。同治年，邑侯郭庆飏倡募重修。

仪门外左旁建土地祠。详庙寺类。

仪门右建马号，额曰新康驿。门内左为马棚，养额马十四匹。前《志》载十四匹半。右有兵房二舍，为来往驿递文书收发所。正中瓦屋三楹，中供马王神主，左右厢为来往差役住宿所，前有亭曰三花亭。

仪门内正堂左为吏、户、礼三房，后添粮科、承发科共五间；右为兵、刑、工三房，后添屯户房、仓税房，王令钱昌建。乾隆四十七年，陈令畴于大堂左添设差号房，右添刑招房，并修各科房舍，科各二栋。后户、礼、粮增建一栋，咸丰四年毁。同治五年，邑侯郭庆飏募赀重建，左为吏、户、礼、粮承差，右为兵、刑、工、招屯仓。

吏舍二十间，王令钱昌重建，在六房左右，寻废。

第一堂曰正堂。后枕玉几，前席飞凤，地脉平正。堂基宽广纵横凡十余楹，栋高二丈有奇，檐半之，栋后为暖阁。奥窔处为宅门，门外左小厢为户科柜房，右小厢为门役住所。顺治初，蒋令应泰捐俸鼎建，邑人胡衷愉助材三椽，权令持世增修之。咸丰四年毁。七年，耿令维中倡邑绅重建。堂右有库并税科，其科内房屋为户粮屯掣串处，名饷房。前《志》：库房三间，在堂右。谢令攀云改为饷房，即此处。堂内右旁屋数间。

皂隶亭，在正堂前，左右各一，潘令创建，废三班，历无房舍。嘉靖建署时，止一公所。乾隆四十七年，陈令畴于书吏房舍下，左建皂班厅，右建壮班厅、快班厅，快班后改东班。各二栋。皂班厅，道光戊申，朱令孙诒重修。壮班厅，嘉庆十年重修。东班厅，咸丰八年耿令维中重修。

戒石亭，在正堂前甬道，中用木牌勒"清慎勤"。又戒词曰："尔俸尔禄，民膏民脂。下民易虐，上天难欺。"郎瑛《七修类稿》：蜀孟昶有敕州县词甚多，宋太祖摘其四语，敕州县立石，明承用之。同治年，邑令郭庆飏重建。

赞政厅，三间六楹，在县堂左。权令持世重建，以储文卷。朱令廷源胗饰之，题"双梧草堂"，为宾客会馔所，王令余英额曰"清听堂"。堂后三间，为来往委员栖宿所。对面有亭，张令秀芝建，题曰"陶然"。今为左右执事所，屡经修饰。

第二堂曰川堂。取"勤于厅事、川流不息"之义，如今言常川然。阶高十八级，堂基宽广。王令钱昌增拓，额曰"鸣琴深处"。陈令畴重修，题曰"寅清堂"。王令余英题联外柱云："让路宁枉百步，让畔宁失一段，戒争也，为民但克争心，将见俗臻纯美；渴不饮盗泉水，热不栖恶木阴，祛贪也，作吏能消贪念，自然政免烦苛。"道光年，方令炳文复修。同治年，邑侯郭庆飏于外柱录联云："当官期于物有济；凡事求其心所安。"又于堂左花厅门首篆"慎往"二字；堂右厨房门首篆"思来"二字。

堂左一间为会客处。又左有屋三楹，王令余英题曰"一瓣香斋"。道光年，方令炳文改为花厅，额曰"至澹室"。咸丰四年毁。同治年，邑侯郭庆飏增修，额曰"居敬"，题联云"人果澹台容至室；地非单父亦鸣琴"，又于左右门首题"作新由旧"四字。对面有陪厅，匾载"留余"二字。又集联云："芳晖竟入户；沈休文。众山亦对窗。谢康乐。"又重饰堂右厨房。

花厅左侧有屋十数间，俗曰"半边街"，为左右执事所，上有五圣祠，祀灵官。

第三堂，广如前堂。王令钱昌建，额其楼曰"远思"。咸丰四年，周令廷鉴重修。堂前左右丹墀，植桂二株，名"双桂轩"。堂右屋三楹，嘉庆年王令余英迎父善宝，禄养其中，额曰"爱日轩"。按旧令所题额联，今惟寅清堂、爱日轩字存。

第四堂，屋四楹，为内宅。右厢为内书室，堂左屋三栋，为幕友下榻所，余屋惟其便。旧有小庙一，祀案牍神，今废。堂右有娘娘庙，道光戊戌年郭令世闻建。同治年，邑侯郭庆飏题"慈恩保赤"四字。

行台。在县南关外，相传就育婴堂旧址建。咸丰四年毁。

教谕署。详学校门。

训导署。详学校门。

捕署。详上县署头门。

驻防在县衙左北门大街。前有大门，中有厅，左右设马棚，后有堂室厨屋。咸丰年毁，所存无几。汛弁廖倡捐修复，未果。咸丰六年，署弁赵收捐重修。同治六年，汛弁张国安募赀，胗饰头门、仪门、左右戎兵房，重建大堂、二堂、花厅、军装库，并内室。

演武场，旧在迁佛桥北，后改置玉潭东南洲上。嘉靖时，周令孔徒建堂三间，牌坊门一座。康熙时废。前《志》：周令孔徒所置，原为考校军民子弟之地。今校试武童，或在驿马洲，或在南门外荒坪。临试时，架一厅厂，试竣撤去，无复演武场矣。又前《志》：驻防兵十二名，操练无定所，亦为缺典。

僧会司，在香山寺侧，邑绅陶之典为建室四楹。乾隆时，僧万行重建僧署三进。

道会司、阴阳学、医学各住私宅，无定所。

县垣

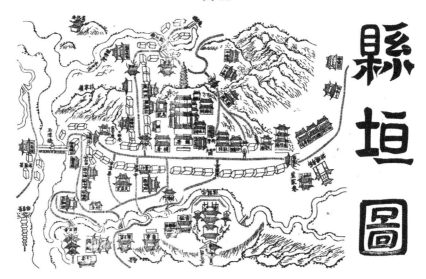

縣垣圖

　　袁氏名曜曰："宁地治当溪山之间，不可以城。明隆万时，綦庶富矣，凡邑城所当兴作者，罔不修举，而沟垒独缺。厥后乱起，诏州县增筑城垣，又不得请发公帑，虽直指檄责，长令亦仅筑百余版而止。则邑治筑城，非徙置其地请水衡钱不可。此陶氏汝鼐论也。"

　　王氏文清曰："南楚地以湘江划东西，在东者十之二，在西者十之八，宁乡为迤西诸属第一关键。况沩岭之西，唇齿梅山，密箐深林，悬岩峻坂，飞走路绝，亦伏莽者所负之嵎也。而城池不修，寇来如履平地，可若何？父老云，明末献贼蹂躏吾乡时，乡民止五十人，啮指插血，阻南关渡头，短兵巷战，杀贼数十，而书生一百三十六人与邱令延颈受刃。设其时有三里之城，七里之郭，不尚可以背城借一，为吾宁再延数日之命哉。予愿为畺臣借一箸焉。"

　　王氏之论要矣，而犹有未畅。夫阁省之图籍、仓库聚于省城，楚南地在湘东者十之二，近省诸邑，湘阴遏其北，兼防湖寇；浏阳遏东路，明末蓬寇肆扰，未能直逼省城；湘潭防南路，明末天王寺贼以湘乡无城，数逞横劫而不敢窥潭，后与临蓝矿贼合并始破潭，而省城几困。至湘西地凡十之八，宁治为迤西诸属第一关键。东、西、北近省，邑皆有城，而西路独缺，非省城完策也。《一统志》载玉潭为五代重镇，马希萼诱溪洞诸蛮为寇，希广使崔洪涟屯兵湘乡玉潭，故不能有猝攻长乐门之举。后由岳州登陆取湘乡，遂军湘西岳麓山下，一鼓而入。其时湘乡似即为今之宁乡，玉潭实为长沙西路切近屏障矣。自是以来又数百载，生齿日繁，寇盗之虞，盛世亦或偶见。前年白莲教匪猖獗，蔓延已至楚北，使自夔归下鼎州，固自易易，则伏莽负嵎宜防者，不仅梅山之密箐深林也。如宁邑有城，而寇自西来，不能飞渡沩水。若循沩北岸径趋，又恐宁兵之袭其后，宁如有城，非为长沙西路增一外郭哉。至于寇起而乡里各自为谋，则非仅筑邑城可深恃也。自庐舍散处，不成村市，守望不能相助，则寇盗易于剽掠。明季乱起，各乡强干者据险募勇，亦多保聚固守。如有不虞，因各乡山岭陡起处营构堡寨聚居，即平原中亦可连筑数堡，以为犄角，互相救援，亦有客主不敌之势，如道林、黄材诸市尤便。前年汉中守严氏如煜行之，着有成效，此亦安不忘危者所宜备一说也。

若夫陶氏谓溪山间不可以城，必徙置他处，请水衡钱之说，则惑滋甚焉。夫沩水著于汉，沩山显于唐。自建县治以来，咸谓形势状丽，山秀水清，昔人郑重卜此，非可凭臆改图。且溪山相接，随地高低，何处不可为城。宁治首枕玉几，东、西、南、北皆有山势可凭，容易设险。中段平衍之处约半里许，而狮顾、蟆石、飞凤、香炉之麓，蜿蜒接续，雉堞女墙，恍然如在心目中矣，何必徙而之他。又况衙署、仓库与夫学宫、庙宇、书院、考棚及一切公所义地，一议徙置，费几数万金。即以徙置之费为筑城之费，其间数之多寡已可相当。不言徙置而上请水衡，议者尚有难色，况欲并徙置与修筑而并请之乎？如陶氏之说，非独理有未惬，亦事势之万难起行者也。夫事当因利而乘便，亦何必好为其难，而不图其易者哉。

街市

旧《志》云：邑向无城，崇祯末年，以修练储备四事课吏治，宁当增筑城垣。沈令之煌始累石为基，西、南、北门各为累数十丈，粗具雉堞之观。沈去而乱起，工委于隍，后惟修补街口为四门。

东关朝阳门，旧关在青云街北。弘治十一年，张令翔建。嘉靖三十年，周令孔徒重建。道光十五年，邑绅李祖辉捐赀重修，方令炳文记。附艺文。新关在便民仓左，嘉靖二十五年，县丞周钦立。嘉靖二十九年，署印州判陈嘉猷增高，后圮。

街道。初四门，正街俱面子石。道光十五年，江苏寓籍士商等出其会馆赢余，倡修各门麻石，共费金二千有奇，方令炳文撰记。附艺文类。

南关迎薰门，在玉潭街南。成化五年，黄令甄建。嘉靖三十年，周令孔徒重建。壬午年，沈令之煌改建于外。道光二十一年，南街铺户捐赀重修，郭令世闻撰记。附艺文类。

街道。见前。

西关通安门，一在通安街西，曰大西门。弘治十一年，张令翔建。旧址湫隘，行人拥挤。咸丰四年，西街居民铺户募捐改建，买街口两旁廛地以拓其基。一在香山寺左，曰小西门。咸丰年，邑人重修。

街道。通安门外至关王桥止，豫商陈正春修。余见前。

北关拱极门，在玉潭街北。成化七年，黄令甄建。嘉靖七年，县丞陈骐重建，后移城隍庙左。乾隆年，改建蓝家巷侧。道光年，邑人补修。

街道。玉金山前约六丈，玉金山捐赀公修；小西门左约六丈许，邑人姚正陞修。余见前。

《三辅黄图》特详街陌，《东京梦华录》备纪街巷坊肆，前《志》列县垣及十都所有，今加详焉。

玉潭街。在县治前，通长沙、益阳路。

青云街。在县治前，即古按察分司，通学宫。今呼"东门街"。

儒林街。在儒学前，因有儒林坊，故名。中有群英埠，见《府志》。

新街。在南门外，北临河。成化十六年，晏令镴新开有通济桥，通便民仓。

福全街。在南门外，即古布政分司。旧南司湾中有常丰、常平二仓。

通安街。在县治右，通安化路，即大西门。中有玉皇殿、白鸡观。

日新街。在大西门外，中有关帝庙，通利涉桥。

新开街。在大西门外。成化十五年，晏令镳新凿山隅为里长局。

鸡公巷。在玉潭街东，以溪中鸡冠石得名，一名金鸡巷。因有火官庙，又名火官巷。通曹家桥。

童家巷。在玉潭街东南，通观音桥。

许家巷。在南关外常平仓左侧，通过化桥。

谈家岭巷。在大西门南，由巷逾岭，右通河边，左出南门街为日新巷。

隘坡巷。在大西门外。

香山巷。在小西门内，中有药王殿。

衙湾巷。在县治左，巷曲小，通香山巷。

射圃巷。在玉潭街北，通化龙溪。《府志》有夏宝巷，未详其处，或即射圃之讹，今名文星街。

高家巷。在天符庙右。

龙泉巷。在城隍庙右。

蓝家巷。在北关外，通上官桥，达上北山。

玉潭书院。详学校门。

云山书院。详学校门。

考棚。详学校门。

附：试馆。详学校门。

文塔，在县衙后。明隆庆时，陈令云浦建。嘉庆二十三年，许令瀛重修。

登云塔，在县东四里清水湖侧。道光十五年，方令炳文倡捐，阖邑绅民鼎建。《碑记》。附艺文类。

前《志》：堪舆家多以建塔为培植形胜之用，佥谓古玉潭镇下宜建高塔，俾有回澜障川胜概，则阖邑士民富贵福泽更盛。嘉庆年，公议修建。其时唐贡一、检卿、伊翰等捐有基地，以功巨用繁未果。自道光乙未落成后，而文武衣冠蝉联鳞叠，形胜之说又可厚非乎哉。

附：

天然塔。在县南十五里企石冈，同治六年邑绅童圭农等倡募修建。

松风塔。在县西三十五里鲤鱼塘检芝窝，道光年里绅王定仪号箕吾鼎建。

神光塔。在县南五十里火煻，道光乙未年王雨佳、雨农、晓潭倡募修建。

元丰塔。在县南九十里尖峰岭，邑绅周胜烈建，同治元年嗣孙福祥重修。

储英塔。在县南九十里道林桥左，同治年黄沛翘、蒋绶荣、周伟才、蒋葆源、丁士岊、鲁运亨等倡建。

培英塔。在县南九十里源泉桥右，里绅周世昌倡建。

蔚然塔。在县西北三十里山坑口，邑绅喻源福捐基地，众姓修建。

铺市

一都铺市

湘乡街。在县东玉潭桥左，见水类玉潭注。

茶亭寺。铺在县东十里。

双江口市。在县东北三十里沩江北岸。

赵家河市。在县东北四十里，有杨泗将军庙，今名中州古观。

朱市。在县东北六十里朱良桥。

二都铺市

茶园市。在县南二十五里，通湘潭、湘乡路。前《志》：谢廷瞻倡建茶亭供茶，今废，更名龙凤山。

小官坊。在县南二十七里，乾隆四十年，竹匠朱光祖仿织灯笼式，剖金竹为草笠圈，织花如人字，高矮精粗咸备。后同里效之，遂有贩客。今贫寒幼女小童赖为生活。

边街子市。在县西南三十里涝溪寺下。

坝塘。铺在县西南四十里。

铺子岭。铺在县南五十里。

白马滩。铺在县西南六十里。

大石窟。铺在县西南七十里。

窑里街。在县西南七十五里，昔有窑户，今但名存。

三都铺市

菁华铺。在县北二十里，界益阳。

黄陂市。在县西二十五里，通袁家河。旧《志》作曹陂市。

回龙桥市。在县西三十里。

大成桥市。在县西五十里。

四都铺市

双江口市。在县南七十里建江岸，通舟楫。

大屯营市。在县南八十里。原为湘乡通省城路，云昔设都司于此，俗呼"营里"。

三仙墺市。在县南九十里，界湘乡。前《志》：为宁乡、湘乡、湘潭界，作三湘墺，误。

道林市。在县南九十里。市西为半边街，中有王灵官庙。又有古楼。水陆俱通湘潭，贸易较盛他处。出曲酒，详水类。道光戊申，邑绅周含万独修市中石路里许。咸丰辛酉，监生蒋廷桢募修上下两头石路，共八里。

五都铺市

西冲巷市。在县南五十里土桥庙前，今呼"西冲山"。

鹿角窑。市在县南五十里，出坚嫩细土，可陶瓦器，赖为生活者不下数十户。

朱石桥市。在县南七十里，通建江船。

六都铺市

横市。在县西九十里，俗呼横铺子。

老粮仓。在县西百里，昔建粮仓。

唐市。在县西百二十里。距滩山三十里。唐时便有市，故名。或曰因唐公得道名，今有唐公庙。或曰以有大塘得名，如钱塘。"塘"字本作"唐"。

七都铺市

高迁市。在县西南百十里。旧《志》：元时居民成市，上百余步为高迁湾，明孝子刘端先祠在焉。弘治二年，赐额曰"孝子之门"。又奉雍正八年敕，建专祠于其中，祠前建孝子坊。

石螺山。铺在县西南百十里。

八都铺市

回川潭铺。在县西百二十里。

柳林市。在县西百五十里查林街上。

九都铺市

查林街。在唐市上二十里，通柳林堡。

十都铺市

沙坪铺。在县西百里。

黄材市。在县西百十里，姜氏世居此，诗书耕织，烟火相望者十余里。案司马头陀谶云："黄木江口，水味甘美，如优昙花香。"黄木江即黄材也。

附：公栈。在长沙靖江口，距县东七十里。同治元年，邑绅杨农田、周馥卿、杨春谷、周湘林合同八埠船商行户等，奉府宪葆饬令建立。

邮舍

驿站

原设马三十一匹，马夫十名。雍正四年，抽马七匹、马夫二名，安插零陵县属枣木岭。乾隆二年，又将枣木岭马一匹、马夫半名归宁乡。二十四年，裁马十匹、马夫二名半协济甘肃。五十年，裁马一匹、马夫半名，添设宜章站。

现设马十四匹、马夫五名半、兽医一名。岁支工食、草料、药饵银三百一十二两七钱九分九厘六毫八忽，在钱粮项下坐支。

额设排夫四十名。应附日行差使饷鞘等项，每日按名工食银二分。逾年共二百八十八两，在钱粮项下坐支。

铺递

县城总铺。在玉潭街北，养济院南。弘治十四年，邓令万斛改建。旧名玉潭铺，今在高家巷内右边，有屋数间，仍设徭编八名，永充四名，递来往文书。东送历经铺，西送冷水铺，北送河圳铺。

东路。通省城，计三铺。

历经铺。

安乐铺。旧名夏落铺。旧《志》：夏落铺，官道也。古有茶庵，崇祯癸未兵毁。康熙二十一年，王令因僧募建，捐俸助修，行旅无病渴。

油草铺。

以上三铺，各设徭编四名，永充三名。

西路。通安化，计十六铺。

冷水铺。

赤土铺。

以上二铺，各设永充六名。

回龙铺。设徭编一名，永充三名。

晴峰铺。一作寻峰，一作秦峰，设永充五名。

玉堂铺。设永充六名。

石子铺。设永充五名。

双凫铺。设徭编一名，永充三名。

茅栗铺。设徭编一名，永充三名。

长桥铺。设永充四名。

土冈铺。

黄材铺。

芭蕉铺。

迎水铺。俗呼"银水"。

以上四铺，各设徭编一名，永充二名。

新街铺。又名新开。

西陆铺。又名西门。

以上二铺，各设徭编一名，永充二名。

扶翀铺。以扶真人翀矗得名，一名坏冲。设徭编一名，永充三名。

北路。通益阳，计一铺。

河卧铺。设徭编四名，永充四名。

地里五 坛庙

扫地以祭曰坛，设屋以祭曰庙，升臭达阳，灌鬯达阴，怀柔之义凛然矣。禋祀首先坛壝，而凡山川之神以及御灾捍患有功德于民者，悉皆大典所垂，有民人社稷之责者，孰敢不恪，兹备录于篇。至若二氏之宫及他神庙，不以混载，示慎也。

坛

山川坛，嘉庆年奉文改为神祇坛，在通安门外小桥之南。

社稷坛，在朝阳门外，俗呼"社稷岭"。

先农坛，在东关外藓花岩上，有籍田。雍正六年，县令潘潢价买梅廷献熟田五亩，水塘二口，熟地三块，熟粮二斗二升零，更立官户，永为官田。有契存房。每年收租谷一十二石五斗，捐给农民工食银三两六钱，除租谷折给，又除种谷四斗、开销粢盛一石并农具等项用费外，实收谷四石存收。五年满，照时价变银，除扣留五年祭费银一十二两九钱给礼书具领外，余银批解。

邑厉坛，在拱极门外，去迁佛桥二百步。

庙

圣庙，在东关外飞凤山之阳，详学校志。

文昌庙，原大魁阁，故址在化龙桥侧。道光己未，阖邑捐赀，移建飞凤山圣庙后。详学校志。

阁

文昌阁，在玉潭书院。详学校志。

奎光阁，在玉潭书院。详学校志。

武庙，在大西门外，崇祯时邑人重建。地湫隘，乡宾胡三才捐地丈余拓之。左为守者房。越十年，权令持世捐俸倡修。乾隆四年，署令朱仕魁谕谭子仲、赵再顺等募修。庙前建戏台，设卷棚，并饰将卒夫马。价买庙前刘绍文地基为宰牲驻马所，每年完地饷六分。前《志》注：饷六分，今值年，完纳止六厘串确。市民彭爱宇老无嗣，出家建茅庵。彭死，其婿罗芳贤、族侄彭世儒将庵地并庙右铺地一间，捐入庙管。王令钱昌扦明基地，给印照在案。原祭田三十七亩，今庙管实二十七亩。地名薄荷冲。明季荒芜，为居民所占，已三易主。后为贺正寰承买，历年开垦，报粮四斗八升在册。今庙输饷六钱六分，南折一钱一分五厘，米一斗七升四合串确。康熙二十一年，王令钱昌扦庵地见庙碣，清查正寰，仍归田于庙，招贺美生等佃种。年远，黠佃被庙僧串通侵害，原给田山地基各印照兵燹无存，庙租名存实亡。咸丰九年，值年查核，逐僧易佃，择四城轮管。田在三都九区，地名薄荷塘冲，田二十七亩、四十二斤，今通作三十八丘，正饷六钱六分。泉坝荒塘水独注，涩塘水注谢田一丘，余属庙管。薄荷塘水，庙得三股之一放注，方家塘水注荫庙田左右田四丘无阻，黄泥港大旱塘、担水塘诸水与庙公共庙山四座，独管山界。薄荷冲进山左塘边田上山一侧齐坡心，直上仑顶骑仑分水为界，庙庄屋后山齐坡心周围古堤为界。东抵松溪庵山，南抵谢昌炽山，西抵李仁智山，北抵杨星彩山，对岸山一侧白羊坡，周围依古堤为界。巴茆坡一侧，上齐神山古堤为界。庙宇年久渐圮。道光四年，阖邑士民倡捐买陶、戴、贺三姓铺屋，陶祠捐地丈余，重修正殿。庙后右添房屋二间，官厅一间，教谕刘清华撰碑记。

城隍庙，旧在仪门外。洪武三十一年，宋令玉迁建北关内。前抵官街，后抵胡宅老堤，右抵黄宅，左抵卢宅坟山。正德时，刘令纶建前门及东、西两廊，增拜亭。万历时，沈令震龙建后殿三间，亦置两廊，正殿前建亭，亭前廊楼五间，左右列二十四司，二门东、西各建侧门。康熙年，王令钱昌重修，陈令嘉猷、仇令廷模、杨令兆鳌、陈令畴、张令朝乐、萧令国璋、冷令铉玉继之。嘉庆年，王令余英重葺观音殿。道光年，李令训方重饰戏台。其先后捐入及置买各处田亩并庙内碑记，均详《庙志》。

火官庙，即乾元宫，旧名离明宫，在东门金鸡巷。康熙二十五年，王令钱昌悯邑屡遭火灾，借奉泗洲祠，令民四时崇祀。至乾隆三年，邑民李若季、任淑吉、范谛佐、刘潞哲、黎世恺、刘国臣募买张氏地基，廓修庙宇及前楼、左右廊房六楹，右墙外屋基三间赁租，以供神祀。其址左直长十六丈，右曲长二十六丈，前横宽十三丈五尺，后横宽六丈七尺。道光壬午，张令仲埙捐俸倡修前戏台、中神殿，殿东建观音阁，阁前为更衣厅，厅后为住持栖息所。

龙王庙，在东门外广盈仓故址。嘉庆二十年，王令余英鼎建，有碑记。邑人黄懋泰兄弟捐熟水田十亩。田在四都四区新塘冲，立有契据。道光六年，齐克展父子捐善化神山冲水田三十一亩，并山地、屋宇、园池、塘坝入庙。

雷神庙，在南门南司湾前河岸。祀雷公电母、风伯雨师诸神，众姓捐建。咸丰四年，粤匪窜宁，毁。

刘猛将军庙。在大西门外。方志：宋绍兴名将刘锜，于景定四年敕封天曹猛将。《苏州府志》：刘猛将军名锐，宋将刘锜弟，后为神，驱蝗江湖间有功。景定中建庙。《大清会典》：元指挥使刘忠承，世称猛将军，祷蝗有验。雍正二年，敕祀于各直省、府、州、县。乾隆五年，湖北巡抚咨部设立刘猛将军庙，春秋二祭，每祭支司库三分耗羡银十四两。并知照湖南巡抚，敕县采择洁净之地，兴修庙宇。嗣未果。咸丰七年八月朔，飞蝗过境，幸收获不为灾。然其遗卵无筭，收买不尽。四乡恭立将军神牌，虔蠲禳醮，蝻子悉化鱼虾。咸丰八年，阖邑士绅建庙通安门外。其界前抵街道，左抵龙塘巷道，后抵公局。

吕祖庙。前《志》未详其处，今仍存疑。

祠

邱公祠。原在北门外。崇祯十六年，邱令存忠殉难，党令哲建祠于余将军庙右，以邑绅陶烂、庠生刘为邦等一百三十六人配祀。乾隆二十八年，巡抚陈宏谋檄侯令可仪重修。《碑记》。嘉庆十二年，谢令攀云复修。二十年，王令余英完葺墙垣，厘正木主。并祔余将军，升主于祠。《碑记》。道光二十二年，郭令世阊倡建节孝祠左。

骆公祠。在通安门外。

储公祠。在北关外节孝祠左。咸丰八年建，邑绅童羽军倡置祭田，祭期定二月十三忌日。其殉难处在南关外玉潭上游，距桥十余步，邑人竖碑碣以志。仓太守景恬为撰墓志铭。详艺文类。祭田。原在六都横市，同治五年售与水云山书院作桥田，得价三百六十两，与忠义祠合置一都一区六度庵僧田。

许大夫祠。在县署仪门外左。同治四年，邑侯郭庆飏奉敕倡捐，公置胡姓房屋修建。案存礼科。

节孝祠。在北关外。道光十三年，方令炳文，儒学刘清华、邓显鹤照江苏省汇建总坊例，率邑绅劝捐修建。案存礼科。

忠义祠，在南关外玉潭桥下河岸。同治元年，阖邑奉抚宪札建。案存礼科。同治年，公置蒋宅基地建祠，前抵大河岸，后抵许家巷，左抵邓家祠，右抵郭姓园，挨墙横截出，抵巷口街道，折下直至河边为界。后续买郭姓园，上齐许家巷，墙横二丈八尺，直下六丈，曲转右边，横量三丈，直下二丈五尺为界。其原置七都灰汤庙祭田，同治五年出售，得价银二百两。又邑绅刘克庵捐银六百两，与储公祠合置一都一区六度庵僧田共八十亩，户名忠义祠、储公祠，屯饷一两三钱五分。庄屋一，宅后山一，围水塘四口，饶姓门首塘与饶公共三口独管。界址由屋上首土地丘起，以水圳缘周姓山至罗家坳，又缘周姓屋墙至周姓塘为界；又由余姓山起至坳上转右进冲，至檀树丘，缘鄽姓山，以水圳抵段姓山为界；又由何姓山起，以水圳缘何姓山至冲尾，抵何姓塘基为界；又何姓山出冲，缘饶姓山以出水圳，缘杜姓山过圳，抵贺姓蛇形丘为界；又由蛇形丘起，齐公圳至契内陇田解排丘，抵唐姓田，至屋下首长荡丘为界。庄银二百两，收岁靖庤租谷百二十石。

张南轩祠。在县西百四十里十都官山。前明胡令明善增置墓前祠堂，竖朱子所作神道碑。明季燹于兵。其南轩自置墓田四十亩，为僧人所踞。康熙四十三年，钟令灵秀详请抚院赵申乔、学院潘宗洛檄饬，勒令僧育参退出墓田，归儒学管理，招佃收租，设奠修祠。每年春秋，饬教官亲往致祭，并令后裔轮襄，祀典仍刊入志书，昭垂永久。赵抚院旋上"濬源泗水"匾额。惟胡令明善置祭田四十亩及学旁南轩祠堂，前明沈令震龙改建于桂香岭文昌殿之左，基地均未清出。五十四年，十九派孙启禹、启斌倡族捐置襄祀人来往居住之所，地名双枫树，田二十四亩九分。五十五年，启禹、启斌又倡修墓前飨堂。五十六年，教谕王玉章批定春秋二祀，以两仲末丁为期。又清出后裔自买僧育参地名花椒冲田一亩七分，祠旁神厨、神库、书舍旧址与墙垣隙地，并垦之为田为土者，给守祠人耕种。其租谷一石七斗，土税三钱，仍归学收。是年，于令寀清查县前官铺地四十间，烟民搭盖居住，每间议税银二钱五分，连官园地租，每年共该银一十三两有零，催收五十五年分租银一十二两四钱。尚有租银一两二钱，系穷民拖欠，不能完纳。当将收过银两注册，以便查考，并收到儒学存剩银五十两零一钱九分，详报各上宪。抚院李发甲批此项租税银两如详存贮县库，以为修建之用。又，是年飨堂告竣，前县令历陞山西道御史陈嘉猷作《重修宋魏忠献公及南轩先生墓前祠堂碑记》。雍正九年，观风整俗使者李徽上"濂洛闻知"匾额。雍正十三年，启禹、启斌重修神道碑。乾隆十二年，抚院杨锡绂咨奏，设立奉祀生一名，以光俎豆，每年终奉，祀生出具防护无虞册结，由县申详咨部。乾隆二十一年，抚院陈宏谋檄饬南轩先生祠墓系在宁乡，现有张志洁奉祀，自在优免之例，其一切杂役自应一体优免。刘令台奉文以饬泐永禁，道眽攸赖事，出示晓谕，竖碑于仪门。嘉庆十三年，陈令玉垣严惩悍佃，断以田仍学管理，墓山归后裔，令奉祀生及族之端谨有行谊者，自募守墓之人，公立条规，泐石永久，详府允行，并作《宋张忠献公宣公墓记》。咸丰五年，耿令维忠商之后裔，重修中进南轩主堂及前庭，并左右角门。同治年，郭令庆飓商之后裔，重修后进魏公主堂。

附：昭忠祠

距县东百里，在省城小吴门望麓园内。同治五年，邑绅刘典由粤东凯撤旋里，出其恤赏银之无亲属领者，购基址，创建正殿三进，花厅三进，左、右均抵沩宁试馆。并置本邑六都牛婆荡田一百二十五亩，共费银贰万肆千壹百肆拾伍两。典自撰记，附艺文类。禀请抚、藩、臬宪额定章程。

一、忠祠奏请春秋三祭，日期由地方官先期悬牌，首士设备豕一、羊一、果实五盘，爵、帛、香烛等物，每年动用祭费银壹拾陆两。

一、阵亡将弁须入祠者，必先查明阵亡年月、打仗地方及曾经奏明赐恤与否。如未奏明及年月地方不确者，不许列入。

一、病故将弁须入祠者，必先查明从前实著劳绩与否。如未著有劳绩及回家病故者，不准附入。

一、中座每夜设神灯一盏，每年共支油烛钱肆串，交看役经理。

一、祭田坐落宁乡六都八区牛婆荡地方，荒熟水田壹百贰拾伍亩，每年收租贰百柒拾石，须年清年款，不准折扣，亦不准重行抵当。如遇水旱虫伤之岁，佃户必先报明首士，勘验情形，酌量减租。如无虫伤水旱，租纳不清，扣规另佃。或敢抗违，由首士送官究追。

一、忠祠每年所收租谷，除春秋祭祀、看役工食、油烛及修茸屋宇、塘坝外，其赢余均须存留生息，添置田业。凡由阵亡入祀忠祠者，文职自五品以上，武职自三品以上，在前实著劳绩，死后家计赤贫，其子孙鳏寡孤独、废疾无养者，许每年冬季邀全的保，由首士酌量赒恤，不准假冒，亦不得滥与。

一、祠田、塘坝、屋宇、园堤有应修整之处，佃户先期报明首士，酌量料木、工资，随时修理，不得浮开。

一、设看役一名，每年准支工食钱拾捌串，于田租内支发。看役如应更换，由首士随时招募。

一、祠中祭器、棹椅等物，开单交看役经管。如有遗失毁坏，问看役赔补。

一、忠祠与试馆毗连，界限极宜明晰。田租归忠祠收用，屋租归试馆收用，不准混杂，亦不得私自提扯。

地里六　庙寺

自佛法盛于齐、梁，法苑珠林遂遍于穷乡僻壤。儒者辟二氏为异端，唐韩愈氏至欲人其人，火其书，庐其居，卫道可谓严矣。然佛者，九流之一，彼法中不乏瑰异之材，下至茕独穷民，亦借以生养。伏读纯庙御制诗云："颓波日下岂能回，释氏于今亦可哀。何必辟邪兼泥古，留资画景与诗材。"大哉纶言，恩同覆帱。至金石遗文，出于寺观者最多，亦博雅之一助，仍旧例载之。其他神庙宇建自民间，非关祀典者，半为淄黄所栖，托胥附着焉，亦从其类云尔。

县垣

庙

曾子庙。在南关外，曾氏衍咏倡族修复。

颜子庙。在西城内，裔孙邦城、其昌等倡族修建。

天符庙。在北门内。乾隆二十四年，买胡两川屋基建大殿。五十九年，蔡敬亭用中大刚捐地基建戏台。道光九年，重修大殿。十二年，捐买戤子坡山地为义山，契据存本庙值年。咸丰元年，齐令德五倡捐重修后栋观音阁。

灵官庙。一名五显祠。相传唐有义军五百人先锋阵亡，以五人为伍，封五显号曰灵官。庙有四，一名镇南寺，在南关门首；一名玉金山，在北门内，有庙志；一名金台山，在万寿宫后；一名紫金山，在北门外。

古灵官庙。在南关外南司湾。

泗洲庙。一在南门外，一在金鸡巷火官庙左。

杨泗将军庙。在北门内。宋人，没为水神，明崇祯时陶性学倡建。旧《志》：明县令王若视闻庙神甚灵，能判字，命扛像至堂，祝曰："请判我心中事。"遂判云："竹木桥边，慈母叮嘱。梨木界尺，戒尔暴怒。"语中心事，乃信。后圮，陶裔祀神于家。咸丰四年，粤寇毁神像，邑人黄显荣塑像倡祀。

栗相公庙。在县南门外。神姓栗，名万全，五代时人。阵亡，葬长沙梅薮，有异灵，乡都御史李兴邦立庙祀之。一名铁相公庙，久废。

余将军庙。事详《循良传》内。《通志》作义士庙，在北门外，今废。嘉庆二十年，王令余英以其主祔邱公祠。

附：水神庙。在长邑靖港，距县七十里。同治年，邑绅杨龙田、周馥卿、杨春谷、周湘林合同八埠埠头水类，详船商行户等，奉府宪葆谕令，建立公栈，并令庙祀水神。每年于祭日申明规约，爰公置袁姓杨柳坪铺基址及刘姓杨柳坪老岸，创修殿宇六楹。又公置谭姓杨柳坪河岸地基，修建码头。

祠

相国祠。一名案牍庙，祀汉相萧何，在县署左。道光六年，陈令增德捐廉率各科书吏，公置谭桂芳房屋地基修建。《碑记》。

土地祠。在县署仪门外左，胡令明善建。顺治十二年，蒋令运泰重建。

芒神祠。在北关外，阖邑为禁私宰，捐建祠宇，以祀先牧。吴见田费多金倡修，众姓合捐肆百余串。咸丰八年，邑绅刘典等呈请刊碑永禁私宰，劝阖邑捐置祭田六十五亩，附书院首士管理。每年租息转交邑汛办祭，余为兵弁缉拿私宰之费，兵弁亦不得妄行准剥，案存刑科，户名列田契类。

南轩祠。原在西关外山川坛，系其裔义房公建。同治年水圮，其裔禀请移建专祠于南关外谈家岭。其湘乡街清水湖祭田十四亩亦被水淹，义裔禀请合售，除退进规外，存银壹百伍拾两。五年，义裔甫田、萱萼、雨轩、晓堂、经元、三余等纠族捐银贰百余两，并存银本息，另置一都十一区涩塘冲范姓田一石五斗作祭田。

殿

玉皇殿。在大西门内，坊民周氏及僧世恒置田山，雍正七年监生喻安循捐修。

真武殿。在大西门白鸡观内，明万历甲寅火，监生胡藻重建。

轩辕殿。在大西门内。孙良贵《邃古质疑》云:"《史纪》:黄帝南巡，崩荆山之地，决在楚地，故曰张乐洞庭之野。今湘阴有黄陵庙、凤凰张乐台、长沙府有轩辕殿可征也。"道光十六年建。前《志》注:在南门内，误。

药王殿。在小西门内，祀孙真人思邈。乾隆二十四年，医人徐歧周、邹文昭等倡建，置香火田五十亩。一在一都一区，正饷九钱;一在一都十区，正饷五钱八分。乾隆二十五年，僧智修捐二都十二区潭头湾西天坡水田十五亩三处，户名均注药王殿。

华光殿。在大西门内。佛书称佛于灯下诵经，口气着灯，结莲花为小儿状，托生成佛，称华光大王。前《志》:在南门。误。

附:兴继祠，同治年钱宝成、宋玉泉等募建，为无祀者入主，设祭所。又置公山，在一都。

寺

香山寺。在小西门外香林山之阳，宋淳佑间建，元末毁。明洪武十五年，僧会慧重建;宣德七年，指挥周辛甫再建。寺宏厂平坦，有司时葺之，为庆祝所。其观音阁犹宋建也。崇祯初，大雄殿圮，僧太源募地重建，胡懋选捐赀成之。后门廊、地藏殿、观音阁、官厅俱废，独前殿存。康熙四年，僧会法焜募捐重建观音后殿。十年，权令持世清复历经铺僧田十亩。道光十八年，阖邑重修观音阁后栋。同治年，又重修大雄殿及墙围、山门。邑侯郭庆飏捐廉倡募，塑装佛像。六年，阖邑于观音阁左修葺横屋，阁右新建横屋，邑绅周康禄装饰后殿佛像，又与王永章于阁前建妙香亭。

观

白鸡观。在大西门内。元至正时，有白鸡飞止其地，故名。龛下有石纹如米点，俗传饲鸡米。元末毁。明洪武壬戌道会李舜铭、成化壬午道会廖元明重建，万历甲寅毁，崇祯间沈令之煌倡士民重建。

一都

凡东关、南关内外祠庙，已详县垣，不再列。

庙

关圣庙。一在县东四十里，原建河洲上，名中洲庵。康熙间，赵正猷倡募，移建赵家河下手，易今名。嘉庆间，正孙超然、黄河倡募重修，赵世景有碑记。一在县东四十五里云龙桥，合境捐置田亩，咸丰年重修。一在县东北五十里楼凌塘，嘉庆年陈懋官、范上达倡募捐货，置香火田二石五斗，道光年置田二石一斗、山一围。同治年，总管陈高万倡同众姓二十四家公建。

老观庙。在县南湘乡街旁，钟文铸崇祯年建。兵燹后，仅存前殿。乾隆时岁旱，乡人迎关帝祈雨响应，刘三台捐基，众构中殿，肖像祀之。旋募造后殿，设斋房，又建屋一进，并置刘姓园土，招僧供奉。嘉庆十九年，邑绅范德树倡募买矮子湖田三十亩，岁收租二十六石，半给住僧，半择管生息。后积金二百余，置高家湾楼台山田亩，记租八十余石。又周远懋父子捐矮子湖圩边田一丘，其陆续所置，详碑记。庙滨河，同治元年水圮，独神座岿然。二年六月旱，居民迎神祷雨，响应如昔，邑侯郭庆飏捐廉倡士民募捐重建。

王爷庙。一名水神庙，在玉潭桥南岸，明陶性学倡建。道光庚寅，众募重修神殿，前建戏台，船帮捐修墙垣。越戊申，里人傅惟高年七十，积钱二百余串，捐半入庙，禀县立案，饬令另立碑记。咸丰年，众募装饰神像并修补。

唐公庙。在县东十五里曲溪湾，康熙年里人曾恒之、周仲杰等倡买李姓山地修建。又置园内田一丘，户名僧旭问。咸丰四年毁，九年众姓重修。

嵇岉庙。在县东南二十五里高坪，岁旱，祷雨辄应。

二圣庙。原名灵官庙，在县东三十里双江口。乾隆年，由寓贤街徙构大码头上首河岸。

莲花山庙。在县东北四十里，高姓修建。

辖神庙。一在县东三十里，距白湖塘半里，居民十八户建，公置田数石。一在县东北五十里油梓坝，众姓二十四户公建，置香火田四石五斗，并置山场契据。

杨泗庙。在县东北五十里朱良桥，同治五年范守谦倡各船户建，并捐置屋基四契，约费千余金。

寺

仁里寺。一名净土庵，在县东南八里。康熙间，谢荣若、采若捐香火田数亩。乾隆五十三年，谢人将田捐归众姓。嘉庆二十二年，众姓为寺置田二亩。同治元年，众姓续修。

双明寺。在县东十五里。

万善寺。在县东十五里，顺治六年，贺亮山、贺启忠施山创建，并捐田十二亩。康熙二十三年，启忠又捐蛇形山田八亩，纠族及众姓捐百人灯田十亩，贺忠元出家带田十亩，屯饷户名贺启忠。碑钟记。道光十五年，众姓重修前殿。咸丰四年兵毁，同治五年众姓复修。

茶亭寺。

龙降寺。原名香钵庵，在县东北十六里。康熙二十四年，山主刘九生、汝锡、庶尹等公施山一围建庵，并施田二十四亩，十二亩租归僧，余租归庵，捐名刘准甫。事详庵内钟磬碑文。嘉庆年，众姓重修。

释佛寺。在县东三十里。

赤江寺。古名万寿，在县东北二十里。今复古名，置香火田四石，户名赤江寺，正饷六钱。

凤落寺。在县东北二十里。前《志》载：邑绅朱柏偕弟远棣将废刹法华庵所置田亩捐入内，系胡、刘、段、余、任、苏六姓捐置田亩，同治年经官断，续载入志。

广明寺。在县东北二十五里福龙山下，宋时名刹。成化十年，萧允贤重修。乾隆年，唐廷显、唐九尊、萧原取、何光禄等共捐田二斗五升。咸丰年，众姓重修。

护龙山寺。在县东南一都二区，距县二十五里。

关圣寺。在县东三十五里。

白玉禅林。一名普明寺，在县东北三十里，明袁姓建。国朝袁裔达、学两房续施田壹石，山贰所。道光年，其嗣孙大立将寺内公项增置田一石肆斗。寺屡圮，皆众姓捐修。

林潭寺。在县东三十里。

竹荆寺。在县东北卅里，系古刹。明李兴宗重修，李守中妻谈恭人墓在寺右，捐田二十三亩，户名李公佛田，正饷六钱九分。所捐铺基已成荒圃，众姓陆续捐田地屋宇，并屡次捐修，户名竹荆佛堂。

青莲寺。在县东南三十里，宋时古刹也。明末毁。康熙年重建，施主黄贡元施有田山，众姓并施有田山，僧立贡主于寺，每年给谷贰石伍斗、银伍钱为贡祭费。同治五年，庙圮，众募重建，增建关圣殿并两厢前栋，费千余金。贡裔亦捐钱捌拾串。

丁公寺。在县东北三十二里。乾隆丙戌，众姓续建。咸丰四年兵毁，里人募捐重修。

南阳寺。在县东三十六里。寺临河畔，沩水环绕，挂榜山、龙王岭左右掖抱，历朝名刹也。

高田寺。在县东北四十里，谭拔生建，曹宏寅施田四十八亩。

□西寺。在县东北四十里，山主小源冲周氏并置田山，程姓、范姓亦各施有田地，众姓屡次捐修。

以上所载□归入公。

庵

六度庵。在县东十五里。前《志》载：原名开源寺，古茶亭江右，丁人龙建。康熙年，王令钱昌匾曰"一滴处"，捐田二十亩，贺启忠续捐二十亩，众姓捐百人灯田十二亩，又僧幼矍买田二十亩。乾隆年，僧维识捐买田四十五亩。咸丰年，僧大姓割田售唐姓。同治五年，僧馥兰又将田售忠义祠。查核亩数，除出售僧自置田亩外，于王、贺、僧及百人灯田有亏，僧愿将自置古姓铺屋及基地入寺赔补，不得再行典卖。

朝阳庵。在县东北三十里。康熙三十五年，僧山容接受僧道开佛田四石。容没，众姓重修代管，永不出售。

清泉庵。在县东十五里黎湖塘冲。前《志》载：康熙四十一年，陶静庵建，施香火田二十亩。后僧与陶讼，事寝后，田仍僧管，内有《百人灯田碑》。

广济山庵。在县东北二十里。顺治八年，山主段国泰建。康熙十三年，国泰重葺。后屡修，皆段氏捐赀，田悉段施，户名广济福田。庵僧又建宝华庵，分耕其田。后宝华僧田，朱令断广济永管，庵有二，山主则一。

紫云庵。在县东十五里。

松梵兰若。在县东北二十里。事详庵内碑记、钟文。

普善庵。在县东二十里。

智山庵。在县北四十里，覃九思、九锡施建，众姓重修。僧惺愿募置田四十亩。道光二十三年，僧世吉将田外售，仅存六亩，大小共八丘，户名僧惺愿，正饷一钱五分，并护庵山地一围，立契概归团管，契据泐石。

观

中洲古观。原名杨泗庙，在县东三十六里，建自元。雍正间，庠生赵象鼎仍旧址倡募重修。道光，象曾孙瑞等倡募复修。

二都

庙

三圣庙。在县南二十五里石井。道光辛丑，谢元福、赵仁美等募建，谢廷魁伯侄捐庙基地余坪。咸丰癸丑，易中和、谢廷魁接买成松茂山场基地余坪附庙，契据轮管。

王爷庙。在县西三十里邓家河义渡上象鼻山邓氏祠旁。邓秀芳嗣孙公建，额曰"明威并济"。

九皇庙。在县西四十里炭河南岸，明尚书周堪赓建，里民重修。道光丁亥，众姓续修。同治年，众姓捐千余缗，改建前栋，增建戏楼，加广墙围，添祀关帝大士、火神、龙神、财神、刘猛将军，并募捐香火田，各有碑记。

泗洲庙。在县西南四十里峡山口，众姓建，逢旱祷雨辄应。

清安庙。在县南五十里，即芙蓉庵七岁僧清安祖师。初，像在黄、陈二家供奉，众姓募赀立庙祀之。

刘杨庙。在县西南五十五里温泉冲。相传二公同官舍人，并同殉难于此。嘉庆年，黎、江、刘倡募建庙。庙基平衍，每大水四溢，独不入庙，人尤神之。咸丰年，周仁斋、宋洪益等倡募重修。

仙女庙。在县西七十里大石魁，俗呼"大石窟"。嘉庆初，众姓捐建。道光年，两次修葺。《碑记》。同治五年，众姓募捐修复。

寺

东明寺。在县南二十里，前明僧湛一建，山主周正斋、仲宣等捐香火田十亩。乾隆年，僧云澈价置吴姓田亩。道光年，僧将田售贺姓，止存周所捐田。今寺归团管理。

宝德寺。在县南廿里黄泥墺。康熙间，李岐先妻张氏创建瓦庵一所，供奉佛像。寺外山一围，周以壕堤为界。寺前水田十二亩，册载户名李宝德。寺中立有李张氏神主，迄今子孙每岁清明奉祀。

天胜寺。在县南廿五里龙凤山。宋为元帝庙，唐斋公建。明改天胜寺，历有田廿亩。道光年，僧呆将田重典，折梵宇，毁钟匮碑，图便私售。里绅周湘林、谭静庵、周少文等控案，李令景枚为吊契约归团，僧旋自焚死。村人何氏子忽狂言，云某处藏有砖瓦若干，掘果得之，里人因募重修。咸丰初，童玉峰、杨继知等倡募九、十两区，立斜蝗神像于寺，复募捐三十余金，减规加租，以供祭费。祭期定重九日。

观音寺。即观音殿，在县西五十里易家湾。道光年，里中南岳、水浒两社众姓捐赀，买易姓山地修建，并置香火田亩，有契据。同治四年，周心谷等倡募重修。《碑记》。

新柳寺。在县南三十里秦公祠右，秦氏公建。

浯溪寺。在县西三十里袁家河浯溪。宋乾道间建，元末火。明永乐五年，袁继富捐田重建。弘治二年，袁胜鉴重修明臣袁经读书处。崇祯末，袁明海续修。顺治壬辰年，陶汝鼐疏募，增门五楹。道光二十三年，富裔孙复修。前《志》：立社仓，今废。

资福寺。在县西南五十五里，山主周和溥、敬溥捐瓦屋三间，作关圣殿。按此寺为周姓山主，经嘉庆志详载明晰，其田业未录。今查寺契，周石亭施田八亩，僧价买二契田二十三亩，荒垦田数亩，契据均附现管寺田僧收。又康熙年，僧募置百人灯田一十五亩五分，杨仲玉捐田一丘，有碑。迨嘉庆、道光年，众姓醵赀重饰关圣殿。

庵

雄力庵。在县南五里。顺治八年，蓝自明子懋素出家，带田二十四亩，后山抵界，俱注钟文及碑文。嘉庆年，僧将田外售，经蓝氏子孙清复案据。

白茆庵。在县南二十里。明嘉靖年，谈七姑坚贞不字，托迹空门。其父云为建庵，俾栖以修真，并置田十四亩。死葬庵后。乾隆二年，谈族重修。咸丰年，谈广平、岫亭、柳汀退僧另佃，协族复修，立先人神主于庵。其田户名谈七姑白茆庵，正饷□钱□分。

玉华庵。在县南二十里。乾隆初年，周奇初、志初捐田十数亩，招僧供佛。后僧不守戒律，周裔控县，斥僧寺归周裔管理。

继富庵。在县西南二十里牌楼山。明袁继富读书其中，卒即墓焉。曾孙辽东巡抚经因其庐建庵，即以继富名之，卒亦墓焉。

天桂庵。在县南二十六里二都十区长塘冲，邑人谭奇理字明卿建，田山皆备。佃僧供奉。

福慧庵。在县南三十里小官坊，原立社仓，后剥落，仓亦倒塌。道光年，僧将庵业典杨。同治元年，里人童玉峰、胡桂亭等倡，续募百余金给杨。杨将庵宇、山场、水田十五亩，转立典契归团，重行修饰，立关圣殿，建横屋一进，费百九十余缗。嗣后，庵业归十区保定团管理。

落伽庵。俗名罗家庵，在县西五十里。康熙年，众姓修建，置香火田亩。嘉庆年，江某、丁某募赀补修。咸丰十年，周聘臣、曾映窗、张少襄、周少峰、宋丰一、周克俊、江颐堂、丁与卿、丁永斋、江克斋募四百余缗，重新佛像、庙宇，邑绅曾毓光撰碑记。

长寿庵。在县西南七十里奉形山下，明庠生张士楷施建，捐田供佛。后僧典卖远飏，张祠合为赎归挖僧，岁给香火谷若干，众姓复募置百人灯田二十五亩于本都瓦雀坝，户名僧藻可，正饷六钱二分。

祇园庵。在县东三十里西冲。嘉庆丁卯年，洪广臣重建、同治丙寅年，众姓复修。

申明亭。在县西四十里，邑绅曾衍咏倡二都六区绅耆修建。

三都

凡西关、北关内外庙寺，已详县垣，不再列。

庙

关圣庙。一在县里许，历有香火田六亩，户名老关圣庙，正饷一钱六分。道光年，众姓契置苏田，作基重修。同治初，圮。六年，倡募修复。《碑记》。一在县西三十里回龙铺，六姓募建，公置铺屋、基地，并水田三亩五分，户名回龙关圣殿，正饷一钱。一在县北三十里嶂山，团内众姓公建，置田约三十亩。一在县西三十里，距桥亭桥数步，里人公建，为七、八、九区公所。一在县西五十三里青莲庵神会殿，嘉庆己卯建。一在县西六十里寺田冲，又名涌泉山，乾隆辛未募建，后殿置钟鼓祀之。嘉庆甲戌，募修前进及左右阶檐，神屡著灵，遇旱祷雨立应。倡首捐名，均刊碑记。一在县西百五十里金泉山，众姓修建，公置祭田五亩，山内、田内均禁采煤。前《志》：一在县西关王坝，节妇周萧氏独修，每岁出香火谷六石，雇人供奉。

观音庙。在县北二十里义子桥侧，边致安捐庙前基地，边小芸倡募重建。《碑记》。

灵官庙。在县西三十里回龙铺，康熙年建。同治五年，众募二千余金增修，工匠稍懈，壁蛇迸出，谢罪力作乃已。捐置基地田亩，均刊碑记。

杨泗庙。在县西三十里左家河北岸，创自道光初。前后两进，公置香火田三亩五升，户名杨泗庙，正饷八分。同治元年水圮，水陆诸民募赀，仍其旧址修复。每逢天贶，祭祀甚众。

天应山。原名南岳庙，在县西四十里，宋时建。乾隆年，里人重修。适移神，雷忽动，因易今名。公置香火田五亩，贺桂堂、朱应南等增修房屋，加置田十四亩，户名南天圣，正饷四钱五分。

殿

洋泉九皇殿。在县西二十五里高桥，嘉庆十九年众姓捐建，公置插泉坝、红霞湾等处田亩。

神武殿。在县西八十里，众姓因求雨关帝前立应，嘉庆乙丑立殿祀之，后屡著灵。道光年，复修中庭，即以此为六区公所。

寺

佛兴寺。在县北十二里，康熙四十四年邬朝选独建，户名邬季，粮饷八分。同治甲子，朝裔清、翊等纠族续修。

佛堂寺。在县北二十里，监生贺德明等重建，后里人募捐补修。有香火田一石，户名佛堂寺，正饷九分。

双栗寺。在县西三十里山门首，谭氏捐香火田二十亩，有捐契。又众姓与僧接华坡塘及葛麻坡供佛灯田五十亩。

花冠寺。在县西三十里黄土塘，前明谢汇生建，捐田十八亩。道光年，僧北鲲私行典当，汇裔赎归。僧愿出寺，汇裔因雇人供佛，并奉先人神主于寺附祀。

能仁寺。在县西三十里，僧置田三亩。

法轮寺。在县西四十里，贺文献命男创建，捐田十二亩，招僧供佛。

瓦薮寺。在县西四十里，唐时名刹。同治年募众重修，于寺前建龙王庙，并建石桥，存田二十九亩、山场二所。《碑记》。

神会寺。原名骑山庵，在县西北四十五里欧家大冲密岭塘尾。道光二十一年，众姓捐赀接买庵宇，以奉关帝九皇，并田二十五亩，户名神会寺祭田，正饷四钱四分。

灵名寺。在县西五十里玉溪山下，元周绍宣建。

庵

嵩竹庵。古名松竹，在太西门外里许。康熙《邑志》：顺治壬辰，以殉难巡按刘熙祚主附祀后轩，其子晋藩置香火田三十六亩。乾隆《邑志》：附庵田三十亩，胡梦章捐。又僧置大塘冲田三十六亩。前《志》则直以大塘冲田为晋藩所置，且谓僧欲抹去刘捐名目，为后来守售之便。同治年，僧将大塘冲田出售，出其乾隆二十六年县所给僧印册，云公子晋藩于顺治八年奔宁觅父尸，寓松竹庵，得僧海月指示尸处，立主附祀于庵。庵前荒田十三亩，公子助银六两，买牛开垦。僧照性与公子请县编甲外当差，给照炳据，并有公子手札可验。康熙四十八年承丈时，田五十亩，户名僧雪印。后僧闇如自捐银四十两，置汤秉质大塘冲田四十亩，距庵四十里。两处田毫无互混。是公子所垦者庵前田也，大塘冲田僧自置也，其接受大塘冲田者祇据印册耳。然其时庵僧亏空田俱重典售大塘冲，得以其价赎回庵前田，是犹存公子之意，即可永忠毅之祀云。

玉佛庵。古刹也，在县北八里，历为西、北两团公所。康熙年，李玉立契捐田山，嗣后贺俊公、程学成、王端士、张仲玉、袁璞轩、曾玉科各捐田亩。乾隆五十三年，西、北两团合捐，恢廓庙宇，余赀生息。后价置张大田田亩，又募众重修。道光二十年，后栋毁，众复修。咸丰九年，众又整修中、前两栋。同治二年，值年张隆裕家回禄，本庵捐据、契据悉焚。田邻边翼臣、袁金堂、陶云亭各书与据附庵。其山地以堤围为界，庙宇招佃看守，并供奉香火。

延寿庵。在县西十五里，康熙壬申陈兴圣建。雍正戊申，陈仁福重修。乾隆丙寅，陈熙续再修。有田三十二亩，寺僧由陈氏招。

万德庵。在县北十五里萧家冲，系古刹，明季毁。康熙四十三年，僧恒明复建。原吴姓施庵田五丘，僧子柏将田售张均拔，张转捐其田于庵。乾隆年，刘秀腾捐庵田一丘，僧自于庵下于右侧垦口二丘，共大小九丘，户名僧智衡，正饷一钱。道光年，刘孔洪、文步陛、欧阳口、贺萃文等募二百余缗补修。

碧云庵。在县西二十五里，官拔生施田，山僧直骨建，众姓捐置灯田。僧没后，里中护法招僧供佛。

万寿山庵。在县西十五里，嘉庆年僧近闻募置乌龟冲田十亩，以供香灯之费，正饷贰钱捌分。道光年，众募赀重修。同治年，邑绅高果臣、高年丰、朱俊轩、钟朝汉、于营募捐复修，余赀接买该庵下手刘姓铺屋一宅、山场一块，捐入庵内。又买金鸡亭杜姓铺屋山场捐庵，作荒民公所。契据均附值年，轮流收管。

普乐庵。即松溪庵，在县西十五里。康熙年，僧五空建，里人彭均启施田二十二亩，山一所。乾隆年，僧祖述续修。同治年，僧裕昆又修。

古林庵。在县北二十里，陈姓施建，今圮。

圆通庵。在县西二十里，僧置田三亩，首士捐赀以供祭祀。

法华庵。一在县北二十五里，贺姓施建，有香火田四十亩，奉邑侯郭示，招僧供佛。一在县西四十里，系古刹，原有香火田，嘉庆年僧将田私典去五亩，众姓捐赀赎归。《碑记》。今存田共十五亩，户名僧慈济，正饷四钱四分。

接龙庵。原名接引庵，在县西四十里，谭宗祚施建。道光年，因民祷雨白石庵，龙天有验，适合境重修庵宇落成，因迎神祭于庵，易今名。公置田一十亩，山场一所，屯饷一钱四分。《碑记》。

胜善庵。在县西北四十里，僧修习募众重建，增生贺继祚施饭僧田十亩。

觉华庵。在县西三十里，建自前明，仅三楹。嘉庆年，众姓修建前殿。咸丰年，募建戏楼。同治年，增建后殿。均《碑记》。

远静庵。在县西七十里自泉冲。广文秦英郎因父善士、兄仕俊同死寇难，建庵祀其主，置饭僧田二十二亩，户名秦福僧，正饷四钱四分，完课外每年纳折租银三两送秦福祠。《钟铭》《碑记》。咸丰六年，僧某强伐，经秦裔禀控，案存。

静林庵。在县西六十里，有田十二亩。道光年，僧典田远遁。同治元年，团众及谢江河兄弟捐赎，每年取租供祭。《碑记》。

旃檀庵。在县西七十里寺田冲。康熙甲辰，陈茂生建，捐田十亩，户名陈祀佛田。钟鼓、碑文记。

石竹庵。又名伏凤庵，在县西八十里，系古刹。

四都

庙

宗师庙。在县南八十里，俗传以巡按刘熙祚得名。前《志》引府旧《志》万历三十七年里递周望吕词云：潭、宁相去一百二十里，自古有十二铺，曰桐木、茶园、东湖、赤子、聚山、宗师、道林、黄蜡、乌田、杨梅、大栗。是宗师地名也，明初已有之。天启三年，施主黄廷献已于此立庙，何得云因刘巡按得名。

龙王庙。在县南九十里，岁旱祷雨辄应。

石观音庙。在县南百二十里烧汤河岸，百余年来历著灵异。

殿

祖师殿。在县南九十里道林市，即旧道林公馆。原嘉靖年胡令明善撤隆福寺材改建，其寺田五亩，给蒋绅耕收修理，后隐废。周令孔徒查复，就小申明亭旧址，构正厅三楹，厨房三楹，东西耳房六楹，门楼一座。府旧《志》：万历年，柯按院经过，见路小，示后不必由此馆，寻废。康熙五十三年，众姓沿馆基地创建殿宇，招僧护守。乾隆、嘉庆、道光年，众姓屡加修葺。庙有中、下栋，后厅，左、右耳房，前面戏楼，左下建王元帅殿。官吏来乡，仍以是为芟憩所。

王爷殿。在县南九十里祖师殿左，康熙年众姓捐建，香火极盛。

寺

三角寺。在县南六十里。明宣德八年，黄胜组建，置田六十亩。康熙四十八年，黄之瑄、之珪等重修。分为二寺，一曰三角，一曰大兴，户名黄佛田、黄寺田。

大兴寺。原与三角共为一寺，康熙四十八年，分作两院，黄姓及众姓屡次补修。同治三年，里绅蒋廷桢募众增修。

白洋山普济寺。在县南七十里，建自唐，历有田十三亩。顺治间，成仁义续捐供佛田数亩。雍正四年，李伯仲价买成田，仍捐于寺。乾隆三十六年，李元吉等加募灯田。今祗存原田十三亩，余为僧鬻。庵宇不时颓坏，众姓迭次募修。

灵慧寺。在县南七十里，姜以隆子世伦建。隆裔孙复初、耀寰、中一置田十八亩，以围内十二亩作寺田，佃僧供佛；以围外六亩作祖墓田。康熙时，姜日璜读书其中。乾隆五十八年，姜族重修。

仙女山寺。在县南七十里田心，黄道宪兄弟建。

金华山普济寺。在县南九十里，唐贞观时遗址。明崔、许、黄、陶四姓重建，崔廷仕新佛造钟。康熙初，四姓后裔捐赀修葺，余银置田五十亩，外荒垦七亩。乾隆年，徽商孙时泰等，因所捐栲木岭田毗连构讼，经宁、潭行白两令合勘会详。咸丰年，徽商张逢吉等冒称施主崔笃谊、许务本、黄伦叙、陶敦仁等，禀各上宪，饬孙令勋断四姓所捐五十七亩与徽商所捐五十七亩互立合约，钤印详记。同治五年，住持僧修整下栋，建立山门，因用亏欠，邀四姓入寺，听其加规弥补。

保安寺。原名福寿山，在县南九十里桥头冲演塘岸，明成化间崔彦篯与妻氏孙寿俱百岁施，捐田三十亩，故名。后崔忠雾携女妙音带产入寺，陆续增成田六十亩。迄今由崔氏招僧供奉，凡善因祈祷，每于山门建设道场，更名保安。

会缘寺。又名观音山，在县南洞冲，距保安寺里许，明庠生崔守曾字肇畴重建，并捐垦荒银数百，附寺碑记。现存田十亩，归保安寺管。

清泉寺。原在蟠龍山，洪武时里中蒋姓创建，僧昆元住持。明季毁。康熙年，众姓移建今处，后经唐某补修。嘉庆十九年，里绅周胜举重修。同治六年，胜举孙瑞麟倡众募赀续修。

楚安寺。一名南庵寺，在县南九十里。施主丁紫瞻捐田十二亩，招僧供佛。

报恩寺。在县南七十里，王济川等公施田四十亩。

向真人寺。在县南七十里。

宝峰寺。在县南九十五里鹅公塘，黄廷英建。嘉庆六年，黄懋恭兄弟迁建潘家坝。

庵

准提庵。在县东南七十里，界善化，同治年重修。

华表庵。在县南七十里华表山，世为道林蒋氏香火地。康熙乙丑，蒋清祥捐田十二亩，户名蒋佛田。嘉庆乙丑，蒋族重修。

祇园庵。在县南六十里，顺治二年建，施主陶氏。

朝阳庵。在县南九十里。

祠

节义祠。在县南九十里道林祖师庙右。咸丰三年，廪生黄懋寅、丁应台倡建，中祀巡按刘公熙祚。县令邱公存忠、宋处士谢公英并附祀殉难诸公。寅自捐四亩塘田三亩，黄舄采后裔捐荡丘田四亩，周蓉舫后裔捐田一亩，又募置细沙丘田二亩半、坝头丘田二亩，寅弟懋淇、温国善共捐祠基，李鸿亮捐祠后屋基。祭期定十月十日。寅季弟泽官福建长乐，禀宫保左，札饬邑令临期诣祭。

五都

庙

关圣庙。一在县南四十五里，众姓公建，有田十二亩，正饷四钱二分，又三区田二亩，正饷五分七厘。一在县南五十五里金盘山，齐若灿建。道光乙未，例贡齐春湖存斋等以祈雨有应，倡族捐赀重修。一在县南五十五里大雾寺侧，嘉庆年建。一在县南七十里南塘刘氏祠旁，明刘时显嗣孙邦益建，后裔重修，置香火田，佃人看守。

雨师庙。在县南七十里熊家冲原欧阳氏茅山真君祠，岁旱求雨辄应。咸丰年，鲁泗海、杨卓万兄弟捐庙基址，杨思门、戴文山募捐重修，易今名。《碑记》。现建社仓，为合境公所。

黄土庙。在县南三十六里，建自明。乾隆初，潘、熊诸姓置产，王、刘捐基。后因私佃致讼，冷令纮玉断公田公佃，毋许私顶，饬立碑记。嘉庆初，监生王映亭等经管，买庙侧姜、刘二姓地基及庙后王姓公山，添田壹斗五升。十八年，募金重修，碑载田四契，共柒斗捌升，大小十一丘，酌岁凶富，征租祖息，公议首士轮领，除输课外，尽租息作祭费，俾无余息，以绝侵噬之弊。

南岳庙。一在县南三十八里符山，明天启时彭维政建，招僧供奉。乾隆间，维裔捐赀重修，各姓同捐，增置佛田并僧恒亲自置田亩，均碑记。一在县南四十五里关圣庙侧，同治三年张以诚倡募众姓修建。一在县南四十里五都丝篱冲，众姓修建。

麻溪庙。旧在县南五十里，明万历四十五年，汪令大壮施建，梁系楠木。乾隆四十年，迁建龙家山。山主王孟元、戴克相共捐庙地，仍额曰"麻溪"，置祭田四亩三升，户名麻溪庙，饷一钱七分。道光三年，戴克相曾孙久源、久溯、久浓又将蓝田坪南竹山庙后围山一所捐入庙内。《碑记》。又王有清、玉洲，万忠东、山东，海光辉、在能等，道光十二年将父置南竹山落雁湖垱水田一丘，立契捐庙。《碑记》。

土桥庙。在县南五十里廖冲、成冲、张冲、秦冲、东湖五冲山主乡社也。庙肇于唐，明季献贼经过乡关，庙宇多被兵毁，此庙独全。顺治初，五冲醵金置产，并扩其庙而新之，旁建吉祥庵，佃僧奉祀，立户名五显祠。乾隆五年，李义芳盗买后山，杜令珣断还山主，给有印照。监生王壿纂《庙志》，详载其事。嘉庆十年，更佃致讼，谢令攀云讯明存案。后五冲续置田产及各姓捐田，俱立碑在庙。至今佃僧耕皆五冲，山主进退之。咸丰七年，飞蝗遍野，独五冲不入。

龙王庙。在县南四十五里五都四区，与土桥关帝、南岳三庙，并为四区祈报神庙。

朗公庙。在县南四十五里五都三区。道光年公建，庙侧土利，砖埴陶者聚焉，故地名鹿角窑。

寺

鹿苑寺。在县南五十里。康熙三年，谭明卿同侄习之施屋基、田地、山场一所，因建寺曰鹿苑。同治七年，讼经上控，奉藩宪批饬，寺立谭先人明卿神主。

金盘山寺。在县东南五十里金盘山。嘉靖时，齐惠吾建，捐田八亩。雍正时，齐文礼、文清捐田四亩，户名齐佛田。

云雾山寺。在县南五十五里，顺治间罗姓捐田四亩，户名罗福益。

狮顾寺。在县南五十五里，易彦猷、彦铭、彦忠建。明万历三十六年，易朝贡续修，并置田三十亩，户名易朝贡。嘉庆六年、道光二十一年、咸丰十一年，朝裔孙等三次重修，均碑记。

光明山普济寺。在县南六十里，明汤必隆兄弟八人建。山麓有汤氏义学，明汤茂号、两桥建。乾隆时，汤端笏、汤镇国倡修，汤清九捐田，汤胜宗嗣孙捐金置田，延师督课，岁供膏火。右有笑天狮山，左有凤凰石栏杆，前有竹湖对映，每当风晨月夕，钟韵书声，络绎不绝。

庵

云起庵。在县南三十五里。唐省吾偕继室何氏求嗣得三子，康熙四十九年建，置田十三亩，正饷三钱三分，以十亩供佛，存田三亩为子孙往来费，泐钟文。

石栗庵。在县东南五十五里。顺治三年，刘光初因妻氏胡殉节，遗子祚昌幼弱，乃建庵置饭僧田，尚书李腾芳尝至此题诗。康熙时，昌子铤读书其中。

凝寿庵。在县南五十里。

洪音庵。在土桥庙对门钟鸣冲，历有香火田。

云山庵。在县南六十里，刘永明建。

禅禧庵。在县南六十里，庠生刘宪邦建。

吉祥庵。在县南五十里土桥庙侧。

观

紫阳观。在县南五十里。原廖赐年施田六亩三分，正饷一分八厘。后僧藐戒律，经宪饬团众管理。同治五年，火。六年，杨霈霖、钟有万、李正春、向荣倡募修茸。

六都

庙

关圣庙、殿。一在县西九十里横市，道光年郭文彬等倡募修建，费约万金。郭令世阊祈雨有应，匾曰"义成肃若"。公置本都一区及十都六区各处田二十余亩，户名横市关圣殿，正饷共八钱三分三厘。一在县西九十里月湖冲，六甲里人合建，一名月湖公亭，公置黄姓田十二亩并山地塘坝，户名黄全，正饷三钱。一在县西九十里温村黄土墺，咸丰年众姓合建，一名温村公亭。一在县西百里河东，里人合建，一名大阳公亭，同治年公置阳姓、谢姓田共五亩，户名大阳公亭，正饷一钱二分。一在县西百十里香山冲石嘴头，里人公建，同治年置本区刘姓水田廿亩，户名关圣祭田，正饷七钱五分九厘。《碑记》。一在县西百二十里唐市，嘉庆年众姓募修，前建两楹一台，后建观音殿，并官房僧室，置七区水田十亩，户名关圣庙，正饷二钱。一在县西百二十里石回冲，刘世扶、夏光楚、曾唯一等倡建。

五圣庙。在县西七十里粟溪石嘴头，咸丰七年，八区义、礼两团水陆众姓公建。

杨泗庙。一在县西七十五里石龙潭岸，众船户公建。一在县西九十里横市，道光初八埠捐建，咸丰元年谭明山、夏本余、谢江河等募置十都五区隆姓田二十亩，户名杨紫云，正饷一两。

唐公庙。在县西九十里滩山石牛仓。《水经注》：唐君字公房，城固人。刘向《列仙传》：彬州唐居士有道术。《成都志》：浣花溪唐公有道术。《耒阳志》：唐道人，宋嘉祐间羽化。皆非宁乡人。前《志》龙凤山寺碑文有"宋唐斋公得道，淳熙间祷雨辄应"字样，疑即此神。或曰姜九郎在唐市成仙，故称唐公。邑多唐公庙，唯在石牛仓者最著。滩山江石荦确，舟行险恶，榜人必祷于庙。庙旁有石狮、仙人石、棋盘石诸胜，世传仙家遗迹。

新唐公庙。在县西九十里滩山沙洲上岸，道光初众姓捐建。越甲辰，殿宇水圮，独神像龛几纤毫无损。同治元年，水陆商民捐赀，移建棋盘石西岸。

乡亭庙。在县西百十里杨景铺。康熙庚午，里人募建。雍正七年，置田数亩，户名乡亭僧普众，正饷一钱八分。

灵官庙。在县西百二十里唐市街后金台山，明时乡市众姓合建，不时颓圮，里人迭次修葺。下有银台山，立土地祠。

殿

英武殿。原名杨泗庙，在县西七十里。康熙间，童友之倡建。雍正甲辰，刘、谢、曾、孟四姓装塑关帝、龙神、杨泗将军神像。嘉庆年，李、何、欧阳数姓倡募重修。道光年，里人复修，卢隆吉倡建焚字炉于殿前，均碑记。庙旁社仓久废。

仙灵殿。在县西九十里滩山，路旁岩石峭绝，石壁间有圆窍，阔寸许，风触之辄鸣，俗呼"顺风耳"。近年著灵异，里人倡募，倚石建祠。

三神殿。原名关圣殿，在县西九十里滩山铺。嘉庆七年建，初祀关帝，后添设唐公及白头社神，易今名。

观音殿。在县西百里老粮仓，道光四年募买何九首铺基修建，道光二十四年里人倡募重修。

芳莲殿。在县西百十里茶子山。道光年里中疫，装饰观音像并演戏建醮，疫遂平。咸丰年，首士九人倡募置基建庙，祷祀甚众。

寺

迴龙寺。在县西迴龙山。明成化时建，后毁。顺治年重建。八年，王维汉读书其中，施田二十七亩，户名聚仙岩，饷壹两六钱五分。

青莲寺。在县西七十里回龙山麓。乾隆五十三年，僧万行建。嘉庆二十一年重修，同治年复修。

五龙寺。在县西七十里双凫铺下，唐时邑人公建。明天启三年，僧寅亮重修。雍正元年，僧维显建大雄殿，置田七十亩。

龙泉寺。在县西八十里金鸡山。乾隆年，孙南峰倡建关圣殿，置香火田并山地一契。道光年，续置晒禾坑田六亩，山地一契，均碑记。

水云寺。在县西九十里，建自前明。国初，僧洗文重修，山主邓琳琦施田二十八亩二分及山场基地，又秦、罗二姓施田三亩零，户名僧元顶，正饷二两四钱三分。康熙年，里人捐置大西冲灯田五十余亩，并山场、庄屋，户名僧洗文，正饷二两四钱五分。贡生陶之典撰记刻石。道光年，僧暗将田碑废掷，里人李教益等合众姓具控，朱令孙诒断归僧遐昌承守。同治五年，阖邑修建书院，与僧兑易田亩，僧捐寺侧山为书院基址，其界详碑记。

齐堂寺。在县西百甲长田冲，明洪武年建，里人叠次修茸，并垦寺前隙地成田亩，半供香油费。

碧云寺。在县西百里，萧明岩施田五亩，谭仲伯施田三亩。

万受寺。在县西百二十里原唐市，戴廷宾裔孙公建，戴国儒、国仙、国傅施田三亩，水塘一口注施田。

庵

隆兴庵。在县西八十里。历有香火田二十余亩，顺治年科粮，僧请照为据。康熙年，大丈僧又请给印照，岁完正饷五钱九分。咸丰九年，僧道辉重修。庵内圆额碑文犹存，陶密庵遗笔。

金粟庵。原名大川寺，在县西九十里石牛仑下，唐时建。

西来庵。在县西九十里龍田方大冲，有田十余亩，户名李素佛田，正饷三钱七分。

祠

月旦祠。在县西百十里石坝，乡人以时讲约其间，故名。

七都

庙

关圣庙。一在县西南五十里大雾寺侧，嘉庆年增建。一在县西南八十五里社落桥，道光年喻纯吾倡修。一在县西南九十里黄竜庵，同治年增修。一在县西南九十五里龙潭桥，乾隆年张甫朝修。一在县西南九十五里丁家壪，乾隆年萧顾三、陶镜万等倡团合修，嘉庆年胡胜烈等重修，道光年陶柳堂等复修。一在县西南百里龙门桥，上为十区七甲公所。一在灰汤，庙为五区公所。一在县西南百五里茅埠，众姓建。

龙王庙。在县西南五十里谭家仑顶，祷雨屡应。嘉庆年，里人丁友三倡建前殿。咸丰七年，一、二、三、四区绅粮廖鹿苹等增修殿宇，袝祀刘猛将军，募置神山塘水田拾亩，奉宪敕，凡六团产煤处竖碑封禁。同治四年，公买刘宝三田伍亩、刘元甫田、中水圳一条，三契合立，户名六团龙王庙，正饷叁钱叁分。同治六年，公建亭，停钟桥侧为六团公所，置田贰亩零，析立户名六团公所，正饷陆分柒厘。

神山庙。在县南五十里，元延祐间廖成景建。

杨泗庙。在县西南七十里大河口。咸丰年，张拔斋、黄金绵、张福田等倡募修建，公置田六亩。一在县西南百五里茅埠，众姓捐建。一在县西七十五里罾虾河，同治年刘碧、潘方明倡建。

神堂相公庙。前《志》载，在县西南七十里。宋乾道间，有妇漂纱江滨，见三人乘马至。妇问之，答曰：止此为神。乡人因立庙祀之，别塑妇像，号曰"浣纱夫人"。今逸其处，或以为即灰汤庙。

罾虾庙。在县西南七十五里，原在罾虾寨顶，寨下有坪。嘉庆年，潘、罗二姓争其地，将构讼。早起见神像端坐坪中，视之，罾虾庙主也。二姓感悟，遂捐其地为庙基，并倡里人移建。

乌龙庙。在县西南九十里乌龙潭侧，里人公建。

灰汤庙。即蒋、刘二公庙，在县西南百里。元顺帝询蒋彦明家世，以初祖琬对。帝遂加赠蜀汉大司马恭国公，命有司立祠于汤泉，兼祀威武大将军云亭侯刘敏。《三国志·蒋琬传》：琬与外弟刘敏俱知名。

祀久废，惟庙像存。嘉庆二十年，蒋敦福、周拔南、黄宜发等重修。

莲湖庙。在县西南百十里，庙侧旧有莲湖，对岸文家冲口有石类龟，每石润，是湖起潮，应之必雨。

殿

大龙天殿。在县南五十里。

寺

大雾寺。在县西南五十里，明洪武时建。明季流贼之乱，廖氏避兵其间，夜分闻神语曰："贼至矣。"乃迁避之，因为置香火田四十亩，户名廖四仲。嘉庆年，增建关圣庙。咸丰四年，监生廖赞钧募族重修，碑记。

观音寺。在县西六十里蟠桃渡下，宋云轩等募众姓捐置田一十五亩。

资圣寺。一名罗溪寺，在县西南八十五里罗溪山下。唐时名刹。明宣德九年，山主潘钥、周思义、黄贵诚、喻志华、凭罗斌、陶志高施香火田八十亩，招僧供奉。嘉庆年，建社仓其中。

高山寺。原名衣钵寺，在县西南九十里东鹜山之阳，明叶振英建。康熙年，叶子书、定昌等募修，施香火田二十亩，册载户名高山寺叶灯田，正饷三钱正。

大泽寺。在县西南九十里龙崖峰，前朝古刹。明万历年，盛朝选、朝达、朝遇等施香火田十余亩，户名正饷。

云盖寺。在县西南九十里东鹜山，山主黄荣祖施建。康熙四十三年，荣裔孙公辅妻曾氏施石门下樟树冲二处水田，共二亩半。乾隆年，荣裔孙再商等重修，商又倡族置田入寺。四十年，商又同经能、金重等补修。嘉庆二十四年，远谟等复修。寺属黄族管。

白莲寺。在县西南九十里。明天顺年间僧慈敏创建，正德年僧绍兴募造大钟存寺中。同治六年，因寺僧互讦，讯明在案，照断载入。

土桥寺。在县西南九十里。明宏治二年建，施主张敦德。乾隆六十年，张正太、喻佑清、叶省昌等补修。同治四年。陶柳堂等倡募，将僧所出典田亩，价赎归寺，并装修佛像寺宇。

紫龙寺。在县西南百里，明时僧自然建。陶太史汝鼐读书其中，尝题诗寺壁，并书碑碣，遒劲苍古，争宝贵之，今犹存。

庵

月影庵。在县西南五十里蓝家冲。明季刘光耀带产出家，创建茅庵。后刘兴三房易以瓦，装饰佛像，并捐坟山脚地垦田入庵，共存田二十四亩。道光年，经府案断，招僧供佛。

丁静庵。在县西南五十里竹山冲谭家仑下，明初建。因丁应箕捐香火田数亩，故名。

昙胜庵。在县西南七十里，杜继泉建。

黄竜庵。在县西南九十里黄竜山下，或以为明初建。崇祯年，黄翊周施香火田四亩。同治三年，重新庵宇，前建戏楼，费八百余缗，翊嗣孙胜甲倡修。

云思庵。在县西南九十里，山主杨氏施田二十亩，户名杨学礼。

莲花庵。在县西南九十里石子冲。康熙时，山主陶之典建庵石狮子山，典母周安人墓在焉。包墓山一大围，骑仑分水为界，墓下置祭田四十亩，户名陶元利，正饷一钱二分。

五竜庵。在县西南百里。唐省吾祈嗣得五子，顺治十八年，置田二十亩建庵，招僧供佛，正饷六钱三分，载钟文，陈令嘉猷撰碑记。

新堂庵。在县西南百十里，乾隆年刘朝觐、朝规等施建，并置田五亩。

观

白竹观。在县西南百十里，康熙四十四年众姓建。

阁

观音阁。在县西南九十里大方坪，地主黄传先、喻兰亭、喻永达、喻永道乾隆年建，有香火田亩半。嘉庆年，黎环溪等补修。道光癸巳，黄省斋等复修，又为安良公、会公置田二亩，山一块。

八都

庙

关圣庙。一在县西百二十里回春堂。众姓募建。并建茶亭。置本都十区茶田五亩。一在县西百二十里，名古乡亭，嘉庆癸亥年公建，庚午年重修，道光九年公置坟山冲、亨江冲田二十亩，庄屋一所，户名古乡亭。前《志》："为里人春秋讲约所。"一在县西百五十里庆丰桥侧，前进基地胡心广、胡邦彦捐，后进基地李仲霖捐，三区众姓公建，一名庆丰亭公所。一在县西百六十里杉木墺，里人募建，公置香火田十亩，旁置驻云亭施茶。

插花山仙女庙。在县西百二十里插花山下。始自唐宋。嘉庆时，里人夏文山司鼎倡修，并建桥于庙侧。或曰插花山原名金茎山，取古诗"不戴金茎花，不得到仙家"之意。土人流传，遂呼插花山。

王爷庙。在县西百六十余里营场坪，众姓募建，费二百余金。

雨田庙。在县西百七十里蜘蛛潭，道光甲辰众姓修建，祀关帝、观音、保康将军，置田五亩，户名雨田，正饷二钱四分。

寺

上流寺。在县西百六十里，唐时名刹。相传兴隆庵被水漂没，其梁逆流，沿正河跌入支河，浮至寺前而止。适寺将落成，遂取以为梁。今犹有"水打兴隆庵，倒流上流寺"之谚。道光年，僧雪瑞增塑佛像，重行修饬。

菩提寺。在县西百六十里烟波冲，刘荣若、正若建，捐置田六亩。

石立寺。在县西百七十里白鹤山，里人募建，置杉山冲田亩，户名石立灯田，正饷六钱八分。有钟一口，铸陶之典名。

庵

续仙庵。在县西百二十里。顺治十二年，庠生戴秀郎施亨江冲田山附庵。康熙五十七年，秀媳刘氏复施李子冲田山屋宇，共施田十四亩，户名续仙庵。

仙女庵。在县西百二十五里青云峰，朱国重等之祖置田三亩建庵。康熙年，众姓募置田七亩，勒石竖碑。乾隆十三年修志，里人张业蔼入局，混载张业蔼募建庵宇，张寅一募置田，致朱连禀宪。业蔼央众立约悔过，呈县加印，嗣后悉照碑石名目。前《志》云："验印照属实，因改书。"

观

景德观。在县西百四十里。《通志》：宋至和间，道士周本正建，夜梦，呼景德二年，故名。元末火。明洪武四年，道士李元清重建。

祠

东鉴祠。在县西百六十里双树湾，咸丰元年修建。

九都

庙

灵官庙。在县西百三十里白泥塘，庙旁石桥，里人公建。

罘罳峰玄帝庙。在县西百三十里罘罳峰巅，初上扶王殿，再上正中玄帝殿，后观音殿，左圣帝殿，旁辖神殿。道光年建，同治年众姓补修。

麻石峰仙女庙。在县西百十里麻石峰，上有庙，塑二仙女像。传唐贞观时，主簿毛清辉女姊妹修道成仙，飞身此地，历著灵异。庙前有天池，久旱不涸。左有巨石，名灵官石。其四围各姓施地，俱有碑石为界。近六、九、十都，里人补修。

寺

金莲寺。在县西百二十里，两山盘屈，中忽开朗。康熙年，僧破尘建寺其中。山口有巨石如船，势似逆流，人目为渔父舍船处。嘉庆年，僧佛岩等增置灯田数亩，又于寺左狮头山新建一寺，人目为小洞天。

转隆寺。原名转轮寺，在县西百二十里罘罳峰麓。同治年，里人倡募重修。

灵山寺。在县西百三十里白云峰。明正德间，喻廷俊捐建前殿佛像。嘉庆年，刘贵满捐香火田十一亩，立僧户名。

庵

观音庵。在县西百二十里，危峰矗天，山半有石耸立，仿佛大士化身，里人立庙其侧，并修石磴数百级。

落道庵。一名乐道庵，在县西百二十里活龙山。宋户部员外郎罗仲□读书处，后裔施以建庵。上有仙田石、帽子石诸胜，石下抔□累累，为罗姓祖茔，并有墓田杂僧产间。

永兴庵。在县西百三十□里，里绅喻身仔建，并置香灯田三亩，户名僧嵩云，正饷八分。

见道庵、天华庵。在县西百四十里，均文美臣建，招僧供佛。

中峰庵。在县西百四十里，文姓合建。

清净庵、法幢庵。在县西百四十余里，僧德修置灯田。

清净庵。另建十三区。

永兴庵。在县西百五十里芙蓉山南。雍正年，文楚林以父尚义墓在此，因建庵。置田数亩，户名文尚义，正饷三钱一分。

碧筼庵。原名碧筼峰，在县西百二十里。康熙年，范世昂买田山修建，招僧供佛。

朝阳庵。在县西百五十里小芙蓉山，即芙蓉庵。古有七岁僧，每晨下山取火，顷刻即至。师疑瞷之，乃骑虎也。今称清安。祖师石塔尚存，塔前刻一石虎。人推虎面向前，山下多虎，虎面向山则无虎。里人何如添施田山。《碑记》。一在县西百五十里，王孟伯建，施田三亩，户名王孟伯。

法华庵。县西百五十里石梅冲屏峰山，康熙间僧了然、慧霞建。后明珠碧峰重修，自置灯田五亩。

十都

庙

关圣庙。一在县西百十里黄材市，众姓捐建。一在县西百八十里，即月印茶亭，里人公建，并置田供施茶费，黄魁户内占饷一钱四分。

仰山庙。在县西百里十六，两都公建。山主李五佣元孙采轩倡募，增修殿宇三楹，左右建房。咸丰年，公置田二契，共六亩，户名仰山庙，正饷一钱五分五厘。

杨泗庙。在县西百五里沙坪铺，咸丰年，宁、安、益三县竹木客商公买铺屋修建。

郭公庙。在县西百四十里郭公寨，山麓有仙家坪，云郭公求仙处。同治丙寅，里人于其处立庙，置田二亩，户名仙家坪，正饷八分。

龙王庙。在县西百五十里栗山冲，道光己酉夏月，雨连旬，有龙现山中。山沉凹深数十丈，广约百丈，旁山坼裂。里人因立庙镇之。

文昌庙。在县西百五十里屏风山易山斋墓侧，咸丰八年募赀修建，以岁之二月初三致祭，并立惜字社。

扶王庙。在县西百六十里云盖峰巅，宁、安两邑公置。道光乙未旱，祷于神，翼日大雨，因建庙。洎今屡次修葺。

枫树坳古庙。在县百六十里扶王山下，唐宋时建，周官礼、公定重修。庙前古枫十株，俱高三十余丈，大十数围。又一樟，高与枫齐，围倍之。每当久晴，夜半树杪烟雾缭空，与云盖山云气相接，不三日必雨，土人借以占天气。

南岳庙。在县西百七十里龙田，山主袁能捷兄弟募众姓建，屡经修葺。同治四年，众姓复捐，扩其宇而新之。

殿

九皇殿。在县西百里莲花峰侧原团内公所，祀九皇像。咸丰年，蝗螟扰境，祈祷得熄，团内遂将公所地捐作基址，合各团众姓捐赀，大修殿宇，并酿香灯费，雇人供奉。捐碑记钟一口，系姜族铸。基址前后齐檐为界。

观音殿。在县西百十里，创自前明，招僧供佛。现存七区牛车荡田二十亩，八区清洋街后塘墈上田一丘，小街口田一丘，庄屋一所，园土一围，合载户名观音殿，正饷一两一钱六分。

寺

福森寺。在县西百里，相传创建于唐。明正、嘉间，重建大雄、圆通两殿。康熙丙午，施主邓氏，僧源大、雪浪复修。邓又与廖方达、梅伊共施田四十亩，陶太史汝鼐撰碑记。

宝云寺。在县西百廿里邹冲，僧慧识募建。庵曰如是，并于曹洪湾置灯田四十亩。后僧冰鉴俗兄私卖致讼，里人贺某以邹冲业易之，因移建庵宇，更名宝云。存公田二十二亩，招僧供佛。嘉庆年，众姓重修，碑记。

峰云寺。在县西百五十里，乾隆辛卯年，余孔加施寺基，僧顺安募建，置田二亩，户名僧宗玺。咸丰年，众姓捐赀重修。

密印寺。在县西百五十里大沩山阴，唐相裴休为灵佑建。凡百楹，山门额曰"敕赐密印禅寺"，上有唐玉玺文。所置田及众垦田共三千七百亩，铸千僧锅，又铸洪钟万斛，涂以黄金，宋僧空印建楼覆之。明万历四十七年，方僧复周等集众入沩，与姜、何、李三姓争田致讼。按察司副使詹瀚，玉山进士也，委宁乡令汪大壮、安化令陈名扬杖逐之，并焚密印、同庆二寺，洪钟亦毁，锅尚存。崇祯二年，尚书李腾芳与邑绅陶汝鼐游沩，命陶作记，属有司复其田，曰"沩佛田"，并荐僧大元、来胡、懋选就密印故址助为庵。顺治十二年，慧山宏建大殿，高七丈，每砖模佛一尊，皆凸文，共万佛，号"万佛殿"。殿内佛三尊，中一尊纯檀，广南诸宰官所施。康熙八年，募赀覆铁瓦。十年，僧灵源募铜五千四十八斤铸铜钟，每击则声如雷。前建寒山殿，塑裝像，纱帽、绿袍、捧笏；后建警策殿，塑千手千脚观世音。毗卢殿今改为禅堂，天王殿、观音殿、孔雀殿皆废。僧伟悦增建山门。警策殿后有藏经阁，唐司马刘潜头陀《地书谶记》在焉，缄扃不敢开。乾隆五年，奉颁《藏经》四十七夹，内图佛像，夹用槐，长四尺，阔三尺，高七八寸，约重六七斤。是年十一月，送密印寺中，迄今收贮如故。道光九年，僧大参复奉颁经三藏，贝勒王道号幻圆居士赐篆书匾"真阿兰若，正修行处"八字。道光十七年，僧能远独建阁于万佛殿右，高五丈七尺。方令炳文撰碑记，并书匾联以赠。

案《唐书·裴休传》："休好浮屠法，居常不御酒肉，讲求其说，演绎数万言，习梵呗以为乐。与纥千众素善，至为桑门号。以相字当世，虽嘲薄之而所好不衰。以大中同中书平章事，出为荆南节度使，卒年七十四。"《一统志》：灵佑以大中年卒。大中，宣宗年号，与裴同时。裴又好佛，建寺置田，事不虚矣。但《一统志》及《通志》俱以裴休系乾符中节度荆南。乾符系僖宗年号，在宣宗、懿宗之后，与唐史不符，因误。《府志》又辨裴休无镇楚葬沩之事，不知荆南即楚也。唐史明云为荆南节度使卒，非卒于楚乎？长郡古迹，裴相独多。岳麓、道林寺四节堂有裴休笔札及书杜甫诗，浏阳猿啼山有隐相台、哑蛙池，石霜寺有遗笏堂，而益阳白鹿山有裴公亭。《一统志》：裴休侨寓益阳。宁乡在唐属益阳。况酒肉不御，桑门为号，何异头陀。故唐史不言休之子孙，其葬于沩信有征也。虽然玉山伟人也，不火其书而火其居，抑末矣。腾芳之偈来，殆裴化身耶？

应禅寺。距密印十里，有三僧塔，一名三塔寺，与密印、同庆，古称三大寺。郭尚书记云：沩接梅山之险，明季时盗贼四起，二百里内无聚落，独惧寺，众不得逞。则蔽我西陲，亦恃此法幢矣。邱太史嗣宗诗云："大沩山头妖赤狐，天寒月黑嗥通都。扬沙噀雨打白屋，朝来兵气横湘湖。"谓此也。

同庆寺。在大沩山开云峰，右有铁山，距密印二十余里，一名祖塔院。《传灯录》：沩山禅师，大中初观察使裴休请师复至所居，连帅李景让奏额曰"同庆寺"。禅会特盛，缁流辐辏。郭尚书都贤《记》云：唐宣宗崇尚浮屠，裴公休以相节镇潭州，既奏建密印，连帅李公景让续奏建同庆，有大安和尚领众躬耕三十余载。案唐史，李景让以大中中为山南东节度使，故称连帅。大中恰与裴同时，而《通志·职官》以李列于宪宗时，误矣。宪宗之后为文宗，武宗而为宣宗，何得云续建乎？惟其为续建，故名同庆，谓同密印之庆也。同庆，至万历四十七年，与密印同焚。崇祯二年，僧就故址为庐。十一年，僧了缘募范紫铜，鎏金，为塔顶一座。

华严寺。在县西百八十里古双峰顶，系古刹。里人修葺，捐香火田数亩。

庵

古朝阳庵。在县西百里龙甲冲，旧记田七亩。康熙时，杨贵袭重修，众姓捐百人灯田。嘉庆己巳复修，道光年加置田四亩，隆定华偕妻袁氏捐田一亩。同治四年，刘会东捐庵左青龙堤一段。

团福庵。在县西百五里团圆冲。先是僧将田业重当，香灯废缺。同治年，仁义团众捐赀赎归修复。

石狮庵。在县西百十里莲花山麓，石踞如狮，故名。

宝莲庵。在县西百二十里，历有香火田二十五亩，户名僧见闻、僧宪道，正饷各二钱八分。

室龙庵。在县西百三十里横塘冲，康熙时姜家相捐田三亩、山场一所，并倡募重修。后僧将田山抵当，庵宇毁坏。姜志仁、次仁两房后裔凑数百金，赎回修复，佃僧供佛。

雪峰庵。在县西百二十里，界益阳，孙尚建。

莲华庵。在县西百二十里官山下，明崇祯初，福建贡生吴洪宰安化，捐赀助建，置饭僧田十二亩。十年，僧修心自置田十三亩，粮饷俱注僧户。

药师庵。在县西百三十里段溪六渡水，山主姜用晋、用升建庵，书《药师经》，故名。

万花庵。在县西百五十里，王孟伯建，施田三亩，户名王孟伯。

见心庵。在县西百五十里，易见心建。

观音堂。在四区狮冲黄应贤祠侧，同治初黄捐基地契据，募同里重修。有钟，明彭孟纶倡众姓铸。

王司徒祠。在县西百七十里，宋熙宁间章惇开梅山，赖司徒默助，奏赠嘉应侯，赐帑修建。道光丙申，江督陶澍出金属同裔维甸重建，书"梅山保障"额。维甸子复纠费增建祠宇两进，佃人供奉，岁取地租供祭费。

庙

王爷庙。在县西百五十里灵官庙后，一讲三间两厅，里人公建。庙前公置狮子桥，遂捐是庙为桥公所。《碑记》。

卷之九

地里七　古迹 _{附坊表、邱墓}

古迹之记，往往侈述灵怪，附会百出，多不足信。然而贤人君子，流风余韵，犹有存焉。硕德丰功，摩挲钟鼎，神与俱王，不独岘山堕泪碑发升沉之感也。宁乡自宋以来，灵峰、石柱诸胜，其人其地，并足千秋，而过西安之庐，访南轩之墓，辄低徊留之，不能去。高山仰止，景行行止，庶有同心乎。人代相嬗，往迹遂多，用列古迹于首，而以坊表冢墓附之云。

县垣古迹

按：前《志》以石入古迹，乾隆《邑志》《湖南通志》俱以石附山类，今仍之。

布政司分署。在县南关东，今名南司湾，成化七年黄令甄建，嘉靖二年胡令明善复修。

按察司分署。在青云街，嘉靖元年胡令明善建，司前左、右官伺各二间。

县丞旧宅。在县署仪门前左。

主簿旧宅。在县署仪门外左。

吉府王庄。在玉几山后。

清军厅。在县署左角门之左。

府馆。在玉潭街北。弘治元年，县令郑惟楠建，门左为官伺房。嘉靖二年，胡令明善重修。

医学。在玉潭街易状元坊侧，元为河泊所官署，明因之，后改为医学。天顺元年，高令宁建，后设于按察分司署前。

阴阳学。在玉潭街旧谯楼之次，后设于按察分司前。前《志》：元制设阴阳学教授一员，至明裁。

道会司。在白鸡观前。

税课局。在布政分司署左，正统时县丞刘孟武建。案元制，县设税课提领一员，大使、副使各一。明惟设大使。又府王庄为明吉藩支裔宁乡王祈钲征课所。王有封号，无府第在宁。

惠民药局。在玉潭街。案：元制县设惠民局官医提领一员，明因之为医学。

张南轩旧祠。在儒学右，明弘治时改东斋后梓潼庙为之，万历时沈令震龙建于建香岭文昌殿左，肖像祀之。

玉山书院。在县治左，以玉几山得名。明嘉靖时，县令胡明善建，太守张禧记之。乾隆二十二年，山长刘绍濂纂志。

林侯社学。在县治香山巷北，明成化间县令林敏建，邑士额曰"林侯社学"。

胡侯社学。凡六。一在新街下通济桥西，一在白鸡观前，一在道林，一在黄材，一在麻山，一在乾江，俱明嘉靖时县令胡明善建。邑士俱额曰"胡侯社学"。

儒学旧址。在南关，明初立和平仓，成化中晏令易以今粮仓地。

兴贤斋、广德斋。各三间，俱弘治十三年邓令万斛建。

东西号房。二十间，在圣庙两庑后，明正德初主簿张英建。

榜房。十间，在东庑后。

东厨。在旧明伦堂后。

敬一箴碑亭。明世宗撰《敬一箴》，并将宋儒四箴颁布天下学宫，立碑架亭覆之。

敕谕提学碑。在旧明伦堂西，明正德四年立，俱久废。

科第题名碑。在旧明伦堂东壁。

岁贡题名碑。在旧明伦堂西壁。

会馔堂。三间，在西斋右。

会讲堂。三间，在东斋右，俱教授汤铨立。久废。

起凤亭。在东斋左，韦令銮立，沈令震龙建，后改为腾蛟起凤门。

观澜亭。在泮池东，沈令震龙建。

八角亭。云在东关外，今但存八角亭湾名。

来鹤亭。在水府岭，隆庆二年陈令以忠建，万历四十年有僧依故址建真武庙。

思舄亭。在县治中，明陶显功为徐令克敏建。

申明亭。

旌善亭。二废基俱在按察分司前。

桂香亭。在响水坝上，与大魁阁夹溪。

御书楼。明臣周采藏赐书处，屋十八楹，有石狮二，移入周氏宗祠。以上俱圮。

大魁阁。原在化龙桥，明万历三十年，沈令震龙补葺，塑魁星镇之。四十五年，教谕王尧天改建学之左旁，王令纲题曰大魁阁，科名遂振。崇祯十五年，沈令之煌捐俸五十金重修，高其石基五尺，后圮。康熙元年，权令重修，邑绅胡衷愉捐助其半。十九年毁。二十五年，王令捐建，邓林琦、胡煌共成之。阁圮，石基犹存。嘉庆二十一年，王令余英就旧基建阁，祀文昌，附文昌阁。

香山馆。在县治小西门。唐有窦《常香山馆听子规诗》，《通志艺文》引之，未载地名。《府志·古迹》于诗题"馆"字上添"过湘乡"三字，"馆"字下去"听子规"三字，谓在湘乡，不知其所。案：湘乡及各县俱无香山，惟宁乡有之，已著名于宋。《府志》："旧产旃檀，宋时立寺。"案今之县治，在唐为新康驿，实楚之通衢，或唐立馆而宋因之立寺与，今为香山寺。

射圃。在学冲水之南。案：明时州县设弓张局，为习射所，故有额派弓张银。射圃或即弓张局与？

一都

灵峰书院。在道山中，宋儒胡宏、张栻讲学处，遗址犹存。

文定书堂。先儒胡安国讲学处。先儒张栻《答友书》云："辛巳之岁，方获拜五峰于文定书堂。"辛巳为宋高宗绍兴三十一年，正栻随父判潭州之日。栻《省先茔诗》云"书堂何寂寂，芳树亦芊芊"，盖谓此耳。后名其山曰"书堂山"。

玉潭镇。在县南河岸湘乡街，马希广遣将崔洪涟屯兵遏溪洞蛮处。

阳春台。在藓花岩，明隆庆六年，陈令以忠建。久废。

狮顾观音寺。在县东北二里。陶之典记略云：寺肇于唐、宋，中兴于明正德十年。万历时，先辈梅合江令先大父汝虪公、先伯太顺公读书其间，因捐赀重构，载在碑版，邑士往往藉为肄业游观之殊胜。崇祯癸未毁。康熙初年，有马居士得异梦，因探其迹，披荆深入，得古所范铁佛钟鼎，宛然梦中所见，遂重立寺。甲寅之变圮蒲版，王令重修。今废。

崔阁老故第。在县东北三十里西塘石牌坊，水亭凉榭，基址犹存。阁老未审何名何时。

农官亭。在藓花岩上，旧有亭，为训农憩息所。雍正间，某县令捐俸置田亭侧，以租为祈赛费。后圮，祈赛礼亦废。

小石渠。在县东四十里，相传昔人藏书处。

古枫。在小武当山，有枫一株，唐物也，瘤垂数尺，僧道或取为律令板。

大屋山古宅。在县东北四十里，明义官周志高故居。崇祯年毁，仅存石门两重，瓦砾中往往得谷壳，焦而实坚，又时见地上古钱隐约，偶拾之，或得一二枚、十数枚，掘之无有也。夜间光焰荧荧，或黄或白，人谓皆金银气郁蒸。距山里许有学堂山，云是其书堂遗址。

大楮树。在县东四十里增步桥。旧《志》：自明永乐二年屯丁覃绍爵下屯于兹，相传其树百余年一凋一苏，迄今已三凋三苏。覃族世居焉，因以大楮树为地名。

二都

龙凤山茶亭。在县南二十五里，嘉庆年，谢廷瞻割石井义渡田三亩，建茶亭于龙凤山。自芒种至白露，每月给茶亭火夫银一两二钱。久废。

小官坊。通湘潭路，明时置公馆。久废。附见街市类。

白云庵。在县南四十里，俗呼八角庵，明尚书周堪赓建为读书处。嗣孙潮州府知府周硕勋重修，亦养静于兹。四山环绕，石磴幽深，因建石门，颜曰"白云深处"。

无底荡。在县南五十五里刘杨庙右，有窟口仄腹宽，度以绠，莫能尽，俗呼无底荡，即二公自投处也。内多鲫，值清晓密地钓之则食饵，偶声咳不可得已。泉流澎湃，农田资其灌溉。色有时如赭，人多疑为龙窟云。

独松树。在县西四十里九皇殿对岸，大数围，高十余丈，因以名地。今无存。

古杉。在县西南五十五里资福寺后明仪宾张尔晟祖母彭恭人墓前。晟《扫墓诗》云："深痛杯棬遗手泽，独悲墓木锁云烟。"

重杨树。在县西大石窟仙女庙后，大数围，雷火烧三日仍活。树备青、白二色，故称重，里人即以重杨树为地名。

油麻田。在县西四十里。

竹田。在县西八十里。或云昔人施粥于此，又名粥田。

三都

新康故城。《通志》：在县西十里。

蒋琬故宅。在县北，俗呼伏虎庙。庙前井名伏虎。明《一统志》作蒋琬庙，即其故宅。《名胜志》所载同。

古侯亭。在县西十五里关圣祠前，通安化驿路。康熙时，邑人曾永益遗田三亩，荒铺园土一所，附僧圭峰建造茶亭，以荫暍者。事详关圣祠内陶之典钟铭，一名候旨亭，俗呼"侯子亭"。

观泉亭。洋泉浡潏澎湃，观者诧奇。里人谢崇璋、崇琏建亭其上，额曰"观泉"。

观音石古树。在操几仑口，有树穿石腹而出，黄藤缭绕，枝叶纷披，隆冬不凋，回护周身，形如华盖。又瓦薮寺亦有古树，传为唐时物。

四都

读书堂。在县南七十里长冲，宋处士谢英故居，基址犹存。

蒋兵部宅。在县南七十里成德塘，元臣蒋彦明宅，今其裔孙聚居，额其门曰"司马旧第"。

古书楼。在县南七十里道林市，前元臣蒋彦明藏书处。久废。

宁湘公馆。在县南七十里，通湘乡路。明弘治十四年。县令邓万斛饬民汤必宁建。前后厅各五楹，东西耳房凡八楹，门二重。今废。

道林公馆。详祖师庙下。

张氏古楼。道林街后，层楼一座，壁嵌石碑，文曰：张氏古楼，明郡庠张洞海建。苍苔碧萝交萦斑驳。里人摭其地为道林八景之一。

五都

嵇真人馆。在嵇岽山，为嵇真人修炼处。前《志》：前代有仙人旧馆，殆指此。

东湖公馆。在县东南三十里，通湘潭路。府、旧《志》：东湖公馆，明嘉靖四十一年建，今废。

聚山公馆。在县东南五十里，通湘潭路。亦见府、旧《志》。今废。

石屋。在县南五十余里，黄金塘尾山有五峰，石屋在第一峰，高阔八九丈，中有直缝如门扉，相阖视其缝中窅以深。其下有阒辰，上有窦，投以石，隆隆然作声，不知其底止也。岁旱，缝中云气坌出，初如斗，渐如箕，俄焉上覆重霄，氤氲四塞，则雨大如注。又有石屹立，人呼石观音，祈祷无不应。闻国初时，亦有器用，供人假借云。

白云寺。在县南六十里香炉山，建自宋，谢处士读书处。

六都

新阳废县。在县西九十里，长桥东北二里。

长桥诗碑。在县西九十里，桥侧有石刻先儒张栻诗。

仙人遗迹。滩山唐公庙旁，有仙人石、狮石、棋枰诸胜，世传仙人遗迹。

顺风耳。滩山石壁间有圆窍，阔寸许，深倍之，如耳孔然，风触之辄鸣，俗呼"顺风耳"。山下有市，远商有久绝家书者，默向耳边叩之，夜必见梦，可卜其家之安否云。

高田。在县西六十五里河岸上，田二丘，相距数丈，较众田独高，故名。

麦田。在县西八十里，一作墨田，相传昔田中有井水涌如墨，故名。

七都

慕严台。在县西南八十里。《一统志》：宋隐士谢英，慕严子陵高风，因镌"慕严台"三字于石。苔藓虽蚀，字画可辨。今案东鹜山东溪岸石壁如台，高可四丈，广十余丈，头锐身圆，背田面水，"慕严台"

三字，一行直书，每字大约尺许，腰以下有楷书数十行，似前朝题句，皆漫漶不可读。距台半里为湘宁桥。

玉女遗迹。晋盛宏之《荆州记》：新阳县惠泽中有温泉，白云浮蒸如烟，上下采映，状若绮疏。又有车轮双辕形，共传玉女乘车投此。晋新阳，即今宁乡，则温泉已著于晋矣。先儒薛瑄诗云："水引温泉分地脉，雨来云洞仰神功。"

小桃源。在县南五十里福谷冲，四面峻壁，有大石当洞口。宋淳熙甲午，居民周氏凿开豀谺，可通游展。内有石室、石灶，壁下有石板印、牛蹄迹，皆作离卦形，壁上有擘窠大字数行。

横田。在县南五十里。

八都

文昌阁。

奎光阁。在县西百里，高三丈。嘉庆十六年，刘光祖男之甲、之丙、之辛、之癸同建，基址存。

右阡圹。在县西百四十里砌江，圹广约十丈，袤如之。父老云：昔时距圹不远有石人、石马，与易山斋墓相似，俗呼"九千贯"，盖夸其营葬之费浩繁也。前《志》注：赵淇墓，不知其处，或疑即此。

九都

仙人迹。在县西百五十里，硪礚碗砲间，一石耸矗数十丈，高绝跻攀，上有手足痕如巨灵赑赑，高掌远跖，名曰"仙人迹"。

酒界牌。在县西百四十里文家冲口，云昔有官吏查境，宿此饮酒，书"查林酒界"四字泐石。碑高五尺，径二尺，卓立溪边。

五朝松。在县西百五十里锣塘冲俯熊山，凡六株，皆大六围，高十余丈。相传唐宋以来物，号曰"五朝松"。往来行人，多荫其下。

十都

黄材公馆。在县西南百十里，通安化路。明正德末，府通判陈谟饬姜氏秉衡重修，前、后厅各五楹，东、西耳门各三楹，门三重。久废。

诗礼乔门、盐井。在县西百四十里金紫山麓，明永乐时，同榜举人彭兴、彭融故宅。明末毁，仅存石门，迄今四百余年，屹立如故。

上横额"诗礼乔门",字大如斗。距乔门数十步,田中有石井,水味咸,煮之成盐食之,令人呕吐。

南轩书院。在县西百五十里先儒张栻墓前明。嘉靖三年,县令胡明善于墓前建祠,右为书院。久废。四川《绵竹县志》南轩书院联云:"打通义利关头徽国公,逊非其匹,文章炳蔚,尽教沩山汉水增光;洞中军民窍会华阳伯,实称其名,俎豆馨香,直将南岳西川共老。"

识山楼。在沩源下壶山,宋臣易祓读书其中,有诗有记。

车驾园。在沩南凤形山,宋臣易祓秣马处,其曾祖墓在焉。

齐己庵。在县西百五十里滴水岩。

扶王馆。在县西百六十里扶王山,叠嶂层峦,望之如累瓦,如玉笋,如百合瓣,俗有美女娇娥之目。山中平野沃壤,岁可收实万石。沩山外又一洞天,唐时扶王结庐于云盖峰。西则有炼丹石臼、洗药池、昇升仙坛诸胜地。平原约数百丈许,基毁,瓦犹存。磴道幽峭,古松屈盘,有石似菩萨,挺立狰狞,头、颈、身腰、手足咸备。左右岩石嶙峋,惟一方石如几案横列,珓卜者随高下掷,俱落石几上,不旁坠。东有清风洞,为扶王消夏处。旧《志》似太略矣。

宋御书阁。在大沩山密印寺中,宋时建藏神宗御书处,明季毁。

文殊楼。在大沩山密印寺中,明臣陶汝鼐建,为读书所。因寺有密印,遂号密庵,又号头陀,又号鞠延,取靖节"鞠为制颓龄"[1]之意,常撰密印寺文,手书勒碑,人比之王简栖头陀碑文,刺指血书《多心经》舍于寺僧。晚年书法近颜、柳。甥贺某书酷似其舅。汝鼐曰:"我所书署二字,或密庵,或鞠延,尔所代书直署陶汝鼐。"至今借以分真赝云。

易尚书宅。在沩源上屏山,旁有献宝台,为宋臣易祓故居。易氏子孙有即坟墓建宅者,居寝不安,遂迁之。

白牛精舍。在大沩山银杏树下,明尚书李腾芳送大元僧骑白牛入沩时,建圈屋六角,题额曰"白牛精舍"。今废。

飞来塔。在大沩山下,有大石如马鞍。中立一塔,云自峨眉山飞来,一名峨眉塔。

---

[1]出自陶渊明《九日闲居·并序》,原诗句为:"酒能祛百虑,菊解制颓龄。"本志所引与此有异。

千僧锅。在大沩山密印寺香积厨，唐臣裴休置僧田三万六千亩，饭僧千余。锅高八尺，周围三丈，迄今不锈。然底有孔，不能蓄水，僧亦不敢补之。

石龙枧。在密印寺后，接毗卢峰水，由龙王井来，约二里许。唐臣裴休妻陈夫人施石四百余块修建，俗呼"美女枧"。康熙年，庠生何其仪补修。道光年，仪裔复修。又有净盆石，古称净身盆，今堙。建华盖亭。

雪亭。在毗卢峰山腰之崖有雪亭，相传唐僧参禅入魔者，令居此，觉而后归。

司徒岭榛。今多榛，实大如栗，壳厚味馨，传为司徒携以侑酒，遗种于此。故惟此山有。

灵树。在密印寺西隅，俗呼"白果含檀"。天将雨，云缕缕从中起。《府志》：唐灵祐开山，手植银杏于寺右，大十围，高十余丈。万历末毁，树枯二十年复生，寺渐兴。旧《志》：崇祯元年，僧大元来，复活一枝。嗣是日茂，全树皆活。中抽檀一枝，又长桃一枝，号曰灵树。明臣陶汝鼐有《树图》。

石屋。在县西百十里石狮庵下有石屋，广可坐数十人，夏寒冬温。

大枫树。前《志》：在石牛屋对岸堆子坪，五人合抱，高十余丈。

古枫。在莲花庵山门左，古枫三株，塔子坪古枫一株。

樊家洞古松。一在县西三星岭樊家洞山，松高十丈，轮囷如盖，下有台，人呼"樊松台"；又一在峰云寺山门右。

七樟。在古朝阳庵左，大十围，高丈余，始开干，干霄蔽日，里人称为"七星樟"。又一松，亦大十围。

坊表

县垣坊表

状元坊。在玉潭街中，成化六年，知县黄甄为宋臣易祓袚立。案《山斋谱》：在湘潭街。

飞凤坊。《府志》作飞鹗坊。

　　进士坊。二坊相连，在玉潭街中。成化十九年，知县郑惟楠为明臣袁经立。

　　风清三辅坊。在玉潭街中，崇祯九年，知县沈之煌为都御史周堪赓立。

　　都宪坊。在玉潭街南，永乐十三年，知县郭瑀为明臣李兴邦立。

　　天香坊。在玉潭街南，嘉靖三十年，知县周孔徒为明臣周采立。

　　昼锦坊。在玉潭街北，永乐十三年，知县郭瑀为明臣李守中立。

　　擢秀坊。在玉潭街北，永乐十三年，知县郭瑀为明臣彭兴、彭融立。

　　魁英坊。在南关内，宣德十年，知县朱节为明臣蒋宪立。

　　豸绣坊。在南关内，宏治二年，主簿张英为明臣杨钧立。

　　绣衣坊。在北关内，成化二十三年，知县郑惟楠为明臣欧阳彦贵立。

　　亚魁坊。在北关内，成化十八年，知县林敏为明臣刘端立。后移建。

　　平政坊。在谯楼前，嘉靖元年，知县胡明善立。

　　承流坊。在谯楼右。

　　宣化坊。在谯楼左，弘治六年，知县安佐建。

　　登第坊。在谯楼左，景泰元年，知县李敬为明臣杨昊立。

　　冠英坊。原在按察分司前，永乐十三年，知县郭瑀为明臣张敏立。后移建。

　　进士都谏坊。在按察分司右，抚按守巡为周采立。万历三十年知县沈重修，甲寅毁。

　　纶音三锡坊。即都谏坊旧址。崇祯九年，知县沈之煌为周策父子立。久废。案：二都十一区周氏居宅，亦曾建此坊，俱圮。俗犹呼为"牌楼湾"。

　　儒林坊旧。在儒学前，成化六年知县黄甄立。

　　魁俊坊。在香山巷口，成化十四年知县晏镰为明臣黄廷臣立。

　　迎恩坊。在侧石桥南，成化六年知县黄甄立。

　　以上惟冠英、亚魁二坊改建，余圮。

　　贡生刘伋亨孝子坊。在东城内，乾隆八年建。圮。今坊屋大门即其故址。《碑记》。

　　张志潆妻邓氏节坊。在东门。

张兴慧妻邓氏节坊。在青云街。圮。故址无存。

黄光璋妻姜氏节坊。在东门外。

陈心学妻萧氏节坊。在迎薰门内。

陶士偶妻蒋氏节坊。在迎薰门外。圮。故址无存。

监生廖乔年孝子坊。在通安门内。

贺嘉会妻黄氏节坊。在通安门内。

秦安修妻张氏节坊。在通安门外，今存，市地秦仲虎正饷二分。

邓裔坤妻黄氏节坊。旧《志》：在北门外。因门移建，今在门内。

胡锡瑢妻黎氏节坊。在北门内。旧《志》载锡璜。

陈万猷妻谢氏节坊。在北门外。

节孝总坊。在北关外节孝祠前。道光十三年，方令炳文，儒学刘青华、邓显鹤照江南省汇建总坊例，率邑绅等捐建。圮于风。同治五年，阖邑士绅募捐重建。

一都

应宿坊。在湘乡街，嘉靖十四年，知县吴裎为桂平令陶鹏立。圮。

勤王坊。在铜瓦桥，为长沙卫王必环立。圮。

监生刘理润妻王氏、子阶兰妻周氏双柏坊。在一区崔家段。

谭俊典妻萧氏节孝坊。在四区稀树山本居下首长横坝。

高光卓妻邹氏节孝坊。在五区花门楼。

程卓群妻孙氏节坊。在土狗湖荷叶塘。

程织文妻曹氏节坊。在土狗湖荷叶塘。

程德言妻刘氏节坊。在百围寨旧庐左侧。

黄大仁妻严氏百岁坊。在三区螺丝塘。

胡扬海妻邓氏百岁坊。在双江口对岸简家巷。

周宪锦妻程氏节孝坊。在管家嘴，乾隆三十五年建，入《一统志》。

二都

彭济川妻高氏节坊。在八区土地山荷叶塘。

袁庆云妻范氏节坊。在七区乾塘冲墓前。

曾兴楚妻卢氏节坊。在六区油麻田狮子山，同治四年建。

曾兴麓妻喻氏节孝坊。六区油麻田狮子山下。

秦基嶷妻彭氏节坊。在六区学堂坡。

张国濂妻彭氏节孝坊。在泗洲庙虎形山。

黎祚瑜妻黄氏节孝坊。在莫家山。

张学宏妻彭氏节孝坊。在山底。

张堪彝妻廖氏节坊。在山底。

张锡凤妻廖氏节坊。在山底墓前。

黎复淳妻黄氏节孝坊。在三区石嘴头。

黎祚高妻喻氏节孝坊。在三区游趣塘，嘉庆九年建。

黎希愃妻喻氏节孝坊。在龙潭泉上闾。

三都

张武瑞妻陶氏节坊。在六区峡山口，嘉庆九年建。

杨登岱妻孟氏百岁坊。在八区双枧湾，嘉庆十八年建。

四都

黄梦弼妻杨氏节坊。在董家洲。

黄光涟妻许氏节坊。在道林市。

黄锡爵妻刘氏节坊。在道林峡山口，乾隆五十三年建。

李宏矩妻萧氏节坊。在六区柘畔，一名照背，同治四年建。

颜元琛妻刘氏节母祠。建处未详。

五都

周申极妻谭氏节坊。在八尺湾河岸。

张文淮妻夏氏节坊。在四区泉塘冲，嘉庆十七年建。

刘兆之妻胡氏节烈坊。在七区南塘节烈祠前，乾隆三十五年建，入《一统志》。

袁承世继妻张氏节孝坊。在六区墓坟山。

刘起生妻杨氏节孝坊。在七区南塘节孝祠前，嘉庆二年建，距节烈坊三里。

彭举世妻周氏节坊。在十七区符山。

六都

监生秦安镇孝子坊。在县西百里桑井秦宅，今圮，尚存"孝子"二字及石狮。

张国允妻王氏节孝坊。在九区粟溪，道光二年建。

孟氏贞女节烈坊。在□区滩山，乾隆五十年建。

魏隽妻姜氏节坊。在粟溪魏家湾。

彭涟妻张氏节坊。在一区横市。

何配武妻彭氏节孝坊。在七区何氏祠前。

宋盛雯继妻黄、侧室黄氏双节坊。在九区峙蒙泉。

洪世祯妻姜氏节坊。在十区五里堆坪。

刘国潢妻姜氏节孝坊。在九区粟溪。

庠生潘顺昌妻余氏节孝坊。原在二都竹田，后改建六都鱼形山侧。

七都

明知府刘端孝子坊。即亚魁坊，雍正九年，端裔孙修建高迁湾，改名孝子坊。

黎希亿妻贺氏节坊。在烟田冲。

周思本妻萧氏节孝坊。在五区大屋场，乾隆五十七年建。

黄煌妻喻氏节坊。在七区格林冲老屋下首。

黄滉妻黎氏节坊。在七区峡口子，道光十年建。

盛朝遇妻唐氏节坊。在狮子陂。

黎希轼妻邱氏节坊。在龙门桥侧。

唐继汉妻彭氏节坊。在八区石滩。

胡九瑞妻张氏节坊。在神山湖。

八都

明知府张敏冠英坊。在九区石峡子敏墓前。

张兴恕妻黄氏节坊。在九区龙塘。

张志域妻李氏节孝坊。在九区龙塘高田岭。

夏正铭妻张氏节孝坊。在十区插花山古簧阿节孝祠前。

胡朝荫妻喻氏节坊。在柳林堡青山桥侧牌头湾，圮。基址存。

十都

进士坊。在县西百十里大墓山，为唐进士姜流光立。

李世魁女绍媖孝女坊。在三区巷子口。

姜堂妻蔡氏节烈坊。在六区黄材市，乾隆五十六年建。

姜源渎妻何氏、子大猷妻喻氏双节坊。在黄材七区刘家岭。

以上各坊，但据其所建之地分列，与节孝类所录都分或有异同，须参看。

周振枢妻秦氏节坊

黄湘南妻刘氏节坊

朱志高妻陶氏节坊

周天成、合妻樊、杨氏节坊

四坊查未得其处，存待考。

邱墓

一都

明诰封金都御史李允信墓。在县东四十里袁江嘴琥形山。

国朝宗人府主事王文清墓。在县东北四十里铜瓦桥王氏祠后鹰堆岭。

国朝知府衔署贵州兴义府事、台拱厅同知李隆荨墓。在邑东关外一都安区罗翰冲鸭公嘴凤形山之阳，丑山未向。

国朝追赠太仆寺卿、浙江绍兴府知府殉难廖宗元墓。在一都五区莲花山中嘴仑。

国朝贵州同知实授施秉县知县殉难刘代英墓。在县东二十五里边草冲凤嘴山。

国朝尽先选训导殉难胡铮墓。在县东北二十里十区小寺冲笼珠山。

二都

宋户部员外郎祀乡贤祠罗仲孺墓。在县东南三十里善山之麓，配易宜人祔。子天赋于墓前建善山寺，并置石坝田一石六斗。历元、明，裔孙重建续捐。嘉庆己巳，合族复修墓寺。今寺与田均罗族管，每岁拨租十余石，给僧守护。

宋学士袁仕文墓。在县南十里湖州坪大洪山之阳。旧《志》：官至学士，卒给传还葬。

明辽东巡抚袁经墓。在县西南三十里浯溪山。

攸县翰林院捡讨易舒诰撰《墓志》云：公讳经，字大伦，长沙宁邑人也。美丰姿，有才气。成化癸卯举人。弘治庚戌成进士，辛亥授西安府推官，丙辰擢监察御史，寻被召命清厘凤阳等府文卷。庚申，按苏常镇等府，直声震朝野。壬戌，擢山东佥事。丁卯，以艰去。己巳，服阕。庚午，宁夏逆藩叛，都御史周君以公有才略，延之幕府，纪录首功。辛未，擢山东按察使。壬申，拜佥都御史，巡抚辽东，山东民泣下不忍别。未几，自辽转大同，辽东民依恋犹山东民也。启行，病作，卒辽阳。上谕祭曰："惟尔性姿敏达，才品老成。发迹贤科，擢居风纪。累官外臬，谳狱详明。留佐内台，巡抚东徼，岁时未阅，声绩已彰。移镇北陲，益隆委任。胡为一疾，遽尔云终。爰念往劳，良深悼惜，特赐以祭，用慰幽冥，灵爽如此，尚其歆服。"公未第时，梦人赠以诗曰："玉笛横吹度碧台，长安宫里暂徘徊。火龙时节天书至，驿道风霜万里回。"今按公为西安推官，西安古长安也。丙辰擢御史，实为火龙之应。自辽还樘，几及万里，兆亦奇矣。其按苏时，多收南唐书籍，以舒诰居检职，遂尽赠焉。其高义豁达类若此。有公辅望，伟绩不胜述。今乃未究厥用，惜哉！生景泰丙子岁六月二十八日，卒正德壬申六月二十一日。妻李氏封夫人，妾汤氏。子景伊、景傅。卒之明年，葬浯溪北原。

明诰封通奉大夫祀乡贤祠周策墓。在县东三十里油草铺狮子山。

明云南巡抚周采及母唐夫人墓。在县南二十里都堂山，有谕葬坊，山属周相裔孙管理，下有庄屋，招佃看守。

明户部尚书周堪赓墓。在县南二十里黑山，一名下马石。

明翰林院检讨陶汝鼐墓。在县南三十里小官坊。

翰林院编修黄与坚撰《墓志》云：明崇祯二年，天下国子生赴监肄业者五六千人，司业倪公署监事，请复积分旧制，岁考试六堂，取六名，各备正副卷，进御览，定名次。后下吏部与出身，怀宗以为然。命祭酒于十月行监试，每堂拔正卷一人，而六卷中又拔一人为之首，则宁乡陶先生汝鼐也。时积分废二百余年，始复行，怀宗特严重诏汝鼐等，准改资注五品官，勒石太学，如进士题名例，时人人夸诩相传说。又先生屡试必首擢，坊贾梓其屡试牍，唱卖交衢上，各驻马购观之。于是，京师人藉藉，无不欲一识陶先生者。余备员馆职，于康熙二十一年辑故明选举一志，以事之属学校也，谨书之。顾其时先生年八十有一，尚强力。今二十二年正月十六日，以病没于家。其子典等将营窀穸，适典子煊侍安藩讲席，在京邸，持典所撰行述，乞余铭。余叹曰：余于先生名既习闻，今其子若孙汲汲欲传其祖父之贤，使不朽，亦孝矣，敢不具志使永存乎！按状，陶氏始晋都督桓公侃，历传至明初，由浔阳徙越，旋分派徙宁乡，乃占籍。自桂平知县鹏年六十生显位，显位官潞安府教授，亦以年六十生先生。先生幼奇颖，年十二，补博士弟子。己巳，贡入太学，已注选，不就归。癸酉，中湖广举人。时先生年甫壮，负意气，屡上书宰执，陈时政可否，不见省，拂袖去。主司汪某按楚省，先生复上书免襄阳输挽、停省会工役、豁赃赎逋课之无征者。楚驿递每签富民充马户，枝连蔓引，诸荐绅往往多请乞，害滋甚，先生倡誓为禁止。先生志忼慨，尝欲一效用于世，而屡困踬不得遂。丁丑癸未，两中副榜，卒不遇。时天下已大乱，就广东新会县教谕，奉母偕往游香山，被荐授翰林院待诏，晋检讨。旋奉定南王谕，以原官归田，而先生已疲曳，不能复出矣。嗟乎！人当少壮，力可以有为，而不幸值乱世，委身所事，不能少有所建立。迨其老而仅销声铲迹，汶汶以至，此天下有志之士，其挫抑如先生者不少。顾有不用于世，而更引分以为安焉者所遭之幸不幸，其又可胜叹哉。先生性笃至，父早丧，岁时必饮泣。事母彭太君竭孝养，析家产辄以让其兄。教其弟幼调至学成，死寇难，哭几昼夜。亲溯章江返其棺，而又为之子其子。诸宗族支属皆推恩，终始无异视。当先生里选时，例派里甲百镪佐治装。先生固却之曰："非经制，我不敢受也。"嗣此宁乡例遂绝。至癸西给坊金，尽以散之宗族故旧，曰："此国恩也，我敢自私哉！"其行谊卓然不苟如此。先生字仲调，号密庵，汝鼐其讳也。［以下序次子孙亲属名氏，不具录。］先生善古文词，于诗学尤精诣。尝以为楚骚不可绝，屈原不得志放于文，宋玉学原而扬其波，至扬雄、司马相如并工词赋，非其选也。不若汉魏乐府诸篇之犹善，以《离骚》续诗，以乐府续骚，则得矣。于是仿李西涯用古体咏史，得乐府一百二十余首，曰《嚗古集》，凡三卷。诸体诗曰《荣木堂集》，凡十卷。其他诗文多散佚，往往不存稿。嘻！可以知先生隐约之志矣。其没也，乡人私谥曰"文贞先生"。年八十，作《蠢歌》三十首。死之前未久，犹为县守作《察院行台记》。其生平嗜著述，至老不少衰。书法学米襄阳，兼赵文敏，其律陶石刻亦具在。

明山东左布政使、前工科给事中龙斗垣墓。醴陵人，葬小官坊，今名龙家坟山。

国朝福建布政使陶士僙墓。在县南十五里铁炉塘。

国朝广西镇安府知府陶文镐墓。在县东十里历经铺老鸦坡后。

国朝乡贤学正廖方达墓。在县西二十里枭米洲，形家呼"冲天蜡烛"。

国朝乡贤训导彭之寿墓。在县南三十里报慈塘。

国朝礼部主事、前翰林院庶吉士梅钟澍墓。在县南二十五里龙凤山对照铁坑长堕出口山。

国朝知府衔贵州定番州知州童翠墓。在县南十一里陶家坊南竹山。

国朝署浙江衢州府知府魏良墓。在县南二十里蔡家冲原住屋后。

三都

宋县令蒋文炳墓。在县西一里横冈塘官山。炳令宁迎养其父仲南于官廨南，没葬此。文炳后祔，有坊在墓前，圮。嘉庆初，墓被谭姓占葬，炳裔控县，启墓得志，断谭改托。同治年，炳裔道林、廷桢等倡族重修，并建祠西门外，置祭田二十亩，禀县示禁损坏。

元中书令史欧阳德道墓。在县西北五十里孟子山右。旧《志》：卒于官，给传还葬。后裔建祠于欧家大冲泷形山下袁家塘，更名芸陔堂。凡近山有碍祠墓处，永禁开采煤石。

明左参议李守中墓。在县西北十里河斗铺含婆仓。前《志》注葬十都晒谷石。按李氏族谱更正。

明御史欧阳彦贵墓。在县西三十里竹山冲，后裔建支祠于老虎山。

明武毅将军谢进墓。字孝暹。夫人蔡氏。合葬县西四十里碧塘村龙坑山。

国朝湖北汉阳府知府陶士偰墓。在县治西陶氏祠后。

国朝花翎参将衔游击殉难廖渭臣墓。在县北五里一区月塘冲斗笠仑。

四都

宋处士谢英墓。在县南百里道林麒麟山。

咸丰年，训导周世宽撰《碑记》云：宋处士楚华先生者，世居宁邑。谢其姓，英其名也。宋南渡时，秦桧当国，受金人指使，专意讲和。先生与岳忠武同负大才，志存恢复。将应举，会岳忠武遇害，遂隐居不仕。历孝宗朝，屡征不就，日徜徉吟咏于泉石间，自镌其钓游处曰"慕严台"，当时号称秀士。今石柱书声读书堂基址及士游湖、士游塘诸地名，皆其遗迹。没葬麒麟山之阳，乡民塑像立祠，颜曰"秀士"，永供香火。宁邑四都所以称秀士乡，谢英里也。宽素仰高风，自道光二十五年司铎是邦，阅邑志，益悉其巅末。咸丰元年八月，奉上宪谕，查团匪。至邑之四都道林市，适晤老友黄君寿朋及其小阮懋寅等，谈及先生隐德。随偕步至麒麟山，游览胜概，有石镜莹然，照澈万汇，心骨顿清，人之杰欤？抑地之灵也。而先生坟距石镜处数武，孤冢岿然，墓荒废，太息久之。爰商之寿朋，谕诸生捐金修复，特立新碑。诸生咸踊跃从事。事蒇，属宽作文以记之。宽不敏，捅陈其略泐碑阴，以垂不朽。

明巡按刘熙祚墓。在县南九十里宗师庙后。祚本江南武进人，以殉难故，葬于此。

国朝刑部员外郎袁名器墓。在县南七十里峡山口内乾冲，一名干冲。

国朝署浙江乌程县知县殉难建立专祠许承岳墓。在县南九十里杜父塘。

国朝追赠道员殉难祀昭忠祠龙朝翼墓。县南九十里九区罗汉冲。

国朝翰林院庶吉士黄遇隆墓。在县南八十里石壁田贺家山。

国朝二品衔前太常寺卿、江宁布政使司唐鉴墓。在县南九十里横坑平远堂新屋后山。

国朝兵部主事袁桀实墓。在县南七十里道林峡山口上干冲梨子树湾山。

五都

明武略将军李天成墓。在县南五十里火熠冲墓坟山。

明兵部司务殉难杨会英墓。在县南五十里横塘冲。

国朝广东潮州府知府周硕勋墓。在县南四十里西坏旧祖山。

国朝翰林院侍读、前侍讲学士王坦修墓。在县南三十里高竹塘。

国朝翰林院侍读袁名曜墓。在县南五十五里聚山下龙团山。

六都

宋学士刘彦举墓。在县西百二十里唐市。

明云南布政使谢子贵墓。在县西百十里鳌山。前《志》：望北峰南麓，林壑尤美，建谢佥事祠。

国朝署山东定陶县知县殉难祀昭忠祠贺德瀚墓。原葬县南四十五里铜鼓石，道光壬寅，改葬县西六十五里尖岽山西月形山，合元配王宜人冢。

国朝署贵州印江县知县殉难邓玲筠墓。在县西七十五里沙江湾揭钯岭高椅山。

七都

宋翰林学士陶谷墓。在县西南八十里罗溪寺对岸山。

明西安府知府孝子刘端墓。在县西南九十里水南冲口狮形山，又名孤钟山。后裔建墓庐，置祭田。

国朝户科给事中胡泽潢墓。在县西南百里灰汤大湾山。

国朝乡贤庠生黎启淳墓。在县西南七十里城山岩，亦作成山寨。

八都

元湖南宣慰使赵淇墓。在原塘坎山。

元卢挚撰《墓志》云：赵淇，字符德，号太初。宋刑部侍郎。入元，授中奉大夫、湖南宣慰使，赐佩金虎符。大德十一年冬，终于潭州居第。至大元年十二月，葬宁乡县之原塘坎山。《府志·古迹类》：赵淇宅在南门外王坛岭，有潇湘一览亭、水犀、海棠洞。宋理宗赐联云："忠孝江南第一，英雄天下无双。"自署其门云："门下书生拜相马前吏，卒封侯，入元为湖南宣慰使，卒葬宁乡之原塘坎山。"淇墓在宁乡明矣。《衡州府志》：赵淇，衡山人。考衡山，宋有赵葵为湖南安抚使，从子淮为转运使，淮兄潾亦显官。淮、潾、淇偏旁合，而《府志·职官类》以淇为宁乡人，盖因所葬之地讹作所生地耳。陶大麓云："访之不得其处，今入都古阡圹，俗呼九千贯。"又其地有原坛墰，或谓即原塘坎山，则指为淇墓，似非臆断。

明知府张敏墓。在县西南百二十里龙潭上里许石峡子，后裔建祠墓前，置祭田数十亩。

明侍郎孙玉瓒墓。在县西百四十里龙塘湾，一名晏家湾，后裔建墓庐，置祭田数亩。案孙族谱系明正德戊辰进士，查《省志》及邑旧《志》选举类均未录，而采访者言之确凿，实系孙氏，世祀其墓，并无冒认侵占之弊，故载之。

十都

唐丞相裴休墓。在县西百五十里大沩山韦驮峰前，距密印寺五里。墓左一阜凸，俗呼"蜡烛峰"；右一阜凹，俗呼"灯盏窝"。前有裴公庵，中塑裴公像，有田供祭，号曰裴福田，皆沩山僧置。其夫人陈氏塔而不墓，至今呼"陈夫人塔"。

宋节度使张浚墓。在县西百四十里官山，树木深密，历禁采樵。

朱子作《行状》云：公讳浚，字德远。蜀之广汉人。登政和八年进士第。绍兴末，以观文殿大学士判潭州，因家焉。隆兴二年致仕，乃以少师保信节度使，判福州。孟秋既望，公荐祖考，既奠而跌，起叹曰："吾大命不远矣。"遂手书付子栻等曰："吾尝相国家，不能恢复中原，尽雪祖宗之耻，即死不当归葬先人墓左，葬我衡山下足矣。"仲秋二十六日，行次余干，越三日薨。栻等不敢违公志，扶护还潭，以是年十一月辛亥，葬于衡山县南岳之阴枫林乡龙塘之原。公初娶杨国夫人乐氏，再娶蜀国夫人宇文氏，亦葬于衡山，与公同兆异穴。

明周氏采曰：袁犀潭泥此，直谓墓在衡山，志遂失载。予考衡阳在宋隶潭州，此固为衡阳地，且今《衡山志》乡止崇岳、紫盖、武阳、义成、永年，无所谓枫林；塘止平阳、鸟飞、仙秋陂、罗陂，亦无所谓龙塘；墓止李勋、胡文定、赵清献、陈子霞、茹常，又无所谓魏公。若遗嘱衡山，此固其地，且实在其阴也。或曰：此地亦无此名。予谓古今异时，名号异出，金陵、建业非其证耶。及考南轩卒于江陵，遗言还葬祔先茔，晦庵为作神道碑，谓即魏公葬处，尚不足征与？

案朱子《魏公行状》云：衡山举名山而言南轩，碑铭曰衡阳，举名都而言也。古人行文，原取地名之显而大者，小水、小山不入也。《洪容斋随笔》：项羽封吴芮为衡山王，都邾，今黄州地，是南方一带皆可称衡山。《晋史·地理志》：衡阳郡治湘乡。郦氏《水经注》：宋太史何承天徙衡阳郡，治湘西。《通志》：湘西即今湘潭。是湘潭、湘乡在六朝皆属衡阳郡，宁乡未置时，地亦在衡阳郡中矣。《宋史》：淳化四年，以衡山与岳州、湘阴并隶潭州。明洪武五年，始改衡山属衡州府。古今沿革不同，当时之官山，安知不属衡山乎？《南轩集》诗题云："淳熙乙未春，余有桂林之役。自湘潭往省先茔，以二月二日过碧泉，与客煮茗泉上，徘徊久之。"诗云："下马步深径，洗盏酌寒泉。念不践此地，于今复三年。"当是舍舟驱马，由湘潭碧泉而达宁乡官山，或由官山反至碧泉，俱未可知。若疑茔在今之衡山，则当云过衡山省先茔，何得云自湘潭往且过碧泉乎？栻《过长桥诗》："西风吹短发，复此过长桥。"而过碧泉则云："念不践此地，于今复三年。"可知此二诗乃第二次省先茔作也。浚卒隆兴二年甲申，至淳熙二年乙未，凡十二年。南轩《展省龙塘诗》，首云"十年衡山阴，驱马几往还"，结云"矫首祝融峰，依前倚高寒"，"十年"字样，与甲子合，当时第二次省茔毕，即驱马上桂林，故有"矫首祝融"之句耳。况朱子之碑尚在，今衡山实无此碑，则官山之为张氏父子墓也无疑矣。

先儒张栻墓。在宋臣张浚墓右。四川《绵竹县志》云：张魏公墓在湖南宁乡沩山之原，敬夫墓在其右。

明《邑志》曰：考宋孝宗朝，公知江陵，年四十八卒，谥宣，给传还葬。朱子作《神道碑铭》曰："淳熙七年春二月甲申，秘阁修撰、荆湖北路安抚广汉张公卒于江陵之府舍，其弟衡州使君栻护其柩归葬于潭州衡阳县枫林乡龙塘之原。"康熙《邑志》：嘉靖三年，胡令明善于墓前置祠各三间，中飨堂三间，右书楼三间，大门一座，神道坊一座，楼右神厨三间，神库三间，碑二座，周垣百有十丈，祭田四十亩，收租四十石。其田在墓前者三十七亩，计三百七十丘，墓左田三亩，计十七丘，田粮均给与三十都民王珏开垦报科，无杂税，立碑悬儒学。碑载墓前田四十亩、收租四十石外，查出县前官地四十间，每间收税银二钱五分，北门官园社稷坛地各一所，及前铺地十八间，后六间，每间收税银一钱五分，俱入本祠，买办祭器公用，仍令居民轮年收支，听候县官春秋致祭。仰令管祭人民，年终收积开报在官。若逢祠宇损坏，官员拜祭，即于此内支用，庶免科扰里甲。地方如有经管人等侵盗，从重追究。嘉靖十九年，分巡杨祐重修，祀尚未举。万历三十年，沈令震龙偕县丞芮良材、训导李述查出前田，召佃耕种，暂免二年租，以招徕之。其租贮墓所，为修复旧祠计。

宋封开国男礼部尚书易祓墓。在县西百五十里。祓卒时，谕祭葬于沩源屏山，墓道宽广，前列石人、石兽、石柱如制，至今尚存。附《墓志》。

按马氏《文献通考》，宋进士榜有二，一为正榜，一为国子监榜，至释褐堂、释褐号、释褐状元，故祓之故里号释褐乡。

祓《墓志》云："弱冠游太学，淳熙己巳释褐，有旨殿试第一。恩例初筮文林郎，昭庆军节度使掌书记，转儒林郎。甲寅，入荆南帅幕两月，除太学正。丙辰，召试检职，除正字。丁巳，磨勘，转宣教郎。戊午三月转校书郎，十月除秘书郎。己未七月，除著作郎，兼实录检讨官，权起居郎。庚申二月，权右侍郎官，进《天圣日历会要》，转奉议郎。壬戌，磨勘承议郎。八月除著作郎，九月补外知江州，磨勘转朝奉郎。癸亥三月召赴行在，九月奏对除员外郎，除左侍郎官。甲子三月，除枢密院捡讨；四月，磨勘，转朝散郎兼国史院编修官，兼实录检讨官；七月，除国子司业。乙丑六月，权中书舍人兼直学士院；八月，除左司谏，兼侍讲；九月，进呈《高庙御集》，转朝请郎。丙寅三月，进讲《论语》称旨，转朝奉大夫，除右谏议大夫，磨勘，转朝散大夫；七月，除礼部尚书，兼直学士院事，充明堂大祀桥桢递使；九月，入祠提举江州太平兴国宫。丁卯十一月，谪融州，移全州。嘉定丙子，移衡州，得旨自便。庚辰，六十五岁，复原官，提举太平兴国宫。乙酉，转朝请大夫，提举玉龙万寿宫。丁亥，郊恩，转朝议大夫，封宁乡开国侯爵，食邑一千户。理宗绍定四年，转中奉大夫，磨勘，转大中大夫。嘉熙二年戊戌，告老。四年庚子三月二十日卒，寿八十五。"旧《志》作男爵，食邑三百户，与墓志微有异同。袯裔繁衍，散居安化、益阳、龙阳、武陵等处。其墓前祠宇、祭田则袯裔与袯弟桢裔、袯堂侄开裔及族志森裔公修合置者也。祠有《碑记》。

明金都御史李兴邦墓。在县西百五十里晒谷石祠右天顶山麓。前《志》注葬河斗铺，按李氏谱更正。

赋役志

赋役关国计民生之大。我盛朝顺治元年，定各省钱粮，准明万历时则例，悉除明季一切烦苛，以与天下更始。十四年，复订正《赋役全书》，颁行各省。实征一条，已尽取民之制，邑令之专职也。分实征为起运、存留二条，运北留南，藩司、粮储道之分职也。至于存留中之经费，布德泽于南方之幽明，上下以及孤独废疾者有养也。起运、存留中之奉裁、会裁，在北经费裁归起运，在南经费裁归存留，总不于实征之外增一毫纤，以累百姓也。若夫漕粮运北，南粮留南固已，而南折归粮库弹收，则职起运者亦职存留也。康熙五十年，通行丈量天下田亩，宁邑丈册，民地山塘较原额有增，民田实有缺，屯田亦有缺，民丁加赋不满一丁，屯丁于五十三年加赋，二丁以后虽有加丁，均无加赋，定为常额。雍正六年，丁随粮派，是民知有地而不知有丁。乾隆三年，并匠价归入地银带征，是民知有赋而不知有役。善创善成，法垂久远。而列圣蠲免频仍，叠颁恩诏，法外深仁，尤征宽大也。惟是法积久而弊生，咸丰五年，巡抚骆秉章核定宁邑钱漕章程，悉照潭例，士民称便。章程泐石。其筹饷一折，剀切指陈，特录焉。同治三年，巡抚恽世临益加整顿，泐石大堂，并录至仓储公地义所，皆养民之政也，因附后。志赋役。

赋役一　户口 <small>征额　解额　蠲诏　新章</small>

明制，编户分数等，曰官，曰儒，曰军，曰民，曰匠，曰杂色。今悉蠲诸名色，惟运粮仍编军户，宁无军，有屯卫曰屯，食盐钞有丁。

顺治四年，题准编审人丁，凡年老残疾并逃亡故绝者，悉行豁免。

五年，题准五年编审一届，责成州县印官察照旧例造册，年六十以上开除，十六以上添注。十一年，复准编审户口，以顺治十一年为始。十七年，复准直省每岁底各将丁徭赋籍汇报总数，观户口消长，以定州县考成。康熙十二年，复准直省编审，概令缮疏具题。三十一年，题准编审人丁，俱造花名征银科则细册送部。五十二年，恩诏海宇承平日久，户口日繁，地亩并未曾加广，地方官遇编审之期，察出增益人丁，止将实数另造清册奏闻。其征收钱粮之法，但据康熙五十年所造丁册，定为常额。至续生人丁，永不加赋。雍正元、二年，复准各省丁银均摊入地粮内征收。六年，为详请题明丁随粮派等事案内，复准自雍正七年为始，随粮带派。乾隆三十七年，编审之例着永行停止。

康熙五十年后至乾隆三十一年，编审共十一届。

康熙五十五年，编审一届。

康熙六十年，编审一届。

雍正四年，编审一届。

雍正九年，编审一届。

乾隆元年，编审一届。

乾隆六年，编审一届。

乾隆十一年，编审一届。

乾隆十六年，编审一届。

乾隆二十一年，编审一届。

乾隆二十六年，编审一届。

乾隆三十一年，编审一届。

嘉庆二十年，奉文饬造四柱黄册，开载宁邑土著民屯旧管新收，开除实在户口。

旧管肆万陆千伍百玖拾壹户，大小男妇女叁拾壹万贰千陆百柒拾肆名口。

新收壹千壹百贰拾陆户，大小男妇女柒万壹千捌百壹拾柒名口。

开除柒百柒拾贰户，大小男妇女陆万叁千肆百壹拾玖名口。

实在肆万陆千玖百肆拾伍户，大小男妇女叁拾贰万壹千柒拾贰名口。

嘉庆二十一年，复造黄册，实在柱内增肆百捌拾壹户，增壹万叁千七百九十名口。

征额 民屯

民赋实征地银

额内：康熙五十年，奉文丈量田地、山塘，除照原额丈缺水乡田贰百肆拾玖顷伍拾肆亩壹分陆厘壹丝伍忽陆微叁尘，及丈出地山肆百玖拾玖顷柒拾壹亩捌分陆厘肆毫壹丝叁忽贰尘陆纤壹渺伍漠，并丈出下塘壹百叁拾柒顷玖亩伍分伍厘陆毫贰丝外，得实额：

上田壹千肆百伍拾叁顷捌拾肆亩陆分叁厘玖毫叁丝柒忽，每亩科秋粮米陆升叁勺壹抄柒撮，秋粮每石成银伍钱壹分贰厘叁毫捌丝壹忽壹微伍尘伍纤壹渺，每亩科夏税丝玖厘陆毫陆丝贰忽捌微柒尘玖纤叁渺，成银入秋粮内带派。该米捌千柒百陆拾玖石壹斗陆升伍合贰勺，征银肆千肆百玖拾叁两壹钱伍分肆厘玖毫玖丝捌忽肆微肆尘，该丝壹千肆百肆两捌钱叁分肆厘贰毫。

中田贰千壹拾捌顷肆拾柒亩玖分壹厘伍毫陆丝捌忽，每亩科秋粮米伍升叁勺壹抄柒撮贰粒肆粟，成银及夏税丝俱照前例。该米壹万壹百伍拾陆石叁斗捌升壹合伍勺，征银伍千贰百叁两玖钱叁分捌厘肆毫捌丝肆忽贰微贰尘陆渺，该丝壹千玖百伍拾肆两肆钱叁分贰厘。

下田贰千壹百玖拾捌顷陆拾捌亩伍厘壹毫捌丝贰忽，每亩科秋粮米肆升叁勺壹抄陆撮玖圭柒粒伍粟，成银及夏税丝俱照前例。该米捌千捌百陆拾肆石肆斗壹升肆合，征银肆千肆百肆拾壹两玖钱伍分捌厘陆毫柒丝玖忽叁尘贰纤捌渺，该丝贰千壹百贰拾肆两伍钱伍分捌厘伍毫。

水乡田柒百柒拾陆顷玖拾贰亩捌分壹厘贰毫捌丝叁微柒尘，每亩科秋粮米叁升叁勺壹抄柒撮，成银及夏税丝俱照前例。该米贰千叁百伍拾伍石肆斗壹升叁合伍撮柒圭柒粒，征银壹千贰百陆两捌钱陆分玖厘贰毫叁丝陆忽陆微叁尘肆纤，该丝柒百拾两柒钱叁分陆厘叁毫。

上地贰百叁拾玖顷玖拾亩陆分肆厘，每亩科秋粮米壹升柒合，成银照前例，每亩科桑丝壹分玖厘叁毫陆丝玖忽伍微玖尘柒纤柒渺，入秋粮内带派。该米肆百柒石捌斗肆升捌勺捌抄，征银贰百捌两玖钱陆分玖厘玖毫捌丝壹忽肆微壹尘，该桑丝肆百陆拾肆两陆钱捌分玖厘。

下地捌百柒拾肆顷叁拾叁亩壹分肆厘伍毫肆丝伍忽，每亩科秋粮米壹升壹合捌勺捌抄，成银照前例。每亩科桑丝壹分玖厘叁毫肆丝叁忽贰微玖尘肆纤，入秋粮内带派。该米壹千叁拾捌石柒斗伍合柒勺陆抄柒撮玖圭肆粒陆粟，征银伍百叁拾贰两贰钱壹分叁厘贰毫陆丝壹忽壹微八尘玖纤贰渺肆茫，该桑丝壹千陆百玖拾壹两贰钱肆分伍厘。

山壹拾壹顷肆拾肆亩肆分陆厘捌毫陆丝捌忽贰尘陆纤壹渺伍漠，每亩科秋粮壹升壹合捌勺捌抄，成银照前例。该米壹拾叁石伍斗肆升捌合柒勺陆抄柒撮玖圭贰粒壹粟，征银陆两玖钱肆分贰厘壹毫叁丝叁忽叁微伍尘柒纤伍渺肆漠肆茫。

上塘壹百贰拾叁顷贰亩壹分玖厘，每亩科秋粮米壹升柒合，成银照前例。该米贰百玖石壹斗叁升柒合贰勺叁抄，征银壹百柒两壹钱伍分柒厘玖毫柒丝伍忽肆微叁尘陆纤。

下塘伍百贰拾柒顷玖拾亩玖分壹厘陆毫贰丝，每亩科秋粮米壹升壹合捌勺捌抄，成银照前例。该米陆百贰拾柒石壹斗伍升陆合捌抄肆撮肆圭伍粒陆粟，征银叁百贰拾壹两叁钱肆分贰厘玖毫伍丝捌忽玖微捌尘壹纤伍渺伍漠捌茫。

以上实额田地、山塘捌千贰百贰拾肆顷伍拾亩柒分捌厘叁微玖尘陆纤壹渺伍漠，共科秋粮叁万贰千肆百肆拾壹石柒斗陆升贰合肆勺叁抄陆撮玖粒叁粟，实征银壹万陆千贰百玖拾玖两贰钱肆分柒毫捌忽柒微壹纤柒渺陆茫，并新加颜料银贰百壹拾两肆分肆厘，及科夏税丝叁百捌拾玖斤陆两伍钱陆分壹厘，农桑丝壹百叁拾肆觔壹拾壹两玖钱叁分肆厘，折绢价银壹百壹拾叁两贰钱陆分伍厘。又丈量案内，按亩科算归正，收零尾银贰厘玖毫伍丝贰忽伍微陆纤玖渺叁漠柒茫，共实征地银壹万陆千陆百贰拾贰两伍钱伍分陆毫陆丝壹忽贰微捌纤陆渺肆漠叁茫。地银，一名条银。案：明时编里应役，十甲轮年，科钱于官以备用。凡给官薪役食曰均徭，祭祀杂支曰均平，按里签民曰民壮，计粮点马曰驿传，为四差。民苦浮滥，给事中姜性奏行条编，通估岁需皆派于粮，岁额等于正供，俗称条饷，又称一条鞭。今于秋粮内带派，民不知力役之征。

额外：康熙五十年，于田亩荒缺等事案内，丈出山壹顷肆拾玖亩玖分玖厘叁毫叁丝壹忽玖微柒尘叁纤捌渺伍漠，该秋粮壹石柒斗捌升壹合玖勺贰抄陆圭叁粒捌粟，征条银玖钱壹分叁厘贰丝贰忽伍微伍尘肆纤玖渺伍漠玖茫。

更名：明藩庄田，顺治时变价归民，为废藩田地。康熙八年，奉文除去废藩名色，改为更名田地。四十一年，改钱粮，均照民赋征纳。

上田壹百贰拾捌顷肆拾捌亩陆分柒厘，该米柒百柒拾肆石玖斗玖升叁合贰勺贰抄捌撮肆圭，征银叁百玖拾柒两玖分壹厘玖毫贰丝伍忽伍微陆尘贰渺柒漠。

中田陆拾顷贰拾壹亩伍分伍厘，该米叁百贰石玖斗捌升陆合肆勺柒抄伍撮捌圭柒粒，征银壹百伍拾伍两贰钱肆分肆厘伍毫陆丝肆微捌尘伍纤玖渺伍漠。

下田肆拾叁顷伍拾壹亩叁分叁厘，该米壹百柒拾伍石肆斗叁升贰合肆勺陆抄贰撮捌圭叁粒，征银捌拾玖两捌钱捌分捌厘贰毫捌丝柒忽玖微肆尘陆纤捌渺柒漠。

以上共田贰百叁拾贰顷贰拾壹亩伍分伍厘，照前民赋则例，共科秋粮米壹千贰百伍拾贰石肆斗壹升贰合壹勺陆抄柒撮壹勺，核征条银陆百肆拾贰两贰钱贰分肆厘柒毫柒丝叁忽玖微玖尘伍纤玖漠。内除康熙五十年丈量案内，按亩科算，减零尾银壹尘陆渺捌漠壹茫，实征银陆百肆拾贰两贰钱贰分肆厘柒毫柒丝叁忽玖微捌尘肆纤肆渺玖茫。

通计额内、额外、更名、秋粮、条银，并颜料、绢价及归正增收零尾，共银壹万柒千贰百陆拾伍两陆钱捌分捌厘肆毫伍丝柒忽柒微肆尘捌纤壹漠壹茫。

地银外派丁银

额内：原额人丁壹万壹千贰百叁拾丁，每丁派银壹钱陆分肆厘柒毫玖丝陆忽叁微伍尘伍纤柒漠。并加增颜料银伍拾贰两伍钱壹分柒毫肆丝，共征银壹千捌百伍拾两陆钱陆分叁厘壹丝陆忽捌微伍尘。康熙五十年丈量案内，随粮带派收零尾银伍丝伍微捌尘陆纤壹渺。

额外：康熙五十年丈量案内，丈出随粮人丁陆分壹厘陆毫捌丝贰忽柒微叁尘壹纤肆渺玖漠陆茫，征银壹钱壹厘陆毫伍丝捌微玖尘叁纤贰渺壹漠叁茫。

更名：原额随粮带编人丁肆百叁拾叁丁，捌分柒厘玖毫伍丝贰忽陆微叁尘叁纤，每秋粮壹石，该派丁叁分肆厘陆毫叁丝伍忽捌微柒尘，该征丁银伍分柒厘肆丝伍忽捌微，每丁壹名实征丁银壹钱陆分肆厘柒毫玖丝陆忽叁微伍尘伍纤柒漠，与前则合。该征丁银柒拾壹两伍钱壹厘柒毫陆丝肆忽肆微柒尘捌纤陆渺捌漠贰茫。

通计额内、额外、更名丁银，并颜料及收零尾，共银壹千玖百贰拾贰两贰钱陆分陆厘肆毫捌丝贰忽捌微柒纤玖渺玖漠伍茫。

地银外派九厘银

额内：顺治十四年，题准订正《赋役全书》。九厘银原系明万历间额征，旧书未载，今应补入。正统间，户部尚书李汝华援征倭播例，亩加叁厘伍毫。明年，复加叁厘伍毫。明年，以兵、工二部请，复加贰厘。通前后共玖厘，增赋伍百贰拾万，遂为岁额。崇祯时，复增叁厘，增赋百陆拾万肆千有奇。照今亩科，不及玖厘，似仍原额。九厘银伍千肆拾肆两伍钱柒分捌厘壹毫伍丝。

额外：九厘银贰钱柒分柒厘捌丝贰忽贰微玖尘柒渺壹漠玖茫。

更名：九厘银壹百玖拾肆两玖钱壹厘壹毫壹丝贰忽贰微捌尘捌纤玖渺陆漠叁茫，内除康熙五十年丈量案内，按亩科算归正减零尾银伍纤伍渺壹漠捌茫，实征银壹百玖拾肆两玖钱壹厘壹毫壹丝贰忽贰微捌尘叁纤肆渺肆漠伍茫。

通计额内、额外、更名九厘银，除减零外，共银伍千贰百叁拾玖两柒钱伍分陆厘叁毫肆丝肆忽伍微柒尘肆纤壹渺陆漠肆茫。

地银外派班价银贰拾肆两。明初派各匠应江南役，共壹百陆拾肆名。后按名征银，原系各匠自办，除逃亡外，余肆拾名。康熙五十二年，均入田赋，按亩摊征。

地银外派麂皮京扛银伍钱壹分捌厘零

地银外派湖洲杂课：户部商税项下本折钞，除失额无征银外，正闰共征实银壹拾柒两贰钱肆分。原额本折钞银肆拾柒两伍钱陆分伍厘柒毫，遇闰加银肆两壹钱捌分肆厘贰毫，每年带征闰银壹两叁钱玖分肆厘柒毫零，正闰共征银肆拾捌两玖钱陆分零。除失额银叁拾壹两柒钱贰分无征外，实征银拾柒两贰钱肆分。工部湖课项下黄麻线胶并京扛，共征正银叁两伍钱壹分捌厘零。遇闰加银叁钱壹分玖厘。

通计班价、麂皮京扛、湖洲杂课，除工部湖课项下闰银外，共征实银肆拾伍两贰钱柒分陆厘。

总计民赋地丁九厘，并地银内加增绢价收零减零地丁银内，各增颜料及班匠、京扛、湖洲杂课，除工部湖课项下闰银叁钱壹分玖厘外，该民正饷银贰万肆千肆百柒拾贰两玖钱玖分，又加一耗羡，该银贰千肆百肆拾柒两贰钱玖分玖厘，并正耗共实征民正饷银贰万陆千玖百贰拾两贰钱捌分玖厘。

工部湖课项下遇闰加征银叁钱壹分玖厘。

地银外派漕粮

额内：康熙五十年丈量案内，按亩科算，照原额增收零尾米壹合玖撮柒圭叁粟，实额征正四米伍千肆百肆石陆斗柒合肆勺肆抄柒撮柒圭叁粟。内正米壹石，耗米肆斗。

额外：康熙五十年丈量案内，按亩科算，丈出额外米叁斗壹升伍合玖勺肆抄壹撮壹圭贰粒玖粟，照原额除减零尾米壹勺陆抄肆撮捌圭肆粒柒粟，实额征正四米叁斗壹升伍合柒勺柒抄陆撮贰圭捌粒贰粟。

更名：康熙五十年丈量案内，按亩科算，照原额除减零尾米贰斗玖升贰合柒勺肆抄玖撮陆圭肆粒叁粟，又节年升科增收零尾米壹抄捌圭伍粒陆粟，实额征正四米贰百捌石伍斗壹升捌合叁勺肆抄伍撮伍圭壹粒叁粟。

以上合额正四米伍千陆百壹拾叁石肆斗肆升壹合零。前《志》载正米肆千零玖石柒斗玖升陆合零，四米壹千陆百零叁石玖斗壹升捌合零。正米每石加二耗，赠贴米贰斗，合额捌百壹石玖斗肆升贰合零。统计正、四二米陆千肆百壹拾伍石陆斗柒升伍合零。

正米每石盘脚米贰升，船脚米柒升，为里纳米，合额叁百陆拾石捌斗陆升肆合壹勺。查宁邑征册，实未征于民，惟奉饬解照正、四二米每石加里纳耗米陆升，合额叁百捌拾肆石玖斗肆升伍勺零。

原额漕粮，每石征水脚银壹钱贰分。乾隆元年，巡抚高核减，每石征银玖分陆厘，合额水脚银陆百壹拾伍两玖钱零肆厘，作京淮、京脚、旗丁公费等银。按此条见邑前《志》，而《赋役全书》及《省志》均未载。

地银外派南粮

额内：康熙五十年丈量案内，按亩科算，照原额增收零尾米壹合陆抄壹撮玖圭叁粒贰粟，实额征正、耗米伍千贰百贰拾陆石贰斗肆升伍合贰勺玖抄陆撮玖圭贰粟，内正米壹石，耗米贰斗伍升。正米外派里纳、驴脚米陆百贰拾柒石壹斗肆升玖合肆勺贰抄。每正米壹石，加里纳、驴脚米壹斗伍升。

额外：康熙五十年丈量案内，丈出正、耗米贰斗捌升柒合陆抄陆圭陆粒伍粟，正米外派里纳、驴脚米叁升肆合肆勺肆抄柒撮贰圭柒粒玖粟。

更名：康熙五十年丈量案内，按亩科算归正，除减零尾米叁抄贰撮壹圭贰粒伍粟，实额征正、耗米贰百壹石玖斗壹升玖合玖勺伍撮贰粒玖粟，正米外派里纳、驴脚米贰拾肆石贰斗叁升叁勺捌抄捌撮陆圭贰粒伍粟。

总计额内、额外、更名、南粮正耗共米伍千肆百贰拾捌石肆斗伍升贰合，驴脚共米陆百伍拾壹石肆斗壹升伍合。驴脚米原每石折银壹两，共折银陆百伍拾壹两肆钱壹分伍厘。又雍正三年，正、耗米每石折银陆钱伍分捌厘捌毫，共折银叁千伍百柒拾陆两贰钱陆分伍厘，并正耗驴脚，实征银肆千贰百贰拾柒两陆钱捌分。

屯　康熙二十六年，奉文归并长沙卫。

屯赋实征地银

康熙五十年丈量田地、塘坝，除照原额丈缺远年坍卸中则田壹拾柒顷壹拾亩捌分柒厘陆毫叁丝肆忽，得实额中则田捌百柒拾顷贰拾柒亩柒分玖厘玖毫捌丝壹忽陆微叁尘，每亩科屯粮肆升肆合肆勺肆抄肆撮肆圭肆粒伍粟，每屯粮壹石，征银肆钱肆分壹厘叁毫肆丝柒忽壹微壹纤捌漠叁茫。中则地叁拾壹顷壹拾陆亩伍分肆厘玖毫伍丝玖忽壹微贰尘。照田则例科征。中则塘坝贰拾陆顷贰拾玖亩伍厘柒忽。照田则例科征。

通计实额田、地、塘坝玖百贰拾柒顷柒拾叁亩叁分玖厘玖毫肆丝柒忽柒微伍尘，该屯粮肆千壹百贰拾叁石贰斗陆升贰合贰勺伍抄伍圭肆粒壹粟，实征银壹千捌百壹拾玖两柒钱捌分玖厘捌毫叁丝陆忽贰微柒尘贰纤肆漠。

地银外派丁银

原额人丁叁丁叁分壹厘捌丝陆忽叁微贰尘贰纤捌渺，每丁征银贰钱。该征丁银陆钱陆分贰厘壹毫柒丝贰忽陆微肆尘伍纤陆渺。

总计屯赋地丁共该屯正饷银壹千捌百贰拾两肆钱伍分贰厘零，又加一耗羡，该银壹百捌拾贰两肆分伍厘零，并正耗共实征屯正饷银贰千两肆钱玖分捌厘。

地银外派津贴

乾隆四十一年，奉文加征津贴银陆百肆拾捌两柒钱伍分伍厘零。每地银壹两，加征银叁钱伍分陆厘伍毫。

地丁外派闲丁 入地丁银内带征。

康熙五十三年，编审屯户，闲丁照原额加增贰丁，共伍拾丁，每丁征银贰钱。实征闲丁银拾两。

以上民屯实征。

民屯外征杂税

牙帖拾伍张，征税银伍两陆钱。

牛驴征税银肆两。

田房契税，尽征尽解，无定额。

附：征收条款

额征

民赋地丁条银并九厘饷，共银壹万柒千零陆拾两陆钱肆分陆厘。

江济驿站银肆千零贰拾陆两玖钱玖分叁厘，存留项下官俸役食、祭祀及部寺解费，并附关帝祭祀，共银壹千肆百柒拾壹两捌钱柒分陆厘，随漕项下楞木、松板、席片、浅船等款，共银壹千叁百陆拾贰两陆钱玖分贰厘。

全裁、半裁、奉裁灯夫银，伍百零贰两零贰分叁厘。

班匠银，贰拾肆两。

商税银，壹拾柒两贰钱肆分。另册征收。

湖课银，叁两伍钱壹分捌厘。另册征收。遇闰加征银叁钱壹分玖厘。

芽茶银，肆两。

屯赋地丁银，壹千捌百贰拾两肆钱伍分贰厘。

闲丁银，拾两。奉文于屯饷银内带征。

总计阖邑民屯、地丁条九厘、江济驿站、存留、随漕、会裁、班匠、商税、湖课、芽茶、闲丁等项钱粮，除闰共实征正银贰万陆千叁百零叁两肆钱肆分，外加一耗羡，除闲丁银拾两不加外，实征耗银贰千陆百贰拾玖两叁钱肆分肆厘，湖课项下遇闰加征银叁钱壹分玖厘。起存数目不出实征之中，起存款目全出实征之外。此册以起、存之款目，适符实征之数目，盖实征分起运、存留之关键也，因附录焉。

额外杂税

牙帖税银，伍两陆钱。

牛驴税银，肆两。

田房税银，无定额，尽征尽解。

解额

起运存留：户、礼、工、光四部寺冗款、奉裁充饷及九厘饷并额外条饷，共实起解银壹万陆千贰百壹拾伍两叁钱捌厘零。部寺解费银柒拾陆两肆钱肆厘零。更名起运充饷银捌百捌拾两伍钱陆分壹厘零，更名随漕、浅船等项银贰拾捌两陆分肆厘零。通计起运民屯正银壹万柒千贰百两零叁钱叁分柒厘，该存留民屯正银玖千壹百零叁两壹钱零叁厘。

存留经费：官俸、役食、驿站、均徭、走递、夫马、祭祀、杂支等项银，肆千柒百叁拾伍两肆钱肆分肆厘零。随漕、浅船等项银，壹千叁百叁拾贰两贰分壹厘零。解费银，贰两陆钱肆厘零。兵部江济水夫正扛银，伍百陆拾壹两贰钱柒分捌厘零。心红纸张等项银，叁百陆拾肆两贰分贰厘零。通计经费银陆千玖百玖拾伍两叁钱陆分玖厘，该存留正银贰千壹百零柒两柒钱叁分肆厘。

附：

邑起解条款册

起解

藩库民赋、地丁、起运及全裁、半裁、奉裁、灯夫、芽茶、班匠、商税、湖课，除闰共银壹万柒千陆百壹拾壹两肆钱贰分柒厘。遇闰，湖课内加解银叁钱壹分玖厘。

江济驿站银，肆千零贰拾陆两玖钱玖分叁厘。

存留项下官俸、役食及部寺解费，共银壹千肆百柒拾壹两捌钱柒分陆厘。

屯饷银，壹千捌百贰拾两肆钱伍分贰厘。

以上共解正银贰万肆千玖百叁拾两零柒钱肆分捌厘，外解加一耗羡银贰千肆百玖拾叁两零柒分肆厘。

外解

牙帖税银，伍两陆钱。

牛驴税银，肆两。

田房税银，无定额，尽征尽解。

起解

粮库随漕银壹千贰百肆拾柒两壹钱伍分陆厘，浅船银壹百零陆两捌钱壹分伍厘。

松板席片银，捌两柒钱贰分壹厘。原买备板席运岳，今批解。

以上共解正银壹千叁百陆拾贰两陆钱玖分贰厘，外解加一耗羡银壹百叁拾陆两贰钱陆分玖厘贰毫。加耗亦名漕耗。

外解

南粮正耗并驴脚，共折价银肆千贰百贰拾柒两陆钱捌分。

津贴银，陆百肆拾捌两柒钱伍分伍厘。另批起解。

闲丁银，拾两。

以上共解银肆千捌百捌拾陆两肆钱叁分伍厘。

漕运

兑军本色正米叁千捌百壹拾玖石叁斗，四米壹千伍百贰拾柒石柒斗贰升。

代编监利县正米肆拾壹石壹斗叁升叁合零，四米壹拾陆石肆斗伍升叁合叁勺零。

通计漕运额内正、四米伍千肆百肆石陆斗柒合。

附：

漕运条款册

起解

岳州额内、额外、更名、正四、本色米伍千陆百壹拾叁石肆斗肆升壹合伍勺。交兑候获，通关小批。

外解

二耗赠贴米，捌百壹石玖斗陆升贰合零。

里纳盘船米，叁百陆拾石捌斗陆升肆合壹勺。

捐解

旗丁京脚银，贰百捌拾两零陆钱玖分。实解库平纹银贰百陆拾肆两零玖分捌厘。

京淮公费银，陆拾肆两壹钱陆分。实解库平纹银陆拾两零叁钱陆分伍厘。

京书饭食、纸笔银，壹拾陆两零肆分。实解库平纹银壹拾伍两零玖分贰厘。

塘丁工食银，陆两柒钱贰分肆厘捌毫。遇闰加银伍钱零伍厘陆毫。

板席脚价银，伍拾柒两柒钱伍分柒厘。

漕粮房饭食银，陆两。

南粮房饭食银，壹拾两零捌钱陆分。

卷派房辛工银，壹拾贰两捌钱叁分壹厘。

吏束房膏火银，贰两陆钱。

库书纸张饭食银，贰两。

以上除闰，共应解银肆百伍拾玖两陆钱陆分贰厘捌毫。

咸丰五年，奉巡抚骆文，定漕粮征款，除二米不计外，实征正、四米伍千陆百壹拾叁石肆斗肆升壹合伍勺，每石折银壹两叁钱，每银壹两带征解费银肆分。同治二年，奉文折解二米会裁存留经费款项官俸、役食、驿站、均徭、走递、夫马、祭祀、杂支等项银，肆千柒百叁拾伍两肆钱肆分肆厘零。

顺治九年裁一次，十四年重裁一次。以后康熙、雍正、乾隆等年，知县、民壮、教官、斋夫、门斗、廪生折及走递、夫马，俱续有裁减。惟乾隆元年教官各加品俸，四年孤贫增给米折银，十二年祭祀条内添设零祭，十三年均摊祭祀各款银两，有派出补给。嘉庆六年，添设文昌庙，春秋二祭。咸丰八年，添设文昌庙诞祭，以及裁后奉复停止充饷，除裁去银贰千贰百壹拾陆两玖钱柒分玖厘玖毫外，经费实银贰千伍百壹拾捌两肆钱陆分肆厘壹毫。

一、官俸役食。共银柒百零陆两玖钱玖分伍厘叁毫。

同知俸薪银，捌拾两。

知县俸薪银，除摊荒失额，存银叁拾壹两柒钱肆分贰厘。门子贰名，共工食银壹拾贰两。皂隶拾肆名，共工食银捌拾肆两。原拾陆名，拨出贰名，工食归仵作。仵作贰名，共工食银壹拾贰两。马快捌名，共工食银肆拾捌两。民壮拾伍名，共工食银玖拾两。看监禁卒捌名，共工食银肆拾捌两。轿伞膳夫柒名，共工食银肆拾贰两。库子肆名，共工食银贰拾肆两。斗级肆名，共工食银贰拾肆两。

典史俸银，叁拾壹两伍钱贰分。门子壹名，工食银陆两。皂隶肆名，共工食银贰拾肆两。马夫壹名，工食银陆两。

教官贰员，共俸薪银叁拾壹两伍钱贰分，加品俸银肆拾捌两肆钱捌分，总共俸薪、品俸银捌拾两。斋夫叁名，共工食银叁拾陆两。门斗贰名，共工食银壹拾肆两肆钱。廪膳夫贰名，共工食银壹拾叁两叁钱叁分叁厘叁毫零。

一、拨运。共银叁拾肆两陆钱贰分肆厘玖毫。

时宪书银，伍两陆钱贰分陆厘伍毫。

代编监利县时宪书银，壹拾壹两叁钱贰分贰厘。

时宪书解费银，肆钱贰分叁厘陆毫。

科举银，壹拾伍两玖钱贰厘捌毫零。

布政司表夫银，壹两叁钱伍分。奉文停止，存银解司充饷。

一、驿站。共银肆百伍拾玖两陆钱叁分肆厘陆毫。

本府递运所座船水夫壹名，工食银柒两叁钱贰分。带闰。原注学道座用，今统归驿站项下造报。

临湘驿站船水夫叁名，共工食银壹拾捌两叁钱。带闰。

协编醴陵荷塘驿马壹匹，银肆拾伍两柒钱伍分。正银叁拾两，带闰银伍钱，零银壹拾伍两，带闰银贰钱伍分。

协济外属襄阳府汉江驿马壹拾贰匹，共银叁百捌拾捌两贰钱陆分肆厘陆毫。每匹银叁拾两，带闰银伍钱，共银叁百陆拾陆两。外零银贰拾两，带闰银叁钱叁分叁厘，解费银壹两玖钱叁分壹厘陆毫零。

一、均徭。共银叁百肆拾叁两零贰分叁厘叁毫。按：明代均徭，十年一审。出银以供需者谓之银差，出丁以供役者谓之力差。万历十七年，议定《赋役全书》，分为四项，曰均徭，曰驿传，曰里甲夫马，曰民壮，汇一条编，无复昔年编审之烦。原额均徭银壹千玖百陆拾柒两，驿传银玖拾壹两捌钱，里甲夫马银叁千零柒拾肆两。民壮壹百伍拾玖名，银壹千壹百陆拾叁两陆钱，除济边肆拾名在外，今俱减额，所存不及十之一。

各铺司兵徭编银差叁拾肆名，每名工食银陆两，带闰银壹钱。永充力差柒拾叁名，每名工食银壹两捌钱，带闰银叁分。共银叁百肆拾两玖钱玖分。

南路肆铺

县前铺。一名玉潭。徭编捌名，永充肆名。

经历铺。一名历经。徭编肆名，永充叁名。

夏落铺。徭编肆名，永充叁名。

油草铺。徭编肆名，永充叁名。

北路壹铺

河斗铺。一名河㪷。徭编肆名，永充肆名。

西路拾陆铺

冷水铺。永充陆名。

赤土铺。永充陆名。

回龙铺。徭编壹名，永充叁名。

寻峰铺。永充伍名。

玉堂铺。永充陆名。

石子铺。永充伍名。

双凫铺。徭编壹名，永充叁名。

茅栗铺。徭编壹名，永充叁名。

长桥铺。永充肆名。

土冈铺。徭编壹名，永充贰名。

黄材铺。徭编壹名，永充贰名。

巴椒铺。徭编壹名，永充贰名。

迎水铺。徭编壹名，永充贰名。

新街铺。徭编壹名，永充贰名。

西陆铺。一名西门。徭编壹名，永充贰名。

扶冲铺。徭编壹名，永充叁名。

以上南、北、西叁路，共贰拾壹铺，铺基伍拾贰间，无铺司，田铺兵壹百零柒名。

县河渡夫壹名，工食银贰两叁分叁厘叁毫。带闰。

一、走递夫马。共银陆百柒拾叁两伍钱玖分玖厘陆毫。

排夫肆拾名，共工食银贰百捌拾捌两。每名按日支给银贰分，共日支给银捌钱。

脚马拾肆匹，夫草、医药、倒毙共银叁百捌拾伍两伍钱玖分玖厘陆毫。每匹日支草料银伍分，共银柒钱。马夫伍名半，每名日支给银贰分，共银壹钱壹分。兽医壹名，每日工食银贰分，药饵银叁分捌厘捌毫捌丝柒忽捌微。通计日支银捌钱陆分捌厘捌毫捌丝零，每年共银叁百壹拾贰两柒钱玖分玖厘陆毫。除闰扣建。兽医银不扣建，遇闰另赴司请领。

又每年赴司领倒马银伍匹陆分，每匹领银壹拾肆两，除皮张银壹两，实银拾叁两，共银陆拾伍两，每分实银壹两叁钱，共银柒两捌钱。总共银柒拾贰两捌钱。

一、祭祀。共银壹百柒拾两伍钱捌分柒厘。

圣庙贰祭，共银肆拾两。

崇圣祠贰祭，共银捌两。原共银柒两，均摊补给银壹两。

文昌庙叁祭，共银叁拾伍两柒钱肆分伍厘。嘉庆六年，奉文添设春秋贰祭，动支地丁银贰拾叁两捌钱叁分。咸丰八年，奉文添设诞祭，增银拾壹两玖钱壹分伍厘。

关帝庙叁祭，共银叁拾伍两柒钱肆分贰厘。于解起运银内动支。

名宦乡贤贰祭，共银捌两。原共银柒两，均摊补给银壹两。

孟夏雩祭，银伍两。乾隆十二年，奉文添设。

山川坛贰祭，共银拾两。原共银拾贰两，均摊派出银贰两。

社稷坛贰祭，共银拾两。

邑厉坛叁祭，共银拾叁两。原共银拾贰两，均摊补给银壹两。

先农坛春祭，银贰两伍钱捌分。原系动支地丁银。雍正十二年，奉文将藉田余谷售价作费。

县仓内厉祭，银壹两贰钱陆分。原米叁石，每石折银叁钱伍分，共银壹两零伍分，均摊补给银贰钱壹分。

朔望香烛，银壹两贰钱陆分。原米叁石陆斗，每石折银叁钱伍分。

一、杂支。共银壹百叁拾两。

科举生员，以拾伍名为率，每年带支银贰拾两。叁年壹次，每名盘缠银叁两，花红银玖钱，酒席银壹钱，共银陆拾两。

新旧会试举人，以贰名为率，每年带支银拾陆两。叁年壹次，每名长夫银贰拾肆两，共银肆拾捌两，解司库均匀摊派。

岁贡生员正陪贰名，正贡盘缠、花红、旗匾、酒席、赴考脚力，陪贡赴考脚力，除徭编外，每年带支银捌两伍钱。贰年壹次，正贡银拾贰两，脚力银贰两伍钱，陪贡脚力银贰两伍钱，共银拾柒两，解藩库均匀摊派。其呈诗作兴并新例县学，拾年通选，给银壹两，临期于剩银内动支，不许另派。

廪生贰拾名，共银肆拾捌两。原共米贰百肆拾石，每石折银陆钱，共银壹百肆拾肆两，奉裁叁分之贰，裁银玖拾陆两。康熙二年全裁，二十四年奉复如存数。

孤贫拾伍名，共银叁拾壹两伍钱。每名岁给布花银叁钱，共银肆两伍钱。乾隆四年，奉文每名岁给米叁石陆斗，共米伍拾肆石，每石折银伍钱，共银贰拾柒两。遇闰加银贰两柒钱。

乡饮贰次，共银陆两。原银壹拾贰两。

通计会裁经费款项银贰千伍百壹拾捌两肆钱陆分肆厘壹毫，内除驿站银肆百伍拾玖两陆钱叁分肆厘陆毫不领，乡饮银陆两空缺无支，布政司表夫银壹两叁钱伍分停止充饷外，实支经费银贰千零伍拾壹两肆钱柒分玖厘伍毫，实存留银贰千陆百捌拾叁两玖钱陆分肆厘伍毫。

附：支存条款

一、坐支项下

凡坐支银两，道光二十三年奉文，各官廉俸、各役工食、驿站夫马工料，每两扣解减平银陆分，惟祭祀银及孤贫口粮银不扣解减平。道光二十七年奉文，留支项下役食银除扣减平外，与祭祀、孤贫各款，每两扣解搭放钱价银伍分。咸丰十年，停扣解搭放钱价。计开：

门子贰名，工食壹拾贰两，每年扣减平银柒钱贰分。

皂隶拾肆名，工食银捌拾肆两，每年扣减平银伍两零肆分。

仵作贰名，工食银壹拾贰两，每年扣减平银柒钱贰分。

马快捌名，工食银肆拾捌两，每年扣减平银贰两捌钱捌分。

斗级肆名，工食银贰拾肆两，每年扣减平银壹两肆钱肆分。

民壮拾伍名，工食银玖拾两，每年扣减平银伍两肆钱。

库子肆名，工食银贰拾肆两，每年扣减平银壹两肆钱肆分。

轿伞膳夫柒名，工食银肆拾贰两，每年扣减平银贰两伍钱贰分。此项闰月另捐。

禁卒捌名，工食银肆拾捌两，每年扣减平银贰两捌钱捌分。

南河渡夫壹名，工食银贰两叁分肆厘，每年扣减平银壹钱贰分零肆丝。

捕衙门子壹名，工食银陆两，每年扣减平银叁钱陆分。

捕衙皂隶肆名，工食银贰拾肆两，每年扣减平银壹两肆钱肆分。

捕衙马夫壹名，工食银陆两，每年扣减平银叁钱陆分。

儒学门斗贰名，共工食银壹拾肆两肆钱，每年扣减平银捌钱陆分肆厘。

廪生气粮银肆拾捌两，膳夫银壹拾叁两叁钱叁分叁厘，共银陆拾壹两叁钱叁分叁厘，每年扣减平银叁两陆钱捌分。此项奏销时，由学领讫，遇有空缺，扣存批解。

各铺司工食银叁百肆拾两零玖钱玖分，每年扣减平银贰拾两零肆钱陆分。

圣庙春、秋贰祭银肆拾两。

启圣祠春、秋贰祭银捌两。

名宦乡贤祠贰祭共银捌两。

关帝庙叁祭银叁拾伍两柒钱肆分贰厘。

社稷、山川坛贰祭共银贰拾两。

邑厉坛叁祭共银拾叁两。

县仓厉祭银壹两贰钱陆分。

每月朔望香烛银壹两贰钱陆分。

孤贫拾伍名，口粮布花银叁拾壹两伍钱。以上九款不扣减平。此项遇闰加给银叁两零陆分不等。赴司请领还项。

排夫肆拾名，共工食银贰百捌拾捌两。每名日给银贰分，共银捌钱，除闰扣建，闰月另赴司请领。

脚马拾肆匹，夫草医药倒毙，共银叁百捌拾伍两伍钱玖分玖厘陆毫。

以上坐支项下，共银壹千陆百柒拾壹两壹钱壹分捌厘陆毫。孤贫闰月另给。

一、不应坐支项下

凡赴司请领款项，每银壹两，扣减平银陆分，有由县先行垫给，然后赴司请领还项者。文昌庙春、秋、诞叁祭银，零祭银，有或垫给，抑或听候提扣捐款者。儒学俸银、加品银、斋夫银、科举盘缠银，有不由县具领而由司酌发者。同知俸银、时宪书正费银，科举正费银，岁贡生花红、旗匾银，会试举人长夫银，时宪书正费银，壹拾柒两叁钱柒分贰厘壹毫。扣减平银壹两零肆分贰厘叁毫。

科举生员盘缠银贰拾两。扣减平银壹两贰钱。

此项遇乡试之年，具文赴司请领，或由县先行垫发。叁年壹次，共银陆拾两，文武生员领作盘费之资。文领柒分，武领叁分。咸丰捌年，奉文减领盘费银伍成。照扣。

科举正费银壹拾伍两玖钱零叁厘。扣减平银玖钱伍分肆厘壹毫。此项叁年壹次，共银肆拾柒两柒钱零玖厘。照上每年扣平。

岁贡生员花红、旗匾银捌两伍钱。扣减平银伍钱壹分。此项贰年壹次，共银壹拾柒两。照上每年扣平。

新旧会试举人长夫银壹拾陆两。扣减平银玖钱陆分。此项叁年壹次，共银肆拾捌两。照上每年扣平扣减。

长同知俸银捌拾两。扣减平银肆两捌钱。

知县俸银叁拾壹两柒钱肆分贰厘。扣减平银壹两玖钱零肆厘伍毫。

典史俸银叁拾壹两伍钱贰分。扣减平银壹两捌钱玖分壹厘贰毫。

儒学俸银叁拾壹两伍钱贰分。扣减平银壹两捌钱玖分壹厘贰毫。

儒学品俸银肆拾捌两肆钱捌分。扣减平银贰两玖钱捌厘捌毫。

儒学斋夫银叁拾陆两。扣减平银贰两壹钱陆分。

文昌庙春、秋、诞叁次祭祀，共银叁拾伍两柒钱肆分伍厘。

雩祭银伍两。

先农坛春祭银贰两伍钱捌分。

以上不应坐支银叁百捌拾两零叁钱陆分贰厘壹毫。

通计支存条款，共银贰千零伍拾壹两肆钱捌分零柒毫。

加壹耗羡项下

雍正八年，巡抚赵申乔题准民屯加壹耗羡银贰千陆百贰拾玖两叁钱肆分肆厘，壹款解各宪养廉银柒百捌拾两伍钱肆分，解叁分公项银柒百捌拾捌两捌钱零叁厘，坐支知县养廉银壹千两，典史养廉银陆拾两。

附：

邑令捐款

知县养廉银壹千两，原奉文于耗羡项下坐支。道光三年奉文，冬季起养廉银两一并归入耗羡内解司，按季具文请领，并听候扣解奏捐年额各款。

一、奏捐

通省公费银肆百零叁两叁钱叁分叁厘。

条例银壹拾捌两伍钱壹分玖厘。

兵部科奏销饭食银壹拾陆两。

报资银柒拾叁两柒钱伍分壹厘。

时宪书工本银伍两贰钱伍分捌厘。

预筹正科经费银贰百两。

预筹恩科经费银肆拾伍两。

预筹越南贡使经费银捌两陆钱玖分陆厘。

以上奏捐各款，除停减复额外，共实银柒百柒拾两零伍钱伍分柒厘。

典史养廉银陆拾两。奉文：道光二十一年起，仍于耗羡银内坐支发给。道光二十三年奉文，自八月初一日起，每两应扣减平银陆分，按廉扣解银叁两陆钱，存银伍拾陆两肆钱。

蠲诏

顺治十一年奉诏："顺治六、七两年，直省地丁本折钱粮拖欠在民者，悉予豁免。"十二年奉诏："顺治八、九两年直省地丁本折钱粮拖欠在民者，悉予豁免。"

康熙元年奉诏："顺治十五年以前民欠各项银米、药材、绸绢、布匹等项钱粮，概行蠲免。"四年奉诏："直省顺治十六、七、八等年各项民欠钱粮，俱令蠲除。"二十年，复准湖南各官捏报垦荒，一时希图纪录，以致百姓包赔钱粮，世受其累，行令该抚查明，悉予蠲免。又奉恩诏："蠲免直省康熙四、五、六年旧欠地丁等项钱粮。"二十年奉恩诏："康熙十七年以前民欠钱粮，该督抚查明，具题豁免。"二十三年奉恩诏："湖广省分自用兵以来，供应繁苦，宜加恩恤。二十四年所运漕粮着免三分之一；自十三年起至二十二年拖欠漕项钱粮，着自康熙二十三年起，每年带征一年，以免小民一时并征之累。"二十五年奉上谕："湖南、福建两省二十六年下半年、二十七年上半年地丁各项钱粮，及二十五年未完钱粮，尽行蠲免。"二十七年奉上谕："康熙十七年以前民欠漕项银两米麦，俱着蠲免。"三十八年奉谕："所有康熙三十九年湖南通省地丁、杂税等项，着一概蠲免。"四十四年奉特谕："曩年楚省钱粮虽屡行豁免，今已经历数载，未经特蠲，应将该省额赋全免一年，以示朕加恩优渥之至意。湖北、湖南康熙四十五年除漕粮漕项外，其余地丁银米一概免征，旧欠未完者并停输纳。"四十五年奉上谕："湖南省自康熙四十三年以前未完地丁、钱粮通行豁免。"五十年奉上谕："前四十九年所颁谕旨，申晰甚明，原欲将五十年天下钱粮通行蠲免，以诸臣集议，恐需用兵饷拨解之际，兵民驿递益致烦苦，故自五十年为始，三年之内全免一周。湖南抚属除漕项外，五十一年应征地亩银共八百四十万四千两有奇，人丁银共一百二十万八千一百两有奇，着查明全免。并历年旧欠共五十四万一千三百两有奇，亦俱着免征。"五十六年奉上谕："湖广带征地丁屯卫银两，概免征收。"六十年奉恩诏："各省民欠钱粮，着该部查明具奏。其年久应免者，候旨豁免。"

雍正八年奉上谕："江西、湖北、湖南三省着将辛亥年额征钱粮，各蠲免四十万两。"十三年奉上谕："将雍正十二年以前各省民欠钱粮，悉行宽免。"又恩诏："民欠钱粮系十年以上者，着该部查明具奏，候豁免。"

乾隆十年奉上谕："乾隆丙寅年，直省应征钱粮通行豁免。"遵旨议照康熙五十年之例，分作三年，以次办理。湖南全省地丁钱粮，丙寅年全行蠲免。三十一年奉恩诏："有漕省分，概免漕粮一次。"三十五年，恭逢皇太后八旬万寿，湖南地丁钱粮通行豁免。四十二年，皇太后升遐，推广慈仁，普蠲天下钱粮，湖南省地丁钱粮于己亥年全行蠲免。五十五年，恭逢高宗纯皇帝八旬万寿，普免钱粮，督抚筹酌题明，长沙、靖州、桂阳三府州属于五十八年轮免。六十年奉上谕："丙辰元旦，举行归政典礼，大廷授受，笃祜延厘，实为旷古吉祥盛事，允宜广沛恩纶，俾薄海群生，共沾湛恺，将嘉庆元年各直省应征地丁钱粮，通行蠲免。"部议长沙府属于嘉庆三年轮免。

嘉庆元年恩诏："湖南地丁钱粮，蠲免十分之二。"三年奉恩诏："湖南地丁钱粮，悉予蠲免。"六年奉恩诏："湖南地丁钱粮，悉予蠲免。"部议长沙府属于六年轮免。

道光十五年奉恩诏："道光十年以前各省民欠钱漕，概行豁免。"道光二十五年奉恩诏："道光二十年以前民欠钱漕，概行豁免。"

咸丰二年，被粤西逆匪过境蹂躏，奉抚宪骆奏奉谕旨，饬将被扰之区应纳二年钱粮漕折，缓至四年秋后带征。四年，复被贼窜，奉抚宪骆奏奉上谕："湖南长沙卫、州、县被匪窜扰，应纳地丁钱粮，分别蠲缓。宁邑被扰之区应完地丁钱粮，着蠲免四成，缓征六成，缓至七年秋后带征。"

同治元年，恭逢皇上建元之始，特颁恩诏，普蠲钱粮。部议照道光二十五年成案，豁免咸丰九年以前民欠钱漕等项，题准优免杂差，前后案卷均存礼、兵二科。宁邑张氏惟先儒张栻裔者优免，宁邑曾氏惟宗圣曾子裔亦准优免。

附：钱漕新章

咸丰五年新定征收钱漕章程碑文

咸丰五年乙卯十一月二十三日，生员黄甫山等禀词，为悉照潭规，以急筹饷事。

窃见军需万紧，接济维艰。自宪札清厘漕务，万姓欢腾，无不欲速输报效，业经湘潭县条陈请示，准行在案。现在报解源源，一月余完纳伍万余两，从来钱漕未有踊跃如是者。既而长善又仿潭规，亦经俯允。至宁邑与潭毗连，事经举人杨文鹍等以条陈请示具禀。蒙批：所呈与该县飞启，乡城互异，设有他议，何所适从等情。捧读至理。

伏维阖邑钱漕，原无数人主持之势，惟恃明白晓谕，仰托宪德，欣动群黎。乃查阅飞启，祇载删减数目，不载正供实完若干，助军饷、帮公费若干。既不明白以为鼓舞，而杨等所禀各情，又与湘潭少异，自非尽善。若仍有粉饰，何由激励舆情。今不揣冒昧，恳宁邑钱漕，悉照湘潭完纳，毋少增损。潭词并照潭例均黏电，公择端正绅粮，分都督催，限两月内扫数，庶附省赤子，咸知一视同仁，输将恐后。是否有当，急恳大人赏赐，裁夺施行，深为德便，沾恩上禀。

院批：前据举人杨文鹍等具呈，当经本部院以该邑钱漕浮费业经该县具禀，遵札一概删减。至举人等所禀各情，与该县公启互异，设有他绅纷持异议，又将何所适从。批司会道，饬县刻日征完报解在案。兹据呈公启，祇载删减数目，未载正供实完若干，助饷帮公若干，请悉照湘潭完纳，毋少增损等情。查阅所呈，事属可行，自应准照所请办理。仰布政司会同粮储道，速饬该县查照，赶紧征收，务于年内扫数完解。倘有丁书、漕口，从中把持阻挠，以至逾限未完，有误军饷要需，定即严拿到省，立毙杖下，决不宽贷。切切抄黏并发。

奉院核定悉照潭例完纳钱漕章程

一、漕米每石恪遵折银壹两叁钱外，助军饷捌钱，帮办公费玖钱。

一、正银屯津，每两外加耗银肆钱。

一、南折银每银壹两，外加贰钱捌分陆厘。

一、每年完缴，用湘例玖贰色元丝银湘平比兑，以昭画一。如以钱完，照时价扣算。

一、米不见合收升，银不见厘收分。

一、完纳小边，除米折票外，奉县宪示，一例给发正饷边票。

一、串票每张给钱陆文。

一、更户过割，每户出钱贰百文，共钱肆百文。如有二三户归并一户名，户出钱贰百文。

一、每年完纳不可逾限，如有玩延包搁及把持阻挠者，即行指票，恳宪究惩。

咸丰七年丁巳夏四月，阖邑公立于团练兼帮催钱漕公局。

头品顶戴湖南巡抚臣骆秉章，奏为沥陈湖南筹饷情形，仰祈圣鉴事。

窃湖南地方，山泽多而平原少，地多硗薄，素非财赋之区，民务耕农，并鲜经商之利，合通省钱漕计之，仅抵江浙一大郡，贫瘠可知。寻常无事之年，除漕米十五万余石起解外，尽本省入数敷本省开销，绝少存留待拨之款。军兴以来，湖南首办防剿，除二年逆贼窜扰湖南，重兵巨饷，随同协济外，此后内剿本省之贼，外御五省之贼，复越境而兴，援鄂、援江、援黔、援粤之师，频年裹粮从征，迄无虚日。且时需协济江、鄂、黔、粤饷需，统计每岁需银二百万两内外，本省额兵之饷不与焉。

入项如此其少，出项如此其多，念时局之艰难，既未敢以苦累情形上渎圣虑，亦未曾以协济巨款望之邻封。所资以接济者，劝谕捐输，固其一端矣。然湖南富户无多，捐输至再至三，势难为继。且邻省如湖北、江西、广西，均间有在湖南收捐之事。臣以时艰，所值彼此同之，亦未尝遵照部文，概为禁绝。是湖南军繁饷巨，并非全恃捐输也。臣与僚属于筹饷一事，频年竭蹶图维，所略收实效者，盖有两端，一在厘剔钱漕宿弊以恤农，而输将较前踊跃也；一在杜绝厘金扰累以通商，而抽收较有实济也。请为我皇上敬陈之。

湖南各属钱漕科则，原为轻减。近时民间艰于完纳，不但难期年清年款，并有通欠数年未曾完纳者。臣访察各属情形，虽受弊之轻重不同，而究其致弊之原，不外官吏之浮收与银价之翔贵而已。州县廉俸无多，办公之需，全赖钱漕、陋规稍资津贴。缺分之优瘠，即视陋规之多少为衡。此东南各省所同，不独湖南一省为然，湖南亦不独近日为然也。沿习既久，逐渐增加地丁。正银壹两，民间有费至数两者；漕米壹石，民间有费至数石者。款日繁多，民间难以析算，州县亦难逐一清厘，一听户粮书吏科算征收，包征包解，不餍不止。每遇完纳银米，正数之外，尚有奇零，则一并收作正数。如壹分壹厘，则收作贰分，壹升壹合，则收作贰升之类，名曰收尾。小户穷民，尤受其累。未完纳之先，有由单，由单有费。既完纳之后，有券票，券票有费。其完纳稍迟者，粮书先时借垫，计息取偿，多至数倍。官为出差催追，名曰揭差下乡，则一乡为之震詟。此弊之原于官吏，害及于民，而小户为尤甚者也。官吏既视钱漕为利薮，刁衿劣监即从而把持之，名曰漕口。每人索费数十两、百两，人数多者一县或至数十人，少不遂意，则阻挠乡户完纳，或赴上司衙门砌词控告，甚至纠集多人，闯署殴吏，酿成事端。州县于开征之时，先将此辈笼络安置，而后可期于无事。此弊之原于劣衿，官吏受之，其害仍及于民者也。

从前钱价，乾隆、嘉庆年间每银一两，易钱一千文。道光年间每银一两，易钱尚止一千三四百文。自后渐次增长至二千三四百文，农民以钱易银，完纳钱漕，暗增一倍有余之费。咸丰元、二、三、四等年，钱粮之多民欠，实由于此。迨五年秋后，收成稍稔，每谷一石，仅值四百余文，尚苦无从销售。农民以谷变钱，以钱变银，须粜谷五石，始得银一两。计有田百亩，可收租谷百石者，非粜谷二十石不能完纳。钱漕农末俱困，群情汹汹。臣与司道熟商，严饬各州县，将钱漕宿弊，大加厘剔，谕以事理，晓以利害，严禁吏胥衿棍挟索把持，许地方公正晓事士绅，条陈积弊，设局稽查，民情翕然称便。惟各州县缺分不同，钱漕章程向来不一，如必尽革州县陋规，丝毫不许多取，则办公无资，廉谨者无所措其手足，其不肖者反将以此借口，则开巧取之端，更为民生之害。如必明定章程，许其每银一两、每漕一石收银若干，又恐官吏视为定章，久之或于定章之外复又增加，弊与今等。且民可使由，不可使知，设刁衿士民本其挟持官吏之心，执厘弊之新章，指为滋弊之创举，则告讦日繁，其势不至胁官吏以取偿于农民不止。如不厘定征收之款，又恐乡民无所适从，征收未能画一，弱者必仍为吏胥所欺。强者或可藉此以遂其刁抗之计，是欲除弊而反以滋弊也。臣反复图维，不难于立法以救一时之弊，实虑于救弊之法复增一作弊之端。正踌躇间，适各州县士民纷纷赴省具呈，自拟款目，为征收之准。臣察其官民相安者准之，未协者驳之，俟其适中而后准之。数月之间，大致略定。复察州县之不能切实遵行者撤之，不法吏胥及刁劣士绅之阻挠者责革而痛惩之，其不安本分士绅欲藉厘剔宿弊之举，为臣建祠泐石、希图敛费者亦严斥而痛绝之。自五年以来，湖南钱漕稍有起色，而元、二、三、四等年积欠亦陆续完清，国课不至虚悬，军储不至束手，州县办公亦不至十分拮据，而农民则欢欣鼓舞，举数十百年之积弊，一旦蠲之，稍获苏息矣。现在各属田价渐增，农安畎亩，无复盼盼之意。向之藉钱漕聚众，动辄闯署殴吏者，亦绝无其事。此厘剔钱漕宿弊，以济军饷之实在情形也。

伏思古今利国之道，要在利民。以恤民为心者，除弊即以兴利，民以为利，乃国之利也。百姓足，孰与不足，所以为平治之远猷。以罔民为事者，立法徒以滋弊。民以为利，终非国之利也。利未见而害已随，或且误安全之本计。以湖南现在情形而言，虽局势狭小，仅勉为目前敷衍之资，而访察农商情形，尚无不便。所有办理情形，谨据实陈奏，伏乞皇上圣鉴。谨奏。

咸丰八年四月二十三日奏，五月十六日奉朱批："览奏均悉。汝久任封疆，所陈皆历练有据之论，洵非以耳为目者比。"钦此。恭泐碑竖于团练兼帮催钱漕公局。

同治三年泐碑大堂文

湖南宁乡县正堂郭，为遵札泐碑事。

案奉抚宪恽札饬征收钱漕，剔除包征包解、墨券私收积弊，并令将每银壹两、米壹石折收若干，切实叙明，泐碑大堂，刷摹呈验。等因奉此。当即遵照，督饬绅粮确查去后。

兹据邑绅范虚堂、周跃门、杨春台、刘翰生、戴碧堂、梅小霖、王蔚亭、杨活渠、朱兰恬、黄甫山、童介臣、曾敬庄、蒋方池、罗翊亭、姜香畹、张荔云、黎星槎、傅兰庄、李石台、何蓂生、喻浚明、杨沛霖、龙松轩、杨小亭、向煦庵、周熙台、潘笏亭、周寿山、喻璘轩、吴少峰等禀称，窃钱粮丝毫为重，例应年清年款，不容稍有拖延。咸丰元、二、三、四年，谷贱银贵，正饷、南漕、火耗浮费，折算异常，以致屡年拖欠。五年，举人杨文鹍、生员黄甫山等，缕请悉照潭规，禀院奉批，允准在案。随即遵照禀定章程，设局稽查，官为经征，绅为协催，听各花户自赴各钱店易银完纳，立时给予印票，毫无留难，并无书吏包征包解及擅给墨券等弊，居民均称便益。历今十载，无不踊跃全完。兹复奉抚宪示谕，永除包揽、墨券、私收等弊，并饬议定征收章程，泐碑大堂，刷摹呈验。等因。仰见裕国苏民，俾垂久远之至意，理合遵照旧章，缕呈条款，公恳泐碑，具文申复。等情。据此合行泐碑大堂，所有阖邑粮户及书吏人等，务各恪遵宪札，永禁包征包解及墨券私收等弊。今将该绅等循照征收解支旧章，开呈条款，折实库平库色银数，逐条附泐于后。

一、正饷屯津每两收湘平元丝银壹两肆钱，折实库平库色纹银壹两贰钱伍分叁厘捌毫。例解正耗库纹壹两壹钱，又添平火耗银肆分肆厘，又一切办公费银柒分整，又书办、饭食等项用费银叁分玖厘捌毫。

一、漕粮每石征湘平元丝银叁两，折实库平库色纹银贰两陆钱捌分陆厘捌毫。每石例解折价库纹壹两叁钱，又杂项解支及一切费银壹两壹钱陆分，又添平火耗及书办、饭食等项用费银贰钱贰分陆厘捌毫。

一、南驴每两征湘平元丝银壹两贰钱捌分陆厘，折实库平库色纹银壹两壹钱伍分壹厘柒毫。例解库纹壹两。又一切办公费银柒分伍厘，又添平火耗银叁分陆厘，又书办、饭食等项用费银肆分零柒毫。

同治三年甲子岁吉月泐碑，竖于大堂。

陶氏汝鼐曰："前代洪武十四年，以三则起科，宁乡官民田塘载粮四万有零。至永乐十年，改造丈改荒田五十余顷，减粮七千有奇，定为四则，而粮以是为差。相沿至隆万间，其粮仍三万二千，有增亩无增赋，所以恤民困也。虽然楚赋甲天下，长沙赋甲楚者，何也？闻诸野史曰，高皇攻楚时，湘乡粮艘蔽江下，高皇憾其助楚也，故潭属多倍赋。虽史册不书，以苏松之事揆之，当然也。各邑皆倍赋矣，而宁独先困者何也？访诸父老云，各邑徭编折色轻而宁独重，虽节年加派均增，末同而本异矣。以岁征实数验之，当然也。若户口增减，天人之力各半，休息久则生齿繁，视神庙十年骤增户五千八百可知也。至于开济屯否，气运靡常，亦惟贤有司是望耳。往者衰季之政，黔辽增饷，则杼柚其空；版籍逋亡，则鱼鸟俱乱。民之视其乡里，犹寄生也。今贫寡极矣，非清刑薄敛、停役厚农，复得廉平，牧之十年，虽仅存之赋，尚未可恃也。而曰改聚改辟，冀海复扬尘哉。"

袁氏名曜曰：按宁乡为荆州地，厥田上中，厥赋上下。然赋成则壤，法取宜时，不言有明弊政，无以见我朝之善政也。洪武时，量度田亩方圆，次以守号，悉书主名。及田之丈尺编册，曰鱼鳞图册。又编黄册，以户为主，详其旧管新收，开除实在之数为四柱，名曰四柱黄册。二册相为经纬，土田之数核焉，赋役之法定焉。万历初，为归户册，以田从人。后又丈田，用开方法，民有三征，如桑丝南布，祥祆同布缕，秋粮同粟米，里甲均徭，民兵驿传同力役。桑丝，夏税也。民有田十亩，植桑麻木棉，桑四十株，科丝一两五钱。秋粮者，准田均额，以米输为本色，改米输银为折色。本色中存给本处者一二，起运南京、淮安者八九。其起运以民兑军，军代输，故额有米兑军之名。然耗费繁重，正额外复有杂额，以备帮贴。逮后辽练关米加三之一，民反籴米纳粮，此秋粮之弊也。里甲者，百十户为一团，团有十户为里长，余百户为甲长。以一里长统十甲首，不能甲者为半团。邑居者为坊长，坊亦计里，凡十年一值。本以督办贡赋，追摄公事，后乃责以供应。其供应之额派有四，曰祭祀银、乡饮银、养济孤贫银、弓张银；岁派之目亦四，曰浅船银、皮张银、柁木等银。预备派科银，其计丁粮而均派者五，曰茶芽扛解银、两京药材银、弓张银、神器银、祥衣银；坐派者亦五，曰各部物料银、黄白蜡银、历日银、浅船银、举人水手银；其公费之目有十，曰上司公用银、进素笺银、春秋各祭银、春冬乡饮银、养济孤贫银、新春杂用银、岁考科贡应试银、造册杂解银、府县修衙银、支用使客银。皆论粮不论丁，故民以田为累。宁邑岁贡茶芽，岁办药味、紵丝、白硝、鹿皮、活鹿、活麂、祥祆、裤鞋、翎毛、鱼油、鱼鳔等，其他不可考，皆责于里甲。而坊长最苦者，莫如值衙，值月打火；里长最苦者，莫如当值，派马派夫，皆于应给之银无所给。均徭者，明初派额，论丁不论粮，亦十年一值役，品官及年六十者免，七十以上一子免，举贡生监杂职免各有差，统谓之优免。自正德兼派丁粮，而优免亦变。先是大粮户不令差点，祗候禁卒等役。景泰间，令有司马夫以二十丁买马，十丁养马，俱于市民金充。成化间，有占役当户之禁。宣德，以京官薪炭马刍皆资于隶，遂有柴薪、皂隶、舆马丁之银，故均徭一也。有银差、力差之分。宁邑差银七百三十七两六钱，支为祭祀之用者，曰圣庙、崇圣、名宦、乡贤、山川、社稷、历坛也；为公典之用者，曰朝觐、赍表、乡饮、迎宾、岁贡、宾兴、部运也；为有司之用者，曰公宴、衙廨、什物、铺陈、柴薪、油烛也；为廪饩之用者，曰书册、斋夫、膳夫、马夫、厨役。而斋郎、乐舞生、屠夫，则藩役也；为赈恤之用者，布花也。力差银二百八十二两八钱，岁支给实役者，曰仓老、斗级、库子、禁子、皂隶、巡栏、渡夫、铺兵、京解也。就均徭中别出为目，则有驿传、民兵兼水陆，故额派有马夫，有差船，其役亦派银，亦十年一值，论粮不论丁。然他役第供本境，驿传并役境外，境内则派银应役，境外则输银协济。又有头户、贴户之分，凡敛输营役，皆主户头，然协济输银，已无他累，境内必募力以充派额乃敷。民兵者，明初立民兵万户府。景泰间，令郡县招募民壮。宏治间，佥民为养马机兵，计丁粮佥编，多者为头户，少者为贴户。后递随减兵额，以银输部，号革兵银。后又以派费尽征于官，皆取盈头户。凡此四差，流弊种种。至隆庆二年，更立一条编法，统计四差之银，按丁粮而分摊。身一丁，征银一钱四分，税一石，征银一钱八分，谓之四差银。银输官，官雇役，以十输一则时缓，分一为十则役轻。轻重通融，苦乐均矣。总之，明时户丁论赋，有增无减，甚至人已亡而不肯销册，子初生而责以当差。沟中瘠骨，犹是注定之丁；掌上娇儿，便入追呼之籍。尝考洪武二十六年，天下户一千六十五万二千八百有奇，人口六千五十四万五千八百有奇。宏治四年，天下户九百一万三千四百有奇，人口五千三百二十八万一千一百有奇。以宏治承平之世，而户口反减于洪武，岂非轸恤民隐，举疲癃残疾尽去之，所以额赋骤减乎？至万历季年，天下户口又复与洪武相等。由是观之，不缺额者莫如万历之世，而言明祚之衰者始此；缺额多者莫如宏治之世，而言明祚之盛者首此。增额减额，孰利孰损，必有能辨之者。且明季赋役繁重，户口逃亡，缙绅之族，僮奴盈千，士风亦因大坏。况奸民冒优免以逃役，而良善之应役者愈苦。"家有一顷田，头枕县门眠。田在太平刮金版，田在乱离茅厕版。"不宜乎有是谚哉？国朝立法，鉴古宜今。顺治四年，四差之银改充兵饷，支解承役之例如旧规，其余杂派，概从革除。十七年，定滚征法，吏无包揽。康熙五十年著例，续增直省人丁，永不加赋，以是年丁册为常额。五十二年，改丁归地，楚省奏销，有无优免均合额，

丁口盐钞并入饷内，不分列。雍正四年，令民自纳地粮，其户丁编银，
摊入地丁带征。八年，设立直省养廉，而耗羡有一定之则，永不增额。
乾隆十一年，停止妇女编审。三十七年，停止五年编审造册之例，户
口之数，惟按每年烟户册籍，可稽其实。所以免滋扰而存宽大，从古
未有也。宁邑在明季遭闯贼蹂躏，康熙十三年复遘吴逆跳梁，户口凋残，
人丁散逸。仰赖国家休养保聚之仁，丁有余粮，鱼鳞四柱，岁有滋生。
而又屡免钱粮，宁邑虽弹丸，一体均被。百工执艺，计佣受值，并不
苛以庶人往役之义。士食旧德，农服先畴。故正供乐于输将，公事勇
于趋赴也。畴弗欣欣相告曰："乐哉乎，斯世！"

　　案：二百年来，率由旧章，弊窦丛生。逮道光年间，浮收尤甚。时
值银贵米贱，民间非粜米数石，不能完漕米一石。咸丰二年后，长江
梗塞，漕运暂停。五年，巡抚骆秉章奏定新章，杜绝诸弊，百姓称便。
然漕运折解，实一时权宜之计。自金陵复而运道通，大臣交章，奏天
庚不可久虚，东南数省应复漕运。湖南叠次奉谕在案，诸抚臣顾时局
而念民艰，均吁恳展缓。顾继此旧章能复，亦盛事也。官以米解，民
即以米完，尚赖司牧者寓体恤于权衡，准正供之定数，涤经费之浮名，
使国初宽大之风，复见于后日，则称便者又岂必在新章也哉。

卷之十一

赋役二　仓廒 附：官地、官田、养济院、育婴堂、义所

明洪武间，诏天下郡邑于便民仓外各置预备仓、丰积仓，后又置义仓，所以备荒歉兼戒不虞也。国朝沿明旧制，漕仓所贮，官收官解，即明之便民仓也。常平仓所贮，官出籴本，平价出粜，即明预备仓、丰积仓也。社仓，即民之义仓也。同治元年，增办积谷，就地捐贮公仓，惠民之良法备矣。

明

预备仓五

大仓，在县治南、白鸡观前。嘉靖三年，县令胡明善改立仪门外之右、谯楼内之左。

东仓，在县治东南八十里，旧六十一都，前临双江口，近湘潭界。

南仓，在县治南百里，旧十三都。

西仓，在县治西七十里，旧十七都安化路旁。

北仓，在县治北十里，旧三十三都新康路旁。

秋粮仓，在双江口，与东仓同墙垣，俱洪武时县令阳武立，后移道林。

粮仓，嘉靖时，县令胡明善恐收粮在乡扰民，改赴本县便民仓交收。地被侵占，而阳令之善政荒矣。

便民仓，旧在新康口南岸，成化时，县令晏镳迁建县治北。

和平仓，旧在南关外旧学基。成化时，县丞王宪改建白鸡观前。嘉靖三年，县令胡明善改建兵房左。

儒学仓，旧在儒学门左。成化四年，县令黄甄改建文庙右。嘉靖三年，县令胡明善更立吏房右。后仍归学。

以上仓俱久废。

国朝

常平仓，在南关外南司湾。官厅一座，仓廒二十间，俱系瓦盖，每间檐高七尺七寸，进深一丈五尺八寸，面宽一丈二尺七寸一分。嘉庆二十年，王令余英重修，至今完如旧。

常丰仓，在南关外南司湾。仓廒三十间，俱系瓦盖，每间檐高一丈二尺六寸，面宽一丈一尺。嘉庆二十年，王令余英重修，至今完如故。《通志》只载宁乡常平仓在县南门外，计仓廒五十间，盖合常丰言之。

广盈仓，在东关外曹家桥北。《乾隆戊辰志》、康熙十四年《通志》：茅屋概遭回禄，原建粮仓，悉成灰烬。康熙二十一年，县令王钱昌复建。《嘉庆丁丑志》：广盈仓，年久倾圮，谷贮各仓。嘉庆二十年，王令余英就其废基，改建龙王庙，惟常平、常丰完如旧。今查常平、常丰两仓，额贮谷贰万零肆百肆拾玖石柒斗伍升捌合贰勺，内除咸丰二年齐令德五办理军需碾谷陆千叁百贰拾肆石陆斗贰升伍合柒勺，咸丰四年马令丕庆办理防堵动用谷贰千叁百伍拾壹石伍斗玖升叁合，又周令廷鉴未买分赔盘折霉变谷壹百柒拾陆石玖斗柒升柒合玖勺，又耿令维中未买分赔郭前令领户曾万通欠缴无着谷贰百陆拾伍石捌斗玖升叁合捌勺，在于报销银内全数划抵外，实贮谷共壹万壹千叁百叁拾石零柒斗贰升柒合捌勺。

漕米仓，在东关外侧石桥西。官厅一座，仓廒二十间，俱系瓦盖。每间檐高七尺，进深一丈一尺，面宽一丈零一寸，年久朽腐。乾隆四十九年，陈令畴请垫项修造，收漕米在此。嘉庆十七年，王令余英重修。咸丰五年，前湖南巡抚骆秉章奏请钱粮新章，核定宁乡漕米折银完纳，嗣此不复贮米矣。其仓完如故。

社仓

雍正元年，奉总督部院杨宗仁咨商，举行社谷。宁乡十都俱遵奉捐谷，各于区内设仓。乾隆十二年，巡抚杨锡绂题请设立总仓，将各区社谷并归为一，每都或一仓，或二仓，名曰总仓。嘉庆四年，上谕各省社仓仍听本地殷实富户谨厚者自行办理，不必官吏经手，以杜弊窦而裕民食。嗣据陕抚咨称，请嗣后令社长于岁底将出入贮欠数目，册报地方官，转报上司。部议：岁底社长既结报地方官备案，自应造册咨部，以便查核。嘉庆五年，部议：各直省社长副无庸拘泥三年一年之限，查照雍正二年九卿议定社仓事目，正、副社长每乡择品端家富者二人，经管出纳，一年无过给花红，三年奖以匾额，五年免一身差役，十年免及一家，题给八品顶戴。如经管不善，致滋弊端者革惩，侵蚀照监守自盗例治罪，赔还谷石，通行遵办。

各都旧贮社谷数

本城城隍庙社谷贰千贰百叁拾伍石。

一都仓，一在柿花园，实贮谷壹千陆百贰拾贰石柒斗肆升；一在双江市，实贮谷壹千壹百贰拾贰石零叁斗伍升。

二都仓，一在浯溪寺，实贮屯民谷壹千壹百叁拾壹石伍斗壹升壹勺；一在福慧庵，实贮谷壹千陆百零叁石肆斗伍升。

三都仓，在天一山，实贮谷伍百玖拾玖石肆斗。上三都仓，在晴峰铺，实贮谷陆百伍拾石零贰斗伍升。中三都仓，在南岳庙，实贮谷玖百玖拾陆石伍斗。下三都仓，在麻洋坪，实储谷柒百玖拾陆石壹斗五升。

四都仓，一在南庵寺，实贮谷壹千贰百零陆石伍斗；一在道林市，实贮谷壹千壹百叁拾壹石陆斗。

五都仓，一在禅喜庵，实贮谷壹千捌百石零壹斗玖升；一在凝寿庵，实贮谷玖百伍拾叁石捌斗。

六都仓，一在五龙寺，实贮谷壹千贰百捌拾陆石柒斗陆升；一在水云山，实贮谷肆百叁拾陆石肆斗。

七都仓，一在罗溪寺，实贮谷玖百捌拾壹石贰斗贰升；一在紫龙寺，实贮谷贰百肆拾肆石陆斗。

八都仓，一在景德观，实贮谷玖百零捌石叁斗叁升；一在上林寺，实贮谷肆百零柒石贰斗。

九都仓，在螺塘庵，实贮谷陆拾肆石肆斗。上九都仓，在迎水铺，实贮谷伍百肆拾石零玖斗贰升。下九都仓，在灵山寺，实贮谷肆百柒拾肆石零壹斗。

十都仓，在檀木庵，实贮谷肆百柒拾叁石柒斗捌升。上十都仓，在西门铺，实贮谷肆百捌拾陆石零陆斗柒升。下十都仓，在黄材市，实贮谷叁百陆拾叁石柒斗叁升。

以上拾都，共谷贰万壹千陆百玖拾捌石伍斗陆升。

外三都七区南塘庵、南岳庙社谷，原系贺清浴、贺清寅各捐谷百石，乾隆十二年改设公仓，浴子嘉猷、嘉献，社长贺乘殷公呈，请将原仓谷搬贮庵子坪公仓。

以上谷均照《嘉庆丁丑志》刊存。

社谷额数，前《志》按都分载，并本城谷共计贰万壹千余石。查各处总仓，均已久废，谷属各都社长分领。乾隆六十年，督臣毕沅奏准长沙等处水次州县，将所贮常、社仓谷赶紧碾运，以济军需。前署县张其翰因常平仓谷不敷碾解，借各都社谷伍千柒百肆拾玖石零，碾米运解在案。嗣于交代案内，以伍钱壹石折价，递相流交，前令朱偓、前署令蔚常春，缴完谷价银贰千捌百柒拾肆两零，贮存藩库。是前《志》按都刊载，额谷已非如数，实贮社仓迨前令甘庆增领回，追存库银，并任内捐出不敷银，只买补谷叁千伍百柒拾柒石伍斗贰升，发给各乡社长，具领完仓，尚有未补谷贰千壹百柒拾壹石伍斗叁升。道光年间，前令郭世闿奉文清查，又有民欠无着谷玖千捌百捌拾贰石柒斗伍升贰合伍勺，均经据实申详藩宪，请并归入豁免民欠案内，批准在案。其实存及亏短有着谷，共计玖千陆百肆拾肆石贰斗捌升伍合。同治六年，郭令庆飏委绅按都确查，计旧存并捐补谷共壹万柒百玖拾石零肆斗三升肆合，缴归各区公仓，新择社长承管。今依郭令庆飏清查案内各都所缴谷数，刊列于后，盖纪实也。局首事暨都团总等，公议善后章程，呈请申详立案，附政迹类。

本城，计仓肆座，共实贮谷壹百陆拾柒石正。

一都，计仓贰拾肆座，实贮谷柒百叁拾捌石零壹升。

二都，计仓叁拾贰座，实贮谷壹千肆百壹拾捌石壹斗玖升。

三都，计仓贰拾柒座，实贮谷壹千叁百零柒石叁斗叁升。

四都，计仓壹拾玖座，实贮谷伍百捌拾捌石玖斗陆升伍合。

五都，计仓叁拾座，实贮谷壹千零捌拾石零玖斗捌升。

六都，计仓肆拾陆座，实贮谷壹千肆百捌拾捌石陆斗柒升。

七都，计仓叁拾陆座，实贮谷壹千零伍拾玖石肆斗。

八都，计仓贰拾柒座，实贮谷玖百柒拾捌石伍斗壹升。

九都，计仓叁拾壹座，实贮谷壹千壹百叁拾陆石叁斗陆升。

十都，计仓叁拾肆座，实贮谷捌百贰拾柒石零壹升玖合。

积谷仓

各都仓座存案。

同治元年，谷价踊贵，长郡丁守葆桢奉宪筹办积谷，前署令沈理谕委邑绅劝办捐谷壹万零柒百石，郭令庆飓劝捐谷壹万零伍百余石，续捐谷玖百伍拾余石，各都建仓、搬运等项，共支用谷叁千叁百余石，通共实存谷壹万捌千捌百陆拾叁石二斗肆升陆合，分贮各区公仓，公择仓长经理。除抚宪条列章程，通饬遵行外，郭令就宁邑情形，另拟条款，详准在案。见政迹类。

一都计共实贮谷贰千贰百壹拾肆石贰斗贰升。

二都计共实贮谷壹千柒百贰拾伍石陆斗玖升壹合。

三都计共实贮谷贰千贰百柒拾柒石伍斗叁升陆合。

四都计共实贮谷贰千贰百零柒石玖斗柒升。

五都计共实贮谷贰千贰百壹拾肆石伍斗壹升。

六都计共实贮谷贰千零壹拾陆石陆斗壹升捌合。

七都计共实贮谷壹千壹百陆拾贰石零肆升陆合。

八都计共实贮谷壹千零叁拾玖石壹斗壹升伍合。

九都计共实贮谷壹千捌百捌拾壹石玖斗肆升。

十都计共实贮谷贰千壹百贰拾叁石陆斗。

案：自来荒政，常平、常丰而外，厥惟社谷。同治元年，增捐积谷善已，然社谷渐就消亡。前令叠奉檄清查，总未确实追缴。同治六年，郭令庆飓认真办理，得旧存及新捐谷共壹万零柒百玖拾余石，并积谷共计贰万玖千陆百伍拾余石，分贮各都。夫社与积，其利相若，其弊亦相因。谷非收贮公仓，承领者每多挪用。岁荒待赈，难免挨延，弊一。各都路远，仓非按区分置，穷民推挽维艰，弊二。社长、仓长非力除其恋充积习，谷既归伊经管，始则挪移渔利，继则侵蚀多亏，久遂查追无缴，弊三。需谷救荒，放收未容徇碍，刁民觊觎，挟借者有之，抗久不还者有之。借出之谷，取息原有定例，若丰年谷足，借贷无人，息将安出？棍徒或借例生波，延讼滋累，弊四。书差伙通罔利，或借端索费，或影射添名，滋害靡底，弊五。他若旧《志》所云奉稽查者欲难遂，遭赔累者失在私，弊不胜举。此殷实廉正之人所以畏累不前，而谷因之渐耗也。

今邑宰清厘社谷，局首事暨都团总等公议善后章程，已奉申详立案，列款刊碑，积弊已剔除净尽。前年抚宪札办积谷，并发条规，又经郭令就宁邑情形，另拟详准在案。其各为备荒计者，至周且密。嗣是社积谷项，官主之，乡人经纪之，县治设首事一人总其成，而维持之领管者可无虑矣，其犹视为畏途乎？夫以正人而视为畏途，是任奸人之据为利薮也。身负乡望，坐视实储委弃，咎将安归？从来有治法，必待治人。天灾流行，即无公仓积贮，绅粮亦当破赀，设法以拯嗷鸿。各都现存谷贰叁千石有奇，诚能同心协力，妥为经理，中年足资散济，凶岁亦不无小补。由是扩而充之，虽大荒之年，有备无患矣。如恃私积之既盈，竟置公储而不顾，迨年不顺成，人饥我饱，人死我生，忍乎？安乎？望有力者思患预防，出而身任其事也。若夫利既溥而能持其盈，弊将萌而能杜其渐，俾良法美意，历久而不敝，是在贤有司之实心实政也，岂不幸哉。

官地。《康熙壬戌志》：县前官铺地肆拾捌间，除捌间兑换门地，余地租及桑枣园地租银拾叁两陆钱，旧入南轩祠用。后因祠废，租亦失额。万历三十年，经沈令震龙清查。明末兵火，无复民居。《乾隆戊辰志》：县前屏墙外相向拾余间，左右抵承流、宣化坊。嘉靖间，胡令明善改建治所，以其子受业于陶鹏，给帖陶氏，使世佃之，建为市肆，取值资膏火，其址照空地纳租如例。崇祯间，其孙云以屋售李。癸未，毁于兵，地为居民所有。前《志》：近尽修复。自嘉庆年来，在官者固已归官矣。又今自照墙外起直至官街，壹丈玖尺零，左至右约陆丈，俱属官地云。

官田。一处十都六区，地名祖塔上、洋坪段、溪碑溪段，八区地名黄材、松柏垣、横塘冲十二处，地名铁冲、枧湾、锅棚山等处，共田贰百叁拾伍亩零，系县民姜希轼于顺治年间捐置，其田系姜姓子孙姜明和、姜祥德、姜来仪、姜训曾、姜良裔、姜石嗣、姜枝后、姜二共、姜三合、姜作超、姜拔堂、姜三翼佃种；每年共应纳租谷壹百肆拾壹石壹斗零，内除完正饷银玖两捌钱肆分伍厘，南米贰石壹斗捌升伍合陆勺，合驴脚共该折银壹两柒钱零贰厘贰毫，正耗漕米贰石柒斗肆升伍合叁勺，并运脚等费，存剩谷玖拾石零陆斗玖升零，每谷壹石，照详定额价，折银伍钱，共实应完折租银肆拾伍两叁钱伍分零。一处七都六区，地名觅塘冲、新屋冲，二处共田贰拾叁亩柒厘零，系县民宋文范、宋恢先乾隆十二年补捐，其田系宋姓子孙宋柳亭、宋复光佃种；共应纳租谷贰拾石零柒斗零，内除完正饷银柒钱肆分，南折银壹钱肆分，漕米贰斗，并运脚等费，存剩谷玖石零肆升，每谷壹石，照详定额价，折银伍钱，实应完折租银肆两伍钱贰分。一处四都十区，地名根湖塘、尾祖山后鸳鸯塘、邓家湾即六亩冲荒屋基肆处，共田伍拾柒亩零，系前马令于乾隆三十七年拨充黄姓之业，其田系原佃王程万、王程月、王万坤、王万山、杨枝光、杨枝照、杨碧林、杨碧五佃种；每年纳租谷捌拾陆石肆斗，内除完正饷银贰两壹钱零贰厘，南折银叁钱柒分，漕米伍斗陆升，存剩谷柒拾玖石肆斗肆升，每谷壹石，照详定额价，折银伍钱，实应完折租银叁拾玖两柒钱贰分。三处俱系佃民每年自行赴府完纳，以供岳、城两书院膏火。案前《志》，官田止载十都黄材、祖塔、横塘、段溪、铁冲若干亩，其七都、四都等处田亩从略。今照案钞录，务详也。前《志》又云：致姜生有烦冤之叹。按今折租银两，九为轻便，该佃民踊跃输将，慎毋干上宪之严行札催可也。又南乡演武场公田及更衣亭公田，并更衣亭公地垦田，共陆拾柒亩零，历归玉潭书院经管。详《学校志》。

官山。在六都一区道林观，东自古堤横至，西抵刘家塘尾杨山坡，长贰百叁拾弓。自观山后左软墺直至南观自山仑塘基，长贰百弓，四抵周围，共壹千零肆拾伍弓。山中树木原系官物，戊辰年，李令断充官用。案详府发县。

义所

育婴堂,原在南门外邓家坪。雍正十三年,奉檄兴建,仇令廷模倡募。监生邓清捐基地厅屋。又同时邓裔增、吴登泰、杨开榜、彭沏、潘怀仁等捐金董役。乾隆二年八月告成,吴登泰又捐东门内砖瓦店房八间,并地基、园土。后废。同治三年,邑侯郭庆飑奉上宪札饬,谕阖邑绅民于乡团各立育婴社,于县垣合立育婴局,公置田亩。一在三都一区,地名黄花桥蓝家湾。同治四年,接买邓姓一契,水田贰拾叁亩,民饷叁钱捌分柒厘,庄屋壹只,庄银伍拾两,时收靖庡租肆拾石;又地名黄花桥及出山口黄花塅,同治四年,接买钟姓一契,水田伍拾柒亩伍升,庄屋壹宅,民饷玖钱,庄银壹百两,时收靖庡租捌拾石。一在三都二区,地名子婆港王子山,同治四年,接买周文川一契,田伍拾亩,庄屋壹宅,民饷捌钱零伍厘;又邑人谢可人同男甲楼、寅窗,侄辛桥、南桥、翰桥、镇桥等,捐田贰拾伍亩,庄屋壹边,民饷叁钱玖分伍厘;又接买谢可人一契,田贰拾伍亩,庄屋壹边,民饷肆钱壹分,叁户共庄银叁百两,时收大庡租壹百捌拾石。一在三都一区,地名薄荷塘,同治五年,接受香山寺田山一契,计田叁拾亩,庄屋壹宅,民饷伍钱陆分,庄银壹百两,岁收行庡租柒拾叁石。一在七都八区,地名水口湾,同治四年,接买陈左书、右贤等田山一契,计田壹百贰拾亩,民饷叁两伍钱叁分;又地名水口湾,同治五年,接买陈瞻淇田山一契,计田伍拾亩,民饷壹两伍钱肆分,贰户时进庄钱壹千串,收靖庡租贰百陆十玖石五斗。一在二都十区,地名蔡公塘、斛气岭,同治六年,接买童姓田山一契,计田陆拾亩,庄屋壹宅,民饷叁钱肆分,时进庄银贰百两,收九六庡租柒拾石。一在二都六区,地名栗木桥,同治七年,接买吴叔封一契,田捌拾亩,庄屋壹宅,民饷玖钱壹分,屯饷伍分,收租壹百陆拾玖石。一在五都十二区,地名山塘湾,同治七年,接买陶正笏一契,田贰拾叁亩,正饷陆钱肆分,收租肆拾陆石。

养济院,旧在北关外五十步。正德时建,袁经记。以兵燹颓败。康熙年,王令钱昌移建东关外。乾隆年,侯令可仪拓北关外旧址重修。广陆拾有伍尺,袤倍之。东西为室各肆楹,以处孤老;中建亭,为官吏点视之所;外建门,朝夕启闭。易茅以瓦,换篱以墙,阶渠甃以砖石。

其财用则随宜措置，其力役则倩觅助佣。规制宏敞，工料完固，越数月工竣。嘉庆二十一年，王令余英捐赀复修。道光二十二年，郭令世阄重修官厅。同治四年，邑侯郭庆飏复修官厅并大门，胗饰墙壁。

漏泽园

一处地名迁佛桥三里牌。在县北里许，周围共四十丈，久经垒葬，砌满无余地。

一处地名乱葬坪。旧名月弦山，在县西三里三都一区，前抵衡山岭，后抵刘家壕，左抵张宅矮壕，右抵刘宅壕，四围共壹百伍拾玖丈。

一处地名社坛岭。在县东门外里许一都六区，前抵聂家巷，后抵刘宅壕，左抵彭宅基巷，右抵刘宅基址，四围共壹百壹拾叁丈伍尺。又聂家巷义勇冢，长贰丈，咸丰四年阵亡合葬。碑记。

一处地名萧家巷。前《志》：前抵萧氏坟山，后抵壕嘴，左抵刘宅田，右抵萧家巷口，四围共陆拾叁丈伍尺。又《通志》《府志》注：宁乡义冢地，三里桥、蒋家坪、衡山岭、梅家岭。即上所载四处是也。

一处地名石湾长堕。在县西南六十里二都三区，邑绅黎汇东捐置。

一处地名东茅塘。在县西南六十里二都三区，邑绅黎大熙捐置。

一处地名双狮岭。在县南六十里四、五都交界处，绕麓有陶、刘、萧、杨、黄五姓祖墓，岭下曾开煤矿。乾隆年，节经宪委勘封禁。嘉庆年复开，庠生刘惜、萧先登、陶章焕等（扳）[报]谢令攀云亲诣封禁，山主等各将己分之山捐作义山。其界自峡内中分，下至尺塘止。宽伍丈，长叁百伍丈。又自尺塘横至砚池塘，由陶炎正、汉升两房庄屋壕堤至水沟止，长叁拾丈。又自水沟上骑仑顶，长壹百伍拾丈，系陶章焕捐。自峡内中分上至仑顶，宽伍丈，长拾叁丈，系萧绪峻捐。自峡内上小狮岭壕堤外荒山，系杨发甲捐，丈明山禁，埋石立界，并勒碑。

一处地名老坟山。在县西五十里六都九区，周围有堤为界，监生袁学瑛捐置。

新增

一处地名新义山。在县东北三十里一都六区梅家湾子，里人陈启后捐置。

一处地名兜子潭义山。在县东十里一都十一区，里人刘德润捐置。

一处地名密扶塘土地山。在县东二十里一都二区，道光十二年，里人李景瑞、景璋奉母覃氏命捐置。

一处地名射窗山。在县西四十里二都六区，有庄屋山场一所，周围以堤为界。

一处地名罗汉冲高岭大路边。义山一侧在县东北三里一都六区，邑绅廖宗元、宗先兄弟捐置。东抵大路，南抵江西公山堤沟，西抵顶塘塘基，横至江西山界，北抵坡心田边水圳上横小路，均窖石为界。

一处地名蛇形山。在县西四十五里二都西六区油麻田木鱼仑上，曾寿荣捐置。

一处地名白马滩。石塘进冲左手山一所，在县西南五十里二都上四区。同治丙寅，团众合买彭姓山地捐置。界址详契据。

一处地名戥子坡。在县北三里三都一区，天符庙捐置。

一处地名祝家滩。在县西三十五里三都八区，合团捐置，周围捌拾陆丈伍尺。

一处地名殷家冲。在县西四十里三都八区，监生谭礼端捐置。

一处地名叉子桥。在县西二十里三都九区，众姓公置，周围壕堤为界。原有草屋数间，同治年间，团众奉饬改作义山，案存户科。

一处地名白山塘。在县西南八十里七都六区罗家坪，众姓捐置。

一处地名凫鸭塘。在县西南七十里七都二区，公买黎厚照山一围捐置。

一处地名夹毬塘。在县西南百十里七都七区，黄芝堂倡募捐置。

一处地名田坪里。在县西百六十里八都二区营场坪王爷庙左河对岸，众姓捐置。周围伍拾余丈，窖石为界。内贰丈，系李人坟禁，不得侵占。

一处地名疆插坑。在县西百六十里九都十四区，夏之时捐置。

一处地名罗家洞。在县西百六十里十都二区，夏之时捐置。

一处地名七里山。在县西百七十里十都二区，杨希贤后嗣捐置。

一处地名圆椅形。在县西百六十里十都三区栖龙潭下，里人募赀公买罗有能、有爵山地捐置。即以其山材木作施棺费，公同蓄禁，不许樵采。

一处地名平骑仓。在县西百六十里十都三区西门铺后。道光二十九年，上四区、中三区捐赀，合买汤承典兄弟山地。周围古堤为界，界外东北抵孙姓山，西南抵张姓山。碑记。

一处地名大坟岭。在县东三十里一都六区，梅逢本捐置。上齐骑仓山脊，下齐曾家屋场，上大路，下子堤，左抵梅子深兄弟山，右抵高姓围堤为界。案存刑科，契交团管。

一处地名大湾岭。在县东南十五里一都，山界南抵驿路及唐堤，西抵张堤，北抵刘堤、唐堤，东抵唐田塘。

一处地名大湾冲五里堆下。在县东南十五里二都，山界西南抵江堤，东抵童堤，北抵驿路。

一处地名老虎塘。在一都十一区玉潭书院庄屋下手大坡出冲左侧山一岸。原《志》载：西抵刘山，以堤为界；北抵刘山，以堤为界。因松梵庵管业互混，同治六年，庵僧国宾、玄妙扦归，书院首事李春翘、姜湘臣禀请捐作义山。其界西北骑仓以堤为界，东南抵书院山中堤壕横截，均以堤为界。有碑。

一处地名腰塘。在县北三十里一都九区，山伴萧宅，其界上至下壹拾贰丈，左至右拾丈，系道光十四年杨图南、朱朝拔、黄周氏、朱廷美价买彭玉亭山捐置。

一处地名刘公塘下东岸挖托岭。在县西北四十里一都九区，其界前抵朱田，后抵周堤，左抵刘山沟，右抵任堤，系道光三十年周恺南、杨图南、朱作新、周跃海、朱理田、朱兰田、朱俊臣、段作亭价买范玉珍山捐置。

一处地名凤翅。在县西三十余里三都七区，周围百丈，系众姓公置。

一处地名叶家岭。即鸭公嘴官山，在县南十里一都一区。南抵朱堤及杨堤，西抵坝边，北抵周田，东抵邹堤，以自堤为界。界内田伍丘，及塘水、庄屋。同治七年，阖邑禀恳将田屋归育婴堂管理，择佃耕作，看守义山。其山仍任地方进葬，不得开垦侵占。

一处地名美界山。在县南九十里四都九区，山系梅团私置，东北两岸齐田边为界，西岸齐廖万玉私山为界，南岸抵圫窝大路为界。

一处地名石鱼塘。在县西南七十里二都三区，吴心田捐置山一块。前有碑为界，后左右俱抵张山为界。

一处地名三仙坳。在县南九十里四都一区铺屋后猪婆圫山场一岸，道光十二年，成三公、丁道南、张两铭等接买卢光明兄弟一契，永作义山。

一处地名铤子岭。在县南四都八区，咸丰九年，萧元甫同伊房众、周秀斋同伊族众，将团山一只，周围古壕，四面窖石为界，凭团捐归四都大公，永作义山。

一处地名干塘冲。在县南九十里四都十区，其界照契以三角势量明，周围八十丈，俱以窖石为界，道光年赵公会首事姜绍宗等七姓捐置。

一处地名窑岭。在县南九十里四都十区，公福团捐置，界址详契据。

一处地名华表塘。在县南九十里四都十区华表塘，右岸土屏山，后以骑仑齐周姓、鲁姓壕堤，前齐崔姓壕堤，左齐软颈抵蒋姓山，横截挖坑为界，右齐夹巷壕堤为界，元吉团公善堂众姓捐置。

一处地名大干塘。在县南九十里四都十区大干塘尾，围山一所，暨荒屋基地，周围俱以壕堤为界，元吉团公善堂众姓捐置。

一处地名西瓜圫。在县南九十里四都十区，乾元宫首事等捐置。

学校志

学校之隆，视乎儒术。《宋史·道学传序》云：宋儒之学，上接思孟，度越诸子，故其为教，关系甚大。自宋置宁乡，其时有先儒胡宏、张栻讲明正学，易氏祓以经学倡，故学校盛于宋。历元、明，代有传人，文学如陶汝鼐尚已。至国朝，文教荦宣，甄陶益广，如王文清之讲求经学，亦足以嗣响前人。盖彬彬乎学校之隆也，况今上揆文奋武，破格求贤，致山林之士，皆得出其智勇，以立功名，岂不以学期有用，非仅在雍容讽诵，扬上仪而敷鸿藻也哉。志学校。

学校一　学宫

学宫，旧在县南关外和平仓故基。自唐末黄巢兵毁后，遂改迁于飞凤山之阳。至元末，又毁于兵。明洪武五年县令薛德昭创建，正统五年梁令俊重建，成化间黄令甄拓而大之、郑令惟楠修而葺之，弘治十二年张令翔撤而新之。其基地前至化龙溪，后至山顶，长一百六十八丈，横三十四丈。岁久，半为居民侵占。正德九年，教谕张昱白诸上官，稍为清复，立界石于山巅，东西广二十一丈，前后广二十九丈。万历间，沈令震龙改建棂星门，修理戟门、两庑。值明季兵燹，又荡然矣。

自国朝以来，诸宰官以时修建，庙貌维新。顺治六年，补建戟门者，袁令天秩也；改增名宦、乡贤祠、辅戟门左右者，蒋令应泰也；奉檄饬修丹垩者，彭令琦也。康熙八年，权令持世率邑人崇其宫墙，建两庑十二楹，重葺大成殿。四十五年，陈令嘉猷接修，蔡令孟瞻、潘令潢、仇令廷模、杜令珣继之。乾隆九年，杨令兆鳌与邑人士募备砖瓦、材木，遍为缮治。未几去任。十年，张令方煜董厥成功，教谕陈恺碑记之。十三年，李令杰超与绅士修办祭器。五十五年，署令李永采重加修饰。嘉庆十八年，王令余英大兴土木缮治，规模益宏远焉。后四十余年，未经大修。同治二年，耿令维中率邑人捐赀，重加修葺。六年，补制祭器。虽尚完善，在董事者总宜殷勤岁修，不可稍忽耳。

大成殿南向，栋高三丈有奇，廊檐高二丈有奇。殿内袤三丈有奇，广七丈有奇。东西各四楹，承以文础，内恭悬圣祖仁皇帝御书"万世师表"扁额，世宗宪皇帝御书"生民未有"扁额，高宗纯皇帝御书"与天地参"扁额，仁宗睿皇帝御书"圣集大成"扁额，宣宗成皇帝御书"圣协时中"扁额，文宗显皇帝御书"德齐帱载"扁额，皇上御书"圣神天纵"扁额，奉安至圣及四配十哲神位。外廊基八尺，绕基十有六楹，阶陛高八尺，中凿白石为盘龙。庭前大桂二株，分列左右，极葱茏掩映。每花发时，香溢衢巷，典守者切宜禁人采折。殿檐外东西横房各一栋，栋五间，以弄礼乐器。

东西庑广五丈有奇，袤视三之一，庑二、阶四尺，傍庑南北房各一，为斋宿所。庑极南处，东建钟楼，西建鼓楼。

崇圣祠，建大成殿后，广袤次于殿，凡三之一，东为尊经阁，西为御书楼。祠前东西角屏以墙。

大成门，凡三间，正中为大成门，左、右为戟门，外各列戟十二枝，东西阶角门各一。

棂星门，明嘉靖年，胡令明善重建。万历间沈令震龙易以冲天柱。顺治六年，袁令天秩增修。乾隆三年，邑绅杨之宪、黄之瑄、彭铉、杨之宸、胡锡位、何中辉、黎良谟、丁节、黄日炯、黄日灿、陈开珂、黄日烶、陈福、潘绍昌、邓清、黄境、喻从珩、潘从仁、杨世、喻安循、刘文纶捐费不等，以谢世沔、陈开珂、陶文部喻从修，阳开榜、陈福、杨裕、胡天泽、吴登泰、潘宗仁等督修。阅七十年，石柱剥裂。嘉庆十六年，王令余英倡建，拓出一丈鼎新之，造数级以登。级下左右列辕门，前甃石为泮池。泮池边树屏墙数仞，左右缭以亚字矮垣。自树屏墙，科甲稍逊。道光丁酉，屏墙圮。次年，中进士一，入词馆。后修复屏墙，高仅等亚字垣于棂星门下，增修照墙以障外，连年无捷南宫者。形家言，墙高遮蔽外阳及文塔，故不利。未丁春，撤去照墙。是科即中进士二，一馆选，一即用。嗣后，科名踵盛。附识于此。

旧《志》：灵星为苍龙，七宿角之右为天门。汉高帝诏天下立灵星祠，祀农祥。宋仁宗天圣六年，诏南郊坛壝立灵星门，象天体也。理宗景定时，又诏孔子庙立灵星门，盖以尊天者，尊圣也。元《志》误以灵为棂，今沿之。

泮池，旧在儒学观德桥西池之东，濒化龙溪。万历三十年，沈令震龙创石坝砥其流，附近居民忌毁之。王令纲、教谕王尧天力为修复。崇正间，甃石为堤，后距飞凤，前绕化龙。程子谓活泼泼地，朱子谓源头活水，真圣人居也。嘉庆十六年，邑绅督修学宫，比昔加广，截此溪，外圆若璧，内方若珪，皆甃以石。西作石口，吞其上流，使不竭；东作石洞，以时蓄泄，使不溢。澄净涟漪，苔青藻绿，称胜景焉。但池中蓄泄虽时，积久须防污垫，则疏浚之功，曷可少云。

名宦祠，嘉庆时，王令余英由戟门左改建大成门外，东旁西向，凡三间。

乡贤祠，由戟门右改建大成门外，西旁东向。

忠孝祠，由东庑后东北角改建钟楼，南西向，凡三间，从大成门外东角门入。

节义祠，亦由东庑后东北角改建鼓楼，南东向，凡三间，从大成门外西角门入。

更衣亭三间，在名宦祠南。

碑亭三座，在乡贤祠南。今碑文多残缺不可辨。

明伦堂，旧在正殿之后、崇圣祠之前，后改建儒学西斋署左，堂三间，门楼三间。今学官李冠英复倡重葺，焕然一新。

旧《志》载：嘉庆十九年，首事魏宏纪、贺德滋、洪世恩、刘端宸、张蒉瑞、黎大镇因整修圣座，下有谋吉偷葬枯骨，随禀县尊，带刑仵验明，饬差埋郊外荒山，候访拿究办。监修等因将座下横直甃石数层，上砌空座，以便启视，后来典守者务勤加看守。又正殿屋脊角锡鳌鱼一对，古物也。道光年，修葺正殿，被匠工窃换，立即追复。以后监修者宜加慎重，毋致疏虞。

康熙二十五年，颁《御制孔子赞》：

盖自三才建，而天地不居其功；一中传，而圣人代宣其蕴。有行道之圣，得位以绥猷；有明道之圣，立言以垂宪。此正学所以常明，人心所以不泯也。粤稽往绪，仰溯前徽，尧、舜、禹、汤、文、武达而在上，兼君师之寄，行道之圣人也；孔子不得位，穷而在下，秉删述之权，明道之圣人也。行道者勋业烂于一朝，明道者教思周于百世。尧、舜、禹、汤、文、武之后，不有孔子，则学术纷淆，仁义湮没。斯道之失传也久矣，后之人而欲探二帝三王之心法，以为治国平天下之准，其奚所取衷焉。然则孔子之为万古一人也，审矣。朕巡省东国，谒祀阙里，景企滋深，敬擒笔而为之赞曰：清浊有气，刚柔有质。圣人参之，人极以立。行着习察，舍道莫由。惟皇建极，惟后绥猷。作君作师，垂统万古。曰惟尧舜，禹汤文武。五百余岁，至圣挺生。声金振玉，集厥大成。序书删诗，定礼正乐。既穷象系，亦严笔削。上绍往绪，下示来型。道不终晦，秩然大经。百家纷纭，殊途异趣。日月无逾，羹墙可晤。孔子之道，惟中与庸。此心此理，千圣所同。孔子之德，仁义中正。秉彝之好，根本天性。庶几夙夜，勖哉令图。溯源洙泗，景躅唐虞。载历庭除，式观礼器。摛毫仰赞，心焉退企。百世而上，以圣为归。百世而下，以圣为师。非师夫子，为师于道。统天御世，惟道为宝。泰山岩岩，东海泱泱。墙高万仞，夫子之堂。孰窥其藩，孰窥其径。道不远人，克念作圣。

康熙二十八年，颁《御制四大贤赞》：

颜子：圣道早闻，天资独粹。约礼博文，不迁不贰。一善服膺，万德来萃。能化而齐，其乐一致。礼乐四代，治法兼备。用行舍藏，王佐之器。

曾子：洙泗之传，鲁以得之。一贯曰唯，圣学在兹。明德新民，止善为期。格致诚正，均平以推。至德要道，百行所基。纂承统绪，修明训辞。

子思子：于穆天命，道之大原。静养动察，庸德庸言，以育万物，以赞乾坤。九经三重，大法是存。笃恭慎独，成德之门。卷之藏密，扩之无垠。

孟子：哲人既萎，杨墨昌炽。子舆辟之，曰仁曰义。性善独阐，知言养气。道称尧舜，学屏功利。煌煌七篇，并垂六艺。孔学攸传，禹功作配。

顺治九年，颁《御制卧碑》于学宫：

朝廷建立学校，选取生员，免其丁粮，厚以廪膳，设学院学道学官以教之，各衙门官以礼相待，全要养成贤才，以备朝廷之用。诸生皆当上报国恩，下立人品。所有教条，开列于后。

一、生员之家，父母贤智者，子当受教父母；愚鲁或有非为者，子既读书明理，当再三恳告，使父母不陷于危亡。

一、生员居心，忠厚正直，读书方有实用，出仕必作良吏。若心术邪刻，读书必无成就，为官必取祸患。行害人之事者，适以自杀其身，常宜思省。

一、生员不可干求官长，交结势要，希图进身。若果心善德全，上天知之，必加以福。

一、生员当爱身忍性，凡有司衙门，不可轻入。即有切己之事，只许家人代告，不可干与他人词讼，他人亦不许牵连生员作证。

一、为学当尊敬先生，若讲说必诚心听受，如有未明，从容再问，毋妄行辩难。为师者亦当尽心教训，勿致怠惰。

一、军民一切利病，不许生员上书陈言。如有一言建白，以违制论，黜革治罪。

一、生员不许纠党多人，立盟结社，把持官府，武断乡曲。所作文字，不许妄行刊刻，违者听提调治罪。

附旧《志》：宋大观元年，诏布周官八行八刑之法于学，令所在镌刻。淳熙六年，御书白鹿洞教条，颁各学立石。明洪武二年，既诏天下立学，遂令礼部传谕，立石传学为卧碑。又令学者专治一经，以礼、乐、射、御、书、数分科教。三年，定学校射仪。十五年，颁禁约八条于各学，勒石明伦堂。成化十三年，令督学官躬历各学，率教官化导诸生，仍置簿考验，苟德行优、文艺赡、治事长，列上等簿；或有德行而劣于经义，或有经义而劣于治事，列二等簿；经义优，治事长，而德行缺，列三等簿。若平日嘱托公事，捏造歌谣，兴灭讼辞，及败伦伤化，过恶彰著，不必品其文艺，即行革退。嘉靖五年，世宗撰《敬一箴》并著《宋儒程氏视听言动四箴》，于天下学立碑，以肃生徒。

康熙四十一年，颁《御制训饬士子文》：

国家建立学校，原以兴行教化、作育人材，典至渥也。朕临御以来，隆师重儒，加意庠序。近复慎简学使，厘剔弊端，务期风教修明，贤才蔚起，庶几棫朴作人之意。乃比年士习未端，儒教罕著，虽因内外臣工奉行未能尽善，亦由尔诸生积锢已久，猝难改易之故也。兹特亲制训言，再加警饬，尔诸生其敬听之。

从来学者，先立品行，次及文学。学术事功，原委有叙。尔诸生幼闻庭训，长列宫墙，朝夕诵读，宁无讲究。必也躬修实践，砥砺廉隅。敦孝顺以事亲，秉忠贞以立志。穷经讲业，勿杂荒诞之谈；取友亲师，悉化骄盈之气。文章归于醇雅，毋事浮华；轨度式于规绳，最防荡佚。子衿佻达，自昔所讥。苟行止有亏，虽读书何益。若夫宅心勿淑，行己多愆。或蜚语流言，胁制官长；或隐粮包讼，出入公门；或唆拨奸猾，欺孤凌寡；或招呼朋类，结社邀盟。乃如之人，名教不容，乡党切齿。纵幸脱褴朴，滥窃章缝，返之于衷，宁无愧乎。况乡会科名，乃抡才大典，关系尤重。士子果有实学，何患困不逢年。顾乃标榜虚名，暗通声气，夤缘诡遇，罔顾身家。又或改窜乡贯，希图进取。嚣陵腾沸，网利营私。种种弊端，深可痛恨。且夫士子，出身之始，尤贵以正。若资厥拜献，便已作奸犯科，则异日败检逾闲，何所不至，又安望其秉公持正，为国家宣猷树绩，应后先疏附之选哉。

朕用嘉惠尔等，故不禁反复惓惓。兹训言颁到，尔等务期共体朕心，恪遵明训，一切痛加改省，争自濯磨，积行勤学，以图上进。国家三年登造，束帛弓旌，不特尔身有荣，即尔祖父亦增光宠矣。逢时得志，宁俟他求哉。若乃视为具文，玩愒勿儆，毁方跃冶，暴弃自甘，则是尔等冥顽无知，终不能率教也。既负栽培，复干咎戾，王章（具）[俱]在，朕亦不能为尔等宽矣。自兹以往,内而国学,外而直省乡校,凡学臣师长,皆有司铎之责者,并宜传集诸生,多方董劝,以副朕怀。否则,职业不修,咎亦难逭,勿谓朕言之不豫也。尔多士尚敬听之。

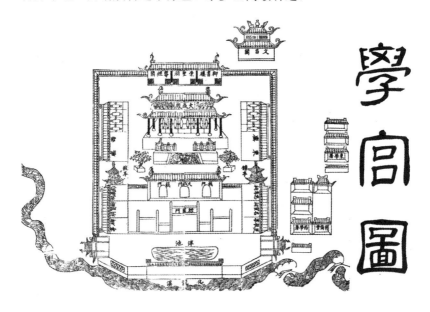

学宫八景

明万历时,邑令沈震龙所题,国朝王征君文清有赋,亦韵事也,存之以示不忘。

璇阁凌霄、杨堤环玉、日映三台、新荷点翠、泮影冠裳、浮榭观澜、源头活水、桂香万斛。

明陶氏汝鼐曰:余尝游钱塘六桥,见山川清丽,楼观澄鲜,仕宦其间,都如仙吏,而况有若白、苏两公之风流也。迨过秀州烟雨,淞郡龙潭,则哑然笑矣。盖岩岫林泉,足恣幽赏,而率不在城隅襟袖之间。古称山川县,岂易得哉。吾宁,山城也。溪引其中,学舍据凤山而下临清沼,岿然出人烟外,俯瞰阛阓矣。滇南沈侯独于黉宫制甚饬,其述为八景也,固因其胜,然莫为之前,虽美弗彰,则良吏可怀也。噫嘻!三十年无复旧观,删略其叙,且选诸公咏以系之,俾后起者将有感于斯文。

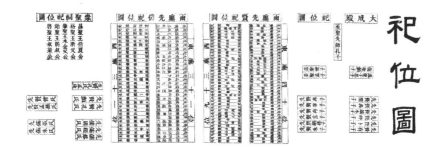

雍正二年，颁行圣庙木主位次。乾隆十八年，礼部核奏通行。

正殿木主，高二尺三寸七分，阔四寸，厚七分；座高四寸，长七寸，厚三寸四分，朱地金书。四配木主，高一尺五寸，阔三寸二分，赤地金书。崇圣祠主同。十二哲木主，高一尺四寸，阔二寸六分，厚五分；座高二寸六分，长四寸，厚二寸，赤地墨书。两庑同。

至圣先师孔子神位，正中南向。

东配：复圣颜子。名回，字子渊，鲁人。汉永平时祀。孔门弟子，颜子位第一。唐贞观二年配飨。述圣子思子。名伋，孔子子鲤之子，宋大观二年从祀，端平三年升列哲位，咸淳三年配飨。

西配：宗圣曾子。名参，字子舆，鲁人。唐开元八年从祀，宋咸淳三年配飨。亚圣孟子。名轲，字子舆，《汉书》作子车，邹人。宋元丰七年配飨。

东、西配，宋以前皆称封爵。元至顺元年，赠颜子兖国复圣公，曾子郕国宗圣公，子思子沂国述圣公，孟子邹国亚圣公。明嘉靖九年，改称复圣颜子，宗圣曾子，述圣子思子，亚圣孟子。国朝因之。

东哲：先贤闵子。名损，鲁人。先贤冉子。名雍，鲁人。先贤端木子。名赐，卫人。先贤仲子。名由，一字季路，卞人。以上均唐开元八年从祀。先贤卜子。名商，卫人。唐贞观二十一年，以经师从祀。开元八年，升列哲位。先贤有子。《史记》：字子若。《家语》作子有，鲁人。唐开元八年从祀，国朝乾隆三年升列哲位。

西哲：先贤冉子。名耕，鲁人。先贤宰子。名予，鲁人。先贤冉子。名求，鲁人。先贤言子。名偃，吴人。以上均唐开元八年从祀。

先贤颛孙子。名师，阳城人。唐开元八年从祀，宋咸淳三年升列哲位。先贤朱子。名熹，徽州婺源人。字符晦，一字仲晦、晦庵、遁翁。紫阳宫焕章阁待制，谥曰文生。宋高宗庚戌淳佑元年从祀，国朝康熙五十一年升列哲位。

东、西哲，宋以前皆称封爵，明嘉靖九年改称先贤某子，国朝因之。有子、朱子升列哲位，从一例。

东庑：先贤公孙侨。《左传》：鲁襄公八年始见，昭公八年卒。国朝咸丰七年从祀，原西庑，拟移东庑。先贤林放。唐开元二十七年从祀，明嘉靖九年改祀于乡，国朝雍正二年复祀，原西庑，拟移东庑。先贤原宪。字子思。《檀弓》作仲宪，宋人。先贤南宫适。《史记》作南宫括，《家语》作南宫韬，字子容，鲁人。先贤商瞿。字子木，鲁人。先贤漆雕开。《家语》：字子若，蔡人。《史记》：字子开，鲁人。先贤司马耕。字伯牛。《家语》作司马黎耕，与《史记》俱字子牛，宋人。先贤梁鳣。《史记》注作鲤，字叔鱼，鲁人。先贤冉孺。《史记》：字子鲁。鲁，一作曾。《家语》作冉孺，字子鱼，鲁人。先贤伯虔。《家语》：字子楷。一作子柝。《史记》作子柝，鲁人。先贤冉季。字子产，鲁人。先贤漆雕从父。《家语》作从父，字子文，一作子期，鲁人。先贤漆雕哆。字子敛，鲁人。先贤公西赤。字子华，鲁人。先贤任不齐。《家语》作子选，《史记》：字选，楚人。先贤公良孺。字子正，一作子幼，陈人。先贤公肩定。《家语》：字子仲。《史记》作公坚定，字子中。鲁人，或曰晋人。先贤鄡单。《史记》作子家。《家语》作鄡，字子象。徐广作鄡单。先贤罕父黑。《史记》作子索，《家语》作宰父墨，字索，一字子墨，鲁人。先贤荣旂。《史记》：字子棋。《家语》作祈，字子旗，鲁人。先贤左人郢。《史记》作行。《家语》作左郢，字子行，鲁人。先贤郑国。《家语》作薛邦，《史记》讹薛为郑，又避汉高祖讳，以邦为国。字子徒，鲁人。先贤原亢。字子抗。《家语》作元亢，字子籍。《史记》作原亢籍。《正义》：亢作允，鲁人。先贤廉洁。《史记》作庸。《家语》：字子庸，卫人。先贤叔仲会。字子期。《文翁图》作唅。《家语》：鲁人。郑云：秦人。先贤公西舆如。字子上，鲁人。先贤邦巽。字子敛。《家语》：邦选。《史记》讹邦为邦。《文翁图》避汉讳，以邦为国，鲁人。先贤陈亢。字子禽，陈人。先贤琴张。《家语》：字子开。《文翁图》：字子张，卫人。先贤步叔乘。字子车，齐人。先贤秦非。字子之，鲁人。先贤颜哙。字子声，鲁人。以上均唐开元二十七年从祀。先贤颜何。唐开元二十七年从祀，明嘉靖九年改祀于乡，国朝雍正二年复祀。先贤县亶。国朝雍正二年从祀。先贤牧皮。国朝雍正二年从祀，原西庑，拟移东庑。先贤乐正克。国朝雍正二年从祀。先贤万章。国朝雍正二年从祀。先贤周敦颐。字茂叔，营道人。生宋真宗丁巳，宋淳祐元年从祀，明嘉靖九年称先儒，崇正十五年改称先贤。先贤程颢。字伯淳，洛阳人。生宋真宗壬申，宋淳祐元年从祀，明嘉靖九年称先儒，崇正十五年改称先贤。先贤邵雍。字尧夫，范阳人。徙河南。生宋真宗辛亥，宋咸淳三年从祀，明嘉靖九年称先儒，崇正十五年改称先贤。

　　西庑：先贤蘧瑗。唐开元二十七年从祀，明嘉靖九年改祀于乡，国朝雍正二年复祀。原东庑，拟移西庑。先贤澹台灭明。字子羽，武城人。唐开元二十七年从祀。原东庑，拟移西庑。先贤宓不齐。字子贱，鲁人。先贤公冶长。字子长。《家语》作苌，鲁人。《史记》：齐人。范宁云：字子芝。先贤公晳哀。字季沈。《史记》作公晳哀，字季次。《索隐》作公晳，齐人。先贤高柴。字子羔。《史记》：卫人。《家语》：齐人。先贤樊须。字子迟。《家语》：鲁人。郑云：齐人。先贤商泽。字子秀。《史记》作子季，鲁人。先贤巫马施。字子期。《史记》作巫马施，字子旗，陈人。先贤颜辛。《史记》作幸，字子柳，鲁人。先贤曹恤。字子循，蔡人。先贤公孙龙。《家语》作宠，卫人。郑云：楚人。孟云：赵人，字子石。先贤秦商。《史记》：字子丕。《家语》：字丕兹，鲁人。郑云：楚人。先贤颜高。字子骄。《家语》：字颜刻，鲁人。先贤壤驷赤。《家语》：字子从。《史记》：壤作穰，字子徒，蔡人。先贤石作蜀。字子明。《家语》作石子蜀，秦人。先贤公夏首。《史记》作首，字子乘，鲁人。先贤后处。《史记》：后处子，字子里。《家语》作后处子，字里之，齐人。先贤奚容蒧。《家语》作子楷。《史记》作子皙。《文翁图》：鲁人。《正义》：卫人。先贤颜祖。字子襄。《家语》作相，鲁人。先贤句井疆。字子疆。《史记》作句井。《正义》作钩井。《阙里志》：字子野。

《山东志》作子孟，卫人。先贤秦祖。字子男，鲁人。郑云：秦人。先贤县成。字子期。《家语》作悬成，字子横，鲁人。先贤公祖句兹。《家语》作公祖兹，字子之，鲁人。先贤燕伋。字子思。《史记》作伋，秦人。先贤乐欬。《史记》：字子声。《正义》：鲁人。《家语》作乐欣，秦人。先贤狄黑。《家语》：字皙之，一作子皙，卫人。先贤孔忠。字子篾。《史记》作孔子兄孟皮之子。《家语》作孔弗。先贤公西蒇。字子尚。《史记》作子上，鲁人。先贤颜之朴。《家语》：字子叔。《史记》：字叔，鲁人。先贤施之常。字子常。《史记》：字子桓，鲁人。先贤申枨。《史记》作申党，字周。《家语》作绩，字子周。《文翁图》作堂，《后汉碑记》作棠，郑作续。以上均唐开元二十七年从祀，明嘉靖九年定称先贤。先贤左邱明。鲁人，唐贞观二年以经师从祀，明嘉靖九年称先儒，崇正十五年改称先贤。先贤秦冉。唐开元二十七年从祀，明嘉靖九年罢祀，国朝雍正二年复祀，称先贤。先贤公明仪。国朝咸丰三年从祀。原东庑，拟移西庑。先贤公都子。国朝雍正二年从祀。先贤公孙丑。国朝雍正二年从祀。先贤张载。字子厚，郿人。生宋真宗庚申，宋淳祐元年从祀，明嘉靖九年称先儒，崇正十五年改称先贤。先贤程颐。字正叔，洛阳人，颢弟。生宋仁宗癸酉，宋淳祐元年从祀，明嘉靖九年称先儒，崇正十五年改称先贤。

　　以上先贤，宋以前从祀者皆称封爵，明嘉靖九年改称先贤某子。周、张、程邵五子，嘉靖时称先儒，崇正十五年改称先贤，位在七十子之下、汉唐诸儒之上。国朝俱称先贤，不称子。

　　东庑：先儒公羊高。齐人，生周末，子夏弟子。唐贞观二十一年从祀。先儒伏胜。字子贱，邹平人，生秦汉间，秦博士。唐贞观二十一年从祀，明嘉靖九年定称先儒。先儒毛亨。受诗于荀卿，以授毛苌。按《史记》：楚考烈王二十五年，荀卿废，居兰陵，距汉兴三十二年。《太平御览》引《毛诗正义》云：荀卿授汉人鲁国毛亨，则是秦汉间人也。国朝同治二年从祀。先儒孔安国。字子国，孔子十一世孙，生汉武帝时，为博士侍中。唐贞观二十一年从祀。原西庑，拟移东庑。先儒后苍。字近君，东海郯人，汉宣帝时博士。明嘉靖九年从祀。先儒郑康成。汉永建二年生。唐贞观二十一年从祀，明嘉靖九年改祀于乡，国朝雍正二年复祀。原西庑，拟移东庑。先儒范宁。晋咸康五年生，唐贞观二十一年从祀，明嘉靖九年改祀于乡，国朝雍正二年复祀。原西庑，拟移东庑。先儒陆贽。唐天宝十三年生，国朝道光六年从祀。先儒范仲淹。宋端拱二年生，国朝康熙五十四年从祀。先儒欧阳修。字永叔，庐陵人，生宋景德四年。明嘉靖九年从祀。先儒司马光。字君实，夏县人。生宋天禧三年，宋咸淳三年从祀。原西庑，拟移东庑。先儒谢良佐。宋元丰八年进士，与杨时同称程门四先生。国朝道光二十九年从祀。先儒罗从彦。字仲素，剑州人。生宋熙宁五年，明万历四十二年从祀。先儒李纲。宋元丰八年生，国朝咸丰元年从祀。原西庑，拟移东庑。先儒张栻。字敬夫，绵竹人，生宋绍兴三年。宋景定二年从祀。原西庑，拟移东庑。先儒陆九渊。字子静，金溪人。生宋绍兴九年，明嘉靖九年从祀。原西庑，拟移东庑。先儒陈淳。宋绍兴二十三年生，国朝雍正二年从祀。先儒真德秀。字景元，一字希元，浦城人，宋淳熙五年生。明正统二年从祀。原西庑，拟移东庑。先儒何基。宋淳熙十五年生，国朝雍正二年从祀。原西庑，拟移东庑。先儒文天祥。宋端平三年生，国朝道光二十三年从祀。原西庑，拟移东庑。先儒赵复。生年无考。以宋端平二年至北庭，当列元儒之首。国朝雍正二年从祀。先儒金履祥。宋绍定五年生，国朝雍正二年从祀。原西庑，拟移东庑。先儒陈澔。宋景定二年生。国朝雍正二年从祀。原西庑，拟移东庑。先儒方孝孺。元至正十七年生，国朝同治二年从祀。先儒薛瑄。字德温，河津人，生明洪武二十二年。明隆庆五年从祀。原西庑，拟移东庑。先儒胡居仁。字叔心，余干人，生明宣德九年，明万历十二年从祀。先儒罗钦顺。明成化元年生，国朝雍正二年从祀。先儒吕楠。明成化十五年生。国朝同治二年从祀。原西庑，拟移东庑。先儒刘宗周。明万历六年生，国朝道光二年从祀。原西庑，拟移东庑。先儒孙奇逢。明万历十二年生，国朝道光八年从祀。原西庑，拟移东庑。先儒陆陇其。明崇祯三年生，国朝雍正二年从祀。原西庑，拟移东庑。

西庑：先儒谷梁。赤子夏弟子。唐贞观二十一年从祀。先儒高堂生。《索隐》：字伯，鲁人。生秦汉间。唐贞观二十一年从祀。先儒董仲舒。

广川人,生汉景帝时,汉武帝初对策为江都相。元至顺元年从祀,原东庑,拟移西庑。先儒毛苌。赵人,大毛公亨之子,生汉武帝时,汉河间献王博士。唐贞观二十一年从祀。先儒杜子春。河南人,汉永平初年,年九十。唐贞观二十一年从祀。原东庑,拟移西庑。先儒诸葛亮。汉光和四年生,国朝雍正二年从祀。原东庑,拟移西庑。先儒王通。字仲淹,隋龙门人。陈至德二年生,明嘉靖九年从祀。原东庑,拟移西庑。先儒韩愈。字退之,修武人。唐大历三年生,宋元丰七年从祀。先儒胡瑗。字翼之,海陵人,生宋淳化四年,明嘉靖九年从祀。先儒韩琦。宋大中祥符元年生,国朝咸丰二年从祀,原东庑,拟移西庑。先儒杨时。字中立,将乐人,生宋皇祐五年,明宏治八年从祀,原东庑,拟移西庑。先儒尹焞。宋熙宁四年生,国朝雍正二年从祀。先儒胡安国。字康侯,崇安人。生宋熙宁七年,明正统二年从祀。先儒李侗。字愿中,剑浦人。生宋哲宗癸巳,明万历四十二年从祀,原东庑,拟移西庑。先儒吕祖谦。字伯恭,婺州人。生宋绍兴七年,宋景定二年从祀,原东庑,拟移西庑。先儒袁燮。字和叔,鄞县人。国朝同治七年从祀。先儒黄榦。宋绍兴二十二年生,国朝雍正二年从祀。先儒蔡沈。字仲默,建阳人。生宋乾道三年,明正统二年从祀,原东庑,拟移西庑。先儒魏了翁。宋淳熙五年生,国朝雍正二年从祀,原东庑,拟移西庑。先儒王柏。宋庆元三年生,国朝雍正二年从祀,原东庑,拟移西庑。先儒陆秀夫。宋端平三年生,国朝咸丰九年从祀。先儒许衡。字仲平,元河内人。生宋嘉定二年,宋皇庆二年从祀。先儒吴澄。宋淳祐生,明正统八年从祀,嘉靖九年罢,国朝乾隆二年复祀。原东庑,拟移西庑。先儒许谦。元至元七年生,国朝雍正二年从祀。原东庑,拟移西庑。先儒曹端。明洪武九年生,国朝咸丰十年从祀。原东庑,拟移西庑。先儒陈献章。字公甫,新会人。明宣德三年生,万历十二年从祀。先儒蔡清。明景泰四年生,国朝雍正二年从祀。先儒王守仁。字伯安,余姚人。明成化八年生,万历十二年从祀。原东庑,拟移西庑。先儒吕坤。明嘉靖十五年生,国朝道光六年从祀。先儒黄道周。明万历十三年生,国朝道光五年从祀。原东庑,拟移西庑。先儒汤斌。明天启七年生,国朝道光三年从祀。原东庑，拟移西庑。

以上先儒，明嘉靖以前从祀者皆称封爵，嘉靖九年改称先儒某子，国朝称先儒，不称子。

崇圣祠正位：肇圣王木金父公，裕圣王祈父公，诒圣王防叔公，昌圣王伯夏公，启圣王叔梁公。

以上正位。明嘉靖九年，于大成殿后立启圣祠，祀叔梁公。国朝雍正元年，诏封孔子先世王爵合祀，五代更名启圣祠为崇圣祠。

东配：先贤孔氏孟皮。国朝咸丰七年配飨。先贤颜氏无繇。字路。《家语》：颜繇，字季路，回之父。唐开元二十七年从祀，明嘉靖九年配飨。先贤孔氏鲤。字伯鱼，子思之父。宋咸淳三年从祀，明嘉靖九年配飨。

西配：先贤曾氏皙。《家语》：字子皙。《史记》作曾箴，参之父。唐开元二十七年从祀，明嘉靖九年配飨。先贤孟孙氏激。字公宜，轲之父。明嘉靖九年配飨。

东庑：先儒周氏辅成。敦颐之父。明万历二十三年从祀。先儒程氏珦。字伯温。颢、颐之父。明嘉靖九年从祀。先儒蔡氏元定。明嘉靖九年从祀。

西庑：先儒张氏迪。国朝雍正二年从祀。先儒朱氏松。字乔年，熹之父。明嘉靖九年从祀。

以上先贤、先儒，明嘉靖时称先贤某氏、先儒某氏，国朝因之。

谨按：学宫崇祀巨典，经历代斟酌损益，至国朝而大备。故宫殿、制度、礼乐、品物谨依阙里旧《志》汇入，而配飨、从祀先后次第，则以同治二年礼部奏定颁行程序为准，良以考古之精，无非尊王之义耳。

名宦祠

南唐县令梁贵宾。

明县令薛德昭、杨武、郭瑀、晏镳、邓万斛、陈以忠、饶尚章。

明县主簿张英。

明教谕刘俊、唐桂。

明湖广学政高世泰。

原任湖南布政使郎永清。

原任振武将军佛尼勒。

原任吏部尚书加赠太子太傅马尔汉。

原任正蓝旗汉军都统冯国相。

原任湖广学政彭而述。

明殉节巡按湖广监察御史刘熙祚。

刑部尚书郭世隆。

原任太子太保、领侍卫内大臣一等公福善。

原任太子太保、保和殿大学士魏裔介。

原任保和殿大学士、前湖广总督吴琠。

原任镇南将军莽衣图。

原任吏部尚书兼翰林院学士徐潮。

总督部院、署西安将军额伦忒

原任湖广总督丁思孔。

原任湖广总督李荫祖。

原任湖广总督李辉祖。

原任偏沅巡抚升户部尚书赵申乔。

原任偏沅巡抚李发甲。

原任工部尚书汤斌。

原任湖广宁乡县知县、荐升河南知府蒋应泰。

乡贤祠

宋礼部尚书易袚。

宋谕德罗仲孺。

宋翰林院学士刘彦举。

宋聘君隐士谢英。

元中书令欧道。

元监察御史欧彦贵。

元副都御史李兴邦。

明金都御史、巡抚辽东袁经。

明西安府同知刘端。

明诰封通奉大夫、四川左布政使周策。

明云南巡抚、右副都御史周采。

明中宪大夫、光禄寺少卿周耀冕

明户部尚书周堪赓。

明潞安府教授陶显位。

明翰林院检讨陶汝鼐。

皇清茶陵州学正廖方达。

皇清襄阳府南漳县训导彭之寿。

皇清乡饮大宾黎启淳。

皇清乡饮介宾潘宏吉。

皇清宗人府主事王文清。

皇清广东潮州府知府周硕勋。

皇清增生张谷瑞。

忠义孝弟祠

明忠臣福建延平府知府张敏。

明孝子陕西西安府知府刘端。

皇清孝子国学生廖乔年。

皇清殉难署山东定陶县知县贺德瀚。道光□年入。

皇清阵亡留浙补用参将、照副将例议恤张显荣。同治三年入。

皇清阵亡尽先副将、照总兵例议恤谢鸿禧。同治三年入。

皇清阵亡参将衔游击刘酉山。同治四年入。

节孝祠

周氏，朱志高妻。　　曹氏，程织文妻。

胡氏，刘兆之妻。　　蒋氏，陶士偶妻。

胡氏，杨才英妻。　　邓氏，张志潸妻。

杨氏，黄梦弼妻。　　张氏，秦安修妻。

胡氏，张翌枢妻。　　秦氏，周振枢妻。

黄氏，黎复淳妻。　　贺氏，黎希亿妻。

黄氏，邓裔坤妻。　　黄氏，贺嘉会妻。

姜氏，黄光璋妻。　　张氏，彭涟妻。

喻氏，黎希煊妻。　　廖氏，张堪彝妻。

黄氏，张兴恕妻。　　许氏，黄光涟妻。

孙氏，程卓群妻。　　余氏，潘顺昌妻。

喻氏，黄煌妻。　　　廖氏，张锡凤妻。

邱氏，黎希轼妻。　　周氏，丁至诚妻。

彭氏，张宏妻。　　　周氏，丁至中妻。

蔡氏，姜堂妻。　　　李氏，张志域妻。

龙氏，罗良仪妻。　　陶氏，张绳祖妻。

文氏，洪绍禹妻。　　黄氏，陈□□妻。

喻氏，黎祚高妻。　　刘氏，黄锡爵妻。

彭氏，何中汪妻。　　杨氏，刘起生妻。

彭氏，张国濂妻。　　张氏，袁承世继妻。

廖氏，张六常妻。　　何氏，姜源渎妻。

喻氏，姜大猷妻。　　姜氏，魏隽妻。

王氏，张国永妻。　　张氏，周□□妻。

夏氏，张□□妻。　　萧氏，陈□□妻。

张氏，彭□□妻。

礼器

谨案：文庙陈设礼器，各有定式，已详纪《阙里文献考》中。乾隆十三年，更定笾、豆、簠、簋之制，悉复古初，备载图中，颁行各直省，永垂法守。兹将旧《志》所载祭器数目，仍列焉。

铜器三：乾隆十一年，土人于学舍旁掘得铜器三件，古质历碌。一件，细纹，高尺有八寸，项伸三寸许，口围尺五六寸，肩阔，腹围约四尺余，底圆平无足，下有字一方，曰："元贞二年丙申制造文庙祭器一百八十一件，监造收支蒋惟一，知书黄元吉，主议山长施志远，教谕龙元礼识。"共四十二字。一件，类上件而无肩、腹以下。一件，长二尺有奇，上大微扁，身削如筒，中空无肘，鼻无当无纹，顶有立兽如纽，似皆残脱不全。今存其器于学，入于交代，令人睹物起敬焉。

铜爵十八，化帛炉一。

至圣前：锡香炉一，锡烛台二，锡花瓶二，锡铏一，锡登一，锡簠一，锡簋一，锡盘一。

东配：锡香炉一，锡烛台二，锡花瓶二。

西配：锡香炉一，锡烛台二，锡花瓶二。

东哲：锡香炉一，锡烛台二，锡花瓶二。

西哲：锡香炉一，锡烛台二，锡花瓶二。

崇圣祠

锡香炉一，锡烛台二，锡花瓶二，锡铏一，锡簠一，锡簋一，锡盘一。

东配：锡香炉一，锡烛台二，锡花瓶二。

西配：锡香炉一，锡烛台二，锡花瓶一。

东西庑：锡香炉二，锡烛台四，笾，共三十五。豆，共三十五，龙彩一，棹围十八张，锡毛血盆，二嘉庆时补制。牺象壶二，教谕谢廷献，嘉庆时捐制。文绣一。嘉庆时制。

以上祭器，系乾隆戊辰署令李杰超倡邑人王乐钟、邓清、王文沅、喻从望、童正宗、刘伋亨、黎希文等新置。数十年来，毁坏甚多，仅有存者，嘉庆二十二年，动支黄花坪租谷补制。及今五十年，存者又复无多。同治六年，首事袁恩怡将租谷钱置备。

乐器

宋元嘉二十二年，用裴松之议，舞六佾，设轩悬之乐。唐贞观二十七年，诏两京乐用宫悬。显庆三年，诏庙用宣和之舞，国子博士范頵撰《乐章》。宋景祐元年，诏释奠用登歌。明洪武二十六年，颁大成乐器于天下府学，令州县学如式制造。国朝康熙二十六年，修饬乐器，令天下学宫择乡俊秀习佾舞。乾隆五年，定乐舞用六佾。九年，颁行祭祀乐章。

颁行乐器：麾幡一首，金钟一面，玉磬十六面，大鼓一面，搏拊鼓二座，柷一座，敔一座，瑟四张，琴六张，排箫二架，笙六攒，箫笛六枝，埙二个，篪二管。

舞器：旌二，籥三十六，翟三十六。

舞生：三十六人。

乐工：三十六人。

乐舞佾县班列图

谨案：古者堂上之乐贵人声，不欲以他乐乱，而琴瑟乃君子所常御，故以丝音为之主。堂下之乐贵人气，故以匏竹为之主，而声之以金，振之以玉，节之以木焉。考释奠乐县，历代位次不同。国朝康熙五十八年，钦颁中和韶乐器一副于阙里，其陈设乐器，犹沿旧制，分堂上、堂下。至乾隆十二年，教习新乐成，始壹遵定制，陈佾县于露台上，舞佾之外，编钟在东，编磬在西，埙一、篪二、排箫一为一列，在编钟之北。西上笛三，一在埙北，一在篪北，一在排箫北。洞箫三，在笛北。瑟二，在洞箫北。琴三，在瑟北。编磬之北亦如之。东上柷，鼓一，在编钟之东，皆北向。歌工，东三人，在琴东北;西三人，在琴西北。笙六，在歌工后。搏拊二，在歌工北。东柷一，西敔一，在搏拊北。麾二，在柷敔北。皆东西相向。文舞生六佾三十六人，在乐县之中。旌二，在舞佾之北，相向。直省、府、州、县学陈设并同。今县学春秋释奠将祭，鼓初严，大成门，左鼍鼓。乐舞生由左右掖门入，左为金声门，右为玉振门。班，大成门内阶下北上。司麾者东西各一人居首，次歌工三人，次琴工三人，次瑟工二人，次笙三人，次洞箫笛各三人，次埙一人，次篪二人，次排箫一人，次特县一人，次编县一人，次应鼓一人，次柷西敔一人，次搏拊一人，次司旌者一人，引文舞生十八人，东西共九十一人。麾旌匏竹羽籥，各秉其器，拱列以俟。鼓三严绝鸣，转班鼓。谨照阙里乐舞谱载转班鼓谱，十有三节，以节乐舞生进退鼓谱附下。

初一节，司麾者引乐舞诸生对进。初二节，趋两阶侧。初三节，抵露台两隅下。

再一节，进至阶。再二节，升下成阶。再三节，转趋上成阶。

中一节，升上成阶。中二节折向南行。中三节，抵露台上，两隅对转，趋午阶。

末一节，抵午阶上，夹午阶，各转向北行。末二节，过乐县，各折向东西行。末三节，过琴瑟，复转向北行。

终节，麾就位。乐生、旌生、舞生皆就位。文舞三成终。三献礼成，文德之舞退。司旌者引文舞生稍进，分向东西，复折而南，绕搏拊后，对转，就乐县，南对拱立如原佾。俟祭礼成。礼毕，钟声绝，大成门右镛钟。转班鼓，复作初一节。司麾者、司旌者各释其器。司麾者引乐生以次退位。初二节，至琴瑟北，对转、向内，循琴瑟行。初三节，各转向南。再一节，过乐县。至舞生退立所。南，各转向，外趋两隅。再二节，分抵两隅，各折向北行。司旌者引文舞生徐退，踵乐生后北行。再三节至于阶，中一节降上成阶，匏竹羽籥，至此各释其器；中二节转至下成阶，中三节降下成阶。末一节抵露台两隅下，末二节夹露台外隅，转过两庑，末三节抵大成门街下。终节，出左右掖门，退班。毕，阖门彻县，藏各器于乐库。

转班鼓谱：凡十有三节，○者右手击，□者左手击，△者击鼓。

初一节△△○　　　二节△△○　　　三节△△○○

再一节□○　　　二节□○　　　三节□○

中一节□○○　　　二节□○○　　　三节□○○

末一节□○□○○　　　二节□○□○○　　　三节□○□○○

终节○○

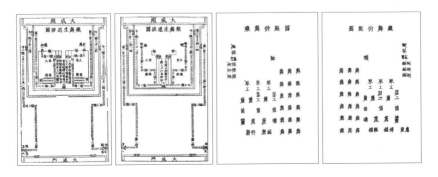

钦定中和韶乐乐声谱

谨案：乐之有歌，乃一乐之主，八音皆以和歌。《礼记·乐记·师乙》语子贡曰："歌者，上如抗，下如队，曲如折，止如槁木，倨中矩，句中钩，累累乎端如贯珠。故歌之为言也，长言之也。说之，故言之；言之不足，故长言之；长言之不足，故嗟叹之；嗟叹之不足，故不知手之舞之，足之蹈之也。"郑康成以为歌声之著动人心之审如此，孔颖达以为感动人心，形状如此。方悫曰："抗，言声之发扬；队，言声之重浊；曲，言回转而齐也；止，言其阕后而定也。倨则不动，不动者，方之体。故中矩，言其声之常如此。句则不直，不直者，曲之体。故中钩，言其声之变如此。累累乎，言其声相系属。端如贯珠，言其终始两端相贯而各有成也。"郝敬曰："如抗七者，歌之法也，上者声高，下者声卑，曲者声回，止者声绝。矩，曲尺也。半环曰钩御。"案抗队七音，郑孔以人心言，方、郝以歌声言，似方郝为是。上下曲止，歌之能事毕矣。倨中矩，申言止方则止也。句中钩，申言曲圆则又转也。端如贯珠，申言上下。自上而下，自下而上，似有两端，而其实两端之中如珠之贯，累而上，又累而下也。恭绎斯义，虽古雅颂之法不尽传，而微妙犹可想见。果精审乎宫商征羽，严辨乎喉齿唇舌，神而明之，斯亦不背于古。如合字出于喉而落于喉内，四字出于齿而落于舌之上龈，上字出于舌上而落于上腭之近外，尺字出于舌头而落于上腭之近内，工字出于唇而落于上腭之鼻孔，六字出于喉而落于喉外，五字出于喉而落于唇齿之中央。参以乐律相配，协于宫商征羽歌之，微妙自得。夫歌有声有音，声即字也，音则其落韵也。字有不能合律者，则以落韵合之。古之善歌者，有言当使声中无字，字中有声。字有喉齿唇舌不同，须字字皆轻圆融入声中，令转换处无磊块，此谓声中无字。如宫声字而曲合用商音，能转宫为商，歌之自然协律，此谓字中有声。兹列歌口谱、歌声谱二图于后，俟有心者讲求之。

恭读《御纂律吕正义后编》，《乐谱通例》云：乐章句读，必须熟习涵泳，使清浊高下，铿然齿颊之间。然后行诸歌咏，播之管弦，《书》曰"诗言志，歌永言"是也，故首列之。今分春秋二仲，合编成谱，谨列《御制文庙乐章》于上，每字各按喉齿唇舌，得其字之本声；又下列钟磬管弦各谱，按春秋二仲宫调转移，俾歌声高下往与乐相会，凡歌某字，审音与笙笛相配，最为得之。故《佾县全图》，笙班在歌工后。则音韵悉谐矣。雅歌止一字一韵，俗曲参以版眼，叠转腔调，雅歌禁之。钦定乐谱，管弦止一字一音，盖长言之为歌，长引其声以咏也。曲合乐曰歌，歌声与乐音相比也，使声必依永，律必和声，用以导人心之和，宣天地之豫，而后可以感格于神明。至于钟磬、管弦各谱，或用律吕，或用工尺，义各有取，殊涂同归，问答篇详言之矣。详上卷三之二工尺字谱。钟磬沿古而用律吕，排箫虽与箫之工尺字同，而其器为律吕之祖，故钟磬、排箫列为一谱。埙、篪并用箫字，故箫、埙、篪列为一谱。笛比箫字高四律，详上卷三之二箫笛字谱。而笙与笛同，故笛、笙列为一谱。

琴则按律定七弦散声，详上卷三之三二仲琴表。春仲以二弦定夹钟，宫应箫之仉字、笛之亿字；以一弦定倍应，钟羽起调，应箫之伬字、笛之伖亇。秋仲以四弦定南吕，宫应箫之亿字、笛之仜字；以三弦定仲吕，羽起调应箫之伈字。秋仲以四弦定南吕，宫应箫之亿字、笛之仜字；以三弦定仲吕，羽起调应箫之伈字、笛之仕字。以次还转，与箫、笛相应。

瑟则春秋二仲均用内十二弦，起十四弦至二十五弦，详上卷三之三《二仲瑟表》。皆立宫于三弦，即十六弦。起调于二弦，即十五弦。不移弦而移。二仲律吕旋转，移柱之远近以协之。春仲于内三弦审应箫之仉字、笛之亿字，以定夹钟，宫与内八弦即二十一弦并鼓之；凡瑟两弦并鼓，弦近者用右手亇，弦远者用左手亇。于内二弦审应箫之伬字、笛之伖字，以定倍应，钟羽起调，与内七弦即二十弦并鼓之。秋仲于内三弦审应箫之亿字、笛之仜字，以定南吕，宫与内八弦并鼓之；于内二弦审应箫之伈字、笛之仕字，以定仲吕，羽起调与内七弦并鼓之。琴与瑟弦位不同，故各列一谱。

至于鼓，无当于五声，五声弗得不和。每句毕，鼓三声，搏拊六，应另谱其节于每句之后。若夫镈钟一击以宣乐，特磬一夏以收乐，柷三击而钟鸣，鼓毕曲而敔响，第为每奏一曲之终始，皆无庸谱。其余管弦音律，一字一韵，谨合图而备列之。春秋上丁，洋洋雅奏，凡入庙襄事者，将是谱分而按之、汇而参之，则肄习良便。

恭读《御纂律吕正义》云：乐之有谱，所以别阴阳、辨清浊、厘四声、谐律吕也。歌之法，前未详，亦以行之，咏歌为见诸用。兹谨详歌谱于乐谱首。

谨案：歌在口中以五六，凡工尺上一四合九宫，往来轮转，如琴之弦、如箫之孔、如钟磬之在县。自合至六声，渐高而清；自六至合声，渐低而浊。得此九宫之声音，凡歌入口，皆合律吕矣。

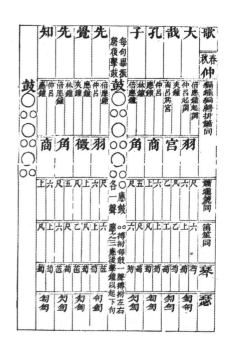

歌　與天地參（春仲　秋）

鼓〇〇〇〇

倍夷則　夾鐘　南呂　應鐘　夾鐘　仲呂　倍應鐘　編鐘編磬排簫同

宮　商　徵　角

尺　五　凡　上　六　尺｜簫壎箎同
六　尺　乙　凡　上　工　乙｜笛笙同
芘　荷　芭　荀　荷　笥　荷　芘｜琴
勾　勾　勾　勾｜瑟

萬世之師

鼓〇〇〇〇

倍夷則　林鐘　林鐘　仲鐘　倍應鐘

角　角　徵　羽

尺　五　尺　五　凡　上　六　尺
六　尺　六　尺　乙　凡　上　六
芘　荀　芘　荀　荷　荷　笥　芘
勾　勾　勾　勾

歌　祥徵麟級（春仲　仲）

鼓〇〇〇〇

夾鐘　倍應鐘　夾鐘　應鐘　南呂　仲鐘　編鐘編磬排簫同

商　宮　徵　角

上　六　乙　凡　凡　上　六　尺　五｜簫壎箎同
凡　上　工　乙　乙　凡　六　尺｜笛笙同
荀　荷　荀　荷　荀　芭　荀　笥｜琴
勾　勾　勾　勾｜瑟

韻答金絲

鼓〇〇〇〇

夾鐘　仲鐘　倍夷則　南呂　應鐘　夾鐘

徵　羽　徵　宮

凡　上　六　尺　凡　上　乙　凡
乙　凡　上　六　尺　凡　上　乙
芘　荀　笥　芘　荀　荷　荀　芘
勾　勾　勾　勾

歌　日月既揭（春仲　秋）

鼓〇〇〇〇

倍夷則　仲鐘　倍應鐘　南呂　倍應鐘　編鐘編磬排簫同

角　羽　商　宮

尺　五　六　尺　上　六　乙　凡｜簫壎箎同
六　尺　上　六　尺　凡　上　工　乙｜笛笙同
芘　荷　芭　荀　荷　荀　笥　芘｜琴
勾　勾　勾　勾｜瑟

乾坤清夷

鼓〇〇〇〇

夾鐘　應鐘　南呂　南呂　夾鐘　應鐘　仲鐘　倍應鐘

羽　宮　商　宮

六　尺　乙　凡　上　六　乙　凡
上　六　工　乙　凡　上　工　乙
荀　芐　荀　荷　荀　荷　荀　芘
勾　勾　勾　勾

歌　予懷明德（春仲　秋）

鼓〇〇〇〇

夾鐘　倍應鐘　編鐘編磬排簫同

角　商　宮　羽

尺　五　上　六　乙　凡　凡｜簫壎箎同
六　尺　凡　上　工　乙　上｜笛笙同
芘　荷　荀　荷　荀　荷　荀｜琴
勾　勾　勾　勾｜瑟

右昭平之章　辭迎神樂無

玉振金聲

鼓〇〇〇〇

夾鐘　仲鐘　倍夷則　南呂　夾鐘　仲鐘　倍應鐘

徵　羽　宮　徵

凡　上　六　尺　乙　凡　凡　上
乙　凡　上　六　工　乙　乙　凡
芭　荀　荷　芘　荀　荷　芭　荀
勾　勾　勾　勾

歌（春秋仲）	編鐘編磬排簫同		簫塤篪同	笛笙同	琴	瑟
生	仲吕 應鐘	商	六 上	上 凡	[illegible]	[illegible]
民	夾鐘 南吕	宫	凡 乙	乙 工	[illegible]	[illegible]
未	應鐘 夾鐘	徵	上 凡	凡 乙	[illegible]	[illegible]
有	林鐘 倍應鐘	角	五 尺	尺 六	[illegible]	[illegible]
鼓 ◯ ○○ ◯ ○○ ◯ ○○						
展	夾鐘 南吕	宫	凡 乙	乙 工	[illegible]	[illegible]
也	仲吕 應鐘	商	六 上	上 凡	[illegible]	[illegible]
大	林鐘 倍應鐘	角	五 尺	尺 六	[illegible]	[illegible]
成	仲吕 應鐘	商	六 上	上 凡	[illegible]	[illegible]
鼓 ◯ ○○ ◯ ○○ ◯ ○○						

歌（春秋仲）	編鐘編磬排簫同		簫塤篪同	笛笙同	琴	瑟
俎	林鐘 倍應鐘	角	五 尺	尺 六	[illegible]	[illegible]
豆	應鐘 夾鐘	徵	上 凡	凡 乙	[illegible]	[illegible]
千	倍應鐘 仲吕	羽	尺 六	六 上	[illegible]	[illegible]
古	林鐘 倍應鐘	角	五 尺	尺 六	[illegible]	[illegible]
鼓 ◯ ○○ ◯ ○○ ◯ ○○						
春	仲吕 應鐘	商	六 上	上 凡	[illegible]	[illegible]
秋	仲吕 應鐘	商	六 上	上 凡	[illegible]	[illegible]
上	林鐘 倍應鐘	角	五 尺	尺 六	[illegible]	[illegible]
丁	仲吕 應鐘	商	六 上	上 凡	[illegible]	[illegible]
鼓 ◯ ○○ ◯ ○○ ◯ ○○						

歌（春秋仲）	編鐘編磬排簫同		簫塤篪同	笛笙同	琴	瑟
清	倍應鐘 仲吕	羽	尺 六	六 上	[illegible]	[illegible]
酒	應鐘 夾鐘	徵	上 凡	凡 乙	[illegible]	[illegible]
既	夾鐘 南吕	宫	凡 乙	乙 工	[illegible]	[illegible]
載	倍應鐘 仲吕	羽	尺 六	六 上	[illegible]	[illegible]
鼓 ◯ ○○ ◯ ○○ ◯ ○○						
其	夾鐘 南吕	宫	凡 乙	乙 工	[illegible]	[illegible]
香	仲吕 應鐘	商	六 上	上 凡	[illegible]	[illegible]
始	夾鐘 南吕	宫	凡 乙	乙 工	[illegible]	[illegible]
升	倍應鐘 仲吕	羽	尺 六	六 上	[illegible]	[illegible]
鼓 ◯ ○○ ◯ ○○ ◯ ○○						

右宣平之章辭（初獻樂舞 羽籥之舞）

歌（春秋仲）	編鐘編磬排簫同		簫塤篪同	笛笙同	琴	瑟
式	倍應鐘 仲吕	羽	尺 六	六 上	[illegible]	[illegible]
禮	夾鐘 南吕	宫	凡 乙	乙 工	[illegible]	[illegible]
莫	仲吕 應鐘	商	六 上	上 凡	[illegible]	[illegible]
愆	林鐘 倍應鐘	角	五 尺	尺 六	[illegible]	[illegible]
鼓 ◯ ○○ ◯ ○○ ◯ ○○						
升	應鐘 夾鐘	徵	上 凡	凡 乙	[illegible]	[illegible]
堂	林鐘 倍應鐘	角	五 尺	尺 六	[illegible]	[illegible]
再	夾鐘 南吕	宫	凡 乙	乙 工	[illegible]	[illegible]
獻	倍應鐘 仲吕	羽	尺 六	六 上	[illegible]	[illegible]
鼓 ◯ ○○ ◯ ○○ ◯ ○○						

上段（右より左へ）

第一区（右端）

歌（春秋・仲）　編鐘編磬排簫同／簫塤箎同／籥笙同／琴／瑟

鼓	聲	協	薿	鏞
	徵	角	宮	商

第二区

歌（春秋・仲）　編鐘編磬排簫同

鼓	誠	乎	顒	贏
	角	徵	角	羽

第三区

歌（春秋・仲）　編鐘編磬排簫同／簫塤箎同／籥笙同／琴／瑟

鼓	蕭	蕭	雝	雝
	角	角	商	商

第四区（左端）

歌（春秋・仲）　編鐘編磬排簫同

鼓	譽	髦	斯	彥
	宮	羽	徵	羽

下段（右より左へ）

第一区（右端）

歌（春秋・仲）　編鐘編磬排簫同／簫塤箎同／籥笙同／琴／瑟

鼓	禮	陶	樂	淑
	徵	角	宮	商

第二区

歌（春秋・仲）　編鐘編磬排簫同

鼓	相	觀	而	善
	角	商	宮	羽

第三区

歌（春秋・仲）　編鐘編磬排簫同／簫塤箎同／籥笙同／琴／瑟

鼓	自	古	在	昔
	羽	宮	角	商

右秋平之章　辭如初獻樂舞（亞獻樂舞）

第四区（左端）

歌（春秋・仲）　編鐘編磬排簫同

鼓	先	民	有	作
	徵	角	宮	商

歌　皮弁祭菜　　於論思樂　　歌　惟天膴民　　惟聖時若

（春仲／秋）編鐘編磬排簫同

鼓

宮　徵　宮　商　　羽　宮　徵　角　　宮　商　角　徵　　角　羽　徵　角

尺　乙　尺　上　六　上　尺　尺　　乙　尺　上　六　尺　尺　上　　尺　五　六　尺　尺　上　五

簫篪管笛笙同

尺　工　乙　上　尺　六　乙　　工　乙　尺　上　六　尺　乙　尺　　上　六　工　乙　乙　尺　尺

琴瑟

歌　彝倫攸敘　　至今木鐸　　歌　先師有言　　祭則受禰（福）

（春仲／秋）編鐘編磬排簫同

鼓

羽　徵　角　角　　羽　宮　角　徵　　角　商　宮　羽　　角　羽　徵　羽

六　尺　上　尺　五　尺　　六　尺　乙　尺　五　尺　上　　尺　五　六　乙　尺　六　尺　　尺　五　六　尺　上　尺

簫篪管笛笙同

上　六　乙　尺　六　尺　　上　六　工　乙　六　尺　　六　尺　上　工　乙　六　尺　乙　尺　　六　尺　上　六　尺　尺

右敘平之章辭　如終初獻獻樂舞

琴瑟

其一（仲春 仲秋）

歌　四海賞宫　　肅不敢疇　　歌　體成告徹　　贖母疏母

編鐘編磬排簫同

鼓　宫羽角徵　　鼓　角徵羽角　　鼓　宫商羽　　鼓　宫商宫羽

凡上六尺五六尺乙凡　　尺五六尺凡上尺五　　六尺乙凡上六乙凡　　六尺乙凡上六乙凡
（簫璜篪同）

乙尺六尺上六工乙　　六尺上六乙凡六尺　　上六工乙凡上工乙　　上六工乙凡上工乙
（笛笙同）

筝琶商筝琶筝商筝　　琶筝琶筝琶筝琶筝　　筝琶筝琶商筝琶筝　　筝琶筝琶商筝琶筝
（琴瑟）

匀勾匀勾匀勾匀勾　　匀勾匀勾匀勾匀勾　　匀勾匀勾匀勾　　匀勾匀勾匀勾匀勾

其二（仲春 仲秋）

歌　樂所自生　　中原有菽　　歌　兕繹斁斁　　洙泗洋洋

編鐘編磬排簫同

鼓　羽宫徵角　　鼓　羽宫商角　　鼓　角商宫羽　　鼓　商宫羽徵

六尺乙凡上六尺五　　六尺凡上六尺五　　尺五上六乙凡六尺　　上六乙凡六尺凡上
（簫璜篪同）

上六工乙凡上六尺　　上六工乙凡上六尺　　六尺凡上工乙上六　　凡上工乙工上乙凡
（笛笙同）

筝琶筝琶商筝琶筝　　筝琶筝琶商筝琶筝　　琶筝琶筝琶筝琶筝　　筝筝筝筝琶筝琶筝
（琴瑟）

匀勾匀勾匀勾匀勾　　匀勾匀勾匀勾匀勾　　匀勾匀勾匀勾匀勾　　匀勾匀勾匀勾匀勾

右懿平之章　辭（徹饌樂　無舞）

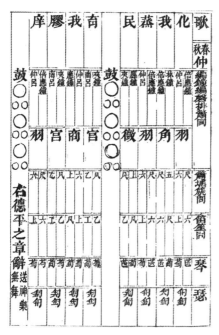

案：《阙里志》歌声谱二图分列，春仲一谱，秋仲一谱，（编）[篇]幅未免较长。兹列双行，合为一图，于乐章每字下以首行属春，次行属秋，共者仍列一行，肄习时可分行而稽也。

钦定中和韶舞舞容谱

谨案，刘濂云：凡执籥秉翟，皆左籥右翟，未开舞时籥在内，翟在外，籥横翟纵。盖左阳右阴，阳主声，籥虽能声，今舞无吹。阴主容，故左籥而右翟；和顺积中，英华发外，故籥内而翟外；籥象

准平，翟象绳直，故籥横而翟纵。今文德之舞初就班，左手执籥衡于内，右手执羽竖于外，北面拱立以俟。初献，亚献，终献。乐举，钟声动，开舞。每成毕，复拱执如初。三成后，先退立于乐县南，仍如初拱执以俟。礼成，随乐生退，降阶，始释羽籥。其每一成开舞，每字各有谱。谨遵钦颁文庙舞容谱式，通行直省、府、州、县学，与阙里并同。绘图于左。

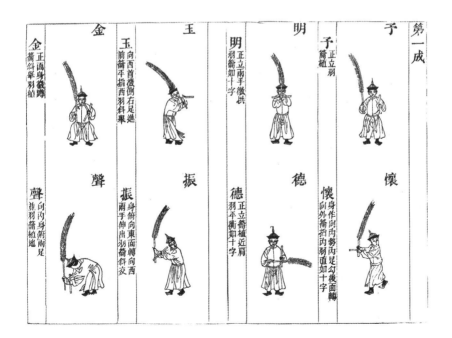

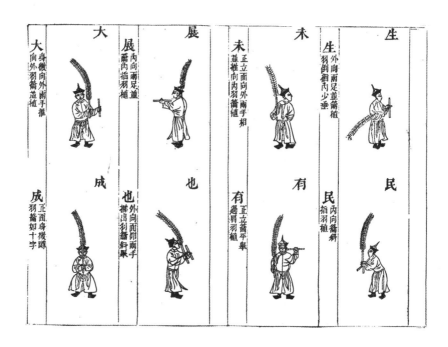

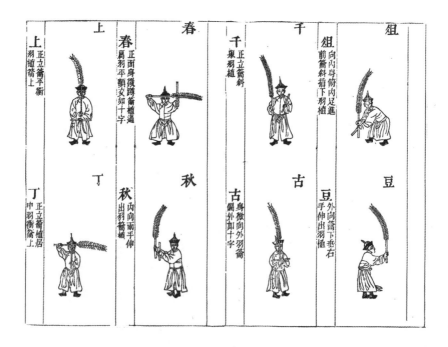

清
内向兩足並簥内
揰羽植如十字

既
正立簥不衡
羽斜眉東

其
正立左手伸出簥
斜舉羽植近左肩

始
正立俯首羽
簥如十字

酒
蹉向上羽簥斜交
身俯向外外足進前

載
正立身俯簥平衡
羽居中植簥上

香
正面左足虛立
簥衡藤上羽簥

升
正立兩手高拱過
鑚羽簥如十字

第二成

式
正面身微側兩
手並羽簥簥植

禮
内向内足虛立
簥斜向脈羽植

莫
外向身微俯面微仰
簥高舉斜揰外羽植

愆
内向起内足兩手相
蓋惟向外羽簥植

升
正立羽簥
如十字

堂
正面右足勾後兩
手高聚羽簥斜交

再
身微彎面向東簥
植近肩羽簥膝上

獻
身微躬面向西羽
植近肩簥衡膝上

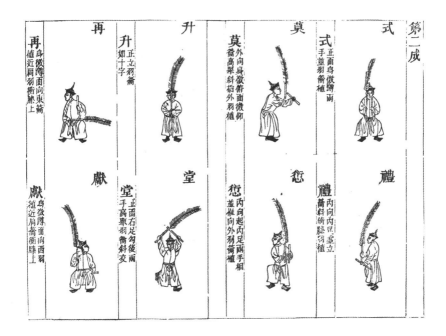

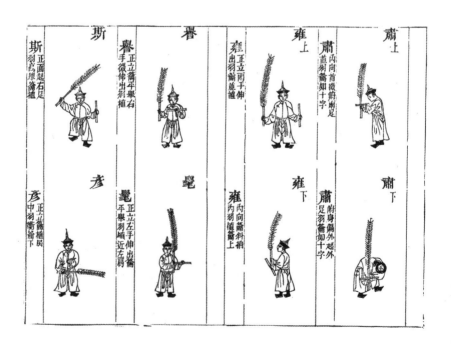

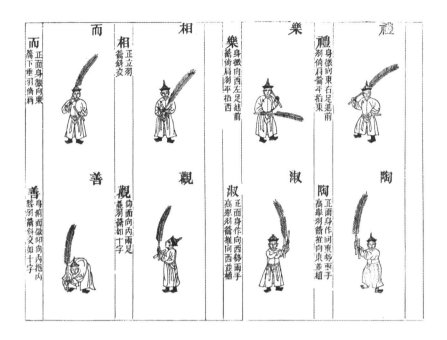

禮　身微向東右足進前　羽倚肩籥平指東

陶　正面身作向東勢兩手　高舉羽籥推向東並植

樂　身微向西左足進前　籥倚肩羽平指西

淑　正面身作向西勢兩手　高舉羽籥推向西並植

相　正立羽籥斜交

觀　乘面向內兩足　高舉羽籥如十字

而　正面身微向東　籥下垂羽倚肩

善　身俯面向微仰向內抱內　膝羽籥斜交如十字

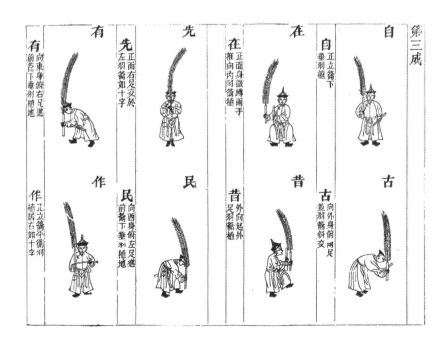

第三成

自　正立籥下垂羽植

古　向外身俯俯兩足　乾羽籥斜交

在　正面身微蹲兩手　椎向內羽籥植

昔　外向起外　足羽籥植

先　正面右足交於　左羽籥如十字

民　向西身俯左足進　前籥下垂羽植地

有　向東身俯右足進　前籥下垂羽植地

作　正立籥平衡羽　植居右如十字

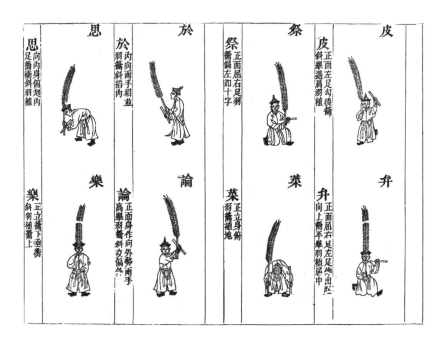

思
思向内向身偏起内
足蹻衡斜羽植

思
於
於羽蹻斜指内
向向两手相並

於
祭
祭蹻偏左如十字
正面屈右足羽植

祭
皮
皮正面左足勾後蹻
斜舉過肩羽植

皮
樂
樂斜羽植蹻上
正立蹻下垂衡

樂
論
論正面身作向外勢兩手
高舉羽蹻斜交偏外

論
菜
菜羽蹻植地
正面身俯

菜
弁
弁向上蹻平舉羽植居中
正面屈右足左足尖出眺

弁

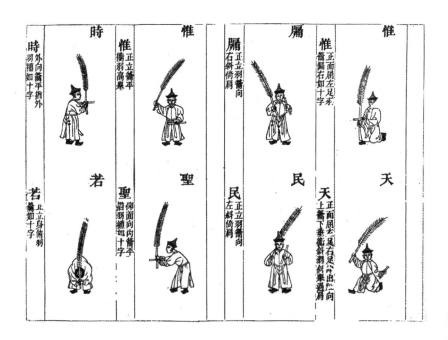

時
時外向蹻平揖外
羽植如十字

時
惟
惟正立蹻平
衡羽高舉

惟
羸
羸右斜羽蹻向
正立羽蹻向

羸
惟
惟蹻偏右如十字
正面屈左足矛

惟
若
若蹻如十字
正立身俯羽

若
聖
聖涽羽植如十字
仰面向内蹻平

聖
民
民左斜倚肩
正立羽蹻向

民
天
天上蹻下垂衡斜羽斜舉過肩
正面屈左足右足尖出眺上向

天

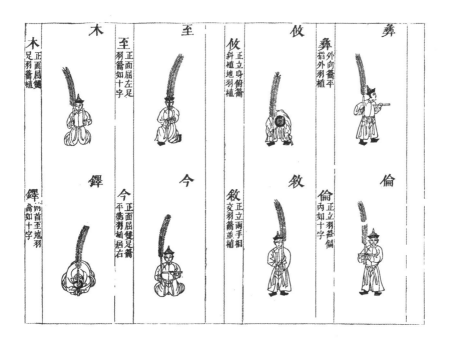

舞　外向翘平
　　指外羽植

彝　正立羽籥並植

攸　正立身俯籥
　　斜植地羽植

攸　正立兩手相
　　交羽籥並植

至　正面屈左足
　　羽籥如十字

至　正面屈雙足
　　平衡羽植
　　跟右

木　正面屈雙
　　足羽籥植

木　正面屈雙足
　　羽籥如地羽

卷之十三

学校二　典礼 <small>附书院</small>

化民成俗，莫先于礼，礼时为大。国朝综历代之制度，斟酌损益，以至于大备。其秩叙之精，具载《会典》《通礼》中，久为中外吏民所遵守，煌煌乎上仪已。宁地虽蕞尔而风教首，暨声明文物，几与大都会等，不可见明备典章。二百年来，渐摩涵濡，光昭郅治者，其泽至深且远哉。顾是礼也，官司守之，典册垂之，尤在儒者讲求而能明、奉行而能肃耳。

庆贺礼

凡元旦、冬至、万寿三大节暨皇后千秋令节，前一日于万寿宫安设香案，龙亭排列仪仗。至日五鼓，文武各官朝服，恭诣文东武西，序立丹墀下。礼生四人，禀三鼓行礼，引至各拜位，通赞唱，序班行三跪九叩首礼。毕，各退。三大节惟万寿圣节，先后三日，俱蟒服坐班，余俱本日坐班。

开读诏书礼

凡诏书至，地方官俱朝服，具龙亭彩舆，仪仗鼓乐，出郭外肃迎。奉诏书，置龙亭中，南向，地方官北向，行三跪九叩首礼。众官及鼓乐前导，行至公庭门外。众官先趋入，文武分东西跪候龙亭。至公庭中，礼生赞，序班文东武西。乐作，行三跪九叩首礼，奉诏书，授展读生。展读生跪受，诣开读案前宣读。众官皆跪。宣读毕，展读生奉诏书置龙亭中。众官跪，行三叩首礼。起，又行二跪六叩首礼。毕，仍具鼓乐，恭送龙亭。

迎春礼

每岁立春前一日,本县文官具吉服,彩仗鼓乐,迎春于东郊。出土牛、芒神,预先塑造,及期出之。行一跪三叩首礼。舁土牛、芒神行香亭,鼓乐前导。至各署大门内,设次安奉。土牛南向,芒神位东,西向以立。春日清晨,陈设香烛酒果。各官具吉服,齐集次所。唱赞生唱。就位,排班。跪,叩首,叩首,叩首。兴,击鼓。乐工播鼓,各官执彩仗,环立土牛两旁。鞭春。各官环绕,击土牛三匝。礼毕。

土牛式:土牛胎骨用桑柘木,身高四尺。按四时□□□□□□□□□□。头至尾长八尺,按八节。尾长一尺二寸。按十二时。鞭用柳枝,长二尺四寸。按二十四气。牛色以本年为法,头角耳用本年天干,身用本年地支,蹄、尾、肚用纳音。天干甲乙属木,色青。地支亥子属水,色黑。纳音如甲子年立春,纳音属金,用白色。余皆仿此。笼头拘索以立春日,日干为笼头,色拘用桑柘木。索,孟日用麻,谓寅申巳亥日。仲日用苧,谓子午卯酉日。季日用丝。谓辰戌丑未日。造牛以冬至节后辰日,于岁德方取水土。甲年东方甲位,乙年西方庚位,丙年南方丙位,丁年北方壬位,戊年东南方戊位,己年东方甲位,庚年南方庚位,辛年南方丙位,壬年北方壬位,癸年东南方戊位。

芒神式:身高三尺六寸。芒神服色用立春日,支辰受克为衣色,克衣为系腰色。如立春子日属水,衣取土克水,用黄色;系腰取木克土,用青色。余日仿此。头髻用立春日纳音为法。金日平梳两髻,在耳前;木日平梳两髻,在耳后;水日平梳两髻,右髻在耳后,左髻在耳前;火日平梳两髻,右髻在耳前,左髻在耳后;土日平梳两髻,在顶上。罨耳用立春时为法,从卯至戌八时,罨耳用手提,阳时左手提,阴时右手提。从亥至寅四时,罨耳或揭或掩,寅时揭从左边,子丑二时全戴。盖寅亥时为通气,故揭一边;子丑时为严凝,故全戴。鞋裤行缠以立春纳音为法。逢金木系行缠鞋裤。金行缠左阙,悬在腰左;木行缠右阙,系在腰右。水日俱全,火日俱无,土日着裤,无行缠鞋子。老少以立春年为法。寅申巳亥老,子午卯酉壮,辰戌丑未幼。身高三尺六寸,按三百六十日。

迎春禁例:康熙十二年,部议直省府、州、县迎春,各官拜迎芒神、土牛，止用鼓吹彩亭，毋许勒令盐商铺户妆扮台阁，排列金珠，张鼓乐，树旗帜，并科派里长，提取马匹、车辆、伶人、娼妇等项。如有前项糜费，借端派累，该督、抚、科、道题参。

耕耤礼

县之东郊先农坛侧，择地九亩四分为耤田，岁仲春吉亥，既有事于先农，乃行耕耤礼。各官诣耤田，俱采服。司旗八人，执青旗，分东西负墙立。司鼓八人，载田鼓，分东西负墙立。与司旗相间。司钟八人，引铜钟，分东西立于旗鼓之前。乐工八人，立于东西二区之中，尽南。耕则随推往来作乐为节。唱赞二人，立于东西二区之中，尽北。唱赞生唱。行耕耤礼。引赞生前引县官就耕所，诸执事官、牧夫、耆农人等，序立神路东西两旁，面皆南向。行九推礼。进犁。进犁者以犁进。进鞭。进鞭者以鞭进。秉耒。县官秉耒。初推。司钲者鸣钲一声，司旗者扬旗，司鼓者播鼓，不疾不徐，均节播之。乐工歌诗，牧夫、农人引牛行，佐贰官执青箱，随后播种。一进一反为一推。司钟者鸣钟一声。初推竟。二推、三推至九推皆如之。九推礼毕，停犁，进犁者各承犁。释鞭。进鞭者各承鞭，各官以次序立田首，农夫终亩毕，行赏，颁耆农、牧夫等赏有差。谢圣恩。引赞生引各官就位，望阙序立。赞跪。凡三跪九叩首。兴。唱。礼毕。退。

耕耤器物：农具一，赤色。牛一，黑色。籽种一。青色。

耕耤人役：耆老一人，牵牛。农夫二人，扶犁。农童六人。唱歌。

释菜礼

本县官到任一二日，诹吉诣文庙行香，即古释菜遗意。先一日，备祭品、香烛，教官传集襄事诸生，质明本官，率属咸朝服诣先师孔子暨四配神位前，三上香，三献爵。礼毕，其十二哲两庑神位前，遣教官恭代行礼。

朔望行香礼：每月朔望，本县官率属具礼服，分诣文庙、关帝庙、文昌庙暨火神、龙神、城隍神各庙神位前，上香三柱，跪叩如常仪。

讲乡约礼

嘉庆四年上谕："各省地方有司，每逢朔望，传集民人，宣讲《圣谕广训》之事。如果膺民牧者能教以大义，于国家设立科条，摘其大端，恺切宣示，俾圆听之民知所领悟，则循谨善良闻而忻慕，即桀骜不驯之徒亦当知所敛戢。嗣后公堂听狱、赴乡劝农时，皆可随时诲导，启发颛蒙，庶默化潜消，可渐收易俗移风之效，毋得视为具文，虚应故事。各督抚督率所属，实意奉行，于化民成俗之道，朕实有厚望焉。"

《礼部则例》：凡直省、府、州、县、乡村、巨堡及番寨、土司地方，设立讲约处所，择老成一人为约正，再择朴实谨守者三四人为值月。每月朔望，齐集耆老人等，宣读《圣谕广训》及律条，务令约正明白讲解，家喻户晓。该州县教官，仍不时巡行宣导。如地方官奉行不力者，督抚查参。

讲约规条：

一、约正、副，赞、讲诸人，须预议分期轮管。届期前一日，于讲所打扫洁净，各如式陈列。司鼓者击鼓三通，同约毕至。知县先向圣谕香案前行九叩首礼，拱立于傍。司赞、司铎亦向案前行礼。毕，各分东西对立。司赞唱。排班。依次序立，行四拜礼毕，再唱。跪。宣读《圣谕广训》，司铎者振铎，高声朗宣，宣毕再唱。肃静听讲。师讲至讲案前，每人轮讲一条。讲毕，司讲北面揖退立，司磬击磬三声。彻讲案，彻毕。合班。约正以下俱向圣谕香案北面排立。揖平身礼，毕。

一、约正、副为一方领袖，苟非其人，生事扰众，滋讼酿争，不惟无益，而又害之矣。必须举年高德邵、品行端方、里中钦服者二人，一为约正，一为约副。

一、约赞亦须公直强干、礼仪熟娴者二人。

一、约讲必须晓畅文义、声音嘹喨者二人。

一、司鼓、司磬者随时择用。

一、香案、讲案、皮鼓、方磬，各如图置办。

一、每月初二、十六日会讲，俱于辰时齐集讲所，午时讲完。讲毕即散。

乡饮酒礼

岁以孟春望日、孟冬朔日，豫期举耆年致仕、德望懋著者一人为宾，次介、次三宾、次众宾均以齿德兼优者为之。以本县官为主人，教官一人为司正。赞礼、执事以生员，先一日设坐次于庠之讲堂，设律令案于堂东，司正官率执事诸生习仪，至日质明，主人偕僚属、执事生均诣学，乃速宾、介。既至，考钟伐鼓，主人出迎于庠门之外，宾、介东面，主人西面。主人揖宾介入，众宾从入。三揖至于阶三让，乃升主人东阶上，北面再拜。宾介西阶上，北面答，再拜。主人揖宾、介就位，三宾、众宾咸就位。宾席西北南向，介西南东向，主人东南西向。三宾、众宾在宾席之西，东向坐定。赞者赞，司正扬觯。以下行礼均唱赞。司正由西阶升，诣堂中北面立，宾主以下皆立。司正揖，众皆揖。司爵酌酒于觯，授司正。司正扬觯而语曰："朝廷率由旧章，敦崇礼教，举行乡饮，非为饮食。凡我长幼，各相劝勉，为臣尽忠，为子尽孝，长幼有序，兄友弟恭，内睦宗族，外和乡里，无或废坠，以忝所生。"乃毕，饮以觯授。司爵揖，宾主以下皆揖。司正退，众皆坐，执事者举律令案于堂中，读律令者诣案北面立，宾主以下皆立，揖如前。读毕退，主人起，献宾席前，北面立，司爵酌酒授主人。主人受爵诣宾位，司馔举馔案于宾前，主人奠爵于席。降。再拜，宾答。再拜，退，复位。宾起，酢主人席前，东面立。司爵酌酒授宾，宾受爵，诣主人位，馔案。从宾奠爵于席，再拜。主人答，再拜，宾复位。主人起献介，介酢主人，均如前仪。司爵酌酒献三宾、众宾遍，工升鼓瑟，歌《鹿鸣》，宾主以下酒三行。司馔供羹，笙磬作，奏《南陔》，间歌《鱼丽》，笙《由庚》。司爵以次酌酒。司馔供羹者三，乃合乐，歌《关雎》。工告乐备，执事者彻馔案，宾主以下皆起。主人就东阶，宾介就西阶，均再拜。宾介降阶出，主人送于门外，如初迎仪。

律诰：尊德乐道，行己有耻。宗族称孝，乡党称弟。内和宗族，外睦邻里。躬修闾斆，式训遐迩。令德寿考，自今伊始。

乡饮执事各生：司正。主扬觯，罚失仪，以教官充。读律诰一生。读扬觯词。即司正。司鼓一生。司钟一生。供馔各位一生。歌诗四生。

引赞四生。供酒各位二生。通赞二生。

会典：顺治初，令京府及直省、府、州、县，每岁举行乡饮酒礼，设宾、僎介主，于存留钱粮内支办酒席。凡以申明朝廷之法，敦序长幼之节，非祗奉行虚文已也。乾隆十九年，会典馆奏定各省举行乡饮礼仪，督抚转饬府、州、县，每岁遵照定例，于正月、十月举行二次，其宾介之数，据旧典所载《乡饮酒图》，有大宾、介宾、一宾、二宾、三宾、众宾与大僎、一僎、二僎、三僎之名。按《仪礼》，宾若有遵者，诸公、大夫则既，一人举觯，乃入。注言：今文"遵"为"僎"。又曰：此乡之人仕至大夫者，来助主人乐宾，主人所荣而遵法者也。或有无、来不来，用时事耳。又曰：不干主人正礼也。谓之宾者，同从外来耳。大国有孤，四命谓之公。又疏言：一人举觯为旅酬，始乃入，即是作乐前入。又《戴记》：坐僎于东北，以辅主人，所谓席于东，助主人乐宾者也。其言主人亲速宾及介，而众宾自从之；至于门外，主人拜宾及介，而众宾自入；三揖至于阶，三让以宾升拜，至献酬辞让之节繁，及介省矣。至于众宾，升受，坐祭，立饮，不酢而降，皆无一言及僎者，所谓不干主人正礼者也。嗣后应令顺天府及直省、府、州、县，先期访绅士之年高德邵者一人为大宾，次为介，又次为众宾，皆由州县详报，府尹、督抚核定举行。其本地有仕至显官、偶居乡里、愿来观礼者，依古礼坐于东北。顺天府及直省会城一品席南向，二三品席西向；各府、州、县三品以上席南向，四五品席西向，无则阙之。不立一僎、二僎、三僎之名，不入举报之内，仍将所举宾介，造具姓名、籍贯清册，送部存案。倘乡饮后有过犯，按所犯轻重，详报褫革，咨部除名，并将原举之官议处。

乡饮酒礼图

作乐〇《会典》：凡乡国之乐，府、州、县乡饮酒，设云璈一，方响一，琴二，瑟一，箫四，笛四，笙四，手鼓一，拍板一。正月以太簇为宫，十月以应钟为宫。

谨按：《学政全书》载乡饮酒仪节，无作乐、歌诗二节。据《会典》，直省乡饮作乐歌诗，皆与顺天府同，并将歌诗仪节恭录于左。

歌诗〇《通礼》：乡饮酒礼，宾主献酬讫，工升歌周诗《鹿鸣》三章。卒，歌笙奏高宗纯皇帝《御制补南陔诗》，辞曰："我逝南陔，言陟其岵。昔我行役，瞻望有父。欲养无由，风木何补。我逝南陔，言陟其屺。今我行役，瞻望有母。母也倚闾，归则宁芷。兰陔有笋，箨实匄之。孱孱孩提，孰噢咻之。慎尔温清，洁尔旨肴。今尔不养，日月其慆。"《御制补白华诗》，辞曰："有白者华，不污纤尘。咨尔士兮，宜修其身。不修其身，乃贻羞于二人。有白者华，婉兹静好。咨尔女兮，宜修妇道。不修妇道，乃贻羞于二老。白华匪玉，涅而不缁。白华匪兰，芬乃胜之。我撷白华，载咏载思。白华匪玉，质玉之令。白华匪兰，臭兰之净。我撷白华，载思载咏。"《御制补华黍诗》，辞曰："瞻彼阪田，厥黍始华。胝足胼手，嗟嗟我农。夫瞻彼阪田，黍华以秀。胼手胝足，惟勤斯殖。茂华有不秀矣，秀有不实矣。其雨其雨矣，杲杲出日矣。怒予愁之恤矣。"间歌《周诗》鱼丽、南有嘉鱼、南山有台三章。笙奏《御制补由庚诗》，辞曰："王庚便便，东西朔南。六符调燮，八风节宣。王庚容容，朔南西东。维敬与勤，百王道同。王庚廓廓，东西南朔。先忧而忧，后乐而乐。王庚恢恢，南朔东西。皇极孰建，惟德之依。"《御制补崇邱诗》，辞曰："涧松童童，蛙黾邻兮。邱草萋萋，荡青云兮。凡百君子，慎乃托身兮。涧松童童，涧则卑兮。邱草萋萋，邱则崎兮。凡百君子，审乃所依兮。有崇者邱，物无不遂。有卓者道，愚无不智。资生育德，永植毋替。"《御制补由仪诗》，辞曰："在上曰天，在下曰地。君君臣臣，父父子子。在下曰地，在上曰天。父父子子，君君臣臣。由其仪矣，物则熙矣。仪其由矣，物则休矣。"乃合乐歌《周南·关雎》三章、《南鹊巢》三章。卒，歌工告备出。

康熙二十六年，知县王钱昌举行乡饮酒礼，大宾庠生黎启淳、介宾庠生杨熙治、僎宾陈文深。

康熙三十六年，知县朱廷源举行乡饮酒礼，大宾庠生黎良谦、介宾庠生成茂良、僎宾熊开先。

康熙四十九年，知县陈嘉猷举行乡饮酒礼，大宾安乡学博王长昌、介宾庠生潘宏吉、僎宾吴伟献。

宾兴礼

凡三年乡试，县官于七月延集录科生员，行宾兴礼。先期儒学官将录科生员册送县官具柬，延集诸生。至日，结彩于县堂或明伦堂，奏乐设筵，拜揖如常礼。县官与诸生簪挂花红就坐，县官与儒学官东西金坐，诸生以次两旁随坐。酒五行或七行起，由中门送出。乾隆以前，科场各县官、学官举行此礼与否，无案可考。事近虚文，礼终不可废也。

嘉庆六年辛酉科，署县甘庆增举行一次。

嘉庆十三年戊辰科，署县陈玉垣举行一次。

嘉庆十八年癸酉科、二十一年丙子科，知县王余英共举行二次。

送新生入学附录

凡督学岁科试，取进文武新生，红案发到县官，送学肄业，行送学礼。前期择日传集。至日，县官于大堂公座，簪挂花红，诸生行庭，参礼县官，拱立答揖禀拜，免，由中门鼓乐导出。县官率领，恭谒文庙，三跪九叩。毕，诣明伦堂，与儒学官交拜，两拜。新生见儒学官四拜，儒学官立受两拜，陪揖两拜。

祀典

坛祀礼

社稷坛，在朝阳门外，俗名社稷岭。

坛制：坛北向甓砖为之，纵横各二丈五尺，高二尺一寸四分，出陛各三级。坛下前十二丈，东西南各五丈，缭以周垣，四门红饰。坛外建神厨房、牵牲房、帛坎。按《文献通考》，宋神宗元丰七年，诏诸州于社稷坛侧建斋厅，以备望祭。元社稷坛下亦有屋备风雨，曰望祀堂。

今神库之设，亦其遗意。

神号：县社之神、县稷之神，石主长二尺五寸，方一尺，埋于坛上正中近南，距坛边二尺五寸，止露圆尖，余埋土中。神牌二，以木为之，硃漆青字，高二尺四寸，广六寸，座高五寸，广九寸五分。临祭，设于坛上。

祭期：每岁春秋仲月戊日致祭，承祭官率各官请主供于坛上，祭毕送藏神库。每祭用银五两。

祭品：礼神制帛二，爵三，铏二，簠二，簋二，笾四，豆四，羊一，豕一，镫一，尊一。

仪节：前祭一日，净坛设次，委官省牲，监视宰牲。委官着补服，至坛封帛毕，礼生引至省牲所省牲。礼生接毛血供香案上，省牲官行一跪三叩首礼毕，退。祭日五鼓，各官朝服行礼，典仪唱。行坛祭礼。执事者各司其事。声鼓，鼓初严，鼓再严，鼓三严。主祭官就位，引赞生引主祭官以下鱼贯入，就拜位旁立唱。诣盥洗所，濯水进巾。主祭官就位，陪祭官就位，瘗毛血，迎神，上香。引主祭官自东阶升，就香案前立，上办香三柱。唱。复位。引主祭官由西阶下。赞。跪。主祭官以下皆跪赞。三跪九叩首。兴。唱。行初献礼，引赞生前引。诣酒尊所。司尊者举幂酌酒，执帛者奉帛，执爵者奉爵，引主祭官自东阶升。赞。诣社神位前跪。左右助献皆跪。献帛。右助献举帛筐授主祭官，主祭官举拱授左助献，奠神座前。献爵。如献帛仪。叩首，赞。兴。诣稷神位前，礼如前仪。诣读祝位。唱。跪。引主祭官诣祝案前跪读，祝者奉祝版旁跪唱。陪祭官皆跪。赞。读祝文。读毕，仍安原位。赞。三叩首。赞。兴。复位。引主祭官自西街下，唱。行亚献礼。引赞如前仪。亚献礼毕，赞。复位。唱。行终献礼。引赞如前仪。终献礼毕，赞。复位。唱。饮福受胙，引主祭官自东阶升。赞。诣饮福位，跪。助献二名，奉酒胙立于右，又二名跪于左。赞。饮福酒。主祭官受酒啐，授爵于左跪者。赞。受福胙。受胙举拱授左跪者。赞。三叩首。赞。兴。复位。谢胙跪。主祭官以下皆跪赞。三跪九叩首。兴。唱。彻馔。送神跪。赞。三跪九叩首，兴。唱。读祝者、奉祝司帛者奉帛诣瘗所。唱。望瘗，主祭官率陪祭官面瘗坎立唱。复位。唱。礼成。

祝文：维年月日，某官某致祭于社稷之神前曰：惟神奠安九土，粒食万邦。分五色以表封圻，育三农而蕃稼穑。恭膺守土，肃展明禋。兹当仲春、秋，敬修祀事。庶丸丸松柏，巩磐石于无疆；翼翼黍苗，佐神仓于不匮。尚飨！

神祇坛

在通安门外。

坛制：坛南向门，由南入，纵广丈尺，与社稷坛同。

神号：风、云、雷、雨之神，宁乡县境内山川之神，宁乡县城隍之神，不设石主，神牌三，以木为之，高广与社稷神牌同。牌次：风、云、雷、雨居中，山川居左，城隍居右。

祭期：每岁春秋仲月上戊日合祭。承祭官率各官请主供于坛上。祭毕，送藏神库。每祭用银十一两。

祭品：风、云、雷、雨礼神，制帛四、爵十二、铏二。

山川礼神，制帛二，爵六。

城隍礼神，制帛一，爵三，羊豕、笾豆、簠簋与社稷坛同。仪节与社稷坛同。

祝文：维年月日，某官某致祭于风、云、雷、雨、山川、城隍之神曰：惟神赞襄天泽，福佑苍黎。佐灵化以流行，生成永赖；乘气机而鼓荡，温肃攸宜。磅礴高深，长保安贞之吉；凭依巩固，实资捍御之功。幸民俗之殷盈，仰神明之庇护。恭修岁祀，正值良辰。敬洁豆笾，祗陈牲帛。尚飨！

先农坛

坛制：坛南向，高二尺一寸，纵广二丈五尺。

神号：先农之神，木主高二尺四寸，广六寸，座高五寸，广九寸五分，饰金书。

祭期：每岁仲春亥日致祭，承祭官率各官请主供于坛上。祭毕，送神入祠。祭费银二两八钱五分。

祭品：礼神制帛一，白色羊一，豕一，铏、笾豆、簠簋、镫、尊与社稷坛同，仪节与社稷坛同。

祝文：维年月日，某官某致祭于先农之神曰：惟神粒我蒸民，肇兴稼穑。颂思文之德，克配彼天；念率育之功，常陈时夏。兹当东作，咸服先畴。洪惟九重之尊，岁举三推之典，恭膺守土，敢不勤民。谨奉彝章，聿修祀事。惟愿五风十雨，嘉祥咸沐于神庥；庶几九穗双歧，上瑞频书乎大有。尚飨！

厉坛

神号：邑厉祭时，迎设城隍神位于坛上，榜无祀鬼神牌位列于坛下，两旁分祀之。

祭期：每岁春清明日、秋七月望、冬十月朔致祭，每祭共享银四两。县仓内厉祭费每年共祭米三石，每石折银三钱五分，共银一两零五分。朔望香烛米三石六斗，每石折银三钱五分，共银一两二钱六分。

祭品：饭米三石。羊三，豕三。坛上城隍神位设羊一，豕一。坛下厉神用羊二，豕二，解置于器用羹饭，铺设左右位前。香烛酒纸随用。

仪节：前期三日，主祭官备香烛，诣城隍庙焚告牒，行一跪三叩礼。至日，各官齐集，补服于坛上城隍神位前行礼。赞引赞。就位。跪。上香，初上香，亚上香，三上香。叩首，叩首，叩首。兴。跪。献爵，初献爵，亚献爵，三献爵。读祝文。叩首，叩首，叩首。兴。化楮焚祝文，诣燎炉前祭酒三爵，退。礼成。

祝文：维年月日，某官某致祭于城隍之神曰：普天之下，后上之上，无不有人，无不有鬼神。人鬼之道，幽明虽殊，其理则一。故制有治人之法，即有事神之道。念厥冥冥之中无祀，鬼神昔为生民，未知何故而没其间。有遭兵刃而损伤者，有死于水火盗贼者，有被人取财而逼死者，有被人强夺妻妾而死者，有遭刑祸而负屈死者，有为饥饿冻死者，有因天灾流行而疫死者，有为猛兽毒虫所害者，有因战斗而殒身者，有因危急而自缢死者，有因墙屋倾颓而压死者，有死后无子孙者。

此等孤魂，死无所依，最堪怜悯。或依草附木，为妖作怪，徘徊于星月之下，悲号于风雨之中。今迎尊神以主此祭，谨设坛于城北。兹当正、七、十月，上、中、下元佳节，置备牲醴羹饭，专祭本县阖境无祀鬼神等众。恳神遍谕，俾其来享。尚飨！

常雩

在神祇坛。

神号：风、云、雷、雨神位，社神位，稷神位，山川神位，先农神位。风、云、雷、雨牌居中，社牌左，稷牌右，山川牌次左，先农牌次右。

祭期：每岁孟夏，择日致祭于各处，迎神牌设于神祇坛上。祭毕，仍捧神牌安置各原处。

祭品：礼神制帛九，风、云、雷、雨四，山川二，俱白色；社稷二，先农一，俱黑色，长一尺八寸。羊豕、铏、笾豆、簠簋与社稷坛同，惟白磁爵。风、云、雷、雨前十二，社稷前六，山川前六，先农前三，仍总献爵各三。

仪节：与社稷坛同。

祝文：遇旱祷雨及报谢，临时撰文。维年月日，某官某致祭于风云雷雨、社稷、山川、先农之神曰：恭膺诏命，抚育群黎。仰体彤庭保赤之诚，勤农劝稼；俯惟蔀屋资生之本，力穑服田。令甲爰颁，肃举祈年之典；惟寅将事，用申守土之诚。黍稷维馨，尚冀明昭之受赐；来年率育，庶享丰裕以贻庥。尚飨！

祈雨仪节：凡遇亢旱，祈求雨泽，先一日斋戒，禁止屠宰，惟祭坛用牲。至期，各官朝服致祭山川坛，次日致祭社稷坛。祭品仪节，俱照春秋祭礼行。另用祝文，不饮福受胙。祭毕后雨，缨素服诣城隍庙、龙王庙，读祝文行香。各官每日诣城隍庙、龙王庙行香，第七日为止。龙王、城隍位前皆行二跪六叩首礼。凡七日内得雨开屠，择日行报祭礼。先祭山川社稷，另用祝文，饮福受胙。次祭城隍、龙王，俱用祝文，祭品仪节，均照春秋礼行。如七日不雨，或雨小不足，暂停开屠一日，仍斋戒如前。得雨后，报祭如初。凡遇祈祷斋戒、致祭行香之日，令僧道诵经。

如亢旱太甚，各官步祷，行香祭坛，俱穿朝服行礼。祭后仍雨，缨素服，余日各庙行香。俱雨，缨素服，惟报祭日则各庙俱穿补服。

祝文：维年月日，某官某致祭于龙王位前曰：雨泽之及时，动关民瘼；农夫之望岁，端赖神功。兹当秋夏之交，直浃两旬而不雨；眷彼中迟之稻，难期四野之丰收。屡设斋坛，未邀灵应。炎歊日甚，盼望弥殷。某职任抚循，情深呼吁。伏冀垂育物之仁，立驱旱魃；显回天之力，大沛甘霖。万姓蒙麻，群黎志庆。谨告。

祈晴仪节：凡遇霪潦为灾，祈求晴霁，先行禜祭之礼。伐鼓用少牢，视水来涌集最多之门而祭。先一日斋戒，禁屠宰，惟祭门用牲。祭日，穿补服，行二跪六叩首礼。伐鼓用祝文，祭品仪节，照春秋致祭火神之礼。城门神位，以黄纸为之，书宁乡县城门之神位，报祭则焚之。如三日仍雨不止，则伐鼓，用牲致祭社坛，朝服行礼，另用祝文。祭品仪节，照春秋祭礼，不饮福受胙。祈祷之后，晴霁开屠，择日行报祭礼。

祝文：维年月日，某官某致祭于城门之神曰：诏命临民，职司守土。惟兆人之攸赖，并藉神功；冀四序以常调，群蒙福荫。必使雨旸应候，爰占物阜而民安；庶其率育咸宜，共庆时和而岁稔。仰灵枢之默运，聿集嘉祥；襄元化以流行，俾无灾害。尚飨！

护日月仪节：凡日月食，由钦天监豫推交食时刻及食之分秒，通行直省，按所推时刻分秒，随地测验，祗行救护。本县官于公署中雷行礼，各官素服齐集，阴阳生禀初亏，礼生引各官就拜位序立，赞。上香，行三跪九叩首礼。兴。赞。跪。各官皆跪。阴阳生奉鼓进桴，承事官执桴鸣鼓三声，堂下金鼓齐鸣。少顷，赞。兴。引各官暂退。阴阳生禀食甚，礼生引各官行礼如初。阴阳生禀复，圆金鼓止，礼生引各官行礼如初。礼毕，各退。

庙祀礼

文庙

祭期：每岁以春秋仲月上丁行礼。

祭品：雍正三年，颁定祭文庙正殿四配十二哲，东庑西庑先贤先儒，礼神制帛陈设祭品。

陈设图：

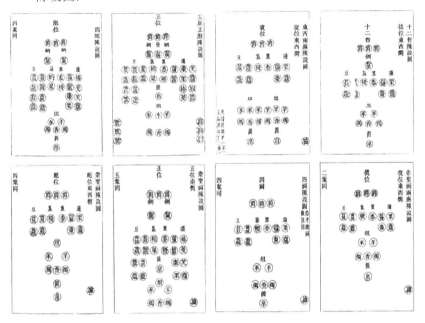

以上牲帛笾豆及所实品物，均遵照康熙二十年颁行典礼及《阙里志》图册数目载入，庶办祭者可按图而陈设焉。

祭品制造法：太羹。用牛体，刷洗洁净，大汤锅熟煮，不加盐料，撇其脂腻，止存清汁，勺之登内。和羹。用豕脊脊肉切薄片，煮牛淡汤，焯过漉起，然后用盐、酱油、醋、芹韭丝调匀，又切猪腰如荔形盖面，临时用淡牛肉热汁浇满，勺之铏内。黍饭。用拣过黍米完洁者滚汤煮熟，捞起倾盆内，稍冷盛于簋。稷饭。如制黍法，盛于簋。稻饭。用拣过稻米完洁者，水内淘净，捞入甑中，蒸熟，盛于簋。粱饭。如制稻法，盛于簋。黑饼。用荞麦面拌以油蜜，内包蜂蜜、熟榛、菱为馅印，圆饼如掌大，炉干笾二十枚。白饼。用白麦面，如造黑饼法，笾二十枚。榛。拣净仁洁白者，颗颗砌起，下丰上锐，与笾相称。菱。拣净米洁白者，如砌榛法，实笾内。芡。拣净实洁白者，如砌榛法，实笾内。枣。用胶枣煮熟去皮，水润洁净，实笾内。栗。拣净大栗去皮，实笾内。鰝鱼。

用白鱼，大者剖腹去鳞洗净，头尾、腹内俱以盐搓之，放桶内一日夜，取出晒干。临用时，温水洗净，酒浸切碎，实笾内。鹿脯。用肥美鹿肉加盐、酱、姜、椒煮熟，切为小块。临时再加麻油炒之，实笾内。形盐。用洁净白盐拣颗象虎豹山形者，印为物象，实笾内。芹菹。用洁净生芹切作长段，不加和料，实豆内。韭菹。用肥嫩生韭，切去本末，取中一段，以盐渍之，实豆内。菁菹。用择过菁菜以汤毛之，切小段，加盐、姜、油、醋调和，实豆内。笋菹。用洁净干笋，盐水煮过，切方片，加盐、姜、油、醋调和，实豆内。醓醢。用猪脊肉切小方块，加油、盐、姜、椒、茴香、葱白，拌肉煮熟，以香为度，实豆内。鹿醢。用活鹿肉，碎切，制法如醓醢，实豆内。兔醢。用活兔肉，碎切，制法如醓醢，实豆内。鱼醢。用活鱼，碎切，制法如醓醢，实豆内。豚拍。用猪肩膊肉，取方大块，抹以油、盐、蜜、醋、酒，蒸熟，实豆内。脾析。用牛羊肚子，白叶去黑皮切细，修沸汤焯过，加油、盐、醋、酱、葱、姜、酒拌匀，再炒，以香为度，实豆内。酒。清酒久窨而冽者，以郁金香煮之，贮各尊。

谨案：制造之法，载于圣门礼志者甚详，供祭时自应如法备制，以展爱敬之诚。近时因陋就简，每以寻常肴馔陈设庙庭，甚非恪荐馨香、崇尊祀典之意。兹特逐一注明，以见笾实铏羹未可稍存慢易云尔。

丁祭仪节：

上丁前一日，学官照额派典仪通赞、引赞、执事生、乐舞生姓名书榜，出祭器陈列明伦堂，设香案于牲房外。日午，奉主祭官、各承祭官、各通赞、引赞、执事生、乐舞生姓名，榜挂学宫外，奉安祝版于祝案前正中，诣至圣先师神位前，上香三柱，行一跪三叩礼，退更衣亭内。日晡，主祭官省馔豆醴尊毕，诣省牲所省牲，设香案，三揖，视杀荐毛血，唱赞生请演礼，礼如正祀。献帛、爵等，遣员代摄。乐舞生请演乐，乐如正礼。祭之日四鼓，陈设祭器、祭品、牲俎于各神位前，工歌陈簨簴、琴瑟、柷敔等讫，各齐集庙门外待事。五鼓，主祭官、分献官、陪祭官各朝服诣庙门外，由棂星左右门入，文左武右。至更衣亭，通唱。行释奠礼。执事者各司其事，鸣钟，声鼓。鼓初严，鼓再严，鼓三严。典唱。麾生进，陪典唱。旌生进，典唱。乐生序立，陪典唱。舞生序立。通唱。主祭官就位，正引唱。主祭官盥洗就位；通唱。分献官就位，分引唱。分献官盥洗就位。通唱。陪祭官就位。启户，瘞毛血，迎神。典唱。举迎神乐，陪典唱。奏昭平之章，通唱。上香。正引唱。主祭官诣先师香案前，跪，三上香，叩首，兴；次诣复圣位前，跪，三上香，叩首，兴；次诣宗圣位前，跪，三上香，叩首，兴；次诣述圣位前，跪，三上香，叩首，兴；次诣亚圣位前，跪，三上香，叩首，兴。复位。分引俟主祭官诣复圣位时唱。分献官诣东、西哲位前，跪，三上香，叩首，兴。以次降阶，分诣东、西庑位前，跪，三上香，叩首，兴。毕。皆复位。陪通唱。跪。叩首，叩首，叩首。兴，跪。叩首，叩首，叩首。兴。跪。叩首，叩首，叩首，兴。通唱。奠帛爵。

行初献礼。典唱。举初献乐，陪典唱。奏宣平之章，起宣平之舞。俟乐作，正引唱。主祭官行初献礼，诣酒尊所。司尊者举羃酌酒，诣先师位前，跪，奠帛。初献爵，叩首，兴。诣祝位前，跪。通唱。皆跪。典俟歌二句，则以玉振金声句唱；止歌四句，则以展也大成句唱止。乐止。陪典唱。舞止。正引唱。读祝。毕。唱。叩首，叩首，叩首。兴。典唱。乐起。陪典唱。舞起。通唱。

行分献礼。正引唱。诣复圣位前，跪，奠帛，初献爵，叩首，兴。次诣宗圣位前，跪，奠帛，初献爵，叩首，兴。次诣述圣位前，跪，奠帛，初献爵，叩首，兴。次诣亚圣位前，跪，奠帛，初献爵，叩首，兴。复位。分引俟诣复圣位时唱。分献官诣东、西哲位前，跪，奠帛，初献爵，叩首，兴。次诣东、西庑位前，跪，奠帛，初献爵，叩首，兴。皆复位。乐止，通唱。

行亚献礼。典唱。举亚献乐，陪典唱。奏秩平之章，起秩平之舞。俟乐作，正引唱。主祭官行亚献礼，诣酒尊所。司尊者举羃酌酒，诣先师位前，跪，亚献爵，叩首，兴。通唱。

行分献礼。正引唱。诣复圣位前，跪，亚献爵，叩首，兴；次诣宗圣位前，跪，亚献爵，叩首，兴；次诣述圣位前，跪，亚献爵，叩首，兴；次诣亚圣位前，跪，亚献爵，叩首，兴。复位。分引俟诣复圣位时唱。分献官诣东、西哲位前，跪，亚献爵，叩首，兴；次诣东、西庑位前，跪，亚献爵，叩首，兴。皆复位。乐止。通唱。

行终献礼。典唱。举终献乐。陪典唱。奏叙平之章，起叙平之舞。俟乐作，正引唱。主祭官行终献礼，诣酒尊所。司尊者举羃酌酒，诣先师位前，跪，终献爵，叩首，兴；通唱。

行分献礼。止引唱。诣复圣位前，跪，终献爵，叩首，兴；次诣宗圣位前，跪，终献爵，叩首，兴；次诣述圣位前，跪，终献爵，叩首，兴；次诣亚圣位前，跪，终献爵，叩首，兴。复位。分引俟诣复圣位时唱。分献官诣东、西哲位前，跪，终献爵，叩首，兴；次诣东、西庑位前，跪，终献爵，叩首，兴。皆复位。俟乐止，典唱。文德之舞退。通唱。

饮福受胙。正引唱。主祭官诣受福胙位，跪，饮福酒，受福胙，叩首，叩首，叩首，兴，复位。陪通唱。跪，叩首，叩首，叩首，兴；跪，叩首，叩首，叩首，兴；跪，叩首，叩首，叩首，兴。通唱。彻馔。典唱。举彻馔乐，陪典唱。奏懿平之章，乐作，彻毕。通唱。送神。典唱。举送神乐，陪典唱。奏德平之章。陪通唱。跪，叩首，叩首，叩首，兴；跪，叩首，叩首，叩首，兴；跪，叩首，叩首，叩首，兴。典俟歌第六句祀事孔明句唱。乐止。通唱。

司祝者奉祝，司帛者奉帛，司香者奉香，司馔者奉馔，恭送燎所望燎。正引、分引引各官诣燎所望燎。典唱。乐起。毕，通唱。礼成，阖户，卷班。

祝文：维年月日，某官某致祭于至圣先师孔子神位前曰：惟先师德隆千古，道冠百王。揭日月以常行，自生民所未有。属文教昌明之会，正礼和乐节之时。辟雍钟鼓，咸恪荐乎馨香；泮水胶庠，益致严于笾豆。兹当春、秋仲，祗率彝章，肃展微忱，聿修祀典，以复圣颜子、宗圣曾子、述圣子思子、亚圣孟子配。尚飨。

崇圣祠仪节：丁祭日，主祭官先至崇圣祠行礼，引赞生引入祠门内立。典仪唱。诣盥洗所，濯水进巾。执事者各司其事，司尊者就尊所立，助献生分东、西阶升，各就应侍拜次前立。主祭官、分献官各就位。赞。瘗毛血，助献生彻毛血槃，典仪赞。迎神。赞。就上香位，引主祭官升东阶，入殿左门。诣肇圣王位前，跪，三上香，赞。叩首，兴；不次赞。

诣左、右正位前跪，三上香，仪同，降阶复位。引分献官升东、西阶，入殿左、右门。分诣配位前跪，三上香，仪同，降阶复位。引两庑分献官，分诣从位前跪，三上香，复位。均如前仪。主祭官、分献官行二跪六叩礼，兴；赞。行初献礼，引主祭官升阶，赞。诣中案前跪，献帛，司帛跪奉筐，主祭官受筐拱举，奠于案。献爵，司爵跪奉爵，主祭官受爵拱举，奠于垫中。叩首，兴。不赞。以次诣左右案前跪，奠帛，献爵仪同。赞。就读祝位，引主祭官诣祝案前跪，分献官皆跪，读祝者奉祝版旁跪。唱。读祝文。读毕。兴。奉祝版跪安，五王位前筐内三叩首，兴。退。主祭官、分献官三叩首，兴，引主祭官出，降阶。复位。引正殿分献官升东、西阶，入殿左、右门。诣配位前，引两庑分献官分诣两从位前跪，奠帛，献爵，兴，复位。均如正献仪。亚献，各献爵于左。终献，各献爵于右。均如初仪。唱。彻馔，彻毕。送神。主祭官、分献官二跪六叩首，兴。执事者各奉祝帛、香馔，以次送燎位如仪，主祭官避立西旁，俟过毕。复位。引诣燎所。视燎。赞。礼毕。仍引由祠垣左门出，各退。

祝文：维年月日，某官某致祭于五圣王位前曰：惟王奕叶钟祥，光开圣绪。盛德之后，积久弥昌。凡声教所覃敷，悉循源而溯本。宜肃明禋之典，用申守土之忱。兹届仲春、秋，聿修祀事，以先贤颜氏、先贤曾氏、先贤孔氏、先贤孟孙氏配。尚飨。

名宦祠仪节：丁祭毕，教官诣祠行礼。唱赞生唱。就位，上香，迎神。跪，叩首，叩首，叩首。初献爵，再献爵，三献爵。读祝，读毕唱。叩首，兴。复位。复拜位。跪，叩首，叩首，叩首。兴，焚祝文，礼成。

祝文：维年月日，某官某致祭于贤良名宦之灵曰：惟灵文武宪邦，公忠体国。当皇朝之肇造，心膂攸同；值列圣之丕承，股肱作辅。明良合德奋庸，而庶绩咸熙；中外宣猷敷泽，而兆民永赖。洵属庙廊之硕望，允宜俎豆以明禋。考绩纪勋，崇报昭垂于令典；陈牲奠币，馨香祗荐于岁时。尚飨。

按：今祠内尚存明以前名宦神主，专祀则惟国朝名宦也。

乡贤祠仪节，与名宦祠同。

祝文：维年月日，某官某致祭于乡贤之灵曰：惟贤诞生于乡，钟灵毓秀。勋名节义，卓然桑梓之光；经济文章，允矣士民之望。特典久垂于令甲，隆仪亦附于上丁。用举彝章，神其来格。尚飨。

忠义孝弟祠仪节，与名宦祠同。

祝文：维年月日，某官某致祭于忠义孝弟之灵曰：惟灵禀赋贞纯，躬行笃实。忠诚奋发，贯金石而不渝；义问宣昭，表乡闾而共式。祗事懋彝伦之大，性挚蓼莪；克恭念天显之亲，情殷棣萼。模楷咸推乎懿德，朝廷特阐其幽光。祠宇维隆，岁时式祀。用陈尊簋，来格几筵。尚飨。

节孝祠仪节，与名宦祠同。

祝文：维年月日，某官某致祭于节孝之灵曰：惟灵纯心皎洁，令德柔嘉。矢志完贞，全闺中之亮节；竭诚致敬，彰闺内之芳型。茹冰糵而弥坚，清操自励；奉盘匜而匪懈，笃孝传徽。朝廷特沛乎隆文，祠宇昭垂于令典。祗循岁事，式荐尊醪。尚飨。

敕建节孝总祠祭仪，与节孝祠同。岁春、秋祭四祠，礼毕诣祠致祭。

祝文：维年月日，某官某致祭于旌表贞孝节烈之灵曰：惟灵纯心皎洁，令德柔嘉。本清白以持躬，女史珍完白璧；服勤劳而奉养，妇职辉映彤编。茹冰糵而励志弥严，心坚金石；奋慷慨而捐躯弗惜，义重邱山。凡兹播乎风徽，胥有关于教化。钦恩纶之特沛，总建坊祠；标姓氏以长留，式型邦国。霜林丛柏，同志克偕乎数百余人；潜德幽光，流芳并传于数千万祀。兹值仲春、秋之吉，肇修岁祀之仪。洁尔牲牢，焕乎俎豆。为坊为表，美盛典之于昭；来格来歆，冀灵爽之不昧。尚飨。

武庙

历朝封号：汉建安五年，封汉寿亭侯。建安二十四年，昭烈即位，汉中封前将军假节钺。晋景耀二年，谥壮缪侯。宋崇宁元年，谥忠惠公。大观二年，封武安王。宣和五年，加义勇武安王。淳熙十四年，加封壮缪义勇武安英济王。元天历元年，加"显灵"二字。明洪武四年，加封真君。万历四年，加封协天大帝。四十二年，加封三界伏魔大帝、神威远镇天尊。国朝顺治九年，封忠义神武关圣大帝。乾隆二十五年，改壮缪之谥为神勇；三十三年，加封忠文神武灵佑关圣大帝。嘉庆十九年，加封"仁勇"二字。道光八年，加封"威显"二字。咸丰二年，加封"护国"二字;三年，加封"保民"二字;六年，加封"精诚"二字;七年，加封"绥靖"二字。

祭期：每岁春、秋仲月及五月十三日致祭。

祭品:礼神制，帛一，白色。牛一，羊一，豕一，登一，铏二，簠二，簋二，笾十，豆十，镫二，爵三，炉一，香槃一，尊一。有勺疏布幂。五月十三日祭品，用帛一、牛一、羊一、豕一、铏二、镫二、炉一、香槃一、果五品，尊一。

仪节：祭日，主祭官朝服诣庙，赞引生引主祭官由庙左门入，至东阶上，典仪唱。诣盥洗所，濯水进巾。执事者各司其事，鸣钟，声鼓，鼓初严，鼓再严，鼓三严。典唱。麾生进，旌生进，乐生序立，舞生序立。主祭官、陪祭官就位。迎神，唱。举迎神乐，奏格平之章。唱。上香。引主祭官进殿左门，至神位前跪，三上香，叩首，兴，复位。唱。行三跪九叩礼，兴，乐止。唱。奠帛爵，行初献礼，唱。举初献乐，奏翊平之章。唱。主祭官行初献礼，诣酒尊所。司尊者主罍酌酒，诣神位前跪，奠帛，初献爵，叩首，兴。诣祝位前跪，皆跪。乐止，读祝。读毕，读祝者奉祝版跪安神位前篚内，三叩退。乐起，主祭官行三叩礼，兴，乐止。唱。行亚献礼，唱。举亚献乐，奏恢平之章。唱。主祭官行亚献礼，诣酒尊所。司尊者举罍酌酒，诣神位前跪，亚献爵，叩首，兴，乐止。唱。行终献礼，唱。举终献乐，奏靖平之章。唱。主祭官行终献礼，诣酒尊所。司尊者举罍酌酒，诣神位前跪，终献爵，叩首，兴，乐止。唱。彻馔。举彻馔乐，奏彝平之章。唱。送神，举送神乐，奏康平之章。唱。主祭官行三跪九叩首礼，兴，乐止。唱。司祝者奉祝，司帛者奉帛，司香者奉香，司馔者奉馔，恭送燎所，引各官诣燎所望燎。唱。举望燎乐，奏康平之二章。唱。复位，引赞生引主祭官以下俱出。复次。

祝文：维年月日，某官某致祭于关圣大帝神位前曰:惟神星日英灵，乾坤正气。允文允武，绍圣学于千秋；至大至刚，显神威于六合。仰声灵之赫濯，崇典礼于馨香。兹当仲春、秋，用昭时享。惟祈昭格，克鉴精虔。

五月十三日告祭祝文：维年月日，某官某致祭于关圣大帝神位前曰：惟神九宇承庥，两仪合撰。崧生岳降，溯诞圣之良辰；日午天中，届恢台之令序。聪明正直壹是也，千秋征胙蠲之隆；盛德大业至矣哉，六幕肃馨香之荐。爰循懋典，式展明禋。苾芬时陈，精诚鉴格。尚飨。

后殿祀关帝三代光昭王、裕昌王、成忠王神位，春、秋祭关帝日，先诣后殿行礼。

祭品：春、秋二祭及五月十三日祭后殿，其牲牢、酒醴、笾豆、簠簋一切祭品，均与文庙、崇圣祠同。

仪节：春、秋二祭及五月十三日告祭仪节，与文庙、崇圣祠相同。

后殿祝文：维年月日，某官某致祭于三王神位前曰：惟王世泽覃庥，令仪裕后。灵钟河岳，笃生神武之英；诚溯渊源，宜切尊崇之报。班爵超躬桓而上，升香肃俎豆之陈。兹际仲春、秋，爰修祀事。尚祈昭鉴，式此苾芬。

五月十三日祭后殿祝文：维年月日，某官某致祭于三王神位前曰：惟王迪德承家，累仁昌后。崧生岳降，识毓圣之有基；木本水源，宜推恩之及远。封爵特超于五等，馨香永荐于千秋。际仲夏之届时，命礼官而将事。惟祈昭格，鉴此精虔。

春、秋二祭乐章 咸丰四年颁行。

春祭乐谱：春夹钟清均，倍应钟起调。箫伬除，仜亿。笛伬除，伍仜。

迎神，格平之章。

懿变宫尺铄商凡夼角六焜徵五煌角六，神徵五威羽上灵宫尺夼徵五赫羽上八宫尺方羽上，伟六烈凡昭五夼六累凡祀六。祀尺事上明五夼尺永五光上，达上精五诚凡夼六黍凡稷六馨尺香上。俨凡如六在上夼六洋凡洋尺。

奠帛初献，翊平之章。

英尺风凡飒六夼五神五格五思上，纷凡绮尺盖上夼五龙凡旗六，魁凡桂尺醑上夼五盈五厄上，香六始凡升五夼六明凡粢六。惟五降上鉴尺夼五在尺兹上，流凡景尺祚上夼五翊六昌凡时尺。

亚献，恢平之章。

觞尺再凡酌六兮五告尺虔五，舞凡干六戚五兮上合凡宫五。悬六
歆上苾五芬尺兮上洁五蠲上，扇凡巍尺显上翼五兮上神六功凡宣尺。

终献，靖平之章。

郁尺鬯凡兮六三五申五罗尺，箓尺簋上兮五毕凡陈六，仪尺卒五
度五兮六肃凡明六禋五，神五降尺福上兮五，宜凡民六宜凡人尺。

彻馔，彝平之章。

物尺惟凡备五兮六咸凡有六，明五德上惟五馨尺兮上神凡其五受
六。告尺彻上兮五礼五终上冈尺咎凡，佑尺我上家五邦五分六孔凡厚尺。

送神，康平之章。其一。

幢尺葆凡葳六蕤五兮上神五聿五，归上驭尺凤五轸凡兮六骖五虬
凡。骓六降尺烟上煴五兮上余五馚尺馡上，愿凡回尺灵上眄五兮上德
凡洽六明凡威尺。

望燎，康平之章。其二。

焄尺蒿凡烈六兮五燎凡有六辉五，神五光上遥五爥尺兮上祥凡云
五霏六。祭尺受五福凡兮六茂凡典六无五违上，庶凡扬尺骏上烈尺兮
五永凡奠六置凡畿尺。

秋祭乐谱　秋南吕清均，仲吕起调，箫伬除伍仜　笛仩除伬伍。

迎神，格平之章。

懿角六铄徵乙兮羽工焜宫尺煌羽六，神宫尺威商凡灵角六兮宫尺
赫商凡八角六方商凡。伟上烈乙昭尺兮上累乙祀上，祀六事凡明尺兮
六永尺光凡。达凡精尺诚乙兮上黍乙稷上馨六香凡，俨乙如上在凡兮
上洋乙洋六。

奠帛初献，翊平之章。

英六风乙飒上兮尺神尺格尺思凡，纷乙绮六盖凡兮尺龙乙旗上斾
乙。桂六醑凡兮尺盈尺卮凡香上，始乙升尺兮上明乙粢上。惟尺降凡
鉴六兮尺在六兹凡，流乙景六祚凡兮尺翊上昌乙时六。

亚献，恢平之章。

觞六再乙酌上兮尺告六虔尺，舞乙干上戚尺兮凡合乙宫尺。悬上
歆凡苾尺芬六兮凡洁尺蠲凡，扇乙巍六显凡翼尺兮凡神上功乙宣六。

终献，靖平之章。

郁六罄乙兮上三尺申尺罗六，笾六簋凡兮尺毕乙陈上。仪六卒尺度尺兮上肃乙明上裎尺，神尺降六福凡兮尺宜乙民上宜乙人六。

彻馔，彝平之章。

物六惟乙备尺兮上咸乙有上明尺，德凡惟尺馨六兮凡神乙其尺受上。告六彻凡兮尺礼尺终凡罔六，昝乙佑六我凡家尺邦尺兮上孔乙厚六。

送神，康平之章。其一。

幢六葆乙葳上蕤尺兮凡神尺聿尺归凡，驭六凤尺轸乙兮上骖尺虬乙骓上。降六烟尺煴凡兮尺余六馤五馣尺，愿凡回六灵凡眄尺兮凡德乙治上明乙威六。

望燎，康平之章。其二。

焄六蒿乙烈上兮尺燎乙有上辉尺，神尺光凡遥尺爥六兮凡祥乙云尺霏上。祭六受尺福乙兮上茂乙典上无尺违凡，庶乙扬六骏凡烈六兮尺永乙奠上畺乙畿六。

文昌庙

谨案：文昌之祀，其说有二。一以为天神，《天官书》：斗魁戴匡六星，一上将，二次将，三贵相，四司命，五司中，六司禄，是为文昌宫，文昌之称始此。一以为人鬼，在周为张仲，在汉为张良，在晋为凉王吕光，在五代为蜀主孟昶。在姚秦之世，又为越嶲人张恶子立庙梓潼山，唐明皇西狩，追封左丞。僖宗入蜀，封顺济王。宋咸平中，改封英显。元延初，加封辅元开化文昌司录帝君，帝君之称始此。是二说也，未知孰为可据。我朝肇建庙宇，向无专祀。嘉庆六年奉上谕："文昌帝君主持文运，福国佑民，崇正教，辟邪说，灵迹最著，海内崇奉，与关圣大帝相同，允宜列入祀典，用光文治。"咸丰六年奉上谕："关帝已升入中祀，文昌帝君应一律升入中祀，以昭诚敬。"

祭期：每岁春、秋二祭，由钦天监选定吉日举行。二月初三日圣诞，即照关帝圣诞，点香礼节致祭。

祭品：礼神制，帛一、白色。牛一、羊一、豕一，登铏、簠簋、笾豆各陈设与武庙同。

仪节：每岁春、秋二祭及二月初三日圣诞，与祭武庙仪节同。

祝文：

维年月日，某官某致祭于文昌帝君曰：惟神迹著西垣，枢环北极。六匡丽曜，协昌运之光华;历代垂灵，为人文之主宰。扶正久彰夫感召，荐馨宜致其尊崇。兹届仲春、秋，用昭时祀。尚其歆格，鉴此精诚。尚飨。

后殿祀文昌帝君先代神位，春、秋致祭正殿日，先诣后殿行礼。

祭品：礼神制，帛一，白色。牛羊豕、簠簋、笾豆一切祭品，与武庙后殿同。

仪节：每岁春、秋二祭及二月初三日告祭仪节，与武庙后殿同。

后殿祝文：维年月日，某官某致祭于文昌帝君先代神位前曰：祭引先河之义，礼崇反本之思。矧夫世德弥光，延赏斯及。祥钟累代，炯列星之精灵;化被千秋，纬人文之主宰。是尊后殿，用答前麻。兹值仲春、秋，肃将时祭。用伸告洁，神其格歆。尚飨。

春、秋二祭乐章

春夹钟，秋南吕。清均。倍应钟，仲吕。起调。

迎神，丕平之章。

秉尺气凡兮六灵五缠上翊凡，文六运五兮上赫五中尺天上。霓六旌凡兮六庪凡止，六雕尺俎上兮五告五虔，上迓尺神六麻上兮五于凡万六斯凡年尺。

奠帛初献，俶平之章。

神尺之凡来五兮六笾五簋五式凡陈六，神五之上格尺兮五几凡筵六式上亲五。极五昭尺彰上兮五灵凡觇六,致凡蠲六洁五兮上明凡禋六。升尺香上兮五伊凡始六，居尺歆上兮五佑五我六人凡民尺。

亚献，焕平之章。

再尺酌凡兮六瑶五觞上，灿六烂凡兮六庭凡燎六之五光上。申凡虔六祷上兮五神凡座六，俨五陟上降尺兮五帝尺旁六。粢六醴凡洁六兮五齐上邀凡，将六终尺景上运五兮六灵凡长尺。

终献，煜平之章。

礼尺成凡三六献五兮上，乐凡奏六三五终上。覃凡敷六元尺化上兮五，繁凡神六功五馨尺香凡。达五兮上胖凡蠲六通五歆上明五，德尺兮上昭凡察六寅凡衷尺。

彻馔，懿平之章。

备尺物凡兮六惟五时上，告尺彻上兮五终六礼凡仪六。神凡悦六怿五兮上鉴凡在尺兹上，垂上鸿五佑凡兮六累凡洽六重凡熙尺。

送神，蔚平之章。其一。

云尺骈凡驾六兮五风上旗尺招六，神五之上归尺兮五天六路凡遥六。瞻上翠尺葆五兮上企五丹尺霄上，愿凡回尺灵上眷五兮上福六我凡朝尺。

望燎，蔚平之章。其二。

烟尺煴凡降五兮六元五气凡和六，神凡光六爠五兮上梓凡潼六之五阿六。化凡成六耆尺定上兮五蘗凡弓六戬五戈上，文上治五光尺兮上受凡福六则凡那尺。

龙王庙

庙祀敕封福湘安农龙王之位。乾隆二十四年颁定，岁以春、秋仲月辰日致祭。

祭品：礼神制，帛一，爵三，簠、簋各二，笾、豆各十，羊一，豕一，镫二，炉一，尊一，香槃一。

仪节：前祭一日，地方官净庙设次，委员省牲，监视宰牲。委员着补服，至庙封帛毕，礼生引至省牲所省牲。礼生接毛血供香案上，省牲官行一跪三叩首礼，毕。祭日五鼓，各官俱朝服诣庙门，鼓三严，引赞生引主祭官以下唱，入二门就拜位旁立。诣盥洗所，濯水进巾。唱。执事者各执其事。唱。主祭官就位，陪祭官各就位，唱。上香。引主祭官自东阶进殿，诣香案前上，赞，香三柱。复位。唱。迎神，跪。以下赞皆跪。二跪六叩首，赞。兴。唱。行初献礼。赞。诣酒尊所，司尊者举羃酌酒，执帛者奉帛，执爵者奉爵，赞。诣神位前，赞。跪，献帛，献爵，赞。叩首，兴。诣读祝位跪，陪祭官皆跪，读祝文。读毕，仍安原位。三叩，兴。赞。复位，唱。行亚献礼。如前仪。亚献礼毕，复位，唱。行终献礼。如前仪。终献礼毕，赞。复位，唱。彻馔，助献二名，举馔出殿左、右门，由唱东、西阶下。送神，跪。主祭官以唱下，皆跪。二跪六叩首，赞。兴。唱。读祝者奉祝，司帛者奉帛，各诣燎所，望燎，复位。礼成。

祝文：维年月日，某官某致祭于龙王位前曰：惟神德洋寰海，泽润苍生。允襄水土之平，经流顺轨；广济泉源之用，膏雨及时。绩奏安澜，占大川之利涉；功资育物，欣庶类之蕃昌。仰藉神庥，宜隆报享。谨遵祀典，式协良辰。敬布几筵，肃陈牲币。尚飨。

火神庙

庙祀火德荧星尊神之位，岁由地方官诹吉致祭于庙，祭品、仪节与祭龙王庙同。

祝文：维年月日，某官某致祭于火神位前曰：恭惟尊神正位，离明体阴。用阳配坎，福民有功。民社祀典崇新，兹届仲春、秋，敬荐豆馨。惟望神灵默佑，心曜含精，上报怀柔之圣世，下锡康吉于苍生。刲牲酬酒，神其鉴此一诚。尚飨。

城隍庙

春秋仲月，奉城隍神合祀于风云、雷雨、山川坛内，又以城隍神主厉坛祭祀。每遇旸雨愆期，地方官仍诹吉致祭。祭品、仪节与祭龙王庙同，陈设增果实五品。

祝文：维年月日，某官某致祭于城隍之神曰：惟神德懋聪明，功隆捍御。壮金汤于千载，崇墉表畿甸之规；节风雨于四时，和会佐岁功之叙。祸淫福善，显呈有赫之灵威；阜物康民，默相无私之化育。神庥庇应，祀典宜昭。敬简日时，肃陈牲币。馨香唯德，鉴格在兹。尚飨。

吕祖庙

嘉庆六年，礼部奏定清江浦吕祖庙于元时封纯阳演正警化孚佑帝君,请于原衔上加"燮元赞运"四字,行文敕建崇祀。至各省原有庙宇,各令遵照该地方士民自行供奉,每岁春、秋仲月诹吉致祭。

祭品:礼神制帛一,白色。笾十,核桃、荔枝、龙眼、栗、枣。豆十,馒首五,蒸糕五。爵三,香三,烛四,香案烛二,祝文烛二。

仪节:祭日质明,主祭官穿蟒袍补服行礼。赞,引赞。诣盥洗所,盥洗,奏乐,进位,迎神。诣香案前,跪,上香。初上香,亚上香,三上香。叩首,叩首,叩首。兴,跪,叩首,叩首,叩首。兴,诣酒尊所,司尊者酌酒。诣神位前,跪,献帛,献爵。乐止,读祝文。读毕。奏乐。叩首,叩首,叩首。兴。复位。复拜位。彻馔,送神,跪。叩首,叩首,叩首。兴。跪。叩首,叩首,叩首。兴。焚祝帛,望燎。礼成。

祝文:维年月日,某官某致祭于吕祖帝君位前曰:伏惟吕祖系出三唐,道高四始。箫传鹤籁,邺侯之风骨早成;策射骊珠,元礼之科名久擅。挂黄冠以去,影谢花砖;从赤松而游,心希蓬峤。御大灾,捍大患,翊熙朝而妙用无方;春献禴,秋献尝,执豆笾而鉴观。有赫新庙,奕奕来格。祈祈尚飨。

刘猛将军庙

庙祀敕封保康刘猛将军之位,道光十五年颁定,岁由地方官诹吉致祭于庙。祭品、仪节与群祀同。

祝文:维年月日,某官某致祭于保康刘猛将军曰:窃以常象常形,有椁有橐。天职覆而地职载,消息维时;北物虚而南物盈,成亏在数。则有赤衣如螟,金色为蚋,蠕动孳生,蜎飞翼集。应螣蛇之所指,化藿蝎以生灾。防我田功,著为野禁。惟神曜灵,干橹秉钺。风雷氛祲全,消渐油茂悦。庆水螅孑蚊之胥化,祝鲑蠚灶髻之群消。万物棣通,九惟荫垿。生申弗子,赍白坤黄。洵和气之致祥,聿神功之攸赖。我圣朝典隆福畤,礼蕞明禋。告虔并重于三神,敕备同尊于六子。采周室春分之际,黼构棼枝;集汉廷夕拜之仪,蜎珠酬宝。云骈有路,缝节来歆。伏惟尚飨。

宋臣张浚、先儒张栻墓祠祭文

维年月日，某官某致祭于宋张魏公暨南轩先生曰：维公父子，有宋儒臣。志同恢复，心切忠勤。和议之非，终身不主；义利之辨，万世遗规。沩山卜葬，草树平阡。当茔建祠，永历千年。惟兹仲春、秋，敬陈斯祭。惟灵有知，鉴兹微意。尚飨。

祭储公文

维年月日，某官某致祭于皇清追赠奉直大夫、武陵县教谕储公石友先生，而以殉难十九君配祀，曰：惟公濂溪，毓秀湘水。储英文能华国，武作干城。粤氛蹒楚，郡邑震惊。湘西孔道，实首吾宁。羽檄星驰，劲旅遄征。毒焰鸱张，肆蝥山城。焚我室庐，掠我编氓。狼烽迭警，虎穴谁撄。公激义奋，誓扫欃枪。金戈直指，铁骑横冲。群酋胆落，指顾功成。胡期困兽，鬼蜮潜行。蚤弧邃折，桴鼓不鸣。元归先轸，客殉田横。余威震叠，贼遁兼程。思公大节，虽死如生。泰山之重，箕尾之灵。丹心凛凛，碧血荧荧。玉潭之滨，祠庙峥嵘。天章褒宠，妇孺凄情。殉死诸君，并笃忠贞。志同节埒，义重身轻。公不爱身，所造用宏。福我子弟，以及父兄。兹辰致命，敬荐椒馨。云车风马，来降兹庭。以妥以侑，鉴此微诚。尚飨。

祭邱公文

维年月日，某官某致祭于邑侯邱公讳存忠之神主前，而以殉难一百三十六人配祀曰：维公滇南硕彦，来宰沩宁。忠贞体国，勤政惠民。丁明之季，寇贼横行。剽掠屠戮，闾阎震惊。公心愤激，誓扫群凶。义旗爰举，士类景从。力尽援绝，致命道林。生而循吏，死则忠臣。诸君与难，节埒志同。丹心凛凛，碧血荧荧。特崇庙祀，以慰精魂。兹当春、秋仲，俎豆是陈。云车风马，来格来歆。尚飨！

道林节义祠祭文

维年月日，某官某致祭于邑侯邱公、忠毅刘公、处士谢公之神前曰：大义昭而后纲常振，清操厉而后名教尊。后先不同者，时同归于道；显晦各一者，迹一本于诚。师百世以奋兴，莫一堂而合漠。英风义烈，赫濯动其感怆；苾黍芬椒，洁蠲明予祀事。尚飨！

国朝雍正时颁发书籍

《上谕》一部，二十四本。《上谕》一部，二十四本。第二次所颁。《学政全书》二本。《驳吕留良讲义》二部，共十六本。《朋党》一本。失。《名教罪人书》二本。《文武官员上司属员接见仪注》，二本。

乾隆时颁发

《圣谕广训》一本。

《十三经》一部，十二套，共一百二十本。第一套。《周易》四本，《尚书》八本。第二套。《毛诗》十本。第三套。《毛诗》六本，《尔雅》三本，《孝经》一本。第四套。《周礼》十本。第五套。《周礼》四本，《谷梁》六本。第六套。《仪礼》十本。第七套。《孟子》六本，《论语》四本。第八套。《公羊》八本。第九套。《春秋》十本。第十套。《春秋》十本。第十一套。《礼记》十本。第十二套。《礼记》十本。

二十一史，共五百本。《史记》二十本，《前汉书》二十四本，《后汉书》二十本，《三国志》十二本，《晋书》三十八本，《宋书》二十四本，《南齐书》十本，《北齐书》十本，《梁书》八本，《陈书》四本，《魏书》二十四本，《隋书》二十本，《南史》二十本，《北史》三十本，《后周书》八本，《唐书》四十四本，《五代史》八本，《宋史》一百本，《金史》二十本，《辽史》八本，《元史》五十本，《明史》一部共一百一十二本。

《学政全书》一部，二本。

《上谕》一部，十本。

《钦定学政全书》一部，八本。

《御纂诗经》二部，共四十八本。

《书经》二部，共四十八本。

《性理》一部，五本。

《春秋》二部，共四十八本，祗存二十四本。

《日讲四书》一部，一十二本。

《孝经近思录》二部，共五本。

《朱子全书二部》，共八十本。

《渊鉴古文》二部，共八十本，存二十四本。

《周易折中》一部，八十本。

《大学衍义》一部，十本。

《钦定四书文》一部，二十二本。

《御纂资治通鉴纲目》一部，四本。

《上谕》，满汉四本。

《钦定清语》，一本。

《册结式》三本。

《钦定学政全书》一部，八本。

《上谕律例》一本。

《续增学政全书》一部，四本。

《钦定三礼义疏》二部，共一百八十二本。

《湖南祀典》，一本。

《周易述义》一部，四本。

《诗义折中》一部，八本。

《春秋直解》一部，八本。

《御制文初集》一部十六本，《诗初集》一部二十四本，《诗二集》一部四十六本。

《钦定清汉字式二》《六部条例》，共一百二十二本。

《名律》十四本。

《大清律》一本。

《奏请更定科场诗论关节条例》一本。

《钦定文庙乐谱》二本。

《御制补笙诗乐谱》一本。

《学政考试童生覆试加用经文》一篇，《条例》一本。

《科场岁科考条例》一本。

《续增磨勘条例》一本。

《查销删节经书条例》一本。

《考试童生条例》一本。

《浙江守备林凤鸣案条例》一本。

《佩文诗韵》三本。失。

《湖南祀典》二本。

《条例》一本。

嘉庆时颁发

《条例》一本。

《汇总条例》共四本。失去一本。

道光时颁发

《大清通礼》一部，一十二本。

咸丰时发颁

《御纂性理》一部。

以上所载书籍，雍正颁发一次，乾隆颁发十八次，嘉庆、道光、咸丰各颁发一次。历年久远，间有残缺，而全部俱失者无之，旧《志》载多略。

学额

汉初郡国文学，自武帝时诏天下郡国立学教官，置弟子员。

唐高祖制郡县学，分三等，以十为差。上州学置生六十员，上县学置生四十员，中下递减其半，生员之称始此。

宋庆历四年，诏诸路、州、军监皆立学，以经术行义训导诸生，掌其课试。在学三百日，乃听预秋试，然弟子无定员。

元中统初，命置诸路学官，后定州县学生额十五人，受饩于学。

明洪武元年，始设府教授一员，总司教事。十五年，定府学四十人，州学三十人，县学二十人。师生月廪人六斗，有司给鱼蔬，仍免差徭。宣德中，增广生员，数如廪额，而不给廪，谓之增广生。正统元年，始设提学佥事。十二年，于廪、增之外，复选俊秀，附学肄业，谓之附学生。嘉靖三十七年，命天下考取军民子弟优于论策、骑射者为武生，附府、州、县学。

国朝顺治四年，定直省各学廪生、增广生额俱如明，其附学生数视人文多寡，分大学、中学、小学。宁乡原入文十二名，武十二名。雍正五年广额，入文十五名，入武仍旧。科试止入文十五名，又府学拨入文、武各二名。乾隆间，各学臣皆拨文府学，或二名，或三名。四十八年，学臣钱澧以宁之能文者多限于额数，会商抚臣，拟题奏请如大县学额，以所裁茶陵学五名改拨宁乡，后以事重大未果。其《宁乡道中诗》末韵曰："学额议增犹未得，文章至竟甲湖南。"故校试宁邑，拨入府学四名，后亦以三名为率。凡学臣无不谓宁邑学额太寡者。迩来筹饷例开，叠□捐输，宁邑率优于诸属，学额加广，多士宜益奋勉，以副连茹之盛焉。

康熙六十一年，恩诏直省儒学增广学额一次，大学加取七名，中学五名，小学三名。雍正十三年，恩诏直省儒学增广学额一次，大学加取七名，中学五名，小学三名。乾隆六十年，驾诣文庙，释奠成礼，直省儒学增广学额一次，大学加取五名，中学四名，小学三名。嘉庆元年，恩诏直省儒学增广学额一次，大学加取七名，中学五名，小学三名。旧《志》，以上宁乡俱照中学广额各一次。嘉庆四年，恩诏直省儒学增广学额一次，大学加取七名，中学五名，小学三名。嘉庆二十五年，恩诏直省儒学增广学额一次，大学加取七名，中学五名，小学三名。道光元年，恩诏直省儒学增广学额一次，大学加取七名，中学五名，小学三名。道光三十年，恩诏直省儒学增广学额一次，大学加取七名，中学五名，小学三名。咸丰三年，恩诏直省儒学增广学额一次，大学加取七名，中学五名，小学三名。同治元年，恩诏直省儒学增广学额一次，大学加取七名，中学五名，小学三名。按学册，宁乡照大学增广。

捐输增广学额

咸丰七年奉文，宁乡加文、武学永远定额各三名。

咸丰十一年奉文，宁乡续广文、武学永远定额各二名，并加增一次文、武学额各四名。

同治三年奉文，宁乡除已广定额十名外，此次应续广一次，文、武学额各三十名，分作两届取进，一届取进二十四名，二届取进六名。

廪膳生二十名，每年共给廪银四十八两。

增广生二十名。

岁贡生，学臣岁科二试，三年中以各学廪膳生食饩年久者，岁试考取一名，科试考取一名，发给贡照，准就训导职。乾隆四十九年，学臣钱沣会同抚臣题请，以岁贡资深年老难于选缺，出贡之日，准穿八品补服，以示嘉惠耆儒之意。奏报可。

恩贡生，遇大典恩例以本岁应出正贡改作恩贡。

优贡生，学臣科试竣，将岁考各学举报优生考取，湖南每次额取二名。同治二年，湖广督臣官文题请优贡特加擢用，廷试列一、二、三等者，以知县、教职即用，与选拔同，著为例。

选拔贡生，旧《志》云始洪武二十八年。弘治时，不分廪膳、增广，取年富通经者充之。国朝顺治元年，首举拔贡，试经策论，拔取府学各二名、县学各一名，学臣会同督抚试其文艺，兼择人品。康熙三十九年停止，六十一年复行，定例六年一举行。乾隆七年定例，十二年一举行，赴部廷试，优等以知县、教谕即用，不与选者回籍，以州判、教职候选。四十三年，优等并得以七品小京官分部学习。

副贡生，乡试取中副榜，升入太学，准作贡生。在籍候选者，与选拔同。

应试经费

旧例，生员之赴乡试者，有司于七月初择吉祖饯，每名路费银三两，花红银九钱，酒席一钱。报捷者，每名举人给牌坊银二十两，进士给牌坊银三十两，官为树旗竿、送匾额鼓吹，礼其庐。其前五名多捷报软匾一方。举人每名给长夫银二十四两。如新中数多，本年暂于备用银内照名支给，其祖饯报捷比乡试加隆。廪生考贡，例用正、陪二人，各给脚力银二两五钱。既贡官，祖之如乡试，每名路费银十五两，花红、旗匾、酒席银十二两，俱于备用内动支。

以上三项银两，近已豁除荒粮，照数扣算支给。

案，康熙壬戌县志，宁乡岁用：一、乡试盘费，每名银四两。明季每科以二十四名为率，如溢额，另行设处。一、会试盘费，每名二十四两，本县支给二名，余于府库支领。一、岁贡盘费，本府每年银三两零，本县每年带编银二十五两，花红、酒席每年带征银六两。恩贡、拔贡另行设处，无定则。

以上今俱照除荒例，且以备用扣解矣。俱依旧《志》录入。

按上各项，虽历经查登，仅属虚名。窃维科第之兴，必由应试人多。而应试之多，各由经费之裕。宁邑宋以来科甲绵延，固史不绝书，然以囊橐不充，致裹足而向隅者亦复不少。即如乡试，百里之遥，半月之久，寒士尚多趑趄有难色，况公车水陆数千里，往返动数月，其劳费当何如也。同治五年，邑绅刘典于省垣捐建试馆，其为阖邑秋试计者甚备。主事周瑞松、童光泽等，复倡建会馆于都垣。当此百废具举之时，而宾兴数十年旷典，可尚附缺如耶？爰阖邑商议，为置田产，择首士经理，俾复旧规。庶几培植多方，将来人材之腾达，必倍胜从前也。特识于此。

书院

天下四大书院，·为岳麓。岳麓之著名，以南轩张氏讲学也。然五峰胡氏讲学灵峰，南轩曾师事之。宁邑书院，由来旧矣，道统相沿，今岂异于古所云耶。玉潭占山水之秀，洵作育人才地也。顾书院者，阖邑教化之所关。八、九、十都，道里较远，多士艰于负笈。同治四年，邑人士新建书院于水云山，规模宏远，与玉潭并峙，庶几哉。灵峰道脉，两地相承，而我邑之教化一矣。人才之盛，不将十倍于前哉。

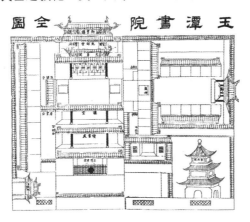

玉潭书院，在县城东门外，旧名玉山。明嘉靖二年，邑令胡明善建，在县治左，为兵燹毁。乾隆十九年，邑人迁建今地，故大学士前抚臣陈宏谋额曰"玉潭"。倚仓岭，面嵇嵀，化龙溪水折而环绕，会沩潭光拭玉，秀色横空，院适俯瞰之，真第一胜景也。院凡五栋，院外有门，额"一登龙门"四字，缭以砖墙，墙外有池。第一栋为院门，进第二门，左、右房各一，守门者一名，居之东偏，屋三间，经理首事往来居之。中进为讲堂，宽约三丈许，高倍之。又进为文昌阁，阁上层祀文昌神，下层中辟一堂，左、右房各为一，院长居焉。又进为先师堂，春、秋上丁，院长率肄业生童释奠于此。堂上建御书楼，堂左为三贤祠，祀先贤朱子，先儒胡宏、张栻，前冯令鼎高建。堂右为贤侯祠，祀旧令之培植人文者。两祠侧房各一，外东、西斋房共三十余间。东斋外为考棚，就东斋中间广辟一门，为县试关防门，门左、右房各一间。最东建堂为县官监试所，后建退厅，共两进。两旁有厢厦，堂左、右各建棚厂二，可坐二千余人，桌凳咸具。周以缭垣，垣高丈有五尺。邑旧无考棚，自嘉庆四年邑人捐赀创建，应试者始便之。又于院头门外东岸建奎光阁，构楼二层，高四丈有奇，缭以砖墙。阁左有洲，上塑魁星像，周遭架亚字栏，髹以漆，中秋悬灯其上，游者如云，九日尤多文人宴集，称胜会焉。同治六年，重加修葺。

咸丰四年甲寅三月，发逆犯顺，由靖江溯流直上，所至焚掠。讲堂之上，颓垣败壁而已，院内各斋房亦多损坏，须整饰。但尔时兵燹荒残，烽烟日警。迄乙卯、丙辰，历年谷贱，向额书院石租折银六钱五分者，率减一钱五分，经费因之不敷。七年丁巳，公议停聘山长并各生膏火，以所余谷银，循旧基而新之。耿令维中复捐钱八百串，为阖邑倡。不数月，焕然改观矣。既竣，除兼修整各庄业外，尚有羡余。因合饷局及各公项所入者，接买魏俊卿、贺云溪田业各一契。九年，首士以各佃田多租少，共加租百石，每年均由首士照价议粜，增置膏火。自是在院肄业者，月有课米之额。同治元年五月大水，沿河漂没。书院地当北岸之冲，西斋一带及先师堂、御书楼、贤侯祠、三贤阁、奎光阁、考棚各处，侵毁倾圮不一。爰阖邑商议，共捐赀重加修葺，一一俾复旧规。

书院洵一邑人文关系地也，然自甲寅来，仅十余年，其间废兴尚如是，是在有董事之责者殷勤而岁修之耳。

灵峰书院，在道山中，宋儒胡宏、张栻讲学处，遗址犹存。一名道山书院。

南轩书院，在县西一百五十里，先儒张栻墓前。

文定书堂，先儒胡安国瑗讲学处。先儒张栻诗云："书堂何寂寂，芳树亦芊芊。"盖谓此耳。后名其山曰"书堂山"，见山川类。

桂香义学，在东门外学宫左。屋一栋三间，中为堂，左、右为室。稍前有两廊，又前有大门，门左、右各一室。其地即桂香亭旧址，今改建明伦堂。

案《义学碑记》，系康熙五十七年知县江都于宷、教谕江陵洪玿、训导永兴廖国淳研碑存不现，共捐俸买田，在四都一区。详书院田内。

玉潭书院六景：凤翮流丹，薜花湾玉，化龙跃浪，天马昂霄，岇顶擎云，灵峰铺翠。

案：书院六景，始自乾隆丁丑山长刘绍濂。景各系以诗，并为之序，略曰：玉潭书院，倚山瞰江。东南诸巘，远自衡麓。迤逦趋东，攒簇拱揖。四时凭眺，足恣幽赏。偶尔有触，拈示同人，亦以无负斯胜云耳。

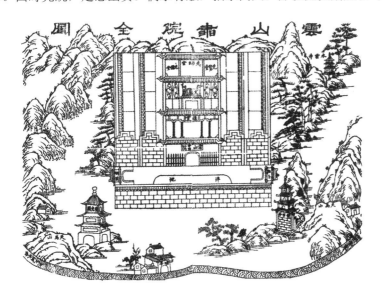

　　云山书院，在县西九十里六都一区，地名横市。同治四年，阖邑新建。先以玉潭书院在县东城外，去八、九、十都较远，士多艰于负笈。至是，邑绅刘典等阖议，以斯地适当中，爰率张福齐、周达武两军门及邑人捐赀创建。前临大河，后枕水云山，左右有天马山，环拱如护卫，双乳峰、水云寺遥峙于西北，粮仓河水东汇入沩，洵作育人才地也。院凡四栋，垣之前，东、西各辟一门，中竖照壁，内凿月塘为泮池形。第一进为头门，上额"云山书院"，左、右有房，司阍者居焉。进第二栋为讲堂，堂四楹，广柒丈，袤肆丈，高叁丈有余，左、右各有房，经理首事往来居也。中进为文昌阁，上层祀文昌神，下层中辟一堂，为每月会课文艺处，其左为会客厅，其右则院长所居之房也。最上为先师堂，左、右配位恭悬仁皇帝谕颁"万世师表"匾额，东、西庑中奉先贤、先儒各神位，春、秋上丁，院长率肄业生童于兹释奠。东、西凡八斋，斋各房十间，肄业生童居之。院西门外置焚字亭，亭二层，高三丈有奇。东门外去半里许，建奎星楼。楼累三层，周五丈余，高五丈，上塑魁星像祀之。循楼而西至河边，有卧波如长虹者，则步云桥也。桥之东岸覆以亭，共两进，为屋六间，左右棚厂翼如。自院西望之，屹然如重镇焉。晴岚四面，云寺钟声，秋水长天，澄江匹练。论者谓山水之奇，无殊岳麓。斋舍之制，全仿城南。洵然。

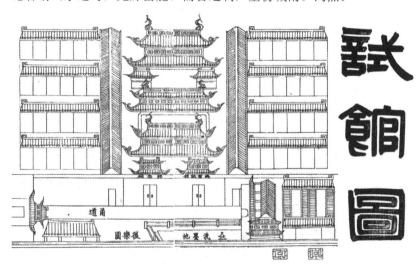

汈宁试馆图说

汈宁试馆，在省城小吴门侧，属长沙县地。同治五年，邑绅刘典奉命帮办福建军务。贼平，乞养归里。其死绥将士恤赏银两无亲属具领者，为建昭忠祠，以妥忠魂。复于两旁创建试馆，以处宁人士之就省试者。维时秦陇弗靖，工未竣而典复拜西征之命，其巅末具见于典濒行时所自记。

案图：由望麓园入，不数武设一栅栏，额曰"道义之门"。入门以内为甬道，长二十五丈，宽一丈五尺，前凿一池，方如璧，为洗墨池。绿波漾漾，与翰藻馨逸，相为映发。池之东边跨水为船厅，厅构屋数楹，回栏曲榭，净几明窗，尘嚣自远。池之西偏为马厂，围人是居，刍秣有所，云棚高敞，巍然翼然。

试馆凡三进，第一进为头门，额曰"汈宁试馆"，左右有房，阍者居之。中为正厅，最上为内厅，左右均有房，正厅之左为会客厅。昭忠祠右偏为达道斋，凡四斋，斋房各十四间。试馆之左为行义斋，凡四斋，斋房各六间。其规制略仿岳麓、城南两书院。落成之时，适为大比之年，多士云集，雍雍如也。

馆之东倚城垣，夜静更阑，街柝声与刁斗声应答也。西连阛阓，远望岳麓诸山，峰峦秀拔，爽气袭人，可快心目也。南抵颜子庙后垣，近大贤之祠宇，道德崇高，穆然意远也。北抵民家菜圃，民不可有此色，吾辈当知此味，有慨乎其言之也。试馆之前辟一园曰"后乐"，天下之忧，果何时已乎，以见志也。周围缭以崇垣，可数百步。其址广三十丈，袤十六丈有奇。

是役也，为费甚巨，不以勤，吾邑人盖皆得诸省躬克己，综核名实之所留贻，以培植人材，可以备国家任使。意甚盛也。吾乡人士，类多勤学向义，一旦得时行志，必有能奠安海宇，大庇民物，卓然为一代伟人，以为邦家光者，则斯馆之建，仅有造于吾乡也哉。余日望之矣。

玉潭、云山两书院条规

一、山长不得外请。向多由上司推荐，邑尊不得不委曲周全。但其人品学问不尽可知，且束修有限，致滋赔累。或学规屡变，于士子全无裨益。邑中不乏宿学，首事于每年冬月，公择文行两优者，面请邑尊定聘。

一、每岁腊月，首事禀请邑侯，出示考取愿入书院肄业诸生童，卷面注明玉潭、云山，分两处拔取。至来年正月，择期入学，先期示知。至日，首事各赴书院，虔备筵席，宴各书院山长与当事及在城官长，以示师严道尊之意。旋将腊月考取，改为每月甄别。

一、书院肄业生童，玉潭向来无生监课。道光二十九年，朱令孙诒添推广正课二十名，膏火由官发给，值新旧交代，亦即算入交盘。自同治六年玉潭与云山一体添取生监各课，其玉潭童生推广正课，亦拨十名，归入云山，膏火奖赏，俱一律发给。

一、膏火之设，原为寒士居斋者聊助薪水、灯油之费。咸丰年间，首事以经费稍充，添设月米，更为周至。乃向来一经取课，无论居斋与否，俱得领膏火，已属非宜。而沿习既久，今亦仍之。惟嗣后有已取正课，或以教读他故，不愿入斋者，其月米即以附课居斋列优等者补之。至来学无定，斋房有限，统俟取课者居满后，方可以有余斋房容各生徒入居。

一、经管首事，玉潭、云山各以二人经理，三年为定，须择端人交代。每岁不时察看书院、考棚败坏渗漏之处，当即修补检盖。而于县试之先，尤宜查阅考棚，整饰号板、坐凳；于上学之先，尤宜查阅斋房，整备棹椅、床铺。每人年用夫马、火食费钱五十串。

一、书院号房各一名，禁止一切闲杂人等出入，凡宾客往来，为山长传命。每年造具书院什物册一部，彻馆时照册清交首事，置闲房扃锁。起学，照册清出，以应肄业诸生之需。每年给工食银十二两，闰月加银壹两，月米二斗。看守考棚银叁两，云山书院号房月米共叁石陆斗，路费钱伍串。

一、租谷价值，低昂随时。玉潭书院各处佃民，向额折银最为轻便，亦有拖延至年底不交者，殊属抗延。嗣后各佃租谷，每岁定于秋收后收取，首事因时价粜卖，并土租、房租各项，俱要全清。至云山书院佃租，每年于八月内收入公仓，首事因时出粜，有过期不交者，禀逐改佃，其庄银均毋得增加，租谷毋得减少。

一、书院所属佃田赁屋之人，有因旧者，有更新者，惟在因时酌宜，不可拘以成格。首事宜时查访，倘有不法暨私行顶当等弊，即公议禀逐。

一、山长束修银百贰拾两，薪水肆拾两，聘仪贰两，贽仪捌两，夫马费钱陆串，节仪银陆两，随封陆钱，月米伍斗。跟随一名，每月钱壹串文，两书院一例。

一、生监正课五名，每名月米叁斗，膏火钱壹串。附课五名，每名月给膏火钱捌百文。每月斋课奖赏，共钱贰千文，两书院一例。

一、童生正课三十名，每名月米叁斗，膏火钱捌百文。推广正课十名，无米。附课三十名，每名月给膏火钱陆百文。每月斋课奖赏，共钱伍千文，两书院一例。

一、玉潭斋夫二名，月米共叁斗，钱陆百文。云山房舍稍宽，斋夫四名，每年各给钱伍串文。

一、礼房每年两书院共给钱贰拾串，学书每年共给钱陆千肆百文。惟租差每年银肆两，即于玉潭一处赏给。

禀请抚、藩、臬宪核定试馆章程

一、试馆专为科场而设，凡届科场年分，宁邑文、武应试诸生寄寓其内，别县不得混入。凡词讼、娼优、赌博各色人，不准容留。

一、试馆赁人居住看管，议定进规钱壹百伍拾串，每月收屋租钱贰拾串，以作岁修费使。惟届科场年分，自五月初一起至十一月三十止，不取屋租，其余照常收取。

一、科场之年，自六月至十一月，由赁屋人雇斋夫，备伙食。每士子一人，日二餐，认米壹升，所带夫役加米二合五，油盐柴菜钱贰拾肆文，不准多取。

一、每年所收屋租，除岁修及添制什物外，以其赢余照八厘生息，备试馆应用。凡届科场年分，首事于赢余内提钱伍拾串，以作中式举子花红之费。如本科中式无人，仍须存留，归下届一概发给。

一、忠祠试馆首事，议择城中一人、乡间一人。乡间首事经理田屋、租谷银钱等事，城中首事经理屋宇、什物等事。凡届祭祀，科场两首事均须亲到，每年议定薪资钱贰拾串。乡间首事距省较远，加夫马伙食钱叁拾串文，在于忠祠、试馆田屋租息内分提，不得过用。

一、首事议定三年交卸，出入帐项，凭众算交下手。如有侵蚀，公同禀究。

一、首事实系廉明勤谨，即至三年额满，亦可留任。但必众议允协，不得私自恋充。

一、门外左边公馆及头门侧屋三间，由首事另佃别人。如遇科场月分，先行退佃，以便士子寄寓，伙食均照试馆章程。俟科场毕，由首事仍行另佃。

一、遇科场年分，自正月起，摘留东边斋房，以备本邑士子居住读书，但不可自起伙食，仍寄食佃人，与科场一例。

一、屋租议逢三节完纳，由首事收掌，务须年清年款。如赁屋人稍有拖欠，以及看管不力，即由首事另佃，不得霸住。

一、所制床架、桌凳等物，首事登明总簿，另开清单，点交赁屋人看管，外人不得搬取借用。如遇改佃，旧佃凭首事照单，点交新佃，倘有隐匿毁弃，扣规赔修。

一、花厅三进，应归忠祠管，不准出佃。如遇科场之年，只许借用，不得长占。

一、头门外栅门，遇科场月分，着赁屋人另雇栅夫一名，伺候出入启闭，夜分巡逻，每月由首事帮贴钱壹千伍百文，俟科场毕停止。

一、马厂归试馆管，宜随时修葺，所制料槽、踏板等件不得毁损，外人不得寄喂马匹。

学宫田

灌田冲田贰拾柒亩，大小贰拾柒丘，在三都四区，原捐为圣诞祭费，岁纳租贰拾捌石，学收承办祭品。

阿婆塘田拾亩，系关山坝田兑置，周萧氏捐，为看守学宫人工食，岁纳捐拾贰石，学收发给。

　　黄花坪田壹百零柒亩陆分肆厘陆毫捌丝柒忽，岁纳租壹百贰拾陆石，学收陆拾叁石，解学院赈贫生完粮饷；首事收陆拾叁石储积，为修理经费。考康熙壬戌志，明原额田陆拾叁亩，照磨厅经管，地名赵家河、黄花坪。崇祯癸未，兵燹全荒。乾隆戊辰志，黄花坪田陆拾叁亩，在今一都三区，东抵长沙陈宅田，北抵黄田港邓宅田，西抵板桥港张宅田，南抵廖宅田。庄屋壹所，园土壹段，牛车两埠，荒田玖亩柒分玖厘捌毫。按《通志》，巡抚赵申乔《蔡周祠碑记》：献贼破长沙，掠州县，宁乡知县邱存忠、府照磨莫可及死之。乾隆戊辰志《职官》列莫可及于沈之煌后、邱存忠前，又载莫可及子若钰、若鼎同死。查沈于十三年去任，邱于十六年来任，其中或莫以照磨署县事，见时不可为，独为卞壶，不愿其子为肝眣，买田乡僻安置之。及子俱死，田遂全荒。顺治初，藩司召垦，里民刘伟孙承垦，报部归学。故壬戌志仍载照磨经管也。康熙四十八年，承丈荒熟柒拾贰亩，纳租叁拾柒石，除完纳外，变价解学院赈贫生。旋奉藩批，加租贰拾陆石，共租陆拾叁石。乾隆二十三年，请拨充玉山书院膏火，经刘令台、刘守尚质详定，以租叁拾壹石伍斗完赋赈贫，叁拾壹石五斗变价解储县库修葺。

　　学宫田无进庄银，仍归学管，此学收租陆拾叁石之原也。嘉庆八年，佃民萧清湖将田私顶与刘诞敷，得银捌拾两。控经抚、藩、臬、府，朱令偓、谢令攀云审讯清丈，丈出田肆拾肆亩陆分肆厘陆毫捌丝柒忽，共成熟田壹百柒亩零，断加租陆拾叁石，共租壹百贰拾石。以贰拾石修堤，伍拾石归学赈贫完赋，伍拾石归首事储积。旋学以有缺原额，刘亦求退顶项，张令秀芝以租无定额，总以陆拾叁石归学，符学原数，其余陆拾叁石仍择首事经收，为修葺学宫经费。契归学收佃，由首事进退。案详抚宪，批如详饬遵。此首事收租陆拾叁石之原也。以上俱照旧《志》。今查业内儒学田庄屋壹所，庄银壹百陆拾两，岁仍收租陆拾叁石。学宫经管田庄屋壹所，庄银壹百陆拾两，岁收租谷陆拾石。

　　演武场水田肆拾亩，在一都十一区。道光十九年，公置庄屋壹进，筒车壹座，栏河大坝壹座，与下书院、筒车坝连接，公共修理。沙井壹只。其界东抵萧宅壕堤及袁宅壕堤，南抵刘田庄屋对岸，上抵吕姓壕堤，中从夹堤沟水中分，下从自堤直出，外抵河为界。进庄钱壹百柒拾陆串贰百伍拾文，每年纳租叁拾伍石，户名文庙岁修田，屯饷贰钱陆分。

龙王坝，又名煤炭坝，在三都柒区，贺胡氏及子容裕捐。旧载田拾亩，共柒丘。今查实田陆亩，大小陆丘。咸丰八年，首事王玉吾、杨春谷与张东明、朱应南书立合约，注明业内田亩、庄屋、车放水分案存礼科，原佃规银拾伍两，岁纳租拾叁石。今查庄银加至陆拾两，岁租减存捌石，户名文庙修葺田，正饷贰钱陆分。

石子塘水田肆拾亩，在三都七区，地名斋饭山。道光八年，公置庄屋壹只，小石子塘、新塘独管。其山上由石子塘左边抵廖姓木鱼坡屋后古堤骑仑，直上至仙峰山顶，与朱姓山为界。又从仙峰山至观音坡顶尖峰骑仑分水为界，左抵山骑仑分水，抵胡姓观音坡，直至塘边为界；右抵由大石子塘基内上岭至斋饭山骑仑分水，抵胡姓茅屋坡、长坡尾骑仑分水为界。又从斋饭山转桐子岭，旋至小石子塘一路骑仑分水，抵朱、张、赵、谢山为界。进庄钱叁百陆拾串，每岁纳租拾陆石，户名上厢一柱文庙田，正饷肆钱壹分。

又石子塘地基壹所，道光二十六年公置，其四抵界分详契内。

又桐子岭山地壹所，道光二十七年李海帆捐，界址详捐契。

文昌阁田，在二都八区，地名晏家塘，水田伍拾亩。道光廿六年，邓式和、蔚华、南华、蔚春捐置庄屋壹所。田山抵界，均详老契。户名文昌阁，正饷玖钱陆分，进庄银壹百伍拾贰两，每年纳租柒拾捌石。

又晏家塘林家嘴屋宇壹进，山场壹围，道光二十八年公置。

东城外园土壹围，进规钱贰千文，每年土租钱壹千文，归儒学门斗收。

阁内进规银壹拾两，每年给看守工食谷陆石，香油钱叁串。又谷叁石，交四城轮收字纸。

玉潭书院田

华林冲田柒拾玖亩，在三都十区，明邑侯沈震龙捐。乾隆二十五年，原丈过实田柒拾柒亩零，共计大小伍拾柒丘，庄屋壹只。向西塘叁口，月塘独管。门首大塘与李姓各半，关王湖六股之一，坝陆座，湾坝三眼，坝庭训坝独管。黄泥坝即枫树坝、天平坝、杨柳坝与杨、李、尹、王共管。屋东南三角园壹只，后抵李堤，前抵尹田屋后。荒茶园壹只，周围堤界，园内竹山壹块，田数丘，册载沈学田正饷壹两柒钱肆分零，原进庄银壹百叁拾伍两，租壹百石。今庄钱减至壹百二十两，租递加壹百肆拾石，漕系佃完。

官冲田肆拾亩，在二都十一区，明邑侯汪大壮捐。原丈过实田伍拾亩零，计大小玖拾玖丘，庄屋壹进，两厢房。西向塘伍口，实竹塘、芦花塘、腰塘、小长塘、石子塘系独管。旧有土地塘壹口，后废开田。其田山东抵涂姓山、涂姓田及书院下分获苓塘田为界，南抵刘姓山骑仑分水为界，西抵涂山及仰天湖为界，北抵段姓山为界。原进庄银壹百肆拾肆两，每年完租柒拾石，今加至玖拾叁石贰斗陆升，漕系佃完。旧《志》载，内有桐子坪山土壹块，庄屋壹只，另土租银壹两伍钱。

旧《志》：又桐子坪土壹块，庄屋壹只，周围壕堤为界，止完土租，后垦田约陆柒亩，升和伍石，历无进庄银。

旧《志》：又桐子坪庄屋壹只，围园贰只，土租银壹两贰钱，无进庄银。今查赁约伍纸，共进庄银叁两，地租银贰两贰钱，庄屋贰只。

获苓塘田伍拾壹亩，在二都十一区，明邑侯王纲捐。原丈过实田陆拾叁亩零，计大小玖拾肆丘，庄屋贰只。东向屋左神山坡壹座，东抵刘堤，西抵屋后骑仑，南抵周山堤直下至田边，北抵段堤为界。屋右长塘山壹围，以壕堤为界。外荒坪抵秦姓坟山为界。长丘背上随田长坪壹块，抵周山为界。有田壹垅，与他姓错杂。长塘、获苓塘、小湾塘与邓姓共，小油子塘、马房塘系独管。此田与官冲田相联，册载汪王学田，共正饷伍两捌钱零捌厘。原进庄银壹百两，每年纳租柒拾肆石柒斗。今庄银减至玖十捌两壹钱贰分，租递加至玖拾石零肆斗壹升，漕均佃完。

文星祠田贰拾陆亩伍分，在一都一区，本邑两庠绅士捐。原丈过实田贰拾捌亩捌分零。旧《志》载大小拾玖丘，后废壹亩作塘，并通开小邱，今止存壹拾伍邱。庄屋壹进两厢房，向西南屋后新塘壹口，旧载汪，今与刘姓各半。旧载左手小池壹口，今查池在屋右，并门首新垦塘，通作壹口，书院独管，册载文星祠，正饷柒钱陆分伍厘。原无进庄银，今加庄银肆拾两，每年完租叁拾伍石伍斗，漕系佃完。

竹鸡塘义学田叁拾叁亩，在四都一区，邑侯于寀捐。原丈过实田贰拾伍亩零，计大小贰拾陆邱。庄屋壹进两厢房，坐东向西，槽门壹进，周围壕堤、竹木俱全。小塘贰口。桃子丘车埠壹个，额有水圳竹鸡坝车埠壹个，王塘壹口，书院独管，只注成姓田三亩、欧姓田贰亩；中塘壹口，外注欧姓田亩半。粪池贰只。其田东抵成田，西抵欧田，北抵竹鸡坝，南抵欧姓庄屋。菜园外禾场壹岸。册载义学田，正饷壹两贰钱壹分柒厘。原进庄银叁拾伍两，每年纳租伍拾石。今查庄银加至肆拾两，租减至肆拾壹石，漕系佃完。

杨家山水田壹拾亩，在西城外三都一区，即木井河地，邑绅喻从珩捐。原丈过实田陆亩零玖分，计围外伍丘，围内贰丘。旧《志》：庄屋肆只。今查庄屋壹宅，围园竹木俱全。新湖壹座，即长湖，与许姓、郑姓公共。书院车埠贰个，澈底车注。堤围外系书院水圳，册载喻书院正饷叁钱陆分。原无进庄银两，每年纳租拾贰石。今加庄银拾肆两，租减至拾石，漕系佃完。

又庄屋壹进肆间，园壹只，壕堤、竹木俱全。界至河边，无进庄，每年完租银伍钱。又庄屋壹进肆间，园壹只，壕堤、竹木俱全，无进庄，每年纳租银伍钱。又庄屋壹只，原系刘在邦造，园土、竹木俱全，无进庄，每年纳租银叁钱。

斋公冲水田壹拾贰亩，在伍都二区，邑人邓昆式等公捐。原丈过实田拾亩零，计大小肆拾贰丘。塘伍口，腰塘后废，其余肆口与王姓四股之一，内油子塘书院独管放鱼。庄屋壹进两厢房，菜园壹只，屋下首抵刘田，左抵王宅下首园边，横截壕基，直上骑仑水沟为界，右以水沟为界，册载书院田，正饷叁钱壹分伍厘。原进庄银拾叁两，每年完租壹拾捌石，漕系佃完。

南河边演武场官田，在一都十一区，系官地开垦。邑侯王廷榁详拨水田贰拾壹亩零，计大小贰拾叁丘。旧有庄屋，周围壕堤、竹木，后被水冲毁，佃民另造。其界上自筒车埠起，左抵河直下至武道止，右抵文庙田及曾、唐、刘园堤，伴刘堤外小井直下，抵何姓堤止。玉潭桥下筒车坝壹座，坝上又车水埠壹个，均与文庙田公共各半。原无进庄银，每年纳租贰拾肆石。今加庄银伍拾两，租加至贰拾捌石。又演武场下荒坪一块，李盈科捐。今垦田贰丘，河水车注。其界东南抵河洲堤，西抵演武场，北抵玉潭。进庄钱叁千文，岁收地租钱捌百文。

更衣亭田，在一都十一区玉潭桥南岸，系官地开垦。旧载壹拾玖亩零，计大小贰拾柒丘。今查园内拾叁丘，园外肆丘。东抵桂花园堤外大路上至老观庙，南抵庙前坜，沿路至汤矮子湖尾即黄道口，西抵鱼洲任家围，北抵河。此田历系矮子湖水车注。原进庄银玖拾两，每年纳租肆拾石。今庄银加至壹百贰拾两，租加至伍拾壹石柒斗。此田与演武场历年共完批解银捌两零壹分，其正饷壹两贰钱并南漕，俱系当年在解银内开除。大路下荒坪一块，直连筒车。

鲵鱼洲官田，在一都十一区，系官地开垦。周围有堤，名任家围。旧《志》载，共田叁拾贰亩零，大小贰拾壹丘。今查围内止存田拾伍丘，庄屋伍只，计进庄银捌拾玖两伍钱，岁收租共叁拾陆石陆斗，地租钱壹千贰百文。围以南沙井贰个，围以北沙井壹个，堤外荒洲。旧《志》载，原丈过陆拾叁亩。东南从汤矮子湖至余集桥，抵梅堤直上，横截至河边，俱属官地，可垦。此洲止完批解银柒钱一分，无赋。

老虎塘田，在一都十一区，系邑侯刘善谟详拨陶姓捐田。旧载共壹百亩，上截陆拾亩，计伍拾丘。其田俱荷叶塘旧云老虎塘，误。水注荫。庄屋壹进叁间，壹槽门。庄屋对岸山南抵陈山，今谢山。有界碑。又抵方山今何山。堤基，东抵李山今陈山。堤基，北抵庵山堤为界，西抵范田为界。庄屋后山西南抵陈山骑仑堤为界，东抵自田，北抵下分田。其田界俱抵自山自田。原进庄银壹百贰拾两，每年纳租柒拾肆石捌斗。今加至捌拾柒石九斗，漕系佃完。下截田肆拾亩，庄屋壹进两厢房，槽门壹进。屋门首田上下共贰拾柒丘，小横塘下垅田肆丘，庄屋对门田壹滩，计止拾丘。其山庄屋对岸北抵刘山，东抵李鲁山骑仑为界，南抵庵山，西抵自田，田随山止。其庄屋后山，南抵上户本山，西抵刘山骑仑，以堤为界，北抵刘山，以堤为界。原进庄银陆拾两，每年纳租伍拾叁石。今减至伍拾石，漕系佃完，与上户共正饷银贰两，册载户名玉山书院田。

十家冲田，在三都二区，系本邑傅阿贺捐充膏火田。旧载共伍拾亩，上塅契载陆拾丘。后查止伍拾捌丘。下杉树塘大小拾壹丘，田随山转。其田北抵潘、张、郑三姓田为界，东抵徐、万、张三姓业为界，南抵王宅堤为界，西抵张宅山为界。庄屋壹进两厢房，荒熟园贰只，山内松竹俱全。腰塘贰口，老虫塘壹口，独管。荒冲塘贰口，亦独管。内据契，荫张田贰亩伍分，荫万田壹亩壹分。下杉树塘之田，系杉树塘荫注，册载傅书田，下厢三柱，屯饷肆钱柒分，民饷伍分肆厘。原进庄银壹百两，每年纳租柒拾伍石。今加至捌拾叁石。

小塘田，在四都六区，系本邑周宇山捐充膏火田，大小拾贰丘，新开壹丘。旧载共拾陆亩。栗树塘、锡板塘独管，长塘、小塘、窑塘与周、阮二姓公管车放。洞天坝车埠壹个，庄屋西头独管。上下堂屋、槽门、内外地坪及屋后山、右侧山并园土俱三股得一，门外粪荡壹只，禾场壹块，独管。进庄银伍拾两，完租拾玖石，册载户名书院田，正饷伍钱贰分。

考棚后住屋、铺房、园土、基地壹所，原进庄银伍拾两，每年纳租银拾两。今庄银减至肆拾两，租银议作租钱壹拾贰千文。

一、书院右侧契买高纯一屋宇基地壹所，今成园。其界前抵官街，从书院斋房墙脚起，裁尺横量贰丈柒尺，直下坝边窖石为界。原庄银伍两，每年租银叁两。今庄银壹两，每年租钱壹千文。

一、北城外胡姓捐土，今成园。东抵官道，西抵潘塘，径伍丈，南抵刘姓屋檐沟，北抵潘姓园土，径陆丈。原收赁地银钱各有差，今收租钱壹千文。

一、北城内江左、书院对门文凤林、文福田捐铺屋肆进。前抵官街，后抵胡姓墙，左右均以本屋木架与邻舍公共。铺内梭板、楼板、门片、柜台俱全。进庄钱拾捌千文，岁收地租钱伍千文。以上旧置。

娄子滩田，在五都十七区，道光二年彭王氏捐。原在李家滩，因与贺姓构讼不辍,彭成阁、添一兄弟奉宪将此田兑就,契载壹百亩有零,丈过实田柒拾伍亩捌分,大小捌拾贰丘。深坝壹座,尾抵牛头坝,鱼水独管。黄家坝壹座,与刘姓各半。园内塘、门首塘、档子塘、新塘、老鸦塘俱独管,又檀树塘只注彭田肆亩,余归独管。其水源自罗皮坝经太极塘,接连水圳,一路至檀树塘尾,照额作坨,灌注无阻。册载彭王氏捐书院田,正饷贰两肆钱,王博济屯饷肆钱。原进庄银玖百两有奇,每年收租柒拾石。今庄银减至叁百伍拾两,租加至壹百叁拾肆石。

枫梓庙田,在三都一区,契载捌拾亩,大小贰拾柒丘。今查通开止贰拾叁丘,丈过实田伍拾伍亩贰分零。其界东抵萧田,南抵贺周坝,西以自坨坝及自洋泉坝抵彭田、钟田,北以庄屋上首菜园抵钟田、钟山,绕上屋后围堤外山,抵钟山及萧山,以古堤横截,绕下萧田,至自粪荡为界。庄屋壹宅,门首塘、大坝、洋泉坝、坨坝,俱独管。又兰花塘水分额注田肆拾亩,澈底车放,由萧田及萧塘水圳经过无阻。此业原贺云溪与廖席珍公共,咸丰七年,玉潭书院接买贺姓所管一半,岁收租陆拾柒石,进庄银壹百两,折分正饷陆钱伍分,册载户名书院田。

南田方下田,在六都一区,咸丰七年,公接魏姓之业。契载肆拾陆亩,丈过实田叁拾玖亩,计大小贰拾壹丘。其田东抵桥田、魏田,南抵魏田、刘田,西抵云山书院田并陈田,北抵云山书院田,转至河堤为界。郭家坝筒车玖架,独管贰架。筒车边车埠壹只,独管。公坝水港两岸洲土,俱九股得二。赵家坡山一侧,左抵云山书院,齐坡心直上仑顶,右转骑仑直下,抵自园山下园一周围墙堤为界;炭坡里山一岸,从冲口小仑嘴起,抵陈姓山骑仑,直上仑顶,左转至软坳,抵云山书院山,齐坡心直下,抵山脚水沟。册载玉潭书院,正饷壹两伍钱陆分柒厘,进庄银壹百叁拾两,岁收租壹百零肆石。

斑竹桥田,在一都一区,咸丰八年阖邑绅粮公置。契载田捌拾伍亩,今丈过实田叁拾玖亩半,共计贰拾伍丘。门首田系谭家坝水车注,过坝田系谭家坝水荫注。咸丰五年,奉宪批示,天旱水涸,各照旧规,分段作坨潴泉车荫,有水疏通,不得将泥沙壅塞坝港在案。其田东以伍亩丘抵陈田、饶田,今周田。南抵谭家坝,北以五亩丘田坨抵饶田,今刘田。又以自堤抵吴姓山为界。过坝南岸田，东抵谭家坝，南抵官路，西抵王田、王塘，北抵谭家坝。庄屋壹所，屋后菜园壹只，周围以壕堤为界。又斑竹桥车埠壹个，其河水澈底车注。官路旁水圳壹条，俱系独管。册载户名刘猛将军，民饷贰钱玖分。玉潭书院屯饷壹两，进庄银壹百两，岁纳租伍拾陆石，归玉潭书院首事经收。每岁除修葺刘猛将军庙宇及祭费外，赢余归玉潭书院，以充膏火。

忠义祠田，在一都□区，地名张家冲，同治二年邑绅刘典捐与储公祠。共置庄屋壹宅，后山壹侧水塘叁口，独管。又饶姓门首塘公共，其田由屋上首与饶姓公共塘基下起，由自土地丘以水圳缘周姓山至罗家坳，又缘周姓屋墙转至周姓塘为界；又由余姓山起，至坳上转右进冲，至檀树丘，缘酆姓山以水圳抵段姓山为界；又由何姓山起，以出水圳缘何姓山至冲尾，抵何姓塘为界；又由何姓山出冲，缘饶姓山以出水圳，缘杜姓山过圳，抵贺姓蛇形山为界；又由蛇形山起，抵众姓水圳，至自解排丘，抵唐姓田至屋下手长荡丘为界。屯饷壹两叁钱伍分，户名忠义祠。庄银贰百两，靖匪租谷壹百贰拾石。

储公祠田，原在六都水云山后，兑置此业，每年祭祀及修整用费外，余归忠义祠。

芒神祠田两处，邑绅刘典等因禁私宰，劝阖邑捐置。一在五都一区，地名马埠口，水田肆拾伍亩。一在三都二区，地名土地塘，水田贰拾亩，更立户名不忍堂。两处正饷均柒钱伍分，契约租谷均附书院首事管理。

横塘湾孙家冲田陆拾亩，在八都九区，大小不计丘。庄屋壹只。田自横塘塘基下起，正坂直至下坂樟树湾丘下小长丘止，抵张田为界；及河边两岸滩田，并荷叶塘进身右边横冲小田伍丘，又荷叶塘基下田一连至三角丘止，抵张田为界。又大新塘尾田、左右冲田，又大新塘水田及孙家冲田、屋对门滩田、黄土塘尾田及下滩田，又宁家冲口河边起，正冲、横冲、小冲田并横塘、右边塘角下田，俱在契内，并无闲杂山。自庄屋下手荷叶塘进身右边起，直至尾塘软坳，抵张山为界；当己挖沟转上骑仑分水，至大新塘尾天坪坳坪中直上骑仑，至孙家冲，均系骑仑分水，抵戴山横塘基下河边，山随田转为界；又屋对岸山齐横塘塘基直上骑仑分水，一路下至板圫坡中水坑，直下抵刘山为界，内有横冲、直冲之山，除坟禁外，概属书院管理。又横塘鱼泥水分，原与刘各半，今书院得一半，一半之内三股，书院占二股，刘光谐与张允怀鱼泥水分共占一股。又大新塘水分，书院占二股，张允怀占水分一股。鱼泥系书院独放。新塘尾田，任书院车庳，塘内不得取沟车庳。其余各冲大小塘共拾伍口，系书院独管独注。又梽木大丘额坝壹座，宁家冲口河坝壹座，横塘桥下坝壹座，俱任书院放注、堵塞上田。又下荷叶塘塘基、下河港任书院堵注。户名云山书院，正饷壹两陆钱叁分，进庄银叁百两，租谷壹百贰拾石。

　　出山口田壹拾石，在三都一区，大小不计，丘庄屋壹只。大小水塘伍口。屋门首塘、鸭屎塘、双塘、大塘、长坝塘鱼水，均系独管。屋后山壹围，周围以自堤为界。其田从庄屋门首起，东北抵劳姓田，南抵李姓、钟姓田，西抵彭姓田为界。户名县试卷田，正饷壹两捌钱叁分，进庄银叁百伍拾两，租谷壹百伍拾石。

　　新塘冲田在十都十一区，麻家屋场十都五区，姜家墩田在十都十一区，共水田壹百陆拾亩。麻家屋场住屋壹宅，左首庄屋壹宅。新塘冲庄屋壹宅，住屋对门庄屋壹宅，四处屋宇杂正俱全，垣内外余坪基地一概在内。其田西抵本宅后秦田、齐大路横截为界，北抵姜家滩李绶印田为界，南抵刘会东栗树丘起，至李月江庄屋后打卦丘为界，东抵住屋对门庄屋后，下至内烂园古堤，抵喻姓坝湾田为界。新塘冲田壹冲，牛角冲田壹冲，均出冲抵沙泥塘为界，但四抵之内颇有间杂，另开田单壹纸付契。住屋门首月塘壹口，住屋后圙塘壹口，新塘冲新塘壹口，长塘壹口，长塘尾上塘壹口，双义冲尾小塘壹口，新塘冲庄屋门首塘壹口，牛角冲塘壹口，住屋对门庄屋门首塘壹口，鱼泥、水分均属独管。下萧家塘壹口，水照额注荫无阻。大泉塘水、小坝水，均照额注荫无阻。新塘冲塘水放出，由李绶印、映魁两亩冲口小田经过，不得阻塞。沙泥塘屋侧古圳一条，新塘冲内诸塘水照额经过，不得槵塞。其山从二亩冲、进冲左嘴逢中直上仑顶骑仑分水左旋，一路绕至黄荆坳，抵李映魁山为界。界内坡圫中嘴软坳，均下齐田边，无间无存。又双义冲、进冲左侧李绶印山一面，不在契内。姜家屋场滩上李绶印蒿叶丘、水碓丘、秧田丘、堆子丘，墈中湾八升猪肚子丘、二亩丘，系二亩冲塘、黄眼塘水荫注；若因旱本塘水尽，俟书院田开新塘冲诸塘水放注，非历额荫注之田，亦得照样带放，李绶印不得擅行开塘自放。又刘照凡大鹅丘亦宜照样。又书院放新塘冲诸塘水，或远或近，若由李人田内过水，作田者不得阻塞，放水者不得沥干。倘本田有水，过水者须照样存留。又内烂园田内李月江、李福齐兄弟过水圳一条，不得毁塞。十都五区，户名云山书院田，正饷玖钱柒分。十都十一区，户名云山书院田，正饷银叁两肆钱肆分，进庄钱柒百串文，每年完租谷叁百捌拾壹石。

沙堆子谢眼塘田叁拾陆亩柒分，庄屋壹宅，在十都五区，系七都安良公上首事刘朴堂、陶柳堂、喻璘轩、廖鹿苹、周寿山等，将此田捐与云山书院首事公管，以作膏火之资。此系合都商议，以公济公，毫无勉强。其田山界址，照王人出笔契载。沙堆子房屋壹宅，屋门首小塘贰口，独管。黄家塘壹口，照额公共注荫。共地坝四，照额车放荫注。谢家塘对岸围陂坝内额车埠，昼夜车溉无阻。其田屋门首方丘垱上小田壹丘，垣内秧田贰丘，粪荡丘、上方丘、方丘下田壹丘，隆人五亩丘，背上方丘，老秧田丘，老秧田垱上过水丘、三亩丘，大新塘侧上方丘、下方丘，下小田丘、路长丘，猪绳背上丘、擂盘丘、裤裆垄内一连伍丘，黄家塘上小长丘，又湾丘、坝口丘、棕树丘、大方丘、荡丘、葫芦丘、一丘、下田二丘、细葫芦丘、三角丘、土地丘，共叁拾伍丘。又接黄陞禄谢眼塘业它背丘、秧田丘、庙山丘、屋后方丘，共谷贰拾玖石。并西头正房壹间，披厦壹间，槽门内西头杂屋壹间。其香火堂、槽门、园土、堤围、余坪基地、车埠，均系三股得一，其余系隆珍泽、隆竟成管理。又沙堆子大新塘侧田亩，系黄家塘及坉坝水车放，由裤裆垄自田边额圳壹条经过，注荫无阻。户名云山书院田，正饷壹两壹钱捌分柒厘，庄钱贰百串文，租谷玖拾陆石。

南田方下郭家坝水田肆拾叁亩，庄屋壹宅，在陆都一区。其田东抵玉潭书院田为界，西抵陈田为界，北抵大河中为界，南抵玉潭书院田边路下三亩丘边魏圳，直至玉潭田为界。又南抵自外自屋右垣墙外水田圳口湾丘起，一连叁丘过圳二亩丘，斜下屠刀丘、直丘、小方丘，共柒丘，俱在契内。其抵外朱东坡团仓，上齐举顶，下齐水坎，左右俱以两边坡中为界。再有赵家坡山一侧，上齐骑仓，下齐田塍，左抵刘堤，右抵坡中为界。田塍路上园土一只，概付云山书院管理。筒车贰张，车埠壹只，书院独管。其筒车港两边洲土及河中大坝，俱照筒车，九股得二。又大河边上屋场田共计大小拾柒丘，户名云山书院田，正饷壹两叁钱，进庄钱贰百串，租谷玖拾石。

留富塘水田叁拾伍亩，在九都十四区。其田屋门首田贰丘，上抵夏有德田，下抵夏敬夫井丘，屋下首小丘一节对井丘路直上土塍，由墙角余地外小路至古冢左边坪，凭主顶中分直上，抵夏斗南土沟横过，抵有德侧面上直下，照势过下熟土三梯中分抵塘塍，转人行路，至屋上首四围，窖石为界。又屋后坳上土一处，北抵杨姓山土，西抵夏有德土，又抵自田，南抵夏镇定土，又抵夏有德田，由湾转至，东连田大小陆丘，东南抵夏镇定田土，凭人行路直上，抵杨姓坟山为界。其田系塘水注荫。又沈马塅田柒丘，上由仟工塘背上大路起，至夏秉元庄屋下首园门丘，下抵石嘴头唐背上，随田转抵仟工塘背为界。其田系虾公塘、湾塘水注荫。又石嘴头园内熟土两块，四抵窖石为界。又石嘴头上塅大湾丘壹丘，连伍丘，大小叁丘，石嘴头塘水车荫。大路脚下当子丘壹丘，坝水注荫。又杨家湾槽门外方丘壹丘，杨家祠堂门首梭子丘壹节，祠下首石头长丘贰丘，塅中夏姓一亩丘，背上小丘壹丘，老河口大沙丘壹丘。又沙堤下边子丘叁丘，上下抵夏敬夫田，右抵夏有德三亩丘为界。又大坝口大堤脚下三角丘壹丘，又挨堤方丘壹丘，堤下坝港尾夏姓过水丘丘外大坝丘壹丘，契内染缸坝壹座，塘棚坝壹座，大坝壹座。户名云山书院田，正饷玖钱壹分玖厘，进庄钱壹百伍拾串，租谷玖拾石，系八出斗扣行，斗谷柒拾贰石。

泥湖冲水田壹百叁拾亩，庄屋叁只，在十都十一区。其田东抵新塘尾园内齐土边为界，南抵甘姓田齐圳直下为界，西抵姜姓田为界，北抵姜姓堤为界。四抵扦清明白，任公扫荫无阻。又泥湖冲进冲右瓦屋壹座，屋后大园壹只，周围堤为界。门首园壹只，南岸侧排山壹岸，大园外出山右侧牌山壹岸，进冲右茅屋贰只。又屋后大围园壹只，小围园叁只，新塘北岸侧牌园壹只，进冲左姜姓庄屋上首小园壹只，批大井水，姜人四股得二。又月塘水注荫，姜人木马滩水田贰丘。户名云山书院田，正饷壹两柒钱，共进庄钱肆百零陆串，租谷壹百玖拾石。

大西冲窑笏嘴水田叁拾壹亩，庄屋两处，在六都一区。其田园山土四抵，东齐王田、王塘，转至垄坑上，下齐僧田，至大西冲河港中为界；南齐僧田，横截至上屋上首塪路为界；西齐刘照凡园骑仑墙脚，直至下屋后竹山下首，由塘基出，以古檀树折沟至下为界。秧田园外齐刘照凡田为界，北齐魏坟围为界。界内田园山土，并无混杂。屋宇基地，上下一连两所。又观音坝水，其水圳伴僧田塍直下，水由圳照额轮流，付书院公管接注，田亩无阻。又观音坝下阴桶壹道，至冷水坝。其冷水坝窖立天平，左边天平水入阴桶水，由圳路注田，付书院独管独注。又水塘贰口，书院独注独管。又窑笏嘴大湾丘浸水荡，付书院独车独注。户名云山书院田，正饷壹两壹钱柒分，进庄钱壹百捌拾串，租谷叁拾贰石伍斗。此田因建置书院，故田多废处，付志之。

大西冲口水田拾亩，在六都一区，系兑管僧临轩师徒之业。单载窑湾丘、砧板丘、桐子丘、下砧板丘、泉塘背大丘、长丘、过水丘、小方丘、一连贰丘、沙子湾一连叁丘、路下长丘，共拾叁丘。此田半作书院基地，其余并入大西冲窑笏嘴业内。

南竹山水田肆拾壹亩，在六都一区，大小不计丘。庄屋壹宅。其田从癞子山坝随河直出冲口，沿河折转，绕至魏人墓前滩田，由窑笏嘴抵书院田，随园壖山边绕上至癞子坝为界。水塘贰口，癞子坝壹座，均独管。其山从月形山石嘴擢沟直上骑仑分水，绕上大仑顶，擢提直下，抵僧庄屋下手壕堤，至田边为界。其中坡垅中嘴，一概在内。又癞子山从鹰嘴石齐仑脊，直上癞子山仑顶，随仑顶转下，挨书院青龙山骑仑分水，直下窑笏嘴为界。围园贰只，均在契内。户名云山书院田，正饷银壹两壹钱柒分伍厘，进庄钱肆百串，租谷捌拾陆石。

云山书院后山，名螺头山，又名癞子山，系僧临轩、日辉、德明于同治五年商之施主及绅粮李教益、隆六溪等捐入云山书院。契载，上齐仑脊，下齐山脚，抵书院公山，沿坡托侧嘴，绕至上手软坳，逢中为界。又捐螺头山背后山场，从观音坝石嘴起，上齐仑脊，下齐山脚，包坡托中嘴侧牌围园庄屋，一路绕至九亩冲、乌龟嘴上坡中石沟，俱系窖石为界。比日扦踏明白，归书院永远蓄禁管理。

步云桥渡接管储公祠六都一区地名水云山水田拾伍亩，大小不计丘。水云山口上面茅屋壹宅，及园土余地，周围以壕堤为界。户名步云桥田，正饷银柒钱肆分，议定进庄银壹百两，每年秋收完纳，租肆拾石。

步云桥亭，在六都一区，地名大西冲口。其基地系王我龄兄弟捐河边水田壹亩为之。步云桥原名长桥，置有水田伍亩零，在十都五区，大小不计丘。户名步云桥渡，正饷伍分伍厘，议进庄钱叁拾肆千文，每年完租捌石。

宾兴费田

实竹塘黑门楼田壹百肆拾亩零肆分，在六都一区，同治六年公接王姓之业，大小不计丘。栗山坝壹座，水塘水坔壹拾壹口，照额照股车放荫注。车埠、水路、圳挡、河堤、河坪、荒田，均照额管。后山由屋后起进冲，抵王姓尖峰仑山脚，左抵杨姓坟山，右抵秦姓壕堤。契内小围、大围、荒坪、余地等项，概归公管。庄屋壹进，厢厦、杂屋、门片、园土俱全。册载户名王槐庭，柝完正饷捌钱柒分伍厘，进庄银贰百玖拾伍两、钱壹百壹拾千，每岁纳租谷贰百壹拾叁石。

石鸾坊田

同治六年，云山书院首士姜香畹等，接买廖宇亭出笔一契，作县试卷田。

石鸾坊水田壹百零伍亩，庄屋壹只，在六都八区。其田山四抵，东抵喻田为界，南抵大河心为界，西抵陈田为界，抵外张家冲出冲右首山边。契内庄屋壹只，周围堤垣，门首月塘壹口，大路上第叁丘老秧田壹丘，北抵与李公祠墩中公管水圳为界。又西抵外庄屋界址，东头菜园抵张田为界，南抵月塘下张水行丘，至抵彭家井高塝为界，北抵庄屋后，齐高塝为界；西头菜园台上周围，抵高塝为界，曲转汤家园堤为界。又坵子丘坵子壹个，又连四丘坵子壹个，筒车贰座，俱属公上独管。过江坝壹座，喻人叁股得壹，公上得贰。又塘丘、大水丘坵子壹个，公上与李祠公共放，至平日李人独车贰坵。又田亩丘名及各批载，均详载廖雨亭出笔契内，户名县试卷田，正饷叁两，进庄钱捌百串，每年完租谷贰百肆拾石。

学校三 选举一 荐辟

虞廷四岳交让，古之荐举也。后此公孙枝荐百里奚，见《吕氏春秋》；虞邱荐孙叔敖，见刘向《说苑》；祁奚赵简见于《春秋》。汉初荐士无定法，如萧何荐韩信，魏无知荐陈平，多洊至二千石。武帝置内廷官，荐导人物如司马相如、朱买臣、主父偃，皆荐自侍中。三国时，周瑜荐鲁肃，吕蒙荐陆逊，各推其才。沿及有明，太祖起淮濠，如宋濂、刘基、杨文定，皆起白衣，为一时名臣。厥后科目重，而其途渐窒。国家虽尚科目，亦间用之。宁邑荐辟不多人，兹照旧《志》冠选举类，以见士抱道行而知遇自隆焉。

宋

喻　韬。字德彰。建隆间举明经，授文林郎、潭州教授。

易　袆。字仪淑。淳熙十六年己酉科，以明经辟为广南安抚司机宜，累官吏部左侍郎。

罗　颖。字天赋。开熙间举明经，授迪功郎、溆浦主簿，升从政郎、武陵县丞。

易　祁。字舒仲。国学授从事郎，升耒阳县尉。

易　霆。字子云。入太学。理宗淳祐间，授迪功郎。常德、桃源县主簿，摄江陵县尉、郴州法曹，晋从政郎、桂阳司理，转文林郎，衡州、耒阳县令。凡历十二考。

元

欧阳道。《家谱》作欧阳德道，官中书令史，详《传》。

明

谢彦篯。字德和。洪武间明经。官昆山知县。

刘仲仁。字寿孙，号乐山。洪武间明经。初任河南新安县丞，改四川盐山县丞。

刘仲智。字良孙，号碧山。明经。历任广东曲江河伯所官，升豹韬卫仓大使，转曲江县知县。

张所蕴。字孺克。任宛马监正，转光禄寺丞，授山西太原令，擢陕西西安府通判。

陶汝鼐。翰林院检讨，详《传》。

国朝

张之浚。字籲郎。顺治间廪生，邵阳训导。

秦仕伟。官教谕，详《传》。

廖方达。官学正，详《传》。

周敬溥。号止斋。庠生。安亲王札付州同知。

萧世臣。字韵生。考县尉，改安仁训导。

王长昌。官教谕，详《传》。

杨履吉。字长公。平江训导。

王文清。字九溪。宗人府主事。详《传》。

汪华国。字焕文。附贡，优增生。

胡光甲。字春台。优增生。详《传》。

以上二名，嘉庆元年举孝廉方正。以上旧《志》。

王开琸。字云樵。恩贡。道光元年，举孝廉方正。

杨　鹏。字春谷。廪贡，保蓝翎州同衔，候选知县。咸丰元年，举孝廉方正。

魏　良。字隽卿。官知府。详《传》。

学校四　选举二　科目

　　古者司马辨论官材、宾兴、三物，后世取士由此昉。汉初有孝廉、茂才、异等，后增甲、乙二科，试经学，次第上名。唐初，定为明经、进士二科。宋初，凡三科。太平兴国中试进士始分三甲。天圣间，增拔萃以下四科，礼部三岁一贡举。明洪武三年，诏乡试中者咨送礼部会试，颁行程式，以子、午、卯、酉年乡试，辰、戌、丑、未年会试。永乐三年，选新进士授修撰、编修、庶吉士。国朝因之。每遇庆典，特行恩科，得人最盛。宁乡自南北分闱后，无重湖之阻，乡试士数逾二百，获隽者辄十二人、十人、八人、四五人，会试每科辄中一二人，馆选连绵弗替，继自今将鼎鼎相望也。副榜、优拔、优岁贡，例得并志。

进士

宋

　　太祖建隆四年癸亥苏德祥榜：旧依《府志》作辛酉。喻韬。见《荐辟》。案：是年始置宁乡。

　　孝宗淳熙十一年甲辰：旧依《墓志》作乙巳，兹照《通志》。易祓。官礼部尚书，详《传》。

　　孝宗淳熙十四年丁未王容榜：《墓志》作丁丑，兹照《通志》。易开。字符启，一字和文，由公安主簿官至安抚使。

　　淳熙阙年：旧《志》依《易氏谱》作丙午，《府志》作天历十年，姑照《通志》俟考。易应云。一作荣。授迪功郎，转从事郎、儒林郎，清江县丞，劝农。转宣教郎，致仕。

　　光宗绍熙元年庚戌余复榜：罗仲孺。官户部员外，兼右谕德。详《传》。

　　光宗绍熙四年癸丑陈亮榜：雷志勤。字勉之。初任钱塘主簿，累官振武军节度推官。

宁宗庆元二年丙辰邹应龙榜：易丙。一作炳，字南父。

宁宗开禧元年乙丑毛自知榜：龙亮。字孔明。调冯翊王簿，累官监察御史。

宁宗嘉定四年辛未赵建夫榜：易祎。见《荐辟》。

理宗绍定二年己丑黄朴榜：易楠。字汝馨。

理宗端平二年乙未吴淑吉榜：刘彦举。官至翰林学士。详《传》。

理宗嘉熙二年戊戌周垣榜：袁仕文。字焕卿。官至翰林学士。

元

世祖至正二年壬午陈相仁榜：蒋彦明。官至国史大夫，详《传》。

明

弘治三年庚戌钱福榜：袁经。官辽东巡抚。详《传》。

嘉靖十一年壬辰林大钦榜：周采。官云南巡抚。详《传》。

天启五年乙丑余煌榜：周堪赓。官至尚书。详《传》。

国朝

雍正元年癸卯恩科于振榜：陶士僎。字伦宰，号嵇山。翰林院庶吉士，改江南镇阳县知县，署宝山、怀宁、合肥、旌德、石埭县、太仓州事，两充房考官，历任和州知州，广西太平、湖北汉阳、河南南阳府知府。两充乡试内监试官。

雍正二年甲辰陈德华榜：陶士倧。字公懋。授山东禹城县知县。王文清。见《荐辟》。

乾隆七年壬戌金甡榜：黄遇隆。官知县。详《传》。胡泽潢。官户科给事中。详《传》。

乾隆二十二年丁丑蔡以台榜：黄道恩。官知县。详《传》。

乾隆三十一年丙戌张书勋榜：王恩。改名忻。官知县。详《传》。

乾隆三十七年壬辰金榜榜：王坦修。官翰林院侍读。详《传》。

乾隆六十年乙卯恩科王以衔榜：杨业万。官知县。详《传》。

嘉庆六年辛酉恩科顾皋榜：袁名曜。官翰林院侍读。详《传》。丁公路。官知县。详《传》。

嘉庆七年壬戌吴廷琛榜：刘开诚。官知县。详《传》。喻宣孝。字伯昭，号义圃。

嘉庆十四年己巳恩科洪莹榜：贺懋椿。号龄圃。实授四川罗江县知县，历署德阳、双流、资阳、茂州、简州、江北厅等州县。详《传》。

嘉庆二十二年丁丑吴其濬榜：袁汝嵩。官知县。详《传》。

道光二年壬午恩科戴南芬榜：周含万。官知县，加同知衔。详《传》。

道光六年丙戌朱昌颐榜：成章瓒。官知县。详《传》。

道光十三年癸巳恩科汪鸣相榜：童犟。官知州。详《传》。杨亦镎。改名蔚春。刑部主事。详《传》。

道光十五年乙未刘绎榜：周颐昌。官教授，升用知县。详《传》。

道光十八年戊戌钮福保榜：梅钟澍。官礼部主事。详《传》。

道光二十七年丁未张之万榜：童秀春。字伯雍，号圭农。庚戌补行殿试，陆增祥榜选翰林院庶吉士，散馆授检讨，充国史馆协修，分发广东，署肇罗道，钦加盐运使衔。廖宗元。官知府，殉节。详《传》。

咸丰三年癸丑孙如仅榜：李新庄。字藻舒，号云舫。签分刑部主事，现官郎中，秋审处提调。京察一等，记名道加三级。袁榘实。字义门。兵部主事。

同治二年癸亥恩科翁曾元榜：周瑞松。字云先。现官刑部主事。

武进士

明以前无考。

国朝

道光九年己丑科：王定堃。字方城。副将。详《传》。

进士副榜

明

崇祯七年甲戌科：以前无考。杨会英。官至兵部司务。详《传》。胡懋述。

崇祯十年丁丑科：陶汝鼐。见《荐辟》。

崇祯十三年庚辰科：陶焕。

崇祯十六年癸未科：陶汝鼐。两中会试副榜。

国朝明通榜 雍正五年起，乾隆五十五年停止。

雍正五年丁未科：陶士偰。官至福建布政使。详《传》。

乾隆十九年甲戌科：黎大晼。官至福建同知。详《传》。

举人

宋

旧《志》共六名，其余虽已中进士者，其乡举年号无考，故未载，今仍之。

喻　韬。见前。

陈　班。雍熙举人，安仁县丞。依旧《志》入。

易　袚。见前。

易应云。见前。

罗仲孺。见前。

袁仕文。见前。

元

明

洪武二十九年丙子科：以前宁邑无考。解元江夏郑璧。向善。字庆钟。官贵州镇远府通判。依旧《志》入。

永乐九年辛卯科：解元江夏熊英。张敏。官知府。详《传》。

永乐十二年甲午科：解元江夏贺献。刘春。字孟元。彭融。字仲和。彭兴。字伯起。

永乐十五年丁酉科：解元蕲州程邃。张礼。字天叙。官四川西充县教谕。何辅。字汝弼。唐庸。字本中。

永乐二十一年癸卯科：解元湘潭娄昇。张惟民。字邦本。易镇。字士安。

宣德四年己酉科：解元江夏王彦诚。蒋宪。字时中。亚元。历任山东城武、北直、庆都等县司训，升江西乐平教谕，转升南直隶常州府教授。

宣德七年壬子科：解元江夏马嗣宗。吴忠。官四川成都府前卫经历。

景泰元年庚午科：解元江夏刘毅。杨吴。字太和。官福建延平府通判。一作推官。

景泰四年癸酉科：解元江夏刘余庆。杨昇。谢弼。

天顺三年己卯科：解元江夏余本政。刘端。官同知。详《传》。于琥。《通志》作龚琥。任黎平府推官。

成化十三年丁酉科：解元江夏张才。黄廷臣。字良弼。官浙江衢州府通判。

成化十九年癸卯科：解元江夏林贵。袁经。见前。

弘治二年己酉科：解元麻城曾大有。刘守恒。字叔亨。治《易经》，亚元。历任临安、纳溪、砀山等县知县。向正。《通志》作弘治八年乙卯科。杨钧。字秉之，治《诗经》。官江西南昌知县，善训士，邑庠多出其门。

弘治十七年甲子科：解元松滋王之相。谢恩。字廷擢。官常德府通判。

正德十一年丙子科：解元攸人罗星。周策。官知县。详《传》。

正德十四年己卯科：解元沅陵唐愈贤。黄裳。字玉友。官四川顺庆府教授。《通志》作永乐癸未科，照旧《志》，据黄氏谱更正。

嘉靖七年戊子科：解元醴陵旷宗舜。周采。见前。戴梦麟。《通志》作华容人，嘉靖辛卯科。兹依旧《志》入。

嘉靖十九年庚子科：解元巴陵谢登之。张邦珠。官镇宁知州。详《传》。

嘉靖二十二年癸卯科：解元咸宁陈沂。吴绍周。历官四川新都知县、云南蒙化通判。详《传》。

嘉靖二十五年丙午科：蔡制。详《传》。解元。

嘉靖四十年辛酉科：解元衡阳王万善。谭孔仁。字静体。由善化学中式，官四川资阳知县。

隆庆四年庚午科：解元祁阳彭大用。龙应和。亮裔孙，官万年知县。《通志》作湘乡人。

万历元年癸酉科：解元景陵李登。陶汝侃。榜名元侃，号翼斋。官江西萍乡知县。《府志》作元恺，《通志》作元凯。由湘乡学中式，两志皆作湘乡，今仍邑旧《志》入。

万历七年己卯科：解元麻城黄国。周耀冕。官延安同知。详《传》。

万历四十六年戊午科：解元新化陈君宠。汤道立。治《易经》，授知县。详《传》。

天启元年辛酉科：解元邵阳车万合。胡懋进。官永定知县。详《传》。梅思德。治《诗经》，授知县。详《传》。

天启四年甲子科：解元广济刘近臣。杨会英。见前。周堪赓。见前。

天启七年丁卯科：解元景陵谭元春。成世卿。字勋叔，治《易经》。

崇祯六年癸酉科：解元衡阳欧阳瑾。陶汝鼐。见前。胡懋述。字乘文，治《易经》。

崇祯九年丙子科：解元蕲水周寿明。陶焕。字尧章，治《易经》，授司李。

崇祯十二年己卯科：解元麻城曹应昌。胡其炳。字仲元。

明副榜：姜希汴。万历壬子科。详《传》。张所诚。字心玉。万历戊午科。易理清。字若水，崇祯己卯科，官兴宁知县。黄昌篆。详《传》。王阶。详《传》。陈天秩。科分未详。

国朝

康熙三十五年丙子科：解元沔阳萧运芳。姜曰璜。字梯炎。《通志》：知乐平县。

康熙四十一年壬午科：解元江夏朱和均。《通志》作四十七年李澍榜，误。沈文谟。寄籍中式。

康熙四十四年乙酉科：解元孝感夏誉庆。张启禹。官知县，详《传》。翟容銮。字宸仪，汉阳人，寄籍中式。官陕西山丹知县。

康熙五十年辛卯科：解元湘阴李天桂。陶士倧。见前。

康熙五十二年癸巳恩科：解元孝感金相。陶士偊。见前。王文清。见前。副榜黎希圣。官教谕，详《传》。

康熙五十九年庚子科：解元孝感夏力恕。周硕勋。官潮州知府，详《传》。

雍正元年癸卯恩科：解元麻城周邦孚。陶士伋。官知县，详《传》。陶士僙。见前。

以上湖广乡试榜。

雍正二年甲辰科：是年分闱，以下湖南乡试榜，解元邵阳佘凤举。周抡枢。字遴九，亚元。拣选知县。副榜周在涂。详四年丙午科注。

雍正四年丙午科：解元衡州刘高松。周治辂。字监殷。知直隶曲周县。周在图。原名涂，字震五。署山东济南府经历、胶州盐大使，补利津知县。周增瑞。官知县。详《传》。

雍正七年己酉科：解元桂东郭佑达。张锡麒。字瑞九。官巴陵教谕，署岳州府教授。秦安镐。官龙门知县。详《传》。蒋邦伯。字定侯。授龙阳教谕，选直隶深泽知县，改道州学正。

雍正十三年乙卯科：解元善化张汝润。刘有洪。官知县。详《传》。胡泽民。字身加。赠国子监学正。

乾隆元年丙辰恩科：解元华容张光照。蔡泽苓。字松余。

乾隆三年戊午科：解元巴陵彭世瑛。胡泽洪。官赣州同知。详《传》。胡泽潢。见前。副榜宋宾逢，官知州。详《传》。钟邦权，官教谕。详《传》。黄道恩。见前。

乾隆六年辛酉科：解元衡山欧阳正焕。姜主义。字庭柱，经魁。选知县，历任贵州思州府经历、普安州判、临安府同知，借补盐大使。萧宏灿。字光四。官直隶长芦盐课大使。黄遇隆。见前。朱应冕。字服周。官武陵教谕。陶章曾。字宪舆。历官直隶合水知县、开州知州。

乾隆九年甲子科：解元善化郭焌。黎祚安。字勉旃。经魁。拣选知县。黄道悫。字敬亭。官福建永春州同。黄道懋。拣选知县。详《传》。副榜王运榜。

乾隆十二年丁卯科：解元湘潭罗典。黄道恩。见前。王运榜。副榜廖文在。

乾隆十五年庚午科：解元武陵朱景英。黎大畹。见前。王铃。字觉斯。副榜陶文铉。字远亭。历任甘肃肃州州判、高台知县。

乾隆十七年壬申恩科：解元湘阴易昆曜。彭贤相。拣选知县。副榜杨应谦。字天益。官永顺训导。

乾隆十八年癸酉科：解元岳州陈震。副榜王道平。

乾隆二十一年丙子科：解元衡阳蒋一璁。黎大濩。字林音。张烈。官知县。详《传》。

乾隆二十四年己卯科：解元湘潭陈本。袁名器。官刑部员外郎。详《传》。王恩。见前。黄锡冕。字服周。历任武冈州学正、武陵教谕、江西德安知县。

乾隆二十五年庚辰恩科：解元澧州李材。谢克猷。官知县。详《传》。张思甸。官知县。详《传》。副榜刘士望。官教谕。

乾隆二十七年壬午科：解元清泉丁牲。周在炽。官教谕。详《传》。萧宏炜。字霍柱。拣选知县。彭显森。号兰亭。拣选知县。

乾隆三十年乙酉科：解元桃源罗泽坤。王光榜。官知县。详《传》。周采洛。字作东。官新宁训导。张思炳。官知县。详《传》。喻天佐。号悫斋。历任衡山训导、福建闽清知县。副榜王佐。字弼君。选永绥厅训导。

乾隆三十三年戊子科：解元长沙刘工询。黄绂隆。官训导。详《传》。王翊修。号赞园。黄价。号赤符。拣选知县，著有《周易汇义》。副榜杨楷。

乾隆三十五年庚寅恩科：解元衡州刘维祖。王榘。号洁斋，经魁。官祁阳教谕。刘序拔。官知县。详《传》。姜方振。官教谕。详《传》。程泽兰。官知县。详《传》。

乾隆三十六年辛卯科：解元长沙李光宝。黄日赞。官学正。详《传》。黎大柄。号谦庵。历任岳州府训导、贵州余庆知县。姜和义。字春谷。拣选知县。王明两。字作轩。拣选知县。详《传》。陈楷。号直庵。官耒阳教谕。王坦修。见前。副榜周在渭。号清臣。黄应隆。历任直隶易州、冀州州判，署南宫知县。

乾隆三十九年甲午科：解元桂阳卢达凤。胡本楷。官学正。详《传》。张思留。官教谕。详《传》。副榜周官。字莲峰。就州判职。

乾隆四十二年丁酉科：解元武陵刘定进。贺晙上。官教谕。详《传》。副榜黎大受，廖鸿春，字启元。官永兴教谕。王薰。号道泉。

乾隆四十四年己亥恩科：解元新化曾承谦。杨世袭。官知县。详《传》。贺德瀚。官知县，殉节。详《传》。

乾隆四十五年庚子科：解元宜章彭运修。邱大受。字谦甫，号益斋。秦启迪。

乾隆四十八年癸卯科：解元长沙陈佑贤。萧坤元。号煦谷。官永兴教谕。陶鸿谔。拣选知县。详《传》。王懋。字德润。官兴宁教谕。成开宙。号贞斋。署桃源教谕，借补凤凰厅训导。副榜胡泽汇。官教谕。详《传》。

乾隆五十一年丙午科：解元善化黄友教。胡光瓒。官知州。详《传》。周宏濂。号连庄。挑发四川，历署冕宁、荣县、垫江、南川、平武知县，充甲子癸酉科乡试同考官。副榜丁公式。号珏斋。

乾隆五十三年戊申预行正科：解元耒阳罗杰。黎大魁。字星梧。历官永明、龙阳训导。许其顺。拣选知县。刘起宇。字东侯，号鲁川。官澧州学正。袁名曜。见前。杨世执。号道林。官郴州桂东县教谕。刘宜焘。拣选知县。胡毓章。官知县。详《传》。杨经培。号书田。官巴陵教谕。

乾隆五十四年己酉恩科：解元长沙陈宏典。丁公路。见前。贺德澍。号洋泉。拣选知县。副榜刘东曦，号罗山。就州判职。张定锟。号南衍。就教职。

乾隆五十七年壬子科：解元湘乡蒋湘塘。刘端经。字醇夫。拣选知县，补蓝山教谕。辛卯大挑，选直隶长芦兴国场盐大使。

乾隆五十九年甲寅恩科：解元衡州谭景韩。黄湘虔。原名宁。授直隶长垣知县，题升磁州。杨业万。见前。周洛傅。字继旦，号绿溪。官零陵教谕。

乾隆六十年乙卯科：解元武陵杨丕树。刘开诚。见前。

嘉庆三年戊午科：解元湘阴彭峨。丁公式。杨士琨。官桂阳州学正。

嘉庆五年庚申恩科：解元邵阳蒋舒惠。喻宣孝。见前。程泽蕚。官溆浦教谕。王开珏。字玉振，号栗亭。历官沅江、新化、会同等县教谕。

嘉庆六年辛酉科：解元武陵陈世昌。袁名舄。官知县。详《传》。袁汝嵩。见前。

嘉庆九年甲子科：解元临湘张士醇。贺懋椿。见前。副榜袁汝璠。详后。

嘉庆十二年丁卯科：解元善化贺长龄。周朝佐。亚元。拣选知县。许心源。官知县。详《传》。崔承洛。字屏山。拣选知县，大挑二等，历任桂东、永明等县教谕。陶章斌。榜名斌。官知县。详《传》。

嘉庆十三戊辰恩科：解元湘阴杨培之。黄思藻。官知州。详《传》。刘丕文。号笏泉。拣选知县。黄本骐。字伯良，号花耘。拣选知县，授城步训导。周汇万。榜名邦喜。官教谕。详《传》。刘瓒芳。号玉溪。拣选知县，任新化教谕。副榜黄本骥，见后。周洛瞻。字东治，号次田。教职，改就直隶州州判。

嘉庆十五年庚午科：解元黔阳易良俶。袁汝璠。字骥山。原任石门教谕，经魁，截取知县。成章瓒。见前。

嘉庆十八年癸酉科：解元长沙杨延亮。周含万。见前。谢家杰。字卓夫。甲戌会试挑取左翼宗学校习，署江西安仁、上犹知县。副榜邓光禹。

嘉庆二十三年戊寅恩科：解元湘乡李蕚。潘县春。官教谕。详《传》。杨文勋。字翼卿。袁荣实。字沩章。丙戌授教职，历任临武、衡山、新田等县教谕，补授郴州学正。梅钟澍。见前。

嘉庆二十四年己卯科：解元华容陈毓文。崔秩。字孝初，号星社。详《传》。贺翔。字凤起，号梧岗。官耒阳教谕。童翚。见前。喻虔孝。号鲁门，一号心斋。周封万。候选教谕。详《传》。邓澍。官教谕。详《传》。副榜黎培衷。字思和，号寅廷。就州判职。

道光元年辛巳恩科：解元浏阳李文耀。戴铭。字恭甫。截取知县，改就教职。邓光禹。字冠云。详《传》。丁拱辰。改名蕚初，字卯桥。选授浙江桐庐县知县。黄本骥。官教谕。详《传》。

道光二年壬午科：解元衡阳黄正心。马维藩。原名昌培，字秋耘。大挑一等，改新宁教谕。

道光五年乙酉科：解元龙阳张学廷。喻春生。号少选。会同教谕。汪棻。字芗林。黄本龄。官知府。详《传》。

道光八年戊子科：解元衡州李南英。杨亦锌。见前。

道光十一年辛卯科：解元邵阳伍泽景。童镇。官州同。详《传》。姜于冈。字梧村。现任靖州学正，加五品衔。副榜秦基。字福。授宝庆府新宁教谕。

道光十二年壬辰恩科：解元湘阴左宗植。周颐昌。见前。

道光十五年乙未恩科：解元道州何绍基。范本梓。字虚堂。截取知县，选授宝庆府邵阳县教谕。曹英浩。号养吾。陶鸿业。号云逵。伍岳。号衡崖。截取知县。姜鸣韶。号虞卿。截取知县。程惠吉。原名人炽，字炳堂。同知衔。详《传》。黄翊勋。官教谕。详《传》。京闱李隆萼。候补知府。详《传》。

道光十七年丁酉科：解元长沙曹德昭。邓蔚春。号香海。官慈利教谕，署武冈州学正、石门县教谕，加六品衔。赵璘。官学正。详《传》。

道光十九年己亥预行正科：解元长沙冯作槐。刘克道。字尚志，号论卿。癸丑大挑一等，改就郴州兴宁县教谕。详《传》。廖宗元。见前。贺懋檀。官知县加同知衔。详《传》。副榜胡征基。就教职。

道光二十年庚子恩科：解元长沙柳先赓。丁澍良。字云墀。充觉罗官学教习。报满引见，以知县用，拣发浙江，署缙云、新城、天台等县，现署寿昌知县，保升同知，遇缺尽先补用。宋淇。字蔚卿。

道光二十三年癸卯科：解元长沙余肇琤。李隆蔚。字劭棠。挑取国史馆誊录。邓玲筠。原名凌云，号沼芗。官知县，殉节。详《传》。副榜胡士琯。详后。

道光二十四年甲辰恩科：解元长沙王兆骐。杨业春。号敬亭。详《传》。袁榘实。见前。

道光二十六年丙午科：解元长沙陈敬廷。周振鼎。榜名振叶，字桐封。蓝翎同知衔尽先选知县。京闱童秀春。见前。

道光二十九年己酉科：解元善化黄维昌。刘代英。官知县，殉节。详《传》。汪炳璈。原名咏霓，字仙谱。议叙知府，拣发贵州，补授安顺府知府，钦加道衔。杨文鹍。字龙田。李新庄。见前。

咸丰元年辛亥恩科：解元邵阳何泽洪。程椿寿。原名梓材。现任道州学正。胡士琯。字仙舲。保举尽先选用知县。京闱张铣。字寿荃。议叙知府，署广西平乐府，保道员，简放广东惠潮嘉兵备道，赏戴花翎。现任盐运使司。京闱李泳镛。字花丞。寄籍宛平。拣选知县，保举教谕，选直隶河间府东光县教谕。

咸丰七年丁巳补行壬子乙卯两科：解元湘乡龙汝翼。黄原极。字栗吾。拣选知县。程霖寿。字雨苍。拣选知县。谭显谟。字丕斋。拣选知县。周豫刚。字跃门。保举遇缺前先选知县。杨文鹤。字秋皋。保举同知。潘泽云。字小谷。

咸丰八年戊午科：解元浏阳李习昇。梅鉴源。字劭荪。同知衔即选知县。赵瀚。字寄巘。同知衔即选知县。

同治元年壬戌并补行己未恩科：解元长沙周绥荣。赵珩。字君靖。现任慈利教谕，加国子监学正衔。袁镜清。字海平。拣选知县。周瑞松。见前。程荣寿。字莆溪。五品衔，现任衡山训导。边维翰。字晓焘，号卯桥。拣选知县。彭捷才。号翰园。拣选知县。唐斯盛。字竹门。拣选知县。欧阳鹤鼎。字筱楼。拣选知县。王福康。字孟邻。拣选知县。童光泽。字仔丞。现官刑部主事。曾德钊。字石渠。拣选知县。宋暄。字署芸。

同治三年甲子并补行辛酉科：解元长沙曹应祥。何瑞椿。字仙桥。周培茂。字复卿。文德基。字质夫。副榜曾酬瑾。

同治六年丁卯科：解元浏阳刘仁熙。刘庠。字裴园。何祥墀。字藕舲。刘锡康。字镜湖。童兆蓉。字少甫。黄沛翘。字寿吾。傅岩。字兰庄。

恩例续榜

明

杨鼎吕。字玉仑。

周　铉。字穆生。

案老《志》载：丙戌湖广乡试以副卷题准作正榜，后停此例。所云丙戌亦未详年号，姑附识焉。

钦赐举人

按例，会试三场完竣，年九十以上给翰林院检讨衔，八十以上给国子监学正衔，九十五岁以上给编修衔，百岁以上给国子监司业衔。

乡试诸生年九十，无论恩、拔、岁、副、优并廪、增、附、例贡，与年届八十之恩、拔、岁、副、优贡生，均请给举人，一体会试。其年届八十之廪、增、附及例贡监，请给副榜。

黄日修。乾隆乙卯科，由举人衔会试，加翰林院检讨衔。

喻锡采。嘉庆庚申科，由举人衔会试，加翰林院检讨衔。

张兰瑞。字荟庭。嘉庆甲子科，由举人衔会试，加翰林院检讨衔。

崔　灿。嘉庆甲子科，由举人衔会试，加翰林院检讨衔。

赵达隆。字鸿词。嘉庆辛酉科。依《通志》增。

钦赐副榜

何　如。字谷怀，号可斋。乾隆甲寅科。

张　献。嘉庆戊午科，依《通志》增。

唐元拔。嘉庆戊辰科。

成开宇。嘉庆庚午科。

王道元。嘉庆癸酉科。

刘日成。嘉庆戊寅科，依《通志》增。

程德泮。科分未详，依旧《志》入。

武举

明

崇祯九年丙子科：成颜。

国朝

顺治十四年丁酉科：黄梦麟。字鲲伯。官贵州督标卫守备。

康熙十一年壬子科：汤师尹。字子任。张宣。字尔卓。

康熙二十三年甲子科：张斌。字二允。李凤栖。官都司。详《传》。

乾隆六年辛酉科：汤新。字商铭。拣选卫千总。

乾隆九年甲子科：龙际飞。

乾隆十二年丁卯科：周胜逢。字际昇。嘉庆十二年丁卯科重与鹰扬宴。

乾隆十七年壬申恩科：汤光。丁金晶。字溶秋。拣选营千总。

乾隆二十五年庚辰恩科：何大勇。拣选营千总。

乾隆三十六年辛卯科：程德绍。拣选卫千总。

乾隆四十四年己亥恩科：成大纶。充湖南塘务驻京提塘，选浙江安吉营守备，升乐清协中军都司，护理副将印务。

乾隆四十五年庚子科：赵邦硕。字南洲。拣选卫千总。

乾隆四十八年癸卯科：张国元。拣选营千总，充本省塘务府提塘。

乾隆五十一年丙午科：胡棠。拣选卫千总。

乾隆五十三年戊申预行正科：汤世伟。拣选营千总。

乾隆五十四年己酉恩科：傅官贤。拣选卫千总。

乾隆六十年乙卯科：蒋万春。拣选卫千总。傅魁。字百占。拣选卫千总。

嘉庆三年戊午科：周甲万。字立人。授浙江杭严卫三帮领运千总，升湖北荆州府守备。

嘉庆六年辛酉科：戴南英。拣选卫千总。

嘉庆九年甲子科：周保万。字秉彝。拣选营千总。

嘉庆十三年戊辰恩科：杨道南。字雪堂。拣选卫千总。

嘉庆十五年庚午科：周协万。字尧封，拣选卫千总。详《传》。

道光八年戊子科：王定堃。见前。

道光十一年辛卯科：谭揖升。

道光十四年甲午科：廖斌。字文川。就千总职。

道光十五年乙未恩科：孙傅楷。字琢堂。候补千总，署岳州城守营千总，兼水师营守备，署善化汛把总，历保蓝翎都司衔。现署沅州协中衡都司。

道光十七年丁酉科：欧阳鹄。戊戌会试，拣选三等，以卫千总用。

道光二十年庚子科：杨应春。号确斋。辛丑会试，拣选三等，以卫千总用。

道光二十三年癸卯科：陈霖。字德滋。汪斌。字虎臣。甲辰会试，拣选三等，充湖南省提塘。成章诏。字子棠。拣选营千总抚标，候选补授右营把总，调补长沙汛把总。

道光二十九年己酉科：解元廖洪顺。字玉山。署善化汛、长沙汛把总，调辰州营溆浦汛千总，署岳州城守营中军守备，补授衡州府协中军都司，保奏尽先游击，赏换花翎，护理衡州协。贺英华。字春湖。候补千总。卢海昆。字绍北。

咸丰元年辛亥恩科：杨镇南。字镜秋。入标候补，历署湘乡、长沙汛把总。咸丰十年，奉钦差曾委带马队营，随同征剿江西、安徽各处发匪，保花翎参将衔，留两江补用游击。同治元年，攻克含山、和州、巢县、铜城闸、殷家镇各要隘，奉谕以副将尽先推补。二年，击退金陵雨花台援贼，赏给二品封典。三年，因克复金陵，谕以总兵记名简放。肃清鄂省，加提督衔。卢翔。字云鹄。

咸丰七年丁巳补行壬子乙卯科：解元洪仲魁。字萼林。尽先补用参将。

同治元年壬戌恩科：吴学裕。字鉴南。王南陔。字谱笙。拣发兵部差官，充湖南省提塘，现委充京提塘。卢鹄。字仙峰。癸亥会试，拣选三等，签掣五品京官。杨开甲。字柳营。钟甲元。字□□。入抚标候补，由军功保奏，以千总尽先拔补，赏戴蓝翎。廖洪光。字春山。入抚标候补，由军功历保都司，赏戴蓝翎，署绥靖镇守备。

同治三年甲子科：喻兆奎。字竹斋。乙丑会试二等，拣选兵部差官，由军功历保守备，尽先归湖南抚标补用，赏换花翎，并赏加都司衔。

贡选

拔贡

明

洪武二十八年辛酉科：李守中。官至参政。详《传》。

景泰三年壬申科：李达。字兼善。官通州州判。

宏治十三年庚申科：王廷玺。字大用。官连州州司。

嘉靖二十一年壬寅科：许绍杰。字卓卿。官江南武进县丞。

万历二十六年丁未科：夏文明。字龙田。官辽州州同。

泰昌元年庚申科：陶之祥。字二虞。授博士。

天启元年丁酉科：胡懋道。字适之。山东临清州判，以军功擢署州守。

崇祯八年乙亥科：杨潜英。官知县。详《传》。

国朝

顺治二年乙酉科：卢传来。详《传》。

顺治八年辛卯科：胡衷愉。字和子。

顺治十八年辛丑科：陶之典。内阁中书。详《传》。

康熙十六年丁巳科：王长昌。见前。

康熙二十五年丙寅科：周朴华。字幼芄。选拔就教职。

康熙三十七年戊寅科：陶煓。官教谕。详《传》。廖伊。详《传》。

雍正元年癸卯科：周宪纲。字倚三。江华县教谕。

雍正六年戊申科：黄道溥。就教职。

雍正十三年乙卯科：黄道恩。见前。黄道懋。见前。

乾隆六年辛酉科：黄遇隆。见前。

乾隆十八年癸酉科：黄立隆。官直隶大名知府。详《传》。

乾隆三十年乙酉科：胡锡瑛。字朗山。直隶宁晋县、雄县知县。

乾隆四十二年丁酉科：邓枝麟。官教谕。详《传》。

乾隆五十四年己酉科：周锡瑜。号采亭。就直隶州州判职，改教职。

嘉庆六年辛酉科：周志勋。号云台。就直隶州州判职。

嘉庆十八年癸酉科：王虔。字尔恭，号经畉。就教职。

道光五年乙酉科：汪棻。见前。李隆萼。见前。

道光十七年丁酉科：贺懋樛。号少泉。直隶州州判。

道光二十九年己酉科：张铣。见前。

咸丰十一年辛酉科：彭锦章。号子贞。刑部小京官。

优贡

国朝

周京勋。字东声。官贵筑知县。

道光二十九年己酉科：汪炳璈。原名咏霓。见前。

恩岁贡 从康熙壬戌志补入年分，并详其官。

洪武

萧嗣源。字本源。十六年，考授江西广信府通判。

黄日新。字自警。十八年，考授四川成都府前卫经历。

李兴邦。官至都御史。详《传》。

符　节。字道同。二十一年，考授刑部主事。

周承官。二十三年考，从《通志》入。

谢子贡。字用和。官布政使司。详《传》。

谢克观。二十六年，考授山东胶州吏目。

林芳远。字士扬。二十七年，考授彰德府检校。

欧彦贵。详《传》。

建文

黄　中。字大本。三年，考授浙江仁和县主簿。

汤　铭。府学官经历，从府旧《志》入。

永乐

邝必才。二年，考授交趾大使。

唐　礼。四年考。

朱　栋。六年考。

刘　复。八年考。从《通志》入，官经历。

刘　鼎。九年，考授山西介休县主簿。

谢孝民。十年考。

范　成。十一年考。

李　芳。十二年考。

李　智。十三年考。

黄　观。十四年考。

朱　信。十五年考。

刘　遵。十六年，考授安东护卫经历。

周　义。字宣之。十七年考。

张维聪。二十年考。

刘　辉。二十二年，考授山西泽州吏目。

胡　光。府学，官县丞。从《府志》入。

宋应辂。府学。从《府志》入。

宣德

钟　震。字静夫。元年考。

姜　剡。三年，考授南直上海知县。

刘　政。字以德。五年，考入国子监，拨都察院写本，历事出身，授贵州思南府推官。

阳　渊。字希颜。七年，考授山东济东县训导。

姜　俭。字守约。九年，考授黄家寨巡检，升江西弋阳知县。

正统

谢　诚。九年，考授安远县训导。

戴　宗。三年，考授安远县训导。

袁　敏。五年，考授北直清丰县县丞。

李　述。字必明。七年，考授义勇左卫经历。

李　鉴。九年考。

周　询。十一年，考授福建盐运副使，改云南安宁提举。

谢　通。十二年，考授山西平阳卫经历。

景泰

黄　文。字道显。元年，考授四川潼川府通判。

谢　纶。字大经。二年，考授四川泸川卫经历。

罗　绮。一作琦。四年考。

谢　尚。字祖德。五年考。

刘　源。七年考授山东东昌府检校。

天顺

何　潘。字汇海。二年，考授江西广信府照磨，升浙江会稽知县。

易　逊。字纵约。四年，考授广西灵川县丞。

易　纶。号坦斋。六年考，奉例冠带。

王　鼎。字宗器。八年考。

易时显。府学，从《通志》入。

成化

胡旭昭。字德珍。二年，考授山东武定府利津知县。

罗　俊。字时彦。四年，考授北直长垣县丞。

易　魁。字文光。六年，考授云南马龙卫吏目。

刘　祯。字天锡。八年考授四川夔州府照磨。

刘　纲。十年考。

唐　忠。字本诚。十二年，考授云南按察司照磨。

刘廷用。十四年考。详《传》。

张　宗。字克润。十六年考，以敏忠烈荫四川夔州府新宁知县。

刘　征。字以明。十八年考。

袁　亨。字天衢。二十年，考授广西富川县训导。

周　渊。字乐颜。二十二年，考授江西上高县训导。

弘治

袁　瑞。《府志》讹李玮。字崇德。元年，考授赵府审理。

胡　堂。字宏中。三年，考授知县，未仕，卒。

谢　荣。字以仁。五年考。

谢祖瀚。字大洪。七年，考授蜀府奉祀。

刘　彝。字秉常。九年考。

谢　辅。字良弼。十一年考。

黄志高。十二年，考授四川泸州州判。

黄廷辅。字良臣。十四年，考授江西永丰县主簿。

秦显荣。《通志》作以荣。字廷贵。十六年，考授南直临淮县主簿。

欧遵教。字庭训。十七年，考授南直隶上海县丞。

正德

何　玑。字天器。元年，考官知县，详《传》。

张　鹄。字文直。三年，考授江西九江府照磨。

欧遵道。四年，考授云南镇南吏目。

胡秉忠。号良圃。五年考。

卢　庆。字钟善。七年考。

黄　毅。字介夫。九年，考授四川布政司都事。

萧　鸾。字文瑞。十一年，考授吉府鸣赞宝坻知县，升泉州知州。

许绍仁。字天爵。十三年，考授四川南充主簿。

胡秉彝。字懿臣。十五年，考授江西余干县丞。

黄　锦。十六年考。详《传》。

吴　爵。十六年考，官训导。详《传》。

杨时显。字世亨。十八年考授龙英州吏目。旧《志》"杨"作"汤"。

嘉靖

邓林材。字大用。元年，考授宛平知县。

谢　愻。字廷直。三年考。

胡秉章。字文臣。五年，考授浙江宁波府经历。

宋伯臣。字国卿。七年，考授苏州吴县县丞，升崇明知县。

陶　鹏。官知县。详《传》。

杨思震。官知县。详《传》。

张时亨。字元会。十二年，考授四川成都府训导，兼阴阳学。

袁　凝。字道臣。十三年考。

郭　亨。字嘉会。十五年，考授浙江平湖县丞。

夏尚仁。字体元。十七年考。

张世宝。字惟贤。十九年，考授蒙化经历。

刘　耘。字克勤。二十年，考授江西宜黄县丞。

袁景伊。字时任。二十二年考。

罗　象。字子成。二十三年考。

胡九达。字道逵。二十五年，考授福建福州卫经历，升广西靖府审理。

杨思诚。官州判。详《传》。

汤元功。字谦甫。二十九年，考授靖江县丞。

胡九霄。字泮溪。三十年，考授知县，详《传》。

李时璧。字道山。三十一年考。

谭凤来。字怀石。三十三年，考授蓬州州判。

李守成。三十五年考。

陶显功。官知州，详《传》。

胡九龄。字沩松。三十九年，考授四川直隶嘉定州同。

黄　杞。四十一年考，官知县，详《传》。

崔廷用。字华山。四十三年，考授宿州州判。

向　哲。字自石。四十五年，考授江西吉安府训导。

李曰正。字谷石。官南直隶丹阳知县。

隆庆

夏　松。字云乔。元年恩贡，官升姚安府判。

杨　守。字德化。二年，考授四川铜梁县丞。

许　时。字一庵。四年，考授山东棠邑县教谕。

万历

彭　榜。字鉴塘。元年，考授郧阳府训导。

周　干。字少沩。元年恩贡，官四川灌阳知县。

许廷策。字狮山。三年，考授广东连州训导。

谈明灿。四年，考授训导，升宛平知县。

周　官。字云野。四年，考授浙江嘉兴县丞。

胡宗臣。号奉林。五年，考授知县。详《传》。

刘　颜。字仁宇。六年，考授陕西汉中府通判。

梅灿然。八年恩贡，官知县。详《传》。

陶显德。字明仲，号近沩。十年，考授常德府训导、荆州府教授。

卢一鹏。字可南。十二年考。

周耀诗。十四年考。

杨　安。十六年，考授训导。详《传》。

萧凌馨。字明岩。十八年，考授邯郸县丞。

杨　定。字德纯。二十年，考授仪陇知县。

宋廷轨。字车同。二十二年考。

陈梦阳。字见庵。二十四年，考授江夏县训导。

张文焕。字斗墟。二十六年，考授河南彰德府训导，升潞安府教授。

陶显位。官教授，详《传》。

萧学颜。二十八年考。

杜宗甫。字剑华。三十年，考授郴州兴宁县训导。

周耀青。字文宇。三十年恩贡，官荆州府训导。

李正蕙。字文崖。三十二年，考授湖北京山县训导。

周耀佩。二十三年考。

周耀瑞。《府志》有耀佩无耀瑞，康熙壬戌志有耀瑞无耀佩，《通志》皆有之。

谢万钟。官同知，详《传》。

杨文华。三十六年，考官通判，详《传》。

陶汝晋。字见衡。三十八年考。

陶汝砺。四十年，考授知县，详《传》。

杨登东。字小鲁。四十二年，考授瑞州府通判，升泾州知州。

吴道行。字峋嵝。四十四年，考授瑞州府训导，详《传》。

萧鸣韶。字景华。由善化县学贡。

泰昌

彭尧治。元年恩贡，官州判，详《传》。

天启

杨登泰。字小寰。元年，考授永嘉训导。

王　陛。三年，考官知州，详《传》。

卢一鸣。六年，考授训导，详《传》。

崇祯

陶汝鼐。见前。

陶　炡。元年，考授经历，详《传》。

姜自明。字复初。二年考，详《传》。

陈所养。字玉水。四年，考授马龙州知州。

张　翼。字墀坚。七年考。

姜希先。字还初。九年考。

周堪从。字宪中。十年考。

李元柱。字克阳。十一年，考授训导。

李元栋。字隆吉。十三年，考授州判。

姜东居。字伯垣。十四年考。

周堪贲。十五年，考授知县，详《传》。

沈元勋。字予嘉。十六年考。

陈所奇。

国朝

顺治

朱成点。二年考，详《传》。

易　贞。三年考。

易　赞。四年考。

王维汉。五年考，详《传》。

黄子隽。字笃生。六年恩贡。

张元佐。字子允。六年考，详《传》。

袁大猷。八年，考授州同，详《传》。

吴嘉骥。八年，考授知县，详《传》。

吴嘉猷。字仲徽。十年考。

张之宰。字治长。十二年考。

杨鼎台。字孟调。十四年考。

胡懋迅。字骏先。十六年，考授训导。

周肇潢。十七年考。

胡衷昱。字映石。十八年考。

康熙

秦士敏。字伯韵。二年，考授县丞。

廖方远。字静超。四年，考授泸溪训导。《通志》泸溪职官失载。

胡期孝。号愚庵。六年，考授兴宁、永明、泸溪教谕，《通志》误
注例贡。

曹　封。字卫康。八年，考授训导。

王长昱。十年，考授训导，详《传》。

周和溥。字仲宣。十二年，考授教习，官黄州府训导。

案：此后凡五年，吴逆窃据，故无岁贡。

彭之寿。十八年，考授训导，详《传》。

陶　淑。字仪一。二十年，考授训导。

胡衷煐。二十二年，考授训导，详《传》。

邓林琦。二十四年考授训导，详《传》。

彭　臧。字畴岸。二十六年考。

杨以诚。《通志》《府志》作恩贡，官石门教谕。《通志·石门职官》作益阳人。

周樾华。字长芃。二十八年考。

杨以智。字符晦。三十年考。

严　言。三十二年，考授桂阳州训导。《通志·桂阳州职官》误作湖北孝感人。

万邦珍。三十四年考。

崔文选。字达臣。三十五年，考授武陵教谕。新补入。

陶　炌。字日宣。三十六年，考授训导。

彭　铎。字天木。三十八年考。

张鸣珂。四十年恩贡，详《传》。

林　芬。字湘衡。四十二年，考授常宁训导。

叶嗣铨。四十四年，考授训导，详《传》。

喻　宏。字身仔。四十六年考。

张启特。四十八年考，详《传》。

彭　铉。五十年考，详《传》。

杨之宪。字仲文。五十二年，考授麻阳县训导。《通志·麻阳县职官》失载。详《传》。

刘　铤。五十四年，考授衡山县训导，详《传》。

何中辉。五十六年，考授训导，详《传》。

黄日炳。字旦复。五十八年，考授永州训导。

夏之瑚。字玉璐。六十年，考授零陵县训导。

雍正

胡忠孝。字淑益。元年恩贡，官新化教谕。

王用楷。元年，考授训导，详《传》。

潘浚昌。二年考。

张鸣琴。字元音。五年考，详《传》。

许正先。字佑仁。五年考。

刘如佩。字次衡。七年，考授桃源训导。

刘如瑶。九年，考授训导，详《传》。

欧阳临潃。字文江。十一年，考授零陵训导。

孔文述。字则先。十三年，考授教职。

乾隆

周公勋。元年恩贡，详《传》。

黎希镇。字如山。二年，考授训导，选郴州桂阳县训导。

蔡诒孝。字符山。四年考。

刘有泽。字霖九。六年，考授训导。

杨鼎治。字梅作。八年，考授郴州训导。

童正宗。字鲁源。十年，考授武冈州学正。

王　镦。字鸿音。十二年，考授教职。

喻天仆。十三年考。

周宪禹。字定元。恩贡。照《通志》补入。

喻定瑞。字麟书。十六年正贡，十七年改作恩贡，就州判职。

何大棨。字青山。十七年，考授酃县训导。

王道溥。十九年，考授训导，详《传》。

朱应乾。二十一年考。

杨开璜。二十三年考。

宋宾泮。二十六年恩贡，就教职。

喻锡三。二十六年考。

陶文绍。二十八年考。

张志浑。三十年考。

王文海。三十二年考。

杨应诏。三十四年考。

余汝谐。字邻哉。三十六年考。

姜精义。三十七年恩贡。

朱应规。字方千。三十八年考。

张思勉。四十二年，考授训导，详《传》。

刘士潘。字步商，号哲庵。四十二年，考授永明县训导。

王运枢。字区木。四十三年，考就教职，详《传》。

黄锡名。四十五年恩贡。

喻定锜。四十六年考。

王光溥。四十八年考。

萧坤南。字培羽。五十年考。历任安福、沅江、新田、城步、江华、华容、桂阳训导，署宝庆府教授。

周采载。五十一年恩贡，就教职。

邓知惑。原名枝鹤。五十二年考。

王人鹤。五十三年考。

贺　洲。五十五年恩贡，就教职，详《传》。

何　如。字谷怀。五十六年考。

喻　义。号云亭。五十八年，考就教职。

王　棠。字召亭。六十年，考就教职。

嘉庆

易维相。字思先。元年府学。

刘序典。元年恩贡。

周世教。二年考。

黄世鋑。四年考。

张光先。四年考，恩贡，详《传》。

成万滋。五年，考就教职。

刘向阁。八年考，详《传》。

张　晌。号东阳，九年，由府学考就教职。

程学浩。十年考。

龙辉国。字德中。十一年，考就教职。

谢金堂。字升浦。十四年，考恩贡，就教职。

王光泮。十五年考。

杨经液。字太池，号徽村。十六年，考就教职。

黎大甫。字仲山。十七年，考就教职。

陶世增。二十年考。

姜方拔。二十一年考。

陈景兰。原名源清，字汉槎。二十四年考，详《传》。

以上旧《志》。

王　翯。字云阁。府学。道光元年考。恩贡。

刘润章。道光元年考。

周洛潢。字莘陔。元年，考选东安县教谕，详《传》。

谢家鼎。字峙东。元年恩贡，就教职。

黎大翥。字振万。二年，考就教职，详《传》。

王开琛。字润甫。五年，考就教职。

王开莹。字竹君。六年，考就教职。

钟昌斗。字栗岑。九年考，详《传》。

廖章翯。十二年考。

许敬康。十二年考。

王开琸。字云樵。十七年考，恩贡，见《荐辟》。

罗　曦。十八年考。

杨业勤。字力堂。十八年考，详《传》。

崔诏新。原名程，字邃夫。十九年，考就教职，详《传》。

胡菊本。字□□。府学。十九年考。

谢垂烜。字昀亭。二十年，考就教职。

周　准。原名大茂，字春台。二十一年考。

彭大庆。二十六年考，恩贡。

杨亦煌。二十八年考。

王　佺。原名翼，字敬亭。二十八年考，详《传》。

童开淇。字左泉。二十八年考。

黄建冈。字笏山。三十年考，详《传》。

成　裘。字幼安。咸丰元年考。

秦鹗矞。字秋举。府学。元年考。

范本杞。字实斋。三年考。恩贡。

周永龄。字春甫。五年考，详《传》。

丁毓良。字汉门。五年考，分缺先选训导。

刘名成。字书圃。六年考。恩贡。

曹英淦。六年考。

黎光熙。字缉庵。八年，考就教职。

周世学。字瀛洲。八年考。

周延昌。字莲峰。九年考。

傅　岩。字兰庄。九年考，恩贡。

向　健。字曙庵。府学。十年恩贡，赏给军功六品。

周觐扬。字联珊。同治三年考。

周福祥。字梧冈。府学，四年考，恩贡。

邓时雨。字霖臣。五年考，恩贡。

赵　钰。字吟篁。五年考，援例授训导，遇缺前选。

胡先镳。字少槐。六年考。

吴定元。字梓冈。六年考。

学校五　选举三　保举一

今天子耆定区宇，破格求贤，才能之士，多崛起山林，以资宏济表表者，皆济时之彦也。其进用同于荐辟，而收得人之效，更捷于科目。用特列之，以见立贤无方，于以成升平之业，猗欤盛已。

刘典。字克庵。邑庠生，保举训导。咸丰十年，随京堂左宗棠出师征江西，保景镇，钦差曾国藩奏保知县加知州衔。十一年三月，连战胜涌山、柳家湾，破乐平县贼十余万，江西东路平，曾奏善审地势，布置有方，擢直隶州知州，赏戴花翎。十一月，赴广信，保婺源，攻开化，破贼于钟村、张村，徽州解围，始随援浙。同治元年正月，克马金，左奏谋勇兼优，材堪重任，谕以知府用，加道衔。三月，解衢州围，击败杨村踞贼，克遂安，赴常山，以通江西广信粮路，截贼于江山、玉山，进剿云溪失利。左奏克复各城，劳绩尤著。五月，奉谕补授浙江臬司。六月，平衢南，再克遂安。七月，克龙游，击败油埠、太平祝援贼。十月，援汤溪，败贼于开化村，与藩司蒋益澧夹击罗埠贼，克之。二年正月，克兰溪，寻克浦江、诸暨，蒋师克汤溪、金华，浙西平，遍赈难民。左奏分立楚军，克勇隶营官黄少春、李耀南、喻可宗等。二月，援徽州，绅士夏炘承办军粮不乏，进屯溪，破东关、岩子街、西溪、南潜口，遏贼二十万，屯溪商民复集。进梅林，失利。三月，克梅林，收复歙县，援祁门，克黟县、岭南，徽州一律肃清。左奏身先士卒，屡濒危险，而忠愤之气不衰。上喜，赏阿尔刚阿巴图鲁名号。四月，援江西，进攻枧田，袭破崇光渡贼垒数十座，保浮梁，攻陶溪渡，克石门，饶州境内肃清。江西巡抚沈葆桢奏："星夜赴援，血战而前，所向披靡，保障江西，厥功甚伟。"又奏："智勇足备，调度有方。"奉谕加布政使衔。七月，救湖口，先攻青山后路，克之。越五日，湖口围解，击走复窜歙县及徽境之贼。九月，奉谕赏白玉鼻烟壶一个，白玉搬指一个，大荷包一对，小荷包一对。救宁国，捷于白牛桥。是月，奔父丧归籍，请开缺终制。未奉俞允，仍令墨绖从戎。三年四月，添募三千，抵江西临江。五月，奉帮办江西皖南军务之命，进击袁家山，克宜黄、崇仁两城。会杭城克复，余贼上窜，扼贼于弋阳，收降万余，江西平。汪逆、李逆犯闽，复率师援闽。十一月，进连城之杨家坊，攻马洋洞失利，再战获捷。十二月，奉谕将浙臬开缺，以二品项戴，帮办福建军务。四年正月，捷心泉，攻克南阳贼垒。二月，进龙岩州，攻奎洋、梅林等处贼，收复南靖、漳州各城池，闽境肃清。上赏火镰一把，白玉小刀一把，大荷包一对，小荷包一对。贼窜广东大捕，扼贼于永定湖雷大捷，战砍市又捷，贼目丁太洋降。贼陷镇平。八月，师由武平进攻，镇平城复。贼由罗浮司犯江西，江军御之。贼犯广东连平州，师由会昌赴南安、南雄，防窜湖南桂阳。十月，贼回窜嘉应，师驰回会昌，进扼嘉应属之松口。会各营驻丙村，夹河而阵，密谕贼目黄十四降。十二日，大战塔子墺、佛子冈，首逆汪海洋阵毙。是夜，贼纷纷投诚。胡逆推谭逆僭伪王号，官军合围，追及黄沙嶂擒之，军前正法，收降七万余人，给赏遣散。闽粤平，捷闻，谕："以十余年巨寇，蹂躏遍东南，一旦伏诛，良由帮办军务刘典规画协宜，着予云骑尉世职，并三代一品封典。"上书请假省亲。左奏："尽瘁驰驱，忠勤卓著。"奉谕："刘典久历戎行，素称得力。若令投闲，殊属可惜。着左宗棠谆饬该员，于省亲后即行销假，应往何处带兵剿贼，斟酌奏闻。"五年冬，命署甘肃臬司。六年，命以二品顶戴加三品卿衔，帮办陕甘军务副钦差大臣、陕甘总督并节制山西恪靖伯左宗棠剿办回捻各匪。七年，命督办陕西军务，仍帮办陕甘军务。旋奉谕署理陕西巡抚。

　　成定康。字涤泉。廪生。花翎道衔，即选知府，署陕西绥德州知州，赏该员父母四品封典。

　　陈秉彝。字春斋。花翎道衔，广西尽先补用知府。

　　潘泽霖。字幼谷。花翎道衔，即选盐运司运同。

梅锦源。字掬海。邑庠生。花翎道衔，安徽即补知府。现署徽州府知府。

喻佐卿。字□□。蓝翎江苏补用知府。

周华炳。字晓初。邑庠生。蓝翎安徽补用知府。

杨铭澘。字淦卿。花翎道衔，陕西即补知府。

喻步莲。字冀生。邑庠生。花翎道衔，陕西补用知府。

周康禄。字绍艻。花翎尽先前选用知府。

杨咏春。字柳畦。邑廪生。花翎升用知府，江西即补同知，直隶州知州，旋保加道衔补用知府。

王琢庵。字勉吾。花翎候选知府，奉谕追赠道衔。

李秉苑。字汉桥。花翎候选知府。

周振琼。字云坤。郡廪生。花翎知府衔四川补用直隶州知州。

杨鼎勋。字仙萼。花翎福建补用知府，前署浙江分水县、福建上洋通判。

黎锦翰。字乔松。花翎运同衔浙江尽先补用同知，补缺后以知府遇缺即补，代理衢州陕口同知、杭州府西防同知，现署杭州府总捕同知。

杨熙世。字春台。知府衔即选同知加三级。

刘倬云。字朴堂。邑廪生。花翎即补直隶州知州，旋督勇陕西，奉谕以知府仍留福建补用。

李镜春。字澍村。花翎运同衔候选同知。

李公选。字相臣。运同衔浙江补用同知。

王锡文。字少槐。花翎运同衔甘肃直隶州知州，历署西宁古浪知县、巴燕戎格厅通判，秦州知州。

喻凌崧。字俊凡。花翎安徽补用同知，直隶州知州。

洪惟善。字葆卿。花翎陕西补用知府，现署鄜州直隶州知州。

周世蔚。字杳楼。蓝翎四川补用同知，直隶州知州。

彭芝才。又名梦松，字芬甫。蓝翎盐提举衔，以通判归部选用。

杨懋春。字德裕。花翎分发尽先即用知县，加同知衔。

陈瑞芝。字韵轩。蓝翎补用同知。

周　汉。字铁真。邑庠生。花翎运同衔即选同知。

曾毓郊。原名临，字敬庄。运同衔遇缺即选同知。

杨济南。字敬斋。花翎知府。

罗　云。字芷江。即选同知。

喻　彬。字梅林。花翎遇缺即选同知。

萧毓英。字肯堂。花翎即选同知。

王宏熺。字福源。广西升用知州，署庆远府通判。

陈大钧。字志白。候选员外郎。

周金诺。字□□。升用运同，浙江即补通判。

陶鸿翊。字晓臣。知州衔浙江补用通判。

周文伟。字晓湘。遇缺即选通判。

陈秉衡。字岳南。蓝翎候选通判。

陈秉星。字敬之。蓝翎候选通判。

陈辛彝。字□□。选用通判。

左传楷。字梅村。升用通判，候选布政司经历。

梅镜源。字小霖。廪贡生。候选训导，保加内阁中书衔，湖北补用知县，署理宣恩县知县，兼办来凤县知县事，调署荆门直隶州州同，援例授盐运司运同衔。

陶鸿勋。字策臣。郡庠生。由府经历衔入营，保蓝翎同知衔，留浙补用知县，委署丽水县知县，调署兰溪县知县，补授江山县知县，升用同知。

黄　泽。字晃吾。邑廪生。福建知县，补用同知，现署长乐县知县。

朱干隆。字树吾。蓝翎同知衔福建补用知县，现署同安县知县。

易华俊。字彦吾。蓝翎同知衔安徽即补知县，署太平县知县。

周兆蓉。字藻臣。同知衔浙江即补知县，署临安县知县。

喻光容。字仙桥。同知衔福建补用知县，署崇安县知县。

易华琛。字紫堂。蓝翎甘肃补用知县，署凉州府古浪县知县。

周泽昌。字春溥。蓝翎同知衔四川补用知县。

刘汝康。字汉生。邑庠生。同知衔广东补用知县。

洪　霈。原名澧，字□□。同知衔广东补用知县，现署连牛州知州。

喻梦兰。字芗陔。邑庠生。同知衔福建补用知县。

李承斌。字寿卿。同知衔尽先选用知县。

周熙炳。字砺吾。蓝翎四川补用知县。

龙兆霖。字艮山。花翎知州衔湖北补用知县。

胡湘春。字卤笙。邑庠生。蓝翎盐提举衔，湖北补用知县。

刘璋毓。字昆秀。蓝翎陕西补用知县。

喻凌云。字□□。江苏补用知县。

谭成章。字斐亭。盐提举衔，福建补用知县。

成汝霖。字西山。盐提举衔，浙江升用知县。

易　淦。字丽生。湖北试用县丞，保升知县，仍留湖北遇缺补用，加知州衔。

卢泳清。字劲棠。邑庠生。同知衔遇缺即选知县，奉谕赏给该员父母正五品封典。

文德峻。字岳生。邑庠生。盐提举衔遇缺即选知县。

王藻春。字果臣。邑庠生。蓝翎前先选用知县。

李凝华。字荫棠。邑庠生。花翎选用同知直隶州知州。

周家祜。字瑞堂。蓝翎尽先选用知县。

周惠康。字虎仙。同知衔留陕补用知县。

许乃兴。字春海。邑廪生。蓝翎同知衔尽先选用知县。

喻兆圭。字竹泉。同知衔陕西补用知县，现署邠州直隶州知州。

李公进。遇缺即选知县。

崔承润。字玉亭。候选直隶州州同。

王定仪。字笿吾。同知衔候选州同。

周振德。字从吾。蓝翎盐提举衔，现任四川渠县三汇场县丞。

朱运还。字俊卿。蓝翎陕西候补知县，加同知衔。

胡先彬。字质庄。蓝翎安徽补用县丞。

周辛炳。字□□。蓝翎安徽补用县丞。

张德舫。字□□。五品衔江苏补用县丞。

李公述。字作之。盐提举衔福建补用县丞。

梅锡源。字小冰。蓝翎五品衔安徽即补县丞。

王　淦。字崔喈。湖北补用县丞。

汪赞惺。字仙璈。广东补用县丞。

宇文鹤。字社元。广东补用县丞。

廖新缉。字鹿苹。州同衔江西补用县丞。

胡培仁。字季安。广东即补县丞。

李培先。字绍文。升用知县，福建补用县丞。

张　镇。字竹村。蓝翎广东补用县丞。

洪锡源。字渔村。蓝翎五品衔安徽补用县丞。

黄显清。字雪岩。蓝翎提举衔即选府经历、县丞。

陈大铭。字幼霖。蓝翎候选县丞。

洪尚祁。字学伊。五品衔即选县丞。

崔　靖。字菊圃。遇缺即选府经历。

陈应增。字碧汀。蓝翎即选县丞，陕西升用知县，加盐提举衔。

杨运昌。字绍南。蓝翎五品衔尽先选用县丞。

周晋臧。字□□。蓝翎即选县丞。

姜瑞芳。字香畹。州同衔遇缺即选县丞。

周翊运。字石泉。蓝翎尽先前选县丞。

周兆兰。字之定。蓝翎尽先前选县丞。

周家诰。字少元。蓝翎尽先前选县丞。

陶树勋。字甫廷。蓝翎尽先前选县丞。

戴斐章。字岫生。蓝翎尽先前选县丞。

周振鸥。字兰生。蓝翎候选县丞。

刘大训。字兰森。蓝翎盐提举衔即选县丞。

胡培华。字春农。蓝翎候选县丞。

钟明揩。字梓仙。五品衔即选县丞。

钟庶康。字雨春。蓝翎即选县丞。

丁瑞良。字砚农。五品衔蓝翎即选县丞。

龙树纲。字云亭。蓝翎五品衔即选县丞。

刘鼎元。字芝田。蓝翎候选县丞。

边开甲。字秩元。蓝翎五品衔尽先前选县丞。

萧鸣凤。字省吾。安徽即选府经历，补缺后以知县升用。

童禧春。字述庵。遇缺即选县丞。

李进良。字简臣。遇缺即选县丞。

张鼎勋。字耀生。即选县丞。

袁斐英。字苏翘。邑庠生。蓝翎即选县丞。

喻先萼。字湘林。尽先选用县丞。

彭棣云。字庆崧。蓝翎留陕补用县丞。

喻懋生。蓝翎尽先选用县丞。

黄昌家。字符吉。蓝翎选用县丞。

张玉春。字□□。蓝翎尽先前选县丞。

喻葆衷。字葵泉。邑增生。候选府经历。

童冠春。字霞江。候选府经历。

谢先腾。字懋秋。即选县丞。

谢先畴。字□□。候选县丞。

陈昌言。字□□。候选县丞。

陈秉礼。字春芳。候选县丞。

赵　珪。字斐卿。即选县丞。

赵　濬。原名继韩，字雨生。即选县丞。

刘光烈。字小轩。候选县丞。

江宗海。字琢吾。六品衔候选县丞。

姜珍儒。字□□。五品衔即选县丞。

陶忠培。字秉玉。蓝翎县丞。

萧湘南。字寅阶。蓝翎县丞。

萧席珍。蓝翎县丞，加五品衔。

张茂林。字少桥。蓝翎县丞。

戴文楷。字兰谱。邑庠生。候选州同加五品衔。

周骏炳。字雪安。广东即补盐课大使。

谭赞勋。字□□。广东补用盐课大使。

王南渠。字许吾。即选盐知事。

龙寿康。字仙舫。附贡生。保盐提举衔候选翰林院待诏。

杨慕韩。字黼丞。候选国子监典籍。

张德受。字而昌。候选国子监典籍。

李兴翰。字墨林。五品衔浙江遇缺即补主簿。

喻元绪。字□□。浙江遇缺即选主簿。

吴学桐。字叔封。浙江即补主簿。

成应康。字笏覃。蓝翎国子监主簿。

张咏清。字蓝翎。候选主簿。

谢汉章。字□□。五品衔候选主簿。

张茂兰。字瀚川。邑廪生。升用知县，补武陵县教谕加同知衔。

周仁伟。字纯斋。邑廪生。五品衔即选教谕。

周晋康。字筱帆。邑廪生。蓝翎五品衔即选教谕。

边寿山。字小芸。附贡生。蓝翎同知衔选用知县，援例授分缺尽先前选训导。

胡　竺。字修篁。郡廪生。六品衔遇缺即选训导。

成光熙。字镜吾。邑廪生。五品衔即选训导。

丁赉良。字啸岩。邑庠生。五品衔即选训导。

童光斗。字介丞，郡廪生。五品衔即选教谕。

李镇湘。字方甫，优增生。国子监典簿衔遇缺尽先训导。

周恩庆。字树覃，邑廪生。尽先前选训导。

罗　珍。字翊廷，郡廪生。即选训导。

刘　琼。字瑞丞，邑廪生。即选训导。

童　晫。字晴溪，郡庠生。遇缺即选训导。

谈晋昌。字岫亭，邑庠生。即选训导。

杨文铨。字芸渠，邑庠生。尽先前选训导。

黄兆绅。字采堂，邑庠生。即选训导。

杨廷珍。字葆丞，邑庠生。尽先前选训导。

杨廷瑞。字慎泉，邑庠生。即选训导。

袁恩怡。字心台，邑庠生。即选训导。

林盛寅。字虎臣，邑庠生。即选训导。

黎元献。字颂钦，邑庠生。即选训导。

童瑞瑛。字俊夫，邑优庠生。候选县丞加五品衔。

丁　翰。字澍阶，邑庠生。即选训导。

罗　寅。字甫恬，郡庠生。蓝翎即选训导。

廖祖桢。字小亭，邑庠生。即选训导。

姜瑞增。字子琳，邑庠生。即选训导。

邓佛阿。字麓耘，邑廪生。五品衔升用县，遇缺即选训导。

范运炎。字惺吾。六品衔部选安徽繁昌县获港司巡检，代理铜陵县知县。

周校英。字□□。贵州候补从九，授黎平府开泰县典史。

邓崇烈。字少芗。五品衔湖北补用府经历，补缺后以知县升用，兼袭云骑尉世职。

童绶春。字印侬。五品衔直隶补用主簿，原任隆平县典史。

李承霖。字蓉湘。六品衔尽先选用主簿。

刘大濬。字元圃。五品衔广东补用从九。

刘本镜。字澍潭。广东补用从九。

魏　岳。字□□。福建尽先补用从九。

丁士粤。字竹安。福建尽先补用从九。

刘本鉴。字省卿。承袭云骑尉，浙江遇缺即补从九。

龙泽惠。字振汉。蓝翎安徽补用从九。

喻长铭。字新吾。陕西候补县丞，署洛川县事加盐提举衔。

刘大诰。字若亭。五品衔浙江补用从九。

刘　茻。字咏兰。浙江遇缺即补从九。

周晞炳。字□□。蓝翎从九。

黄显屏。字□□。蓝翎五品衔即选从九。

黄应瑞。字□□。蓝翎五品衔即选从九。

杨亦炯。字湘浦。盐提举衔即选从九。

丁孝基。字□□。五品衔遇缺即选从九。

易文斗。字晓山。蓝翎即选从九。

胡耀祖。字云篁。蓝翎六品衔即选从九。

周兆藩。字□□。蓝翎即选从九。

萧逢元。字筠泉。蓝翎即选从九，加五品衔。

萧彰棣。字煦堂。蓝翎即选从九。

丁士嵩。字爱庐。蓝翎遇缺即选从九。

李德良。字月江。蓝翎即选从九。

江寿昌。字鼎卿。蓝翎遇缺即选从九。

杨章钰。字□□。遇缺即选从九。

唐钟骥。字紫泥。遇缺即选从九。

唐启滚。字云鹗。遇缺即选从九。

卢洞清。字甲门。遇缺即选从九。

周志学。字时敏。尽先补用从九。

胡　森。字秋篁。归部候选从九。

唐启鈖。字□□。归部即选从九。

彭业濬。字心辉。州同衔候选从九。

喻鸿吉。邑庠生。尽先选用从九。

刘固桢。字□□。即选从九。

张德铭。字知培。即选从九。

喻晓光。字南溪。即选从九。

刘大材。字诚堂。选用从九。

罗　笏。字□□。选用从九。

孙家忠。字□□。选用从九。

刘　崇。字召瑞。即选从九。

宇文凤祥。字咏清。候选盐课大使，加盐提举衔。

胡湘耀。字金蒙。选用从九。

陈辉莩。遇缺即选从九。

杨　赓。字汉生。尽先从九。

洪　鑫。遇缺即选从九，未入流。

范松龄。蓝翎八品衔。

杨垂青。字宝林。蓝翎从九加同知衔，留鄂补用。

周鉴文。字霁丁。蓝翎五品衔留陕补用知县。

王湘淦。字念祖。荫生。候选州判。

罗正湘。字汉槎。蓝翎留陕即补县丞，加盐提举衔。

刘本华。字□□。五品衔即选县丞。

周柱椿。字再溪。候选从九。

李邦琳。字质夫。即选县丞加五品衔。

萧云松。字□□。县丞。

保举二

提督

高连陞。字果臣。由武童于咸丰四年投前礼部侍郎曾营，历保至千总。六年，湖北巡抚胡奏奖十余仗出力，升守备。七年，扫荡圻黄、小池口，全楚肃清，连克湖口、彭泽、望江、东流、铜陵等县，升都司，赏换花翎，统带楚军果勇。八年，克复柳州府等处，广西巡抚劳保升游击。克复庆远府城，升参将。十年，防守广西省城，巡抚曹保升副将。克复贺县，巡抚刘保赏加总兵衔。十一年，赏给尚勇巴图鲁。克复浔州，谕以总兵记名简放。同治元年，补授左江镇总兵。二年，浙江巡抚左奏调随同剿贼，克复汤溪、龙游、兰溪及金华府县，谕以提督记名，遇缺题奏。三年，克复杭州、余杭，赏穿黄马褂，署理浙江提督。浙闽总督左奏调援闽，剿办漳州踞逆，屡获大捷，赏加穆特本巴图鲁。克复漳州府城，赏给白玉四喜搬指一个，白玉翎管一枝，大荷包一对，小荷包二个，火镰一把。四年，补授广东陆路提督。五年，克复广东嘉应州城，发逆全股荡平，赏给世职云骑尉。六年，奉钦差大臣、陕甘总督恪靖伯左奏调，赴陕甘剿办回匪，寻补授甘肃提督。

黄少春。字芍岩。咸丰五年，由武童投营，累功保至都司，赏戴花翎。十年，奉恪靖伯左委带楚军左营，随同克复建德、德兴、婺源县城，击退乐平大股，克复遂安，剿江山，肃清衢郡，屡保升至副将，赏加总兵衔。分统楚军克勇左路营，克复绍兴、桐庐府县城，赏强勇巴图鲁。克复黟县，岭内肃清，上谕以总兵记名简放。寻代统楚军克勇，由浙援皖、援江，谕以提督记名，请旨简放。三年，截剿苏、皖窜浙之贼，连获大捷，赏加达春巴图鲁，毙首逆黄文金，歼大股悍贼殆尽，谕尤为出力，赏给三代一品封典。截剿湖州、广德败贼，谕即扫除净尽，以竟全功而膺懋赏。追剿窜贼，浙境肃清，并肃清广信，谕暂行存记，俟洪福镇[1]全股扑灭，再行优奖。师进汀漳，败走李世贤大股贼，谕剿办甚属得手。攻克漳州、南靖，拔平贼垒，谕甚为奋勉，遇有提督缺出，尽先题奏。同治四年，署浙江提督，克复和平、漳浦，直捣贼巢，连获大胜，余孽荡平。谕曰："一旬三捷，十余年发逆，一鼓荡平，实足以伸天讨而快人心。黄少春着赏穿黄马褂。"五年，追剿福建、江西逆匪，谕交部从优议叙。寻授湖南提督，调浙江提督。

周达武。字渭臣。由武童投营，随同克复湖北黄、麻，安徽舒城等县，屡保花翎游击。九年，统带武字营，解宝庆围，追剿石逆。十年，克复广西贺县，保至副将，赏加总兵衔。追剿石逆，克复湖北来凤县，赏三代一品封典。奉川督骆奏调入蜀，灭周绍涌股匪，肃清川北，赏质勇巴图鲁。灭郭幅溃股匪，补四川建昌镇，护理四川提督，赏加提督衔。陆续增募，统带十六营，越境克复甘肃阶州，赏白玉翎管一枝，玉柄小刀一把，火镰一件，大荷包一对，小荷包一对。平松潘厅番匪，授贵州提督。时陕甘、云贵督抚交章奏请，而川督仍奏留防川，灭红灯教匪，解马边厅围，旋督师克复普雄，赏换博奇巴图鲁。肃清建南，赏穿黄马褂。

王永章。字绶卿。由武童入营，累保至花翎参。奉湖南巡抚骆委，带章字营剿办湖南边境贼匪，赏加副将衔。越境会剿广西富川、贺县股匪，谕以副将留湖南补用，并加总兵衔。克复桂阳、宜章等城，谕

---

[1]洪福镇当为洪福瑱之误。瑱系太平天国天王洪秀全长子，初名天贵，后加"福"字。登极后，玉玺于名下横刻有"真主"二字，清方又误称为"福瑱"。

以总兵用。同治元年，克复湖北来凤县城，赏加三代二品封典，并加提督衔。是年冬，克复广西属莲塘地方，赏振勇巴图鲁。二年，委署永州镇，仍率所部防边。十二月，卸篆，谕遇有湖南提镇缺出，请旨简放。四年，复署永州镇，因追剿李复猷股匪，肃清楚疆，谕交部议叙，军功加一级。五年，卸事，委办贵州苗教各匪，克复思南属之大坉、小坉、天台寺贼巢，谕以提督记名简放。是年冬，假旋。六年，奏署湖南镇竿镇总兵，募勇六百名，带赴任所，以资控制。

张福齐。字香恬。咸丰三年，由武童投湘营，累保至副将衔留浙补用参将。同治元年，奉浙江巡抚左宗棠委，管带楚军克勇左旗，随同援皖、援江有功。三年，赏加总兵衔，奉帮办江皖军务刘典将左旗改为左路中营，分领左一、左二、先锋营入闽。四年，迭获大胜，赏扬勇巴图鲁。克复南靖，赏换花翎。克复武康、清石门、孝丰、安吉、湖州各郡县。谕以总兵留浙补用。官军大捷嘉应，首逆伏诛。五年，奉谕以总兵遇缺题奏，并赏加达桑阿巴图鲁。收复州城，荡平余孽，赏加提督衔。署理福建漳州镇，肃清全闽，赏给二代一品封典。

朱品隆。字云岩。咸丰三年，由武童投湘营，历保至参将，赏换花翎。六年六月，统带湘前营，破郭店、华阴、爽口、武昌贼，克复武昌省城，保尽先补用副将。七年，会剿蕲州、黄梅、广济各县，连克江皖之彭城、望江、东流、铜陵等县，及大捷童司牌。七月，赏给克勇巴图鲁。八年，克复九江府城。六月，奉谕以副将记名简放。克复黄安、麻城，八月赏加总兵衔，九月补授湖北竹山协副将。九年，克复景镇、浮梁，江西肃清。十一月，奉谕以总兵记名简放，统带马步四十三营，剿潜山、太湖，山内山外大捷。十年，破小池驿，克复太湖县城，奉谕照三等军功从优议叙例，给予功加一等。移营攻安徽省城，分统十营，保全祁门。十一年，破石田贼卡，扫上溪口贼巢，生擒贼目多名，克复休宁县城。三月，奉谕补授浙江衢州镇，功加一等，改加二级。破山内各岭隘，克复黟县，收复徽州府城。援石埭，闻徽州复被围，回军连破万岩街、石桥、潜口司、颜市街、铜溪贼，解徽围。同治元年正月，奉谕加提督衔。驻旌德，破贼重围，克青阳，追剿东堡、木竹潭等处，擒斩贼目。贼大股三十万复围青阳月余，粮尽苦战，援兵集，内外夹击，大破之，巨逆古隆贤献石埭城降，平定旌德、太平、广德州。九月，谕以提督记名简放，奉（撤）［撤］回籍终养。

喻俊明。字彩亭。咸丰四年，由武童投钦差曾水师左营，至七年历保至参将，赏换花翎。八年，管带水师定湘营，克复江西彭泽县城、安徽东流县城，攻破南陵贼围。十年，保遇缺即补副将，赏加总兵衔。克复通城、崇阳、咸宁、蒲圻等县城，剿退兴国、大治、通山贼匪。十一年，保记名简放总兵，赏强勇巴图鲁。克复太平、兴国、芜湖城，并金柱关、东梁山各要隘。同治元年，赏加提督衔，补授定海镇总兵。克复江浦、浦口二城，草鞋夹、燕子矶要隘，并力破九洑洲一关。二年，保记名提督。进援青阳，并克高淳、溧水、东坝各城隘。三年，保尽先题奏提督。四年，攻克金陵，奉谕从优议叙，俟续有战绩，再膺懋赏。旋又奉谕，照三等军功，从优议叙，加赏给奖武银牌。

黄万鹏。字定塈。咸丰七年，由武童入浙抚曾国荃营，累保至花翎游击衔都司。同治二年，委带吉中精锐营马队，因防剿金陵，叠克城隘，并案奏请，保免补游击，以参将补用。三年，同克金陵，随折保奏，谕免补副将，以总兵记名简放，加力勇巴图鲁名号，并赏给奖武银牌。五年，奉鄂抚曾国荃委，管带选锋前营马队，旋统领选锋、振怀马队全军。六年，因防剿捻逆，迭次猛战，并克复云梦、应城、天门等处出力，谕以提督记名，请旨简放。

喻吉三。字庆勋。咸丰三年，投罗忠节营。四年，以七品军功投曾湘营，历保至蓝翎都司。六年十月，委带水师永清左营，补湖北汉阳城守备，帮办霆字全营。七年，推补汉阳游击，交卸霆营事务。剿黄州尤为出力，赏换花翎。九年，委开立护军，克复景德镇、浮梁县城，保尽先参将，管带护军全营。十年，击退小池驿援贼，克复太湖县城，保副将，赏加总兵衔。十一年十月，扫平菱湖两岸，克复安徽省城，保记名总兵，并赏给捍勇巴图鲁。同治二年三月，调赴池州，总理营务处。八月，会解青阳围。冬，兼统湘前七营，进攻石埭、太平。三年正月，赏加提督衔，遇有总兵缺出，尽先题奏。六月，克复金陵，赏给奖武银牌。现署两江督中协。

易荣华。号晓庭。咸丰三年，由武童投老湘营，历保至花翎参将。十一年，克复四川棉州，赏加副将衔。同治二年，奉谕以副将补用，加总兵衔。六月，川省肃清，奏以总兵记名。七月，攻剿三山贼，生擒首逆，加提督衔。

刘端冕。字符尊。咸丰七年，由武童投营，历保至花翎副将。同治二年，克复浙江龙游、汤溪、兰溪、金华等县，谕以副将留浙补用。三年，进剿湖郡，并克孝丰县城，生擒首逆，赏起勇巴图鲁名号。是年，截剿湖郡，窜贼逆目黄文金、黄文英伏诛，赏加总兵衔。旋克杭州、余杭、富阳、海宁、桐乡等城，谕以总兵留闽浙补用。四年，克复福建漳州、南靖两城，赏三代二品封典。八月，进剿广东镇平踞贼，赏加格洪额巴图鲁名号。旋剿嘉应州踞贼于塔子坳，首逆汪海洋伏诛，奉谕着交军机处记名简放。十二月，攻克嘉应州余党，广东全境肃清，赏加提督衔。六年，进剿陕西宜君县杨家店回逆，奉谕着交军机处记名简放。七年五月，会奏赏给军功加三级，旋拔宜州云岩贼巢，生擒贼首，余党歼除。六月，奉谕赏白玉翎管一枝，火镰一把，大荷包一对，小荷包两个。现统带楚军前路全军。

黎泽桂。字馥亭。咸丰九年，由武童入总兵周达武营，历保至蓝翎都司。同治三年，进剿甘肃阶州，攻拔贼垒。四年，克复阶城，以奋勇冲锋，擒斩首逆，谕以游击补用，并赏换花翎。旋剿抚松潘各路番赛，克复南坪城，擒斩首逆，厅属全境肃清。五年，由合江进击黄号股匪，歼毙多名，以奋勇前敌，力挫凶锋，谕以参将补用，并赏加副将衔，十月，攻剿马边、洪雅等处贼，生擒逆目，全股荡平，谕以副将补用。七年，攻克普雄、石城，擒获著名夷酋，次第收功，谕以总兵尽先补用，并赏给勤勇巴图鲁名号，加提督衔。

曾定元。字□□。由军功历保至花翎参将。同治七年六月，以在陕西克复绥德镇城，并在直隶击毙要逆案内保奏，奉谕着免补参将，以副将尽先推补，并赏加总兵衔。是年八月，又以在晋、豫、直、东随剿捻逆，全股荡平案内保奏，谕以总兵交军机处记名简放，并赏加提督衔及三代正一品封典。

周家盛。花翎记名简放提督，振勇巴图鲁，赏三代正一品封典，现分统武字营。

周绍濂。字莲池。咸丰六年，由武童投营，历保至花翎参将。同治二年，克复浙江金华、汤溪、龙游、兰溪及武义、永康、义乌、东阳、浦江、桐庐等城，浙省肃清，谕以参将留浙江补用，并赏加副将衔。三年，克复安徽黟县及江西景德镇、浮梁、鄱阳、彭泽等城，江境肃清，赏加总兵衔。四年，攻克福建漳州、南靖两城，谕以总兵留闽、浙补用。五年，攻克武康、德清、石门、孝丰、安吉、湖州各城，赏盛勇巴图鲁名号。七年，进剿陕西回逆，克复郿州，谕以提督记名简放，赏三代正一品封典。现统领楚军中路全军。

王楚华。字槐庭。同治四年，由武童投营，历保至花翎参将。五年，随同克复上蔡，谕以参将留两江补用，并赏加副将衔、赶勇巴图鲁名号。六年九月，以在同朝击贼，奉谕以总兵补用。七年八月，以在直隶保定等处剿匪有功，奉谕以提督记名简放。

胡新发。花翎记名简放提督。

成立福。花翎记名简放提督，奋勇巴图鲁。

王名滔。字略臣。花翎记名简放提督，烈勇巴图鲁。现管带略武营。

崔文田。字玉堂。花翎遇缺题奏提督，捍勇巴图鲁。

杨芳桂。字琼丹。花翎提督衔记名简放总兵，勤勇巴图鲁。前署福建福宁镇，现署浙江衢州镇。

蔡立成。花翎提督衔记名简放总兵，才勇巴图鲁。

王仁安。花翎提督衔记名总兵。现分带贵字营。

王德益。花翎提督衔总兵，赏三代正一品封典，现分带贵字营。

钟开兰。花翎提督衔四川补用总兵，现分带武字营。

王清和。花翎提督衔记名简放总兵，统带湘勇营，赏三代一品封典。

刘景春。花翎提督衔记名总兵，健勇巴图鲁。

成有余。花翎提督衔记名总兵。

喻清汉。花翎提督衔记名总兵，刚勇巴图鲁。

周有才。花翎提督衔记名总兵，赏胜勇巴图鲁名号，分带楚军。

刘东昇。字楚泉。花翎记名总兵，管带水师副中营。同治六年，克复淮徐一带出力，谕以提督记名简放。

高有志。字年丰。花翎尽先即补总兵，嚇勇巴图鲁。同治六年，克复嘉应州，赏换斐凌阿巴图鲁。七年，谕以提督记名简放。

胡国珍。花翎记名简放总兵，固勇巴图鲁，分带武字后营，旋随陕西抚剿贼，加提督衔。

总兵

杨恒升。花翎尽先补用总兵，统带恒字营。

罗其泰。花翎闽浙补用总兵。

叶春岚。花翎闽浙补用总兵。

李春华。花翎浙江补用总兵。

黄毓馥。花翎湖南补用总兵。

杨钟南。字敬堂。花翎记名简放总兵，伟勇巴图鲁，赏奖武银牌。前管带湘军亲兵营马队，剿贼安徽、金陵等处。现管带扬字营马队，防剿鄂境。

洪德发。花翎记名简放总兵，奇勇巴图鲁。

李泰山。字荫棠。分管吉中营，克复金陵，奉谕记名总兵，新勇巴图鲁，赏给奖武银牌。

萧东林。花翎副将加总兵衔，现分带楚军，剿陕省回逆。

王隆声。花翎闽浙补用总兵，帮带楚军营。

胡定坤。花翎记名简放总兵，志勇巴图鲁，统带湖北清胜营。

刘星焘。花翎记名简放总兵，振勇巴图鲁。

蓝瑞祥。字萼亭。花翎记名简放总兵，辑勇巴图鲁。前管带湘军松字新中营，现管带选锋马队左营。

喻先达。花翎留安徽补用总兵，颖勇巴图鲁。

张复胜。花翎记名总兵，长勇巴图鲁，管带定湘营水师。

周尊美。花翎记名总兵，庄勇巴图鲁。

周国材。花翎记名总兵，力勇巴图鲁，赏给奖武银牌。

傅定陞。花翎记名总兵，达勇巴图鲁，管带湘果营，加提督衔，赏三代□品封典。

喻贤能。花翎记名简放总兵，坚勇巴图鲁。

彭寿山。花翎尽先补用副将加总兵衔。

向致友。花翎尽先拔补总兵。

周莲生。字月堂。花翎记名总兵。

孙俊杰。花翎记名总兵，镇勇巴图鲁。

周永庆。花翎记名总兵。

张华照。花翎记名总兵。

胡光晋。花翎总兵。

唐三友。花翎总兵。

黄宗耀。花翎总兵。

邓日胜。花翎总兵。

段清河。花翎总兵。

杨晓春。字星蒙。花翎总兵，浙江补用副将。前署黄岩镇中军游击，现署温州乐清协。

杨在元。花翎总兵。前署浙江抚标参将，实授闽浙督标副将，旋署福建漳州镇，现署台湾镇。

谢复云。花翎总兵衔副将，资勇巴图鲁，现署福建延平协副将。

黎东溪。花翎总兵衔浙江补用副将。

王雨章。花翎总兵衔浙江补用副将。

周万俊。花翎总兵衔浙江补用副将。

谢春台。花翎总兵衔浙江补用副将。

周得胜。花翎总兵衔尽先副将，效勇巴图鲁，管带楚军仁胜营。

刘青山。花翎总兵衔闽浙补用副将。

彭俊光。花翎总兵衔闽浙补用副将，分带楚军克勇营。

黄开甲。花翎总兵衔闽浙补用副将，分带楚军克勇雍前营。

宋定元。花翎总兵衔闽浙补用副将，果勇巴图鲁，分带楚军克勇恬前营。

张祐廷。花翎总兵衔福建补用副将。

喻先恕。记名总兵，花翎福建补用副将。

宇文秀。花翎总兵，敢勇巴图鲁，分带武字营。

黎思齐。花翎总兵衔福建补用副将。

陈瑞和。花翎总兵衔浙江候补副将。

汤兆云。字紫封。花翎简放总兵，江西候补副将，直勇巴图鲁，赏给二品封典。

周春和。花翎总兵衔补用副将。

蒋超龙。花翎总兵衔副将，分带楚军克勇营。

姜南全。花翎总兵衔副将，分带楚军克勇营。

黎文明。花翎总兵衔尽先补用副将，现署浙江石浦都司。

黄寿龄。花翎记名总兵，补用副将，胜勇巴图鲁。

杨恩泽。花翎总兵衔补用副将，分带武字营。

黄程知。花翎总兵衔尽先补用副将。

张介和。花翎总兵衔尽先补用副将。

喻礼泰。花翎总兵衔补用副将。

刘宝春。花翎总兵衔尽先补用副将。

贺绪良。花翎总兵衔补用副将。

张桂馨。花翎总兵衔补用副将。

罗有声。花翎总兵衔副将。

喻乾元。花翎总兵衔副将。

黄友才。花翎总兵衔副将。

黄子秋。花翎记名总兵，补用副将。

张敦义。花翎记名总兵，补用副将。

邓有德。花翎总兵衔补用副将。

谭正明。花翎记名总兵加提督衔。

黄锦云。花翎记名总兵，补用副将。

杨春和。字雨卿。花翎记名总兵，力勇巴图鲁。

刘时雨。花翎总兵衔留南补用副将，确勇巴图鲁。

副将

宋连陞。花翎浙江补用副将,委署湖州协中军都司,兼署左营守备。

萧心广。花翎江南尽先补用副将,赏给正三品封典,委带淮阳水师新后营。

刘大谟。字澄武。花翎湖南补用副将,分统楚军克勇营。

周春元。花翎江西遇缺尽先推补副将,分带楚军克勇营。

杨遇泰。花翎江南补用副将,晋勇巴图鲁,赏给奖武银牌。

喻先知。字觉梧。花翎副将,督带楚军前路后营。

朱宝隆。花翎江西补用副将,彰勇巴图鲁。

钟九如。花翎江西补用副将。

王云孚。花翎四川补用副将,敢勇巴图鲁。

杨隆昌。花翎安徽补用副将,健勇巴图鲁。

喻浚逵。花翎副将。

杨志高。花翎湖南补用副将。

张汉春。花翎湖南补用副将。

张艺胜。花翎浙江补用副将。

萧佑辉。花翎浙江补用副将,现署衢州参将。

温宗秀。花翎浙江补用副将。

杨怀瑾。花翎江西补用副将。

王友才。花翎江西补用副将。

陈清阁。花翎两江尽先补用副将。

袁彦贤。花翎两江补用副将。

刘甫田。花翎福建补用副将,管带楚军中路左营。

龙策勋。花翎安徽补用副将。

潘绍池。花翎湖北补用副将。

喻乐亭。花翎江苏补用副将。

成光裕。花翎尽先即补河南副将。

曾绍霖。花翎副将,固勇巴图鲁,现任湖北德安府参将。

喻经魁。字赞臣。花翎留陕补用副将。

王西太。花翎副将，机勇巴图鲁。

石子城。花翎补用副将，彰勇巴图鲁。

秦南辉。花翎副将，现署福建延平府顺昌协。

孙　均。花翎副将，昭勇巴图鲁，现署辰州游击。

杨在田。字见龙。武庠生。花翎副将，历署浙江瑞安、严州协，旋署绍兴协，补授宁海参将。

蔡和清。花翎副将，前署福建同安参将。

李孔英。花翎升用副将，绰勇巴图鲁。

张载春。花翎尽先补用副将。

喻祝元。花翎尽先补用副将。

周太山。花翎湖南补用副将，分带武字营。

黎秀棠。花翎尽先补用副将。

黄有本。花翎尽先补用副将。

叶东元。花翎尽先补用副将。

周玉林。花翎尽先补用副将。

喻东连。花翎尽先补用副将。

罗秋云。花翎尽先补用副将。

杨恒春。字晓村。花翎总兵，策勇巴图鲁，管带陕西军标发字营。

曾万昌。花翎尽先补用副将。

刘为政。花翎尽先补用副将。

文德盛。花翎补用副将。

朱洪胜。花翎补用副将。

李万胜。花翎补用副将。

袁有杰。花翎补用副将。

宋声平。花翎补用副将。

喻光彪。花翎补用副将。

杨德和。字曙村。花翎副将，留安徽补用。

陈香桂。花翎副将。

袁有名。花翎副将。

黄瑞廷。花翎副将。

黄定有。花翎副将。

汤明德。花翎副将。

向国清。花翎副将。

黄国胜。花翎副将。

杨文学。花翎副将。

杨定春。花翎副将。

叶彩亭。花翎副将。

王文安。花翎副将。

龚炳岚。花翎副将。

向志友。花翎副将。

周校庸。花翎副将。

成瑞琳。花翎副将。

周致祥。花翎副将。

秦得先。花翎副将。

周廷兴。花翎副将。

彭兆胜。花翎副将。

吴炳南。花翎副将，赏给两代二品封典。

刘召棠。花翎副将衔浙江即补参将，现署浙江湖州乌镇守备。

秦怀亮。花翎副将衔浙江即补参将。前署浙江平阳协，现带楚军新前旗，赏二品封典。

欧汉清。花翎参将，尽先补用副将。

姜维扬。花翎副将衔尽先补用参将，协勇巴图鲁。

朱文和。花翎副将衔湖南补用参将。

喻春林。花翎副将衔湖南补用参将。

曾南芝。花翎副将衔湖南补用参将。

李日新。花翎副将衔广东遇缺即补参将。

陈云翔。花翎副将衔四川补用参将。

唐有才。花翎副将衔浙江补用参将。

喻光祝。花翎副将衔尽先补用参将。

李继青。花翎副将衔湖北补用参将。

谈心田。花翎副将衔尽先补用参将。

张玉龙。花翎副将衔尽先补用参将。

王允忠。花翎副将衔尽先补用参将。

张仲春。花翎副将衔遇缺即补参将。

萧训和。花翎副将衔补用参将。

成荣华。花翎副将衔湖南补用参将。

徐光明。花翎副将衔参将。

罗东成。花翎副将衔参将。

易陶怀。花翎副将衔参将。

唐蔚廷。花翎副将衔参将。

萧德林。花翎副将衔参将。

朱连升。花翎副将衔参将。

周维干。花翎副将衔参将。

章有典。花翎副将衔参将。

喻志业。花翎副将衔参将。

张茂林。花翎副将衔参将。

贺润兰。字春棠。花翎副将衔参将，闽浙补用总兵。现督带楚军副右营。

易汉清。花翎副将衔参将。

刘清和。花翎副将衔参将。

何国胜。花翎副将衔参将。

胡理和。花翎副将衔浙江候补游击。

李先荣。花翎副将衔尽先补用游击。

参将

杨得魁。花翎浙江补用参将，现署钱塘都司。

袁鸣盛。花翎湖南补用参将，现任福建福宁游击，保升副将，恩加三代二品封典。

江召陵。花翎两江补用参将。

邓有才。花翎福建补用参将。

喻焕成。花翎湖南补用参将。

李　华。花翎浙江补用参将。

彭广源。花翎安徽补用参将。

张清和。花翎福建补用参将。

喻琼林。花翎河南补用参将。

黄鹤书。花翎安徽尽先补用参将。

潘本熙。花翎尽先补用参将，分带武字营。

王之藻。花翎尽先补用参将。

李春台。花翎尽先补用参将。

唐光耀。花翎尽先补用参将。

陈志德。花翎尽先补用参将。

萧黻廷。花翎尽先补用参将。

张德仪。花翎尽先补用参将。

陈克明。花翎尽先补用参将。

周定元。花翎尽先补用参将。

钟旺盛。花翎尽先补用参将。

萧洪胜。花翎尽先补用参将。

黄述泰。花翎尽先补用参将。

萧常振。花翎尽先补用参将。

李昭麟。花翎尽先补用参将。

沈永义。花翎尽先补用参将。

蒋义才。花翎尽先补用参将。

谢永发。蓝翎尽先补用参将。

刘金堂。蓝翎尽先补用参将。

萧春和。花翎参将，尽先补用游击。

边朝阳。花翎参将，果勇巴图鲁。

贺荣华。花翎参将。

周桂林。花翎参将。

潘胜南。花翎补用参将。

周振楚。花翎补用参将。

黎泰春。花翎补用参将。

李荣耀。花翎补用参将。

叶绍堂。花翎补用参将。

张时贵。花翎补用参将。

成景星。花翎补用参将。

易松荣。花翎补用参将。

邓茂胜。花翎补用参将。

黎笔珊。蓝翎补用参将。

周晓棠。蓝翎补用参将。

陈茂春。花翎参将。

周锦春。花翎参将。

黄宝林。花翎参将。

邹怀德。花翎参将。

周柱良。花翎参将。

陈有余。花翎参将。

谭明鉴。花翎参将。

喻绍龙。花翎参将。

袁鹤龄。花翎参将。

张兰桂。花翎参将。

刘有文。花翎参将。

黄三元。花翎参将。

周寿山。花翎参将。

廖鸿英。花翎参将。

蒋茂盛。花翎参将。

刘国胜。花翎参将。

喻龙起。花翎参将。

钟玉和。花翎参将。

喻朝中。花翎参将。

熊石渠。花翎参将。

黄辉滨。花翎参将。

谢福全。花翎参将。

宋维周。花翎参将。

潘绍连。蓝翎参将。

刘荣斋。蓝翎参将。

蒋友和。蓝翎参将。

黄云超。蓝翎参将。

傅文彩。花翎参将，江南督标补用游击，现署安徽太平芜采守备。

杨其昌。字楚湘。花翎副将衔，留陕补用参将。

杨玉亭。花翎参将衔补用游击。

张寿春。花翎参将衔补用游击。

张时贵。花翎参将衔补用游击。

贺定魁。花翎参将衔补用游击。

周洪胜。花翎参将衔补用游击。

曾兰廷。花翎参将衔补用游击。

刘河清。花翎参将衔补用游击。

钟国清。花翎参将衔补用游击。

谢从云。花翎参将衔补用游击。

曾忠恕。花翎参将衔补用游击。

黄福春。花翎参将衔尽先补用游击。

高永清。花翎参将衔尽先补用游击。

潘辅臣。花翎参将衔尽先补用游击。

周玉林。花翎参将衔尽先补用游击。

杨蔚春。花翎参将衔尽先补用游击。

文长春。花翎参将衔尽先补用游击。

谈芑恒。花翎参将衔浙江补用游击。

贺云祥。蓝翎参将衔安徽补用游击。

蒋复才。蓝翎参将衔游击。

罗文致。蓝翎参将衔游击。

陈友明。蓝翎参将衔游击。

谢有朋。字俊元。蓝翎参将衔，前署处州镇标中营，现署福建台湾安平协水师中军游击。

游击

贺卓吾。花翎浙江补用游击，累保至总兵衔。

贺炳翙。承袭恩骑尉。前补永州锦田千总，调署锦田守备。同治元年，投楚军营效力，收复浙闽各府州县，保花翎福建补用游击。现管带楚军新左旗。

卢瑞村。花翎闽浙补用游击。

卢永兴。花翎福建补用游击。

杨竹林。花翎福建补用游击。

彭锡芝。花翎福建补用游击。

喻香圃。蓝翎福建补用游击。

刘春藻。花翎江西补用游击。

刘永彰。花翎江西补用游击。

徐光明。花翎江西补用游击。

易培俊。花翎补用游击。

颜炳文。字寅初。花翎游击，尽先补用副将。

王振武。花翎湖南补用游击。

黄　棍。花翎湖南补用游击。

彭开泰。花翎闽浙尽先补用游击。

张永泰。花翎安徽补用游击。

黄石谷。花翎安徽补用游击。

谢宪章。花翎补用游击，署理湖南澧州永定都司。

萧仁慈。花翎升用游击。

成黼廷。花翎尽先补用游击。

马德友。花翎尽先补用游击。

汤友卿。花翎尽先补用游击。

文格俊。花翎尽先补用游击。

周春南。花翎尽先补用游击。

陈玉堃。花翎尽先补用游击。

李荣耀。花翎尽先补用游击。

黄　龄。花翎尽先补用游击。

彭华林。花翎尽先补用游击。

王楚江。花翎尽先补用游击。

王楚纲。花翎尽先补用游击。

欧阳永传。花翎尽先补用游击。

闵有才。花翎尽先补用游击。

周德盛。花翎尽先补用游击。

周立臣。花翎尽先补用游击。

范锡光。花翎尽先补用游击。

王楚仁。花翎尽先补用游击。

黄锡瑞。蓝翎尽先补用游击。

张意升。蓝翎尽先补用游击。

宋桂林。蓝翎尽先补用游击。

张子良。花翎补用游击。

杨必耀。花翎补用游击。

谢桂森。花翎补用游击。

罗洪发。花翎补用游击。

贺世谨。花翎补用游击。

周春和。花翎补用游击。

黄敬亭。蓝翎补用游击。

喻有朋。蓝翎补用游击。

隆复春。蓝翎补用游击。

陈茂春。花翎游击。

文友堂。花翎游击。

邓洪胜。花翎游击。

王鹤云。花翎游击。

喻光东。花翎游击。

刘存理。花翎游击。

潘锡龄。花翎游击。

周定坤。花翎游击。

潘毓才。花翎游击。

陈日盛。花翎游击。

洪茂兰。花翎游击。

朱桂溧。花翎游击。

熊复元。花翎游击。

杨定胜。花翎游击。

李汉元。花翎游击。

李日升。花翎游击。

曾万友。花翎游击。

刘应彰。花翎游击。

刘明芳。花翎游击。

戴星垣。花翎游击。

李运堂。花翎游击。

谭章汉。花翎游击。

戴光明。花翎游击。

范德胜。花翎游击。

喻清萼。花翎游击。

叶江山。花翎游击。

王有光。花翎游击。

王义正。花翎游击。

刘本桂。花翎游击。

邓有忠。花翎游击。

欧阳得胜。花翎游击。

颜添盛。花翎游击。

黄国彬。花翎游击。

黄宝林。花翎游击。

谭祝喧。花翎游击。

陈克明。花翎游击。

喻盛秀。花翎游击。

王桂林。花翎游击。

唐荣贵。花翎游击。

刘魁元。花翎游击。

贺　世。花翎游击。

王焕章。花翎游击。

叶思美。花翎游击。

黄金云。花翎游击。

边朗廷。花翎游击。

杨镇春。花翎游击。

李胜全。花翎游击，旋由参将保升副将。

张春台。花翎游击。

谭朝胜。花翎游击。

杨炳南。花翎游击。

张宝兴。蓝翎游击。

陶德俊。蓝翎游击。

萧以登。蓝翎游击。

沈玉明。蓝翎游击。

周元吉。蓝翎游击。

刘友胜。蓝翎游击。

黄有本。蓝翎游击。

邹国华。蓝翎游击。

罗春华。蓝翎游击。

张茂轩。蓝翎游击。

萧茂亭。蓝翎游击。

曹胜亭。蓝翎游击。

杨再春。蓝翎游击。

秦胜和。蓝翎游击。

谢玉元。蓝翎游击。

陈大镛。花翎候补游击。

潘春华。花翎游击衔，湖南补用都司。

喻清涟。花翎游击衔，湖南补用都司。

李裔辉。花翎游击衔，浙江补用都司。

张德荣。花翎游击衔，尽先补用都司。

周玉廷。花翎游击衔，尽先补用都司。

黄品山。蓝翎游击衔，尽先补用都司。

喻汝锡。蓝翎游击。

成正清。蓝翎游击衔，尽先补用都司。

刘芝兰。蓝翎游击衔，尽先补用都司。

田鸣皋。蓝翎游击衔，尽先补用都司。

袁恩泽。蓝翎游击衔都司。

李吉忠。蓝翎游击衔都司。

龙瑞龄。蓝翎游击衔都司。

邓声和。蓝翎游击衔都司。

周运昌。蓝翎游击衔都司。

周茂林。蓝翎游击衔都司。

罗福润。蓝翎游击衔都司。

李敬田。蓝翎游击衔都司。

蒋福有。蓝翎游击衔都司。

童竹村。蓝翎游击衔都司。

李胜全。蓝翎游击衔都司。

张义山。蓝翎游击衔都司。

成楚英。蓝翎游击衔都司。

颜明良。蓝翎游击衔都司。

王有光。蓝翎游击衔都司。

李云耀。蓝翎游击衔都司。

刘伦元。蓝翎游击衔都司。

洪重琳。蓝翎游击衔都司。

孔名辉。蓝翎游击衔都司。

黄应维。花翎游击衔都司。

喻咸中。花翎游击衔都司。

刘春湖。花翎游击衔都司。

王福升。花翎游击衔都司。

罗振湘。花翎游击衔都司。

廖曙城。花翎游击衔都司。

刘晓岚。花翎游击衔都司。

周曙良。蓝翎游击衔补用都司。

张连芳。花翎游击衔补用都司。

邓少云。花翎游击衔补用都司。

谢友贤。字荣贵。花翎游击衔补用都司。

周文彬。蓝翎游击。

都司

杜定元。花翎都司，前署绥宁守备，现署辰州城营都司。

谢日华。花翎都司，现署福建台湾府璊瓃都司。

张永盛。花翎留安徽尽先补用都司。

刘庠学。花翎留湖南补用都司。

胡赞廷。花翎留湖南补用都司。

张翊升。花翎留湖南补用都司。

隆柏春。花翎湖北尽先补用都司。

谢云汉。蓝翎浙江补用都司。

陈德明。字干卿。花翎补用都司。

王定禄。邑庠生。蓝翎留湖南补用都司。前总理湘前营全军营务，
兼管带左营。

王镇墅。花翎尽先拔补都司。

向致和。蓝翎尽先拔补都司。

易其蔚。蓝翎即补都司。

潘德正。蓝翎尽先拔补都司。

潘声廷。蓝翎尽先拔补都司。

谢玉彪。蓝翎拔补都司。

周定山。花翎即补都司。

王　准。花翎尽先补用都司。

唐声鸣。蓝翎尽先补用都司。

王樑才。花翎尽先补用都司。

唐连升。蓝翎尽先补用都司。

孙柏山。蓝翎尽先补用都司。

王云鹏。蓝翎尽先补用都司。

陈达湘。花翎尽先补用都司。

杨加祥。蓝翎尽先补用都司。

杨全初。尽先补用都司。

胡　彪。蓝翎尽先补用都司。

黄绍霖。蓝翎尽先补用都司。

尹耕莘。蓝翎尽先补用都司。

叶少梅。花翎尽先补用都司。

喻光维。花翎尽先补用都司。

潘少怀。蓝翎尽先补用都司。

张有田。蓝翎尽先补用都司。

喻章瑞。蓝翎尽先补用都司。

喻光敦。花翎尽先补用都司。

汤光裕。尽先补用都司。

喻祥瑞。花翎补用都司。

蒋立诚。花翎补用都司。

喻松乔。花翎补用都司。

孙贵和。花翎补用都司。

周顺清。花翎补用都司。

汤紫铭。花翎补用都司。

袁复春。花翎补用都司。

李绍华。派名培俊。花翎补用都司加游击衔。

陶镇楚。花翎补用都司。

喻绍龙。花翎补用都司。

易俊堂。蓝翎补用都司加游击衔。

李华林。蓝翎补用都司。

陶春藻。蓝翎补用都司。

周凤亭。蓝翎补用都司。

喻先发。蓝翎补用都司。

潘绍连。蓝翎补用都司。

李公智。蓝翎补用都司。

廖桂芳。蓝翎补用都司。

张蓉发。花翎都司。

谢立廷。花翎都司。

蔡敦福。花翎都司。

胡际盛。花翎都司。

胡蕴斌。花翎都司。

成绍青。花翎都司。

喻品章。花翎都司。

李福隆。花翎都司。

戴翙秋。花翎都司。

谭定光。花翎都司。

沈旦明。花翎都司。

张再兴。花翎都司。

宋维朗。花翎都司。

萧桂和。花翎都司。

张本立。花翎都司。

刘春林。花翎都司。

周光炜。花翎都司。

陈登高。花翎都司。

孙天锡。花翎都司。

谢辉俊。花翎都司。

李福南。花翎都司。

罗书富。花翎都司。

陈国清。花翎都司。

刘为美。花翎都司。

杨澍南。花翎都司。

萧应时。花翎都司。

易永茂。花翎都司。

周立丞。花翎都司。

童致和。花翎都司。

吴春田。花翎都司。

罗珊冈。花翎都司。

戴国泰。花翎都司。

周培菲。花翎都司。

杨有元。花翎都司。

秦开胜。花翎都司。

江明扬。花翎都司。

孙芝馥。花翎都司。

潘先福。花翎都司。

唐有名。花翎都司。

贺国华。花翎都司。

罗有胜。花翎都司。

胡友胜。花翎都司。

丁有维。花翎都司。

周莘田。花翎都司。

周昂炳。花翎都司。

孟有明。蓝翎都司。

黄佑禄。蓝翎都司。

黄辅臣。蓝翎都司。

萧敦孝。蓝翎都司。

刘昌辅。蓝翎都司。

周文和。蓝翎都司。

唐有明。蓝翎都司。

严凤楼。蓝翎都司。

赵泽元。蓝翎都司。

张致芳。蓝翎都司。

汤友胜。蓝翎都司。

潘绍全。蓝翎都司。

周阳春。蓝翎都司。

刘高堂。蓝翎都司。

罗洪发。蓝翎都司。

潘胜友。蓝翎都司。

王有奇。蓝翎都司。

刘福俊。蓝翎都司。

袁有亮。蓝翎都司。

刘福元。蓝翎都司。

杨德升。蓝翎都司。

孙定元。蓝翎都司。

何玉昆。蓝翎都司。

周定安。蓝翎都司。

周鹤佺。蓝翎都司。

张振祥。蓝翎都司。

吴祥云。蓝翎都司。

罗清和。蓝翎都司。

潘少遷。蓝翎都司。

傅大有。蓝翎都司。

谢家桂。蓝翎都司。

黄其太。蓝翎都司。

张青选。蓝翎都司。

廖桂芳。蓝翎都司。

何友元。蓝翎都司。

贺云章。蓝翎都司。

陶德明。蓝翎都司。

董尚园。蓝翎都司。

袁长寿。蓝翎都司。

彭俊德。蓝翎都司。

汪如泉。蓝翎都司。

黄应廉。蓝翎都司。

罗文智。蓝翎都司。

杨得和。字□□。蓝翎都司。

向志林。蓝翎都司。

成大纶。蓝翎都司。

叶彩文。蓝翎都司。

蒋桂兰。蓝翎都司。

洪竹坤。蓝翎都司。

喻均怀。蓝翎都司。

喻明辉。蓝翎都司。

喻祥芝。蓝翎都司。

彭文彬。蓝翎都司。

李维新。蓝翎都司。

张其信。蓝翎都司。

张国品。蓝翎都司。

黄维美。蓝翎都司。

杨茂春。蓝翎都司衔尽先补用守备。

徐得胜。蓝翎都司衔尽先补用守备。

杨卫青。蓝翎都司衔尽先补用守备。

唐春林。花翎都司衔尽先补用守备。

周成能。蓝翎都司衔尽先补用守备。

周政和。花翎都司衔尽先补用守备。

喻春仁。蓝翎都司衔尽先补用守备。

杨清山。蓝翎都司衔尽先补用守备。

彭得春。蓝翎都司衔尽先补用守备。

范三俊。蓝翎都司衔尽先补用守备。

张福胜。花翎都司衔补用守备。

李惟义。蓝翎都司衔补用守备。

周　昆。蓝翎都司衔补用守备。

熊燕昭。蓝翎都司衔补用守备。

黎汉林。蓝翎都司衔补用守备。

王福盛。花翎都司衔补用守备。

周晓武。蓝翎都司衔补用守备。

钟永清。花翎都司衔补用守备。

朱吉照。蓝翎都司衔补用守备。

沈心印。蓝翎都司衔补用守备。

蒋星盛。花翎都司衔守备。

汤月胜。蓝翎都司衔守备。

刘桂陞。都司衔守备。

张茂才。都司衔守备。

刘固明。蓝翎都司衔守备。

尹万年。都司衔守备。

黄序鸿。蓝翎都司衔守备。

章馥馨。蓝翎都司衔守备。

汤荣臣。蓝翎都司衔守备。

邱敦仁。蓝翎都司衔守备。

姜昌期。蓝翎都司衔守备。

黄紫略。蓝翎都司衔守备。

黄显淮。蓝翎都司衔守备。

袁质彬。蓝翎都司衔守备。

曾日明。蓝翎都司衔守备。

龙春和。蓝翎都司衔守备。

胡东海。蓝翎都司衔守备。

李万美。蓝翎都司衔守备。

李楚一。字宝田。蓝翎都司。

王光明。蓝翎都司衔守备。

喻春文。蓝翎都司衔守备。

阳奇祝。蓝翎都司衔守备。

刘定胜。蓝翎都司衔守备。

陶镇南。蓝翎都司衔守备。

彭炳贤。字又村。安徽补用都司。

守备

杨星元。蓝翎守备，现署福建陆路提督、左营中军守备。

欧阳耀。蓝翎浙江补用守备。

刘本镒。蓝翎湖南尽先补用守备。

喻春熙。花翎福建尽先补用守备。

喻春元。蓝翎福建补用守备。

戴海亭。花翎福建补用守备。

刘镜亭。花翎湖南补用守备。

陶　成。蓝翎湖南补用守备。

杨春元。候补守备，前任浏阳把总。

汤子莲。花翎尽先拔补守备，帮带武字营。

潘玉斋。蓝翎守备。

刘名友。蓝翎候选守备。

陈荣贵。蓝翎守备。

杨茂林。花翎即补守备。

周元吉。蓝翎候选守备。

傅有才。蓝翎尽先拔补守备。

喻兰洲。蓝翎尽先补用守备。

刘霖生。蓝翎守备。

林维周。尽先补用守备。

张得胜。花翎尽先补用守备。

张发祥。蓝翎尽先补用守备。

喻得胜。尽先补用守备。

蒋仲华。蓝翎尽先补用守备。

汤志仁。蓝翎尽先补用守备。

唐焕文。蓝翎尽先补用守备。

蒋映堂。蓝翎尽先补用守备。

魏少林。蓝翎尽先补用守备。

杨镇南。蓝翎尽先补用守备。

谢彩云。花翎尽先补用守备。

刘玉田。蓝翎尽先补用守备。

张　斌。花翎尽先补用守备。

潘芝兰。蓝翎尽先补用守备。

潘兰桂。蓝翎尽先补用守备。

刘经纶。花翎尽先补用守备。

黄耀昆。蓝翎尽先补用守备。

罗清和。蓝翎尽先补用守备。

喻呈文。蓝翎补用守备。

罗玉泉。蓝翎补用守备。

潘隆辉。蓝翎补用守备。

胡德俊。蓝翎补用守备。

喻子鹏。蓝翎补用守备。

胡明胜。蓝翎补用守备。

萧玉兰。蓝翎补用守备。

罗有文。蓝翎补用守备。

胡知和。蓝翎补用守备。

黄春棠。蓝翎补用守备。

黄龙胜。蓝翎补用守备。

潘昆山。蓝翎补用守备。

刘敬书。蓝翎补用守备。

李春亭。蓝翎补用守备。

周万才。蓝翎补用守备。

梁新元。蓝翎补用守备。

聂兰桂。蓝翎补用守备。

刘佑明。蓝翎补用守备。

贺竹秋。蓝翎补用守备。

唐汉臣。蓝翎补用守备。

许有良。蓝翎补用守备

喻南田。蓝翎补用守备。

蒋超云。蓝翎补用守备。

王友志。蓝翎补用守备。

苏长春。字鹤堂。蓝翎补用守备。

黄允中。花翎守备。

刘佑章。花翎守备。

潘友才。花翎守备。

谭德钧。花翎守备。

谭得喜。花翎守备。

唐朝贵。花翎守备。

刘有昆。花翎守备。

王得胜。花翎守备。

边得贵。花翎守备。

喻明胜。花翎守备。

刘　震。花翎守备。

朱必隆。花翎守备。

何兰桂。花翎守备。

张鸣高。花翎守备。

刘文义。花翎守备。

胡焕亭。花翎守备。

袁彩庭。花翎守备。

刘德安。花翎守备。

李万明。蓝翎守备。

萧义和。蓝翎守备。

黎万才。蓝翎守备。

陶春廷。蓝翎守备。

许桂兰。蓝翎守备。

任有明。蓝翎守备。

胡湘楼。蓝翎守备。

刘福载。蓝翎守备。

陈桂亭。蓝翎守备。

刘焕章。蓝翎守备。

詹永和。蓝翎守备。

徐绍美。蓝翎守备。

杜正伦。蓝翎守备。

罗志珂。蓝翎守备。

黎有胜。蓝翎守备。

张云程。蓝翎守备。

周万才。蓝翎守备。

杨达思。蓝翎守备。

王春和。蓝翎守备。

郭云辉。蓝翎守备。

刘太和。蓝翎守备。

谢逢春。蓝翎守备。

周贵和。蓝翎守备。

黄德华。蓝翎守备。

张如新。蓝翎守备。

萧茂亭。蓝翎守备。

谭桂春。蓝翎守备。

刘高堂。蓝翎守备。

喻安亭。蓝翎守备。

喻晋益。蓝翎守备。

刘胜春。蓝翎守备。

张积发。蓝翎守备。

黎春晖。蓝翎守备。

贺喜元。蓝翎守备。

张得茂。蓝翎守备。

成玉昆。蓝翎守备。

陈伟卓。蓝翎守备。

袁　芳。蓝翎守备。

刘光裕。蓝翎守备。

姜清才。蓝翎即补守备。

姜政德。蓝翎千总，现署诏安营红花岭汛守备。

易有铭。蓝翎守备。

王锡我。蓝翎守备。

蒋复才。蓝翎守备。

萧翼安。蓝翎守备。

邱步云。蓝翎守备。

龙秀春。蓝翎守备。

周清华。蓝翎守备。

谢青远。蓝翎守备。

廖芳鹏。蓝翎守备。

萧碧田。蓝翎守备。

钟明山。蓝翎守备。

黄元吉。蓝翎守备。

姜绍兴。蓝翎守备。

谢得田。蓝翎守备。

杨有贵。蓝翎守备。

吴盛江。蓝翎守备。

周克政。蓝翎守备。

张正朝。蓝翎守备。

刘达义。蓝翎守备。

喻春华。蓝翎守备。

姜清材。蓝翎守备。

喻光早。蓝翎守备。

刘文秀。蓝翎守备。

王廷俊。蓝翎守备。

黄理元。蓝翎守备。

李邦彦。蓝翎守备。

成增光。蓝翎守备。

汤名显。蓝翎守备。

彭会朝。蓝翎守备。

刘有余。蓝翎守备。

许太和。蓝翎守备。

袁月清。蓝翎守备。

谢清桂。蓝翎守备。

陈则忠。蓝翎守备。

胡寿朋。蓝翎守备。

易祐田。蓝翎守备。

杨达邃。蓝翎守备。

黄金荣。蓝翎守备。

杨青虎。蓝翎守备。

王朝宗。蓝翎守备。

王春华。蓝翎守备。

宋有余。蓝翎守备。

唐映春。蓝翎守备。

胡新茂。蓝翎守备。

胡耀辉。蓝翎守备。

彭益德。蓝翎守备。

喻载海。蓝翎守备。

梅顺隆。蓝翎守备。

杨聘臣。蓝翎守备。

杨毓春。蓝翎守备。

谢有贤。蓝翎守备。

喻先纪。蓝翎守备。

向友山。蓝翎守备。

何有言。蓝翎守备。

周世臣。蓝翎守备。

赵荣华。蓝翎守备。

易麟书。蓝翎守备。

谢徽典。蓝翎守备。

喻松溪。蓝翎守备。

唐国胜。蓝翎守备。

蒋云台。蓝翎守备。

杨绍霖。蓝翎守备。

王清云。蓝翎守备。

黎锦春。蓝翎守备。

谢定坤。蓝翎守备。

杨恒德。武庠。蓝翎守备。

汤定才。守备。

汤明学。守备。

周三胜。守备。

刘瀚文。守备。

谢福泰。蓝翎尽先补用守备,现署温标右营千总。

刘固孝。蓝翎拔补守备。

潘家杰。蓝翎守备。

周瑞麟。五品衔江南守御所花翎千总。

杨定春。蓝翎守备衔尽先拔补千总。

朱瑞泰。蓝翎守备衔尽先拔补千总。

喻以忠。蓝翎守备衔尽先拔补千总。

曾菊亭。守备衔尽先拔补千总。

刘丕承。蓝翎守备衔尽先拔补千总。

胡克昌。守备衔尽先拔补千总。

喻必焕。守备衔尽先拔补千总。

廖斐章。蓝翎守备衔尽先拔补千总。

黄金荣。蓝翎守备衔尽先拔补千总。

喻慎堃。蓝翎守备衔尽先拔补千总。

喻怀远。蓝翎守备衔尽先拔补千总。

喻禹甸。蓝翎守备衔尽先拔补千总。

喻国忠。守备衔尽先拔补千总。

周健莲。蓝翎守备衔千总。

唐南华。蓝翎守备衔千总。

卢锡昌。蓝翎守备衔千总。

周金明。蓝翎守备衔千总。

周得贵。蓝翎守备衔千总。

廖汉元。蓝翎守备衔千总。

刘芳才。蓝翎守备衔千总。

黄守盈。蓝翎守备衔千总。

杨文瑞。蓝翎守备衔千总。

曹成武。蓝翎守备衔千总。

闵云高。蓝翎守备衔千总。

刘明友。蓝翎守备衔千总。

萧国才。蓝翎守备衔千总。

姜少成。蓝翎守备衔千总。

李瑞祥。蓝翎守备衔千总。

张福才。蓝翎守备衔千总。

陈春发。蓝翎守备衔千总。

周维汉。蓝翎守备衔千总。

周春泉。蓝翎守备衔千总。

张立业。蓝翎守备衔千总。

唐春元。蓝翎守备衔千总。

刘永亭。蓝翎守备衔千总。

周拔先。蓝翎守备衔千总。

高能经。蓝翎守备衔千总。

贺国华。蓝翎守备衔千总。

黎立山。蓝翎守备衔千总。

潘世和。蓝翎守备衔千总。

周祥发。守备衔千总。

贺长华。蓝翎守备衔。

谢春生。蓝翎守备。

千总

杨　埜。字方城。武庠。由行伍历保千总，前署湖南抚标右营左哨千总。

龙恩溥。字石臣。武庠。五品衔留湖南尽先拔补千总。

张德贵。蓝翎守御所尽先拔补千总。

曾定邦。蓝翎五品衔尽先拔补千总。

王鸿章。蓝翎五品衔尽先拔补千总。

潘维锡。蓝翎五品衔尽先拔补千总。

喻光赞。蓝翎五品军功，拔补千总。

张林春。蓝翎尽先拔补千总。

刘存理。蓝翎尽先拔补千总。

谢垂玉。蓝翎尽先拔补千总。

黎有升。尽先拔补千总。

秦绍溪。蓝翎尽先拔补千总。

杨宗汉。五品衔蓝翎千总。

刘以胜。蓝翎千总。

王义堂。尽先补用千总。

谢玉潭。蓝翎千总。

张炳元。千总。

张正亭。蓝翎补用千总。

孙高亮。千总。

李澍春。蓝翎拔补千总。

李常德。蓝翎拔补千总。

喻有文。蓝翎拔补千总。

吴致祥。蓝翎拔补千总。

喻义培。蓝翎拔补千总。

罗坤伦。蓝翎拔补千总。

喻怀斋。蓝翎拔补千总。

潘泽贤。蓝翎拔补千总。

刘澍霖。蓝翎拔补千总。

黄仁杰。蓝翎拔补千总。

王震甲。蓝翎拔补千总。

黄仁耀。蓝翎拔补千总。

王会祥。蓝翎拔补千总。

严定贵。蓝翎拔补千总。

刘东汉。蓝翎拔补千总。

李东禄。蓝翎拔补千总。

王立端。蓝翎拔补千总。

黄南夔。蓝翎拔补千总。

廖采葵。蓝翎拔补千总。

张绍修。蓝拔补千总。

张道胜。蓝翎拔补千总。

傅有元。蓝翎拔补千总。

李维城。蓝翎拔补千总。

李良诚。蓝翎拔补千总。

罗文辉。蓝翎拔补千总。

刘智高。蓝翎拔补千总。

杨克常。蓝翎千总。

欧阳成。蓝翎千总。

谢先炽。蓝翎千总。

谢文藻。蓝翎千总。

张名盛。蓝翎千总。

李文德。蓝翎千总。

谭桂林。蓝翎千总。

李树春。蓝翎千总。

黄致汉。蓝翎千总。

黄裳吉。蓝翎千总。

杨茂源。蓝翎千总。

杨春台。蓝翎千总。

张汉春。蓝翎千总。

黎有才。蓝翎千总。

张德明。蓝翎千总。

唐昌贤。蓝翎千总。

唐昌贤。蓝翎千总。

杨吉元。蓝翎千总。

洪日昇。蓝翎千总。

刘勖才。蓝翎千总。

周培庆。蓝翎千总。

李云峰。蓝翎千总。

陶南山。蓝翎千总。

黄汉连。蓝翎千总。

张桂林。蓝翎千总。

钟明敬。蓝翎千总。

王明盛。蓝翎千总。

刘遇春。蓝翎千总。

萧腾芳。蓝翎千总。

张毓才。蓝翎千总。

曹其祥。蓝翎千总。

钟福堂。蓝翎千总。

唐有德。蓝翎千总。

刘安邦。蓝翎千总。

曹云贵。蓝翎千总。

黄锦昌。蓝翎千总。

周荣华。蓝翎千总。

陈华彩。蓝翎千总。

朱顺龙。蓝翎千总。

陈元廷。蓝翎千总。

谭胜华。蓝翎千总。

谭友升。蓝翎千总。

钟安良。蓝翎千总。

钟茂盛。蓝翎千总。

袁瑞生。蓝翎千总。

张起和。蓝翎千总。由武童投楚军营，历保至花翎总兵。

罗必端。蓝翎千总。

洪启猷。蓝翎千总。

周定元。蓝翎千总。

喻槐堂。蓝翎千总。

周德贵。蓝翎千总。

邓臣莘。蓝翎千总。

颜昌俊。蓝翎千总。

黎金玉。蓝翎千总。

黄省城。蓝翎千总。

戴光耀。蓝翎千总。

袁恒胜。蓝翎千总。

刘灿奎。蓝翎千总。

王万友。蓝翎千总。

周甫田。蓝翎千总。

邓成发。蓝翎千总。

成谦光。蓝翎千总。

周邦庆。蓝翎千总。

周英材。蓝翎千总。

潘龙翔。蓝翎千总。

罗云彩。蓝翎千总。

黎友文。蓝翎千总。

曾广仕。蓝翎千总。

卢泽洪。蓝翎千总。

卢泽潭。蓝翎千总。

刘晓东。蓝翎千总。

胡湘华。蓝翎千总。

卢瑞麟。蓝翎千总。

蔡云阁。蓝翎千总。

汤厚福。蓝翎千总。

胡芝兰。蓝翎千总。

黄碧寿。蓝翎千总。

胡德元。蓝翎千总。

梅定国。蓝翎千总。

孙泽林。蓝翎千总。

胡朝选。蓝翎千总。

许东明。蓝翎千总。

李桂清。蓝翎千总。

成开立。武庠，例授卫千总。

李邦达。千总衔蓝翎把总。

周永贞。尽先千总。

刘攀桂。尽先千总。

把总

杨鸿吉。六品衔，现补长沙协把总。

周　琨。六品衔，尽先拔补把总。

宋桂亭。五品军功，蓝翎把总。

杨端本。五品衔尽先把总。

周扬武。蓝翎尽先拔补把总。

朱晋益。蓝翎尽先拔补把总。

刘固荣。蓝翎尽先拔补把总。

李邦富。蓝翎尽先拔补把总。

周复春。蓝翎尽先拔补把总。

谢家桂。蓝翎拔补把总。

唐汉春。蓝翎拔补把总。

萧春华。蓝翎五品衔把总。

杨敏廷。蓝翎把总。

左德南。蓝翎把总。

邓福元。蓝翎把总。

黄雨南。蓝翎把总。

刘以忠。蓝翎把总。

陈瑞泉。蓝翎把总。

蒋建南。蓝翎把总。

陈东星。蓝翎把总。

李鸿钧。蓝翎把总。

李国模。蓝翎把总。

袁保镛。蓝翎把总。

张玉华。蓝翎把总。

汤执中。蓝翎把总。

周振元。蓝翎把总。

黄国胜。蓝翎把总。

符友才。蓝翎把总。

戍海清。蓝翎把总。

刘复胜。蓝翎把总。

陈源明。蓝翎把总。

文宗海。蓝翎把总。

桂植泽。蓝翎把总。

陈春发。蓝翎把总。

文合兴。蓝翎把总。

彭献廷。蓝翎把总。

伍星南。蓝翎把总。

萧彰德。蓝翎把总。

易和静。蓝翎把总。

黄心田。蓝翎把总，补用守备。

邓文才。蓝翎把总。

李允升。蓝翎把总。

蒋维国。蓝翎把总。

廖世明。蓝翎把总。

谭福泰。蓝翎把总。

邓毓蘅。蓝翎把总。

成和龙。蓝翎把总。

钟玉春。蓝翎把总。

周德友。蓝翎把总。

汤富山。蓝翎把总。

杨柳青。蓝翎把总。

彭东汉。蓝翎把总。

黄碧春。蓝翎把总。

陈光泰。蓝翎把总。

周有祥。蓝翎把总。

彭兰亭。蓝翎把总。

喻立山。蓝翎把总。

刘东榜。蓝翎把总。

傅香龄。蓝翎把总。

朱星照。蓝翎把总。

刘青照。武庠生，蓝翎把总。

李扬芳。蓝翎把总。

刘登寿。蓝翎把总。

周秀英。蓝翎把总。

彭荣贵。蓝翎把总。

萧云钦。蓝翎把总。

黄有元。蓝翎把总。

黄青泉。蓝翎把总。

潘楚和。蓝翎把总。

潘绍春。蓝翎把总。

喻东南。蓝翎把总。

喻炳昌。蓝翎把总。

文有成。蓝翎把总。

严应瑞。蓝翎把总。

李维美。蓝翎把总。

胡桂亭。蓝翎把总。

黄胜友。蓝翎把总。

唐启春。蓝翎把总。

叶鲤庭。蓝翎把总。

黄澍南。蓝翎把总。

李福泰。蓝翎把总。

李公能。蓝翎把总。

张华峰。蓝翎把总。

唐在尉。蓝翎把总。

赵胜辉。蓝翎把总。

萧长龄。蓝翎把总。

外委

周柏云。蓝翎尽先拔补外委。

潘文杰。蓝翎尽先拔补外委。

张石冈。蓝翎尽先拔补外委。

黄石溪。蓝翎尽先拔补外委。

黄金元。蓝翎尽先拔补外委。

许得胜。五品顶戴，尽先外委。

曾永发。蓝翎尽先外委。

潘辅清。五品衔外委。

汤新益。蓝翎外委。

李珍明。蓝翎外委。

陈天爵。蓝翎外委。

刘少达。蓝翎外委。

娄星廷。蓝翎外委。

黄清和。蓝翎外委。

毛春和。蓝翎外委。

刘卓堂。蓝翎外委。

黄汉贞。蓝翎外委。

周贤圣。蓝翎外委。

周振鸥。蓝翎外委。

黄绍溪。蓝翎外委。

刘义质。蓝翎外委。

傅德山。蓝翎外委。

曹中致。蓝翎外委。

曾玉成。蓝翎外委。

何荣华。蓝翎外委。

汤明胜。蓝翎外委。

李星耀。蓝翎外委。

蒋映春。蓝翎外委。

李仁恕。蓝翎外委。

叶得能。蓝翎外委。

黄绍忠。蓝翎外委。

李定邦。号干青。蓝翎外委。

廖洪章。蓝翎尽先外委。

陈荣贵。由外委历保至花翎参将。

黄永隆。由外委历保至蓝翎守备。

江　清。由外委历保至花翎都司,现任湖南抚标右营千总。

张楚才。由外委历保至蓝翎千总。

杨九江。蓝翎尽先拔补外委。

章复盛。由外委历保至花翎副将衔,留闽补用参将。

何吉阶。字佩琼。由蓝翎外委保尽先补用守备。

周益政。由外委历保至花翎副将。

段　鸿。由外委历保至花翎副将。

朱琼林。由外委历保至花翎参将。

严福林。由外委历保至花翎游击。

叶卲藩。由外委历保至花翎都司。

喻正明。由外委历保至花翎都司。

宋鹏高。由外委历保至蓝翎守备，加都司衔。

杨国芳。字葆元。由武庠保蓝翎外委，加都司衔。

刘名魁。由外委历保至花翎守备。

杨定安。由外委历保至蓝翎守备。

周吉泰。字弼廷。蓝翎千总，补湖南抚标左营把总。

杨镜潭。由外委保蓝翎守备。

李复春。蓝翎外委。

杨秉钧。蓝翎拔补外委。

谭正大。字国煦。由武庠拔补外委，保蓝翎千总。

谭正焕。由外委保蓝翎千总。

姜耀楚。由外委保升蓝翎千总，加守备。

学校六　选举四　褒封　恩荫

六品以下为敕封，五品以上为诰封。明制，三品以下只封父母，三品以上并封祖父母。国朝，许以本身应得封典加恩貤封。

褒封一

宋

易　妙，以孙祓官正治上卿礼部尚书赠朝议大夫，妻苏氏，赠硕人。

易几先，以子祓官累赠大中大夫、朝议大夫，妻秦氏赠硕人、王氏赠恭人。

易　祓，以礼部尚书封宁乡开国男，妻萧氏封恭人。

易　倬，赠朝奉郎，妻樊氏、张氏封孺人。

张　镗，授朝奉郎。

明

李允信，字中孚，以子兴邦官赠金都御史，妻马氏赠淑人，谕祭。

李兴宗，以子守中户部员外郎赠奉政夫夫，妻萧氏赠宜人。

刘均载，以子仲仁四川盐山县丞赠征仕郎，又以子仲智韶州府曲江县知县晋赠文林郎，妻章氏赠孺人。

刘仲智，以韶州府曲江县知县授文林郎，妻陈氏封孺人。

刘天佑，《家谱》改"添佑"。以子政思南府推官赠奉议大夫，妻黎氏赠安人。

刘　济，以子端潮州府同知封奉议大夫，又以端西安府知府晋封中宪大夫。妻邓氏、段氏封安人、封恭人。

刘　端，以西安府知府旌封中宪大夫，妻罗氏封恭人。

梅　斌，以子正春工部所正赠宣议郎，妻盛氏封孺人。

袁胜高，以子经官赠左参政，妻黄氏封淑人。

周　镇，以孙采四川左布政使赠通奉大夫，妻龙氏封夫人。

周　策，以子采四川左布政使诰封通奉大夫，妻唐氏赠夫人。

周　采，以四川左布政使诰授通奉大夫，妻胡氏封夫人。

胡　屋，以子秉璇南京兵马司指挥赠文林郎，妻王氏、孔氏赠孺人。

陶志仁，以子鹏桂平县知县封文林郎，妻吴氏赠孺人。

杨　佩，以子思震陕州知州赠奉直大夫，妻罗氏、张氏均赠宜人。

陶　鹏，以子显功中江县知县赠文林郎，又以显功潞南州知州，晋赠奉直大夫。妻李氏，赠孺人，晋赠宜人。

陶显功，以潞南州知州授奉直大夫，妻□氏封宜人。

周　橄，以子耀冕东平州知州诰封奉直大夫，妻袁氏赠宜人。

胡秉璿，以南京兵马司指挥授文林郎，妻谢氏、继妻欧阳氏均赠孺人。

谢廷善，以子万钟陕西临洮府同知赠奉直大夫，妻梅氏赠宜人。

杨登明，《通志》作登煌。以子文华顺德通判赠承德郎，妻李氏赠安人。

谈明志，以子嘉瑞保定府通判赠承德郎，妻王氏赠安人。

胡　柱，以子三台光禄署丞赠征仕郎，妻王氏赠孺人。

张应节，以子所蕴官貤封光禄监事，妻谈氏封孺人。

周耀冕，以山东东平州知州诰授奉直大夫，以子堪赓官光禄寺少卿晋封中宪大夫，又以堪赓官累赠荣禄大夫，妻胡氏封宜人、封恭人，晋赠夫人。

周堪赓，以光禄寺少卿诰授中宪大夫，妻秦氏封恭人。

国朝

陶之典，以孙士僙兵部车驾司主事兼监察御史，诰赠奉直大夫；又以士僙福建布政使司布政使，晋赠通奉大夫，妻刘氏、郭氏俱赠夫人。

陶　煓，以子士俣、士僙官翰林院庶吉士，敕封征仕郎；又以士僙官兵部车驾司主事兼监察御史，晋封奉直大夫；又以士僙福建布政使司布政使，累赠通奉大夫，妻□氏封孺人、封宜人、赠夫人。

周敬溥，以孙硕勋官直隶曲周县知县，貤封文林郎；又以硕勋广东廉州府知府加一级，晋赠中宪大夫。妻张氏封孺人，赠恭人。

周挺枢，以子硕勋官直隶曲周县知县，敕封文林郎；又以硕勋廉州府知府加一级，晋赠中宪大夫。妻廖氏封孺人、赠恭人。

王坦修，前翰林院侍讲学士加一级，诰授中宪大夫，妻彭氏封恭人。

周硕勋，以广东廉州府知府加一级，诰授中宪大夫，妻杨氏封恭人。

陶士储，以子文镐官诰封奉直大夫，又以文镐广西镇安府知府晋封朝议大夫，妻廖氏封宜人、封恭人。

胡期孝，以孙泽潢官翰林院检讨，貤赠征仕郎；又以泽潢户科给事中加一级，晋赠朝议大夫。妻杨氏，赠孺人、赠恭人；侧室郭氏，以孙泽潢官赠孺人、赠恭人。

胡锡册，以子泽潢翰林院检讨，敕赠征仕郎；又以泽潢户科给事中加一级，晋赠朝议大夫。妻黄氏，赠孺人，赠恭人。

黄之璠，以孙立隆河间府同知，貤赠奉政大夫；又以立隆直隶大名府知府，晋赠朝议大夫。妻邓氏，赠宜人，赠恭人。

黄道恩，以子立隆官诰赠奉政大夫、晋赠朝议大夫，妻丁氏赠宜人、赠恭人。

王炳旭，以孙坦修翰林院侍讲学士貤赠朝议大夫，妻钟氏、黄氏俱赠恭人。

王　忻，以子坦修官诰封朝议大夫，妻黎氏封恭人。

袁茂迪，以孙名器官广东河源县知县，貤赠文林郎；又以名器陕西耀州知州，晋赠奉直大夫；又以名器奉天府治中，累赠朝议大夫。妻欧阳氏，赠孺人，赠宜人，赠恭人。

袁　俨，以子名器官敕赠文林郎，晋赠奉直大夫，累赠朝议大夫。妻张氏，封孺人，赠宜人，赠恭人。

周在歧，以孙洛阳官浙江杭州府总捕同知，貤赠奉政大夫；妻□氏赠宜人。

周锡洪，以子洛阳官诰赠奉政大夫，妻刘氏赠宜人。

袁名器，以刑部奉天清吏司员外郎诰授奉政大夫，妻周氏貤赠宜人，侧室胡氏以子汝璠教谕封孺人。

袁茂达，以孙名曜翰林院编修加三级貤赠奉直大夫，妻刘氏、王氏俱赠宜人。

袁　位，以子名曜官诰赠奉直大夫，妻罗氏赠宜人，陶氏封宜人。

王礼华，以子王文清官宗人府主事敕封承德郎，妻廖氏封安人。

王文清，以宗人府主事敕授承德郎，妻廖氏封安人，继妻蔡氏以子懋官教谕赠孺人。

宋国启，以孙宾逢贵州布政司经历貤赠儒林郎，妻金氏、张氏俱赠安人。

宋嘉琼，以子宾逢官敕赠儒林郎，妻张氏、周氏俱赠安人。

黄梦麟，以孙道悫福建永春州州同貤赠儒林郎，妻陈氏赠安人。

王国林，以孙文清岳州府学教授貤封文林郎，妻陈氏封孺人。

周世美，以孙治辂直隶曲周县知县貤赠文林郎，妻陈氏赠孺人。

周希麟，以子治辂官敕封文林郎，妻□氏封孺人。

程行铭，以孙泽兰浙江余杭县知县貤赠文林郎，妻杨氏赠孺人。

刘有沃，以孙序拔广西藤县知县貤赠文林郎，妻陶氏赠孺人。

刘起杭，以子序拔官衡州府酃县教谕，貤赠修职郎；又以序拔广西藤县知县，晋赠文林郎。妻萧氏赠孺人，晋赠孺人;继妻杨氏，封孺人，晋封孺人。

周公勋，以子在图山东武定县知县敕赠文林郎，妻黄氏赠孺人。

周在图，以山东利津知县敕授文林郎，妻彭氏封孺人。

蒋三阳，以孙邦伯直隶定州深泽县知县貤赠文林郎，妻黄氏赠孺人。

蒋安远，以子邦伯官敕赠文林郎，妻符氏赠孺人。

张启祥，以孙思甸金山县知县貤赠文林郎，妻戴氏赠孺人。

张启迪，以孙思炯山西潞安府长子县知县貤赠文林郎，妻魏氏赠孺人。

张志确，以子思甸官敕封文林郎，妻秦氏封孺人。

张志儒，以子思炯官敕赠文林郎，妻周氏赠孺人。

张应孔，以孙烈官正定府元氏县知县貤赠文林郎，妻陈氏赠孺人。

张大勋，以子烈官敕赠文林郎，妻田氏赠孺人。

黎希璟，以孙大炳贵州平越州余庆县知县貤赠文林郎，妻张氏赠孺人。

黎祚亨，以子大柄官，貤赠修职郎；又以大柄贵州平越州余庆县知县，晋赠文林郎。妻何氏，封孺人，晋赠孺人。

杨应诏，以孙业万甘肃古浪县知县貤赠文林郎，妻彭氏赠孺人。

谢世汧，以子锷桂河南孟县主簿，貤封登仕郎；又以孙克猷广西藤县知县，晋赠文林郎。妻贺氏、继妻周氏俱赠孺人、晋赠孺人，再继妻缪氏封孺人、晋封孺人。

谢锡槐，以子克猷广西藤县知县敕赠文林郎，妻陶氏赠孺人。

刘光潮，以孙开诚江西乐安县知县貤赠文林郎，妻周氏赠孺人。

刘大权，以子开诚官敕赠文林郎，妻玉氏赠孺人。

王用弼，以曾孙坦修翰林院检讨貤赠征仕郎，妻李氏赠孺人。

沈文谟，以孙锡国广西凭祥州州判貤赠征仕郎，妻陈氏赠孺人。

洪光干，以子文宀河南信阳州州判敕封征仕郎，妻喻氏赠孺人。

姜登义，以子方正武陵教谕貤赠修职郎，妻□氏赠孺人。

刘世智，以子士望直隶澧州慈利县教谕貤封修职郎，妻钟氏赠孺人。

张堪彝，以子锡麒岳州府巴陵县教谕貤赠修职郎，妻廖氏赠孺人。

王　达，以子光榜沅州府黔阳县教谕貤赠修职郎，妻廖氏、易氏俱赠孺人。

胡锡璨，以子泽汇宝庆府城步县教谕貤封修职郎，妻陈氏封孺人。

胡泽汇，以宝庆府城步县教谕，敕授修职郎。

张光銮，以子国藩新田县教谕貤赠修职郎，妻彭氏赠孺人。

刘有案，以子起宇澧州学正貤赠修职郎，妻□氏赠孺人。

黄世镜，以子建浩山东富国场盐大使貤赠修职郎，妻李氏赠孺人。

王道溥，以子榘永州府祁阳县教谕貤赠修职郎，妻姜氏赠孺人。

张志纶，以侄思留靖州会同县教谕貤赠修职郎，妻喻氏赠孺人。

范长湖，以子德树官县丞貤封修职郎，妻宋氏封孺人。

黎良贵，以子希圣永兴县教谕貤封修职郎，妻宋氏封孺人。

黄光璧，以子日炳官貤封修职郎，妻杨氏封孺人。

黄道懿，以子绂隆临武县教谕貤赠修职郎，妻姜氏赠孺人。

周琅勋，以子在炽官教谕、借补乾州厅训导貤赠修职郎，妻州氏赠孺人。

黄道光，以子锡冕武陵县教谕貤封修职郎，妻□氏赠孺人。

王运枢，以子人作江西乐平县丞貤封修职郎，妻彭氏封孺人。

朱绍程，以子点官陕西汉中府经历貤赠修职郎，妻黎氏赠孺人。

杨士鳌，以子经培岳州府巴陵县教谕貤赠修职郎，妻□氏赠孺人。

叶之玠，以子嗣铨江华县训导貤封修职佐郎，妻刘氏封孺人。

黎良训，以子希镇（彬）［郴］州桂阳县训导貤赠修职佐郎，妻易氏赠孺人。

王　镎，以子道溥永州府祁阳县训导貤赠修职佐郎，妻姜氏赠孺人。

黎大权，以弟大柄岳州府训导貤赠修职佐郎，妻喻氏赠孺人。

杨明虔，以子士琨桂阳州训导貤赠修职佐郎，妻周氏赠孺人。

胡添泽，以子本英江苏昭文县主簿貤封登仕郎，妻裴氏赠孺人，继妻萧氏封孺人。

李达周，以孙玉龙阿达哈哈番诰赠通议大夫，妻文氏赠淑人。

李尚尊，以子玉龙阿达哈哈番诰赠通议大夫，妻刘氏封淑人。

成兴朝，以子大伦官诰赠宣武都尉、晋赠昭武都尉，妻欧阳氏封宜人、晋封恭人。

成士才，以侄大伦官貤封武德骑尉、晋封昭武都尉，妻谭氏赠宜人、晋赠恭人。

黎良谟，以孙祚岳同知衔加四级诰赠通议大夫，妻胡氏赠淑人。

黎希仲，以子祚岳同知衔加四级诰赠通议大夫，妻黄氏、汤氏俱赠淑人。

黎祚岳，以同知衔加四级诰授通议大夫，妻杨氏赠淑人。

刘钜河，以孙握兰州同衔加四级貤封朝议大夫，妻范氏赠恭人，继妻邓氏封恭人。

刘德润，以子握兰州同衔加四级诰封朝议大夫，妻洪氏封恭人。

刘握兰，以州同衔加四级诰授朝议大夫，妻张氏封恭人。

刘基鉴，以子钜煌州同衔加二级诰赠奉直大夫，妻范氏赠宜人。

刘钜煌，以州同衔加二级诰授奉直大夫，妻袁氏、高氏俱封宜人。

汪光梁，以孙士俊州同衔加二级貤赠奉直大夫，妻王氏赠宜人。

汪华国，以子士俊州同衔加二级诰封奉直大夫，妻贺氏封宜人。

廖文型，以孙光浚州同衔加二级诰赠奉直大夫，妻喻氏赠宜人。

廖鸿钺，以子光浚州同衔加二级诰赠奉直大夫，妻□氏赠宜人。

张思培，以孙国准援例诰赠奉直大夫，妻彭氏赠宜人。

张光鉴，以子国准援例诰赠奉直大夫，妻周氏赠宜人，喻氏封宜人，侧室唐氏以孙文翔州判职貤赠孺人。

陈程万，以子鼎裔援例诰赠奉直大夫，妻徐氏封宜人。

陈万年，以侄鼎裔援例貤赠奉直大夫，妻彭氏封宜人。

陈鼎裔，援例诰授奉直大夫，妻姜氏赠宜人，杨氏封宜人。

彭　珪，以孙远明州同衔貤赠儒林郎，妻喻氏赠安人。

彭垂昶，以子远明州同衔敕赠儒林郎，妻易氏封安人。

黄建濂，以子懋恭州同衔敕赠儒林郎，妻许氏封安人。

刘钜濂，以子芳润理问衔敕赠儒林郎，妻黄氏封安人。

彭远杨，以孙嗣功州同衔貤赠儒林郎，妻章氏赠安人。

彭大嵩，以子嗣功州同衔敕封儒林郎，妻文氏封安人。

彭大岘，以侄嗣功州同衔貤赠儒林郎，妻吴氏赠安人。

彭绍远，以子大佐州同衔敕赠儒林郎，妻何氏封安人。

李良伟，以孙经蔚州同衔貤赠儒林郎，妻夏氏封安人。

李绍泽，以子经蔚州同衔敕赠儒林郎，妻钟氏赠安人。

廖文玉，以子鸿祜府知事衔貤赠登仕郎，妻□氏、彭氏均赠孺人。

刘建松，以子光先援例貤赠登仕郎，妻金氏封孺人。

彭朝揩，以子盛瑞从九衔貤封登仕佐郎，妻王氏封孺人。

胡开乐，以子商瑞援例貤赠登仕佐郎，妻罗氏赠孺人。

李绍荣，以子经泽援例貤赠登仕佐郎，妻刘氏封孺人。

袁仕彬，以子之禄从九衔貤赠登仕佐郎，妻夏氏封孺人。

胡本泰，以子灿援例貤赠登仕佐郎，妻宋氏封孺人，侧室王氏以子灿巡检职衔赠孺人。

以上旧《志》。

刘义旆，以曾孙典浙江按察使司按察使，貤赠通议大夫；又以典二品顶戴帮办军务，肃清东南，特旨晋赠荣禄大夫。妻周氏赠淑人，晋赠一品夫人。

刘礼泰，以孙典官诰赠通议大夫，特旨晋赠荣禄大夫；妻周氏赠淑人，晋赠一品夫人。

刘智新，以子典官诰封通议大夫，特旨晋赠荣禄大夫；妻萧氏封淑人，晋封一品夫人。

刘　典，以二品顶戴帮办军务，肃清东南，诰授荣禄大夫；妻唐氏封一品夫人。

刘智聪，以侄典布政使司衔貤赠通奉大夫，妻罗氏赠夫人。

梅书笏，以曾孙锦源安徽知府加四级貤赠通奉大夫，妻文氏、陶氏赠夫人。

梅教章，以孙锦源官诰赠通奉大夫，妻谭氏、杨氏、张氏俱赠夫人。

梅钟澍，以子锦源官诰赠通奉大夫，妻高氏封夫人。

梅镜源，以弟锦源官貤封通奉大夫，妻杨氏赠夫人，继妻熊氏封夫人。

陈世仕，以曾孙秉彝官道衔加四级，貤赠通奉大夫；妻喻氏，赠夫人。

陈际瑚，以孙秉彝官诰赠通奉大夫，妻邓氏赠夫人。

陈文翰，以子秉彝官诰赠通奉大夫，妻马氏封夫人。

张朝品，以曾孙铣广东惠潮嘉兵备道加盐运使衔貤赠通议大夫，妻欧阳氏赠淑人。

张思焕，以孙铣广东候补知府，貤封朝议大夫；又以铣兵备道加盐运使衔，晋赠通议大夫。妻李氏封恭人，赠淑人。

张谷瑞，以子铣官诰封朝议大夫、晋赠通议大夫，妻孙氏封恭人、赠淑人。

童普盛，以孙翚贵州定番州知州，貤赠奉直大夫；以曾孙秀春盐运使衔广东肇罗道，貤赠通议大夫。妻易氏赠宜人、晋赠淑人。

童开汉，以子翚官，诰赠奉直大夫；以孙秀春庶吉士，貤赠征仕郎；又以秀春官，晋赠通议大夫。妻王氏封宜人、封孺人、晋赠淑人。

童　翚，以子秀春官，敕封征仕郎，晋赠通议大夫；妻周氏，封孺人，晋赠淑人。

廖宗元，以浙江绍兴府知府任内殉难，追赠太仆寺卿，特恩追赠中议大夫；妻邱氏封淑人。

杨纶泮，以孙熙世同知衔，貤赠奉政大夫；又以熙世知府衔候补同知加三级，诰赠中议大夫。妻刘氏、王氏俱赠宜人、晋赠淑人。

杨益琮，以子熙世州同衔，敕赠儒林郎；又以同知衔，诰赠奉政大夫；又以熙世知府衔候选同知加三级，晋赠中议大夫。妻李氏赠安人、赠宜人、晋赠淑人，侧室周氏以子熙世职衔封安人、封宜人、晋封淑人。

杨熙世，以州同衔敕授儒林郎，又以知府衔候选同知加三级诰授中议大夫，妻张氏封安人、封淑人。

李承基，以子新庄官刑部郎中加二级，诰赠中宪大夫；妻童氏赠恭人。

李承组，以侄新庄官貤封中宪大夫，妻赵氏封恭人。

汪士浚，以孙炳璈道衔贵州安顺府知府貤赠中宪大夫，妻周氏赠恭人。

汪秀林，以子炳璈官诰赠中宪大夫，妻周氏赠恭人。

周汇万，以凤凰厅教谕敕授修职郎，以孙振藻四川即补道貤赠中宪大夫。妻伍氏、廖氏、萧氏，俱赠恭人。

周镇海，以子振藻官诰封中宪大夫，妻伍氏赠恭人，继妻王氏封恭人。

陈秉良，以弟秉彝花翎道衔广西候补知府，貤封中宪大夫；妻杜氏封恭人。

陈秉彝，以花翎道衔广西候补知府诰授中宪大夫，妻马氏封恭人。

成人龙，以孙定康花翎道衔即选知府，貤赠中宪大夫；妻卢氏，赠恭人。

成章耀，以子定康官，赏给该员父母正四品封典，特旨诰封中宪大夫；妻周氏，封恭人。

龙正咏，以子朝翼加赠道衔、知府衔、候选通判，特旨诰赠中宪大夫；妻汤氏，封恭人。

龙寿康，以弟朝翼官貤封中宪大夫，妻张氏封恭人。

罗胜式，以孙云同知加二级貤赠中宪大夫，妻周氏赠恭人。

罗时中，以子云官诰赠中宪大夫，妻陈氏封恭人。

杨世炜，以州同衔加二级，又以子运昌同知加二级，诰授奉政大夫，诰赠中宪大夫。妻刘氏，封宜人，封恭人。

杨运昌，以同知加二级诰授中宪大夫，妻刘氏封恭人。

李开暎，以子隆莼国子监典籍，貤封修职郎；又以隆莼贵州台拱同知，晋赠奉政大夫；又以隆莼候补知府，累赠朝议大夫。妻晏氏，封孺人，封宜人，累封恭人。

李隆莼，以贵州台拱同知、候补知府诰授朝议大夫，妻汤氏封恭人。

喻孝恢，以孙佐卿江苏补用知府貤赠朝议大夫，妻周氏赠恭人。

喻光仪，以子佐卿官诰赠朝议大夫，妻章氏封恭人。

喻光葆，以侄佐卿官貤封朝议大夫。

周振桂，以弟康禄花翎尽先前选知府，貤封朝议大夫；妻王氏，封恭人。

王修平，以孙琢庵即选知府，貤赠朝议大夫；妻刘氏，赠恭人。

王明纲，以子琢庵官诰封朝议大夫，妻贺氏赠恭人。

杨经液，以孙咏春花翎道衔江西补用知府，貤赠中宪大夫；妻萧氏，赠恭人。

杨棐纶，以至圣庙赏奏厅官，敕授承德郎；又以子咏春官，诰赠中宪大夫。妻张氏，封安人，封恭人。

黎光楫，以孙锦翰花翎运同衔、浙江即补同知貤赠朝议大夫，妻胡氏赠恭人。

黎培炳，以子锦翰官诰赠朝议大夫，妻王氏封恭人。

洪运昌，以子惟善贵州即补同知、直隶州知州，诰封奉政大夫；又以惟善同知直隶州知州加一级，晋封朝议大夫。妻朱氏封宜人，晋封恭人。

洪思永，以弟惟善官貤封奉政大夫，晋封朝议大夫；妻杨氏封宜人、封恭人。

周孚万，以孙振琼花翎知府衔、即选同知直隶州知州貤赠朝议大夫，妻杨氏赠恭人。

周世耀，以子振琼官诰封朝议大夫，妻谭氏赠恭人。

杨文治，以子世炜州同衔加二级，诰封奉直大夫；又以子世煐同知衔加一级，晋封朝议大夫。妻彭氏封宜人、封恭人。

杨世煐，以子鹤翎同知衔，诰封奉政大夫；又以本身同知衔加一级，诰授朝议大夫。妻王氏封宜人、封恭人，侧室彭氏以子鹤翎同知衔诰封宜人。

周家渚，以子澍修同知衔加一级，诰封朝议大夫；妻段氏封恭人，侧室袁氏以子澍修职衔诰封恭人。

周海修，以弟澍修职衔貤赠朝议大夫，妻杨氏封恭人。

陶承缵，以孙鸿勋官浙江江山县知县，貤赠文林郎；又以鸿勋升用同知，晋赠朝议大夫。妻喻氏赠孺人、赠恭人。

陶崇高，以子鸿勋官敕封文林郎，诰封朝议大夫；妻萧氏赠孺人，晋赠恭人，继妻张氏封孺人，晋封恭人。

李承选，以侄新庄刑部郎中加一级，貤封朝议大夫；妻彭氏封恭人。

李承教，以侄新庄官貤封朝议大夫，妻杨氏封恭人。

齐显猷，以孙滋同知衔加一级，貤赠朝议大夫；妻王氏、侧室周氏俱赠恭人。

齐邦达，原任山东启事官，又以子滋同知衔加一级，敕授宣德郎，诰赠朝议大夫；妻陈氏封孺人，赠恭人。

杨秉刚，以子宗泽州同衔，敕赠儒林郎；又以宗泽同知衔加一级，晋赠朝议大夫。妻何氏封安人、封恭人。

杨宗泽，以本身州同衔，敕授儒林郎；又以同知衔加一级，诰授朝议大夫。妻曾氏封安人、封恭人。

胡本敬，以子光瓒四川崇宁县知县，敕封文林郎；又以光瓒升授峨边厅通判加二级，晋赠奉政大夫。妻文氏赠孺人，晋赠宜人。

胡光瓒，以峨边厅通判加二级，诰授奉政大夫；妻童氏封宜人，侧室张氏以子培仑候选巡检貤封孺人。

李志桦，以孙隆萼贵州台拱同知，貤赠奉政大夫；妻黄氏赠宜人。

李承培，以侄新庄刑部主事加二级，貤封奉政大夫；妻彭氏封宜人。

卢敦五，以子泳清同知衔即选知县，赏给该员父母正五品封典，特赏诰封奉政大夫；妻李氏封宜人。

贺省斋，以孙懋楎湖北枣阳县知县加同知衔，貤赠奉政大夫；妻蔡氏赠宜人。

贺德澍，以子懋楎官诰赠奉政大夫，妻文氏赠宜人。

刘广润，以子友兰浙江处州府总捕同知，诰封奉政大夫；妻张氏封宜人。

刘友兰，以浙江处州府总捕同知诰授奉政人夫，妻李氏赠宜人，继妻李氏赠宜人。

喻光开，以子凌崧花翎安徽补用同知直隶州知州，诰封奉政大夫；妻周氏封宜人。

喻光晖，以侄凌崧官貤赠奉政大夫，妻黄氏封宜人。

喻光科，以侄凌崧官貤赠奉政大夫，妻宋氏封宜人。

周胜连，以孙世蔚四川补用同知直隶州知州，貤赠奉政大夫；妻李氏赠宜人。

周盖万，以子世蔚官诰封奉政大夫，妻汤氏封宜人。

朱福才，以抚子干隆福建同安县知县加同知衔，诰封奉政大夫；妻欧阳氏封宜人。

朱禄才，以出继子干隆官貤封奉政大夫，妻刘氏封宜人。

周朝佐，以孙兆蓉官浙江临安县知县加同知衔，貤赠奉政大夫；妻丁氏赠宜人。

周高植，以抚子兆蓉官诰赠奉政大夫，妻胡氏封宜人。

周高极，以出继子兆蓉官貤赠奉政大夫，妻熊氏赠宜人。

赵世景，以子珩国子监学正衔、澧州慈利县教谕，貤赠修职郎；又以孙翰即选知县加同知衔，貤赠奉政大夫。妻符氏赠孺人、赠宜人。

赵　瑞，以子瀚官诰封奉政大夫，妻程氏封宜人。

刘玉润，以孙福昌即选同知貤赠奉政大夫，妻孙氏赠宜人。

刘诰兰，以子福昌官诰赠奉政大夫，妻袁氏赠宜人，侧室李氏以子福昌官赠宜人。

王修瑚，以孙定仪州同衔，貤赠儒林郎；又以定仪候选州同加同知衔，晋赠奉政大夫。妻曹氏赠安人、赠宜人。

王明昌，以子定仪官敕赠儒林郎，晋赠奉政大夫；妻李氏赠安人、赠宜人。

李士英，以子镜春候选同知诰赠奉政大夫，妻刘氏封宜人。

李煦春，以弟镜春官貤封奉政大夫，妻杨氏封宜人。

曾衍咏，以本身山东巨野屯官，敕授修职郎；又以孙毓光同知衔，貤赠奉政大夫。妻丁氏赠宜人。

曾兴槎，以子毓光职衔诰赠奉政大夫，妻秦氏、黄氏俱赠宜人。

曾衍谓，以孙毓郏州同衔，貤赠儒林郎；又以毓郏同知衔，诰赠奉政大夫。妻谢氏赠安人、赠宜人，继妻贺氏封安人、封宜人。

曾兴彬，以子毓郏职衔敕赠儒林郎、诰赠奉政大夫，妻邓氏赠安人、赠宜人，继妻唐氏封安人、封宜人。

曾兴麓，以子涵同知衔诰赠奉政大夫，妻喻氏封宜人。

曾　润，以弟涵职衔貤赠奉政大夫，妻欧阳氏封宜人。

边呈灿，以孙寿山候选知县加同知衔貤赠奉政大夫；妻袁氏赠宜人，继妻周氏封宜人。

边　巢，以子寿山官诰封奉政大夫，妻周氏封宜人。

杨方寿，以孙潜同知衔貤封奉政大夫，妻魏氏封宜人。

杨上鹄，以子潜职衔诰封奉政大夫，妻何氏封宜人。

喻忠柏，以孙明德同知衔貤赠奉政大夫，妻李氏赠宜人。

喻启孝，以子明德职衔诰封奉政大夫，妻余氏封宜人。

杨鹤翎，以同知衔诰授奉政大夫，妻李氏封宜人。

袁　淑，以子藻实同知衔诰赠奉政大夫；妻胡氏封宜人，侧室徐氏以子藻实职衔封宜人。

袁藻实，以同知衔诰授奉政大夫，妻杨氏赠宜人，继妻周氏封宜人。

张思宽，以曾孙茂兰同知衔候选知县、武陵县教谕貤赠奉政大夫，妻曾氏、杨氏俱赠宜人。

张德明，以子茂兰六品衔候选知县、武陵县教谕，敕赠儒文林郎；又以茂兰同知衔，晋赠奉政大夫。妻黄氏封安人，封孺人，赠宜人。

崔承洪，以孙煦堃同知衔貤赠奉政大夫，妻龙氏宜人。

崔家俊，以子煦堃职衔诰封奉政大夫，妻李氏宜人。

李斯鲁，以孙秉苑知府衔广东候补同知、直隶州知州，貤封奉政大夫；妻张氏，宜人。

李文岚，以子秉苑官诰封奉政大夫，妻黄氏宜人。

李秉英，以子公选知府衔浙江候补同知诰封奉政大夫，妻喻氏宜人。

李秉锷，以胞侄公选官貤封奉政大夫，妻喻氏宜人。

杨福昌，以孙章汉州同衔加二级貤封奉直大夫，妻张氏封宜人。

杨哲生，以子章汉职衔诰赠奉直大夫，妻张氏赠宜人。

李必盛，以孙新庄刑部主事加一级，貤赠奉直大夫；妻刘氏、郭氏俱赠宜人。

杨经九，以孙蔚春刑部主事，貤赠承德郎；又以蔚春刑部主事加一级，晋赠奉直大夫。妻成氏，赠安人，赠宜人。

杨煜纶，以子蔚春官敕赠承德郎，晋赠奉直大夫；妻唐氏，封安人，封宜人。

周光藻，以孙瑞松刑部主事貤赠奉直大夫，妻钟氏赠宜人。

周本哲，以子瑞松官诰封奉直大夫，妻王氏封宜人。

童咏春，以侄光泽刑部主事加一级，貤赠奉直大夫；妻胡氏封宜人。

程静夫，以孙寿琪州同衔加二级，貤封奉直大夫；妻彭氏赠宜人。

程上举，以子寿琪职衔诰封奉直大夫，妻袁氏、刘氏俱封宜人。

龙升庭，以孙兆霖湖北补用知县加知州衔，貤赠奉直大夫；妻张氏赠宜人。

龙廷献，以子兆霖官诰封奉直大夫，妻黄氏、凌氏俱赠宜人。

陶承宏，以孙鸿翊浙江补用通判加知州衔，貤赠奉直大夫；妻谭氏赠宜人。

陶崇晟，以子鸿翊官诰赠奉直大夫，妻夏氏赠宜人。

周世绪，以孙泽昌四川候补知县加三级，貤赠奉直大夫；妻黄氏封宜人。

周振焯，以子泽昌官诰封奉直大夫，妻成氏封宜人。

姜清源，以子于冈靖州学正加五品衔，诰赠奉直大夫，妻胡氏赠宜人。

姜于冈，以靖州学正加五品衔，诰授奉直大夫，妻萧氏封宜人。

程昭配，以孙荣寿衡山县训导加五品衔，貤赠奉直大夫；妻□氏赠宜人。

程惠吉，以子荣寿官诰封奉直大夫，妻□氏封宜人。

谭显琥，以孙成章盐提举衔福建即补知县，貤赠奉直大夫，妻石氏赠宜人。

谭文质，以子成章官诰赠奉直大夫，妻刘氏赠宜人。

杨绍祐，以孙鹏孝廉方正、州同衔加二级，貤赠奉直大夫；妻喻氏赠宜人。

杨昭极，以子鹏职衔诰赠奉直大夫，妻朱氏赠宜人。

杨端本，以孙开宇理问衔加二级，貤赠奉直大夫；妻沈氏赠宜人，继妻钟氏封宜人。

杨亦瑞，以子开宇职衔诰封奉直大夫，妻王氏封宜人。

杨世执，以子业万甘肃古浪县知县，敕封文林郎；又以业万官加知州衔，晋赠奉直大夫。妻石氏封孺人、赠宜人。

杨业万，以知州衔诰授奉直大夫，妻石氏封宜人。

李德润，以子培真州同衔加二级，诰赠奉直大夫；妻曾氏封宜人。

李培真，以州同衔加二级诰授奉直大夫，妻傅氏封宜人。

李阁纶，以子裔璘州同衔加二级，诰封奉直大夫；妻何氏封宜人。

李裔璘，以州同衔加二级诰授奉直大夫，妻何氏封宜人。

熊之仁，以子桢辅州同衔加二级，诰赠奉直大夫；妻邓氏封宜人。

熊桢辅，以州同衔加二级诰授奉直大夫，妻谢氏封宜人。

王湘滨，以子福南州同衔加二级，诰封奉直大夫；妻李氏封宜人。

周　基，以弟堂州同加二级貤封奉直大夫，妻李氏封宜人。

鲁国珍，以子运亨州同衔敕赠儒林郎，又以运亨州同衔加二级晋赠奉直大夫；妻龙氏赠安人，晋赠宜人。

鲁运亨，以州同衔加二级诰授奉直大夫，妻徐氏封宜人。

陈际璜，以孙秉星候选通判貤赠承德郎，妻喻氏赠安人。

陈文沅，以子秉星官敕赠承德郎，妻李氏赠安人。

童开运，以子镇永州府东安县教谕，敕赠修职郎；又以镇迁广东嘉应州州同，晋赠儒林郎。妻周氏赠孺人，晋赠安人。

鲁兴柏，以孙运亨州同衔貤赠儒林郎，妻王氏赠安人。

邓贤拔，以子光禹辰州府溆浦县教谕，貤封修职郎；又以孙蔚春六品衔慈利县教谕，貤赠儒林郎。妻李氏封孺人，赠安人。

邓光禹，以子蔚春官敕赠儒林郎，妻谢氏封安人。

廖锦绍，以孙新缉州同衔江西补用县丞，特旨貤赠儒林郎；妻周氏赠安人。

廖章佩，以子新缉官特旨敕赠儒林郎，妻章氏、钟氏俱赠安人。

张朝瑞，以孙茂兰六品衔候选知县、武陵县教谕，貤赠儒林郎；妻黄氏、刘氏俱赠安人。

童枝斐，以孙瑞琪州同衔貤赠儒林郎，妻汤氏、谈氏俱赠安人。

童筹盛，以子瑞琪职衔敕赠儒林郎，妻汤氏赠安人，继妻彭氏封安人。

卢　谔，以孙朝果布政司经历衔，貤赠儒林郎；妻谢氏赠安人，继妻谢氏封安人。

卢仁浚，以子朝果职衔敕封儒林郎，妻刘氏封安人。

彭售世，以孙荟才州同衔貤赠儒林郎，妻朱氏赠安人。

彭校贤，以子荟才职衔敕封儒林郎，妻贺氏封安人。

潘世冕，以孙本榘州同衔貤封儒林郎，妻秦氏封安人。

潘泽澄，以子本榘职衔敕封儒林郎，妻戴氏封安人。

刘基焘，以子钜麟官新宁县教谕，敕封修职郎；妻黄氏封孺人。

刘芳润，以理问衔敕授儒林郎，妻氏赠安人，继妻朱氏封安人。

李祖辉，以子德澍理问衔敕赠儒林郎，妻钟氏赠安人。

李德澍，以理问衔敕授儒林郎，妻石氏赠安人。

李德寅，以子培峻州同衔敕封儒林郎，妻万氏封安人。

李培峻，以州同衔敕授儒林郎，妻贺氏封安人。

李德玉，以子培薰理问衔敕赠儒林郎，妻曾氏封安人。

李培薰，以理问衔敕授儒林郎，妻杨氏封安人。

李士超，以孙懋纯州同衔貤赠儒林郎，妻萧氏赠安人。

李宏矩，以子懋纯职衔敕赠儒林郎，妻萧氏赠安人。

李绍荣，以孙纶典布政司经历衔貤赠儒林郎，妻刘氏赠安人。

李经山，以子纶典职衔敕赠儒林郎，妻张氏赠安人。

喻源智，以孙春涛光禄寺署正衔貤赠儒林郎，妻杨氏赠安人。

喻长泰，以子春涛职衔敕封儒林郎，妻姜氏、朱氏俱赠安人。

杨远翥，以子芬光禄寺署正衔敕赠儒林郎，妻□氏封安人。

杨　芬，以光禄寺署正衔敕授儒林郎，妻□氏赠安人。

阮志达，以孙益泰州同衔貤赠儒林郎，妻刘氏赠安人。

阮定勋，以子益泰职衔敕赠儒林郎，妻廖氏赠安人。

胡正仁，以孙成华州同衔貤赠儒林郎，妻刘氏赠安人。

胡善尹，以子成华职衔敕赠儒林郎，妻刘氏赠安人。

周远懋，以孙堂州同衔貤赠儒林郎，妻李氏封安人。

周泽辉，以子堂职衔敕赠儒林郎，妻李氏封安人。

戴辅政，以子荫棠州同衔敕赠儒林郎，妻□氏封安人。

曾尚储，以孙兴梅州同衔貤赠儒林郎，妻唐氏赠安人。

曾衍训，以子兴梅职衔敕赠儒林郎，妻谈氏赠安人。

宋盛铣，以子朝瑞州同衔敕赠儒林郎，妻胡氏赠安人。

宋朝瑞，以州同衔敕授儒林郎，妻黎氏封安人。

杨世林，以子宗植州同衔敕赠儒林郎，妻沈氏封安人。

彭大佐，以州同衔敕授儒林郎，妻杨氏封安人。

吴朝文，以孙继义光禄寺署正衔貤赠儒林郎，妻谢氏赠安人。

吴邦学，以子继义职衔敕赠儒林郎，妻袁氏赠安人。

刘庭兰，以孙桂堂州同衔貤赠儒林郎，妻周氏封安人。

刘耆英，以子桂堂职衔敕赠儒林郎，妻黎氏封安人。

姜清溪，以孙瑞芳州同衔候选县丞赠儒林郎，妻周氏赠安人。

姜鸣翔，以子瑞芳职衔敕封儒林郎，妻朱氏封安人。

张万经，以孙玉春蓝翎尽先前选县丞加三级，貤封儒林郎；妻王氏赠安人。

张代明，以子玉春官敕封儒林郎，妻刘氏赠安人。

吴新玉，以孙朝岭州同衔貤赠儒林郎，妻彭氏、夏氏俱赠安人。

吴世陵，以子朝岭职衔敕赠儒林郎，妻彭氏、姜氏俱赠安人。

杨宗植，以州同衔敕授儒林郎，妻李氏封安人。

曾兴垚，以子毓蒸州同衔敕赠儒林郎，妻张氏、副室吕氏俱赠安人，副室章氏貤封安人。

潘好仁，以孙桃州同衔貤赠儒林郎，妻王氏赠安人。

潘麟让，以子桃州同衔敕赠儒林郎，妻朱氏赠安人。

戴得均，以孙映元光禄寺署正衔貤赠儒林郎，妻黄氏赠安人。

戴什贵，以子映元职衔敕赠儒林郎，妻黄氏、姜氏俱赠安人。

张思塾，以孙国涧州同衔貤赠儒林郎，妻喻氏封安人。

张光镎，以子国涧职衔敕赠儒林郎，妻陶氏赠安人。

袁必楷，以孙遂生州同衔貤赠儒林郎，妻阮氏赠安人。

袁庆廉，以子遂生职衔敕赠儒林郎，妻廖氏、刘氏俱赠安人。

姜基采，以子人中州同衔敕赠儒林郎，妻谢氏赠安人。

姜人中，以州同衔敕授儒林郎，妻何氏封安人。

姜其绚，以孙文曙理问衔貤赠儒林郎，妻戴氏封安人。

姜人善，以子文曙职衔敕封儒林郎，妻贺氏封安人。

廖阁青，以孙瓒芳州同衔貤赠儒林郎，妻张氏赠安人。

廖圭质，以子瓒芳职衔敕封儒林郎，妻张氏封安人。

蒋立恩，原名先位。以孙寅亮布经历衔貤赠儒林郎，妻王氏赠安人。

蒋泽临，原名润。以子寅亮布经历衔敕赠儒林郎，妻罗氏封安人。

潘世渗，以子泽谋州同衔敕封儒林郎，妻唐氏、李氏俱赠安人，再继妻陈氏封安人。

潘世济，以侄泽谋职衔貤赠儒林郎，妻周氏赠安人。

杨纶嘉，以孙世藩州同衔貤赠儒林郎，妻胡氏赠安人。

杨亦楷，以子世藩职衔敕赠儒林郎，妻萧氏封安人。

边家本，以子教瑞州同衔敕赠儒林郎，妻贺氏赠安人，继妻廖氏封安人，侧室刘氏以子教瑞职衔貤封安人。

王湘敬，以孙泰封州同衔貤赠儒林郎，妻唐氏封安人。

王南寿，以子泰封职衔敕封儒林郎，妻曾氏封安人。

廖鸿鋂，以孙祖棻州同衔貤封儒林郎，妻燕氏、邓氏俱封安人。

廖承治，以子祖棻职衔敕封儒林郎，妻姜氏封安人。

彭俊采，以子楚彦州同衔敕赠儒林郎，妻虢氏封安人。

彭朝芳，以孙训世州同衔貤赠儒林郎，妻王氏赠安人。

彭极瑞，以子训世职衔敕封儒林郎，妻萧氏、王氏俱赠安人。

袁　信，以孙汝嵩陕西即用知县貤赠文林郎，妻易氏、王氏俱赠孺人。

袁名瀚，以子汝嵩官敕赠文林郎，妻黎氏封孺人。

丁至德，以孙公路山西岳阳县知县貤赠文林郎，妻周氏、简氏俱赠孺人。

丁金榜，以子公路官敕赠文林郎，妻黄氏赠孺人。

成开铎，以孙章瓒直隶获鹿县知县貤赠文林郎，妻刘氏赠孺人。

成汝龙，以子章瓒官敕赠文林郎，妻黄氏赠孺人。

成章琈，以弟章瓒直隶宁海县知县貤封文林郎，妻周氏封孺人。

贺嘉乐，以孙懋椿四川罗江县知县貤赠文林郎，妻张氏赠孺人。

贺德润，以子懋椿官敕赠文林郎，妻□氏赠孺人。

周胜举，以子甲万湖北荆州中军守备诰封武德骑尉，又以甲万官晋封宣武都尉，又以子含万山东邹县知县覃恩敕赠文林郎；妻黎氏、黄氏封宜人，封恭人，晋赠孺人。

周含万，以山东邹县知县敕授文林郎，妻丁氏封孺人。

胡泽洪，以山西太原府岚县知县敕授文林郎，妻陶氏封孺人。

胡泽栋，以孙光瓒四川崇宁县知县貤赠文林郎，妻罗氏赠孺人。

廖贤昇，以孙宗元浙江德清县知县貤赠文林郎，妻陈氏赠孺人。

廖有伦，以子宗元官貤赠文林郎，妻刘氏赠孺人。

周锡类，以孙颐昌宝庆府教授貤赠文林郎，妻廖氏赠孺人。

周洛书，以子颐昌官敕赠文林郎，妻刘氏赠孺人。

陶士旭，以孙斌四川候补知县貤赠文林郎，妻汤氏赠孺人。

陶文桃，以子斌官敕赠文林郎，妻周氏赠孺人。

王明睿，以孙藻春即选知县貤赠文林郎，妻龙氏赠孺人。

王德源，以子藻春官敕赠文林郎，妻刘氏封孺人。

张瑜瑞，以侄孙茂兰候选知县貤赠文林郎，妻谢氏、谭氏俱赠孺人。

张文植，以兼祧子运燠县丞衔加二级敕赠宣德郎，妻彭氏赠孺人。

张文汇，以本生子运燠职衔敕赠宣德郎，妻黎氏封孺人。

刘序周，以子愔山东启事厅敕赠宣德郎，妻黄氏封孺人。

刘　愔，以山东启事厅敕授宣德郎，妻黄氏封孺人。

张思琇，以孙德舫江苏补用县丞加一级貤赠征仕郎，妻周氏、黎氏俱赠孺人。

张云瑞，以子德舫官敕封征仕郎，妻李氏封孺人。

张国淞，以子文翔州判衔敕赠征仕郎，妻黄氏封孺人。

张文翔，以州判衔敕授征仕郎，妻□氏封孺人。

崔家谅，以子荣萼县丞衔加一级敕赠征仕郎，妻萧氏封孺人。

周洛芝，以孙辛炳安徽补用县丞加二级貤封修职郎，妻喻氏封孺人。

崔　璠，以子承洛桂东县教谕貤封修职郎，妻萧氏赠孺人。

袁汝琼，以子荣实临武县教谕貤赠修职郎，妻周氏封孺人。

姜登义，以子方振桃源县教谕貤赠修职郎，妻廖氏赠孺人，继妻杨氏封孺人。

贺　蛟，以子晙上宜章县教谕虠赠修职郎，妻周氏赠孺人。

张国藩，以新田县教谕敕授修职郎，又以子文慧从九衔虠赠登仕佐郎；妻周氏封孺人、晋赠孺人，熊氏以子文慧职衔赠孺人。

马名高，以子维藩新宁县教谕虠赠修职郎，妻胡氏封孺人。

刘孔沃，以子克道郴州兴宁县教谕虠赠修职郎，妻曾氏赠孺人。

秦启煌，以子基新宁县教谕虠赠修职郎，妻文氏赠孺人。

胡征鸿，以子先彬安徽补用县丞虠封修职郎，妻潘氏赠孺人。

曾尚休，以子衍咏山东巨野屯官虠赠修职郎，妻胡氏赠孺人。

刘鼎元，以子璋毓江西即补县丞虠赠修职郎，妻宇文氏封孺人。

周校祥，以子辛炳安徽补用县丞加二级虠赠修职郎，妻黎氏封孺人。

张德佑，以侄茂兰武陵县教谕虠封修职郎，妻王氏赠孺人。

周世音，以子振策府经历衔敕赠修职郎，妻黎氏赠孺人，杨氏封孺人。

周封万，以本身即补教谕敕授修职郎，妻彭氏、姜氏俱封孺人，侧室刘氏以子瑞麟国子监典籍封儒人。

王人鹏，以子开珏新化县教谕虠赠修职郎，妻张氏封孺人。

姜肇隆，以子基雯官虠赠修职郎，妻谢氏赠孺人。

张文橿，以子运钧候选教谕虠赠修职郎，妻黎氏赠孺人。

贺安仁，以子建瀛府经历衔虠赠修职郎，妻朱氏赠孺人，继妻刘氏封孺人。

刘寅亮，以子元祚府经历衔虠赠修职郎，妻贺氏、傅氏俱赠孺人。

周校绷，以子骏炳广东盐大使虠赠修职郎，妻王氏封孺人。

潘传江，以子县春官辰州府训导虠赠修职郎，妻姜氏赠孺人。

刘家杰，以子琼候选训导虠赠修职郎，妻曾氏、杨氏俱赠孺人。

邓功宏，以子虹宝庆府训导虠赠修职郎，妻贺氏封孺人。

成士兆，以子开宙凤凰厅训导虠赠修职郎，妻周氏赠孺人。

成开宙，以凤凰厅训导敕授修职郎，妻黎氏赠孺人。

谢最辉，以子为松按照磨衔虠封登仕郎，妻王氏赠孺人。

陈兆权，以子彝鼎待诏衔虠封登仕郎，妻姜氏赠孺人。

胡璘瑞，以子征俊浙江嘉兴府秀水县主簿貤赠登仕郎，妻马氏赠孺人。

潘传忠，以子世琼照磨衔敕赠登仕郎，妻张氏封孺人。

曾兴森，以子毓烸从九衔加一级貤赠登仕郎，妻陈氏封孺人。

胡本杞，以子光琭广西梧州府怀集县武城司巡检貤赠登仕佐郎，妻姜氏赠孺人。

胡光琭，调补湖北南漳县巡检，敕授登仕佐郎；妻氏赠孺人。

姜时琼，以子喆从九衔貤封登仕佐郎，妻张氏封孺人。

黄懋淇，以子震勋从九衔貤封登仕佐郎，妻何氏、夏氏俱赠孺人，侧室宏氏以子震勋从九衔封孺人。

李朝泰，以子寿嵩从九衔貤赠登仕佐郎，妻文氏赠孺人。

张承纹，以子先彬从九衔貤赠登仕佐郎，妻陈氏赠儒人。

李经元，以子瑞瑛从九衔貤赠登仕佐郎，妻萧氏赠孺人。

萧坤亮，以子扶翊从九衔貤封登仕佐郎，妻刘氏赠孺人，曹氏封孺人。

龙建国，以子正矗从九衔貤封登仕佐郎，妻唐氏赠孺人，继妻谭氏封孺人。

廖世名，以子德铨从九衔貤赠登仕佐郎，妻谢氏赠孺人。

李明高，以子国华从九衔貤赠登仕佐郎，妻林氏封孺人。

戴贵贞，以子逢翰从九衔貤赠登仕佐郎，妻刘氏赠孺人，继妻唐氏封孺人。

周光本，以子运庭从九衔貤赠登仕佐郎，妻沈氏封孺人。

潘举让，以子传之从九衔貤赠登仕佐郎，妻陈氏、邓氏俱赠孺人。

刘恩凌，以子庆榜从九衔貤封登仕佐郎，妻□氏封孺人。

陶应超，以子以庄从九衔貤赠登仕佐郎，妻戴氏赠孺人。

欧阳兴周，以子墀从九衔貤赠登士佐郎，妻黄氏赠儒人。

周励昌，以子志玺典史衔貤赠登仕佐郎，妻曾氏封孺人。

刘宜章，以子祖鉴从九职衔貤赠登仕佐郎，妻姜氏、杨氏俱赠孺人。

吴梅庄，以子子良从九职衔貤封登仕佐郎，妻李氏封孺人，侧室贺氏以子子良从九职封孺人。

张茂藻，以子光晫从九职衔貤赠登仕佐郎，妻熊氏封孺人。

贺孝瀚，以子日永从九职衔貤封登仕佐郎，妻唐氏封孺人。

潘　桃，以子世瑞从九职衔貤封登仕佐郎，妻宋氏封孺人。

潘凤让，以子澍从九职衔貤封登仕佐郎，妻刘氏封孺人。

黄懋时，以子绥勋典史衔貤赠登仕佐郎，妻周氏封孺人。

蒋先游，以子泽穗从九职衔貤封登仕佐郎，妻李氏封孺人。

潘泽涛，以子本树从九职衔貤封登仕佐郎，妻戴氏封孺人。

潘传纬，以子世倬从九职衔貤赠登仕佐郎，妻欧阳氏赠孺人。

丁相国，以孙澍良官浙江寿昌知县保升同知貤赠奉政大夫；妻王氏赠宜人。

丁用典，以子澍良官诰赠奉政大夫，妻成氏赠宜人。

廖宗先，以子人泽蓝翎候选布理问加二级诰封奉直大夫，妻罗氏封宜人。

廖人泽，以蓝翎候选布理问加二级诰授奉直大夫，妻王氏封宜人。

童昌时，以子镕官广东候补同知诰赠中宪大夫，妻王氏赠恭人。

周朝侃，以孙惠康同知衔貤赠奉政大夫，妻刘氏赠宜人。

周昌极，以子惠康官诰赠奉政大夫，妻熊氏赠宜人。

杨业楷，以孙懋春即选知县加同知衔貤赠奉政大夫，妻孙氏赠宜人。

杨文炳，以子懋春官诰封奉政大夫，妻贺氏赠宜人。

李耀伦，以孙培先陕西补用知县加同知衔貤赠奉政大夫，妻杨氏赠宜人。

李德心，以子培先官诰赠奉政大夫，妻谢氏封宜人。

周著培，以子观县丞貤封修职郎，妻陈氏封孺人。

朱际富，以孙运还蓝翎知县加同知衔貤赠奉政大夫，妻黎氏赠宜人。

朱秀泰，以子运还官诰封奉政大夫，妻边氏赠宜人。

陈梦鲤，以孙应增蓝翎陕西升用知县加盐提举衔貤赠奉直大夫，妻贺氏赠宜人。

陈瑞庆，以子应增官诰赠奉直大夫，妻李氏封宜人。

杨亦曜，以子世爵州同衔敕赠儒林郎，又以世爵州同加二级晋赠奉直大夫。妻丁氏赠安人、赠宜人，袁氏封安人、封宜人。

杨世爵，以州同加二级诰授奉直大夫，妻成氏封宜人。

魏宏圮，字书亭。以孙荣候补直隶州州同加二级貤封奉直大夫，妻彭氏封宜人。

魏经源，字平湘。以子荣职衔诰赠奉直大夫，妻汪氏赠宜人。

魏经琳，字符锡。以子济模布政司理问衔加二级诰赠奉直大夫，妻□氏赠宜人。

魏　荣，字霞峰。以直隶州州同加二级诰授奉直大夫，妻张氏封宜人。

魏济模，字白乔。以布政司理问衔加二级诰授奉直大夫，妻贺氏封宜人。

周著增，字小亭。以子镇州同衔加二级诰封奉直大夫，妻杨氏封宜人。

杨德慵，以子篯州同衔加二级诰赠奉直大夫，妻李氏封宜人。

杨　篯，以州同衔加二级诰授奉直大夫，妻周氏封宜人。

周校文，以孙梓元县丞加五品衔貤封奉直大夫，妻龚氏、夏氏俱赠宜人。

周茂春，以子梓元官诰封奉直大夫，妻童氏封宜人。

喻锡祉，以孙长铭陕西补用县丞加盐提举衔貤赠奉直大夫，妻孟氏赠宜人。

喻源浚，以子长铭官诰赠奉直大夫，妻罗氏赠宜人。

杨俊纶，以孙世爵州同衔赠儒林郎，妻汤氏赠安人。

杨朝略，以子鼎勋花翎福建补用知府诰赠朝议大夫，妻元氏封恭人。

杨鼎勋，以花翎福建补用知府诰授朝议大夫，妻苏氏赠恭人。

杨玉山，以曾孙丽春州同衔貤赠儒林郎，妻何氏赠安人，王氏封安人。

边家本，以子教瑞州同衔敕赠儒林郎，妻贺氏赠安人，继妻廖氏封安人，侧室刘氏封安人。

边教瑞，以州同衔敕授儒林郎，妻贺氏封安人。

魏信根，字西泉。以候补直隶州州同敕授儒林郎，妻张氏封安人。

钱祖型，以子国光州同衔敕赠儒林郎，妻金氏赠安人。

周泽炯，以子著圻州同衔敕封儒林郎，妻赖氏封安人。

周泽焕，以孙观县丞加级貤赠儒林郎，妻李氏赠安人。

项国纯，以弟国洛官歙县黄山巡检貤赠登仕佐郎，妻范氏赠孺人。

闵诗愫，字敦复。以子书府布政司理问加二级诰赠奉直大夫，妻喻氏封宜人。

闵书府，字琼林。以布政司理间加二级诰授奉直大夫，妻尹氏封宜氏。

喻源福，字择贤。以孙兆圭陕西邠州直隶州知州貤赠奉政大夫，妻张氏、胡氏俱赠宜人。

喻长宇，字永清。以子兆圭官诰封奉政大夫，妻蔡氏封宜人。

戴逢翡，字集清。以子文楷候选州同加二级诰赠奉直大夫，妻刘氏赠宜人，继妻张氏封宜人。

戴文楷，字兰谱。以候选州同加二级诰授奉直大夫，妻刘氏赠宜人，继妻□氏封宜人。

周世翼，以孙鉴文陕西补用知县加二级诰赠奉直大夫，妻王氏赠宜人。

周振源，以子鉴文官诰封奉直大夫，妻傅氏赠宜人，王氏封宜人。

贺耀凝，字咸轩。以子盛国子典籍衔貤赠登仕佐郎，妻黄氏赠孺人，易氏封孺人。

恩荫

宋

易　霖。字岩父。本倬子，出抚祓为嗣，以父荫授将仕郎、铨迪功郎，洊历靖州司理参军。

元

欧阳大纲。以父道荫授河南都总管。

欧阳大纪。以父道荫授河南都总管。

明

刘守性。字伯成。庠生。以父端荫特赐进士，授整饬江南、徽宁等处监军、兵备道、按察司副使。

国朝

贺懋莲。以父德瀚、定陶殉难，承袭云骑尉。

以上旧《志》。

贺容燆。以祖德瀚、定陶殉难，承袭云骑尉。

贺炳翊。以曾祖德瀚、定陶殉难，承袭云骑尉。前补永州锦田千总，调署锦田守备。同治元年，投楚军营效力，克复浙、闽各府、州、县，累保花翎游击，福建补用，现管带楚军新左旗。

邓崇烈。号少芗。五品衔湖北补用府经历，补缺后以知县升用。以父玲筠官贵州印江知县殉节，兼袭云骑尉。

胡湘瑞。字畅廷，邑庠生。以父铮督带康勇，广西兴安阵亡，兼袭云骑尉。

廖衔泽。字蒲生。以父宗元浙江绍兴府任内殉难，承袭云骑尉。

赵培源。以父辉元在广东嘉应州阵亡，承袭骑都尉。

杨光阁。以父正春三河镇阵亡，承袭云骑尉。

王章甫。以父光明江西清江阵亡，承袭云骑尉。

欧阳超云。以父光湖北武昌巴河阵亡，承袭云骑尉。

洪　翼。以父定陛宝庆府阵亡，承袭云骑尉，候选州同。

洪　礼。以父建勋在湖口阵亡，承袭云骑尉。

周凤藻。字镜吾。武生，充长沙协标兵。以兄凤歧湖北江夏金口殉难，承袭云骑尉。

陶云崧。字绍门。以父日昇记名总兵，在安徽营立功后积劳病故，承袭云骑尉。

刘垂祺。以父代英贵州普安新城司殉难，承袭云骑尉。

胡明伦。以胞兄绍春花翎提督，在贵州荆竹园阵亡，承袭骑都尉。

王湘淦。字念祖。以父镓庵花翎即选知府，在贵州军营积劳病故，荫入监读书六月，期满以州判注册候铨。

奉祀生 旧《志》

《礼部则例》：各省古圣先贤、名臣大儒，建有祠庙、列在祀典者，立奉祀生以奉祠祀，于本省嫡裔内选择充补，咨部核定，给与印照。山东省孔氏、东野氏、颜、曾、孟、仲及各氏祀生，关涉衍圣公者，衍圣公会同巡抚、学政咨部；其在江南、浙江、直隶、河南、湖南、四川等省祀生，由该督、抚、学政详查孔氏及各氏嫡派子孙，咨部顶补，衍圣公不得私行给照。湖南祀生六名，安福孔氏、长沙府学颜氏、道州周氏二名，祀先儒敦颐，宁乡张氏祀先儒栻，龙阳青氏祀名臣文胜。又顶补祀生必须自立自爱之人，并无刑丧过犯等弊，由地方官确查支派，取结具详，不得冒认宗属，并不得以隔省之人指名滥充，及各省祀生有事故出缺者，将原领印照缴销，另选合例者咨部请照，分发各该学政领给。如有上下衙门书吏需索等情，即行参处治罪。

先儒张栻祠奉祀生：张志洁，□□年顶补。张鸣瑞，□□年顶补。张茂伦，嘉庆十六年顶补。

冠带生 旧《志》

案：明冠带生乃以生员而赐冠带，为藩王府引赞之官也。故旧《志》所载，皆由廪、增出身，而各氏谱牒所载多称儒官。

明

胡秉衡。

杨　宗。

丁　松。

丁必贵。

丁遇时。

易绍孔。以上六名，皆由廪生赐冠带。

吴绍贤。

胡三槐。

胡宗朝。

胡九一。后入礼部历事。

丁必曾。

姜　义。以上六名，皆由增生赐冠带。

冠带吏 旧《志》

案：冠带吏乃以白丁而赐冠带也。明时，入太学者必由生员出身，无由白丁者。或输金助饷，或输粟赈饥，县官申详，得赐冠带，故称冠带吏，以别于冠带生。各氏谱牒所载，多称义官。

明

周志高。字若海，辛甫之子。

欧阳华。字窦夫。因年荒，代通县输饷一载，又助修县署，赐冠带。

周之才。字命宇。因辽东乱，输粟后授县丞。

周之东。字德枢。后授经历。

丁汝贤。宁德吾。经略熊廷弼荐用浙江盐大使。

谈仕廉。字明安。后授州司。

何允琢。字玉庵。输粟赈饥，又捐千缗，独建黄材义济桥，县官孟公申详赐冠带。

林　学。

张　奇。

魏应麟。

蒋　绅。

汤　全。

丁绍麒。

丁志道。

丁志渊。

丁志通。

欧阳生。

汤　銮。

汤必兴。

姜秉常。

姜秉玑。

姜秉琥。

义民 旧《志》

明

蒋原礼。

汤　文。以上二名，皆正统五年输粟赈荒，敕建尚义门，有敕文。

贺旭鼎。

陈惟政。以上二名，皆成化十年输粟赈荒，敕建尚义门，有敕文。

寿耆 旧《志》

明

胡秉经。九十二赐冠带。

汤　茂。后充乡饮大宾。

周之臣。后充乡饮大宾。

国朝

嘉庆元年，部奏定军民年七十以上者，均给与九品顶戴，八十以上者八品顶戴，九十以上者七品顶戴。督抚查明，实系身家清白，并无过犯者，册造送部核题。

彭显郁。八品顶戴。

蔡清焕。

丁承植。

廖　集。

胡继猷。

刘基镗。

张文琮。

夏训绍。

杨勇智。

张奇经。

秦应松。字友竹。

夏之祖。

周德瑞。原名在敏。

方国懋。

胡开国。

汪光梁。

刘基镇。以上俱九品顶戴。

嘉庆元年奉上谕：凡五世同堂、九十以上者，匾用"耄龄垂裕"四字，赏银九两，缎一匹，折价二两；八十以上者，匾用"彩娱大耋"四字，赏银八两，缎一匹，折价二两；七十以上者，匾用"禧宗绛甲"四字，赏银七两，缎一匹，折价二两。其五世同堂又亲见七代者，匾用"七叶衍祥"。

高　庸。八十岁，五世同堂。

吴开周。九十岁，五世同堂。

以上寿耆均照旧《志》载入，此次新采均附人物类。

褒封二

周德胜，以曾孙达武护理四川提督，特旨赠建威将军，妻刘氏赠一品夫人。

周德胜，以曾孙达武护理四川提督，特旨赠建威将军，妻刘氏赠一品夫人。

周　厔，以孙达武官特旨赠建威将军，妻李氏赠一品夫人。

周世泰，以子达武官特旨赠建威将军，妻陶氏封一品夫人。

周达武，以护理四川提督特旨授建威将军，妻戴氏封一品夫人。

胡廷辉，以曾孙定坤记名总兵加二级诰赠建威将军，妻刘氏赠一品夫人。

胡美文，以孙定坤官诰赠建威将军，妻贺氏赠一品夫人。

胡全修，以子定坤官诰赠建威将军，妻裴氏赠一品夫人。

胡定坤，以记名总兵加二级诰授建威将军，妻储氏封一品夫人。

边志魁，以曾孙晓堂遇缺尽先补用提督，特旨赠振威将军，妻朱氏赠一品夫人，

边呈光，以孙晓堂官特旨赠振威将军，妻彭氏赠一品夫人。

边家植，以子晓堂官特旨封振威将军，妻王氏封一品夫人。

边晓堂，以遇缺尽先补用提督特旨授振威将军，妻袁氏封一品夫人。

张思盎，以曾孙福齐提督衔漳州镇总兵，特旨赠振威将军，妻宋氏赠一品夫人。

张淮瑞，以孙福齐官特旨赠振威将军，妻刘氏赠一品夫人。

张德音，以子福齐官特旨赠振威将军，妻萧氏封一品夫人。

张福齐，以提督衔漳州镇总兵特旨授振威将军，妻周氏封一品夫人。

黄世洛，以子开甲闽浙补用副将加总兵衔，请三代一品封典，诰封振威将军，妻任氏赠一品夫人。

王修泰，以曾孙永章官永州总兵记名，简放提督，诰赠振威将军，妻杨氏赠一品夫人。

王名佑，以孙永章官特旨赠武显将军，晋赠振威将军；妻刘氏赠夫人，晋赠一品夫人。

王定昇，以子永章官特旨赠武显将军，晋赠振威将军；妻李氏、高氏赠夫人，晋赠一品夫人。

王永章，以永州总兵记名，简放提督，特旨授武显将军，晋授振威将军；妻周氏封夫人，封一品夫人。

朱文芳，以曾孙品隆记名提督诰赠振威将军，妻唐氏赠一品夫人。

朱贤胡，以孙品隆官诰赠振威将军，妻黄氏赠一品夫人。

朱国镇，以子品隆官诰封振威将军，妻喻氏赠一品夫人。

朱品隆，以记名提督诰授振威将军，妻喻氏封一品夫人。

高　榜，以曾孙陞升广东陆路提督诰赠振威将军，妻邓氏赠一品夫人。

高士泰，以孙连陞官诰赠振威将军，妻夏氏赠一品夫人。

高登绪，以子连陞官诰封振威将军，妻伍氏赠一品夫人。

高连陞，以广东陆路提督诰授振威将军，妻余氏封一品夫人。

喻国清，以曾孙吉三记名总兵，貤赠武显将军；又以吉三加提督衔，晋赠振威将军。妻黎氏貤赠夫人，晋赠一品夫人。

喻忠惟，以孙吉三官诰赠武显将军，晋赠振威将军；妻陈氏赠夫人，晋赠一品夫人。

喻孝宇，以子吉三官诰封武显将军，晋赠振威将军；妻周氏封夫人，晋封一品夫人。

喻吉三，以记名总兵加提督衔诰授振威将军，妻胡氏封一品夫人。

喻国思，以曾孙俊明记名简放提督，现任浙江定海总镇，诰赠振威将军；妻邓氏赠一品夫人。

喻忠孔，以孙俊明官诰赠振威将军，妻黄氏赠一品夫人。

喻孝智，以子俊明官诰赠振威将军，妻黄氏赠一品夫人。

喻俊明，以记名□□简放提督，现任浙江定海总兵，诰授振威将军；妻万氏封一品夫人。

刘再闳，以曾孙端冕提督衔浙江补用总兵，诰赠振威将军，妻喻氏赠一品夫人。

刘宇一，以孙端冕官诰赠振威将军，妻喻氏赠一品夫人。

刘茂才，以子端冕官诰赠振威将军，妻喻氏封一品夫人。

刘端冕，以提督衔浙江补用总兵诰授振威将军，妻蒋氏封一品夫人。

黄思朝，以曾孙少春官湖南提督诰赠振威将军，妻吴氏赠一品夫人。

黄世荣，以孙少春官诰赠振威将军，妻符氏赠一品夫人。

黄胜桂，国学生，以子少春官诰封振威将军，妻李氏封一品夫人。

黄胜槐，以侄少春官貤封振威将军，妻李氏封一品夫人。

王明扬，以曾孙清和提督衔记名总兵诰赠振威将军，妻何氏赠一品夫人。

王德惠，以孙清和官诰赠振威将军，妻张氏、唐氏均赠一品夫人。

王志沂，以子清和官诰赠振威将军，妻成氏封一品夫人。

王清和，以记名总兵加提督衔诰授振威将军，妻袁氏封一品夫人。

周万泰，以曾孙家盛官提督，特恩诰赠建威将军，妻杨氏、王氏俱赠一品夫人。

周世绪，以孙家盛记名总兵，诰赠振威将军；又以家盛官提督，特恩晋赠建威将军。妻黄氏封一品夫人。

周振焯，以子家盛官诰封振威将军，特恩晋封建威将军，妻成氏赠一品夫人。

周振炳，以侄家盛官貤封建威将军，妻崔氏封一品夫人。

崔国炎，以曾孙文田记名简放提督，诰赠振威将军，妻施氏赠一品夫人。

崔承谦，以孙文田官诰赠振威将军，妻杨氏赠一品夫人。

崔家配，以子文田官诰赠振威将军，妻杨氏赠一品夫人。

崔文田，以记名□□简放提督，诰授振威将军，妻杨氏赠一品夫人。

蔡清夷，以曾孙立成提督衔简放总兵，诰赠振威将军，妻彭氏赠一品夫人。

蔡达辉，以孙立成官诰赠振威将军，妻王氏赠一品夫人。

蔡道千，以子立成官诰封振威将军，妻谢氏封一品夫人。

蔡立成，以提督衔简放总兵，诰授振威将军，妻□氏封一品夫人。

钟家尧，以曾孙开兰提督衔留川补用总兵，诰赠振威将军，妻陶氏赠一品夫人。

钟邦伯，以孙开兰官诰赠振威将军，妻谢氏赠一品夫人。

钟昌文，以子开兰官诰赠振威将军，妻谢氏封一品夫人。

钟开兰，以提督衔留川补用总兵，诰授振威将军，妻黄氏封一品夫人。

喻定岳，以曾孙清汉提督衔记名总兵，诰赠振威将军，妻徐氏赠一品夫人。

喻国沛，以孙清汉官诰赠振威将军，妻陶氏赠一品夫人。

喻忠祥，以子清汉官诰赠振威将军，妻李氏、刘氏俱赠一品夫人。

喻清汉，以提督衔记名总兵，诰授振威将军；妻唐氏赠一品夫人，继妻龚氏封一品夫人。

杨国赞，以曾孙芳桂官总兵貤赠武显将军，妻朱氏赠夫人。

杨显纯，以孙芳桂官特旨赠武显将军，妻张氏赠夫人。

杨文规，以子桂芳官特旨封武显将军，妻秦氏赠夫人，继妻贺氏封夫人。

杨纶锦，字文朗，监生。以孙镇南记名简放总兵，特旨赠武显将军；妻刘氏、

成氏俱赠夫人。

杨亦行，字允蹈，以子镇南官特旨赠武显将军，妻汤氏封夫人。

杨镇南，以记名□□简放总兵特旨授武显将军，妻汤氏封夫人。

宋斌礼，以曾孙定元总兵衔副将貤赠武显将军，妻罗氏赠夫人。

宋盛隆，以孙定元官特旨赠武显将军，妻谢氏赠夫人。

宋朝举，以子定元官特旨封武显将军，妻张氏封夫人。

陶明山，以曾孙日昇记名□□简放总兵，诰赠武显将军，妻王氏赠夫人。

陶惟尚，以孙□昇官诰赠武显将军，妻周氏赠夫人。

陶文质，以子日昇官诰赠武显将军，妻欧氏赠夫人。

萧万佐，以曾孙心广副将貤赠武显将军，妻周氏赠夫人。

萧显名，以孙心广官诰赠武显将军，妻邓氏赠夫人。

萧泽民，以子心广官诰封武显将军，妻李氏封夫人。

萧心广，以副将衔诰授武显将军，妻□氏封夫人。

汤世汉，字江亭，邑庠生，以孙兆云记名总兵，诰赠武显将军，妻谢氏赠夫人。

汤世遴，字轩举，郡庠生，以出抚孙兆云官，貤赠武显将军；妻周氏赠夫人。

汤昌惠，字纶光，候选从九，以子兆云官，诰赠武显将军，妻朱氏封夫人。

杨士超，以曾孙在元花翎总兵署浙江抚标参将、补闽浙督标副将，貤、晋赠武功、武显将军；又以在元官福建漳州镇、台湾镇总兵，诰赠振威将军。妻萧氏赠夫人，晋赠一品夫人。

杨经贯，以孙在元官诰、晋赠武功、武显将军，累赠振威将军；妻钟氏赠夫人，晋赠一品夫人。

杨方城，以子在元官诰、晋封武功、武显将军，累封振威将军；妻刘氏封夫人，晋封一品夫人。

周宗培，以曾孙尊美记名总兵貤赠武显将军，妻喻氏赠夫人。

周大镕，以孙尊美官诰赠武显将军，妻罗氏赠夫人。

周洛林，以子尊美官诰赠武显将军，妻喻氏封夫人。

周在宗，以曾孙国材记名总兵貤赠武显将军，妻胡氏赠夫人。

周锡福，以孙国材官诰赠武显将军，妻王氏赠夫人。

周洛仁，以子国材官诰赠武显将军，妻朱氏封夫人。

张禄山，以曾孙华照记名总兵貤赠武显将军，妻杨氏赠夫人。

张永垠，以孙华照官诰赠武显将军，妻周氏赠夫人。

张洸涧，以子华照官诰赠武显将军，妻彭氏封夫人。

喻承业，以曾孙贤能记名总兵貤赠武显将军，妻周氏赠夫人。

喻继河，以孙贤能官诰赠武显将军，妻刘氏赠夫人。

喻启贵，以子贤能官诰封武显将军，妻罗氏封夫人。

胡成然，以曾孙国珍记名总兵貤赠武显将军，妻黎氏赠夫人。

胡昌堂，以孙国珍官诰赠武显将军，妻喻氏赠夫人。

胡世鋈，以子国珍官诰封武显将军，妻陶氏封夫人。

洪鸣歧，以曾孙德发记名□□简放总兵，貤赠武显将军，妻潘氏赠夫人。

洪有章，以孙德发官诰赠武显将军，妻雷氏赠夫人。

洪茂昭，以子德发官诰封武显将军，妻文氏封夫人。

李楚桢，以曾孙泰山花翎记名总兵，貤赠武显将军，妻王氏赠夫人。

李国志，以孙泰山官诰赠武显将军，妻文氏赠夫人。

李安社，以子泰山官诰赠武显将军，妻张氏赠夫人。

喻忠佐，以曾孙先达官总兵，赏给三代二品封典，诰赠武显将军，妻李氏赠夫人。

喻孝儒，以孙先达官诰赠武显将军，妻宋氏赠夫人。

喻光昭，以子先达官诰封武显将军，妻蒋氏封夫人。

蓝文荣，以孙瑞祥记名□□简放总兵，诰赠武显将军，妻何氏赠夫人。

蓝盛禄，以子瑞祥官，诰封武显将军，妻刘氏封夫人。

蓝瑞祥，以记名□□简放总兵，诰授武显将军，妻张氏、侧室陆氏俱封夫人。

胡泽鹤，以孙光晋官副将，诰赠武功将军，妻傅氏赠夫人。

胡本绛，以抚子光晋官诰赠武功将军，妻彭氏赠夫人。

胡本缙，以出继子光晋官貤赠武功将军，妻蒋氏封夫人。

刘策治，以曾孙东昇官总兵、补用副将，貤赠武功将军，妻唐氏赠夫人。

刘宜祝，以孙东昇官诰赠武功将军，妻蔡氏赠夫人。

刘传桂，以子东昇官诰赠武功将军，妻钟氏封夫人。

谢家敏，以孙春台留浙尽先拔补副将，诰赠武功将军，妻刘氏赠夫人。

谢垂棂，以子春台官诰赠武功将军，妻刘氏赠夫人。

谢春台，以留浙尽先拔补副将，诰授武功将军，妻喻氏封夫人。

刘智成，以侄大谟湖南补用副将，貤赠武功将军，妻罗氏赠夫人。

刘大谟，以湖南补用副将，诰授武功将军，妻萧氏封夫人。

杨世执，以曾孙恒升尽先补用总兵，貤赠武功将军，妻石氏赠夫人。

杨业万，以孙恒升官，晋赠武功将军，妻石氏赠夫人。

杨文虎，以子恒升官，诰封武功将军，妻张氏封夫人。

宇文立纲，以孙秀尽先补用副将，诰赠武功将军，妻廖氏赠夫人。

宇文澡，字祺生，邑庠生，以子秀官诰封武功将军，妻林氏赠夫人。

宇文蔚，以侄秀官貤封武功将军，妻江氏赠夫人。

谢学元，以曾孙复云留闽补用副将，貤赠武功将军，妻李氏赠夫人。

谢最淑，以孙复云官诰赠武功将军，妻魏氏赠夫人。

谢为瀚，以子复云官诰赠武功将军，妻欧阳氏封夫人。

周振榆，以胞弟太山官貤封武功将军，妻李氏封夫人。

曾衍俦，以孙绍霖副将诰赠武功将军，妻范氏赠夫人。

曾兴瀚，以子绍霖官诰封武功将军，妻黄氏封夫人。

曾绍霖，以副将衔敕授昭武都尉，诰授武功将军，妻周氏封夫人。

喻宜章，以曾孙光祝副将衔参将，诰赠武功将军，妻宋氏赠夫人。

喻奇六，以孙光祝官诰赠武功将军，妻张氏赠夫人。

喻敏於，以子光祝官诰赠武功将军，妻黄氏赠夫人。

成章灿，以孙正清副将诰赠武功将军，妻丁氏赠夫人。

成光辛，以子正清官诰封武功将军，妻杨氏赠夫人。

成光丙，以侄正清官貤赠武功将军，妻胡氏封夫人。

曾尚蕙，以曾孙定元记名简放提督，特旨赠建威将军，妻卢氏赠一品夫人。

曾衍泰，以孙定元官，特旨赠建威将军，妻彭氏赠一品夫人。

曾兴本，以子定元官，特旨封建威将军，妻傅氏赠一品夫人。

曾定元，以记名简放提督，特旨授建威将军，妻刘氏封一品夫人。

周平河，以曾孙绍濂记名简放提督，特旨赠建威将军，妻谭氏赠一品夫人。

周康泰，以孙绍濂官，特旨赠建威将军，妻陈氏赠一品夫人。

周俊拔，以子绍濂官，特旨赠建威将军，妻陈氏赠一品夫人。

周绍濂，以记名简放提督，特旨授建威将军，妻卿氏封一品夫人。

王国清，以曾孙楚华记名简放提督，特旨赠建威将军，妻李氏赠一品夫人。

王和五，以孙楚华官，特旨赠建威将军，妻刘氏赠一品夫人。

王春元，以子楚华官，特旨赠建威将军，妻廖氏赠一品夫人。

王楚华，以记名简放提督，特旨授建威将军，妻氏封一品夫人。

杨树纶，以孙晓春、恒春总兵，特旨赠振威将军，妻汤氏、侧室吴氏俱赠一品夫人。

杨亦煊，以子晓春官，特旨封振威将军，妻廖氏赠一品夫人。

杨亦炖，以子恒春官，特旨赠振威将军，妻邓氏赠一品夫人。

杨晓春，以总兵官，特旨授振威将军，妻周氏封一品夫人。

杨恒春，以总兵官，特旨授振威将军，妻汤氏封一品夫人。

谭秀篆，以孙正明花翎记名简放总兵，诰封振威将军，妻周氏、吴氏俱赠一品夫人。

谭樨华，以子正明官诰封振威将军，妻周氏封一品夫人。

谭正明，以花翎记名简放总兵，诰授振威将军，妻李氏封一品夫人。

贺蒂辅，以曾孙润兰花翎闽浙补用总兵，貤赠武显将军，妻曾氏赠夫人。

贺高嵩，以孙润兰官诰赠武显将军，妻谢氏赠夫人。

贺雨春，以子润兰官诰赠武显将军，妻廖氏封夫人。

吴士奇，以孙炳南补用副将，诰赠武功将军，妻李氏赠夫人。

吴登翱，以子炳南官，诰赠武功将军，妻胡氏赠夫人。

吴炳南，以补用副将，诰授武功将军，妻向氏赠夫人。

廖世槐，以孙洪顺花翎游击加三级，诰赠武功将军，妻邓氏赠夫人。

廖德浩，以子洪顺官诰封武功将军，妻谢氏封夫人。

廖洪顺，以花翎游击加三级，诰授武功将军，妻刘氏封夫人。

王名炤，以子定堃副将，诰赠武功将军，妻谢氏赠夫人。

王定堃，以本身副将诰授武功将军，妻张氏、刘氏俱赠夫人。

秦　柽，以孙怀亮浙江温州平阳副将，诰赠武功将军，妻刘氏赠夫人。

秦启鸠，以子怀亮官，诰封武功将军，妻黄氏封夫人。

秦怀亮，以浙江温州平阳副将，诰授武功将军，妻朱氏封夫人。

杨经济，以曾孙遇泰湖北补用副将，貤赠武功将军，妻王氏、蔡氏俱赠夫人。

杨炳纶，以孙遇泰官，特旨赠武功将军，妻蔡氏赠夫人。

杨亦照，以子遇泰官，特旨封武功将军，妻沈氏封夫人。

王　惺，以曾孙定堃官游击，貤赠武翼都尉，妻杨氏赠淑人。

王琳修，以孙定堃官貤赠武翼都尉，妻刘氏、谢氏俱赠淑人。

洪光杰，以孙定陞蓝翎都司衔尽先守备，貤赠昭武都尉，妻张氏赠恭人。

洪文琇，以子定陞官诰赠昭武都尉，妻陈氏赠恭人。

欧阳子承，以孙巍保永州镇标都司，貤赠昭武都尉，妻喻氏赠恭人。

欧阳必禄，以子巍保官诰封昭武都尉，妻喻氏赠恭人。

喻源福，以孙兆奎兵部差官，貤赠武德骑尉，妻张氏、胡氏俱赠宜人。

喻长宇，以子兆奎官诰封武德骑尉，妻蔡氏封宜人。

王定煦，字心棠，以孙南陔兵部差官，貤封武德骑尉；妻熊氏赠宜人，继妻戴氏封宜人。

王湘洵，字子美，以子南陔官诰赠武德骑尉，妻熊氏封宜人。

卢志孚，以孙鹄兵部差官，貤赠武德骑尉，妻欧阳氏赠宜人。

卢隆吉，以子鹄官诰赠武德骑尉，妻欧阳氏赠宜人。

周启杰，以孙甲万官湖北荆州中军守备，貤赠宣武都尉，妻卢氏、许氏俱赠恭人。

周胜述，以侄甲万官貤赠武略佐骑尉，妻蒋氏封安人。

周胜烈，以侄甲万官貤封宣武都尉，妻廖氏、尹氏俱封恭人。

周甲万，以本身官诰授武德骑尉，妻欧阳氏封宜人。

谢家琪，以子宪章花翎补用守备，诰赠武德骑尉，妻庞氏赠宜人。

谢家瑭，以侄宪章官貤封武德骑尉，妻欧阳氏封宜人。

周道醇，以子凤翔千总，貤赠奋武校尉，妻彭氏封孺人。

钟大立，以孙甲元壬戌恩科武举、候补抚标左营千总，貤赠武略佐骑尉，妻廖氏赠安人。

钟文相，以子甲元官敕赠武略佐骑尉，妻李氏赠安人。

杨仁斋，以子春元官长沙协右营把总，貤赠修武校尉，妻易氏封孺人。

钟定元，现任本省抚标左营额外外委，敕授修武佐校尉，妻□氏封孺人。

成开基，以孙景星补用参将，诰赠武义都尉，妻许氏赠淑人。

成章灿，以子景星官诰封武义都尉，妻周氏封淑人。

成景星，以补用参将诰授武义都尉，妻萧氏赠淑人。

江柽培，以曾孙清花翎都司衔，现任抚标右营千总，貤赠武翼都尉，妻陶氏赠淑人。

江明志，以孙清官诰赠武翼都尉，妻成氏赠淑人。

江嘉言，以子清官诰赠武翼都尉，妻傅氏赠淑人。

黄湘瓒，以孙永隆蓝翎守备，貤赠昭武都尉，妻李氏赠恭人。

黄月厓，以子永隆官诰封昭武都尉，妻戴氏封恭人。

周才倡，以孙吉泰抚标左营把总，貤赠武信骑尉，妻郭氏赠安人。

周盛茂，以子吉泰官敕赠武信骑尉，妻陶氏赠安人。

周隆里，以孙桂林花翎参将，貤赠武义都尉，妻杨氏、黄氏赠淑人。

周高梅，以子桂林官诰封武义都尉，妻杨氏赠淑人。

卷之十八

学校七　选举五　议叙 _{例贡、职监、椽史}

自汉世策边防，输粟论官，当时如张释之、司马相如辈先皆以赀为郎，后称名臣。盖其途虽异，而观光志切，助饷情殷，品类与正途不尽相悬也。国朝间用此例，咸丰以来，饷需半出于此，其中人才自有杰出者，因附选举类后。

宋

姜以隆。贡太学，四川重庆府知府。

丁　儒。字止一。福建延平府永安县令，以卓异授广平府通判。

易　妙。永中县知县，转议郎校尉。

易　霖。从事郎澧州司户。

易　棣。承奉郎通州监酒。

易　楫。永州零陵县主簿。

元

丁　玑。字天衡，四川通议府梓潼县知县，有惠政，拜御史。

明

胡九苓。字伯寿，四川嘉定府同知。

谈绍祥。顺天府同知。

宋玉琦。旧《志》作"琪"。椽史，两淮盐运税课。

胡秉璿。字克臣。南京兵司马指挥。

黄应举。字松谷。两淮盐运判。

谈嘉瑞。官通判，加知州衔。详《传》。

汤胜名。椽史，由府经历升重庆府通判。

黄　庚。字寿夫。崖州州判。

刘　京。字邦畿。崖州州判。

符　忠。定边卫经历。

刘　芳。字景熙。赣州府经历。

黄　钺。字世威。石柱宣慰经历。

刘良臣。字廷弼。宣慰经历。

刘廷端。字维楷。洱海经历。

丁必荣。字承恩。广西桂林府经历。

陶幼学。官大同卫经历，详《传》。

黄河清。浙江严州府经历。

姜希琼。府经历转郎官。

刘天祝。椽史，字汉渊，凤阳府经历。

盛　世。椽史，浙江乌程县丞，升南京龙虎卫经历。

易　泰。字世亨。平南县丞。

丁必华。字春生。广信府弋阳县丞。

秦　奎。字文明。官南县县丞。

何　道。当涂县丞。

胡　柱。字汝明。宿迁县丞。

谭绍烷。分发云南县丞。

胡　桂。字汝芳。分宜县丞。

廖廷相。椽史，陕西雒州县丞。

崔元高。廪贡生，授武陵教谕。

崔廷钊。字近湖。授安仁县教谕。

谢阳明。字莲塘。靖州绥宁训导。

胡梦周。附监，委署训导。

汤时雍。老《志》作"杨"。字世和。四川郫县主簿。

戴　荣。字仁夫。江南怀宁县主簿。

戴廷赞。字真卿。四川南川县主簿。

黄应箕。字肖鹤。直隶建平县主簿。

陶心学。字充符。大兴县主簿。

谢能惠。字希仁。永昌照磨。

谭景翀。字文鹗。太平府知事。

杨初华。字碧麓。太平府知事，迁应天府照磨。

黄　斌。字守忠。凤阳府寿州吏目。

黄　襄。字汝相。横州吏目。

谭　镰。字鸣阳。汉州吏目。

欧贤夔。字国和。汀州吏目。

王世珉。广东程乡州吏目。

丁汝善。字仁吾。广东番禺县典史。

陈　纲。定州仓大使。

段　洪。德庆州巡检。

胡　钊。徐闻县典史。

宋应举。白沙镇巡检。

陈　英。椽史，古田县桐木镇巡检。

刘宗汉。椽史，湖州府仓大使。

梅　春。椽史，工部营缮所正。

姜荣怀。楚州典宝官。

谢征之。字长庚。苑马监正。

张所蕴。苑马寺监事。依《府志》载，详《荐辟》。

胡常达。字孟章。上林苑监丞。

杨聚英。字孔凝。光禄署丞。依《府志》载。

齐友权。椽史，吉府工正。

刘　常。山阴河泊所官。

何绍广。恩平县典史。

杨　秀。四川彰县典史。

方　春。羊源驿丞。

黄河润。同知，详《传》。

陶　渔。字起虞，授经历。

胡　藩。椽史，纳授经历。

易朝贡。椽史，纳授经历。

张　英。一作"缨"，字尚冕。

林　宣。字克明。

盛时达。一作"逢"。

陶汝楫。官□□。字子济，号巨川，详《传》。

欧贤臣。

向　道。字文载。

喻廷璋。字世宝。

刘　珍。字伯玉。

欧贤魁。字国英。

蒋　璲。字世明。

黄　表。字世章。

胡秉贤。字铭臣。

欧贤彻。从《府志》入。

刘能高。字希升。

欧贤允。字克孝。老《志》载此人名下一字，系应避之字，遵用"允"字代之。

谢体舒。字德夫。

高　明。字子极。

马大寿。从《府志》入。

陈继先。从《府志》入。

宋伯绍。字国绪。

孙　志。字国典。

谭景魁。字文元。

谭　饶。

欧贤允。此名原系允字，与前字克孝者另是一人，非重出也。

刘相儒。

谢万年。字仁吾。

戴　乾。字健夫。

刘廷瑞。从《府志》入。

杨光霁。字希周。

杨　相。

黄守简。字敬夫。

黄守策。字献夫。

李廷臣。字邻仲。

刘仕吉。字子敬。

向　义。字文正。

向一清。字静夫。

刘　深。

陈忠素。

胡　藻。字贞洁。

王应麟。字瑞卿。

刘梦龙。字乾亨。

刘梦阳。字复亨。

刘梦雷。字震亨。

李廷采。字蕊峰。

黄应选。

杨　晋。字筠岑。

陶完学。字百拙。

罗　纬。字象占。

刘宪邦。字仪公。

易　廉。字本清。

廖　恭。字士廉。

国朝

陶文镐。号西亭。廪贡。授县丞职，升授山东棠邑、历城、峄县知县，充州同，知广西镇安府知府，护理桂平梧郁道。

崔文道。字大光。由监生援例授广西惠州府知府。

周洛阳。号锦桥。由增贡生捐吏目，借补四川安县典史，授西阳州吏目，历办军务，历升南充县主簿、潼川府经历、盐源县知县、浙江杭州府总捕同知。

陶章淦。字铁崖。浙江海防同知，借补宁波通判，署杭州、绍兴、严州、湖州同知，护理绍台道。

邓廷松。廪贡生。官中城兵马司指挥，详《传》。

黄建治。

黄建溥。云南琅井盐课司提举。

胡三台。字斗奎。历任光禄典簿，升署丞，加盐运副使。

陶章泗。承办陵工，候选知县。

陶章沩。官知县，详《传》。

黄建浩。山东富国场盐大使。

周在澍。山东官台场盐大使，署博罗知县。

周在霨。河南睢州州判。

易　咸。县丞，署四川箭川巡检，授绵州州判。

洪文宁。字云轩。河南信阳州州判。

张文楚。字汉槎。由议叙分发山西试用府经历，署蒲州府经历。

朱　点。内阁供事，陕西汉中府经历，署洋县事，军功保举以知县补用。

王人作。官知县，详《传》。

范德树。号滋园，分发陕西县丞，署定远厅黎城分县。

黎大江。字湘门。分发浙江县丞。

彭邦瑞。分发山东县丞，署诸城县丞、济南府经历、德州州判。

谈维均。橡史。字石和。分发江西县丞。

邓洪治。常州府知事。

姜东旭。衡州府教授。

张国藩。官教谕，详《传》。

刘钜麟。官教谕，详《传》。

周扶枢。字名臣。湖北蕲水训导。

周拔枢。字泰岳。历任辰溪、沅江训导。

黄之瑄。官训导，详《传》。

易方拔。官训导，详《传》。

陶士朴。字茂怀。武陵县训导。

彭　涧。字会川。岳州府训导。

周　鼎。字镇东。新县训导。

黄甲龙。一作"隆"。候选训导。

谢锷桂。由附生官主簿，详《传》。

吴登元。字长人。主簿，署中牟县丞。

胡本英。官主簿，署通判，知县事。详《传》。

周大勋。吏目，历任直隶灵寿州义头镇、景州龙华镇巡检，保举州判。

易承圻。字甸臣。吏目。分发四川，办理军需，授湖北洛河镇油坊滩巡检。

谢锡槐。陕西葭州吏目。

黄兆隆。浙江乌程县大钱司巡检。

黄殿隆。江宁府检校。

陶章泂。字吕训。广东遂溪县湛川司巡检。

陶鸿翙。字举亭。署江西义宁州八叠司巡检。

周校英。效力军营，以从九用，借补开泰县典史。

项国洛。分发安徽候补从九，历署宿松、黄山、歙县等县巡检。

周校华。捐未入流，分发湖北，授咸宁县典史，调补荆门州吏目。

黄　湘。芜湖河口镇巡检。

黎光燐。分发江西巡检。

陈茂寿。橡史，河南巡检。

彭光裕。橡史，苏州吴塔司巡检。

陈让德。官典史，详《传》。

廖锦汪。贵州都匀县典史。

陶文锐。字果亭。安徽英山县典史。

陶本宏。镇番县典史。

黄湘琅。江西石城典史。

陶章浚。字柳山。山西岚县典史。

周洛琛。四川青神县典史。

萧扶翙。字立堂。由议叙分发江西试用从九，历任南昌府义宁州排埠司、赣州府信丰县尉、广信府广丰县军粮厅、九江府彭泽县尉，补授赣州府赣县桂源司，兼管攸镇驿。

胡光琅。字金台。由议叙分发广西，历任怀集典史，怀集武城司，大乌、慈乐巡检，崇善县丞，按察司理刑厅，调补湖北南漳县巡检。

以上旧《志》，已仕。

丁用康。字楚南。候选吏目，分发河南试用，历署林县、内黄县等县典史。

汪　泽。字润生。由议叙分发四川，历任郫县、通江、奉节、长寿等县典史，调补山西典史。

黎光祖。字二吉。由供事议叙从九，分发江西试用，署上饶县县丞。

贺懋棠。字召亭。由议叙分发广西补用从九，补宜山县典史，历署郁林府抚康司巡检、罗城县三防塘主簿。

刘友兰。字乔生。官同知，详《传》。

姜树基。字立堂。由议叙从九分发广东试用，加州同衔。

彭照煌。字心绮。由议叙县丞分发广东试用，委办韶州军务，保升用知县。

陶鸿翚。字云巢。由议叙从九分发山西，署平阳府经历，补夏县典史，代理夏县知县事。

李　镛。字仲乔。由议叙分发广东试用府经历，保升知县。

袁　淑。字少岘。由廪贡授训导，署新宁县教谕。

胡　瀛。字召棠。官教谕，详《传》。

张惇彝。字艺坛。由优廪贡授训导，署桃源县训导。

周世霖。字雨苍。由议叙授训导，任武陵县训导。

宇文舫。字理泉。由郡增生保举训导，议叙盐大使，分发广东，署大洲场大使，补茂晖场大使。

黎培镎。字石门。五品衔江西试用县丞。

陶鸿东。字□□。由议叙县丞分发山东试用，任吏津县县丞。

陶鸿珏。字□□。由议叙县丞分发山东试用，署长清、夏镇等县县丞。

陶世清。字振宗。由议叙县丞分发山东，补历城县县丞。

陶世厚。字□□。由议叙经历分发山东试用，任布政司经历。

王名勋。字月槎。由议叙府经历，留广西补用。

曾禧春。字修斋。六品军功，议叙府经历。前任江西吉安府经历，现任湖北黄州府经历。

周　鳞。字鲲望。由议叙分发广东试用主簿。

胡征俊。字聘三。官主簿，详《传》。

周家珏。字又珊。由议叙从九，分发广东试用，历署碧田、太平、咋坪等处巡检。

周洛琛。字□□。由议叙分发四川，任清辰县巡检。

刘　垣。字佑臣。由军功六品议叙从九，分发广东试用，署电白县沙浪司巡检。

周桂修。字秋甫。由议叙从九分发广东，署文昌铺巡检。

刘　愔。字书舫。官启事厅，详《传》。

张文柱。字石丞。由议叙任山东曲阜县金丝堂启事厅。

杨棐纶。字公迪。官圣庙赞奏厅。

成龙英。字玉亭。由议叙分发陕西理问。

王　汋。字□□。由议叙从九分发陕西理问。

彭振立。字直吾。议叙从九，分发广东岩州吏目。

王定淇。字竹泉。议叙从九，分发广西，署河池州吏目、宜山县典史，现署永宁州吏目。

龙寿霖。字玉山。前署安徽石埭县典史，分缺先补用州吏目。

周振冈。字凤梧。由议叙典史分发山东试用。

周振华。字扬之。由议叙选授浙江海盐县典史。

张文杰。字伟斋。由增生议叙从九，分发湖北，署宣恩、来凤等县典史。

以上新增，已仕。

贺德湘。字石溪。廪贡生，授教谕职。

胡光燏。字云卿。候选按察司照磨。

黎大熙。候选按察司照磨。

易先照。候选吏目。

黄茂隆。候选吏目。

陈铭裔。候选吏目。

宋盛雯。字文浦。候选刑部司狱。

胡　灿。字星堂。候选巡检。

周校芳。捐未入流，双月选用。

潘推让。候选吏目。

杨世颖。候选从九。

黄通权。候选从九。

蒋　盘。候选从九。

陶又宽。吏目，分发广东试用。

周锡颖。候选从九。

周大廉。候选从九。

黄河涟。捐未入流，分发江苏试用。

黄本谅。捐未入流，分发直隶试用。

阮继贤。捐未入流，分发四川试用。

周　祐。候选从九。

张肇鳌。河工，候用。

彭大年。字椿圃。翰林院待诏，双月选用。

周扬枢。

谢世沂。主簿。

吴东泰。州同。

胡绶荫。州同。

杨开桂。州同。

潘绍昌。州同。

潘寿昌。州同。

张兴隽。州同。

杨家修。州同。

潘燨昌。州同。

刘倬亨。州同。

胡廷荫。州同。

陶士储。字菊园。州同。

廖乔年。字凌云。州同，详《传》。

彭　铨。州同。

陶之采。州同，详《传》。

陶之翼。州同。

陶　炘。字复旦。由附贡授州判。

胡锡位。字立人。由廪贡授州判。

刘佑亨。字相儒。考授州判。

周挺枢。字子直。县丞。

潘允吉。字升士。县丞。

贺德明。字孔昭。县丞。

谢永清。字渭水。县丞。

谢世测。县丞。

贺　发。字钦若。州同。

胡开乾。县丞。

胡　乾。字符贞。县丞。

杨之宸。字正廷。

黄之瑟。字静轩。

陶士仪。字逵吉，详《传》。

黄道宪。字恺叔，一字楷度，贡生。详《传》。

胡锡策。字书城。贡生。

黄杰曾。字殿一。详《传》。

彭　潢。字星五。

刘伋亨。字孔孙。贡生。

胡添泽。字雨苍。贡生。

周宪丰。字方伯。

周宪临。字敬亭。

黄　琛。

陶文鍪。字少恪。

黄道忠。字兼恕。

黎祚昌。字又文。

张至俊。字展成。

周捷枢。字凯闻。

邓　恺。字君和。

以上旧《志》，未仕。

杨世煐。字漱芗。由同知加盐运司运同衔。

杨世焯。字季棠。盐运司运同衔。

贺松龄。字云溪。候选知府。

刘　楷。字恪三。由郡廪贡授训导，即选知州。

刘福昌。字云坞。蓝翎即选同知。

杨运昌。字橘谈。同知衔加二级。

杨宗泽。字锦堂。同知衔加一级。

周澍修。字紫霖。同知衔加一级。

崔　暕。同知衔尽先补用教谕。

崔煦堃。同知衔。

胡培堂。字柱峰。由附贡加同知衔。

高连元。字直臣。同知衔。

杨　潘。字□□。同知衔。

童　镕。字劲陵。分发广东即用同知。

杨鹤翎。字麓芝。同知衔。

欧阳瀚。字镜秋。同知衔。

齐　滋。字月滨。同知衔加一级。

袁藻实。字雪门。同知衔。

刘耆英。字寿森。同知衔。

刘潜藻。字觉安。同知衔。

朱声传。字兰恬。同知衔。

喻明德。字昆圃。同知衔。

周　堂。字星楼。同知衔。

曾沐云。字□□。由翰林院待诏加同知衔。

曾　涵。字泽臣。同知衔。

杨世炜。字芸圃。由州同加同知衔。

李培真。字春翘。州同衔加二级。

李裔璘。字玉墀。州同衔加二级。

王福南。字汉樵。州同衔加二级。

熊桢辅。字炳蔚。州同衔加二级。

周声扬。字敬亭。州同衔加二级。

杨章汉。字□□。州同衔加二级。

张德惇。字允元。州同衔。

刘广润。字若霖。州同衔。

胡开集。字大成。州同衔。

王镐城。字兴朝。州同衔。

王　濮。州同衔。

张煌福。字东永。州同衔。

张煌喜。字北久。州同衔。

张德荣。字静堂。州同衔。

周家渚。字鸿飞。州同衔。

曾毓蒸。字灼庵。州同衔。

廖祖棻。字绍亭。州同衔。

成日赞。字黼庭。州同衔。

吴朝岭。字梅庄。州同衔。

刘桂堂。字晴初。州同衔。

刘松堂。字霁初。州同衔。

王　垣。字伯骧。州同衔。

李培隆。字莘楼。州同衔。

刘金兰。字同心。州同衔。

李培峻。字秀峰。州同衔。

曾兴梅。字寄南。州同衔。

张运熊。字竹人。州同衔。

邓光增。字直方。州同衔。

童郁春。字卓卿。州同衔。

童瑞琪。字春霖。州同衔。

李文遇。字寅春。州同衔。

彭荟才。字藻汀。州同衔。

边教瑞。字翼臣。州同衔。

王湘沩。州同衔。

周　藩。州同衔。

周　镇。州同衔。

周著圻。字介祜。州同衔。

林福纶。字济堂。州同衔。

阮益泰。字纶秀。州同衔。

王兆元。字松溪。州同衔。

李懋纯。字迪臣。州同衔。

李裔莝。字澍卿。州同衔。

崔家惠。字翰芸。州同衔。

龙朝楷。字松轩。州同衔。

杨丽春。字亮臣。州同衔。

杨世权。字沛霖。州同衔。

唐科定。字价藩。州同衔。

齐　渠。字晓初。州同衔。

袁　杰。字金台。州同衔。

杨宗植。字复之。州同衔。

王德正。州同衔。

潘定昌。字正南。州同衔。

杨益琮。字国镇。州同衔。

杨德愔。字琴舫。州同衔。

潘本榘。字笏廷。州同衔。

商华国。字朴庵。州同衔。

戴荫棠。州同衔。

彭至盛。字蔚春。州同衔。

杨镇楚。州同衔。

胡成华。字光耀。州同衔。

姜鸣扬。字劭勋。州同衔。

罗浮峻。字继屏。州同衔。

彭训世。字晓臣。州同衔。

杨世藩。字建亭。州同衔。

姜人中。字执之。州同衔。

喻丰达。字凝丞。州同衔。

周炳燸。州同衔。

喻长昕。州同衔。

宋朝瑞。州同衔。

袁恩育。字镜丞。州同衔。

彭大佐。州同衔。

卢朝疍。字复初。州同衔。

喻寿南。字绍咸。州同衔。

杨祖洛。字卓舟。州同衔。

廖瓒芳。州同衔。

杨武遇。字芳踪。州同衔。

喻临达。字宝元。州同衔。

贺日临。字品臣。州同衔。

喻孚达。字亿林。州同衔。

潘　桃。字桃圃。州同。

周锡康。字熙台。州同衔。

崔荣锷。字寅楼。州同衔。

何邦干。字蕙斋。州同衔。

彭楚彦。字湘浦。州同衔。

刘名埰。字芑门。州同衔。

罗瑞云。字汉秋。州同衔。

杨先烈。字祖成。州同衔。

廖人泽。字春台。赏戴蓝翎，议叙布政司理问衔加二级。

杨开宁。字干亭。布政司理问衔。

周振常。字棣园。邑增生，议叙布政司理问衔。

李德澍。字瑞霖。布政司理问衔。

李纶典。字瑞斋。布政司理问衔。

王焕奎。字□□。布政司理问衔。

李培质。字松牖。布政司理问衔。

周　堃。字小亭。布政司理问衔。

姜人善。字择执。布政司理问衔。

李培薰。字芳棣。布政司理问衔。

姜文曙。字日乾。布政司理问衔。

夏司鼎。字云台。布政司理问衔。

刘芳润。字艺田。布政司理问衔。

朱辅卿。字松樵。布政司理问衔。

刘　炽。字梯青。布政司理问衔。

黄懋淇。字春楼。布政司理问衔。

杨福昌。字小亭。布政司理问衔。

张德润。字□□。布政司理问衔。

李耀明。字□□。布政司经历衔。

张呈瑞。字劭春。布政司理问衔。

刘畹兰。字少麟。布政司经历衔。

李向荣。字寿康。布政司经历衔。

杨岳峻。字爽渠。布政司经历衔。

卢朝果。字毅侪。布政司经历衔。

蒋寅亮。字心培。布政司经历衔。

王湘汉。字笛槎。按察司经历衔。

戴映元。字璧堂。优、附贡，议叙光禄寺署正衔。

吴继义。字东和。光禄寺署正衔。

喻春焘。字藻池。光禄寺署正衔。

杨宗培。字述之。光禄寺署正衔。

喻启孝。字咸中。光禄寺署正衔。

刘晋明。字鼎臣。光禄寺署正衔。

杨咏裳。字赓谱。光禄寺署正衔。

杨　芬。字敏吾。光禄寺署正衔。

杨寿昌。字亦亭。光禄寺署正衔。

齐邦达。字其昌。至圣庙启事厅。

周世骏。字季秀。至圣庙启事厅。

周时万。字□□。奎文阁典籍衔。

崔　榕。字静斋。至圣庙赏奏厅。

张文翔。字竹村。州判衔。

张国润。字□□。州判衔。

赵　瑞。字逸卿。五品衔中书科中书。

向源鸿。字光藻。中书科中书衔。

刘　荣。字健庵。六品军功加县丞衔。

童寿祺。宗人府供事，候选县丞。

胡培峃。字立中。候选县丞。

周　观。字□□。候选县丞。

姜基雯。字光汉。候选县丞。

陶世桢。字坚之。候选县丞。

刘紫英。字瑞庵。候选县丞。

谢先畴。字□□。候选县丞。

唐瑞元。字庆生。候选县丞。

张运燠。字□□。县丞衔。

张德坤。字□□。县丞衔。

贺建瀛。字□□。府经历衔。

李煦春。字□□。府经历衔。

刘元祚。字□□。府经历衔。

刘诰兰。字少昆。由附贡议叙候选盐课大使。

钱镜南。字品芳。盐大使衔。

李掊元。字吉门。盐大使衔。

刘祥圃。字廷瑞。尽先补用盐大使。

李培崇。字佑山。按察司知事衔。

张运钧。字荔云。由廪贡议叙遇缺尽先即选教谕。

李培芬。字苣棠。由廪贡议叙试用训导。

谢　雍。字□□。廪熙附贡生。

高名杰。字梅村。由廪贡议叙候选训导。

杨　仪。字继芝。由附贡议叙候选训导。

贺　盛。字际唐。蓝翎六品军功加国子监典籍衔。

周瑞麟。字定之。国子监典籍。

刘　康。字春禧。国子监典籍衔。

刘爵煐。字尧农。国子监典籍衔。

袁　俊。字致堂。国子监典籍衔。

张茂潢。字□□。国子监典籍衔。

王德邱。字□□。府知事衔。

李光斗。字映魁。按察司照磨衔。

蔡绍芳。字楚卿。按察司照磨衔。

杨宗瀚。字翼臣。按察司照磨衔。

潘世琼。字寿田。按察司照磨衔。

谢为松。字永麟。按察司照磨衔。

周海修。字紫云。按察司照磨衔。

龙瑞霖。字砺山。按察司照磨衔。

黄绪霓。字云谷。按察司照磨衔。

胡培仑。字芝桥。候选从九。

项章仪。字起凤。候选从九。

杨茂春。字道周。内阁供事，议叙候选从九。

廖德铨。字绂绥。由典吏保六品军功，捐未入流。

汪　藻。字采臣。翰林院待诏衔。

彭盛祖。字□□。翰林院待诏衔。

张煌禄。字南远。翰林院待诏衔。

张煌寿。字西成。翰林院待诏衔。

戴逢权。字济常。翰林院待诏衔。

曾兴楚。字莆田。翰林院待诏衔。

曾毓辉。字萼庄。翰林院待诏衔。

喻贤家。字□□。翰林院待诏衔。

王湘滨。字渭亭。翰林院待诏衔。

李心濬。字介臣。廪贡生。

陶美铺。字声甫。廪贡生，五品衔。

刘　炽。字明轩。廪贡生。

曾锡圭。字汉船。廪贡生。

陶　垲。字湘臣。廪贡生。

周　镐。字宅京。廪贡生。

刘梦良。字冠南。廪贡生。

周绳祖。字用霖。增贡生。

黎兆霖。字星槎。增贡生。

周人瑞。字澧之。增贡生。

边　巢。字芸芳。增贡生。

王懋昭。字书霖。附贡生。

王　成。字玉吾。六品衔附贡生。

刘文教。字碧峰。附贡生。

陈　亮。字策良。附贡生。

陈梦熊。字云台。附贡生。

刘掌英。字采臣。附贡生。

戴冠南。字梅屿。附贡生。

欧阳晓春。字桃溪。附贡生。

禹昌言。字敬修。附贡生。

杨光寿。字活渠。附贡生。

喻光炯。字靖丞。附贡生。

黄懋泮。字石村。附贡生。

杨文铺。字晓笙。附贡生。

刘基定。字子复。例贡生，详《传》。

廖　鼇。字梧冈。例贡生。

胡振德。字育泉。例贡生。

程镀鼎。例贡生。

胡翰飞。例贡生。

李世和。字协万。例贡生。

林瑞生。字澍南。例贡生。

周观鉴。例贡生。

萧镇湘。字竹筠。例贡生。

林璧城。字蓝田。例贡生。

欧阳鹏万。字显臣。例贡生。

欧阳晃。字宝贤。例贡生。

高名佐。字翰垣。例贡生。

王陞南。字晋笙。例贡生。

李士英。字朴庵。例贡生。

李继琼。例贡生。

徐声斌。字□□。例贡生。

王明旦。字旭临。例贡生，详《传》。

杨遇泰。字竺耘。例贡生。

杨宗泮。字河槎。例贡生。

贺轶腾。字云山。例贡生。

唐钟瑜。字玉英。例贡生。

李寿岳。字怀仁。例贡生。

齐　澍。字春湖。例贡生。

张德华。字汉江。例贡生。

杨武歆。字敏田。例贡生。

吴秋鉴。例贡生。

欧阳坦。字星舫。例贡生。

何邦榘。字晓亭。例贡生。

何邦杰。字卓庵。例贡生。

萧炳蔚。字凌汉，号月槎。例贡生。

杨传楷。例贡生。

杨传模。例贡生。

周　冕。字琼露。例贡生。

周　翚。字□□。例贡生。

廖泰贵。字石臣。例贡生。

杨　埙。字瑞昌。光禄寺署正。

杨　篯。字继昌。直隶州州同加二级。

潘泽谋。字章浦。州同加五品衔。

钱国光。字利宾。州同衔。

周观金。字□□。州同衔。

杨宗润。字□□。州同衔。

李培赞。字襄臣。翰林院孔目。

丁遂良。字毅吾。翰林院孔目衔。

姜楚森。字□□。六品衔候选从九。

吴能伸。字德郢。府经历衔。

吴与堂。字如川。州判衔。

杨祖雒。字新垣。州同衔。

鲁玉麟。字兆祥。例贡生。

闵书府。字琼林。五品衔候选布政司理问。

张　越。字煦斋。翰林院待诏衔。

姜竹亭。字国益。例贡生。

熊润先。字绍洲。例贡生。

杨世爵。字宝贤。州同衔。

杨世作。字柳桥。州同衔。

杨亦晖。字吉堂。州同衔。

职官志

官制莫详于周，自秦废封建为郡县，郡有守，而县有令，由来旧矣。汉重郡守之责，以察令之职委之于守。唐选县令，悉策于后庭，亦慎矣哉。宋兴，以文臣知州，以朝臣强干者出为知县，其时始置宁乡县治，旧制一新。前明因之，尤慎守令之选，而僚属备焉。国朝以宁乡为简缺，裁去县丞、主簿，故县令之责愈重。二百余年来，贤宰官莅任斯土，其姓名、籍贯及迁除晋秩之可稽者，顾可略而弗纪欤？志《职官》。

职官一　建官

吴，新阳县令一员，丞、尉各一。前《志》：三国吴太平二年，析益阳县地置新阳县，即宁地。故志设官，即从吴起。

晋，新康县令一员，劝农吏一。晋太康元年，改新阳曰新康县，隶衡阳郡。

唐时，宁地为新康县，设县令一员、主簿一、县尉一。

宋初，建置宁乡县治，设知县一员，以朝臣为之，并设县丞、主簿、县尉各一。

元制，设达鲁花赤一员，蒙古人为之；县尹一员，汉人为之；置教谕、训导、县丞、县尉各一，医学、阴阳学、税课大使各一；并于唐市地设巡检司一。

明制，宁乡设知县一员，教谕、训导各一，县丞、主簿、典史各一，医学训科一，税课大使一。寻废税课，设柳林堡指挥哨守一。

国朝，宁乡设知县一员，教谕一，训导一，典史一，防守一，医学、阴阳学、僧会、道会随时举报，无定员。

　　县衙额设书役:吏、户、礼、兵、刑、工六房,经制、典吏房各二名,承书二名,附入吏房;粮屯库共七名,附户房;柬房一,附礼房;招书一,附刑房。门子一,民壮班三十名,皂隶班十六名,马快班八名,外关厢城捕四名,十都防捕都各一名,计乡、城捕役共十四名,俱附入快班,是谓三班。兽医一名,月支工食银六钱,不扣小建。马夫每名日给工食银九分,照八名半额数发给。

　　捕衙额设书役:攒典一,书识一,门子一,皂隶四,马夫一。

　　教谕、训导额设书役:学书一名,门斗二名。

　　前《志》:县衙书役多则滋弊固,已而究之,咎不尽在书役。盖其弊之所以滋者,官之假其权也。三代下无庶人在官之禄,而若辈贪酷性成,假之以权,有不作福作威以自纵其欲者乎?周官有之,陈其殷,置其辅,辅即书役也,亦惟官长之用之也。则书役虽多,苟能用之而不能为其所用焉,庶无弊矣。

卷之二十

职官二　名籍

县令

（自唐以前失考）

后唐

梁贵宾。《通志》有传。

宋

开宝：蒋文炳。湘乡县人。

熙宁：毛渐。江山人。《宋史》有传。张沆。前《志》据《梅尧臣文集》增入。

嘉定：范机。延平人。前《志》从《真德秀文集》增入，有传。

元

至正：张淑。江南合肥人，二年任。

明

明初知县，县分三等。十万石为上，从六品；中县正七品，三万石为下，从七品。后皆为正七品。

洪武：薛德昭。南直长洲人，儒士，有传，祀名宦。宋玉。河南中牟监生，四年任，有传。刘纯。浙江青田人，十年任，有传。杨武。山东平度州举人，二十四年任，有传，祀名宦。刘俊。济河人。前《志》从府旧《志》入，有传。

永乐：郭瑀。河南洛阳举人，在任十八年，有传。照《通志》更正。

宣德：朱节。南直武进举人，十年任，有廉声。

正统：梁俊。江西宿迁人，四年任。程恕。直隶祁门人，八年任。徐缓。河南仪封举人，十四年任。

景泰：李敬。南直华亭人，监生。

天顺：高宁。四川双流监生，元年任，有廉声。蔡彧。南直如皋监生，二年任。孟祥。四川华阳监生，七年任，有惠政。

成化：王容。江西安福监生，二年任。黄甄。山东寿光人，工科都给事中，四年任。刁瑗。直隶天长监生，十一年任，政务宽大。郑惟楠。浙江常山举人，十三年任，有传。晏镰。江西上高举人，十四年任，有传。林敏。广东海阳监生，十八年任。

弘治：安佐。山东曹县举人，六年任。张翔。广东苍梧举人，十年任。邓万斛。四川富顺进士，十四年任，有传，祀名宦。黄铎。山东清平监生，十七年任。刘绚。江西安福举人，十八年任，有治才。

正德：方璟。《府志》作"景"，燕山举人，五年任。韦銮。广西横州举人，自嘉兴教谕，八年任。胡韬。江西庐陵监生，十五年任。

嘉靖：胡明善。直隶霍邱进士，元年任，有传。王勋。南直宝应举人，四年任。江旋东。四川垫江举人，七年任，有传。黎民皞。四川夹江监生，十年任。"民"一作"明"。吴禋。福建莆田举人。韩恂。广西兴安县举人。罗钊。一作"钏"。福建安怀举人。周懋先。福建莆田监生。陈起。沅江人。照《通志》增入。

隆庆：许以明。福建同安举人，明哲而平易。周孔徒。四川内江举人，调上元县知县。蔡大壮。福建漳州漳浦举人，三年任。陈以忠。南直无锡举人，六年任，升江西宁州知州，有传。李策。广西宣化举人，改福建罗源县，三十三年任。马德懋。河南汝州举人，三十五年任。吴泮。福建莆田人，三十八年任。饶尚章。江西进贤人，祀名宦，有传。照《通志》更正。

万历：李益。南充举人。宋希周。贡生。朱云鸾。江浦举人。尹守节。上田选贡。王正蒙。濬县举人。张栋。直隶举人。沈震龙。云南安临举人，有传。徐可行。广西进士，行取，有传。袁德显。青阳举人。王纲。南直举人，四十年任，升晋州知州，有传。汪大壮。南直徽州举人，四十五年任，升黄州府同知，有传。

天启：蒋允茂。广西举人，元年任。陈门徒。四川井研人，初年权任。《通志》有传，增入。

崇祯：周瑞豹。江西吉水进士，天启三年任。崇祯元年调繁江陵，考兵科给事中，有传。陈臣训。福建举人，二年任。沈国。浙江崇德举人，四年任，有传。沈之煌。浙江长兴人，九年任。十三年，行取刑部主事，有传。莫可及。宜兴人。子若鼎、若钰同死节。案长沙府旧《志》："崇祯十六年秋八月，献贼破长沙，推官蔡道宪死之。九月，纵兵摽掠湘阴，知县杨开，宁乡知县邱存忠、照磨莫可及死之。"似莫之死在宁乡。巡抚赵恭毅《蔡周祠田记》："献贼破长沙府，推官蔡道宪殉节，照磨莫可及同死其主，并祔祀。"似莫之死在府城。然乾隆志列莫于沈后、邱前，而沈以十三年行取，则十四、十五年之知县何人乎？当是莫先以照磨署县令，故黄花坪学田旧名照磨田。《府志》系于邱之下，《邑志》系于邱之前，则莫可及非无关于宁邑，而邱公祠亦当并祀莫主矣。邱存忠。云南楚雄举人，十六年任，死节，有传。党哲。四川广元贡生，以安化令兼摄，加监纪同知，升靖州知州，死节，有传。赵璧。山东邹县人，有传。宁绳武。吴江进士，有传。程门徒。四川井陉人，有传。

国朝

知县正七品，因明制。

顺治：刘衍株。山东平原举人，四年任，五年降调，八年补，历三载，有传。袁天秩。河南杞县进士，五年任，七年调用，十二年升本府推官。王若视。河南陈州选贡，十年任。蒋应泰。北直大兴贡生，十二年任，有传。彭琦。江南上元儒士，由经略办事题授，十六年任，十八年卒于官。

康熙：权持世。陕西三原举人，三年任，五年聘贵州分考，十二年升杨州府同知、宁乡县令，政治允推第一，有传。王钱昌。蒲州例贡，十八年任。吴仪。江西金溪举人，三十年任。朱廷源。江西贡生，三十二年任。曹辰容。浙江海盐进士，三十九年任，后以贪劾去。宜思荣。正白旗监生，四十三年任。陈嘉猷。江南溧阳进士，四十五年任，行取御史。于寀。江南江都监生，五十四年任。蔡孟瞻。江西新昌举人，五十八年任。

雍正：潘璜。大兴吏员，山阴籍，二年任，有治才。陈之瑜。贵州遵义举人，八年任。仇廷模。浙江鄞县举人，十年任。

乾隆：杜珣。直隶新安例贡，雍正十三年任，乾隆六年卸事。仇廷模。六年再任，以降去。谢昂。福建长乐举人，六年任，七年十月卸事。薛澍。陕西韩城拔贡，宗人府教习，七年十一月任。从吏科旧《底册》增入。史宏秩。广西桂林举人，八年二月初十任，九年二月卸事。姚思恭。山西永清进士，九年二月初三日任，十八日卸事。从吏科旧《底册》增入。杨兆鳌。云南蒙自举人，九年二月十九日任，三月十五日卸事。高翀。原籍失考。九年三月十六日任，十年八月卸事。旧从《底册》增入。张方煜。河南开封府祥符举人，十年八月任。李杰超。河南夏邑拔贡，十三年署任。郭定。山西沁洲进士，十三年十一月任，十四年六月卸事。黎明。江西新城举人，十四年六月任。从旧《底册》增入。徐鸿昇。浙江平湖进士，十五年任。金承恩。原籍失考。十七年十一月署任，十八年四月卸事。从旧《底册》增入。坤豫。镶红旗满洲举人，十八年任，选授。刘台。山西赵城举人，十九年任，选授。富泰。正黄旗满洲官学生，考取内阁中书，保送红木处行走，着记名，以同知用。二十二年七月署任，十月卸事。从旧《底册》增入。宋齐宪。河南商邱举人，二十二年任，选授。王廷奎。广东人，捐知州。二十三年十二月署任。刘善谟。山东举人，二十四年任，选授，有传。侯可仪。江苏金匮人，副榜，考教习。二十七年署任，有传。陈文纬。浙江嵊县监生，援例二十九年题补。曾应封。江西长宁监生，援例三十年题署。马乾怡。甘肃宁夏拔贡，三十一年署任。张继辛。湖北东湖举人，三十四年署任，有传。李郁文。山东诸城贡生，三十六年署任。许士杰。浙江海宁监生，三十七年署任。冯鼎高。福建长乐进士，三十九年署任，有传。行有杰。山西曲沃贡生，四十年十一月署任。杨连。福建闽县举人，四十二年任，选授。鲍振飞。安徽青阳监生，四十五年署任。陈畴。福建长乐举人，四十六年任，题署。张绍鼎。顺天大兴监生，武冈州知州，五十一年署任。张朝乐。江苏如皋贡生，五十一年闰七月署任，有传。孔继峰。广东长乐县人，由附贡保举眷录，捐知州，五十一年十一月任，代理。从旧《底册》增入。林昆琼。福建侯官举人，五十二年署任，有传。

周凝远。陕西长安举人，五十二年十二月署任。萧光咏。湖北罗田举人，五十三年任，题补。萧国璋。直隶临榆举人，五十四年署任。夏岳。四川涪州拔贡，五十五年任，选授。是秋卒。泠铉玉。山东胶州进士，五十五年九月署任，有传。王有年。直隶天津举人，五十六年署任。李永琛。湖北石首例贡，五十六年署任。彭念祖。湖北黄陂举人，五十七年任，题补。张其瀚。四川平武拔贡，五十九年署任。

嘉庆：樊于礼。甘肃古浪举人，元年署任。彭念祖。二年复任，五年告病。怀豫。满洲正黄旗人，由官学生考取笔帖式，以知县用。五年六月署任，七月卸事。从旧《底册》增入。甘庆增。广西崇善举人，五年七月署任。朱偓。四川兴文进士，六年任。是秋调帘。潘煜。原籍失考。六年八月初五日任，代理。从旧《底册》增入。朱偓。六年九月初七日回任，九年调巴陵，升直隶郴州知州。俞克振。浙江海盐人，由州同加捐通判，九年任，摄理。是冬丁忧去。陈新。浙江海盐人，由副榜选茶陵州州判，九年十月初二日任，代理，初九日卸事。从旧《底册》增入。蔚常春。山西朔州举人，九年十月署任。谢攀云。四川崇庆州举人，十年任，有传。陈玉垣。溆浦。浙江海盐举人，十三年署任。张秀芝。湖北麻城进士，十四年任，十六年加捐知州卸事。张仲埙。直隶宛平举人，十六年署任。王余英。菊潭。山东登州府福山进士，十六年任，十八年十月解饷赴河南。黄应培。浙江仁和举人，十八年十月任，代理，十九年正月卸事。从旧《底册》增入。王余英。十九年正月初八日回任，二十一年七月调善化县，有传。吉守己。陕西咸宁拔贡，二十一年七月任，代理。从旧《底册》增入。蔡桓武。浙江仁和监生，捐州判。二十一年任，二十二年三月丁忧去。从旧《底册》入。黄岳。直隶大兴监生，捐府经。二十二年三月任，二十六日卸事。从旧《底册》增入。许瀛。安徽全椒拔贡，二十二年任。甘庆增。二十四年三月复任。许瀛。二十五年八月复任。

道光：沈道宽。栗仲。直隶大兴进士，元年三月署任，有传。张仲埙。二年二月复任。陈心炳。葭塘。福建长乐举人，三年六月任。陈增德。福建闽县举人，四年七月任。孙鼎文。江苏上元人，由监生捐知县，五年七月代理。陈增德。五年八月复任，六年七月告病，九月初二日卸事，二十九日卒。陈心炳。六年九月初二日复任，代理。孙濂。瀼溪。浙江山阴人。六年十月署任。张仲埙。七年五月复任。刘国彬。河南虞城举人，八年九月署任。陈书畴。蓉舟。江苏丹徒监生，捐通判，授长沙督粮府。八年十一月摄理。陈汝衡。叔平。湖北钟祥进士，十年三月任。方炳文。枚臣。湖北兴国州进士，十一年二月任。王光廷。顺天大兴人，祖籍浙江。续增武陟，例捐知县。十六年二月署任。陈汝衡。十六年七月复任。何鸣章。福建侯官进士，十七年四月复任。郭世闿。砥澜。江西湖口进士，十七年六月任，二十年六月十九日奉文入帘，有传。张宝辰。浙江开化举人，二十年七月代理。郭世闿。二十年九月复任。唐凤德。河南邓州人，由监生捐通判，二十三年五月署任。李景枚。安徽桐城附贡生，捐知县，二十四年二月任。裕麟。内务府汉军镶黄旗，兴保佐领下人，由监生捐通判，二十六年二月代理。郭世闿。二十六年三月二十七日复任，二十八年四月十五日卸事。朱孙诒。石桥。江西清江人，由廪贡生捐刑部主事，降捐知县，二十八年四月署任。有传。郭世闿。二十九年四月复任。李训方。山东济宁举人，三十年三月署任。

咸丰：齐德五。慎庵。山西介休进士，元年二月任。马丕庆。云衢。山东济宁举人，三年八月署任。周廷鉴。汇川。广东番禺人，祖籍广西临桂。捐照磨。四年三月代理。耿维中。子持。陕西武功举人，五年四月任。张希仲。伯轩。贵州贵筑进士，十年正月任。

同治：孙薰。南士。浙江归安人，由监生捐知县，元年二月署任。沈理。味琴。浙江山阴人，由监生捐知县，元年十一月署任。郭庆飏。玉笙。湖北黄陂举人，二年七月初四日任，三年七月初八日卸事入帘。冯检。顺天大兴人，由典史保升知县，三年七月代理。郭庆飏。三年九月初一日复任，以知府补用。

教谕

元

龙元礼。旧《志》：从乾隆时土人掘出元贞二年制铜祭器识文载入，余无考。

明

永乐：刘俊。山东人，有传。

正统：曾贯。江西安福监生，八年任。胡球。江西庐陵举人，十二年任。

景泰：罗荣。江西庐陵举人。

天顺：周楷。江西吉水举人。

成化：朱抡。江西吉水举人。欧阳敬。江西太和举人。龙澄。永新贡生。张琐。南直合肥举人，元年任。唐时雍。长宁岁贡。唐桂。广西人，有传，祀名宦。

正德：张昱。福建闽县举人，七年任，有传。汤铨。南直合肥岁贡，由武昌府训导升，十二年任。

嘉靖：潘恩。福建龙溪岁贡，由训导升，元年任。崔爌。广东人，有传。叶震亨。广西平乐举人，二十年任，聘山东考试官，升应山知县，有传。王敬。贵州宣慰司举人，二十三年任，升黔阳知县。李葵。四川蓬州贡生，二十六年任。张兰。直隶贡生。杨珊。云南举人。

万历：闵汝闿。四川贡生。张明。四川成都举人。陈有典。福建贡生，有传。文以进。广西全州举人，升琼山知县。卢象泰。高安贡生。毛储英。常德府贡生，升教授。任谟。贵州贵阳举人，十五年任，升行唐知县。胡早。景陵贡生。十九年任，升学正，李如芝。夷陵贡生。《通志》：以举人任训导。毛可教。麻城人，有传。张之仁。汉阳举人，三十五年任。郭虞。桂阳贡生，四十三年任。王尧天。晋江举人，四十四年任，有传。

天启：廖应斗。远安贡生，元年任。

崇祯：李之清。江西安福举人，升广西知州。俞梦龙。许位。潜江举人。

国朝

康熙三年裁教谕，十九年复设。

顺治：刘开泰。湖北安陆岁贡生，十年任。杨另辟。湖北钟祥岁贡，十三年任。王珩。江西德安岁贡，十六年任。

康熙：翟容黻。湖北汉阳岁贡，十九年任。周祖武。岳州贡生。朱宏绪。湖北江夏贡生，四十一年任。蔡瑞。湖北贡生，四十二年任。王追驹。湖北黄冈贡生，四十四年任。洪玿。湖北荆州贡生，四十六年任。屠用震。孝感举人，六十一年任，有传。

雍正：张叶。新田拔贡，四年任。

乾隆：何涧。桂阳州举人，四年任。彭腾鸿。靖州会同举人。陈恺。武陵举人，七年任。陈士弨。平江拔贡，十六年任。舒鸢。溆浦拔贡，二十一年九月任。崔登鳌。芷江岁贡，三十三年闰九月任，系训导，署教谕。蔡光清。华容举人，二十七年任，丁忧去。曹鳞。郴州举人，三十三年十月任。张天睿。芷江岁贡，三十七年任，系训导，署教谕，卒于训导署。熊世振。安乡副榜，三十九年任，后任训导。照《通志》增入。谢廷献。沅陵副榜，四十年七月任，五十四年丁忧去，有传。马知新。武陵岁贡，五十四年正月署任。

嘉庆：张永拔。沅陵拔贡，乾隆五十四年八月任，嘉庆七年十二月丁忧去。罗之通。郴州岁贡，七年十二月署任。刘世法。衡山举人，八年六月任，道光五年十二月卸事。

道光：刘清华。桃源举人，五年十二月任，十六年五月初七日卒于任。刘超元。郴州桂阳廪贡生，捐训导，十六年六月署任。陈昌材。黔阳拔贡，十七年正月任，二十一年三月告假回籍，四月十三日回任，丁母忧。何应辉。龙山廪贡生，捐训导。二十二年三月署任。陈玉诰。新田拔贡，二十二年十一月任，二十八年四月卸事。李寿锡。嘉禾附贡，捐训导。二十八年四月任，十月卸事。陈作宾。平江举人，甲辰大挑二等，以教谕用。二十八年十月任，咸丰二年八月告病卸事。训导周世宽兼理，三年二月卸事。

咸丰：张光垣。麻阳举人，戊午大挑二等，以教谕用，三年二月任。周作翰。黄鹤。新化人，乙酉选拔，丙戌朝考授职，六年二月任。同治元年，初次俸满，以年壮学优，保荐回任。嗣奉部复准，例以知县升用。四年，奉上各宪大计卓异，学博品端。

训导

元以前失考。

明

正统：奚让。江西进贤监生，十年任。夏昂。江西庐陵举人，十二年任。左志隆。江西高安人。

天顺：郭韶。南直芜湖岁贡。

成化：赵槊。四川梁山岁贡。周华。江西吉水岁贡。《通志》作周煜。

弘治：王磐。江西庐陵岁贡，元年任。查仁。江西星子岁贡。庞廷辅。张信。澂江人。

正德：蔡珍。元年任。晏棨。四川璧山监生，五年任。张文。蔡聪。福建晋江岁贡，七年任，卒于署。洪谟。福建德安岁贡，九年任。石润。陈永璘。四川泸州人。傅琼。江西新喻岁贡，十二年任。薛正用。四川江安监生，十三年任。

嘉靖：沈璧。浙江嘉善岁贡，二年任，升教谕。唐冕。广西宣安岁贡，九年任，升判读。王寅乾。广西临桂岁贡，十五年任。徐鹏。浙江龙游岁贡，十七年任。陈宏璧。四川南溪监生，十七年任。黄越。江西新喻岁贡，二十二年任。高振辉。浙江太平岁贡，二十六年任。曹元。四年奉节岁贡，二十六年升教谕。胡钊。江西雩都岁贡，三十三年任。陈道正。福建贡生。陈嘉谟。广西贡生。阮云汉。余澜。江西贡生。王一清。江西贡生。柳国芳。镇远贡生。裴学乐。河南贡生。傅子望。江西贡生。赵应奎。常德贡生。窦希颜。祁阳贡生。吴承绪。广西贡生。

万历：王嘉宾。贵州普安举人，升合江知县。谢天相。郴州贡生，十年任。陈显祖。安南贡生，十四年任，升教谕。宋之轼。安乡贡生，十五年任，升教谕。李修吉。随州贡生，十八年任。沈文辅。兴隆贡生，二十年任，升教谕。邓文言。沅州贡生，二十二年任，升教谕。何世程。道州贡生，二十六年任。李述。四川铜梁贡生，二十七年任。李云鹏。郧阳贡生，三十年任。薛赞。河南贡生，二十一年任。杨筠。泸溪贡生，有传。姚启之。巴陵岁贡。杜长春。胡万象。衡州岁贡。孙支芳。四川贡生。

天启：蔡一贯。九溪贡生。

崇祯：周尚谟。龙阳选贡，九年任，升教谕。石梁。武陵人，有传。唐友益。蔡溶如。汉阳岁贡，十六年任，升教谕。

国朝

顺治：张清如。《通志》作"如清"。安乡岁贡，十六年任，升教谕。喻震生。湖北随州岁贡，十四年任，负气谊，有师生之雅。康熙四年，升休宁县丞，常监运夫至西山，著劳。

康熙：封岳。蕲州贡生，四年任。余心谟。辰溪贡生，二十一年任。性介且和，俨然师表。升祁阳教谕。吕一生。江陵贡生。廖国纯。永兴贡生，三十九年任。王玉章。沅州岁贡，五十六年任。周继濂。溆浦贡生，五十七年任。

雍正：金其宠。安乡岁贡，九年任。

乾隆：李文景。新宁岁贡，九年任。陈以畴。芷江贡生，十三年任。张健。沅州岁贡，十六年任。曹章。武冈岁贡，二十一年任。田藩。永定岁贡，二十五年任。陈应正。石门岁贡，二十六年任。谢良田。耒阳贡生，二十八年任。崔登鳌。芷江岁贡。三十一年任，三十二年署教谕。从《吏科底册》增入。曹镶。郴州举人，三十五年任。前任教谕，照《通志》增入。张天睿。芷江岁贡，三十六年任，三十七年署教谕。增入。睦日来。零陵拔贡，三十八年任。张宗清。巴陵举人，三十九年任，丁忧去。蔡光清。华容举人，三十八年任，后任教谕。照《通志》增入。吴家邵。宜章拔贡，三十九年任。高陞。桃源举人，三十九年任。熊世振。安乡副榜，三十九年任，署教谕。增入。李大绅。芷江贡生，捐训导，四十五年任。增入。李淑龙。宜章岁贡，四十六年任。王仁濩。零陵岁贡，五十七年任。增入。申卓。邵阳廪生，捐训导，五十八年任。增入。周世炳。新化岁贡，六十年任。

嘉庆：周仕义。祁阳举人，三年八月任。增入。曾相。麻阳岁贡，六年任。刘金牧。沅江廪贡，捐训导，十一年任。陈泰鸿。安仁岁贡，十一年任。黄珩。平江贡生，捐训导，十四年任。唐虞乐。桃源举人，十四年任，卒于署。姜琦发。辰州贡生，二十二年任。照《通志》增入。陈昭谊。桂阳举人，二十三年任。曹昌。蓝山举人，二十四年任。

道光：虞朝秉，石门举人，四年任。王师麟，澧州举人，五年任。马立杰，七年五月任，闰五月卸事。邓显鹤，新化举人，七年任。戴良逑，永兴拔贡，二十年任。陈炯，江华廪生，考取国子监肄业。二十年七月任，二十一年三月十五日兼理教谕。周祐，衡山廪贡生，捐训导。周世宽，武陵举人，拣选知县注册，甲辰科大挑二等，选用教职教谕衔管训导事。二十七年四月任，咸丰六年十二月卸事。教谕黄鹤兼理训导，自七年正月至三月止。

咸丰：蒋华嵩，新田人，由增生捐贡加训导，七年三月任，七月卸事。何文洛，桂阳廪生，考取正贡，验看就职，七年七月任，八年八月卸事。周诰，清泉附生，捐贡加训导，八年八月任，九年四月卸事。伍祖澜，龙山岁贡，九年四月任，十一年六月卸事。何甲乡，郴州廪生，捐训导。十一年六月任，同治四年五月卸事。

同治：李冠英。巴陵廪生，考取正贡，遵例捐本班选用，四年闰五月二十四日到任。

县丞

宋

祝充，旧《志》从《晁氏读书附志》增入，有传。

元

延祐：易炎正，湘乡进士。

至正：易唐舍。

明

洪武：张思诚。江西宣城吏员，十四年任。

永乐：邓希鉴。四川富顺监生，十年任。薄麟。山东临清监生，十年任。文伯。河南安阳人，二十二年任。

正统：刘孟武。江西临川监生，三年任。叶道英。河南归德监生。

景泰：胡富。广西马平监生，二年任。

天顺：郑文安。陕西西安监生，二年任。李文崇。一作荣。云南晋宁监生，八年任。杜良。江西德化监生，三年任。

成化：姜询。一作珣。江南江都监生。赵珪。四川新都监生，十一年任。王宪。四川荣县监生，十六年任。

弘治：吟永森。四川泸州监生，四年任。陈公嗣。四川潼川监生，十年任。孙溥。江南海门监生，十四年任。聂荣。江西丰城吏员，十八年任。

正德：靳同。一作铜。江南盱眙监生，二年任。瞿昇。江西龙泉监生，六年任。金衍。江南休宁生，九年任。匡国。四川行都司监生，十二年任。

嘉靖：马骞。元年任。尚凤。四川梓潼监生，二年任。程骐。四川涪州监生，十年任。陈萱。江西高安监生，十年任。赵敦。四川监生。周钦。聂锡。

隆庆：李正。四川嘉定洪雅岁贡，二年任。

万历：万栋。直隶宜兴监生，元年任。张思立。楚雄岁贡。洪朝弼。凌迪仁。平远岁贡。魏时敏。云南吏员。萧勋。江西吏员。章日中。会州吏员。杨腾龙。云南吏员。严濠。浙江吏员。陈所闻。南直吏员。芮良材。四川选贡。宋守定。河南监生。王彦卿。浙江吏员。卢洪豸。浙江监生。

天启：翁志选。浙江监生，丁忧去，邑人共立石于江之南曰“廉慈”。

崇祯：郭进贤。四川监生。朱允谦。浙江监生，卒于官。张廷卿。浙江监生。

国朝裁去。

主簿

掌出纳官物，注销文书。

宋

绍熙：刘正学。照《通志》增入。李榛。进士。宝庆邵阳人。前《志》：主簿于宋无考。兹据《通志》宋希正墓志，其侄榛宁乡主簿增入。又查《宝庆志》李杰与弟楷、榁皆进士，宁主簿则榁也。似榁讹榛，俟更考。

元

至正：李子贤。湘乡人，与易唐舍同功同时授任。

明

洪武：杜珉，四川泸州吏员，十五年任。

永乐：高敏，河南邓州监生，十年任。

正统：刘元，江西奉新监生，三年任。马荣，四川江津监生，五年任。

景泰：陈昃，浙江秀水监生，（监生）[1] 三年任。

天顺：黄斌，南直富池监生，元年任。龚永，四川黔江人，三年任。

成化：李真，四川南川监生，六年任。罗龙，贵州长官司人，十年任。顾端，四川成都监生，十四年任。白璧，四川涪州监生，十六年任。

弘治：黄钺。四川成都监生，五年任。刘俊。河南郑州监生，十年任。

正德：刘思明，山东例监生，三年任。李海，河南洛阳吏员、巡检，七年任。蒋劝，广西全州监生，七年任。吴赞，江西建昌吏员，十一年任。侯凤晖，广东曲江吏员，十三年任。龚尚义，四川富顺吏员。

嘉靖：盛经，浙江余姚例监，二年任。李大卿，四川合江例监，三年任。文栋材，江西丰城吏员，三年任。秦缨，广西监生。张英，在任九年，有传。照《通志》更入。马永明，江南吏员。文理。江西监生。

隆庆：杨应元，河南汝州例监。陈贞，南直山阳监生，三年任。

万历：曹思敬，丰润贡生，元年任。李应熊，扬州贡生。刘城，江西监生。徐继麟，汾州监生。李楠，江西吏员。余九皋，四川岁贡。沈继韶，浙江吏员。夏时言，福宁人。梅蕃祚，南直监生，有传。陆纪，浙江吏员。王德，安福人。

天启：曾学勉，江西监生，元年任。

崇祯：王启基，广西贡生。高希元，萧山人。单文彦，南直桂池人。汪应玉。

国朝裁去。

典史

主捕盗贼、监狱。

宋

[1] 此二字当为衍文。

宝庆：许炳。岳州平江人，理宗时任宁乡尉。《通志》有传，增入。
元以前失考。

明

洪武：折克恭。泗洲吏员，十六年任。

永乐：李珍。河南罗山吏员，二十一年任。

宣德：薰赟。江西宁都吏员，九年任。

景泰：聂广。山西翼城吏员，三年任。

天顺：金凯。山东武定吏员。又一作余凯，八年任。

成化：欧瑞。四川邻水监生，六年任。梁应举。四川巴县人，十年任。
朱铭。山东徐州吏员，十七年任。曾迪景。江西庐陵吏员，二十三年任。

宏治：廖纪。江西上高吏员，六年任。吴恒敬。福建莆田吏员，
十四年任。管绍。江西丰城吏员，十七年任。

正德：周玉。直隶大兴吏员，四年任。傅浩。河南襄城吏员，八年
任。毛策。江西丰城吏员，十一年任。

嘉靖：李添福。胡朝佐。江西丰城人。魏瑶。四川仁寿吏员，十一
年任。吴万卷。四川吏员。黎世兆。张道。江西吏员。袁佐。四川吏员。
费榜。浙江慈溪吏员，三十六年任。周玭。浙江西安吏员，三十六年任。
林文芳。福建闽县吏员，四十年任。

隆庆：郑大化。贵州吏员，六年任。

万历：高应德。江南吏员。潘汝光。江南吏员。温廉。上杭吏员。余熙。
江西吏员。徐伦。福建吏员。郑天缵。仙游人。谢安。广东吏员。夏汝顺。
福建吏员。龚有成。新喻人。王光赐。南直吏员。杨令德。南直吏员。

崇祯：陈汝诚。杭州钱塘吏员，有传。郑广德。江西吏员。金应
选。浙江吏员，以贪虐勘问。高客肖。北直吏员。万丰。南直常州监生，
十六年任。

国朝

顺治：徐思恒。浙江山阴吏员，六年任，升巡检。汪文达。上元人，
十五年委署。于应炡。北直人，十六年任，以不谨去。孙兆俊。浙江
山阴吏员，十八年任。

康熙：陈宪。皇甫纯。吴尚德。浙江义乌人，七年任，卒于官。章良。冯慎。夏国保。胡钰。

雍正：程廷元。

乾隆：沈起源。浙江绍兴吏员。顾来泰。江西长洲监生，十八年任，以不谨去。吴允斌。顺天大兴吏员，二十四年署。谢锡偕。浙江会稽吏员，二十五年任。孙跃龙。河南汝阳附贡，二十七年任。钟璠。广东长乐监生，二十八年任。何元长。浙江山阴监生，三十九年署。吴家骥。江西南丰监生，三十九年任，病故。韩天禄。湖北应山监生，四十年署。从《吏科旧底册》增入。冯文燕。浙江会稽人，四十年闰十一月任。孙元烺。安徽亳州人，捐吏目，四十三年署。增入。顾秀。镇江丹徒人，四十四年任。黄廷瑞。广东镇平从九品，四十九年署。姚廷扬。山西襄垣吏员，四十九年任。沈玉麟。顺天大兴监生，五十一年署。增入。钱大谟。江西贵溪监生。五十二年任。任可铭。顺天大兴从九品。六十年署。增入。钱大谟。六十年七月回任，告病去。增入。

嘉庆：沈昆源。江南元和监生，元年署。钱大谟。二年病愈，同任。增入。董光益。直隶丰润监生，三年五月署，告病。钱大谟。四年六月回任，捐升去。黄集祜。江西宁都监生，五年三月署。莫廷柱。浙江山阴从九品，五年六月署。柳震。浙江山阴人，五年任，革职去。杨章。浙江山阴监生，九年署，有传。叶丰。浙江慈溪吏员，九年任。费元霖。浙江归安监生，十四年署。范渊。浙江镇海监生，十五年任，十八年入闱。邹鹏。十八年七月代理。范渊。十八年九月回任，二十一年入闱。邹鹏。二十一年六月代理。范渊。二十一年九月回任。张鈖。二十二年十月代理。范渊。二十三年二月回任，道光元年入闱。

道光：芮玉衡。江苏武进人，元年代理。范渊。元年九月回任，二年因病卸事。邢吉甫。江南上元人，二年四月代理。杨普生。二年四月署。胡熙。顺天大兴人，三年三月任，至七年二月丁内艰。曾炯。江西龙泉人，七年二月代理。张岂本。山西浮山人，七年署。范渊。八年二月复任，旋以不谨革职。范源云。浙江鄞县人，八年七月署。王至元。江南江宁人，九年九月署。宋元功。顺天大兴监生，十年九月署。邱维祖。广东镇平监生，十一年署。纪树城。直隶献县监生，十二年正月任。是秋调闽。胡作棠。湖北宣城人，七月十三日代理。纪树城。闰九月回任。梁升。广西梧州监生，十五年七月代理。纪树城。十月初六日回任，奉解黔饷。魏复瀛。四川成都监生，十六年署。纪树城。十七年五月回任，十一月验看。孔继善。顺天大兴人，十七年十一月代理。纪树城。十八年二月回任，二十一年八月赴闽。赵琪。安徽桐城监生，二十一年八月代理。纪树城。二十二年正月回任，以大计荐举，是秋卒于官。曾甸。二十二年九月代理，旋卸事。杨恩植。二十二年九月署。曾甸。二十五年三月回任。沈庆杰。二十六年七月代理，八月卸事。曾甸。二十八年八月回任。巫庄。二十九年四月代理。倪玉龄。二十九年闰四月署。卢铨。三十年四月代理。严堉。三十年六月署，十二月卸事。

咸丰：韩家樾。三十年十二月任，元年七月卸事。卢铨。元年七月代理，八月卸事。韩家樾。元年八月回任。项承基。四年五月署任。吴廷谋。六年十一月署任。张鹏。八年六月任，八月十九病故。周慕徽。八年九月署任。熊遇周。十年正月署任。

同治：吴载锡。苏州人，十一年二月署任。陈锡周。四年七月署任。王浍。子濬。江西吉安人，五年八月任。刘玉源。字辉山。广东兴宁人，六年十月任。

武职

嘉庆旧《志》，明于寨置官，名曰寨官，一名哨守，掌捕盗及烟火争竞事。宁乡有柳林堡哨守。

崇祯

余　昇。衢州人，有传。

国朝

旧《志》：顺治十一年，地方逃兵倡乱，士民恭请委官防守，乃设驻防把总一员，皆行伍为之。

陈双武。经制把总。康熙七年，协镇委防到汛，领兵二十五名，置县署前之左。

聂　良。山西蒲州人，由效力于康熙十八年领兵五十名来汛。乾隆《志》：良守汛宁谧，军民相安，地方赖有干城。

刘国城。山东慈阳人，康熙二十年到汛。

吕可明。

马进龙。

朱　葵。

孙良材。

余成龙。

郝从云。

刘　祚。

印世勋。

阳　元。

刘国臣。

李君辅。

吴应祥。

自吕可明下籍贯、年月未详。

乾隆：陈兴国。善化人，十三年任。冯金龙。长沙人，三十一年任，三十四年卒。李文海。巴陵人，三十四年任。李文湘。巴陵人，三十八年任。张友陞。长沙人，三十九年任。张士文。长沙人，四十一年任。

嘉庆：刘金标。善化人，乾隆五十二年到汛。嘉庆三年出师苗疆，赏给千总顶戴。沙运昌。五年正月任。宋元鳌。八年四月任。刘金标。八年六月复任。宋元鳌。十年七月复任。向清。永顺龙山人，以军功赏千总顶戴，补宁乡汛，历署益阳、湘阴千总。十年八月任。王□□。十二年九月任。张□□。十二年十月任。向清。十二年十一月复任。陈□□。十三年六月任。向清。十三年十月复任。彭书德。十三年十二月任。吴定泰。十五年十二月任。向清。十六年四月复任。

道光：张忠孝。长沙人，元年七月代理。林必胜。福建惠安人，元年八月署。周嗣辉。巴陵人，四年十二月任。莫□□。五年正月任。宋履泰。湘潭人，五年正月任。刘发元。长沙人，十三年四月任，五月卒于署。黄友茂。善化武举，十三年五月代理。沈云谦。巴陵人，十三年八月任。刘本立。十七年十一月任。史国政。十八年三月任。游运珍。二十三年十二月任。廖廷赞。湘丞。二十四年七月任。

咸丰:赵得亮。云亭。湘阴人，五年十一月署任。周懋栋。长沙人，八年二月署任。甘霖。善化人。十年二月署任。

同治：张国安。辅臣。湘乡人，元年二月任。廖洪光。本邑武举，二年代理。王运普。善化人，三年十月署任。张国安。四年闰五月回任。

前《志》案:《乾隆戊辰志》宋明以来职官年分、籍贯多略，今考《通志》《府志》《康熙壬辰志》详之。

职官三　循良

从来言循良者，曰能吏，曰儒吏，与廉吏并称。《周官》：六计弊吏，其大旨以廉为本。盖所谓循良者，奉法循理之吏耳。循理则无欲，而何患不廉。顾或谓廉而不明，不如无廉。然考班史，曰"簿书正，以廉称"，又曰"谨身帅先，居以廉平"，岂非以治有成效者，非廉无由致哉。我朝整饬官方，激励州县，以洁己爱民为务，《循吏传》中固已增光纪载矣。宁邑素称善地，官斯土者兴利除弊，德泽在民，无不自廉中来也。

后唐

梁贵宾，同光中官宁地，民有所诉，无早暮造于庭，即酌情决之，人称神明。乾隆旧《志》误以后唐作南唐，南唐起于晋天福二年，同光时南唐尚未立国。《嘉庆丁丑志》改正，今从之。

宋

开宝

蒋文炳，字灿臣，号觉庵。湘乡人。汉大司马琬之后。宋初举贤良方正，开宝中任宁乡令，卒于官。子孙因家焉，今为道林蒋氏。《嘉庆志》载见《康熙志》。又查《顺治志》，先已录入。兹道林裔呈其家传，凡南圫、益阳、湘潭、武陵等处诸蒋氏，皆其裔云。

熙宁

毛渐，江山人，有政声。熙宁时，经理五溪，渐条利害以上，察访使者委以区画，遂建安化、新化二县。从《通志》。

陈起，沅江人。官宁地，解组归，疏凿新滩，上官称之。转湘乡，后迁黄梅，擒除妖术，拜御史。从《府志》。

嘉定

范机，字纯之，延平人。宁宗时，知潭州宁乡县，适汉上屯大兵拒元师，军用百需，分檄诸邑供给。机调度有方略，卒不使毫发病民。未几，元兵犯襄阳，围安陆，声震湖湘间。父老举建炎故事，请徙邑大沩以避。机曰："制动当以静，元兵安能遽及吾围。今仓皇委去，是自扰也。"卒不为动。安抚使檄机兼幕府，有谓机盍沿此以自脱。机曰："吾宁焚身以芘民，不忍择利以便己。"及元兵薄江陵，潭帅亟下属邑调民为筑城拒守计。机谓此只以速乱，乃为书具陈必不可之状。帅悟而止，元兵旋亦解去。既而饥疫并作，死者相枕藉。机惫心疲精，瘗暴露，饲饥赢，收育孩稚，活人无算。嘉定八年，以通直郎致仕。从《真西山集·范机墓志文》节录。

明

洪武

薛德昭，长洲人，洪武中知宁乡县。兵燹之余无废政，工役之下无怨民，任官八载，贤声藉甚。

刘　纯，青田人，知宁乡县。爱民守己，绰有能声。

杨　武，兰溪人，洪武中知宁乡县。爱民礼士，修学建仓，百废具兴，时称循吏。

宋　玉，中牟人，知宁乡县。廉能两全，擢知沂州。

永乐

郭　瑀，洛阳人，知宁乡县。平易近民，人心悦服，保留在任十八年。

成化

晏　镳，上高人，成化间知宁乡县。教民孝亲敬长，婚葬以时，锄强去凶，救灾修坠，号为能吏。

郑惟楠，常山人，成化中知宁乡县。抑强直弱，守己爱民，后被诬去。

弘治

邓万斛，字汝容。宏治丙辰进士，授山东诸城知县。宏治十四年调宁，会造版籍，以计庄编户，增二坊，重建明伦堂斋舍及科贡兵客诸费,皆其断讼楮缗为之,里甲无与。蔡九霞采入《舆记》。又按茹纮《王会新编》云:"万斛知宁乡时,豪富多影占诡寄,贫愚者甚苦差徭,万斛绝去情面,履亩丈正之。

嘉靖

胡明善,字公择,霍邱进士。嘉靖中,知宁乡县。聪警严毅,下士礼贤,植弱锄凶,剔弊殆尽。改建县署及按察分司,工经二年,费金数千两,民有弗知者。他郡县民每来质成,积备荒谷三万有零,并创先儒张栻祠,置祭田四十亩于其墓侧。又建玉山书院于县治玉几山,建城乡社学凡六处,兴学育才,遐迩咸被。三年,升工部主政,寻改贵州道御史。邑民有《遗爱记》。

江旋东,垫江举人,由无锡训导升。廉明刚介,视篆三月,谷积至万石。以诬去,士民惜之。

隆庆

饶尚章,进贤人。嘉靖间为宁令,(岂)〔恺〕弟爱民。二子景晖、景位并贵为列卿。万历丁巳,景晖以巡抚四川过县,父老追忆遗爱,请祀尚章入名宦祠。

陈以忠,字云浦,锡山人。隆庆间莅宁,治才有余,操持廉谨,所宜兴革无不为,为亦辄定。公暇以文酒致名隽之士,扬榷风雅如师友。春乘笋舆行田野中劝农,偕父老子弟饮。遇佳山水,往往留宿赋诗。或野叟扶箄饷饁,则欣然为引一卮以去。邑有高行博学者,间延衙斋,登远思楼,便同枕被。诸生陶某、梅某为公所赏拔,笃病皆临寝制参术以疗之,死则为文以吊,古道类此。为政五年多遗爱,如建文塔、玉带桥、阳春台、来鹤亭,皆其创举而泽存山川者。自公以往,莫为之继已。万历间,崇祀名宦祠。

万历

沈震龙,字霖海,云南人。万历中,知宁乡县。貌修伟,颖悟敏捷,有神明之号。当播州军兴,调剂不扰;遇民事,谈笑解之,如理家事。御下蔼而肃,立里甲征输法,六年中无辟狱戍遣者。优待士子,公余集文献,重修县志,行乡饮礼,齿德宫墙,庙社崇饰宏丽。后以蜀郡丞病免。还过宁，童叟争相迎迓，有泣下者。

徐可行，字克敏，广西进士。以万历中宰宁，风流豁达，绝去町畦。为政平易爽朗，与父老子弟相得甚欢。上游议调繁，可行曰："吾乐宁俗浑朴而文，愿无以易。"凡六年，升户部主事。乡大夫九十翁陶显功，率士民建思舄亭以怀之。

王纲，字心乾，宁国举人。万历中莅宁，清刚强正，有峭壁寒潭之目。遇事综核井井，执法不移，时称"铁面"。与贤士大夫接见甚恭，士之英隽者奖掖不倦。五年，擢守晋州，行李单薄，民尸祝之。

汪大壮，祁门人，万历中莅宁。性和蔼真率，表里如一。衙舍萧寂，听讼对簿，辄饮人以醇。六年，擢黄州贰守，行之日，无以具装。吏出牍云，积逋赎若干，皆宜敛者，又悉蠲之。

崇祯

周瑞豹，字石虬，吉水进士。天启中宰宁，为政严明肃穆，不畏强御。当事钦其才望，凡所兴革，无不得请，民或阴受其惠而不知。学宫圮，毅然修复，不费公帑一钱。考最，调江陵，擢兵科给事中。卒以节义闻。

沈国，字梅石，浙江举人，宁乡令。才识通敏，张弛有术。时民困征敛，国善事上官，能用权变以济事，接绅士一以和惠。境内萑苻窃发，设险饬擒，民不被害。既考绩，以外艰去。

沈之煌，字孟元，长兴举人，宁乡令。初示民以浑朴，久而精严强直，锋棱截如，用刑峻断无敢有遁情者。操履廉正，绝暮夜金，上官左右传呼至者，率傲岸折之，不得逞。立比征法，为龙头蛇尾册，出纳之数，率由中出，铢两不淆，奸良不掩。时多盗，每起辄擒。折节于贤士大夫，擢司寇主事。

邱存忠，云南人，崇祯中知宁乡县。时张献忠党剽掠湖南至宁，存忠怀印避，为奸橡黎光烈所怨，执赴贼。贼置酒付印再三，令还宰宁。存忠抗辞泣下，骂贼不绝口。贼怒，缚至道林杀之。士民哀其死，招魂立祠于邑北郊，以抗贼绅士周世美、陶炶、刘为邦等一百三十六人配祀。

党哲，四川广元拔贡，崇祯中知安化县。洁己爱民，精勤练达。时寇氛肆煽，躬率民兵剿复；游骑剽掠，躬捕治以军法。兵皆畏服，不敢犯境，民赖以安。兼署宁乡篆，时龙王潭寇起，哲入其巢抚定之。有溃部数百骑，掳民妇女，哲佯与诸将款，麾宅眷避舍，驱入公廨，锁而卫之。后升靖州，道经邑治，攀辕者相错于道。以死难赠太仆寺卿。

赵　璧，山东邹县人，以通判署宁篆。时里甲输办百物，苦不均平。璧据丁粮均派，强不凌弱，众不欺寡，民甚感之。摄篆逾年，疏食布衣而已。卒不能归葬，其子千之自家携赀以扶榇，士民敛金赙之，莫不流涕。

宁绳武，吴江进士。戊午，以司李摄宁篆。精明浑厚，有大臣风。署事数月，未尝用三木，刑内澄肃，而外（岂）[恺]弟，一介不取。待士大夫有礼，举乡饮必择有道长者。市中恶少王汝宾等廿余人，昼趋公府役，夜则为盗，将谋下洞庭以逞。公廉得其状，顷刻就擒，戮其魁，余悉杖遣之，绝所牵引，邑赖以安。其得治大体如此。去之日，民遮道留之，勒数事于石，名《宁公碑》。

程门徒，四川井陉人，以长沙教谕视宁篆。廉正不苟，用法宽柔，行其庭仍有菖蒲风。数月代去，士民怀之，为立石江南之衢，至今存。

刘熙祚，武进人。崇祯中，巡按湖南。癸未秋，卫三藩至衡，贼至被执，诸王走岭表。祚曰：“御史楚官不得去。”贼迫其降，不屈，囚之，至宁乡宗师庙。有言宁多义兵，将谋夺巡按者。贼怒磔之，大戮宁人无算。有僧窃识其骸，瘗于路南。后赠太仆寺卿，谥忠毅。

国朝

顺治

蒋应泰，字汇征，大兴拔贡，顺治十二年补宁乡知县。招遗抚叛，劝农兴学，极力拊循，凋残渐起。升长沙同知，摄郡篆。当大军络绎，躬亲支应，民困悉苏。操励冰霜，断狱明允，甄拔人材，宽恤徭役，士民至今感之。升汉中知府。

康熙

权持世，字伯亮，三原举人，康熙三十年莅宁。当疮痍未复之时，版图不整，户口凋零。持世区画利病，如慈母之护其子。立细民上纳法，法有五善，一则科差不立里长之名，一则句摄不滋保歇之扰，一则悬定征比之期，一则厘剔飞洒之弊，一则不假收头出纳之权。行之既久，邻邑士民亟请于上而求法之。聘贵州分考。在宁八年，廉声上播，升扬州府同知。

王钱昌，蒲坂人，太学生。康熙十八年，湖南开后，题署宁乡，约己爱民，遇事敢为，不畏强御。三年报政，得实授。好读书，下车时自谓不谙文理，治宁数年，日夜力学，遂致诗文通达，谈文字娓娓不休。治行才干，时为湖南第一人。康熙十九年岁歉，捐米谷三百余石，赈济饥民，全活甚众。

陈嘉猷，江南溧阳进士，康熙间宰宁。爱民礼士，作育人材，公暇辄与诸生论文不辍。行取升御史。

雍正

潘璜，山阴吏员，雍正时宰宁。通达吏治，遇事明断，绝苞苴，人不能干以私。邑有积盗，负险为害，前令不能治。璜单骑诣其穴擒之，民赖以安。兼署湘乡、浏阳篆，后卒于任。

乾隆

刘善谟，山东邹平举人。乾隆二十四年莅宁，执法多宽恕。及遇窃贼，处治倍严，谓去莠即以植禾也。案有疑，辄微服私访，独行风雨，不辞劳剧。有宦家故地被侵，讼数年不结。善谟疑宦家惯欺凌，私携山图，往看廿余里，回署无知者。对质时，言形势较两造尤晰，一诘而剖。尝投宿山庄，仅两妇人，不肯留，再三恳，许于屋后小厂宿。夜半闻多人裹窃赃归，诣厂致诘。善谟能南音，且谙贼伙哑谜隐语，绐云："我亦局中人，因案破在逃。"贼信之，约入伙，酣饮纵谈，备述行窃所见。时有谋杀案不得凶，顷刻廉其实，并破无数贼案。每听讼，观者如堵。判毕，必问人当否，惟恐枉屈。其勤慎如此。邑中玉潭桥，巨工也，善谟倡修，邑人响应，靡不踊跃，至今犹称"刘青天"云。

侯可仪，江苏金匮举人，乾隆二十八年宰宁。清正勤敏，朝夕坐堂上，平反讼狱。谓宰官一日晏安，百姓守县待质，奸胥蠹吏，苛派诛求，种种弊端，均由此甚。以故票有常期，案无留牍。上官过境，照例供夫马，无过费迎送，亦惟其礼，不肯远事趋承。值紧要案，再三审谳，牒者报驺从临境弗辍也。上游多以为傲，其治行大概宽以待民，严以治贼，士民多利赖焉。

张继辛，湖北东湖举人，乾隆三十四年宰宁。政平讼理，案无留牒，虚怀下士，洁己爱民，平时衣布袍，非公服未尝用丝帛。后历官至按察司。

冯鼎高，福建长乐进士，乾隆三十九年署宁篆。整饬胥役，培植士林，事无巨细。拘唤务，去牵连，锄强去暴，贼风顿息。暇则传书院生徒课文艺，于书院后址建三贤阁，祀朱子、张栻、胡宏，有碑记。

张朝乐，江苏如皋贡生，乾隆五十一年以同知摄宁篆。精明敏干，振拔有为。缉盗安民，威严果断，游闲皆知所惮。

林昆琼，福建侯官举人。和平清正，治贼独严。甫下车，捕贼至，尽法即释，再犯，即令戴小枷乞食，恒经年不放。谓罪不及死，放复为民害，毋宁贼谓我刻也。贼畏敛迹。两入乡闱，分校多得士。尤喜培植人文，尝至书院，校试肄业生徒，劝以立品植行，往复殷勤。

泠铉玉，山东胶州进士，乾隆五十五年权宁篆。温恭儒雅，谨平反。执法虽严，不以恶声加百姓。鞅掌之暇，不废经史，真儒吏也。

嘉庆

谢攀云，四川崇庆举人。精明强干，听断如神。每判一狱，士民靡不心折骇服。尤严于治盗，谓盗不除，何以为民父母。在任仅两载余，境内肃清。去之日，送者塞途，至有号泣失声者。

王余英，菊潭，山东福山进士，嘉庆十六年宰宁。政简刑平，尤爱礼文士。其父国宝素博雅，时招邑中知名士入署酬饮，纵谈诗古文词，终日不倦。余英与其弟余莘左右承欢，足以风示闾里。为书院增置田产，以助膏火，文风为之一振。主修邑志，亲为厘定，体例綦严。二十一年，同考试官，调善化县。著有《四书求是》，选刻《瀹灵集》行世。

沈道宽，栗仲。顺天大兴名进士也。为治务存宽大，视民如子，审谳不轻用刑。尤喜作育人材，每月课必亲诣书院，进生徒面试之。四书文外，兼及骈体韵语，而以敦品励行为先，士习文风，并赖培植。性嗜琴，公暇辄焚香默坐，声泠泠然，远彻清听，人谓有宓不齐之风焉。

郭世阊，砥澜。江西湖口进士。自道光丁酉至庚戌岁，往复握宁篆者十一年，与士民久相习，不啻家人父子。平情听讼，未尝厉色相加。两次分校乡闱，称得人。而殷勤课书院子弟，尤以忠孝大节相敦勉。所取士如邓凌云、刘代瑛、胡铮等，均以县试冠军入学。邓、刘旋由乡试举人，拣发贵州知县，遇杨逆喜能乱，率勇捍御，力战死。胡以军功保举训导，奉檄剿贼粤西殉难。三人皆祀忠义祠，人谓其瓣香有在云。

明

以下教职。

永乐

刘　俊，郑州人。任教谕，廉于律己，身无完衣，束修皆不纳，衣敝有赠，以新者力却之。日升讲堂，弟子执经问难无倦容。

成化

唐　桂，阳朔人，任教谕。严峻勤敏，率诸生讲习，无间寒暑。士有倚势要觅利者即鸣鼓攻之，有被豪猾诬罔者力伸之，士风义艺俱赖培挽。崇祀名宦祠。

正德

张　昱，字时晖，福建举人，任教谕。温厚朴雅，教诲不倦，复学西北故地，出俸置经书子史及笾豆若干，又置几凳以便诸生课诵。丙子，应聘云南，分房校文，升教授。

嘉靖

崔　爌，任教谕。持重谦让，处善安常，每具馔会课诸生，罔不兢劝。甲午，聘校闽闱，升平南县令。

叶震亨，任教谕。通而不随，贞而不谅。严考校，详定等差，造就有方。癸卯，应聘山东同考官，升应县令、岳州同知，后家于宁。

陈有典，任教谕。甫莅任，即集诸生于学宫，亲督讲诵，寒暑不辍。性刚介，安贫绝馈遗。卒之日，不能具敛，邑令及合庠赙之，榇始得归。

毛可教，西陵人，任教谕。雍和端雅，敷教精勤，加意寒畯。携酒问奇者，辄尽所怀。胡懋进、张翼从受《春秋》，皆成专家。升碧山知县，擢户曹。子祈蕃，庚辰进士。

王尧夫，晋江举人，万历中署教谕。绛帐经笥，侃然自贵，至即简俊髦数人，朝夕淬厉之。倡增文昌阁于学右，人言戊午后连隽者，皆尧天造就之力。三湘间问业成就者尤多。

万历

杨　筠，泸溪人，任训导。敷教宽而有法，不责贽仪，三年以忧去。起复，仍补原缺。数年，升湖北教谕。宁士立碑，以寄思慕。

国朝

康熙

屠用震，孝感举人，任教谕。浙抚艾山之子，无纨袴气。待士率真，与人接见论文，终日不辍。执贽者家贫即还之，见客着一袍，尝曰"此家君作宦时所衣也，今以予我，凡二十年尚如新制"云。

金其宠，安乡岁贡，任训导。天真烂漫，春风蔼然。亲课文字，扶持纪纲。间与诸生饮酒赋诗，如家人之乐焉。

乾隆

谢廷献，沅陵副榜，任教谕。明于吏治，恢宏豁达。尝曰："教官职在训士，尤不可有卑鄙龌龊态，为士子笑，致失师范也。"去之日，多厚赆者。

宋

以下佐贰。

祝　充，任县丞。博学嗜古，纂《韩文音义》一部进呈。右从政郎潭州毛叔度为之序，见曹氏读书附志。据此，则充实非风尘俗吏也。

明

嘉靖

张　英，任主簿。谨厚平易，事事不苟。重建棂星门三门、号房二十间于两庑后，儒学门一座，榜牌 二座，监收粮署前后六间，门三间，皆捐俸为之，于民无扰。在任九年，人无间言。崇祀名宦祠。

万历

梅蕃祚，宣城人，万历中为主簿。具侠气，毅然自好。日尝晏坐，与文士接谈。署县事，严正不苟。督木北上，袁中郎为赋《督木行》。卒以忤时去官。

宋

宝庆

许　炳，岳州平江人，嘉定二年进士，授宁乡尉。持身廉洁，裁去旧规，时有"不要钱"之号。转运使嘉其才，辟置运幕。嘉庆志从《岳州府志》增入。按《平江县志》作宝庆年进士，《通志》炳名载在宋举人类，炳为县尉，疑非进士出身，似当以《通志》为是。

崇祯

陈汝诚，钱塘人。任典史时，周石虬宰县，严束僚属，汝诚愿谨自守。每捕盗，绝少牵引；遇民事，温语释之。督修学宫，勤慎将事。以内艰去，不能治丧，士民怜之，助资归里。

国朝

嘉庆

杨　章，浙江山阴监生。嘉庆间，署捕篆。风骨棱棱，崇尚气节，勤于捕盗。暇即临池，去任日，惟败管盈束，旧砚数方，余无所有。

明

武职。

崇祯

余　昇，武弁，衢州人。侠而好义，先为太守允锡幕客。崇祯壬午，从允锡御贼梅湘之界，夜雨贼猝至，昇振槊上马，率百人力战万山间，杀七人，不胜而死。允锡伤之，建祠死事处，又率邑人立祠北郊，题曰"义士庙"。

职官四 政迹

吏治惟汉近古，要皆于政迹见之。两汉而下，在唐如韦丹之教民耕织，倪若水之增兴学舍；在宋如濂溪知南安而立决疑狱，明道令晋城而特设科条，自昔惠义兼施，政声丕著者，殆难更仆数。方今朝廷励精图治，各州县罔弗政简刑清，日臻上理。宁邑人心向化，其仰庇夫宽大之政也久矣，则凡士习民风之培植，条教号令之留贻，不有可法而可传者哉。

宁邑漕粮，康熙七年奉文北运，权令持世捐赀，择里民往岳州，于北城外左黄华亭，价买民房基地一宅，鼎建漕粮仓三间，因癸丑变乱，焚毁无存。康熙二十年，漕粮复行北运，王令钱昌仍捐赀，令里民往彼买备砖瓦材料，如旧重建，且与各州县建置官亭，雇募斗级一名看守，每年给工食银五两，名曰巩丰仓。

权令持世设细民上纳之法，自封投柜，行之允当。康熙癸丑乱后，王令钱昌于己未莅任，悉依前政，且革除火耗，遵司颁法马收兑，士民乐于输将，令亦报最。

驿政向禁滥应而滋弊实多，蒋令应泰革去私帮，力请加马，新造马房十间，设处草料工食，先诸邑举其纲，井井有法，立石记之。然一再易而渐弛，赖权令持世毅然殚心力，绝情面，火牌勘合而外，虽上官左右，不以一骑一夫相乞。久而上官信其严正，怨讟不行，宁人实受其福焉。至于新厩栈丰，刍牧募马夫，给兽医以糈，无一不归于官，亦无一不亲加按视，而后害马者皆去。每发站银协济，必唤集粮里，当堂公同给发，取实领，无分厘扣克之陋。排夫则关簿在内，遇差则按数发签，狡黠者不能规其利便，故里甲晏然。并省临差雇募之累，于是驿之扰，纤毫不及于民。不然，旧额宁乡上冲设马六十五匹，私帮在外，排夫四百名，当时尚极称疲苦。今仅存三分之一。或南辕北辙，宪节并临，暑日寒宵，奉催孔亟，欲不皮肉俱尽，安可得乎。

驿站额设马三十一匹，自蒋、权二令以来，官喂官走，补记详矣。王令钱昌悉仍其旧，不累里民。协济邻邑，往来应付无误，皆不累民。又请复排夫工食，并捐购砖瓦，建驿马枋十间，驿政大治。

知宁乡县事蒋应泰杜派民马示

为杜派民马事。

照得地瘠民穷，南楚宁邑为最。本县莅任兹土，目击心惨，留心抚字，刻意滋培。两年来，饮冰茹蘗，犹如一日。至于夫马一项额银，除荒脚马仅存实银二百二十五两，排夫仅存实银二百零七两。值军兴旁午，路当孔道，奚能充一年喂马、雇夫之用。前任会集绅衿里民，几经筹划，虽每都增有助夫三名之议，在粮里已存私帮之名，在官吏仍受驿递之累，苟且目前，终非长策。本县再四图维，竭力申请，方从加马之议，但脚马款银分厘未增，日后终为里递之累。本县受事两载，创衙宇，修学宫，造渡船，无一不捐赀赔费。若驿递不能垂久，终属缺陷。是以新盖马枋十间，官养官走，一应草料马头、步夫工食等项，悉皆设处支给，毫不派之粮里。其扛鞘排夫，按季发银，临差现雇，驿政归官，民害永杜。已经申请院、司、道、府，俱蒙嘉奖。爰勒之石，永垂不朽。

知宁乡县事权持世详免绅士丁粮事宜

康熙五年，阖学公呈，为吁恩事。

国朝优恤杂徭，士庶各差各税，自康熙三年西山进剿，夫草浩繁，无分士民，一体均当，随蒙示生员优免一丁，久已通行在案。但各属丁粮分派所免，实有专丁，惟宁丁随粮出，若不从粮免丁，势必无丁可免，且免粮亦止杂役，并非有碍正供。宁邑至今尚无定例，以至士庶不分，混遭笞辱。兹幸都宪作养殊恩，见值编审之期，正利弊更新之会，恳乞敕县酌定从粮免丁之例，分别户名，量加优典，士庶攸分，寒儒益沾，休养差徭，稍别礼义，治有暇时，士类衔环，胶庠生色。为此具呈，须至呈者。

偏抚部院批：仰长沙府查报。随奉府檄行县，酌妥确转详。

知宁乡县事权持世详文

查得宁邑人丁，例系随粮增科。自奉文停止优免之后，绅士、庶民，有粮则有丁，刊载由单，不便分列。是正供无优免之例，无容议矣。宁乡自遭兵火之后，民既孑遗，田多荒芜。凡当年里长，每五年一轮，其分管昔年花户，率皆星散。所谓催粮排夫之类，原从粮起。前此生员优免差粮二石，其中多自诡立滥冒，以及外学混入，十去三四，以致偏累里民，致里民喻定通等，于康熙元年内告北院，为泣陈三害事。批宪审断，士民一体当差。及康熙二年，卑县到任，往往士言而民遂争执，未便轻以为议也。今蒙部院宏文造士，士子翕然向风，祈求所以作养之恩。宪批转行下县，卑县再四思维，士子固不可以不作养，若依前任免丁之法，势必诡滥，不便于民，必至复行烦渎，亦非上官所以培植士子永久之恩也。随以此事并先奉宪文，为杨理宏飞洒一案，均平里甲之事，鸠集阖县绅士里民于城隍祠，矢心公议，将一切户粮，俱照康熙四年丈册均平里甲造正议，凡乡绅每人以粮三石、生员以粮二石立于甲外，令其自完自饷，无催收花户之劳，无伺候排夫之烦。在绅士虽不比从前实免丁粮，而已沾作养之微惠，且可以杜诡立滥冒之弊端也；在里民既执有一定之则，无复滥冒之虑，亦平心而易气矣。从此民不累儒，儒不累民，庶几部院及宪台作育士子、爱养百姓之至意两全矣。今卑县已试行之半载，士民均称甚便。今奉前因，理合具详，申请宪台转达批示，下县永遵施行。

由府转详，奉抚部院批：仰右布政司确议，报奉司备，行府下县行查优免新例，妥议详报。

知宁乡县事权持世如前覆详

由府转详，布政司奉司批：有无偏累小民，是否与新例无碍，仰府再行妥议速报。随奉府檄转，查通县熟粮若干，务要传集里民到官，从场酌议。如果里民心服，与新例无碍，即便取具里民回呈，再加妥议具，由详府覆酌转详施行。

知宁乡县事权持世三次详略

查得宁邑，除荒外实征粮七千二十八石七斗二升一合零，今公议于内立甲外，每绅户三石，儒户二石，共绅、儒户立甲外粮四百二十三石八斗二升一合四勺六抄二撮。宁邑旧例，四空五当共计算，每年止立甲外粮八十四石七斗六升四合四勺九抄二撮，况系各完各粮，无碍正供。较之新例，事殊而意同，亦不致偏累小民也。今奉前因，即取具阖邑里民连名甘结三张。云云。

附阖邑里民结状

宁乡县阖邑里民高寿伟等，今于与连名甘结，为吁恩敕酌免丁之例等事。

遵奉结得本邑蒙抚部院老爷批词下县，蒙县纠集士民，俱于城隍祠公同酌议，本邑丁从粮起，无丁可免，每绅户以粮三石，生员户以粮二石，分别另立甲外输纳，士民相安，咸服中间，并无偏累。所结是实。

由府转详，藩司转详抚部院本批：该司酌议妥确行，复奉司檄行府转行下县，再取具里民甘结回详。

知宁乡县事权持世四次覆详

查得此案，先奉宪檄，公同士民酌议，宁邑丁从粮起，无丁可免，以绅户粮三石，生员粮二石，另立甲外，自完自饷。一则遵照上行，分别绅、儒、民完饷之例，士民各不相累；一则以彰各上宪作养士子至德，不虚免丁之例之意也。阖邑士民咸服，已经取具里民连名甘结，申赍宪台在案。今奉前因，合再取具阖邑里民高寿伟等甘结，粘连卑县印结，具文申赍宪台，查核转报。

详府申覆。府覆看转详布政司奉司批，备录行县，知照在案。

知宁乡县事王钱昌重建养济院碑文

国家鳏寡孤独废疾者有养，所以上广皇恩，下及无告，亦西伯仁政先施遗意欤？宁邑原建有养济院，旧在邑之北关，兵燹久废，草莽瓦砾，仅存基址。余奉命牧宁，顾而心恻，谋所以建置之未果。岁丙寅，奉有设法捐造之檄，余惟思从前一切兴复，悉属捐修，兹复何辞。经度鸠工，力任厥事，不强于众，无苦于民，盖欲于皇恩广播中，令无告者若有告，失所者今得所焉尔。是役也，奉文于丙寅仲秋，阅一月起工，及丁卯春工竣，册报各上宪，于今岁孟春中，立正屋三间，楼翼之墙垣门阅，视旧制特拓。同城襄事者，则防守刘国成、教谕翟容黻、训导余心谟、邑尉孙兆俊，督修则绅衿偕耆老姚士登，输材则邑中诸良善，皆与余有同心，用恤无告云。落成，因镌石而为记。

知宁乡县事李杰超告条

（节录）

一、禁兄弟叔侄构讼。查兄弟叔侄，均属期服，一本至亲，即有雀角细故，产业不均，何难于家庭之内排解清理，乃必讦讼不休，视若深仇夙怨，不可复解。亲爱之谓，何而浇漓一至于此。本署县以敦本睦族为先，重为尔民劝焉。

一、禁溺女。闻宁邑恶俗，于妇人分娩后，竟有溺女之事。夫以造物之化育，一草一木，均需长养，何忍以不识不知之呱呱，甫经出胞而即置之死地。丧心害理，至斯极矣。窥其意，以为贫难养活。不知天生一人，即有一人之衣禄，毋容过虑。今特申禁，嗣后敢再有犯者，必治以故杀子孙之罪。

一、禁嫁卖生妻。夫妇为人伦之始，举案齐眉，百年偕老，岂可一旦生离。即或家道贫寒，高堂乏供养之资，势难两全，亦当别谋生理，勤俭度日。夫妻恩义，终身以之，彼此不可稍萌异心。即男女之亲属，尤宜以矜全为要。若通同嫁卖，希冀分得财礼，前夫、后夫并妇人变志改嫁，及主婚媒人，均照卖休买休律治罪，仍将妇人两断异离，追财礼入官。

一、禁强牵牛马。查民间授受与借贷银物，未经清楚，不妨经凭原中亲族，好言理索。其或未能即时清偿，应令书立限字，宽以时日，庶不失睦姻任恤之道。乃宁邑强悍成风，遇有欠项未楚，瞷其家有牲畜，即纠约多人，强牵为质。甚至抹煞情由，装点虚词，不曰强抢，即曰窃贼，朦混具报。披阅之下，殊堪发竖。嗣后，尔民务须痛改前非，如敢再犯，先将强牵之人枷责示众。

一、禁丧葬奢靡。查居丧之礼，哀痛为先，一切附身附椁，自应竭尽心力，以报罔极深恩。乃宁邑习俗浇漓，凡居丧之家，纠集亲朋男女杂沓，或设筵开宴，或修斋设醮唱夜歌，以图欢乐。孝子安之若素，旁人习以为常。不特浮费过多，抑且蔑礼已甚。自今而后，以孝事亲者，亟宜改变此习。

一、禁打降恶棍。打降例禁森严，尔等守法良民，自必顾身家而重性命，不敢恣肆妄为，逞凶斗殴。乃有等好勇之徒，遇口角微嫌，或交易细故，动辄恃强争斗，甚至雇觅拳棍扛帮凶，殴酿成命案。本署县念切民瘼，不忍尔等一时之忿争，自蹈丧身之严谴，特为明切劝谕。嗣后各宜凛遵，倘敢违犯，必先拿行凶之人枷责示儆。

阖邑绅士公呈

（乾隆十九年）

为兴复书院、吁充膏火事。

宁邑自明胡侯明善建玉山书院，原额管膏火田六十二亩，地名黄花坪；沈侯捐田八十亩，地名华林冲；汪侯捐田四十亩，王侯捐田五十亩，俱在地名茯苓塘。三庠共捐文星祠田一十二亩，在一都；于侯置义学田三十三亩，在四都。自书院毁，五处田存，学待复朗，载新旧邑志。上年四月，生等呈请学宪批县详复，县移学查学。初牒称宁邑并无书院膏火田亩，生等捧邑郡新旧两志呈明县主学师，始将华林冲、茯苓塘、文星祠三处田牒归膏火。内称黄花坪开赈贫生义学田，岁有馆师。县据申详学宪，转请府议，蒙府牌饬：既复书院义学田，理宜并归。即黄花坪田，除赈贫外，赢余亦应充作膏火。府谳真同犀照。生等现在劝捐数千金，购基修建书院，黄花坪与义学田尚游移支展，漫无着落。致具呈已逾一载，未定章程。欣逢都宪大宗师文星镇楚，为此备悉原由，伏恳宪恩，振兴文教，广施作育，田归县管，永作膏火。士林生色，沾荣不朽矣。

抚部院陈批：黄花坪、华林冲、茯苓塘、四都、一都五处田亩，每年共收租谷若干，除粮户之外，余息若干，岁赈贫士若干，书院曾否修复，黄花坪田应否归并县管，仰布政司查明详复。

知宁乡县事刘台详文

（乾隆二十一年六月）

奉前因，各处田亩，卑职亲临勘丈。茯苓塘田九十一亩，华林冲八十一亩，文星祠二十六亩五分，共田一百九十七亩五分。三处共收租一百八十六石八斗，除完粮赋外，净存谷一百五十二石八斗零。照中等市价，每石易银四钱，共易银六十一两一钱零。又勘得一都黄花坪田六十三亩，收租六十三石，除完粮赋及每年批解学宪赈贫外，净存谷三十一石二斗零，每石易银四钱，共易银十二两四钱零。又勘得义学田三十二亩，收租二十五石六斗，除完粮赋外，净存谷二十石零六斗，共易银八两二钱四分。以上通共存谷二百零四石七斗三升，共易银八十一两八钱九分零。

乾隆二十年所收租谷，现贮书院，听候批准后，变价归入书院开销。至经理各费，每年山长束修、供膳并茶房火夫、看守人役工食，每年共一百一十四两八钱，除存租谷银八十一两八钱九分，尚不敷银三十二两九钱零，现在续捐另报。至肄业生童，止自备膏火，不必另出束修，庶贫寒得所师资，于振兴斯文之道，不无少补。理合遵檄造具田亩、租谷清册四本，书院绘图四纸，具文详请宪台俯赐核夺，转奉本府刘核转抚部院陈批，如详饬遵，延师掌教，考选生童进院肄业，年底造册报查。并详学院毛批：查宁邑黄花坪田，每年报部在案，似不得改充膏火。至前令所捐之田，查详内书院未复以前，田归学管，历年所收租谷，均系修葺学宫之费等语。今此项田亩，归入书院，其修茸学宫之费，似应再为酌议，咨复抚部院。随奉司檄，饬府行县议祥，刘侯具详声明。

藩宪加详

（乾隆二十一年六月）

本司查得宁乡县黄花坪学田，每年收租易银，除完粮赋及批解学院赈贫银外，余银一十二两五钱零，并义学等项田租，拨充书院膏火等项之需，业经详奉前宪批允，饬遵在案。

嗣奉学院咨，据该县署教谕李孔授禀称：黄花坪田久经造册报部，租银赍解赈贫，仍应归学管理。至岁修学宫及义学之茯苓塘等处田亩应分，应并行司查议等因。随据府县查详，并驳复到司。

本司复查宁乡县黄花坪田，既经报部，租银赍解赈贫，向归学管，未便更张。应如该府县所议，仍归儒学管理。至每年所收租谷六十三石，除完粮赋并扣解赈贫银外，余租三十一石五斗零，照依市价，易银一十二两伍钱零，应令每年按数报明存贮。如遇学宫有应补茸之处，或十年一修，可得一百二十余金，尽足敷用，毋庸改充书院膏火。其华林冲等处田租，仍照前议，概归书院，以充膏火。饬令每年将收支细数造册详司，汇请核销，庶学宫修茸有资，书院膏火有赖等因。奉抚部院冯批："所议均属妥协，仰即遵照办理。"

嘉庆八年，佃民萧清湖朦学将田私顶与刘诞敷，得银八百两。邑人具控，经朱令偓、谢令攀云审讯清丈，丈出田四十四亩零，断于原租六十三石外，加租六十三石。迨十五年刘诞敷求退顶项，张令秀芝议以六十三石归学完赋赈贫，符学原数，令首事垫银退给刘佃顶项，其所加租六十三石，令首事收管储积，为修茸学宫之费，契归学收佃，由首事进退。案详抚宪某，奉批如详饬遵，案存礼科。十五年，首事将田佃银三百二十两内，以四十两给佃修堤，另借凑银四百二十两，共银七百两，退清顶项，遂与学师分佃，各收各租，至今无异。其首事借垫之银，已于加租内扣还。

知宁乡县事王余英详明书院田亩酌加折租案

为请详明书院田亩，酌加折租，以裕经费，以资作育事。

窃照卑县玉潭书院原有各前令暨绅士人等，捐置田四百七十六亩零，招佃耕种，每年共纳租谷四百四十石零。乾隆四十年，冯前令因各佃道路远近不一，折租者多价值无定，酌议无论年岁丰歉，每石收折租钱五百文，以作书院膏火之资。详准历年遵照造册报销在案。

卑职莅任，查册载馆师俸薪等项，以及诸生膏火银数，均甚菲薄，殊非所以安儒林而隆作育。故卑职莅任以来，每岁捐廉数十金，以助馆师薪水。肄业生徒二十名，每月每名各捐给月米二斗。庶乎薪水有资，得以潜心课读。第岁岁捐助，终非久远良策，因思折租一项，原议每谷一石，折钱五百文，在早年谷价平减，佃民已多余息，若近年谷价增昂，所获更倍于往岁。现在书院经费不敷，不能不随时变通，酌加折租，以资调剂。

惟查书院额田四百七十六亩零，原非膏腴之业，缘耕种年久，各田渐经成熟，尽属膏腴，出谷倍盛。嘉庆八年，该首事因书院经费缺乏，每多赔垫，遂与各佃酌议，按其所获谷数，递年加租。自嘉庆八年起至十六年止，已加谷二百余石。现在实收租谷六百九十八石三斗，计收折租钱三百四十九千一百五十文。卑职按亩计算，为数不多，与佃民委无苛刻。其所以未经详明者，皆由陆续加租，章程未定，故历年仍照旧册报销。

细查历年用数，于额销外，多有增用杂款，每年所获折租仍有不敷。逐款查核，俱系应用之项，委非糜费浮冒，均经卑职捐给。查陆续加租，因田亩有今昔肥瘠之不同，而加收折租，亦因谷价有今昔贵贱之不一，因时制宜，于佃民并无偏枯，于经费大有裨益。是以传集首事并各佃民酌议，每谷一石，加折租银一钱五分，合原价折收市平九六色元银六钱五分，无论年岁丰歉，一律折收，永定章程，再不加增，亦毋许短少。各佃均皆乐从，更换佃约，认耕在案。以后佃民如有拖欠，不能年清年款者，该首事另换更招，故各佃姓名均未注册。共该租谷六百九十八石三斗，内除谷七石二斗六升六合六勺碾办漕米外，实存谷六百九十一石零三升三合四勺，共收折租银四百四十九两一钱七分一厘，以充书院膏火等项之用。若不明定章程，量入为出，永为定额，不足以昭核实。

查每年所收折租银两，应完正耗钱粮、南折驴脚，共银十七两五钱二分一厘三毫，并批解演武场、更衣亭折租银八两七钱二分，水租银三钱，市平九六元银每两应加平水银七分，共加平水银一两八钱五分八厘。所有馆师俸薪、修金、贽仪、夫马等项，原仅共一百二十四两，未免太薄。兹酌加三十四两，每岁共银一百五十八两。其肄业生徒，详定每岁考取正课二十名，每名每月支给膏火银四钱，亦属太减，应请加增四钱，共每名每月支给膏火银八钱。每年自二月初一开馆起，至十二月初一散馆止，计十个月，总共需膏火银一百六十两。再，书院应添号房、门夫各一名，以资查禁闲杂人等出入。每名岁给工食银六两，共银十二两。考录去取需用油烛卷价，酌给银八两。刷印生徒月课卷，酌给银八两。起馆、散馆酒席，酌给银二十两。差役催租，酌给盘费银四两。看守打扫书院人役，酌给银三两六钱。因米昂贵，每石折银二两，共银十两八钱。火夫一名，给工食银三两，酌加银二两，共银五两。书院内文昌祠、魁星楼二祭，用银三两五钱，照旧支给。以上各项，共银四百一十七两六钱九分九厘，应余折租银三十一两四钱七分二厘，每年修理奎星阁、考棚、书院斋房，添补器皿，用费不足，均于所剩之银动支。如有赢余存留，以作闰年支给书院人役饭食之用。若不敷，由县捐给，年底造册报销。书院近地有屋宇、园土数处，招佃赁租约十余两不等，原册报销管年首事二名，每年共夫马、饭食银十二两，酌即以此项租银分给。所有折租银两，每年秋后着令该首事收齐，按时动用。至经管首事，须按年选择妥人，新旧轮流更充，免致日久滋弊。

除将酌定折租银两数目、加增俸薪膏火及岁需经费，造具清册赍核外，合将酌议缘由，详请宪台俯赐，核转批示。

藩宪批：如详饬遵。

知宁乡县事王余英详免推荐书院掌教文

阖邑绅士刘序拔等，为聘请书院掌教，恳赐详免推荐俯全乐育公议事。

宁邑玉潭书院，乾隆年间犹属阖邑捐置民房，掌教束修、生徒膏火共仅百金，肄业生二十名，每月仅银四钱，菲薄已极。一切出入，胥由首事管理。虽名书院，实同义学。向年来，间蒙上宪推荐戚友，非无名儒宿学，往往言语不习，嗜好各殊。在生徒不相亲昵，讲贯之益莫收；在老师无由拘管，放荡之弊滋起。而且老师往返道远，动经数月。一年间，或三月起馆，五月去；八月来馆，十月去。诸生课程，亦不过十余艺。一岁之束修膏火，则已虚糜矣。阖邑深悉此弊，是以嘉庆四年，倡捐建修斋舍，公议嗣后准左庠右塾遗意，掌教必请乡大夫、乡先生，诚以人品学术，父兄既所夙知，子弟亦所素仰，列之门墙，弥形敬畏。每年公择先生，由首事禀知，请衔关聘，条刊书院志中，以垂久远，历十六年未之或易。惟是书院膏火，久经详报，去年蒙宪恩酌加，亦复详明在案。各上宪情深乐育，或以事属在官，不知公议条刊缘由，遇有名师，即行推荐。窃恐前项弊端，在所难免，诸生等必不乐从，转非敬上隆师之道。兹拔等阖邑公呈，伏恳父台据情申请，免推荐，全公议，实为德便。等情据此，理合据情，详请宪台俯赐核示备案。为此备由具申须至申者。时嘉庆二十一年十月二十五日申。

知宁乡县事许瀛封禁斋饭山示

（嘉庆二十五年）

为严禁事。

案据举人周封万、喻虔孝、崔秩，生员袁滋、成煦等，呈请斋饭山为县治学宫来脉，阖邑官民利害攸关。惟山产煤炭，奸徒罔顾风水，胆肆挖掘，截脉伤垄，历经控奉各大宪，严饬封禁在案。

后因武生周光鼎等接买毗连僧山田地，误听痞徒于山前石子塘内开垄采煤，经童开淇等禀请藩宪示禁。蒙批："仰长沙府饬县速即严查，永远封禁。如敢再行抗玩，按例究办。"等因。随奉封禁，德泽均沾。

但此山自乾隆年间陈茂松采煤获罪充发之后，即奉封禁，而历年既久，旋禁旋开，敢请宪严行出示，凡山前山后，永不许诡易地名，挖采煤炭，饬令该地保甲每年冬月查报一次，以杜后来藐法之弊。绅民等公同立碑，以垂久远。等情据此。查斋饭山石子塘等处山场，有关县治学宫来脉，历奉上宪严札封禁在案。

兹据前情，除批示外，合行出示严禁。为此示仰三都七区居民、保甲人等知悉，尔等务将斋饭山上下石子塘等处山场查察，永远封禁。如有不法匪徒在于该处偷开煤垄者，许即赴县指禀，以凭差拿究办。该绅等即行立碑，以昭永禁。该保甲仍当随时稽查，毋得徇隐，致干并究。各宜凛遵毋违。特示。

知宁乡县事齐德五严禁捕役串贼诬扳告示

为出示严禁事。

案奉府宪札发示稿内开，案据宁乡县职员张德熿等，以捕役串贼诬扳图诈，有害良善等情，禀奉府宪行府示禁等因。查案前据该职员等赴府呈禀，业经饬县遇案确切严查去后。兹奉前因，除再行县查拿究办外，合再出示严禁。为此示仰捕役及保甲人等知悉，嗣后奉票缉贼，务将正贼真赃拿获送案，由县讯取确供究办，不得串贼诬扳，致滋扰累。倘敢不遵，以致诬害良善，一经查出，或由本地绅耆据实禀明，定即照例严办，决不姑宽。如有误买贼赃，准其赴县首缴，讯明免罪。该保印人等，亦宜秉公稽查，既不容借词索诈，亦不得稍行疏纵，致干查究。其各凛遵毋违。特示。等因奉此。查捕役串贼诬扳，借图诈索，最为民害，迭经示禁，并遇案虚衷研诘，惟恐稍涉虚诬，株累良善。嗣奉前因，又经照抄示禁在案。

兹据张德熿、曾传注、张铣、宋淇、邓凌云、戴铭伍、岳姜、于冈、刘克道、贺懋橿、张茂兰、贺英华、彭业贤、曾兴杰、李德澍、张金榜、刘春禧、李于冈、刘静庵、谢垂烜、曾兴栋、宋宗启、张子贞、罗青纡、边慎修、曾兴梅、杨鹏、卢楚城、贺星海、曾临、谢光湖、吴学洞、贺锡龄、宋沩峰、邓朗轩、宋绍贤、曾毓荧、姜方伯、周莲舫、周聘臣、张鸿庆、张石庵、廖德铨、欧阳晓春、范辅、陈春轩、张荣封、曾琇卿等具禀前来，除禀批示并逐案严查究办外，合再出示严禁。为此示仰捕役、保甲人等知悉，嗣缉获贼匪到案，该役等务宜恪遵法纪，不得教供诬指，自取罪戾。至保甲为地方耳目，平日有无不法匪徒，稽查自易周密。该捕役奉票缉拿所供窝伙受赃人等，务宜协同保甲，确切访查，实正贼真窝，方准协拿解究。如其人平日并无为匪情事，系被贼匪挟仇供扳，许该保甲绅耆及被害之家亲属邻右，出具切实保结，随案禀请除名，以杜仇扳而安良善。其误买贼赃之人，准其赴案首缴免罪。自示之后，该捕役及保甲等，务各实力奉行，不得串诬图诈，受贿徇纵，扰害平民。倘敢不遵，一经查出，或被告发，定即一并严究，决不姑宽。其各凛遵毋违。特示。

署宁乡县事朱孙诒劝诫士民条约

（节录）

士者，民之表率。达而在上，操富教之柄，固足为亿兆造安全。穷而在下，躬道德之实，亦可代君相宣化理。孔子曰：施于有政，是亦为政。士人立身居家，果能一洗浮薄，叙伦理，洽恩义，将一家效之，一乡效之，一邑效之，肃雍亲睦之风遍于四境矣。王彦方居乡以义行称，而盗牛者畏姓名之见告，非虚语也。爰拟劝诫条告数则，胪列于后。

一、劝孝弟。竭力以致养，尽诚以致敬，事父母之分也。然不过一节，不得谓之全孝。夫孝亦善其所推而已，推之于上，吾孝吾父，推而及于吾父之叔伯父母、吾父亲昆弟姊妹、叔伯昆弟姊妹，均不得以二本视之。吾孝吾母，推而及于吾母之父母、吾母之叔伯父母、吾母之昆弟姊妹，均不得以隔膜视之。婚丧必庆吊，患难必周恤，嫌隙必消融，利之所在，可推让者必推让，此其行略近于仁。要祗以尽吾孝推之于下，吾孝吾父母，而推孝吾父母者，以处吾昆弟，以处吾异母昆弟，以处吾姊妹及叔伯昆弟姊妹，是之谓弟。昔者舜与象，异母昆弟也，象日以杀舜为事。舜为天子，则富贵之。舜之爱异母昆弟，顺父母也。孔子有姊之丧，拱而尚右。子路有姊之丧，可以除而勿除。圣贤之处姊妹，无殊于处昆弟也。此其事本尽吾弟，要祗以完吾孝。能孝者必能仁，能弟者必能孝，能为孝子弟弟者，必生孝子弟弟，世泽之长，岂有艾哉。

一、父兄要训教子弟。子弟不可使之游惰，在贫贱子弟固属要紧，在富贵子弟岂可稍宽，全在父兄于幼时教之读书明理，教之孝友亲逊，教之择交保身，教之俭朴勤苦。居心第一要教之忠厚，不可藉势欺凌贫贱，不可以有余之钱谷出放于人，刻期以取厚息，不可占便宜于肩挑贸易以及佣工细民。邻里有以横逆相加者，总要忍耐让人，断不可因小事致讼。为人要能吃亏，即能消化多少灾殃。当思我现处能吃亏之地，让彼一时，于我无损。凡天下大讼大狱，根多起于极小事，故到得大苦恼时，悔之已迟。此本县为尔士民致福要言，全从保家起见也。举止第一要教之安详，言语词气不可轻薄，进退周旋不可浮躁。里党出入，父执兄事，不可傲慢不为礼，今愿尔士民屏其轻举妄动之迹。不读书者，各循执业，允保身家；读书者果系胸中渊博，自然言动娴雅，可以掇科名扬，父母安详之获益如此，尚其慎之。

一、贫民要力行勤俭。天地生人，予以谋生之，具即予以谋生之路。耳目手足，谋生之具也。农工商贾，谋生之路也。惟好吃懒做之后生，不勤不俭，自绝于天。或流为乞丐，或聚为窝贼，门路俱穷，归于冻饿以死。知不勤不俭之必至死，则知克勤克俭之必能生。即或无赀本为耕贾，不妨各忖其平时力所能为者，自操一业，或佣工，或充肩贩，或作小经纪，无片刻偷安。有室家者，则习女工以佐之。日一粥一饭，当用十文，节去五文，行之一二年，身家自见起色。勤俭之宜于贫民如此，且非独贫民宜也。查湖南连年丰稔，不过谷价稍贱，而富家遂形窘迫。推求其故，皆不俭所致，以有限之入，供无穷之费。丰年如此，万一凶荒，何以能供。独不思嫁娶惟在及时，何必以行聘奁赠矜夸；器物丧祭，只在尽礼，何必以宴会道场炫耀愚人；服食以适口体，何必极珍错锦缎，以博豪侈之名。甚至聚众赛会酬神、还愿、灯彩、演剧，误耗物力，其弊不惟破家产，适以玷风俗，愿士民行之以俭而济之以勤焉。

一、夫妇居家之道。男女居室，人之大伦也。为夫者不能效如宾之敬，推厥敬以敬其父母，安能专责其妻以敬舅姑，并和睦于姑姊妯娌。孟子曰：

"身不行道，不行于妻子；使人不以道，不能行于妻子。"夫自暴其妻，等其妻于非类者，其家必败；自溺其妻，奉其妻如父母者，其家更无不败。但令克勤克俭以倡乎妇，则为妇者必能随夫宜家，以育其子孙。又况妇人之职，主中馈，事舅姑，无以倡之，则性昧大义。或同居未析，怠于家事，坐视委积盖藏之消耗，旷中馈而不主酒浆，缝纫资于仆媵，舍舅姑而不事服劳，奉养委诸婢妪，致令温饱之家流为冻馁，寒素之家出入不敷，必行称贷。称贷不敷，必至污行自玷，妄取非分以资生活。始于不勤不俭，终于寡廉鲜耻，深可浩叹，则齐家之道宜急讲也。

一、厚风俗。访得宁邑愚夫愚妇，媚神信鬼。每岁正月及二、三月，借敬神酬愿为名，演唱花鼓杂剧，沿村轮接，排筵宴客，男女聚观，甚至挟优争斗，互相结构。羁绁扒窃乘之而起，火烛命盗每酿于斯。尔农工买卖人等，一年谋望全在春季，何乃当春闲旷，不筹生计，反致债累。又于五月下旬城隍神诞，抬神游市，雇贫民美色女子装演杂剧，抬行备极鲜妍，以娱众目。少妇幼女，背枷带锁，至庙中烧香跪烛，百十成群，恶少围绕，恬不为怪，致使观者百里轰动，奔赴若狂。在城亲戚百计支持，款待酒食，累及贫人，为害无已。又八月中秋，妇女夜游玉潭桥上，谓可免腰脚疼痛之疾。诸如此类，诬妄可笑。自今以后，城市乡村，不得仍蹈恶习。如有演唱花鼓，以童女装杂剧及听妇女入庙亵渎神明者，定将保甲会首并本夫重究。愿尔男妇洗涤前非，勿因祸福之迷，终贻风俗之害。又有害自外来者，远方男妇僧道，托名算命，占卦、看相、卖药及耍把戏等事，煽诱乡村，甚至迷取妇胎、童孩脑髓，现奉上宪查拿在案。地方如遇此等形迹可疑之人，务即逐出境外，或公同送官究治，以靖地方而正风俗。毋忽。

一、禁赌博。赌博之害民，甚矣哉。娼妇妓馆，皆呼卢之场，因赌而奸淫益炽，截劫穿窬，尽输钱所致。因赌而盗贼滋起，引诱良民，逼写欠约；因赌而讼狱繁兴，放抽头利，互相结构，因赌而斗殴毙命。是纵赌则纵奸，纵赌则纵盗，纵赌则纵刁诈，纵赌则纵凶暴。根本不清，其流无已。但赌场之开，开于匪民者易除，开于匪衿者难除。其或生监恃势开场赌博，地方保甲不敢谁何，身虽列于衣冠，行实等于盗贼。

是痞棍之赌博场犹显设于市廛，痞衿之赌博场乃深藏于密室，痞棍之赌博已驱无业之游惰为盗贼，痞衿之赌博更驱有业之子弟为游惰也。本县严行访拿，并饬保甲稽查，如有劣衿开场赌博，立即呈报，以便详革，决不宽容。倘其互相诫勉，移风易俗，窃愿与诸君子共之。

一、禁唆讼。访得宁邑以唆讼渔利者多，而愚民之听唆者亦多。本县甫入境时，即欲变刁诈之风，为亲睦之俗。凡尔士民等，宜体斯意。与其为匍匐公庭之民，不如为耕种田圃之民；与其为忿争浇薄之民，不如为敦庞亲逊之民。除命盗案外，其口角眦睚，宜听亲族劝息，勿听鬼蜮刁唆。无理者即自认为无理，有过辄改，固不失为君子；有理者更能退让乎无理，以善相感愈，共勉为君子。免致控官，经年累月，守候公门，因宵小之怂恿，受吏役之鱼肉。事难预决其胜，苦已莫状其形。甚至所争不过锱铢，所耗至变产业，争气而讼之，受气愈多，争财而讼之，破财无已及。受讼者之害难测，而向之唆讼以渔利者，亦丧尽天良而多孽报焉，可慨也夫。

署宁乡县事周廷鉴封禁煤垄示

为出示封禁事。

照得私开煤垄，有干例禁。前三都七区有不法匪徒，招集多人，搭架棚厂，开挖煤垄。本县亲诣封禁，并饬差拿取具各结在案。兹又访闻该处竟有不法之徒，仍行开采，合再出示封禁。为此示仰军民人等知悉，嗣后该处地方，毋许开采，倘敢仍蹈前辙，该甲邻等赴县指名具禀，立即查拿究办，决不姑宽。各宜凛遵毋违。特示。

捕蝗附

蝗之为害烈矣，考昔后汉循良传，卓茂令密、鲁恭令中牟、宋均守九江，皆称蝗不入境，是在修省以禳之而已，何捕之有。逮唐贤相姚崇，则谓就使捕之不尽，犹胜养以贻患。捕固足以济修省之穷也，若如卢怀慎所云杀蝗太多，必戾和气，坐视其蔓延伤稼而莫之救，亦愚矣哉。

署宁乡县事耿维中捕蝗告示

（咸丰七年九月）

为特示搜扑蝗蝻以除民害事。

前因湖北等省多有飞蝗，恐其阑入，示谕扑灭。嗣果飞入县境，又经督饬绅民尽力捕治。因念蝗虫经过，尚恐遗孽潜滋，来岁春夏发生，大为田禾之害。本县责膺民社，不忍不预为之防。除将捕蝗经验成法，刷印多张，发交都总，并面谕绅民，及时搜扑外，合再示谕。为此示仰阖邑绅民、业户、佃户人等，一体遵照，乘此事易为力之际，务即按照成法，尽力搜捕。富者按田出赀，贫者按丁出力，统由该境绅耆，公同商办，期于遗患毕除，毋畏难，毋吝财，毋玩怠，毋惑于浮言，毋涉于欺伪，是所切望。特示。

捕蝗经验成法

蝗形如蚱蜢而稍大，始生如蚁，黑色，聚处不散，惊散复聚；七日后能跳，沿缘草际；又七日逐队行，如水流风拥，遇草木禾稼，且食且行；又七日翼成学飞，又七日飞渐高，又七日而交，又七日钻地遗卵，又七日乃死。凡蝗自初生至能飞行，必南向。子入土，连颗如麦门，冬而小。七日后籽粒分，每颗各百子，经冬大雪不复出。蝗行遇雨则止，雾复行。晨露未晞，飞跃皆停。日午或停或交，晚亦停，或乘月飞。蝗飞日一二十里，行日数里。蝗畏金鼓、枪炮声，见旗帜辄回避。

蝗本水族所化，故除蝗必推食蝗之法。唐贞元中，民蒸蝗暴干，去翅足食之。宋范仲淹疏亦言，可和野菜煮食。陈芳生《捕蝗考》言：臣尝治田天津遇此灾，不论蝗蝻，悉将烹食，城市相饷遗，家户囤积以为冬储。而同时山陕之民，惑于祭拜，以触伤为戒，谓可食即骇然。盖妄信庚气所化，是以疑鬼疑神，甘受戕害。按：食蝗之风，南方颇少，惟饲鸭则肥，饲豕则壮，粪田则禾茂异常。

捕初生之蝗。蝗蠕动依草根团聚成片，鱼虾所化者亦然，数日内跃不远。捕之之法，编竹枝为巨帚，随在扑之，用力少而得效多。夜以草薪然火置其旁，皆投入无免者。又蝗初生，驱群鸭食之立尽。

捕渐长之蝗。蝗生七日，自北趋南，且食且行。捕之之法，相其地势与蝗至之多寡，或挖沟围之，或接挖长沟堵之。沟宽尺许，深二尺许。沟形陡峻光滑，勿令跌入者得缘沟而上。沟间逾丈挖一深坑，稍远则再挖巨坑，皆以人守。蝗至稍缓，则于沟之北以巨帚驱之。蝗至潮涌，顷刻沟坑皆满。逾沟如履平地，急驱入坑，覆以土。更挖大小坑，以待夜置火沟坑，亦能引蝗投入。

捕能飞之蝗。蝗生二十一日，翼成能飞，其来蔽天，亦自北而南。捕之之法，伺晨露未干及日午并向晚之时，旋驱旋起，飞不能速，则就而扑之；夜则列炬陇旁，俟其投入，就而扑之。又蝗畏金鼓、枪炮声，待其将至而发，则不敢下，多植旗帜，或以纸为之，亦不敢下。又蝗畏油，入口即死，用油和水洒禾上即飞去。

捕未生之蝗。蝗遗子入土，必于土质坚实之处群飞群止，以尾钻入土，初如蜂窝，久乃迹泯。飞蝗过后，急宜查挖。捕之之法，挖而露之，扑而碎之，其势甚便。夏秋子入地，十数日而生；秋冬之交至次年春夏乃生，冬大雪则冻坏不能化。子初入土，遇大雨亦涨损。若鱼虾所化者，亦有冬春水涸、湖滩草根预为焚毁之法，虽不能遍，未必无补也。

咸丰七年八月内，飞蝗过境，县令耿维中奉上宪札饬，谕令绅耆设局筹款，收买蝻子。每斤给钱百文，连壳者减半，蝗半寸以上，每斤给钱四十文。自仲冬至八年季春，除扑灭外，收蝻子四百石有奇。又以刘猛将军为驱蝗正神，于邑西关外建庙祀之。适有小鸟群集，啄扑遗蝗，盖神力也。

知宁乡县事郭庆飏劝办积谷通禀

（同治三年四月二十五日申）

敬禀者：

窃卑县遵奉宪檄，督饬绅耆，先后劝捐积谷贰万壹千贰百肆拾柒石陆升壹合，业经两次禀明宪鉴在案。嗣又劝据各户续捐谷玖百伍拾贰石玖斗壹升叁合，连前并计，共谷贰万贰千壹百玖拾玖石玖斗柒升肆合。伏思积谷备荒，诚养民善政，要在行之以实，持之以恒，立法必慎于前，杜弊必周于后。其收放或不如法，则难为久远之图；其经理或不得人，则易启侵亏之渐。卑职与各绅士悉心商榷，并体察地方情形，将建仓、收放各事宜，酌定条款壹拾伍则，循照奉发章程，因地制宜，稍为变通，以符舆论。业经胪列示谕，阖邑一体遵行。

查县属共计十都，而都分各区，地境宽狭不等，按道理之远近，定建仓之多寡。有一区而分设两三仓者，有一区而共为一仓者，只图便于搬运，弗致虚糜修费。现据各都、区禀报，仓已渐次告成，谷亦陆续收缴，由劝捐绅士汇造清册，呈送前来。

细核各都所捐积谷，除建仓、搬运等费，开除谷叁千叁百叁拾陆石柒斗贰升捌合外，总共实存谷壹万捌千捌百陆拾叁石贰斗肆升陆合。卑职随即自备夫马、饭食，与卑县典史吴载锡分诣各乡，周历都、区，逐一查验，悉属实捐实贮，并无虚捏情弊。其仓正、仓长，均系遴选公正殷实之人，当经面谕，妥为经管，取具领收谷数切结，存县备案，以昭核实而专责成。遇有荒歉，照章办理。虽系听民出纳，仍由官为稽查。总期实惠均沾，流弊永禁，仰副宪台痌瘝在抱、有备无虞之至意。

除造具细册并抄结粘连钤印另文申赍外，理合缮修简明总册，谨录章程，禀呈大人，俯饬查核，奉各宪批示立案。

知宁乡县事郭世闻复详藩宪清查社谷文

（道光二十七年五月十一日申）

湖南长沙府宁乡县为详复事。

案照卑职前因社谷项下有卑前县许瀛、张仲埙、陈心炳各令，已摊未买补社谷贰千壹百柒拾壹石伍斗叁升，又民欠无着谷玖千捌百捌拾贰石柒斗伍升贰合伍勺，贰共谷壹万贰千零伍拾肆石贰斗捌升贰合伍勺，前经详奉批饬，另议筹补。因查卑县每年奏捐以及各项捐款，为数甚巨，力难筹捐，当经详请豁免。兹奉宪台行奉藩宪札饬查明，已捐买谷银数柒百零贰两玖钱玖分伍厘是否存库，未补谷贰千壹百柒拾壹石伍斗叁升，前项谷价是否筹摊无着，刻日具覆，以凭议详。等因。

遵查卑县社谷清查案内，追存前任知县张其瀚，移交社谷价银贰千捌百柒拾肆两伍钱贰分伍厘，每石折价银伍钱，计应买还原借社谷伍千柒百肆拾玖石零伍升。嗣因谷价昂贵，不敷发买，经卑前县议请查照清册例价，按壹两壹石照数赔补。所有不敷社谷价银贰千捌百余两，详奉前宪核议，在于卑县续筹银内，每年减银陆百两计，伍年共捐银叁千两。除补足谷价银贰千捌百柒拾肆两五钱贰分伍厘外，余银壹百贰拾伍两肆钱柒分伍厘，亦捐给社长，以作修仓之用。仍由县先行垫出，同领回追存银两，买足谷石，发给社长，具领还仓。所垫之银，遇有交代，无论正署，按日扣算，派捐作抵，即以嘉庆二十四年秋季起，领买摊捐。等因。详奉前清查局宪翁海批准，行知在案。

旋于嘉庆二十四年五月内，卑前县甘令领回追存谷价银贰千捌百柒拾肆两伍钱贰分伍厘，同任内捐出不敷银柒百零贰两玖钱玖分伍厘，合共买补谷叁千伍百柒拾柒石伍斗贰升，发给各乡社长，具领完仓，取具领保各状存卷，并经卑前县许令造具社长姓名，承领谷数清册，详明立案。是卑前县已捐买谷银柒百零贰两玖钱玖分伍厘，业经甘令汇同领回谷价银贰千捌百柒拾两零，并买补谷石还仓，并无银两存库。至未补谷贰千壹百柒拾壹石伍斗叁升，该价银贰千壹百柒拾壹两伍钱叁分，又修仓银壹百贰拾伍两肆钱柒分伍厘，共银贰千贰百玖拾柒两零伍厘。计自嘉庆二十四年秋季起，扣至道光四年夏季止，五年限满，应由卑前县许瀛、张仲埙、陈心炳按年摊捐。无如各任应捐银两，均于交代案内，各以未征民欠钱粮、漕米尾数，列款移抵，由后任代追归补。讵历年久远，各花户逃亡故绝，无力完缴。续复钦奉恩诏，如有民欠钱粮，概行豁免，颁发誊黄，遍贴晓谕，以致移抵欠款，不能再向民间催追，故前项社谷归于无着。嗣奉前藩宪清查各属社、义二仓谷石，行令确切查明，据实开报。经卑职于道光十八年将已摊未补缘由，据实申详，请归入清查社谷案内，汇同民间借放无着项下，另议筹补。当奉前藩宪批准，饬将实存社谷款内，按数删除，汇入民欠无着谷玖千捌百捌拾贰石柒斗伍升贰合伍勺，一并开报，并饬令另议筹补各在案。

卑职上年回任后，因每年奏捐以及各项捐款为数甚巨，若再将前任亏缺社谷贰千壹百柒拾壹石伍斗叁升及民欠无着谷玖千捌百捌拾贰石柒斗伍升贰合伍勺，按年归补，不惟力有不逮，且恐各后任因无项筹捐，遇有交卸，又照从前旧章，仍将民欠钱漕尾数列抵，是徒有筹补之名，终无买补之实，是以详请豁免。兹奉前因，查前任亏缺社谷贰千壹百柒拾壹石伍斗叁升及民欠无着谷玖千捌百捌拾贰石柒斗伍升贰合伍勺，二共谷壹万贰千零伍拾肆石贰斗捌升贰合伍勺，前清查案内因均筹摊无着，详奉批饬，按数开除，只将存谷玖千陆百肆拾肆石贰斗八升五合，造册咨部。所［有］卑前县亏短及民欠无着，各奉咨达有案，似可详请豁免，毋庸筹补，以归核实。缘奉札饬，理合具文，详请宪台查核转详。

再，摊存修仓银壹百贰拾伍两肆钱柒分伍厘，卑前县陈汝衡动用现在另行摊补，前经书未及细查，初详内误叙作李令动用，业已另行详明，奉文行知在案，合并声明。

为此申乞照详施行，须至册者。

藩宪批："据详已悉。"

邑绅刘朴堂、丁汉门、曾敬庄、邓绍芗、周熙台、杨柳畦、刘翰生、戴璧堂、李春桥、童俊甫、姜湘臣、廖鹿苹、周春浦、刘竹斋、周鸿飞、童玉峰、曾海帆、谢廉熙、张朗臣、成靖阁、蒋心培、杨佩林、杨鲁珍、廖绍庭、李钟秀、唐杏江、李石台、戴兰浦、夏莪江、何蓂生、吴德郛、姜择执请定社谷章程公禀

为核实缕陈恳详善后事。

窃出治首重养民，立法当期可久。社谷一项，前年叠谕都团总清查，复蒙主修邑乘，以此谷必须确切清厘，据实刊载，委绅分赴各都，查明催缴，具见轸念民瘼之至意。兹据各绅回称：某都某区霉烂若干，现存若干，实缴实收，仓建某地，领管某人，汇造清折，并粘团保切结及新社长领状，具禀缕呈实在情由在案。

查社谷自雍正年间始，原数甚多。迨道光年，前郭奉札清查，迭将前任亏缺及民欠无着，二共谷壹万贰千零伍拾肆石贰斗捌升贰合伍

匀，据实申详藩宪。嗣奉批准，按数开除，只将存谷玖千陆百肆拾肆
石贰斗捌升伍合，造册咨部。除二十七年详请亏缺谷项归入豁免案内，
批准在案外，其存谷昨经委绅盘查，亏短幸少。又向各都劝其捐助，
共计旧存并新捐谷实数壹万零柒百玖拾石零肆斗叁升肆合，新择社长
领管，其各都分存数目有与郭前宪申详清册不合者，因历年已久，各
社长子孙互相迁徙，此次所缴之谷，就便于该地贮存，是以分核之则
不符，合计之仍无歉也。特自来善政，阅时久而弊生，立法周斯利溥。
嘉庆四年，上谕各省社仓仍听本地殷实富户谨厚者自行办理，以杜弊
窦而裕民食。诚以各处情形不同，本地绅耆洞知利弊，职等仰体德意，
会集各都团总绅粮，酌议善后条款，粘呈钧览，恳赐核夺施行，申详
立案，以垂久远。阖邑深沾上禀。

计粘公拟章程拾贰条

一、禁私领以溥惠泽。历来谷属私领，握延渔利，未散颗粒救荒。
今尽数收贮公仓，绅粮递管岁歉，酌时赈贷，庶穷民得沾实惠。

一、就近便以纾民力。查前《志》载各都设立总仓，其实早已朽圮，
谷经各区分领。宁邑每都道路有远至八九十里者，谷归总仓，遇赈贷时，
贫民搬运维艰。雍正年间，奉捐此谷按区置仓，原为照顾周而推挽易也。
近有一区分为数仓者，亦因地制宜，听其自便。

一、择贤良以重管领。昔年承充社长者，殷实绝少，谷数因易短亏。
今各团择廉正粮户，轮流领管，须出的名，不准推诿。每年曾否散放，
有何开除，实贮公仓若干，秋收后约团甲核算登簿，以免亏挪等弊。

一、限交卸以杜侵渔。昔年社长有恋充极久，不报更者，逃亡故
绝，弊遂从生，社谷短绌所由来也。今照例限定以三年报更，谷必过量，
确交接管之人，限九、十两月内，新旧社长邀同团甲，具禀报明，以
免侵蚀等弊。

一、发印谕以专责任。报更社长素给委牌，今改给印谕，较为简便，
并镌板置存户房。值报更之年，户书妥办填好，送交首事核对，请印发给，
交卸时仍缴还注销。

一、给销照以免后累。昔年社长有交卸分明历久仍未除名者，绅

良所以视经理社谷为畏途也。今定于交卸时，每仓按名各给销照壹纸，以免日后影射牵累，并照依积谷定案，谷惟现管是问，不与旧管相干，斯择人接充，无不踊跃从事。其照亦先镌板存房，遇报更之年，户书妥须办填好，送交首事核对，请印发给。

一、严出纳以惩刁劣。社谷救荒必实系力田穷农，邀同的保，方准借给。当青黄不接之时，社长自应查明贫民户口，协同团甲，斟酌散济，以昭平允。秋月订期收取，以期滴滴归源。如有刁民觊觎挟借，或抗骗不偿，乡间理咈不服，禀官分别追还，从重究治。借出之谷，向例每石收息壹斗，内除肆升作修仓等费陆升归仓作本。若丰年谷足，借贷无人，息将安出？诚恐棍徒借例生波，延讼滋累，请官讯明，加重究治。至社长既系公举，谷又实贮公仓，自能妥慎经理，按时救荒。或有伙串射利，挨延不发者，查出禀请惩究。

一、设首事以防废弛。此次盘查着实，谷已择人承管。但县治无人总其成，事久易弛，今议归团局首事一人董理。社长或为谷有事来县，首事肩承妥办。值报更之年，凡发给销照印谕及核谷登册诸事，均归该首事逐一认真理清，不得含糊了事。除积谷每石提钱二文外，此项谷内每石提钱壹文，以作办公、伙食、夫马、纸笔等费。

一、销前卷以清弊窦。县城迭经贼扰，案卷多被毁失，户房所存报更社长卷宗，亦属残缺不齐，无从确查原委。且各都谷数，社长总册原系白纸，无难任意增减，故各委绅团保禀结，历历指陈弊端。今请批销前卷，概不为凭，每都新立印册两本，按区注明某团现存谷数及新社长名目，旁注共计几名。凡纪数均写壹、贰、叁、肆、伍、陆、柒、捌、玖、拾大字，缮妥送署查核，标日盖戳，以为定章。一存户房备案，一交首事收存。当三年报更，按团核算，仍照前式，续登此册填满，依样另立。斯从前影射混添及此次查追无缴各名目并得销除，而后此永无牵扰之患。

一、议小费以免纷扰。历来报更，社长差役查仓，及因案下乡，书差均不无需索。故绅粮不愿承充，良法所由敝也。今若概行裁汰，枵腹亦难办公。惟谷既归公轮管，费应从公酌筹，拟自戊辰年起，只照现在缴存谷数，每石按年提钱玖文。除壹文作首事办公等费外，余给书差，各得肆文，均以市用钱交付，永无增减。嗣后为谷或有事故以及报更之年，社长领取销照印谕，均随到随行，书差不得另向索费，其钱各社长从息谷内取，保甲下忙点卯时，带交首事开销，不准动用本谷。

一、并章程以广积储。积谷业经详定章程，自应遵照妥办。但查奉捐之谷，册籍则按区合贮，乡间则按团分储，上下不符，日后难免龃龉。今定每都改立印册两本，按区据实注明某团谷数若干，仓长何人，旁注共计几名。凡计数均写壹、贰、叁、肆、伍、陆、柒、捌、玖、拾大字，缮妥送署查核，标日盖戳为记。遇报更年，按团照依续载，每仓按名给旧仓长销照壹纸，以便各自收执为凭。前年各都曾开除建仓费用，查有虚悬未建、谷存捐户者，请饬赶紧建成，以期实储，免致流弊，蹈社谷故辙。所有积、社两项，均归团局首事一人总理，各都积谷印册，一存科房备案，一交首事收存，每石按年提钱贰文，作首事办公等费。房书纸笔等费，前奉详定，由官酌奖。今阖邑商酌，房书纸笔等费应在谷内派取，不必有烦官奖禀，自己巳年始，照现在谷数，每石按年提钱伍文，贰文作首事办公等费，叁文作仓粮纸笔等费。其钱仓长从息谷内取，保甲于下忙点卯时，带交首事开销，不准动用本谷。

一、竖碑碣以垂久远。法立弊生，自古如此。公门案卷，乡愚莫知。公拟善后条款，除奉申详立案、汇卷存房外，刊碑竖立大堂，并刷给各都，照依刊立，俾得共见共闻，永遵不易。

知宁乡县事郭庆飏清查社谷通禀

（同治六年十一月二十四日申）

敬禀者：

窃照养民之政，莫先于储备，而储备之方，莫善于社谷。如卑县地方，原立社仓，额贮谷贰万壹千陆百石有奇。为数本不为少，祗以历年亏缺霉变以及民欠无着者，共开除壹万贰千石零，致仅存谷玖千陆百肆拾肆石贰斗捌升伍合。前值道光二十七年，奉文清查，当经卑前县郭令世闻将无着者详请豁免，实存者开具城乡各都分存细数清册，呈赍在案。惟自前次清查之后，迄今又已二十年，中间复被贼扰，案卷既多毁失，而地方官又以军书旁午，不暇及此，以致弊窦仍复丛生，社仓竟成虚设，社长亦多不可考。

卑职于同治二年七月到任，正奉前抚宪恽札饬劝办积谷。卑职因思积谷固为民藏富，而社仓亦自古济荒良规，二者均不可偏废。况现在修理县志，此项义谷均须刊入，尤应稽一确数，昭示来兹，不可稍涉含混。随于积谷办妥后，即遴委志局首事丁汉门等，督同各都士绅杨活渠、龙松轩、杨步云、黄石村、闵琼林、姜香畹、杨筱亭、喻竹斋等，分赴各乡，将社谷逐一清理；并与该绅士等熟商，其有原立社长，如果实系赤贫，或人亡产绝，无可着追者，即在该都股实户内劝捐筹补。总期于郭令清查后，定额有盈无绌，免再短少，无济于事。幸赖该绅士等，不辞劳瘁，不避嫌怨，认真查追劝办，虽历时稍久，而办理皆称切实。兹据结数禀报，并会同局绅刘倬云等议立经管收放章程十二条，呈核前来。

卑职随即亲赴各乡，按都查验，各都谷石均属实储在仓，并无颗粒虚悬；经管之人亦皆殷实可靠，不致有亏挪等弊，所议章程俱甚妥协。现在合计城乡清出旧存及新捐社谷共壹万柒百玖拾石肆斗叁升肆合，较之郭令清查后原额，尚多谷壹千石零。惟各都分存谷数，核与郭令前次册开数目稍有参差，推其故，缘历年已久，各社长子孙互相迁徙。此次查追，即系令其就近缴存，现居都内且又有新捐者，以故较之原案，各皆有盈有绌。然分核之虽不符，合计之仍无歉也。第究与宪辕案据悬殊，诚恐将来清查，无凭考核，况此事卑职与该绅等清理诚非易易，全在随时经理得人，庶不致再蹈前弊。然案未上达，亦恐日久怠生，前功尽弃，转致养民善政，终成具文，自应禀请立案，以昭核实而垂久远。

除将该绅等所议章程，勒石大堂，并刊刷印谕，发给各社长祗领，仍取具各经管谷石细数，领状备案，一俟三年期满，即饬另举妥人接管，以符定制外，所有清查社谷缘由，理合开具经管、收放章程及城乡各都分存谷石细数清折，禀赍大人，俯赐查核，批示立案，实为公便。

抚部院刘批："据禀已悉，仰布政司核饬遵照。"

藩宪李批："如禀立案，仰仍督饬该绅等随时妥为经理，勿隳前功为要。"

臬宪李批："如禀立案。"

长沙府孙批："据禀，该县社谷业经督同各绅劝捐筹补，合计新旧共谷一万七百九十石四斗三升四合，均系实储在仓，办理极为认真，深堪嘉许。且查该绅等所议各条亦极周妥，自应准其立案，遵照妥办，以昭核实而免侵挪。"

知宁乡县事郭庆飏请增设书院置买卷田通禀

敬禀者：

案据卑县职员刘倬云、李镜春、梅镜源、曾毓郏及各都绅士范虚堂、杨春台、周跃门、杨筱亭、朱兰恬、王蔚亭、张荔云、潘笏亭、童价臣、陶策臣、黎星槎、袁心台、吴晓庄、杨活渠、戴璧堂、谢倩丞、姜香畹、蒋芳池、罗翊廷等禀称：县志有书院三，一玉潭，一灵峰，一南轩。灵峰、南轩不知兴废何时，基址无复存者。惟玉潭墙屋岁修，膏火月给，游其中者裨益良多。但迩来文教日隆，士类云集，而欲广课额，则薪米不敷，欲添斋房，则基地亦隘，有志之士，不免有宫墙外望者。

兹阖邑公同商议，择于邑西九十里之水云山地方，增建书院。其地川原汇秀，僻静无哗，允堪为士子藏修息游之所。又岁科诸试，原系各自备价买卷，在富者固易为力，而寒儒每因囊空羞涩，踯躅不前。今拟照长、善、醴陵、浏阳、安化等县章程，置立卷田，亦属善举。惟是需费浩繁，筹办匪易，因公议照田捐助，每正饷一两之田，本年捐钱三百文，明年亦捐钱三百文，均于完饷时，便交县城团练总局，迭经询问各都绅粮，均无异言。此外有好义急公者，另行乐捐，听其一并交局，择公正殷实老成经管，以作书院卷田之资，庶不负朝廷栽培之至意。至捐收若干，置田若干，修建用费若干，俟事竣缕禀。合将现在所办情形，恳即转申等情到县。据此，卑职查该绅等所议，系因作育人材、体念寒畯起见，既据合词公恳前来，似应准如所请。理合据情转禀宪台，俯赐查核，批示饬遵。同治三年四月内申。

知宁乡县事郭庆飏请照田捐钱修书院广育婴助宾兴通禀

（同治四年十二月初九日申）

案据卑县职员刘汝康、童光斗、曾毓郯、杨咏春、喻兆奎、邓宗烈及各都绅耆梅小霖、贺仲荃、丁汉门、罗翊廷、王小憨、姜香畹、林辅丞、周莲珊、邓六筠、黄湘桥、蒋芳池、周熙台、李春翘、何冀生、张朗臣等禀称：上年邑中绅耆公议，照田捐钱，每完正饷壹两之田，捐钱叁百文，于完三、四两年之饷银，便交团练局，增设书院，并置田收租，备办岁科试卷。禀蒙转达，奉前抚宪恽批："所办甚是，饬即遵照。"各都均极踊跃，一律捐交。而好义之家，于照田捐输外，另有捐助之项。现置买田产，租息无多，经费尚须宽筹，工料亦宜捐集，要必于完饷照收捐项，庶一举而三善备焉。

一、书院束修膏火与夫试卷之费，虽拟于现捐田租取给，然岁有荒歉，租或不敷，兼之水云山书院鼎新，鸠工庀材，在在需用，非预为宽备，终恐善举辍于垂成。

一、前奉宪檄劝谕育婴，仰见仁心善政。宁邑素无育婴堂，亦未存有公项。现虽于城乡立社，以一总首事、九散首事邀集百人，每救一婴，照前所议章程，按月助钱，并经捐置田租，以冀贫家女婴，咸登寿宇。然租息仍觉有限，恐难济众，必增益田产，方为持久之谋。

一、乡会宾兴公助膏秣之费，载于志乘。原以惜寒畯而励英才，意甚善也。然邑志有其文而无其实，仅兹领款，分润甚微，多有锦心绣口之才，因囊空而不与试者，埋没英贤，深可悯。拟亦捐置田租，助其空乏。

凡此三善，所赖一捐。兹议于同治五、六两年完饷时，仍照田捐助，每正饷壹两之田，捐钱叁百文，带交县城团练总局，收集成款，分别修建置产。现与各都绅耆询谋佥同，此外有好义乐捐者，仍听其便。俟将来收捐置田以及修建费用各若干，另行禀报。谨将议办情形，合词公恳转申，批示遵办等情到县。

据此，卑职查该绅等所议，系为培人才而保赤子起见，既据合词公恳，似应准如所请。理合据情转禀宪台，俯赐察核，批示饬遵。

育婴劝捐公启

（摘录）

自有天地以来，有男女，然后有夫妇。夫妇之伦，男女成之也。考之许氏《说文》，男始生曰孩，女始生曰婴。道之造端，夫妇实系乎此，何罪于女而独溺之。彼溺女者，不过以贫难抚养，且为他日嫁资虑，故敢残忍若是。然世之贫者，岂果因养女而然乎。国家嘉惠黎庶，保赤为先，直省、府、州、县建置育婴堂，由来已久。宁邑百废具举，而于救婴未之及焉。则县局乡社之设，贤令尹殆犹是仁人之用心也欤。

知宁乡县事郭庆飏严禁溺女并谕育婴章程告示

为出示晓谕事。

案奉各上宪札开，楚南溺女之风，最为恶习，亟应严禁。如地方有育婴章程，务即认真经理。本无章程者，亦即设法劝举，勒限办成禀覆。等因奉此。

查育婴本属善举，宁邑久未果行，既因筹费为艰，复以建堂不易。现在迭奉宪檄，保赤为怀，事在必成，不容膜视。前经本县督饬绅士，设法劝办，妥议章程去后。兹据梅小霖、曾敬庄等仿照长沙、平江等县章程，议呈条款前来，查阅甚属妥善。乡间各立育婴社，庶可普救其生。遇有生女贫难养活之家，由各乡社确切查明，按月资助钱文，仍令其母自行哺养；如有抱养为媳者，一律资给，总以周年为止。此举不建养堂，不雇乳妇，法既简便，费亦无多，而所救生灵，诚非浅鲜，谅亦人之所乐为。城中设局劝捐，原为置产垂久之计，但事方创始，所捐尚属寥寥，必须乡社照章举行，俾应救婴之急。

除禀明各上宪外，合将条款，出示晓谕。为此示仰阖邑各都、团诸色人等知悉，务各遵照章程，赶紧认真办理，毋稍观望抗延，致干查究。嗣后倘有溺女之事，一经访闻，或被告发，照例严办，决不姑宽。各宜凛遵。切切特示。

计开育婴条款

一、议十文救婴法。每社先邀总首事一人，散首事十人，由散首事共得百人，邀定后，揭帖通知，开明某团，自某处起至某处止，现设育婴社总首事某人，散首事某人，凡境内家贫不能养女者，赴社报明，每报一婴，每人每月出钱十文，闰月同。每婴每月公助钱六百文，周年为止，冬月公助绵衣钱四百文，无论有无疾病，总给汤药钱四百文。其抱养为媳者，如在周年内，即由抱媳之家，无论贫富，接算支领。本女周岁外，该父母自行择配，由乡社另给钱四千文，再由城局酌量加给钱文与抱媳者生息。如不愿出抱，或无人承抱，即将此项给伊父母生息，作为日后嫁赀。总计每岁每人出钱百二十文，即可救一婴之命，用钱少而全活多矣。

一、生女贫难哺养者，由户首里邻，就近报明散首事，先由散首事验给报单，注明姓氏、里居及生年月日，交该女家持赴总首事处，换给照票，每月持票向社领足钱六百文，票刻十二个月字样。某月发过钱文，即于某月下注明发字。十二个月已满，将票收回。如该婴病故，由散首事报明总首事，将票撤销，仍发钱一月，以示怜恤。

一、报单到总首事处，换给照票，尚有九处散首事未得周知，即由报婴之人将照票持送各处看明，逐一登簿。仍责成各散首事每月二十日到各户收齐钱六十文送社，每月于二十四日将钱发出。为数不多，毋得支展，如违坐取。

一、总局镌戳记一颗，立簿十本，交散首事，将所邀九人登注簿内。其某月报育某婴，亦随时注簿，以便按月照派收钱。仍由总首事预备空白报单，交散首事收存应用。其报单须验有戳记，方换照票。总首事须择身家稍裕，好善而耐烦者为之。其费随收随给，并不存积社中，以免日久贪挪之弊。

一、总首事另立总簿一本，每年育婴多少，助钱若干，随时登簿。届新正，约齐散首事，将收回照票逐一核算明晰，仍复照章举行。如十人内有不愿承办，及百人内有不愿助费者，均另邀补入，断不可因一二人致废公举。

一、此举宜于十里或七八里境内，邀集同志举行。各首事相距不远，查察易周，送单收钱亦极近便。

一、立社后如有抗不领钱、故意溺女，及力能养女、忍心淹溺者，各首事访知，公同禀究，以期惩一儆百。至抱养幼媳，原望始终生全，倘遇悍姑使唤，稍不遂意，辄加凌辱，往往酿成人命，最堪痛恨。首事访知，亦必公同禀究。

一、此举原为贫户而设，其力能抚育者，散首事不得徇情滥给报单，庶费归实用。

一、有力之家，本非极贫之户，如生女不自抚育，乘夜越境，暗送他人门外，丢弃致毙，法所难容。如此恶习，亟宜整顿。散首事耳目最近，易于查察，公同禀究。

一、不立养堂，不雇乳妇，恐救法或有不能暗及者。团内访知，听人抱为幼媳，则生全矣。

一、立法须自近始，城内必先奉行，由城及乡，渐推渐远。现谕局绅总理其事，刊有报单，照票程序，费用已另筹款，令其催促城乡士绅，领取遵行。其有任意抗违，仍前淹溺者，许该地甲邻及总、散首事，报知局绅，指名禀究，决不姑宽。局绅尤宜时加稽察，并令城乡各处总首事，每届年终，将所救女婴报局，由局汇总造册报县，庶可以专责成而收实效。

湖南巡抚部院恽札

（同治三年七月三十日）

为札发事。

仰将发来示禁丁役诈索及差役乘舆告示，即便照刻刷多张，遍贴晓谕，务使穷乡僻壤，一律咸知。仍将告示渤石大堂，永远示禁。并刷印碑摹，呈验毋违。切速。计发告示四张。

代理宁乡县事冯检刊刷抚部院恽严禁丁役诈索及差役乘舆告示

(八月十三日)

为示禁书役婪索诈害，以除民累事。

照得州县为民父母，兴利除弊，政故多端，而稽察书役假威诈索，滋扰良善，尤为要务。湖南州县衙役，凶恶无忌，久所著名。盖缘楚省民风好讼，偶因雀角细故，便架词控告。一经批准，即为书差之利。始则代书索盖戳记钱，门丁索传纸费。迨词发房，书吏索抄词费，出票钱票。入差手则索起发路费钱，公然乘舆下乡，科派尤甚。稍拂其欲，持铁练恐吓，继则索送牌费，并索原、被告各酒席。丰则喜，薄则怒。由是索差费名曰盘子钱，稍不遂意，拖累原、被告，在寓守候，经年累月，典当殆尽。求审不得，求结不能。勒至书差各费交清，始能带讯，则索检卷费、值堂费、散班听刑各费。审结后，则有具结费。其费自十千或数十千、百余千不等，每因一案而少有之户已倾家荡产矣。种种情弊，实由州县怠于公事所致。前经本部院颁发词讼册式，通饬各州县，按月造报，已结若干，未结若干，新收若干，开除若干，虽据遵札造赍，一月内讯结不过二三起，未结尤多。推原其故，或因差役诈索遂意，包不赴案，或因诈索未成，羁延时日。衙蠹害民，情伪百出，言之实堪痛恨。本部院不忍不教而诛，合再出示晓谕。为此示仰阖属官吏丁役人等知悉，凡尔牧令，务当振刷精神，力求整顿。嗣后凡理词讼，原、被两月不投到听审者，照例注销，被告具诉，即取具保候审，或情迹近于刁狡者，交差看管，立传原告讯结，不得久羁守候。更于大堂安设木柜一个，盖用木格，以便投纸专收。原被告投到禀词，加以锁钥，牧令每晚亲自启视，即知某案原、被已齐，牌示传审，可杜书差隔阂勒索之弊。其有应行票差，非命盗奸拐重大案情，一票止准一差，票内盖用"不准乘舆"字样图记，限日拘传到案示审。倘该差逾限，即予严比。如敢乘舆勒索，许原、被之家协同保甲，将差役、轿夫指名禀究，该牧令毋得徇庇。如有应勘案件，毋许随带多人，止准单骑往诣，登时立谳，使该差役无所施其伎俩。且于质讯之时，就询原、被告差役有无诈索，如有前项情事，轻则责革追赃，重则通详究拟，以除民害而杜讼端。自示之后，倘再不知随时访察防范，任听丁役诈索，该差仍然乘舆下乡，一经访闻，或被告发，定将该州县从严参办，丁役人等照枉法赃科罪。其各凛遵。特示。

前《志》载差役之设，原有定额，历奉总督毕永、巡抚巴通饬州县严禁，衙役不许私带白役，乘马坐轿，僭用服饰，扰害闾阎。谓此辈忠厚谨愿者少，狡猾贪黠者多，只缘官既倚为爪牙，势遂有所凭借。云云。历任邑侯固多明察，惟张令朝乐、谢令攀云每于票尾用一木戳，刻就"不准乘马坐轿，僭用服饰需索"字样，伊等稍有敛戢，以后渐又如故。岁丁丑，监生周楚英、职员隆再盛、生员姜方超等，以衙役经制之外，增添白役，每案多至六差，私带白役、轿马下乡，倚势勒索，吓诈乡愚，并违例僭用服饰各等情，控奉藩、臬、宪批饬长沙府朱某示禁。嗣后奉票差遣，只须自负行囊，诣乡传唤，毋许乘马坐轿，违例僭用服饰及私带白役临乡，骚扰锁诈无辜。如遇差票，仍遵向例，盖用木戳。自示之后，倘敢故违，一经访闻，或被告发，立即严拿惩办，决不宽贷。尚祈宰斯上者勤察而严禁之。

知宁乡县事郭庆飏严禁船户分埠告示

（同治四年十一月）

为出示晓谕事。

照得宁邑船只，向分七埠，责成小甲稽查。上年，据浪丝埠小甲李顺廷抄粘嘉庆道光年间各前县告示，请埠内货物照旧各装各埠，各当各差，毋许越界紊乱。本县因有旧案，准予出示，原以杜争竞而便稽查，通货财以济商旅。嗣据生员谈柳汀等词称，李顺廷藉各装各埠为由，卡勒商民，价则加重，装则减轻。小河水少，谷米货物必趁水涨装运。而水涨易消，一埠之船有限，每至有水无船，或有船无水，不便商民。并据刷呈碑摹，内开乾隆二十三年奉粮宪赫批府详，船户胡正南等控案，议请采买积谷，俱着上三埠装运漕米，着下三埠运送，倘遇重务，六埠公装等语。是府详断案，尚在各前宪各装各埠告示之先，只以上下为分，并未逐埠分界。现经集讯众供，访诸舆论，咸谓各装各埠，不免卡索之弊。此系阖邑公事，总期商民船户，彼此相安。应将前示撤销，断令嗣后谷米、货物，上三埠归娄山、浪丝、袁左三埠通运，下三埠归赵双、道林三埠通运，惟附城一埠通运。六埠已据两造具结遵依，合行出示晓谕。为此示仰阖邑商民、船户人等知悉，各照断定之案，雇船装货，毋许再执各装各埠之说，卡索争竞，致干拘究。其各凛遵毋违。特示。

知宁乡县事郭庆飏严饬夫差轮派乡夫告示

为示禁事。

案据梅三元、廖葆臣等禀称：宁邑县境，南通长、善，北达益阳，除日行夫差外，凡遇各大宪及兵差饷鞘、秋审犯人过境，东、西、南、北四门附近耕民，当夫护送，不敢规避。无如日久弊生，夫差藉此渔利，有一门而分两团者差包一团，有一门而分四团者差包两团。包者安坐，未包者迭发，役使无常，随送随发。虽除日、元旦不得休息，耕民恐遭赔钱，偏劳废业，受累万端。可怜同是居民，而劳逸不均，曷胜饮恨。不颁剔除示禁，将来公事必坏。应请严饬夫差，先时发出夫价，以便转发预备。为此公恳作主，批定章程，出示刊碑，以垂久远。等情到案。据此。并粘附条规前来。查发夫应差，原属地方公事。迩来差务繁兴，自应均匀轮派，方昭平允。该夫头等竟敢视为利薮，或索贿而包纵，或用少而派多，致使耕凿小民，常有偏劳之患。此种积习，殊堪痛恨。除批示并饬四城刊碑永禁外，合行开列章程，出示晓谕。为此示仰夫差保甲及附城应夫民人知悉，嗣后凡遇差务过境，该夫差等必先请示，应用人夫若干，无论城乡夫役，均须照数轮派，既不许贪利贿包，更不容派多用少。至于夫价，由署领出，即便按人分发，不得任意揶留。自示之后，该夫头等固宜痛改前非，而应派夫役亦毋许借端刁难。倘敢抗违，一经查出，定即拿究。各宜凛遵毋违。特示。

计开轮派乡夫章程

按每年十二个月，以东、南、西、北四城分派。如同治四年正月派东，则二月派南，三月归西，四月至北。五年则正月派南，二月归西，三月轮北，四月至东。六年则正月轮西，二月派北，三月归东，四月至南。七年则正月归北，二月派东，三月归南，四月至西。其余八月，均照上四月轮转，以后永远遵守，周而

复始。至于闰月以及大差需夫二百名以上，则未便偏派，仍应四城公当。如此明定章程，庶该夫头不敢任意赇包，而应派夫役亦得闲忙之月，劳逸均匀。其各凛之。

知宁乡县事耿维中禁私宰告示
（咸丰八年四月初七日　补附）

为严禁私宰耕牛，以重农功，以清盗源事。

照得民食既赖于农功，耕种必资乎牛力。是牛固有济于世，无害于人也。故私宰耕牛，有干例禁，岂容违犯。查近有不法之徒，竟以屠宰为生涯，以致盗贼得所（消）[销]赃，呈报失牛者不一而足；且有假祭祀为名，擅敢宰杀牛只，结盟作会，似此均大干法纪。正查禁间，适据局绅傅南庄、李曙村、周莲舫、杨柳畦、杨春台、杨继知各都团总禀请示禁前来。除批示并票差查拿外，合行出示严禁。为此示仰阖邑士民及保甲人等知悉，嗣后倒毙牛只，准其报明开剥外，其老病残废亦当念其筋力两竭，优予饲养，概行禁止宰杀。亦有瘟疫之牛，亦毋许贪利开剥，流毒地方。自示之后，倘敢故违，一经查拿到案，定即照例究治。该保甲等如敢徇纵，察出一并严究，决不姑宽。其各凛遵毋违。特示。

知长沙、宁乡县事魏、张酌定靖市八埠章程示
（咸丰十一年）

为会同示谕事。

案奉府宪批，据靖市监生侯恒昌、宁邑举人杨依恬等禀称：宁邑米粮，多由船运靖市投行，出售买卖，原期公平。近有渔利之徒，从中盘计，百弊丛生，贻累非浅，诚恐积重难返，为患滋深。去腊，宁邑杨依恬、杨鹏、周福卿与靖市侯恒昌、侯恒顺、徐仁哲等妥将行户、碓户买卖

章程，酌定条规，互立合约。窃以事涉两邑，且系重务，非恳立案示谕，奚以垂诸久远。用特粘呈议条，公恳赏赐存案示谕，庶除弊息争。行户、碓户买卖，永协公平，商民两便等情，禀奉批饬长沙会同确查示遵。等因奉此。合行会同出示晓谕。为此示仰宁邑八埠船户、碓户、行户、客商人等知悉，嗣后务宜痛除积弊，恪守规条。如有不法之徒，从中挑弄，许即指名禀究，各宜凛遵毋违。特示。

计开靖市买卖条规

一、买卖米粮，买客凭行掺样，随即登船，上凭眼力，下凭掺同，看定货色，三面估价，书立行票已妥，包样下河。量米时，买客不得复擢样米。如样不符，听其另买另卖，买客不得故意潮佯减价又买，行户亦不得扶同。

一、客商买米，行户与卖客交代验明。钱必九九七，制钱如毛不用。如少照补。银必布平，以九二足色，直行如纸毛，概行不用。

一、卖米一石，出行用钱二十五文，永无增减。

一、交易谷米、豆麦，买卖二比凭行平斛过擞，不许浮擞鸡窝。其斛十足制。斛每月朔归庙较准火熨，称以法码较定，以昭画一。

一、行伙或有奇盘夹帐肥己者，行主查出，立即处罚辞退，客商查出，投经行主，照议处罚。

一、交易后开明清单图记，载明行用厘金数目，实得钱若干，以杜弊端。

一、买卖米粮、货物，银钱当即现兑，行户不得支扯拖延。

一、船户运米，不许装头、盖面、泼潮等弊，如违，行户断不劝客买受。

一、船户卖米，不得因货难卸及求货急卸，致私许行伙钱文。

一、船户代人卖米，不得向行伙私索钱文，欺瞒米客。

一、运米船户，每石开仓钱二文。

一、宁邑于靖市捐建水神庙，原为船户及客商往来、祀神祈祷并寄存货物之所，看守庙宇人须留心照管。

以上各条，宁邑、靖市公同酌议，日后永无更改。如有违者，二比公同，分别轻重处罚，决不徇隐。

知宁乡县事郭世闻示免派累碑文

为照案重立碑禁事。

照得县属北路，向有河斗、菁华两铺石桥二座，嘉庆二年，前县樊详奉上宪批示，勒竖碑石。内开：

为勒碑永禁以免派累事。照得宁邑北路，乃冲衢要道，往来差使文报必由之路，向有河斗、菁华石桥二座，每遇山水冲塌，历经前县饬令附近之三都七、八、九区粮户捐赀，随时修整，准免采买杂差，章程久定。乾隆五十一年，前署县张奉文买补常平仓谷，有该区保甲王凤友、颜孔章等，误听差言，诚恐向该区采买，赴臬辕控禀，行请府宪转饬前县周讯明，详请批饬禁革，遵奉在案。乾隆六十年，又前署县张奉文买补碾运辰州军米，动拨常平仓谷。该区粮户贺南松、杨依松等听闻要在各都区内按粮采买，恐其背案复派，遂赴臬辕援案呈控，行请府宪转饬查禁。经本县查案讯明，详蒙府宪转详，臬宪批饬，照案勒石永禁。等因奉此。除将遵奉碑禁缘由，具文详复外，合就刊碑永禁。嗣后河斗、清华两桥，遇有坍塌，仍着该区粮户，随时修整，以速邮传而便行旅，毋许派累别区。其采买杂差，概予优免，不得发派。倘有差役借端混派滋扰情事，许该区保甲、粮户人等，指名禀究，务宜凛遵毋违。等因。立碑在案。

兹于道光十八年十二月初三日，据监生贺鄂华、阮叙和、杨而昌、边宝堂、胡藻源、贺省轩、魏西泉等具禀：连年溪水涨溢，桥座倾圮，照旧在于区内重修完固，并因原碑日久，字迹剥落，公请重立，以垂久远，等情到县。除批示外，合行照案出示重勒碑禁，嗣后河斗、清华两桥，遇有坍塌，仍着该区粮户，循照旧章，随时修整，不得派累别区。所有一切采买杂差，概予优免，不得发派。倘有差役借端混派滋扰情事，许该区保甲人等，指名禀究，务各凛遵毋违。须至碑。

知宁乡县事彭念祖严禁推车告示

（嘉庆五年）

为公恳示禁事。

本年二月初一日，据监生周锡琮、童有盛等具禀，二都十区南路，自楼台山起至龙凤山止一带地方，近有学推小车，以致损坏田塍、道路、桥梁，禀请示禁，等情到县。当经批示，并票差确查妥议去后。兹据该差禀称，查得该处路通潭、湘各邑及四、五两都，虽属通衢，究系小径，且必由田塍、桥梁经过，推车重载，难免破塍损桥，有妨田水，业户补修无益。兼之楼台山而上路边小河车过墈，崩田多损伤各等情，并据该保甲曾和顺、彭国泰、蔡兼五、刘敦五禀同前由。据此，除批准示禁外，合行出示严禁。为此示仰二都十区各保甲及业户人等知悉，该处一带道路，既属田塍、桥梁要径，崎岖逼窄，毋得操习推车，致被破塍、伤田、损桥，阻涉贻害匪细。倘敢抗违，仍行推车，许保甲立即将人车一并押带赴县回禀，以凭究惩，决不姑宽。各宜凛遵毋违。特示。

道光十八年季冬月，三都七、八、九区绅粮保甲遵立。

署宁乡县事陈心炳严禁推车告示

（道光四年三月）

为示禁事。

本年三月初八日，据阮叙和、边星源、胡泽璋等禀称：本邑北城外南省古路，下通长沙，上通辰州，宁邑分界之处有河斗、清华二桥，乃三都七、八、九区众姓修建，经费数千，奉示免派杂差，禁止推车，历有年矣。所有银鞘经过，一鞘一夫，奉发官价钱四百文，肩送益阳，久有旧章。近日夫差勾通脚夫作弊，用车装送三鞘，一车瞒得官价肥己，不顾有碍桥梁，并令远近耕作之家效尤，推车络绎不绝，伏乞批示严禁。等情到县。据此，除批准示禁外，合行出示严禁。为此示仰三都七、八、九区保甲、士庶人等知悉，嗣后遇有银鞘过境，遵照本县发给一鞘一夫，不得用车装送，损坏道路桥梁，有碍行旅，并毁及田塍，以妨农务。自示之后，如有不遵，定行拿究毋违。特示。

知宁乡县事郭庆飏严禁推车告示

（同治六年九月）

为出示严禁事。

案据绅士刘论卿、边芸芳、杨活渠、张朗臣、谢莲轩、贺仲荃、王朗卿、萧竹筠等禀称：该处车夫运送货物，违禁由桥行走，恳再示禁。等情到县。据此案，业经本县叠次示禁在案。兹据前情，除批示外，合再出示严禁。为此示仰三都一、七、八、九、十等区保甲、军民人等知悉，嗣后谷米、货物等件，务须人夫挑送，不得再用车运，以致碾损驿道、桥梁，有碍行人，累民复修。自示之后，倘敢不遵，许该团绅保甲，指名禀究，决不姑宽。各宜凛遵毋违。特示。

知宁乡县事郭庆飏再行严禁推车告示

（同治七年六月）

为再行出示严禁事。

案据绅士张瀚川、张朗臣、欧桃溪等，以车运妨农，再恳永禁事。呈称：窃车运之害，曲径泥涂，碾如陷阱，既不便于行人，田塍塪圯缺若无边，更有妨于农务，曾经各前宪禀详，并奉宪台叠次出示严禁在案。自蒙宪台严禁之后，职等率团妥议章程，扛担悉增脚价，不必车而食力如常，老弱均可肩挑，较之车而其利更溥。惟贫民虽共沾乐利，而富户每计较锱铢，缘各团所议条规，其一二人不能扛挑之物，如碓臼、墓碑、大枋料等件，亦许车运。又前沈宪告示内，载有"外来偶尔过客，在于通衢大道，车载行旅经过，仍听照常往来"一条，此无非曲体人情之意，不欲强所以难能。公议遇有大小木石桥梁，犹必雇人抬过，方可再行推车。乃迩来不仁之辈，遂借此而生欺罔，运柴薪、板木则以小枋料掩盖而行，运杂货、茶烟则假江西车装载而过。尤可恨囤贩谷米之家，竟视禁车如仇敌，一若谷米有车运之例，而无肩挑之例，祇知射利，不顾伤农，以私废公，为害甚巨。前年张熙台、谢筱筠、张照澜等具禀请示，原属阖邑通行，无分畛域。迨经刘论卿、边芸芳等为河斗桥起见，专指三都一、七、八、九、十区请示刊志在案。而三都二、三、四、五、六区尤属灰煤出产之地，亦为谷米囤积之乡，诚恐禁懈闲疏，蹈前辙而前功尽弃。伏祈示严碑，永垂后鉴，而后效弥长，公恳赏准出示泐碑，并移局刊入邑志，以垂久远。等情到县。据此，除批准出示泐碑，并移局入志，以垂久远外，合再出示严禁。为此示仰三都一、二、三、四、五、六、七、八、九、十区军民诸色人等知悉，嗣后除碓臼、墓碑、大枋料及偶尔外路过客行李、货物往来，方准车运，遇有桥梁犹必雇人扛过外，其余本境石灰、煤炭、谷米、油盐、柴薪、板木、杂货、茶烟等项，均应雇夫搬挑，一概不准车运，免致道路倾陷，田水渗漏。倘敢故违，许该都团总佐协同保甲，即将该车夫及雇车之户，扭送赴县，以凭究惩，决不姑宽，各宜凛遵毋违。特示。

知宁乡县事郭庆飏永定轮派夫差告示

（同治七年六月）

为出示永定章程事。

照得差使过境，需用人夫，前经议定章程，着令四城按月轮派。至于闰月以及大差需夫二百名以上，即以四城公当，业已出示泐碑在案。兹据绅士童佩臣、鲁黔修、萧少楼、高直臣、周润溪、谢鹏万、陶春楼、蔡万合、胡吉臣、邱旸谷等禀称：前议派夫章程，仅属处常之例，设遇大兵差务，用夫一千或八百名不等，若概求之近城，则夫数几浮于民数，近民其何以堪，请仍照旧例，开派外团等情，随即批准，饬令妥议章程去后。

旋据都团张朗臣、杨起吾、邹新吾、欧桃溪、袁镜丞、郭万才、张隆裕、蔡雨轩、张力襄、张照澜、张葆真、张海乔等公同议定，嗣后兵差过境，用夫至八百名以上，即照旧例，开派外团，禀请出示，刊碑入志前来。本县查核，所议甚属妥协，除移局入志并泐碑外，合行出示晓谕。为此示仰附城及外团保甲人等知悉，嗣后除寻常差使过境，仅需夫在二百名以外、八百名以内者，仍照前定章程，四城公当外，设遇兵差用夫至八百名以上，即照旧例开派外团，庶处常则外团无远涉之虞，处变则近民无偏劳之苦，持平定论，遐迩相安。其各永远遵守，毋得临时推诿贻误，致干查究。切切特示。

知宁乡县事郭庆飏抄奉抚部院刘颁发编查保甲章程

一、造册籍。南省自军兴以来，各州县均办团练，户口已有团册可查，团总、团佐又系本地土著，其于团内之户口多寡，平日作何生理，是否良善，靡有不知。保甲一事，宜与团练相辅而行。今着落各团总、佐，按照团册，造具户口册籍，以昭核实。

一、查户口。各团总、佐造册，应即携带团册，周历本团，无论公馆民房、单居独户，但系团内居住者，一体挨次编查，不使一户一口稍有脱漏。其绅士、军民统为民户，店铺、行栈及各窑厂统为铺户，庵观、寺院统为方外户。均于首行姓名之上，列明某户字样，民户、铺户一体编排，惟提方外户附于本团册尾。每户填明左右邻居姓名，有犯连坐，仍与九家民户、铺户共为一牌。以上三项，均须填明年岁、籍贯，作何生理，有无粮田，不得草率漏填。如有遗漏等弊，该地方官查出重究。

一、编保甲。查造户口已毕，即以十户联为一牌，公举牌内一人为牌长。又以十牌联为一甲，公举甲内一人为甲长。又以十甲联为一保，公举保内一人为保正。均须年力精壮，明白勤慎者，方准举充。既经公举，不得借词推诿。编定后即将各保正、甲长、牌长姓名，填入册内，由保正出具认结，并团总、团佐出具保结，将册赍送地方官处，照造循环册二本，先给保正循册，年底换给环册，循来环去，岁以为常，不准废弛。

一、登门牌。照造循环册后，核对无讹，即按户填写门牌，由保正领交甲长，转交牌长，牌长散给十家，并另刊十家为一牌册交给牌长，又另刊十牌为一甲册交给甲长。其门牌宜用木板粘贴，悬挂门首，如有遗失，禀明另给。凡各户中遇有寄寓之人，即由本户报明牌长，于门牌及十家牌内，各贴浮签，载明姓名、住处，去则揭之。如为日过久，或有嫁娶、添丁、病故等事，应于门牌上加减人数，以及绝户逃亡应追门牌，兄弟分析应换门牌，搬去迁来应缴应给，均由本户报知牌长；或牌长查明，自行转报甲长，随时登簿，按旬汇报保正，登入循环簿。俟届年底，由保正携带循环簿，赴地方官衙门，当堂更换。所有牌册、纸张及保正往来路费，由官酌量捐给，不得借端派累，并严禁书役，不准需索。

一、慎稽查。各户中有一为匪不法之人，该团总、佐，保正、牌甲，均属耳目切近，不难随时稽查，禀官拿办。应即责成牌长稽查十家，甲长稽查十牌，保正稽查十甲，团总、团佐稽查各保。如此层层纠察，不患不周。各保正、甲长、牌长果能勤慎稽查，始终无误，每届年底，由该州、县奖以花红。倘敢徇隐庇纵，抑或别滋流弊，经官查出，严治其罪。

一、严巡诘。既慎稽查以清内奸，当严巡诘以杜外匪。该团总、保正等将甲编定，凡一甲出进，总要各口隘设立一栅，晨启夜闭，日则公同查察。如有外来面生之人，随时盘诘。系来甲内探视亲友者，问实听往。随到随去者听，留驻则添注寄寓内备查。其仅从甲往来经过，查无形迹可疑，催令趱行，以免匪徒混迹。夜则照十家牌巡更之法，甲内每夜轮派两家，各出一人守栅巡更，与上下两甲声势联络，守望相助。遇有宵小窃发，一甲查拿，上下两甲相应，不令逃匿。获匪情，轻者鸣团公处，重则送官究治。倘能破获巨奸，查出匪党，准归于团练案内一并酌保，以示鼓励。若巡诘懈弛，或上下甲不相接，应惟各该团总、保正是问，严行惩治。

一、防遗漏。编查保甲，原以除匪安良，若有遗漏，仍属具文。今编铺家以一铺为一户，居民以一家为一户；路旁小店，深山茅屋，均以一家为一户；庵观、寺院，以一处为一户。至穷苦孤独之民，及游手无业之徒，往往数姓或十数姓共屋而居，藏垢纳污，在所不免。甚至有平日犯案、素不安分之类，而又现无大过，未便概行拘逐，或良善之家不敢与之同牌，不屑与之为伍，值此编联，不无疑虑。抑知册内无名即成漏户，彼恃无人稽查，反得肆行无忌。编查正为此辈而设。应取具悔结及亲属保结，许其一律编联，除同居而又同姓同宗者可以并为一户外，或同居而异姓及同姓而不宗者，必以一姓为一户。惟须详载作何生理，其游手之徒即载明"无业"二字，曾经犯案即载明"自新"二字，以示区别而便稽查。至自新者果于一二年后毫无过犯，仍将"自新"字删去。倘有外来单身游民，随时驱逐，不准编入。

一、严连坐。一保之中，虽有保正、甲长、牌长责司稽查，不若比邻见闻较切，凡左右邻户，务各亘相查察。如邻家有匪，立即密报牌长、甲长转报保正，禀官拿究，但不准挟嫌妄报，诬陷无辜，自干重咎。

如左右邻徇情隐纵，别经发觉，则必连坐其罪，受贿者计赃从重问拟。

一、定更替。查保正、甲长、牌长三项，各有专司，未便令其久充，自应议定更替，以均劳逸。嗣后保正、甲长、牌长除犯事责革及遇有病故随时另举外，今酌定三年一换，各将原领循环簿及牌册呈缴，其保正即由团绅公举，甲长即由本甲公举，牌长即由本牌公举，均具认状保结，自行赴县投验，随时登册接充，仍领循环簿并牌册等件，照常承办。如旧保正、旧牌甲奉公无误，由本团留充者，亦于年底禀县核明注册，以备查考。

一、严水巡。陆路既征周密，水路亦应严巡。保甲向章，渔船概应编号，盖以渔船类非殷实之户，恐或为非，实亦置有湖河业渔地段，坐落境内，船不出境，可以编查。若别项船只，则行泊无定，未能办理，惟责成水师，专司巡查。昨湘乡等县破获匪案，有船运洋枪洋炮之事。若不明定章程，难杜后患。除檄饬各水师在于防所昼夜梭巡查，有奸匪偷运枪炮、火药，严拿解办外，该滨水州县并即饬令团总、保正，会同水保埠头，概将渔船核实编排；其各口岸别项船只，系常泊该处者，亦即照渔船挨次编号，发给门牌，饬填船户及家口水手人数、姓名、籍贯、年岁，注明水手并非滥雇来历不明之人，邻船互相保结。水手如有不法，船户同罪，船户有不法情事，保结之邻船连坐。至过往船只径经过者，水师严行稽查；如有停泊，该团总、保正、埠头等随时盘诘。夜则设立巡更之人，在于岸边巡缉。每船准取灯油钱贰文，不准多索。遇有乘夜私起违禁货物，及由船登岸、自岸登舟行迹可疑者，查拿禀究。其各船揽载货物，团总人等尤宜悉心查验，非有官运明文，不得擅将枪炮、火药运载。倘有在该口岸装运，及过载或起卸，查无官运文件，立即报官拿办。有不服违抗者，水师就近围拿。若团总人等敢有贿纵重情，同偷运船户一并从重治罪。水师如有失察，或通同舞弊，分别撤惩参办。

《长沙文库》编委会

主　　任　彭华松
副 主 任　冯紫英　邹　特
　　　　　张能峰　李　舜
　　　　　蒋集政　李德胜
成　　员　王习加　贺国成
　　　　　肖清平　曾牧野
　　　　　张列群
编　　务　高　路　尚　畅
　　　　　周建文　刘　殷
　　　　　童　心　姚宇琳

长沙市地方志编纂委员会

同治
宁乡县志
（下）

（清）郭庆飏／修　　（清）童秀春／纂

杨锡贵　曾牧野／点校

湖南师范大学出版社
·长沙·

目录
（下）

职官五　兵防 附团练

兵者，圣人不得已而用之者也。然诘尔戎兵，用戒不虞，自古为然。宁邑久际升平，地当首冲，而干城之寄，砺乃戈矛，可或忽诸。

驻防把总一员

顺治十一年，地方逃兵倡乱，士民公请设官，防守汛兵二十三名，历经油草河斗，每铺拨塘兵四名，留汛兵十一名，营书一名。民壮十六名。工食详赋役。

军器

康熙三十五年，设立贮库军器。腰刀七把，鸟枪三杆，刷刀二把。雍正四年补修。

乾隆二年，增民壮银十六两，修理器械。刷刀四把，长枪四枝，铰鸟枪四杆，弓四张，箭四十二枝，腰刀四把。

救火器

雍正十一年，县令仇廷模捐赀制备水铳一座，麻搭、钩镰各四副，水桶四十六只。

乾隆二年，县令杜珣捐赀添设麻搭、钩镰各四副，水桶十六只。

乾隆九年，县令杨兆鳌捐赀添设麻搭、钩镰各四副，大斧、铁矛各一把，水桶四只，扛绳一根。

附：

江左书院有永安水龙，苏籍公置。

万寿宫有豫章水龙，豫籍公置。

白鸡观有保宁水龙，四城公置。

南城灵官庙有福宁水龙，福建龙岩籍倡捐，四城公置。

以上所载水龙，各有值年经理，立法甚善，今悉完备。

塘汛

东至善化金马桥，历经铺塘汛设兵丁四名，铺司七名；夏落铺无塘汛，设铺司七名；油草铺塘汛设兵丁四名，铺司七名。

北至益阳清华桥界，县城总铺塘汛设兵丁二名，铺司十二名；河斗铺塘汛设兵丁四名，铺司八名。

西至安化界，共十六铺，俱无塘汛。

查现存军装器械：腰刀十九把，弓箭撒袋九副，撒袋箭九把，鸟枪十杆。新置鸟枪五杆，新置铁头竹矛十杆，新置大旗一树，新置救火麻搭火钩两杆，号褂十九，号袍十九件。

团练

兵防善矣，重以团练何？卫城郭利用。兵护乡村，兵固有难骤及者，是在因时制宜耳。夫唐之府兵，于法最美。洎朱梁，乃有团结民兵制。宋世自澶渊盟后，百姓自相团结，带弓而锄，佩剑而耕，遇警急，击鼓集众，顷刻千人，兵不若是速也。宁邑久际升平，而地当首冲，旧设驻防汛兵、塘兵，迩因粤氛，举行团练，备兵用、济兵穷也。而论者谓五季团练，迄无成效，明季团练，适酿争端，斟酌尽善，自昔维艰。团练如宁，有事则聚，无事则散，犹古守望意云尔。

咸丰二年，督办湖南团练前任湖北巡抚罗绕典经宁，与齐令德五、邑绅马维藩、童翚等建议举行团练，示富者出赀，贫者出力，土匪滋扰，格杀勿论。由是设团总，挨户训练，军械、旗帜一新，以号炮集，顷刻百千，声势颇壮。是年七月，粤贼逼省城，邑中居民迁徙，抚宪骆秉章、张亮基叠檄练团。爰于县治设局，募勇二百名，于双市、南门桥、龙凤山设卡巡逻，于石楞关、道林拨勇堵御。时四乡土匪骚动，监犯高十三闻风砍狱，立提殛之，飞饬各团，焚巢擒匪，解县杖毙。三四日内，二都焚周家大屋、三益寺，毙曹六麻子、周七木匠等；三都焚猪婆窝，毙蔡三劲、贺大四等；七都焚飞瀑仑，毙王一汤等；四都追剿宁潭交界之凝亭市；六都焚滩山，毙邹仲隆，横市毙左五和尚等；八都焚杨华大屋；九都焚驼骨冲数姓屋；十都红庙设团局，殪匪多名。合邑安堵，民有"齐太爷三日打定宁乡"之谣。十月十九日，贼窜县，越宿走益阳，提督向荣尾追，齐令率团勇往会。时仓库监禁尚完，而土匪经前惩治，无乘机窃发者。乡间捕发贼，二、四、五都共获十余名歼之。一都五福团曾助官军败贼，贼畏其名。贼去二日，潮勇至，奸淫掳掠，民团切齿，格杀其尤，逐出境，居民始复业。

三年，齐令解任，团练弛。

四年，贼自长江犯县，扰四乡，掠获钱米，船蔽河干。马令丕庆出，调乡团不至。督办团练曾国藩派同知衔武陵训导储玫躬带勇兼程来剿，于二月十二日辰刻，自历经铺飞行至，击贼于南门桥下，冲突四门，杀毙无算，贼弃船遁靖江去。储收队行桥畔，不料桥下尚伏数悍贼，狂突直前，竟遇害。其甥杨华英殉之，邑人建祠以时祀。三月，贼复上窜屯靖江，县戒严。周令廷鉴新履任，前令朱道孙诒带勇三百自安化至，倡诸绅速办团练，牒知省城，派守备魏大升带勇一千，庠生伍宏鉴带勇五百。将至，众心倚之。侦贼已逼它市，魏迁延五日始抵县，执意驻文书山。二十六日，为贼所抄，败绩，伍宏鉴死之。贼遂焚衙署六科、书院南门街房，乘胜陷湘潭。提督塔齐布帅师大破之。邑绅杨咏春督团勇截击于烧汤河，斩馘十余名。自湘潭报捷后，贼不敢窥湖湘，而吾邑团练几忘外患矣。

六年秋，耿令维中访闻五都罗仙寨与粟溪及湘乡界推子坪、湘潭界青沟，有斋匪何满杂货、僧一清、曾廿一木匠、曾满推匠、陈玉祥、陈明义等，聚众潜谋不轨。正在密拿，经上宪访明，密札三县，飞调团勇合剿，获陈玉华等十一名，搜出"悖逆"字样。嗣叠奉札拿，以次获曾廿一木匠、曾满推匠、何满杂货、魏三蔑匠等，解省正法，其余余正亭、余八姑、易春元等多名，就地处死。惟僧一清未获，正在加差严拿，并移文各邻县缉捕。适抚宪以匪类充斥，急应办团，谕邑绅刘典、丁应台、杨鹏、杨熙世为团总，寻委朱孙诒查办，凡斋匪、土匪、地棍，均用重典，便宜行事。合耿令所办，共计五十八名伏诛，四境肃然。频年编册联结，去莠安良，团练内清，聿收实效。

九年，石逆攻宝庆，号二十万，官军被围连月，县戒严。邑绅刘典、童秀春、魏良、杨熙世奉巡抚文办团练，议助官军声势，须自成一军，以备战守。县治募勇二百名，十都各募勇四百名，俱置练长，演习武艺。营制，每名日给口粮一百

文，调遣则倍，自什长以上加以差，都总司度支，县局总之，照田派费，百姓同仇，旬日间练成。耿令调阅，队伍整齐，省西路恃以无恐。时饷项难继，幸不久而宝庆报捷矣。

厥后各省扰攘，我邦安谧，五六年间鸡犬不惊，何事团练？况自武昌复，而安庆、而苏杭、而金陵、而闽粤以次肃清，东南已大定乎。乃大军凯撤，凡游勇结盟者，名曰哥老会。党羽既多，潜谋起事，于五年五月二十六日放火湘潭城，当获匪目，湘乡亦搜出伪文，共正法十余名。邑绅刘典、朱品隆、喻吉三、丁毓良、曾毓郊、邓崇烈、喻兆□奉文办团，挨户练勇，认真联结。每族谕二人为□，具良莠以闻，由清族而清团，内奸自无所容矣。□于菁华铺、茶亭寺拨勇严查，计诛巨匪钟细满等七名，余予首悔。丁卯四月，湘乡会匪曾广八等起事，旋伏诛。我邑及潭、湘又办团练，募勇五百名，获唐市会目王福元、谭青云正法，余亦首悔。各县肃清，各县乡团未弛。

卷
之
二
十
四

风俗志

化行于上谓之风，教成于下谓之俗。有教化而后有人心，有人心而后有风俗。《周礼·大司徒》以礼俗驭民，三物教之，八刑纠之，所以民心厚而风气日靖。三代以降，醇漓各判，习尚遂殊。汉应劭作《风俗通》，晋周处撰《风土记》，史乘因之。宁乡自宋始置县，《一统志》言民丰士闲，故邑以宁名，亦犹文川武乡，国家惠泽涵濡，渐摩倍至。我士民宜益切奋勉，革薄存忠，雍雍于仁里中也。志风俗。

风俗一　习尚 附方言、土音、里曲

《汉书》曰：古称楚俗，火耕水耨，民食鱼稻，以渔猎伐山为业，不忧冻馁，亦无千金之家，信巫鬼，重淫祀。

元志：渐胡文定之学，而士习好文；慕谭世勣之风，而乡俗好义。又曰士风纯古，恬于势利而好修；俗多尚节俭，而耻为不义。学者勤于礼，耕者勤于力。

郡志：西宁俗尚俭朴，士趋儒雅。陶氏汝鼐曰："潭水清深，沩水芳洌。灵麓大嵇，咸在潭西。以邑视郡，厚或过之。"又曰："民以杂处而习变，士当侮乱而气衰。"王氏文清曰："宁固衣冠之里，仁厚之乡。"又曰："昔称恬退于势利，迩来少年狎侮纵横者不乏。"呜呼！旧《志》谓将自纯而浇，可谓早得其情，而知其有今日矣。然则长民者，何以变薄俗而还纯风哉？孔子曰："齐之以礼。"

冠礼

旧《志》：男子二十冠而字，所以责成人之道也。自宋司马光叹人情轻薄，生子饮乳，已加巾帽。至明代且有巨卿嗤为何事者三，加之不讲久矣，不独宁然也。然宁之间闾间，往往于成童后，择取品望优隆者字之。案此尚合筮日筮宾遗意，今并缺如。乃村俗育子者，虑其夭折，甫褓褓辄送释家取法名，十三岁始畜发，谓之寄名，是大可嗤已。近惟诗礼之家父兄，自遵族谱派取名，其字与号，皆就名意取之，殆犹有责成人之道与。

昏礼

旧《志》：宁无夷卤，论财之俗，礼之隆杀，未尽失仪。媒氏议婚既定，男家具雌雄鹅二、彩函二，请女家各书庚甲于函，男收绿函，女收红函，曰订庚。两家用币曰压庚，由媒氏递送曰传庚，尚合古纳彩问名礼。纳吉曰报日。将成昏，男家具仪请媒，曰启媒。女家先期送夽，曰铺房。及婚期，笼鹅前导，取婿奠雁之意。先晚鼓吹环绕，花轿曰闹轿。是日，旗锣伞扇，媒氏率往取亲，带绸缎一方，或青或红，为女覆面，曰头盖。女家回以红绸数尺，曰搭郎红。戚属送亲者，曰高亲，女眷红衣者二人，于轿前递酒。新妇曰取亲，似赞者醮妇意，引男女交拜毕，并坐床墙，以酒杯互饮之。又于案上花烛左右推移，曰交灯结蜡。姑入，揭头盖，曰见面。赐以物，曰见面礼。庙见，曰告祖。拜见舅姑及尊长亲属，各赐以仪，卑幼亦拜见新人，曰分大小。夕设宴房中，新人并坐，曰暖房。宴有共牢、合卺意，厥明新妇率侍婢执盥盆见舅姑尊长，献巾帨，曰拜水。是日筵宴，妇坐尊于妯娌。妯娌拜送妇酒，有舅姑飧妇意。妇献茶果，有妇执笲枣栗段修意。案此皆于礼无愆，惟村俗家迎喜神有磔牲者，诗书家闹新房有伤雅者，皆非礼。至迎亲执事之繁，款高亲筵宴之盛，待仆从赏赐之厚，两家斗靡，称快一时，实倾家坏俗之道也，可弗戒与。

丧事

儒教与释、道教，有同焉者，有异焉者，并有混焉者。旧《志》：始死擗踊哭泣，有小殓，无大殓。及入殡成服，麻衣斩衰，要绖菅屦。凡亲属有服者，给以白布齐衰，谓之孝衫。无服者，给以袒免。白布长四五尺曰拖头，二三尺曰小帛。凡吊客从人，皆发小帛，款以酒肴，曰孝筵。许字未昏之婿拖头，下裹以红布，曰花红孝。设吊用鼓乐，曰转鼓，亦曰开堂。邻友以香烛拜奠，曰吊纸，亦曰烧香。族戚具猪羊酒席、纸马人物、扁额祭轴，鼓吹送至，曰打祭。接绅士题主，曰点主。葬用死者应用仪仗，此行儒教者然也。行释教者亦兼效之，惟始死烧纸钱九斤四两，曰倒头钱。即请僧道礼佛，曰开路。环柩诵经数日，曰伴棺。道场出殡后，每七延僧道诵经，曰覆土，又曰应七，以五七为止，亦窃取儒家卒虞之意。小祥至禫服，

皆作道场。初扎纸屋，连楹叠栋，宽广半中堂，床帐、什物、鸡犬及轿马、衣服、箱箧烧之。戚友以钱箦馈，曰打道场。款以酒席，曰终斋。倒幡则宰猪治席，曰散消。种种幻谬，皆浮屠诳诱所至。

案：此犹两不相侔也，至混焉者则咎在儒家。盖其治丧也，门榜文公丧，礼堂设徽国文公位，并设土地庙、王城隍位，甚或设佛道位，朝夕次第祭奠，开路招亡、放焰赈孤诸名色，罔不毕具。司礼可四人、八人，展事可三日、七日，烦费可数百金。吊者大悦，乡俗诧之，曰儒教道场。而老宿于此教者，于是订为成书，使人人可按而行。是诚不知自尊其教，以移易乎风俗也。赖读书有真识力者，壹是遵文公家礼为断。

葬事惑于风水，于今为甚。无家不求吉地，无人不谈风鉴。术士因之艳以利，怵以害，其不为所眩者几希。曷亦思从来肇嘉之地，大都不系攒营，后此滋害之坟，未必不关迁动，惩诸此惑，固可顿解已。况久停亲枢，大不安孝子之心；轻改祖茔，尤不协顺孙之义乎。且也承平历久，生齿繁，物故众，几遍山皆坟也。古冢累累，今冢叠叠，自非孝子贤孙各念其祖，各识其墓，鲜不朦混已。乃不肖者冒人祖坟为己祖坟，移己父冢侵人父冢，意在谋吉也。不知谋地虽巧，违天实多，窃恐地未逢其吉，天必降之殃也，可惧哉！祸之不惧，惟福是贪，其欺忍兆于阴谋，及发觉终于险讼。贤官长阅契按图，不难剖判，而念及既瘞之骸，久枯之骨，不忍断迁。纵断不遵，此谋地之事百出，讼墓之案百不了也。前《志》载阴谋强侵，无所不至，以官法严惩之，此风稍平。然则听墓讼者，并议重罚，非苛也。谚云：阴地不如心地。贤官长判人阴地，完人心地，时谓恶以成爱。

祭礼

旧《志》载宁邑不尚淫祀，今主其祭说，一曰展孝思，一曰尊神道。父母生辰则祭之，思其饮食，思其笑语，如当日庆诞辰。然忌日之祭，终身之忧也，盖不胜其凄怆。然延及高、曾亦祭之，则笃于追远已。中元荐新，除岁蒸祭，享必丰洁，祀必躬亲，幼子童孙，奉香进爵，于是观礼俨祖宗顾而乐之者。然阖族祭于宗祠，不特承祭时俨乎祖宗，昭布森列，读彝训而悚然，观彝器而穆然，拜叔伯，揖兄弟，有秩秩棣棣者。然大寒修墓，清明扫墓，非规规于祭奠为礼，亲率子孙，审顾徘徊，有依恋不忍去者。然此皆展孝思也。

灶神、宅神，以奠以谢；土地庙王，有祈有报。秋收毕，谒南岳，祈佑老亲寿康也。冬休工谒回龙，冀保阖室平安也。回龙诸天，除风火，息盗贼，匪特庇一乡一邑也。风波万里，戎马十年，遥祷辄应，他乡人辐辏于途，跻跄于庙，树彩旛、焕金装者旖旎而斑斌，盖神灵也，亦地灵也。

邑祀文昌阁，乡学释奠以祀惟其洁；邑祀关圣庙，乡人醵金以祀惟其丰。能救旱者则祀之，能除蝗者则祀之。此皆尊神道也。若夫饬符镇宅，施茶治病，降乩言休咎，出驾驱怪妖，亦往往若有所凭依。揆诸淫祀，今可不防其渐乎。

城隍威灵有赫，祭秩有加，通省郡然，非独宁邑。祭期订于五月二十八日，庆诞辰也。前期二十六日，出其形像，驾游四门，曰出案。树旗支伞，鼍鼓铿金，栴檀喷香，硫磺迸火。导从之人，各执其物而驰四门，按出本名色，装演数十故事，架而迤逦从之，曰迎会。是月也，甘雨时降，南风始薰，四乡预有丰年之庆，洵升平气象已。庙中自神殿至两廊，灯烛灿烂，金碧辉煌，一切铺张，十倍于天符、火官祭会。二十八日，介寿饮福，百数十筵。演戏自二十五至六月中旬，通计所费不下三千串。今夏四月，上湘以土匪告警，我邑戒严，撤会停戏，靖人以安神也。过此湘水永清，玉潭长宴，徇人之情以为乐，恤物之力以制节，俨神之声灵以祇事。逐疫涉乎傩，演故事勿太烦；饮酒过乎腊，设筵席勿过侈。祭法惟肃，祭义惟昭，城隍实式凭之。准此以行，安在他淫祀之未能净尽也哉。

士

宁邑士风，近邑治者多文，远邑治者多质，皆读书能文，不失先民矩获。昔学使钱澧许为文风冠楚南，良不诬已。嘉庆年间，童子试至二千五百人，试经古亦常数百名。至咸丰年，值时艰，警兵燹，家塾半减，里馆亦寥寥，童试仅七八百名。自楚境廓清，沩邑安堵，年丰而谷贵。有力之家，连年助军饷外，仍能赡家室，礼师儒，家塾全复，乡学益兴，童试渐至千二三百人。弟子员蒙恩广定额十名，合短广额多至四十九名，壬戌登乡榜者十二人，文场转极盛，士习应益敦故。近来士之游宦与从戎者，莫不奋功名而尚气节。《古长沙风土铭》云：述汉魏之忠贤，同齐鲁之儒行，庶几其在斯乎。迹今文塔创建，而文昌阁又益增高；玉潭泽长，而云山书院又开教育，培植厚矣。观于四乡，遍立焚字亭，以珍文字，其敬宗也。族靡不续家谱，其反经也。学靡不鄙邪说，宁邑士风庶几近古，赖后此者益加勉云。

农

旧《志》：农为富户代耕，租谷外，自得其半。每田一亩，质银二三两，曰佃规，亦曰进庄，岁纳租谷多至二石。开春犁田曰起春，社日即下种曰社种。或以清明下种，月余分秧插田后，缘塍种黑、黄、绿诸豆，以免牛踏损渗水，且可收小利。舍旁田或栽芋莳姜，秋种红荞及芸薹。自乾隆戊戌旱后，凿井挑塘，筑坝畜水，点滴不肯轻泄。沿河两岸，横江累坝，架筒车汲灌。其车法，或牛拖，又有手挽脚踏者，随高低用之。雨泽偶愆，须水甚，则车线水，以线之长短酬佣值。粪田方法，薅草坏，烧火土，采青草，拾牛豕、狗粪沤田池。栽插后，用石灰散布田中，能杀虫肥土，又或用棉楂、桐楂、菜楂及牛骨灰者。秋获甫毕，即犁田畜水，曰打白水，以七、八月为美，九、十月次之，有"七金八银、九铜十铁"之谚。山农治山，三伏以锄转土覆草于下，候雨过炎蒸腐之，以美土疆。一岁种烟，再岁种薯、荞、粱、粟，三岁种芝麻，通易粒食。每山一区，亦有进庄银，或还土租，或栽松、杉、茶、竹，名曰包青山。

案农以谷为命，谷价适中则安，贱固伤，贵亦伤。宁邑二十年间，前此石谷直五六百文，佃人力请退耕，田主无银，势不能退，计惟减租。连年频减，佃人退耕愈力，田主困，佃人亦未必亨。计耕石谷约费千文，粜石谷仅半偿。如是减灰粪，省工作，而所获益少，此谷贱之累也。后来石谷直钱一千八九百文，佃人皇皇，求原佃加租，惟命加佃金，惟命累求累加，上农徐穷，下农立穷，丰年十获，纳租外所获四五，计犹敷工食、灰粪。中岁纳租外，仅获三四或二三，食庶几用安措。下岁无获、无纳，弗论已。谚云："虫吃佃户。"若虫伤太甚，虽非大水旱比，差可纳租，俱应酌减。倘田主利其贵不少减，致佃人亏于食而籴贵，其伤也实甚。要之，谷之贵贱价难平，租可持其平，佃户固不得因谷贱要田主以累减，东主尤不可因谷贵逼佃户以累加，则平矣。至歉岁荒月，体恤时周，是在田主之责也。近年闾阎子弟，踊跃从戎，什伍有羡，亚旅不完，力作之助加少，雇工之偿加多，则稼事倍艰难已。然而民生勤则不匮，农夫敏则有功。

宁邑频年团练，不废耕作之三时；叠助军需，仍存救荒之积谷。且社仓久废，今复举行，长官之惠心，邑绅之筹策，靡不与农相资。农夫之庆，曷其有极。

工

郡志：西宁俗尚朴俭，则无奇技淫巧可知已。后习俗浸侈，用宏取精，工乃斗靡增华，以荡人心。究竟价日高而器日窳，非所以前民用也。尤可异者，兴作之初，能瞷人家之衰旺休咎，而款待未遂其意，则或阴为幻术骇怪以祟之，虽不能累兴旺之家，要在所宜防也。迩来相率从戎，农去其十之一二，工去其十之三四。又值修举百废，土木事繁，价倍功平，用之实难。近观农家舂米，有就溪流处作水碓、水砣者，或用牛砣者，亦足藉物力而省人工云。

商阜

通货贿利用舟楫，故大都会率滨于江河。宁邑河道仅可容刀，委折而行，土产无珍奇，所宝惟谷，所运惟米。运米之船，分都立埠。惟四、五都道林埠由建江达长沙。若附城埠，一、二、三都。丹溪、双市、赵市，三埠均一都。浪丝，二都。袁左，二、三都。茅埠，七都。栾埠，六、八、九、十都。八埠船通集于长沙之靖江，中出新康者十之一二。外商贩米船亦驻于兹，凭行户交易。埠船初泊，各行户遣點伙携参筒跃入船打样米。曩以手仅容握，近以盘则足以充行户数十人之食米矣。船户随诣行户议价，再四谐然后定。行户书米单交客商，书钱单交船户。船户寻过米于客商，执斗概者重索用钱，名曰堕盘子。用钱缺，则击斛浮荡，甚至过米半，訾其底不合面，搁弗过，议减价，名曰潮洋。行户最點者，向商贩议价或故昂，向米客少报，名曰吃倒盘子。过米讫，船户执钱单向行户取偿，迟勿偿，迟又久乃偿。低银欠平，毛钱少数，种种受其累，甚至拖欠至岁暮弗能归。新正取偿，则曰此陈（帐）［账］，可缓出。语稍激烈，则曰打破吉庆。叱辱及之，且须鸣鞭爆谢过。又甚至积月累年，积百累千，概骗弗还，名曰倒帐。此则合邑米船之命，直悬于行户之手，莫可谁何。投牌甲，牌甲弗来；鸣团绅，团绅弗理。将谋请客，饭店不容设席；将欲诉官，他县殊难赴辕，害何可言。咸丰年，船户发愤齐声，议泊新康，勿泊靖江。于是靖人惧，央求邑绅，愿厘别诸弊，公立合约十二条。邑绅因请示严禁，购靖市地，建杨泗庙作公所，择廉能首士坐镇其间，八埠船得以无累。

通计靖江凭行粜去米数，曩三四十万，从前小船多不出靖江外，于此交易，故多。近不满二十万，水路肃清，埠船皆可出汉口，交易于靖江者减过半。价约可二三倍。一邑之财用，恒取足焉。乡市、邑市率食用物无异物。外商如苏杭丝棉、甘陕毡裘，列肆者不过数家。典昔四后二，今停。道林曲酒、灰汤髓鸭，品味虽佳，不及远驰。污圈出自小官坊，细巧技也，妇孺尽物曲之能，乡隅通远省之利，而数里外未闻有为之者。广人贩红茶，按谷雨来乡，不利雨而利晴，不须焙而须曝，乡园获小济焉。曩邑之乌江船祗达汉口，近往返络绎于大江南北者，咸欣然以安澜为庆。究皆小贩，非大贾也。旧《志》：业渔樵耕稼，不乐市贩。今观乎商，知宁之风犹古也。至于一邑之生活在米船，米船之生活在靖江，而主客之际，利害攸关。今奉官长明示，叠谕邑绅经纪其间，后人其永遵条约焉。

立春喜晴。谚云："立春晴一日，农夫不费力。"多按时刻然香烛，奉迎太岁。间有听星士言年命冲犯岁君，或行运冲犯者，是日杜门不出，谓之躲春。自后逢戊日，家家辍土，锄不动土，谓之禁戊。五戊皆然。或谓戊为阳土，其数为五，木主事则土休囚。故于春首禁五戊以培之，亦通。

元旦设香烛、酒果，鸣鞭爆。出大门外，择吉方奠酒三揖。本祭路神礼，俗谓之出天行，一曰出小行，最俗曰求财，觇风云，卜年岁。北风主丰，南主歉，云色明多旸，暗多雨。入拜祖先及灶神，家家尊卑，相次序拜，曰拜年。次即往拜妻家，俗云"初一崽，初二郎"，称婿曰郎。连日拜贺邻里，尝留饮曰拜年酒。赠小儿或以果饼，或以钱龙，以红绳编钱数圆如龙。邻家互邀宴饮，曰春酒。

上元日以牲酒祀门神，撤各处所帖纸钱烧之。谚云："烧了门神纸，各各寻生理。"乡城各制花灯。上元先数日，金声动地，烛光照天，不避风雨泥泞，曰庆贺上元。灯有狮灯，以木为头面，以布为身，两人入布中跳踯振搔，取方相蒙熊皮、搏厉鬼之意。龙灯以纸扎头，内含蜡烛，以布为身，长十数节。每节然烛，十数人举之，盘旋翻舞，取龙见为瑞之意。又或多扎鱼灯，取众维鱼矣，实为丰年之义。儿童秀丽者，扎扮男女装，唱插秧、打茶等曲，曰打花鼓。或跨竹马，谓之竹马灯。各庙寺醵金演剧，观者如堵。相传梨园顾曲为老郎神，乳名梦儿，遂禁说梦字，争以南柯字代之。至称孟姓为南姓，平时皆然，而于上元忌讳尤甚。农家于薄暮缚稻草焚于田塍园土间，或鸣锣放爆竹，口喊烧虫，谓之烧元宵，取秉畀炎火之义。夜然烛遍置室中幽僻处，谓之照虚耗。先于除夜贮米一升，置家神龛上，至是屑粉团馎，馎十二，值闰加一，皆凹其顶，按月数蒸熟，取次看凹中水有无多寡，占各月雨泽极验。嗣后读者入塾，耕者下田。

社日喜雨。谚云："春社无雨莫耕田，秋社无雨莫种园。"新栽果树，先标以红，曰趁社。是日浸种谷，曰下社种。城市儿童多放纸鸢，蔑扎形，糊纸，系以绳，风吹铮铮有声，谓之放风筝，以地气上腾，风多自下而上故也。谚曰："杨柳生，放风筝。"

上巳日多暴风。谚云："三月三，九月九，无事莫向江边走。"是日，采百草蓄为药物。

清明宜晴。是日上墓，除宿草，加新土，标纸钱于坟上，曰挂山。或以猪羊酒肴祭奠，或归祭宗祠中宴曰清明酒，亦曰挂山酒。田家多以是日下种。

立夏作羹食。谚曰："吃了立夏羹，石头拉成坑。"言多力也。作池蓄鱼秧。先数日，道州鱼子随涨至省河，以盆挑负，行歌互答。是日蓄之池，谓之鱼秧，又曰鱼苗。至寸许，蓄之塘。是月，分秧插田，盈塍接陇，以酒肴布地，盐蛋尤伙，欢呼酬饮，歌声遍绣陌。或有以锣鼓节曲者，谓之打山歌，亦曰插田歌。谚云："插田不打歌，谷少稗子多。"

四月八日为佛生日，多写"佛生四月八，百般虫蚁尽皆杀"字样贴门户为厌胜。是日不宜雨，雨则多旱。谚云："四月八日多雨泽，洞庭湖里泥开拆。"小满日宜雨，谚云："小满不满，芒种不管。"

端阳竞渡曰划龙船，以初一日划起。船头置龙首，以木为之。中载锣鼓，竖红旗。用多人，俱执短桡划之。由玉潭桥下抵薜花岩往返，争先夺标，观者如堵，四乡市镇便河处皆然。乡城门户多悬蒲艾、葛藤，饮雄黄、朱砂酒，劈蒜拳昌歜食之，煎百草汤沐浴，或燃灯灸穴道以祛疾解毒，戚邻以棕扇、香囊、盐蛋相馈遗。十三日，多约祭关庙者，园丁沿竹醉之说，多栽竹。是日先后雨，曰磨刀水。以二十日为龙会，二十五日为分龙日，此二日有雨，谓可免旱灾。是月，敛钱延僧道建坛，结彩张灯鼓吹五七日，曰请水，迎经曰游船，以弭灾。迓福曰打清醮，亦或以六月举行。

天贶日则曝衣服，晒书籍，谓可免虫患。醉饮曰醉骨，枭鳖菌蕌食之，谓打暑疾。

小暑日晴，则旬余无雨。谚云："小暑南风十八朝。"多验。

伏日有雨，谓之漏伏，一旬中必雨，多验。大暑前后，以卯日食新，佐以鱼，忌食鸡。以卯为成日，喜鱼音同余，忌鸡音同饥也。是月，早稻如六月黄、六十日粘、百日黄、摩粘等种，皆可接济荒月。因籼短谷稀，种者甚少。

立秋日雨，谓之犯秋，以后多雨，碍收割。是月，迟早稻皆可收。谚云："处暑满田黄，家家修廪仓。"又曰："秋前扮不得，秋后扮不彻。"

七夕，俗传牛女相会，故以是日晴雨，卜本年昏姻吉期、晴雨之应。是夜，天河多晦。《纪历撮要》载：天河出，探米价。四五夜见为速，米贱；八九夜见为迟，米贵。中元日，设酒肴祭先祖于中堂。或先数日请主朝夕进食，至是封纸钱、剪衣履焚之，纳主于椟。寺观多作盂兰道场。

中秋夜设酒馔、菱藕、月饼饮中庭，曰赏月，观月明晦，卜来岁元宵晴雨。谚云："云掩中秋月，雨打上元灯。"又云："中秋无月，则鱼多艰。"嗣者入园探南瓜，曰摸秋，取南音同男及瓜瓞绵绵意。或以彩覆瓜，儿童捧之，张灯鼓吹，送入人卧寝，以兆生男，曰送瓜。又曰送秋，取秋实之义。小儿聚瓦砾，垒宝塔二三尺焚其中，以红透为吉兆。东门外奎光阁上然灯，江水星月，掩映碧天，玉潭桥游人夜半不息。

白露时多阴蒙雨，谓之嫩天，以金初出伏为嫩也。宜种菜，谚云"处暑荞麦白露菜"。是月，人多谒南岳神，曰进香南岳。红布抹额，三步一叩头，五步一叩头，号佛之声载道，曰朝拜香。

重九曰造酒，为重阳酒。新鸭必过是日食不腥，乳猫必过是日始买，谚云"过了重阳才是猫"。文人携酒登高赋咏。

立冬以晴雨卜寒暖。谚云"立冬无雨一冬晴"，多验。

冬至日，多祭始祖于祠者。祭毕，合族以食，曰冬至酒。

小除日宴集，谓之小年。崔实《四民月令》以为小岁，今亦称小除，俗谓小年者亦以此也。是日，汛扫厨屋臾煤，祀灶神。或有以灶神是日升天，于先夜致祭者。小儿鸣金鼓，曰打过年锣。戚友备物致馈，曰年礼。二十五日，俗谓诸天菩萨下界，鉴察善恶，无索债者。

除日遍贴宜春帖子，曰春联。门上帖门神，门额帖挂门笺，故笺梢剪作燕尾形，即彩燕之遗也。设盛馔，男女分内外团坐，曰团年饭。夜间盛添炉火，红光烛室。谚云"三十夜的火，元宵夜的灯"，言不可不盛也。仍治宴，曰辞年酒。多制新袜履。以红绳编钱如龙，分系小儿衣襟上，曰压岁钱。有坐以待旦者，曰守岁。往昔时，除夜爆竹，虽乡村，声必达曙不绝，今已逊昔数倍，以殷实户较昔为少也。城市多以斗斛盛谷庋戥秤，折冬青枝插其中，挂以彩版置中堂，曰摇钱树，又曰插天香。至来岁上元，悉撤之。

方言类

曾祖曰太爹，曾祖母曰太姐，祖曰阿平声公，祖母曰娭姐。遇老年男女，亦以此称之，示敬。父曰爷，亦曰爹爹。母曰毑毑，亦曰妈妈。继母曰带带。言赖其提携褓抱。妇称翁姑同。子曰崽，女曰嬢土音近迈姐。称人幼女，曰某大姐，小儿曰砣孖，幼儿曰盲吐。盲音茫，吐莽，去声。按《杨子方言》："使之而不肯行曰盲。"《篇海》："问之而不肯答曰吐。"

字凑而义实确。称母之父曰外公，母之母曰外婆；母之兄弟曰舅舅，亦曰母舅，称舅之妻曰舅娘，母之姊妹曰姨娘，母之姊夫、妹夫曰姨爷，又曰姨爹；又称母之姊夫曰婿爷，母之姊曰婿娘。中表曰老表。妻家曰岳家，妻父母曰丈人、丈母。妻之父亦曰外舅，妻之兄弟曰舅子，婿曰郎。义父母曰干爹、干娘，义子女曰干崽、干女。友同年生曰老庚。妇女曰堂客。店主曰老板，店佣曰店官。佃称田主，曰东君。同事曰伙计，医曰囊中，巫曰师公，佣曰长工，又曰长年。痞曰棍，曰油炒饭，亦曰短办子。徇蠢曰红头发，赌侩曰象夫，又曰长鼻子。拙赌曰暗子，奴曰靴脑壳，窃贼曰贼骷子。

头曰脑壳，囟曰气门，脑曰后颈窝，脸曰脸块子，腮曰腮包子，颐颊曰下包，肩曰肩，膊曰饭匙骨，取形如饭匙也。腋曰胁肋窝，臂曰手把子，腿曰腿把子，胫曰腕臀骨，按《集韵》：腕又音胡官切，骨脂也，髓聚于胫，故纣常斮朝涉之胫，易臀困于株木。注：最处底下似腕臀二字，于义甚合。踝曰赢拐。

食曰吃饭，亦曰吃。音恰。小餐曰点心，炒米曰换茶，牢丸曰羹，音刚。团曰汤圆，米粉搏［抟］圆曰粑粑。

夏布曰生布。小袄曰滚身，亦曰紧身。马挂曰橙子，里衣曰汗衫。领衣曰蔽心，亦曰臂褡。领衣有囊曰银衣，又曰钱衣。裤曰小衣，腿裤曰套裤。行縢曰裹脚，腰縢曰缠腰。钱囊曰钞袋，又曰瓶口。小囊曰荷包，香囊曰香荷包。

桌曰台，柜曰贮。转作去声。舀水竹器曰端子，又曰杓。篘曰酒插，漉米物曰漉箸，箸曰筷子，匙曰调羹。酒杯曰酒令，又曰酒斠，茶杯亦曰茶斠。蒲扇曰芭叶。

甜曰清甜，甜甚曰精甜。酸曰津酸，酸甚曰焦酸。淡曰雪淡，咸曰肥咸，肥作飞音。又曰苦咸、曰鲜咸。苦曰烈苦。

红曰绯红，又曰鲜红。青曰蕉青，绿曰靛绿。黄曰金黄，又曰鲜黄。白曰淞白，又曰巽白、曰雪白。黑曰乌黑，又曰墨黑、漆黑，黑甚曰乌漆墨黑。

等，又作戥。十两曰口，秤十斤亦曰口。谷十斗曰石，田十亩亦曰石，平原曰段。里物不洁曰恶浊，又曰披离意赖，按《余冬叙录》载《云间志》，方言谓丑恶，曰泼赖。泼读如派，与此同音义。又曰邋遢。物好曰娃，土音近乖。曰体面，曰客气，又曰讲款。惊讶其多，曰伙颐。音若尾雅。突然叹息，曰嗰祸。事未甚坏曰得，太过曰忒。此处曰个里，个读如格，云间志同。彼处曰那去声里。好看曰俏扮，快曰哨瓣，又曰麻利。一作溜。大曰乡镰，小曰一点，去声。多曰够，无曰殁。音冒。如何曰奚解，读若夷假。又曰怎么。善做事曰在行，帮助不索值曰打傸工。勉强曰将就，谢人曰难为。俄顷曰刚，读若姜。才曰才正，又曰正正，读帐音。少顷曰匝刻。疲缓曰不上紧，容易曰不打紧，不紧要曰不要紧。游戏曰顽耍，被人撑斥曰背，曰吃栗壳。有心遮饰曰做佯意子，作状稿曰画老虎，作贱媒曰吹叫鸡，惯哄骗曰骑流黄马，谎捏曰架云，偏私许财曰偏手。

物名

鸜鹆曰八哥，鸰曰青鸭，子规曰阳雀，布谷曰拨功，田鸡曰落沙鸡，鹊曰桠鹊，鸦曰老鸦，音哇。鹏曰毛鹏鹏，又曰春歌子。鹂曰黄老鸦，鹨·曰谜鸡，啄木曰口木哥，百舌曰乌春子。

虎曰老虫，一曰老虎。豺曰哑獐子，犬曰地羊。鼠曰高客，一曰老鼠。山鼠曰黄竹筒，田豕曰田毛猪，牡牛曰牯牝，牛曰牸牡，羊曰羯羖，牡猪曰脚猪，乳羊曰羔，骟割牛马曰劁。

七星鱼曰火把鱼。穿山甲曰山鲤鱼，又曰土鳞甲。鳖曰脚鱼，又曰团鱼。山龟曰壳蛇猪，蚌曰河匙子，蜃曰盐挑子。蚌蜃以适用得名。

负盘曰臭虫，蚤曰狗虱，虮曰鸡虱，苍蝇曰饭虱，青蝇曰青头虱，蚁曰马蚁，蚓曰曲鳝，蛙曰麻鼓，黾曰麻鼓袋，萤曰扬火虫，蝉曰蝉凉子，蝗曰蚱蜢，青蜓曰羊乜乜，蟋蟀曰蛐蛐，螳螂曰禾老虫，蜣螂曰粪屎甲，蝙蝠曰檐老鼠。

金樱子曰唐巾桠，紫薇花曰饱饭花，大青曰淡亲，家母南星曰蛇芋头，芡实曰鸡头莲，荠曰地菜子，杜鹃花曰映山红，紫背草曰千年老鼠屎，合欢花曰夜关门，芸苔曰油菜，菠薐曰扯根菜，稀签草曰猪肝麻油。

土音

东韵：东呼敦，红呼恒。支韵：悲呼杯。灰韵：灰呼飞，回呼肥，梅呼眉，杯呼卑，魁呼亏。真韵：人呼宁。庚韵：生呼先，争、筝呼煎，轻呼羌，亨呼轩，赢呼羊，晴呼祥，成呼常，庚、耕、羹、更，呼音俱近根，名、明呼近阳。青韵：青呼枪，零呼凉，经呼姜。蒸韵：曾、罾、增呼尖，灯、登呼巅，层呼全，能呼连，滕、藤、腾俱呼田，僧呼仙。尤韵：楼呼辽，愁呼樵，钩、沟呼交，谋呼苗，彪呼标，偷呼挑，喉、侯、猴呼爻，浮、呼、庖、头呼条，邹呼焦。纸韵：水呼许。梗韵：影呼养，请呼抢，余俱近讲。迥韵：等呼点。有韵：口呼巧，狗、苟呼皎，走呼剿，斗呼窭，藕呼鸟。焰韵：染呼碾。宥韵：斗呼吊，谬、贸、茂呼妙，戊呼务，皴呼醮，瘦呼肖，漏呼廖，透呼跳，扣呼窍，凑呼峭，奏呼醮，候呼效。

以上土音，讹传不可枚举。如支、虞、元、寒等韵之字，土音多不相叶。如寒与韩、甘与艰，寒、甘字土音俱无可写，遂至不叶。梳、疏等字，土音俱近尤韵。至厌韵愈多龃龉，入声全无，合韵者皆土音之转，误之也。若中之与真，黄之与王，韵不相叶而同一音。近潭邑则石多呼射，近益邑则白多呼怕，终不可解。惟梅、雷、杯及岁、碎、遂等字，则宁邑土音似合正韵。士夫音转难合，志此以便初来仕商阅证。其平厌之讹，如支韵之噫讹呼意，微韵之韦讹呼伟等类，尚未及详也。

里曲

竹马歌

上马挥鞭来望春日春，谁是打马游街人上人。哥哎哟，穷居闹市无人问，问不问。

勒马翻身问路难又难，问了一条大路宽又宽。哥哎哟，荡子回头金不换，换不换。

快马加鞭赶快行复行，行了一程明日又一程。哥哎哟，马好也须人扎挣，挣不挣。

担坝歌

桥上云来桥下阴，望见海底龙见身。黄龙见身早些飞上九天涯，孽龙见身绚住高高铁树桠，候这高高铁树开花才放他。俗传许逊治蛟事，谓系蛟铁树上，故云。

采茶歌

正月里是新年，借得金钗典茶园。谷前鸡似雨前贵，雨前半篓值千钱。

二月里发新芽，人家都爱吃新茶。个个奉承新到好，新官好坐旧官衙。

三月里摘茶尖，焙茶天气暖炎炎。妈妈催我春工急，又买棉花似白毡。

插田歌

半晴半雨雨晴天，分了新秧好插田。上陇插得下陇出，转身一步插秧田，好问东家备酒筵。

车水歌

六月里热忙忙，绿杨树下汗如浆。南风吹得禾儿绿，禾儿靛绿籼儿长。七日怀苞七日出，七日扬花七日黄。扬花时节南风好，不枉今朝热一场。车了水，莫歇凉，早粉禾场早补仓，早早收割早完粮。

鱼苗歌

鱼儿女命生来好，我到江边伺候早。筛开野种上了箱，小蓄池中大蓄塘。养成十丈难测量，变化蛟龙离本乡。也须记，今朝饲女盐蛋黄。

风俗二　物产

　　天生物以利人，草木繁殖，鳞潜羽翔，跂行喙息，以生以育。民生享其利赖，斯妪煦者大矣。宁为湘西奥区，山矗水澄首大沩，趾石柱孕雨育云。右优钵，左汤泉，喷珠欹玉。其灵气之所钟，与夫茂对之所及，物号有万利，亦普矣哉。兹就其地之所有尝见诸传志者录之，间或考其原始，详其形色，辨其同异，稍加于前《志》，俾见者了然，未必不为多识之一助云。

谷属

　　稻。《说文》：稌也。《周礼》：稻人稼下地。《疏》：下田种稻。《尔雅翼》：稻性喜水，有黏、不黏。稻乃有芒之谷，故粳、糯通谓之稻。有早、迟、晚三等，早稻穗短实稀，宜高田；迟稻穗长实繁，宜低田。大约宁产无冬收者，种类甚多，在地彼此异宜，在岁今昔殊尚。谚云："当年种子不要留，背年种子不要丢。"农家要诀。前《志》：陆种曰旱禾。按旱禾即陆稻。《记》曰：煎醢加于陆稻上，亦谓之旱稌。邑粟溪米色白，胜各处，出靖港，价值倍高。

　　附荒年辟谷法：粳米一升，酒三升，浸之暴干，又酒浸取出，稍食之，可辟三十日。足一斗三升，辟谷一年。

　　稷。稷为五谷之长。前《志》：《月令章句》秋种夏收，熟历四时，备阴阳，谷之贵者。《本草》："稷即穄米。"又《本草》：秫米作酒煮糖，似黍米而粒小，名黄米，亦谓之黄糯，或即是稷。《本经》："秫米，俗云糯米。"

　　麦。种类不一，有大麦、小麦。《前汉·武帝纪》："劝民种宿麦。"注：师古曰：岁冬种之，经岁乃熟，故云宿麦。"又：荞麦一名乌麦。荞，一作荍。《本草》:茎弱翘,然易长易收,磨面如麦。有二种,甜荞白花红茎,处暑种,九月收;苦荞种山地,冬种,立夏后收。一种草麦名米麦,稃薄而嫩似米,谷麦似稻粒,农家种之,取其苗以饲牛。又案:大麦即牟麦,浮小麦别是一种,非小麦。

粟。《说文》:陆种之首,结实如狗尾。有黏、糯二种,有青、黄、赤、白、黑诸色。粟米细于粱米,颗粒小者粟,粗大者粱。粟从卤从米,象形也。五谷中最硬,故谓之硬粟。

粱。《尔雅翼》:黄粱穗大毛长,壳米俱粗于白粱而收子少,味逾于诸粱,号竹根黄。青粱壳穗有毛粒,青米亦青而细于黄白粱。青粱、白粱性微凉,独黄粱性甘平,得土中和之气。

高粱。一名蜀黍,一名芦粟,有黏、糯二种。茎高丈许,状如芦荻,穗大如帚,粒大如椒,红黑色,米性坚实。黄赤色酿酒,味厚醉人。稍可作帚,茎可织箔席、编篱、供爨,最有利于民者。壳浸水,可以红酒。

穄。生水田中及下湿地者。叶似稻,但差短,结穗似稗子。穗捣米、煮粥、炊饭、磨面,皆宜种者。苗如荚黍,茎有三棱,开细花簇簇,结穗如粟,分数歧如鹰爪,内有细子如黍粒而细赤色,其稃甚薄,其味粗涩,一名龙爪粟,又呼鸭脚稗。

豆。《博雅》:大豆,菽。小豆,荅。有豌豆、饭豆、蚕豆,以形味称。又有以色分者,青、赤、黑、黄、绿数种。各色除绿豆,俱有大小之别。

附黄山谷救荒济饥法:黑豆、贯众各一升,煮熟去贯众晒干,每日空心啖五七粒,食百木枝叶,皆有味,可饱。又,方黑豆五斗,淘净蒸三次,晒干去皮。秋麻子三升,浸去皮,晒研。糯米三斗,做粥和捣如拳大,入甑蒸一宿,取晒为末,用红枣五斗煮,去皮核,和为剂,如拳大,再蒸一夜,服之至饱为度。如渴饮麻子水,便滋润脏腑,但不得食一切物,分量亦可推减。若要再吃他物,当以葵子三合研末,煎汤冷服,以下宿秽。

包谷。一名玉蜀黍,一名玉高粱。苗、叶俱似高粱而肥矮,亦似薏苡。六、七月开花,成穗红色,苗心别出一苞,如棕鱼形,苞上出白须垂,垂久则苞拆子出,颗颗攒簇,子亦大如棕子,又似豆,故一名包菽。

舂米色洁白，故又曰玉米。炒稃，拆成白花，与炒糯谷同。

脂麻。种出大宛，因生胡地，形体类麻，故曰胡麻。子可榨油，故曰脂麻。有黑、白二种，白细黑粗。陶红景曰："八谷惟此为良。"汪讱庵曰："若云自大宛来则非，八谷之麻明矣。"又《礼·月令》：仲秋尝麻，则其为八谷之麻又可见矣，大宛之说何以称焉。案《礼》：尝麻，当是绩布之麻。子名大麻，仁又名火麻仁，老人煮粥食佳。《方书》有麻仁苏子粥，大麻仁也。大麻有实者名苴，无实者名枲。《诗》"九月叔苴"，乃八谷之麻，详草属麻下。九蒸九曝，熬捣久饵，能辟谷不饥。

蔬属

韭。《尔雅翼》注云：懒人菜。以其不须岁种也。前《志》：《说文》种而久，故谓之韭。性温，名草钟乳。《埤雅》：韭之美在黄，冬时拥土覆之，所茁新芽，拨土剪之，其色黄，极脆美，花可腌酱，子能塞精。秋韭最美，谚云"八月韭，佛开口"。

葱。《本草》：外直中空，有恖通象。其色青，故谓之葱。《群芳谱》：名菜。伯能和五味，故名。一名和事草。《本草》：食品用冬葱、汉葱，入药用山葱、胡葱。《尔雅》：茖山葱，藿山韭。《疏》：葱生山中者名茖，韭生山中者名藿。

薤。《尔雅》：䪥，鸿荟。《疏》：䪥菜，一名鸿荟。《说文》：叶似韭。《埤雅》：薤之美在白，韭刈之复生，薤连根拔取。一名水晶葱。《本草》：名菁子，根如蒜，俗呼菁头。《正字通》：菁、薤同类，分二种。今圃地皆有之。

蒜。《尔雅翼》：大蒜为葫，小蒜为蒜。《本草》：大者名拳蒜，小者名卵蒜。《夏小正》：纳卵蒜。《传》：蒜如卵者。《古今注》谓之小蒜。八月取蒜分瓣种之，明夏抽苗取出，复八九瓣，合圆如拳，故曰拳蒜。味辛辣，解毒。

姜。《说文》：御湿之菜，辛而不荤。种宜阴湿地。苗既生，仍取用其种。语云：冬至栽姜，夏至取娘。司马相如《上林赋》"茈姜蘘荷"，注：茈姜，子姜也。八月去荷取芽，红紫脆嫩，老则愈辣。

白菜。菘也。《埤雅》：菘性隆冬不凋，四时长见，有松之操，故谓为菘。

经霜则味甜。白者为箭篁，青者为乌筋，茎圆厚者白菜。茎扁而白黄嫩脆美者名黄芽白，缚束之，候其芽长满，重者七八斤。

芥菜。前《志》：芥似松而有毛，极辛苦，色深青，谓之青菜。盐腌微酸，蒸晒干收之，谓为煤干菜，香味俱佳，暑时置肉食中不臭。子入药作酱，辛气沁入脾胃。《礼·内则》：芥酱是也。

春芥菜。前《志》：一名箬蓬，叶似芥而厚有光，以二三月盛，故曰春芥菜，俗呼牛皮菜。

芸薹。《齐民要术》：芸薹足霜乃收。《本草注》：此菜易起薹须，采其薹，则分枝必多，故名。前《志》：味辛辣，叶类芦菔，茎微紫。种田中，二月花盛开，鹅黄遍野。风有菜花信，耕者常以土覆美土疆，子可榨油，故俗名油菜。《方书》：香油即此。

苋。前《志》："《尔雅·释草》：黄赤苋。注：苋菜之有赤茎者。"今有赤、白二种。《易》："苋陆夬夬。"马、郑、王皆云苋陆，一名商陆。商陆，樟柳也，详草属。

蕹。瓮菜。《清异录》："出闽中，凡百毒悉能解之，号龙须菜。"前《志》："《南方草木状》：叶如落葵而小，梗中空，蔓生有节，开花浅紫色，结子为子蕹，无花实者为藤蕹，取梗节土埋之以为种。"

菠薐。《嘉话录》：颇棱国得来，而语讹为菠薐。《唐会要》：太宗时，尼波罗国献菠薐菜。苏诗："雪底菠薐如铁甲。"菜类，红蓝叶绿，根赤甘甜可食，因名连根菜。《钟馍》：嗜之文其名曰雨花菜。

苓。俗名木耳菜。《诗》："隰有苓。"《尔雅·释草》：卷耳。注：苓耳也。《本草》：名落葵，亦名燕脂菜。蔓生，叶圆厚，子似五味子，生青熟黑。揉取汁如胭脂，可染布帛，亦名染绛子，但久即色变。陆玑《疏》："可煮为茹，滑而少味。"

芦菔。俗名萝卜。《群芳谱》：一名莱菔，或云性能制麦毒，言来麰之所服也。味辛甘，耗气渗血。李士材《本草通元》：服地黄、首乌者忌之，白人须发。根大如碗。《尔雅注》：芜青属一种。胡萝卜，气味微似莱菔，元时始自胡地来，故名。有黄、赤二种。

茼蒿。一名蓬蒿。前《志》：碎叶，同野蒿，故名。秋时，作小黄花如金钱。

白花菜。前《志》：柔茎延蔓，一枝五叶，大如拇指。秋开小白花，结小角，长一二寸，清香宜菹食。

苦荬。一名苦苣。前《志》：叶色青白有棱，味苦。生腌汁食，解暑毒。

马齿苋。一名九头狮子草。前《志》：名五行草，叶青梗赤，花黄、子黑、根白，叶形如马齿，又多生苋畦中，故名。同鳖食，杀人。

螺头菜。前《志》：根头圆如小螺，结白累累若芋，一苗可数十枚。煮熟，味稍逊百合。

芹。《尔雅》："芹，楚葵。"注：今水中芹菜。《疏》："芹，一名水英。"种类甚多。渣芹可为生菜，亦可生啖。荻芹，叶银白色。又赤芹，茎叶并堪作菹。旱芹，生平田中。又一种根白盈尺者，曰马芹，食之令人发疮疥。《埤雅》："芹洁白而有节，其气芬芳，味不如莼之美。"故列子曰："客有献芹者，取而尝之，蜇于口，惨于腹也。"

莼。陆佃云：莼逐水而质滑。《纲目集览》：叶似凫葵，采茎可啖。三月至八月，茎细如钗股，名丝莼。九月至十月渐粗，在泥中，名瑰莼。袁宏道《记》：莼味香粹滑柔，略如鱼髓蟹脂，然以春暮生，入夏数日而尽，秋风鲈脍，别有一种莼耶？考《诗·鲁颂》：薄采其茆。注：凫葵也。陆玑《疏》：茆与荇菜相似，茎大如匕柄，叶大如手赤，圆而滑，可食可鬻，江南人谓之莼菜，或谓之水葵。宏道所记，或即茆也。

莴苣。《清异录》：高丽使者来汉，随人求得菜种，酬之甚厚，因名千金菜，今莴苣也。前《志》：《续博物志》种出莴国，色碧绿，叶环生，剥食其茎似香荬，去皮腌晒曰莴笋，味甚甘脆。

香荬。叶长尺余似菩蓬，茎似苦荬，食叶不食茎。

茄。《酉阳杂俎》：名昆仑瓜。《群芳谱》："一名小菰，有紫、青、白三种，老则黄如金，来自暹罗。一名落苏，一作酪酥，言味如酪酥也。"前《志》：尖长者曰鹰爪茄，圆者曰荷包茄。一种天茄，花叶俱同，实圆如卵，先白色，后转黄，不可食，多作盆玩，蜜渍或用之。

百合。百合曰强瞿。《韩诗外传》：凡物旁生谓之瞿。此物花、叶、根皆四向，故名。种有四：一种细叶，花红白色；一种叶大、茎长、根麓、花白色，宜入药用；一种花黄有黑班点，细叶，叶间有黑子，子落地，明年复生，味苦，不堪入药；一种红花者名山丹，不甚良。前《志》：根如蒜头，薄瓣紧裹，似菡萏。剥取外层，煮食味甘，亦可作粉，留小心种之仍生。新瓣或分一片，以肥土壅覆于瓣端，发一叶，次年亦渐合圆。

芋。一名土芝。《续博物志》：芋以十二子为卫，应月之数也。《尔雅翼》：芋之大者，前汉谓之芋魁，后汉谓之芋渠。前《志》：兜大如附子，当中为芋娘，附者为芋子。种水田中，以泥作垄护其根，并涂其旁出孙枝，则所附多而大。有不必作垄者，曰懒芋，亦可陆种。《本草》：芋有六种，野芋其一也。芋种三年不采成野芋，误食烦闷。垂死者惟上酱及粪汁、大豆汁饮之则活矣。蜂虿螫，捣叶涂，极妙。

冬苋。前《志》：即菫冬葵也。《诗》：菫荼如饴。《礼内则》：菫荁以滑之，质滑而味酨也。叶青而圆，有毛。一种雪苋，叶紫，雪中益茂，故名。

地菜。前《志》：野生不种，根如菠薐，味甘淡，小白花，子三棱可入药，上巳日收。

豇豆。前《志》：蔓生，花红白色，荚红白、紫赤、斑驳数色。长者二尺许，并垂如绶，俗呼豆壳子。又一种早于豇，荚较小而短，曰四月豆。

扁豆。前《志》：蔓生，抽干作花甚多，红、白二色。荚短而扁，绕干恒数十片，有龙爪、猪牙、螃皮、羊眼、蛾眉，皆象形命名。迟者秋后方结，大而肉厚，名八月白。

刀豆。《群芳谱》曰：挟剑豆。《酉阳杂俎》：乐浪有挟剑豆，荚生横斜，如人挟剑，即此豆也。蔓生，荚厚而长大，子如肾形，止呃逆胜柿蒂。

观音芋。一名一瓣莲，一名旱金莲，远视之颇类佛像。

紫苏。《本草注》：苏性舒畅，行气和血，故谓之苏。苏乃荏类，而味辛如桂，故《尔雅》谓之桂荏。茎方而中空，叶面青背紫，茎端有球，小白花攒簇，结子藏壳中，不种子，落地自生，兜叶根梗入药。

荠菜。《诗》：谁谓荼苦，其甘如荠。注：荠，甘菜，释家取其茎作挑灯杖，可辟蚊蛾，谓之护生草。子名葶苈，又名菥蓂子，饥岁采之，水制成块，煮粥作饼甚黏滑，可济饥。

紫菜。一名紫英，俗呼当归菜，似雪苋。陈藏器曰：多食令人腹痛，发气吐白沫，饮热醋少许即消。

南瓜。前《志》：出南番，叶大如芙蓉，蔓延最远，味甜，瓤黄色。

冬瓜。前《志》：色白有粉，大如斗，中空，瓤当中直竖，子排生，肉厚寸许，皮坚硬。削去煮食，味甘淡。南瓜一名金瓜，结实繁，主吉顺。冬瓜一名白瓜，结实繁，主不利。

黄瓜。本名胡瓜。陈藏器曰：北人避石勒讳，改呼黄瓜。《拾遗记》：隋大业四年，避讳改呼黄瓜。二说微异。俗又呼为王瓜。《本草》：张骞使西域得此种，引蔓作黄花结，瓜围二三寸，长一二尺，甘脆，生熟皆宜。陆游诗："园丁傍架摘黄瓜。"《月令》：王瓜生。注：草挈也。谓之瓜者，以根之似也，非傍架可摘。

菜瓜。一名梢瓜，一名越瓜，色青绿，味香甜，糟藏酱渍佳。酱瓜，菜瓜别种，瓜形如枕，生时剖开，腌晒酱藏，以供蔬茹，熟则肉松不脆，不可供蔬矣。

恋地瓜。前《志》：蔓引如西瓜，不上架，皮黄肉紧，子细，味甘微酸，有青黄斑驳者，酱之亦脆美。

丝瓜。一名天罗絮。前《志》：叶深绿，蔓善缘，花四出，黄色。瓜长一二尺，柔软，肉白味甜，老则筋丝罗络，故有丝罗之名。

苦瓜。前《志》：老辄红鲜，名锦荔。支上多皱褶，名癞葡萄。种时宜厚土拥覆其根。《诗》有"堆瓜苦"是也。烈日中浇灌，易茂。有青、白二种，青者极苦。

西瓜。前《志》：五代时，《胡峤陷卢记》令部阳征回纥，得此种。一云萧翰。一种大如斗桶，皮碧绿，肉薄，呼为红瓤西瓜。食瓤，味甘凉，解暑。一种如杯碗，白瓤、味酸，子曝干入飣盘，名甜瓜。李时珍曰：西瓜花叶皆如甜瓜，七月实熟，有围及径尺长至一二尺者，其棱或有或无，其瓤或白或红，红者味尤胜。多食，伤脾助湿。《卫生歌》："瓜桃生冷宜少食，免至秋来成疟痢。"瓜性寒，曝之尤寒。嵇含《赋》：

瓜曝则寒，油煎则冷，物性之异也。

瓠瓜。一名牛腿瓜，子如齿龈生。《诗》：齿如瓠犀，长二尺许，上小下大。两种，一瓠瓜，一匏瓜，可为瓢，系腰可浮水。又葫芦瓜，上尖小，中捻，下圆大，蓄老亦可为盛器。《百卉志》：瓠，瓜也。叶大盈尺，实青白色。吴中概谓之葫芦，圆扁如石鼓者为合盘，葫芦上细下坠者为长柄，葫芦上尖中细者为捻颈。葫芦，《群芳谱》：葫芦，匏也，一名葵姑。陆农师曰：项短大腹曰瓠，细而合上曰匏，似匏而肥圆者曰壶。《诗》"八月断壶"是也。《本草》：瓠叶味甘平，治为茹，耐饥。《诗》："幡幡瓠叶，采之烹之。"可以救荒。

薯。种类甚多。一番薯，形圆长，种出西域，味甚甘。一山薯，形魁垒，味稍劣。《群芳谱》：甘薯，一名朱薯，大者名玉枕薯，今俗呼红薯。春夏间，截苗栽插，数日即活。藤有节，着土生根，结实累累然，秋掘之，亩可数石。蒸食饱人，酿酒易醉易醒，作粉糊涂如豆。又雪薯，色白，经冬不坏。竹篙薯，形长如篙。脚板薯，一块，前宽后狭。驼薯，圆类称锤。以上诸薯，俱可为蔬，亦山家清供也。

薯蓣。亦薯类也。唐代宗讳豫，改名薯药。宋英宗讳薯，改名山药。生山中藤间，结子可种，又名种子薯。茎细叶尖，类竹篙薯，最补益人。形圆。淮产者为淮山药，形扁，以此别之。野生者胜于家种。

蕨。《尔雅》：蕨鳖，如足之蹶，故谓之蕨。《埤雅》：初生如雀足之拳，无叶，根紫色，皮内有白粉，捣烂，再三洗澄，取粉甚滑美，可以济饥。

菌。《尔雅》：中馗菌。《疏》：大、小异名，大者名中馗，小者名菌，江东人呼为蕈。《菌谱》：鹅膏菌生高山，状类鹅子，久乃撒开，味殊甘滑。竹菌，生竹根地，味极甘。麦菌，多生溪边沙壤松土中，味美类北方磨菰，蕈品最优。前《志》：《博物志》："食之有味，而常毒杀人。"生松树山地者可食，名松毛菌。中毒者捣梨树叶汁，饮之立解，无叶掘根浓煎饮之。

地耳。形如鼠耳，丛生如盘。有注于《尔雅》苓耳下者，误。前《志》：一名地踏菇。春夏，雨中生沙地上，雨过采食甚佳。见日即败。用醋洗方无泥气。

石耳。前《志》：一名灵芝，状如地耳，生石岩间，可曝干泡食，甚于地耳，亦佳品也。

木耳。地生者为菌，木生者为檽。前《志》：名木菌，生朽木上，薄脆细嫩，胜石耳。桐、槐、榆、柳生者佳，生桑树者尤益人。生枫上者，食之令人笑不止。采归色变者有毒，夜视有光及欲烂不生虫者并有毒。生捣冬瓜蔓汁，饮之可解。

石花菜。前《志》：一名琼枝，红、白二色，枝上有细齿。沸汤泡洗沙土，沃以姜醋，极甘脆。

番椒。前《志》：辛辣，小白花，结实，尖长短秃不一，老则色红如朱，光艳射目。尖小向上者曰朝天椒，更辣不可禁。一种形圆色赤，名南瓜椒。又一种如衣扣大，名扣椒，多蓄作盆玩。

笋。《尔雅》曰竹萌，《说文》曰竹胎。《笋谱》曰：竹芽旬外为竹，旬内为笋，故字从竹从旬。《本草》：竹有雌雄，雌者多笋。行鞭时掘取嫩者，谓之鞭笋。冬月掘大竹下未出土者为冬笋，鲜食为珍品。春月生者为青笋，淡干为玉板笋、明笋、火笋，盐曝者为盐笋。陆玑《疏》：笋皆四月生，惟巴竹笋八月、九月生。今笋生在春社后，至春尽乃止。语云："清明乱，谷雨断。"京竹、斑竹四月生笋，惟丛竹、慈竹七月生笋，不可食。滩山岸石罅中有竹，类箭竹，十一月即生笋，至三月止，味甘鲜，名温笋。

茭。《本草》：生水泽中，七八月间，拔其根去叶为茭笋，甘鲜近笋。一名茭白，一名茭瓜，一名菰菜。《书》：峙乃刍茭，实名茭米。《群芳谱》：白而滑腻，作饭香脆。杜诗："波漂菰米沉云黑。"岁饥可以当粮。

茶。《尔雅·释木》：槚苦茶。注：树小如栀子，冬生，叶可煮作羹饮，今呼早采为茶，晚取为茗。一名荈，蜀人名之为苦茶。茶本作荼，自中唐始变作茶，《日知录》辨晰甚详。然茶陵《汉书年表》作茶，师古注：音涂。《地理志》作荼，师古注：丈加反。则汉时已有荼、茶两字。前《志》：谷雨前采，谓之雨前茶，有枪无旗，极细嫩，以枫球、黄藤焙之，香满堂室。近日栽者甚多，曰园茶，不及武彝、建旗、松萝、古垱诸品，携至外省，可以已病。沩山、六度庵、罗仙峰等处皆产茶，惟沩山茶称为上品。

果属

梅。梅见《尔雅·释木》者三。梅，楠树属。又，时英梅，注："雀梅，梅类也。"杭椠梅，注：状如梅子，似小柰，亦梅类也，皆非。作菹之梅，《诗》：摽有梅。注：实似杏而酢。李时珍曰：梅华于冬而实于夏，得木之全气，故最酸。《礼·内则》"梅诸"是也。前《志》：梅多植村舍旁，花小而香，与雪争白。案：梅以华称昉，自六朝至唐宋始艳称之，虽为百花之魁，然作和羹，实笾豆，故列果首。花属不再志，桃、李等同。种类不一。桐梅为四月梅，实最大，肉厚。石梅小于桐梅，味酸带苦。又有绿萼梅，枝跗皆绿，花瓣重叠。红梅，花如杏花色。杏梅，花淡红色。鸳鸯梅，一蒂、双实、四种，花俱可玩，结子甚少。盐腌曝干为白梅，以稻草灰沃之为乌梅。

桃。《典术》：桃，五木之精，能伏邪气。《左传》：桃弧棘矢以除其灾。《群芳谱》：移栽三次，开花结子早。《海录碎事》：用柿树接桃枝，早熟者谓之络丝白，晚熟者谓之过雁红桃。亦多品。芒种桃、夏至桃、早禾桃，言以其时熟也。胭脂桃、黑桃，以其色言也。毛桃肉薄多毛，最为下品。又鸳鸯桃结实，一边似桃，一边似李。曰月桃，花或两朵，一白一红，亦能结实。白桃、绛桃、碧桃，开花不结实者，花皆重台。又一种矮桃树，只尺余高，花繁，有红、白二种，结实虽熟，肉不离核，极趣。

李。《埤雅》：李性难老，虽枝枯，子亦不细，其品处桃上。前《志》：梵书名居陵迦子，大如杯，小如算子，花白色，重台，桃李并开，素妆秾艳，光彩夺目。

梨。《尔雅·释木》：梨，山樆。《疏》：在山曰樆，人植曰梨。《陶隐居别录》：名快果，性冷利，多食损人。《清异录》：百益一损者枣，一益百损者梨。医氏目枣为百益红，目梨为百损黄。李时珍曰：乳梨即雪梨，鹅梨即绵梨，二种皮薄而浆多，味差短，香则过之。消梨即香水梨。以上三者为上品，青皮早、谷半斤，粗涩下品。又柤梨，柤同柤，似梨而酸。《礼·内则》：柤梨曰攒之。

枣。小。《尔雅》：棘实谓之枣。《埤雅》：大者枣，小者棘。于文并束为棘，重束为枣，盖枣性重乔，棘则低矣。《诗话》：棘如枣而多刺，木坚色赤，丛生，人多以为藩，岁久无刺，亦能高大如枣。木色白者为白棘，实酸者为腻棘，亦名酸。枣仁与桃仁皆入药。

棠梨。俗名山枣。《尔雅·释木》：杜甘棠。郭璞《疏》：今之杜梨，白色者名棠，赤色者名赤棠。《草木疏》：甘棠，今棠梨，子色白，少酢滑美。赤棠子涩而酢无味，易长，十年可成大树，多阴多子，木理坚韧，作栋梁窗户不生蚁，与苦练同色，赤作器物不髹，亦嘉植也。

杨梅。《群芳谱》：名朹子，又曰楞梅，曰杨果，又曰火齐。《诗》："满盘堆火齐。"以其色相似也。前《志》：树似荔枝，叶细阴青，子熟红艳晶莹，肉黏核无皮壳，味酢如梅。

樱桃。《尔雅·释木》：楔荆桃。《吕氏春秋》：鸎鸟所含，故曰含桃。《埤雅》：樱桃，其颗大者如弹丸，小者如珠玑，小而红者为樱珠，花色淡红，不及桃之绯，杏之绛，而茜媚过之。

木瓜。《清异录》：木瓜性益下部，若脚膝、筋骨有疾者必用焉，故方家号为钦脚梨。《群芳谱》：树如柰，丛生，枝、叶、花俱如钦脚海棠。春末开花，红色微带白作房，实如小瓜。两种，一种味酸者，盐腌可食；一种味涩者，为香木瓜，握之可舒筋，入药用，老人作杖，能利筋骨。

石榴。《博雅》：若榴，石榴也，丹实垂垂若赘瘤也。《博物志》：张骞使西域得种归。原名若榴，以其自安石来，故名石榴。多子，晶透如红玛瑙。味酸甜，皮涩入药，沸汤浇益茂。一种开花不结实，为花石榴，花皆重台，或红，或红白相间，其色不一。又一种，树尺余高即结实，为火石榴，又呼矮石榴，与矮桃并趣。

橘。运斗枢曰：璇星散为橘。《襄阳记》谓之木奴。宋韩彦直《橘谱》：橘品有十四种，大约圆匀光滑、瓣小核少、红艳夺目者为上品。皮、核入药，皆主行气。

柑。前《志》：柑橘类微粗，有黄柑、沙柑、绐皮柑等名。韩彦直《橘录》：柑别种有八，乳柑推第一。药肆以柑皮混橘皮用。

金橘。曰金丸。《诗》："恍疑仙子丹砂粒，错认王孙金弹丸。"《群芳谱》：一名卢橘。《橘录》：金橘比金柑更小，形色颇类，结实繁多，俗呼金钱橘，又呼牛奶橘。

柚。前《志》：《尔雅》柚条注：似橙而酢。《书传》：大曰橘，小曰柚。《埤雅》：即《诗·秦风》之条。按：柚亦作櫾。《列子·汤问篇》：吴楚之国有大木焉，其名为櫾，树碧而冬生，实丹而味酸。今人以大于橙者为柚，误。《本草》注：柚皮厚味甘，不如橘皮味辛，肉亦如橘，有甘有酸。《群芳谱》：柚有大小二种，小者如柑如橙，俗呼为蜜筒；大者如升如瓜，俗呼为朱栾。又有《附》香栾，夏初生花，六月围及尺余者，俗呼为香栾，成实，冬至黄熟。

橙。前《志》：《说文》橘属，《埤雅》柚属。皮极苦，不可向口。皮甘者乃橙也，今医家以橙为香橼，误。又一种，树似橙，实似柑，名铁篱笆，药肆伪充枳实用。又一种，实小于橙，始青渐黄，经岁不落，继又转青，呼为春不老。

香橼。枸橼也。《南方草木状》：枸橼子形如瓜，皮似橙而金色，极芬香，女工竞雕镂花鸟，渍以蜂蜜，巧丽妙绝。《学圃余疏》：花酷烈甚于山矾，结实大而香，果疏虽酸溅齿以为汤则大佳，置实盘中，盈室俱香。《橘录》：香橼木似朱栾，近水乃生。吴遵程以佛手柑为香橼，非。

佛手柑。前《志》：出粤中，畏霜雪，间亦结实，多不耐久。

枇杷。《广志》：叶微似栗，冬花春实，子簇结有毛，四月熟，大者如鸡子，小者如龙眼。无核者名蕉子。《上林赋》：枇杷橪柿。张揖注：似槲树而叶长，子似杏略圆，色黄，叶入药。

杏。曰文杏。《说文》：果名，枝、叶、实俱似梅，为岁星之精，一曰岁精。《格物丛话》：杏实味香如梅，而酸不及，核与肉自相离。《群芳谱》：一名甜梅。《文献通考》：杏多实不虫，秋禾善。

银杏。一名白果，叶似鸭脚，故又名鸭脚树。一名平仲，左思《吴都赋》：平仲君迁。李善注：平仲果，其实如银，一名银杏，叶细嫩可爱，花夜开，人不得见。性阴，有小毒。生实七枚，能禁溺。经筵讲官多用此法，出古今秘苑。《本草》：多食令人壅气胪胀。有雌雄两种，雌者核两棱，雄者三棱。《花镜》：须雌雄同种，或将雌树临水种之，或将雌树凿一孔，以雄木填入泥封之方结实。今沩山寺后白果含檀，唐宋物也，其树最大；

次之鹿苑寺。五都赤土塘下有白果树冲，地以树名矣。

栯李。前《志》：一名车下李，小如樱桃，五月熟，红色可爱，即棠棣。树不高大，枝叶似李而小，花最繁缛。《花镜》：与紫荆并植，金紫相映可人。

柿。《说文》：赤实果也。《尔雅翼》：柿有七绝。此《礼·内则》枣、栗、榛、柿之柿，植者甚少。左思《吴都赋》：平仲君。迁注：君迁，柿之小者。司马光《名苑》：君迁，子似马奶，即牛奶柿。今俗呼为斗柿子。此则随地植之。

椑柿。柿属。《唐韵》：椑，木名，似柿，俗呼膏子树。白露时采之，水浸成膏，可以代漆。

栗。前《志》：一房二三颗，外球刺如猬毛，大名板栗，次橡栗、旋栗，皆大树有本。小者名毛栗，有球。按：毛栗，江东呼栭栗，楚呼茅栗。

榧子。前《志》：名玉山果。苏文忠诗："彼美玉山果，粲为金盘实。"《尔雅翼》：以为文木壳，子绀而易破，仁黄白色似史君子，可疗虫。

栲。《拾遗》：皮树如栗。前《志》：树如楠，冬月不凋。子小如橡，有斗。《本草》：有苦、甜二种，治作腐，褐色甚佳。又石栲树子大如栗，圆栲树子小黑如漆，色有光泽，味甜。

枳椇。《曲礼》：妇人之贽，椇榛脯修枣栗。《疏》：今之白石李，形如珊瑚，味甘美。一名卍字果，一名木蜜，一名木饧。拳曲如鸡距，故名鸡距子，又名鸡爪糖。性解酒。屋前后有此树，酿酒不佳。葛根解酒，而发散不如枳椇之良。

无花果。如枇杷树，三月发叶，五月不花而实。实附枝生，状如木馒头，熟则紫色软烂，其味如柿无核。一名优昙钵，又名映日果。

葡萄。前《志》：出栗戈国，蔓生多叶，以架引之，可作凉棚。子如马乳，青白垂𦾔，酸甘有味糖渍，曝干甚佳。叶有虫状，恶名蒲虎，架下不可沐浴，闻响放毒杀人。一种生山谷间，延缘高树，子熟紫黑，多核少肉，或即紫葛。

莲。《尔雅》：荷芙蕖，其实莲，其根藕，其中的，的中薏。注：莲子皮里白子为的，的有青为薏，味甚苦。莲谓房也。又《释草》：莤菽。

郭注：即莲实。有红、白二种，红者形长，白者形圆。花名芙蓉，蕊曰菡萏，叶曰蕸，一叶一花。叶如青盖。夏月池塘，望之如锦。藕味甘脆，屑粉最能益人。有十二节，应月数也，闰月则添一节。开花结子者，藕小不可食；结藕者，虽有花不结实。花有台阁，莲房小，中出碎片，成花不成子。千叶莲，花层叠约千瓣，不甚开展。并头莲、并蒂莲俱不成实。

菱。《尔雅·释草》：菱蕨攗。注：俗云菱角是也。名水栗，叶绿，茎赤。陆佃《诗疏》：四角三角曰芰，两角曰菱。《尔雅》诸书皆以芰为菱而无所别。芰花紫色，昼合夜炕，随月转移，犹葵花之随日也。

芡。《博雅》：茷芡，鸡头也，形如刺猬。一曰雁头，一曰乌头。《古今注》：叶似荷而大，叶上蹙绉如沸，实有芒刺，去壳取子，中如米浆。菱寒芡暖，菱花背日，芡花向日。

荸荠。《尔雅》：芍凫茈。注：生下田，苗似龙须而细，根如指指，黑色可食，肉白如雪，作粉与藕同。李时珍曰：一茎直上无枝叶，状如龙须，结颗大如山查、栗子，而脐有聚毛。《群芳谱》：葧脐，一名黑三棱，旧名乌芋，又名地栗，野生者为慈姑。

慈姑。《群芳谱》：或作茨菰，一岁根生十二子，有闰则生十三子。一名水萍，一名河凫茈，一名白地栗，比荸荠黑而小。按：慈姑，诸书以为即翦刀草，皆误。翦刀草，一名燕尾草，茎端开叶如燕尾形，根结实略尖，皮黄白色，食之令人泄泻不止。慈姑苗如荸荠，丛生不开叶，根结实亦如荸荠，皮黑色，小而圆带扁。野生为慈姑，家种为荸荠。消积，野生者胜。《群芳谱》《本草》误注。

木属

松。前《志》：修耸百尺，多节，皮绉如鳞。《字说》：百木之长，犹公。《史记》：千岁之松，上有菟丝，下有茯苓。松脂入地千年化琥珀，一叶双鬣，故曰松。钗皮上绿衣名艾蒳香，一名狼苔，合诸香烧之，其烟团聚，青白可爱。

罗汉松。两种。叶苍翠秀嫩，细叶者开小花不结实，大叶者实圆而长，色深紫，味甘可食，核青居肉之上，俨若罗汉。附：五都鹿苑寺佛殿后，罗汉松高数丈，苍翠可爱。

金钱松。叶类杉而细，娇娆可爱。至冬叶落，结子类杉松，八月落，可种。

柏。前《志》：《六书精蕴》："万木皆向阳，柏独西指，盖阴木而有贞德者。"通体皆香，叶扁结子，壳有棱入药。柏质黄，易长易萎。一种璎珞柏，枝叶下垂如璎珞，亦难长。

桧。《尔雅·释木》：枞，松叶柏身。桧，柏叶松身，一名桧柏，体坚叶尖，质直□长，亦难萎，今俗呼为刺柏。

杉。《说文》作橬，《尔雅·释木》作柀。郭注：似松，干直易长。前《志》：叶附枝如刺，手不可触。凡器物皆中用，有赤、白二种。质松性直，烧炭最发火药。

桐。陈翥《桐谱》分六种，《草木疏》分三种。《礼记·月令》：桐始华。《汇纂》：桐有四种，一白桐，一青桐，一荏桐，一冈桐。白桐俗呼水桐，叶似桐而大，中易空，根善穿，一岁可长八九尺，质甚轻松，仅可析板，亦不坚，作薪无焰，开花结子。青桐，刺桐也。树身多刺，长至尺，围方，无刺，始生皮色极青，大而渐白。荏桐，膏桐也。实圆如桃，可榨油作灯。《后汉·马融传》：桂荏凫葵。《本草》：荏子可压油。冈桐，梧桐也。《遁甲书》：梧桐知闰，每岁生十二叶，每边六叶，有闰则十三叶。叶大而粗，蒂甚长，子生于叶。王逸曰：松柏冬茂，阴木也；梧桐春荣，阳木也。

桑。《典术》：箕星之精，神木也。《月令》：季夏毋伐。桑柘爱蚕食也，实为葚，一名文武实，甘酸而温，色黑，补水明目。占桑叶贵贱：正月上旬，木在一日，则为蚕食一叶，为甚贵；木在九日，则为蚕食九叶，为甚贱。附树生无根而另成枝叶，为寄生桑，杉、檀、枫、栗诸树皆有。治病各有宜，惟桑上者难得。

柘。前《志》：《说文》桑属。《蚕书》：叶饲蚕丝中琴瑟弦，清响胜凡丝。《古今注》："桑实曰葚，柘实曰佳。"

槐。《春秋说题辞》："虚星之精。"《艺文类聚》：季春，五日为兔目，十日鼠耳。更旬始规，二旬叶成。叶密而阴厚，花黄色。未开曰米，可染；

成实有荚，类扁豆而瘦长，曰槐角，皆入药用。

楸。《说文》：楸也。《左传》：树吾墓楸。一作榎。前《志》：叶类茶而厚硬，树丛生，不大。柯干坚致，烧炭耐久，曰鸡骨炭。子榨油，曰茶油，可食。

榆。榆有数种，叶俱细密覆荫。《尔雅》释榆者三，一曰藲荎。郭注：今之刺榆，《诗·山有枢》是也。一曰无姑，其实夷。郭注：无姑，姑榆也，所谓芜荑是也。一曰榆，白枌。《诗·东门之枌》是也。一名白榆，未生叶时，先生荚，形似钱而小，呼榆钱。《本草》：一种二月生荚，其荚飘零，故谓零榆；一种八月生荚，皮有滑汁，谓之榔榆。榔榆即榔树。榔，亦作楠。亦有数种，有沙榔、虸榔。虸榔又两种，一种大叶，一种细叶，叶间俱结苞生蛟。

附：榆白皮，采皮为面可食，荒年当粮。

樟。司马相如《子虚赋》："其树楩楠豫章。"师古注："豫章，二木生，至七年乃可分别。"樟，通作章树，高大，木理细腻而香，制器良，然析板易翘曲，树老易空。

椆。《山海经》："虎首之山多椆椐。"《类篇》："寒而不凋，质坚理密，重不易举。"红白二种，白椆叶粗为下，红椆叶细，作器不髹亦佳。

梓。《说文》："楸也。"《韵会》："楸与梓本同末异，若桧之柏叶松身。"陆玑《草木疏》："楸之疏理白色而生子者为梓。"《埤雅》："梓为百木之长，故呼梓为木王。"罗愿云："屋室有此木，则余材皆不震。"木似桐而叶小，夏初开白花，结子如豆角，中有毛，经岁不落叶，饲猪肥。

枫。前《志》："《埤雅》：枝善摇，故字从风。叶作三脊，霜后色丹，谓之丹枫。"春间结子如球，有柔刺，薰衣沾微香。脂干烧之，甚馥。材易翘裂，细纹可缕刻。松根结块为茯苓，枫根结块为猪苓，入药。

白杨。即《古今注》"栘杨"也。叶面青背白，体圆带弱，微风大摇，故一名独摇。制器光泽，可供雕镂。一名栘柳，生山中。

黄杨。《埤雅》："性坚致难长，岁长一寸，遇闰年倒长一寸。"故曰"黄杨厄闰鲜大树"。尺围者，其价十倍。

棕。叶下有毛如鬃，故谓之鬃榈。一作椶榈。张衡《南都赋》："楈丫栟榈。"《说文》:"栟榈,棕也。" 一名蒲葵,张揖曰:"木高一二丈,旁无枝叶如车轮,皆聚于杪。" 皮皆丝,纵横罗织,重叠裹之。每皮一匝,出叶一片为一节。花黄白色,结实作房,如鱼子状。皮堪制雨蓑床,荐木衹胜,沟圳略约。

枸。一名狗骨,陈藏器曰:"此木色白,如狗之骨树。" 如杜仲诗"南山有枸"是也。又名猫儿刺,李时珍曰:"叶有五刺,如猫之形,故名。" 又名老鼠刺,嫩叶可为荈。又名八角茶,叶长一二寸,青翠而厚硬,四时不凋。五月开细白花,结实如女贞。九月熟,绯红色,皮薄味甘。人采其皮,煎膏以涂鸟雀,谓之粘檎。

冬青。即冻青树。《群芳谱》:"冬青,一作冻青。"《本草》:"名女贞。" 吴遵程曰:"冬青、女贞,《本草》作二种,实一物也。" 前《志》:"名万年枝,以经冬霜雪,叶自青青也。" 结子如豆,青黑色,浸酒佳。二至丸用之。一种水冬青。前《志》:叶细嫩,与冬青无异,可养蜡虫,取白蜡近人。因此遂以蜡树为女贞,误服之令人泻。

杨。种类不一,有青杨、赤杨、水杨。水杨,一曰蒲杨,叶似青杨,即蒲柳也。陆玑《草木疏》:"蒲柳有两种,皮正青者曰小杨,其一种皮红者曰大杨。" 小杨,《埤雅》"柔脆易生,与杨同类,纵横颠倒,植之皆生。" 俗呼杨梅柳,以开花结穗如杨梅也。大杨,当即俗所谓鬼杨柳。

柳。杨柳,一物二种。《诗》:有分言之者,有合言之者。杨与柳不相似,杨叶圆阔,枝条硬而扬起;柳叶狭长,枝条弱而低垂。其类不一。陶朱公云:"种柳千株,可足柴炭。" 线柳枝弹垂如线,春时青葱可爱。一种箕柳,宜栽河坎,春冻释,刈取三寸长枝条栽之,引水停蓄,秋收可为簸箕。

柽。名西河柳。《尔雅翼》:"柽,叶细如丝,婀娜可爱。" 有花,结穗红如珊瑚,开时转淡。夏月,天将雨即开花,故名雨师。一年三秀。《本草衍义》名三春柳。

卫矛。一名鬼箭羽,小株,成丛叶,似野茶。三四月生小黄绿花,实如冬青子。条上有羽如箭,若三翎,燔之可以祛祟,俗呼"篦梳荬"。

枯盐萁。前《志》:枝叶类椿而粗,味醶,可饲猪。木理松,不堪用。惟取石，先于石上凿数孔，削木作榫钉之，隔宿以椎击榫，石随榫裂二三丈，不中断也。老叶底生柯子，名五焙子，入药。蛇咬伤发恶，身上起蛇鳞，断嫩枝，取白汁点之。

柞。《尔雅·释木》："栩杼。"《疏》："栩，一名杼，柞树也。"前《志》："《诗》：'维柞之枝，其叶蓬蓬。'"《诗辑》："新叶将生，旧叶乃落。"多刺，叶丛密，木坚重，制器耐久。

榖。前《志》："斧其树，白浆迸流，膏黏似漆，书字贴金良。结子龙眼大，熟极腐烂，汁落如红雨。"一作构，《物类相感志》："构膏可以涂丹砂。"

楮。《西阳杂俎》："叶有瓣曰楮，无瓣曰榖。"《埤雅》："皮白者榖，皮斑者楮。"《本草》："楮皮可为纸。"榖，今俗呼榖皮树。楮，今俗呼纸皮树。李时珍曰："楮有雌雄。雄者皮微斑而叶无桠，长穗不实，歉年人食其花。雌者皮白而叶有桠，实如杨梅；半熟时，水洗去其子，密煎作果食。"

檀。坚韧之木。《考工记》："中车辐，取用甚广。"有黄、白二种，映水生者，坚韧稍逊。一种石檀，《唐本草》："树似檀叶。"取皮水渍，碧色香者，《纲目》谓之旃檀，别是一种。

乌桕。前《志》："即鸦臼树，俗名油子树。"《唐本草》："叶可染皂，子可压油，作烛光明。"木理歪斜，不中材用食。六畜生疔欲死者，捣叶自然汁，顿服数盏，大利自愈。无叶，根可代。

皂。前《志》：叶细，树身多刺，歧如鹿角，结荚如刀豆，长七八寸，两两并垂，能去油垢，刺亦入药。一种叶类槐，荚短而肥，谓之肥皂。皂性能消铁，不宜供爨。

楠。细致而香，人多贵之。《尔雅·释木》：梅，楠。《陆疏广要》：乃似豫章者，古称梗楠，豫章是也。

黄檨。叶尖而长，似椿。煮汤饮，可解暑，味苦而甘于回。采嫩芽盐腌，蜜渍曝干，可入飣盘，煎饮似茶叶而薄。前《志》作"黄榵"。考"榵"字无木名。《类篇》："桋，樲木也，叶可为饮。"殆即是欤？"檨"音"敛"，今人名黄檨芽，有作仄声呼者。

椿。《禹贡》作"杶",《左传》作"櫄",《说文》作"杻",皆一物也。前《志》：叶香可啖，木质轻松，色赤，作盒箧不必漆。

樗。《唐本草》：椿、樗形相似，椿木实而无荚，樗木疏而有荚，俗呼臭椿树。前《志》：恶木也。《诗》：采荼薪樗。陆玑《疏》：树及皮皆似漆，青色，叶臭。《庄子》：其大本拥肿，不中绳墨。其小枝拳曲，不中规矩。

槵。一名无槵木，又名桓。叶似椿，质理轻松。《酉阳杂俎》："烧之极香，辟恶气。"崔豹《古今注》："拾槵木，一名无患。昔有神巫，能符劾百鬼。得鬼，以此棒杀之。世人以此木为众鬼所畏，故名无患也。"郭璞云："叶似柳，子似楝，皮黄白色。"《通雅》：槵子实可去垢。核黑如•，肉薄核粗，似肥枵核。《佛经》：念珠即此。

𣗳。《函史》：树可放蜡，煎汁为油可作烛。今江南北放蜡者谓之米蜡树，其树似女贞而实异。

南烛。俗呼"牛筋树"，坚韧异常。李时珍曰："叶似山矾而味涩，结子成簇，生青熟紫，内有细子，其味甘酸。"《古今诗话》：云即杨桐也，叶似冬青而小，临水生者尤妙。采其叶渍水染饭，色青而光，能资阳气，释家青精饭是也。

荆。《说文》："楚木也。"《本草》：牡荆。注："古者刑杖以荆，故字从刑生，成丛而疏爽，故又谓之楚荆。无子者曰牡荆，俗名'黄荆'，有青、赤二种。青者以七叶为上，赤者名石黄荆，治恶蛇伤。米泔搓服，并洗敷患处。

接骨木。干似乌桕，叶似大青。一枝五叶。一名续骨木，又名木蒴藋。又有接骨草，或曰即红蓝花。

桦。前《志》：相如《上林赋》"华枫枰栌"，师古注：即今桦皮贴弓者。《玉篇》：木皮可以作烛，亦可为纸。

楼桑。似𣗳树，结实。枝叶成丛，亦似木槵。远望幢幢，如羽葆车盖。

相思子。《吴都赋》："相思之树，其实如珊瑚。"《资暇录》："豆有圆而红者，呼相思子，即红豆之异名也。"树如槐，今俗呼为银胆树。《方书》以药肆伪充赤小豆，半黑半红者为相思子，误。以不似珊瑚红也。

黄蘗。《说文》："蘗，黄木也。"李时珍曰："俗作黄柏，省写之讹。"前《志》：望北峰，一名黄蘗峰，旧云山产黄柏，故名。

枸杞。《尔雅·释木》："枸檵。"注："今枸杞也。"《疏》：一名地骨，一名苦杞，服之轻身益气。种有二：一种苗细多刺，叶如石榴，稍狭而长，高不过一二尺者，此草本也，用其根为地骨皮；一种俗呼枸卵子树者，此木本也，结实为枸杞子，不及北产者佳。

苦楝。一名金铃子。木高丈余，叶密而长，三四月开花，红紫色，实如弹丸，生青熟黄。树易长成阴，质理坚细，作栋梁不蛀。

竹属

南竹。前《志》：肉厚质坚，大者高数丈，围尺余，篾织甚良，笋可供蔬。箨解后，取沤石灰池中，可抄草纸。

斑竹。前《志》：质薄，箨有斑点。

金竹。又名黄管竹，即斑竹年久，生笋渐大，而成金竹。节长尺许，篾织极佳，织帽圈家尤贵重。若开花结实，即败。

紫竹。前《志》：初解箨青色，久变紫黑如漆，制器可观。一路生过，原处不复再生。根治狗疯。

水竹。前《志》：节平质柔，织簟辟暑。

白竹。前《志》："大者如杯，织箳夹烟不黑黯。

箭竹。前《志》：小而节稀，宜作笔管。滩山对岸石罅中有竹，亦如笔管，正月生笋，甚甘鲜，土名温笋。

慈竹。《述异记》：南中生子母竹，即今慈竹。类丛竹梢长，垂如凤尾。入夏叶渐落，秋发叶，嫩绿可爱。根盘屈不行鞭。七月生笋不可食。

丛竹。前《志》：根攒生，类慈竹而小。五六月抽萌，八九月始叶，笋不可食。

苦竹。前《志》：节离一二尺，薄脆，仅可编篱。笋亦甚苦，不堪入口。

实竹。前《志》：节隆起，中不虚。宜屋桷，或作杖。笋多肉。

凤尾竹。前《志》：类丛竹，小而密，叶柔，箪受风辄摇。

棕竹。《益都方物记》：有皮无枝，实中而干，多蓄作盆玩。畏雪。

方竹。种出君山。明王启茂有《方竹杖歌》。近道林间有。

淡竹。《本经》收入隰草部。《逢源》：嫩苗，叶绿，花碧，根须结子。苏颂《图经》谓之甘竹。似篁而茂，肉薄，节间有粉。按此，则非草矣。《纲目》：水竹，名淡竹、仲景竹，叶石膏汤用之。又一种丛竹，根似麦门冬，亦称淡竹，叶利小便。

箬。《本草》：箬，草名。一曰辽叶，生南方平泽，根茎皆似小竹，叶与箨似芦荻，叶面青，背淡，柔而韧，新旧相代，四时常青。人多取叶作笠。

花属

牡丹。《续博物志》：牡丹初不载文字，惟以药见《本草》。唐则天以后，洛阳牡丹花始盛。前《志》：名鼠姑，又名鹿韭。欧阳修为记，后人因为谱。色类极繁，五色千叶及朱紫、鹅黄不可见，惟醉杨妃单台紫处处有之，结子名凤子。一种荷包牡丹，草本，叶同花异，枝头密缀如荷包形，花、叶俱娇妖可爱。

芍药。有木本、草本二种。前《志》：《诗》赠之以芍药。《疏》将离以赠之，名将离。当春尽开，花名婪尾春，叶类牡丹，红花多单瓣，白花皆重台。草本多，木本少，白花圆如覆盂，其下十余叶稍大，承之如盘。《埤雅》：有至千叶者，呼小牡丹。

玉兰。《花疏》：玉兰早于辛夷，故宋人名以迎春千，干万蕊不叶而花。《群芳谱》：花九瓣，色白微碧，香味似兰，故名玉兰。丛生，一干一花，皆生木杪。隆冬结蕾，花落，叶从蒂中生。前《志》：一名木兰。

辛夷。《群芳谱》：一名木笔，初出苞长而尖锐，俨如笔头。一名望春花，外红内白，形似玉兰。有一种内外尽白者，花苞入药。

栀。一名蔷葡，有两种。一种为山栀，一种为香栀。《酉阳杂俎》：诸花少六出者，惟栀子花六出。苏颂《图经》：木高七八尺，叶似李而坚硬，二三月生白花，夏秋结实如诃子状，生青熟黄，中仁深红可染。今所产不过二三尺，叶不似李而似桂，或地土异耳。《博雅》：栀子，桮桃也。前《志》：花单瓣，结实如金樱，名山栀，入药用。花叶差大者为林兰。

谢灵运《山居赋》:"林兰近雪而杨猗",即今香栀也。前《志》:木高数尺,叶似桂而大,花重瓣,清香袭人。心多小虫。按:香栀不结实,前《志》以香栀为桷桃,误。叶柔嫩,花极香,摘下数日,香犹不散,似夜兰香,但稍烈耳。又一种海栀,叶小柔嫩而尖,花单瓣,树高尺余,最难得大。

夹竹桃。《群芳谱》:花五瓣,长节微尖,淡红娇艳类桃花,叶狭长类竹,故名畏霜雪。

木樨。《墨庄漫录》:木樨,以木纹理如樨也,《楚词》"桂树丛生兮山之幽"即此。郎仁宝曰:凡花五出,桂花四出。四,金数也。花小而香,最烈最远。有数种,浅黄每月开曰月桂,丹而结实者为丹桂,香稍逊。陶宏景《别录》:牡桂皮赤曰丹桂,与木樨异。

紫荆。一名紫珠,至秋子熟,色紫圆如小珠,故名。又名满条红。前《志》:叶如马蹄花,蕾附枝丛生,深紫色。虽不甚开瓣,而光艳甚于大朵。近沩山处有树,酷类贴梗海棠,土人呼为"马鞭紫荆"。

海棠。有三种。前《志》:贴梗海棠,丛生,单叶,花缀枝上,深红无香,类木瓜花;西府海棠,树高丈余,坚多节,初如胭脂点点,及开,渐成缬晕,香甚清烈;垂丝海棠,重台,花下弹若小莲,黄色,丝如金;又一种秋海棠,草本,花甚媚,色淡艳无香,至秋始开,缀于枝杪。枝间结子,叶正绿反红,畏日。

芙蓉。《群芳谱》:木芙蓉,一名拒霜。叶似梧桐,花如莲而甚繁。《花疏》:芙蓉,特宜水际。种类不同,有曰三醉者,一日间凡三换色,早开白色,至午转红,晚深红,曰醉芙蓉。按:莲花本名芙蓉,"晓风杨柳,初日芙蓉"指莲花也,故拒霜以木芙蓉别之。

紫薇。前《志》:一名百日红。树光滑无皮,轻搔之,全身俱动,俗呼怕痒树。叶对生,一枝数颖,一颖数花,红紫夺目。紫色之外,又有红、白二色,白者曰银薇。又有紫带蓝色者,曰翠薇,六月开花。

木槿。《礼·月令》:孟夏木槿荣,一名椵,一名槵。《尔雅》:椵,木槿;槵,木槿;郭注:白曰椵,赤曰槵,《庄子》"朝菌"即此。前《志》:名舜英,又名日及,单叶,柔条,五瓣成一花者为篱槿,止堪编篱。

蔷薇。曰刺花,曰牛棘,曰牛勒,盖多棘刺勒人,牛喜食,故有诸名。

一名蔷蘼，谓其柔靡，缘墙而生也。红须绿刺。一名玉鸡苗，藤本，有大红、水红二色。朵甚大而千瓣黄心，品佳。又一种色白而微香。

月季。名斗雪红，俗呼月月红。藤本，丛生，多刺，四季开红花，与蔷薇相类而香过之。

玫瑰。《群芳谱》：一名徘徊花，有香有色，生苗必急分种，否则老本必枯，故又曰离娘花。花类蔷薇，叶类月季。但月季叶尖，玫瑰叶圆，花更香于蔷薇，以糖渍之，香气经年不散。

鸳鸯草。凌冬不凋，故名忍冬。延蔓树上，藤俱左缠，故又名左缠藤。嫩茎，色青，叶对生。三四月开花，花五出而白，微香，一蒂两花。有三种，一种叶粗大者不开花；一种开花，先白后黄，望之黄白相间，故俗呼金银花；一种花先开水红色，后渐白转黄。

合欢花。《群芳谱》：一名青棠，一名合昏，一名夜合。《本草》：一名萌葛，又呼为马缨花。前《志》：叶类槐，细而繁。五月开红白花，瓣上多有丝茸结荚。

绣球花。种类不一。一种木本，能成大树；一种叫似麻，初红渐碧，谓之麻叶绣球；一种白茎青叶，枝易枯槁［槀］，谓之草绣球。其余粉团、八仙，皆绣球之类。前《志》：小花一蒂而众花攒簇，圆白如流苏，俨成一球花，边有紫晕。八仙只八蕊，簇成一朵。

兰。前《志》：一名报春先，生山谷幽阴处，叶细而长，四时尝［常］青，秋发蕊，春初开一茎一花。紫花黄心。白花紫心者，香尤韵，并头、素心二种更难得。

蕙。《尔雅翼》：一干一花而香有余者兰，一干数花而香不足者蕙。俱春初开花，叶长而劲。《学圃杂疏》：建兰盛于五月，其种亦多，玉魫为第一，白干而花上出者是也。次四季，次金边，名曰兰，其实皆蕙也。

荪。《楚词》：荪桡兮兰旌。司马相如《上林赋》：葴橙若荪。注：荪，香草也。叶较兰稍阔而柔，花紫白色，三四月开。陶宏景曰：溪荪，根形，气色似石菖蒲，而叶无脊。

水仙。根似蒜，一曰雅蒜。叶如萱而短，花外白中黄，茎中空如葱，韩维诗所谓"黄中秀外干虚通"也。单瓣,中有黄心如盏者,名金盏银台。《草花谱》:水仙有二种,单瓣者名水仙,千瓣者名玉玲珑。

金灯。根叶如蒜,俗呼石蒜。六月谢苗后开黄花,土种、石养俱宜,根能医无名肿毒。

蝴蝶花。前《志》:花六出,黄瓣上细点赤色,白瓣上细点黄赤,中抽一心,心外黄须三茎绕之,绝类蝴蝶,临风若飞,苗似射干。一种叶类萱草而粗硬,花白色,黄心,一茎数朵如蕙,或即玉蝴蝶也。琼花,亦号玉蝴蝶,乃树本。

罂粟。《花疏》:芍药之后,罂粟花最繁华,妍好千态,其房如罂,其子如粟,故名。叶似茼蒿,边屈曲多尖,花红、黄、紫、白,艳丽可爱。《群芳谱》:一名御米花,一名米壳花。结青苞时,取其浆阴干为鸦片,一名哑芙蓉,一作阿芙蓉,又俗呼为相公菜,可食。

萱。名宜男,孕妇佩之生男。前《志》:叶丛葱翠,抽茎发蕊如黄鹄嘴,开六出,黄中带红晕,朝放暮蔫。《养生论》:萱草忘忧,故又名忘忧草。

鹿葱。《群芳谱》:鹿葱,色颇类萱,但无香耳。鹿喜食之,故名。然茎与花叶皆各自一种。

翦春罗。叶似瞿麦而厚。前《志》:一茎数朵,六出,绯红色,周回茸茸类翦刀痕,有色无香,不敌翦秋纱之鲜丽远甚。

翦秋纱。枝叶粗硬,一茎数花,一花五出,展开掌平如钱形,深黄色,畏日,不及翦春罗之长久。周回亦茸茸类翦刀痕。

石竹花。《群芳谱》:石竹,草品,纤细而青翠。花有五色,单叶、千叶。又有翦绒,娇艳夺目。《洛阳花木记》:鹅毛石竹,一名绣竹。

玉簪。前《志》:苗丛生,叶大如小团扇,抽茎,有细叶。每叶出,蕊如搔头,洁白类玉,朝开暮卷,香甚清远。又有紫者。《花疏》:白者名白鹤仙,紫者名紫鹤仙。

凤仙。前《志》:一名海纳,又名菊婢。叶似桃,有锯齿。茎中空而脆。子熟,触之即破,名急性子,有红、白、紫、绿数种。又有白而间红者,曰抓破脸。又有花开枝顶者,曰鹤顶,最为佳品。其单片者,曰指甲花。

转珠莲。《群芳谱》:花淡,叶似菊之月下西施。前《志》:一名西番莲,蔓生，花蓝色，多须，风摇，楚楚有致。

蜡梅。《岩栖幽事》：蜡梅，原名黄梅，故王安国有《咏黄梅》诗。苏黄始命为蜡梅。《梅谱》：本非梅类，以其与梅同时，香又相近，色似蜜，故名。凡三种，花小，香淡，俗谓之狗蝇花。尝半含名磬口，色深黄如紫檀，花密香浓，名檀香梅，此品最佳。

山矾。开小白花。《群芳谱》：一名春桂，一名七里香。《学圃余疏》：一名海桐树。黄庭坚诗序：江南野中一种小白花，木高数尺，春开极盛，名山矾。野人取其花以染黄，不借矾而成色，故名。

真珠兰。《群芳谱》：一名鱼子兰，蓓蕾如珠，花开成穗，戴之髻香甚。叶能断肠。

茴香。名莳萝，茎娇嫩有节，叶茸细绿净可爱。高二三尺，丛生，抽穗，作小白花。结子如麦粒，轻而有细棱，曰小茴。触手香可半日，结子八角者，名大茴，自番舶来。

凌霄花。《小雅》：苕之华。《传》：苕，陵苕也，即今之紫葳。蔓生，附于乔木之上。花开五瓣，其华黄赤色有点，不可近鼻闻，伤脑。亦名凌霄。《群芳谱》：一名女葳。《诗·陈风》：邛有旨苕，别是一种。

杜鹃。前《志》：子规啼时开，故名。其红如血，朵大色淡者，又曰山踯躅、曰映山红。若生满山头，其年必丰。

胭脂花。《草花谱》：紫茉莉，一名胭脂花。可以点唇。子有白粉，可傅面。茎似牛膝花如胭脂，暮放朝蔫。

木香。花小，名曰锦棚儿。《草花谱》：木香之种，其最紫。心白，花香馥清润，高架万条，望若香雪，其青心白木香、黄木香二种皆不及也。

铁线莲。前《志》：蔓生。花似菊，淡绿色。片繁，碎心，恒不能尽展。《群芳谱》：花心黑如铁线，故名。

菊。《尔雅》：治蔷菊。注：今之秋华菊。前《志》《菊谱》：三百余种。今有蜡瓣、西施、鹤翎、白莲台、醉杨妃、玛瑙盘、金盏、银台、水晶球、胭脂饼、鸡冠、紫佛头、黄赛、芙蓉、紫霞觞、鹤顶红、金钱玉球等名。其蓝菊、万寿菊、僧靴菊，则似菊而非菊者也。

五月菊。茎叶与秋菊同，五月开花，故名。

苦薏。即野菊花也，花小气烈。陶隐居谓菊有二种，一种紫茎、气香、味甘，叶嫩可食；一种青茎、细叶，作蒿艾气，味苦。人多以野菊为药菊，而不知野菊为薏，非菊也，菊甘而薏苦。《本草》：甘菊延龄，野菊泻人。甘者入药，故称甘菊花。苦者不用。

蓼。《群芳谱》：一名水荭花。《诗·郑风》：隰有游龙。《本草》：蓼也。白居易诗："水蓼冷花红簇簇。"前《志》：叶狭小而厚，花朱紫，蓓蕾而细长，枝枝下垂，色态俱妍。马蓼叶大而味辛，生水泽中，止供酒曲用。

长春菊。《学圃余疏》：花之四季开者，兰桂之外，有长春菊，即金盏花。《群芳谱》：名长春。梅尧臣诗："钟会昔醒酒，豫章留此花。黄金盏何小，白玉碗无瑕。"注：金盏花名醒酒花。

夜落金钱。《群芳谱》：名为金榜及第花。前《志》：叶类黄葵，花生叶间，午时开，子时落。一名子午花。《花史》：郑荣作金钱花诗未就，梦红裳女掷金钱与之，曰："与君润笔。"及觉，探怀得花数朵，遂呼为"润笔花"。

茉莉。前《志》：《群芳谱》："此花《佛书》名缦华，出波斯，移南海。木本重台者，花大而香稍逊；藤本单叶者，花小而香甚。"《香谱》：蒸取其液，可代蔷薇露，夏秋两季，接续开不断。

鸡冠。《东京梦华录》曰洗手花，《佛书》名波罗奢花。夏月开花，经霜始蔫。种类不一，状若扇面者为扇面鸡冠，若扫帚者为扫帚鸡冠，半红半白者为鸳鸯鸡冠，矮者为寿星鸡冠、花疏鸡冠。矮脚者有掌片、球子、缨络诸种，有紫、黄、白三色。

老少年。名雁来红，苗类鸡冠，秋深脚叶深紫，顶叶大红。又一种少年老，名雁来黄，顶黄红而脚叶绿。两种间植，秋来五色炫目，虽无花，却可观。《群芳谱》：红、紫、黄、绿相兼者名锦西风，又名十样锦。

葵。有露葵、戎葵、蜀葵诸名。又吴葵，《夏小正》：四月，吴葵华一种，小者曰锦蔡，又曰荆葵。皆非今葵也。惟黄蜀葵曰秋葵，花大如盘，瓣四出向日随转，乃葵花也。《群芳谱》：一名侧金盏，结子类蜂房，可炒食。

山茶。《群芳谱》：一名曼陀罗，树高者丈余，低者二三尺，有红、白二色。花名甚繁，今有玉名锦、边磬口、玛瑙、四面镜、大红袍、宝珠、醉杨妃、鹤头丹诸种。《西溪丛话》：曼陀罗为恶客。东波诗"桃李曼山总粗俗"，何况山茶。

喜报三元。前《志》：椒属，形如金瓜，红鲜圆润，累累可爱。一蒂三颗，故名。

一丈红。即蜀葵花。高者一丈红，浅者半丈红，又有一丈白、半丈白。《尔雅》：菺戎葵。《疏》：今蜀葵也。《古今注》：华似木槿，而光色夺目。颜延之赞：类麻，能直方，葵不倾。《草花谱》：戎葵出西蜀，花有五十六种，五月繁华莫过于此。《花疏》：五色千叶者佳，其性亦能变，黑者如墨，蓝者如靛，此罂粟类也。

刺蘼。前《志》：俗呼十姊妹。枝叶似蔷薇，三月、四月开花，片繁碎，红鲜可爱，亦能成树。又一种，一蒂双朵，藤本，多刺，亦呼为姊妹花。人多以之护藩篱。花朵小，三月开。

瑞香。《天禄识余》：即《楚词》所谓露甲也。《清异录》：有比邱梦中闻香，觅得此花，因名睡香。四方奇之，谓乃花中祥瑞，遂以"瑞"易"睡"。一名锦被堆。又蔷薇亦称锦被堆。

天竹。《群芳谱》：一名大椿，一名南天竺，又名南天烛。梅雨中开碎白花，结实枝头，红如珊瑚，成穗。植之庭中，能辟火灾。花疏累累，朱实扶摇绿叶上，风雪中视之尤佳。

瞿麦。叶似鬻春罗而薄，花大如钱，红白斑斓，色甚妖媚，人呼为洛阳花子。颇似麦，故名瞿麦，入药用。

牵牛。蔓生。花蓝色，有红艳，秋深甚繁，夜开，见日即蔫。渍梅水中，红如胭脂。结团，苞子数粒并房。有黑、白二种，黑者名黑丑，白者名白丑，入药用。《本草》：此药始出田野，人牵牛易药，故名。

蒲公英。叶如莴苣，三四月开花，类单瓣菊。四时有花，花罢飞絮如柳。一茎两花，高尺许者，掘下数尺，根大如拳，旁有人形拱抱，捣汁酒服，治噎膈如神。茎断之，有白汁，涂恶刺效，入药，可作茹菜。

地丁。俗名田皂角。平地者起茎，沟泽者起蔓。花紫者白茎，花白者紫茎。《本草》：紫花地丁，叶似柳而微细，夏开紫花结角。一种夏秋开小白花，如铃儿倒垂。此与紫花者相戾。又《正传》：地丁即大蓟也。黄花者名黄花地丁，紫花者名紫花地丁。又有小蓟与大蓟相似，但大蓟叶绉，小蓟叶不绉，大蓟倍高于小蓟，以此为异。

金樱。一名棠球子。蔓延于篱落山野间，有刺。白花密缀如西番莲，结实如山栀坚硬，刺如毛。内仁排生，经霜方红熟。

密蒙花。其叶繁密，蒙茸如簇锦，故名。细碎，数十房成一朵，冬生春开。苏颂曰：树高丈余，叶似冬青而厚，背白有细毛，又似橘叶。寇氏云：不似冬青，不光洁，不深绿。

旋覆花。一名金沸草，二月后生苗，多近水旁。叶似柳，茎细，花附茎而生，如单叶菊。六月开，小铜钱大，深黄色。其花上露，滴地即生，最易茂，故又名滴滴金。一种浅小相似者，亦间有黄花，俗称马笼丹，名马兰。

草属

芝。前《志》：《说文》：神草也。有青、白、黄、赤、黑、紫六色。芝为瑞草，服之成仙。王充《论衡》：芝生于土，土气和，芝草生。

书带草。似麦冬草，丛生。《后汉·郡国志注》《三齐记》：郑康成教授，不期山生草大如薤，叶长尺余，坚纫异常，土人名曰康成书带。

虎耳草。前《志》：叶圆，脉红色，时出红丝，长数寸。开白花。揉汁滴耳中，可治脓耳。

莽。《山海经》：朝歌之山有草名莽，可以毒鱼，与醉鱼草一类。《本草》：莽本作网，人以毒鼠，故名鼠莽。食之令人迷罔欲死，急灌以豆汁可解。

茅。茅类甚多，惟白茅擅名。苗出地曰茅针，花曰荓，叶曰菅，根曰茹。前《志》：茅茎高五六尺，叶长劲扬起禁风，猎猎有声，曰芦茅。密丛可护围堤。短小曰菣茅，其芒捶之可织作鞋。上结穗者曰球茅，可葺屋。肘后方白茅根洗尽咀嚼，或石上晒干捣末，水服，可辟谷不饥。

大青。前《志》：高一二尺，茎圆，叶长。叶对节生，花红紫色，结实似马蓼，嫩叶可茹。又一种小青，大青苗高如蓼，小青叶光如景天，大青为蓝，实即所谓蓼蓝也。小青即板蓝。《礼·月令》：令民毋艾，蓝以染蓝。前《志》：高尺许，有蓼蓝、窝蓝、广蓝之不同。采茎叶作池，沤之汁出为靛，可以染青，故曰青出于蓝。

萍。蓱有三种。大者曰苹，圆径寸余。小者曰萍，小如豆。一种大而有叉，根长，系水底，名荇菜。卢翰曰：萍无根而浮，与水常平，故谓之萍。杨花入于流水则不生，于止水则生。一夕生九子。前《志》：本草注，一叶经宿则生数叶，叶下有须，即根也，可饲豕。紫背者入药用。

烟草。《菽园杂志》云：自高丽国来。张介宾曰：明万历时征滇，师旅多染瘴厉，独一营以食烟无恙，由是遍传天下。其气入口，顷刻周身令人通体俱快，代酒代茗，终身不厌，故名相思草。然火气薰灼，耗血损年，人自不觉。姚旅《露书》：吕宋国有草名淡巴菰，一名金丝醺，即此。前《志》：春秋下种，春末栽，连山接岭。肥者叶大，茎可高五六尺，叶环茎参差，膏可黏手。六月摘夹，以竹箅曝之。民多业此。烟垢解蛇毒。苗生蛇出穴，苗谢蛇入穴，一奇也。

棉。《南史·高昌国传》：有草实如茧，中丝为细纑，名曰白叠。取以为布，其软白。史照《释文》：春二三月，下种既生。一月三薅，至秋生黄花结实。及熟，包四裂，花自中出如棉。有草、木二种。子榨油。本地间有种者，呼为山花。

地菘。《本草》：李时珍曰：嫩苗，绿色，似皱，叶菘芥，其根白色，如短牛膝。一名杜牛膝，又名荔枝草。汤火伤，捣汁涂敷，神效且泯斑痕。斗霜雪而荣，冬月百草黄落，独此草青绿，如莱菔、芥菜，生田塍及人家路旁阴处。一种夏秋抽条作穗，似薄荷，花紫白色，味辛而香，俗所谓六月令是也。一云即鹤虱苗。

麻。《尔雅·释草》：枲麻。《疏》：麻，一名枲。有实者名苴，无实者名枲。《本草》：雄者名枲麻、牡麻，雌者为苴麻、苧麻、麻蕡。一名麻勃，此麻花上勃勃者。前《志》：一种数年，覆以肥土，深者四五尺，剥取三四次，以洁白为上，多择避风处苫之。夏月生布盈市，余者亦捆载他售。

芋。二月下种，宿根亦自生。叶如楮叶，花如白杨，而长子茶褐色。

凡种先锄地作沟，用污泥填拥，可一二刈。若不刈，生旁枝则皮不长，生花则皮老而粘于骨，不可剥。前《志》：张衡《南都赋》："其草则蘦芋苹莞。"王褒《僮约》：多取蒲芋，益作绳索。《本草》：取芋根和米粉为饼，可御饥，味甘美。

蕉。《南方草木状》：甘蕉，一名芭蕉。《埤雅》：菊不落花，蕉不落叶。一叶舒，则一叶蕉，故谓之芭蕉。或曰芭苴。苴，蕉之转音也。又苴、焦、蕉，实甜如蜜，故名。《异物记》：甘蕉花大如酒杯，形色如芙蓉，着茎末百。余子为房茎，取镬煮之如丝，可纺绩为絺绤。《广志》谓之蕉葛，实如羹匙，承露最甘，故曰甘露。

美人蕉。《学圃余疏》：芭蕉惟美人蕉可爱，历冬春不凋，常吐朱莲如簇。前《志》：叶瘦似芦箬，花状类兰，色红如珊瑚，枝日折一两叶。叶如斜界纸，离披可爱。其种得之福州。又一种凤尾蕉，即火芭蕉，身似棕榈，叶坚劲如梳形，喜火炙，可辟火灾。

虎茨。生山谷中，喜幽阴。树最小，叶光滑，下有刺，每节枝平铺有数层。四月开细白花，四出结子缀叶下。花开时，子犹在树，花落又结子。至冬，红如丹砂，遇霜雪不萎。

水荷叶。前《志》：圆小浮水面，茎颇似莼不直，上开黄花，根似藕有粉，黑色，可掘食。

覆盆子。一名乌藨子。《尔雅·释草》：茥蕛葐，又茎蕛葐。注：覆盆也。实似莓而小，可食。《说文》：莓，马莓也。即覆盆草。《本草》：有蛇莓、蚕莓、乌蔹莓。又《释草》：葥山莓。注：今之木莓也。《齐民要术》：莓草实亦可食。按，此别是一种。《本经逢源》：覆盆子，药肆每以木莓代充。欲验真伪，酒浸色红者真，否则假。李时珍曰：此类有五种。一种藤蔓繁衍，茎有倒刺，逐节生叶大如掌，面青背白，厚而有毛，六七月开白花，结实生青黄，熟紫黯，微有黑毛，状如桑椹而扁，俗名割田藨，乃蓬藟子也。一种蔓小于蓬藟，亦有钩刺，一枝五叶，叶小而面背皆青光，薄而无毛，开白花，四五月实成，子亦小于蓬藟而稀疏，生青黄，熟乌赤，俗名插田藨，覆盆子也。二者俱可入药，余不中用。

五加皮。丛生。茎青，节白，根黑，皮黄。茎间有刺五，叶有香气。

三四月开白花，结细青子，至六月渐黑色。上应五车星精而生，故叶五出者佳，延年不老仙经药也。子曝干浸酒佳，根皮同。

胡葱。《本草》：似大蒜而小，形圆皮赤，稍长而锐，亦是荤物俗方，味似葱而不甚辛。

山胡椒。名食茱萸。《本草》：功用与吴茱萸同，少为劣尔。颗粒大，经久色黄黑，食茱萸也。颗粒紧小，经久色青绿，吴茱萸也。

马蔺子。一名蠡实。叶似薤而长厚，三月开紫碧花，五月结实。根细长，通黄色，人取以为刷，食牛马肉发疔肿，治之最妙。莞属，可为席。

旋葍。生平泽，旋蔺花也。一名鼓子花。蔓生，叶似薯蓣，花红白色，根无毛节。蒸煮堪啖，味甘美，食之不饥。昔有联云："风吹不飨铃儿草，雨打无声鼓子花。"

鹅不食草。本经名石胡荽，又名鸡肠草。前《志》：鹅是草皆食，独不食此，故名。似翳子草而叶较大，揉而嗅则嚏，入药用。

翳子草。《本草》：名兰香，植之庭砌，二丨步内即闻香。前《志》：牵细蔓，着土即生根。夏秋开小黄花，纳叶鼻孔，可治目翳。一说以子能去目翳，故名翳子草。

罗勒。茎叶较兰香稍大，气甚荤浊。方茎，每节四叶对生，大小各二叶。八月开花结子，俗呼滚丸子。治目翳及尘物入目，以三五颗纳目中，少顷其子湿胀，与物俱出。暴得赤眼后生，翳膜亦可治，盖此子得湿即胀，故能染惹眵泪浮膜尔。《本草纲目》以兰香、罗勒为一物，《本经逢源》辨析为二，而主治又以罗勒所治注兰香下，误。

芦。苏颂曰：叶抱茎生，无枝，花白，作穗似茅花，根似竹，其节疏。《诗》："蒹葭苍苍。"郭璞注《尔雅》：葭即芦也。葭莩莩者，其筒中白，皮至薄者也。李时珍曰：芦有数种，皆以初生已种得名，根入药用。

荻。萑同。《淮南子•说林训》：萑苗类絮，而不可为絮，所谓芦花絮也。《群芳谱》：芦、荻二物，相类而异种。芦大而中空，凡曰葭、曰苇、曰蒹、曰芀，皆芦也。荻小而中实，凡曰萑、曰薍、曰菼、曰雚、曰蒮、曰鸟蓲、曰马尾，皆荻也。又荻蔗，别是一种。

菖蒲。蒲类之昌盛者。《吕氏春秋》：冬至后五旬七日，菖始生。菖者，百草之先于是始耕。《群芳谱》：一名菖阳，一名昌歜，一名尧韭，一名水剑草。菖蒲有数种，生池泽，蒲叶肥，根高二三尺者，泥蒲也，名曰菖；生溪涧，蒲叶瘦，根高二三尺者，水蒲也，名溪荪；生水石间，叶有剑，脊瘦，根密节，高尺余者，石菖蒲也。养以砂石，愈翦愈细，高四五寸，叶茸如韭者，亦石菖蒲也。又有根长二三分，叶长寸许，置之几案，用供清赏者，钱蒲也。石菖蒲，一寸九节者良。端午日食菖蒲根，以叶悬门，可辟恶。

车前草。《诗》：芣苢是也。郭璞《疏》：大叶，长穗，江东呼为虾蟆衣。陆玑《草木疏》：马舄，一名车前，一名当道，喜在牛迹中生，幽州人谓之牛舌草。可鬻作茹子入药，治难产，故妇女采之。

莎。《说文》：薃侯也。一名侯莎，葱翠，丛生。《尔雅翼》：茎叶似三棱，根周匝多毛，谓之香附子。一窝数十枚，多生韭畦中，拔之不易尽。一名雀头香，《博雅》：地毛莎蔯也。

蓬。蓬类不一。有雕蓬，即菰米也，可疗饥。又黄蓬，生湖泽中，叶如菰蒲，秋月结实成穗，子细如雕菰米，饥年人采食之，须浸洗曝舂，乃不苦。涩飞蓬，乃藜蒿之类，末大本小，风易拔动，故号飞蓬子，亦可济荒。《本草》。

藜。《月令》：藜莠蓬蒿并兴。《前汉·司马迁传》：墨者粝粱之食，藜藿之羹。注：藜草似蓬。《尔雅翼》：藜，茎叶似。王刍，兖州人，蒸为茹，可济荒，又可为杖。《晋书》：文帝以山涛母老，赠藜杖一根。俗呼盐苋菜。

野鸡尾。茎细。花叶两两对生，正似大叶，蕨比贯众。叶有齿，面背皆光。其根大如拇指，有硬黑，须簇之一种。生阶砌间者浅而小，名金鸡尾。

光明草。前《志》：俗呼狗尾草。夏间结穗，长二三寸，如狗尾状，有毛。《经验方》：合夏枯草煮雌鸡食，可治痒子。

鼠曲草。即鼠耳草。叶白绿色，如鼠耳形，又名佛耳草，与款冬花同性，俗呼鼠米子。味甘，开黄花，可济饥。一种粗大者，呼石鼠米，不可食。

马鞭草。墟陌甚多。方茎，叶似益母草，对生。夏秋开紫花，如车前草。子类蓬蒿子而细，根白而小类鞭鞘，故名。俗称铁马鞭，一名龙芽草。

蕺草。《古今注》：菹，一名蕺。叶似荞麦，生阴湿地。《会稽志》：蕺山，越王尝采蕺于此。《本草》：蕺，俗名鱼腥草，性寒，可治淋。

海蚌含珠。前《志》：叶对生，近茎处有圆粒如珠，故名。

六月雪。前《志》：俗呼路边金，生原隰间，夏开白花，节可治小儿惊风、腹痛，枝烧灰可点黳，根煮鸡子可治齿痛。

牛舌大黄。前《志》：叶似菠菜，根如大黄，可治疮疥。

翻白草。一名湖鸡腿。李时珍曰：生近泽田地，高不盈尺，一茎三叶，尖长而厚，有皱纹锯齿，面青背白，四月开小黄花，结子如胡荽子，中有细子，根状如枭术，两头尖，剥去赤皮，其内白色如鸡肉，有粉，和饭食可救荒。

水灯心。前《志》：生田塍边，形如葱而细。破之，中白如灯草。入药利水。

葛。前《志》：《易》：困于葛藟。注：引蔓缠绕之草。《诗》：葛之覃兮。《传》：所以为絺绤。开花白者入药，能解酲。根称粉千葛。苏恭曰：葛虽除毒，根入土五六寸已上者名葛脰。脰者颈服之，令人吐，以有微毒也。

附：澄粉法。采生葛根，捣烂浸水中揉出，粉澄成片，擘块下沸汤中，以蜜拌食妙，荒年可以救饥。粗皮须用磁片刮去，犯铁器则无粉。每根一石，可取粉十余斤。

繁蒌。即鸡肠草，处处有之。其茎作蔓，断之有丝缕，细而中空，似鸡肠，故因此得名。蒌蒿，别是一种。《诗》言刈其蒌。《疏》：叶似艾，正月生洲渚间，香脆如笋。

薜荔。蔓生，缘木石墙垣如织，茎节着处即生根须。《楚辞》："被薜荔兮女萝。"在墙上者为薜荔，在石上者为络石薜荔，俗名拿壁虎。络石，一名石薜荔，花白，子黑，药肆每以薜荔实充石莲子服之，误人。石莲之黑而沉水者，入水必沉，入卤反浮。煎盐人用以试卤莲，浮至顶，卤乃可用。

刺蒺藜。生原野，布地蔓生。细叶，子有三角刺人，状如菱而小。一名杜蒺藜。《庶物异名疏》：岁欲雨，雨草先生藕也；岁欲旱，旱草先生蒺藜也。出沙苑者，别是一种。

萎蕤。《尔雅·释草》：茨萎蕤。注：萎蕤也，似黄精而差小。韩愈诗："萎蕤缀蓝瑛。"注：萎蕤，青花圆实，亦作葳。一名玉竹，茎多节，叶似竹，直根，黄白色，多须。

杜若。《九歌》："采芳洲兮杜若。"《梦溪笔谈》："杜若，即今之高良姜。"《本草》：杜若，今楚山中时有之，人呼良姜。根味辛，或以大者为高良姜，细者为杜若。

黄精。俗名山姜，得土之精，久服不饥。《博物志》：太阳之草名曰黄精，饵而食之，可以长生。《本草》称为补黄宫之胜品。叶似竹叶而短，两两相对。茎梗柔脆，颇似桃枝。本黄末赤。《南方草木状》：间吐花，作穗如麦粒，软红色。一说其叶相对为黄精，不对为偏精，功用劣。一说似玉竹者为玉竹黄精，似白芨者为白芨黄精，与钩吻并生，误用杀人。钩吻，即野葛，因入口钩人喉吻，故名。一名断肠草，蔓生，叶圆而光。一曰叶头尖有毛，钩子近人叶即动。春夏苗嫩毒甚，秋冬草枯稍缓。中毒，薤菜生捣服即解。汁滴野葛苗，当时萎死。其相畏如此。或多饮甘草，人屎汁，白鸭、白鹅、羊诸血，亦解。

夏枯草。冬至生，夏至枯，故名。前《志》：深四五寸，茎颠花蕾环簇成穗，圆直短秃如烛形，青黑色，四月渐槁。

地榆。《博雅》：揟蒢地榆也。似柳。根外黑里红，入药用。毒蛇咬人，生捣取汁饮。又为汤火圣药，研末，麻油调搽。

乌药。前《志》：枝弱，叶厚硬，有筋，类金刚藤叶。根有车毂纹，形如连珠者良。

豨莶草。江东人呼猪为豨，其草似猪莶臭，故名。一名火炊草。《纲目》：名猪膏母。宋张咏《进表》云："金铃银线，素茎紫荄。对节而生，颇同苍耳。臣吃百服，眼目清明。"服之者必酒蜜蒸晒九次，然后苦寒之阴浊尽消，而清香之美味乃见。

何首乌。因何氏老人服之而名。蔓紫，花黄，叶白，如薯蓣而不老。生必相对。根大如拳，有赤、白二种。赤者雄，白者雌。夜则藤交，故一名夜交藤，有阴阳交合之象。

益母草。《尔雅·释草》：萑蓷。注：茺蔚也。《本草》：此草及子皆充盛密蔚，故名。茺蔚，李时珍曰其功宜于妇人，故有益母之称。其茎方类麻，又谓之野天麻。夏至后即枯，故亦有夏枯草之称。

泽兰。即孩儿菊，一名都梁香。《尔雅翼》：蕳，今之兰草，都梁香也。《荆州记》：都梁山下水清，溪中生兰草，因以为名。《夏小正》：五月蓄兰，为沐浴也。《埤雅》：兰阑不祥，故古者刈之。一名蕳兰，《诗》"方秉蕳兮"是也。茎微方，中空，节短，叶有毛。都梁山，在今武冈州。

薏苡。茎叶似高粱，开红白花，结实青白色，形似珠而稍长。一名回回米。马援征南蛮，军还，载之。赞者以为明珠。仁入药用。今俗呼尿珠。一种大者，呼尿珠。

牛膝。《博雅》：牛茎，牛膝也。《本草》：苗高二三尺，叶尖圆如匙，两两相对有节，似牛膝。节上生花作穗，秋结实。杜牛膝，即上牛膝也。陶宏景曰：茎紫节大者为雄，青细者为雌，雄为胜。

天南星。俗名蛇芋。根似半夏，而大如虎掌，一名虎掌。《本草》：鬼臼都似天南星，了不可辨。但南星体小，柔腻肌细，炮之易裂，鬼臼体大，差可辨耳。

茜。《诗·郑风》：茹藘在坂。注：茅蒐也。一名茜，一名地血，一名血见愁，一名过山龙，一名风车草。《史记·货殖传》：千亩巵，茜比千乘之家。叶似枣而锐，四五叶对生节间，根紫色，可染绛。生山野，蔓延草木上。又红花，古亦名茜。

旱莲草。一名鳢肠草。前《志》：一名金陵草，实似莲房，断之有汁，须臾而黑。熬膏，主补益，擦牙良。

苍耳。一名枲耳，俗名野茄树，有刺。蛇咬伤，捣根叶敷。断酒法：苍耳七粒，烧灰存性入酒，饮之即不嗜。

地肤。《博雅》：地葵，地肤也。俗名铁扫帚。《尔雅·释草》：葥马帚。郭注：似蓍，可为帚。茎赤叶青，较膏粱细，碎而歧出，子入药用。

沙参。《本草》：处处有之，生山中。产于北者质坚性寒，产于南者体虚力微。叶似枸杞，根白实者佳。采苗及根作菜茹良。

桔梗。《本草》：处处有之，生山中。《俗方》：今人作菜茹。

荆芥。又名紫芥。叶紫如苏，生圃中。初生辛香可啖作菜，生熟食并煎茶服，能清利头目。《本草》：本名假苏，以气味似紫苏故也。安石《字说》云：芥者，界也。发汗散气，界我者也，故从介。

苦参。一名苦薂，一名苦骨。叶似槐，不高大。花黄色，结角如萝匐子。内子二三粒如小豆而坚，根味苦。十月收子，饵如槐子法，久服明目。菜属，亦有苦薂，异类同名。

丹参。茎叶如薄荷而有毛，三月开花，红紫色，根赤大如指，长尺余，一苗数根。酒浸服，可逐奔马，故又名奔马草。

藿香。前《志》：叶微似茄叶，方茎有节，可作菜茹。

泽泻。《尔雅》：蕍蕮。注：今泽蕮。药性主利水从泻。前《志》：根如芋白稍长，叶大短而微尖，抽茎结子，一爪数十枚。

海金砂。前《志》：茎细如线，引竹木上，叶纹绉处有砂，黄赤色。

香薷。有二种。细叶者良，暑月有作蔬菜食之者。《入门》：一名香茹，言可作菜茹也。九月作穗，一穗凡四五十房，如荆芥穗。又一种石香薷，生石上，高数寸。李时珍曰：薷，本作菜，菜苏之类，又呼蜜蜂草，象其花房也。香薷、石香薷，本一物随所生而名。

茵陈蒿。似蒿。《本草注》：经冬不凋，更因旧苗而生，故名因陈蒿。《本经逢源》：有二种，叶细如青蒿者，名绵茵陈，为湿热黄瘅要药；生子如铃者，名山茵陈，又名角蒿，亦能逐湿化热。

青蒿。《尔雅·释草》：蒿菣。注：今人呼青蒿。又荆楚之间，谓蒿为菣。又《释草》：蔚牡菣。注：蔚即蒿之雄无子者。《本经逢源》：有二种，一种发于早春，叶青如绵茵陈；一种盛于夏秋，微黄如地肤子。性味各别。前《志》：叶细碎，绿色可玩，饶有清香。

艾。《玉篇》：萧也。《尔雅》：艾冰台。《博物志》：削冰令圆，举以向日，以艾承影得火，故号冰台。医用以灸百病。一名医草。一种洋艾，蔚花者蓄为盆玩。

谷精草。一科丛生，叶似嫩秧，抽细茎，小白花，点点如乱星。又有一种，茎梗长有节，根微赤。

虋冬。《尔雅·释草》：蔷蘼。注：一名虋冬，省作门冬。有二种，一种麦门冬，叶青似莎草，四季不凋，根作连珠，形如穬麦颗而有须，故名麦门冬；一种天门冬，叶尖有穗，根如玉竹而大，蒸热，明亮如蜜蜡。

萆薢。前《志》：《礼·月令》：孟夏王瓜生。注：萆薢也，谓之瓜者，以根之似也。《本草纲目》：萆薢，蔓生，叶似菝葜，而大如碗，其根长硬。一名土瓜萆薢，根细长浅白，菝葜根作块，赤黄。

菝葜。《本草》：菝葜，犹妭结也，言短也，俗呼金刚藤。《纲目》：茎似蔓而坚，强植，生有刺，叶团大如马蹄，光泽似柿叶，根甚硬，有须如刺功，与萆薢彷彿。根可作饮。

土茯苓。俗名冷饭团。《纲目》：大如鸭子，连缀而生。有赤、白二种，白者良，可煮食，亦可生啖；一名山地栗，前《志》茎紫赤，叶圆硬有刺，根如山姜而坚。

薄荷。圃中种莳，可生啖，亦可作菹。性味清凉，最清头目。猫食之则醉，猫咬蜂虿螫伤，汁涂立效。

巴戟天。蔓生，根如连珠击破，中紫而鲜洁者伪也，中虽紫微有白糁粉色而理小暗者真也。山葎根似巴戟，但色白，人或醋煮以乱之。

芫花。《山海经》曰：首山，其草多芫。一名杜芫，俗名翻痰根。叶似柳，二月开花，紫碧色，似荆，叶生花落。根可毒鱼，疯狗咬伤，根去粗皮，和米煮粥食下利，以粪中见血丝为度。胸中嘈杂，食肉汤镇之，孕妇俱不忌。荛花苗茎无刺，花细色黄，与芫花绝不相似，然性亦相近。

山茱萸。《本草》：在处有之。叶似榆，花白。子初熟，未干赤色，大如枸杞。子有核，亦可啖。既干，皮甚薄。雷敩曰：一种雀儿苏，极相似，只是核八棱。李时珍曰：即胡颓子也。今俗所称半春子是也。又一种，名桃蜜子，亦相类。谚云："桃蜜子开花，半春子黄。"

王不留行。苏颂曰：叶尖如小匙头，亦有似槐叶者。时珍曰：苗高者一二尺，开小花如铃铎，实如灯笼子壳，五棱。

钩藤。叶细茎长，节间有刺，若钓钩。

栝蒌。一名果蠃。《诗》："果蠃之实，亦施于宇。"孔《疏》：栝蒌也，叶如瓜，叶形两两相值，六月华，七月实。《本草》：名瓜蒌，根名天花粉。岁久入土深者佳，实中子名瓜蒌，仁入药，根作粉，止渴生精。荒年可以救饥。

千金作粉法：瓜蒌根去皮，寸切，浸五日，逐日易水。取出捣烂，滤过成粉，晒干。开水冲服，亦可入粥食。

白鲜皮。根黄白而心实，叶似黄杨叶而小，丛生。三月杜鹃啼时开黄花，俗呼为阳雀花。

山漆。叶似菊艾而劲厚有歧，茎有赤棱。夏、秋开黄花，蕊如金丝，盘纽可爱，而气不香。治金疮折伤，效。

骨碎补。如姜，细长而扁，多毛，生煮肉食良。

三棱。《司马相如传》：蒋芧青薠。注：芧，三棱也，多生浅水中。叶皆三棱，根有须，黄色，不出苗即生细根。屈如爪者，谓之鸡爪三棱；不生细根，形如乌梅者，谓之黑三棱。李时珍曰：荆三棱如棕，叶茎中有白穰，剖之，织物柔韧如藤。

半夏。《礼·月令》：仲夏，半夏生，以阳气上而阴已生也。入药，以圆白陈久者胜。

威灵仙。生山野。根丛须数百条，长者二尺余，色深黑铁脚者佳。煎服，治诸骨硬极验。

射干。《广雅》：鸢尾乌蓬，射干也。根名鸢头，叶狭长，横张竦如翅，故一名乌扇。根多须，皮黄黑，肉黄赤，与萱草、蝴蝶花相类。入药用。

常山。茛，草也，即蜀漆。根细实黄者，呼为鸡骨常山。性悍，伤人真气，不可多用。人以之截疟，令人大吐不止。

贯众。根黑色似老鸱头，故呼为草鸱头。苗如野鸡尾形，又似狗脊骨，一名黑狗脊。狗脊有二种，根黑者为黑狗脊；又有根长而多歧黄，毛如狗形者，名金毛狗脊。毛封血妙。《博雅》：以菝葜为狗脊，误。

商陆。《易》：苋陆夬夬。《尔雅·释草》：蓫□马尾。注：皆云商陆。一名章陆，一名葺柳。《玉篇》：葺柳，商陆别名。又名江柳，皆声音之转讹也。《本草》：赤花者根赤，白花者根白。白者入药，赤者有毒，服之伤人，痢血不已而死。外用敷肿毒可。

草麻子。《本草》：叶似火麻子而极大。其子形如牛蜱虫，壳中白肉如续随子，仁可作印油，不可食，能腐肠胃。食之者一生不得食草豆，犯之胀死。

萹蓄。《尔雅·释草》：竹萹蓄。注：布地而生，节间白华，叶细绿，人谓之为萹竹。《本草》：叶细如竹，弱茎蔓引，促节有粉。三月，节间开红花，甚微细，生水边，花紫者佳。

马兜铃。藤蔓绕树而生，子状如铃，作四五瓣。叶脱时，铃尚垂如马项铃，故名。熟则自拼，根形似木香，名土青木香。

燕麦。《尔雅·释草》：蘥雀麦。注：即燕麦。苗似小麦而弱，实似穬麦而细，俗呼为野麦子苗。春去皮作面，蒸食及作饼食，可救荒。又一种似燕麦，子如雕胡。郭璞《尔雅注疏》：名守气，生废田中，久食不饥，可救荒。

酸浆草。《尔雅·释草》：葴寒浆。注：今酸浆草。《本草》：俗名酸车草。

蜈蚣草。一名地蜈蚣。叶似蜈蚣，生塍野中者为野蜈蚣，家园种者呼为家蜈蚣。穗甚繁，花白如星。根叶治一切痈肿，尤为治蛇咬伤妙药。野生不及家园种者良。

刘寄奴。苗茎似艾蒿，叶青尖长似柳茎，有四棱，花白蕊，黄如小菊花。有白絮如苦蕒絮，子细长，亦似苦蕒子。治金疮出血如神。

羽属

鸡。《春秋》运斗枢曰：玉枢星精散为鸡，能食百虫。巽，为鸡，五更鸣者，日将至，巽位感动其气也。乌骨白毛者与毛骨俱黑者佳。一种脚高而身扁，勇悍善斗。

鸭。前《志》：陆鸿渐谓能自呼其名，鸡伏其卵则雏出，或以炒糠热覆之，日数易亦成雏。一种洋鸭，红冠尖尾，能飞不能远，自伏其卵，种非土产。又凫曰野鸭。《尔雅·释鸟》：舒凫鹜。《疏》：野曰凫，家曰鹜，野鸭胜家鸭。

鹅。《说文》：长脰善鸣，峨首似嗷，故曰鹅。李时珍曰：绿眼、黄喙、红掌，善斗，夜鸣应更。有苍、白二种。鹅曰舒雁，鸭曰舒凫。方氏曰：以为人所蓄，不善飞，舒而不疾，故名。又灰汤鸭，亦名鹅鸭，骨无髓，惟饮啄汤泉者。骨独有髓，擅名一邑，谓之宁鹅。

雉。汉避吕太后讳，号为野鸡。《夏小正》：正月雉震雊，雷始动。雉鸣而雊其颈，以求雌也。《本草》：雉虽食品之贵，然有小毒。九月至十二月食之，稍有补益，他月则发五痔疮疥。江南白鹇白面，背有细黑文，亦雉类也。

鸽。《说文》：鸠属。陆佃曰：鸽性喜合，凡鸟雄乘雌，惟鸽雌乘雄，逐月有子。前《志》：每哺二子，朝暮有序。放十余里外，能识旧巢而归。野鸽名鹁鸽，粪名左盘龙。

鸠。斑鸠也。《说文》：鹘鸼似山雀而小，短尾青黑色，一名斑鹪。有有斑者，有无斑者，有灰色者。春分则化为黄褐，（侯）[候]秋分则化为斑鹪。《禽经》：拙者莫如鸠，不能为巢。前《志》：形类鸽而小，领有花毛，雨则逐妇，晴则呼之。

竹鸡。前《志》：似雉而小，俗呼泥滑滑，善斗，能辟白蚁。

燕。《月令》：仲春元鸟至。《尔雅》：燕燕，鳦。燕鸣，自呼乙。春社来，秋社去。李东璧曰：其来也衔泥，巢于屋宇；其去也，伏气蛰于窟穴。《本草》：燕有两种，紫胸、轻小者为越燕，胸斑黑、声大者为胡燕。《博物志》：燕肉不可食，入水为蛟龙所吞，亦不宜杀之。

鸜鹆。一曰寒皋。天寒欲雪，则群飞如告。皋者，告也。鸜，《周礼》作雊。李时珍曰：此鸟好浴水，其晴瞿瞿然，故名鸜鹆。好随牛，时乘其背。性易驯畜，端午剪其舌，能学人言，俗呼八哥。

百舌。前《志》：一名鹎鵊，能作百禽声，亦可驯畜。夏至后即不甚鸣。《月令》：反舌无声。

莺。一名仓庚。《尔雅·释鸟》：鸧黄，楚雀。注：即仓庚也。一曰黄鹂鸟。《诗》："睍睆黄鸟，载好其音。"一名金衣公子，大于鸜鹆，毛黄色，羽及尾黑色相间，雌雄双飞，鸣音如织机声。

鹭丝。一名春锄。陆玑诗：疏白鹭步于浅水。好自低昂，故名。前

《志》：白毛长颈，足高、喙黑，顶上有长丝数茎垂水中，以饵鱼。林栖，水食，群飞序。以其纯白，名属玉，又名雪客。

画眉。《潜确类书》：画眉似莺而小，黄黑色，其眉如画，巧于作声，如百舌。前《志》：喜斗善鸣，有十数金买畜者，笼以雕笼，伺以参薯。

鸤。《尔雅·释鸟》：鸤鸠，鴶鵴。注：布谷也。《疏》：一名击谷，一名桑鸠。《方言》云戴胜，非也。《古今注》以鹦鸠为布谷，亦非。前《志》：苍黑色，一名催耕。插秧时始鸣，日夜不息，似拨工插禾，脱却布裤。

鹊。《广雅》：鸤鹊，鹊也。鸤，一作干，大于鸦而长尾，尖嘴、黑爪、绿背、白腹，上下飞鸣。季冬始巢，开户背太岁，向太乙，知来岁多风。巢必卑下，灵能报喜，故名喜鹊。性最恶湿，故名干鹊。傅枝而孚生，因名鸠鹊。春乳子，已，舍巢去。涉秋，首无毛，若髡。

鸦。《尔雅·释鸟》：鸒斯鹎鹍。郭注：鸦乌也，似鹊。种类有四，小而纯黑者为乌，大嘴而腹下白者为鸦，项白而大者为燕乌，嘴赤而小者为山乌，师旷以白项者为不祥，俗呼老鸦，声粗恶，人多碎之。

杜鹃。《埤雅》：杜鹃苦啼，啼血不止。 名怨鸟，夜啼达旦。啼苦则倒悬于树。李时珍曰：状如雀鹞而色惨黑，赤口有小冠，春暮即鸣，因呼阳雀。鸣必向北，若言春去了。常藏而不见，惟食虫蠹，不能为巢居，他巢生子。

长尾鹊。《尔雅·释鸟》：鷽，山鹊。郭注：似鹊而有文彩，长尾，嘴脚赤。《疏》：山鹊也。《说文》：知来事鸟也，能效鹰鹍之声而性恶。其类相值则搏。前《志》：花声，红嘴，尾长七八寸。

舒带鸟。《禽经》：练雀，一名带鸟，似山雀而小，雌者短尾，雄者长。前《志》：身小，白毛，黑头，尾有长毛尺许。飞时若双带飘起，俗呼拖白练。其配红色无尾。

鹗。一名快降鸟。鸣云：快降，快降。前《志》：面如猫，夜飞昼伏，夜明昼暗，夜啼昼喑。养雏成，辄食其母。《尔雅》：鸱鸮，鸋鴂。《孔疏》陆玑云：鸱鸮似黄鹊而小，幽人或谓之鸋鴂。然鸱鸮异类，鸮有二，鹏、鹗。《巴蜀异物志》：鹏鸮，体有文色，即鹏鸟。《鲁颂》所咏飞鸮是也。青鸮可为炙，《庄子》："见弹而求鸮炙。"《尔雅》：枭鸱。《疏》：可作羹。《诗》：

"有鸮萃止。"《毛传》：恶声鸟。《埤雅》："鸮大如斑鸠，绿色，即青鸮是也。"鸮有三角鸮、茅鸮、怪鸮。角鸮，一名鸺鹠，即《尔雅》"鸮鸮，鵋鵙"也。茅鸮，《释鸟》狂茅鸮。郭注：今鸂鸠也，似鹰而白。怪鸮，《释鸟注》：即鸮鸺也。俗云猫头鹰。《埤雅》：怪鸮，一名只狐，昼无所见，夜即飞唼蚊虫。《庄子》所谓"夜撮虱，察毫末，昼出瞑目而不见邱山"是也。前《志》所云，当为怪鸮。

鹬。翡翠也。《尔雅·释鸟》：翠鹬。郭注：似燕，绀色。李巡曰：鹬，一名翡翠。其羽可以为饰。《埤雅》：雄赤曰翡，雌青曰翠。翡无光彩，林栖；翠有光彩，水上食鱼。按鹬有三：一种翡翠是也；一种赤足，黄文、郑子藏之鹬冠是也；一种似鹬，仓色，长喙，在泥涂间作鹬鹬声，知天将雨，故知天者。冠鹬，《国策》鹬蚌相持之鹬是也。前《志》：翡翠生土穴中，小如瓦雀，翠在背。又一种大者曰楼翠，毛多色老，价较低。

鹪鹩。《尔雅·释鸟》：鸼鹩剖苇。郭注：好剖苇皮，食其中虫，故名剖苇。《广韵》：鸼与鹪同。前《志》：一名桃虫，小如拇指，作巢密，叶底最为精密，声细如吹嘘，俗呼为巧妇。

沙和尚。前《志》：褐色，翩尖，有翠毛。其声百变，作猫鸣，尤为酷似。

鹰。《格物总论》：鸷鸟，金眼、钩嘴、铁爪、剑翮。《急就篇注》：亦曰鹢鸠。《左传》：鹢鸠司寇氏是也。苍黑色，生子崖谷间，曰崖莺。一岁曰黄鹰，二岁曰鸱鹰，三岁曰鸽鹰，通谓之角鹰。

鹞。《尔雅·释鸟》：鹯，负雀。注：鹞也。善捉雀，因名。小于鹰而健于鹰。《禽经》：鹞曰鹯，向风摇翅，其回迅疾，《诗》"鴥彼晨风"是也。《酉阳杂俎》：鹞子，两翅各有复翎，左名撩风，右名掠草。

雁。前《志》：《诗》"弋凫与雁"，形似鹅，春北去，秋南来，群以千百计，飞不乱行，夜宿芦苇间。

铁燕。前《志》：似紫燕，大于燕而小于鸦。喜逐鹰，故鹰能啄诸鸟，而独畏铁燕。

禾鸡。前《志》：生田陇间，五六月牵禾作窝，以卵以育。又秋鸡，白颊，长嘴，短尾，背有白斑，夏至后夜鸣达旦，秋后即止。

麻雀。一名家宾，言常栖集人家，如宾客也。《淮南子》："大厦成而燕雀来贺。"前《志》：名檐雀，一名瓦雀，善穿屋，见食常若相呼。

啄木。《尔雅·释鸟》：鴷，斫木。《异物志》：此鸟有大有小，有褐有斑，褐者雌，斑者雄。嘴爪俱利，觅树上有虫处啄之，其声若剥剥卜卜，响溢山谷。

查山子。略似画眉，黄色。前《志》：飞辄成群，鸣声互答。

似喜。前《志》：类鹊而小，常近庭院。

鸡鹈。一作鸂鶒。《说文》：水鸟也。色多紫，尾有毛如船舵形，小于鸭，善泅水。《建州图经》曰：溪游，雄者左，雌者右，皆有式度。宿于洲渚，老少若有敕令，故谓之鸂鶒。

鵙。《尔雅·释鸟》：鵙鸟丑，其飞也翪。《禽经》：伯劳也。似鸲鹆，喙黑。一名姑恶鸟，以声之似而名也。《埤雅》：鵙能制蛇，鵙鸣，蛇盘不动。仓庚知分，鸣鵙知至。故仓庚鸣可蚕候，鵙鸣可绩候。《诗》：鸣鵙，载绩。

鸙鹑。鸙与鹑，本两物，形状相似，俱黑色。其无斑者为鸙，有斑者为鹑。今则混称。《尔雅·释鸟》：鴽母。郭注：鸙也。《月令》：田鼠化为鴽，即鹑也。

苍鸓。妖鸟也，即九头鸟。昼盲，夜了见火光辄堕。《齐东野语》：似野凫，赤色，身圆，十头环簇，其一独无。每颈两翼，飞则并进。《白泽图》十首，天狗啮其一，常流血，着人家则凶，畏犬。荆楚人夜闻其飞鸣，争作犬声相逐。又一种姑获，《荆楚岁时记》：一名鬼鸟，小儿夜露衣物，此鸟夜飞，以血点之，儿即病惊，切戒之。

毛属

牛。《说文》：牡曰牯，牝曰牸。陶朱公曰：欲速富，畜五牸。牛耳常湿，病则干。故《诗》曰："尔牛来思，其耳湿湿。"前《志》：牛有二种，黄牛专牧于陆，水牛则水陆兼牧，负犁深耕，水牛较胜。

马。《尔雅·释兽》：駉駯马，牡曰骘，牝曰騇。郭注：以牡为马，牝为草。马夜行目明，照前四丈，故曰一匹。或云：度马纵横，适得一匹。

三岁曰驹。今俗呼牡马为雄驹，割势为剜马肘，后经作骟，呼牡马为骒马。

驴。长颊，广额，修尾。有褐、白、黑三色，以午及五更初而鸣，协漏刻。《日知录》：自秦以上，传记无言驴者。《尔雅》无驴而有騊駼，秦人谓之小驴。贾谊《赋》："腾驾罢牛，骖蹇驴。"驴之名始此。大抵其种出自塞外。

骡。《吕氏春秋》：赵简子以所爱白骡之肝，医臣阳城渠胥疾。骡始见此。刘向《九叹》：同驾嬴与蹇驴兮。注：马母驴父，生子曰嬴。嬴同骡。《唐书·李贺传》：从小奚奴骑距驉。注：似骡而小。驴为牡，马为牝，生骡，较马尤便骑坐，无倾跌之虞。陆游诗："山路乌骡稳。"驴力在髀，而骡力在腰也。

羊。牡羊曰羖，曰羝，去势曰羯，子曰羔，牝曰羜。《说文》：羒牝羊，羒牡羊。凡新羊入群，为诸羊所触，不相亲附，火烧其尾则定。故初拜官同僚合宴，谓之烧尾。前《志》：雄者善斗，能卫群嗨。产必双岁，或二三产易成，群居山者牧之。

豕。水畜。《说文》：牝豕曰豵，牡豕曰豭，小豕曰豚。豕去势曰豶。《纂文》：梁州曰猪，河南曰彘，吴楚曰豨，各随地而称也。明太祖曰：无豕不成家。前《志》：家家畜之，较他地产者更肥美，肪膏解斑猫芫青毒。

犬。《埤雅》：犬有三种，守御宅舍曰守犬，田猎所用曰田犬，充庖厨所烹曰食犬。食犬若今菜牛也。李时珍曰：田犬长喙善猎，吠犬短喙善守，食犬体肥供馔。《曲礼疏》：狗、犬通名，分而言之，大者为犬，小者为狗，土产无食犬，田犬间有之。

猫。《说文》：狸属。《埤雅》：鼻端常冷，唯夏至一日暖，盖阴类也。故猫最畏寒。前《志》：毛色不一，睛则验时，饲其家者，邻舍俱无鼠患。相猫法：眼用金光身要短，面要虎威身要喊，露爪能翻瓦。脚长善走家，面长鸡种绝，尾大懒如蛇。

鼫鼠。《埤雅》：似鼠而大，能人立，交前两足而舞，害稼者。前《志》：似兔，耳长毛茸，后足低，常如坐。性狡善穿，好穴居。

豺。形似黄狗而小，鼻尖尾大。前《志》：走捷于狗，穴茅山中，咬鸡鸭。取皮作裘，暖同狐腋，但稍重。俗呼土狐。

狼。《埤雅》：狼大如狗，青色。《说文》：似犬，锐头，白颊，高前广后。《尔雅疏》：牡名貛，牝名狼，其矢烧烟，能逆风而上，故称狼烟。

野猪。亦作貛，一曰牡狼。似家猪，肉较胜。但腰脚长，毛褐色，大者至数百斤。伏子于深林密箐中，常携群出山。家生芽，一食辄尽。在山力猛，奔突不可当，惟驱入平原浅水可制。

貒。《尔雅·释兽》：貒，子貗。注：貒，豚也，一名貛。《疏》：貒兽似豕而肥，蒸食甚美。嘴尖黑，尾短阔。前《志》：似犬而矮，尖喙，黑足，褐色，穴居土窖，尾大而长，毛深厚。李时珍曰：貒，猪貛也。貛，狗貛也。二种相似而略殊。猪貛，《尔雅》所云似豕是也。狗貛，前《志》所云似犬是也。猪貛，一名貛豚，俗呼田旁猪。

貍。礼貍去正脊。《说文》：伏兽似貙，有数种。大小似狐，毛杂黄黑有斑，如猫，员头大尾者为猫貍；善窃鸡鸭，俗呼野猫。斑如貙虎，方口锐头者为虎貍，食虫鼠果实，俗呼摘果貍。似虎貍，黑白钱文相间者，为九节貍；文如豹而作麝香气者，为香貍，即灵猫也，俗呼香猫；又白面尾似狐者，为牛尾貍，俗呼玉面貍。十产惟野猫多，摘果貍间亦有之。

黄鼠。《尔雅·释兽》注：鼬似鼦，赤黄色，大尾，啖鼠，江东呼为鼪。《本草》：鼬，一名黄鼠。前《志》：似鼠而大，长近尺，身前后圆匀，俗呼黄竹筒。夜入人家咬鸡，吮血不食肉。

獭。《说文》：如小狗，水居食鱼。又獭如猫熊，食盐而死，獭饮酒而毙。诸畜肝叶皆有定数，惟獭一月一叶，十一月十一叶。其间又有退叶，须见形乃可验，否则多伪。

鳞属

鲢。《博雅》：鱮。陆佃曰：鲢好群行相与，故曰鱮。有皂、白二种，皂者头大，白者腹腴。郭璞《江赋》：鲮鲤鳙鲢。前《志》：细鳞白肉，立夏后买鱼苗畜之池塘，与鳙俱称曰家鱼。

鳙。《司马相如传》：鳀鳙鳝鮀。注：郭璞曰，鳙似鲢而黑，大头，细鳞，目旁有骨髓，满脑肥。又鳙曰䱁鱼，鱼之下品。庸常以供羞食者，故曰鳙、曰䱁。

鲩。《尔雅·释鱼》：鲩。注：今鲩鱼似鳟而大，多畜池中，与青鲢混杂，故名曰鲩。《正子通俗》以鲩性贪草，故谓鲩为草鱼。前《志》：青白色，头方平，食草有声。池岸有草，恒跃起食之，长者七八尺。

鲤。《尔雅·释鱼》：鲤大鳢，小者鲵。《疏》：即鲤也，大鳞赤尾。《酉阳杂俎》：脊中鳞一道有小黑点，大小皆三十六鳞。赤鳞者名金丝鲤鱼。

鲭。形似鲩，青色，即青鱼。有枕骨，黑，肉更细嫩，可为丸。大者曰鳡鱼，南人多作鲊，古谓五侯鲭即此。

鳜。一曰鲑鱼。前《志》：《本草》："背有黑点，形扁阔，类鳊，巨口，细鳞，皮厚肉紧，有瓣无刺，味如豚。"一名水豚，又名鳜豚。

鲫。一名鲋鱼。《易》：井谷射鲋。陆佃《疏》：鲫鱼旅行相附，故谓之鲋。吹沫如星，以相即，故谓鲫。前《志》：似鲤而小。《本草》：色黑，体促，腹大，脊隆。大者不重一斤。又一种金丝鲫，红色而形无异。

鳎。孟诜曰：颇同鲫鱼而味异。时珍曰：鳎鱼，郭璞所谓妾鱼，世俗所谓鳑鲏鲫也。似鲫而小且薄，其行以三为率，一前二后。《山堂肆考》：鳑鲏鲫，今俗所谓旁皮使者是也。

鳗。鳗鲡。《说文》：鲡同鳢。《赵氏杂录》：此鱼有雄无雌，以影漫鳢而生子，故谓鳗鲡。前《志》：《本草》：似鳝而腹大。《通雅》：柞林有石鳗出洞穴，俗呼白鳝，翅圆，尾似鲇而肥，味极鲜美。

鳊。《襄阳耆旧传》：汉中鳊鱼甚美，即鲂鱼。陆玑《疏》：鲂鱼广而薄肥，恬而少力，细鳞鱼之美者。前《志》：头小，项缩，腹扁，身宽，鳞细，肉白，肥者翅尾多带红色，俗云鲙鳊。

鳡。《山海经》：名黄颊。《本草》：敢也，即鮥鱼。鮥，啖也，食而无厌也。又其性独行，故名曰鳏。

鳟。《尔雅·释鱼》：鲧鳟。注：似鲩，赤眼。前《志》：背厚，首微尖，身圆匀如条。《正字通》：鳞细，青质赤章，目中一道赤横贯瞳，俗呼赤眼鱼。

鳠。前《志》：体圆厚而长，似鳜鱼。腰稍起，扁额，长喙，细鳞，腹白，背微黄色，性好啖鱼。

鲜。俗呼横鱼。前《志》：圆长，细鳞，尖嘴，食鱼无大小，力多，罾网不能收。一云鲦即鲩，有青鲩、白鲩，白者味胜。

鳟。即白鱼，头尾向上。前《志》：鱼之最白者，嘴微翘，尾亦稍起，俗呼翘白。

鲇。《尔雅》：鲇别名鳀。《尔雅翼》：鲦鱼，偃额，两目上陈，口方、头大、尾小，身滑无鳞，谓之鲇鱼，言粘滑也。《本草》云：三种，口腹俱大者名鳠，背青口小者名鲇，口小背黄腹白者名鮠。鲇曰鳠，腹平着地，故得偃名。

鲳。鲦鱼名，又曰鲀。《说文》：哆口鱼也，俗呼鲳，大口，以形言也。似鳊，头上突起，连背止，一脊骨甚夹美。

鮀。黄颡鱼也。一名黄鲿。腮下二横骨两须，群游作声，轧轧然。前《志》：通体黄色，口扁，身尾似鲇，额下有二刺，甚铦利。一名鳠鮀。《埤雅》：其胆春夏近上，秋冬近下。

鲦。《庄子·秋水篇》：鲦鱼出游，俗呼参鲦鱼。长而小，时浮水面，性好游，故名。前《志》：大者不过数寸，浮水面，见人辄避。轻剽而疾，常贪饵上钩。

鳝。一作鳝。《尔雅翼》：鳝似蛇，善穿穴，与蛇同性。无鳞，体有涎沫。夏月于浅水作窟，不入江湖。其骨三棱，只一根。《山堂肆考》：鳝鱼黄色，俗呼黄鳝。芒种前后，水蛭附鳝身，卵育。

鳅。《尔雅·释鱼》：鳛鳅。注：今泥鳅。生下田浅淖中，似鳝而短。首锐，色黄黑，有滫濡滑难握，穴泥中，与他鱼牝牡。产三都洋泉湖、四都泉塘者肥大，可斤许，俱称佳品。

鳢。一曰柴鱼，又曰乌鱼。《诗》：尝鳢。《尔雅》：大者铜黑色无鳞，头有星，夜朝北斗，名水厌。《本草》：是蛇所变，至难死，犹有蛇性。

鲨。名沙沟鱼，又名呵浪鱼。体圆，鳞细，与海鲨殊类。陆佃曰：性沈，大如指，狭圆而长，有黑点文，常行沙中。罗愿曰：鲨鱼张口吹沙，故曰吹沙，今呼沙鳅。

蛟。《埤雅》：蛟能交首尾束物，故谓之蛟。《说文》：蛟，龙之属也。池鱼满三千六百，蛟来为之长，能率鱼飞。

附：

伐蛟说

蛟以卵生，数十年而起。生蛟之地，冬雪不存，夏苗不长，鸟雀不集。其土色赤，其气朝黄而暮白，星夜上冲于霄。其卵入地，自能动转，渐吮地泉。其形即成，闻雷声渐起而上，其地之色与气亦渐明而显。蛟未起二三月前，远闻似秋蝉闷在人手中，而鸣又如醉人声。此时能动不能飞，可以掘而得。及渐起，离地面三尺余，声响渐大，不过数日，候雷雨而出。多在夏秋之交，穿山破岸，水激潮涌，人畜田舍，随波荡然。识者于春夏间，观地之色与气，于未起二三月前，掘土三五尺余，即得其卵。其大如瓮，其围至三尺余。先以不洁之物镇之，多备利刃剖之，其害遂绝。或见其地不存雪，不生草木，再视其土之色与气，掘得其卵，煮食甚美。又或以铁与犬血及妇人不洁之服，埋其地镇之。盖蛟非龙引不起，非雷震不行，以铁与秽物能制之也。又蛟畏金鼓，夜畏火光。夏月，田间作金鼓声以督农，则蛟不起。即或起而作波，但见火光，闻金鼓声，其水势必敛退。又蛟畏荆树，盖荆汁能治蛟毒也。又夏秋连夜雨，竖高竿挂灯笼可避蛟。

蛇与雉交，遗卵入地变蛟。又《述异记》：水虺五百年为蛟。

金鱼。《群芳谱》：金鱼耐久，自宋以来始有畜者。初出黑色，久乃变红，为金鱼。又或变白，名银鱼。有三尾、五尾者，甚且有七尾者。《养鱼经》：眼贵红凸，然不可泥，俗谓龙眼鱼，《山堂肆考》谓之火鱼。

度种法：春夏之交，将散子时以梭叶置水中，令散子于上，别以盆水贮之。俟子蠢动时，饲以子孑虫，渐成鱼矣。

蛇。种类不一，咬人均有毒。以清水洗净，捣苍耳子汁饮之，以渣敷其处可愈，惟百节蛇毒最难解。

介属

龟。前《志》：《说文》：外骨内肉，甲虫之长。天性无雄，以蛇为雄，三足者名贲。《述异志》：鲤鱼满三百六十鳞，蛟龙辄率飞而去。一年置一神守之，则不能去矣。神则龟也。

鳖。类龟而骨在内。《礼》：鳖，去丑，颈下软骨也。《尔雅翼》：卵生，形圆脊穹，四周有裙甲九肋者良，三足者为能，不可食，杀人。独目，头足不缩。其目四，陷腹下。有王字、卜字文、蛇文及在山，皆杀人，不可食。

蟹。前《志》：《尔雅翼》：八跪而二螯。注：八足折而容俯，故谓之跪。两螯踞而容仰，故谓之敖。字从解，谓随潮解甲也。沟泽中多有小如钱者。

虾。《尔雅·释鱼》：鲂虾。《疏》：鲂鱼。一名虾，磔须钺鼻，背有断节，尾有硬鳞，六足两夹，好跃，肠属。脑子在腹外，生青熟赤，风火之象。去壳为虾仁，作羹佳。《急就篇注》：虾米，水中小虾，可生啖。

蚌。前《志》：《说文》：一曰美珠。班固《宾戏》：隋侯之珠藏于蚌蛤，肉如猪脂而涩。

蚬。前《志》：小蛤。《隋书·刘臻传》：臻好食蚬，以父名显，改呼蚬为扁螺。

螺。《山堂肆考》：螺种最多，有砑螺、珠螺、泥螺、白螺。或生田泽，或生海涂，或生岩石上。大者如拳，小者如豆。肉碧绿者亦以佐餐。大螺悬置檐下，数月不死，水养十日即不活矣，物性难解如此。

鲮。《楚辞·天问》："鲮鱼何所。"注：鲮鱼，鳢也，能陆能水。《本草》陶隐居云：形似鳖而短小，又似鲤鱼，有四足，呼土鲤鱼。前《志》：通身硬鳞如甲，逐之即穴地，以甲破土，足揣之，立可数尺。灌水令湿土，塞其甲，遂不得入，名穿山甲。被获，以首交尾成圈，挑行至数十里不解。室中起白蚁，以甲塞其起处即止。

虫属

蚕。前《志》：《尔雅翼》：喙呻呻类马，色斑斑似虎。初生如蚁，三眠三起，二十七日而成则红。有桑树家多饲之。晚生者谓之原蚕。《埤雅》：再蚕也。

蜂。类甚多。土蜂形大而黑，一名卢蜂。木蜂形长，腰细而黄，一名稚蜂。作糖者曰蜜蜂。俱有针，螫人作肿，而卢蜂最毒。唾沫和黄土擦之，或芋头茎擦之，神效。蜜蜂身短而脚长，结窝于山崖者为崖蜜，畜养于人家者为家蜜。家蜜胜崖蜜。《埤雅》：蜂有两衙，主之所在，众蜂为之旋绕，采取百芳，酿蜜其房。如脾谓之蜜，脾王之所居，叠积曰蜂台，一日两出，向窝飞舞约半时，谓之朝王。蜂将不善采花，但能酿蜜。蜜滤去渣为黄蜡。

蝶。前《志》：品类甚多，花样各别，长须六翅。又有四翅、两翅者，花纹五色。亦有素质一色者。晴日花开，闻香而至，轻盈飞舞，婉转悠扬。

蝉。《夏小正》：四月鸣蜩，即《尔雅》蜻蜻。注：似蝉而小。《诗·豳风》：五月鸣蜩。任钓台曰：蝉，楚名蜩。《蠡海集》：蝉近阳，依于木，以阴而为声，渴饮朝露，应时而鸣。《礼·月令》：寒蝉鸣前者喑哑，至七月得风露乃鸣。又《夏小正》：九月寒蜩鸣，阴类也。蔡伯喈曰：鸣则天凉，故谓之寒蜩。

萤。一名丹鸟。《礼·月令》：四月腐草为萤，雨后飞集原野。《诗》："熠耀宵行。"虫鸣夜行，喉下有光如萤，庭砌中有之，不能飞。

蜻蜓。《尔雅·释虫》：虰蛵。注：即蜻蜓。前《志》：《方言》谓之螂蛉。《埤雅》：螂蛉饮露，六足四翼，翅轻薄如蝉，食蚊虫。将雨，聚飞蔽天，常款款水上。《古今注》：有青、黄、赤三种。

蛾。似蝶，两翅，眉句曲如画。《尔雅·释虫》：蛾罗。《疏》：即蚕蛹所变。《古今注》：飞蛾善拂灯，名慕光。

蜥蜴。种类有四。生岩石间者，头扁身长，尾与身等，长七八寸，大者尺余，其状若蛇，而脚似梅花。鳞目五色者为雄，色黄身短者为雌。此物最惜鳞甲，见人不动，捕之亦不螫人。以其生岩石间，故《本经》谓之石龙子，以其善于变易，吞霾吐电，有阴阳析易之义，故《字林》谓之蜥蜴。《酉阳杂俎》云：能致雨，即此。生草泽间者，头大、尾短、身粗，其色青黄。有伤则衔草自敷，故谓之蛇医。能入水与石斑鱼合，故又名水蜥蜴。善螫人，最毒。生人家屋壁者，形小、声细，长三四寸，色褐斑黑，谓之蝘蜓，即壁虎，以其居壁而善捕蝎蝇也，亦不螫人。一名守宫。苏恭曰：饲朱点妇人臂，谬说也。张华言必别有术，今不传。《说文》：

以蜥蜴在草。《方言》：合守宫蛇医为一，误。蛤蚧亦蜥蜴之类，不产于此。

螳螂。《尔雅·释虫》：莫貈，螳蜋，蚚。《疏》：莫貈，一名螳螂，一名蚚，捕蝉而食。前《志》：头如蜻蜓，蜂腰，身扁狭而长，背碧绿，腹白，四足高跂，前两螯甚健。《庄子》："怒其背以当车辙，不知其不胜任也。"

蟋蟀。《尔雅·释虫》：蟋蟀天鸡。注：小虫，黑身赤头，一名莎鸡，一名促织。前《志》：似蚱蜢而小，性猛健斗。胜则鼓翅而鸣，其音商，深秋感人。《天宝遗事》：秋时，宫嫔以小金笼捉置枕畔，夜听其声。

纺绩娘。袁宏道《促织志》：有一种似蚱蜢而身肥大，京师人谓之蛣蛣，南人谓之纺线娘。音声与促织相似，而清越过之，露下凄声，俗耳为之一清。

金钟儿。前《志》：似促织而身长，锐前丰后。其尾皆歧，以跃为飞，以翼鼓鸣，声棱棱如小钟，间以纺绩娘可当，秋夜鼓吹。

蜾蠃。陆玑《诗疏》：似蜂而小腰，取桑虫负之于木，空中七日而化为其子。《扪虱新语》：衔泥于室壁间者，名蜾蠃；穴地为窠者，名蠮螉；巢于书卷或笔管中者，名蒲卢。

蝇。前《志》：青、苍二种。《埤雅》：青蝇乱色，苍蝇乱声。《诗笺》：蝇之为虫，污白使黑，污黑使白。一种小者，《尔雅·释虫》：强蚚。《疏》：强，虫名也。一名蚚。好自摩捋者，盖蝇类饭中最多。

蝇虎。一名壁茧。《事物原始》：蟢子也。一名壁蟢，能捕蝇，作窠于门壁之上。其结窠似幕，其圆大如钱。一名壁镜，似蜘蛛而色灰白。

蜘蛛。《扬子方言》：其在地中布网者，名土蜘蛛；其作网络幕草上者，名草蜘蛛。大者空中作圆网，身小尻大，大腹，深灰色，腹内有苍黄脓，主治蜂、蛇、蜈蚣毒。又一种斑蜘蛛，小于蜘蛛而色斑。《尔雅翼》：春月游丝长至数丈，蜘蛛所为也。又《尔雅》：蟏蛸，长踦。小蜘蛛长脚者名蟏蛸，一名长踦，俗呼为喜子，亦为罗网居之。《西京杂记》："蜘蛛集而百事喜。"故名喜蛛。

蚊。《续博物志》：地湿则生蚊。《尔雅翼》：蚊者，恶水中孑孓所化，嘬人肌肤，集鸣如雷。生草中者，吻尤利而足有花文，吴兴号豹脚蚊子。其无声而白日螫人者曰白蚊，令人不觉，尤可厌恶。生棚树叶上者，黄昏飞逐行人，旋绕顶上，拂之，飏去复至。

蚯蚓。《月令》：孟夏，蚯蚓出，乘阳而升也。仲冬，蚯蚓结，屈首向阳气也。一名曲蟮，一名土龙。《埤雅》：无精土心之虫，白颈，是其老者，在物应土德，在星为轸水。体虽卑伏，而性善穴窜。

虾蟆。《酉阳杂俎》：虾蟆，无肠，大腹，麻色而声大，能跳接百虫。食之时，作呷呷声。《埤雅》：里俗闻鸣声谓之蛞子，今俗呼石蛙。《南楚新闻》：百粤人好食虾蟆，凡有筵会，斯为上味。又疥皮者最佳。

蝌蚪。《尔雅·释鱼》：科斗活东。《疏》：虾蟆子。李时珍曰：状如河豚，头圆，身上青黑色。始出有尾无足，稍大则足生尾脱。《尔雅翼》：月大，尽生前两足；月小，尽生后两足。

蛙。生水泽中，所谓在水曰蛙是也。善鸣，声作蛙，似虾蟆。《夏小正》：四月鸣蝈，其声尤聒人耳，俗名田鸡。背青绿色，谓之青蛙。尖嘴、细腹，后脚长，故善跃。亦有背作黄路者，谓之金线蛙，性好坐，故曰坐鱼。

蟾蜍。《尔雅》：蛙黾，蟾诸。《疏》：蛙黾，一名蟾诸，似虾蟆，居陆地，俗名癞虾蟆。《春秋孔演图》：蟾蜍，月精也。苏颂曰：蟾蜍多在人家下处，形大，背上多痱磊，行极迟缓，不能跃，亦不解鸣。虾蟆在陂泽间，形小，皮上多黑斑点，举动极急。蟾蜍眉间有白汁，谓之蟾酥。

蜈蚣。前《志》：背光，绿黑色，足赤（复）［腹］黄，头红，毒虫也。被螫，以乌鸡屎或雄鸡冠血涂之。《多能鄙事方》：嚼胡椒封之，或嚼槐叶封之，则不痛。《五杂俎》：蜈蚣长一尺以上者，则能飞，龙畏之，故常为雷所击。食物中蜈蚣毒，身软口麻，煮竹叶菜食之即解，煎结梨树根服之亦能解。

蝼蛄。俗呼土狗，一名蝼。《夏小正》：蝼则鸣。《传》曰：天蝼也，穴地粪壤中而生，竹木恶刺入肉，取脑涂之即出。《本草》：有短翅、四足，雄者善鸣而飞，雌者腹大、羽小，不善飞翔。吸风食土，喜就灯光。《尔雅疏》：鼫鼠，蔡邕以为蝼蛄。

鼠妇。俗名地虱婆。《诗·豳风》：伊威在室。注：鼠妇也。又《尔雅·释虫》：蟠鼠负。注：瓮底虫。《疏》：负，一作妇。《陶注本草》云：

多在鼠坎中，鼠背妇之。

颠当。前《志》：俗名地牯牛，喷土成凹，虫过则擒之。《酉阳杂俎》云："颠当颠当牢守门，蠮螉寇女无处奔。"蠮螉，果蠃也。

蚁。《尔雅》：蚍蜉大蚁。《疏》：蚁，通名也。其大者别名蚍蜉，大而赤色斑驳者名杅蚁。古树枯老中空，蚁好聚居。赤蚁放□□□为蜈蚣也，多击之。《齐东野语》：姚镕喻白蚁又一种，俱白，号为地虎。术家以埋葬有地虎食尸，曰须避。岂地下别有虎耶？知此，可破世俗之谬。

蜗牛。《尔雅·释虫》：蚹蠃蜾蝓。注：蜗牛也。《古今注》：蜗牛，陵螺也。壳如小螺，宛转有文章。热则自悬叶下，生山中及人家。野人结圆舍如蜗牛之壳，故曰蜗舍。《说文》：背负壳者曰蜗牛，无壳者曰蛞蝓。《山堂肆考》：蛞蝓，俗呼涎牛，又名蜒蚰。《本草》名鼻涕虫。

蜣螂。《尔雅·释虫》：蜣，蜣螂。《疏》：蜣蜋，一名蜣螂。黑甲，翅在甲下，喜取粪作丸而转之。《关尹子四符篇》："蜣螂转丸，丸成而精思之，有蠕白者存丸中，俄去壳成蝉。"《埤雅》：蜣蜋无鼻而闻香。

蝙蝠。《尔雅·释鸟》：蝙蝠，服翼。注：或谓仙鼠，又谓之飞鼠。焦氏《易林》：蝙蝠夜藏，不敢昼行，夜出捕蚊。屎为夜明砂，治目疾。

土鳖。畜象处象屎所生，斩断复自合，能续骨。俗云大力虫。喜在地灰中，似负盘而大。春深，天将夜雨，则飞出。

蚰蜒。《尔雅·注疏》：象蜈蚣，黄色而细长。《本草》：长寸余，死亦踡曲如环。

虴蜢。草上虫也，蝗类，似蚤而小。《物类相感志》：阜螽如蝗，江东呼蚱蜢，与蚚虽异类而为雌雄。蚚蚓鸣，则阜螽跳跃。细小善跳者为土螽，有青色者似纺绩娘而长，麻色者身短似蝗。

地蚕。《扬子方言》：蟪蛄，或谓之蝐蝑。郭注：亦呼当齐，或呼地蚕。

灶马。《酉阳杂俎》：灶马，状如促织，稍大。脚长，好穴于灶侧。俗言：灶有马，足食之兆。《山堂肆考》：一名灶鸡，无翼而褐色，其声如织。

卷之二十六

人物志

史家之例人物，或为表，或为传，其体创自龙门而彰瘅寓焉。王僧虔《吴地志序》云："凡志人物，先土著，后流寓，诚以名臣硕儒，山川之钟，孕宅里之去就，传之后世，洵为典型，而地亦因以名矣。"人物之最著者，曰忠孝，曰节义，皆禀两间正气，而儒俊、仁厚、耆寿亦足风闾里。旧《志》并及方外，今仍其例，各为传，志人物。

忠义

岁寒知松柏，士穷见节义，名教所系，艰险弗顾，行其所安而已。宁乡自南宋末王显谟以节显，明季则陶烒等一百三十六人死事尤烈。咸同间死寇乱者，文臣如廖宗元等，武臣如喻可宗等，见危授命，后先相望，兹备录于篇。而其他幕友、弁勇、闾里、士民不屈遇害者，即事实寥寥，而姓名必以类附见，恐其久而就湮也。嘻！粤寇之祸，蔓延数省，赖国家德泽，入人之深，咸感激赴义，卒能戡定东南。以此见忠义之气，有以忔乎天下，而人才自奋耳。朝廷褒崇臣节，建祠赐恤，教忠之道甚至。百世之下，犹当闻风兴起，死或重于泰山，岂不信哉。

人物一　忠义一

宋

张镗，朝奉郎，先儒张栻诸孙也。景炎二年，督府文天祥号召勤王，镗起兵复潭之衡山、湘潭、攸三县。明年，天祥败，镗被执。元参政崔斌欲降之，镗骂曰："绍兴至今日五十年，乃我祖魏公收拾撑拓者，今日降而死，何以见魏公于地下？"斌命述起兵本末，铠奋笔斥骂千百言，遂遇害。邓光荐《文丞相督府忠义传》载铠事甚详，但铠字作唐，今仍照县、府旧《志》作铠，事依邓文载入。

王显谟，宋末人，不肯仕元，隐居邑之东鹜山。见《一统志》及宋《遗民录》。

明

张敏，字时习。永乐辛卯举人。官延平知府，谪尤溪主簿。沙寇犯城，敏誓师出战死之。祀乡贤。旧《志》以拒寇为正统时，似误，应遵《府志》。

彭日浴，字孺子。少孤，事祖母孝。崇祯癸未，献贼窃踞，辄绝迹城市。及贼胁名士授职，使者至，标诸门外，誓云："宁作我朝乞丐，毋膺逆贼轩冕。"遂奔芙蓉积雪洞。戊子，遇贼被害，搜其衣带中，有骂贼诗十数首。邑人哀其全节而乏嗣云。

陶炂，岁贡生。选陈州经历，致仕家居。县令邱存忠侦知献贼西掠，乃约绅士谋御守之策，来者一百三十六人，致仕官惟屹然有炂在。亡何，谋未成而贼猝至，遂被执不屈死。

刘为邦，庠生，义士鸿鸣子也。与弟宪邦、堂兄益邦多唱和。居清水湖，离城里半，首应邑令邱存忠约御献贼之召，率诸生周易鼎、冕昌、星华、儒华、佩华、殿华年共九人，诸生朱国昌、治昌，汤道揆、刘光贤共四人，均同时殉难，其余姓名多轶。续访得姜新泰、新运、新命、新绪、新祜、新祚、裔昌、允昌、国昌、文昌、文明、遐昌、立昌、全昌共十四人，崔良珩、良琦、良瑜三人，胡衷辙字伯生、廖道谦字六吉、秦国瑞共三人，诸生丁遇时字开明、刘学优字裕子、闵日华字聘之、崔彦簏字允三、魏大宪共五人，均同殉难。

黄河润，字九里。例贡，授同知。世居黄土潭。崇祯癸未年，遣子侄昌、篆等一门七人，从邑令邱存忠御张献忠殉难。河润遂于塞子岭筑一楼，甚高峻，因岭后水发源苏酪塘，曲折入汋，湘潭周柽楷榜之曰"骑水楼"。督帅何腾蛟分诸镇兵北出牛、马二镇，本李自成余党，何招降之。及兵溃，牛、马仍肆剿掠，至宁，招河润降，不从，乃攻骑水楼。三日，积柴焚之，楼圮，执河润及妻萧氏孙载珰杀之，惟幼子昌建以赘左象辰家乃免。陶汝鼐过黄土潭诗"赤岸映澄潭，南征发船处。萧条无昔人，但识枫香树"，盖悼之也。

黄昌篆，字符锡。副榜贡生。崇祯十六年，闻邑令邱存忠约破献贼之召，率兄弟贡生昌期，庠生载斑、昌胄，廪生昌祚、昌明、昌祀六人偕往，被贼执，不屈死之。

胡常遇，字叔荣。庠生。闻邑令邱存忠约破献贼之召，不告妻子即往，遂殉节。周元隐诗曰："王臣率土本常经，此理吾儒心自铭。风笛夜吹人杳杳，只今江上数峰青。"常遇裔多居胡家塅，子孙蕃衍，衣衿亦众。

黎复淳，字朴生。廪生。年二十五，被献忠党执。贼见其年少，不忍杀之，与以札付，封伪官。复淳厉声大骂。贼以刀斫其膝，截其吻，断其颈，磔其尸。妻黄氏，年二十三，抚孤良政、良弼皆成名。其夫贤于死，其妇贤于生，人称双节。

朱慈祚，字恺郎。廪生，工诗文。两荐省元见屈，教胞弟惠、忠、恕、懋四人，皆补弟子员，时有五常最良之目。崇祯十六年，献贼陷宁，骂贼被执，与弟诸生惠祚、忠祚同死之。周尚书堪赓挽之，有"兄弟同胞三与难"之句。同时兄弟殉难者，诸生张孔时，字子宜；孔铎，字振生。

朱之梗，字伯培。廪生。崇祯十六年，献贼陷宁，执绅士百三十六人，杀将尽，至梗问曰："尔畏乎？"梗骂曰："龙虎岂畏狗彘！"贼怒炙之，投尸于水。

秦善士，庠生。长子仕俊亦庠生。献贼陷宁，均以不屈被害。次子仕伟与义仆抢尸负葬，后建庵于三都，名远静，置田山，入其主以祀焉。

杨启华，字禹心。副榜贡生。十岁能文，喜为深奇拔俗之言。献贼陷宁，追胁名士甚急，忧不得免，日绕室行，叹且恨，书膺呐呐，曰："吾素不委蛇，不知所以处此。"遂辞孀母，不复顾妻子，闭门自缢。

黄锦，字灿之。明季人。英勇仗义，里中称为祭酒。崇祯癸未秋，献贼执按院刘熙祚，至宗师庙杀之，并胁士子屈服。锦叱声如雷，贼怒杀之。后熙祚祀于嵩竹庵，王令余英附锦主配祀。

姜自明，贡生，住道林。崇祯癸未秋，献贼执按院刘熙祚至宗师庙杀并胁士子。自明以不屈死之。

杨会英，字嘉生。天启甲子举人，崇祯甲戌会试副榜。风骨修伟，眉髯如戟，而性甚和平。署临湘教官，时推为名宿。丙子，粤东乡试，聘会英分校，称得士。旋居母丧，卜葬，庐于石涧几中，湿不起。服阕，升国子学录，寻擢兵部司务，忧愤时事。崇祯甲申，京城破，徒跣奔至清河庄，为贼所及，引颈受刃，曰："国破君亡，死亦足矣。"

张尔晟，字旭升。福王府仪宾。郡主下嫁，舅姑依故事先行拜礼。尔晟厉声曰："妇人从夫，吾父母为若舅姑，岂可使败法坏纪。"自王府始，时其祖少江年九十八，即日题封寿官，赐四品大夫，姒封恭人，并欲官其兄弟。辞曰："功名贵自建立，因戚致显，恐遗后人羞。"后怀宗死社稷，尔晟流涕曰："我王家仪宾，义不与贼俱生。"同郡主缢死。遗子熹，为贼掳去，从兄武魁觅还之。

周世美，廪生。崇祯十六年，流贼张献忠破宁乡，大索绅士，责令迎己。其不来迎者，缚置北门，立红、白旗各一，令曰："降者立红旗下，不降者立白旗下。"时绅士一百三十六人皆立白旗下。贼大怒，叱声如虎。世美子廪生希麟，厉声骂贼不绝口。贼断其首，縋以绳，作流星戏以惧众。世美大骂，众等亦同声骂。贼按次杀害，每斫一首，如前法胁之，竟无一降者，遂尽杀。是日，鲜血成渠，昼霾如晦。希麟之孙治辂，举孝廉，官县令。

谢朝会，字廷试，号君奇。庠生。崇祯癸未，张献忠由武冈返宁，屠戮绅士，会抗不屈，遇害。

戴朝钦，字明之。崇祯时太学生。献贼扰宁，被执不屈，遂遇害。子万宗，廪生，见父死，呼号痛哭，督乡勇逐贼。贼去，乃葬其父，并收各死者葬之，为大冢。乃葺桑园旧庐，隐居不出。今子孙繁盛，入庠序、成均者数十人。

贺继祚，字启芝，与兄继辂俱庠生。崇祯十六年，献贼过宁，胁诸生迎之。继祚谓家人曰："兄弟均无后，安可均死？冀贼得一人，则去耳。"独率其仆往骂贼，见杀于北关外。

李应元，字用九。明廪生。气度轩爽，工诗文。崇祯癸未，献贼寇邑边境，应元与绅士陶炌等，从邑令邱存忠防剿，遇贼千佛桥。贼执欲屈之。手佩刀叱曰："我辈与邱公靖国难，死分也，恨事不济耳。"卒遇害，时年三十有五。配享邱公祠。

罗朝缉，字省吾。秉性刚直，嗜学知大义。明季，由江西迁居邑之道林，值张献忠掳按院刘熙祚至宗师庙。朝缉忿激，倡士民夺之，被执，遂大声骂贼不屈，与刘同遇害。其后，子孙繁昌，建家庙于道林市。邑庶常黄遇隆叙其谱，犹表彰朝缉义勇甚详云。武昌参将崔文荣、守科、守本、守元、守烈共五人，均同时殉难。

周堪赉，字简子，号文敷。明岁贡生。读书一目十行。侍父疾数月，药必亲尝。居丧哀毁。崇祯壬午，选授知县，转户部司务不就，假归。顺治戊子十二月，四镇溃兵咸集于宁。贼执堪赉，怒骂不绝口，胁以刃不屈，烙以火，体无完肤而死。年五十六，无嗣。

国朝

李国臣，佥都御史兴邦裔。幼补弟子员，食饩。值吴逆肆掠，被劫不屈，与妻戴氏同遇害。子岳伯痛憾，纠乡勇杀贼数十人。贼惧遁，阖境遂赖以宁。

贺德瀚，字友南，号勺庵。性敏嗜学，九岁能属文。由举人挑授知县，历署山东菏泽、郓城、利津县事，精明勤干。每去一邑，士民攀辕泣送。署朝城，值久旱，德瀚斋肃步坛，雨随祷至。征收钱粮，向用活券，恒易滋弊。德瀚请改用板券，分上下忙，先行填注，如数给照。藩宪善其法，令通省遵行。署范县，承办粥赈，往来监视，必试箸不仆，始按时散给，且捐廉以佐经费。癸酉八月，委署定陶。九月初七夜接飞报，河南教匪倡乱，滑县被陷，即商议团练乡勇。忽逆匪徐安幗、朱成贵等纠众分赴曹、定二县。初十寅刻，已入定陶城。令外委张廷立出捕不胜，匪等突奔县堂。德瀚知事急，将印封附家丁李庭，送府请救，曰："我自与定城共存亡，救亦未必能及，第恐伤我百姓。汝急走，早到一刻，则百姓早受一刻之福。"乃肃衣冠，坐于堂上，厉声骂贼曰："承平世，岂容小丑跳梁。"语未竟，匪徒蜂拥而前，枪刀并下，遂被害。当逆匪之突至也，客有劝暂避其锋者。德瀚叱之曰："读圣贤书，所学

何事，死乃分耳。倘苟且偷生，即令立复此城，如辱朝廷何。"盖慷慨
赴义如此。后事闻，诏致祭一次，给葬、祭银各百两，从祀长沙府昭
忠祠，国史馆立传，荫云骑尉世职，恩骑尉世袭罔替。

廖宗元，字梓臣。道光丁未进士。出宰浙江，权仙居令。邑界天台、
括苍间，深林密箐，群盗啸聚，急捕之。盗负嵎抗拒，宗元亲率壮丁
往捕，余党始散，邑遂以靖。逾年，任德清。德东界苕溪，北近太湖，
多水患，例得缓征。胥吏上下其手，致熟田反匿，灾田输租，民苦之。
宗元亲度顷亩，厘定章程，分别征收，民大悦服。旋以忧归，家居五载。
届粤氛扰楚，举行团练，劝输赀，宗元襄事。咸丰六年，随吉安守黄
冕援江西。贼踞吉安，攻克之，论功加同知衔。宗元性豪迈，不拘小节，
遇大事慷慨激发，毅然不可犯，读书通古今，兼留心武略。九年，至浙，
遂留浙，权归安。巡抚罗遵殿廉其才，请不次擢用。十年二月，粤逆
逼湖州，警报至，郡人皇遽。宗元曰："湖四面阻水，得地利。富室鳞
比，筹饷便。退回兵勇，已抵近郊，责以大义，开城纳之，使登陴固守，
并就近催陆军调炮船，守水陆要隘，以固外防。乘土匪初起，悉力扑杀之，
不足患也。"言毕，匹马登城指挥，士卒皆注目侧耳以听。部署甫定，
贼来扑城。我兵出战，得大捷，贼引去。时杭城失守，绍兴继陷，贼
分股扑湖。道员萧翰庆率师由鄂援浙，抵湖饥溃，翰庆阵亡。溃卒抵城，
贼营密迩，奸宄莫辨。宗元出城，诘得实，知翰庆军饥甚，令百姓作
炊饷之，全军四千人皆果腹，且资给之，士卒转戚为喜，矢出死力报，
连战得大捷。贼望风遁，围遂解，叙功晋同知加知府衔。卒以劳瘁得
疾，手足偏废，民为焚香祈祷，不约而同。未几，贼复扑湖，力战却之。
旋奉檄守绍兴，视事六日而浦江陷，义乌、东阳相继，贼逼诸嵊二城下。
宗元调外江炮船入内港，促修城垣，凡附郭厝棺悉令移去；议设水栅，
以断贼道，并请檄外防兵入城以实内。在籍帮办团练大臣、都御史王
履谦，遇事龃龉，不胜掣肘，团勇谋叛，贼乘势扑城，势岌岌。履谦
遁，城陷，宗元衣朝服殉难，时年五十有二。履谦惧获谴，思委罪宗元。
巡抚左宗棠上其事，赠宗元太仆寺卿衔，恤如例，于绍兴府城建立专祠。
履谦谪戍。

邓玲筠,初名凌云,字沼芗。道光癸卯举人。少孤,母吴氏以苦节著。咸丰六年谒选,以知县拣发贵州,檄权印江令。时黔中苗教各匪事起,鱼烂鸥张。印隶思南,界连楚、蜀,孤悬万山中,于黔为边远,民俗刁悍,称难治。玲筠至,则葺学校,编保甲,清积狱,严禁民习邪教。每单骑巡行乡里,熟察形势。印民怠于农事,不知塘堰之利,岁尝苦旱。玲筠劝民修筑,论开塘有三难,权利害轻重,创为六法,一审地势,二相土宜,三开水孔,四坚杵筑,五计工力,六齐人心。自言欲创百世之利,不惧一时之劳。其勇于任事类此。先是,诸县屡经兵燹,有诏悉除民租,邑中逾期,令始下。至是当以是年免征,众议欲复收。玲筠决意不可,曰:"苟便民,毋自为计也。"会教匪陷思南,郡守福某死之,遂逼印江。玲筠赴乡募勇,贼毁印江,救援未及。时逼残冬,风雪大作。玲筠遣奇兵,暗攻云泮要隘,亲督练勇,一战复其城,贼遁去。追奔百余里,力战三十余日,贼巢尽毁,境内略定。玲筠性耐艰苦,治兵有纪律,遇危急,挥戈直前,亲冒矢石,故士卒用命。黔中军兴数年,饷不给,兵不救。玲筠徒手兴师,奋勇杀贼,为黔师所罕闻。贼寻议复攻思南,署守某檄玲筠出城剿贼,以戊午三月八日战死于安化之分水坳。时天雨泥滑,兵力单,贼侦我虚实,乘夜合围,鼓噪并进,众乱失势。玲筠知不免,拔剑冲锋。贼以长矛刺其腹。肠出至地,殊而战,犹手刃数贼以死,年四十有二。赐恤如例。印江民家哭巷祭,立祠以祀。玲筠为人厚重,不苟訾笑,尤急人患难,留心经世诸务,间为诗亦清隽,著有《巨业堂遗集》一卷。邑人请于当事,建忠义祠,首以玲筠入祀。同治七年,督办贵州军务、云南按察使李元度克复大堡等处,擒贼目胡黑一等四人,即昔之戕筠者也。因就其祠戮之,为文以祭,附艺文类。旋贵州巡抚曾璧光,奏请予祀贵州省城名宦祠,并于印江县及殉难地方建立专祠。

许承岳,字柱山。其先世多以文学显,教家严而有法。曾祖心珥,庠生。祖其顺,乾隆戊申举人。父敬仪,早逝。岳事母以孝闻,读书崇尚气谊,每览古今忠孝大节,辄喟然曰:"大丈夫不当如是耶!"屡试不获售,遂决弃举子业,橐笔江淮间,入浙,历幕府有声。既而由县丞效力戎行，以收复安徽婺源及剿办衢州贼有功，晋阶知县，旋委署湖州乌程令。岳练达营务，郡守瑞达知其能，特加委任。副将鄂尔霍巴素忠勇，岳礼下之。故每有咨议，鄂虚己听纳。莅任未三月，治具粗张，贼奄至。岳为指示方略，大败贼于苕溪。嗣是，贼屡犯屡却退之，岳之功居多。同治元年二月，复败贼于七里亭。是时，杭州既陷，各郡县望风瓦解，惟湖声威颇壮，贼不敢进逼，掘长壕，四面合围据守，为持久计。节相曾檄诸路救援，兵阻塞不得达。被围数月，粮储畜产殆尽，城中杀狗马饷士，日给米五合。岳拊循慰劳，咸感泣，愿效死守。时有献贼招降书者，岳曰：“此乱民也。”立斩以徇。至五月三日，天大风，昼晦，贼四面仰攻，梯云集。我军纵火焚其梯，火延烧城堞数十丈，火药器齐发，轰如雷，城上人皆死，贼一鼓而登。岳时巡视西城，闻火炮声、满城奔走号呼声，正犹豫，忽一骑飞报，曰：“东城破矣，将校多死亡。”急反署入内，挈佩剑刺杀二女，曰：“毋辱贼手也。”顾谓妾钱氏曰：“汝将若何？”钱曰：“妾敢不死？”乃缢。岳遂整冠服出，诣公堂，北向拜者再，南向呼母泣拜者再，濡笔书绝命辞一纸系腰绖，自经于梁死。贼至抚之，尸犹温，引刀断其绳，堕地直立不僵，骇曰：“忠臣也，我不可无礼于若。”舁而纳诸椁，瘗后园丛莽中。方岳反署时，遇长子祖麒于门，命之曰：“城破身亡，我死分固当，汝速去，慎无牵累于此。”麒涕泣不能去，嘱老仆掖而出之。遇贼于途，胁之降，怒大骂，不屈死，仆陷于贼间。二年，湖城克复，次子祖麟觅父遗骸，经其地。浙人士殷勤慰藉，为道当日战守方略及城破阖门死节事甚详。至其骨殖藏瘗之所，则遍访无知者。适旧仆吕升自贼中出，闻其事，至谓麟曰：“噫！主人葬所我知之，护侍数年矣。”引至后园，刜莽发其枢，袍服宛然，惟怀中字漫灭不能辨识而已。奏闻，奉旨赐袭云骑尉，给帑银优恤，并于湖州及原籍湖南宁乡地方建立专祠，从死者均入祠祔祀。承岳二子，长子祖麒无后；次子祖麟，浙江候补巡检，承袭。

刘代英，字砺卿，一字笏珊。道光己酉举人，以知县拣发贵州，权普安令。普地阔民刁，盗案迭出。代英严缉惩治，盗风遂寝。署中诸凡节省，以廉明称。每试士及月课集诸生，勉以敦品力学。补修学宫及九龙寺，自为之记。前令于崇璟殉难，为劝士俾建祠立碑，又为同邑署印江令邓玲笏立传，以表忠烈。旋以同知直隶州升用，补施秉。未即履任，有回匪劫掠。代英奉檄招抚，单骑前往，男妇焚香罗拜。不旬日，悉解散。旋有逆匪，勾引仲夷谋乱。代英带勇移驻新城，距普安六十里。逆匪聚攻甚急，代英遣其戚周凤炳带勇赴战，连获胜仗。邻封援不至，兵单饷绌，盐米俱绝。贼用地雷轰陷城垣数次，均竭力堵塞。有绅士请避为后图，代英勃然曰："我去，如百姓何？惟坚守以待外援耳。"数日，贼聚万众环攻，代英令弁勇分门守御。势不支，城遂陷，代英巷战以死，年三十有七。凤炳亦同时遇害。有被胁难民识代英尸，告其门人张国璟，为具衣冠殓之。贵州巡抚上其事，赠恤如例。代英工古文，倜傥不群，诗词及骈体文怪奇瑰丽，光芒横溢，书画亦超旷，著有《四书求解》六卷、《诗文集》共四卷、《章台柳辞》一卷。

胡铮，字登青。海樵，其号也。性磊落英奇。年十四，出应试，县令郭世闿奇其文，首拔之。旋食饩，学益力。咸丰壬子，粤西贼犯长沙，办团练，任劳怨，邑人赖之事定。后橐笔游鄂，同知蒋益澧聘佐营务，多所裨益。迨武汉克复，江北以次肃清，保授训导即选。未几，益澧剿中州捻匪，命率勇为前锋，所向多克捷，贼望旗帜辄逃。益澧欲上其功，铮曰："捻匪未灭，何敢言功？"因固辞。益澧愈贤之。乙卯夏，乞假南旋，与乡试未售，郁郁家居。戊午冬，奉巡抚劳崇光檄调，往粤总营务。明年夏，命与兵备道潘某剿贺邑巨匪。时贼众我寡，被围七日，几无完垒。铮躬率壮士十余人，夜突围出，亟请救援。及援兵至，而大势已难支矣，众遂溃。铮收集散卒，结阵而退。贼不敢逼。旋奉檄统带湘勇，军容复振。是秋七月，石逆直犯粤境，铮领所部自平乐倍道赴兴安。方抵兴而贼已麕至，声势震荡，众惊惧。铮激以忠义，士皆争趋陷阵，大挫贼锋。及收队，贼探我营单弱无后继，黎明时器声动地，贼蜂集。我军奋力争先，自辰至午殊死战。奈孤军无援，势将瓦解。时有劝其暂退者，铮曰："临难苟免，何面目见抚军？且我辈以身殉国，固分内事。"语毕，挥军直前，而贼已绕攻其后。铮身被重伤，料不能生，犹奋跃大呼，手刃悍贼一人，始仆地而绝。兴安士民禀请立祠祀之。是役也，以千七百勇，抗十数万众，凡相持五日而败。巡抚刘长佑上其事，赐恤如例。铮为人血性过人，饶有胆略，遽及于难，时论惜之。

龙朝翼，字瑞臣。幼聪颖，嗜读书，有勇略，屡试未售。咸丰七年，粤匪扰江西，遂投笔从戎，入侍郎曾国藩戎幕。援安徽，由宿松渡江至祁门。贼四面攻击，朝翼告奋勇，带练勇百余，会同各营首先冲锋，破贼垒数十座，克复安庆，保蓝翎主簿。丁父忧回籍。百日后，奉当事檄，复束装赴营，经过浙抚左宗棠营次，委办副帅刘典营务。克复浙东一带地方，屡保至同知。漳州贼势猖獗，朝翼复佐提督黄少春军事，屡立奇功，升知府。攻镇平，临阵驰往提督高连陞军营，会商进剿。途遇贼被执，乘间说降贼匪千余人。贼目侦知，尽杀之。朝翼不屈遇害。宗棠上其事，追赠道衔，赐恤如例。

谢封，字倩丞。庠生。性傲岸，嫉恶如仇，相遇不稍假以辞色。遇端人正士，则时时称道弗衰。家（綦）［甚］贫，尚廉介，布衣蔬食，晏如也。事母以孝闻。少工辞赋，才华丰艳，名擅一时。年三十余，始补弟子员。同治甲子，浙臬刘典奉命率师援江，招封出山，随同克复崇仁、宜黄。刘典复奉命入闽，师薄南洋。贼巢已破，乘胜深入马羊峒要隘，山路纷岐，莠民多从逆贼，由间道扑我营，势汹汹。封方督士卒固守，或劝少避，封厉声叱之。垒破，为贼所得，慷慨不屈，引颈受刃。匝月，其从弟复胜获其尸，面如生，指爪长寸许，舁归营殓之。赐恤，世职云骑尉。封善饮，酒后议论风生，侃侃而谈，旁人不能与争是非。为人血性溢涌，不可遏抑，至是竟以节义死云。保举县丞萧子麒，同时殉难。

胡培德，字白华。性颖悟，工诗文，屡试不售，遂游幕粤西。咸丰壬子，永安州牧聘主记室。是年，洪逆啸聚永安，将围扑州城，一时幕客皆遁。州牧谓培德曰："君何恋恋为？"德曰："患难见交情，死生有定数，何惧焉。"未几，贼攻州城，德随州牧昼夜巡守者月余。迨粮尽力疲，势难抵敌，城破之日，德与州牧同遇害，尸皆灰烬。广西巡抚邹鸣鹤奏请恤典，奉旨祔祀州牧专祠。

胡培幹，字蓉江，号苏舫。庠生。性豪爽，极友爱。往年授徒及游幕粤西，每岁所获薪赍，悉分润兄嫂、诸侄辈，毫无蓄积。咸丰五年，馆富川盐阜。七年，馆贺县盐阜。两次陷贼，竟得生还。十年，粤西藩司蒋益澧聘理营务，同剿贺县踞匪，经大股悍贼围扑湘营，各弁将出队抵御，培幹独守营中。有劝干走者，不应。垒破遇害，尸为灰烬。巡抚刘长佑上其事，赐恤如例。

姜景焜，字丽生。性孝友。家贫，兄某不事生产，景焜以授徒所入，奉母与嫂。咸丰庚申，四品卿衔郎中左宗棠襄办浙江军务，景焜从入江西，为治军书。甲子，浙臬刘典援江西，延之幕府。羽檄纷驰，景焜昼夜综理劳瘁，典甚重之。在军中选战马，习驰逐，每对酒纵谈时务，悲歌慷慨。贼窜闽中，刘典往援，从入连城，师次杨家坊失利。贼蜂至，环堑数重，度不免，挥刃溃围出。甫投河，贼追至，中矛昏绝。贼拥至汪逆海洋所始苏，挺立不跪。群酋劝降，义不屈，后遇害。上其事，赐恤如例。景焜在浙历保至选用州判，江西平，拟保知县加同知衔。

粤寇事起，邑人先后在戎幕殉难者有：

陶承烈，字绍梧。投普承尧营，司笔札，兼理支应，保蓝翎县丞。咸丰丁巳，剿江西新喻县贼。贼犯营，烈身护军饷，不敢逃，遇害。

彭厚堃，号胜楼。读书能文，试不售，以军功历保至县丞。咸丰七年，参道员李元度军事。九月十六日，剿江西广信府贵溪县贼，阵亡。江西巡抚耆龄奏请赐恤。

张香林，咸丰六年，贼踞湖北省城，香林督队力攻，受炮伤卒。

马祖诒，字子翼。维藩子。幼读书，长从戎，保六品军功。粤逆窜鄂省，祖诒奋勇冲锋死。

在鲍超营者有：

谢慎典，字佩仙。选用从九。阵亡，入忠义祠。

詹福山，性耿介，有侠气。咸丰四年，粤匪窜扰，掳福山，胁之不从，且行且骂。贼怒，兵刃横加。及死，身无完肤。有同被掳逸归者言其状，闻者哀之。

文华国，住邑之二都，精少林艺。咸丰二年，粤匪过境，潮勇继至，恃强奸掠。时国年近七旬,率家人御于所居之大塘冲。潮勇挺长矛直前,悉夺之,格杀骑者一人。继而潮勇群聚,连放火枪,国抵死御之。勇退,邻人获全,国受重伤而死,闻者壮之。

文胥乐,幼读书。咸丰二年,粤逆逼省垣,胥乐出赀团练。家近驿路,四年贼窜湘潭过宁,胁乐不从,遇害,身受十余创,时年二十三。妻易氏闻讣,痛不欲生,矢志守节。

人物二　忠义二

周振藻，号掞廷。增生。少有文誉。入侍郎曾国藩戎幕司笔札，保蓝翎主簿。旋参族弟达武营务，营制、营规均振藻一手经理。剿办贺县股匪，在事出力，保举知县。同治元年，随同达武入川剿贼，保同知直隶州，并赏换花翎。是年十一月，以振藻带队助战，生擒逆目，奏保以知府留川补用。四年，克复阶州，剿抚松潘各路番寨，克复南坪，均与有劳，经川督骆秉章、署川督崇实保道员，仍留川补用。振藻性开敏，佐军务数年，值蜀中军事棘，羽书旁午，处之裕如，昼夜辛劳，不避烦苦。旋以剿办仁怀号匪，兼程星夜驰进，感受风雪，马踬坠水，衣履沾湿，致疾卒。时先后在黔、楚、闽、越各营病故者为：同知衔广东补用知县胡光照，字蓉鉴；蓝翎江西候补同知杨庆春；蓝翎县丞刘鼎元、洪锡源；县丞帮办湘军营务陈昌言，字丽湘；五品衔议叙州同童炜春，字寿门；候选从九杨春蕚；蓝翎五品衔庠生邓葆春，字香吏；监生陈艺畬；武生黎锦堂并弟锦郑、锦蕚及姜人雅、袁镜丞、方石溪、赵芷江。

朱声隆，号春田。与兄品隆出入锋镝，卓著战功，屡保至花翎江苏补用知府加道衔。同治二年，督队剿贼，受伤回营。后筹防筹剿，不暇医治，临敌犹扶病督阵。至七月，伤作，遂没于青阳营次。奉旨，照四品阵亡例从优赐恤。

周祜，字仕藩。诸生。父向阳，性真率能文，授徒自给，从者甚众。祜橐笔赴浙江，浙抚左宗棠率楚军剿贼，祜入参戎幕，叙劳加训导衔。旋卒于营次，奏请照立功后病故例赐恤。时先后在楚军病故者为：同知衔议叙国子监典籍彭宝荣，字翼臣；盐提举衔留浙补用县丞周洛铣；候补县丞廖惠南；盐提举衔候选从九杨亦炯，号湘浦；选用县丞喻光海。

周瑞英，字六芝。增生。性慷慨，负奇气。咸丰五年，鄂抚胡林翼檄襄办金口厘务，有成效。时贼踞武昌，宁绍台道罗泽南请瑞英入营。旋参安庆知府李续宾军事，保训导加六品衔。续宾率大军东征，连克桐城、太湖、潜山、舒城，皆有参佐功，拟保知县。会续宾殉三河，不果。九年，楚督官文檄赴鄂襄办营务。十年，奉粤抚刘长佑檄，偕副将谢永祜募勇赴粤。军饷告匮，瑞英为筹划数十昼夜，始成军以行。及至粤，贼势张甚，永祜病不能战，瑞英率师沿途剿击辄有功，行至桂林亦病，旋卒。在军中著有《征鞍杂记》《洗心录》《一花草堂诗集》行世。子汉，诸生，以军功历保至知州加运同衔。

杨经徽，蓝翎候选从九，帮办强中新营军务。同治元年，随同防剿江皖窜贼，积劳成疾，没于营次。奉旨："照在营病故例议恤，追赠盐运司知事衔，并荫一子入监读书六月，期满以县主簿注册候铨。"

丁炳良，字芑山。幼读书，诗文多惊人句。臬司张运兰知其才，檄襄办军务，深见倚重。无何，以疾卒于皖江营次。运兰为归其丧，厚赙之。平时著有《典春斋诗集》四卷，《杂作》二卷，待梓。

工铩庵，字勉吾。性颖异，读书能文，屡试不售。咸丰九年，入总兵周达武营，帮办军务，随同克复广西贺县，保从九。旋参房侄永章军务，兼带章右营，随同克复宜章等城，保府经县丞。是年冬，石逆大股窜楚，随同克复湖北来凤城，保蓝翎知县。同治元年，越境会剿，攻拔广西莲塘贼巢，克复天柱各城，加同知衔。二年，督队截剿窜楚股匪李复献于溆、绥、芷、会，道州蒋家岭、广西古城等处，肃清楚境，加知府衔。五年，督带章前营兼理全军营务，随同援黔，克大坭、小坭、荆竹园，赏换花翎。旋又攻破轿顶等处贼巢，积劳成疾卒。奉旨："照知府在营立功后病故议恤，追赠道衔，并荫一子入监读书六月，期满以州判注册候铨。"

人物三　忠义三

　　喻可宗，骁勇善战，临阵必先策马冲锋，叠著奇捷，积功至花翎总兵衔浙江补用副将，分带楚军新右营。同治二年四月援浙，奋勇击贼，飞炮中头，登时阵亡。赐恤如例。给骑都尉世职，袭次完时，给恩骑尉，世袭罔替。遣官读文致祭，入祀京师昭忠祠，并入祀本籍地方府城昭忠祠，国史馆立传。

　　粤寇事起，时先后在各军殉难，未详死事地方者，楚军有花翎副将赵辉先，参将衔花翎游击彭光翔、黄元吉，花翎游击黄柳溪、宇文永怀，副将衔花翎参将杨先华，花翎留浙补用参将王雨章，游击衔都司艾子德，蓝翎守备何文德，蓝翎都司朱得福、刘福才；同治五年有蓝翎千总喻祥胜，千总杨子绍，蓝翎把总邓桂华、袁福堂，均从优赐恤。

　　在帮办军务刘典军中阵亡者，有花翎总兵赵辉元，花翎尽先参将刘质彬，花翎参将汤友高、潘正常，花翎游击廖怀德、曾成芝，花翎都司衔守备李桂庭，蓝翎守备廖佑廷、孙永贵、汤名章、杨光煦，蓝翎守备衔千总汤汉友、杨桂芳、成章勋，拟保都司廖灿修；同治五年有守备衔千总何绍勋，蓝翎千总喻桂春、黄星祥、周芝贵、周景柏，蓝翎外委王胜友、林贵德；同治三年有廖福畴、银贵和，均从优赐恤。

　　在都统多隆阿军中阵亡者，有花翎副将谢鸿禧、花翎参将谢春堂，均奏请赐恤。

　　在总兵王永章军中阵亡者，同治四年六月十四有花翎副将童有春。

　　在甘肃道蒋凝学军中阵亡者，有蓝翎千总周德祥、六品军功胡长春，均从优赐恤。

　　在总兵周达武军中阵亡者，有千总文贵一、杨有余，蓝翎把总杨泽酉、李春晖，蓝翎尽先把总彭有才，花翎尽先都司易绍青，蓝翎守备衔千总易桂芳，六品军功谭鸣盛、曾启先、周有朋、谢幼和、卢华英、李春光、唐回春、萧仁开、潘志学、崔永和、谭维正、程玉林、邹致和、宋美元、廖绍青、周玉箕、彭复盛、雷万镒、萧敦绶、刘友仁、李春和，蓝翎外委陈福田、张金山；在总兵朱品隆军中阵亡者，有花翎参将廖光裕，蓝翎守备高云来，外委汤忍云，花翎副将王俊朝，均奏请赐恤。又有游击衔花翎都司杨其述，蓝翎把总曾庆云，同治三年有杨懋廷字鸿皋，六品军功邓有才、杨晓湖。

在水师营阵亡者，有六品军功喻东永、喻凤翊、喻祥麟、喻上成、徐治祥、刘东焕、周义春、黄鸣鹿、黄曾一；在余新元军中阵亡者，咸丰九年有蓝翎外委杨芳春，六品军功张明友、吴光汉；在吉字营阵亡者，有六品衔杨绍云；在义字营阵亡者，有六品军功杨广清、杨明裕、吴盛林、姜玉其、周克俊；又有聂惟贤、喻光照、欧德胜、欧有秉在贞右营阵亡，奏请赐恤。

在湘军各营阵亡者，有邓和杨、徐羽军、易长发、王仁和、王家升、杨喜廷、刘瑞亭、陈尚烈、胡国才、谭卞振、谭文绣、张绍欣、郑绍春、杜义诚、杜光前、杨荣贵、徐吉斋、余楚江、杜连胜、谢廉泉、晏其昌、刘云台、范登芝、刘正清、詹世发、方得胜、文有胜、向显开、陈学林，均奏请赐恤；又有姜有声、姜寄明，咸丰六年三月初二日有谢人奇，又有千总成光远、尹金山、余泗明、龚必胜、邹振声，蓝翎把总喻光勋、李庆良、李义春、汤桂林、李仕和、王文秀、汤玉祥、许声扬、熊荣贵、贺芝茂、罗玉春，拟保把总刘义春、张庭辉、洪惟慎，外委张志喜、田祯祥、张清泗，均奏请从优赐恤；又有花翎参将周培茵、汤胜南，花翎游击周东阳、刘昌俊、喻东城字永怀，花翎都司王永贵，蓝翎都司杨雨浓、金见田，蓝翎都司衔守备童海辉、彭明元、潘德泽、宇胜友，花翎守备周培英，蓝翎尽先守备罗楚芝，蓝翎守备龙有胜、王泽元、李德胜，蓝翎守备衔千总周甫春、喻正南，守备廖得隆，蓝翎千总潘德辉字群辅，潘辅仁字德飞，千总童以春派名开禶、刘德文，蓝翎外委周星桥、洪桂林、谢一本、周荣生、李光元、江寿亭、潘文杰、叶应元、邓南辉、萧作忠，拔补外委周汉胜；又有蓝翎尽先外委贺羽仪，荫一子入监，期满以主簿铨选；六品军功黄胜明，从优赐恤；又有谢泽仁、刘仁和、杨培元、唐俊卿、张荣发，咸丰六年五月初八日有吴会胜。

刘敬廷，字慎生。弱冠隶安徽藩司李续宾营，历保至蓝翎都司。同治壬戌，投浙江巡抚左宗棠营管军械，每战辄请从。癸亥四月，战龙游，跃马冲锋，贼败退。嗣隶浙江臬司刘典营带左翼亲兵，典好亲度地势，常冒险遇贼，敬廷辄从屡战，皆以身先。浙东平，以游击留浙补用，加参将衔，赏换花翎。典援皖南，剿贼万安桥，以雾迷失利，诸将佐皆溃，独敬廷与典弟大谟不去，护典请前行。贼尾之，敬廷匹马横矛，按辔桥头，贼不敢逼。典得徐行归营，因益壮之。是年，皖南肃清，随典援江，大小数十战，敬廷功最，得保参将加副将衔。甲子，典加募勇，以敬廷领新军右路一旗，进剿崇仁，攻袁家山贼垒。时诸将未至，敬廷先行，见对岸贼骑渡河，击之。贼退入卡，复出大股围敬廷，腹背受敌。诸将继至，始得还渡。是日，贼殊死战，自巳至未贼却，敬廷仍欲凫水追击。众挽之，心终不乐。越日，典大举攻崇仁城，敬廷大呼冲先，立平数垒，冒矢石，驱壮士，蚁附登城。会炮子中其右股，血流满靴，乃徐徐收队。越日，贼宵遁，复其城。江西平，随典援闽。时贼据南洋村，山路险绝。典分三路，由连城所属之马洋洞捣之。敬廷当中路，破其头卡，乘胜深入。贼从山僻小径抄其后，援兵不至，遂遇害，时同治二年十一月十九日也。奏请赐恤如例。敬廷虽武员，喜读书，军务稍暇，即涉猎书史，有儒将风。竟以英年奋勇捐躯，时论惜之。

卢华胜，性骁果，隶楚军营，入浙屡著战功，历保至花翎留浙补用副将。逆目黄文金、黄文英扰害浙中，为患甚巨。华胜奋勇力战，歼之。浙抚左宗棠上其功，奉上谕：华胜勇猛可嘉。旋随大军征剿入闽。同治二年十一月十九日，至连城阵亡。赐恤如例。

粤寇事起时，先后援剿福建，在汀州府连城县与刘敬廷、卢华胜同时殉难者，楚军有拟保游击欧阳士远，花翎都司王兆龙、叶明玉、吴美林，蓝翎都司衔守备黄廷瓒，蓝翎千总汤兴佑、吴梅春，蓝翎把总喻三和、周宗福、罗思明、何少勋；在漳州府阵亡者，有花翎都司丁孝仁，蓝翎都司彭益元、周世冕，蓝翎都司衔守备黎曙云，蓝翎守备张新良、唐佑亭，蓝翎千总罗福清，同治四年有王维藩，均赐恤如例。又有花翎游击衔都司黄元吉，蓝翎把总杨在清、杨定远，同治四年三月十四日有把总易麟书；随臬司张运兰在武平县阵亡者，同治三年有花翎游击易洪贵，均赐恤如例。又同时有蓝翎千总萧安仁。在上杭县白沙阵亡者，同治五年十二月二十日楚军有花翎游击李品文，又有六品谢友和、陈万和；同治四年二月有千总潘立成。在汀州府阵亡者，同治四年五月初八日有蓝翎千总李桂庭。在龙溪县阵亡者，有蓝翎外委罗福周。其转战闽中未详死事地方者，楚军有外委杨南书；同治三年十一月十九日，有花翎都司衔守备罗时明，又有花翎副将衔参将周云逵、蓝翎都司杨子超，蓝翎守备杨光照；同治三年有蓝翎外委周二能，均楚军，赐恤如例，共三十八名。

洪有元，字浑斋。由军功历保至花翎提督、坚勇巴图鲁，带勇剿办贵州号匪。同治五年十一月初三日，在思安府马鞍山阵亡，赐恤如例。

粤寇事起时，先后在贵州殉难者，有花翎提督衔总兵胡少春，隶总兵王永章营，剿办号匪阵亡，赐恤如例；又有花翎参将周云祥，在大定府毕节县阵亡；花翎游击傅百朋、吴光英，花翎都司贺信庵、叶有元均，隶王永章营阵亡；六品军功张仁和投果字营，咸丰九年正月二十在南安府阵亡；把总周仁畋，同治三年在思州府阵亡；蓝翎衔都司彭汉明，同治五年十二月初九日攻剿荆竹园阵亡。共十名。

朱润华，花翎参将，同治四年在安徽阵亡。

粤寇事起时，先后在安徽殉难者，三河镇、桐城最众。咸丰八年十月初十至十九日，有都司夏全盛、杨正春、袁清华、欧阳宝堂、周光曙，守备衔千总喻融亭，蓝翎千总毛鼎成、袁俊，把总王湘芸、萧作忠、宋定元、李士和、李桂和、袁三晖，外委萧义忠、刘有才、汤胜友、周锦扬、刘光恬、贺文彬、董安宅、余胜楚、喻焕章、王纫兰、刘龙山、王得桂、谢兰桂、刘楚材、刘宝林、萧有明、姜明太、贺炳章、林光辉，凯字营有蓝翎千总李贵和，均从优赐恤。

又有花翎都司黄日清、王俊秀，蓝翎都司李宏丽；义字营有蓝翎守备周春禧，蓝翎都司贺宏盛，蓝翎外委王文彬；湘营有蓝翎千总杨春晖；凯字营有刘邦辉、周文超，尽先把总秦巨才、王兰亭、周清华、喻庆堂；利中营有把总杨述亭。又有成有光，字正亭；尽先外委廖镇南、六品袁寿春；又湘营有六品吴得兴、卢有廷、蔡松高，信字营有刘卓钦，凯字营有姜鹤林、黄贵庭、宋宗高、熊胜友，义字营有萧其祥、吴胜廷、戴春林、邱龙光。又有杨定国、石正太、徐祖伶、喻耀祖、边华鹄、蒋先典字慎徽、陶云江字绥朝、戴有亮，奇右营有洪启福，亦名官保。以上多名，均在三河（阵）[镇]、桐城县阵亡。

在徽州府阵亡者，咸丰十一年三月初五日，总兵朱品隆营有蓝翎都司朱文彬；同治二年二月，楚军刘典营有蓝翎千总俞嵩山、刘桂堂，均奏请赐恤。咸丰十一年，又有湘营张福德号萃英；在北城外阵亡者有六品张耀南号光泰，提督杨岳斌营有尽先千总欧阳春在皖城阵亡；咸丰十年闰三月，有把总喻春和在芜湖螺蚬阵亡，均从优赐恤。

在建德县阵亡者，咸丰九年二月二十八日，有蓝翎千总谢金山、邓春福，蓝翎外委黄天锡，均奏请从优赐恤。

在舒城阵亡者，咸丰十年正月有六品军功袁楚堂、石福堂；在旌德县阵亡者有都司衔守备徐敬举，奏请赐恤；又有蓝翎千总丁明耀，朱品隆营有蓝翎千总衔外委黄云拱；同治元年有六品雷泗友，十月十五日有六品衔姜时缙。在寿州府阵亡者，同治二年八月初一日，有蓝翎都司孙志成号质臣，蓝翎守备贺习闻，利左营有袁复兴，把总谈明亮，均奏请赐恤。同时，又有蓝翎外委周洪胜，六品军功童开复。在六合县阵亡者，咸丰九年有花翎参将周得胜。在安庆府阵亡者，咸丰八年九月初九日，有拔补外委杨坤元。在六安州阵亡者，同治二年八月初一日，利左营有蓝翎外委周玉胜，又有五品衔邱万顺，同治元年有蓝翎守备易春麒、蓝翎外委谢春林。在祁门县阵亡者，朱品隆营有蓝翎把总屈东昇，赐恤如例。王金玉营有刘时万，又有六品军功刘星照、李昌林。在含山县阵亡者，有六品衔随湖北巡抚剿贼贡生开莹孙王兆霖。在太平县阵亡者，有蓝翎把总陶多材，荫一子入监，期满以主簿铨选。在凤阳府阵亡者，同治二年，利左营有蓝翎守备衔千总谢得志，奏请赐恤。

在青阳县阵亡者，同治二年朱品隆营有赠千总衔把总朱成台，赠守御所千总衔蓝翎千总朱润成，又有花翎游击张和昇。在巢县黄土岭阵亡者，同治元年十二月二十一日有蓝翎外委李春生，信字营有花翎守备谢得胜、蓝翎千总陈世泽号惠庵。在卢州阵亡者，信字营有千总陈惠堂。在英山县阵亡者，同治三年七月三十，朱品隆营有千总邹振声，外委周春林。在休宁县矮子街阵亡者，同治二年二月有六品刘东鲁，字桂堂。在宁国府阵亡者，同治二年鲍春霆营有蓝翎补用游击赠总兵衔谢九和。在克复卢郡限内伤亡者，介正营有守备衔蓝翎千总喻迎祥。均赐恤如例。同时，又有六品军功杨柳春，在江北阵亡。其转战徽省，但载阵亡姓名、官阶，未详死事地方者，华字营有蓝翎守备江日昇，蓝翎五品衔江子廉，又有尽先守备陈荣寿；咸丰八年，有蓝翎外委刘邦辉、把总黄贵廷，又有六品军功刘昌燧；朱品隆营有拟保千总衔把总喻德胜，凯前营有把总周有才，均赐恤如例。

秦箕山，花翎总兵。同治二年八月，在湖北襄阳府八里冈阵亡，赐恤如例。同时，又有蓝翎都司秦正春、秦裕昌，湖北抚标营蓝翎千总，咸丰六年，随鄂抚胡林翼剿贼武昌被擒，贼脔割之，掷骨城外。林翼遣人殓骨归葬，奏请从优赐恤。

李纶懋，字虎臣。随营剿嘉禾、蓝山等处贼有功，保六品衔。旋在黄州蕲州曹家河、莲花关、狮子口沿途剿贼，师溃被擒。贼见其勇，欲污以伪职。纶懋厉声骂曰："狗彘安敢辱我！"贼遂磔之。赐恤如例。

粤寇事起时，先后在湖北殉难者，咸丰三年六月初七日，湘左营有副将王福齐、都司衔守备娄得胜，在麻城李马冈阵亡，邹长春在天门县阵亡。均赐恤如例。又凯左营有蓝翎守备周春台，咸丰八年四月阵亡；霆字营有蓝翎外委向辉山，在黄梅县孔垄镇阵亡，赐恤如例。

在光化县阵亡者，建威军有蓝翎把总刘登仕；在来凤县阵亡者，有花翎都司谈开亮；总兵周达武营有蓝翎千总开亮兄谈仲富、蓝翎外委洪文清，均入龙山县象鼻嘴忠义祠。又果字营有许有升，并赐恤如例。

在金口阵亡者，咸丰五年八月，有六品军功充长沙协标、调补水师营哨长贡生镐子周凤岐，蓝翎外委汤文武、邓成武，均从优赐恤。

又有六品军功杨茂春、喻福山、黄一庭、李明辉、黄楚高、谈天锡、喻光鉴、金得胜，均在金口阵亡。

在黄州府阵亡者，咸丰六年有蓝翎千总余永胜，从优赐恤。又有花翎游击黄朝瑞。

在狮子口分路街阵亡者，义字营有六品军功李虎臣。

在蕲水县阵亡者，同治六年二月初八日，有六品军功欧阳际泰、都司衔守备叶彩文；同治三年八月十五，湘左营有外委唐伯华，毅左营有把总谢桂林、黄宗盈，外委宇文汉春，均奏请赐恤。

在蕲州陈德园阵亡者，咸丰八年五月初一日，义字营有蓝翎守备张立堂；闰五月二十八日，有六品军功戴宝臣。在汉阳府阵亡者，咸丰五年十二月二十日，有蓝翎把总黎天才。从优赐恤。又有蓝翎守备谢必胜。

在襄阳河阵亡者，有外委喻复胜，赐恤如例。

在武昌府阵亡者，咸丰五年十二月初二日，有外委徐文章；六年三月十五日，有蓝翎把总雷玉成；七月二十八日，有外委朱万胜；十二月二十二日，有蓝翎千总罗春和。均从优赐恤。又有把总李南廷，咸丰六年阵亡。六品军功周有成、彭有胜、王辅三、邹楚胜、赖云贵、赖贵廷、黄福星，均在武汉塘角阵亡。

在崇阳县阵亡者，咸丰六年，有六品军功杨福堂；在蒲圻县阵亡者，咸丰五年十月二十一日，有蓝翎都司杨太友；在黄冈县阵亡者，咸丰六年六月十七日，有蒋先钿，字雨亭；在郧阳县上津堡阵亡者，同治二年十二月二十八日，凯右营有外委刘正亮。从优赐恤。

在应城县阵亡者，同治二年九月十五日，有蓝翎外委姜有元，从优赐恤。

在安陆县阵亡者，同治元年闰八月二十九日，有外委杨保贵、童杏春、杨云德，凯前营有把总钟立成，又建威营有罗仁和，均奏请赐恤。

在休宁县小池驿阵亡者，咸丰十年正月二十五日，朱品隆营有六品军功文定魁，蒋凝学营有蓝翎千总丁光玉，从优赐恤。十二月二十日，鲍春霆营有尽先外委宇文尚珍，崇右营有蓝翎把总陈贵华，均从优赐恤。

又有六品军功唐重英、吴金和、吴有章、周慎五、邓长宗、黎泽福。

在孝感县阵亡者，咸丰十一年三月十一日，信字营有六品军功徐有德；又有外委欧阳正亭、六品军功杨福星，咸丰十一年二月初四日，在松滋县阵亡，均从优赐恤。

其转战鄂省，未详死事地方者，咸丰五年有六品军功欧阳光，从优赐恤。又有花翎尽先副将张凤鸣、蓝翎千总谢垂懋字复五，礼字营有外委张绍堂，义字营有千总潘定元，崇右营有都司衔守备刘日清，武字营有六品军功曹英才，又强右营有蓝翎外委黄朝孺，同治二年九月二十一日因攻贼垒伤亡，奏请从优赐恤。

刘文友，花翎都司，咸丰九年，在江西信丰县阵亡。

李纶璪，字文田。咸丰三年，偕侄裔缙效力军营，剿衡州、岳阳及湖北田家镇湖口贼有功，保蓝翎把总。旋剿鄱阳湖贼，告奋勇，夺贼舟，被贼焚舟阵亡，从优赐恤。裔缙同殉难。

粤寇事起时，先后在江西殉难者，有花翎游击黄日新，同治二年，随楚军剿江西东乡援贼，阵亡；九月，有参将衔花翎游击孙石岩，在沙溪阵亡；又有蓝翎把总谈心广，六品军功姜美虞、姜美郁在景德镇阵亡者。咸丰九年，吉字营有蓝翎守备汤之铭，同时有蓝翎千总刘桂林、千总周定祥，朱品隆营有黄坦登，又有蓝翎千总分带水师营洪建勋字步月，在湖口县阵亡；咸丰四年，有蓝翎千总喻能益在弋阳县阵亡，均赐恤如例。同时，有六品军功黄映春，在清江县阵亡者有蓝翎外委王光明，在建昌县阵亡者，咸丰八年湘营有都司黄日胜，均赐恤如例。

在吉安府阵亡者，咸丰七年，吉中营有六品军功周子龙、周之国，从优赐恤。又有杨章远，湘营有袁受益，和字营有黄位尊、黄景山；咸丰十一年，有五品衔萧友胜。

在九江府阵亡者，咸丰七年，湘后营有外委萧有贵，从优赐恤。有蓝翎守备彭有余，湘恒营有江以德，又有蓝翎把总谭占秋，咸丰七年二月有尽先千总毛丁山，赠守御所千总衔，恤如例。

在莲花厅阵亡者，咸丰六年，有六品军功谢泽良；在龙泉县阵亡者，咸丰七年五月初九日，有六品军功黄有才；在安福县阵亡者，咸丰七年十月二十五日，有六品军功刘义军；在临江府阵亡者，咸丰八年，有六品军功王成文；在饶州府乐平县阵亡者，咸丰十一年，有六品军功曾毓钟；在吉水县阵亡者，咸丰六年，宝字营有谈泰来，有六品衔姜采臣；在瑞州阵亡者，咸丰六年七月初三日，湘后营有外委李上安，从优赐恤。在庐陵县阵亡者，咸丰九年，和字营有六品军功陈应元。

其转战豫省，未详死事地方者，同治二年六月初三日，湘营有杨秀春、杨国泰。

刘馨阁，字绍兰。蓝翎外委。同治二年，在河南固始县阵亡。时先后在河南殉难者，有童氏家丁六品衔张德安；在信阳县阵亡者，有六品军功杨鸿训，共三名。

洪定陞，字嶷斋。蓝翎都司衔尽先守备，统带长胜军，益阳汛千总。咸丰九年，援宝庆被害，赐恤如例，并入祀京师昭忠祠。同时有亲兵彭仁和、蓝翎尽先千总刘文彪、六品衔黄美贻、六品军功杨金门，湘营有许正龙，又总兵周达武营有蓝翎把总周有朋，蓝翎外委曹运益，六品军功黄金台、邹宏盛、张德三，长胜军有六品军功张复佑，号德山。

粤寇事起时，先后在湖南殉难者，本邑有千总张德英、结字营哨长成东旸在文书山阵亡，六品军功黎培增、周连山、喻西林均咸丰四年阵亡。又随储玫躬在本邑阵亡者，有谈正武等十八人，咸丰三年二月有刘献廷，咸丰四年有六品军功汤子龙。

在沅州府黔阳县梧树湾阵亡者，咸丰十一年十一月十一日，章字营有花翎都司李复泰，赐恤如例。又有蓝翎千总王克芝，浙枭赵焕联营有尽先把总廖仁鳌，又有六品军功曾定安、陈庆元，均黔阳阵亡。

在永州府江华县阵亡者，咸丰九年有蓝翎外委李绍莲，字宏靴；又有花翎把总秦裕春。

在会同县阵亡者，咸丰十一年十月二十九日，周达武营有蓝翎外委萧桂林，赐恤如例。

在龙山县茨岩塘阵亡者，咸丰十一年，周达武营有蓝翎守备黄洪达，又有留南补用花翎游击蒋仲芳，赐恤如例。

在郴州阵亡者，有蓝翎守备萧任卿；在永州府东安县阵亡者，咸丰五年，有六品军功萧仁志；在祁阳县阵亡者，咸丰八年，有六品军功曾英才；又在武平岩福建地阵亡者，同治四年五月，楚军中营有蓝翎千总钟晓春；在茶陵州阵亡者，和字营有六品军功宋荣高；在道州蒋家岭阵亡者，同治二年九月初十日有任可德。

王佐朝，字良臣，花翎副将。咸丰十一年七月，在广西浔州城外督战，力竭被擒。贼胁之降不屈，四分其尸。赐恤如例。

粤寇事起时，先后在广西殉难者，瓦窑墟有花翎都司童致祥；同治二年十二月二十五日，有花翎守备衔千总成章勋，章字营有蓝翎外委江有成，在贺县阵亡；咸丰九年三月初五日，有千总周九英，隶总兵王永章营；又湘营有六品军功胡正方，桂字营水师有向得胜，咸丰九年四月柳州阵亡。老湘营有吴海南，咸丰五年十一月初五，柳州槠木山阵亡。

王德胜，花翎副将衔参将。同治四年八月十五日，随楚军在广东惠州罗浮司剿贼阵亡。

粤寇事起时，先后在广东殉难者，同治元年湘营有六品军功蒋春台；在嘉应州分水坳阵亡者，同治四年十二月有蓝翎都司金龙堂，赐恤如例。同时，在嘉应州阵亡者，楚军有把总罗赞一；在乐昌阵亡者，同治四年有六品军功周视学。

廖德成，字秉初。骁果敢战，从提督周达武剿贼入蜀，分带一营，卓著战功，达武深倚重之，历保至花翎副将衔尽先参将。同治五年，达武移军攻剿甘肃阶州，德成从，屡获克捷，乘胜督阵，冲锋中炮卒，赐恤如例。先是，随达武在阶州殉难者，有蓝翎守备杨金堂，同治三年有杨金台、六品衔杨新泰。又有花翎副将颜明亮，同治三年八月解饷至城固县，遇贼被害，赐恤如例。

粤寇事起时，先后在川、陕殉难者，有蓝翎尽先游击罗孝徽、周积贵，花翎都司王辅廷、李太和，蓝翎守备龙春化、杨文彬，均在达武营阵亡。又在四川建昌府阵亡者，同治三年三月十七日，有蓝翎千总沈永建；在保宁府阵亡者，周达武营有六品军功杨亲祥；在宜宾县八角寨阵亡者，湘果营有蓝翎守备雷长庚；在陕西汉中府南郑县奋勇冲锋阵亡者，同治二年五月二十六日，知府易佩绅营充当什长，有尽先外委吴开泰，字绍闻，派名廷兰。

刘酉山，花翎参将衔游击。同治三年，克复金陵阵亡，赐祭葬，优恤如例。时先后在金陵力战阵亡者，有蓝翎尽先都司张茂棠，赐恤如例；又有蓝翎都司杨致仁，同治二年有王嗣永，同治二年八月十三有蓝翎守备张胜和，同治三年有都司衔守备刘书阁，湘勇营有蓝翎守备杨国泰，又有蓝翎拔补千总张谷扬，蓝翎守备童三元；咸丰十一年有六品军功刘贵廷，同治元年六月有谢春和；又有六品衔周有成。在常州阵亡者，同治三年有外委张先进；在龙膊子山阵亡者，同治三年有蓝翎守备萧正祥；在雨花台阵亡者，同治三年有六品军功欧阳先知。

廖渭臣，性果敢，每战必先。从浙臬刘典入浙剿贼，卓著战功，洊保至花翎参将衔游击，在马金街阵亡，赐恤如例。

时楚军转战浙中，在遂安县殉难者，有花翎副将衔留浙补用参将、赠总兵衔黄应春，蓝翎游击彭同翔，蓝翎都司衔守备喻荣贵，守备衔蓝翎千总谢福堂，蓝翎都司朱建祥，蓝翎守备张德隽；又有蓝翎把总杨福祥、陈本胜、黄锡光、李以忠、杨有明、彭怀德、李有德、赵仁和、杨廷瓒、杨后祥，蓝翎外委刘仁和、李良规、邹修文，把总萧东方，均同治三年正月十七日阵亡，并赐恤如例。

在开化县马金街阵亡者，同治三年，楚军有蓝翎参将张德俊；同治四年，花翎游击彭光翔；同治二年三月初六日，蓝翎守备杨监臣。又有六品军功陈鹏万，在开化县篁岸阵亡。

在杭州府阵亡者，同治三年，有蓝翎守备李新照，霆字营有六品军功刘启海。

在余杭县阵亡者，同治二年十二月二十六日，楚军有蓝翎游击贺永清，花翎都司谢得意，蓝翎守备杨光照，均赐恤如例。又有六品军功刘顺堂。

在湖州阵亡者，同治三年八月，有六品军功谢云庄；在汤溪县阵亡者，楚军有蓝翎守备杨文宝，号玉峰；在衢州龙游县阵亡者，同治元年六月，有花翎参将秦汉亭；又有蓝翎外委陈魁山，在浙江莲厅阵亡。

其但知死事浙省，未详何地者，凯字营有把总萧东华、汤彩和，均赐恤如例；又楚军有花翎游击彭登鳌，提督朱品隆营有加赠游击衔、都司衔尽先守备隆德元，又有花翎都司衔守备钟洪元，守备衔蓝翎把总周正国，并赐恤如例；同治二年，楚军有花翎都司易永茂；咸丰十一年，楚军刘典营有蓝翎守备杨意春；同治三年，有姜桂堂；又有花翎守备周培蒉，千总衔把总杨云高、杨云万，楚军有蓝翎把总贺芝茂，外委马日友、范南山、罗瑞隆、卢福秋、董福堂、周楚高、岳明德，同治二年，又有蓝翎外委刘仁和、刘仁山、曾成芝，又有拟保外委秦玉堂，赐恤如例。咸丰十年，有六品军功杨春泉。

胡绍春，咸丰七年，效力军营，临阵奋勇争先，累著奇绩，历保至花翎副将。同治四年，收复江西崇仁东乡各城，保总兵。五年，随同援黔，攻破荆竹园等处贼巢，加提督衔。六年正月，在黔沿途剿贼阵亡，赐恤如例，给骑都尉，兼一云骑尉世职，袭次完时，给恩骑尉，世袭罔替。七年四月，奉旨赐谥，入祀阵亡地方府、县昭忠祠，并入祀本籍府、县昭忠祠，遣官读文致祭。

人物四　忠义四

喻中德，性果敢，由军功历保至都司，克复黟县、建昌、休宁及徽州府城，迭次剿各岭隘，克复旌德县城，固守宁国府，力保危城。寻克复宁国县城，击破新河庄水阳一带贼垒，保免升参将，以副将补用皖南，既定保总兵。中德少有勇略，受江督曾国藩知。东南肃清，战功卓著。随同提督刘松山率师征捻，以中德所部为游徼之师，转战湖北、河南、陕西、山西，皆有功，保记名提督。后松山入陕，军威大振，贼势披靡，中德之力居多。松山方倚之，以劳卒于军。奉上谕，照立功后病故例赐恤，赏加健勇巴图鲁名号。

粤寇事起时，先后在各营病故、未详地方者，有尽先都司张学修，同治三年有蓝翎守备衔千总彭连陞，均赐恤如例。又有花翎总兵衔副将、才勇巴图鲁黄惠清字镜寰，花翎游击董德和、唐荣贵字晋封，花翎参将衔游击刘国斌，蓝翎游击杨复胜，花翎都司朱馥春，蓝翎守备黄羽军、王楚乔、陈寿云，蓝翎守备衔尽先千总张胜和；同治三年，有周春泉，蓝翎千总杨定南、杨友卿，千总汤作舟、贺端阳，蓝翎尽先把总黄楚湘，蓝翎把总周邦庆、周文藩，五品衔刘国明，威振军有六品军功杨树堂，又有提督衔记名总兵王春华，赐恤如例。湖北补用副将力勇巴图鲁喻荣陞，字易斋，赐恤如例。

边晓堂，字辅臣。由军功历保至副将，留湖南补用。同治元年，江督曾国藩知其才，檄调赴营，率勇进薄江西崇桥渡贼垒，大破之，追奔数百里，遂克鄱湖及彭泽县。贼窜青阳，时贼大股三十万围青阳月余，值窜贼与合，势益张。总兵朱品隆悉力守御，贼筑长围困之，昼夜急攻，城陷复完者再。晓堂至，周视贼垒，聚将弁谋曰："贼精锐悉集此，苟能一战取胜，金陵贼当瓦解。吾观贼虽坚壁，而西南石卡处旗枪不整，彼恃众不我虞，并力进攻，可立破。"皆许诺。乃挥军入卡，士卒呼声震天，莫不以一当百。贼果惊溃。品隆出城夹击，连踏八十余营，贼大败。穷追至石埭城，贼目古能贤、王老虎降，旌德、太平、广德州以次平定。奏首功，以总兵升用，赏劲勇巴图鲁名号。四年，收复崇仁、东乡、宜黄、南丰、雩都各城，所向无前，屡获克捷。复奉谕嘉奖，以提督简放。五年三月，湖南抚李汉〔瀚〕章咨，会同前浙臬李元度，剿贵州逆匪。荆竹园者，黔南险隘处也，四面峻绝，周环百余里。贼踞为巢穴，内结寨百余处，紧相犄角。晓堂请于元度曰："贼联络自固，若直攻荆竹园，则诸寨应之，我军危矣。请添募健勇，先破诸寨，后乃萃于荆竹园，一鼓可下也。"元度从其计，遂破马鞍营及大坉、小坉，进攻高家田，获匪目斩之，遂克窑钵岭、太河营、天池坪、穿谷岩、万福洞、望天营等寨。匪目何老满，以骁勇闻，一战被擒，诸贼胆落。官兵长驱大进，直抵双扇门轿子顶安营。而晓堂以积劳受暑，已抱病难支矣。未几，各贼目遣其党诣军门请降，曰："必见边将军，乃敢信从。"或劝勿往，晓堂奋然曰："岂可以吾一身而废大事。"乃躬率亲兵四十人，扶病拊循诸寨。贼皆抛戈，罗拜欢呼，相谓曰："吾属今得为天朝百姓矣。"是夜，晓堂宿于野营，因风感冒，疾更剧，即时舆疾归营。越日卒。事闻，奉旨建立专祠，恤如例。晓堂治兵有纪律，所过民皆安堵，所向有功。而遽促其年，使不克终所事，时多惜之。

粤寇事起，时先后在贵州军营积劳病故者，有蓝翎守备廖德怀，赐恤如例。又有花翎参将朱运掌、黎以成，花翎游击汤年胜，蓝翎五品衔汤保林;同治元年有六品军功杨宗翰、杨芷亭，同治二年有罗泽民。

成章鉴，字柳堂。祖大纶，署理乐清副将。鉴以咸丰二年由提标马兵，随提督塔齐布剿贼，屡著战功。六年，奉江督曾国藩檄，领定湘水师营，战湖北、江西，历保至花翎副将衔参将。每遇贼，忠勇愤发，必身先士卒，冒矢石，常受重伤。吉安之战，身中贼炮，血流积寸。士卒欲稍却，鉴裂衣裹伤，手发数炮，周麾奋击，卒复其城。八年七月，在江西吴城伤发，呕血数升而卒。上谕:照积劳病故例赐恤，入祀郡邑忠义祠。妻彭氏，年二十四，闻讣痛不欲生，矢志守节。

粤寇事起时，先后在水师营病故者，有蓝翎守备曹德勋，赐恤如例，并荫一子入监，附祀石钟山褒忠祠。又有蓝翎外委喻鸿宾、喻春芳。

袁秀林，字立山。咸丰四年，投效湘军营，迭次出力。九年，克复黄安、麻城。十年，征皖，击潜、太大股贼，迭平贼垒有功，保至副将，并赏戴花翎，分带湘利左营。旋克复黄州府县城，援安徽颍州，克复霍邱，防守六安，苦守力战，解其围，以总兵记名。同治三年，剿鄂皖窜匪，招降首逆，乘势进剿，余党解散。上其功，以提督简放，赏彦勇巴图鲁名号。是年三月，奉调西征，行次随州，旧伤发，卒于营。妻李氏，未婚守节，抚兄子为后。

粤寇事起时，先后在各营病故者，有分带湘右营历保至提督衔记名总兵陶日昇，字旭门；管带湘军宝字营花翎总兵衔尽先副将陶宝堂，均赐恤如例。又湘军有花翎参将张淦，参将衔游击刘玉春，都司朱明亮，拔补把总周贯晓，拔补外委汤作圣，并赐恤如例。楚军有都司朱得福，从优赐恤。又有蓝翎守备刘端绪，赐恤如例，并给予伊子八品监生。同治四年九月，有花翎游击刘茂兰，又有蓝翎守备衔千总伍名声，蓝翎把总彭尊轩、喻汉槎，蓝翎外委周霖苍、庞贵堂、滕长碧，六品军功周永辉。又随湘、楚军在各省病故者，同治四年，广东有蓝翎把总杨世藩，十二月嘉应州有花翎游击李良玉，赐恤如例；福建有副将衔署延平协张荣贵，赐恤如例；同治四年，汀州府上杭县有蓝翎尽先守备杨兆麟；同治六年，浙江有花翎游击、署宁波府都司、尽先副将黎文明，任满回籍，中道病故；同治三年二月二十四日，有蓝翎守备王茂昌，又有蓝翎把总李龙彪，严州有花翎副将谢为瀚；同治元年，衢州有六品衔李咏春，江南有花翎副将衔尽先参将萧正泰、蓝翎游击萧德贵、蓝翎千总陶万清，均因克复金陵，带伤病故。安徽有花翎副将吴建廷，在宿松营次病故。湖南有由提标保举把总、署长沙汛刘护佑，字余庆，卒于任，赐恤如例。又在四川总兵周达武营病故者，有花翎尽先副将杨步高、花翎守备彭临生、蓝翎尽先千总许绍南、六品军功王瑞忠；在提督鲍春霆营中病故者，有花翎都司谢蔚堂，同治元年有花翎都司谢辉俊、王定陞。在浙臬赵焕联营病故，有花翎参将钟明伦。同治元年有蓝翎守备罗清曙,咸丰八年有李国胜,咸丰九年有六品军功杨日成,咸丰十一年有李纶恭,字协和。

附录:阵亡勇丁集姓

各省

黄瑞云、复升、廉范、茂兴、福堂、映春、尚清、光裕、瑞春、东林、新惠、楚槐、应恺、敬明、琼林、佑春、北溪、致和、凯林、恩胜、冕堂、春卉。

周克俊、德亭、春溪、福春、介夫、正望、朝佑、意东、冰成、玉其、明俊、春和、怀德、渭滨、洪广、正旺、永清、校戳、红春、得胜、恢绪、步云、正芝、春秀、旭初、一能、洛上、旦卿、明祥、珉炳、致和、锦堂、锡兰、锡祥、福友、耀彩。

喻楚江、九才、福亭、得玉、上元、仁义、芝堂、在纲、德全。

杨得胜、贵三、意春、国安、定南、春兰、连陞、国忠、春泉、凯堂、有明、世瑾、世雄、世进、芳春、玉堂、正春、友才、春林、大亭、玉春、映春、有亭。

王福齐、福章、子舟、复胜、振春、潭四、义元、昔林、善堂、兰亭。

谢石四、金堂、玉兰、桂林、仲堂、德明、有升、金台、如轩、春晖、墨坡、定元。

胡西亭、有胜、湖龙、星桥、步武、绍文、汉林、清元、明镜、步青、湘鳌、桂林。

陈有名、汉川、得胜、云义、国清、玉春、登高、维庆、有明。

吴连胜、德兴、焕章、海涵、连陞。

秦镇朝、定锟、召山、先魁、正春、德盛、芝兰、前浃、前渚、前德、策熙、佑佺、佑俟、佑德、佑僎。

李万才、胜和、复盛、万泰、汉东、凤高、振楚、福盛、文彩、有才、仁义。

张万忠、绍堂、茂凤、耀远、春和、又五、廷桂、荣兴、时习、明华、仁才、东山、南一、友胜、佩元、清元、云集、焕文、纪元、永和、彩和、竹园、对庭、玉泉、玉华。

刘春和、万全、先序、清和、敦基、敦化、敬止、厚嵌、日翟、以胜、春田、桂林、如意、甫朝、正清、浣南、三盛、有余、本立、佑和、美玉、良干、国正、先定、宇一、祥吉、松风、体仁、告义、瑞周、德堂、春发、国忠。

朱福山、大顺、洪万。

易进思、呈祥、华汉、以功。

陶海英、瑞卿。

何金榜、世友、万有、明国、万春。

洪廷拔、文清、贵庭、福田。

成东海、道南、德明。

唐仲春、楚南、复盛。

罗万和、孝荣、名达、成文、科禄。

曾明声、奇祥、明举、庆云、庆霞。

黎魁南、培锷、东云。

钟文华、贵春、瑞斋、日进、余庆、贵和、贵华、明星、太益、立成。

童金吾、吉春、有材、秉彝。

叶金和、荣华、泰和、紫春。

汤臣鸿、有光、世友、春台、宝元、东友、秀和、洪万、云贵、森材。

潘竹亭、其魁、有余。

文得胜、承卿、俊德、俊义、德和、有胜。

廖策勋、灿辉。

萧德安、紫春、得胜、

袁柱才、六品、美彰、德友。

宋佑堂、宗敏、宗祀、宗谷、斐然、立年、雨山。

姜清亮、玉箕、义和、腾蛟。

邹禹门、仁和。

戴均甫、琼林、云慈。

孙溆之、济世。

彭连升、秀松、亨盛、益元、松林、松亭。

夏太和、金友。

颜泽泰、泽沛。

邓永华、正泰。

殷春发、元吉。

卢萃英、定山。

蔡文高、音虎。

郑振深、宝和。

严孔昭、启东。

蒋玉德。

任大魁。

郭坤山。

欧阳焕庭。

许以胜。

邱都封。

高升发。

丁耀祖。

赵仁和。

冯春山。

江春台。

徐东友。

范笏臣。

赖永发。

万禄全。

林志春。

程仁义。

崔为海。

谭明友。

邓正泰。

田呈祥。

章柏桥。

熊有忠。

梁德清。

向得胜。

曹良凤。

覃隆玉。

伍仁和。

隆春华。

谈其富。

毛薪传。

边吉门。

安徽

成立明。湘营。咸丰九年二月二十八日，在建德县城外阵亡。

王作哲。湘营。咸丰九年二月二十八日，在建德县城外阵亡。

喻英斋。湘营。咸丰九年二月二十八日，在建德县城外阵亡。

喻致和。湘营。咸丰九年二月二十八日，在建德县城外阵亡。

喻敬亭。湘营。咸丰九年二月二十八日，在建德县城外阵亡。

陈万祥。湘营。咸丰九年二月二十八日，在建德县城外阵亡。

谢金宝。湘营。咸丰九年二月二十八日，在建德县城外阵亡。

萧德安。湘营。咸丰九年二月二十八日，在建德县城外阵亡。

姜之汉。湘营。咸丰九年二月二十八日，在建德县城外阵亡。

吴桂林。湘营。咸丰十一年四月十一日，在安庆府阵亡。

蔡桂华。咸丰十年四月初七日，在安庆府阵亡。

谢有堂。湘营。咸丰十一年三月初五日，在祁门县阵亡。

杨少村。贞左营。咸丰九年十二月，在太湖县阵亡。

洪锡贤。辛右营。咸丰九年十二月，在太湖县阵亡。

周正国。咸丰十一年三月，在徽州府阵亡。

唐华荣。老湘营。咸丰八年十月十九日，在安徽阵亡。

桐城

周明有、再三、义和、洪福、东美、世葵、世定、忻万、世展。

喻必达、天一、有明、贵祥、升扬、宝林、久益、三元。

张俊美、有光、有春、景春、恒春、中和。

刘佑庭、先第、太和、得胜、宏太、择奇。

陈桂林、东友、竹村。

文胜德、正茂、仁厚。

范有章、福盛。

徐正清、元吉。

邓心田、贵堂、桂清。

成载福、正春、正兴。

唐凤云、仲勋、复盛。

杨国安、定国。

洪有德、启林。

黄迪玉、玉亭。

胡有胜、星桥、湘龙。

王执中、昆伯、九和、春桥。

高太元、永胜。

朱金田、泷海。

罗复春、楚仁。

蒋万胜、复盛。

彭万美、明山。

吴定勋。

谢贵三。

许良田。

殷乾周。

欧三贵。

余文锡。

易德义。

袁玉田。

江景春。

廖正南。

万有章。

富云德。

沈福全。

何世华。

郭益胜。

钟开南。

汤呈祥。

石有才。

贺文斌。

萧复春。

三河镇

张连城、茂龙、俊才、定荣、复胜、松起、万忠、东海、永贵、有才、玉和、有胜、汉云。

彭正春、昌林、星辉、寄胜、复太、锦春、人和、义和、立林。

欧得胜、宝亭、仁义、华鉴、林汉、羽山。

陈四美、泗清、行七、有美、锦台、福寿、腾芳、有连、云辉、文秀、启明。

何荣华、东祥、文毓。

姜述广、泰山、镇邦、生贵。

蒋克顺、得福、超群、成春、祖益、应元。

陶先顺、化东、俊德、心田、莲青、秋谷、纶孝。

王玉堂、辅亮、俊德、振川、行四、洪兴、玉衡、渭春、遇春、以成、金堂、恒寿、有元。

李福廷、仲和、胜云、廷弼、其祥、济言、文新、庆堂、松廷、文汉、玉田、北海。

黄鹤楼、桂庭、宝田、有才、应金、孚五、得胜、南心、元吉、金章、芝勋。

贺友胜、世和、耀春、泰山、明发、芳芝。

周心亭、连生、为贵、辅臣、世元、焕文、明忠、腾有、日龙、汉秋。

曾孔先、九如。

吴育昌、大美、焕辉、光照、桂山、仁申、三启、长贵。

方源泉、承卿。

邹永和、桂和。

刘茂林、文超、天玉、福山、敬成、龙飞、南先、维翰、九如、世忠、春芝、先序、信五、福田、洪益、崇高、得先、成善、有中、福春。

赵连升、万元、开交。

罗福山、文有、春和、世春。

冯辉耀、享成、万成。

洪俊三、大武、茂胜、福廷、正达、春山。

许声敖、得升。

袁东桂、春山、树才、有朋、太和、正玉。

胡镇海、广胖、椿棠、明光、亮山、福九、玉山、光明、金云、万才。

朱国胜、胜理、义和。

徐宏胜、松龙、友亮、亮元。

萧鸣盛、平山、复胜、泽南、在邦、云斜。

喻龙江、祥曙。

姚大刚、大喜。

杨万成、定海、进思、思告、永清、国贞、圣才、朝清、春先、瑞林、金堂、云汉。

邓笏廷、光辉、光福、文禄、量才。

秦正绥、正楚、正福、正坤、泰山、贵林、太升、先标、月明、德洪、如礼、巨才、金山。

汤胜清、胜才、中和。

沈定修、新元、万太。

谢必贵、蔚兰、呈祥、胜辉、友胜、有才。

丁有胜、凤鳌。

高家善、春亭、贵先。

唐胜辉、绍尧。

万流江、福田。

廖少采、进才、隆友、云蒸、耀宗。

林义元、大胜。

任四海、百川。

孔泽周、泽润。

江洪元。

宋有高。

田大胜。

苏正谱。

涂正福。

傅永魁。

蔡正西。

匡青富。

卞有才。

程瑞林。

郑泉清。

章松启。

龙合胜。

阳连升。

左得胜。

戴有才。

崔如海。

钟怀贵。

谭国昌。

金玉堂。

葛光洪。

龚俊杰。

齐得胜。

柳得政。

郭有才。

江西

任应善。魏字营。咸丰四年十一月二十一日，在九江府阵亡。

陈开泰。本邑汛兵。同治元年十一月初九日，在永宁县阵亡。

郭志坚。楚军。同治元年三月十八日，在石门县阵亡。

周葆春。果字营。咸丰八年正月初九日，在樟树阵亡。

喻星辉。咸丰六年六月，在袁州阵亡。

喻湘辉。咸丰六年三月二十七日，在袁州阵亡。

黎三友。咸丰六年九月十八日，在新昌县阵亡。

胡本立。咸丰六年十月十八日，在上高县阵亡。

梁汉斌。咸丰六年十一月，在瑞州府阵亡。

卢克太。楚军。咸丰十一年，在乐平县阵亡。

萧正春。楚军。咸丰十一年，在乐平县阵亡。

李禄山。吉字营，水师。咸丰七年六月十五，在鄱阳湖阵亡。

李复太。咸丰八年正月，在吉安府阵亡。

杨世汉。和字营。咸丰七年五月十二日，在吉安府阵亡。

杨德魁。和字营。咸丰六年六月初一日，在吉安府阵亡。

黎九河。和字营。咸丰九年十月二十二日，在吉安府阵亡。

姜清其。在吉安府阵亡。

杨章述。和字营。咸丰七年六月十七日，在泸溪县阵亡。

罗万福。湘营。咸丰八年七月二十二日，在建昌阵亡。

唐明德。果字营。咸丰七年六月二十五日，在饶州府阵亡。

周有胜。在江西阵亡。

湖北

欧阳得胜。湖南守城勇，咸丰五年四月，在金口阵亡。

张香林。咸丰六年六月初七日，在黄州阵亡。

杨太和。咸丰六年六月初七日，在黄州阵亡。

周星桥。咸丰六年六月初七日，在黄州伤亡。

罗敦盛。平超营。咸丰四年五月十五日，在蕲州阵亡。

朱金仲。咸丰六年七月二十一日，在武昌阵亡。

秦德胜。咸丰六年七月二十一日，在武昌阵亡。

邱文治。咸丰五年七月二十一日，在战口阵亡。

宁高冈。在鹿角阵亡。

孙明杰。果左营。在施南府来凤县阵亡。

喻复周。义字营。咸丰五年三月二十二日，在花园阵亡。

萧庆元。义字营。在鲁家巷阵亡。

喻乐敬。咸丰六年十二月十七日阵亡。

欧阳朝。咸丰十一年九月二十八日，在随州阵亡。

陈先照。在黄安县阵亡。

欧阳际泰。同治六年二月十八日，在蕲水阵亡。

谢光宇。果副后营。在湖北阵亡。

李添喜。在湖北抚标副中营病故。

湖南

蒋茂廷。武字营。咸丰九年六月，在宝庆阵亡。

杨培元。武字营。咸丰九年五月，在宝庆阵亡。

周德安。咸丰十一年九月，在龙山县阵亡。

张道南。在本邑文书山阵亡。

丁孝传。在本邑文书山阵亡。

黎玉春。在本邑文书山阵亡。

谈振武。在本邑文书山阵亡。

刘星明。在本邑文书山阵亡。

喻玉屏。在本邑文书山阵亡。

喻春发。在本邑文书山阵亡。

何俊三。在本邑文书山阵亡。

阳子龙。在本邑文书山阵亡。

喻南江。本邑团勇，咸丰六年在九都七区阵亡。

黎云江。咸丰五年九月二十八日，在桂阳州阵亡。

刘东和。咸丰六年六月二十七日，在衡山县阵亡。

黄得胜。咸丰六年十一月二十八日，在衡山县阵亡。

潘忠玉。和字营。咸丰九年四月二十四日，在祁阳东乡阵亡。

周镜清。和字营。咸丰九年四月二十四日，在祁阳东乡阵亡。

吴南一。老湘营。在耒阳县阵亡。

彭仁和。恒字营。咸丰九年五月初二日，在邵阳县阵亡。

周振吉。和字营。咸丰九年四月二十六日，在邵阳渡里桥阵亡。

杨宗诏。和字营。咸丰九年四月二十六日，在邵阳渡里桥阵亡。

罗孝荣。和字营。咸丰九年五月十七日，在宝庆东门阵亡。

张运煜。在邵阳县阵亡。

张行三。和字营。咸丰九年十二月初三日，在道州阵亡。

浙江

黄学庵。在浙江南溪县油埠关阵亡。

杨金友。楚军克勇。在浙江檀树湾阵亡。

杨松林。花翎游击。同治三年，在浙江带勇，积劳成疾卒，经左帅奏请，照立功后病故例赐恤。

安徽

黄吉堂。字思学。总兵衔补用湖北副将。咸丰十一年九月二十四日，在安徽炉江病故。

杨钥南。字柳泉。由武庠保至蓝翎都司，克复安徽一带，积劳成疾，赐恤如例。

附：义佣义仆

《汉书》言：李善，为李元家苍头，保全遗孤，朝廷闻其贤而官之。嘉庆间，侍郎陶梁之仆骆升，脱主于难，身受贼刃，濒死复苏。上达天听，赐金以旌奖。精纯之行，固不必尽出士大夫也。兹所录悉仍前《志》，亦以见忠义性生尽人同，具不以舆台之贱而或遗之云。

张孟，儒家子，以贫佣书于举人杨某家。献贼至，杨父被执，孟于万军中突呼而前，求代死。群贼交刃格之。呼益厉，贼为感动，遂得释。

陈冬，市医陈应昌佣，往与应昌同居，抚之有恩。一日，应昌病垂绝，诸医敛手去。冬号泣，遂刲臂以进，病立苏。次日，裹疮血出，卖菜于市，众相惊讶。闻于官，赏以一缣。陶汝鼐感之，成诗曰："汉献阶前泪满胸，桓元辇上太从容。书生臣主恩何薄，羞语陈家卖菜佣。"

田心饶，明选之仆。明季，献贼执饶去，将刃之。田心号泣，诣贼请代死。贼曰："汝能降，释汝主。"田心佯允之，饶得脱，度主已远遁，乃厉声骂贼而死。至今饶氏子孙每中元祭祖，必兼事田心以报之。

王端友，刘光初之仆。顺治三年，光初妻胡氏于花桥遇寇，以幼子祚昌附端友负之，由符山越高岭，至赤子塘又遇数贼，力奔始得脱，至家释其袴，抱呈家主，倒地晕绝，逾时始苏。迄今刘氏丁近二千，皆端友救主力也。乾隆时，建胡氏节烈祠，因其旁室别立端友神主，春秋祔祀。

范志纲，范延雄之仆，逸其姓，遂因其主姓焉。老成谨慎，为主耕作督佣。延雄子长泰、长湖念其义，与金二百，令免役自去，尚依依不忍舍。延雄死，其二子俱少未更事，志纲尽心辅助，规劝不啻严师。后少主先后去世，长湖子仅四岁，寡母孤儿，所赖以御侮而扶持者，惟志纲一人耳。后长湖子迁省垣，志纲留乡，田园邱墓，资其看守。为人排难解纷，见孤苦，力能济者辄不吝。乡人义之，未敢以奴隶轻视也。年九十卒，惜无后。以上旧《志》。

王少吾、吴心桥二人，丁遇时之雇工也。献贼驻道林时，拘遇时至宗师庙不屈，与刘、邱诸君子同日死。二人既负遗骸归厝，而其子先甲亦庠生，献贼索之急。先甲将往授，命脱家人于难。吴谓王曰："丁氏一线，在我主人。汝善相之，我往死可也。"遂索冠服往。至贼所，引颈受刃。后丁氏建宗祠，奉二人主于旁室，春秋时祀焉。

人物五　孝行

　　孝，庸行也。而至德所昭，光四海而通神明。人纪之所以不至废弛者，实赖此一线之延，绵绵弗绝。夫仁孝之人，自然之性，根于心而不可解，非以觊名也。然国家以孝治天下，凡孝子顺孙，均得察举，请旌于朝，有鼓励之义焉。宁乡自刘端循良著绩，复以孝行旌表，为乡里矜式。由是而割股、庐墓之事，间见于世。兹编所采，不独卓绝之行，可泣可歌，为人所难能；即服劳、奉养、承颜、顺志之事，虽皆事亲之常道，而人之克蹈之者，不数见也。爰表而出之，以风世云。

孝行一

明

　　刘端，字本正，号直庵。举人。德器深沉，才性坚颖，事父母，守身养志。选潮州府同知，命下五日，闻父病，趋归。讣至，一哭顿绝。即日徒跣南还，极其毁瘠。家人欲觅塞，少舒其劳，不许。奔至里门，哀号惨苦，路人泣下。居丧惟秉朱子家礼。当葬，率子弟负土为坟。庐墓三年，晨昏展敬，哀若初丧。服阕，改授西安府。比至，询民瘼，赈凶馑，修泾阳广惠渠，穿大龙山、小龙山，礴石为复道一里，溉泾阳、醴泉、三原、高陵、临潼田七十顷。太子詹事彭华为作碑记。关中多帝王陵寝，咸修葺之。商州流民数万，乌聚云散，为招徕编集之，以户计者，一万一千有奇。九载秩满还，囊橐萧然，布衣疏食。继母段，年逾八旬，奉养惟谨，食必亲授羹饭匙箸而后退。弘治初，县令郑惟楠具以闻，诏赐旌表。平居无疾言遽色，授受非义，一介未尝取与，服御无文绮金玉。创宗祠，倡族谱，率乡人春秋社，必循次讲解《大明律》一篇。孝宗宾天，奔随有司，哭如制。乙丑，奉诏进阶一级。

大学士廖森为之立传，载前朝人物纪。雍正八年，入祀孝子祠。

汤道拔，字汇征。明季人。少遭乱兵，执其父以火炙背，道拔泣恳身代。贼义而舍之。兄道揆，死于献贼，道拔冒刃负尸归葬。事寡嫂尽礼，抚遗腹弟，分产加厚，自受薄者。兄弟兵燹相失，皆冒险寻归。里有大碑桥，道拔先世所修也，后圮。道拔念祖德，重修之。

汤道炽，性孝友。崇祯末，弟伟生为贼掳。道炽追至益阳，直入贼营，曰："吾弟弱，不如吾壮。归吾弟，吾愿留。"贼利其壮，许之。炽旋以计脱。顺治四年，炽父因公罹祸，系缧绁中。炽再三求以身代，弗许。乃昼夜号哭，死而复苏，苏而复哭，声泪俱竭，伏地不能起，如是者数月。当事哀之，曰："此真孝子也，释之可劝孝。"遂释而归。三逾月，父以忧死，母亦随没，同日合厝。炽负土成坟，庐于侧，旦夕呼号，为邻里所不忍闻。后伟生乏嗣家破，道炽割己产，为择嗣，率族续家乘，构祠宇，置祭田。又募族置光明山普济寺香火田六十亩。

胡九霄，三岁失怙，事嫡母未尝离左右。母没，席苫十余年。官广宁知县，会大罗寇起，兵道被执，九霄设奇，拔围出之，斩馘千余。卒于官。

杨思震，居亲丧，饘粥三载。出守陕中，执法不挠，所得禄糈，皆以蠲惠宗族。

杨思诚，家贫早孤，事母至孝。后官徐州知府，有善政，郡人感之，立祠以祀。

胡衷煐，性笃孝。年十四，遇贼执其父母。衷煐以身左右翼，贼义而释之。后又为贼携去，予伪职不受，胁以兵，不为动。乘间脱归，父母已没，乃庐于墓所。时多虎患，衷煐独苫块于深林丛箐中，虎为远徙。

姜贞明，号磻石。增生。至性过人。家被贼焚，时父柩未葬，举家失贞明所在。火益炽，觅益力，则贞明号泣中堂，以身护柩，由是柩得出于火。弟钦明，庠生，以父丧哀毁卒，遗幼女未字，贞明为婚于士族，饮以嫁奁。常寓邑中，闻邻右有悲戚声，询知为孀妇，因公被系。贞明罄赀脱出。子三，均隶庠，献贼陷宁，不屈死。

王用弼，字佐周。父君奇，没未葬。游寇适至，众咸避去。用弼独守枢旁，贼义之，弗加害。家仅中赀，田产多让侄族。有不能婚者，助以赀。有从妹嫁而贫，遂养于家。

国朝

黎希轲，字次孟。太学生。孝二亲，偶离则心悸，必归然后安。母卒，泣血毁形。致疾，尚强起以慰父心。及居父丧，毁瘠苫块逾月，卒于墓庐。今庐尚存。著书见后目。

黎希星，字长庚。幼时，送衣父馆，路遇虎。希星以父寒哀告，虎遂去。家遭火灾，母病卧，两弟俱幼，希星冒火负母出，发肤寸裂。抚孤侄如己子。为塾师，归以所得束修全途中鬻妻者，至不能举火。家人或怨之，希星慨然，不以为意。

廖乔年，字凌云。乡贤方达子。性孝，五六岁时，父口训小学，嘉言懿行，乐听之。及长，亲疾，衣不解带，剧则涕泣不辍。方达署茶陵学正，奉文搜购遗书，欲刻《怀麓堂全集》而无其资。乔年体父志，售田为剞劂费，以表遗集。今其集数刻，竟没乔年首功，殊可诧异。及方达赋《遂初》，乔年侍晨夕，二十年无倦容。亲没，庐墓三载。

秦安镇，生六岁，遇父母疾，则废寝食。稍长，侍立必肃衣冠，受教惟谨。父母年老，兄亡，抚遗腹孤，虽拮据，不令老人知。惟洁供奉，以娱朝夕。母在殡，忽火起，将及枢。安镇哀号呼天，风反火息。及葬，庐于墓。有鹊庐左，鸣甚哀，人谓孝感。居家四世同爨，无交愈意。卒后，里人呈请建坊。

陶士仪，字逮吉。例贡生。性恬静，不好嬉游。母病剧，忧悸莫知所为，遂割股以进，母病寻愈。

潘佑昌，字启仁。廪生。母病剧，医谓"元气亏，不能起"。佑昌割股啖之，病愈。年三十余，遂将田产分割，自期功及远族有差。族有鬻妻者，赈之粟。溪水多涨，佑昌置船渡行人，并置田资舟子工食。无嗣而没，人咸哀之。

黄杰曾，字殿一。贡生。事继母秦氏极孝。宅被火，秦氏方病在床。杰曾冒烈焰入救，卒负之出，体受重伤。生平好宾客，不谈人是非，邻里童稚咸乐近之。

王国林，字汉卿。有臂力。一日，虎啮其父，国林奋击，虎折其左牙。虎怒，爪穿国林腹肠出尺许。父死，国林死复苏，家人纳其肠缝之。国林乃制火器，遇虎辄奋杀，已毙七虎一豹，最后获一虎，左牙久折，知为啮其父者，遂烹之而告父墓。国林，长沙卫人。卫裁，归并宁乡。

熊光旦，字曙村。平生敦伦纪，重气节。咸丰甲寅，粤匪入境，光旦将举家避山谷间。其父年八十余，欲护其庐，不肯避。光旦泣掖之，不肯从。光旦曰："父苟被难，我何以生。"遂遣家人远去，而己与父俱守。顷之，贼登门，光旦以身蔽父。父逸去，贼执光旦，谓其家有藏金，拷掠殆遍。光旦骂不绝口，乘间赴水死。

潘南辉，邑之西城人。性颖异沉静，工诗文。家贫，授徒养母，能得欢心。尤严操守，无尘市气。咸丰四年二月，粤匪窜宁，时辉馆于乡，闻警恐母未及避，急归。适其母已随辉子他往，辉不知，犹挺身入城，遂遇害。

张封瑞，号悫斋。通文史，试不得志，遂学医。性喜施药，活人无算。父患痿痹，与兄谷瑞旦夕焚香，愿以身代，衣不解带者五载。父没，哀毁几绝。事节孝祖母欧阳氏、母李氏，遇暑月必凉簟驱蚊，冬则以身温被，数十年如一日。道光年，母病危，割腿肉以进，病立愈。越二年，母复病，仍割腿肉以进，家人均未之知也。母没，庐墓月余，因割伤重感寒疾，遂不起。初，封瑞病时，弟培瑞见其下衣有血痕，起居不便，询至再三，始实告。

刘朝清，号斯文。父贤正早逝，孝事母朱氏。家窘，日食力于外，有所获，惟谋肥甘以奉。母或怒，则亲授以杖，跪而受责。母九十余，清年近七十，母卒，犹为孺子泣。清没已二十余年，里中人犹啧啧称之。

萧文鳌，号若兰。温厚寡言。绍父允修重建福团桥，并建关圣、文昌二圣祠，因母目瞽，朔望斋沐虔祷，十三载无稍懈。母夜梦神引入一庵，饮以茶，晨起目复明。

姜尚志，字再虞。庠生。幼孤，奉母教惟谨，晚年色养益隆。析箸，另得住所，不忍离，依依膝下。迨母卒，庐墓期年始移居，孺慕终身。

罗一，母病疯瘫，不能饮食行动，一奉事备极孝敬，旦夕不离，十余年如一日。道光间，邻人夜半失火，罗一甫觉，负母欲逃，火已及门，不得出，遂与母俱烬。

戴三梭匠，以绩梭为生。母向氏，年五十，患痿疾。梭匠每早出，必先拜跪，炊爨托邻妪进献，晚归则伏榻抑搔，浣濯衣服，数十年如一日。母年九十五卒，梭匠年近七十，庐墓三年。甫除服，亦卒。人嘉其纯孝。

孝行二

蔡达财、达聪，孝廉泽芩子。父早卒，家贫废学，事母孝，出性真。母年七十，手足不仁，日夜扶持，竭力奉甘旨，如驱蝇、温被等事，无微不入，曲体母心。侠士孙嗣音感其孝，赠以田，辞曰："事亲，吾分内事，岂以邀利哉？"固却不受。

徐文海，佣工食力。母成氏年六十，偶病或减飧，文海亦不食，力营甘旨。暑必凉簟，寒必温衾。偶他往，虽风雨远道必甸归，无能强留者。母年逾九十，未尝一夕离。母卒，哀痛异常，闻者陨涕。

袠位，字定三。父茂达，诸生，隐居著书。位幼失怙，每读父书辄泣下。以母疾废举业，精究轩岐，母疾遂瘳。兄俣性峻急，委曲调停，式好无间。家贫好施予，信义孚于乡里。子名曜，翰林；名昺，知县。

丁忠揆，字先胜。幼失怙，事母贺氏最纯笃。家贫，食力供养，不以劳苦稍衰。或受雇于人，昧爽起，备一日旨甘始往。日间力疾倍作，以早归见母为悦。母年九十卒。服阕，每祭必泣。

姜震泗，赋性忠厚，毫不欺人。事母能孝，遇母病减食，震亦减食。母日一饭，震亦一饭。

童道昕，号警堂。家贫，独竭力随父开汉操家政。父没分居，次兄犟仕，昕以母氏王最怜长兄，次弟之拙于谋生也，时达两家苦况于次兄，恳分润较丰，转常被长兄谴诃，弗介怀。母病咯血，侍奉独瘁，两月衣未解带。愈后，婉劝节劳。母少闲，复操作，昕亦同操作，冀怜子竭蹶，庶自休也，然犹浣濯如故。昕长跪而泣求之，母膳资必自为政。昕见其铢两什伯，心计手筹，劳萦甚，因曲体其意曰："若假手于儿，供膳外犹有余，以赠长兄、次弟。"母始委之。而问钱价以多对，问物价以少对，皆私自弥补，且时请所与以慰之，视听入微，巡及厕牏，老犹不倦。母寿终八十有四。昕年六十卒。

王开瑾，诸生，逸其字。勤学，至老不倦，手钞诸经传注至数十帙。事继母至孝，夏扇枕，冬温席，能得欢心。馆于某家，梦持白木棓，以为不祥，意母有疾，星夜驰归，母病果剧。道光庚戌，国恤，开瑾授徒村塾，百日内幼稚生徒无敢剃发者。性方严，言动不苟，乡里敬惮。喜吟咏，诗词清隽。年六十余卒。

周永志，逸其字。事母孝，母病，竭诚祈祷，三年不入妻室。母没，哀毁尽礼，族党称孝。暮年得心疾卒，人咸惜之。

许敬庚，字振西。兄弟四人，伯仲各有室，伯无子。父没，以贫故，去儒而贾市肆间，日袖米归，或不给，则己食菜根，而母食未尝缺。后稍裕，娶妻黄氏，早丧无子。母欲为再娶，婉辞之。人有劝之者，辄鸣咽言曰："姑有妇以待老也，脱不孝如妇何？有妇则望孙子，脱不肖如孙子何？"盖有为而言者，然终虑母无伴，请伯兄嫂来家，给其食，属曰："尔毋累吾母。"存矾石担余，值价倍增，或冀其得重赏必售。庚曰："某固贫，诸物可售，母附身之物不忍售也。"母没，哀毁骨立。逾年卒。

杨希辉，字耀廷。少贫，食力事母至诚。年四十，尚与母同寝室。母病笃，辉痛不欲生。母曰："尔毋过悲，我死，尔必速娶，当畀尔多男。"后果如其言。母葬处距家颇远，虽髦年必亲往拜扫。疾革时，遗言必附葬母侧。其纯孝如此。寿终八十五岁。

谢某，世为农夫。家贫，种田数亩奉母，甘旨不缺。或不足，则日佣以继之。每辰出申归，视其工，则竟日为之者不能及，故人争佣之。或问故，不答。有识者曰："彼辰至者，为母浣濯烹饪也。申归者，恐母倚门闾望也。"夏清冬温，历久不懈。

谢上达，性纯笃，母瘫痪卧床褥十余年，朝夕侍奉，体察微至。母没，哀毁几不欲生。中元之夕，手携蒲团，跪迎大门外遥望，泣且呼曰："吾母来耶？儿在此跽而导之。"若迎载其母者至堂阶，伏地哭失声，邻人亦感泣。盖终身如一日云。

周振翡，号文元。佣工食力。兄弟三，自幼失怙，事父世棹，力营甘旨。冬夜伴眠，以胸暖其足，必俟足温方稳睡。佣工于外，虽雨雪必归。父年八十九卒。

黄懋敬，字服章。敦品力学，不苟取与。性纯孝，祖世杰年登大耋，出入、遗溺、沐浴，一切服侍无违，能得欢心。事父亦如之。寝馈大家文，屡试未售。课诸弟皆成名，友教士类，率多成就。卒年六十有四。

崔彦篪，字允三。笃孝行。孩提时，亲病辄废食。母死，号于墓侧，豺虎经过不为害，与人忠而好善。寿九十五，夫妇齐眉，于境内演塘施建山寺，曰福寿山。置田数十亩，沏名于钟。

成茂宏，字敷季。庠生。事亲先意承志，每晨夕必冠带定省。母没数年，父即世，事继母、庶母如之。庶母没，服丧哀毁，渐成咯血疾，事继母尤加谨。谓所亲曰："苟延余年，终事继母，死何憾。"继母没，强起成礼。

成章灿，字卓堂。笃孝友，母老多疾，汤药必亲尝，饮膳必躬进，闻咳嗽，雪夜必起调理。女兄家贫兼废疾，迎归医药，凡日用饮食，亦如奉母，数年无稍懈。

潘桂斋，父早逝，事母至孝。冬夜先以身温母席，夏夜又恐虮侵母体，必以己身使先饱血，无为母害。兼之乐善好生，足不履虫，手不驱蚊，孝慈之誉，脍炙乡间。年逾中寿，无疾而终。

易维周，字梅庄。性孝友。父素有气疾，周侍汤药，凡二十余年不少衰。善事二兄，子弟皆率教。

周启绪，字大宇。庠生。性笃孝，居母丧，每朝夕奠。随有白鹊飞集棺上，奠毕始去，人咸异之。年七十有三，忽遘疾，沐浴具衣冠，端坐吟曰："刍吊不烦徐孺子，碑铭且待蔡中郎。"声寂遂卒。

成日靖，字仪典。幼失怙，善事母。及长，母多病，侍奉汤药，数十年无怠志。为母祈寿，捐银伍百两修湘邑沙子江大福桥。母没，倚庐居丧三年。服阕，犹日于墓前拜扫一次，族党称孝。

张德明，字日宣。监生。九岁出抚长房为嗣，本生父母接次病笃，德明侍汤药，日夜不眠数阅月。事所后母亦至孝。母暮年喜饮，德明侍必尽欢。时塾师其母侄也，一日母酒后以言相忤，德明素隆师，因走谢曰："幸先生恕吾母酒后言。"母闻之戒酒，德明惶惧，伺母食，酌酒长跪以劝。不饮，翼日仍跪劝，母饮之，色笑而起。又体母意，于衰残乞丐，悉注姓名，每月两次，给米各一升并蔬酒。尝训子曰："吾生平待人，只一恕字。"年五十余卒。子茂兰，武陵县教谕、候选知县加同知衔。

杨怀玉，如松子。早岁失怙。家贫，事母张氏以孝闻。自幼鳏居，佣工为业，色养交至。每出外必先炊，有暇即归，为温清事，数十年无少间。母病笃服侍，中体恤微，至一切亵垢，未尝假手他人。母没，痛不欲生。弟有不率教，号泣而痛惩之。

唐方桎，字蕲阶。父志悠，母黄氏。先是，桎祖母病痹十二年，志悠率其妻朝夕扶持不少衰。桎笃孝亦如父。年七十，著《劝孝语录》四卷，县令方炳文行序；《孝经辑疏》，教谕黄鹤为之序。

刘日成，号昱斋。善事母。家贫，不腆于养，馆必就近，遇酒肉不忍尽，白于居停，留以遗母。寻归，课家塾，颜其室曰"慰慈"。母老且病，躬侍厕牏，暇辄以博带负行花径，以娱心目。年八十，始游庠，旋中副车，人以为孝行之报。

曾品朝，孤贫。母再醮，晚迎养。或出佣，必为炊始往，得值，辄市旨甘进。有食以肉者，留以遗母。母尝默祷于神，愿早自毙，毋留以累子。品朝觉，托词慰曰："迩来佣值昂，奉母外尚有余，毋庸虑。"母年八十有八卒，百计营葬。邻里怜之，助以赀。既葬，悉佣工偿之。

陈金山，父早卒，家贫，佣工膳母。遇甘旨不食，怀归以遗之。兄弟三，相戒以养，晰夕更侍，应顾者，远道必归。母寿八十，未尝一日离。其孝友敬爱，里人至今诵之。

黄乾明，字寿山。年二十二。乾久，字则征，年十八。母卢氏，以不能谏夫之失，积愤投水，兄弟赴救，均陨命。尸浮出，手犹互握焉。

谈昌砾，字商珍。家贫食力。母贺氏，年七十五，失明，艰于步履。昌砾又早鳏，躬亲侍奉，凡饮食梳洗，日数次不少懈。平生不食宿族戚家，恐缺母。朝夕羹汤，母未先食，谢不食。母或哽噎而吐弃之，必另举以进。母病，夜数起，辄相扶持。冬寒先温衣，待起以被之，如是者十余年。

母年八十九卒。昌砾自伤贫薄，无以为礼，哀毁余生，亦得年七十。

陈文光，字松鉴。不晓诗书，性成孝顺。事母李氏，能得欢心。出与返，必告面。自佣以供膳羞，无稍缺。母病卧数年，溲溺秽污，亲自扶持洗涤，始终无惰容。及卒，丧葬如礼，今镌像承奉如生。现年八十。

贺周书，幼失怙，事母阙氏不偶离。言戆直，无所避，惟母言是畏。母年九十三卒。属纩时，呼天抢地，哀痛欲绝。归窆，露宿其旁，号泣十余日。既葬，人力劝乃归，犹日登墓痛哭。生平爱读书，孙昇平游庠。

罗书府，字东林。性孝。幼失恃，父诗垣病蹶痿，背负出入二十余年，调药进膳，昼则侍立，夜则同衾，秽窬厕牏，必亲自洗涤。精医理，请诊视者，虽风雨必往，亦不索谢。家不丰，喜襄义举，曾倡建节孝曾祖母吴氏祀先堂，暨九折仑茶亭桥路。子秉钧，游庠。

朱溥晟，性孝。父思诚，善病。家贫，溥晟尽鬻己与妻之服物为药赀，日食粥，夜卧草蓐，夫妇竭力侍奉，须臾不偶离。饮食寝兴，一如父所欲。屡焚香祈以身代。一夕，梦白发翁与语曰："六都河塘万人山大石下，汝父寿藏侧有草一茎，服之疾可瘳。昧爽往取，锄地得金。及父卒，葬之日，又如其处得藏镪，人谓孝行之报。

人物六　仕宦

士所贵乎仕者，非以博冠组禄糈之荣也，草茅坐诵之日，诗书之陶养，父兄师友之规训，有得于中，藉一官以展布之。故处为名儒则，出为名臣，求志达道，理固然矣。宁乡自易祓以名状元膺封爵，后此或以功绩著，或以禄位显，代不乏人。近因军功起家者，尤为极盛，所谓邦家之光，闾里之荣也。顾秩无崇卑，梅福以尉传，仇香以主簿传，虽末吏，亦不容没。而议叙授职，政迹可传者，并得附焉。

宋

易祓，字彦祥，一字彦伟，号山斋。始祖欢，宋贞宗祥符时，由太和迁宁。祓弱冠乡举，游太学，工词赋。淳熙乙巳，释褐，依殿试第一人。恩例初仕文林郎，昭庆军节度使，掌书记，累官至礼部尚书，兼翰林院直学士。以时论不合，谪融州，移全州、衡州，得旨自便。家居三十年，著书自娱。零陵唐如晦，博学士也，远来受业。祓题其书室曰"善斋"。寻复原官，转朝议大夫，赐紫金鱼袋，封宁乡开国男，食邑三百户。后祀乡贤，荫抚子霖，溆浦县主簿；亲子霈，澧州司户参军；女一，适宾州侍郎黄简。祓著书最多，皆烬于兵燹。乾隆丁巳，同里王文清充三礼纂修官，从中秘《永乐大典》书内，见所著《周礼总义》一帙，因令其族裔宗涒袠录成帙，文清与同馆姜上均各为之序。余书俱见后目。

易霖，字岩甫，祓从侄，为祓后。徽悟详谨，居官不苟于职。以儒林郎入宪幕，奏辟靖州司户参军。时枢密院魏鹤山为帅，霖师事之，讲道观义，充然有得。及病，祓来视，语不及私，独以不获终养为深憾。俾中表吕登诵讲"曾子有疾"二章，整襟竦听，泊然而逝。

罗仲孺，字幼卿。宋绍熙庚戌余复榜进士，为邠州司理参军。后召试馆职，除集贤校理，擢户部员外郎、右谕德，以文学著声。卒祀乡贤。

刘彦举，字士用。宋端平乙未吴淑吉榜进士，累官翰林学士。文章词翰，为时所推。卒祀乡贤。

欧阳德道，字性之。先世可大由豫徙楚，十一传至道，读书于泉溪石岩。宋德祐乙亥进士及第，遂隐居孟子山避兵。后闻元阿里海牙拔潭州，将屠城，道遂杖策入军门，劝勿杀。海牙深纳其言，军还，辟为荆湖行枢密院掌书记，转中书令史。卒于官。世祖深悼惜之，给传还葬，祀乡贤。子大纲、大纪，荫河南都总管。

元

蒋彦明，字光甫。汉大司马琬之裔，宋县令文炳十七世孙。元至正壬午进士。官吴江县尹，擢签书，累官兵部中书省，兼国史大夫。上又更其名曰国宝，赐马三百匹，养马田三千六百亩。

明

欧阳彦贵，字士英，元中书令史道裔孙。明洪武太学生。由积分出身，任四川、广东两道御史，户部尚书。夏元吉荐授云南大理府知府，复任山东道御史，以廉干闻。宣德六年卒于官，敕葬，祀乡贤。

谢子贵，字用和。明恩贡生。洪武二十五年，授山东佥事，廉正有声，升云南布政使。旋卒于任，归葬邑西鳌山，实望北峰之南麓也。

李兴邦，字嘉言。初名兴祖。明洪武太学生。授北平道监察御史，升右佥都御史。丁母忧，起复。违限，降汝宁知府。及交趾叛，上命英国公张辅往征。辅上言：“兴邦素勇智，且家世近安南，此行必得兴邦而后可。”上可其奏，令复佥都职以行，至广西镫勒驿卒。上哀悼，赐祭，祀乡贤。

李守中，字宗道。明拔贡生、都御史兴邦侄。夏元吉尝赠以序，略曰：“守中，宋右仆射纲之裔也。世居宁乡金滩，洪武辛酉，以俊秀拔贡太学。时六馆英伟之士，睹守中风度，咸推让焉。小试广西贺县主簿，上宪交荐其材。永乐癸未，征入工部给事中，周旋禁廷，多所匡弼。逾数年，交趾平，析置郡县，求廉能练达者为牧守。简于众，擢守快州。丁内艰起复，转司徒员外郎九载。仁皇帝知其贤，超授广东左参议，未赴。

值交广不靖，遣镇远侯顾兴祖讨之，求参佐，上即命以现职往，仍赐敕奖慰。其行未几，遘疾，乞代。上优诏许之。"

周辛甫，原籍江西，从明成祖靖难，封指挥签事，安插星沙驸步门，徙居宁乡涧西小源冲。宣德七年，捐赀重建香山寺。子义官、志高，慷慨好义，捐修岳麓书院讲堂及道林寺田八十七亩。孙骏，任山东都司事。曾孙腾芳，官长沙卫指挥。今长沙铁佛、开佛，善化新塘各寺碑文钟篆犹存。

谈嘉瑞，明贡生。选兵马司，任保定府通判，升知州。优干济才，不惮劳苦。后值沧桑，挂冠归里。未几卒。

刘廷用，字世臣。性和厚，寡言笑。成化中，贡入南雍，充堂长。同辈以例馈土仪，悉却之。历事工部。弘治中，授沂州判，廉介自持，修马政。寻以目疾乞归，行李萧然，服食仆马，与布衣时无异。沂民感其德，至今颂之。

袁经，字大伦，号犀潭，宋学士仕文裔孙。明都察院右佥都御史，巡抚辽东，卒于任。大学士杨一清为之传，略云：公生于景泰七年，少贫，刻苦励学，成化癸卯科举人。弘治二年，宁学宫棂星门产瑞芝。次年庚戌科，公中钱福榜三甲进士。授陕西西安府推官，召擢河南道监察御史。初按两淮，次按苏松等处。壬戌岁，宁学宫戟门左春坊产芝五首如云，五色俱备。是年，公升山东按察司佥事。时逆竖刘瑾恨公不阿附，三罚米千石，公处之愈厉，不少屈。旋丁母忧，瑾败。正德己巳岁，公起复，升陕西副使。辛未春，升山东按察司廉使；冬，升右佥都御史，巡抚辽东。明年六月，卒于官。谕祭葬。公气和貌庄，终始廉介，正直嫉邪。及接引后进，宏奖群英，则醇如也。讣至，闻者惜之。祀乡贤。著书见后目。

何玑，字天器。明恩贡生，善属文。任广东四会知县，纤毫不取于民。以老乞休，举为乡饮大宾。

周策，字臣献。博学多识，尤长毛、郑诗，邑豪杰多其子弟。学有经济，当路诸公卿咨询兴革，必称周先生。明正德丙子，举乡试。己丑，任广西贵县令。粤故瘴，而贵四十里，军民杂处。策为明法守，曰："军有犯，宜付有司，无侵官。"武人敛手，盗劫永淳。库长吏思自脱，罗平民文致之，郡大夫以上亦幸得盗，不复问。策疑之，出诬服刘纪等二十四人。后宾州获真盗，人服其神。御史上其事曰："坚白之守，通敏之才，谳狱而邻郡称明，平政而悍卒守法。徭民赋者四十家，流民归者百二户。"子采成进士，遂返初服，栖息嵇山，著书自娱。卒祀乡贤。

周采，字子亮。明嘉靖己丑进士，官礼科都给事中。出补参政，历四川左布政使。六年，进副都御史，巡抚云南。自幼端重，言行不苟。居言路，论列皆关大体。尝奏请巡抚迁去必候代，大臣非考满不荫子，且不得谕祭葬。上多可其奏。时各省太监、总兵官专恣，采列疏罢之。历任中外，一介不苟，其廉让盖天性也。开府未久，闻父讣，哀不逾礼，采亦随逝。祀乡贤。识者咸惜其施未究。采在省中时，端介有丰度，为世庙所眷注，尝目之为矮周。又谓天下有二周，其一则吉水周延也。

杨思震，字廉卿。明嘉靖恩贡生，授国子监学正，升陕州知州。郯金恤士，执法不阿，自司训六馆迄于守陕，才望炳然。居家尤笃孝友，读礼时餁粥三载，所得禄资，悉以赒惠宗族。

杨思诚，字道卿。明嘉靖恩、岁贡生。早孤贫，事母孝，承颜养志，终始不衰。立祀先家约，以肃子姓。及任徐州州判，力汰苞苴，严禁陋习，徐民思之，立祠祀焉。

张邦珠，字子明。明嘉靖庚子举人。任镇宁州知州。张代巡荐于朝，曰："政事足以驯彝，才力足以排难。"盖录实也。

吴绍周，字景伯。明嘉靖癸卯举人。理学文章，悉得之大洲赵贞吉、升庵杨用修。历官蜀、滇，在在讲求心性，尤能化及彝类。开府吕某、直指刘某交荐之。流寇过境，相戒谓："吴青天境，毫不敢犯。"滇镇至今尸祝之。典试山西，分校滇南，程录皆出其手。尝清云南府藏，得没籍二千金，咨送台省，助征凤寇饷。介性凛凛，不欲枉己。徇时，即坎坷以老，萧然赋归，无憾也。居家爱敬二亲，终始顺志父事，二兄友爱无间。著书见后目。

陶鹏，字汉卿，号雪庵。明贡生。学有实践，治《易》《春秋》多心得，邑人号为儒宗。初令桂平，窜逐貙虎，士民欢洽，以廉惠闻于朝。尝监军交趾，大司马毛某上其绩，将有殊擢，适以外艰归。起复，补阳春。数月，慨然命莼鲈之驾。居家笃亲课子，邦大夫敬其古处，致父事焉。

胡九霄，字汝上。明贡生。三岁失怙，以孤苦力振箕裘，事嫡母未瞬息离。母终，毁骨，席苫十余年，不忘恫悼。及宰广宁，邑方新造，晨夕焦劳，诸工并构，三载告成。会大罗寇发，兵宪刘仁山被执。九霄设奇入围出之，随麾伏卒，斩馘千余。当道荐之，忽以疾殒。

陶显功，字肤仲，号太麓。明岁贡生。生时，母梦寿字拄天。少殊颖，与张居正同举奇童，入濂溪书院。嘉靖丙午科，拟元三日，及主司得蔡制卷，欲移为第二人。房考袖其卷以抗，非第一，宁留良也。以拔贡司训归安，为尚书唐某所知。历教蓬溪、皆州，所在起文誉。张居正尝欲破格用之，擢中江令，强项敢作，治行甚著。考最，升路南知州。二年，解组还。优游林泉，凡三十余年。晚耽著述，书法亦工，议论慷慨，外台郡守，时有造庐请者。寿九十三。著书见后目。

周耀冕，字汝服，号存一。明万历己卯举人。操履醇谨，天性元澹。上公车不第，授东平州牧，以廉明考最，升延安同知。生平严取予，泯雌黄，内密外侻，虽宗党无敢私干者。晚见子堪赓成进士，益矜慎摛谦，以精忠报国勖子。年八十卒，崇祀乡贤。

陶显位，字仁仲，号念雪。明贡生。官桃源司训，升路安府教授。早失怙恃，孺慕不忘。十六岁，读《易》有疑，闻丰城李大司马某传《易》学，裹粮往学焉，遂为理学名儒。力敦孝友，拒色还金。以选拔分教桃源，与江绿萝讲诗古文词之学。代视县篆三月，顽梗归化。年八十致仕，神明不衰，灯下犹作小楷。卒，祀桃源学官。著书见后目。

胡宗臣，字荩宇。明时人。九霄少子。早失怙，善事母。为诸生，留心世务。以岁荐入太学，授济宁判。上官叙其河工之劳，擢阳朔知县。以子进举于乡，遂致仕，与修县志。寿七十八。

梅灿然，字彬吾。明举人，授县令。初任合江，调永康，醇笃岂弟，遇事鲜击断，惟与民陈说义理。赋归萧然，经史自娱。逢人劝勉为善。万历壬寅，与修县志。寿八十。

谢万钟，字明我。明贡生。风度翛然。少与李腾芳同学，李兄事之。

晚游太学，选成都别驾。起复，补卫辉，擢临洮府同知。所至皆以敏
惠闻，去官日人多思之。归田十余年，高寄物外，宁澹杜门，几绝人事。
年八十，炯瞳犂鬓，饵惟茗粥，人以司空表圣目之。

周堪赓，字仲声，号五峰。明延平府同知耀冕季子。天启甲子、乙丑，
连捷进士，官福清县令。以海贼剽劫，屡挫官兵，堪赓密遣壮士佯入党，
捕盗首，置之法，海氛大靖。遂以治行为八闽冠，擢陕西道御史。按
山东，劾藩府官恣肆。按畿辅，言厂卫害民。状上，不能用。时畿辅
戒严，堪赓厘兵饷，劾将帅不职者，壁垒一新。屡迁光禄寺卿、顺天
府尹，平反庶狱，多奇谳。尝劾保督侯恂，以仗左良玉要君，为大不敬。
霜简激烈，直声振朝野，擢工部右侍郎。崇祯癸未岁，李自成（剧）〔据〕
荆北，河南决河灌汴城，保督侯恂堵塞无绩，大为陵寝、漕运患。上
加堪赓副宪，衔命往调度。堪赓至，浃旬募万余人，缮工料，部署营伍，
且守且筑，挥汗赤日中，与役卒同甘苦，遂得人死力。自成不敢径趋河北，
转从上游窥潼关矣，故数月而大工告蒇。上嘉赖之，遂擢南户部尚书。
亡何，积劳成病，假归里门，而京城遂陷，哭濒于死者数。福王立，
史可法以书招之。堪赓泛舟南下，先札尚书张国维，请诛奸臣马士英、
阮大铖，以清君侧。得报书不可，乃返棹，变易姓名，崎岖岭表瓯闽
间凡数年。归隐大沩山，托于禅寂。以顺治十年，衲衣趺坐而逝，里
人请祀乡贤。其条奏弹章及著书见后目。

胡懋进，字修能。明举人。性敏慧强记，同辈推其才。然性傲岸
自负，多不近人。以治《麟经》获隽。平居落落，经史自娱。长诗古
文词，不肯苟作。署无锡教官，士咸敬之。升福建永定知县，归隐不仕。
年六十三，歼于兵。其客傅友竹年七十，取架上书千卷卫其尸，经月
不去。初，懋进葬其父，形家曰："此地固佳，但主长子凶。"懋进曰："但
令诸弟获福，吾宁当之。"此盛德事，术士言固幸中哉。

陶汝砺，字用我。明岁贡生。苦贫授徒，性简率，绝去町畦。蚤
聘吴氏，将娶而瞽。吴氏请绝婚，父命占之。汝砺跽请曰："既盟矣，
当结缡，而弃妇将安归？愿勿绝。"明年，娶吴氏。亲迎之日，吴氏目
复明，两人偕老，子孙绕膝，一时奇之。汝砺司训宜城，升泰顺知县，

以岂弟闻。卒于官。

杨文华，字美仲。明诸生。生吉水，十岁随父来宁。茹贫苦志，有穿席漂麦之勤。乡刺史陶某奇其文，妻以孙女，名益振，屡冠诸生。贡入太学，九闱不第。历任曹州、保定，以岂弟闻。守维摩州，两土司争哄，文华束手，得罪归田。年七十矣，犹喜弄铅椠不倦，邑人士多出其门。年八十余，没于乱，人皆悼之。著书见后目。

陶幼学，字行吾。少负异才，留心经世之务。明天启，贡太学，授官山西大同卫经历。大同居边地，逼近蒙古，被侵掠，百姓苦之。幼学单骑周视边堡，谨烽燧，严守御，境外闻风畏惮，戎马不敢南牧。吏部侍郎长沙李某一见，惊其才曰："此国家大器也。"以女妻之。年三十六卒，未竟其用。子由，明经，官浙江秀水县丞，升知县，有惠政。少子焕，工文章，崇祯丙子举人，会副，授官司李。

王陞，字汝登。明天启恩、岁贡生。与其兄阶，贫而力学，恭俭孝友。念伯氏早世，抚诸孤如己子。晚膺岁荐，授大理别驾，升云龙州知州，所至有循声。

陶汝鼐，字仲调，号密庵。明翰林院检讨。生有异征，少负奇慧，工古今文，诗赋词翰，并为海内所推，有"楚陶三绝"之誉。初以里选入成均，试积分科，怀宗赏其文，特赐第一，题名勒石太学，授五品官秩，仍留馆肄业。崇祯癸酉，举于乡。丁丑癸未，两中会副。旋授翰林院待诏，升检讨，请假归里。鼎革后，剃发沩山，托于禅隐。生平念笃彝伦，父没哀慕终身，竭力事母，处昆季宗党笃挚，类古人行谊。居乡持正，多厚德事。尝为人雪冤救患，身冒兵难，全活千余人。康熙间，里人请祀乡贤。同知赵宁牒报曰："硕肤名世，理学真儒。"盖纪实也。寿八十二。著书见后目。

宋玉琦，字文蔚，号铁崖。明时人。任两淮盐运税课，分理鹾政。时有巨商，交通猾吏舞弊，严惩之。力革陋规，盐务一清，上游器重之。后致仕归，行李萧然，惟书数箧。卒年七十七。新增。

国朝

吴嘉骥，字龙媒。岁贡生。任山西知县，有廉声。诗古文词与陶之典、胡衷煐并知名一时。又好集唐，天然雅丽。无嗣，诗遂散失。

陶之典，字五徽，号憺庵。由拔贡为安亲王府教习，考授内阁中书。性情恬静，动履端方。尤笃六行，虽缌麻之服，必弥期而阕。工诗古文字，尤精尺牍。耄犹好学，年八十六卒。居平精医，刊有方书，行世活人。著书见后目。

杨镇英，字直生。义勇性成。年二十九，应贝勒之招，勤于王事，授游击，管广东南雄府参将事。以父母在籍，不及迎养为憾。亲没，徒步奔丧。会流寇蜂起，镇英练乡兵，保障一方。凶岁多饿莩，赈以粥，全活无算，不市德焉。

易方拔，字尤士。少善强记，由例贡授龙阳训导，干济自许。修理黉宫，售产供费，振兴文教，士习一变。学使薄某题其斋曰"人文就范，龙固泽国"。康熙乙未多涝，方拔佐邑令筑防，伤燥湿，遂病肿，卒。龙之士人请祀名宦祠。

黎希圣，字睿作，号克斋。副榜。甘贫力学，于五子遗书，深造自得，作《传习录》辨经。受业者胥能剖晰宗旨，以"六有"额其斋，学者称"六有先生"。授永兴教谕，屏陋规，勤课典，反复于孝弟廉耻之义，士咸诵法之。逾年，卒于署，远近诸生，含哀赙奠至失声。著书见后目。

陶煊，字奉长，号冷痴，别号松门，之典子。由廪生考授州同知，为安勤王府教习。与兄端有"二难"之誉。平生负大志，多壮游，好读书，舟中、马上手一编，哦诵不辍。所至与贤豪友，如王士禛、徐乾学、宋荦、韩菼，皆一见折节，以国士相期。性重然诺，广陵江某以子灏相托，教诲成立，为纳室。亲迎日，值夫役殴毙人，兴大狱，几破家，行义获祸，弗悔也。西蜀刘忠嗣，邂逅订交暴病，谓妻孥曰："我死，依陶耳。"凶问至，即具舟迎其家口养赡之。刘仅一女，择婿而厚其妆资。且访刘氏，谋为承祧。他事多类此。诗学唐，出入宋人，尺牍书法亦工，旁及刑名、算法、歧黄、堪舆之学。其授安勤王经也，甚见尊礼，事无大小必咨询。府有三品护卫官触罪，王怒，欲削职鞭之。煊言于王，得释。其人奉金谢，煊变色挥去之。平生负气节，慎取与，此其一也。著书见后目。

秦仕伟，字英郎。由庠生辟衡州知事，改衡州府教授。父善士与兄仕俊均死献贼，抢尸负葬。后欲报父仇，投左良玉麾下。见帅逗遛，恐失母养，弃归。及为知事，值军兴时，多所宽解。至司马铎，为诸生矜式。以母老乞终养，招族中流亡，胥分以田宅焉。

黄之瑄，字奉璋，号荻斋。生三月，父岂常见背。母杨氏忍死抚孤，之瑄克成母志。十岁，能文食饩。及长，中丞丁某一试七艺，命肄业岳麓，后贡成均。司训城步，三载终养，昼夜不离母侧十二年。年六十三，丁艰犹孺子泣，擗踊无算，治丧遵古礼。旋请建坊崇祀，以表母节。服阕，补官临武，力辞不就。生平言行不苟，自奉薄而厚施于人。寿七十八卒。子道忠，字兼恕，承父志，出谷赈饥，岁以为常。年近大耋，犹著家训贻后人。齿高德邵，一如厥考。

李凤栖，字高阳。由武举授四川夔州府都司，剿仁怀县土城贼有功，事存碑记。

廖方达，署茶陵学正，与弟泸溪训导方远友爱最笃，教士子以存心为主，后及文艺。置义田赒宗族，岁饥，悉推廪粟赈贫瘠。曰："天灾流行，岂宜独饱。"卒祀乡贤。

叶嗣铨，字简臣。贡生。江华县训导。事亲恭谨，处族雍睦。敦节俭，好学能文。任江华时，饬学规，士矜式。归年八十八，卒。

张启禹，字我咸，号坦斋。由举人官浙江永康知县。幼受学于兄启特，值疟疫流行，父母昆弟皆逢，启禹科头跣足，顿颡求代。越翼日，皆瘳。长食饩，登贤书，礼春闱屡踬。遂南旋，键户课徒，列胶庠者七十余人。及任永康，亲历郊野，问民疾苦，课农桑，折讼狱。十一月，士民汇治绩成编。永康连年荒歉，前任亏空累重，欲缓征而掣肘，遂引避。父老绘《攀辕图》送之，行李萧然。归建宗祠，修家乘，置祭田。著书见后目。

杨之宪，字仲文，号双岩。岁贡生。任麻阳县训导。弱冠食饩，中丞丁某招入岳麓书院。之宪与善化郭焌称"二杰"焉。司铎麻阳，月课极严，行检必饬诸生悦从，卒后多心丧者。子五，长开桂，出其田十亩奉之宪祀，余以赡贫。《府志》：开桂承父志，出其五都聚山田二百余亩，建祠山下以奉祭，并济族之丧昏不给、衣食告馈者。

周硕勋，字元复，号容斋。侍读王坦修有传云：硕勋生前，一夕母梦中堂结彩，焜煌呼神君，至翼日诞生。年二十二，登贤书。二十九，挑发浙江盐场，胪陈盐政十余条，剔除场务奸弊。补曲周令，调青县，擢务关漕务水利同知。乾隆戊辰，卓异，升廉州守，调潮州。己卯，引见，钦承温纶奖励，赐蟒袍、貂皮、手珠、紫金锭。回任，护惠潮嘉兵备道篆。前后莅潮七年，潮大治。因略小节，忤新长官，以公罢议，遂乞休归。潮人肖像祠于凤凰洲，编修杨演时勒文于石。历宦三十余年，图史外无长物。于九边扼要、沿海关隘、兵防、屯田、漕运诸大政，及历代治忽兴衰之故，每晨起手披目览，夜分不倦。遇大事大疑，议论井井有条。所至劝农、兴学、修水利，兴革皆务实，每捐廉助成之。至率属杜绝苞苴，御猾吏，除黠贼，锄豪强，发幽摘伏，风行霜烈，一本于爱民。归里后，杜门以经籍自娱，与乡党言，恂恂土音。年七十五，夜梦至一宫院，奇花异卉，非人间。一翁前揖曰：为公守此两载矣。逾月终。嘉庆戊辰，入祀乡贤祠。

何中辉，字承莫，号瑞庵。岁贡生。任保靖训导。少负大志，属文不起草，试每冠曹。雍正时，与修《通志》。及司铎，崇奖善类，切劘顽钝，士林服之。著诗古文，未梓。

陶士伋，字表海，号松心。生之夕，祖之采梦人馈锦一束。少英敏好学，补弟子员，啧啧有声，以《羲经》魁全楚。任山西定襄令，清介子谅，民戴如父母。调临晋，攀辕遮道。性鲠直，嫉邪不能款曲。一语不合，则抚膺叹曰："男子以妩媚取容，愧负须眉矣。"旋托疾假归林下。后缘旧事镌三级，补淞江娄县主簿，人咸为惋惜。士伋夷然就道，到署惟日，哦松下，若忘其身之卑屈也。时上官素知廉直，将破格保荐，忽婴病卒。妻孥茕茕，不免冻馁，检其匣中，惟诗数卷。

陶士僙，字中少，号毅斋。举人。由明通榜授崇仁知县。前任被劾，亏帑至数千金。士僙至，恻然念之，力为弥补。邻邑乐安以江南采买者，奉行不善，遂纠众羁长官，上游将部兵擒剿。路经崇邑，士僙恐滥及无辜，遂自请单骑谕之，为陈说利害，众立解散。尝行乡村，于池中得石磨压白骨一具，夜宿道旁茅庵，窥空床下隐若有物，则石磨之半也，以池内之半副之恰合，而僧已泥首阶前自首。三年前争舍，杀其同寺僧，未信宿而冤立判，人颂神明。调上饶篆，已送新令，适蛟水暴涨，漂没人民田舍，死者近千人，新令俟陈请乃赈。士儌曰："吾虽饶令，此地犹吾赤子。"竟开仓发赈，全活无算。邑地有铜塘山，界连七省，封禁已二百年，人迹罕到，时传有匿匪而不得其实。士儌裹粮徒步，深入不测，竟穷其底里。寻以行取，历兵部武选车驾、职方三司，记名以御史用，旋出授柳州知府。甫三月，丁内艰，旋膺父丧。服阕，上素知其才，即升授松苏太兵备道，擢福建布政使。有延建叛案，株连数百人。士儌至，即日释无辜七十余人。未一载，洊历闽藩，尽察吏胥诸奸弊，豪滑皆敛手屏息。以病归，卒于家。士儌性颖异，早岁博涉经史，为文浩瀚精湛，声藉一时。及为吏，老成详慎，虽勇往敢为，而一皆本之朴诚，未尝以豪情侠气任事，故所至声称翕然。居官事无巨细，必刻时立办，卒以劳瘁致疾。疾革，但呼圣恩未报者再，家事无所问。

王文清，字廷鉴，号九溪。通经史，娴掌故。十岁能属文，十三补弟子员，督学潘某、巡抚赵某深赏之。廿六岁登贤书，遍游名山川，交海内知名士，学益进。雍正甲辰进士，补九溪卫学正监，赈详，贷余米三百余石，全活甚众。改补岳州府教授，详垦北河瀰荒地，得租百三十余石，助生徒膏火。举鸿词科，赴都充三礼馆纂修。次年，选宝庆教授，大学士朱某奏留纂修，授中书科中书舍人，兼律吕正义馆纂修，迁宗人府主事，旋调经史馆校勘，以父年老假归。四月复馆，奉上命校勘《五代史》，摘进三十四条。丙寅，诸馆书成，优叙，考取御史。旋乞归养回籍。越六年，诏九卿以上，各举经学一人，大学士史贻直、阿克敦，侍郎梅毂成皆以文清名入荐。调取赴京，值父丧不赴。服阕，戚友促行，蹵然曰："吾始仕为禄养计，今无可养，厚糈何为？且自筮仕以来，未补外职，是天假以读书缘也。再出，或外补，著述不几荒乎？"遂不仕，惟延课子弟。及聘修志乘，则曰："此足资吾考订也。"以所得修金，置宗祠祭田、义庄，甃铜瓦桥中。丞陈某旌其宅里，曰"经学之乡"，延举岳麓书院讲席六年，题奏纪录，后辞不就。文清自通籍后，门下士成就者四百余人，凡名公巨卿，无不折节交之，赠答诗文盈箧。所著书刊行数百卷，手录稿本共七百六十余卷，藏于家。九十二卒。壬申岁，岳麓肄业生祔其主于三闾大夫祠，春秋致祭。戊辰，入祀乡贤祠。

秦安镐，字绍丰。由举人挑授知县，历署广东电白、吴川、从化诸县，所至有声。实授龙门四载，上游器其才，咸拟卓异。以积劳成疾归，寻卒。

刘有洪，字方石，号南渠。以经魁授南漳令。漳固岩邑，有洪以利器试盘错，佩刀剑者牛之犊之。期月，境内肃然，雀鼠争，无大小立即审结。却暮夜金，修城坚固。上游欲卓异之，以疾告归，囊橐萧然。其曾祖母胡氏，遇贼捐生，沉埋百余年。有洪客都门，遍征名公卿歌诗，以发幽光。复呈请建坊，倡族置田奉祭。居苏冈，以经授徒，学者称方石先生。

王用楷，字右佳。十二龄，即补弟子员，旋食饩。踬棘闱，以明经授会同学博，教育有方。有廪生何登达，贫而迂，以小过触邑令怒，将详褫，副学某已予结。用楷力争曰："生腐儒耳，岂健讼者。"事寝，士林益悦服。俸满告归，卒年七十八。

黄道懋，字亮采，号澹斋。乾隆乙卯选贡，为文骎骎入古。性恬退，与弟道悫同登甲子贤书。一上公车不第，遂绝意仕进，室以内萧然图史，请业者填户。道悫，字敬亭，号藏山。赴试礼闱，适侄遇隆馆庶常有疾，促令告假，扶掖同归。其至性肫挚类此。视家如传舍，足迹半天下。工诗画。年六十三，授闽之永春州司马。数载归，卒于家。

钟邦权，字秉钧，号平斋。以副车官永兴教谕。事继母能承欢，友爱诸弟，白首无间。奖与后进，多所成就。著书见后目。书名前《志》遗录，今无稽。

黄道恩，字朝望，号藏皋。由进士出宰江左，历任颍上、潜山、舒城、凤台等县，所至有声。最后授虹县，地瘠民贫，尤日夕勤抚字。因公被议，拂袖归田，主石鼓、东山诸讲席，成就者甚众。家居以礼法教子弟，虽盛暑接见，必肃衣冠，居丧不用浮屠。纂《祠礼臆说》，一折衷于朱子，族里遵之。著书见后目。子七，官自郡守而下，各有能名。长子甲隆，以明经授广文，老成醇谨，饶有父风。

黄遇隆，字介三，号孚一。幼颖异，博涉经史。一月诵《左传》全部，诸父试之，一字不遗。年十四，补弟子员。即重经术，敦实行，由选拔以五经领乡荐，捷南宫第二人，选庶常。座师西林鄂某深器之，分校顺天秋闱，称得士。以病归，益潜心濂、洛、关、闽之书，言论造次，毋敢或苟，虽盛暑不脱冠带。主城南书院讲席，以节义道德为标准。尝与友人论学，取程朱教人切要之旨，指点详明，以为用力实地，学者翕然宗之。其为文浸淫汉魏，尤长于乐府。家食指百余，犹同居共爨。后以赴京，卒于旅次。

胡泽洪，号葛山，字禹九。举人。选山西岚县知县，爱人息讼，士民悦服。丁艰服阕，拣发江西，署赣郡丞，清丁剔弊，不纵不扰。岁余，补定南。定介万山中，地瘠贫而俗好讼，随事施教，革面革心。定有三溪口，可开河达粤，定人图之，而粤人不愿，利害互持久。上官亦谓开良便，泽洪按视，独具详曰："定之不河旧矣，未损生计。今河开而信丰、龙南、安远之商，于和平者可连樯衔尾而至，不藉山行，固便甚，定邑亦通商集货，闲民运载可资少济。但和平向走沙灞，穷民担负为业，不下千辈。若河开，则商必不循故道，彼民衣食之计绝矣。非聚而为盗，必转而他徙。是于商便，于定民小便，而于和平之穷民则大不便，乌乎可。"上官首肯，议遂寝。

胡泽潢，字星冈。少有直节，不苟去就。以进士授庶常，散馆授检讨。旋改监察御史，掌江西道，迁户科给事中。廉明静直，不竞不倚。某官官纪不肃，因缘为奸，劾奏后如议行。典福建试，称详慎，得孟超然等百有二人，皆名下士。巡淮南漕，能举厥职，奏事五条，得俞旨者三。诸宰衡俱称道不置，惜不竟其用。年五十而卒。

黄绂隆，字上圭，号赍斋。十岁能属文。比长，以礼法检身，燕居必衣冠端坐。由举人补临武训导，中岁告归，静坐一室。究心理学诸书，尤精于《易》。年七十后，犹手钞《学庸》二部藏家塾。著书见后目。

黄立隆，字定之，号静斋。道恩子。由选拔授知县，署直隶保定县事。

三阅月，未笞一人，人自惮服。嗣由巨鹿擢河间同知，随向道大臣查栾、濡二水源委，图说以进，全河了然。旋升大明知府，摄兵备道篆者再。上巡行畿辅，每于差次，温语存问，奏对移时。奉旨调守天津，办理荒旱赈务，踏勘详审，争于上官，以实入告，全活无算。守郡六年，清慎严厉，属僚慑伏，上官亦心折之。以目疾假归，卒年四十六。

邓廷松，号丈山。廪生。笃伦谊，工诗文。岁科试辄冠军，文多入选，屡荐不售。援例授广东德庆州牧，勤慎廉明，贤声懋著。调岩州，兼抚黎同知事。岩固瘴地，黎更难抚。廷松察黎情，喟然曰："非黎之不驯，实吏胥激之也。"盖黎地出产虽富，吏胥诈索无已，是以黎不堪命。乃严禁奸蠹，故终其任，无敢虐黎者，而黎亦靖。后以事失察干议，改授中城兵马司指挥。卒于任。

宋宾逢，字原一，号七峰。以副榜入太学，补武英殿校书，为总裁观某、陆某所器，有名下无虚之目，自是誉重一时。而性刚正，绝无攀援。分刺广西永丰，

见苗民历供署内洒扫薪水之役，差累甚苦，辄除之。严禁火葬、跳月诸恶俗，修复义学，延师课苗民俊秀者，俾知礼义，苗俗一变。及判贵州遵义，奉檄办征剿缅甸兵差，心力俱瘁，吏无侵扰，民忘疲劳，上游亟称其能。遵义与四川合江县接壤，仁怀厅等处为帼匪出入之径。宾逢严于擒治，帼患顿息。旋牧德庆，躬课农桑，平情决狱，视永丰、遵义如一辙。历任二十余年，公余手不释卷，淡泊如儒素。致政归，以俸余置祭田，修先茔，纂族谱，建桥梁，随力所逮，绝不与家谋。聘主玉潭书院讲席，邑人讼事，毫无干预。暮年布衣野食，诗酒怡情，自号老学圃。寿八十，无疾而卒。著书见后目。

张烈，号紫溪。举人。家素薄，藉砚田供菽水二十余年，及门多掇科第。选司乾州铎六载，士习文风，蒸蒸日上。后令元氏县，惟以清慎勤自矢，邑民父母戴之。致仕归，分廉俸给犹子辈，周及里党。耄而好学，日以书味怡情。著书见后目。书名前《志》遗录，今无稽。

袁名器，字大受，号信斋。由举人挑授知县，历署广东丰顺、徐文、普宁、新会诸县，到辄有循声。随补河源，凡控案不逾月审结，

分校乡闱卷称得士。有监生袁秉心子殴毙人命，照律拟。秉心富而健讼，贿亡赖冒凶刁控，上官数谳，终如名器拟结，遂奏升儋州牧。丁母忧起复，署钦州、万州，改授陕西耀州。耀连岁苦旱，名器至，虔修先农及风、云、雷、雨各坛，伏日步行诣太白山祈祷，果大雨，且连获稔岁。初，耀军犯俱交乡约安置，犯多横肆扰害。名器捐俸于城内买民地，凿窨房数十所分居，就近弹压，始靖。耀久无科第，遂案旧址，修复尊经阁、敬一亭，月集士会课。癸卯、丙午两科，中式者数人。添建监狱，每二人共一楹，男女别所，冬给棉衣裤。凡仓廒、书院、演武厅及各庙宇，俱缮葺一新。以上考迁奉天府，治中修理学宫、文昌阁，日必至工所。复修沈阳书院，仍月集士会课，书院科第始盛。年饥赈粥，巡各厂锅，必以箸试插不仆乃散给。委审案，俱平反得实，升刑部奉天司员外郎。嘉庆元年，与千叟宴，恩赐御制诗章、寿字、藤杖、绣蟒文锦及各色表里等物。是年秋，患足疾致仕。家居三年，未尝投刺当事。卒年七十有二。生平敦笃伦纪，风格谨严，端坐可竟日，足不稍移，人比之管宁榻。尝谓居官有两戒，首戒爱利，次市名。凡任刑名官三十年，未一用三木刑。及归，自衣服、书箱数箧外，长物萧然。

张思炯，字恒鉴，号东园。由举人授知县，初署山西岳阳令，大修废坠，振兴文教，清理滞狱，岳阳大治。补长子令，治如岳阳。数月，民树青天碑、纪德政者十数处。丁母艰归，送者多泣下。服阕赴晋，道经长子，士民车马迎数十里。补宁武，俗甚惨恶，死不能葬，辄弃其尸，小儿女殀，必委沟壑，谓能转劫。思炯下车，即出谕严禁，痛惩违者数人以示警。择署后地置一塔，令搜检暴骨藏之，邑呼"百骨塔"；另置一处埋小儿女，邑呼"婴儿冢"，恶俗丕变。县无科名，思炯借财神庙延师召诸生读，每月亲课数次。是科党轶群中副车，次科登正榜，文风遂开。熊沟村无赖子王黑黑子，在京师小偷被获，捏供素隙某某等图不轨，伊为细作，檄晋严拿解办。晋抚命潞安知府、宁武参将率兵围捕，思炯力止之，请独往。抵熊沟村，民大骇，廉得其情系妄攀，悉慰抚之。令案内数十人均就捕，入禀各宪恳省释。遂据禀上达，解部审实，每名给银六两释归。村民咸诣署跪谢泣下，曰："活我一村命，无以奉报，惟祝百年长寿耳。"数年告归，掌教玉潭书院，倡修考棚，改造斋舍，重修学宫。生平一以忠恕公正，为阖邑信从。卒年八十一。著书见后目。书名前《志》遗录，今无稽。

王光榜，字秉元。贫而好学，具干济才。由举人挑选黔阳学博，师生谊最洽。以事质者理谕之，俱心折。令直隶沙河县，地瘠而冲，恢恢游刃，上游器其能。以老归，朴直仍如布衣时。年七十余卒。

王忻，原名恩，字宣上，号泉斋。少肄业岳麓书院，铮铮有声。喜为深刻之文，力追江西五子。自食饩后，屡踬秋闱，稍变格，然不肯专务趋时，致失先正风范。乾隆己卯，举于乡。丙戌，成进士。尝主讲湘阴仰高书院及本邑玉潭书院。甲午，赴选都门，适其子坦修官翰林，充四库馆纂修，忻助子校雠数年，因得尽窥秘籍。己亥，选广西阳朔令，清廉勤慎，戴星出入。其俗鬻田亩者去田存粮，故富者漏税，贫者益多流离逋负。忻乃指田征粮，饬令于实征册内更改户名，尽释贫民征税，而赋不敢耗，民刻石颂德焉。调贺县、上林县，去任日，士民焚香祖饯。贺较殷富，前任多苛敛，民不胜扰，每开征，多以浮收控。忻至，革去陋规，每坐堂即酌定完纳粮饷之分数，婉言晓谕，皆曰唯命。终忻任，无以粮饷哓哓者。己亥、庚子，两充同考官。后以拐案违限未获被议，萧然赋归，时以竭力报国札嘱坦修。忻天性肫笃，至诚待人。家居十余年，遇田夫野老，俱相对甚欢。年七十六卒。著书见后目。

王坦修，号正亭，忻长子。少年嘐嘐自负，以乾隆辛卯、壬辰联捷馆选，乙未授翰林院检讨、四库馆纂修、武英殿分校。办公勤慎，校雠细密，厘定讹舛，指驳迁改，无鲁鱼亥豕之误，故屡次记功，得邀优叙。数充春、秋闱同考官，所荐俱名士。辛丑会试得佳卷，屡荐未与中选。坦修谓其文醇厚，望而知为有道之士，遂抗颜与主司争，始获隽。同官疑之，揭晓，知为赤贫苦学之清安泰也。后清累官豫、浙巡抚，果以廉惠闻。坦修官词垣廿余年，方正自守，不干权贵。由检讨洊历赞善、洗马、侍讲、侍读、右春坊右庶子，充讲官，命上书房行走，两升学士，皆考黜。戊午，以侍读丁外艰归，每岁终及端午节，纯皇帝赏赐无算，又恩赏貂褂一领、旧画二轴、大缎袍褂料二匹，每年御书福字一方。睿皇帝在藩邸，默识其人，乙卯特命代教皇次子。睿皇帝纪元，恩赐如意一柄。坦修丁艰归里，上帝垂问焉。服阕，将赴官，以衰病不果，遂卒于岳麓讲院，年六十七。

谢锷桂，字卿林，号丹五。少倜傥，日诵书千言。幼冠县试军，寻入泮，屡困棘闱。援例授邑丞，历任山东巨野、嘉祥、滕县主簿。丁忧起复，补河南孟县主簿。父凤来，尝手书诫之曰："秩冈大小，苟旷职失守，均玷官箴。"锷桂黏诸座右，目以自警。仕宦三十年，辛勤廉谨如一日。告归，士民祖饯，依依如失慈父母。回籍后，足不入城市，旁置园亭，筑小书室，额曰"寄傲轩"，日与二三老友觞咏其中。以考终。子二，入辟雍。

胡本英，字粲庵。江苏昭文县主簿，清慎居心，勤敏莅事。尝奉委捕蝗，用枪铳毙其飞蝗，复与民约，令认定土中伏蝻，尽力打毙，缴蝻领赏，以升斗为等差，而蝗患遂息。旋丁父忧，服阕，以母老终养焉。

张国藩，字次垣。以廪膳生肄业成均，议叙教职，历署会同、永州学事，补新田教谕。每以不获奉侍继母为念，俸满假归，欲迎养任所。母惮跋涉，不允。临别牵衣，悲动左右。生平谨小慎微，好施予，有因贫鬻妻者，给金止之，佃以田，而薄其租，遂得庇全。新田界瑶、回，文风未振。国藩至，日集诸生，训以孝弟廉耻之义。邑榜山书院久圮，商邑令捐俸，倡多士改建文昌阁，即其地延师训士，调度膏火，文风丕变。新田旧无科名，陈生玉诰、徐生文封前后获选拔。及卒，士林哀之。国藩弟国元，以武举充湖南塘务，有儒者风。厘剔积弊，吏卒悦服。以积劳成瘵卒。子文楚，官山西蒲州府经历，有政声；文麓入邑庠。

周在炽，字而昌，学者称为平山先生。平山，其号也。甫弱冠，负雄才大笔，名噪城南、岳麓两书院。乾隆壬午，举于乡。七试礼部，屡拔荐，未得第。壬辰，挑授教职，署辰溪学。至即捐俸倡修学宫东、西两庑，随补乾州学。乾故苗疆也，始莅任，即集生徒，昼夜讲学。数月，署不能容，捐俸购地，建厅数楹居之。乾士文行，自是日进。初，湖南考拔萃科，乾士无获隽者。有之，自其徒姚琦始。辰沅道王某以学行优隆，牒荐巡抚李某。方调粤，谕之曰："君非百里才可屈，明年礼部试，当图北行，为大用计。"亡何目疾，不果。辛丑夏，以疾卒。省邸乾士奔奠，哭多失声。著书见后目。

黎大畹，字芷田。由乾隆十七年考取景山教习，十九年中明通榜，授澧州安乡教谕，洊升福建南靖、同安、平和知县，道光戊子乡试同考官，署厦门同知。廉明宽厚，随地酌宜。闽俗悍，多势豪，讼不相下。畹理谕之，莫敢犯。卒以直忤罢官，与弟大畬诗酒自娱，训课子弟，尘务悉屏。

张思留，字汉英，号襄畦。性严毅，嚬笑不苟，坐立不倚。制艺酷似归黄，每卜笔，必枕经葄史。偶尔吟哦，亦未尝一涉游戏。甲午举于乡，七上公车，旅馆孤灯一编独坐，赵瑟秦筝，喧于隔舍，若罔闻知。教授生徒，一以敦品行，崇实学。司铎会同，诸生入谒不受贽，训迪如家子弟。卒于任，士哭之哀，赙而归其榇。著书见后目。书前《志》遗录，今已无稽。

程泽兰，字馥庵。幼受庭训，即通十三经注义，以计偕往返，辙迹周流。有得于齐鲁旧迹及吴越山水名胜，畅发为文章，稿已梓行。历任芷江、临武、辰溪教谕。后司铎沅陵，加意寒畯。有孙钧铨，少贫，泽兰饮食教诲之，卒成进士。出宰余杭，刑清政简。充乡试同考官，拔取皆真才。告归，浙人士沿途祖饯。年七十二卒。

杨世执，字登南。由举人授教职。天真烂熳，不事修饰。补桂东学，日与诸生讲论经艺，文风益振。初，其子业万迎养古浪县署，日以清慎爱民相诰诫，稍有过，诃谴随之，尤戒重刑。业万折狱退，必再三致诘，故多平反，古民均颂其德。及铎桂数年，以老告归，逾年卒。

张思甸，号惺园。由举人挑授知县，补直隶武清县，旋调密云兼古北口等处抽分司。丁母忧。服阕，拣发苏州，权松江董漕同知，补金山县，廉能勤慎，所至有声。乾隆甲寅，充乡试同考官。时病疟新愈，登舟复作，或劝以疾辞。思甸曰："吾目未病，奚容辞？"欣然入闱校卷，反复精详。阅荐甫毕，遂不起。所荐拔五人，皆名下士。没后，粮储道朱某亲见思甸章服而出,因为设奠。思甸居官,政务宽大,民皆亲慕,虽孔道差繁,而民不见其扰云。

杨业万,号庆庵。由进士选甘肃古浪知县,宽厚御民,廉敏莅政。上游能之,调武威。差重役繁,民情较险,从容调剂,教以孝弟力田,案无积牍。暇则招诸生课文艺,是科获隽者十一人,时有"桃李公门"之颂。后署平凉,兴利除弊,百姓目为青天。旋檄办山西盐务,事竣而卒,年仅四十有二,未竟其用。

张思勉,号退斋。未冠食饩,选明经。砚田为业,家徒四壁,洒落不羁。游西晋,掌教宁武书院,读全部史归,喜曰:"吾得熟读全史,胜携万金矣。"授江华县训导,教育尽职,卒于官。著作甚富,惜多散轶。

王人作,字倬堂。博学工书,肄业国子监,充四库馆誊录。议叙授江西乐平丞,署安仁、石城、安远、高安县事,所至有能声。以不阿上官罢归,家无担石。广西平乐守清柱聘修郡志,即橐笔出游,足迹不至者惟闽晋。结交多名下士,有赠金随手挥霍不存留,论说多根柢掌故。年七十四,偕其友游虎邱,卒。

邓枝麟,号南坡。由拔贡选乾州厅学正,品学兼优,诗文书法,名噪一时。饬诸生登品励行,暇则与之讲论经义,无间晨夕,乾士感之,尤为观察姚某所契赏。性磊落豪爽,不解居积,十余年没。子贫,无以还樣,赖观察伙助。著书见后目。

胡本楷,字修泉。由举人选道州学博,秉心直正,制行方严,日与诸生讲贯经义,训以敦行立品之要,相处如家人父子,而不可干以私。或有语及词讼公事者,辄正颜叱斥。日手一编,无时或辍。刺史林昆琼,时与本楷谈朱张之学,博涉经史子集,互相问难。后因公干议,归田教学,成就极多。

谢克猷,字允升,号秩斋。举人。笃伦纪,操耿介。宰藤县,值办安南军差,无少误。履乡勘验,无丝豪累民。折狱虚心,不尚刑。有母子兄弟构讼者,面谕之,至涕泣悔罪。邑旱,出祷,返而甘雨随车。乾隆壬子乡试同考官,所拔皆名士。调崇善,不三月,圄圄一空。解组,两袖清风。上宪重其品学,留掌教柳州书院。南旋时,诸生祖送,咸泣下。

家居手不释卷,绝迹城市,仍授生徒,成名者众。著书见后目。书名前《志》遗录,今无稽。

胡毓璋,号达堂。由举人授知县,分发直隶。藩司瞻柱廉其才,延入幕,缔师生谊。总制裴某亦器重之,时诣署唱和,为忘分之交。历摄永宁、怀柔县篆,锐意功名,积劳成瘵,卒于平阳署。宦橐萧然,舆榇几不能返。

陈让德,字熙缉。历任广西桂平尉、浔州府经历,具干济才。奉檄平枭,调剂尽善,吏胥不能为奸,贫民均沾实惠,遂为上官器重。其赒族戚,养孤寡,赈困穷,一无所吝。佃有逋租求退者,辄蠲其租而给以牛种,至今佃者子孙犹乐道之。

王道溥,字宣侯,号博庵。尝授徒山庄,单骑省亲,溪水暴涨,漂浮数丈,援岸树得登,若有神助。里有亡赖子,经面责之,卒改行。究心医理,多所全活。学务穷理,而实践以明经。铎祁阳,因老乞休,卒年七十三。长子棠,岁贡生,笃伦理,重然诺,与友忠,过则面斥。没后,里党感之。次子桀,举人,亦铎祁阳,教士有法。

姜方振,字举轩。由举人选知县,以母老请改教职,就近迎养。历任宝庆、新化、武陵、桃源教谕,课训有方,士多感佩。升衡州府教授,未赴任没。生平忠厚醇谨,主修族谱,倡置墓田。自奉俭约,不事奢华。尝自署其壁云:"试问德馨否,何须粉饰为。"

胡泽汇,字谦六,号玉潭,一号东浦。由乾隆癸卯科副榜,历署临湘、蓝山教谕,补城步县。所至训课严谨,而恩意宽厚。城步距省千里,士以艰于路费,鲜赴秋闱者。泽汇以署中学田捐作士子宾兴资斧,赴闱者始众。邑令某因征输太苛,详褫苗学,株连绅士多人。泽汇密白其冤,尽得释,泐碑志感。事亲至愉婉,以母忧离城步,起复,委署桑植。未赴任,疾革,惟以未得终侍严亲为憾。泽汇无同胞者,待从昆季有加,礼遇孤者尤笃厚,且以礼法约束之,不避嫌怨,遇寒士推解不靳。生平博学强记,考订必详。尝谓书籍甚多讹处,如《毛诗》"骈牝三千",注误引《曲礼》作数马以对;骆宾王因庾信《哀江南赋》内有"袁安自然流涕"语,又有"桓君山志事"句,遂于檄文内作"袁君山之流涕"句。此类颇多,不可为古人欺。其详确如此。凡各经要义、名家古文诗选、天文地理诸考,手钞盈箧笥。书法以王、赵为宗,有石刻数种,著书见后目。

刘序拔,字茹连,号汇斋。乾隆庚寅举人。苦志积学,笃孝友,肃名分,绝嗜欲,谨言语。五赴礼闱。岁丁未,挑补郿县教谕,迎养继母,侍膳有加礼,郿人感法。课士先重行谊,次诗文,如孝廉罗琼章、庶常尹萦组,皆讲授而裁成之者。尝倡修学宫,醵金存署,阅年余,事不果。乃大集生徒,饬令经始,出原贮捐物,封缄如故。咸服其廉正,遂踊跃加捐,不两月工毕。诸生以财物上六秩寿,力距不受。乃各书其生年月日于家,致祝颂焉。嘉庆己未,选广西藤县令。甫莅任,即讯结唐姓二十余年重案,冤得雪。并结积年案百余件,讯系文致者咸申释,遂全活二十余人。凡骨肉争讼,开导劝谕至泣下,两造俱感泣,书役亦为潸然。藤故多盗,序拔宽严交济,设法戢弭,竟终任无巨案。藤百余年未有以节受旌者,序拔以某氏贞行详报,其子执贽谒谢。固却之,曰:"吾以明教也,匪私。若贽胡为?"庚申,以继母年八十余乞归,士民以巾织德政歌饯送。词曰:"父母下车政教勤,四民乐业沐仁恩。吾父吾母古稀老,饱德难酬聊献巾。"及归,自修学宫、续邑志诸事外,裹足公门二十年。居继母忧,罄所存治丧。教家仁厚,子端宸成均,孙瓒方领乡荐,琳方、琛方入庠。每戒曰:"吾先人遗泽也,汝辈宜思所以致此者可耳。"及己卯春,病笃不能言,子孙环榻,惟见指书"天理人情"四字,以目示意,瞑目而卒,年八十四。著书见后目。

刘起宇,字东侯,号鲁川,别号尔庵,晚号葆真居士。年十九游庠,旋食饩。友教所至,多所造就。乾隆戊申,举于乡。嘉庆辛酉,挑选澧州学正。乙亥,考最。其居乡也,敬宗收族,创建祠宇,续修家乘,遇里人恂恂款款,训以立身根本。甫莅官,即出赀购备祭器,修崇圣祠、明伦堂,训课书院,周详勤恳。凡事关学校者,不稍惮劬劳。性俭约,俸修所入,每念切族戚贫乏,岁有所寄,且为规画久远。己卯岁,以疾终官署。先是,以老病乞休,为州守安佩莲所留。及卒,安挽之曰:"讵料攀辕成执绋,永怀振铎佐烹鲜。"榇归里,人士多陨涕送之。

陶章沩，字季寿。幼随父太守文镐任，颖异过人。及长，学进。时江西李封翁充粤商，奇其才，遂为赘婿。赴京，援例官浙江盐场。旋授知县，历任山西石楼、凤台、崞县，政声甚遒。年四十余卒。章沩所至，名下士大夫咸乐与交。京中秦少寇瀛法庶子式善尤多唱和，综记古文诗集约七八卷，未梓。文抚韩，五七律仿王、韦，古体学苏，有酷肖处，人以雅吏目之。

周增瑞，字式廓。雍正丙午举人，授江西峡江知县。性仁慈，每行刑，哀矜辄见于色。莅任二年，解组归，宦囊无所有。邑人士聘主玉山书院，品醇学粹，士林矜式。著有《寻乐堂诗文集》，至今犹传诵之。

黄日赞，号龙桥。家贫授徒，士林矜式。乾隆辛卯，隽贤书，弥自砥砺，远近负笈益众。生平不汩于俗，不诡于随。常曰："学者所以学为人也，须不愧为人二字。"四上公车，不第。选道州学正，闻报，欣然曰："今得与诸生溯濂溪风月矣。"既履任，士之来谒者，每饫聆经义，咸相推服。领试士赴郡，得寒疾卒。友人童使·经纪其丧，以赠赙余资，刊其遗稿，名《龙桥文集》。

贺昉上，字昉汀。能文章，耽吟咏。书法端秀，八旬余，犹有文征明风韵。乾隆丁酉科举人。挑任桂阳、宜章、郴州教谕，升湖北汉阳府教授，诲导诸生，如塾师然，所接皆悦服。告归，主讲玉潭书院。昉上品端行洁，器宇粹然。寿九十三。有《秬麓堂制艺诗稿》刊行。

杨世襲，字绅章。由举人挑授教职，天真烂漫，不事修饰，为文力追先正。补新化学博，日与诸生讲论，以敦品励学为先，文风益振。继授山东沾化县知县。沾邑近海多盗，初莅任，设法缉捕，因俗化导，宽猛并施，数年盗贼以息，沾人德之。老病告归，卒年九十。

胡光瓒，字寿泉，号竹塘。乾隆丙午举人，大挑知县，分发四川。历任芦山、巫山、井研、资阳、永宁、南川、阆中、苍溪、金堂、新繁、三台、达县等县，补崇宁，调补仁寿、擢莪边厅抚夷通判加同知衔，署剑州、合州、资州等州，代理保宁、嘉定二府事，充三次同考试官。宦蜀三十余年，所至有惠政。署金堂日，邑中有孝义会，系富室子弟醵金宴会，以余赀备各家庆吊费，前令某以聚众谋逆，闻已定谳。光瓒至，廉其实，提讯各囚，时已诬服。因前令严刑，不敢改供，再三研鞫，始涕泣称冤，立释。其系力请于大府，事得平反，全活三十余人，邑人称"胡青天"。达邑田少山多，恒苦旱。光瓒相地高下，教民浚塘蓄水，卒为永利。又山麓垦田，农夫汲水甚苦。光瓒教民制水车，亲为图画尺寸如古式，民甚便之。令仁寿时，倡修义学三十五处，改建书院于城东，仍其旧址为考棚，置田名杏林庄，以资北上士。仁邑试骑射，旧在墟墓间。光瓒别购地为演武厅，而以余地作园田，名柳营庄，助武举入都川资，士民感颂。年七十余，乞假归。家居十年，耆年硕望，士论翕然。晚年主讲玉潭书院。性孝友，胞弟早卒，遗孤三，视如己出，积俸置产，命与子均分。卒年八十有四。著有《瞻箓山房制艺》。子瀛，号召棠。由廪贡援例官训导，历署会同、巴陵、临湘等县教谕，所至必以砥砺名节训勉诸生。大府重之，荐主岳州、永州、沅州、辰州讲席。道光辛巳元年，诏举孝廉方正，邑人以瀛应，瀛力辞。藩司某嘉其恬退，许焉。内行纯笃，能得亲心。行不履影，不践发，曰："毋背后欺人也。"其诚实类此。

袁名曜，字岽岚，岘冈其号也。乾隆戊申举于乡，中嘉庆辛酉进士。以庶吉士用，散馆授编修，充本衙门撰文。修纯皇帝实录告成，赐珍物甚众。随兼国史馆纂修、功臣馆总纂。睿皇帝东巡盛京，献谒陵礼成，赋乐府一册。戊辰，分校北闱。己巳，擢赞善。明年，迁中允。旋擢侍讲，充日讲官，转侍读。丁内艰归，主讲岳麓书院。当事聘修《湖南省志》《宁乡县志》，其为文意格高浑，不落恒蹊，穿穴经史，自达其所见。居词馆时，名篇巨制，多出其手。通政钱沣、协揆彭元瑞深器之。名曜伟躯干，声如洪钟，遇事议论锋发，乡先达藩司严如煜、总督陶澍推为楚南人物。足迹遍天下，尤留心舆图厄塞、河渠险隘、古今沿革，惜其遇晚而退速，未见之施行。又厄于目疾，不克殚精著述。及门梓其遗稿六卷，见后目。卒后祔祀三闾大夫祠。子滋，增生，积学未遇；子淑，廪生，新宁县训导，著书均见后目。孙椠实，咸丰癸丑进士，官兵部主事，假归，卒年四十，士林惜之，著有《希陶书室诗草》《春明琐录》待梓。

丁公路，字礼门。嘉庆辛酉进士，选授山西岳阳县知县。莅任十三载，德惠深浃。去之日，乡城士民，扶老携幼，泣送者梗塞于道，竟日乃得行，且留冠服为记，以志去思。后署洪洞，调平遥，改授武乡，治亦如前。历充癸酉、戊寅、辛巳、乙酉等科同考试官，每分校必有拟作，传诵一时。辑有《霍阳课子录》及《山西咏古诗》《湖山分咏诗》各数卷，并刊行世。

袁名昺，号春腴。博极群书，与兄侍讲名曜俱有文名。由举人官旗学教习，分发江西，历任高安、金溪、信丰、广昌等县。善断狱，每质审，不喜用刑，而人不忍欺。凡大狱数年不定者，能立决。廪生吴善本江西知名士，为人不平，控司院，被褫革，赴都讦控。事下巡抚讯覆，委名昺鞫审。始强项不屈，委曲开谕，因泣下，如名昺讯结发遣，临行呈感恩诗三章。吴在监时，遇一囚，互相述其廉明。二人对泣，曰："我辈若早逢此官，皆不至此。"由是政声大著。信丰、高安号难治，吏胥畏服。金溪苦旱，步祷三日雨下，同官赋喜雨诗以贺。卒于官。子汝泽扶榇归。

刘开诚，号葵圃。嘉庆壬戌进士，主讲玉潭书院八载，日勖诸生，以植品穷经为务。后宰江西乐安县，清勤公慎，兴利除弊，金目为"刘青天"。署内督率妻子，一如家居旧习。公余课士谨严，捐廉修考舍。乐邑首拔，向多请托夤缘。开诚留心寒畯，痛惩而更始焉。两充乡试同考官，荐拔多名下士。七载告归，阖邑扳辕，颂声载道。回籍后，以诗书训子孙，仍守勤俭，不事奢靡。至修祖墓、赡族人，慷慨无少吝。

袁汝嵩，字耘丰。幼失怙，长勤诵读，通经史。嘉庆辛酉，登贤书，授徒多所造就。丁丑，捷南宫，以即用知县，分发陕西，屡充同考官。宰扶风，甫下车，却陋规，次第兴利，捐廉修城垣，建社仓，新养济院，增书院膏火。每谳狱，虚心鞫问，平反得实。凡武功以西、歧山以东，颂声不绝。大府以为能，调署蒲城，风气刁悍，会匪最伙。嵩接篆，匪忽遁去，莫敢梗其化。甫一载，回扶风，任劳瘁，卒于官。嵩性孝友，尤好周与贫乏。初赴官，戚友多随任者。及卒，橐橐萧然。著有《耘丰文集》行世。

贺懋椿，字彭年，号龄圃。嘉庆己巳进士，以知县发四川，令罗江。地瘠而当冲，迎送供亿，不告匮而无荒于政，无扰于民，民额其堂曰

"清呼一叶"。调署茂州数月，边地民蛮杂处，武弁肆虐，蛮众蜂屯蚁聚，几酿不测。懋椿单骑往谕，款以至诚。蛮众俯首听命，悉散去。上游嘉之，调署江北。甫下车，却陋规数千金，吏民敬惮。江北属巴渝，两蜀通衢，五方杂处，奸宄潜萌。懋椿以猛治之，得安谧，回罗江。寻署简州，复回罗江。道光九年，举卓异，将赴都引见，家人不戒于火，琴书服物，倏为灰烬。去过半，士民争为修葺馆舍，不三旬而栋宇复新。旋卒于任，旅榇萧然。懋椿凡所历，百姓怀之。任罗日久，父老送去迎来，布席持酒，不绝于道，有叹息泣下者。

许心源，号湘岚。性刚正，不谐于俗。所作诗古文词，廉悍有奇气。教授乡里，多所成就。由举人大挑知县，分发江南，署安东、阜宁县篆。二邑濒海，俗强悍。甫下车，厘滞狱，抑豪强，循声著大江南北。卸任，补高淳，治如安阜。先是，绅吏朋比为奸，每开征，多梗于浮收。心源至，则设柜大堂，令自封投纳，民便之。邑中向无中乡试者，为建学山书院，教诲整齐，一逾常格，获隽者踵起，文风一振。三办大灾，活穷黎无算。署江宁督粮同知，分校秋闱五次，多得士。著书见后目。

崔承洛，嘉庆丁卯科举人，大挑二等。历任桂东、永明训导，课士以敦品励行为先，讲论经义，寒暑弗辍，士习蒸蒸日上，州县选拔，皆出门下。永邑历无书院，洛捐廉倡建，费已近半，适丁目疾告归，不果成。后故门生杨继西、何元吉来吊，且曰"永邑无缘"。洛天性诚笃，率人以身。在任，值父八旬寿，比期驰归。居乡处贫困，尤多隐德。

曾衍咏，字雩台。庠生。选授山东巨野屯官，署奎文阁典籍。生平孝友仁爱，笃学力行，自念为宗圣嫡裔，诣山东谒祖。旋与东宗翰林博士溯本原，杜冒滥，族党赖之。其余善举，散见各条。

陶斌，改名章斌，字质夫，号讷庵。举人，大挑一等。分发四川，历署眉州、茗山、新繁、冕宁、丹陵等县，有政声。授新都县篆，前令案牍鳞集，浃旬讯结，百姓咸服其明允。解组归，诗文图史外，别无长物。训孙曾，尝曰："学以敬为主，程子主一，无适之训，不可忘也。"

黄思藻，号璧斋。性颖悟，常捕月嗜读，博洽经史。由举人荐卷，挑补国史馆誊录，授广东广宁县知县事。廉能有为，爱民礼士。因邑中义学废址建文治书院，捐设膏火，每课艺必手自涂乙，文风一振。
戊子，充同考官，号称得士。尝出差，已登舟，士有持文求教者，竭
一夜之力，点窜附之。在任修辑县志，增建社仓，筑万寿宫前长堤数
百丈，禁停柩，逐游娼，剿土匪，治行卓著一时。自奉极约，尝余养
廉以置山地，倡建宗祠，分润家族故旧之空乏者。时博罗、归善、河
源三县，民争水利，案经十余官不结。上司知其能，委讯立判。制府
李鸿宾署上考，升万州知州，未赴，仍莅广宁。年六十三，卒于任。
诗文稿多散轶，存《璧斋文集》二卷，《苏庵诗集》附刊。子二。世定，
庠生，为文豪迈，每腊底邻有窘迫者，必资助之；次孙镇南，庠生，保
举教瑜，品端学粹，未四十卒，士林惜之。

周汇万，字文漪，号云湖。嘉庆戊辰举于乡，挑选凤凰厅训导。
其地民苗杂处，习俗犷悍。比至，振兴文教，苗生皆通文艺。又为修厅志，
辑古今用兵防御之法，简明赅括。后官其地者得其规，为措置若指诸掌。
在任五年，假归，课其子孙于家塾，各有成就。道光壬寅，主讲玉潭，
从游极盛。年七十五卒。著书见后目。

成章瓒，字季圭，号卤林。由举人大挑一等，签掣福建，旋中进士，
即用知县，分发直隶。授获鹿知县，历任卢龙、迁安、奉天府、承德、
辽阳、宁海等州县，办理捕蝗、发赈、盛京道差，历著劳绩。十三年，
以承办东陵道差，并挑挖引河加级，调宁海繁缺。视事之暇，不惜捐廉，
助修志乘，建书院，宁邑文风丕振。科岁试，所取士多连捷。后告病
回籍，士民饯送者千余人。病痊，改选衡州府教授，奖与后进，多所
成就。卒于官。

周含万，字荔腴。道光壬午进士。少负胆识，乡有巨盗，聚众势
甚。张含万率乡勇平其寨，获贼三百余闻诸官，咸置之法，盗风以靖。
初令广西灌阳，以忧归。服阕，选浙江义乌，调永嘉，所至有声。充
甲午同考官。任灌阳时，瑶人有窃案，以盗劫闻，拟大辟者四人。含
万勘验得实，力争于大府，获平反。永嘉有武弁，邀获盗功，在洋获
十七人，指为盗，并献劫案赃。含万力争不得，乃白之巡抚，发谳
局研鞫，皆良民，冤得雪。宰义乌，浙东大旱，详请赈济，并以来岁青黄不接，

展请春赈，径达大府，全活甚众。性豪甚，代同僚偿亏累，数至巨万。卒以亢直忤上官，改简去浙，选湖北石首县。引见，调补山东邹县，倡建近圣书院，濬沙子河，民不知役，加同知衔。两充同考官。寻假归。道光己酉，岁大饥，捐赀购米，减粜以济贫乏，乡里以安。居近道林市，捐赀修石街，长二里许，商贾便之。卒于家。著有《今韵三辨》《子史辑要便读》《澹吟斋诗文集》待梓。子世霖，武陵县训导。孙振华，浙江海盐典史。

梅钟澍，字霖生。弱冠举于乡。道光壬辰，考取国子监学正，名在第九。引见，宣庙垂视良久，擢第四。丙申，补正义堂学正，召诸生环侍，解析经义，执贽请业者多于同官。戊戌，成进士，选庶吉士。散馆授礼部主事，寓居古刹，隐几萧然，书帙纵横。每出，求洽闻阅识之士，相与上下论议，义理词章，皆有法守。卒年四十四。卒前一日，编修王璐梦钟澍衣冠来别云："将偕胡云阁赴斗极宫。"越日，而钟澍与少詹事胡达源讣同至。云阁，达源字也。钟澍生有异禀，词采腾耀，隽誉藉甚，尝以三不朽自期。既通籍，益肆力于古文词。与同年生曾国藩友善，没后，国藩为作家传，称其锐志追古作者，轶宋越唐，直窥汉氏之阃，未竟其业，士论惜之。天性笃挚，奉继母能得其欢，事伯兄慎谨，家事咨而后行，恤死丧，振戚族，周人之急，如恐不及。而家顾屡空，不能自赡。著有《寄巢文集》《薜花馆诗存》。子三：镜源，运同衔知县；鉴源，举人，候选知县；锦源，安徽知府。孙文杰，廪生，性敦笃，修饬自好，工制举业，试辄高等，早卒。

潘县春，字花谷。嘉庆戊寅举人，大挑二等，选辰州府学训导。辰府，古夜郎国地，界五溪，苗民杂处，多桀骜难化。有诸生某健讼，戒饬之，卒感化为善。溆浦某生获贼送尉，尉纳贿纵贼，生诉之县，县令不直。生将裭其衿服，移学取年貌册，县春坚持不与，生亦得直其事。性豪迈，有胆识。果勇侯杨芳驻师郡中，奇之，授以枪经、风角诸术。以忧归，主讲玉潭书院一载。咸丰二年，粤匪逼省垣，土匪四起。县春偕邑绅邓凌云等，率乡勇搜获滩山、横铺、粟溪各处土匪多名，境内肃清。精形家言，邑治改建文昌阁，于飞凤山巅落成。县春谓诸同事曰："此地卯水入明堂，必经霹雳，文运始大亨。"未几，果雷轰其柱，邑中科名踵起，人以是神其术。子泽云，举人，早卒；泽霖，花翎知府衔即选同知。

童翚，字羽军，一字云逵。道光癸巳进士。出宰贵州，初权绥阳县事，履任日，即谒城隍神，以"做好官，不要钱"自誓。周行村野，问疾苦，访匪徒，捕务尤得间。黔匪恶习，杀人曰抬，私刑曰拷，括家财曰搉。翚至，此辈鲜脱者。一日，忽有牛狂奔入署，阖署喧视，犹踉跄难近。翚至，乃驯伏哀鸣，命畜之。物色至城外，果有私宰者，严缉之，盗风遂寝。去之日，饯者塞途，父老多泣下者。寻署镇宁州，有妾报家长有故死者，二年前事也。幕友以为前任事，且无左验，释之，便不听。翼日提讯，竟认诬控。乃拘死者幼子、二妾及佣工严鞫之。死者之舅扶其老母上堂，具病故结，勿许。署中均以官为多事，求勿办，愈不听。亲往开棺检验，廉得实，乃富家子素淫暴，妻与佣工乘醉卧，勒其肾而死也。时二妾与谋子八龄无知识，控者乃新娶，妾未与谋，妻许分财而久不给，故控。控而多给，故认诬。其求勿办者，皆贿也。分别治罪，人呼为"童青天"。镇宁向采硝，伤民间庐墓无数，居民哀恳停止。翚往勘，见一大山，纵横百十冢。居民又引入一洞，屈曲里许，以火烛之，骸骨委积，不知何代兵乱死，然皆采硝处也。出曰："吾官可弃，厂不可开。"先禁之，始以状闻。寻以伉直忤本道解任，运楚铅归。巡抚贺长龄知其贤，称为黔令第一，檄署黔西州。巨盗田某聚党张甚，谕除之。履任宴诸绅，招田某至，接以礼。退出，闭门伏起，即席擒之，白大府，就地处死。先除大害，然后视事。遇大计，以悃愊无华，实心民事，举卓异，调毕节县。旋擢定番州，运解京铅。复署黔西，寻回定番。以盗案罣吏议，主兴义讲席，编修张之洞，其高材生也。归里后，屡主讲朗江、玉潭。会军事起，本邑劝捐出力，开复原职。旋总办澧安牙厘局，叙劳加知府衔。会安乡大水，以局绅状疾苦请赈，大府嘉之。翚性友爱，为诸生时家贫，授徒自给；服官后，廉俸所入，置公田，分润昆季。历官所至，振兴书院，厚修脯，增膏火，胥捐俸为之。四为同考官，称得士。与人无城府，每交代，必吃亏，平生未尝倾轧一人。罢官之日，行李萧然。历主各讲席，改馆时，生徒必苦留。卒年七十有一。少工制举业，最精刻，间为诗。尝运解京铅，爱黔、蜀山水奇胜，途次所经，均有题咏。著有《企石山房诗存》《制艺偶存》行世。季子咏春，庠生，性孝友，积学早逝，工书画词赋，著有《静香堂文集》《诗集》暨《沈六圃地学注释》，待梓。

邓㳅，字映奎，号云台。自幼攻苦，为文自出机轴，尤精《易》。授徒二十余年，多所成就。中嘉庆己卯举人，丙寅大挑二等，授教职。历署岳州府学、常德府沅江县学，实授宝庆府学，以教谕衔管训导事。在官课士，敦品行，崇实学。诸生进见，训迪如家子弟。平生谨言慎行，孝顺友爱，所得廉俸，必分润亲族。倡修邓河义渡、黄土潭义渡，买置义山。年七十一卒。子三。时雨，岁贡。

邓光禹，字冠云。由副贡中道光辛巳举人，乙未挑授溆浦教谕。性笃孝友，立品方严，肆力于诗古文词。尤工制艺，奇恣瑰丽，卓然成家，时论推为巨手。生平著述甚伙，新化邓显鹤采其诗，刊入《沅湘耆旧集》。游其门者多显达。后司课士，一如家塾。诸生进见，必以文行相勖，多士翕然归之。以病归里，卒年五十六。著有《盘山草堂文集》《诗集》行世。子蔚春，登贤书；葆春，庠生。

黄本龄，字畅生。道光乙酉举人。由广西临桂知县授同知，题升桂林知府，赏戴蓝翎。积劳，没于王事，追赠道衔，荫子如例。本龄初莅任，誓作好官，采前言往行，为《自镜录》一卷，以清慎勤自励。多才善断，案无留滞，暇日并取陈案结之。屡出重赏，获剧贼。事在当为，利害非所顾。灵川县赋重，几致乱。本龄至，悉除陋规。民赖以安，建亭纪其事，额曰"畅生"，盖即以官字名之，志不忘也。任柳城时，雒容有斗殴案，死者二十八人，势甚汹汹。本龄独毅然奉檄往谕之，群相詟栗，卒廉得其人，论如法。其胆识如此。洪秀全之变，委办粮台，一尘不染。粤抚周天爵、邹鸣鹤皆倚重之，大帅赛尚阿尤嘉其廉能，召谒无虚日。大僚有忌之者，卒不能沮格。卒后，当事念其才，甚痛惜之。

杨蔚春，榜名亦锌，号宝畇。幼颖异，读书目数行下。始属文，出语辄惊名宿。道光戊子，领乡荐。癸巳，捷南宫。授刑部主事，总办秋审，留心冤狱，多所平反。生平不拘小节，而练达时务，未竟其用。年三十九，卒于官，同乡咸惜之。

王定堃，字镇鳌，号方城。性孝友。由武进士发甘肃甘州城守备。越十年，擢北川营都司。又三年，擢凉州中营游击。又五年，调陕西庆阳营参将。历署新疆，换防英吉阿尔守备，永固营都司，督标前营、大马营、西宁右营游击，花马池营、循化营、甘提中营、督标左营等处参将，永固协、中卫协及新疆换防乌什屯田等处副将，肃州镇总兵官。及代理甘肃提督，出征苏、杭、晋、豫、皖、陕六省，凡数十战。剿办本省中南山内野番，凡数百战。攻克黑错寺番，奏保赏戴花翎。其二次换防新疆，由甘肃出玉关，远皆万里，冰山雪窖，备历奇险。查换防则例，凡莅甘之官，必须往彼一次，或三年，或六年，巧宦者辄破格免。咸丰七年，换防乌什一役，例有代人。因守正不阿，复膺是役。旁观代为不平，定堃毅然携子就道。路经哈密迤西之三闲房地方，素有妖风，当者虽万钧之物亦飘去，历来行旅戒严。定堃同行车八辆，适当之，皆御风去，独定堃车遇地洞获免，人皆称其忠信。行三月，始至乌什。适回逆张格尔之孙倭哩罕和卓作乱，和阗、哈什哈尔、英吉沙尔各城皆陷，贼窜乌什。定堃带防兵一千，先据梯子。达坂险要，其山皆冰结成，四时不融，贼祇有一道可达，定堃早遣壮士断之。故贼虽十万，能以千人抗衡七月之久。嗣甘肃及乌鲁木齐大兵到，贼败窜。以防堵功，迁永固协副将。寻以足疾乞休，同治四年卒，年六十有九。定堃本儒士，工书画，以武科出身，始际盛时，少兵事而边防卒赖之。平生耻夤缘躁进，故历官久而洊阶迟，晚以战功，剔历二品，时论重之。子锡文，甘肃知州。

童镇，号鼎卿。举人。家素寒，尚气骨，不事脂韦。大挑二等，选东安县教谕，与县令赖史直相友善。时史直称湖南吏治第一，其整饬士习，镇实助之。粤匪入东安城，史直朝服坐公堂骂贼，贼反舁送出城。镇全家陷贼中，贼亦相戒勿加害，谓皆好官也。官军寻复城，回学署，俸满保升知县，选广东嘉应州州同。地至瘠苦，居二年，代理镇平县。适因发逆将至，办团练。时永安、长乐各邻境俱被害，独镇平无恙。数月，仍回本任。又二年，上官知其清况，调署潮粮通判。年余，以病归，宦囊萧然，主讲玉潭书院。六月，卒于家。

周颐昌，字午桥。道光乙未进士。事亲以顺闻。父东林，畜一佣，性憨拙，颐昌出之。父怒就寝，颐昌跪榻前达旦，呼之始起。成进士，未与馆选，以知县候选，赋《落花诗》以自况。念母老，改教职，任宝庆教授，迎养署中。母意不欲久居，躬护归，仍之任。未几，丁母艰归，家居读《礼》，闭门不出。服阕，补岳州府教授。时鄂有贼警，颐昌梦亡兄呼曰："嗟予！季胡不归？"遂告归，逾年卒。

刘巨麟，号瑞斋。廪生。援例授教职，选衡州府安仁、宝庆府新宁等县教谕。家居有品望，邑中公举，率推巨麟。修葺书院，监修文庙，清理学田，董理各祠庙，同修书院志，并辑《玉潭诗选》，均竭力竣事。寿八十，无疾卒。孙鼎元，蓝翎县丞。曾孙璋毓，蓝翎陕西知县。

黄翊勋，号芝亭。道光乙未恩科举人，大挑二等，选桂东教谕。值发逆狂窜，率举人李景春、拔贡刘拔元等团练防御。贼犯城，肆焚毁，翊勋率勇击退。时幸文庙无患，署令苗礼南具实申抚，保知县。乙卯年，逆复犯界，又与刘拔元、生员胡炽昌等，躬率团练，出境击贼。刘遇害，胡奋击益力，贼溃。嗣后，贼不敢入桂境。县令章六桥，以训练有法，士民知方，身亲戎行，击贼获胜，申抚保加州同衔。戊午年，以母老告归，主讲玉潭二年卒，年六十九。

李隆萼，字棣春，一字劭青。道光乙酉拔贡生，朝考二等。引见，授州判，改教职，选宁远县教谕。会瑶匪倡乱，县令杨某奉檄防堵边境，隆萼守城。提督海陵阿领兵过境，隆萼入谒，指陈形势，陵阿颔之。旋以小罗失利，贼逼城下，城中兵练不满百，居民汹汹。隆萼周巡城上，命城堞皆设燎有光，又令取器具代柝者环击之，金木声不辨，旋捕谍者纵之还。贼莫测虚实，遂溃，奔新田，陷其城，宁远独全。事平，总督卢坤上其功，请旨饬部议奖，除国子监典籍，旋履任视事。每课士，必手自披阅。派稽察觉罗官学教习。京宦多暇，隆萼益得博览群籍。乙未，应顺天乡试，中式。会试报罢，得京察，例转部属。以亲老，仍以教官注选，南归。桃源令沈道宽聘主沅阳讲席，选华容教谕。秩满，巡抚陆费瑔以知县保荐。引见，发贵州试用。年余，权清镇令。邑民健讼，鲜执业，多讹索，愚懦苦之。隆萼痛惩积习，奸宄敛迹。又取历年积卷清厘之，案无留牍。旋充乡试同考官。清为滇黔通衢，地多盗，商旅数被掠。隆萼遴派干役，屯丛林密箐间，遇劫盗辄捕之，登时弋获。寻调署施秉。施亦孔道，捕大盗五名，枭其首，群贼震詟。丁外艰归，服阕，仍赴黔，檄权安南县。安数经苗匪蹂躏，余党不时啸聚。隆萼至，则编保甲，募壮练，教以战阵。部署既周，乃轻骑出，得其巢穴，率练卒攻破之，歼其渠魁。清查逆产数百亩，择绅耆董理之，以其租入充义学膏火，士气一振。邑毗连郎岱、贞丰境，贞贼出没无常，大府忧之，檄隆萼兼刺是州。后捐升同知，补印江令。旋补台拱同知，署兴义府，以疾告归。隆萼工词翰，少时才华艳发，雄长文坛。公车留京，时巨公长者争激赏之。归田后，日以翰墨自娱。卒年六十有九。著有《学愈愚斋试帖》《律赋琴言》各四卷行世。子镛，广东府经历，升用知县。

胡征俊，字聘三。好读书，长游京师，考取内阁供事，咨送国史馆，留京供职。十一年，叙劳选浙江景宁县典史。履任二十余年，士民爱戴。浙抚刘韵坷以征俊才力强敏、操守谨严，保荐卓异，题升秀水县主簿，旋代理海盐县事。任景宁时，属海疆不靖，轮船驶温州，景令他住，人心惶惧。征俊安居民，辑流寓，力除土匪，具见方略，邑以无恐。景邑粮饷日敝，正供一两，费几十千，酿巨案。征俊奉檄收办，以洋银二圆，完银一两，民以为便，遂为定章。后卒于任。征俊敦品行，服官三十年，以廉谨称。

贺懋橿，字子寿，号月樵。父德澍，举人。少孤，母氏文延师课读。与弟拔贡懋樛，居麓山十五年，潜心力学，有文名。道光己亥，领乡荐。庚子会试，挑选誊录。屡上公车不第。家居，笃孝友，训子弟，不恶而严。寡言笑，恂恂儒者。咸丰壬子，粤西匪窜楚境，遵办团练。邑西有地名猪婆窝，产煤炭，匪徒啸聚千余人，藉开采为名，乘机起事。懋橿首倡士绅，躬率乡勇三百名，直捣其巢，

匪徒仓卒惊溃，获渠魁解县杖毙，兼焚毁义子桥石灰窑厂数处，逐

匪出境，邑人赖之。乙卯，奉委劝捐，凡历常德、澧州各属邑，类能婉商曲喻，输将恐后，卒事无怨言。岁丙辰，应湖北巡抚胡林翼辟留湖北知县，署石首县，充戊午科同考乡试官。林翼旋以懋樘悃愊无华，办事可靠，奏补枣阳。甫莅任，捻首韩国湘率党二百余人，由豫省窜至桐柏与枣阳交界之分水岭石柱山、老龙峡等处，窥伺楚疆，声势震荡。懋樘先使人侦探虚实，随与都司李鸿烈等督同兵勇，迎头攻扑，斩获甚众，余匪败走。追至石竹山，鸣鼓急攻。国湘不知所为，遂就缚，自是襄樊无恐。明年，调房县，兼理保康，又署枝江升用同知。在官前后六年，所至奸宄敛迹，士民乐业。理民事尤勤恳，去后犹怀思不置。壬戌假归，卒年六十五。尝著有《五经地名志》及汇选国语、公羊、谷梁等传。

魏良，字隽卿。廪生。敦品力学，文誉翕然。府县举孝廉方正，坚辞。鄂抚胡林翼、护湘抚文格，先后委办牙厘捐输，卓著才名。奏保训导，嗣加光禄寺署正衔。同治元年，选会同训导。浙闽督左宗棠奏良廉明勤干，志趋甚正，请调赴军营，委办广信转运局务。同克复遂安，援剿江山，肃清衢郡，保以同知留浙。二年，浙东肃清，以良协赞勤劳，擢知府。三年，委署衢州府，坚辞，数檄始受事。持躬整肃，秉性清介，布衣脱粟，晏如也。与士民相见，庄敬温和，不可干以私。待书役严明有恩，修理衙署，自给工食，平买市物，一洗供应陋习。对上官，敬谨不阿。论政事，必持大体。提审事尽心判决，讼牒衰息。时霉雨连绵，江流骤涨，郡城内外，水深丈余，民不聊生。良急借粮台积米，减价平粜，赈济兼施，存活无算。水退，继以亢旱，苗尽枯槁，城中设坛祷雨。访知城北太极洞求雨屡验，穷岩邃谷，跋涉甚艰。良步行攀援而上，洞门黝黑，灼火深入，中有神物，为文虔告，至痛切可读。祝毕，四山云合，风从谷起，雨势如注。士民感颂，欲建亭志喜。却之曰："劳民伤财，无当也。"府学年远未修，栋宇摧颓，良至即兴工修葺。宋季孔氏端友南徙，谓之南宗。长吏旧置濠田，以养博士，兵燹荡弃，教养俱废。良力谋收赎，邮函酿赀，以集其力，开设经蒙两馆，延师教读。正谊书院日久坍毁，度地改造，规模一新。观风各属，时艺外，标题策论，见有学术纯正、事理通达者，奖藉甚至，士风大振。

尤虚己下贤，延访良士，优加礼接。刻意兴除，查五县利弊，揭示八条，曰拿游勇、缉土匪、召流氓、禁官价、止科派、访讼棍、惩衙蠹、防奸淫；并禁花会以净赌风，禁埠役勒索船费以通商贾，惩钱粮浮收、税契重费以利业户，修堰坝、筹仓廒以备积储。衢俗淹葬，勒限掩埋，以厚风俗，咸从容就理。郡有虎患，示以备御之方，民皆便之。窜匪过境，请修郡城垣，淫雨多损坏，措款鸠工，昼夜巡城，冒暑冲寒，积劳成疾，遂以不起，年四十有一。及卒，语不及私。良志在圣贤，存心利济。守衢八月，循声卓著。身没之日，惟旧书数帙，敝衣数事而已。丧归，衢民感泣，如丧私亲。

刘友兰，字信之，号乔生。明敏有识，不随俗转移，兼通形家言。道光丁亥入京，援例以同知分授浙江。时资阳赵先雅居馆职，于同乡中尤器重之，谓友兰毋溺于宦。友兰随钦差大臣相万年吉地，图卧龙山进呈，以希进者议寝，而议者后竟以希进获罪。及赴浙江，旋署处州总捕同知。未几，告养归，遂杜门不出，旋卒。

成大纶，由武举荐升浙江乐清都司，护理副将印务。举止端方，吐嘱闲雅，有儒将风。性孝友，有侄幼失怙，祖母倍切爱怜。析箸日，得远处田庄。大纶微窥母意不怿，以己所分住屋易之，其行谊之笃类此。晚年致仕，宦橐萧然，淡泊自甘，足不履公庭者垂二十年。卒年八十。子能翔，庠生。孙章诏，武举，长沙讯把总；章谔，庠生；章鉴，花翎副将衔参将。

朱钰，字石斋。保举知县。督弟干隆力学。丁外艰，痛几绝。事重慈及伯叔皆从丰，而自奉极朴素。从闽督左宗棠、副帅刘典靖浙江难，时难民遍地，钰捐薪水为食拯饥，凡卧病者悉饵以药，并为询其里居送归，所活甚众。未几，病卒。浙闽督左宗棠奏请照军营立功后病故例赐恤。

黄建治，字策安。乾隆间，由监生捐盐运司运判，授浙江嘉松分司运判，署绍兴府总捕同知，以廉隅自饬。断狱称神明，绍人为建生祠，颜曰"黄青天"，四壁泐石，刊其政绩。后数十年，里人自浙归犹道之。

人物七 儒俊

历代史传，有处士，有高士，有逸民，有隐逸。称处士者，如三国之管宁、宋嘉祐之张誉。称高士者，如《南史》孔珪、《五代史》郑遨，皆名士。称逸民者，如晋之五柳先生、宋之方山子，皆硕儒。称隐逸者，如吴江三高、六溪、六逸，皆一时人望。先仕后隐，非遗世忘民，然其人必学问有得于中，志趣不谐于俗。是以独行踽踽，不鈌于道，而合于古。旧《志》所传儒俊一门，不必皆如古史所称。然其出处节操，盖亦洁己好修者欤。今仍其例，文学行谊之士列为传。

宋

谢英，字楚华，宋处士。幼聪警有志，所居有石柱，高耸广可二三丈，平坦光莹，不生草树。英读书其上，刻志励学，博通经史百家。将应举，闻岳忠武被害，度其时不可为，遂隐居道林山中，教授乡邻子弟，日以课读、著书自娱。孝宗朝有荐英才可用者，遣使累辟，托病不起。明初，祀乡贤。著书见后目。

易茂，字中甫，宋尚书祓从侄。严整律身，平居危坐终日，榜其室曰"静吉"。祓题诗曰："万事皆从忙处错，寂然不动乃能通。君看济世规模远，却属南阳高卧翁。"观此，可以知茂趣尚矣。弟开霖，俱登士版，居官有能声，皆茂训也。

明

梅思德，字仲玉，明知县灿然子。中万历辛酉举人。生堕地时，口呢呢如持诵。颧眉秀异，性最聪敏，而沈潜经义，下学上达。诠知县，伤时乱不仕，瘝忧成疾，卒。

黄杞，字任甫。明岁贡生。朴貌冰心，操履纯洁。侍亲药不解衣者七月，执丧哀毁，睦宗恤邻。由别驾陟州牧，皆有声。后抗志挂冠，日耽著述，屡席宾筵，时称笃行君子。

王阶，字汝升。明季人。十岁能文，长益邃于学，由廪生中副榜。事孀母尽菽水欢，人称"虚白先生"。赍志而没。后有王之玺者，字六有，亦早慧而孤，事母甚笃。为名诸生，穷经矻矻，卒困场屋，不竟其用。品质境遇，略与阶同。至今吊数奇之士，咸称"二王"。阶著书见后目。

杨维谦，字六吉。明季诸生。早孤力学，舌耕二十年。事母席氏极谨，偶于酒后发怒，闻母声辄长跽自责。母或不怿，跽不起，乡里称之。所授业多佳士，教子鼎台、鼎吕皆有成。学宪高某旌奖其行，惜不及中寿而卒。

周世良，字忠甫。明庠生，力学有守。崇祯癸未，献贼陷长沙，檄诸生道迎，世良毅然不赴。父孝斌、母张氏同没，世良为独子，庐墓旁。或劝之归，世良曰："父母在此，良将奚归？"终不去。世良无期功亲，待族人如同胞。值年荒，家人食粥，省粟米以济族邻。不好争论，惟以礼法相感，时有周彦方之目。卒年七十八。

吴爵，字汝修。明时人。冰心介性，好施寡营，矻矻穷年，以传经为业。司教莆田，豪杰多出门下。及其子服官莅政，惟以四知三教为谆谆。一日，遗子书曰："没宁存顺，吾将归乎？"遂卒。著书见后目。

汤道立，字汉男。十六岁，试冠诸生。喜《檀弓》《南华》，笔亦近之。戊午举于乡，八上公车不第。性狷介，不委蛇时俗，终年坐书帏中。留心掌故，长吏罕得见之。甲申，授知县，闻寇及宁，亟归将母，寻死于兵。时人哀之。

杨安，字德迁。明季人。少负敏质，下笔辄惊人。学使以天下之奇才目之。父没，力教其弟，修族谱，置宗祠，扶植纲纪，乐施不责报，里中为不善者常恐令知之。铎粤五年，台使交荐其学行云。

彭克治，字真儒。明副榜。丰度昂藏，性尤严正。早攻苦，以《羲经》为人师二十年，士多成就。侄维政，少数岁，克治课读，不假嚬笑，终身惮之。并为名宿，称大小彭先生。后克治以选贡授静宁州判卒。

蔡制，字仲节。明时人。甘贫耆苦，茂龄时，以《易经》领解，愉婉事亲。尝读书城南，夜半有女来奔，制阖户坚拒之。他邑有负重辟者，以直指为制座主，持千金乞解。制力辞不顾。文章节义，一时重之。

李正华，字涵春。明庠生。有才气，然嗜闲散，诗筒酒垆间，陶然也。尝就四古松树，接枝为巢，絙板而上，日吹箫鼓琴，独酌其中。俗客但相望而已。垂老自适，且多技能，丝竹之器，皆以意造。诗歌琴曲，飘飘出尘。自号"洧阳子"，年七十余卒。

卢一鸣，字声寰。明岁贡生。敦行嗜学，尝以攻苦得奇疾。垂殆，遇异人徙其祖垄而愈。平生谨厚，缜密精细。枕中之书，皆手作蝇头字，闻一善言、一善事，虽沈醉必手录之。与人无贵贱，皆笃敬。年六十，尚试高等贡。后高蹈不赴选，年八十一卒。

吴道行。字一之，号峿嵝。明万历时恩贡。蚤有才艺，美风度。一日，读父遗书而泣，刻意向学，进于博雅。躬行醇粹，饮人以和。凡从授《毛诗》者，名俱藉藉。书法拟文衡山，画亦萧疏有致，古今近体诗皆宗七子，而于图史丝竹之间，咸雅尚焉。授筠阳司训，卒于官，里人争赙以归其榇。著书见后目。

周相，字玉其。明庠生。不乐仕进，守令每折节交之，无片言干以私。有贿言公事者，拒勿顾。而存心利物，所济甚宏，人服其正而感其直。

周檄，字原信。明知县策第三子。笃伦常，性严正，为家庭范。子后先获隽而欿然自抑，两谢乡宾，人称为"松溪处士"。

陶显道，字文仲。明季人。性笃天伦，不偶流俗。少游胶序，例授儒士。乃杜门课子，绝意仕进。蠲粟赈荒，施不责报。尤娴书法，屡召宾筵，固辞不赴，人谓有五柳遗风。

陶汝楫。字子济。明季人。魁梧磊落，才亦警敏，为名诸生。食饩，以例贡游太学，望马当之涛，慨然返棹，曰："吾老亲在，何为舍邱壑而涉不测也。"遂归隐。选花购石，饮能数斗，善谐谑，与客醉傲终日，邑令尝式庐敬之。事母陈至婉顺。六十居苦，哀毁尽礼。明年，病垂绝复苏，曰："吾方入冥司，见府君章服在旁，顾令上主者取白板，朱书之曰：汝今年六十一，汝能顺亲，当加十三年。"至七十四，果病不食，发筐中物分赉亲党，投刺告辞而卒。

姜中洽，字心我。明庠生。怀宗季年，寇盗蜂起，中洽聚乡人，自为团总，守望相助。贼畏其锋，不敢犯。时安化贼焰煽虐，将趋新康，抵潭州。中洽力扼其吭，贼亦坚壁不动。长沙太守堵允锡，遣将余升攻逐，主客异势，劳佚异情，一战而升败。中洽怒，亟发团兵，乘贼疏防，砍入贼营，尽歼其党无遗类。搜升尸首，获送长沙。升死于黄材横港之东，中洽即其地建庙祀升。迄乱平，中洽散去团兵，躬耕自娱，为太平民。堵嘉其忠勇，授守备，荐云南都司不就，构乐天亭以终老焉。

杨潜英，字海门。明季人。笃学敦品，诗文自适，著《海门集》。及兵乱，遂以匣瘗土窟中。后开视，皆霉烂矣。乃封其匣为墓，题曰"海门文冢"。以康熙十六年卒，同里王文清追吊之，有"卷中血浸黄泉赤，冢上花开烂墨香"之句。著书见后目。

周堪禹，字少峰，号拔门。积学甚富，丁明季乱，隐居穷山。从弟司农堪赓表其墓。雍正间，重修墓道，得志石，丹书朗然，有抱经伏处之目。

姜希汴，字仲润。明庠生。荣绾子，出继郡庠荣绶。绶善事亲，汴亦能事亲。父病，衣不解带，焚香祝天，祈以身代。好读书，期远到，七赴棘闱，中万历壬子副榜。尝自怨艾曰："不能大显扬以慰先人，汴罪也。"子孔慧，学高望重，为诸生领袖，邑名宿廖俨辈争师事之，咸谓汴有子矣。

姜孔心，字从矩。明季庠生。家素丰，乐施。岁祲，里中饥民资之。流贼剽劫，孔心善捍御，贼不敢入境。及没，里人感之，相戒勿翦其墓木焉。

黎启淳，字若赤。幼颖慧。时王氏学盛行，馆师依其说为教。启淳谓"非孔孟正学"，独谢去。年二十入泮，以远大自期。明怀宗末，山贼四起，启淳兄以抗贼受刃，启淳痛之。事母喻氏，典鬻营甘旨。及没，庐墓三年。事寡嫂委曲周至，田庐仆婢，悉以善者归兄弟及侄辈。手课两孤侄，俱补弟子员。曾雪县令王某枉，忠义奋发。令感馈银器数事，启淳坚却之。赒急恤匮，佃者多戴其恩。康熙廿三年，举乡饮宾，邑令王钱昌额"齿德兼隆"。年七十六卒。乾隆十年，祀乡贤，藩宪长柱题赠"熙朝拔俊"。著书见后目。

崔良瑛，字瑞卿。《明贤蒙正录》载：吏目崔良琪，与弟良瑜、良琦、良珩、良玺，时号"崔家五凤"。皆自幼端重，有颖悟。父庠生肇畴尝出对曰："守本分。"瑛曰："去私心。"瑜曰："作完人。"琦曰："念先人。"玺曰："为名儒。"时琪年十三，瑜八岁，琦六岁，玺方三龄。成童，皆补邑诸生。崇祯癸未，献贼陷宁，瑜、琦、珩抗贼，不屈死。瑛、玺因存祀，遂隐不出。大义分明，皆识力坚定。

国朝

卢传来，字复郎。贡生。幼慧，日诵千言。及长，益折节读书，凡日间言动酬酢，夜必记之，卒成深谨之士。见良友异书，则起敬。制艺为时所推，与同邑陶之典并征入濂溪书院。所作诗歌盈笥，未及六十卒。乏嗣。

袁大猷，字修林。顺治辛卯恩贡。戊戌，与修邑志。庚戌，考授州同。生平严气正性，言行不苟。每朔望，集子姓申严礼法。判族事，片言帖服，合族无只字入公庭。

潘大有，字若无。庠生。笃友爱，负侠气。两兄死于兵，大有冒险寻遗尸葬之。或夺张毓成妻，代白于官，断还，又给金安集之。

姜祥璜，字周兆。弱冠失怙，奉母教惟谨。抚二幼弟，延师共学，与弟祥瑛先后入庠。时吴逆猖獗，军兴旁午，追呼填门。祥璜徐理家政，出以整暇，卒能保聚。祥璜往来郡县，临几应变，捍御外侮。有盗入市喧传，兵至，祥瑛向邑令力陈其非，计擒盗魁，安堵如故。

张元佐，字于尹。岁贡生。沈潜嗜学，恂恂无机心。笃事母，教二弟若严师。诗文醇雅，卢传来引为忘年交。乏嗣，与卢同岁没，人均哀之。

刘铤，字荆山，号逸庵。岁贡生。前妻张氏奁田三百亩，析分诸弟。好经学，其祖光初建石栗庵，铤读书其中，额曰"擎文堂"。少入泮食饩，巡抚丁某、赵某咸赏识之。晚别墅于柘村，授四方学。性好施，老而弥笃。故境虽素封，半消于慷慨。授衡山训导，未仕卒。著书见后目。书名前《志》遗录，今无稽。

袁式贤，字仪长。庠生。明都御史袁经裔也。父没，庐墓三年，虎屡过其庐不为动。里有卖身及鬻妻者，出赀赎还之。精歧黄，施药饵十余载，当事署为约正。片言排难，四乡帖服，人以为不忝其祖云。著书见后目。书名前《志》遗录，今无稽。

陶之采，字庶常。少承庭训，能文食饩，称诸生祭酒。游太学，试吏部，授州同，名公卿争相推毂。后归山中，键户读书，诗文益进。先是，制府丁某以制艺诗赋试南北士，湖以南七郡，拔之采第一，次则桃源文志鲸。入史馆，每语人曰："吾为南宫第二人，无足喜喜。"为诸生时，见知丁制府，次宁乡陶先生，后得稍与颉颃耳。其见推重如此。晚年谱《芙蕖韵》一部，播之梨园。爱其词者比美于临川四梦。年六十卒。著书见后目。

陶嵩，字天石，号补俭。之典子。拔贡生。授教谕不就，键户教诸子，皆知名当世。雅善知人，推许不爽分寸。性概超脱，识量豪迈，把酒赋诗，群称五柳再见。尤工小札，案头裁答，笔翰如流，皆古健可喜，又似都督风流也。著书见后目。

张鸣珂，字玉友，号石攻。本姓余。幼知嗜学，性最钝。塾师授解，虽一字必牢记之，其有未解，录置窗间，从容往复。积月累岁，疑录尽去。由是颖睿大启，一目数行。尝叹天下古今，岂囊括中物所能发挥得尽。应试，于兵燹焚掠之余，忽见濂洛诸书，喜曰："道在是矣。"时与邵阳王元复倡正学于湖湘，后又友靳江李文炤。文炤所刻《诗》《易》、三礼，皆其所参定也。事亲极顺，壮犹跪受笞杖。家四世不析居，与小功服弟鸣琴共举家政，内外翕然。精于医，自许张长沙后一人。星卜堪舆之学，皆深造自得。教人以义理为先，才华居后，成就者甚多云。

邓林琦，字又韩。岁贡生，明御史瑞清之后。性纯惠，岁饥，赈粟施棺，全活甚众。修桥路，全婚姻，好行其德。尤嗜藏书，亲诣吴门搜购。晚年扃楼静坐，遇平人辄说因果相警劝。著书见后目。

姜家斌，字身先。庠生。少孤，善事母陶氏，教子弟有法度。敦崇族谊，为姜氏领袖。性豪迈，一叶往来湘、澧、汉、沔间，遇人危难辄救之。慷慨乐施，至老不倦。嫉恶如蛇蝎，轻薄子弗敢近之，曰："宁受三尺，无令姜翁知。"

周德乾，字画一。慈祥谨厚，读书识大义。不乐举业，敦励实行。事亲色养，亲没庐墓。兄弟早逝，抚侄成人。康熙丙戌、雍正丙午，两遭岁歉，日施粥以待饿者。躬亲授给，曰："恐多少不均也。"疫作，捐赀购药，活百余人。又修朱郎河桥，助段氏毕婚。其乐施与类此。子宪丰，字方伯。贡生。能守父范，先意色养，与兄弟砥砺庠序间，人称有守之士。

汤昌，增生。家贫苦学，至老不衰，诗文遒劲。授业宁、益间，及门多通显，人称桐轩先生。著书见后目。

贺瑞，字玉参。居亲丧，庐墓三年。介节孤行，不趋时尚。邻村比居，有终身未造其闾者。能耐贫，闭户绝炊，不肯向人乞。假砚田代食，训课极严。著书见后目。

丁节，字四安。庠生。尝就试武昌，舟泊鸭栏叽，仰见绝壁上半棺悬挂，势欲坠，停舟，百计取下，棺朽败。启视，珍宝盈斛，为购棺并所有物置尸旁瘗之。夜梦一女子，自称建昌侯孙虑之妾百华氏，叩谢。明日，复竖碑以志。又尝与同社友徐上志应试毕，结伴南旋。归途，徐买一女，使问其由来，瞿然曰："乃祖节，蒙师也，胡式微若此。"即招致其父，择婿嫁之，而以价赀偿。徐读书志在正学，晚年构居别墅，颜曰"几希窝"。著书见后目。

黎良谋，字廷献。庠生。事亲以色养。冬夜，父睡起，良谋持溺器俟父。旋毕，良谋方就寝，亲没。丧祭礼节，恪遵朱子。足不履城市，下帷课徒四十年。疏解《中庸》，理甚莹澈，其生徒及子侄多有文声。葬人丧、全人伉俪者凡数次，行善不倦，里人德之。

周德至，字西长。性笃彝伦，父没尽礼，事庶母终身罔懈，教幼弟成名。乐施予，谨嘲笑，族里爱且敬之。沈潜书史，食饩数十年，课生徒，文行交励。著书见后目。

刘如瑶，字西晏。岁贡生。经术湛深，文笔沉雄，有奇气，试每冠曹侣。家贫，竭力事继母，所得廪膳馆谷，必分给其弟。拾遗金还其主，贫无衣被者恤之。训生徒，必以文行交勉，严课经史诸集。选保靖县训导，未任卒。

黎良谦，字六吉。庠生。言规行矩，风度凝然。有司重之，延为乡饮大宾。成礼后，或劝其入谢。良谦厉色曰："此公事也，何谢为？"竟扶杖去。晚年，倡建宗祠，条议家法，与弟良训相友爱，里党称有椿萱风。年八十一卒。

彭之寿，字公眉，号怡园。早食饩。康熙间，吴逆踞湖湘，逼以官，不屈。己未，膺岁荐。性笃友爱，尝割田一顷赡弟之明，和族睦邻，家法严肃俭约。子铭、铎、铨、铉，白首膝前，不假辞色。巡抚赵某见之，寿陶之典，叹曰："二老，乡之典型也。"壬午，除南漳司铎，以老辞。年八十五卒，祀乡贤。著书见后目。

朱绍衣，字公衮。廪生。父没三年，酒晕不入口。敬兄爱弟。外舅贺姓遗奁田四十亩、仆妇六人，绍衣只取二人，余却不受。又尝捐逋租、助急难，人服其义。

喻从修，字叔永。廪生。苦志力学，雅善属文。兄弟五人皆入泮，怡怡相得。从修倡葺学宫，多任勤劳。江右冷姓者，寄金从修家，旋没。从修白丁令，召其子还之。

谈以祥，字石麟。廪生。生平不入城市，乡邻有侮之者，释而不校。年三十余丧妻，或劝以再娶。以祥曰："吾有子足矣，吾不如尹吉甫，能保诸雏不作伯奇哉。"遂鳏居终身人服其义。

王长昱，字公朗。恂恂儒者，精易学。事继母，色养不衰，学使举其优行。平生细行必谨，遇童稚无惰容。诗文精卓，工书法。仅以明经老，识者惜之。

王长昌，字又西。幼失怙，母训最严。年十四入泮，以诗古文名一时。任安乡学博，分俸资诸生膏火，所陶甄士多显达。后赋遂初，耄而好学，睦族赈邻，有加无已。自署为"修竹先生"。著书见后目。

张启特，字卓然，号素亭。岁贡生。性豪才敏，工诗文，敦义让，一老仆自随，授生徒甚众。积修金，赎祖业百余亩。卒之日，手书一编，授其子，颜曰"让训"，人皆佩之。著书见后目。

廖俨，字次仪。幼颖慧，试每冠军，以明经终。性磊落，无町畦，裘马与友共，有"尘视轩冕，铢视金玉"之概。巡抚赵某重其文行，聘为岳麓山长。时出修金，资寒士膏火之不逮者。著有诗古文，未梓，惟时艺遗稿刊焉。

梁毓秀，原名正邦，字林麓。府庠生。性方正，寡言笑，薄嗜欲，文章为名流所许。其先世安民为许州长葛令，世儒、世俊、世林皆邑杰士。毓秀有亢宗志，未中寿卒，人多惜之。

黎良训，字近光。积学笃行，不求闻达。父先逝，事继母谢如所生，事伯父及嫂敬爱备至。及病卒，遗言治丧六事，勿用浮屠，勿惑阴阳家言，勿作乐，勿受赙，勿扳援势要题主，勿以凶服加于尊长执友，识者称其斟酌古礼，得涑水考亭家法。刻碑竖立宗祠内，族里咸遵行之。

钟启灿，字斌鉴。庠生。事亲不违其志，兄弟无闲言。倡修家谱，勖子弟读书，力田里中。有周、杨二姓遭祸事，得启灿一言，而是非遂定。二家感之。

余汝谟，字昌言。视听言动，粹然古君子风。父庠生悌，骏厉严肃，汝谟婉言愉色，奉事无违。居丧悉遵家礼，苫次三年，寡言笑。家近先人墓，日必周行茔兆，风雨不避。每逢忌辰，必茹素含哀。产仅十亩，捐五亩为祭扫资。年八十一卒。仲弟汝谐，岁贡生。精研经传及诸史，性理、庄骚、文选等书加批注。敬事父母，居丧尽礼，亦如伯兄，亦捐祭田五亩。将选训导，卒。著书见后目。书名前《志》遗录，今无稽。

黄道宪，字楷度。好学能文，慷慨有远志。时南省未分闱，十赴鄂试，得而失者再，以明经老。著书见后目。子遇隆，官庶常。

朱绍德，字翼圣。十五岁入泮，治《毛诗》兼通兵防及堪舆诸学。事继母三十余年，若事所生。仲兄早没，抚孤侄如己子。侄夭，又抚侄孙。凡族中失怙恃者亦抚之。里有石氏，贫欲鬻其子，绍德给金止之。

黎良史，字武城。庠生。贫不能购书，从有书家借读。暑夜无帐，作《驱蚊檄》，读不衰。母没，三年绝酒肉，父没亦如之，俱庐于墓。与弟分薄产，受其瘠者。资舌耕为业，造就甚多。死之日，弟子执绋者众。

彭铉，字玉吉，之寿季子。举明经。读书目数行下，不专务举业，研究性理，气度安详，望而知为有道之士。选司训，力辞。其父母耄耋始没，铉以皓首致哀尽礼，三年如一日。初，铉产时，母陶氏几危，其嫂饶氏乳之。及饶没，铉奔哭哀悼有加。著书见后目。

黎希俊，字宾兴。好学能文。康熙间，游太学，邑令于寀赠以"凤掖先声"匾额，每有疑事，必就问焉。品行端方，静默寡言，人咸敬畏之。迄今孙曾昌大，人以为厚德之报。

丁至诚，字位中。恬静嗜学，日恒扃户，手一编。尝纂《春秋合璧》，巡抚赵某采风得之，冠以叙文。有旧业师偶过，猝病卒，至诚殡葬有加礼师之家，人多道其盛德。著书见后目。书名前《志》遗录，今无稽。

杨圣治，字渐易。庠生。屡荐不售。父没，庐墓啜粥，三年如一日。晚年，与胞弟学博鼐治究心濂洛之学，时人多称道之。

黎希鉴，字睿照。庠生。家不甚裕，而倡助祠费，捐祭田数十亩。族有流寓他乡者，召之还，授以田宅。幼失怙恃者，教读完娶。兄弟五人，友恭并笃，睦姻任恤，赴义急公，乡党钦之。

袁佚，字孟杰，号井堂。庠生。好读书，而重力行。居家俭约，遇缓急之求，力所能应，未尝有吝色。力辟浮屠，祭祀必诚敬，惟不用钱楮。或谓楮以代币，佚曰："既不能用币，何必代以欺祖。明系释老幻说，又乌能代耶？"丧葬事恪遵家礼，族戚讣至，或不能行礼，每自携鸡酒，往为奠殡。闻将讽经，必力阻。不听，则艴然去。其严毅如此。

彭祖述，字少仑。廪膳生，乡贤之寿曾孙。好学工书，以病谢举业，博涉图史，诗文自娱。事继母如所生。其先茔无远近，虽耄年必亲往拜扫。年至八十卒。子太学宗翰、孙庠生翼世，皆能恪守祖父训。

黎希修，字思永。乡贤启淳之孙。读书攻苦，为名诸生。直道待人，是非不少假。邻族事不直者，不敢来就质。表彰节义，兴建公事，人尤称其勇。

余恺，字云曼，号宜亭。增广生。品端才敏，贯穿经义，及门甚众，有经师之称。乾隆年间，修府、县志，皆与焉。

周繘勋，号藻亭。郡庠生。渊默古处，训两子，恂恂退让，礼耕学耨，俨然唐柳氏家风。尝构别墅，翰林刘元熙颜其堂曰"谦恕"，章其志，抑贞其教也。

王运枢，字区木，号石冈。文清第二子。以默十三经入泮，旋食饩，以明经老。朴直强立，不因人热。时以小金川军务开例外，舅彭维铭宰江津，招之。舟抵宜昌，闻将迫令援例入官，遂返棹。有达官延课其子，许营出身，辞益力。有书从京师来，询其子应试名，掷诸地曰："欲污吾儿，令拜恩私室耶？"或劝其肄业成均，可选训导，以亲老辞谢。家落，售产搜刻业师所著《学庸心解》行世。曰："及吾力犹能给，聊为报尔。"子人作，官乐平丞。迎养时，以清慎勤为训。及归，年七十三，忽命卜葬地，遍省弟、侄家，还沐浴以俟，诘朝端坐卒。

王炳旭，字亮南。读书好义，补弟子员，每以培植根本为急务。康熙间，倡建家庙，置祭产，辑修族谱。生平倜傥刚直，排难解纷，乡里皆爱敬之。其季子忻成进士，孙坦修官翰林。

谢方显，字遂良。事亲色养，丧祭尽礼。好读书，敦品行，贵义轻财。乾隆间，邑令宋齐宪赠以诗，有"衣冠沾雨露，杖履式乡邦"之句，欲举为乡饮宾，坚辞之。年八十一，以无疾卒。

易维新，字鼎夫。郡庠生。博学能文，授徒不计修脯。自奉俭约，宴客甚丰。和易近人，遇不平事，辄义形于色。倡修山斋后裔家乘，因历各郡、州、县，核其世系的实，乃纠族建祠星垣。晚年闭门，手一编。年七十七。著书见后目。书名前《志》遗录，今无稽。

贺洲，号金门。家贫笃学，至老不衰。屡荐不售，穷经毕世，以岁贡就教职。寿终八十五。

胡天泽，字雨苍。廪贡生。世居邑城射圃巷，端品力学，屡困棘闱。居恒不问薪米，日闭户，手一编。晚年尤喜诵《毛诗》，言之亲切，辄解人颐。岁荒，给乞人米各半升，至次年籴谷自给，恬然甘之。取佃租极轻，或因贫求退，辄镯其逋而坚留之，有佃久致富者。里有亡赖子，醉辄凌詈居邻。天泽礼遇之，婉言相规，屡遇如是，致其人敬惮，不敢过天泽门。每乘酗咆哮，或给以胡某过，辄敛声，卒改行。

刘起杭，字嗣孔，号耐庵。五岁失怙恃，励志成立，肮脏骨鲠，而性好义。其堂姊适黄者孀居，讼累起。杭代借三百余金，售产偿之无怨色。善化寒士祝金鼎，携眷十余口寓其家，解衣推食垂十年。有券书一匣，积数十年，一夕焚之，不使子孙知其姓氏。晚年筑室于神泉岭，额曰"半霞堂"。莳花吟诗，不入城市。年七十三，无疾而逝。子、孙、曾已三世，登科列仕版。著书见后目。书名前《志》遗录，今无稽。

黄建濂，字畹兰。例贡生。少孤敬，遵母训，事庶祖母无敢怠。吐属儒雅，举止安详，所嗜惟琴书法帖。屡应秋闱，交游多名下士，文会诗社陶然也。同怀五人，濂居季，诸昆家中落，岁膳以为常。嘉庆元年，乡里举应孝廉方正，惜中格不果。

黎祚准，庠生。庄敬自持，与人无城府。好学能文，大学士梁某抚楚时阅其文，器重之，屡荐不售。手书朱子格言成帖赠同人，书法亦有雄秀之气。

黎祚湜，字泾扬。监生。方严立品，家教肃然。遇族里争竞，理谕之不少瞻顾，其风烈可比彦方。子大瓅，入成均；大瑀、大璘俱游庠，文行兼懋，士林模楷。

周在炳，字广平。博涉群书，于诗古文词，皆有心得。年七十余，犹应童试。县府尝列前矛，卒不售，亦不介意。业师没后，即书其姓氏，奉家龛右，以志不忘。卒年七十九。后有汤昌殷、杨士鸾者，俱以七十余岁应童试。昌殷五、七古喜为奇恣之笔，县府亦屡列前矛。士鸾著书见后目。此三人者，人皆称其耄而好学。

黎祚绍，字衣言。庠生。幼失怙，事母极胹笃。兄没，抚侄如子。键户穷经，非应试不入城市。疏财仗义，乡里贤之。

王惺，字台寅。庠生。少读书，目十行下，屡试优等。教其弟忻成进士，旋赏志没。忻志其墓，述其励志学业及训课事极详。惺长子琳修，克恢先业，不忘父书，延师课读，家法森严，与弟建修同居六十余年。建修，惺次子，励学应童试，屡列前矛，尝出其从弟坦修右。至坦修官翰林，始辍试。性朴厚。建修子一，兄子凡数人，建修待如己子。笃于师谊，及教子若孙，隆师如琳修，盖皆本其庭训云。

胡本隆，号郅斋。卓荦不羁。工诗古文，善书画，俱驺驺入古。少年应童试，学使庄某嘉其文，以排偶破违功令，抑置佾生。戏应武试，乃以内场冠军入彀。后援例入成均。性任侠，一言投契，不惜千金，视天下无难为事。有湖堰久废者，居人绐之修复，倾囊兴工。赀既罄，一涨而功尽弃。乃大笑曰："洋洋乎大观哉！"其豪爽类此。

姜向介，字于石。行谊如其名。专心经义，丹铅并下，屡试前矛，不售志亦不挫。其子精义，字纯夫。为文多苦思，性刚正，邑里有公事，持义不阿；捐祠田，还贫家券，建桥修路，毫无吝惜；老而好学，以明经终，年七十二。和义，字太元。沈心书史，童年入泮食饩，膺丁卯乡荐，不乐仕进，筑别业，署曰"山天墅"。性笃天显，念切本原，刊石表志先茔数十处，置墓田，建祠宇，修谱牒，著有《北上纪行吟》及《易鉴》若干卷，未梓。

黄湘南，字一吾，号石樚。邑增生。随父立隆任，囊书外无长物。父丧归里，无以为家，寄居翰林刘元熙家。刘常目为经史库，喜其博闻强识也。继母章佳氏，性峻急，少拂意，辄跪受责。章以旗籍归宁都中，留湘南守墓。客潭八年，诗文强半皆陟屺之作，构思最敏捷。尝客秦淮，一夕和诸名士诗百篇。年二十九，卒于武林旅次。

王錞，字鸿音，号省斋。敦品笃行。虽食贫处约，而周急恤乏，随力为之。善饮酒，无失言失色。考试屡受知于司衡，竟以明经老。诸知己有欲延为幕友及以优行举荐者，皆力辞。简为司铎，亦不就。惟一觞一咏，陶然邱壑间。及门请梓其著述，谢曰："春风秋月，赏不逾时。珠藏玉润，无容自炫其光也。"寿八十二。

周新绪，字鼎夫。廪生。岁科试，屡冠曹。偶仿古人刚日读经、柔日读史法以自课，岁无虚日。夜则读周、程、张、朱书，谓学以致知，非精研理学，何以能文。又谓词章学太工，颇为心性害，故不甚肆力焉。古文自西汉外，嗜韩、欧、曾数家，三苏取子由制义，则力追大士大力，几于目无古人。乾隆壬子闱中，得而复失，遂得心疾，赍志以卒。著有《斗畦文集》《斗畦诗集》行世。

胡开洛，号东都。力学不售。工吟咏，尝以试古见赏于督学楮某，称为铁中铮铮。子一瑞，弱冠食饩，有文名，未及壮而卒。父厄于名，子奇于数，同学中为悼惜之。

萧宏烈，字太和。嗜学不倦。年四十余，始入泮。善鼓琴，弦诵之声，时闻户外。疏财仗义，缓急求，无不应。或贷至数千金，量力难尽偿，遂毁其券，破产无怨。卒年七十七。

周在霶，字次垣。廪生。潮郡守硕勋次子。学贯经史，屡试冠军。能文工书，三荐不售。生长宦署，布衣徒步，遇乡尊长辈，循循弟子仪，绝无纨袴习，人称长者。

刘向阁，字翼云。岁贡生。皓首穷经，耄龄受业。喜成人美，绝无机心。二弟乏嗣，家亦薄，乃以子之有室者承其后，家产亦均分之，族党称其笃厚。子斐基入庠。

丁金榜，庠生。家贫嗜学，和易近人。遇不平事，则义形于色。为族尊，有弗率子肆无忌，族患之，独畏金榜，卒敛戢不敢逞。隆师训子，竭情尽力，至家窘，未尝乞怜于人。长子公式举于乡，次子公路成进士，任山西岳阳县。惜金榜未及身食其报。

丁公恕，字心之。庠生。学有根柢，居忧遵礼尽哀。尝讲明宗法，联络族姓，身为小宗，每时祭，先期三日诣祠，诚敬如见所祭。抱足疾，不良于行，终献百拜，弗以为烦。自少至老，非遇大故不摄。生平肃衣冠，盛暑不懈，言语矜慎，制行无差，士林矜式。工书法，治古文有声。著书见后目。

贺德潢，字云溪。廪生。性刚直，秉正不阿。训子侄班入泮林，有捷春闱者。处昆季，规劝相资。遇险阻，辄身任不辞。瘁戚属有孤弱者，翼而抚之。馆于张氏，怜喻子杰之贫，而奇其质，俾受业，不计修金，且携归教养之。数年，补弟子员，不言报德，潢亦绝不市恩。其轻财重义，喜扬名节类此。

胡光甲，字春台。增生。性灵敏，吐属间能远鄙倍，存心俭约，不入声色之场。嘉庆元年，与贡生汪华国同举孝廉方正，例得六品顶戴。年五十六卒。一子夭，继孙承嗣。

杨开瑛，字修五。增生。嗜学能文，兼精书法。秉心正直，族邻有雀鼠争，得一言而遂释。长子应谦，字天益，副榜，博闻强记，选永顺训导，天真烂漫，教士一以端品立行为谆谆。次子应诏，字凤书，岁贡生，屡荐未售，选衡山训导，日与诸生讲贯经艺，津津不倦。其廉介之性，无异父兄。开瑛寿九十。应诏年八十，卒于任。应谦寿稍逊焉。

姜万庚，字汭东。少颖异，授经成诵，殚见洽闻，困于遇，力学不疲。居恒好义，设义谷济贫，诸先茔列石表志。时邑令以"孝友"额其门。子荣绶，庠生，笃学力行，亲丧皆庐墓三年，今遗址尚在。

喻定瑞，字麟书，宋喻韬裔。强记博闻，兼通经史。以优行举贡，考授直隶州判，未就。性严毅，不随流俗，奖劝族众读书，多所成就。偶拾遗金，招其主还之，人称有守之士。

戴介隆，字师惠。品端而好义。课读家塾，有性敏而力不给者，概免其束修，成就甚多。并通灵素诸书，活人无算，却其谢。

李世汉，字虎轩。博闻强记，工诗古文词，傲岸不应试。家无宿粮，以砚田为活计，稍拂意即去。邑令谢攀云踵门再访，固谢不见。其友李四青，亦博学，有诗癖，时称"汭宁二布衣"。著书俱见后目。书名前《志》遗录，今无稽。

刘邦屏，字建侯。庠生。敬宗收族，乐善能施，老而益笃。筑别墅于香炉山下曰"麓庄"，置田二十亩，为本支后裔读书膏火。子越，亦诸生，克成其志。邦屏工诗，刊稿见后目。

刘基鉴，字秉衡。世居玉潭之佘洲。性悫谨，绝声援，乐施予。搜猎经史，时读修齐章及《朱子格言》以训子弟，谓曳缟策肥，闲谈聚饮，非仅败门户，适以坏乡风。演剧赛灯，樗蒱丝竹，非第荡赀财，适以开逸欲。其子孙恪守遗训，家浸昌，书香日馥。

刘浩，号是齐。庠生。屡困棘闱，枕经葄史，兼精歧黄学，有仲景、景岳之能。子起生，早世。孙序周，以寡母掌珠之爱，能卓卓自立，见义必为，睦姻任恤，减粟赒贫，施棺施药，而家计浸昌，人以为浩之贻谷。浩著书见后目。

汪华国，字焕文。性端庄忠厚，补弟子员。旋捐附贡。痛失恃早，事父愈曲意承欢，事继母如所生，丧葬皆尽礼。邑中学宫、书院、考棚及各处义渡，均重赀襄助。又独置义渡一所，租息不取盈、不急责，足迹不履城市。嘉庆元年，详举孝廉方正，例得六品顶戴。六十二岁卒。

　　姜义带，字垂绅。廪生。积学力行。居乡与父言慈，与子言孝，与兄弟言友恭，人多感化，泯争隙。著《四书汇要》，未竟而卒。

　　秦定灿，字锦章。通经史，文用腹稿，多惊人句。母彭氏病笃，定灿与妻谭氏奉侍汤药，昼夜不懈，酷暑不暇浴，肤为之腐。及母卒，夫妻哀毁灭性，未周年皆卒。

　　谢安质，字简重。性笃友爱，风度端方。好读书，长诗古文词，书法亦秀雅。屡试不售，遂键户不出，诗酒自娱。凡以事就质，论断毫不徇情。乡邻词讼，多因以息。疾革时，犹有焚香祝祷者。死之日，无不悼痛。

　　袁位，字定三，号东桥。捐从九品衔。四岁而孤。弱冠，县府列前矛。后以母患痰癗，遂废举业。精究轩歧书，调护母病四十年，辛勤如初。兄僾，性峻急，位委曲调停，式好无间。居家恪遵其父庠生茂达所集《四礼崇俭》一帙，行不稍怠。又尝谓朱子《小学》是入德之门，教子首授是编，随事必引为训。遇佣农雇佣皆然。或延其子庠生名上辈教读，位曰："盗罪在辟，然商贾被劫，财物可再致，独塾师因循误人子弟，使虚度光阴，虽亿万金不能赎，谓罪浮于盗可也。省之。"位家贫而好施予，有刘仲猷者，其祖尝为先世义子，给田归宗，三传至仲猷，穷独无依，位为生养死葬。遇里党争竞，以情理劝谕释之，数典田于萧姓、蒋姓，价近千金，俱不受券约。年六十四卒。

　　易士景，字成周。庠生。宋尚书袚弟之裔也。文艺超拔，厄于科名。课子若孙，多蜚声庠序者。持身处世，仁厚性成。钟邦权为之墓碑，有云："先生之文，以启其行；先生之行，以实其文。可想见其为人矣。"

　　杨培义，字正万。岁贡生。湛深经术，授徒多所成就，为人圭角不形，城府不设，大有古处之风。

　　易绍孔，号道庵。廪膳生，试辄优等。后赞藩府，赐冠带。平生顺亲友弟，好行义举，集家乘，建宗祠，捐义田，慷慨无所吝。时学师陈某称其存心仁恕，制行端庄。邑令张某亦重其人，而旌之以诗，赠答最多。

　　胡本良，字心田，号康斋。邑名诸生也。性耿直，轻财任侠。处宗族乡党，情义倍挚。兄弟十人，异母兄二，早析箸，家中落，尝共为佽助，不足即自益之，无他诿。家不甚丰，或以缓急告，凡贫薄者无不应。谓我虽无余，然不许，彼将计无复之，甚可悯也。故生平多赔累，亦无悔意。尝为玉潭书院首士，造三贤阁，垫膏火数百金，邑令冯鼎高甚钦佩之。里党或以竞争事来质，守正不阿，即至亲无所袒。寿八十一。

许心珥，字季瑱。九岁失怙，歧嶷如成人。弱冠，补弟子员，而体羸善病。家政旁午，外侮丛集，犹力学不倦。日操铅椠，负奇气，目中少可人，颇不谐俗。然与人交，辄露肝膈，笃故旧，无炎凉，见喜推解，无市恩心。建专祠，敦一本，族里皆曰贤。长子其顺，膺乡荐，余多采芹食饩，累叶燕诒。

廖锦江，字孔殷。太学生。屡试未售。家不甚饶，而急公好义。主修谱牒，倡捐祭产，如长沙义渡及邑中公事，无不乐捐相助。年近六十，筑别墅养静，诗酒啸傲，手录格言，糊满墙壁，常触类指教诸子。及卒，子章、倬等以是屋为家塾，示勿谖也。

何焕，字星田。庠生。性颖异而专静，夜间废灯，焚香照读，所学益精。游齐鲁、吴越间，交遍名流，与善邑唐仲冕更洽。常师邑宰谢攀云，属编辑玉潭及昭潭、澧州、溆浦诸诗选。晚年失明，居梅庄，著诗文不辍。门下多入黉宫，膺鹗荐。仲冕子鉴入词林，常称其教泽焉。年七十卒。著书见后目。

陶鸿谔，字秉庵。乾隆癸卯举人，再上公车不第，遂绝意进取，家居课读，作育多方。父泮洲，晚年目瞽，饮食起居，必亲侍奉。侄世基家落，复分给后，抚养终老。又为侄世增教读成名。代族经理千金，一介不苟。布衣蔬食，怡然也。卒年六十九。

张庚，字西山。原名彪。幼聪颖，长善属文，食饩胶庠，负元龙气，不居人下。六赴棘闱，屡膺鼎荐。嘉庆辛酉科，主司尤击节叹赏，因呈荐太迟，以额满见遗。生平孝友仗义，并能为人所难为。年四十卒。子寿基，廪生。孙、曾蔚起。

蔡鏊，字光甫，号云门。优廪生。肄业家塾养梅庄，好学能文，工书法，为乡前辈所器重。屡困矮场，乃益绳经切传不少衰，遂以勤苦成瘵。邑令陈玉垣为撰墓志。

黄本骐，号花耘。弟本骥，号虎痴。少孤，母氏刘教督严。兄弟刻意砥行，均以所学，著名湖湘间，一时知交半天下，名公巨卿争致之，然非其人弗屑就也。一室友于惟论诗，微有不合。骥诗根本性情，浑朴坚实。骐则瑰奇艳丽，务以才胜，故多震骇耳目之作。骐中嘉庆戊辰科举人，授城步县训导，莅任未三月卒。骥同中戊辰副榜，道光辛巳举人，教谕黔阳几二十年。黔地故僻陋，为建教泽堂课士，经其口讲指画，为文章者率多成就。教不分畛域，同郡各属进谒门墙者甚众，黔人士尸祝之。先是，兄弟分主乾州辰郡讲席，其琢磨砥砺，一如莅黔时。性笃孝，母在时，不敢以身外出，朝夕雍容色养，妇孺感之。同室中刲臂疗亲病者，事凡再见。骥虽游幕四方，然恪遵母训，作诗佩之。母怒，辄跪受诃挞，不命之起不敢起，竟事怡然，即骥亦以为不及焉。骥怀铅提椠，日不暇给，性尤嗜古，于历朝尺式、刀布、琴砖，各为题识，其金石集古诸录，皆收入丛书中，校刊行世。后巡抚吴荣光聘《续金石粹编》，凡三年，成书百二十本，未付剞劂为恨。骥兄弟抱经济才，卒困于闲曹，士论惜之。所著书甚多，目列后。

马维藩，字伯元，号秋畇，初名昌培。中道光壬午科举人，两上春官不第。父鳌峰，寝疾屡岁，躬侍汤药，遂不与会试。养终服阕，谒选，授一等，辞不就，改铨新宁教官。居六年，以母胡氏忧去职。生平淬品励行，言动有法。读书不放一难字、蓄一疑义，每盛暑之夕，篝灯坐帐中，帐污皆朱墨汗渍。素病瘵，尝咯血满地，诵声琅琅不辍。为诸生，岁授徒十数人，讲画不倦。官新宁时，士人至黉舍，必勖以根柢实学。既归里，当事聘主玉潭讲席，从者沓至。所造士先后以百计，邑中掇巍科、负大名者，多出门下，人以绛帐方之。工诗古文辞，有专集待梓。寿六十五，以疾卒，学者称"秋畇先生"。

刘基定，字子复。例贡生。志趣恬澹，行谊甚高。家不中赀，喜周穷乏。性廉介，不苟取。陈光诏令长沙，某豪谋鬻狱，遗基定四百金，属为道地。基定峻却之。晚岁食贫屡空，晏如也。少习帖括，既长，谓学问之道不在是，遂弃去。喜购书，不惜重赀。博览周秦诸子、汉唐训诂、史传百家之言，能得其要。所居建晚翠阁，藏书八千卷，问奇者踵至。其为文得古人义法，诗宗王士正，亦雅丽坚朴，卓然成家。当世陈沆、沈道宽、邓显鹤、马维藩诸名士咸推重焉。刊有《胡竹宾遗诗》，又重刊《弟子职》《小尔雅》行世，并著有《晚翠阁文集》《复园诗存》若干卷，同邑刘典为刊行之。寿八十六，无疾而终。子一，巨观，字海伯，增生，亦以博雅称，年五十余卒，有《增辑圣门事业图》行世。

崔秩，字星社。举人。少读书，慕宋处士谢英，结庐潜山中，冥坐数年，脱然神悟。其为文奥涩，不谐时俗，岳麓山长罗典特器重之。先是，湘乡蒋湘镛昆季在书院最知名，及秩进，阅其文，讶曰："蒋生作耶，何其文沉深而刻至也。"既又喟然曰："此子造诣深醇，在先辈雅近罗文止，蒋虽才，无能为役也。"自是名大噪。凡丐典文者，悉命秩代作。生平杂著甚多，随手散佚。没后，启其箧，无复存者。

周锡瑜，字采亭。性超迈，殚精文律。游学岳麓，山长罗典激赏之。与溆浦严如煜以文行相砥砺，学使钱澧取充选拔贡生。旋就州判职，历主仰高、岳屏讲席。后以母老，改教职。晚应邑令王余英聘，主讲玉潭书院。令父固文士，雅重瑜，诗酒从游，相得欢甚。终令任，未尝一语及私也。与侍讲王坦修为老友，耆旧风流，人争仰之。卒年七十三。著有《岳游草》《北征草》《扬州草》。子四，能世其家学。长洛嵩，性浑厚，能文章，于后学多所成就，从事者称为"豫棠先生"。

周志勋，字云台。工骈俪，诗出入唐宋，绵丽瑰博。为诸生时，与邑人提唱风雅，以禹碑诗受知学使某，获选拔。幕游吴、粤，巨公折节。尝推主讲席，居梧州十二年。倦归，曩社友无存者。孝廉马维藩、茂才潘世珩两诗弟子，率邑人士延主玉潭讲席，骚坛一振焉。旋卒。著有《活云庐》《罕公宴余》《耳目治余》《粤游草》，他多散轶。学博邓显鹤选其《还湘草》《粤游草》入《资阳耆旧集》。

喻逊，诸生。性沉静，潜心经学。家徒四壁，每燃松节照读。妇缫车傍其侧，书声与纺声相间。诘朝无食，晏如也。学务实践，造次必准礼法，其容俨恪而温和。授徒终身，教人务令敦本励行。近居有市，逊过市，人皆正容起立。教子孙有法，尝录先正格言糊满墙壁间，俾睹记以为则。病革，诵"君子以仁存心、以礼存心"而没，年八十六。著有《易经训义》《学庸讲章》《四书辑略》《庐阜堂时文》行世。子宜孝，诸生。克承父志，事必禀命而后行。励品学，敦孝友，辨义利。晚年家益窘，日默诵经书以自娱。因录《纲鉴要言》一书，致两目昏瞀。年八十二卒。

张谷瑞，字诞嘉。增生。父琢成，置收租斛，入小于出，行之数十年。后生谷瑞，名以示不忘。性孝友，父病痿痹，饮食医药必亲尝；裙褕洗濯，不假人手；夜卧榻侧，衣不解带；每夕焚香，愿以身代。如是者六年。父没，庐墓终丧。母病，侍养不离左右。待诸弟，生平无疾言遽色。谈诗礼，质疑难，怡怡如也。作家规十条，朔望召家人，诫谕谆谆。五世同堂，内外数十人，未闻诟厉声。塾师某没，为经纪丧葬，并恤其家。开塾授徒，教人以穷经致用，门下通籍者多著政声。好读书，博综群籍，尤研精史学，作《悬丝鉴谱》，上下数千年事实，灿若列眉。道光己酉，岁大饥，居民汹汹，谷瑞出私家积减粜，劝富户发粟以济，全活甚众。并倡捐社谷，酌立规条，择人经理，为永远储备。买义山，瘗道殣，以时施给衣棺，无少吝。馆家塾时，有盗入室，谷瑞悯其迫于饥寒，资给之，卒改行为良民。居丧不用浮屠法，一乡化之。会岁大水，里有山洞坼裂，雷雨辄闻怪声。谷瑞考古伐蛟论，乃蛟鸣也，为文率父老祭之，得不为患。岁丁未，虫伤稼，驱除罔效。谷瑞祷于社，忽西北风作，虫无孑遗。课子严，常以名儒、名臣勖励之。邑人请祀乡贤。著有《袚园诗文集》四卷，《野耘诗集》一卷。弟封瑞，以孝行著，尝割股疗亲疾。子家骏，诸生，早卒；铣，己酉拔贡，辛亥北闱中式，由举人官惠潮嘉兵备道。

程惠吉，原名人炽，字炳堂。道光乙未举人。一试礼部，以亲老绝意进取。性至孝，亲没，临祭必泣，终身如初。尝承父志，欲为曾祖母建节孝坊，苦无赀。焚香吁天，卒成之。设教省垣四十年，门下游庠者三百余人，后多显达。尤加意寒畯，如黄世杰、熊启寿、许如骏、张拱辰等，皆不计修脯。咸丰戊午，粤贼踞九江，鄂抚胡林翼聘参军务，剔弊端，利器械，节縻费，以济军储，事皆就绪。九江既克，以功授知县，加同知衔。当事欲留鄂补用，辞不就。寻引疾归，未竟其用，时论惜之。既归，修先人墓。自从子、从孙及姻戚贫者收恤之、嫁娶之，或授田使之耕，或畀以金使之佃田耕，或釀谷生息为诵读费。尝还人券曰："留之无益。"晚作《迪贻絮语》，述先德以诫后人。卒年六十八。著有《读经质疑》及《迪贻堂文集》待梓。

丁应台，字煦堂。少读书，遇经史疑义，沉潜反覆，必求浃治于心然后止，故其学约而能精。年三十，始补诸生，试不得志，遂废然止。居恒与友朋抗论，慷慨激昂，隐然有澄清一世之意。咸丰二年秋，粤匪窜扰东南，自长沙浮江汉下，所过各城无不残破者。时湘乡侍郎曾国藩练团募勇，应台抚时感事，条陈万余言。国藩奇之，称为"南楚人材第一"。既而国藩奉命治军江南，招与俱，以亲老力辞。养志数年，抱病卒于家。

杨业果，号蒙泉。监生。三入南闱不售，赴京肄业国子监，制艺选刻成均课士录。九蹶北闱，名公巨卿皆为扼腕，争相聘延，主讲甘肃宁夏府、四川合州夔府书院。其古今体诗，邑令谢攀云编刻《玉潭诗选广文》，邓显鹤选刻《资江耆旧集》。工书法，曾刻法帖行世。兄业权，号衡亭，幕游所至称名幕。兄弟极友爱，结庐城东仓岭，颜其楼曰"乐静山房"。风雨联床，怡怡白首，清厘书院田亩，载《书院志》。孙懋春，花翎同知，即选知县。

潘世珩，字方泉。优廪生。天资卓异，学问深邃，与人不苟。没后，学博邓显鹤挽词云："有功于学校，有益于名教，一等秀才。"盖纪实云。著有《猗竹山房小草》。

周在霵，性嗜学，尝燃松节照读，达旦不寐。四子六经传注，（倍）[背]诵至精熟，庄、骚、史、汉及唐宋诸家文，皆手录成编。尤善引进后学，宣示奥旨，口讲指画，老宿皆敛息。卜居鄨泉，拟柳宗元记愚泉以自况。穷困以没。无子。族子锡瑜刊其《鄨泉记》行世，作《孤传录》以跋之。

周洛潢，字莘陔。岁贡生。记诵渊博，综贯经籍。游蜀后，益治古文，摹昌黎逼肖。晚好史汉，文尤雄肆。选东安训导，未赴卒，年八十六。

著有《绿草堂时文》《食古录》《蜀游草》。

赵璘，字振卿。中道光丁酉科举人。性孝友，幼颖异，历主仰高诸书院讲席。礼闱五荐，充国史馆誊录。议叙知县，改教职，授靖州学正。将赴任，适光禄寺少卿黄兆麟奏请办理湖南团练捐输，旋病暑，卒于家。著有《一鹤山房文集》四卷，《诗集》八卷。

王开莹，字竹筠。岁贡生。学问渊博，诗古文瑰丽雄伟。初短于记悟，父某令坐暗室中，寂守方寸，不动三阅月，记性顿开。由是攻苦，遇有心得辄录之，频年手迹丛数十牒，所作《岣嵝碑赋》数万言，见赏于学使汤金钊。拟选拔，以赴试稍晏，未得与。屡荐不售，遂绝意进取，授徒自乐。当时如梅钟澍、李隆萼、童秀春皆出其门。年六十余卒。惜遗稿散失。

王翼，更名佺，号敬亭。岁贡生，就训导职。幼与兄人熹齐名，为学甚力，枕经葄史，涉猎群书。课生徒，文行交励，及门中补弟子员、领乡荐、登仕版者甚众。生平慷慨好施，有族人子卖人为奴，翼出钱赎之，给以赀本，使谋生理，卒赖以成。室家宅边有枫树，大数十围，翼日吟啸其下，晚自号"荫枫逸叟"。著有《荫枫山房杂录》，待梓。卒年七十七。

胡立善，字放园。介节孤行，不慕名利。性嗜学，屡困童试。弃举子业，专精经史，益涉猎诸子百家。著有《中庸附解》《道学清言》《忠经求义》。卒年八十四。

王室藩，字楚材。性强记。九岁，遍诵五经，教人先治朴学。咸丰戊午，飞蝗入境，室藩督乡人搜掘甚力。粤匪入境，举行团练，室藩钩稽出入，井井有条。庚申，兵部郎左宗棠奉命襄办浙江军务，招室藩主饷事，综核勤敏，宗棠倚重之。尝遇战阵，室藩策马度地势，指挥将士，遂获捷，屡保至知县加五品衔。以劳瘁成心疾，卒于广信府营次。室藩廉介精警，饶有吏才，未竟其用，士论惜之。家居时，请于当事，建忠义祠，祀邑人之死事者。室藩卒，亦祔祀。

胡万本，字湘林。诸生。由军功保授五品衔，屡试不售。橐笔走大江南北，遇古今名迹，珍玩不已。雅善篆刻，江督陶澍蒙御书"印心石屋"四字以赐，闻万本工抚泐，招致之，宸翰藻发，不溢丝毫，以是名大振。皖抚陈銮聘请恭泐御书"义庄"二字，又为藩司万贡珍镌《陈维崧填词图》，一时珍为至宝。咸丰壬子，粤匪犯省垣，奉札守御城闉，激励士气，数十日不懈。嗣委办新堤厘金，贼麐至，兵溃众逃。万本从容载饷，潜泊小河，迂道解鄂抚胡林翼营。林翼以是重之。侍郎彭玉麟率水师廓清长江，修复诸名胜，泐石纪功，耳万本名，延之。益励精摹泐。江督曾国藩招与游，以湘中奇士目之，相待优甚。时年七十有四矣，倦游思返，襄理褒忠局务，旋委办衡郡东征牙厘。阅三年，东师奏凯，撤局归，囊橐萧然，啸咏金石不辍也。未几卒，性恬淡，喜藏法书名画。向刻董其昌《金刚经》全部、《兰亭十七帖》、唐寅《曲水流觞图》数种，晚年属子侄藏诸岳麓崇圣祠侧。

刘惝，字默台，一字书舫。性超旷。工书画，嗜音律，诗酒自娱。好施予，不善谋生。由诸生援例官山东圣庙启事厅，作《东郡小游记》，名卿题赠满轴。随入都，试画如意馆，钦命万绿丛中一点红题，惝作《潇湘八景图》进呈，充内廷供奉官。旋以母老乞归，遍游吴越及湘中诸名胜，绘其山水，为《画稿》二卷。筑悟香亭，日以书史自娱。晚岁食贫，焚香鼓琴，萧然高寄，诗亦清俊。子谓，亦工画，有父风。

彭贤毓，字曙岚。仪干修伟，记诵渊博。好古文，非有关世道者，不轻涉笔。心存利济，倡修百步三拱桥，茹素数月，公慎自矢。遇年饥谷贵，设法减粜，且作《平粜文》，以劝乡里。遇水旱祈神，必诚敬。家贫，性廉介。尝寓会城某寺演剧，观者杂沓。贤毓见地有遗金，拾归，招失主认取，数日寂然，乃购劝善书籍散之。志意傲岸，帖括一宗先正，不趋时俗。试卒不售，赍志以没。

周封万，字蓉舫。少颖悟好学。嘉庆己卯举于乡，年四十，决意不复进取。家居奉亲，忻忻如也。居常手铅椠，校雠诗古文集无虚日，教士子先器识后文艺，多所成就。晚年游浙江，观龙湫、雁宕诸胜，益豪宕自喜。好行义举。道林为潭宁通衢，每春水盛涨，行人病涉。封万捐重赀，倡建石桥，行人便之。道光己酉，岁大饥，减粜以救乡里。没后，行人追思之。著有《尤侗全集注释》《养恬山房文集》，待梓。

崔灿，字焕南。诸生，少英迈嗜学。嘉庆己丑，恩赐翰林院检讨衔。晚年弥矍铄，自署别墅曰"小香山"，时作元和体，以寄白居易醉吟之兴。耒阳训导陈某尝叹曰："此老殊有秋水出芙蓉、微云淡河汉意象。"年九十余卒。

袁实煌，号晓江。廪膳生。胸次洒脱，诗文清隽。熟读天官家言，喜推测，绘图四壁，旁通命学、堪舆、选择、卜筮诸书，汇纂成编。尤精医，举方辄效。家贫砚食，自浏邑解馆归，遇有出妻酬债者痛哭不已，煌闻即以束修与之，俾妥债以全其夫妇，不问姓字，脱然而归。

周世炳，号虎文。诸生。初读书，性鲁钝，下帷攻苦，日夜不辍。及壮，颖悟顿开，过目成诵。友教数十年，所授多知名士。晚年益淬励周、程、朱、张诸书，著有《四书录》行世。

刘士兰，字薰圃。性廉谨，矩步绳趋，取与不苟。家贫屡空，晏如也。授徒数十年，善诱掖。研精音学，著有《集注标音字汇通》，以便初学。

童憘，字镜吾。庠生。父开景，博闻强记，文规成宏。憘好学深思，攻经抉要。邑令郭世闾见其文，激赏之。家贫授徒，从游甚众。卒午五十二。著有《春秋姓氏谱》。弟道衮，性孝友。父在，躬专服侍，俾兄悉力于学，以慰父志。父没，敬兄如父。或遭诃谴，不稍抵牾，徐微言以释之。子兆蓉，登贤书。

陈景兰，字汉槎。岁贡生。少颖异，长嗜学不倦，肄业岳麓，名士多与之交，诗文力追先正。试辄冠曹，秋闱屡荐不售。馆潭邑李氏，有寒士从事数载，不计修金。事母孝，每岁馆谷，力营甘旨。年七十一卒。

谢家鼎，字峙东。恩贡生，就教职。幼失怙，事母至孝，族党称之。居邑东城，监修文庙。邑中公举，咸殷勤襄理。雅善隶篆，工诗古文词，稿名《留余录》，约数千篇，惜多散佚。年七十三卒。长子垂青，增生，善书画，著有《一砚斋诗文集》。

黄锡名，恩贡生。敦朴聪颖，至性过人。学博熊某以"品行端方，孝友可风"，举优选教职，不赴。教人先品谊，次经传。尤精韵学，课士必正字，诗文一归和雅。

黄建冈，字笏山。岁贡生。世居道林麟山之阳，山形端立如笏，因字焉。读书浏览古今，尤邃于《易》，汉儒阴阳、谶纬、术数之学，皆抉其奥，而不屑以自名。尝纂修家乘成，所应得薪水赀悉捐之。为廪保时，所认新生某以被屈事，偕建冈赴鄂，留滞三年，事得雪。厚酬之，固辞不受，其高洁如此。

周永龄，字春浦。恩贡生。品望素著，来学者争趋焉。同里杨宝昀，幼歧嶷，独严遇以成就之。著有《绳桂书屋制艺》及《塾课》，待梓。卒年七十五。

丁用典，字徽五。性聪颖，嗜学，工诗文。试屡前列，卒不遇。益刻苦，下帷得痨疾，年三十五卒。妻成氏，抚遗孤三，勖以义方，隆师厚修脯，历十数年不懈。长毓良、次汇良、三澍良皆成名。

黎大翀，字汉桥。廪生。工书法，名噪一时。幕游江淮间，公卿多折节下交。足迹半天下，所至必有题咏。晚年倦游，归里卒。

刘克道，字论卿。举人，大挑知县，改教职，授兴宁教谕。历署桂东、永兴教谕，诸生有争端，必委曲开导，深得士心。性至孝，遇父母怒，辄长跪，婉言以解之。教授乡里，留意寒畯，不计修脯。归田后，廉俸所入，多散诸戚族之贫者。生平未尝以疾言遽色加人。喜吟咏，寄兴深微，饶有逸致。主讲玉潭书院二载，同修县志。年六十七卒。著有《校书堂诗文》，待梓。

崔程，字法庵。贡生，名亚于兄秩，而谨严过之，故学者称邑中制行之士。居省垣，授徒数十年，所得俸赀，挥霍不留。困迫时，曾不以私干人。人有馈遗，非道义辄不受。兄秩没时，遗子一，寄籍顺天，未几卒。后十余年，程连举二子，次颖慧，教育成材，即以嗣其兄，人尤韪之。

杨业勤，号力堂。岁贡生。承家学，研穷经史诸子，多心得，试辄高等，所从游多所成就。一生不入公庭，论古今人品，寓劝惩，敦尚风节，凡士之好讥讽与作伪者，自然敬惮。人有善，则乐道之。子文杰，诸生；文勋，举人。孙廷瑞，贡生，侯选训导；廷瓒，廪生。著有《小淇园诗文集》。卒年七十八。

陶世昂，号鹤皋。廪膳生。诗古文词，韶丽端好。尤工小楷。壮岁，游秦十余年始归，得览终南、太白之胜。曾主讲歧山、凤翔两书院。凤县有彭辑五者，居邑为盘庚旧都。世昂与之遇，通其方言，证《尚书》所载三篇历来笺注之误，述之凿凿。兄世晟，廪膳生，工书法。弟淑及晃，师事晟，与昂俱游庠。卒之日，犹手一编，端坐而逝。

崔理国，字燮叔。性持重，不事崖岸。有贸易入室，卷衣物去，里人以赃报，理国故对以误。是夕，某为同伴攻，愧而自缢，人服其识。善属文，试卒不售。年五十余，赍志卒。所著有《读史纪略》六十卷、《春秋心典》六卷、《历代丛书选盛》八十卷。子承淇，诸生，亦著有《经义集腋》《词赋字典》《诹詹必要》《便验良方》共数十卷，均未梓。

钟昌斗，字栗岑。岁贡生。性恬淡，励操守，邑令王余英称其行芳学富。晚年，构室于罗仙峰之麓，颜曰"志山"，著书终老。门下士多所成就。尤工杂文，洒脱不群。尝自作生祭文及挽联，为世所赏。卒年七十八。所著作甚伙。

刘湘，字柳门。敦品行，殚心实学。教授生徒，多所成就。工诗古文词，邑令仰其人，尝九日邀登奎光阁联句，后屡请入署，弗至也，益重之，采入《玉潭诗选》。耄年课子孙，犹手不释卷。所辑《水竹园诗》《考古韵语》《言志偶存》，岳麓书院山长欧阳厚均为之序。后寿至九十，报闻如例。子源，性忠厚，好读书，言动不苟，著有《守一斋诗》，人谓其有父风。早卒。

彭开勋，庠生。好治朴学，刻有《南楚诗记》。

谢家璪，字邃堂。幼颖敏励志，年十七，补诸生。试辄冠曹，补增生。应举十数科，六经鼎荐，未售。家居教子侄，才隽辈出，科名甚众。晚年好学，手不释卷。生平不预外务，不入公庭，终日杜门，晏如也。寿八十三，以无疾卒。

欧阳民粲，字文辀。敦孝友，存心植品，读书夜尝达旦。及长，博览经史图籍。因屡困童试，慨然曰："功名身外物，不如托诸著述，可垂久远。"遂净扫一室，购得各种《周易精义》，苦心研究十余年，著有《周易·图合编》行世。

刘允文，字景唐。监生。究精文律。性至孝，母九十六岁卒，墓庐寝苦三阅月。足病暑湿不避。中年困场屋,洒如也。晚年诗酒自娱,著有《小桃源草》。

杨公迪,讳辈纶。幼聪颖,弱冠有文名。不遇,遂弃举业。工诗古文,有请者立付之。好购书,搜获旧帙未全,毁者手自钞补。性阔达,不事生产,析箸后,德兄卫南代为经纪,以所居清佳庄剖半献之。曰:"兄助吾读书良苦,聊以是酬耳。"晚年另构一室,颜曰"槐云轩",日事披吟。著有《春秋合纂》《夏小正说》《槐云轩稿》《穀音录》《伦鉴汇钞》《尚书句解》。病笃,命取历书,阅毕,诫童仆沐浴,危坐而逝。

谢继英,字洛亭。幼勤学,工诗古文词。甫弱冠,童试屡列高等。既不遇,遂键户授徒,从游者岁凡数十人。解经课文,必期心领而后已。平生敦孝友,丧祭尽礼,洵足为乡闾矜式。精医理,治病辄效。祠志、家乘,悉出一手。晚年结一草庐,颜曰"如心堂",别号"蟫隐陈人",自为传以寄意。年七十,无疾而卒。著有《中庸全旨》。

王世煊,字念宣。庠生。弱冠而孤,时二弟均幼,恒产典去大半。世煊授徒所入,一毫不私。尝谓:"人不以孝友为先、忠信为本,则读书实以长恶耳。"游其门者,如举人伍岳、增生张谷瑞辈,皆敦伦立品,模楷士林。

黄绶,号枌岩。庠生。学有根柢,为文一宗先正,兼工诗赋杂体。屡试前列,四荐不售,舌耕数十年。丰裁峻整,塾中功课不少宽,故门下士多显达者,如进士成章瓒、知府黄本龄、同知丁澍良为尤最。学使李宗瀚聘主讲家塾,晚岁主讲广西柳州书院四年。因病旋里,卒。

刘光润,字葆田。廪生。事母以孝闻,友爱同气,乡里无间言。十四岁能文,精史汉,旁及卜算、星家、推步之学。与何焕、罗绕典、马维藩辈为文字交,咸目为经世才,惜赍志以没。著有《慕韩堂文稿》《列朝诗钞集评》。

胡开洛,素方正,嗜古力学,以监生应顺天乡试,屡荐不售。退赋闲居,林泉啸傲。刻有《竹滨诗稿》。子一瑞,食饩,早逝,同学悼之。

周校绅,字莪泉。父洛瞻,以副车终,慷爽有古人风。绅器识清雅,未弱冠入庠,后游麓山,文誉翕然,连不售。归课徒,益肆力于诗文。

甥汪炳璈，经其指授，一时倾倒名场。晚年出游黔，诣益超，与黔抚罗绕典有旧契，数以诗酒相招，不敢以幕府羁束。旋卒于黔。稿散失。

张日炘，字明远。庠生。魁梧卓荦，博记览，乐施与，倡修文庙及袁家河十里九桥，行人赖之。工诗文，与王府教习陶煊、永康令张启禹往来赠答，诗文多见各家集中。

宋盛文，字其炳，号虎亭。乾隆时庠生。敦品励学，博览群书，顾屡困棘闱。年四十六，赍志以没。辑《举业指南》，同里王文清作序梓行。选《古文观海》《朱子精言》《读史便钞》，待梓。

叶崇德，字易门。增生。性孝友，质敏慧。兄弟翕和，得父母欢。年十三，操觚辄百韵。读书过目不忘，为文根柢经史，自抒胸臆，名宿为激赏。卒年二十六。

孟定昇，字云渠。庠生。嗜学工文。家小丰，游士无归者，多寓其家。刊有《悦目集》，进士王炘深赏之，为之序。卒年六十五。

边煷，字星原。幼聪颖，善读书。长工诗古文词，试不得志，遂绝意进取，日手一编，至老不倦，教人以敦品励行为重。性慷慨，倡建宗祠，置祭田，修族谱，不惮劳。嘉庆丁丑，重修邑志，司本都采访，一秉至公。晚年怡情诗酒，与何焕、黎大翀诸名宿往来赠答。著有《漱芳轩诗草》，待梓。卒年七十八。

胡光鑫，字鹤亭。幼颖悟，工帖括体。家居，孝友和睦，教育多成材。遇忠孝节义，恒乐阐扬。所著有《诗艺纪年》一册，《五经排律》一本。年五十七，以布衣终。人多谓其可法可传。

蒋宁禧，字尔瓒。学深养邃，少与王坦修交好，而穷达异致。宁禧终布衣，老拥一皋比，泊如也。为文浑灏流转，诗词散见，皆琅琅可诵。平生不立崖岸，庸夫牧竖，亦乐与亲之。教人愿为学人，不愿为才人，士林称之。

蒋鉴，字衡堂。廪生。品行学问，树望一时。乡试，十六次不售。晚年，慕谢英故迹，筑室于白云山阴，聚徒讲学，志趣甚高。

贺懋棪，更名敦初，号星门。庠生。聪颖嗜学，文有雄气，试辄优等，屡膺鼎荐。兄懋魁，将试卷付刊《定陶遗稿》。生平忠厚正直，不干非分，不入公庭。晚年花史自娱。年七十二卒。

戴冠，字我山。庠生。品端学邃，胸次超然。老困一衿，著作甚富。邑令王余英，评其文"根柢经史，上法名家"。教授生徒，与父言慈，与子言孝，里党称之。著有《清荣堂诗文》。

姜清源，号朴庵。赋性严正，闾里矜式。积学不遇，士林多师事之。家赤贫，遇寒畯不取束修，训课勤恳，后进多所成就。

姜盛时，字复庵。布衣。穷而工诗，风雨一编，无间寒暑。诗近少陵。生平有二三知己，诗文往来外，杜门不出。家徒四壁，泊如也。晚年手辑《蜗集山房诗稿》四卷，属其友学博邓光禹序之。旋卒。

罗彝钧，增生。幼颖慧，卓有才思，府试冠军，入邑庠，而棘闱屡踬。平生轻财好义，日以课子训孙为乐。著有《双松堂诗集》《文集》，待梓。

潘梦霓，字剑泉。庠生。幼颖慧，善属对，称神童。长，于书无不读，兼精歧黄之术。家贫，授经自给，而取与介然。著有《晚香遗草》《晚香诸录》《窥易偶存》，待梓。

王伟，原名世谈，监生，字湘帆。生有异征，丰神秀朗，早慧能文。少随父任预宾兴八次，未遇。卒。

王光耀，号晓庄。志行高洁，试辄冠军。为文浩浩落落，不入恒蹊，屡困棘闱。其文益浸淫于古，雄伟瑰异，邑人士以隽才目之。惜中年赍志以没。

刘植，字芳圃。幼聪颖，甫成童，能文，凡经史过目，能知其旨。自负甚高，不随流俗。年三十余，始补弟子员。投笔从戎，所如不合，心渐灰。旋之某军，颇相得。居月余，得痿痹疾。旋里，卒。

向焕辰，号璿生。廪生。浑厚和平，敦品励学，试辄冠军，名噪城南、岳麓两书院。凡风雅气谊之士，多倾契焉。乡试，鼎荐不售。未几卒。士林惜之，倡赙之，以恤其后。

彭懋才，字凤楼。博闻强记，工制举业，富有才思，格律老成。游庠食饩，屡列高等。游岳麓，文名噪一时。年未三十卒，士林嗟叹之。

贺容煦，号春亭。庠生。家贫积学，立品端方。教子弟，以器识为先，仕者卒为循吏。晚年，居卧高楼，手不释卷。著有《二十史纪略》及《爱余堂诗草》，待梓。年七十四卒。

姜清溟，字正亭。庠生。幼通十三经，老年能默诵。事亲孝，鞭挞顺受。家小康，隆师力学，不计生产，遂中落，授徒数十年。记诵赅博，问字者立为剖析。矩步规行，后进矜式，成就甚多。著有《考古要典》，未梓。卒年七十二。

杨世琇，字韵唐。父蔚春官刑部时，随居京邸。丰姿秀杰，咸以令器目之。南归后，奋志攻苦，夜读恒彻晓。应童试，名噪一时，县令郭世闻深器重焉。补弟子员，未几卒，年二十三。

梅文杰，字蔚臣。优廪生。庶吉士梅钟澍孙。颖异嗜学，试辄前矛。品尤端谨。卒年二十三，邑令郭庆飏撰传。

人物八　仁厚

明先正王遵岩云："仁，人心也。人心本厚，不厚者欲蔽之也。本分之内，不加毫末，则心自仁厚，不必作而强之矣。然而睚眦者必不能仁，刻薄者必不能厚。虽素封而赋性鄙啬，亦难语于仁厚。"《周官》六行，孝、友、睦、姻、任、恤为一书。若仁厚者，其庶几古风乎。

明

欧阳华，字实夫，号梅林。明季人。家素封，乐施与，不止于推解小惠。嘉靖壬午，代合县输饷一载。癸未，捐砖瓦、木石诸物，助邑令胡明善补修官署。上官嘉其忠义，疏赐冠带，旌奖，泐碑邑治仪门。今子孙益繁衍云。

王维汉，字云仲。明末岁贡生。父陛，以云龙知州致仕。中途疾卒，维汉扶榇返里，哀感路人。从侄长昶，以兵燹散失，维汉访觅，自粤迎归，资以田产。时流寇剽劫乡村，维汉设法捍卫。值岁大饥，捐资募守，寇不敢入境。卒年六十三。

段如绣，字炯文。明庠生。七岁失怙，无伯叔兄弟，其祖麓梅抚之。事其母及庶母，生养死哀。捐田七十五亩，给其堂叔祖麓湘之子孙。族有鬻产者，如绣屡代赎之。巡抚堵允锡以"开祥贻燕"额其门。如绣遇乡中争讼，以片言解之。其他阴善尤多。得瘵疾，几不起，忽有虫出口中，疾愈。十余年后方卒，人以为厚德之报。

黄昌建，字幼立。年十四，丁明季乱，父母均遇害，产荒，逋粮差逮卫狱，以老仆继明代系得脱。投定藩军门，掌书记，委办军资，事皆敏干。藩府出侍婢麻姑赐之，以糟糠不可忘，力却。时藩府用度浩繁，昌建备陈子遗艰苦状，给安抚副使，札付不就。痛父母薄葬，辞归改厝。督师韩某咨以时务，以急纾民力，详晰登答。时吴逆方自大，昌建谓其身亏忠孝，必败。人服其卓识。尝脱异母兄于府狱，两侄自鬻，急赎还。其行仁仗义类此。

张士楷，号达仲。明庠生。好学明大义，与兄敬伯、弟敬之相友爱。值明季，敬之没于兵，遂与兄遁迹建庵，著书其中。今存家训。遇修学宫，捐重赀以助云。

蒋其庆，字仲亨。明季遭时多故，兄弟六丧其五，其庆独供差役，几毙于刑。各处田庐委弃，守成德堂兵部旧宅不去。语人曰："丧乱至此，吾非不能遁也，特以邱墓之乡，不忍去耳。"病革时，以腿伤遍示家人，仅存其骨，举室哀哭。其庆曰："此不足悲，愿世世子孙毋忘成德堂耳。"今曾、元鼎盛，封殖有增焉。

国朝

陈光迪，字淑吉。先隶长沙卫军籍。顺治□年，需严急，光迪为屯总，以屯粮散在各邑，悉解囊代纳之。又捐米百石充公饷。父病时，欲遣其妾。光迪涕泣请留，以美田宅分庶弟，自取其瘠者。光迪营造□舍，幼侄因戏遗火，焚毁几尽。光迪无愠色，惟出灰烬中焦肉残酒，与弟侄共啖为欢。壬辰大饥，鬻身其家者七十余口。迄丁酉岁稔，光迪一一遣之归。有不愿去者，给以田而遣其长子。人服其义。

罗希皓，字胜先。年七岁，为乱兵掳至云南。长有勇力，吴逆授以武官。希皓耻受伪职，乘间逃归，住北山，邱壑自适。无嗣，有女适王世蕙。

李开玉，字子美。幼遭吴逆，掳至云南，授武职不就。书夜思亲，忽一夜心悸，乘间脱归，双亲果丧，尽礼葬之。事其兄甚敬，分祖遗田产为三，自取其一，以其二与兄，又分田五亩为兄身后祭奠之费。族有兄弟争田者，开玉即割己田给之，解其争焉。

何其仙，字丹霞。庠生。性好济物。顺治己丑，大疫。其仙施药饵，延医诊视，多所全活。与弟其仁不析产，不私财，训子侄中辉、中极，有古风焉。

周问溥，字仲徽，号乐轩。好读书，能文而不应试。先是，明季苦徭役，遁　迹中湘，为道家书佣。事平，乃复。为乡邻排难解纷，视如己事。每裹粮而往，不费人鸡黍之餐。好施与，建慈月庵于鹦鹉山，力行诸□事。卒之日，乡里巷哭。

朱成点，字司衡。贡生。性旷达，耽吟咏。父没，敬事其叔。叔以诬坐狱，成点共患难，死生不易。卒，□骸归葬之。叔无子，止遗一女，成点尽以叔所遗田产与之。独建三都玉堂桥，旋于二都二区大石窟置一所，凿石烧灰，以为后日修整是桥费。后嗣能世其家。

秦安锡，字禹畴。廪生。善属文，笃伦谊，田山让之兄弟。有佃逋租夜逃，家遂小康，或劝之捕。安锡曰：“彼家业已成，一讼于官，成巢立毁。”竟不问。出贡而卒。

黄载鼎，字镇九。事父母甚谨，并笃友爱。有黄六冲田五十亩，悉让之弟。族中无归者，亦以田安集之。兄弟晚年聚首，每置酒淆，尽欢乃罢，没齿无间言。通歧黄，喜济物，不取药赀，亦不受谢。尝著医书，见后目。

文兆璧，字昆山。父早丧，事叔德卿如父，抚其堂兄兆奎遗孤备至。某贫而勤读，兆璧给田数亩为膏火赀。姻娅困乏者，辄为婚娶安集之。年荒，则施米施药，施衣施棺。里中有蔡、萧、谭、王、熊、贺诸姓，贫欲鬻其妻，兆璧皆救全之。康熙时，尝为一都督丈，都人以浮粮起争。兆璧笑曰：“避国赋者不必富，纳者不必贫也。”即举所推浮粮，一并收入己户。子孙至今繁盛焉。

黎良贵，少代父理家政。亲没，哀礼兼尽。族无宗祠，良贵冒寒暑，竭力营建，又割田以拓祠基。□子侄犯义，必加杖责。族服其刚正，各以事乞断处，凡数十年无讼焉。

潘浚昌，字定魏。贡生。究心帖括，词气高□，屡试不售。亲没庐墓，蒸湿病足，终丧始返。与弟绍昌同居，极友爱。好善乐施，捐廪囊弗惜。有姻党陈姓，以田售浚昌父，数十年矣。后陈贫，浚昌还契券，不索其值。

喻本义，字子方。曾远游，其父以藏金数百与兄。或告之，本义曰：“吾父之金，吾兄得之，与吾得何异？”既而其兄出金分之，本义曰：“此父命也，毋拂亲意。”兄强之曰：“弟独可拂兄意乎？”乃受。同兄居，财物与共，数十年无间。训课严肃，子多列庠序。

黎良翰，字文岸，启淳子。晨夕笃孺子慕。亲没，哀毁无失礼。兄良史卒，良翰抚其子，教娶毕，以田五十亩给之。为诸生三十余年，不得志。年六十后，陶盏杜诗，怡然自乐。人比之白香山。

周挺枢，字子直，号敏庵。太学生。事亲笃挚，读书必求实用。游京师，有通侯某为之延誉公卿，趣以仕进。挺枢思亲，流涕归，不复顾，惟承欢养志为务。喜施与，救里人疫。佃有鬻妇者，捐租拯之。晚年，闭户教子，见子孙三世登科而卒。

喻启，字迪人。读书未成，敦大义。其从兄弟恒产不赡，启以田六十亩给之。旅人有相怒而伤及马者，启代赎以马，邀集欢饮，俾如初交。里人贫者，质以子，焚券遣归。其人欲佣力偿之，终不听。

喻从忠，字荩臣。性质实，连遭两丧，疏食三年，酒荤不入口。其弟早亡，遗子幼，从忠抚之成人。平生一诺不欺，其庄业不轻易佃。年七十三卒。子天瓒、天璞，孙锡三辈，俱次第成名。

贺清浴，字景沂。母李氏，年八十余。清浴调护，未瞬息懈。及母没，清浴已衰病，庐墓终丧。友爱弟侄，范以礼法。家非巨富，捐田四十亩，建祠奉祭。族有鬻身者，清浴鸣官赎归。常出赀助族嫁娶，捐谷百石入社仓，里民赖焉。又捐修邑南惊马桥及河斗铺菁华桥，费皆不赀。

贺清寅，字两惟。庠生。性淡泊，家教恂谨。雍正间，闻制宪檄设社仓，捐谷百石，贮南塘庵仓，里民赖之。

汤世礼，增生。雍正九年，岁荒，施粥施衣，三年不怠。麻家洲古冢鳞砌，逐一修筑，有可知者为泐石记之。年七十二，犹健饭。因厚施，家浸薄。孙慕尧入泮，环堵萧然，相识者共为将伯，犹追道其祖德焉。

黎希伟，字符甫。太学生。庠生良谟子。肆力诗书，敦饬伦纪。好周济贫苦，不能婚葬者，助以赀。雍正五年、九年岁歉，俱蠲租减粜。性退让，终身无争讼。子柞麟，字玉书，贡成均，绌华崇实，好礼行义，拯急济贫，其戒争息讼亦如厥考。

张鸣琴，字符音。岁贡生。父尚宾，早逝。鸣琴与鸣珂为从兄弟，鸣珂父大宾鞠养之，悉总理其家业。鸣琴事大宾夫妇如父母。大宾属纩时，嘱鸣珂兄弟曰："产共数百亩，今仅存七十亩，理应尽附琴侄。"

寻鸣珂继逝，鸣琴割田二十亩，售办两丧，余五十亩以三十亩与鸣珂兄弟五人，仅以二十授其子。

谭宗祚，修迁佛桥、河斗桥，修城隍祠，俱泐碑记。邑令朱廷源举为乡饮耆宾。

张文瓒，字世珍。明仪宾尔晟之侄孙。性直而和，幼失恃，父患瘫数年，文瓒日奉汤药，夜侍床侧，寒暑无间。兄弟式好，无尤无私，藏蓄同爨，六十余年如一日。乡里额赠"雍睦遗徽"。遇人困厄，倾囊弗惜也。

周公勋，字衣衮，号朗亭。事亲能得欢心。闻謦咳，即整容趋侍，虽有疾不敢退。其弟硕勋之官，公勋嘱之曰："弟以仕显亲，养亲我职也，无廑念。"力营甘旨，色养有加。子在图，以孝廉司蹉政，公勋益以勤慎勉之。著书见后目。

向宗铁，字廷豫。幼失怙恃，励志成立。兄廷敕、廷长，俱以贫弃产，宗铁出多金代赎。后兄子又以田出典，宗铁又赎之，出牛种，令耕以自给。有姊适陈者，老而贫寡，宗铁迎归同居，给田宅、牛谷甚备。甥辈不能耕者，给赀俾贸易。其他施济多称是。

廖际勋，庠生。倡置祖先墓田，推让财物。尝赴秋闱，见宝庆吴、陈、王三生被窃，倾囊助之。有刘姓以债鬻妻，际勋代偿乃免。他如施棺焚券，事难枚举。

何中极，字次辰。庠生。三岁失母，事继母若所生。慷慨好施，解人讼，周人急，如修桥、捐粟、施粥、施茶诸善事，无不勇为焉。

张兴隽，字廷蔚。监生，考授州同。性醇谨，建宗祠，恤族党。有百亩祖产，让诸堂弟。饬后嗣修家法，敦礼节，息争讼，修桥筑堤，凡利人者必力为之。年八十卒。病犹谆谆诫子孙，无废家法云。

张志僎，字应昇。天性纯笃，为伯父后。伯父没，遗田悉以畀其妹。为族长四十余年，倡置先儒祭田，率子弟以法度，家徒四壁而一介不取焉。

谭胜荣，字文远。曲承亲欢，事继母至八十余岁，日亲色笑。倡建祠宇，修筑桥梁。遇邻里有争忿，为调释之，家政亦饶有法度。

胡锡正，字天复。庠生。善事父母，友爱兄弟。父病足卧床，锡正坐卧床下，侍奉数月不少离。父没，庐于墓。遇邻里缓急，倾囊不吝，数十年无只字入公庭。

童世隆，号延庵。少时负亲避兵山中，自忍饥饿，亲不缺供。抚兄弟遗女，经理后事，俾诸婿俱完节以终。夏日施茶泗洲祠、老观庙三十余年，佣工结草屦施行人，每岁不辍。济贫乏，修桥梁。子孙繁昌，有列明经者。世隆年七十，谓家人曰："风雨将至，吾行矣。"果风雨骤发而逝。

贺发，字钦若。拾金百余两，还其主。其人欲分金谢之，辞曰："非吾所有，虽一毫不敢取也。"竟不受。

朱成熙，字叔雍。拾周姓遗金，仍还之。为其族排难解纷，扶危抚孤，周济邻里。有某出妻，为保全之。

喻本良，字天昇。庠生。父没时，两弟尚襁褓，本良为婚娶教读，俱成名。捐田置舟于大石窟，以济行人。佃魏姓以逋租欲窜，本良焚券安集之。为古冢禁樵，塌即修筑。

贺嘉武，字伯韬。少孤，善事其母。尝捐赀造桥，求延母寿。邑有犀牛险滩，屡次捐施渡船。宅旁有石泉久枯，武焚香祷之，泉涌沸。日徜徉其上，自号"怀泉"云。

邓裔埙，慷慨好义。岁虫荒，谷贵，每两银籴谷八斗。埙施谷百余石，以济贫者。

周希鲁，字添荣。曾罹兵燹，家赀荡析过半，以勤俭稍致饶裕。好周济，里人多利赖之。尤轸恤乞人，遇残废必给以数日粮。有贫邻遭回禄，代营其居，且加惠焉。今后裔昌炽，人以为贻谷有自来云。

吴思达，字尊三。幼失怙，奉养其母逾成人。长事诸兄甚恭，正直好义，务周济，无德色。疾笃，嘱子锡光及诸孙国学、肇立等曰："人须忠厚勤俭，毋失读书人本色，否则虽致富显，本不固矣。"年八十终。

黎希镛，字间音。太学生。与兄希鉴同居，四十载无间言。长兄希镇有佃户陶李氏，甘贫苦节，与兄捐赀，呈请建坊。邑修玉潭书院，皆身为综理。宗师郑某过其城西别业，额赠"见义必为"。

黎希仲，字寅简。监生。笃伦常，敦节俭，读书能文，平居恭默寡言笑。倡修祠宇，捐置祠田，族中贫乏，周恤无吝色。里中有鬻妻女者，输金救全之。其行义乐善，所性然耳。卒年八十二。

周琅勋，字声陞。性颖异，强记能文，长益倜傥。叔秉翟生珮、建、隆三子，俱早逝，惟珮妇黎氏生在文、在中、在韶而卒，建与隆无后，各抚其一为嗣。翟丰于财，没后，文、中、韶又相继夭，惟中举五子皆幼，琅勋保护倍笃，代捍雀鼠，心力几瘁。诸孤家日益饶，有戚某希干预者，将其家用出入数密记一籍，欲与琅勋为难。一日，遇诸孤燕集，酒酣，戚徉醉出籍，大言曰："若果无私乎？家籍可符否？"琅勋启椟，出递年代理经费册，无纤毫淆混，满座皆叹服。戚面赤，索籍潜遁。在韶之夭也，抚母童氏以孤孀而拥巨赀，谓："琅勋五子皆英俊，愿抚一为嗣。"琅勋曰："嗣隆则尔，本房无可继择爰是矣。然胎祸。今在中有子，五择一，嗣韶而隆，祀亦不斩。"其持正不苟如此。生平勇于为义，不求名，往往倾囊排解，身受者弗知也。然性刚，见不平事，辄义形于色，多以是招尤。尝曰："作事祗求心安，何必人人道好，苦调停也。"延师课家塾，隆礼异常，五子皆成名。乾隆癸未，第三子在炽赴礼部试，请其同社友御史罗典为传。

黄埍，字经万。太学生。节俭持身，理家得法，以千金起家百万，富甲一郡。邑修玉潭桥，善邑修龙王市渡舟，捐助不赀。又独建宁远桥，持满以谦，与人无忤。置产二万亩，未尝以鼠牙雀角质公庭。积赀不轻于借贷，每择贫而有为者给以赀本。其人辄小康，并有致富者，亦卒无空掷之债。其识量过人如此。

萧世权，字仲衡。庠生。初，父汉昌垂老无嗣，抚甥谭姓，旋纳妾，生世权兄弟三人。谭归宗，世权仍兄事之，衣食与共。笃事嫡母，养生送死，无失礼。倡修谱牒，睦族敦伦。子宏灿、宏伟，皆举于乡。

张光铣，字润甫，号瑶村。岁贡生。业师彭孝廉显相，爱逾犹子。乾隆间，彭试礼部，下第，卒于年友西宁令熊道阶署。光铣备资斧，匍奔数千里外，五阅月扶榇归家，礼葬之。后彭妻存养没葬，俱光铣力。兄光锡无嗣，光铣以子为之后，不承光锡产，其行谊之笃类然。

胡开邋，字简在，号活水。太学生。性宽洪，不与物忤。好读性理，吐属率多名言。父母年俱八十余，开邋偕妻周氏朝夕侍奉，谨遵少仪内则，终身无少懈。叔、仲、季弟皆文庠，怡怡一堂，常以遵守卧碑相劝勉，训子课孙，不厉而严。其好善乐施，未可殚述。子玉瑞，州司马衔。

刘名耀，字华山。康熙时国学生，资禀卓荦，伦纪克敦。邑里中石龟桥圮，独力修建。其九世祖端，以孝旌乡间，旧有祠宇，而祭田无几。名耀将高迁田宅捐入供祭，其慷慨仗义类此。寿八十卒。

彭文藻，太学生。七月失恃，鞠于表姊魏氏两周，得继母崔氏抚字。至七龄失怙，依伯父杰臣居。尝谓藻曰："尔父遗嘱云，尔孱弱，幸获成立，须建桥通津，颜曰长龄。"厥后，文藻于凤蒙养育恩者，若伯父、若继母、若表姊魏氏，皆报以殊礼。年七十，建长龄桥于靳水之上，又倡建粟家桥、上新桥。年七十七卒。

杨纶理，字谛诏，号又新。太学生。幼失恃，事父及继母钟，色养不少衰。生平崇礼让，足不涉公庭，人无大小，推诚相与，天真烂熳，无町畦，不雕琢，泊如也。率妻李氏勇行善事，颜其堂曰"为善最乐"。居近罗仙峰，日尝蜡屐其上，谓此间风景清幽，可存心养性耳。年四十余卒。子六次第成名，书香日振。

王廷选，字青万。太学生。事继母甚谨，处兄弟克让，训子最严，和邻惠佃。倡建祠宇，重修祖遗延寿庵，为里邻讲约之所，曰即此可存读法遗意。年七十七卒。子姓繁衍，衣衿甚众。

杨纶垂，字又姜。从九品衔。笃天伦，明大体，动循礼法。有山地被侵占，旁观不平。纶垂曰："本渠山也，何争焉。"凡戚友贷而难偿者，取券焚之，约千余金。岁修治古冢，戒工佃毋锄犯。术士谓某地古冢旁有吉穴，或为寿藏，含笑却之。临终，嘱其子曰："葬者，藏也，毋妄听术士，轻犯古冢。惟某处荒陇无冢，可安吾身，即以安吾心。"子唯唯，瞑目而逝。

黎祚湛，字赓露。太学生。性敦友爱，不苟言行。兄没，遗一孙，孤贫，教养于家，完配生子，以续兄嗣。晚年居省垣，族戚赴试来谒，无不厚款，以尽桑梓之欢。其他轻财重义，事难枚举。及没，远近吊者皆泣下。子大崧、大菜，均列庠。

姜肇隆，字茂德。太学生。父母见背，居丧不用浮屠。兄弟早逝，视群从不啻同胞。伯姊病笃，随所欲躬亲馈遗，不惮跋涉。堂弟肇玑早逝，抚其孤无异所生。他如捐修桥梁诸善事，一无所吝。

喻国淇，字在廉，号右水。幼失恃，事继母如所生。家素封，产业让诸弟。往外贸易数年，拥赀归，复倾私橐急弟难。迎二老终养，分润于族党。里有争端，得片言辄解。卒年九十三。妻萧氏，相夫行善，年八十九卒。长子忠相，尝以砥砺廉隅，见许于业师王文清，苦读不售，绝意进取，仍手不释卷。其行仁好义，饶有父风。

边宗彦，太学生。人品端方，不较横逆，尝手一编，临终不释，盖一乡善士也。长子志陞，有干济才；次子志昂，屡蹶乡闱，赍志而没。生平好行其德，隆师课子，皆无忝乃父彝训。

贺容源，字清远。居家戒惰游，禁暴殄，家渐裕，推解至老不吝。或捐金排解，不问归款。严束子弟，罔敢逾绳墨。里党就质，剖断至公正，不肯模棱。邑绅谢克猷志其墓，谓其有彦方风。

胡颖初，以忠厚好义，继乃父胜先志，即垂为家训。其子棠，乡举鹰扬，入都不忍忘亲，图其容偕往，士绅争为题句。棠冒火拯邻，又解衣御人寒，好读史，能诗，非应试输赋，不入城市。以方正闻于乡，皆颖初贻谷。

黎大泽，字云咸。太学生。少失怙，善事其母。存心忠恕，接物和平。抚孤侄光枚，教养如己子。光枚入泮，始析箸，业之肥者与侄，而以硗瘠归己。曰："侄不若我谙耕事，我固能使硗为肥也。"盖让而并讳其迹云。

廖胜晖，字克昇。性廉洁，尚浑朴，敦伦纪。以艰辛创业，而乐施好让。足不履城市，无片纸讼公门。族有孤独者，抚养成立。倡建族祠，独修长生桥。其后裔益臻光大。

秦树，字建侯。路过历经塘，坊客有失金，持刀向周姓店主拚索，树解囊代偿。树与客及店主俱不相识也。又尝独修印塘木桥，买木于资阳市，闻邻夜哭甚哀，询之，缘以四十金债鬻妻。诘朝将行，遂出木价全之。壬戌岁荒，减粜谷数百石，以周邻里。凡劳力、费财、释他人争忿者，又难胜数云。

谢金阶，字廷陞。好读书，能诗文。因屡试不售，潜踪邱壑，足不入城市。尝募修小官坊至洋西塘石路，行人便之。又助修石井河义渡，训子侄以耕读，力戒惰游。遇邻里雀角，辄直言不阿。年六十余，无疾终。

刘基镇，号云亭处士也。笃彝伦，好施与。早岁喜读书，诗古文字，矩矱先民，屡试不售。及亲没，丧祭尽礼，卜兆尤慎。终丧，遂绝意进取。学陶朱术式，廓先畴而持身廉正，一介无苟取。与弟同居数十年，无私财。处事必留余地，故颜其堂曰"留余"。勖子弟以忠厚，手录名言格语，黏满墙壁，故额其室曰"聪听彝训"。至于造桥修路无吝色，解衣推食无德容，尤难枚举。著书见后目。

周启杰，字万才。平生倜傥，好施与，勇于为义。建丙子桥、上营桥，皆费数千缗。乾隆间岁饥，米价昂贵，启杰出米济乡里老废者，日给八合，少壮半之，全活实多。启杰固雄于财，然不作持筹龌龊态，素不畏强御，及遇贤士大夫辄折节。课子必延名师，丰修脯，竭诚致敬。故后人蔚起，余庆正未艾云。

刘钜河，号龙溪。太学生。家累巨万，崇俭绌浮。课子弟以诗书执礼，劝族党以孝弟力田，无疾言遽色。遇横逆，多不与校，仁风善气，蔼如也。自奉淡约，而每值公事，不惜重金。如岳麓山长袁名曜倡修朱张渡，遂捐田六十亩。惊马桥久圮，钜河独力捐修费四千金，布政司翁某为之记，并易其名曰"金马桥"，嘉其意也。值岁荒，减谷价以济邻里。嘉庆丙子岁，上官举修通志，值病笃，嘱子德润等缴捐千金，上官奖以额曰"始基垂裕"。

张思培，字孔厚。弱不好弄，闻善事辄书诸版。父星若，性潇洒，中年多故，思培遂废学，代父理家政，课幼弟成名。母丁氏，多病在床褥，汤药必亲。周旋骨肉，推及族戚，皆能曲体父意。居丧，哀毁尽礼。

洪光榦，字广臣。太学生。早失怙，顺以事母，恭以事兄，性慷慨好义。家本不丰，以勤俭自持，遂臻饶裕。独力捐置祠宇，重建祇园庵。

他如施絮被、棺木，济急赈贫，推解无吝，里人称之。

胡锡禄，号森肄。邑庠生。屡赴棘围不售，遂以诗酒自娱。兄弟四，禄居长，以豪侠仗义，好施与，致耗家赀。因于析箸时，悉以腴产让诸弟，己独取瘠。父愚庵学博卒，卜葬年鱼山。形家言："此地只发二三房，不利长房，未可葬也。"禄曰："吾父安，吾弟昌，长房不利又何妨。"遂葬焉。未几，两房果发，独长房困乏。子若孙以笔耕为食，至曾孙光瓒，始登贤书，家渐起。今书香勿替，咸谓"阴地不如心地"云。

张光鉴，字久明。太学生。与弟文学光銮同居怡怡，日以力行善事相劝勉。鉴得子晚，延师课诸侄如己子。有遗孤寄产者，保护扶持，始终如一。乾隆间，里中乏谷，鉴分食谷，减价粜给。光銮，字驾辅。敦气节，尝清厘玉潭书院悍佃积弊，监修学宫及玉潭桥诸大工，垫费不赀。戚友通财无数，相与无城府。遇不平，辄义形于色。偕鉴事季父，情文备至，而銮事鉴如严君。

张国准，字执平。州同职，厚重不佻。治家以礼，厚币隆师课诸弟及子侄，连掇芹香。从弟国赞勇于公义，国准多暗助，不令人知。境内河上桥古渡，岁修欠赀，倡捐善后。捐修邑西大路者再。凡公事，无不踊跃。弟国潢，字天五，苦志力学采芹，后病呕血，尚下帷攻苦。值父丧，以哀毁病笃，遂援例入贡，旋亦赍志以终。

夏良华，字景庵。性笃伦理。嗜书画，置印石塘田三亩为母墓祭田，续家乘，修桥梁，不吝费，不辞劳。处境颇裕，要以诗书稼穑为世业焉。

姜思义，字怀九。监生。慷慨仗义，遇事敢为。充社长，邑令陈某称其廉正。悼祠宇颓坏，仅存基地，毅然以修复为己任。

姜义潩，字右训。性醇厚，笃天伦。主修族谱于兵燹后，殚精竭虑，考订详明，凡十三年始竣事。尝自署其室曰："虽与众人伍，未贻大雅羞。"

贺嘉乐，字情一。读书明大义。兄嘉惠系嫡母出，嘉乐业与分产，而同母弟嘉谋生父两，惟欲改分，未果而卒。嫡母遵夫遗嘱，并所存膳田百余亩，俱命三分之。而嘉乐坚请，谓兄用繁产少，必不敷，愿将己产分其半与弟。嫡母允之，以成其志。子孙芹香连掇，有登第者。

贺嘉谋，字性初。监生。祖父以好施闻，嘉谋踵行益力。有堕盐于水者，迫欲以身殉，与以值救之。或负谋债，请以佣偿，遂立焚其券。邑西长岭道险峻，暑月人苦渴，为设茶局，饮行人。隆师课子，芹桂联芳。子德瀚，定陶殉难，名节尤著。

黎大海，字汇东。授州司马职乡贤启淳元孙也。性笃天伦，动静循理，行义于己，为善于乡。倡族中建义学，捐重金置产，曰："非第为吾族目前无力读书者谋，即力优者亦可为他日子孙计也。"议甫就，遽卒。其子光龙辈克成之。又尝储余赀，预备捐施计。值嘉庆丙子岁，续修通志，光龙遂体父志捐千金。上官廉其生平，题额"正以行德"。

隆祚星，字在明。性醇谨，以勤俭起家，未曙辄起，谓人生于寅，当乘阳气用事。每黎明外，望见佃家炊烟火，辄奖励之，否必斥责。而收租贷种，概从宽厚。凡义举不吝重捐，常诫其子曰："积而不能散焉，贵此积为？"

刘钜濂，邑庠生。笃学敦行。侍父基鉴病，躬亲汤药，经年无倦容。及没，哀毁骨立。事母氏范能尽色养。与人无城府，喜济穷困，片言释乡里争。年三十六病瘵，将易箦，嘱其妻曰："母老，吾未及终养，罪莫大焉，宜以麻衣敛我。"言讫而终。

彭修瑞，字思永。仗义疏财。凡称贷不及偿者，焚其券。岁歉，应粜不惮升斗烦琐，恤佃尤至。里中除道成梁，无不殷勤佽助。人以为有长者风。

杨经德，字步青。监生。事亲如孺子慕。兄弟六人，乏嗣者二，经德俱择侄嗣之。遇兄急难，经德以身卫，被数枪，兄得脱。析箸后，有谓经德置产胜己者，即哀与无难色。倡建祠宇，捐赀赈乏，乡里义之。

杨甲纶，字南池。庠生。早失恃，事继母，奉养无违；待异母弟，友爱甚笃。律身严整，不履公庭。遇公私事，人皆服其廉介而畏其戆直。

姜忠义，字九有。监生。胞兄配义，品端行正，能文章，早卒。遗子方重甫四岁，田庐荒芜，忠义毅然代理数十年，教方重成立。

方重，字朝举。监生。排斥佛老，修理祠宇祖墓。姊氏二，义养数十年。及卒，躬亲殓葬。凡建梁除道，捐赀不吝，皆如忠义教。

张国赞，字均浦。从九职。有胆略，敦气谊，乡族倚重。家中赀，充典商于省会，才识信义，为时所推。城西置义渡，费巨万，太守以总理委之。性喜施与，有求必应，渎亦不厌。郡有士数人，极贫，每岁终必致米若干石。士有远出者，国赞周其家甚笃，后不以为德，毫不介怀。有廉吏罢官归，至断爨，与国赞固不相识也。国赞解囊，托人曲致，而讳言己赉。曰："吏知为我物，必不受矣。若坐视困穷，何以为洁身者劝。"嘉庆丁卯，旱，籴谷数百石，减价济贫。延师课子，隆礼倍至。病革，子文杰入泮，嘱曰："我死，汝务为仁人，毋但为才人。"卒年五十七。

符维新，字甸庵。监生。幼孤，克自立。隆师课子，躬勤俭，喜周济。有表侄家窘，伉俪几莫保，维新接养其家，俟力能安集，始遣归。有佃欲嫁其媳，乃薄其租以全之。晚年独建支祠，置祭田。长子文学时亮，行端而貌朴，事父母，生没俱竭诚敬。五弟各居，视其事如己事。其救困惜灾有父风。

李庭清，慷慨好义。力耕铢积约二百金，邑建玉潭桥，越数年，赀不继，工作辍者再。后绅民谋续捐卒工，庭清倡言曰："非自捐，无以劝首。"署百金，众遂响应，立醵千余金。由是四乡踊跃，次年桥成。邑令刘善谟嘉之，书诸碑曰"李庭清捐汗积银一百"。

魏鼐，号梅谷。父病，药必亲尝。既没，庐墓三年。丧母亦如之。叶埙箎，调琴瑟，人无间言。邑令额其堂曰"亦政"。有臧获为良家子，既知之，遣还而赠以金。凡贫不能婚嫁者，多赖周全。

汤世珮，字贻玖。笃伦常，耽书史，持躬退让，足不涉讼庭，乡里睚眦，一言遂释。赈贫恤困，凡远近桥梁义举，输金无难色。

喻忠诚，字敦本。监生。年四岁失怙，叔待选抚养成立，爱如己出。忠诚亦律身端谨。叔卒，哀毁如丧父。叔长子奉飏亦卒，遗孤遂孝仅四龄，忠诚抚之，一如叔抚己。与人不欺不忤，睦族乐施。年三十六卒。遗命祔葬叔茔，谓"我将报命于叔也"。

高光宇，字临轩。性好施与，推解无矜情。家不甚丰，邑有大、小金盆二桥，捐赀修之，计费数百金不少吝。

王愉，字万庆，进士忻之胞兄。疏财仗义，指困不惜，乐成人美，尤喜排难解纷。居东湖符山间，里中讼事多寝息。及愉死。里中多讼。人益慕愉德。

姜源洪，字九畴。监生。与兄析箸，概以沃产让兄，而受其瘠。有邻童陟树窃梨，仆趋告，戒勿言。仆问故，曰："童见梨而涎之，情也。我有梨而私之，吝也。苟逐而惊坠，不以梨而伤人乎？"

姜大经，字有恒。监生。年六十，母老多病，汤药必亲。及没，葬祭如礼。弟大丰，艰于嗣，以子肇礼嗣焉。隆礼厚币，延师课子。人或有犯者，悉退让，不与校。性甘淡泊，独至赈困穷、建庙宇、桥梁等事，曾不少吝。

喻伊书，家不甚富。或争其田土，辄让之以息争讼。岁荒，发谷济境，不索利，即欠本亦不急取。生平言语不苟，坐立不倚。虽甚怒，未尝出恶语，人以为有静重风。

姜肇辉，字日煊。少贫，从其伯大鼎学。甫弱冠，以舌代耕。训童蒙，必以孝弟忠信为主。其专严尽职，人比之焦伯强。有某侵占姜氏祖山，辉挺力干旋，得保邱垄，卒以此遇害。死之日，人以其为祖捐躯也，多哀悼之。

邓启朝，号月山。侍庭帏，无缺职。遇乡里斗争，辄劝息之。析箸后，独创家业。叔有绝嗣者，以其遗产，推分昆季，己一无所取。尝独修南湾石桥，一切施济，皆不少吝。终身无只字入公庭。年七十一卒。

贺懋简，字相尔。敦本仗义。主修祠宇，总理社谷，邑令嘉其廉介，以"好义可风"旌其闾。

邱大仕。字宪章。从九职。幼失怙恃，尝以不逮事为憾。置墓田，时往省视。殷勤课读，子澄本列文庠。堂侄本睿甫半龄而孤，创业成名，皆藉其力。好施与，倡修义渡桥梁，解纷排难，乡里称贤。

贺懋荣，字华衮。堂弟懋兰、懋禀，堂侄容让，俱早逝。兰妻胡氏、禀妻刘氏、让妇边氏，均青年守节。兰、让各遗一孤，禀无嗣，两家孤苦，荣一人抚之。矢公矢慎，族党咸称。

戴得诗，字承训。笃厚天伦，乐于为善。倡修桥四座，置义渡一所，赈饥恤困，济急扶危。子五，皆入庠序，列国学。卒年七十一。

何大微，字紫郎。轻财任侠，度量宽和。有贼窃其仓谷，其子捕获，乃昔年佣工。笑曰："尔乏食何不明告？"仍以所窃与之，惭不受。强与之，弗为人道，自是贼改行，家渐小阜。紫郎死，其人哭临痛甚。

成茂材，字文叔。庠生。性笃伦纪，族党无间言。父尔康，以家产分授六子，茂材请给住屋成家桥门首槐树丘田壹丘，上首白洋坵山壹所，以志父母生我之地，余惟父命是听。尔康色喜，于分券后书"顺父长久"四字与之。茂材构室成，妻兄陶之典即书此四字额其堂。叙略曰："茂材天资纯粹，孝友克敦，必昌其后。即代尔父之命尔者为尔书之，非寻常颂祷比也。"今茂材后裔果多昌炽云。

喻国傥，字立勋，宋喻韬裔。温厚和平，无疾言遽色。代父理家政，泛应曲当，一家咸倚重焉。尚廉让，戒讼争，虽横逆不校。有牵其耕牛者，或劝白有司，不以为然，令人持金赎取，不许亦遂已。后其人感而还之。晚年喜静，额其室曰"憩愚"。

喻恒忠，字允中。监生。性耿介，不苟取与。两兄先逝，事父及继母，色养无违。父卒，两兄子俱少，代理家政，教诲殷勤，身为御侮，不辞嫌怨。遇乡里雀角，力为排解，人多义之。

何有莹，字仙石。监生。族某窘极，掘石蒜舂粉食之，腹胀几毙。邻走告，有莹设法救苏，周以财米，自是某父子亦以辛勤裕其家。此外，济困扶危，皆类是。

唐瑞禄，字辑庵。醇朴正直，好善乐施。居丧三年，恪遵礼制。里中争讼，片言立解。家法严肃，隆师重道，乡党爱而敬之。

袁学瑛，字协恒。监生。性慷慨，倡修家庙，购置义山，赈贫穷、修桥梁诸善事，倾囊不吝。县官以事过境，必具鸡黍饷之，曰"以尽吾礼"。

萧乾格，字缔来。成童时，祖母张氏老病，足冷夜起，乾格自馆归，必同卧温其足。张氏年逾九十，朝夕服侍无懈容。逮事父母，亦罔不竭力。日以诗书课二子，寒暑不辍。长坤南，岁贡生。次坤亮，庠生。兄弟怡怡，年六十始析箸。坤南署宝郡教授，以敦品力学训生徒，没后士犹颂之。

高观国，字荣典。庠生。幼聪慧，连困棘围，援例加翰林院孔目衔。足不履公庭，以干谒为耻。笃于友谊，数十年如一日，人称耐久交。

胡本敬，号存诚。朴直敦厚。娶文氏，生子光瓒、光琇。氏旋卒，遂不续娶，鞠养训课，克尽义方。生平乐善济急，胸无城府，人指其隐德。称之，辄不自居。后光瓒宰蜀，迎养于署。时以仁廉勖诫，遂没于蜀。凡光瓒所署各州县闻讣，绅民皆设位祭奠，盖感德者深也。

钟邦表，字海亭。监生。弱冠失怙，哀毁骨立。事母有莱彩风，兄弟怡怡。交友以信，正直闻于乡。遇义举，辄倾囊无吝色。

王世贤，字希盛。慷慨任侠，不苟取与。路拾遗金三十，招失金者还之。乾隆己亥岁，疫疠大作，倩医施药，全活者颇多。

周胜殷，字命新。监生。气量恢宏，无疾言遽色。居恒独坐，声息蔑如，临事一镇之以静。好接引士类，于后进苦学者，恒款洽不倦。课子綦严，后皆积学成名，不失庭训。

刘匡典，字敦五。秉性刚直，守正不阿。读书未售，殷勤课子。丕文举于乡，文沛、文海、允文俱入国学。治家有法，田庐日辟。年六十二卒。

干明新，字纲举。茂龄积学，以父清远早没，援例入太学。丰持家政，侍慈母，承色笑，无敢违。与弟同居数十年，力敦友爱，额其堂曰"宜宜堂"。其堂兄弟有以产业向售者，借债受之，十余年后，田价腾贵，较昔加倍。明新许以原价取赎，谓曰："田贵而以贱价取赎，于营生更便。但此祖业也，愿兄弟世守，勿又贪价外售。"中年断弦，矢志不续。为族戚谋事，周详恺切，务成人美。年六十三卒。

姜义遵，字周达。事老父至九十余，晨昏定省无少间。兄弟析箸，田产听其所欲，余则已受之，不计肥硗。值横逆，多不与校。有亲家某患疫，合家传染，人不敢入其室。义遵抚床询问，呼姜某至，辄少苏。自是挽留旬日，合家渐起，多以为正直之感。

钟邦友，字国富。幼贫，其三兄皆客施南，友随父往就之。至则三兄皆落魄，乃力作，独供父养，甚得菽水欢。家浸阜，父优游杖履，寿至八十余而终。时苗匪猖獗，城邑戒严。邦友不忍葬父异乡，辄不避艰险，扶柩径归，计自夜郎达西宁，水陆行数千里。费既不赀，而一路关津留难困苦，邦友痛哭跪求，关吏卒俱为哀感放行，半载始达里营葬。毁瘠困惫，仅延一喘。年七十三卒。居家勤俭，待人忠厚，有古处风。

萧先堂，字觐颜。耿介、慕义、节俭，积数百金。为兄子娶妇，给百余金，令谋生理。置墓田十五亩，倡建祠宇于蒋家园。生子夭，妻姜氏劝纳妾，仍无子。七十五岁卒。其堂弟挽之，有"没后声名拟邓攸"之句。

李绍荣，字有朋。浑厚质朴，居家勤俭，然慷慨喜周济。捐墓田，修宁远桥，独力任之。子弟皆彬彬弦诵。

丁金文，字玉简。监生。早孤，事母笃挚。母病厥逆，文哭祷，请以身代。夜梦神授药方，服之果瘳。

胡开集，号莲溪。州司马衔。事兄如父，待侄犹子。乐修古墓、义渡、桥梁，易箦时，嘱其子炽瑞、焯瑞曰："当继吾志。"后二子亦有父风。

黎祚寅，字和衷。监生。饬彝伦，敦节俭，与物无竞，绝迹公庭，宗族乡党咸矜式焉。

喻天儒，字蒂辅。言动不苟，读书明大义，敦伦纪，和族邻。病革时，谆谆以续修家乘嘱。子汉亭因继志倡纂焉。弟天元，字体仁。性方正，躬勤俭，言笑不苟，足不涉城市，乡邻族党莫不敬之。

钟范昌，幼好读书，长习骑射。怀奇负气，不随人唯诺。好施济而刚正，邻里或有猖獗者，范昌晓以大义，无不畏而服之。

欧阳汉，字南侯。性长厚，祖遗家仆，遣之归宗。内外凡四十余口，汉教训严明，各勤本业，绝去游惰，一堂雍睦。人谓其齐家之范，胜于士大夫。

胡泽泮，字定宇。监生。年十三失怙，克自树立。事母能得其欢，以义方垂训，故子孙笃志勤学，连缀芹香。

高光进，字紫垣。天性纯笃，足不履城市，平居恂恂，无所短长。遇不平，辄义形于色。里人争忿，经劝谕而息，奸邪者皆愧避，不敢令光进知。

方国懋，字恒盛。敦友爱，析爨后，兄某以不善治生至贫窭，时为周恤，数十年如一日。兄卒，仍无余橐，遗孤二，以贫故，力不能娶，为之完其婚。修枫树桥,慨然竭赀成之。其余解囊济急、平情解纷多类此。

刘静庵,字近仁。少失怙,事其祖与母无缺职。常修补桥路,拾遗金,闻系益阳孙姓所失,亟送还,推解无吝色。

黄治涟,字汉若。端方乐善,尝受从堂侄产业,谕其子曰:"某侄窘产,必短价外售,不复反矣,吾姑为之守。俟若稍有力,即令赎还。"后如其言。年八十卒。

李宜清,字安邦。存心忠厚。戊戌大旱,有泉塘田大获,佃诡称苗稿无收,宜清悉免其租。或以实告清,曰:"若食指颇繁,岁歉有收,其亲族必有冀若分润者。且吾既免之矣,胡自爽其初念为?"终不较。

萧谱锜,字金和。年十五而孤,能撑持门户,辟田庐。性宽厚,有冒认其近庄古冢者,即听祭扫,曰:"无主之坟,得若人可永保矣,岂不美哉?"卒年八十七。

萧绪玛,幼孤贫,性诚笃端方,不苟訾,不诳言,不跛倚,不箕踞,不谈是非,不信佛老。精歧黄书,多起人死。黄太守立隆赠联云:"心存济世真仁者;癖不趋时见古风。"年八十卒。

戴国镛,字野臣。庠生。嗜学敦伦,矜慎自持。课子弟,一以忠信为主。命子国学、家述,置八都十区石门水田二亩五升,为远祖墓田。今孙曾蔚起,芸香日馥。

邓长喜,性醇谨,布衣疏食,戒家人毋得染城市习气。凡置什物,取质朴,不取华美,谓"天地间华易损坏,质则坚久,植行立品,俱当作如是观也"。喜任恤,尝值岁歉疫作,有邻人数姓,死丧相继,匍匐救之,不畏传染,不惜多金。里中谓其后必大。

萧绪泰,字国安。性端直,待族戚和蔼,训子弟以孝友忠信。长子冠楚遵父训,每值青黄不接,辄自食粥省米,分润贫苦。

李国芳,字文桂。忠厚勤俭,事堂上人,罔不竭力,即厕牏皆亲涤之。处乡邻族戚,大义所在,绝无推诿。尤嗜读书,岁延两师,分教成材蒙童,寒暑无懈。寿八十七卒。孙、曾蔚起,人称长田李氏。

戴家撰,字异三。性敏善读,援例入国学,数踬棘围。行直品端,笃于先祀,倡族置石门祖墓田十亩。子圣隆游庠,顺事继母,文行兼懋,学官毛某曾举其优行。

张煌佐，字辅民。监生。文淮抚子也。先是，文淮卒，妻夏氏守节无子，待其叔生子为继。及煌佐生，氏抚之，倍极鞠养，煌佐亦善承色笑。就养无方，家中产，竭力呈请建坊，表彰母节。秉性方正，犯者不校，侵亦弗争，和平之气，恒溢眉宇，训子以义方。年六十三，病革，邻里问视者皆握手泣下。自谓生寄死归，何足罣恋，独不获终养高年节母为大可憾耳。及没，目大张。母出哭，手摩之乃瞑。

高邦璇，字衡政。好义轻财，昆季析产，不计盈虚。戊戌大饥，贬食省用以应。里中称贷，度不克偿，尽焚其券。究心医学，出重赀购参桂，制备秘方，遇贫病者，辄召至家诊之，或自往予以药饵，并赀助其食饮。遇雀角争，导以婉词，不解则面叱其是非，无不敬服。

王维岳，字名山。少失怙。事母以菽水承欢，每寒夜，必先为母温被，奉母就寝。治家不务浮靡，力敦雍睦，没后其弟犹不忍析爨云。

杨应斗，字齐政。监生。八岁失恃，事父开瑗，克尽子职。代理家政，克恢先业。兄弟友爱尤笃，乡邻缓急恒仰赖之。老犹好学，时手一编。年七十有四卒。

丁相国，字元甫。庠生。貌魁梧，性刚直。见不平，辄义形于色；闻义举，恒不惜多赀助成之。事寡嫂尤谨，曰："零丁孤苦，操守坚定，敢不敬乎？"妻王氏，孝舅姑、和妯娌无间言，平居自奉甚俭约，而周济穷乏，求辄应之，人咸称相国得贤内助焉。

姜东杰，字伟男。庠生。秉心正直，倜傥有为。族祖苏伯捐田数百亩入学，以兵燹失籍，为豪家所占。东杰力为清复，至今租税充岳麓膏火无阙。

刘巨煌，字敦成。性忠厚，家素封。有鬻产者知其急，不故推，不短价，周贫乏无吝容。邑中大工役，襄资无算。礼宾友，丰俭适宜。尝夜独行遇虎，目光如炬，疑家人迎己。及近，虎咆哮去，始踉跄归。人以为善人无妄灾云。

熊锡度，字惟贞。魁梧倜傥，应文武试俱踬。游京师，入太学，因遍览名胜，交名下士。既归侍亲，值兄没，代理家政，抚侄如子，田产日廓。足不履公门，乡里以事质，片言排之辄解，众多倚仗焉。

熊纡绪，字快然。父兄早逝，因理家政，遂废学，援例授从九职。性豪善饮，醉不失辞。事叔如父母，每闻履声，辄整冠带，有仲郢事公权遗风，待诸昆季蔼然。居乡里，恂恂惟谨。卒之日，人称长者。

谢方琪，字胜作。好读书，知大义。持己不务浮夸，待人不立崖岸。恢廓先业，于道路、津梁诸义举，罔弗竭蹶不遑，而排难解纷，尤难枚举。

谢继贤，字希胜。成童失怙，遂理家政，其言动已惊长老。及长，更朴诚，家计日饶。弟启胜早没，抚其子如己出。平生不饮酒，不轻服绮罗，不喜乘舆马，而恤贫则不遗余力，无德色。子八，孙、曾数十，朴耕秀读，聚顺一堂。寿七十四卒。

李善士，字式禄。治家勤俭，尤慎交游，择师教子，戒比匪。不喜争辩曲直，除纳正供外，足不入城市。近里贫乏有乞假无吝色，尤体恤工佃，不轻更易。里中桥圮，独力修整。种植畜牧，皆得古法，家益饶裕。里人爱其行，举为约正。年六十卒。其后人方兴未艾。

刘正虔，原名乾，字添相。早失恃，事继母郾能顺养，持家勤俭，终身无雀鼠争。妇翁贫老孤苦，生养死葬。岁荒，省食赈恤，有贫而鬻子为僧及嫁妻者，输金救全之。其隐德类是。今子孙百余口，耕读不倦。

刘定贵，字位尊。性直而和，衣冠必正，步履必详，事亲养葬尽礼。遇古冢，禁樵采。乐建桥梁、义渡，酷遵《朱子家训》。遇少年，辄举相劝勉。有族邻争山，互持不下，贵即割己山予之，事遂寝。

姜源旦，字容照。循循雅饬，端重寡言。精于医，储药饵济比闾之急，不索钱。与兄源华倡修族谱，费颇不赀。华就其家设局，一切支度无少靳焉。

隆祚仁，字在忠。宅心正直，持己端严。好施与，邑学宫、考棚、书院诸兴作，捐赀不吝。子再扬、再传、再盛，每赞襄义举，不惜重捐，皆祚仁遗训也。

刘立枬，字荆山。弱冠时，贸易往外，会有负债而鬻其妻者，罄所有全之，泣询姓字，不告而去。后力田，家渐康，凡借贷艰楚者，阴焚其券，勿令人知。置产既多，里中贫民，或力不能营葬地，辄以一抔厝之，闻风者多相求，无不应。延师课子孙，以明理守身为务。凡邑中义举，靡不踊跃。

谢安行，字胜德。学务力行，尝敕其子曰："圣贤言语，乃后人身心榜样。若草草读过，夸训诂，尚词章，虽显荣无益也。"好奖人材，见欧阳藻能读，而家贫窘，为设文会，多方玉成之。修族谱、建祠宇诸义举，尝克己以葳其事。人谓其有君子儒风。

萧先登，字岸斋。郡庠生。沉静寡言，笃于伦类。有异居兄遘疫疠，亲属绝迹其门。登称药量水，无顷刻离。兄卒，抚其孤，为之料理家政，过于己事。

杨培信，字松亭。监生。雍睦门内，和易近人，常克己为人解纷争事。壮年失偶，遂不娶，亦卒无鲁秋胡之行，而远嫌别疑，尤极矜慎云。

郭礼濂，字鸿章。从九衔。性醇厚，志倜傥，以勤俭宏其世业。凡邑中义举，胥踊跃捐赀。尝为聂公祠置香火田，又建利涉桥于秧田冲长港。

姜方择，幼失怙，事母极顺。蹶文场，乃应武试，入庠。乡试，顶挑不售，闭门授读。通经史诗古文词，岁试内场，文理冠军，字法悉遵正韵。学使钱某极加优奖，谓"不意武场中竟有此通人，即文场亦不数觏"。平生砥行砺节，敦本睦族，督修祖墓，倡置墓田，编辑族谱。族妇贞烈蔡氏，倡邑士夫为之举报，穷而仗义，懿行未可殚述。

胡锡坊，七岁失怙恃，从师读书，兼理家政。正直公平。遇子侄亲朋，无不以忠厚勤俭相劝勉。凡父母有志未逮者，继述成就。年七十二卒。及今子孙垂裕，犹有仁厚遗风。

彭朝立，字应宾。崇祀乡贤之寿曾孙。兄朝征、弟朝执皆早逝，朝征遗一子，甫一岁；朝执遗子五，亦皆幼。兄弟早析居，朝立以其孤孀无依，遂令同居，教养完娶，独力支持，诸侄借以成立。朝立无子，以朝执子继瑞为嗣。生一子，不数月，继瑞亡，乃娶妾生子缉瑞，时年已七十矣。持躬方正，接物和平，增置田产，分授诸侄，无毫发私。年八十而没。

姜集义，字道维。监生。性嗜学，究心经史，凡诸子百家之书，莫不搜罗，自壮而老，手不释卷。尤勇于向义，族祠成，虑无以充祭资，即捐田二十亩。家不甚丰，推解无所靳。年四十无子，抚侄方谷，今已孙枝苗秀，犹力学不倦。

袁信，字尊五。监生。敦笃伦谊，与兄析产后，分润无算。里邻争忿，婉曲劝释。多阴行善事，其妻弟王忻知之最深。信卒，忻谓甥名翰曰："汝父有积德，汝又聪敏，宜食报。勉之。"亡何，名翰病夭，孙汝嵩成进士。

杨家修，字献廷。州同职。性好推解。邑修学宫，家修以独力恭造先师主龛，雕饰精致。毖东城观音石桥，修大沩寒山殿，踊跃从事。康熙丙子，岁大饥，出粟万斛，活人无算。即稔岁亦施衣施棺，受惠者甚伙。嘉庆十六年，重修学宫，其裔孙仍合赀重饰圣座。

梅书笏，字玉佩。性醇笃好施。兄弟三，父遗财产，悉以让诸兄。居贫衣食难自给，因与友人小贸易，竭力支画，有所得辄均分之。友利其诚朴，渐以术愚而罄其所有，恬然不与校。见乞丐死道傍者，往往市棺埋葬，倾囊无所惜。以勤俭致小康，行善益力。子教章，监生，恪守父教。孙五，长钟清游黉序，隆师好友，克振家声；三钟澍，入词林。现今曾、元继起，书香日馥，人以为书笏厚道之报。卒年七十四。

文守哲，字克明。任性真，无华饰。早失怙，逮母老，饮食寝兴，必躬亲侍。母病年余，不少离膝下。抚幼侄如己子，保护成家。训子耕读，力戒游惰，有愿朴家风。

陈申伯，字连海。艰辛起家，忠直好义。尝舟出渌溪口，见前舟覆，大呼"能救一人者酬金五千"。渔舟争救七人，给如数。七人问其姓字，申伯不告而去。又尝路拾遗金，坐待其主，日暮不至，乃以分给贫乏。其轻财任侠类如此。

何贤湘，字京庵。监生。父死，创茅亭于墓侧，独居三年，昼夜悲泣。凤患气疾，体极弱，人苦劝，而卒如一日。

汤与尹，字少衡。年十三，痛父儒绍见背，侍母氏彭愉婉倍至。事兄克恭，埙篪倡和。性敏能文，名与兄齐。兄游泮，愈攻苦，列名辟雍，终困棘闱。轻财好义，邑中公事，无不踊跃捐输。其第三子式典，以武庠加卫千总衔。

周锡琳，庠生。与弟锡瑜同时就傅，天资稍逊而以苦读胜之。昆弟五人析箸后，琳与瑜同居。瑜或远出，虽昧旦必送诸门外，伫久乃退。或深夜归，虽严寒必起而慰问之。不苟訾笑，绳趋尺步，于声色靡丽泊如也，文之清简如其人。

黄亚元，监生。醇谨忠厚，好善乐施。喜修桥，利行人。本境曾修桥三座，所费不赀，工最巨者名黄家桥。子泽班，由掾史考取经历，于公事亦踊跃有父风。

刘建松，字重梁。秉性刚毅，制行方严。处危疑事，不矫不阿。绍裘恢绪，乐善好施。涤浮崇朴，乡里矜式。

刘光祖，字克绳。监生。性纯笃，和顺公正，济困赈穷，推解不吝。处家庭，敦友让，明义利，尝辞万金不受。读书教子，重友隆师，平生不见怨恶。子之甲辈饶有父风。

廖鸿冠，字符服。监生。于东车河捐赀造舟，有贷百金贫难偿者，焚其券，戒勿令人知。间遭横逆，置弗校。笃亲睦邻，救灾恤患，乡党称厚德焉。

贺懋嶷，字旦复。幼失怙。父患气疾，屡亲扶持，连夜不寐。父病不食亦不食，数十年如一日。侍继母杨氏如所生，遇母病亦废寝食如事父然，纯笃之行，里党称之。寿八十一卒。

童嗣舜，温恭醇谨，痛父早亡，顺母爱兄，日用云为，必禀母命，且白于兄。念先灵未妥，倡建祠宇于扶冲铺。虑享祀无资，将父遗田二十亩，凭族书立捐契，加捐钱二百千入祠，以充祭费。碑碣现存，合族利赖。惜不永年卒。

张志俊，字公卓，先儒张栻裔。尝建瓦泥墺板桥，桥侧建亭，以憩行旅。值乏月，煮饘粥以济贫者。年八十余，童颜鹤发，古貌古心。王主政文清谓为钟离业、杨子之流亚。从《旧《志》·桥碑记》补入。

邓世菁，字季方。读书识大义，里中嫁娶不给者，捐财谷以助成之；门庭不睦者，明大义以开导之。后裔玲筠官贵州印江，以知县殉难，名节尤著，咸谓厚德所致云。

钟和昌，字斯美。幼聪慧，长能文。顺事父母，友爱兄弟。持身方正，有以是非相质者，片言立决，无不心服。好施予，多待以举火者，义方垂训。子监生，孙、曾辈皆能向学。

袁邦贻，字四科。素性醇谨，居家勤慎，敦本睦族。附近福田桥倾圮，倡众捐葺。矢志修宗祠，已积赀若干，嘱子仁甲承厥志。平生恬退温和，与人交无城府。孙、曾绕膝，忠厚传家。

姜配义，字浩然。郡庠生。文品兼优，早卒。子方重，字朝举，甫四龄，虽胞叔忠义爱护代理，而方重克自树立，经理家务，自幼即井井有条，多与忠不谋而合。后入太学，持正行方，凡释老之说，力为排斥。修理祠宇、祖墓，架桥、除道，赀不吝。姊氏二，义养数十年。及卒，躬亲殓葬，族里咸为称述。

以上旧《志》。

赵绂，字超然。监生。温良和厚，壮患喀血，弃制举业，搜求经史子集，著有《半璧斋诗草》，采入《沅湘耆旧集》。尤精歧黄，应人求不少怠，贫者遗以药。里中或不能举火，暗遗以金；育子女者，给乳哺费；债不能偿者，焚券不下数十纸。继妻陈氏，亦尝反人之券，盖顺承夫志云。其子孙多列科第。

赵世景，字介亭。郡优生。性和厚，不苟訾笑。乡试屡荐不售。著有《中庸全部论》二卷、《介亭文集》四卷、《诗集》四卷，采入《沅湘耆旧集》。析产多让兄。后兄家落，与再三易田宅不校。课徒不计修脯，寒士更资之，多所成就。常修无主墓，好义多类此。妻符氏慈惠，常以米盐衣服，济里中贫乏者。有谢女锢疾不成人，道无所归，氏召至家，襄女红，岁给以钱，俾积赀自赡，始命另爨。既卒，召女族某厚葬祖山，为之竖碑。后子孙多列科第。

周光藻，字辉序。监生。幼嗜学，志攻苦。读文必录而糊之几，倍诵至精熟乃拭去。晚岁为文，柱香为度，顷刻成一艺。生平手录诸经及古文，积数十帙。营祭田，辑谱牒，以收涣属。族党有急，以身任之。六十初度，计亩减租百余石，以恤佃户。邻有某生贫甚，不时周之，未尝言。光藻卒，哭之恸，人始知之。课子弟为学谆甚。年六十四卒。

刘德润，字松泉。性宽洪，与物无竞。好施济，族里称贷无弗应，不计偿也。县东麻姑山，为邑通衢，天久雨，行人苦淖。德润手出数百金，鸠工甃石以平之。建寿世桥，施义山，皆独力不惜重赀，至今人犹颂其德云。

刘基宣，号廉泉。监生。幼失怙，事母孝。次兄基寅早逝，抚其孤无异己生。遇年饥减粜，乡人德之。凡邑中义举，多捐赀出力。临终犹以"学吃亏"三字训其子。

梅教储，字菁门。庠生。不事雕饰。家贫授徒，所得修金，分润穷乏。晚年忘情名利，一经课子，尤精日者家言，著有《诹吉汇纂》行世。年七十卒。

刘开选，字登庸。诸生。屡困棘闱，遂慨然思以良医济世，习其术，多奇验。谢以金者，概辞之。著有《幼科精要》。

张泽纯，字从理。性廉洁，尝拾遗金，守候于路，还其主。寿七十终。

周大坤，字厚斋。质最鲁，刻志攻苦，补弟子员，不履公庭，怡情诗酒。以先人双槐书屋让兄大复，另构别业，名桂馥轩，延名师课子弟。

唐邦绪，字志一。性宽厚，治家严整。遇岁歉，谷米减粜。己酉大荒，令阖门八十余口俱啖粥，以余济饥者。里中老弱，令负米周之。事父伊翰，侍床褥者二十余年不少怠。年七十，端坐而终。子斯盛，举人。

唐邦勋，字克猷。性忠厚。精歧黄，遇贫予以药。甲戌，疫大作，族某举家皆病。邦勋悯其困，日助汤药，并为涤垢，疫遂除。幼时祖父学瑾病逾年，服侍不懈。年五十五，无疾终。孙凤仪，诸生。

刘泽润，字拔芝。幼嗜学，性孝友。父早故，弱冠理家政，一家数十口无交谪声。尤好善，乐施予，倡建族祠，捐千余金，并捐祭田数十亩；倡修茶亭桥，捐金数百；偶遇贫邻为债逼者，代偿之。卒年五十三。孙代英，登贤书，贵州施秉县殉难。

文先晟，号小湖。监生。性孝友，积学不遇。祖昆山墓田因讼几荡尽，晟力营复，族有二贫媭，为权子母，俾克自存。彭某窘迫，将鬻妻，先晟解囊，为好义者倡，得全如初。

　　周大霂，性友爱，弟大力析箸后，遗业荡然。霂体恤甚至，临终嘱其子与大力田二十五亩。时大霂田仅百亩，有子四，或难之。大霂泫然曰："余不忍子有食，弟独无。"没后，其子遵遗命成之。

　　程泽绍，字述先。监生。节妇刘氏子，遗腹两月生。幼读父书辄泣下，寻以母病痿痹，精究医理，兼施药济人，多起人死。族有不肖子，侵母膳资，兄弟不能容。泽绍屡捐金排解，家计以困，弗惜也。又尝保孤儿十余人成立，且有致富者。子昭配，字赞甫。监生。成童失怙，重慈在堂，曲意承欢，孝养倍至。上自远祖，立公项，置祭田，扩祠规，人服其敦本。家不及中人产，复遭宗鄙侵削。始忍之，终安之，出入荆棘中三十余年，群小皆感泣。性颖异，文笔高古，迥绝时俗。课一子三孙，皆领乡荐，书香踵接。

　　胡灿瑞，字芝彦。性友爱，有戚远宦，贫不能归，灿体亲志，往返数千里，其家卒赖以全。族有贫不能娶者，尝赀助之，完其婚。工吟咏，诗采入前《志》。

　　杨远鬵，宁图南。监生。甫四岁失怙，事节母胡，先意承志，温清定省不少替。侍疾尤谨，病笃未解衣者两月余。葬后经三四月，日至墓前一哭。遇岁歉，减粜。道光壬辰，煮粥赈饥，费米四十余石。没后，人多颂其德云。

　　邹传芳，字秀山。性循谨，与人无忤。里有争讼，辄数言折之。或少有糜费，亦不惜，是以足未尝履讼庭。家无积而性好施，周济贫苦，略无吝色，族党无依者赖之。年八十，以寿终。

　　胡征型，字槐亭。赋性浑朴，好学深思。平生慎言动，严取舍，与兄副榜征基，弟庠生沄、征、圻怡怡一堂，均以砚田为生，多所成就。其启悟后进，亦皆以立品为先。型尤好治性理，能抉渊微，著有《先儒集说》《尔雅类珠》等书。子先镳，岁贡。一门方兴未艾云。

　　易振鉴，字广轩。监生。秉心正直，处世和平，一生不入公门。遇里中争讼，能婉言劝解。家匪富饶，而性自慷慨，施茶舍药，义举尤多。精歧黄术，一以济世为心，不计人赀谢。卒年近八十，子孙蕃衍。乡党至今称之。

周文偲，字友玖。从九职。性孝友，尚义轻财。昆季析产，自取其劣者。侄某性悍，物蓄有失，家人动遭酷詈，偲为估直与之，寻亦感化。江右店佣者买一仆，寄饲偲家，因同姓，出金赎之，不役其人。亲旧称贷，不索券，不计息，即不偿亦不取。年七十卒。

秦启煌，居积好义，族党赖之。倡修印塘桥，垫百余金，独不泐石。启煌卒，妻文氏能继夫志，道光己酉，岁荒减粜，人皆德之。

廖鸿兆，字士端。善事节母。乡有索逋相睚眦者，解囊释之。古滇王某赴楚，资斧匮，粤东林某遇盗劫，先后各给数十金。生平洒落，工书法，能诗，所居号"半舫"。著有《半舫诗草》，县令谢攀云采入《玉潭诗选》。

宋宗泽，号海楼。家中赀而好行其德，尝减粜焚券，施棺瘗冢，刻善书以教人。有佃户某，贫老而病，将鬻棺以自赡，泽止而资葬之。次子暄，登贤书。

周德镇，字鼎玉。课子甚勤，延师极隆礼，产虽薄，修金必厚，且精选而预备。晤端人，色笑欢然，匪其人则峭默。子仁伟，廪生，保教谕。孙昭晃，庠生。镇年七十六卒。

邓贤杞，字蔚华。监生。能知书，晓大义。倡置晏家塘田业捐入文昌阁，率男监生鹏首捐赀，重建利马桥。乡邻贫苦难葬者，施棺至百付，并间给茔地。尝建盂兰盆会，所费不赀。或戚友借贷难偿，焚其券。年七十一卒。

彭卜功，号枚臣。性直爽，家中落而挥霍，喜结纳，工书法，积学未遇。湖北盐案，株连父兄，挺身赴狱，屡濒于死，卒昭雪以归。豪于酒，成疾没。

张文杏，号书坛。幼聪慧，工吟咏。年十二，应试有声。王令余英欲拔冠军，以张富于赀不果。后屡试不售，遂弃举业，日读四书经史，颜其居曰"友竹"。平生笃友爱，喜施济，家以日贫，绝无顾惜。

童开汉，号星庄。监生。性孝友，积学未售。曾应试省垣，寓破屋中，壁隙常有人窥，忽拾得闺情诗，即日移寓，人无知者。素浑厚，不竞锥刀。有从弟居市井，约共权泉货，乃子母俱失，致多负人，悉以累，汉变产而偿，至所收人券难偿者，多焚之。每鬻产，遇人坟墓，必详载。
有前券漏者，亦肫然言其实，加载之。年五十五卒。

陶席珍，性浑厚，善事父母。父卒，母患手足不仁，珍扶持温清，
久不倦。女兄弟贫者，厚恤之。居家勤俭，与物不竞。待邻里，以敦
笃为心。年六十卒。

秦佑培，字秀田。积学未遇。道光甲午，辞龙阳幕，归途遇张姓，
以百余缗债逼投水。培询其故，出馆金如数代还。张问名，不答而归。
凡邻里排解事类如此。年七十五，无疾卒。

吴朝官，字章甫。性孝友。父年八十余，甘旨无缺。念诸弟食指繁，
独任奉养。至戚友困苦必周恤，争讼则力解之。晚年专以诗书课子侄，
年七十二卒。

李祖辉，字仲庚。性慷慨，邑中患窃贼诬良，辉醵金置田，结安
良社。捐赀独修县城朝阳门，并倡修乌江口及窑湾义渡。己酉，岁饥
减粜，里中赖之。咸丰初，粤匪犯顺，时祖辉年八十余，集家人曰："寇
将至，惟团练为上策。"遂竭赀制器械，练团勇，倡远近筑堡寨，为坚
壁计。惜未成而卒。今石燕冲堡寨遗迹犹存。

张文棐，号挚斋。议叙卫千总衔。七岁失恃，事继母黄如所生。
与母弟同居，怡怡一堂。亲友某家中落，负多金，无一语索债，临终
嘱子焚其券。

张文橿，号毅门。从九职衔。侍父母疾，衣不解带。道光己酉岁歉，
减价出粜，邻里赖之。好施与，戒争讼。年壮而鳏，洁己自处，足不
出庭户。没年六十一。子运钧，以廪贡生就教谕。

刘端凝，字砚田。家世勤俭，少好读书，不竞于物。尝零粜与贫婆，
不规规计升斗，邻里称之。

黄文铠，字宇元。性仁厚，乡里无间言。道光己酉岁饥，有沅江
宋某夫妻子女寄食其家，资助数月不倦。次子庭入庠。

袁馨，字湘浦。性谨饬，黜浮华。子弟就试，力戒怀挟，曰："作
文尚苟且如是，他日必不能有所建白也。"游麓山，有同舍生病疫，众
畏传染，胥散去。馨独留，躬视医药，卒无恙。年四十卒。

曾闻述，字成章。与物无校，近邻某有无故侵之者，怡然受之。佃户屡逋租所，亲代追偿，勿许。每岁所获，施粥药，活困急。有来谢者，闭门却走。性洒落，好琴书，里中号曰"陆仙"。

曾贞涟，号汶水。父闻迪，州同衔，与周硕勋共捐社谷，邑令仇廷谟额其堂，称"齿德兼优"。贞涟乐善好施，有沔阳商李洪，以金五百贩米过洞庭，舟破。贞涟怜其厄而还其金。明年，涟渡汉江，风覆涟舟，有一商大呼，能救者谢重金，遂脱于厄。及登舟，方知救者即李商也。两人惊喜，众皆以为好施之报。子尚伏，孝友仁厚。

曾衍谓，号翠亭。监生。性刚直，好善乐施。荒年减粜以济乡里，独修瓦薮坪义渡，襄建莫如桥。生平礼义束身，诗书裕后。今其子孙腾达，人以为厚德之报云。

曾兴槎，字仙舫。敦品力学，饶有远志。道光元年，恭逢临雍大典，以先贤后裔圆桥观礼，恩赐监生。独建二都黄泥港义渡，并独修马安桥，倡修许可桥。又尝踵成先志，捐置省曾子庙及邑垣先贤府祭产，族众趑之。好施与，族邻多赖以举火。弟兴榠，字白庐，敦孝友，勇于为善，积学工书。里中称二难焉。

刘植，字廷魁。性孝友。家失火，植外归，他不顾，询母安在，挺赴烈焰中，负母出。少失怙，家不甚丰，抚两弟成立，式好无尤。年七十，无病终。妻袁氏，内助称贤，目见四代，卒年九十。长子名桢，年八十七；次子名桂，年八十五。均见四代。

曾衍训，号三乐。监生。性宽厚，好施予，与兄省堂、弟翠亭合建莫如桥，取莫如兄弟之义。有碑记。居家以诗书课子孙，延师极尽隆礼。孙肇甲游泮，锡圭廪贡生。

曾传谟，号省吾。父晚年不安寝，传谟每夕数起，侍奉必尽欢而退，虽隆冬不间也。友教四十余年，功课不倦，手著《省身录》以自责。年七十卒。子酬瑾，中副榜。

罗鉴炯，字明若。克敦孝友，族戚贫寒者时给薪米，死者具棺埋葬。曾倡修炭河义渡。其子承遗命，捐建左河义渡，架碑亭，置田亩，以垂久远。

谈世铉，字名器。优增生。事节母，曲意承欢。素崇俭，好义急公。里中谈家桥为其先人建置，倡议重修，并募修高桥，均极坚致，不苟毫厘。倡续族谱，重修家庙，捐置祭产，均竭力蒇事。凡族党有贫乏者，周贷之，曾不责偿。晚年耽静寂，寡言笑。年六十八卒。孙晋昌，庠生，保举训导。

张国浚，字敬宣。监生。性浑厚，动以礼法自循。继母周氏善病，浚朝夕侍奉，尝面有泪痕，病愈乃已。及母没，庐墓一年，丧葬均尽礼。遇佃户贫匮者，必为之减庄银，并少完租息。人多赖其利益，每称道之。年七十八卒。

童筹盛，字添一。幼孤，恂恂禀母氏谈训。谈晚年病乳岩，服侍尤谨。寒冬昏定，先卧温母被；或易贴身衣，则先自服，俟温而后易。伯仲二人怡怡，间必正容危坐，曾无戏言。家中落，偕弟货殖，财渐阜，推以与弟。后堂侄管店事，多亏本，躬任其累。有当道戚啖以利，计岁可百六金，故难其词以却曰："倍偿则受，受以分给四关之疲癃残疾者，否则敬谢。"其方正如此。卒年七十有四。子瑞瑛，庠生。

朱振铎，字孔音。太学生。性和厚，兄弟析箸后，兄家替每年出谷百五十石，居乡多推予，里人义之。年五十五卒。子家泽，监生，天性笃挚；女兄弟贫者，皆留养于家，家渐匮；道光二十九年荒歉，独倡减粜，人以为有父风云。

周良枋，号正轩。性刚直而仁慈。道光间，倡立公亭，纠众捐米以济饥。凡建桥梁、饬祠宇、修家乘诸要事，必慷慨赞成。卒年七十。孙晋，食饩。

谢鸣堂，早慧能文，诗亦雅。家贫，色养奉母，课读二十余年，讲画未尝一日辍。尝印送《文昌孝经》等书六百部劝世。

萧镇汉，字润霖。庠生。耿介自持，遇里党不和，晓以大义，令其感悟。门生某赤贫，有志于学，不取修金，并助重赀成就，补诸生。年四十二卒。

杨上炽，字而昌。监生。尚大义，修葺祠宇。菁华河科桥，为宁益驿道，每被水冲毁，炽倡众甃石，至今赖焉。有兄弟腊底因百金参商，几酿大故。炽呼至家，自出粟如数贷之，事得解。后两家感泣诣谢，酬其值，人多颂之。

高名佐，字翰垣。例贡生。笃伦常，敦节俭，读书能文，平居寡言。独修武安桥，费百余金。

胡泽漳，字两溪。监生。母蔡氏，以节寿显。性嗜学，笃友爱。两兄早逝，教诸从子如己出。姊适朱，早寡，善抚孤甥，为经纪其家，赖以成立。所居数武河斗桥岸侧地洼下，捐赀修石栏，以便行旅。祠庙有关祀典者，倡修不遗余力。里有著名盗薮，不惜重金，购觅眼线，白诸官捕治之。并请禁私宰，以清盗源，良善以安。勤课子弟，延师极隆礼。子二，长本棠，有助人完婚事；次本棣，善属文，早逝。

欧阳先垣，字余力。监生。有至性，事后母如所生，驱蚊温被，孺慕弗衰。亲没后，时祭必敬必诚。子鹤鼎，登贤书。

邬清瓒，字石溪，号德一。性长厚，与人无争。家不甚丰，好施予。族党中或有借贷，不计息。途遇饿莩，辄施棺木。凡桥梁、庙宇诸义举，靡不极力，赞襄多金不吝。卒年七十四。

刘星阁，诸生。幼失怙。家贫力学，未弱冠，即友教四方。厥后从游日众，一时才隽，多出其门。好吟咏，与里中何泰阶人能、谢峙东家鼎结为诗社，互相唱酬。著有《课余诗草》，待梓。性嗜菊，因自题《访菊图》。好行阴德，有邻人陈光楚因贫出妻，事成，夫妇对泣。星闻之，率同人资助之。复偕伉俪，连举二子，陈氏赖以绵嗣焉。星孙庠，登贤书。

贺蔚华，字镜春。庠生。风度端凝，言笑不苟。屡荐未售，遂键户不出，教授生徒，以诗酒自娱。门人蔡某家贫，不计束修，并资以膏火成就之。平生非应试不履城市，遇不平事，义形于色。惜中年卒。

贺耀凝，号咸轩。监生。好义举。嘉庆丁卯岁歉，出米百石，全活多人。独修三都延寿桥。年八十卒。

胡本树，号冠梅。好学能文，应童试不售，援例入监。九战棘闱，鼎荐五次。家居岑寂，闭户著书。设教馆，遇寒士，不取修金，或资以薪水考费。疏财仗义，族邻贫乏者，求无不应。后因经理祠事，赔累过多，家遂落。晚年以诗酒自娱。卒年六十五。

彭潢，字星五。附贡生。品行端方，喜人规过。性仁慈，尝嫁女窘于衣赀，有劝以卖婢者。潢曰："奈何鬻人女以嫁己女耶？"卒薄其装以嫁女，而为择殷实农家配之，不索聘金。年六十一卒。子二，祖武、祖述均诸生。

刘蔚云，号春衢。邑庠生。敦品行，好读书，至老犹手不释卷。事亲至孝，凡定省之节，无不细意周详。常将所得束修，刊善书劝世。年七十卒。

王乐瑚，字两仪。父礼绍，曾拾遗金还其人。乐瑚性孝友，以勤俭扩其家。凡乡人贫不能婚、不能葬及族戚不能举火者，悉倾囊助之。戊戌岁旱，有豪某强车其水，往理谕，转被伊挤落水，不校而归，其度如此。子修平，能绍父业，岁荒减价粜粟，置义山于陈七岭。有邻家某，贫而被窃，备衣服往劝之。某病疯，举火自焚其屋，家人欲溺之。闻而往救，并代某筑室。后其人愈，至今感德修平。妻刘氏，内助称贤。裔孙铎庵，保花翎知府。

张瑜瑞，兄弟三，极友爱。瑜瑞理家政，凡族戚贫苦，贷无不遂，不取券，屡借，虽立券辄焚之。每岁除夕，私置钱于衣囊，悄步外，遇贫人散给，嘱勿令人知。没后，仍自贫者口出，乡党以善人称。年五十余卒。

王定然，字德华。监生。少好学，以诗书自娱。性敦笃，屡列前矛。未售，遂绝意进取。兄弟友爱甚挚，晚年构具庆楼以娱亲。乐施与，里人某因贫欲嫁妻，定然闻之，予以五十金，俾全伉俪。年五十余卒。著有《诗艺便读》，待梓。

谢家恩，号觐光。积学工书，屡试不遇。性好善，倡立安良会，募修桥梁。嘉庆丁卯，岁荒，减粜以济贫乏，里中多德之。晚年教授子侄，多所成就。病危，焚旧借券数纸，端坐而逝。

刘其相，与人忠敬，饬己端方，生平无疾言遽色，遇义举多赞成。没后，妻伍氏勤俭持家，忠贞训子。子星翥，劳于王事，屡著战功，以总兵衔膺二品封典。

丁谦国，字长吉。监生。少孤，谨事继母卢。母没之岁，病痢，日夜遗矢数十次。侍者多染病去，妻杨氏适分娩亦病，躬独任饮食、药饵、沐浴、浣濯诸事，有老仆求代浣濯，不许，衣不解带者经月。性仁慈，里中贫不举火者，每久雨大雪，遣人存问，给日食。家法严，子应南兄弟进侍，伺意旨坐止语言，循循无越礼者。年七十七卒。

黄懋恭，家小康，一生好施。精外科医理施药，夏施茶、施笠，冬施棉衣，岁以为常，间施棺木。又好生，家不杀牲，见鳅鳝、虾蟆，必买放之。后家渐落，行之如初。凡此皆出于至性云。

周胜烈，字大定。弱冠，补弟子员。家丰，不好利值。荒月，减价出粜，升斗随人。延师隆礼，子弟读书，戒毋趋利。倡修学宫、考棚，出力最。多年八十六卒。

丁用谦，字道南。少失怙。持家有法，善退让。其山界与某山毗连，某恃豪强侵占几半里，邻里皆为不平，怂谦质之县。谦卒割而与之，某后亦愧服。山地树木丛蔚，弗禁采樵，时或外出，闻伐木声，即勒骑绕道他往，率以为常。精治喉术，遇险症，辄应手效，踵门求者日不暇给。间亦备舆马出诊，视每岁所费药物不赀，不计也。里人至今诵之。

曾纪魁，号介南。家贫，授徒以自活。恒不给，乃屈身为刀笔吏，胆识过人，然耿介不可干以私。有鬻狱者袖重金，属其颠倒曲直，固却之，卒如法论。既而曰："吏不可为也。"归家课读如初，终以勤俭起家。舅氏刘，夫妇穷无依，迎养终其身云。

蒋先振，字声远。武生。事亲孝。亲病，医药必亲侍。妻黎氏，年三十不育，有媵婢美而艳，力劝纳为妾，弗从。旋有以重金货者，亦弗许，卒善嫁之。族子二人，以事陷重辟，多方营救。从子某孤贫，有田数亩濒河，岁苦水淹，久不售，贷金受之。子髫龄，恐债累，泣谏振曰："设多一子若何？"人咸诵之。

蒋泽润，字作霖。监生。生平力学，惟以立品为先。晚年尤力行善事，每岁歉，以粟贷闾里间不权息，其贫而难偿者辄置弗取。尝密询贫家妇，约生女弗溺，遗以金，全活甚众。没年六十七。

周胜举，字桐川。武生，卫千总衔。性刚直，子弟有不率教者，面责不少贷。乡里事必力为调护，有剧贼聚党窃掠，人莫敢发胜，与兄大定率众驱之，巢穴一空。胜举之先，尝独建上营、丙子二桥，胜举因癞子山溪水泛滥，为建石梁，署名曰连三。邑中公举，尝以身任。里有困乏者，辄不时周之。子五，甲万，武举，浙江杭严卫千总；保万，武举，抚标千总；含万，进士，浙江同知；封万，举人；时万，奎文阁典籍衔，就教谕职。孙世霖，武陵训导。

龙文光，字映斗。为人和平乐易，里党无间言。临没，时有负千金莫能偿者，召至家，焚其券。人皆颂之。

龙观国，字尚宾。邑廪生。幼失怙，体母心，励志经史，授徒广乐育。晚年著有《治心录》。卒年六十二。

龙正喰，字声远。监生。少失怙，主持家政，有贤声，诸弟听命惟谨。岁或稍歉，即兴土功，招集贫民，俾得食其力。凡老弱废疾，多赖其解推。卒年四十一。

傅翊贤，字立夫。积学能文，勇于公事。居岳麓，救书院侧婴女二归，嘱其妻崔氏育之，长备奁以嫁，自撰《救溺女文》刊发。抚外侄肖芭兄弟，延师课读，先后成名，教育诸费，立夫独任。嘉庆年，董事玉潭书院，倡修考棚，清查学田租谷，刊《书院志》。孙岩，举人。

李国瑶，号缔诚。客星沙，拾遗金于巷，迟其人还之，分半以谢，不受。

李士超，号登甲。监生。与弟士英同居数十年无间言。性刚直，遇人不平事，义形于色。有友贫老，侨寓于家，寝食与俱。债不能偿者，焚其券。凡义举不惜重赏。隆师课读，子孙多列庠序。

李士英，号朴庵。例贡生。幼孤，克自立。事母孝，寡言笑，佻达者每惮之。好周济，每秋人多疟疾，造送药丸，乡邻赖之。有老丐病，冒雪袖金与之。喜放生，曰："一人生之，什百人死之，其几何济？吾以行吾心之所安耳。"隆师课读，子孙多列庠序。

李经元，字魁南。监生。性恬静，喜怒不形。道光乙未大旱，免佃租，全收者亦免，曰："此灌溉力也。"遂粜谷自食。尤好义举，贷莫偿者，取券付之。

黄世杰，字楚材。庠生。性长厚，谨事继母，每食必候母至。或有故令先食，杰唯唯，终搁箸，妇孺无敢先者。一日，母被邻犬噬，其腓肿极而溃。杰延医调治，至吮毒不辞其秽，母疾始愈。年七十，犹嗜学不倦，手执《易经》而卒。后子孙相继成名。

崔承润，字玉亭。性友爱，前母兄二，母兄一、姊一，析箸时，迎母独养，偕妻朝夕侍奉唯所欲。善居奇，岁有赢余。母没，伯仲两兄各奉以金。叔兄姊早逝，生养死葬，遗孤授艺术。冢嫂李孤无依，迎养终其身。

成龙瑞，字玉田。监生，捐刑部司狱。性浑厚，急义举。道光己酉大荒，斗米值钱五百，倡减粜。知死期，预书遗嘱，以无病终。

丁应南，字石舫。庠生，保训导加同知衔。兄弟四，析箸后俱清贫。应南幕游，以时接济。父母生卒事，身独任之。季弟没，两侄及弟妇相继逝，皆安置如礼。遗一侄，爱逾己子。频年在外，殡亡友之无归者二三人；其有归者，因戚属未及，先照料而殡之，不下六七人，虽重赀不惜。临终谓诸弟曰："兄久于外而一钱不名者，分外不敢贪，伦纪未尝薄也。我身未尽之责，将属在弟勉旃。"

成士宏，字任远。廪贡生。好读书，尤长诗赋。秉性刚正，家法森严。每训子侄，必肃衣冠，正颜色，里人咸敬惮之。自奉俭约，而性喜推解，尝置一秤，重出轻入，没后人始觉之。

崔崇巍，字蒂若。庠生。笃孝友，敦谨厚，好善乐施，尝于江湾河买舟田以济行人。

崔明佐，字廷鉴。庠生。耽书史，甫弱冠，三涉洞庭险赴鄂试，得忽失者再。慨然曰："功名身外物，不可以遗体行殆也。"返顾养，得继母欢，异母兄弟友爱逾同怀，外笃亲故。邑令徐某尝以义举属焉。壬申饥，捐贷助赈，人多感德。

崔开元，字竹轩。弱龄多智，父兄屡罹横逆，御以身于两弟，各恤其遗孤，兼纾族里烦剧。乾隆癸未，邑令史某耳其廉，委修南城外官渡任，鸠庀募赀款，益以己赀。壬午，创修玉潭桥，邑令刘某复择为首事，亦助重赀。后与族书三倡置毡埠义渡、义田，新其舟与船埠，往来者称便。

崔开甲，字经题。简直而和，兄弟友爱。乾隆戊辰，大旱，免租百有奇，且出米赈饿者千余人，义炙人口。

丁公潆，字次鳌。监生。幼孤，能自树立。长好施与，尝以事往豫过澧邑，有贫困鬻妻者哭而哀，问知辄倾囊与，完其夫妇如故。弟公汉早逝，抚侄如己出。析箸日，以腴产让之。

龙正喈，监生。年十四失怙，甚得母心。兄弟四，析居后以次逝，抚诸侄如己子，尤隆师课读，老而弥笃。性好善，乡里争讼，出赀排解，人服其诚。咸丰己酉，岁荒，减粜济贫，妻张氏多助之。四代一堂。卒年六十八。

周启伦，字五常。监生。尝倡修家庙，与侄大定共捐祠基，命长子董其事，不期年而落成。岁荒，发私储减价，以济贫困。

蒋先才，字启贤。性友爱，兄弟析产时，有私财累至数百金者，先才独无有，亦绝不计较。兄徙居湘阴，叠罹水害，荡析离居，先才饮牛种、服物一切。兄卒，迎养其嫂及犹子于家。子廷桢，承父志，敬养终其身。

萧谱洋，字含万。性孝友，善事继祖母，丧葬独任；事父母能曲成其志。舅氏某贫乏，尝周恤金数百、田十亩分授。山有吉壤，某以百金易不与，适弟以霖故，即与葬之。从兄某困迫，助以田。迄今五代同堂。

丁公滨，字绍姜。监生。幼失怙，克自成立，笃孝友。倡修大屯桥，捐重赀无少吝。里中朱某误罹法网，力救之乃获免。某享高年，病危时犹喃喃诵德不置。

萧大彰，字文光。从九职。孝友忠厚。祖父患痿症，奉事朝夕不倦，事父母及诸父无不称其志。率弟侄捐铺屋十数间，作曾祖祠宇，并捐祠田十亩。族里借贷，义让甚伙。没之日，多感泣者。

成人龙，字禹门。积学不遇。事父母，出入必告面，依恋如婴孩。一生与人无竞，人问忍字诀，曰："祗要自己寻个不是处，自然忍耐得过。"遗有家训八则。妻卢氏，娴内则，喜读书。子章炳、章耀，所学多氏所传授。

成鼎元，字玉堂。庠生。少孤贫，痛母青年励节，思以读书显志，未遂。母老，患膈症，鼎元夜为解衣，晨为涤面食，余羹饭恐家人投与犬彘，必立取自啖之。生平言动不苟，人咸称为孝谨云。

成跃龙，字道立。刚正不阿，遇不平事，辄义形于色。事父尤纯笃，年逾五十，依恋如婴儿，服食甘旨，必躬先奉之，父或怒加鞭挞，必垂涕受之。训子孙惟忠厚。孙兆光，食饩；大光，游庠。

成日昱，号三明。幼业儒，因父废目疾，知为庸医误，遂改业歧黄。闻人危症，辄亲诣诊视。有李氏子垂死，出方起之。后李寡，止此子得绵嗣。生平施药出方，全活甚众。著有《锦岚医诀》十余卷。妻田氏，事翁姑谨。翁目瞽，氏亲点碗箸，调饮膳，绝无懈心，人称为孝妇云。

龙翔，字千仞。郡庠生。性慷慨。嘉庆丁卯旱，于里中老幼废疾，每给米充饥，雇强壮者为土工，俾得食。

蒋煌，字径芳。少工帖括，性纯孝。幼年，父某留滞川中，煌百计逾险奉父归，舌耕终养。门下士腾达者甚多，刑部主事杨蔚春，其高弟也。老犹嗜学，虽盛暑严冬不辍。年八十一卒。

萧绪唐，号光阁。性刚直，道光己酉岁大歉，罄所藏减粜，为同里倡，全活甚众。卒年五十八。

萧谱炽，字其昌。独修让家河义渡。有族子油索于人，炽袖十金寝其事，戒勿言。女兄四，皆贫，炽迎养之。甥九人，多赖其长育。延师隆礼。子六，彰玮、彰瑛、彰琳皆入庠，长子彰璨笃孝。炽老年久病，璨刺血疏于灶神，愿减己算延父寿。父果愈，年七十五卒。璨年八十四卒。

杨纶嘉，字孔彰。好义举，岁荒减粜。有族子贫鬻妻，嘉闻而止之，醵金以予，完其伉俪，岁出己谷，周其日食。年七十余卒。至今人犹道之。

周协万，字克一，号尧封。嘉庆庚午武举，因亲老，无意仕进。平生孝友无间言，课子弟以勤俭为本，处乡邻秉公守正，咸敬畏之。素好施与，修港口桥，费多金不吝。凡有义举，无不捐赀玉成。岁饥，减祟济贫，于老幼废疾，尤时加意。年七十五卒。

黄建灿，字卓尔。郡庠生。性浑朴，嗜学不倦，屡经荐剡未售。训五子俱成立，有列胶庠者，有登仕籍者。年七十三卒。

杨亦楷，字端书。中人产，好施与，中年故。妻萧氏承夫志，周贫乏，岁以数十计。勖子世藩承父志，出数百金倡修介福桥、让家桥，又出重金修公祠，并捐田数亩作祀费、庄山。古冢无后者，建义碑数十，皆亦楷遗命云。

黄懋寅，字少陶。邑廪生。性刚决，不畏强御，里党倚重之。每自塾中归，白事者踵于门，胥得一言以去，一时土豪敛迹。辄思有以中伤之，而公直廉平，卒无隙可乘。其没也，凡素所斥责者，咸来吊唁，然后知平日之屈服人者，非徒相厉以气也。卒年五十一。

成开基，字启宇。诸生。性耽元静，构精舍读书，名“觉心草堂”。喜浏览山川，九嶷、赤壁诸名胜游历殆遍。遇古迹，绘图成巨册，题诗纪之。优礼寒畯，尤乐于赍助诱掖后进。以讲求经史为急，自号梅湖居士。妻许氏，性贤淑，夫没后与叔析产，戒子勿争财。乾隆戊戌，岁荒，乡邻困饿者设法救济之。卒年八十八。

王德浴，号洁庵。庠生。读书立品，以理学自矢。终日楼居，作《典学楼铭》，得先贤格言遗意。与兄德劭肄业麓山，山长袁名［曜］器重之。德劭与修嘉庆县志，善举尤多。

王德荣，字文峰。性诚笃，好学不遇，课子侄读书甚勤。尝有戚与族讼，荣代出赀排解，不索偿。道光丁未，春旱，众请荣倡祷雨随应。妻廖氏，通大义，明医书数理，年八十卒。

廖鸿士，敦朴有古风，明大义，济缓急，邻里赖之。

彭启蒙，尚气谊，重然诺，力敦孝友。析箸时，弟兰亭子多，别给田宅，时称长者。

杨业春，字符和，号敬亭。德器和粹，好读书，经史子集外，尤耽性理。事二人，能以色养。与兄弟业璨、业震互相师友，以古人相期待，暇则诗酒言欢，怡怡如也。甲辰，与乡荐，公车一上未售，闭户课子侄。子文鸥、文鹤登贤书。

周世家，字克昌。天姿明敏，读书有特识，不乐仕进，以医隐。尝曰：

"名医救世，亦行古之志。"生平慷慨仗义，救困扶危，乐成人美，囊中券其不及偿者还之，曰："交在道义，阿堵物何足重。"今人家有绘象祀之者。

周永赓，字玉堂。读书明理，性浑朴，居恒左右箴铭。邻里有无知者，于岳麓山来脉开塘，人莫敢言．赓曰："此地脉也，全省人文攸系，岂可凿断？"毅然力阻，令其填复乃已。人谓其见远而用心公。卒年七十有六。妻李氏，持家有法，一门雍肃。

周宏德，字仁迩。监生。性友爱，与弟同居数十年，怡怡无间。嘉庆间，谷价腾涌，曾减粜以救困乏，人多感诵之。

易维周，字梅庄。性孝友，父疾，服侍汤药，凡二十余年不少衰。事二兄甚恭，教子弟以端本为法。

易祖愈，字绍韩。少习举业，后精医举医学。性慷慨，凡求方无力者，必施药，置近县田三十亩，租入，岁以供其费。后嗣多游庠。

刘良又，字遇霖。读书家贫，谓诸昆弟曰："汝努力畜妻孥，为承先计，父母我养之。"岁以馆金供菽水，昆弟时不给，并分润焉。乡里贤之。

王明旦，字旭临。例贡生。性敦笃，表叔龙某，谨朴无嗣，捐山地，建祠龙，族人祀焉。今尚存，寿七十九。

王庭达，字道五。曾独建继志、嗣徽二桥。年七十七卒。

杨亦杰，字卓亭。例贡生。孝事继母，待寡嫂独至，教子严明有法。家不甚丰，好施与，戚友贫而能读者，延师教之，多所成就。尤精眼科，乞治者填门。或累日留家视之，药费贵不吝，里党至今颂之。

王寓修，字兆举。诸生。幼聪颖，读书目数行下，随父忻之广西阳朔任某关。往例，县令遣子稽查，陋规甚伙，率裘马相耀。寓修徒步往，秋毫无犯。回署，行李萧然。随父之上林任，征锡不集，廉知胥吏浮勒，乃亲校衡石，不数日税毕登。归里后，笃学力行，岁科屡高等，鼎荐不售。一生安朴，素绝贵介习。与兄坦修和好无间，友爱庶弟，如同母生。孙、曾多游庠。

王明昊，字秉元。照磨衔。性和厚，与物无忤。一生未履公庭。嘉庆丁卯，岁大旱，谷价昂贵，出谷百石赈饥，概不责偿。

王定渥，字学优。家贫，勤力作，兼事货殖，获小康。生平胆略过人，善排解。凡修庙宇、桥梁众必推以为首，团练、捐输诸公事尤踊跃赞襄。己酉夏饥，先富室减粜。易箦时，以手指心，人莫解其意。其子进曰："公示后人以存心乎？"颔之而没。

杨士炎，字西山。和平有度。少时，偶涉笔不谨，伯氏谓其玩世元旦，竟批其颊，随敛容谢之。平生急人之急，易箦日，取旧券难偿者焚之，曰："留此徒两累耳。"妻唐氏、张氏皆贤淑，家贫好施，减食以予饥者。子孙繁衍，科名甚盛。

杨经液，号太池。岁贡生。爽直有侠气，人敬惮之。尤急公好义，邑文庙、书院、文昌阁均与有力。孝廉黄思藻幼贫，悉力资助，俾得成名。疾革，移坐中庭，曰："吾得正而毙焉，吾何求哉？"卒年七十。

周宏湘，字汝汉。监生。和厚平恕，与人交，胸无城府。教子孙，必令识为人根本。好读书，礼儒士，于施济事尤不吝。嘉庆丁卯，谷价昂，减价粜。兄弟同堂数十载无间言。

李绍祹，字吉星。嗜读。次兄有外侮，母周氏令家佣报复，遂贾祸。而兄与佣争避母，令吉星承其事。吉星奉命往，备历艰险无怨。迨归，母年八十三，已没二载矣，哀毁终制。妻钟氏，性淑慎，自夫外出，十四载始归。氏持家有法，子孙甚众

刘家芷，字湘洲。兄弟五人，同居六代，内外百数十口。芷能严且和，一堂雍睦，成人之美若不及。有争讼，辄倾囊解之，人弗知，亦弗言也。里有何某田，向卖给以赀，捐作公田，仍碑载某名。卒年七十五。

周宏恩，监生。居心仁厚，幼失怙，谨奉母教。兄弟四，析箸后，代偿兄债数千。兄后以遗产偿之，弗受，自甘穷约。尤好拯济孤寡。

洪光杰，字柏山。监生。事继母奉养无违，待异母弟笃友爱，让田宅，甘菲薄，好义急公，纤介不苟，遐迩翕服。

洪耀文，字翟光。庠生。敦品力学，善事父母，待侄如子。精歧黄业，不索谢。授徒自给，绝迹公门。年七十六卒。

傅端漳，字闽最。聪颖善记，八岁完六经，日能（倍）[背]诵千言。十二失怙，遭家多故，遂弃举子业。时家有遗仆李贵，湖北人，逃难

质身者，与数十金，遣之还。后仆得成家，越十余年来谢，感泣而去。生平嗜学隆师，子侄入庠登科，皆其力焉。

谢继往，字松山。监生。读书知大义。父病，亲侍汤药，衣不解带者数月。父没，事祖与母益挚。性恬静，无疾言遽色。精医，贫乏延治，虽昏夜风雨必往，不索谢，且予以药费。年七十卒。没后，有感泣祭奠于其墓者。

刘章慧，字时敏。幼失怙恃，以勤俭起家。创建祠宇，倡修谱牒，独费八百余金。晚年尤好施与，孙、曾蔚起。

张德源，字紫亭。监生。早失怙，奉母氏刘，色养无违，不废温清礼。独捐横市祠田十亩，以供先祠；又捐墓田十余亩，以固先茔；并独修源泉石桥，费百余金。生平尤隆礼师长，孙拱辰游庠。

胡泽惠，字禹光。幼失怙，读书自立，事母曲意承欢。母没，庐屋后山，必朝夕省阅，九年如一日。后卜吉，葬祭尽礼。兄荣础，分迁别业，复合爨一堂，雍穆怡怡如也。遇义举尤踊跃。

戴秀郎，性慷慨。顺治十三年，将六都七区石柱桥冲水田二十亩、铺基一所，施与万寿寺，供佛香火，其好义率类此。

戴铭，字恭甫。性恬静，尤好读书，手不释卷。充玉潭山长，非公事未尝出入衙门。以举人部选知县。年七十余卒。

谭明敏，字笃斋。监生。娴诗文，工书法，与物无忤。历年七十四，未尝一入公门。宽于佃租，尝曰："农人终岁作苦，不可不设身以处。"教读严而有法，每课文，亲自评骘，无间寒暑。子显谟，领乡荐。长孙炯，食饩；三孙鸿，游庠。

刘万育，字中舒。监生。事亲以顺闻。父没，图其容于堂，终日敬对，不敢蹲踞。有横逆向索，以和颜厚礼遣之。数日果凶毙，人服其识度云。

吴国宝，字映川。素好义举，临终时焚难偿之券，计四百余纸。

谭正简，字子易。授州同职。积学工书，好行善事。有别业唇齿族田，族计吞其租入，置弗较。堂弟某家落，以产售，既予值焚券，还其田。戚某以田典之，旋典于人，正简慨然折券。里人某年饥，将鬻妻，给之粟，俾全伉俪，后生子名谭，以示不忘。

刘清越，字掌衡。父国恩，倡建祠宇，倍极经营。越承父志，捐祭田十余亩，族人赖之。平生不喜声色，与人谈论，必与古训相依。晚年犹披阅不倦，见格言必录之，以为家训。

胡名立，字觉斋。监生。好读书，兼明大义。邑中公务，多所赞襄。或有故濒于死，众皆袖手立，见而救之。主修家乘，置祭田，整祠宇，独力经营，捐赀不惜。族人贤之，塑其像于祠，以祔祀焉。卒年六十一。

卢克俊，字敬亭。监生。敦品嗜学，书射兼长。生平见义勇为，遇荒减粜，不足则增籴以济。费重赀，独修桥，不刊碑。或告贷，不索偿，终身未尝速人于讼。卒年六十一。妻杨氏，善承夫志，延师课读，每日供膳必亲制。卒年八十五。

姜时越，字莪山。监生。家颇裕，好善乐施。道光年，倡修黄材姜公桥，捐银一千八百两。善歧黄术，凡贫病求医者留于家，施以汤药，必俟其瘳乃俾去。就医者日以十数计，岁给寒衣，施棺木，年荒减价零粜，里人德之。

秦藻基，字驾九。性孝友，伯叔父母贫无子，生死皆藻任之。倡修谱牒，捐置祭田。其先世一线绵延，至藻子孙始繁衍。年五十七卒。

潘世桢，号东桥。监生。性慈厚，事母孝。乡里有争，一言辄解。道光己酉，大饥，输粟以赈，全活无数。有无赖子数辈，掠益邑少妇，世桢固诘之，妇泣告，无赖子逸去，世桢出资送归。

秦章琢，号石亭。善事继母，能顺志。存心忠厚，有告贷者无不应，不还亦不索也，以故家渐落。课徒自给，居常屡空，晏如也。乞其文者，挥毫立就，并不存稿。

李庆宛，字长芸。监生。好学不倦，尝手录善书格言授人。戊辰岁饥，减值零粜，率全家数十口粥食，省其半以赈，后遇歉岁亦然。修水南桥、大阳公亭，捐重金。卒年七十四。

潘传善，字守谦。母何氏，性淑慎，守节抚孤，善先意承志，能得欢心。壮年失偶，矢不再娶。端方正直，人敬惮焉。修祠宇，综家政，秩然有条。凡乡里诸义举，靡不捐赀相助。迄今孙、曾蕃衍，有忠厚遗风。

刘声和，监生。性刚直，通医施药，忠厚传家。父召唐，素慕义，捐赀建宗祠。声和并其子汉山承志，相继捐置祭产，族人贤之。年四十九卒。

李庆玉，字昆圃。监生。母年八十余，生尽敬，没尽哀。主建宗祠，督修家乘。里中桥、寺，不吝捐赀为倡。晚岁以诗酒自娱。著有《序乐轩诗草》《醉月厅集》。

廖鸿铦，号桂岩。幼失怙，事母以顺闻。慷慨好施与。嘉庆戊辰，岁荒，有粜者失钱，泣于道左，询其苦，如数给之。每岁腊减价粜粜，必至除夕而后已。族里中有负债难偿者，悉焚其券，无德色。

廖鸿道，号治斋。性慷慨。嘉庆丁卯夏旱，田苗槁，悉蠲其租。及秋获雨，收获倍常年，佃以纳租请。鸿道曰："既许蠲矣，焉用纳为？"仍却之。戊辰岁荒，减价发粜。族里中有不自给者，予以赀，令为生计，不计其偿。尝独修松木桥，今犹存碑记。

李世凤，字彩轩。监生。性谨品端，尤嗜学，不苟言笑。生平好善，尝遇孤失哺，世凤收养十余年成立，资以金，使归籍。减粜以济里中贫乏，倡建仰山庙、杉木桥，捐重赀无吝色。年八十一，无疾端坐而逝。

谢承禄，字咏霞。性和厚。道光年，水坝公私两祠，倡建复，躬任焦劳。业医，不计谢，族里至今德之。子霖，入邑庠。

刘智新，字允慎。生而敦朴，好读书。因贫废学，力耕自给。性方严，居处有常度，接人介而和，族党敬服之。惩晚近浮惰习，为子择师，必文而儒者。有约敕，诸子奉之惟谨。咸丰十年，兵部郎左宗棠奉命率乡兵东征，请智新子典佐营务，白智新。智新谓典："以国难赴同志约，其毋辞。"遂行。一夕，典忽心动，急归省，至则疾甚剧。见典至，喜甚，病间复促其往。年七十二卒。

唐方义，字敬举。监生。父母早逝，善体祖母心，勇于为善，守正不阿。丁卯、庚子，岁饥，率家人粥食，分给减粜。凡创修诸善举，乐捐不吝。年七十四卒。孙庶康，入邑庠。

廖含章，字芬田。监生。性敦笃，亲没，哀毁尽礼。与兄景福析居有年，复合爨。待人无疾言遽色，族戚间有弗率者，必委曲谕之于正。

乡间盗贼肆起诬良，议立安良会，桑梓赖焉。凡族中修谱牒、建墓田，力任其艰。晚年惟以图史自乐。卒年六十八。

喻孝宇，字尔起。事亲顺，兄弟同居三十载无间言。持躬端谨，少年曾拒奔女人，鲜知者。晚年家落，每以安贫发奋训子，尤以存心为勖。年七十六卒。

张士大，字儒宗。慷慨好义。里中宋某，家无赀读书，士大给以膏火，俾成名。姨母氏熊家贫，迎养终身。又陶姓鬻子者，亦为保全之。每年储谷，遇荒月减粜。年七十三卒。

黎大湘，字南浦。善治刑名。募游粤西十余年，各大尹延访者踵接，兵备道张某、太守易某诸善政，大湘赞襄之力居多。后其子光显复游此郡，父老犹传诵之。

刘文沛，字洪九。监生。赋性仁厚，好读书，甫操觚，辄惊老宿。因父故，废举业，理家政，丰俭得宜，孝友可风。其弟四人，隆师课读，半为邑中知名士。凡排难解纷，族党皆钦重之。卒年七十二。

张名馥，字秀薰。性笃厚，侍养父母，必肃衣冠，受命惟谨。疏财好义，缓急求无不应。有贷至数百金者，量力难尽偿，毁其券，破产无怨。卒年七十三。

周宗喜，号寿山。性友爱，兄弟四，手创家业。析箸日，自分破产瘠田。长兄无嗣，有遗业百数十亩，概分诸侄。每逢朔望，集都人士于筹办公事外，讲求子臣弟友之道，虽严寒酷暑不少衰。办公十余年无私曲，里人称之。卒年七十。

黄显允，字菊圃。性温厚，好施舍。尝游乌龙潭，见病涉者心恻然，遽捐田数亩，为修建桥渡。倡习医术，以药物济贫不少吝。临终嘱妻喻氏割田十亩，作父母身后祭田。

黄世瀚，字墨林。孝事继母。母老年失明，左右扶持，子侄还立，不呼代也。尤宽忍，有刘某藉田山油索，每岁腊则立券取值，多十余金，少五六金，计所书共十九纸，未少龃龉也。又与人玉成贸易事，后其人本折，负债主六十金，不堪逼，代偿之，并其券却之。晚年，家益裕，丁益繁，其孙、曾有入文庠、膺武职者。

戴祖湖,字克相。笃友于,好义举。尝独修五都浪丝桥,与王孟元合捐麻溪庙田山、屋宇,建族祠,捐银百余两为之倡。

戴集贵,字义林。监生。六品衔。与兄轶群独修滩山大花桥,又补修唐市回春堂桥。晚年以人繁析箸,不忍分居,依兄年余乃异室。年七十余卒。

戴贵贞,字静堂。性谨慎,不事雕琢。兄弟析箸,自择瘠土居之。以侄某贫,厚资给之。有负债难偿者,悉还其券,无德色。年六十五卒。

戴逢翡,字集清。为人诚朴,排难解纷,常助金以寝其事。道光己酉,岁大饥,赖举火者数十家。年四十七卒。子文楷,游庠。

闵守仁,字东溪。温厚和平,合爨百余人,庭除肃然。宅前一溪,独建石桥,为行人利涉。居家教授,从游甚众。

严伍山,号大性。族有孤贫者,收而养之。倡修驻云亭茶亭,不吝赏助。子林雅,克承先志,宅前两溪,独修石桥二,颜曰"合襟桥"。

萧旭明,忠厚和平。(常)[尝]捐修福星桥、仁里桥、六合桥及箐箕洞茶亭,不吝重赏。

戴定迪,字彩祥。性刚直,好倡义举。如置野竹仑沙洲冲太和坪茶亭田,鹅公嘴戴家桥、福星桥、太和桥,均不吝重赏佽助。又独修松山湾石桥,岁荒不辍。

朱伯才,字汉章。性聪敏,工诗文,居心公直,与物无欺,尤好行善事。家不丰,隆师厚修脯,孙、曾游庠。卒年六十八。妻陈氏,淑慎勤俭,现年九十。

谢承立,字楚一。性英挚,明大义,事二亲惟谨。见人有善谋,力为赞助。里中某,贫不能娶,代聘以完其婚。有鬻妻者,厚赠以全其伉俪。于戚中老无依者,预为丧具。年七十,无疾终。

张偶瑞,字青益。家不饶,独建石倚三所。业内无主孤坟,恒为挂扫修整。临终,嘱其子时存损己益人一念。年七十四卒。

张介瑞,字敬亭。家颇丰,崇节俭。尝建洞庭桥、湖塘桥,费三百金。岁租多贷佃人,生活甚众,计不及偿者,数千金不较。族有贷其父胜武谷,以契作抵,历久未偿,子母转捃取抵契,得契又生端坐,索去银数十两。或劝之讼，不许。至续家乘，饰祠宇，动捐重金。每贷金全婚育子，惟祝成立，并不计偿。年七十九卒。子孙蕃昌。

胡尚，字梦章。值父母生卒辰，辄饮泣。尤好施济，修大田坊胡尚桥，以侄孙功亮甚贫，分田屋给之。

张思铃，字炳园。性长厚。尝拾遗金，封收数月，访失主反之，厚谢不受。

张思禄，字其中。性孝友，为人忠厚，与世无争，常以家赀济人急，不取息，不刻偿。思禄没，妻李氏行亦如之，没年七十九。孙、曾蕃盛，四代同堂。

伍岳，号衡岩。举人。学有根柢，教乡塾子弟，获隽者多，以敦品为先务。非公事不至吏庭，县令郭世闻以"澹台灭明"称之。

戴什贵，字轶群。监生。性孝友，父病剧，亲侍汤药，衣不解带，病得痊。其后父没母存，移榻就母寝室，以便定省。母没，庐墓匝月，归不入内室。与弟义林极友爱，名其堂曰"怡怡"。岁荒，则为粥以济饥民。年七十九卒。

何九围，庠生。性慷慨，燔券恤贫，散粟赡族。子其仪，庠生，能善承父志，急公好义，大沩石笕，独力修葺，寺僧为碑纪之。

岳万瑞，字麟书。性朴厚，色养父母，日诵经史。己酉岁饥，躬煮粥以待饿者。族有女孤贫，厚奁嫁之。妻郭氏，好施善，承夫志。

喻锡顺，字正道。忠厚端悫，兄弟有不足者，分金与之，一堂孝友无间。遇义举，倘助无吝色。孙、曾繁衍。

俞往钦，字春官。庠生。工诗，笃友爱。兄弟析箸，复合爨。

戴均英，字季平。忠厚端方，言笑不苟，终身未尝涉讼庭。里举约正，月吉宣讲圣谕，年逾七十不倦。

李朝泰，字高堂。天性纯笃，乐为义举。主修祠墓，独建步云庵，兼置公田。年七十余卒。妻文氏，淑慎勤俭。

喻源福，号择贤。性孝友，兄弟析箸，倾历年私积均分之。己酉，岁大饥，罄己仓谷八十石，以救贫乏，合家粥食七日。病革，惟嘱子媳乐施。孙兆奎，武举，襄办营务，膺优保。

张志杞，字楠侣。监生，博学能文。屡踬童军，遂辍读，自名所居为"爱泉斋"。以圣贤格言为三族子弟训，建塾隆师，课子俱成立。有庄田为某邻树所荫，佃伐其枚，某汹汹。杞笑诣谢过。家置一斛，较常斛差大，租入投槲其中，出则去之，今子孙犹遵用之。

姜义峰，字培松。聪颖好学，年十八，补弟子员。壮失怙，事老母寿逾九十，孝养弗衰。兄弟友爱甚笃，析产独取其瘠者。邻居某盗其仓谷，经数岁始觉。家人欲发其奸，义峰止之，曰："我所失者小，彼所失者大，慎勿道。"其宽厚如此。

姜清本，字培元。庠生。敦品励学。鲜兄弟，迎女兄养于家，丧葬尽礼。里中贫苦不能婚葬者，多借贷不责偿。道光己酉，大荒，清出谷数百石，减粜济贫，全活无算。长子鸣韶，登贤书；次鸣谦，入国学。孙瑞琪，游庠。

罗正夔，字友皋。八岁失（恃）［怙］，事母先意承志。性宽厚，不较横逆。闾里争讼，恒代费息事。倡修狮子桥、官埠桥并公祠宇，皆捐重赀。倡立救婴社、惜字社，印送诸善书，施衣笠、施茶。收租斛入小于出，居恒戒子曰"学吃亏"。年七十二卒。子诗藻，庠生。

孙岱华，字绍祖。监生。性朊挚，言笑不苟。父早卒，事母氏龚，色养无违。好读书，不与外事，处族党和而介。尝独建杉木桥，倡里人置役田，以急公务。精歧黄，遇病而贫者，资以药，活人甚伙。妻吴氏，相敬如宾。病革，嘱子以未完子职为恨。卒年五十有三。子子蕃，庠生。

符之初，字楚英。勤俭诚朴，待人无城府，事继母曲尽孝养。为约正数十年，乡里有争，往往出私橐寝事。乐施予，多倡修桥梁。卒年七十。

姜基绚，字素先。监生。工诗文，以孝友称。道光年，董理族中，建黄材姜公桥，偕兄侄出百金以襄之。凡乡里善事，皆偾助以身先。年六十余卒。子孙多游庠。

姜树基，字立堂。轻财重义，为曾祖妣何、祖妣喻表扬其节，请建专坊，刊有《姑媳双节诗》行世。邑中诸义举，靡不竭力赞成。尤喜周恤贫困，独置漏泽园一所，受惠者众，家中落。晚以州同衔，改授广东巡检，当省差勤敏，未之任而没。遗孤人莘，甫十龄，雅有父风。

罗诗干，字儒轩。读书能文，倜傥有才略。凡族党事故，必尽心区画，务使彼此帖服而后安。族中秀良子弟，雅意栽培，其贫不能读及应试无资者，辄为伙助，多所成就。至倡修祠庙，捐建桥梁，均无少吝。咸丰年，团练出力，议叙九品衔。卒年七十三。

廖锦韬，字光华。少孤，抚二弟极友爱。独秉家政数十年，囊无私积。负债难偿者，还其券。居常以礼自饬，言笑不苟。市井哗然，锦韬至，为之敛容，乡里称长者。

夏腾蛟，庠生。学勤而博，课艺至五千首，皆有根柢。事父母曲尽色养。兄弟析居，日往亲所定省，食必先献，事必禀命。衣冠古处，喜周贫困。年七十二卒。

吴新玉，字笔山。好读书，讲求河洛理数。寒俭起家，襄义举无所吝。岁旱，有族某妄决田水，新玉叱之，反扑玉于田中。家人闻之，奔问故，玉曰："吾循阡陌白失足也，何让焉？"人服其忍。子二，屾家、屾陵，读书好义。建祠宇，置祭田，孙、曾蕃盛。

吴朝榕，号仙卿。监生。好读书，能诗文。少孤，奉母刘惟谨。兄弟六，极友爱。尝有族某贫乏，朝榕衣食之，终其身。又尝讼一横逆者，或欲重其罪以泄忿，朝榕不可。后某闻之，悔悟自新，卒称善士。凡襄义举，挥金无吝。年四十八卒。

王定雅，字谱亭。庠生。敦行笃谊，雅爱寒士廖新权，助其膏火入庠。寻卒，犹时恤其家。倡众补修密印禅寺，并清厘寺中收纳规款刊券，永行无弊。又首修省义渡、邑文庙。丁丑，襄事邑志。卒年六十六。

孙贤佐，号敬轩。监生。勤俭和厚。弟贤弼，字克礼，嗜学能文。兄弟友爱，急公好义。长兄贤徽，为祖坟讼累数千金，助公田十余亩。谋修族谱，置祭田，建先祠，莫不同心济美佐募，置云峰寺灯田。弼修复永立桥，皆捐重赏。卒后，子孙蕃衍。

贺翼辅，监生。少失怙，事母夏氏，曲意承欢，每夜必俟母睡熟始就寝，值母怒容，倍愉婉。喜周济，乞人施笠，荒年施粥、施棺。

其弟济时，监生，亦急义举，遇荒减价平粜，尝冬夜活溺水丐，留养于家。

贺麟书，幼失怙，侍母陈氏四十余年，未离左右。母病笃，率妻龙氏躬侍汤药，昼夜不解带者年余。告粜者，叠车增益之。年七十，无疾终。子能照，恪遵父志，年八十，孝友一堂。曾孙继杭，游庠。

李必荣，号芳园。慷慨好义，于贫寒者解推无少吝。倡惜字社、救婴社，刻送善书及放生、施药、施棺诸善事，无不力行。尤喜奖后进，资助贫士，培植甚众。

张思信，号义堂。监生。九岁能文。性恬静，以诗酒自娱。事孀母李氏，先意承志。母病，疏诸神，愿减己算益亲，病旋愈，咸谓孝感所致。与仲氏怡怡一堂，至老如幼。著有《竹间楼诗》，待梓。卒年六十四。

张思仪，号礼门。性孝友，每有甘旨，必先奉母。析箸后，见兄食指日繁，仍合爨，且让公业，为兄偿债。至母没，兄年六十，始分财。

赵南周，母罗氏以节著。南周性长厚，好行义举，倡族储公项，积团费，修桥庙，佽助不吝。乡里有争，至则辄解。有远贾倾油于境，佥以犯忌，议罚商，窘急。叱众曰：“客本全亏，不周恤之，而反暴之，何忍也？有不祥者，我独当之。”为助资遣归。卒年五十六。

李培荣，号园芳。岁贡生。性聪颖，日诵数千言。年十三，补弟子员，旋食饩。善谈论，风生四座。里有陈万青者，贫病孤苦，佣养于家十余载，没为殡葬，并出赀以营其墓。卒年五十六。

童昌时，号学林。监生。浑厚正直，隆师友，厚亲邻，急公好义。独修扶王山桥路，修里中官埠桥、文昌庙，费数百金，又收养族中孤儿。凡乡城善举，无不慷慨佽助。子镕，广东补用同知；锟，游庠。

杨昭楸，字建中。监生。性孝友。父母殁，兄弟复同居二十年，内外七十余口，五代一堂始析箸。生平好施与，岁歉减粜，设粥赈饥。尤笃族谊，倡建祠宇，增置祭田。惜屡试莫售，遂弃举业，诱后进。子五，长、次均邑中知名士；三先烈，州同衔。孙德坚，入郡庠。楸卒年七十八，孙、曾蔚起，方兴未艾云。

罗正修，字治安。和厚勤俭，亲族睦邻，待人无城府，足不履城市。戚里有贷不能偿者，还其券。李某贫苦无依，居以旁舍，月给薪米。

刘景贤，字名世。性诚朴，善排解。尝代费息事，独捐巷子口义山，救溺女十，各给养育钱十缗。及笄，并助嫁赀。倡修石板桥、司徒岭官路，俱捐重赀。凡贫不能葬者，施棺材五十余，迄今子孙蕃衍。

刘豫铭，字日新。心存宽厚，尤好义急公，遇美举，恒乐与资助，族党称善人焉。卒年八十。子孙蕃衍。孙聘儒，邑庠生。

杨文治，字范臣。持身勤俭，家业日恢。道光己酉，岁饥，减粜济贫。历修红叶坝、彭家坝、龙潭湖等处桥梁，至育遗婴、办斋匪诸义举，费千余金不惜。年八十卒。

萧振华，字桂馨。忠厚，好倡义举，不吝重赀。卒年七十。

陶鸿伟，字廷轩。好行义举，子孙相继成名，其遗泽也。

人物九　耆寿 附寿妇

《洪范》五福，一曰寿，虞夏商周之盛，未有遗年，故朝廷有同爵上齿之典。《汇苑》载洛阳耆英会文潞公诗，云"四人三百十二岁，况是同生甲子年"，至今传为盛事。司马彪《续汉书》，特详八十以上授杖。《明诗传》言民人百岁，"有司为建人瑞坊"。国家蕰蘜群生，游民寿寓，虽齐桓有日暮之嗟，烛之，武有无能之叹。然而期颐耄耋，实为祥应，例应采入。

元

崔克让，字中宏，昭毅将军山岳子。元季兵溃，避兵谷中庐，克让适生，保姥投诸涧，匿三日。兵去，母迹之，见群鹿惊逸，呱呱者得鹿哺无恙，寿九十四。

明

蒋原智，字明时。明庠生。笃学有守，寿八十二。妻唐氏，寿九十九。有司详报，锡绢帛如例。太守额赠"天下寿母"，并赞以诗曰："圣朝仁孝行天下，老母遐龄届百年。堂上一株萱草茂，庭前五朵桂花鲜。断机教子子训子，含饴弄孙孙又玄。但愿康强过百岁，寿杯多是老莱传。"里人以为盛事。

姜守谦，字吉亭。明廪生。友于甚笃，季弟某早逝，遗二女，谦爱逾所生，遣嫁士族。年八十时，邑侯陈某举为乡饮大宾，并旌以联曰："身历六朝岁月，眼观四代儿孙。"年八十八卒。孙子多隶庠，献贼陷宁，抗节不屈者凡十三人，节义为西宁冠。

蒋廉节，字如松。明庠生。敦品励学，年八十。妻许氏，勤内助有声，年八十九。媳唐氏，年九十。孙霖，年八十四；妻八十八。曾孙全迎，年八十三；全遴，年八十二；全模，年八十四，妻庞氏年八十一。一门多寿，乡里称人瑞。

国朝

陈良宦，字公鼎。祖母刘，年九十二，父母亦老，良宦敬事三老，人存则色养，没则尽哀。子、孙、曾、玄，五服百口，数世同居，礼法严肃，常教子孙无忘世泽。性勇敢，吴逆盘踞时，曾率家丁执梃逐贼，贼屡避其锋。足不履城市，好推解济人。妻黎氏，有顺德，助行善事。良宦年九十五，夫妇偕老，以天年终。

喻邦灏，字仲之；本寿，字禄生，对居。邑通安门内，市邻罕见其面。孝廉张启禹赠以诗，有"城市有仙人不识"之句。邦灏浇花灌园，课子弟或耕或读。本寿子多成名，朔望恒率子孙听讲圣谕，归必训之曰"莫辜负国家好意思"。族有以事质者，曲直剖分，无少宽假，莫不畏服。邦灏年九十一，本寿年八十九卒，时人称"西门二喻"。

洪谛箴，早失怙，两弟皆幼，谛箴竭力奉母。吴逆窃踞，赋重役繁，谛箴调处肆应，而奉养罔缺。晚年生三子，目见成名。寿九十五卒。

喻昌，字又超。国学生，授职州同，出为人后，尽色养，与所生无异。堂弟贵，家业荡析，昌分产之半给之。其他完偶焚券，皆无吝色。精于医，闻人病，即往治，贫则济以药饵。或言昌少时与同学出游，道遇遗物，昌厉色曰："勿拾也。"年八十六卒。

秦世锡，字伯韶。武庠生。事亲甚谨，弟早亡，抚孤侄，婚娶教养，奁嫁其女。尝夜有盗入室，世锡已得脱，闻盗执孀居弟妇，即转就执曰："惟我是问耳。"弟妇得脱，世锡伤遍体。凡族中孤儿寡妇，每加抚恤，解人纷，完人配。年八十八卒。

潘宏吉，字干臣。庠生。有九子，与兄允吉同居，皓首相依。器宇恬静，不谒官长，为乡饮介宾。寿八十五卒，祀乡贤。

刘士潘，与弟士望，俱家贫笃学，各擅文名。敦品行，树师范。士潘以岁贡选永明训导，士望以副榜选慈利教谕，先后告归。士潘寿九十二，士望寿九十。士潘妻彭氏，亦年八十九。书香累叶，庠生士洪亦士潘弟，同跻耄耋。人谓所居石潭有寿泉焉。

秦邦霖，性笃伦理，居丧庐墓。尝捐赀补修长桥，倡修窑塘河义渡。妻黎氏，寿九十一。五世同堂。今其子四人，长远载年九十，次远轼年八十七，次远鞔年八十，次远辂年七十五。皓首童颜，怡然相对。而远载亦五世同堂，内外齐眉，真家庭庆事云。

黎良谟，字文典，乡贤启淳季子。读书攻苦，炎雪靡间，补弟子员。力敦实行，悃愊无华。尝清还周姓墓田，捐修棂星门，他事慷慨类此。乾隆壬申，年九十，有司详报，赐绢如例。及易箦，即以绢绣寿字为附身荣。

彭润，字会川，乡贤之寿孙也。质聪颖，读书目过辄不忘。由廪生司训岳州，崇奖善类，多所成就。及病休，士林深眷恋焉。倡修族谱，建祠宇，不惜重赀。济人急，无德色。优游林下，五世儿孙，满眼九旬，夫妇齐眉。与弟润同居，友爱弥笃。润亦年九十，疏财仗义，凡事曲顺兄意，怡怡如少时。人称"二难同德"。

黎希湛，字浓露。素行诚谨，勤俭起家。凡捐修义渡诸事，一无所吝。寿跻百岁。

刘起森，字良臣。治家严，好义笃，尝过董家坝，拾遗金三十两，俟失主至还之，不告于子孙。办家庭公事，克己而不居功。寿九十余卒。子序功，入文庠。

魏正梁，字孟侯。国学生。母善病，弃举业而习歧黄。又建梁除道，制药施方，阴为母祈福。母以寿终，三载宿墓庐，遇忌日设奠致哀。年九十卒。

刘益京、益亮、益昌，利恕曾孙也。恕妻黄氏，食贫励节。益京辛勤创业，五世同堂，寿登九十。令少子豫先总理家政，内外男妇八十余口无间言。益亮性敦友爱，好善乐施，寿八十七。子豫星，饶有父风。益昌入国学。俱能无违祖训。

张志陵，字平有。苦学莫售。敦伦常，性谨朴，曾路拾遗金，俟其主觅，如数还之。抚侄为后。晚岁置先人祭田十五亩，营造祠宇，以介义闻于乡。年九十一，无疾卒。

丁顺行，字五有。嘉庆元年，寿九秩，目睹五代，赐冠带如例。年九十七卒。邑绅黎大畹传行谊于家乘。

吴开周，诚谨老成，治家勤俭。置祭田，建祠宇，怜贫恤寡，凡乡党义举，无不共襄。一家男妇九十余口，常训以耕读为本。年九十犹健，五世同堂。

徐德先，朴素忠厚，未尝与乡党有睚眦忿。寿百岁，耳虽重听，而双瞳炯炯。人以事告，笔之书，辄了然。子二，孙二，佃耕为业。

彭朝揝，字佩五。秉心诚朴，饬行端方。卒年八十八，平生无一字讼公庭。妻王氏，年九十余。五世同堂，子孙蕃衍。

廖义淇，庠生，章经之曾祖，寿八十九，以谨厚公正称于其乡。

张志盈，字遐远。先儒裔。事祖母李年九十五，母唐年九十，俱色养无违。掌族祠事，矢公矢慎。岁积余赀，谋诸族置祭田以垂久。有宝庆某，孤贫无依，给田与耕，不敛租，以终其生。建八都松龄、桂香两桥，境不饶，而遇义举力任不吝。年八十八。妻汪氏，相夫行善，年八十四。皆无疾卒。

袁儒，字席珍。庠生，博闻强记。年三十，病怔忡，遂不应举。平生重然诺，精歧黄。或倩其诊视，虽风雨必往。晚年犹于一编课子侄，诗文必自作示。及门旋附灯火，或请留其稿。儒曰："自来名作充栋，吾不过藉收放心，留之何为？"寿九十卒。妻胡氏，寿亦八十余。

成德治，国学生，寿八十六。妻袁氏，寿九十三。子士才，国学，叠受覃恩，封至昭武都尉，寿八十四。一门耆艾，称人瑞焉。

胡开比，字建万，号特轩。相父理家，艰辛缔造，拓祖业至百倍。析箸时，弟侄辈议酬其劳，固辞之。剖人曲直，明目张胆，乡邻服其清正。戚里中穷苦难堪者养之终身，童稚无依者育之成立。倡建祠宇，督修不倦。以百金捐修省城义渡。年近九十，夫妇齐眉。子二，辑瑞、罕瑞皆国学，孙、曾俱业儒。

唐宗龙，字荣华。寿九十八卒。妻申氏，寿九十五卒。夫妇偕老，五代同堂，孙、曾蕃衍。

袁仕彬，字文彩。父母年八十，同抱痼疾，躬服侍，不假手仆婢。夜卧榻下，闻声即起，抚摩抑搔，廿余年不息。亲没，哀感行人，丧葬如礼。有负百金者力难偿，即还其券。一都为长、益四达之地，行人多病涉处，独修寨岭、卯乙、回龙、沙港、蛇嘴、扇子桥，皆甃石，各费百余金。课子隆师，情文备至。寿八十九。

洪绍元，字文述。积学能诗，乐施好义。周某贸易于市，有亡赖子诬以使用膺银，诈索之，绍元代为送究。里有不（率）［孝］子，其父兄将以沈诸河，绍元力救之，因携至家，训以改过，并给赀本，令贸易。其人卒为善，后置产娶妻，加息归还，却弗纳。其义类如此。年八十至九十，以次报闻，受顶戴如例。寿九十五。子振熙，事白发高堂，先意承志，丧尽哀礼，虽衰年苦块，友爱昆季，皆好行其德，饶有父风。尝捐社谷数十石。邑修南河桥，自捐、募捐，两充首事。寿八十二。报闻，亦沐恩荣。孙玉堂，克承先志。

罗洪达，字上宗。朴直循谨，勤力起家，生五子一女。性隆报本，建祀先堂，置祭田，春秋率子侄虔行祀事。五代一堂，内外男妇百余口。寿九十二，预招亲党宴会，举杯瞑目而逝。

周廷秩，寿八十六。妻彭氏，寿九十九。其子官与，字有成，与妻傅氏，九旬偕老，五代同堂。报闻，沐恩荣如例。

彭顺煌，字明亮。慎取予，重然诺，以朴诚方正见称。年九十一犹健，以孝友勤俭训子孙，谆复无倦容。

蒋寿汉，字万程。勤俭起家，安分守己。修桥平道，尽力所能为。年八十六卒。子孙淳朴，有祖父风。

符邦荣，字宏达。谨厚廉直，笃于行义。族有贫难婚娶者，解囊助之。其他推解，皆无所吝。妻周氏，克全妇道。皆年近九十而终。子孙恪遵遗训。

彭朝抡，字书升。少失母。父楚庄鳏居，朝抡虽娶，犹伴父宿。父偶失足伤臀，朝抡昼夜抱持，凡两月卒，哀痛不欲生，庐墓久之。年八十余卒。

隆国清。年十三，由邵阳来宁占籍。年少老成，勤俭兴家，凤未学而存忠厚、晓大义。里中事秉公处分，皆当人心。寿终八十五。后裔蒙业，家日丰，皆其余泽。

张亮枢，字寅一。菽水承欢，情敦友爱。排难解纷，乡里悦服。

少失偶，不再娶。年八十三卒。

易承翥，字凤翔。父祖桂，皆庠生。祖桂善医，济世不索谢。族有争讼，以重贿求左祖者斥之，终不肯枉其曲直。寿八十三。翥继父业，贫者就医，给以药而予之食，守正不阿，亦如厥考。寿亦八十三。

张光锦，字文哉。国学生。忠厚朴实，勤俭好义，子孙皆克自树立。道光年报闻，沐恩荣如例，寿终八十七。妻杨氏，寿亦八十三卒。

刘思伦，字文义。幼习诗书，性存忠厚，处世无诈无虞，居家克勤克俭，九旬得寿，五世同堂。

喻锡，极力敦古，处朔望岁腊，夫妇必整衣冠，齐诣祖先主前，随时物祭之，至老不衰。家门之内，肃若朝廷。寿终八十余。

王乐梧，字安义。秉性诚朴，力敦伦纪。妻周氏，生子璃修，旋故。时乐梧年十八，誓不再娶，途遇妇女必趋避，以明嫌。乐施予，啧啧乡里。卒年八十余。

文常宙，字世宇。黜华崇实，好礼重义。乡邻有急，黾勉赴之。遇有争讼，片言辄解。寿八十五卒。

王礼焰，号殿南。不趋势利，遇读书人，款洽倍挚。邻有童溺毙，设法救活。其父致谢，力却之。年八十二卒。

黎祚鏊，字少恪。监生。家素封，救患恤贫，慷慨好义。邑中公事，多所倡建；乡间桥梁，多所倡修。寿八十一卒。

刘思彬，字质文。厚重谨朴，容逆息讼。喜施与，好勤俭，中年失偶不再娶，逢人辄说阴果。年八十四，沐浴更服，拜辞祖先，嘱子孙勤学力耕，端坐而逝。

廖集，字凤林。性行端正，敦善不怠，至老犹手一编。督建祠宇，倡修族谱。年七十报闻，赐顶戴如例。寿八十一卒。

戴家挥，字季敏。国学生。少失怙恃，克自树立。敦行植品，风骨卓然。处乡党，平情抑气。遇雀鼠争，片言辄解。子孙相继游庠序。妻姜氏，均寿至八十。

丁承植，字季培，号干亭。好善乐施，崇俭让，尚端直。嘉庆年，年逾七十，报闻，赐顶戴如例。寿终八十。

胡泽涪，字合江。其父母治家最严。母寿至九十，泽涪承颜尽志，稍不怿，屏息侧立，必俟父母色霁乃敢退。兄弟七人，皓首无违言，无私财。有睚眦者，涪从容调度，毕生无一字入公庭。寿八十六卒。

彭显泽，字惠政，寿九十三；妻谢氏，寿九十，夫妇偕老。报闻，沐恩荣如例。子五，忠厚廉谨，孙、曾、玄，秀读朴耕，克敦孝友。

刘昌盛，字佐才。浑厚正直，乐善好施。建祀先堂于楠冲，置祭田，课子诗书。年八十五犹健。夫妇齐眉，子孙绕膝。孙前阁，字再权，性勤俭刚正，训子弟以义，处乡邻以和。邑建考棚，两修学宫及星沙义渡，踊跃捐输。又独建祀先堂于迎江山下，置祭田数亩。寿八十三。

杨世盛，字希贤。治家有法，处世不倚，好成美举。如星沙义渡、邑中学宫考棚及各处桥梁、寺观，无不捐赀乐助。独建祀先堂于隔山冲，置祭田以绵享祀。年八十五，夫妇齐眉，孙、曾繁衍，含饴为乐。

叶永柏，字长青。赋性朴实，守正不阿，穷年苦读，非应考足不履城市。迨试不售，训课童蒙，字句斟酌，不惮烦苦。年八十六。

成道龙，性笃友恭，治家有法。其子章菁、章绪、章述，皆遵父训，享大年。六世同居，内外二百余口，男女各循礼法，朔望命子侄读家训一遍。章绪年八十，尚综理家政，秩然有条。

王道元，字龙泉。家贫苦学，中年始入泮，砚田有年，非分不取。至诚接物，一生无睚眦怨，无戏谑语，人自不忍欺、不敢犯。居邑城数十年，除考试外，绝迹公庭。嘉庆癸酉科乡试，钦赐副榜，跃跃将北上，因目眚，羁未赴，遂杜门不出，寿且康，以令终。

高能效，字惠臣。敦厚愿朴，乐善不倦。五世同堂，曾、玄绕膝，雍睦可风。寿九十八卒。

龙锡应，恬静性成，忠厚接物。与妻谈氏，均享寿九十。五世同堂。以上旧《志》。

范纯修，号献廷。寿八十二，从九衔。生平好善，建祖祠，修桥置渡，救离婚，尤苦心勉子务学。妻易氏，内助称贤。生本杞、本梓。杞，恩贡生，候选州判。梓，举人，截取知县，改教职，主讲玉潭书院。

廖斯尚，字朝望。浑厚端方，里党称之。寿八十八，无疾卒，报闻如例。

谢家纹，忠厚温良，报闻如例，卒年八十四。

唐学琇，字美石。兄弟五，季早故，析箸后，独与孤侄同居，训课如己子。喜周邻里，借贷不吝，非礼勿校。一生未尝至公庭，耋年犹能作小楷。工吟咏，以花鸟自娱。卒年八十四。

唐邦点，字异三。性仁厚，卒年九十。子三，皆各爨。次子家高不娶，独与父同居，竭力侍奉至老，悉以所积余金周兄弟贫乏。父病，侍汤药，日夜未尝离。父卒数日，高亦亡。

朱镜忠，字明万。长厚和平，待兄弟友爱，卒年八十二。

李德楚，字泽南。幼孤贫，时有弟在襁褓，抚育成立，然诺不苟，孙、曾辈皆循循有法。卒年九十八。

周启莹，性浑朴，多隐德，卒年八十六。

钟大墅，字稽田。性仁厚，治家有法。眼观四代，雍穆一堂。卒年八十二。妻朱氏，现年八十二。

覃人伟，号楚良。适志琴书，不履城市。里有贫苦，时赈恤之。卒年八十一。

黄世璁，字南镇。胞弟玠，幼失怙，师事兄，积学未售。生平以谨厚闻，卒年九十一。妻丁氏，亦八十八卒。

陶世炳，字南峰。监生。早岁好读书，性慷慨，孙、曾绕膝，训之有法。卒年八十八。

张泽桂，字步青。言行不苟。卒年九十。

张锡启，字建沅。性孝友，遇父母忌日，祭甚哀。有姊适人，夫故无依，启延养二十余载，戚里咸称之。卒年八十三。

赵　望，字清宇。好学能文。家贫苦病，闲习岐黄术。县令朱偓尝延诊其母获效，并赏其诗文。卒年八十九。

赵达隆，字鸿词。长厚有文名，由增生恩赐举人。邑令朱偓雅重之，往贺其门。值达隆疾，诚家人谨视。寻逝，复来吊。卒年八十一。

吴同贵，字庭青。为人勤俭谦谨。卒年八十二。

陈永仕，字懋官。性严正，耐劳苦。年八十三，无疾卒。

马联蛟，字起凤。性和平。壮年失偶，不续娶。孙、曾蔚起。年九十一，无疾卒。

高光聘，字朝杰。忠厚和平，横逆不与校，孙、曾繁衍。年八十三，无疾卒。

刘大士，字承硕。忠厚相传，喜言阴骘，孙、曾繁衍。卒年八十九。

周家相，性仁厚，居深山，号"星桥樵叟"，吟咏自娱。卒年八十三。著《养拙山房诗草》。

周家辉，家贫，以艺自给。堂兄翠峰无依，与共处命。子带产承桃，孙、曾繁衍。卒年八十三。

范绳班，字汉忠。勤俭起家，子孙繁衍。卒年八十一。

唐启笔，性浑朴，好读书，延师训子不少懈。寿八十，报闻。卒年九十一，亲见五代孙斯盛登贤书。

周学铨，字国衡。性端重，坐立不倾，言笑不苟，终身未尝交足。族有贫者，岁终告匮，必予之金，率以为常。尝鬻宅于其邻牖下薪，塘中鱼置不顾，亦不取值，人服其让。占晴雨及岁丰歉有奇验，里中目为神人。卒年八十四。

钟昌佳，字宣哲。为人朴诚，课子孙有法。卒年九十三。

高光图，号临宇。乐施好善，训子孙以耕读为本。年九十，报闻如例。卒年九十四。

彭俊秀，号人杰。任侠好义，借贷不责偿，里中缓急之需代筹之。卒年八十一。

朱　缙，号盖南。监生。慷慨好义，目见五代。卒年八十六。孙梓青，诸生。

谈世霈，字日升。性长厚，暮年犹康强，孙、曾绕膝，雍睦一堂。卒年九十三。妻王氏，顺事舅姑，年八十一卒。

唐启麓，字人瞻。慷慨好义，横逆不校，无一字入公门，晚犹矍铄。年八十八，无疾卒。

谭德盛，字治邦。从九职。家颇裕，乐助公举，五代同堂。卒年八十三。

　　高若海，性仁厚，好济人急。族有少女，孤贫无依，为抚养择配。年九十，无疾卒。

　　刘大俊，字人杰。性循谨，谈笑不苟。幼失恃，事继母能得欢心。治家严正，子弟无敢越礼，恤邻睦族，以仁厚闻于乡。卒年八十五。

　　李逢隆，号载锦。性忠厚，训子有法，寿八十九。妻黄氏，有贤声，寿八十七。长子心潜，廪贡生；次子益泰，庠生。

　　王　琳，字玉木，文清第七子也。倡修芒种桥，捐祭田六亩三分入宗祠。卒年八十一。

　　朱锡万，为人忠厚，生平多善行，卒年八十六。妻孙氏，善成夫志，卒年九十六，眼观五代。

　　朱家致，字晓知。朴质谨厚，绝迹公庭。妻李氏，得子最后，训以义方。子亦能体父志，里有争竞代贳息之，有义举解囊助之。家致卒年八十八，李氏亦年逾八十，眼观四代。

　　谭佩，监生。秉性仁厚，乐善好施，隆师重道。卒年八十五。孙、曾蔚起，多列胶庠。

　　喻忠柏，字九霞。监生。性朴诚，于二都峡山侧为父建祠，置田五十亩。前溪建桥，以右水名。右水，其父字也。好施济，隆师友。卒年八十五。孙、曾蔚起。

　　杨世源，字仁武。居心忠厚，古处独敦，训子有方，五世同堂。年逾八十，犹康健，报闻如例。孙、曾百余人。源卒年八十六，妻戴氏卒年八十九。

　　胡芝瑞，字秀三。浑厚公直，凡里党有争，一言辄解，尤乐襄美举。著《家训》为宗族范，五代同堂。年九十七卒。

　　黎大器，号士先。敦品力学，温厚含宏，处丰境无骄淫习，于族戚之贫者必周之，凡里中桥渡、宗祠、谱牒，皆慨然倡首。卒年九十。

　　张国济，监生。性友爱，平易近人。善心计，畸零细数，不握算而毫不少，差亦不与较。卒年八十四。

　　黎大沩，号雯渊。好读书，积学未遇。敦友谊，兄弟有中落者迎养于家，死厚葬之。为兄弟之子女营婚嫁，给赀以赡其家。卒年八十二。配刘氏，性慈和，寿八十六。

秦继声，字斗衡。邑庠生，屡荐未售，老不释卷，一生不履城市。年八十二，无疾卒。

秦佑作，字新民。性朴笃，卒年八十一。妻鲁氏，年八十五卒。

李正运，字天水。忠厚刚正，乡里敬惮之。女适万，寡而贫，为之置田产，以成其志。年九十，无疾卒。子世和，倜傥有父风，邑中考棚、文庙各义举与有力。

秦启南，号自北。和平忠厚，一生未入公门。修祖墓，祭祀必诚。子孙繁衍。卒年九十。曾孙箕山，保副将。

王运荣，字曙宇。性聪敏，善读书，屡试未售。家居课子弟，以吟咏自娱，著有《菊芳园诗钞》。卒年八十一。妻黄氏，素贤淑，亦八十，无疾卒。子人熹，庠生；翼，岁贡生。

张国瀚，号少海。监生，工书法。与两弟同居六十余年。乡里横逆，或给以赀，置不校。晚好谈史，夜分不倦，临终犹吟哦不辍。卒年八十。妻王氏，性仁慈，年九十三。

廖鸿铭，字日新。性敦朴，笃亲谊。族子钊新，贫不能学，给赀就傅。戚杨某，家中落，携归抚养之。捐祠田，修桥渡，均慷慨不少吝。卒年八十八。

曾传说，号最吉。性和厚，父早逝，母患痿痹，率诸季晨夕扶持，二十年如一日。老犹矍铄，行坐不倚。与妻丁氏齐眉，年逾九十卒。子德钊，登贤书；曜镡，诸生。

邓贤拔，字萃斋。增生。好学能文，试辄优等，言动有法，以读书立品教其子孙。与堂弟贤喆等捐田于文昌阁，以供香火。修桥建渡，捐赀不少吝。戚友困乏者，随时周恤。与妻李氏，年登大耋，五代同堂，亲见其子孙科名接踵。

吴同被，字朱组。少读书，性浑朴。年八十八卒。孙定元，岁贡生。

周锡晋，字乘轩。性浑厚，敦族，姻惠里党，解囊指困，不市德，不望报。晚家落，晏如也。卒年九十四。子孙众多。

文常谓，字国炳。从九衔，为人慷慨乐善，遇荒赈贫济乏，族里多德之。五代同堂，年九十三卒。继妻鲁氏，年亦九十七卒，眼观五代。

喻恒孝，字治平。浑厚和柔，不言人过，友爱兄弟，凡怜贫拯困，无不称心以行。年八十卒。子光炯，诸生。

张光铃，号和声。监生。性刚严。遇义举，捐赀无吝色。教子侄以礼法。卒年八十，夫妇偕老。

王明国，字先治。一门和睦，足未尝入公庭，五世同堂。卒年九十二。

杨蜀云，字少雄，号西亭。监生。矢志励学，乡试鼎荐未售。奉其母孟氏，寿跻百岁，五代同堂。卒年九十三。

蔡章达，字云逵。庠生。精易学，设教有年，从游者多显达。卒年九十三。

谭秀丽，字惠泉。性朴诚。卒年九十四。一门多高年，其祖涵禄寿九十六，父英伟八十八，母胡氏九十二，妻吴氏现年九十。孙煦，庠生。

萧思章，号文韬。厚重端方，子孙繁衍。卒年九十五。子宗启，号东山，年亦九十卒。

李远照，忠厚待人，与物无竞。卒年九十二。

周泽辉，字昇阳，号敬亭。好行善事，独建邑西城外通安石桥，又捐义山葬贫民，捐田一亩入老观庙，并施棺、施寒衣、施米粥，补葺养济院。年八十四卒。

胡泽杞，字南友。正直慷慨，卒年八十一。

范良政，字朝辅。正直浑朴，五世同堂，卒年九十六。

蔡道定，字汉亭。处世和平，里党称其行谊。少失偶，不再娶。年八十七，无疾卒，报闻如例。

罗起科，字光祖。笃亲好义，以勤俭起家。年八十余，报闻如例。年九十，无疾卒。

谢最畇，字逢山。好学不倦，常印送善书，为母祈寿。母年九十四卒，畇卒年八十七。

王定熙，号竹轩。监生。敕封文林郎。性戆直，不多言。好义举，曾建支祠于白鹤庐。妻谢氏，素有贤德。夫妇齐眉，寿均八十四，先后一月，以无疾卒。

贺南村，字汝振。从九衔。好义急公，邻里称长者。卒年八十四。

贺容宇，字中参。好学未售，廉静寡营，晚年课读，更加殷勤。年九十一卒。

王明昌，字咸若。家贫废读，有胆识。早失恃，食不甘味，盖憾其未能养也，如是终身。后置产甚饶，慷慨仗义，修谱建祠，除道成梁，倾囊相助。年九十四，采松尖九十三枚吞之，无疾而卒，五世同堂。以子定仪知州职，晋赠奉直大夫。妻李氏，勤俭相夫，年亦九十三卒。

阮志祈，号国华。朴质谦和，卒年八十三。

彭大鼎，字竹溪。监生。幼好读书，至老不倦。壮年失偶，不再娶。年九十四卒。

黄华杰，号南英。处世朴诚，乐善好施。年八十三卒，报闻如例。子增璨，九品衔。孙甫卿，入武庠。

李祖盛，字大邱。性鲠直，好周急。尝与邓某同商湖北，邓病故，同载舒某欲乘机谋利，盛再三保全，扶柩归里，邓所积金丝毫不失。年八十一，无疾卒。

张之瑞，号祉亭。邑庠生。尚气概，端品行，足为族党矜式。年八十卒。

吴右泉，性质朴，处兄弟能让，卒年八十五。

杨上程，字雪门。好读书，屡踬场屋。设馆授徒，多所成就。晚年益著温恭，乡里咸重之。或遇人告匮，必代为筹办，虽赔累不责偿也。年九十，卒之日，呼儿孙辈整冠履，端坐而逝。子一，光寿，附贡生加六品衔。孙学纲，监生。

袁仁甲，号光榜。业歧黄，倡修福田桥及袁家河义渡，与妻宋氏均寿八十余，报闻如例。

蔡先达，字平堂。庠生。品学兼优，后进游其门者，多所成就。嘉庆丙子修志，充采访。年八十三卒。妻姜氏，康健齐眉。子鳌，廪生。孙瀛，庠生。

胡光玩，字汉章。事亲菽水承欢，兼友爱兄弟，足不入城市。乡里或侮之，释不校。于族中孤寡，时加矜恤。年九十一卒。

吴文友，性长厚。遇乡里细故，必力为排解，尝垫赀不责偿。卒年九十八。

胡正凤，字高冈。性严正，晓大义，颇好施予。年八十一，无疾卒。子善观，监生。孙梦椿，庠生。

贺炳寿，字魁山。从九衔。性鲠直，言行不苟。族戚困乏者加抚恤，贫欲出妇者赒之使全。歉岁贷谷不计值，平时告贷不责偿。年八十六卒。

贺耀章，字紫垣。监生。性敦笃，倡修祠宇、家乘，千金不吝。尤好周贫乏，不能婚丧者助以赀。年八十一卒。

熊琢，字桢卓，号瑞章。持身正直，家庭雍睦，报闻如例，卒年八十四。

刘孔洪，字步云。幼娶萧氏早逝，誓不再娶，视犹子如己出。勤课耕读，生平并无损人利己事。年八十三，报闻如例，无疾卒。

王正琳，字志芳。监生。性刚直，好读书。因贫废学，勤苦起家，而见贫乏能力作者恒赀助之。年八十，报闻如例，又二年卒。妻万氏，性婉顺，邻里称贤，卒年八十六。

陈瑞玺，和平忠厚，夫妇齐眉，年八十二卒，报闻如例。

贺德洸，号理元。监生。品行端方，卒年九十三。

胡泽池，字桦抡。好义乐施，尤息争讼。尝鬻某田两载，索金三次，如所欲。后复索，或为不平。池觉密与金，不取券。一堂五代。年九十二卒。

杨登阙，字敬周。端严自守，往来乡里，必肃衣冠，曾举乡耆，年九十一卒。子妇孟氏，克修妇道，年九十二。孙方作，字能伸，性正直，能守祖训，亦年八十。孙妇李氏，卒年八十五。一门高寿，传为盛事。

蔡培本，端方正直，忠厚待人，年九十卒。子容道，字鸿量，有父风，年八十四卒，报闻如例。容道妻黎氏，以贤淑称，现年八十。

贺容谦，号益廷。为人忠厚，耄而好学，年九十一卒。

谢锡蕃，号蓉裳。庠生。词章淹雅，黉序蜚声，寿八十一。

项文懋，从九衔。慷慨好义，排难解纷，年八十四卒。

岳青焕，字说轩。监生。年八十卒。妻胡氏，卒年八十四。子云琢，监生。孙志寀，庠生。

贺耀琅，字彩石。浑厚公直，善排解。倡修族谱，并置祭产。凡遇义举，不惜捐赀。中年丧偶，不复娶，卒年八十四。

林永兰，字廷清。赋性公直，持己端方，族党称之，卒年八十二。妻狄氏，勤俭助夫，年八十一卒。

谢家光，字乐只。性行诚笃，一生无疾言遽色，老犹手一编。卒年八十，报闻如例。

谢垂襜，字孝思。性慷慨，喜周急，教子弟有法，四代一堂。卒年八十，报闻如例。

贺炳雍，号万和。为人忠厚和平，一生不履城市，卒年九十一。

蒋维燮，字扬光。性长厚，弟妇某氏早寡，燮极力保护，经纪其家。好通财，难偿者辄取券焚之，他如督修宗祠，协辑家乘，倡置支祠祭产，捐赀不吝。年八十四卒。

龙澍国，字岂池。读书未遇，敦厚不佻。卒年九十一，报闻如例。

龙正极，字建用。庠生。居心宽厚，饬行端方，寿八十二。

姜祖文，字绍宗。素行循谨，乡里矜式。无赖子为不义，惟恐其知。周济戚友困乏无少吝。卒年八十五，报闻如例。

蒋恭宗，字廷秀。事节母李氏以孝闻，寿八十二。兄恭盟，寿八十五。子维基，寿八十一。孙开元，入武庠，以材勇著，现年八十二。弟先扬，现年八十。

成开鼎，字元吉。从九职。性仁厚，尝于族里难葬者给棺木，饥寒者给衣食，贷借者义让千余金，独修悠久桥。年九十六，目见六代，无疾卒。

成开蒙，字大儒。家贫力学，与人交不妄取，诗书外无多谈。年逾八十，尚能文，书小楷，四子五经注释及子史诸书，皆记诵如流。年八十七卒。子骘龙，诸生。

成章典，号南湖。幼失怙。兄章冠以劳疾卒，典每检遗籍，辄涕泣。母性严，典曲成其志，无稍拂。妇以小故憎于母，后妇生一子遂死，典甫弱冠，终身不娶。道光己酉，岁荒，出米谷百余石济其乡。年八十四，无疾卒。

尹道有，字应万。性忠厚，敦孝友，卒年九十七，子孙繁衍。

成光彬，字文质，百岁翁也。浑朴精明，素强健，子若孙析居约数里，每大风雨雪，往来不辍。同治乙丑九月，百岁寿诞，里党称觥，犹健饭如故，未逾月卒。

丁应纶，字焕章。工诗文及古近体诗，性刚正而饶智术，族戚有争，必力为之解。年八十七卒。

黄世藻，字挹秀。性浑朴，一介不苟取。读书屡试不售，酷嗜唐宋八家文，暮年犹披诵不辍。年八十三，无疾卒。孙沛翘，举人。

董芳莪，字胜莲。素行敦朴，力农起家，年八十二卒。迄今孙、曾林立，秀读朴耕，皆其遗泽。

罗鼎球，笃学未遇。赋性戆直，时里中有猾贼群聚，禀官擒治之。乐襄善举。卒年八十一，夫妇齐眉，报闻如例。

陶世郅，号遇隆。仁厚端方，课读隆师。道光丁未，报闻如例，卒年八十四。

龙　瑕，字国章。性仁慈，怜孤恤寡，事多足称。卒年九十六。

龙建国，字任贤。监生。温厚和平，里党咸敬重之，卒年八十一。妻谭氏，称偕老。

龙正蕃，字青云。从九衔。天性纯笃，积学未遇。综理家政，内外肃雍。子孙蕃衍，目见四代。卒年八十一。

崔开榕，字四教。负果毅志，年九十一卒，两举寿民。

崔国熹，字东朗。性温厚，与人无恶言。安贫守素，晚犹康健。卒年九十七。

崔　璠，字奂东。监生。幼嗜学，训子特勤。好奖掖后进，族侄秩名下士，多感其造就。性慷慨，好义举，每逢岁终，减粜以济贫乏。尝独建八帙桥，不惜重赀。寿八十六。曾元绕膝，五代同堂。子五，承沆，诸生；承洛，嘉庆丁卯科举人，丙戌科大挑二等，历任教谕四；承漳，监生，寿亦八十五。

蒋恭国，浑朴力农，寿八十。其侄维璋，寿八十二；维瓒，寿八十。其孙先辵与继妻朱氏，寿皆八十七，报闻如例；先彰、先缮寿皆八十。

许本敬，号惺斋。监生。律身严整，坐立未尝跛倚。性狷介，不委蛇循俗，耄犹嗜学。尝以蝇头小字，录先正格言于座右以自警。年八十八，正襟危坐而卒。

黄建纯，好学能文，事亲以孝，长持家政，待侄如己子。钩稽族祠，出入有余，辄以奖诱后进。年九十三卒。

黄元鼎，武庠生。笃行正直，家教肃然。精歧黄，活人无算。遇义举，无不踊跃从事。妻周氏，娴姆训。夫妇均年八十卒。

李纶典，字瑞斋。好施与，设医药济人，里中庙宇、桥梁诸事，皆慷慨乐捐，年八十卒。妻成氏，现年八十五。

杨明绪，字承綦。浑厚性成，素敦友爱，兄早逝，视侄如己出，相与同力合作，创置腴产千亩。析箸时，予侄独厚。老犹矍铄，夫妇齐眉，孙曾玉立，列邑庠者三。道光二十九年，咨部请奖如例，卒年八十八。妻赵氏，年八十五卒。

杨士彰，字文华。持家以俭，接物以恭。孙曾繁衍，以耕读世其家，而门庭肃穆，并足风示乡闾。遇贫苦则推食解衣，人多德之。报闻如例，年八十四卒。

许顺漳，字廷玉。倡修族谱，建祠宇，置祭田，虽捐重金不惜，族党有贫乏者周恤之。孙曾绕膝，四代同堂。临终命检借券，凡力不能偿者辄焚之。年八十卒。妻杨氏，年八十一卒。

成章绪，字述三。秉性宽和，植品端正，兄弟间能敦友爱，式好无尤，凡乡邻义举，无不踊跃从事。妻李氏，克勤俭相夫。夫妇均年八十三卒。

黄元坤，号育万。以勤俭起家。知大义，凡有公举，无不捐赀助之；见人有急，贷以金，不计偿，以故逋负者多，辄焚其券。曰："吾不欲以累伊后人也。"年八十四卒。

何萃万，号拔林。性刚直，果于任事；妻杨氏，内助称贤，夫妇齐眉，孙入庠。始以五世同堂报，继以七叶衍祥请，均沐恩赐银绢如例。
年九十七卒。杨氏卒年八十八。

杨世忠，号佐清。有厚德，邃经义，年八十四卒。

杨亦勋，号华亭。监生。读书明大义，自奉节俭，襄义举不少吝。
卒年八十三。妻周氏，年八十四。

钟邦宪，字章两。慷慨好义，尝出赀为人解纷，事寝，人莫之与，
章亦勿言。父年近期颐，有兄七人，亦均耄耋。五世同堂，内外雍穆。
寿九十五。

钟鸾昌，字协凤。性质实，精医道，求治者辄效，或谢以金，则却之。
寿九十四。

周世恕，字近仁。仁厚为怀，处族戚，恩谊交尽。卒年八十五。

廖鸿章，笃学未遇，卒年八十二。妻秦氏偕老，后鸿章四日卒。

廖鸿名，儒雅能文，屡试未售。年九十一，报闻如例，卒年
九十七。

曾尚伦，浑厚朴诚，急公好义，倡修书溪、仙女二庙。年八十二，
报闻如例。卒年八十八。

胡光琛，字宝林。庠生，孝友性成，居亲丧，庐墓年余，哀毁几致疾。
其先祠烬于火，琛时年过七旬，犹竭蹶奔走，纠族众捐赀，卒复建之。
清洁自守，有因请托而馈以金者，坚不受。卒年八十。

张德润，字舒泰。生平抚他人之孤而成立者二，怜贫济急，隆重师儒。
卒年八十。

杨亦清，字斗南。庠生。敦笃有品，里有魅为祟，百方不治，亦
清至而绝。晚工歧黄，治病多验。年八十，无疾卒。

胡光璪，字山辉。性峭直而口不轻雌黄，卒年八十一。

周宏源，字廉泉。监生。敦厚周慎，卒年八十七。

刘廷卓，字冠群。性正直，工诗文。为馆师极严，士多有成。卒
年八十五。

易祖桂，字秋园。庠生。性纯谨笃诚，族中子弟善良者，好奖藉。
卒年八十三。

易承瑾，字重怀。存心敦品，教子弟有法。卒年八十三。

刘廷策，字竹圃。嗜学，至老弗衰。居近石潭，人谓有寿泉。年九十卒。

黎光辉，字孚吉。父母没，庐墓累月。性好生，卒年八十。

李荣拔，字汇升。睦族和邻，一生不入城市。卒年八十。

杨明锡，字师孔。刚正不阿，五世同堂。卒年八十五。

杨经茂，字富春。一生守分，与人无尤。卒年九十二。

钟昌承，字武绪。性朴诚，子孙蕃盛。卒年九十。

彭崇贤，字敦斋。性忠厚，和易近人。卒年八十。

成德汉，字天章。邑庠生。为人仗义，好施济，兴废继绝，扶弱抑强，乡里敬重之。子士魁、士第、士伟，孙开来、开基、开灼、开府、开禧，曾孙云龙，皆庠生。父子孙曾，先后列黉宫，一门鼎盛，天章目击焉。卒年八十一。

成思龙，字得万。安守本分，雍睦一堂。卒年九十。

袁汝璿，字玉山。父患疯疾数年，服侍汤药，未尝稍离左右。生平敦品务实，乡里咸敬惮之。卒年九十。孙全熺，诸生。

易维青，字文典。正直纯厚，族人敬之。卒年八十九。

刘培纯，字竹林。直爽善断。卒年八十一。

杨德修，性质实，事父母幼即能得欢心，老犹温清。父年九十余，喜外出，每出则两手扶持之，依依如孺子然。兄弟四，友爱无间言。家不甚丰，铢两不较。卒年九十。孙宗荫，江西知县。

成际龙，字遇庆。忠厚一生，族里贫难嫁娶者，多为赀助。道光己酉岁荒，设局减粜，乡邻德之。卒年八十二。

杨达纶，字巨川。监生。尚勤俭，敦雍睦，五世同堂。年九十三卒。

杨亦鼎，字采藻。素好行善事，曾泛舟沅邑，遇一人携两孩潜行，察其状不善，声口亦不符，诘之果私挈而逃者。即送官，治其罪，输钱数十千，送二子还其乡，人多美之。卒年八十二。

杨亦炯，榜名道南。始读书，屡踬童子试。乃就武，中嘉庆戊辰武举。工书法，喜作擘窠大字，远近争购之。为人温和平易，雅不类武人。卒年八十三。

黄世醇,字开瑞。性温恭,遭横逆,忍不校,至老嗜学不倦。卒年八十一。

谭日章,少孤贫,性忠厚,笃于友爱,晚年将所置田数十亩分润弟侄。卒年九十。

成明泰,性诚悫,接物和平,卒年九十六。

易振家,字二南。真诚耿直。年八十六,无疾卒。

陶鸿儒,号秉直。监生。事继母能顺。精疡科,辄应手效,师之者众;凡义举亦踊跃为倡。五世同堂,寿九十六,后裔多登黉序。弟汉亭、立人、秀峰,俱年逾八十。

陶文襄,字思赞。幼孤,性孝友,族里有事,尝破赀解散。通医理,治病辄效。报闻如例,卒年八十五。

王明远,字贡贤。力学不遇,授徒自赡。以从兄某逼受田宅负债,复以其别业寓居,久之据为己有。明远念其窘,给多金俾之去,家以是落,兄弟如初。年八十卒。

刘起本,号立亭。增生。自少至老,手不释卷,乡闱屡荐不售,友教四方,门下士多所成就。年九十卒。子序筠,庠生。

王德成,字振声。监生。三岁失怙,遵寡母训,撑持家政,出赀息人讼,虽不偿不取。年八十卒。

王明佐,字绍中。监生。性磊落,正直端方,乡里敬之。寿八十。子德音、德耀,有父风。音通歧黄术,应人请,不避寒暑。寿八十卒。

张炳祥,字文初。性和厚,坦白待人,不设城府。尝捐田入凝寿庵,以供香火。卒年八十二。

成章彩,字先正。生平安分守己,好行方便,喜劝导乡邻。卒年八十三。

彭启世,字大轩。从九衔。读书能文,重然诺,喜助义举。年八十二,无疾卒。

谢泰麒,字廷瑞。朴诚无伪。修学宫,慨然捐百金。戚邻赖以举火者,虽负累仍不少吝。岁荒减粜,乡里德之。年九十七,无疾卒。

杨纶景，字星灿。眼观七代，生平严正，不信佛，嗜学，至老不倦。卒年八十四。

杨亦椿，字茂林。监生。识趣超然，不亲俗务，终日端坐，谓"除垢止念，虚心守一，即是入学要领"。卒年八十六。

彭甸世，字维禹。武庠生。少勤学，通文艺，精于医，制药饵济人。年九十卒。

萧安朝，字一清。言动无疾，遽识能亿中，恤穷焚券，济渴施茶。寿八十，报闻如例。

孙光玉，字秀林，母病侍汤药匝月，衣不解带，痊乃已。卒年八十六。

张文颂，号国政。少孤。母罗氏以足疾艰举动，国政背负出入，左右扶持，朝夕温清，秽溺皆躬亲洗涤之。有事出，虽夜必归，人以孝称之。五代同堂。卒年八十一。

张德澄，号静轩。事继母如所生，乐襄义举。卒年八十。

易承连，字复旦。心正直，处乡里，倡行保甲以查匪党，立仓以济凶荒，酌议条规，虑极周远。年八十五卒。

齐显扬，字成名。慷慨好义，宗祠捐置祭田。报闻如例，寿八十一。

齐章达，号自修。正直公平，慷慨好义。与弟茂达捐塔湾田四丘三亩入土桥庙，为香火赀。卒年八十八。

成章楷，字端斋。性谨厚，殚精经史，屡试未售。晚年倡修祖墓最多。报闻如例，卒年八十四。

张德昺，字道南。监生。读书明理，生平乐推解，凡乡里休戚庆吊，无不相关。尝倡修祠宇及刻《劝孝文》《劝戒歌》风世。卒年八十三。妻黄氏，皓首齐眉。一堂四代，人咸羡之。

张德沛，字厚原。性恂谨，守分不欺。报闻如例，卒年八十三。

张显德，字廷栋。业歧黄，沈疴多所全活。卒年八十二。

张德成，字玉辉。安分务本，终岁勤动。卒年八十一。

周贤池，字景咸。敦孝友，分产不计肥瘠。率族捐祠田，修祠宇。

好推解，无德色。年八十一卒。

易承鬶，字凤翔。庠生。精书法，习歧黄。尝以医药济贫乏，不取资。年八十二，无疾卒。

周魁万，字梅村。庠生。为人慷慨。卒年八十七。

杨经趏，字星五。端方好善，倡修上新桥。报闻如例，卒年九十。五世同堂。

萧谱煌，字星朗。性至孝，恐蚊伤亲体，每夕必预寝其榻，为之驱除。捐田以完祭产，每饭恭默先人尝。置斛球，入则加之，出则舍之。卒年八十五。

王名阀，字华国。忠厚居心，言不苟发。年八十一卒。

王名国，字先治。为人恭俭谨慎，年九十二卒。

王名臣，字芝林。天姿敏异，好读书，至老不倦。卒年八十三。妻黄氏，夫妇齐眉。

王名撰，字志阶。监生。天性敦厚，品慨端严。研经史至老不倦，著有《十三经总论》。卒年八十三。

王名扬，字书占。监生。性孝友，事继母委曲承顺，有文名，邑令张朝乐赏其诗。卒年八十三。妻何氏，相夫有法度，年八十八卒。孙志沂，积学未售，亦有文名。后以曾孙清和提督衔，膺一品赠典。

杨绳炳，号鞯庭。性恬静，朴诚守礼，好善。通制艺，生徒多造就。年九十，无疾卒。

周宏孚，字作万。监生。慷慨好义，晚年琴书适志。年八十五卒。

杨经九，字一斋。忠厚持躬，和恕接物。读书未遇，勤课子孙。年八十卒。妻成氏，康健偕老。孙蔚春登进士。

周和极，字性载。增生。读书敦品，著有《务实堂集》。卒年八十二。

刘士熙，字光明。忠厚勤俭，孙、曾繁衍。卒年八十。

张煌明，字大声。安分守己，与人无忤，终岁勤动。卒年八十二。

张文模，字金兰。监生。天性温和，以勤俭起家，卒年八十五，目见四代。子四，长煌福，州同衔；次煌禄、煌寿，均翰林待诏衔；季煌喜，州同衔。

彭添寿，字汉亭。天性孝友，敦厚悫诚。幼习举子业，因壮年失血，遂精歧黄术，有济世心。年八十卒。

江轮辉，字大德。性敦笃，捐重赀修滩山、双河口、牛婆荡桥渡。遇岁歉，常省食以济人饥。尤喜刊善书，子孙蕃衍，年八十卒，

戴贵章，号云亭。监生。朴诚好义，尝途拾遗金，立俟终日，询其人还之。卒年九十。

刘廷相，勤俭温恭，慷慨好义。卒年九十。

李庆炎，字西序。性孝友。父早逝，每忌辰不胜哀感。母寿八旬余，定省温清无少间。综理公务，族里咸道其廉勤。年八十，报闻如例。越二年卒。

李庆迳，字廷道。性敦笃。家贫，事父母，奉养独丰。建宗祠，独修祖墓，虽酷暑严寒，必躬亲监视。年九十，报闻如例，眼观五代。年九十二卒。

张培宸，字中立。居家肃穆，子弟恂恂，乡人多重之。卒年九十三。

张久膏，幼贫力农，勤俭笃实，晚年家裕，孙曾六十余，一门孝友，五世同堂。卒年九十七。

黄敦叙，字端作。课徒七十年，多所成就。卒年九十三。

商人魁。字其中。性宽和无争，晚尤好善。年九十，报闻如例，逾年卒。子华国，州同衔。

李祖南，号荆山。性纯厚，修葺双河、滩山等处舟楫，恤穷困，解纷难。五世同堂，内外秩然。年八十三卒。

邓廷泮，字月溪。性忠厚，家不甚丰，捐重赀主修家乘。夫妇齐眉，报闻如例。年九十卒。

王文榜，字荆都。性孝，七岁失怙，遇生忌辰辄悲号，事母极得欢心。五世同堂。卒年九十二。

刘钜平，字慎庄。素好读书，于族中俊秀子弟，资以膏火。或主其家，委曲裁成。年八十五卒。孙崧、植，均游庠。

吴易俊，字方城。性质直，事继母色养不衰。年九十卒。

李国毓，字秀村。工歧黄术，以治病请者，无风雨早夜必赴。或病家急邀，难于调济药物，则携归代制。倡值祖庙祭田，里中美举，咸乐助成。以耆寿报闻如例，年八十四卒。

邓启浚，字禹忠。性友爱，与诸兄析箸，独偕季弟居。俟添置田业，始与分爨。尤爱读书。尝倡修双凫、杨公二桥，独建漾洄桥。年九十三，无疾卒。子二，长诚魁，次诚彪，皆入庠。孙玲筠，印江知县，殉难。

刘贵卿，素好义，遇荒尝施粥道旁，人呼其地为施粥山。凡渡船、桥梁，或捐修，或独修，不下数十处。年八十二。临终前数日，嘱其子蒂彩等，另存田亩，为后来义举资。其子于里中义举，无不乐捐，而于五龙寺、白水坪，尤费多金，承父志也。孙、曾蔚起，皆其遗泽所致云。

张宇安，性孝友，生平勤俭朴直，年九十卒。

邓学道，字文元，一门雍睦，五世同堂。年九十卒。妻土氏，卒年九十三。

杨光进，字海门。幼失怙，母陶氏，通诗书，课读甚严。长游城岳，屡困童子试。后遂游幕长郡，各州郡争聘之。尤工诗，七十余赋归课孙、曾，杜门不出。先人坟墓，必亲自挂扫，不避风雨。年九十三，无疾卒。著有《寄湘吟诗草》。

王　诠，字隆秀。生平忠厚，素好施与。子国用、国器，俱监生。长孙思乐，入邑庠。年八十卒。

杨祖震，字西清。性朴质，颇好施。卒年八十一。

欧阳灼，字桃林。监生。治家有法，敦品行。幼失恃，事两继母甚谨。兄焕，子孙荡析，少长无依，灼不时周恤，养生送死，皆资助之。焕妻姜氏守节，灼为请入坊。年八十三卒。孙灵川，居心忠厚，气度和平，卒年九十一。

喻裔周，居家俭朴。妻张氏，内助称贤。均寿八十四，目见四代。

张莘瑞，字怀尹。从九衔。性浑厚，敦友爱，视异母弟黄瑞若同胞。道光己酉，岁饥，出粟周贫乏，不责偿。益邑李某被水灾，来其里，妻有孕，艰于步履。莘怜之，另构茅庐，给以食。匝月诞一男，李以七房仅延一线，今犹感戴。卒年八十。

蒋先黼，字曙堂。读书能文，尤笃信阴骘。授徒乡塾，于四子五经外，惟以先正格言为最。好放生。晚年静坐一室，手不停披，皆身世准绳等书。八秩生辰称觞，后端坐而逝。

唐启华，字青云。性朴素，曾拾遗金觅还其主，寿九十三。妻阎氏，内助称贤，寿八十七。子钟友、钟则，均年近耋耋。

唐启巨，字公甫。性好学，廉介自守，晚年精形家言。寿八十一卒。

唐启渭，字沩滨。勤俭好义。年九十五卒。妻周氏，卒年九十一。五代同堂。次子玉美，现年八十二，矍铄如常。

刘教椿，字克谐。性刚直，好读书，得解处辄手录之。兼明医理，活人无算。寿九十一，无疾卒。伯仲两兄，均跻大耋。次子日光，年八十二犹康健。均目见四代，一门耆艾，时称所居东冈有寿泉。

胡德龄，字麟玉。监生。生有至性，父召亭葬湘潭，母黄氏葬长沙，耋年犹奉香省墓。有借贷不能偿者，召还其券。年八十八卒。子孙蕃衍。

黄家清，字祥云。忠厚好施，独建字炉，目见四代。年八十二，无疾卒。

廖章倬，字云汉。监生。嘉庆邑志采访，廉明素著。精医施药，排解代贽不索偿。目见四代。年八十，无疾卒。

黎大矗，字振万。岁贡生。昆弟析箸，家赀悉让诸兄，独以馆谷营甘旨，终始不倦。年八十六卒。

刘文海，字会江。监生。乐善好施，矜全孤寡甚多，卒年八十五。妻杨氏，年八十二卒。眼观五代。

黎光斗，字南一。监生。幼失怙，事母惟谨。肆志于山水间，至老不辍。隆师课读。与妻贺氏，俱年八十卒。子培衷，登贤书；培襄，廪生。

刘名埙，字笑斋。积学未售，足不履城市，待人忠厚。卒年八十一。

黄益友，性和厚。其子被横逆殒命，旁观愤之。益曰："命也，有天道在，姑俟之，勿以人命连累多人也。"年八十二卒。

萧扶纲，字景五。刻苦读书，屡列前矛不售，课读以终。年八十五卒。

张茂松，字尔承。品行端方，曾游华峰桥，拾遗金百余两，俟于其地两日，还其主。卒年八十一。子姓蕃衍。孙敦义，记名总兵。

李文秩，字德音。监生。九岁而孤，遵母教，恢宏先绪，友爱弟文秘，俱孙曾绕膝。至宅隘不能容，始谋各爨。妻章氏，事孀姑，年八十，敬未尝一日弛。卒年俱八十二。

喻国镰，字月山。妻汤氏，以勤俭居家，以耕读课子，眼观四代。国镰年八十二，汤氏年八十六，皆无疾卒。子忠泳，现年八十二。孙咸中、朝中，皆以武功显。

童信盛，字玉吉。孝敬双亲，天性浑厚而刚直，老犹矍铄。年八十二卒。

戴邦华，字茂松。一生端谨，虽盛暑不裸体。少孤寒，母病瞽，邦华食力营生，未尝缺甘旨。妻刘氏勤俭，尤孝顺，凡高堂之饮食起居，与其夫视无形、听无声，以手代目者，数十年如一日。子五，教之以法。晚年家渐丰，积而能散，好印送善书以感人。凡乡里义举，解囊相助无吝色。眼观四代。俱年逾八十，无疾卒。

许振和，字致祥。浑厚和平，恪守本分，报闻如例。年八十四卒。子孙蕃衍。

朱贤茂，字松之。监生。好读书，隆师课读。妻喻氏，性淑慎，亦善成夫志。茂年八十一卒。夫妇偕老，五代同堂。子三，长佐才，邑庠生；次伯才，次媳陈氏，现年九十三；杰才，现年八十二，三媳李氏现年八十一。茂孙元吉，曾孙钟秀，俱庠生。

张启达，字惠公。性慷慨，能任劳，善撙节周急，邻里多感之。年八十，无疾卒。

张思古，好义举，倡修武庙，葺祠置产，夫妇均八十卒。

张志锡，字玉鼎。性沈静，乐施济。嘉庆丁卯，岁荒，率妻刘氏减食以活乞者。晚年殷殷课读，子思之、曾孙德澡，相继游庠。年八十卒。

孙、曾、元共二百余。

张绍南，邑诸生。性长厚，笃天伦，与人真挚。年八十卒。

蔡清义，号端也。浑朴勤俭，与世无乖，五代同堂，寿百有二岁。

喻忠诚，字能人。幼失怙恃，怆感终身，克自树立。性嗜学，至老不倦。子时孝，为名宿；晖孝，庠生。年八十卒。

萧新碧，字文群。以方正称。修桥平道，必尽力所能为。五世同堂。卒年九十一。

李仁章，字凤生。康熙间，丈勘民田，举司筹算。尝修冒河桥、转轮庵、普济寺、石立寺佛像。五世同堂。卒年九十三。

邓枝旭，字葵阳。笃志力学，工吟咏，足不履城市。年八十五卒。

闵德征，字瑞端。多才好义，建祠宇，续谱牒，及邑中考棚、庙宇各义举，不吝重赀。妻喻氏，治内井井有条。四世同堂。夫妇皆年八十一，无疾卒。

谢陛谟，字书三。素敦厚，喜读书，一门双节，五世同堂。年八十二卒。

戴嘉会，字亨英。和平朴厚，五世同堂，家百余口，内外严肃。年九十八卒。子定达，年八十二；定远，亦八十。

戴贵芰，字召棠。好施予，债不能偿者还其券。年八十卒。

谢世翰，字登瀛。早失怙。母病，祷以身代，未几愈。课子义方，尤好推解。卒年八十。

萧鸿章，忠厚乐施予，茶亭、桥路、寺观诸义举，不吝重赀。年八十二卒。

欧阳国瑞，监生。忠厚和平，解纷排难，里人服其刚方，年八十六卒。妻李氏，佐夫善行，时勤纺绩，现年九十三，康健如常。

萧品忠，号心正。忠厚勤俭，家政严肃，雍穆一堂，卒年八十八。妻颜氏，性温和，年八十五卒。

何承潍，字怀禹。慷慨好义，建支祠，置祭产，五世同堂。卒年九十三。

戴得均，字楚良。性浑厚，终身未尝入城市。好施予，凡桥梁、义渡，多倡首捐赀。寿八十一，报闻如例。妻黄氏，体夫志，恤贫苦，寿亦八十五。

陈文轩，字楚英。温厚勤谨，孙、曾绕膝，五代同堂。年九十三卒。

萧学周，谦光巽让，与人不立崖岸。年八十三卒。

王修榜，字清选。长厚刚直。年九十七卒。

王明翰，字独占。心性和平，克勤克俭，而族里有义举，无不慷慨乐为。卒年八十三，报闻如例。子懋昭，附贡。孙敦敏，游庠。

刘启周，字坦轩。知好义，有荒民妇将娩，邻右皆不纳，启独栖以舍，进饮食调养之，其妇后分娩获无恙。年八十卒。

吴肇钦，号克寅。秉性公正，积学未售。精歧黄及堪舆术，能独抒所见。年八十卒。

夏敬敷，号育斋。监生。命子斗南建新桥。五世同居，朝夕诵劝善诸书。病革，嘱子孙焚而置诸棺。寿八十九。

夏之时，号勉斋。睦族恤贫，建双寿桥，时夫妇年八十，故名。捐疆插坑、罗家洞两处义山。五世同居。卒年八十九，报闻如例。

黄国清，为人长厚，卒年九十四。子安寿，年亦九十九卒；安禄，现年九十三。五世同堂。

夏日朝，慷慨好义，里有某贷钱完娶不能偿，举券焚之。郭某被讹索，情急投缳，给赀寝事，郭幸苏。年八十四卒。

夏大陆，号蕙斋。性慷慨，告匮辄给，独建古稀桥、大塘冲桥。五世同堂。卒年九十三，报闻如例。

夏凌云，号奇峰。建桃花桥、萧公庙桥，费数百金。卒年八十二。

谢述达，字胜辉。品端行洁，不染俗尘。年八十二，报闻如例。八十六岁卒。

谢述哲，字世钦。事父母以身温被，夏贮水寝室以御暑。族明俊，老而贫独，恻然为养葬焉。年八十一卒。

廖华衮，事后母最孝。积学未售，课徒四十余年。卒年八十。

周歧山、青山、泽远、宗藩兄弟四，寿均九十余，五代同堂，皆报闻如例。兄弟孔怀，同心念祖，共置流沙河荞麦湾祭田数十亩。

夏如璋，监生。积学未售。父病，侍汤药数月，未尝安枕。癸卯荒，民染疫，架棚煮药，多获全活。卒年八十二。

夏晞圣，号敏庵。性愿悫，敦孝友，周恤孤贫，事外母，养葬均厚，义声藉甚。年八十二卒。

李朝辉，字高赋。秉性端直，与人无忤，目见五代。卒年八十七。

易开泮，号柳堂。读书能文，性和而介，处物无睚眦，遇有过辄面谕之。授徒四十年，务敦品行。家不饶，周恤邻里，随其力，尝焚券，无力勉偿者必返其息。年八十三，无疾卒。妻王氏，以贤称，年八十七卒。

吴庆衍，字甲溪。性严毅。侄新玉幼孤，教诲如己出，卒年八十三。妻赵氏，内助称贤，卒年八十六。

罗远绅，性慷慨，尝置祭田以收宗族，卒年七十八。子文炳，卒年八十六；文清、文轩、文汉，年均七十余；文蔚，现年八十。

龚泰康，字尊贤。品行端正，慷慨好义，五世同堂，年八十六卒。子定槐，朴诚无伪，克绍父行，寿八十九，报闻如例。

谭文杰，字俊超。六岁失怙，事节母易，色养弗懈。好行义举，嘉庆年倡建官埠桥。卒年八十。孙贤徽，字五叙，性醇朴，家饶裕，主修族谱，偕弟贤佐、贤弼增置祭田五十余亩，为祖坟构讼，垫用数千金。族将祀产出典偿之不受，后鬻产业以妥其债。独建沩源木桥七、狮冲石桥三，募置峰云寺灯田数亩。五世同堂，年九十，报闻如例，卒年九十一。妻童氏，有贤声，寿九十。

彭瑞明，字集武。性宽厚，家法严，子弟小失，必令长跪受责。处昆季友爱，分财多推让，五世同堂。年八十七，聪明康健。卒之先数日，语孙、曾曰："余当以某时坐化。"卒如其言。长子世道，字寿松，年八十四；媳李氏，年八十三。次子世清，字万选，年八十四；媳谢氏，年八十四。均夫妇齐眉，亲见五代。曾孙捷才，举人。

杨代芳，字闻德。兄弟七人，谊笃友恭，皓首无间。性和厚，尝修双江桥、七里山桥，费数百金。又修官埠、长生、四知、白花墩等处四大桥，皆捐重赀。卒年八十六。夫妇齐眉，孙、曾繁衍。

龚定材，字岐轩。年甫龀，父母亡，偕弟从轩依从堂伯，努力自立。族置祭田,里修桥梁,多为之倡。五世同堂,内外雍睦,报闻如例。卒年九十四。

易桐柏,字开淮。慷慨敦古,处乡族公事多倡举。年九十,报闻如例,卒年九十二。

罗诗垣,字良弼。年二十六,失偶不复娶。性恬静,行恭俭,雅好读书。晚年患病,跌坐床褥,惟日焚香,诵小学诸书,为后辈训。孙、曾绕膝,五代一堂。年八十三,报闻如例,卒年八十七。孙秉钧,游庠。

罗洪桎,字添宇。性浑噩,品行端方,人畏爱之。年九十七卒。子正元,八十五卒;正中,八十四卒;正己,八十卒。曾孙秋云,诸生。

伍启华,字贤才。性谨厚,足不履城市。娶杨氏,寿八十三。五代同堂,孙、曾繁衍,报闻如例。年八十六,无疾卒。

龚步陞,字位高。七岁失怙,时地无立锥,以勤苦积家,乐善急公。年八十,报闻如例,卒年八十二。

刘国治,名景武。孝弟力田,率真处物。家不甚丰,遇义举辄先人捐赏,喜倡建桥梁。年九十,报闻如例,卒年九十一。

隆再荣,字定华。从九衔。持身方正,不入公门。处家庭,崇礼让,好善乐施。道光年,偕妻袁氏捐朝阳庵佛田一亩。夫妇均年八十卒。

罗正远,字宇翊。事亲以顺,谦冲接物,报闻如例,眼观四代。年八十五卒。妻萧氏,内助称贤,现年八十七。孙勋,庠生。

李汇升,监生。性忠厚,笃式好,箸析复合。后人口日增,宅舍不能容,始各爨。越数年,敝篓遗金二百余两,与弟彩轩分之。佃人有窃其租者,遇之,不播其恶。年八十卒。子孙蕃衍。

杨绳准,字树型。监生。好施有识量,有因小故索赀于其家者,扑准跌地,家人群相击。准急起,止之曰:“予自失足,与渠何干?”家人咸默然而退。年八十二卒。

李登瀛,性浑噩,勤俭忠厚,年八十三卒。子五,孙、曾四十余,无一夭折者。妻陶氏,年九十八卒。长子现年八十七,媳八十余卒。次子八十五,三子八十三,四子现年八十,均夫妇齐眉。胞弟南川,年八十余卒。胞侄记作之妻彭氏,现年九十;胞侄英才,现年八十四,健如壮年。

唐启琥，字一龙。正直端方，卒年八十六，报闻如例。

李世瑞，字怀奇。庠生。早失怙，两兄与嫂继亡，弱侄四，抚养教诲一如己出，及成立授产毫无私。里中修官埠桥，邑修玉潭书院，俱捐多金。年八十三卒，报闻如例。次子明珠，克承父志，崇礼义，乐施与，乡里钦之。

贺懋楮，字墨庄。诸生。孝友居家，博闻强识。游岳麓，与胡达源交最笃。屡试不售，教授生徒，多所成就。卒年八十四。

丁西岳，赋性仁厚，处世和平，足不履城市，子孙蕃衍，雍睦一堂。卒年九十四。

李莒方，少能文未售，教读数十年。性和厚端方，睦族和邻，子孙蔚起。卒年八十。

李端南，性仁慈，慷慨好义，勤俭起家，五代同堂。年九十三卒。

蓝文荣，性敦朴，寿八十二。妻何氏，素勤俭，八十一卒。

李逢元，持身恂谨，气度冲和，乡里敬之。卒年八十七。

曾衍调，字韶一。和厚谦谨，眼观四代。年九十，报闻如例，卒年九十四。子兴橹，孝友温恭，耄犹教读不倦，现年八十，报闻如例。

曾衍证，字正之。端方严正，眼观四代。年八十，报闻如例，卒年八十六。子兴栋，授山东屯官。孙应春、应秋，均入庠。

曾衍论，字韶四。朴厚勤谨，眼观四代，年八十，报闻如例，卒年八十五。

曾衍谔，字省庵。谦和恂谨，教家耕读，四代同堂。年八十，报闻如例，卒年八十四。

宋太元，束躬严谨，辑睦乡邻，授八品衔，孙、曾繁衍，康健倍常人，谓皆善气所致。卒年八十一。

谢凤翔，字英岐。务勤俭，喜赒恤。卒年八十二。

丁　东，字琢堂。积学工文，屡试不售。晚年著有《克念集》十数卷行世，《诗韵补遗》数卷待梓。卒年八十。

黄杰南，卒年九十一，举报如例。

刘奇勋，字后策。眼观四代，卒年八十。

周锡清，字圣瑞。卒年八十八。

秦启哲，字原明。卒年九十三。

秦启江，字孔殷，卒年八十八。妻易氏，八十一卒。

李振坤，字茂恒。卒年八十七。

李振纲，字五常。卒年八十五。

李振祥，字文定。卒年八十八。

廖润森，字光临。卒年八十三。

张煌斗，字东山。卒年八十九。

郭穆辉，字容先。慷慨好义，孙曾繁衍，四代一堂。年八十，举报如例，卒年八十二。

欧阳拔才，持身勤俭，耕读教家。妻姜氏，内助称贤。夫妇均年八十二卒。

林永兰，字庭清。端方戆直，孙、曾叠起，年八十二卒。

张思瞵，字玉纹。忄生古朴，教子授徒有方。年八十，报闻如例，卒年八十一。

熊启书，字宗尧。弱冠失怙，抚诸弟成立。母病两月余，未解衣。人有借贷，不计偿。卒年八十。

李知梅，字培元。邑庠生。性好学，老而弥笃。岁歉，设粥两月。卒年八十，四代一堂。

杨树纶，字之声。监生。岁贡。经液子。性戆直，人不敢侮。躬崇节俭，助父起家。年八十三卒。以孙晓春、恒春官，赠如例。

杨栋纶，字承宇。监生。绩学未售。生平和易近人，一介不苟。族里有争，力为排解。妻王氏早卒，不再娶，人称义夫。卒年八十。孙骏声，入庠。

杨　镇，字卫南。武庠。为人严毅，工书画，尤钟情山水，深得其趣。晚年专意课读，年八十卒。孙赞裳，曾孙籽东，均入庠。

刘钜申，字良瀚。性浑穆。年逾九十，强健如常，报闻如例。

黄懋倬，字长谷。监生。性仁厚。嘉庆间岁歉，减粜济贫，他如育遗婴、修古冢、印善书诸义举，不惜重金。著有《无价轩诗集》。现年八十四，五代同堂。子立勋，庠生；骏勋，监生。孙培锦，增生。

蒋先第，字蓝田。持家勤俭，遇义举不吝费、不辞劳。现年八十，夫妇齐眉，孙、曾蔚起。

李开荣，性浑朴，举止端方。现年八十二，报闻如例。

刘培锦，字春台。积学不售，诱掖后进。现年八十五。

黄春秀，忠厚和平，持身勤俭。现年八十二。

王名教，字乐夫。性和平，四世同堂，年登八十，以医济人不索谢。

戴得遴，字义甫。力农崇朴，居家严整。年九十六，报闻如例。

潘大顺，字楚书。监生。少失怙，事母肫挚。遇义举，多襄助。夫妇俱年逾八十。子周甲，孙芳、兆恩，皆入庠。

徐传明，字惟声。朴质敦厚，好推解。妻张氏，克助内事。俱年八十二，报闻如例。

曾尚试，字平占。谦恭谨慎，勤俭持身。晚年家渐丰，现年八十，报闻如例。

钟大坤，字致远。监生。现年八十五。

钟世科，性谨愿，现年九十二。

刘宣璧，字联辉，现年八十一。

周晓林，现年八十四，夫妇齐眉。

刘恩凌，字孔昭，现年八十五。

万志展，现年九十一。

曾衍谦，号楠轩。立品端方，持身敬谨。现年九十四。

曾衍璜，字渭滨。孝友和厚，乡里敬之。现年九十三。

曾衍议，字沂春。勤谨和厚，现年八十三。

谈其煦，现年九十。

张泽雨，字翼斋。监生。与妻李氏，现年八十二。

喻启孝，号咸中。光禄寺署正衔，现年八十六，著有《中庸汇要》。

程文量，字光裕。现年八十。

吴尚志，现年八十一。

喻忠谅，现年九十一。

黎光锡，现年八十一。

杨方伟，字楚峰。监生。现年九十四，五世同堂。

谢世梁，字玉斋。现年九十。

王德洋，号益南。现年八十六。

黄华兰，号美章。监生。与妻林氏均现年八十。

黎绳武，现年九十一。

曾复先，现年八十二。

王嗣咸，字钰亭。太学生。现年八十二。

欧阳子布，字只园。现年九十，五代同堂。

高名瑜，号彩亭。监生。现年八十二。

郭学仁，现年九十一。

宋朝凤，字青云。现年八十一，夫妇齐眉。

袁必笏，现年八十五，举报如例。

胡光玘，现年八十一。

彭义元，现年八十七，五代同堂。

王湘鹓，号美泉。浑厚勤俭，笃友爱，喜周济，寿八十二。

曾兴榆，字玉田。温厚勤俭，耕读教家，现年八十一。

谢家恕，字如心。现年八十二。夫妇齐眉，举报如例。

贺孝瀚，字彩裳。现年八十，貤封登仕郎。

刘利孝，号义和。现年八十四。

蒋先游，字万余。现年八十四，貤封登仕郎。

崔开翀，字奋蠹。现年八十七。

崔　蠹，字屏翰。庠生。现年八十四。

陶世矧，字万庆。现年八十六。

周洪昌，现年九十二，目见四代，举报如例。

龙正洁，字一清。五品顶戴，现年九十。孙策勋，安徽补用花翎副将。

戴业盛，派名大肄。现年八十二，夫妇齐眉，五代同堂。

张承纹，号文堂。现年八十，五代同堂。

成秀龙，字荣万。现年八十七，五代同堂。

成光昂，字辉九。现年八十二，目见四代。

周永吉，字瑞斯。现年八十三。

廖章鬻，字翔云。岁贡生。现年八十一。

袁国桢，号维周。现年八十。

蒋维兆，字定高。现年九十五。

彭叶吉，现年八十一。

李经典，字徽五。现年八十二。

欧阳任贤，现年八十三。

姜国佐，现年九十。

周治榜，字朝魁。现年九十。

邓代鳌，字定元。现年八十四。

谢承洛，字维新。现年九十。

黄本一，字殊含。现年八十七。

谭秀箓，字乐瞻。监生。性仁厚，现年九十七，子孙蕃衍。孙正明，花翎提督；国煦，入庠，补千总；正焕，蓝翎千总。

李长春，现年九十，目见四代，孙、曾多游庠。

严光浚，现年八十一。

唐秀汇，现年八十。

熊伦述，字远绍。现年八十二。性嗜阴骘，钞善书传送。

喻孝淮，字东江。现年八十一，犹强健如常。

丁忠潮，字明甫。现年八十一。

刘福光，字禄照。现年八十一。

叶运桢，字定瑞。现年八十二，目见四代。

刘钜朝，字仁仪。现年八十一。

喻忠元，字惇允。现年九十。

喻光曦，字熙亭。现年八十一。

喻先成，字泉山。增生。现年八十。

周光锡，现年八十八，目见四代。

朱临川，字华才。现年八十七。

邓枝春，字寄南。现年八十三。

梅光明，字德高。现年八十。

刘向经，字福田。现年八十。

朱杰才，字唐赞。与妻李氏均现年八十二，目见四代。

刘丰洁，字盛舆。现年九十一。

王定樟，现年八十一。

夏曰鼎，现年八十六。

欧阳万才，现年九十。

夏凤翥，字玉佩。现年八十二。

文如虎，现年八十五。

夏春芳，现年八十八。

何际唐，字於斯。现年九十一，五世同堂。

萧大贲，现年八十五。

夏自如，名曰涟。现年八十五。

王定榘，现年八十一。

杨祖佩，字玉堂。监生。现年八十六。夫妇齐眉，目见四代。

许万明，现年八十，报闻如例。

贺容昌，现年八十五。

范培琠，现年八十三。

周洛芝，字南瑞。现年八十六，目见四代。孙莘炳，保举县丞。

萧尚珍，性忠厚，好济人急，现年九十，孙、曾蔚起。次孙炳文，郡庠生。

周洛荥，字豫南。现年八十六。

夏曰畴，字洛书。现年八十四。

周明才，现年九十二，举报如例。

张美元，现年八十一，举报如例。

文兴诗，现年八十，举报如例。

刘豫钲，字永盛。现年八十，举报如例。

傅良弼，现年八十，举报如例。

姚英韬，现年八十，举报如例。

冯隆斌，现年九十八。

邓礼鹏，现年八十。

张国珍，现年九十五。

袁仁恕，现年八十。

文家本，现年八十。

文德藩，字维城。性长厚，举乡耆，寿九十一，孙、曾蔚起。

文书田，现年八十一。

黄建范，现年八十四。

邓廷漾，现年八十二。

蒋恭高，字昭亭。监生。敦厚和平，寿八十。子维藩，武庠。

刘梓略，现年八十一，举报如例。

袁清才，现年九十四。

秦启鹤，字鸣九。现年八十六。

刘　俊，字廷魁。现年八十八。

许荣灼，字其华。现年八十三。

潘世语，现年八十，举报如例。

彭定瑞，以八十寿报。

谈昌廪，以八十寿报。

李运大，现年九十二。

周世棹，现年八十九。

刘兰耀，现年八十三。

寿妇

邓氏，胡扬海妻，生崇祯元年，卒年一百岁，子孙繁衍。建有百岁坊，在双江市对岸简家巷。

李氏，王用弼妻，年十八于归，奉舅姑，佐夫子，克尽妇职。子六，入庠者二，孙入庠者三。夫故，氏年六十，督家政如夫存日，为子孙造屋十余所，烟火相望，遂成王氏村落。长子炳旭，年七十五卒，氏犹扶杖哀恸，经理其丧。眼见曾、元，年九十七卒，时内外男女一百九十三口。今子孙繁衍，多登科甲。

刘氏，贺渎生妻。生于顺治四年，甫三月，流寇至，以杀婴为戏，里人多匿深林。寇闻婴儿啼哭，搜索殆尽，惟氏以不哭获免。八岁归贺，奉养舅姑，动循礼法。年七十八夫故，氏犹督子理家，五世同堂，内外凡一百五十二人，孙、曾俊秀林立，寿百有一岁。

孟氏，杨登岱妻。温惠仁慈，以勤俭相夫，女中丈夫也。嘉庆庚午，寿百岁，五代同堂。公请建坊于双枧湾，给额贞寿之门暨缎银如例。甲戌，寿百有四岁卒。子孙繁衍，内外男女百四十余。

严氏，黄大仁妻。嘉庆三年，寿一百零二岁，五代同堂。公请建坊，给银缎如例。坊在螺丝塘。

杨氏，周之明妻。康熙二十八年生，乾隆五十年没，寿九十七岁。相夫创兴家业，训子立心忠恕，五世同堂，内外男妇二百余人。

张氏，钟家伏妻。以贤淑闻，寿九十七。子八，皆登耄耋。一门忠厚，迭著耆英。

汤氏，刘起杭继妻。生子二，前妻生序炳、序拔，氏慈爱无异致。寿九十余。享序拔禄养，曾、元颖秀，五世一堂，三世掇科，序拔年亦八十余。

颜氏，蔡清科妻。生子五，勤俭治家，耕读为本。夫没时，家不甚裕，氏创业渐多，凡夫志有未逮者，罔不成之。有孙二十人，曾孙七人。寿九十六卒。

毛氏，张业茂妻。夫早逝，总理内外，廓充旧业，捐基建公祠。课子极严，子孙林立百余人，非衣冠不敢见，中多俊秀。寿九十六卒。

刘氏，儒士何大微妻。年二十七夫故，志励冰霜，勤俭持家，礼法严肃，五世同堂，寿九十余卒。

姜氏，监生何有莹妻。年七十余，犹勤纺绩，省食用，以供膳余赀为施予，年九十五卒。曾、元绕膝。长子贤潘，年亦七十五。

黄氏，胡伯孝妻。年二十九夫故，遗子四、女一。家不丰而勤俭自持，教养婚嫁，倍极辛勤，恒以忠厚训其子孙。孙泽汪，至老犹谨遵家训。氏寿九十四卒。

贺氏，颜三爵妻。佐夫理家政，井井有条。夫故，课五子耕读。寿九十三岁，五世同堂，内外七十余人。

朱氏，李添植妻，寿九十三卒。子三，定宙、定寰、定宗。孙九。俱列宫庠，目睹曾、元一堂百余人。

钟氏，举人萧宏炜妻。性淑慎，归萧时，以不逮事舅姑为憾，值生忌礼如事生。夫性峻急，能谐琴瑟，相之成名。夫逝，孀居五十年，抚孤先勋，不失旧业。侄先钧，幼失怙恃，令合爨，教养犹己子。先钧早卒，又抚侄孙成立。侄妇胡亦以贞节老，事氏若姑。氏寿九十二。

何氏，监生谢希孟继妻，善理家政。前妻张氏子二，氏子四，视同一体。课读诸孙，倍极殷勤，三孙克冕列文庠。内外男女一百四十余，寿九十一卒。

胡氏，朱信芳妻。修妇职，勤俭相夫。年四十后，母兼父道者五十余年，寿九十二。后其子增生贤林辈，将石头坡口地捐作义山，亦遵氏遗训也。

钟氏，太学生何惧妻。婉静贤淑，佐夫拓产，教子成名。寿九十一，五世同堂，孙、曾苗秀。

刘氏，秦栗妻。奉姑三十四年，婉顺倍至。相夫五十三载，爱敬无违。和妯娌，爱子侄，睦族戚，恤贫穷。乾隆戊戌旱，施粥活人甚多。寿跻九秩，孙、曾繁衍。

谢氏，戴九锡妻。性淑慎，事姑汪氏尽职，相夫子无违。岁饥，施粥或搏饭待族戚，量口给米。凡义举俱踊跃捐饮，里修唐市及回春堂两关圣庙，命子孔惠等助银百五十两；花门楼、过河埠两义渡，助银四十两；倡置田四十亩，又捐田作亭基，为行人憩息所。九锡母寿九十六，氏年九十。五世同堂，内外百六十八人。

张氏，黎希伟妻，年九十。子祚麟，娶秦氏，亦年九十。五世同堂，曾、元繁衍，姑慈媳顺，彤管遗徽。

刘氏，胡厚载继妻。生子一，待前妻子三人如己出。家素丰，裙布荆钗，纺绩不辍，恤邻里不吝。嘉庆癸酉，里人祝其九秩，颂淑德无异辞。

吴氏，监生汤与蠡妻。夫故时，疏食布衣，躬操井臼，督课耕作，率家人纺绩，恒夜分不辍，家遂饶裕。隆师训子，孙、曾入庠。寿八十八卒。

李氏，唐希通妻。以孀居抚孤遭雀鼠，躬尝劳瘁，能扩先畴，令其子再衡专志读书。目击五代，孙、曾犹禀命而行。寿八十七卒。

蔡氏，胡锡带妻。勤俭晓大义，善相夫子，生子三。夫没后，操持家政，凡善举无不命子为之。隆师课子若孙，书香日馥。寿八十四卒。

周氏，谢锷桂继妻，廪生家鼎继祖母也，卒年八十二。曾、元绕膝，五代一堂。

杨氏，蒋文明妻。生于康熙丙申年，迄今一百零三岁，精力犹健，五代同堂。

朱氏，陶圣克妻。以妇工所入，奉舅姑甘旨。年四十九，夫没，督子妇苦力成家，寿一百岁犹健。

黄氏，李国芳妻，寿九十。少事舅姑，曲得欢心。助夫子创业，隆师课子孙。五世同堂，共百余口，入国学及入庠者六人，方兴未艾。

欧阳氏，萧达周妻。性慈和，家贫无怨咨声。年八十七犹健。

黄氏，监生萧宏焕妻。助夫理家政协宜，乡邻悦服。家日丰，子俱成名，五世同堂。寿八十五。

何氏，监生萧先本妻。赋性温柔，持身淑慎。寿八十三。

夏氏，萧绪平妻。性慈淑，好施予。孀居三十八年，教子孙有义方，目击五代。现年八十二，不杖，不辍女红。子其昌，克遵母训，以孝友称。

李氏，秦文海妻。善相其夫，撑持家业，勤俭积贮，扩先畴。夫没，训子树以义方。年八十八卒。

杨氏，秦彬妻。性慈淑，持家勤俭。夫乐善，凡架桥、建祠、修谱诸事，氏皆赞襄之，视孤侄启熙如己子。现年八十，眼观五代。

刘氏，王修椿妻。性幽静，家贫，益勤操作，教子明显以义方，乡邻交赞。年八十余，孙、曾浸昌。

贺氏，蔡清命妻。夙娴姆训，中岁夫故，谨承厥志，摒挡门户，扩充家业，督子课孙，均有声胶庠。寿八十一卒。

吉氏，周世溥妻。善事姑嫜，克相夫子。育五子，课耕课读，克勤克俭。裙布荆钗，族邻矜式。现年九十三。

欧阳氏，谢芳友妻。性贞顺，晓大义，能得姑嫜欢。芳友早逝，抚子述沧、述泗，辛勤纺绩，训读课耕。凡里中义举，靡不竭力赞襄。子孙恪守家风，无一游闲者。寿八十三卒。

易氏，彭垂昶妻。读书识字，勤俭持家。垂昶早世，氏教子成立，家业益丰。族党孤贫，多所佽助，力行善事，至老不倦。年八十六卒。

陈氏，庠生赵邦新妻。柔顺慈惠，奉舅姑色养不衰。勤俭性成，尤好行善事。岁饥，氏择尤穷者赈之，乡里口碑不置。年八十二卒。子孙多列胶庠。

黄氏，丁光国妻。夫早丧，抚夫弟次子用康为后，爱如所生，而教读严如师保。生平淡素，家虽裕，不废纺绩，至老不怠。年七十八卒。

潘氏，张新辉母。年四十夫故，勤俭自持，抚辉成立。独创高露山，捐田二亩。年八十三卒。

以上旧《志》。

郎氏，刘钜梅妻。秉性慈惠，阃范素严。寿百有一岁。

黎氏，庠生王度妻。相夫勤俭，训子有方。夫没后，子分居，犹恪遵母训，雍穆一堂。卒年九十，孙、曾苗秀。

萧氏，王人翀妻。奉姑婉顺，相夫爱敬，寿九十一卒。

彭氏，刘大俊妻。性慈淑，事姑嫜甚谨。继姑没，夫弟偁甫三岁，氏佐夫育成之。子四，孙六。幼孙锡康，二龄失恃，氏抚之如母存。佐夫拓产，训子孙以义方，济贫苦无吝色。寿九十一。一门五代，孙锡康登贤书。

彭氏，周宗锡妻。性淑慎，以勤俭佐夫。夫从堂侄起缙、起绅、起维析产后，迭遭丧，氏劝夫合爨而经纪之。逾二年夫没，氏待之如夫存。起纶甫六岁，氏教养成立。后十余年，家益裕，乃悉所创者均分之。救患恤贫，俱慷慨。年八十六卒。

李氏，周大廓妻。恪遵妇道。老年遇客至，茶鼎蔬盘，犹躬自检点精洁。年八十三，无疾卒。

蔡氏，宗人府主事王九溪次妻，教谕王懋母也，貤赠孺人。卒年八十七。

张氏，城步教谕胡泽汇妻。事翁姑以顺，相夫教子以贤闻。子本莘、本万在庠，均名噪士林。氏年九十三卒。

覃氏，李采芹妻。夫早故，性慷慨好施。道光十二年，念里中贫乏者无葬地，将契管一都二区地名密扶塘侧土地山下节，捐入高堂图，以作义山。卒年八十一。

刘氏，监生程行扬妻。事孀姑孙氏至孝。生子二，德言、德干均早逝。德言有遗腹子，氏率孀媳刘氏抚孙成立，力持门户数十年。至乾隆丙午，元孙人鹤生，氏喜曰："不图今日得见五世也。"以明年丁未卒，寿八十八。

黎氏，谈维再妻。性和顺，恒苦病，为夫置妾，恩爱倍至。夫旋故，痛无嗣，捐地名朱家湾水田七亩入公祠，资祭祀，俾夫无后若有后者然。年九十三，无疾卒。

廖氏，谈昌楷妻。性慈惠，恤穷苦。族有老妪邱氏，以夫久客外不归，贫而独，并艰步履，氏舅姑甚怜之，因留养焉。偃蹇床蓐间十余年，氏为供饭梳洗，历久不倦。老尤善承夫志，常以读书勉后辈。子宗藩、孙袭祥，先后入庠。卒年八十九。

邓氏，胡尚怀妻。子四，孙十二，曾孙十。好善乐施。卒年九十。

文氏，秦文山妻。事翁姑敬顺，教子孙严明。子四，孙十七，曾孙十八。年九十三卒。

王氏，童开汉妻。习勤俭，闻诗礼，相夫训子皆有道。一生于小贸易，必用足数钱。老年子奉甘旨不肯尝，寄丝绵不肯服。孙曾数十人，咸劝之，曰："行吾素，留吾福，吾自乐也。"亲受子孙封典。年八十四卒。

杨氏，监生吴登上妻。内助能贤，延师课子，羹汤皆氏亲作。夫四十七岁卒，氏教子益严，俱成名。晚年以纺绩余赀，置睦家冲产建祠，以事翁姑。享年八十六，无病终。子芳甲、江春，孙学洞、紫香，均入庠；

学裕中式，方兴未艾云。

李氏，从九衔卢文正妻。性慈淑，相夫持家，课读殷勤，眼观五代，内外百数十人。年八十九卒。子四，俱监生。

袁氏，廖锡封妻。子二。性和顺温柔，育子慈严交尽，持家勤俭。年八十二卒。

李氏，赖世武妻。一生勤俭，五代同堂。年九十四卒。

周氏，段心烈妻。顺舅姑，敬夫子。年未四十，舅与夫见背，氏勤俭，代姑理家政，增置田产，开张家塾。自奉薄，款客丰，待师尤加厚。敦族睦姻，恤孤周乏，俱尽致。捐祀祠田襄扫墓费，存二山地以公葬所，族人义之。年八十六，无疾卒。子顺淮、顺湘、顺濂，俱监生。

童氏，姜时焕妻。孝顺尽妇职，姑病，喉舌疮溃极腥秽，氏朝夕奉汤药，请浣漱，日数十次。月余姑没，氏沾染痛极，勿悔也。有老佃窃谷，氏觉，嘱子勿言，以他辞退庄，曰："无以我数石谷，丧伊一生名，且全尔父在日待厚之意。"子清鼎，庠生，有文名。孙、曾林立。年八十一卒。

周氏，监生廖文趲妻。生平娴内则，夫病，祷以身代不获。抚侄兆鸿为嗣，育养过于所生。综理家政，凡课督奴婢，秩然有条。时建家庙，捐田以供先祀。年八十三，子孙蕃衍。

彭氏，从九衔童歌盛妻。秉性淑慎，生一子殇，抚夫兄子开焌，恩逾所生。姑喻氏年近八旬，患偏枯疾，辗转床蓐。氏率媳高氏扶持十余年不稍懈，孙、曾林立，孝友一堂，皆氏遗教。卒年八十一。

刘氏，原志仁厚，谢金阶妻，心性慈祥，居家有法，代夫有终。年八十九卒。

张氏，秦启兆妻。性和厚，克勤俭。年八十二。

林氏，曾兴跃妻。性慈惠，晓大义。中年夫故，奉老姑惟谨，训子义方。家不中赀，里中贫乏，有求必应。年八十六卒。

谭氏，王人焯妻，茶陵亚元谭定元女、亚元谭之纲孙女也。夫早逝，克尽妇道，教子义方，三子鉴入庠。氏年八十三卒。

王氏，邓功炳妻。家世忠厚，务耕读，耄年犹勤纺绩。子孙蕃衍，一门友爱。年逾百岁，族邮求为请旌建坊，氏婉辞之。炳年亦九十三，五子及长孙皆年逾八十，人称为寿种云。

贺氏，庠生梅钟清妻、庠生梅萼之母。禀性忠厚，勤俭起家。夫、子早逝，抚孙、曾成立。现年八十八。

谈氏，训导邓溉妻。治家严肃，敬事舅姑，佐夫课子，通晓大义。每逢先人生忌，洁治酒馔，谕子孙以遗训，尤喜周恤穷困。年八十六卒。子三，孙、曾数十，咸守一艺之传焉。

丁氏，奎文阁典籍曾衍咏妻。治家有法度，尤好施予。每逢雨雪严寒，必命其子遣人负米薪往深山穷谷，量加周济，数十年不倦。卒年八十三。葬之日，远近受恩者拈香呼号，络绎道左。

丁氏，喻光笈妻。谨供妇职，克勤克俭。晚年得痿痹症，饮食寝兴不能由己，其子云房卧榻侧，一夜数起，赖以扶持。年八十二卒。

张氏，乾州学博周在炽妻。事舅姑惟谨，中年随任，仍安寒素。炽故，子五，敦诗书。王侍讲坦修，炽门生也，归老频谒氏。每肃拜，叹曰："此真吾师母也。"氏八十余，犹常述舅姑家法、夫子行谊以训孙曾。卒年八十六。

袁氏，喻天信妻。事姑以孝，相夫以道，性勤俭慈惠。中年夫故，子皆幼，仓廪灾，谷粒焦毁，躬率子女自咪，三年不以食人。乡有鬻子为僧者，氏出赀赎还，赖以延其嗣续。寿八十一卒。抚子四，皆成立。季子忠阶，邑增生。

刘氏，周洛书妻，进士颐昌母也。氏七十寿时，颐座师徐法绩撰文介嘏，称其为父为母，莫不法式。尤侈其隆师一节，有云："一饮食母手调，一衣服母手盥，供具云夥，区画胥宜。其及见季子成名，而荣膺宠命者，乃报也。"年八十卒。

贺氏，刘序寅妻。夫以勤俭起家，没后，氏承志，课子耕读，俱成立。子端智，弱冠失怙，即操家政，增置田产，友爱昆季，分析无私。尤朴素，喜排解。氏卒年八十四。子孙绳绳，家日饶裕，书香蔚起，多列胶庠，氏之贻也。

贺氏，张席聘妻。性和顺，助夫揩柱门户，持大体。生平言笑不苟，教子义方。同治癸亥年报闻。孙、曾蕃衍，四代一堂。卒年八十六。

文氏，举人贺德澍妻、善邑孝廉上杰女也。年四十，夫故。子四，氏抚养，延师课读，极尽隆礼。以勤俭增置田产，遇横逆事，常手出金托正直族人代排解，故终其身无讼累事。待侄辈如己出，戚党有贫乏者时周济之。长子懋檀，登贤书，官湖北枣阳知县，升同知；懋樛，拔贡生，授州判；懋旃、懋樟，俱业儒，早逝。孙、曾玉立，先后游庠者四人。卒年九十。

黄氏，监生张德明妻。德明出抚长房，事抚母如生母，氏助之以孝闻，家世以耕助读。德明故，氏如之，子三莫敢废耕者，遵母训也。常谓儿孙曰："一年之计在于春，一日之计在于寅，一生之计在于勤，一家之计在于和。"德明开张家塾隆师，氏亲手调羹浣服。子茂兰，现任武陵教谕。氏年八十，封宜人，以称觞后二日卒。

谢氏，吴朝袗妻。性贞静。卒年九十三，目见五代同堂，孙、曾众多，方兴未艾。

杨氏，欧阳陟山妻。相夫理家政，主勤俭，四代同堂，教训有法。年八十二卒。长孙腾、次孙骏，均列邑庠。

贺氏，岁贡生刘向阁妻。相夫训子，阃范克端。年八十八，无疾卒。子斐基，邑庠生。孙文教，附贡生。

吴氏，谢用中妻。性温惠，闻邻里哀戚事辄流涕。老犹勤纺绩，课读殷勤。子梦塘入庠。氏年九十三卒。

唐氏，萧万馨妻。持身勤俭，善事翁姑，周济贫寒无悭吝色。年八十三卒。

孟氏，黄新甫妻。撑持家政，克勤克俭。中年丧夫，贞洁自守。年八十八卒。

徐氏，胡本型妻。勤俭持家，克成夫志。年八十八卒。

谢氏，蔡道钟妻。勤俭持家。夫故，坚贞自守。子幼，训以义方。卒年八十三。

谢氏，萧介山妻。勤俭持家，克成夫志，训子义方。卒年八十七。长子念云，字泽澍，年九十报闻；次子念起，字维昌，年逾八十卒；三子念元妻谢氏，现年八十犹健。一门寿考，庆溢庭帏。

赵氏，杨承献妻。孝事舅姑，顺相夫子，五世同堂，门内无诟谇声。年九十三，举报如例。越三岁，无疾卒。

姜氏，彭修瑞妻。事舅姑能得欢心，相夫理家政，克勤俭。子二，长名世，监生；次早逝。课读诸孙，倍极殷勤，长孙业贤列胶庠。夫故后，家益丰，襄义举、赈孤贫不少吝。寿八十六卒。

刘氏，胡光典妻。善相其夫，席丰厚，能崇节俭。凡里中善举，无不竭力襄助。典没，氏年六十三，虽子妇环立，家政一决于氏。至戚子弟相见，无不肃恭，待贫乏尤加厚。眼观四代，子若孙登仕籍、列文庠者多。寿八十卒。

罗氏，胡泽洲妻。勤俭助夫，事无大小，称物平施，人咸悦服焉。寿终九十七。

段氏，谢万滋妻。三十二岁，夫故，子泽广生数月。氏冰霜自懔，矢俭矢勤，抚孤成立。贫乏每多周济，族里称之。年八十一卒。

黎氏，贺俊才妻。贞静可风，不好华靡，慈和俭顺，每见重于里党间。受子炳魁从九职封典。卒年八十二。

林氏，王明亲妻。谨事姑嫜，克尽妇职，抚子侄，和族党，人无间言。年九十一卒。孙光润，庠生，余多以军功显。

周氏，卢我寿妻。中年夫故，氏命子理堂、士杰、凤翔等独建鹤翎桥，砌石甚固，约费百余金。年八十八卒。次媳潘氏卒年八十五，三媳朱氏现年八十。长孙朝赞，家居课读，亦现年八十。一门高寿，乡邻羡之。

凌氏，黄懋槐妻。好读书，肃阃范。诸子童年不准入剧场及市肆，有微恙即召诸子朗诵古文，辄心喜而愈。以"节义廉耻"四字榜于室，暇则与子女等讲解而谆谕之。享年九十，无疾卒。

刘氏，许敬仪妻。性慈淑，教子孙以义方，为族邻矜式。卒年八十八。次子承岳，浙江乌程县知县，克遵母训，合门殉难，以忠义称。

许氏，成开基妻。与叔开灼析产任品分，戒子勿竞。乾隆戊戌，岁荒，乡邻困饿者设法救济之。年八十八卒。

卢氏，崔国器妻。年三十八，夫故，长子十八岁，幼甫三月。家贫，藉纺绩供衣食，并分赀送子读书，早作夜思，矢勤矢俭。客与子聚晤，谈经史文艺必勉，具鸡黍款留。或稍涉嬉戏，客去必痛责其子。长子秩，中乙卯经魁；次子程，岁贡生。年九十余卒。

周氏，庠生崔承淇妻、南川县令周宏濂女。丰奁赀，有陪嫁婢，随遣嫁之，曰："我儒家妇，焉用此。"欣然安布荆。夫穷年攻苦，氏勤内助，曲尽妇职。喜周人急，会岁歉，沩民百余扰于室，求索不已，家人几窘。氏出，婉言喻之，众旋敛服。年八十卒。

刘氏，成光鼎妻。端庄简默，恤孤怜贫。夫故，氏治家有法，慈严相兼，子孙五十余，五代一堂。咸丰二年，窜贼至，氏八十岁，无惧色，命家人倡乡邻追杀，毙贼数人，一境赖以安。年八十五，无疾卒。

季氏，李文楚妻。夫故子幼，勤俭持家，耕读训子。族党贫困者，视力能为，靡不佽助无吝色。尝独修梅湖坝石桥，行人利焉。年八十一卒。孙、曾多蜚声庠序。

胡氏，傅启元妻。以前母子析居，家业萧然。氏以针黹佐生理，虽窘极无怨词，仍以余赀馈问。姑嫜颇识字，遇戚党姻娅，劝以孝顺。中年翁没，仍往来，乐与氏相依。夫故，戒子极严，家道渐起。年八十一卒。

王氏，鲁光茂妻。夫先三十余年没，性朴心慈，目睹四代。道光年，分私蓄减粜，数百人衔恩。年九十八卒。

欧阳氏，监生崔理国妻。性慈和，乐施予，敬奉舅姑，相夫教子，一生无病，老岁愈精。年八十六卒。

许氏，崔国遇妻。温厚慈柔，家贫无怨，克勤克俭，衣食日丰，姻族皆钦敬之。年九十九，无疾卒。

刘氏，庠生许天馥妻。奉姑嫜，相夫子，克尽妇职。家世席丰，而自奉清约。及周恤贫乏，则倾囊无吝色。凡舆梁、道路之义举，里人恒倚以集事焉。年九十五卒。子心珂妻黄氏、孙遇顺妻黄氏，寿均八十三。孙泽顺妻周氏，寿亦八十。至今子孙蕃衍，多蜚声庠序、策名仕版者。

黄氏，庠生许遂顺妻。勤修妇职，家贫苦，无怨咨声。夫故，子庠生敬敷游幕江南，氏翁姑在堂，竭力侍奉。道光丙戌，疫染一家，里人罔敢过其门者。时氏归宁，闻信匍匐归，侍汤药，无倦容。年九十二卒。

李氏，邑增生罗彝钧妻。子四。姑早逝，夫季弟甫数月，乳养成立。相夫课读不倦，常以针黹余赀赒恤贫苦。子孙蕃衍，眼观五代。年九十三卒。

周氏，傅贡贤妻。生长儒家，晓大义。于归时，家匮，氏以勤俭相夫，约有积赀。中年不育，预蓄婢，为夫置妾，亦无出。逾年，夫故，抚夫兄进贤次子端智为嗣，生孙三。顾念夫兄无孙，俾次孙定陛承其祧。卒年八十八。定陛，记名提督。

陈氏，监生黄继起妻。事翁姑，尽妇职。同居数十口，调和无间言。邻里中有困乏者，辄周济之。年八十卒。

罗氏，蒋先友妻。性介而慈，晚年就养侄家，同爨数十口，保护童稚，勤恳周挚，有逾所生。氏卒，莫不流涕如亲丧。寿八十五。

谢氏，黄顺高妻。性仁淑。氏家素丰，于归，勤俭尽妇职。夫家落，出奁金三百余两，助夫佃田，与夫弟同力合作。闻人有可悯事，辄终日不怿。寿八十二卒。

黄氏，蒋恭泰妻。子维品，佣工孝养，数十年如一日。氏年九十五卒。

州氏，周厚斋妻。夫性诚朴，氏综理家政，上下无间言。子二，禀质如其父。析箸后，内外兼治，田园日辟。年八十六卒。

崔氏，傅翊贤妻。性仁淑，治家俭约，贫乏者多周恤之。己子早殇，抚庶氏子如己子，教诲有方。夫所行善事，氏赞助之力居多。卒年八十七。

萧氏，刘廷笏妻，前慈利县教谕刘士望媳也。经理家政有法，子侄数十人，无不肃然听命。年八十五卒。

唐氏，范楚才妻。治家有贤声。道光时，谷价腾贵，家粥食，有族子频来借贷，家中人不允。氏曰："我等犹有粥食，何忍坐视彼无？可分食之。"凡事皆类此。年八十四。子培濬、正醇，俱列庠。

刘氏，杨士达妻。性贤淑勤俭，五世同堂。年八十七。

萧氏，唐启礼妻。四十余岁，夫故，治家勤俭。年九十六。

苏氏，易人杰妻。敬舅姑，谐姒娌，相夫子，教儿媳，纪纲秩然不紊。年八十八。

罗氏，武立修妻。性贞静，不苟言笑，持身勤俭，耄年犹能纺绩，目见四代。年九十七卒。

李氏，杨纶理妻。夫没，教子有方，五世同堂，门庭肃穆。素好行善，如重修三元桥、白杨桥，各费数百金不惜。年九十七卒。

王氏，庠生杨绂纶继妻。子二，抚前室刘氏女如己出。中年夫故，长子国镇、次子范臣俱幼，延师课读，不惜重金。家素封，而勤俭如寒素风。年九十四卒。

童氏，杨甲纶妻。佐夫理家，丰俭适宜。子三，俱监生。夫故，督子媳课孙，曾延师优礼。嘱子修金山寺，不惜多金。年八十六卒。

沈氏，杨安泰妻。性仁厚，惜贫苦，垂老不懈。孀居三十余年，子若孙恪守慈训。年八十。

唐氏，谢云汉妻。孝顺慈柔，妇道无缺。年八十二卒。

刘氏，谢伯良妻。相夫督子，孙、曾满堂，年九十二卒。子致君，年八十一卒。

黎氏，成章楷妻。侍奉姑嫜，四十年如一日。年九十四卒。子孙番衍，犹有俭朴遗风。

张氏，洪光杰妻。夙娴姆训，善事姑嫜。相夫子任怨任劳，持家勤俭，周恤不吝，教育有方。寿终八十五。膺四品封典。

陈氏，洪文琇妻。慈柔和顺，相夫无违。长子运昌夫妇侍奉惟谨，三子建勋、四子定陛先后殉难。氏闻之，曰："吾门可谓忠孝两全矣，夫何憾。"卒年八十三，曾、元繁衍，彤管遗徽。

刘氏，钟鏖昌妻。三十岁夫故，持躬持家，均合妇德，寿百有十岁，岁贡生廖章蠹为之立传。子大星，监生。孙文现，入邑庠。

汤氏，增生周和极妻。颇知书，晓大义，勤俭持家，内外雍肃，五世一堂。永诀时，命六子、十八孙、二十七曾孙、两元孙各献爵毕而逝，年九十四。

陈氏，监生王德辉妻。年三十六夫故，教子成立，慈严交尽，寿登八十。

周氏，监生萧太音妻。性和顺，能尽妇道，身勤俭，克助家声。卒年八十四。

唐氏，何其价妻。孝养旧姑。姑即旧《志》寿妇何惧之妻钟氏也。氏好善乐施，凡其价捐修桥路、整饰庙宇诸美举，皆赞助之，虽多金不惜。好览书卷，课子义方，隆师重道。寿八十六。子理万、孙邦式均有声庠序，曾孙瑞椿举孝廉，方兴犹未艾云。

刘氏，何衷万妻。教子邦式最严。式就外傅，刘撑持内外，克勤克俭，家道振兴。后式没，教孙瑞椿亦然。甲子乡试时，刘年八十，瑞椿因祖母病，不忍赴省，刘促之行。捷音到，刘曰："吾可以瞑目矣。"遂卒。

成氏，廖章甫妻。性慈祥，喜赒恤，家不甚丰。道光己酉大饥，氏率儿孙省食施粥，救活无数。年八十二卒，目见四代。

杨氏，邑庠生黄堂妻。性淑慎，不苟言笑，纺绩至老不倦。年八十四卒。

曾氏，刘元吉妻。内助维贤。夫故子幼，教养成立。岁歉，佃租不责偿，且留耕。有外侮，禁其子勿校，人尤称其贤，进士贺懋椿额其庐曰"柏荫藜堂"。年八十五卒。

李氏，谢述唐妻。娴姆训，孝翁姑，和妯娌，助夫教子，寿百有一岁。邑令陈心炳颂孙、曾蕃衍。

姜氏，张尊贤妻。暨子媳谢氏、孙妇李氏，寿皆九十卒。孙妇郑氏，寿九十一卒。曾孙继妇喻氏，现年八十尚康健，孝敬慈惠，先后同符里。人以"叠绍萱龄"四字额其堂，盖纪实也。

袁氏，潘经纶妻。性慈惠，乡里争竞者劝解之，贫苦者赒恤之，人咸感其厚德焉。年九十三卒。

卢氏，刘掌衡妻。性贞静，孝姑敬夫。子五，均守诗礼。每生辰，必嘱勿杀生，谓："不可以庆我之生，而忍彼之死也。"寿九十三，无疾卒。

秦氏，潘世冕妻。性慈惠，晓大义。奉舅姑，尽妇道。佐夫理家事，丰俭适宜，增置田产，训子泽澄、泽涛以义方。氏年老，视听如常，尚勤纺绩。孙、曾林立，五世同堂，内外四十余人肃然也。卒年九十。以孙本槊州同衔封安人。

张氏，谭见儩妻。夫早故，氏撑持内外，丰俭中礼。子三，均监生。孙、曾俱恂谨有度，秀读朴耕，家范肃然。年九十一卒。

周氏，刘显明妻，寿九十三。子四，皆年登古稀。季媳周氏，寿亦八十五。曾孙国胜，保参将。

廖氏，周先盛妻。幼适周，佐理家政。中年夫故，教子成立，家业益丰，目睹四代。年八十二卒。

刘氏，张名馥妻。娴姆训，晓大义，事继祖姑周氏二十余年，曲体欢心。周寿终八十六，刘寿终八十八。

张氏，王肇基妻。年十四于归时，太姑张氏衰迈性严，姑朱氏善病，奉事维谨。初产薄，氏勤俭佐夫渐裕。夫故，躬撑持，晚犹不雇女佣。子湘启、湘拔，教养成立，且勖以"诗书裕后孙，福康登贤书"。五代同堂。卒年八十九。

邓氏，监生刘声和继妻。于归四载，夫故。子二，抚前子六，教以诗书。持家勤俭，晚犹纺绩不辍，眼观四代。孙庭瑞，盐库大使，余均成立。卒年八十六。

梁氏，王诠之妻。孝翁姑，和姒娌，勤纺绩，课耕读。年八十八卒。

成氏，尹楚江妻。事舅姑，曲尽爱敬，虽园蔬瓜果，不敢先尝。偶有疾病，氏亲侍汤药，昼夜不稍懈。姒娌甚多中馈事，兼理之，无尔我见。楚江没，氏经理家政，井井有条。训孙、曾以耕读为先，虽婉言温语，无不畏服。族里贫乏者，称贷无稍吝。子孙蕃盛，四代一堂。寿百有四岁。

蓝氏，邓建功妻。孝姑嫜，和姒娌，勤俭好施，孙、曾绕膝，四代一堂。年八十三，无疾卒。

陈氏，诸生喻逊妻。母家素封，归喻贫甚，夫以授徒自给。舅年老，氏操井臼、躬纺绩以佐甘旨，深得欢心。年九十二卒。媳周氏，诸生宜孝妻，善事舅姑。姑老伤足不能行，氏浣濯扶持，备极周至，如是者十年无少倦。尝举"存好心、行好事、说好话、做好人"数言以训子。

及卒，面如生。家人舁入棺，身轻如羽化然。子梦兰，诸生，留闽补用知县加同知衔。

罗氏，喻忠声妻，百有二岁。秉性慈惠，教子义方，孙、曾蕃衍，有两任总兵者。

黎氏，诰赠武显将军喻国清妻。娴姆训，习内则。舅姑先后即世，事祖姑尤谨。初，夫兄弟五析箸后，各供母养六日，而膳寝浣洗，非氏不安。姑董氏尝称"其孝必昌"。后氏以勤俭，积赀稍裕，倍价受侄关业。侄恃恩求多，氏惟面训，中怀释然。董寿八十二，氏目睹五代，卒年九十三，诰赠夫人。

周氏，诰封武显将军喻孝宇妻。事翁姑及祖翁姑，皆得欢心。妯娌三人，和好如同胞。姑没，夫弟楚良甫七月，氏育成之。良待嫂若恩罔极者。氏故，良老犹然孺子，泣诉灵前，闻者泪下。初，家世穑事，氏特种书田，晚年以子吉三禄养赀，开塾课孙、曾，隆礼师长，嘱家人一饮食、一浣洗无敢慢。惠周族，姻里党，于贞节贫苦者尤给之金，以固其志。邻妇有不得于翁者，常与妇言孝，卒赖以全。亲受子吉三二品封典，年八十卒。

朱氏，胡翔千妻。孝姑敬夫，五世同堂，寿跻百岁。

王氏，张品超妻。事舅姑尽孝，相夫子行善，共著仁慈，寿八十六卒。

刘氏，监生周甸之妻。孝姑敬夫，和妯娌，教子孙。姑刘氏，卒年八十六。娌曾氏，现年八十。氏年八十五卒。

宋氏，刘敦五妻、孝廉丕文母也。寿九十六，目见五代同堂，一门男女共二百余。九十称觞时，两广总督李鸿宾以通家谊，制屏驰庆。

宋氏，李文秘妻。秘耽吟咏，终日分题斗韵，口占手叉，产业盈虚不问也。氏率子拮据零杂，经纪有条。始犹苟完，终乃大豫。后秘二十余年卒，寿八十四。

武氏，监生黄世渥继妻。抚前子如己出。中年媳没，又抚诸孙，恩勤备至，两世赖之，贤声藉甚。年九十卒。

文氏，黄世源妻。勤俭相夫，子七，督以力作，惩其逸，悯其劳，慈严并用，孙、曾蕃衍。年八十六卒。

王氏，喻国俊妻。俊治家严，子八人皆只服维谨。氏慈而兼严，俊没后年已七十余，犹执麻枲，议酒食，子妇争代之。氏曰："老年人藉是以活血气也。"卒年九十六。内外男女不下百人，食指繁，家计豫，皆母德所致云。

喻氏，李师孔妻。素娴内则，治家勤俭，目见四代。年九十三卒。

喻氏，唐禹山妻。竭力事翁姑，助夫子，以勤俭起家，晚年尤好施与。寿八十一，无疾卒。孙、曾繁衍，多游庠序、登仕版者，置田以供氏祀。

陈氏，蔡端阳妻。相夫勤俭。夫故，置产数百亩，五世同堂，男女共百余。年百有一岁，无疾卒。子克胜，亦目睹五代，寿跻百岁，建石桥曰"寿期"；万方、天霞、从周，俱年逾八十。一门多寿，人咸羡之。

喻氏，张万镒妻。年四十夫故，有旧戚负氏百余金，后戚富，意欲抵偿。氏曰："戚重财轻，何抵偿为？"如数还之。年八十四卒。

张氏，朱立廷妻。性柔顺，敬事舅姑，相夫教子，以贤闻。年八十，落二齿复生。男女七十余，雍穆一堂。卒年八十四。

孙氏，朱贤思妻。孝翁姑，顺夫子。姑病，以身祷代，侍汤药不少离，临终执氏手曰："佑尔子孙，酬尔劳。"贤思仗义疏财，氏顺承之，里中贫苦多赖焉。卒年九十一。

姜氏，喻武功妻。年二十余夫故，抚孤成立，勤俭持家，田园日辟，目见五代。年九十七卒。子继绥、继绳，修百岁桥以表之。

张氏，喻继良妻。十龄于归，夫家甚窘，克勤克俭，孝舅姑，相夫子，口无怨言。百有三岁，无疾卒。

喻氏，尹朝松妻。夫早逝，抚孤成立。勤俭自持，课读课耕，家赀饶裕，四世同堂。卒年八十七。子德音、佐贤均早世，媳谢氏、张氏佐理家政，事姑极得欢心。谢年八十卒。张现年八十三，尚勤纺绩，康健如常。

李氏，谢承冈妻。三十七岁夫故，躬操井臼，内外肃然，五世同堂。年九十一卒。

杨氏，谢凤泰妻。勤俭持家，孙、曾林立。年九十三卒。

刘氏，夏中书妻。孝顺性成，舅姑病，衣不解带，汤药亲尝，目睹五代。

年九十卒。

王氏，李岂凡妻。性贞静，孝姑嫜，贫而无怨。年九十卒。

罗氏，戴季平妻。端庄勤俭，五代同堂，家口百余，孙、曾列胶庠者二。卒年九十三。

杨氏，夏日鼎妻。性慈和，好施与，邻里贫病者给粮馈药，遇岁荒为粥与饿。卒年八十九，人称贤德焉。

王氏，张良材妻。性贞静，以勤俭相夫，尤好施与。年九十余卒。

汤氏，张志渠妻。性贞静，孝翁姑，助夫教子，雪夜篝灯纺绩不辍，见老幼贫困者，必赒恤之。卒年八十。

谢氏，监生姜肇隆妻。夫习举子业，负笈从师。氏撑门户，克勤克俭。心性严明，一室肃然，隆师重道，故孙、曾多列胶庠。目睹五代，男女将百人。年九十七卒。

戴氏，监生姜基绚妻。性慈淑，明大义，勤俭孝敬，内外无间言。家业创兴，氏力居多。夫故，内外兼理，恤苦怜贫，岁饥出钱谷以救人，延师课读，亲见子若孙入庠者六，曾、元蔚起，五世同堂。年九十四卒。

胡氏，罗明山妻。好施与，勤俭相夫。年八十七卒。媳陈氏，发白复青，年九十卒。均眼观五代，元孙勋入庠。

黄氏，陈名表妻。性淑慎，五子十孙，教训有法。寿百岁，无疾卒。

刘氏，儒林郎胡善尹妻。相夫勤俭，式廓田庐，善教子孙，宽严并用，门内秩然，曾、元蔚起。寿九十二卒。

罗氏，李九叙妻。夫抱痼疾，坐卧别室数载。氏侍汤药，夜阑不寝。见贫寒妇孺，时给寒衣雨具，慷慨好义，有丈夫风。居家整肃，五世同堂。年八十五卒。

彭氏，黄致和妻。年三十二夫故，育女三，抚侄萃英为嗣。氏摒挡门户，勤俭自持，教养婚嫁，倍极绸缪。事舅姑，尤得欢心。五代同堂。寿八十六。

陈氏，姜义云妻。年三十二夫故，遗孤三。氏独力撑持，勤课耕读，家声丕振，曾孙清炳游庠。年八十五卒。

王氏，易运舒妻。年三十二夫故，氏哀毁不欲生，念五子俱幼，教养成立。后五子继逝，氏泣语诸媳曰："吾之未亡者，欲抚汝曹以报亡夫耳。汝等勉承吾志，佐吾抚诸孙，以慰汝夫于地下。"于是携诸寡媳幼孙，操持内政，摒挡外务，门庭肃雍，家声不坠。晚年顾诸孙曰："吾今可面汝祖父矣。"卒年八十一。

刘氏，贺周书妻。有隐德，邻有贫病者给饔飧，三年不倦。年八十四卒。

魏氏，张翠武妻。勤俭明大义，助夫起家。有侄某家寒被重件，株连下狱。氏商夫代偿百余金，侄得生全。卒年八十六。子四，宗训、遐龄均以寿终。宗有，现年八十五。文望，现年八十一。曾孙鉴瀛游庠。

谢氏，吴达山妻。目见五代，子孙众多。寿九十三卒。

杨氏，夏大陛妻。性慈和，喜施予。继妻庞氏。均以贤淑称。杨卒年九十一，庞卒年八十三。

秦氏，刘贵卿继妻。生子五，抚前子一，俱教养成立，勤俭持家。年八十，无疾卒。

徐氏，黄三武妻。八旬犹纺绩，目光如炬。年九十三卒。

高氏，夏尚忠妻。孝顺温和，怜贫恤苦。年八十五卒。

胡氏，姜百安妻。佐夫兴家，目睹五代。年九十一卒。

王氏，李正亭妻。卒年九十九。子四，俱登耄耋。

易氏，谢永锡妻。性贞静，孝事舅姑。家非素丰，遇贫乏借贷不计偿，族邻有构讼者，尝典钗珮令子侄垫钱排解。卒年九十。

欧阳氏，监生王国器妻。婉顺勤俭，卒年八十一。

黎氏，袁耘丰母。慈和勤俭，卒年八十三。

周氏，刘应期妻。生平勤俭自持，和平温惠。卒年八十。

谢氏，刘光瑞妻。年三十九夫故，育四子成立，勤俭可风。卒年八十三。

刘氏，监生秦启莹妻。持家有则，教子有方。子维持，庠生。孙寿祺，廪生。祺字健农，读书立品，见重于时，年未四十，赍志以殒，同人咸惜之。氏年八十卒。

钟氏，李年泰妻。淑慎自处，勤俭持家。寿九十一卒。

刘氏，夏亮公妻，五世同堂，卒年九十六。

胡氏，谭尊五妻，五世同堂，卒年九十四。

崔氏，欧阳高远妻，卒年九十五。

王氏，欧阳广枏妻，卒年九十三。

姜氏，周持盈妻。家甚贫，贞静勤俭，相夫教子，年九十八卒。子二，长俊坊举乡耆，次簧入庠。

王氏，儒士黄金堂妻。孝顺慈爱，好施予。夫故后，撑持家政，乡里钦之。寿八十一卒。子二，长春藻，监生。

周氏，喻世泽妻。持躬以俭，相夫以勤，教子宽而有制。孙曾辈农耕士读，族邻嘉之。年八十四卒。

黄氏，监生廖章俊妻。德性温和，克尽妇职。夫故，抚孤成立，增置田产。晚年丧子，继而抚孙，撑持内外，有丈夫风。年八十卒。

李氏，童嗣舜妻。性淑慎，晓大义。夫独建公祠，费千余金，捐祭田二十亩，祭费二百缗，氏力襄厥美。年三十二夫故，抚侄昌时为嗣，饮冰训荻，慈而兼严。赈困济贫，凡远近善举，冈不恣恿佽助。年八十一卒。

彭氏，徐国宾妻。温恭淑慎，孝事舅姑。育子三，男女百余口，五代同堂，田园式廓。卒年九十四。

孙氏，夏如璋妻。事舅姑，尽妇道，称贤淑。卒年八十八。

刘氏，夏春芳妻。孝顺姑嫜，赒恤贫苦。卒年九十一。

黎氏，监生廖章倬妻。助夫行善，教子成名。寿八十六。

胡氏，周明高妻。居家俭约，训子有方。现年八十四。

邓氏，刘其清妻。勤俭持家，好行义举，建祠修谱及里中双板桥，俱捐赀赞成。又出膳赀，修舅翁九叙墓旁石桥，今呼邓婆桥。子五。现年八十一。受孙敬廷副将封典。

袁氏，吴振洪妻。性慈和，不轻言笑。现年九十。

何氏，进士成章瓒妻。事姑惟谨，处妯娌无间言。生平克勤俭，随瓒历居官署，不改素风。现年八十五。

邹氏，钟文松妻。性淑慎，素勤俭。事姑尽妇职，子孙繁衍，家亦渐丰。

现年八十八。

廖氏，谢家恕妻。孝事翁姑，相夫子必敬，戒子六以勤俭，相率以礼义责成，孙迭起，朴耕秀读，一门蕃衍，乡里称贤。年八十如一日。

谢氏，董芳法妻。家贫，素勤苦。子四，以工值养。氏多病，三子业锯诣南岳礼神三十余年。氏现年九十八。

贺氏，从九衔胡含辉妻。性慈淑，勤纺绩。事姑克孝，训子有方。凡义举，助夫赞成。孙曾繁衍。寿八十二。

文氏，监生贺容贤妻。性柔顺，敬舅姑，和妯娌，相夫以勤俭持家，教子以诗书裕后。寿八十三。

陶氏，罗振邦妻。夫早故，家窘，苦撑持。事翁姑尽孝顺，抚孤子兼严慈。一生勤俭，家业渐丰。现年八十八。

龙氏，鲁国琼妻。年四十孀居，事阿姑尽妇职，族里孤贫，量力周济。现年八十，犹拳拳勿衰。

李氏，曾广泽妻。泽好学力行，中年早逝。氏持家勤俭，教子有方，后嗣书香，方兴未艾。现年八十一。

刘氏，例贡生李士英妻。中年夫故，治家勤俭，好施与。有族媪苦贫，朝夕遣人奉饔飧，以终余年。冬月，凡号寒者，预备寒衣分给之。隆师课读，子孙多列庠序。现年八十二。

袁氏，邑庠生王德辖妻。性淑慎，理家勤俭，教子孙悉本其父侍讲袁名曜之训。孙楙游庠。现年八十一。

蒋氏，刘明楚妻。勤俭持家，现年八十五，耳目尚聪明，纺绩不辍，五世同堂，子孙蕃衍。

李氏，监生唐世矗妻。夫没，遗孤月余，教育成立；持家勤俭，产业日增，人称贤淑焉。现年八十四。

王氏，钟卓亭妻。勤俭居家，孙、曾绕膝。现年八十一。

喻氏，王明伦妻。好周急，勤纺绩，乡里称其贤。现年八十四，四世一堂。

贺氏，监生张文校妻，前任定陶贺德瀚女也，端慧知书。翁姑早世，事继姑惟谨。夫兄继逝，无子，以甫生子子之，成夫志也，教成始析箸。

居平俭约，赀虽厚，犹纺绩不倦。孙、曾辈皆口授经义。年八十三，强记如昔。三代绕膝，恂恂然无敢嬉谑者。以子官封宜人。

彭氏，张文祥妻。生平勤俭，善事舅姑，相夫成家，教子耕读，款洽宾客，有陶母风，四代同堂。现年八十四。

孙氏，朱楚耀妻。年三十三，夫故子幼，克自树立，教读完娶，内外肃然。生父母家贫，迎养于家五载。及没，丧葬尽礼。氏现年八十。子高亮从戎，得优保。

石氏，杨祖震妻。淑慎温恭，居家勤俭，五世同堂。现年八十四。

李氏，沈美奂妻。事姑尽职，相夫无违。现年九十四，犹勤纺绩，目见四代。

李氏，黄在廷妻。勤女红，佐夫训子，四代同堂，季孙元吉，保花翎游府。氏现年九十三。

皮氏，张万才妻。性慈惠，相夫创业，倍极辛勤，目睹四代。子二，长秀魁，监生。氏现年八十二。

姜氏，唐敦五妻。克修妇职，训子有方，目睹四代。现年九十一。

邓氏，刘光盛妻。姑王氏，寿八十二，奉养竭诚，始终无间，视子侄一体，现年九十三，犹能纺绩。孙晓车，保蓝翎千总。

宋氏，唐在国妻。躬操井臼，相夫训子，目睹四代。现年九十二，犹强健。

唐氏，周彩辉妻。秉性慈柔，持躬勤俭，子孙均忠厚。氏现年八十三，犹勤纺绩。

周氏，刘品一妻。性和婉。姑萧氏，年八十病卧，妯娌离居。氏奉汤药，伴宿三年，温清无少懈。勤纺绩，佐夫课子，四代同堂。现年八十一。

廖氏，李致和妻。慈惠温柔，克勤克俭。中年夫故，摒挡门户，家业日丰，五世同堂。现年八十五。

周氏，张辉煌妻。善事姑嫜，持家勤俭。夫没，教子成立，目睹四代。现年八十二。

刘氏，廖景江妻。勤俭好善。中年夫故，训子义方，目睹四代。现年八十六。

范氏，黄胜朋妻。孝事姑杨氏。姑晚年目盲，氏左右扶持，奉匜进箸，致堂上怡然，不以失明为苦。姑年八十六卒。氏现年九十，目见曾玄。

周氏，黄胜兰妻。善相夫子。胜兰素豪侠，重气谊，教子严。氏助之，治家以法。晚年犹勤纺绩，环顾门庭，朴耕秀读，绕膝欢然。七秩称觞时，云南臬司赵焕联撰词以祝。洎今八十，康健倍昔，族里称之。子鹏万，庠生。孙汉贞，蓝翎外委。

安氏，喻超凡妻。孝顺舅姑，敬夫教子，与妯娌同爨数十年，未尝疾言遽色。析箸后，内外赞襄，闺庭严肃。夫故，凡祖考妣、舅姑及夫生忌，必亲祭献。五世同堂，现年百岁。

龙氏，彭为政妻。秉性严明，勤俭起家，目见四代。现年百岁，耳目聪明，纺绩不辍。

厉氏，龙学明妻。助夫训子，勤俭造家。凡建修桥庙，捐金不少吝。目见五代，男女六十余。现年九十。

朱氏，邓育万妻。三十一岁夫故，兼理内外，贞静寡言，训孤子，慈不失严。尤好施予，凡善举无不捐助。现年九十六，康健自如。

李氏，隆英才妻，五世同堂。现年九十三，犹勤纺绩。

萧氏，戴维才妻。温恭淑慎，内助称贤。现年八十一。

刘氏，张日新妻。佐夫勤俭，拓产推财，全友爱，厚恤诸侄。现年八十五。

姜氏，何莲渚妻。姑早逝，祖姑病痿痹，抑搔扶持，积年无间昕夕。阃内肃穆，接下慈厚。寿八十三。

杨氏，周维旦妻。现年九十三，犹勤纺绩。时子孙析居，距五里许，健步往还不杖。

张氏，杨文周妻。性慈惠，勤俭持家，教子孙有法度，一家数十人，无不唯唯听命，四代一堂。现年八十二。

邓氏，易书绅妻。性慈惠，孝翁姑，助夫训子，克勤俭，赈贫穷。年九十一，报闻如例。现年九十六，孙、曾繁衍。

李氏，廖焕章妻。三十八岁夫故，克勤俭，抚儿女成立，嫁娶周至，孙、曾绕膝，四代一堂。现年八十三。

彭氏，杨范臣妻。性淑慎，勤俭相夫，义方训子。寿八十，犹夫妇齐眉，田园日辟，孙、曾蔚起。以子孙职衔，膺四品封典。

文氏，秦启贤妻。以勤俭相夫起家，义方教子。晚年家业渐丰，孙、曾蔚起，四代一堂。现年九十。

刘氏，周南川妻。性和柔，习勤俭。现年八十一。

刘氏，谢和春妻。孝顺翁姑，持家勤俭。子丽章，监生。孙、曾林立。现年八十六。

邓氏，喻涌泽妻。性慈惠，身康强，目见四代，现年九十。子长昕，由州判加级，请封宜人。

贺氏，监生曾衍谓继妻。温恭慈惠，勤俭持家，目睹五代。现年八十，康健倍常，受孙毓郊同知封典。

王氏，儒士谈昌鹤妻。性慈和，习勤俭。夫早故，子四俱幼，氏抚之，次第完娶，耕读皆有恒业。长敷栋，从九衔。次季春，诸生。现年八十二，康健无恙，四世一堂。

张氏，曾锡尔妻。性淑慎，相夫撑持，致家颇丰。子一，教以义方。迄今子孙繁衍，四代一堂。现年九十。

黎氏，彭思贤妻。勤俭相夫，孙、曾玉立，家道日丰。现年八十一。

周氏，宋朝宇妻，温惠勤俭。子七，孙十余人。氏继夫志，延师课读，礼意尤隆，恒以勤学励品为后人勖。次孙暄中，壬戌乡榜。眼观四代，孙、曾苗秀。现年八十一。

张氏，周洛衡妻。于归时，姑早世，氏持家有法，教子有方。现年九十一。

刘氏，蒋恭宙妻。卒年九十。孙媳张氏，以勤俭率子妇，家业渐丰。现年八十八，视听如常，纺绩不辍。

刘氏，张新瀛妻。温惠勤俭，目见四代。现年九十五。

陈氏，欧阳先益妻。居家勤俭，克尽妇职。夫故，抚三孤成立，家业丰裕，孙、曾繁衍。年八十一，报闻如例。

人物十　流寓

　　自古贤者，游则择地，居则择邻。是以东坡去职，犹恋杭州；永叔辞官，仍居颖上。宁乡在唐有裴公美，在宋有胡五峰、张南轩，皆菀裘于兹，魏公且卜藏焉。三国时，汉相蒋琬故宅在宁，而《一统志》载为湘潭人，《通志》为湘乡人，《郡志》为湘阴人。故宁邑旧《志》，土著、流寓皆不录，盖言慎也。且自宋以后六七百年，仅增一人，实难其人也。近有太常寺卿唐鉴，原籍善化，出籍山东，后徙居宁乡之道林，终老焉。其道学经济，上跻古人。孟子云："观远臣以其所主。"即名儒大贤之流寓，可以知此邦之谷矣。

　　裴休，字公美。孟州济源人。唐太和三年，举贤良方正，擢进士第，拜官监察御史。太和六年，进同中书门下平章事。秉政凡五岁，为宣武军节度使，寻改湖南观察使，出镇长沙，因家焉。休蕴藉宏深，能文章，书遒媚有体法，进止雍闲。平生不为曒察行，所治吏民畏信。然嗜浮屠法，尝送子出家大沩山密印寺，其所奏建也。后塑像于伽蓝堂，卒葬沩山。

　　姜德厚，字流光。吉州太和人。登后唐进士第。官大理寺评事，正色定狱。唐庄宗二年，衔诏移民至楚宁之黄材，见山水清秀，遂徙家焉。没葬大墓山，至今子孙蕃衍。

　　胡宏，字仁政，号五峰。宋臣安国季子也。安国为湖南提举学事，讲道于衡山，因家焉。宏自幼志于道，师事杨中立、侯仲良，卒传安国学。优游衡山者二十年，力行所知，亲切至道。绍兴中，游潭州，过宁乡，见灵峰峭立，林谷幽清，乃于其下筑室讲学。张栻辈师之。

　　张栻，字敬夫，号南轩。广汉人。宋臣魏国公浚长子，以庐于父墓，因家焉。天分高爽，颖悟夙成，浚爱之。自幼学所教，莫非仁义忠信之实。长师胡宏，闻孔门亲切之旨，退而思之，若有得焉。宏称之曰："圣门有人矣。"与朱子为友，朱子称其卓然有见。孝宗朝，仕为直秘阁修撰。浚开府治戎，栻为机宜文字，内赞密谋，外参庶务，间以军事入奏。孝宗异其对，召为吏部侍郎。每有进对，皆修身务学、畏天悯人之事，皆嘉纳之。后出知江陵府。年四十八卒，谥曰宣。

蒋文炳，湘乡人，汉大司马琬之后。宋建隆，举贤良方正，授宁乡令，卒于官，子孙遂家焉。后十七世孙彦明，举元至正壬午进士第，累官至兵部中书省兼国史大夫。道林蒋氏，其裔也。

张仲，原籍浙江，有勇略。顺治元年，授都司职，札付有"力能射马，气可食牛"之语。十七年，又以擒贼有功升守备，徙居宁地。札付至今犹存。

以上旧《志》。

唐鉴，字栗生，号镜海。原籍善化。嘉庆己巳进士，授检讨，与同辈以理学经济相切磋。时畿辅水利废弛，著有《畿辅水利备览》。充甲戌会试、戊寅乡试考官。擢御史，疏请复日讲，请复（准）[淮]盐地段衡永郴桂仍食粤盐，劾湖南巡抚保荐贪酷州县某某，弹吏部选法不公，风节懔然。寻以部议纷更，准引，左迁员外郎。道光元年，以废员引见，发广西，补平乐府。严缉捕，数月，盗悉潜踪。戴星出访民间疾苦，治事至夜分不休，或一日一饭，清厘积案无留牍。大府知其能，常调省策要务。以亲老乞终养，旋丁母忧。父仲冕，官陕西藩司。时因祖焕令山东，葬祖母于肥城县之陶山，爰命其母祔葬，并命身后祔葬，故仲冕先自号陶山，改籍山东。鉴两次服阕后引见，仍发广西，署梧州府、桂林府，补平乐府。修葺文庙、考棚、书院，捐廉增膏火，革一切陋规。值瑶匪赵金仑、彭成华先后滋事，煽动富川、贺县诸瑶。鉴办防堵，获会首谭如仙、何登厚二人置之法，勿问余党，当堂烧毁名册，单骑往抚。瑶先惮威名，及见鉴，和易近人，争相迎拜，并诉平日蠹役勒派、营兵逼索之苦，悉为除之，赏银牌布匹。事平，著有《平瑶纪略》。大府明保送部引见，简放宁池泰广德兵备道，兼管关钞，除蠹役，以通商裕课。调卢凤淮扬粮储道，定禁水手滋事章程四则。擢山西按察使，寻调贵州按察使，入都召见三次。赴任贵州，民苗杂处，凡命盗案，每秋审至二百余件。鉴持平察情，二年秋审，入重典者减半。与巡抚贺长龄整顿吏治，士民翕然。迁浙江布政使，入都召见三次。寻调江宁布政使，革书役诸弊，捐廉设义学四，护理总督，公事殷繁，朝夕匪懈。改授太常寺卿，入都召见一次。值修汉文则例，独任校阅。以余闲讲求性理，著有《学业小识》。时广东海氛不靖，疏宜择威名之将，海中攻剿，宜先据险要。又疏宜剿而不宜和。俱留中。逾年，引疾归。应两江总督李星沅、江苏巡抚陆建瀛之聘，中途遇盗，囊橐一空。然书籍外无多物，盗亦失望。主讲尊经书院。咸丰元年，奉谕来京，召见十一次，垂询所学及家世甚详。上见其面貌粹然，问养年何术。对以惩忿、窒欲、迁善、改过。上闻著有《省身日课》，谕令进呈。对以草本，不敢冒渎，谨将《畿辅水利备览》缮疏。翌日，蒙嘉奖，存四库馆。时广西洪逆倡乱，疏安民为主，请设立民堡，请收养难民，均发广西采择施行。亲王中有问性道之要者，必亲切言之。上意向用甚殷，疏乞归。得旨俞允，犹蒙召见四次。谕曰："前任太常寺卿唐鉴，叠次奏对，朕嘉其品学兼优，器识安定，欲令留京供职。该员年逾七旬，力陈衰老，若强留服官，转不足以示体恤。着赏二品衔，仍留江南主讲书院。江南为人文渊薮，得老成实学为后进矜式，于士习民风，当有裨益也。"回江南半载，遭逆匪四扰，思往鲁省墓，而长途梗塞，遂颠沛吴楚间，常致绝粮。江左旧交，延主讲白鹿洞书院。亦尝戒严归长沙，卜居于宁乡四都之衡丹岭，日事著述。著有《读易识》《朱子学案》。以咸丰辛酉年四月十八日卒，享年八十有四。葬宁乡四都十区王坑新屋后山，子山午向。有遗折，由爵阁帅曾国藩代奏，恩准赐谥。

人物十一　方外

释、道虚无，先儒皆辟其谬。《史记·列传》、班固犹以先黄老而后六经为议，异端之必黜，岂待问哉。然自后汉明帝遣使往西域求佛书，至晋佛图澄而教渐盛。后此远法师支道林变斋戒为义学，亦只以老庄之说铺张。梁普通间，达摩东来，倡说禅旨，故《南史》云佛入中国，已历四代。迄于隋世，民间佛书多于五经，亦越有唐昌黎谏佞佛，傅奕疏除释议，皆不行，是以流及今日。《儒书杂记》云："世之迷人，妄想不悟，此达者之所哀，佛氏所以言大慈悲也。然则遁入空门者，殆亦有托而然。与顾其人，不数数觏也。"

唐

灵祐，唐时福州赵氏子。年十五出家，究大小乘。廿三岁游江西，参百丈，悟彻法门。刘司马头陀谓丈曰："顷在湖南，寻得一山，名大沩，是千五百人善知识所居之处。"祐时为典座，陀一见曰："此沩山主人也。"是夜，百丈召祐曰："沩山胜境，尔当居之，嗣续吾宗，广度后学。"元和八年，祐遂来住。后七载，法道大行。其言曰："只贵眼正，不贵践履，是真指佛心，接曹溪嫡传也。"相国裴休以己舆迎入城，咨领元奥。连帅李景让亦为奏建寺场，赐额曰"密印"。由是，天下禅学辐辏，为五宗之一。后盥漱趺坐，怡然而逝，寿八十三。咸通四年，赠大圆禅师，塔曰"清净"。《通志》。国朝雍正十一年，封灵觉大圆禅师，遣有司致祭。

仰山，名如慧。唐时首嗣灵祐，法号小释迦。后住东平，以其见与师齐，天下称宗名者曰沩仰。乾隆时，御赐匾额曰"沩仰高峰"。仰山躯干雄伟，初至沩山，灵祐问曰："尔来乐乎？"答曰："不乐，未有吃过饱饭。"乃以一斗米饭、十斤豆腐与之，尽食而止。山有荒土一顷，祐笑问曰："尔一日可开垦乎？"曰："可。"是日未兴工，至夜祐伺之，乃有罗汉数百，卓锡指画，明晨遂成田，号曰"罗汉田"。今长府多有仰山庙，农家祀之，以其善垦田也。湘乡王容赴省试，祷山庙，夜梦人歌《玉楼春》才半阕，云："玉堂此处春风暖，正飞絮，马前撩乱。嫦娥剪就绿罗衣。来到蟾宫与换。"果及第。

香严，名法闲。与仰山同得法于灵祐。祐曰："二子见解过于鹜。"尝居沩之岩泉间，遂称岩曰"香严"。

庆诸，《府志》：唐时新淦陈氏子。初诣洛下，学毗尼教。旋弃去，抵沩山，充米头筛米。有僧自洞山来，谓诸是千五百人善知识，由此闻达。居石霜山二十年，长坐不卧，屹若朽株，天下谓之枯木禅。寂后，谥普会禅师。《一统志》：唐德宗闻其名，专使赐紫不受。光启四年坐化。

齐己，宁乡胡氏子。居龙兴寺，作《渚宫莫问》十五篇以自见。初舍俗入沩山，参禅猛利，持律清苦。晚岁牵情于诗，遂作荆州僧正以终老。廖大隐《楚风补》云："释齐己，名得生，宁乡胡氏子。唐昭宗时，出家大沩山寺，耽吟咏。项有瘿瘤，时号诗囊。乐山水，不事请谒，与郑谷、沈彬、僧虚中相友善。著有《霏雪集》《白莲集》。"《诗话》：齐己与贯休并有声，同师石霜。二僧，唐之尤晚者。齐己诗如"夜过竹林寺，醉打老僧门"最佳。

宋

真如，宋时人。《一统志》：大沩山僧，临川闻氏子。戒律精严，放参后，辄自作悟。

颖诠。《府志》：宋熙宁间，章惇开梅山，兵抵宁乡，入沩山，转由径路进兵失利，退兵沩山密印寺，馈饷缺乏，寺为供应。惇遣人入峒招谕不从。瑶人笃信佛法，乃遣颖诠三人入峒说之。颖诠携营中二官先入见瑶主，给以从者。瑶一见遽曰："此官人也。"颖诠曰："主眼高，认之不差，此官人之子。"乃使供茶失手，因而故掌之。二官作惶惧状，瑶主乃不疑。颖诠说法劝谕，瑶悔悟，率众出降。惇奏凯，赐名报恩，特免本寺诸科差徭。

道楷。宋徽宗政和五年，卓锡宁乡大芙蓉山，三诏不起，赐紫袈裟，加照国禅师之号，不受。上怒，遣使胁之。有司代以老病辞，曰："无病。"

竟受笞。有司曰："何自苦乃尔。"楷曰："无病而以病求免，是欺心也。"今塔基犹存。

宗涟，宋时石照人，姓董，嗣大沩山善果。有僧过其室，指灯示曰："灯照尔，尔照灯。"耶答曰："灯不照我，我亦不照灯。"匾其室曰"穷谷"。刘琦镇荆南，问"穷谷"何义。涟曰："心尽曰穷，性凝曰谷，随响声应，不疾而速。"

东明，宋时人，迁禅师喆公之嗣。晚年居大沩山真如庵，志道者多亲炙之。一日，阅《楞严经》至"如我按部，海印发光"。有僧问曰："此处佛意如何？"迁曰："释迦老子，好与三十棒。"僧曰："何故？"迁曰："用按指作甚么？"僧又曰："汝暂举，心尘劳，先起又作么生。"迁曰："亦是海印发光。"僧欣然曰："今日方得受用。"意气高闲，可想见也。

姜小九郎，宋时人。生有异禀，幼从方外游，没为神，显水府。洞庭波涛危急时，舟人见神像从半空拥护，舟不得败，故蒿溪、鹿角各刻像庙享。相传肉身存黄材姜坊，明季流寇将肉身砍坏，姜裔瘗于座下。

元

嵇真人，元时寓居于嵇峁山炼丹，有炉，俗传飞升处。里人立观祀之。一日被火，里人重建，竖柱梁不就。忽有青衣人曰："稍依后立之。"转盼不见。落成，数有灵验。

明

禹峰，名智，明时人，宁乡贺氏子。少攻举子业，及冠，祝发沩山，为仰山法嗣第一人。卓锡新化大梅山，从者甚众。有虎来法堂，伏地受戒。所著书见后目。

五峰，名如学。明时陕西人。风骨秀峛，道行深勤。侍天童密和尚，护法南来。入山二年，密心不耀，见地卓然。崇祯癸酉秋，巡抚余集生迎往白下，东南耆宿咸仰之。及圆寂，遗命归骨沩山，其徒作塔南桥之阳。有《语录》一帙。

养拙，明五峰之徒。陶汝鼐赠序曰："五峰才举南宗，遽还中印遥附，养拙嗣其事。主沩十余载，常与百人俱。顿成狮子之林，欲践象王之迹。

刀涂火涂，众苦方炽。欲界器界，六度不行。聊藉草以参禅，就镢边而设法。”

越群，明时何氏子。夫妻同时披剃入空。夫名智梵，妻名智英，建庵于青山冲。居十年，嫌其近俗，乃居缑仙峰。十年，又徙居弥卢山绝顶。梵、英虽同居，不相往来。一日，梵谓英曰：“可以去矣。”乃同时端坐圆寂。

国朝

慧山，名智海，为五峰法孙。由沩至邵阳龙山，创建禅林，扬法其中，皈依者众。

古梅，名定，邵阳人。初为诸生，出家得法，于慧山语录诗文，皆有妙谛。住沩山数十年，后演法紫竹林，参学者云集。

石林，名实照，茶陵州人，陈氏子。幼攻举业，涉猎经史。后蹈迹空门，盖禅隐也。书法遒劲，且工诗，有《囊云草》并语录。又似释而儒者，性无矜饰，风骨自古。前主沩山说，释典起禅关，宗风大振，人以为慧山后一人，退居香山三十年。乾隆十二年，寿八十，无疾而逝。塔在沩山。

李世泰，字瑞生，兴邦之裔、庠生修真之玄孙也。修真精道术，世泰绍其旨。康熙十八年，受道会职。三十九年，天师过宁，额赠“才优品卓”，谓其有老氏遗风。

万行，名源格，本邑宋氏子。貌奇古，自项以下斑驳陆离。幼出家回龙山寺，壮游衡岳，受戒律，卓锡溆浦之青云阁。阁久圮，募建数楹。会旱，万行洁诚持诵，雨滂沱一昼夜，邑令陈题“霖济苍生”额于阁。未几归，重修回龙寺，复构寺于山麓，邑令李颜曰“青莲寺”。前砌石数百丈，利行人。嘉庆丁巳，岁修僧会司公署，彭令义之，举授是职。严立清规，宗风丕振。天竺、复兴诸庵，各置田产为香火资。晚年愈苦志励行。宋宾逢州守假归，与为方外交。年七十圆寂，塔于回龙山后。著有《僧会署志》。

俊明，江宁人，不详其姓氏。少时，数梦老僧教之诵经。一日游某寺，闻经声死如梦，遂弃妻子受戒。选主大沩方丈，后居紫荆峰寺。

有巨龙欲去，受俊明戒得无害。山旧有虎，俊明住持久，不复知虎所在。

恒梅，大沩山僧。食力自资，人不甚异。康熙五十四年九月，自知逝期至日，沐浴更衣，拜佛辞众，舁棺于廊而自入。说偈曰："劈破洞庭千顷浪，拨开衡岳万层云。青天白日无遮碍，一片空明自在行。"合掌瞑目，遂圆寂。

以上二人，俱依《通志》增入。

人物十二　列女一

柏舟之节尚矣，孔子删《诗》以首《鄘风》。其后若鲁贞女、淮阳陈孝妇之流，间称于世。盖政衰俗敝，女子能知节行之为美者鲜也。自宋儒申明礼义之说，后世宗之。妇人女子争趋于名义之重，矢志如共姜者，史不绝书。是皆本于芳洁之性，非有所为而为也。然艰苦卓绝，实为人所难能。圣世褒崇巨典，广贲幽潜，其所以维风俗、兴教化者甚至。兹编所录，皆完贞苦节，茕茕巾帼，巍然与志士仁人争光日月，可以风矣。

节烈

明

蔡氏，黄昌妻，性贞幽。昌蹇踬早死，氏哀毁数绝。父兄以藐孤在抱，强令自慰，氏誓相从于地下。既葬夫，擗踊废食，哀不自胜，一夕自缢死。是日，昌墙裂，家人遂合葬之。年二十六。乡里叹悼，为立碑于清湖之西，陶汝鼐为赋《烈女行》。

胡氏，庠生杨才英妻。凤娴内则，善事姑嫜。崇祯甲申正月，为左良玉溃兵所执，逼令解衣。氏大骂抢地曰：“吾大家妇，贼乌敢辱，可速杀我。”兵怒，剖其腹。死数日不腐，里人哀而殓之。

谈氏，庠生姜新命妻。崇祯十六年，氏因新命与子文昌同邱存忠殉难，谓女伴曰：“妇人义在洁身，且吾夫吾子均死忠死孝，吾死亦瞑目矣。”遂赴水死。三日，搜其尸，面如生。孙曰璜，领乡荐。

国朝

张氏，维阳人，胡懋进侧室。性静而俭，通诗书，侍夫二十余年。顺治五年，献贼余党兵至，所过杀戮。氏知不得免，语夫曰：“奈何？”夫问其志，曰：“有死无二。”寻被执，贼逼之不辱，杀其侍女以惧之，氏益抗骂不绝声。贼怒，缚于树，射杀之。死时大呼曰："吾得为胡氏完人矣。"

张氏，庠生喻方衢妻，归喻二十余年。顺治五年，献贼余党兵大掠。衢挈家避罘罳峰，率众拒守，力尽，为兵所乘，遂纵火，纷纷投崖。氏惧不得死，举身赴烈焰中，当时无传者。顺治戊戌志成，其子与同学具请于蒋令。令许之曰："不辱可风，自焚可哀也。"移牒至，续书之。

吴氏，张光锡妻。年二十六，夫病革，祷神乞代。度不起，誓与同死，家人防之甚密。既葬，拜墓哭，死复苏，绝粒十六日死。事见《通志》。光锡弟贡生光铣念嫂之烈，不忍斩其祀，以次子庠生国璪续嗣。

胡氏，刘兆之妻。顺治间，献贼余党掠宁，氏自县曹家桥携二岁儿祚昌奔回南塘，至龙凤山花桥遇寇。氏以儿授仆王端友曰："尔速负之归，语吾夫收吾骨于此。"遂大骂贼，被七枪死，年二十八。越数日，面如生。乾隆三十三年，呈请建坊，主入节孝祠坊前，别建节烈祠，子孙奉祀，遍征四方名宿诗文，锓板行世。事详《一统志》。

胡氏，年十七，归陶之官。举二子，皆不育。明季寇起，去市居乡，家产尽废，辛苦佐夫成家，生子灼三岁。顺治五年冬，寇至，夫妇避林莽中。有兵搜掠，闻儿啼声，遂被执，欲逼犯之。氏大骂，抱儿投池，水浅不死。贼拽之上，复大骂，贼怒，众刃之，立绝。夫掠去。弥月，乱少定，叔父汝鼐遣人觅其骸葬之。

何氏，廖章伟妻。年十七于归，十九夫故。葬毕，因无子，誓以身殉，越一月卒。

王氏，杨硕顺妻。年二十于归，二十五夫故，引刀自刎。诸母救护，百计求死，家人乃周防。吐血数升，翦发投棺中。诸母劝候立继，姑忍待。逾期年，而夫弟生女，遂匍匐哭夫墓，越三日卒。

陈氏，归丁顺性，年甫及笄。夫苦读，虽贫无交谪声。夫卒，氏年二十八，哀毁绝粒。已矢身殉，顾念七岁孤儿，五龄稚女，未忍遽诀。阅数月，有不谅其志者，乃以孤托叔，氏跪夫墓咬土，归而缢于梁。

蔡氏，姜堂妻。性孝顺，侍夫病衣不解带者经年。夫故，氏年二十六，仅二幼女，氏哀毁几绝。夫既窆，一日沐浴，具酒食拜奠，出笥中物分赠妯娌，托言未亡人无所用此，家人亦信之。夜静经死，殓身已自整齐。族里呈请建坊。

黄氏，十龄归张朝选，为农家妇，孝顺性成。侍夫病，日夜无倦容。夫没，头抢地，屡晕绝，移时始苏。姑抚之曰："尔将何以处我，哀稍节，自是女职无缺。"每向隅掩泣，而欢颜面姑，凡三年。年甫十六，姑与母以产薄且年少，谋改适。聘期已定，氏度势难挽，乃作计奉母命归，握姑手泣别，哀动左右。及入家，父母兄弟喜相接，信其无他。距婚期前夕，雉经殒命。方氏之拒姑劝也，曰："姑怜儿少，殊过虑。儿忆早年随姑观傀儡剧，不有白氏者以节殉乎？儿宁不古人若也。"呜呼！区区弱女子，一观剧胜于读史矣。

彭氏，周洛悦妻。年二十二，夫故无子，痛哭几绝。逾月，舅姑以妇青年且家贫，难为抚嗣，谋夺其志。事将成，氏觉，赴水死。

李氏，周万理妻。年十六于归，翁姑俱已见背，每念不及奉养辄泣下。助夫治家，勤俭有法。唱随一载，夫遂病，侍汤药不离侧。夫故，哀毁擗踊废食，惟日饮盐醋以促其死，不十日卒。族人怜之，呈请建坊，入节孝祠。

李氏，廖锦心妻。年二十七，夫故无子，哀极，气频绝而复苏。每夕必哭诸墓，无间风雨。未期年，忧愤死。

陶氏，刘有沃妻。年二十五，夫暴病卒，抚掌捶胸，誓殉夫死，越十日卒。其裔孙科第甚多。

孟氏女，乾隆五十年，因拒强暴殒命，建坊滩山，案存刑房。

洪氏，武举汤世纬妻。纬以会试北上，二载不第，抱疾归。氏躬亲药饵，祝天祈代。纬卒，氏年二十三，榻前誓同穴。纬墓隔居庐约半里，尝登垄哀号，至呕血方已。迨服阕，抚侄为嗣。既授室，顾谓诸姒曰："夫嗣不斩矣，我可相见于地下。"遂托疾，勺饮不入口，匝旬而没。

何氏，黄世兆妻，年十六于归。夫病笃，誓以身殉。数月夫故，氏乃绝粒而死。遗一子起灿，克成立。

胡氏，汤期潘妻，年二十三，仅一子。夫故，有欲夺其志者，氏誓不允。强之，遂自刎其脰几绝，血流满床。家人救止，许以不嫁，始听医调治。

愈后，伤痕长寸许。其子又殇，乃抚侄为嗣。家贫，纺绩自给，督子佣工。年三十七病剧，曰："吾得终为汤氏妇幸矣，死固吾十四年前《志》愿也。"遂卒。人谓其有曹令女之烈，不当以年例论。

以上旧《志》。

本城

吴氏，沈星垣妻。年二十二夫故，氏哀毁觅死者数次，家人严防之。氏素识字，每夕焚香书疏，欲殉夫于地下。年余，吞金气闭而卒。入总坊。

一都

周氏，处士周海帆女，年十七归范。范故田家子，氏婉娩顺从，操井臼，作苦无难色。咸丰四年，贼至肆掠，民间多不及防者。时日方晡，经其地，氏结女伴逃，贼逼近入密室中。已而贼至，势张甚，氏知不免，跃入井死。贼退，家人出其尸，面如生。

宋氏，黄第佑妻，性贞静。咸丰四年，粤匪犯顺，氏避林莽中。适贼搜得，将逼之。氏大骂，赴水死。

陈氏，唐家术妻。术以母命从戎，卒于军。陈父母计其家窘，欲令改节，氏觉赴水死。暑月经三日殓，面如生。

吴氏，秦溶妻。年十八，夫故，饮醋求死。逾年，呕血卒。

三都

洪氏，贺孝明妻。年十六于归，适夫病，进汤药不衰。阅十月夫故，痛毙复苏者数次。姑泣劝弗释，日夜号泣灵前，逾月死。

四都

谢氏，许敬猷妻，监生泽万女。事舅姑以孝敬闻，家酷寒，忍饥无怨言，尝乞贷以供菽水。咸丰间，随夫徙沙市，岁大疫，夫遭厉疾，尽质衣服、器物以供汤药。后夫没于舟，氏不欲生。舟人劝之曰："汝死，汝夫之柩必弃于道。"氏恐夫柩莫返，益伤舅姑心，饮泣扶榇以归，敛葬咸不苟。舅姑以家贫无食谋出，氏矢志不能夺，知舅姑必不令守，遂饮鸩托疾，坚卧而卒。

俞氏，举人成章诏妾。年十八夫故，氏哀毁逾常，遂成劳疾，数月卒。

汤氏，邑庠生丁应南侧室。性挚而和，服侍十余年惟谨。南卧病百日，昼夜遗矢十数次。氏左右扶持，卧不安枕，浃旬不倦。南没，氏神色俱瘁，哀号日夜不绝口。既而声响渐息，抚视之，两手捧心死，闻者伤之。

成氏，欧阳先捷妻，伉俪甚笃。年二十七，夫感时症卒，氏赴水自尽，遇人拯起，抚膺呼天，嗳血斗许气绝。卒年二十七，去夫死未及终日。

五都

张氏，儒士杨哲生妻。于归两载，生子一。三载夫病笃，怀抱呱呱，奉汤药，日夜不眠者五月余。夫故，痛不欲生，屡自尽。姑恐不及防，送归母家。忽一日呕血数升，晕复苏。少顷，自言其夫来也，泣曰："特未报父母恩，未终翁姑养，我罪也。"哭不成声而卒，年二十一，去夫故十阅月。

钟氏，何永健妻。年十九夫故，抚遗腹子昌衢矢守。衢稍长，勖之曰："汝父以苦学故得瘵疾，名未成而死，汝当发奋承父志。"后家益落，衢学竟无成。一日，孤子试罢，值亡夫忌辰，氏祭奠甚哀，喟然曰："妾不早从君于地下，以有待也，今无望矣。"遂投缳而殒。

六都

李氏，贡生张海鸥妾。年二十五夫故，事姑孝顺，事嫡温恭。家中落，躬种蔬豆以饲子女。守节十年，以劳郁成疾，呕血数升而卒。

范氏，廪生秦志衍妻。幼娴姆训，兼能诗。于归匝月，夫疾革，谓曰："吾身后有侄在，汝他适，无自苦也。"氏泣不对。夫既葬，祔主之翼日，着衰绖，以夫遗带缢于密室，遗诗案上云："泣告翁姑及二亲，休垂老泪哭儿身。儿身长此随夫去，莫奉高堂白发人。"后书"乞葬夫旁"。距夫故四十四日，乡里无不悼叹，采入总坊。

张氏，刘择淮妻。年十九适刘，二十九尚无子。夫染疫，自分不起，召氏兄商身后，所以妥氏者。氏泣云："君第少安，毋虑妾，妾所向自有一途耳。"兄背询氏，言如前，咸不解其意。既而夫晕绝，家人环视属纩，忽不见氏。觅之，则怀石沈于池矣。夫复苏，见氏殓毕而瞑。

王氏，谭怀禹妻。归谭七载，育男女各一。夫故家婆，氏父令再醮，泣而不答。徐曰："易易耳，俟服阕谋之。"拜辞老姑，掩户投缳而殒。

刘氏，张正兴妻。年十六，有恶少窥氏采蔬，梯墙而入，将犯之。

氏厉声峻拒，遂自戕。邑令郭庆飚呈请建坊。

张氏，廖惠南妻。年二十，夫在浙江营幕病故，遗腹生一子。夫柩归，氏痛绝，欲以身殉，姑谕止之。事舅姑克尽孝敬，年二十七，抑郁吐血卒。

十都

李氏，陈嵩超妻。于归三年，得姑心。年二十一夫故，誓不欲生。姑曰："我在，汝何得死。"自是姑媳常持泣。姑侄举人彭捷才，属其夫兄将次子寿森为嗣，并许以女。未几，姑故，氏呕血成疾。卒之先日，忽厉声作姑语曰："李氏可怜，因我死尽伤至此。"少苏，命整衣，以小儿啖饭木盂授夫兄托孤，合掌端坐而逝。

贞烈

二都

谈秀贞，谈寿亭女。幼字刘邦典，未于归，典故。时秀年十六，闻讣，恸几绝而苏，矢言决赴。刘母氏王佯诺而姑缓之。秀助母勤劬，抚诸弟自若也。越岁余，母谋另字，将订盟。秀闻之，先一夜投缳自尽。后刘族迎主入庙，抚夫兄子大定为嗣，入节孝祠。秀贞粗识字，曾识"好女不嫁二夫"一语，辄铭诸心，遂身践焉。贞而兼烈，女人尤难之。

傅氏，邑庠生傅霖女，字邱敦书。书病疯，氏于归，书视之如仇，声色俱厉。氏朝夕与乃姑共寝处，出妆奁为医药赀。久之，病益笃，家且窘，舅姑怜其孤苦，讽改适，不可。旋约族戚具呈退婚，氏不得已，归依叔父家，时纫针鬻黹寄舅姑与敦书。殆舅身故，奔丧尽礼。越年，敦书死，氏闻，三日不食，呕血亡。

四都

丁，字周，邑庠生丁应南长孙女也。性贞实而勤敏，家中人咸爱怜之。少失恃，依祖母，字善邑贡生周龙骧子。年十八而周没，闻讣，卧病月余，每欲发言申其意，而祖母辄以他辞乱之，抑而止。又数年，许配某，氏闻，遂自经。周嘉其节义，榇还与夫合葬，为立后焉。

王氏女，字成士斌。年十八，闻士讣，禀父母奔丧，极哀毁，越二十八日没。

贞节

二都

胡氏，幼字周校芬。未于归，芬病足，祖翁恐误氏终身，遣媒还婚书。氏闻而拒之。未几，闻芬讣，欲奔丧未果。越年，祖翁故，急归周，诣灵前泣拜成服。氏性峭洁，一家钦惮之。守孀闺近二十年，抚侄继其后。

四都

黄氏，陕西凤县知县本诚女。幼字候补府经历唐某，将婚而婿没。时氏年十九，矢志归唐，抚子女各一而亲教之，慈严兼尽。没年五十。

龙氏，有光女。幼字长邑邹继扬。及长，婚有日矣，时继扬县试前列，其父欲俟院试后始完婚。无何，继扬暴病，未及与试而卒。氏请于父，奔丧守贞。继扬降乩于家，诗以哀之。句云："知卿守节盟卿谊，妇道还将子道兼。"后抚夫兄子雄之子为嗣。

五都

玉贞者，石栗冲杨思门之女也，字某姓子。年十八，未于归，闻夫讣，痛不得奔丧。初觅发焚之炉，饮酸矢死，坐卧一楼者数年。父母知其靡他，谋之夫家迎归。翼晨，谒夫墓，抢首哀号，闻者堕泪。中元刺指血点夫主，奉同神明。顺事翁姑，代夫之孝，抚侄承桃。仅数载，以心疾终。玉贞性慧，读书能诗，好观《列女传》。自签其诗曰："心存血性。"氏尝什袭藏其稿，临卒尽焚之。

贞女

何氏，何贤人女。幼甘淡素，不喜妆饰，而善刺绣，不愿嫁，请终养父母，父母亦不强。至二十五岁，母得奇病，百计不能瘁。家人多不肯近，氏独贴身抚摩，祷北辰祈代。阅一月，果染母病，而母愈，曰："吾可以去矣。"遂瞑目逝。

刘氏，刘添佑女，幼字高姓子。高贫，挈家入蜀不返，氏遂矢贞不贰，针黹自给。时年八十一。

邬祖文，邬季培女。患气疾，鲜问字者。及愈，父母计为择婿，辞曰：

"古无不嫁之女，不嫁即不能全为女乎？假儿疾未愈，又将谁字？儿愿终事父母，不嫁也。"志不可夺，纺绩缄纫，勤过子妇。迨年三十，父母先后殁，女哀毁特至。及弟祖诰夫妇相继逝，遗侄清瓒尚髫龄，女抚养成立，数十年闺门严肃，族戚罕见其面。没年五十五。

谢述绣，谢继瑀女，幼字胡姓。十八岁，于归有期而婿没，氏矢志不贰，誓不再字，依父母兄弟，行坐不离，言笑不苟。年五十一没。

赵淑隆，赵邦烈女。及笄，父母将为许字，因三弟均幼弱，父母多病，坚不肯适人，愿终事父母。母与父先后没，俱哀毁尽礼。事继母如所生。后三弟先后没，勉弟妇一同守节。时年四十六。

李绍英，李世魁女。幼而淑慎，长识诗书，以父母衰病，不愿适人，请得终事父母。父母不许，跪请曰："女一嫁而降服，即不得自亲其亲，心实不忍，自愿守贞。"父母怜而允之。温清定省，过于其子。及兄弟析箸，量与田产，辞不获命，乃捐其半于祠，以其半修狮子桥、大琥桥，碑碣具在。母早卒，哀毁尽礼。及父继娶，事之如所生。后父母相继逝，惟兄嫂是依。年将周甲，机丝针纫犹未尝稍辍云。

赵女孟淑，自幼许字廖姓。其父故，廖贫不能娶，欲毁盟。氏不可，曰："贫富，命也。况女子从一，倘既嫁而贫，将改适乎？"其父母私毁盟，女仍誓不他适，母不能强，而事母温清，无少懈逅。母故，其兄辅周继亡，家日益落，女躬任纺绩，佐嫂撑持，教侄成立。年逾六十，虽至亲询问，未尝逾阃。

以上旧《志》。

本城

钱竹筠，钱烈次女，许字黄锡堂。将于归，堂故。父欲另字，竹筠不允，愿依父母终世。年五十，入总坊。没年六十八。

沈素金，沈昌壆女，许字吴。未嫁，吴以瘵卒。素金立志守贞，事父母及祖父母以孝著。父病革，祈以身代。父旋愈，身先父卒，邑人士多以诗纪其实。卒年四十一，入总坊。

一都

向源贞，文澜之女。年及笄，订盟于资之某富家。逾年，媒妁议星期特传婿语，妆资必华丽。澜闻，日夜焦思，计罄家资不能办。源贞曰："儿嫁而忍使父母饿乎？儿愿从父以终矣。"澜曰："此汝终身事，若后来怨怼何？"源贞引刀断指自誓。未几，媒又至，源贞令父以断指对。媒返，婿家亦乐寒盟。源贞由是以针指纺绩自给，至亲外罕见其面，而温清定省，俨然孝子焉。年七十八卒。

三都

萧念贞，萧致中女，矢志不字。善养父母，入总坊。年五十八。

周氏女淑性、淑莲，均邑绅周泽辉女。因父常外游，母羸多病，大父在堂，无人侍养，姊妹遂矢志不字，孝敬无亏。及诸弟渐次长成，父倦游归后，二女完志以没，入总坊。

四都

易氏，易芳之女。幼字崔，亲迎有期而婿没。氏誓不再字，守贞父家，冰霜比洁。土人名其葬处为老女山。

杨氏，庠生文豹长女。患足疾，矢志不字。秉性婉娈，家无间言。现年五十一。

崔氏，监生承涓女，性聪慧柔顺。年十三，误药失音，矢志不字，依依膝下不稍离。虽不言，而所为能体堂上意。居恒惟勤针黹，修织纴，诸娣奁资多经手制。年四十五卒。

八都

闵氏，闵学则女。矢志不嫁，愿终养父母，效女红，代司中馈，如孝妇然。父没，事母三十年，温清定省，委婉周详，胜如孝子。及母没，殡甫毕，将己服检束属家人而告之曰："予将以身殉母焉。"退入深闺，端坐而逝，年五十有八。同日合厝，乡党族戚咸嗟叹其贞孝所感云。道光年，旌表入坊。

胡家蕙，胡能述女。幼甘淡素，不尚妆饰。及笄，矢志不字，终养父母，恪守女训，不出户庭。父没，母氏闵悲泣废明，凡行坐起立，饮食衣服，蕙朝夕侍养，垂二十余年。现年五十四。

九都

黄永贞，黄之典次女。少有至性，以父母衰病，矢志不嫁，事之惟谨。

亲卒，氏痛几绝。尝泣言："死后必葬母侧，请族预载家乘。"族人嘉其孝，从之。氏志操纯洁，乐施予。弟以母命赠金二百，氏分赈穷困。又捐积谷二十石，身甘冻馁，人谓其足方元季葛妙真云。现年五十二。

夏光婺，字淑仪，夏尚忠女。性孝，许萧某殇，遂守贞不字。居父丧哀毁，事母温清定省不少衰。及没祭，以礼服阕，犹哭之哀。现年六十二，呈请旌表。

十都

贺淑贞，贺渭川女。贞静寡言。及笄，矢志不字。母强之，跪禀曰："女有家，义也。然父没，二弟幼，儿稍长，得依母侧，少慰孤苦，愿终事，靡他。"母以志不可夺，允之。淑贞左右就养，如孝子然。母没，丧葬尽礼。卒年六十五岁，族里呈请旌表。

杨承秀，杨经纶女。幼习女史，尤嗜《孝经》。及笄，父母为择配，曰："妇有三从，儿愿从父以终。"父母亦不强。朝夕就养，一切膳饮服御，悉出其手。父母钟爱之，悉委以内政。大小百余口，条理井井，人无间言。居常礼法自持，言笑不苟。凡侄女出嫁者，咸就讲姆训焉。现年五十二，呈请旌表。

姜清贞，姜时泂女。矢志养亲，守贞不字，有古孝女风。入总坊。

人物十三　列女二

专坊节妇

明

周氏，朱志高妻。年十六于归，治家勤俭，敬礼舅姑。夫故，氏年二十九，孤贤方髫。氏痛夫亡子幼，哀毁欲绝。舅姑继逝，敛葬，一切无不慎。后复有讽其家贫，不妨再醮者。泣曰："我不能早死，而忍为狗彘之行乎？"遂以纺纴自给，教子成立，孀居三十年无玷。以宏治三年赐旌。

国朝

杨氏，黄梦弼妻。年二十夫故，遗孤之瑄仅三月。氏守志不变，备历艰险，抚孤成立。康熙戊子，抚军赵某题请建坊，没后入节孝祠。之瑄以母节，征名人诗篇曰《荻斋征集》，有张文炳、李文炤为之序。

姜氏，黄光璋妻。年二十三夫故，遗孤曰燔三岁，女甫周。姑王氏且老，氏委曲顺承。又值兵燹，百方摒挡，燔始成立。勤以治家，俭以自御，寿七十一卒。乾隆丙寅建坊入祠。

黄氏，国学生邓裔坤妻。于归八年，夫故。氏念存一线，不以身殉。于时内患外侮，徭役纷征，诸艰毕集。氏撑持门第，克俭克勤，而义方训子，仁厚居心，故子孙书香益盛。雍正间，建坊于县治前，没入节义祠。

黎氏，国学生胡锡璜妻。旧《志》载：锡璜生一子三女。夫故，氏年二十八，抚孤泽溥成人，娶陶氏，生子一天，溥亦旋亡。命媳抚侄孙本茂为溥后。氏以哀伤过度，劳瘁不堪，遂成郁疾而卒。乾隆五年，呈请建坊。查《胡氏族谱》，本茂有后，故节去。旧本存禋祀，卒无成语。

许氏，黄光涟妻。年十八于归，生子曰炯。夫故，氏年二十三，矢志守节，孝奉孀姑，教炯成立。孙坦，补弟子员。及见曾孙，公请建坊。氏年近八十卒。后其子孙及曾孙相继没，有遗腹元孙亦夭。人皆哀之。

黄氏，贺嘉会妻。年二十四夫故，封发守志，孝事舅姑及祖姑，俱以妇道代子职。抚二子，皆成立。乾隆间建坊西城。

张氏，秦安修妻。夫故，氏年二十二，子邦汉遗腹生。氏初志必死，及汉生，乃泣曰："吾今可以报夫子矣！"上奉舅姑，下课孤子，和邻睦族，有无周恤，妯娌终身无间言。家法严肃，内外斩然。氏没，建坊。

萧氏，陈心学妻。年十四于归，二十八夫故。守节三十二年，孝事舅姑，抚孤顺宗成名，课读最严，闺门尤肃，又能御侮以保先畴。现已建坊。

蒋氏，陶士偶妻。年十五于归，善事翁姑。十七夫故，投缳求死，姑以身有遗腹止之。既娩，女两月夭。氏曰："吾至此不死何为？"于是绝食，长睡不起。小姑姒娣环视数日，苦口劝慰，为抚夫兄一女相依，清操四十八年。乾隆间建坊，主入节义祠。

余氏，庠生潘顺昌妻。夫病，氏年二十六。夫以儿女幼，父母老，嘱善为事畜。及故，氏请于父鸣珂曰："阿必完志以殉焉！"珂含泪训之曰："无子宜死，有子宜生，亦有无子而不死者，为舅姑在堂耳！若媳则必死，古今来谁与为未亡人者？"氏乃奉舅姑十余年，教子成名，言动不妄。年六十，犹勤纺绩以赡衣服。内外整肃，子侄有事，候于堂上时，凛凛焉。公请建坊。

谭氏，周申极妻。年二十二夫故，矢志守节，育子承祀，奉孀姑廖氏，曲尽孝养。姑没，课子世熹有声。十九岁夭，抚夫侄世掌为夫后，又立夫侄孙令绪为熹后。氏六旬有奇，淡泊自甘，周人急困，乡里贤之，呈请建坊。

唐氏，盛朝遇妻。于归数年，生子锡璸甫二岁，夫故，矢志守节。终身饮泣，抚孤成立。事舅姑孝顺咸至。后执两丧，至哀至慎。置大泽庵田十亩。年逾七十卒。呈请建坊。

邓氏，张志瀋妻。年二十二夫故，遗腹生子思衮。氏代夫尽孝，教子成名，艰辛尽尝，清白无玷。思衮继亡，氏又率媳抚孙武瑞成立，不坠宗祀。氏当夫亡时，家计甚贫，又患时疫，舅姑连丧，如礼安厝，仆婢疫亡者十余人，皆氏经纪敛葬，而氏与衮不染，人以为孝感。建坊县东门。

张氏，胡九瑞妻。年二十一于归，生子其燮、其炯。夫病瘵卒，氏年二十八，自誓完节，抚两孤成立，事继姑谢曲得欢心，治家严肃，人未尝见其笑语。公请建坊。

孙氏，程卓群妻。年十八于归，二十一夫故，守节四十三年。节而兼孝，母以代师。子行扬，监生，呈请建坊。

曹氏，程《通志》误作"陈"织文妻。年十四于归，二十五夫故，守节五十五年。邑绅士欲为建坊，氏辞曰："我难望死者复生，但求生者不愧死耳，何旌为？"后其孙行道、行湖、行佚、行珍、行璋，呈请建坊。

彭氏，唐继汉妻。年十八于归，二十五夫故，矢志守节。育孤承宗，善事舅姑，曲成夫志。舅病，亲侍汤药。及没，率孤亲筑舅坟。姑年八旬，孝养倍笃。教子极严，治家有法。每遇夫忌辰，哭奠如初丧。乾隆间建坊。

黄氏，张兴恕妻。二十二岁于归。夫嗜曲蘖，久有羸疾，氏朝夕泣劝。及夫不起，氏年二十四，忍死抚孤启宏，娶媳生子二。夫妇俱亡，又抚孤孙志鹏、志鹤成人，苦节自甘。乾隆时呈请建坊。

邓氏，张兴慧妻。年二十六夫故，忍死保孤启祥成立。翁没，氏支病服衰绖，不敢因病废礼。尤谨事继姑。祥复夭，氏又抚三孙成人。白首无间，闺门肃静。邻右待举火者无算，有母死难备棺敛、鬻子营葬者，氏为备值赎还，且佽助。卒年七十二。族人呈请建坊。

姜氏，魏隽妻。年二十九夫故，守节三十六年。教子成名，曲事舅姑，一切家政不以累堂上，送终哀毁。性甘淡泊，救灾周急，竭蹶不辞。待妯娌如手足，子侄燕见，庄若严师。子正梁，克守母训，呈请建坊。

喻氏，黄煌妻。年十五于归，十八夫故，矢志靡他，痛夫无后。夫兄止一子名肇基，夫弟熙年幼，氏与姑拮据为之婚娶，惟祝熙多生子，继续夫嗣。及熙生子四，氏择承基子之，甫配而夭。再抚建基为夫后，又以肇基子镗为承基后。族里呈请建坊。

谢氏，陈万猷妻。于归六年夫故，遗孤世见尚幼，一切殡含，氏躬自周备。葬后刻不离姑，与姑共事祖姑至九十余，丧葬尽礼。初居西城，谓嚣尘非所以居，子请于舅，迁毛田冲，耕读并课。世见游泮，乃请建坊。

黄氏，廪生黎复淳妻。详《复淳合传》。坊在二都三区石嘴头。

邱氏，黎希轼妻。年二十五夫故，抚其子柞远成立。远又故，氏率其媳胡氏鞠养三孤孙，婚教俱毕。年八十二卒。诸孙呈请建坊，主入节义祠。

喻氏，黎希煊妻。年二十四，夫故守节，事舅姑尽孝得欢心。子柞兴没，抚四孙皆成立。乾隆年建坊。

贺氏，庠生黎希亿妻。性贞静，年二十五夫故，矢志守节。孝事舅姑，严课其子入郡学。家规肃然，邻里法之。年五十九卒，建坊于七都一区牌头仑。

秦氏，庠生周振枢妻。适周六年，夫故，遗子元勋岁半。氏翦发自矢，缟素自甘，检身以礼，内外秩然。姑病，躬侍汤药。舅没，氏重病不起，日令老婢加麻服拖绖，嘱元勋随诸叔行礼。训子义方，元勋入泮，氏方自慰曰："从此不坠书香矣！"没后，孙在歧呈请建坊。

张氏，吏员彭涟妻。年二十二夫故，守节三十一载。姑早逝，孝于翁。翁三子连丧，仲叔两媳又故，俱有遗雏。氏体翁意，鞠养成人，教读完娶，始令析箸。乾隆年，子垂暹呈请建坊。

喻氏，胡朝荫妻。夫故，氏矢志靡他，倚姑为命。惧斩夫嗣，抚夫兄次子濂为嗣，恩勤教诲。濂入邑庠。乾隆年，濂请建坊。

蔡氏，姜堂妻。传列贞节类。乾隆五十七年，建坊十都六区黄材市。

程氏，周宪锦妻。年十九于归，即侍夫病，衣不解带。越五月夫故，恸哭几绝。终三年丧归省，父母微伺其意，拔发以誓，后无敢以再醮劝者。事舅姑尽职，治家严肃，服饰俭朴。抚侄绍孔，教读成立，孙大宾列成均。乾隆年，建坊于管家嘴，置墓田十三亩。卒年六十七。

刘氏，黄锡爵妻。年二十守节，遗腹生子咏，六岁而夭。夫兄锡绶、锡躬相继没，氏与绶妻彭氏、躬妻李氏，妯娌三人，始终励节，人无间言。氏于乾隆五十三年建坊。彭、李两氏先卒，格于年例，族里惜之。先是，锡爵之姊适善化裴廷继，亦无子，归与氏等同居守志，闺门肃然，时称一门四节。年六十余卒，入祀节孝祠。

萧氏，周思本妻。二十二岁夫故，遗腹子仁则。贞静垂范，勤俭教家。事翁姑存没尽礼，抚孤子、孤孙名列成均。赈贫穷，独建关圣庙，每年给香火谷六石；又捐关山坝阿婆塘尾田十亩，为学宫看守工费，所见尤大。寿终八十六。孙配坤于乾隆五十五年请建坊。

杨氏，监生刘起生妻。通书史，年十六于归，二十八夫故。抚孤序周，教以义方，不少姑息。姑氏许年老丧明，得氏曲意侍奉，不苦于盲。姑年八十卒，未几，序周亦卒。氏撑持门第，家法肃然，轻取佃租，施予不吝，建曾祖姑胡节烈祠以奉祭祀。嘉庆元年建坊，年六十余卒。孙愔入泮，端、准入成均。

陶氏，国学生张武瑞妻。年十二于归，翁姑早逝，二十八夫故。孝事祖姑邓节母，扶持老病于床褥间者，十余年如一日。抚孤子德配，教读成立，列成均。旋卒，遗稚孙二。姑媳同心，患难相守，并完其节，邻里钦服。嘉庆六年，氏年六十，邑绅公请建坊。

张氏，袁承世继妻。性敏达，通书史，年十六于归，孝养姑嫜，缫车佐读。二十四夫故，子茂达才三岁，以姑衰病，忍死承欢。閫砢门庭，内外肃清。家固多仆婢，而奉膳馔宾，必躬操井臼。有盗噪入姑室户反扃，时仆佣窜匿。氏率樊婢扛大木撞破入，贼正迫胁，姑惊惧，持绣婢手不能语。氏厉声斥盗，眦血迸喷，谓："后院树下有铁罐藏金，急拾去，若伤我姑，案破当何罪？"遂冒刃跄护姑侧，姑惊魂始定。贼攫金，将复入逼。氏认定垩面者，喝曰："若非我某庄佃耶？"众始惊散，鸣官处如法。自是，食必与两婢偕，谓："忠于姑，即我患难中妯娌也。"后姑益尫羸，终不起，氏哀毁如礼。夫兄二，为前姑出，久析箸。氏髽笄摒挡，推诚尽礼，夫兄亦感动。姑忌日祭奠，至老不忘。每指铁罐，泣语子妇辈曰："抚此若戚戚，见我姑当日惊惨状，留罐志吾罪也。"教子最严，虽入泮不容易假辞色。尝雇匠镂石山于墙壁，并塑鹰栖其巅缩一爪，谓子曰："汝既无父兄，当自奋！英雄独立，曷视此亡何？"

子以噎卒。督课诸孙，俾循循礼法。年八十病剧，犹不授医诊，曰:“六十年老寡妇得见所天幸也，慎毋信浮屠言做道场，为妇德玷。”言至再而卒。至嘉庆时，曾孙庶常名曜，请部牒核，坊建墓所。

李氏，张志域妻。年十九夫故，翁亦逝，侍病姑终其养。夫弟夫妇相继亡，遗子甫周，氏抚之如子。夫季弟方七岁，均赖氏教养。待继二十一年，季弟举次子，始抚为嗣，苦力撑持者三十四年。嘉庆十五年，呈请建坊。

喻氏，黎祚高妻。坊在二都三区游趣塘，嘉庆九年建。

彭氏，何配武妻。坊在六都七区何氏家祠前。

夏氏，张文淮妻。年十九于归，甫百日，夫暴故，哀毁数绝，遂恹恹若不解人事。三年服阕，有劝以再适者，辄唾且泣曰:“我恨不能早死耳!”自是苦节益坚，亲戚罕见其面，语言肃穆，未尝有笑容。孀居五载，夫弟太学生文渊始育次子煌佐，氏抚为嗣。氏年六十，邑绅士欲上其节行于朝，泣谢之曰:“守节，妇道之常，何足以辱盛典，谓以绰楔希荣，是以夫为市也。”闻者高其行而息其议。嘉庆己巳岁，年八十，族戚敦劝再三，乃允呈请建坊。年八十六卒。

李氏，陶显永妻。年二十一夫故，矢志冰霜。乾隆年建木坊于七都一区，地名田心。迨后坊圮，陶姓子孙竖碑墓前代坊。

樊氏，周天成妻;杨氏，周天合妻，亲姒娣也。樊以二十（十）六岁，守节五十二年，子一殇，螟蛉续后。杨以二十四岁，守节四十二年，两男中折，燕翼诒孙。俱以穷苦自甘，坚贞罔玷。族里谋请建坊。

姜氏，洪世桢妻。二十四岁夫故，抚孤都，教养成立，茹荼咀蓼，冰雪为心。年六十九，族党呈请建坊。

胡氏、彭氏、廖氏，俱张门。胡氏适廪生张翌枢，年十九夫故，矢志冰霜，抚孤学宏，教课不倦。宏入庠二年故。宏妻彭氏，上承姑志，老而弥坚，建坊于闾。彭氏子堪彝亦早逝，堪彝妻廖氏又寡，数世伶仃，家业式微。廖氏茹蘗履冰，不易祖姑之训，更能式廓箕裘，恢复祖业。中丞冯又请建坊于宅右。子三，锡龄入庠，锡骐登贤书。锡凤妻亦廖氏，无子。锡凤故，氏抚锡龄第三子文汉为子，教之入庠，亦以符例详请。

四世节操，一门绰楔，乡里以为仅事。

彭氏，张国濂旧《志》误作"渥"妻。年十七归张，即侍夫病，两载夫故。待继七年，抚侄文柱为嗣，教养完娶，倍极恩勤。素好义，存团金四十两，生息累百。氏卒，文柱承母志，出团金本息计四百，更加捐倡修石嘴头义渡，置田二十亩，年六十卒。行详《省志》。建坊二都五区虎形山。

黄氏，黎祚瑜妻。二十五岁夫故，事百岁翁能得欢心。继姑病，在床五载，扶持不倦。妯娌陈氏、袁氏，皆以孀居丧子，贫难度日。氏养之终身。子大琼，教读成立，节孝两全。年五十五，呈请建坊于二都麦家山。

高氏，彭济川妻。年二十夫故，抚孤成立。志洁行芳，冰心自矢。守节五十余年，建坊于二都八区荷叶塘。

何氏，姜源渎妻。年十三归姜，二十六夫故，昼夜号泣，欲自绝。族戚劝曰："抚孤事大。"氏收泪经理家政，课孤子大猷读，十余年无倦志。娶喻氏，生子肇鸿仅三岁而大猷卒。喻氏妇兼子职，孝养无违，节与姑并。时肇鸿善病，婆媳惟恐覆祀，每夜焚香祷祝，泪无干日。及长，何氏延师课读，为援例授修职郎。鸿又早卒，遗孤树基，何氏又教养之，家业益充。嘉庆七年，邑绅以姑媳双节，呈请建坊。何氏闻之，辞曰："守节分也，敢希荣乎？"年八十二卒。道光初，候选州同曾孙树基，呈请建坊于十都七区黄材，地名刘家岭，入主邑文庙节孝祠。制军罗文熙公为立传，作《姜门双节》诗。

黄氏，宋盛雯继妻。二十一岁于归，夫病，亲尝汤药。二十六夫故，氏将以身殉。姑止之曰："堂上白发，膝前黄口，将谁托？"氏从命，苦力挂揩，凡出入经费，悉以蝇头书记之。舅姑没葬尽祭礼。孤子朝隆，侧室出，视如己生。守节四十三年，呈请建坊。

黄氏，浙江绍兴府人，宋盛雯侧室也。二十五岁夫故，事翁姑孝如嫡室。持家勤俭，纺绩不倦。延师课子，绝少姑息。守节四十三年，与继嫡同姓同节，同请建坊。

黎氏，黄世滉妻。年二十七夫故，子幼亲老，孝慈兼尽。子入成均。

氏年八十卒，建坊于七都七区峡口子。

邹氏，高光卓妻。年二十六夫故，抚二幼孤，上尽孝敬，下严课读。长明佐以例贡应试，次明杰业儒。没年七十八，建坊于一都五区花门楼。

张氏，夏正铭妻。年二十五夫故，遗子司鼎、司鬷。姑卧病六年，氏侍汤药，昼夜罔懈。课子倍极辛勤。卒年七十三，建坊于八都十区插花山古簧阿，入祀节孝祠。

范氏，袁庆云妻。亲迎有期，而云病笃，父母拟待病痊，氏不允，谓："夫病正须扶持，乌容缓？"遂不迨吉于归，奉汤药惟谨。两月夫故，氏年十七，恸几绝，毁容矢守。阅三年，抚侄国恩续嗣。家綦贫，氏勤纺绩，供亲菽水，抚子成立。凡处妯娌、礼宾客，能敬且和。嘉庆十五年，建坊于墓。

周氏，彭举世妻。年二十九夫故，遗二子均幼，教养完娶，备极辛苦。善事姑嫜，祭葬如礼。苦节三十余年，子孙均奋志诗书，皆氏之教也。年六十四，呈请建坊。氏性仁慈，恤贫乏，于孕妇尤切时给米盐，分娩后并给襁褓物，至今甲姆犹追叹其贤。

刘氏，增生黄湘南妻。生长名门，夙娴礼法，十九岁于归。二十九，湘南客死杭州，遗孤本骐、本骥俱幼。氏恸濒死，百计憔悴，以其榇归。依母家二十年，纺绩自给，内外咸敬惮之。亲授二子《经》，小有过必加呵挞。稍长，择名宿为师友，二子赫然有文誉。嘉庆戊辰，骐登贤书，骥亦副榜。寻中式，俱馆于外，以供菽水。氏自节俭，艰难中济人急无少吝。有秀水沈生者，性狷介，老无子，流落长沙，与骥厚，病革泣语曰："某必死汝家。"氏闻之，嘱骥舁致之，越三日卒。骥主其丧葬，氏能成子之贤如此。卒年七十五，呈请建坊。

以上旧《志》

一都

刘氏，程德言妻。年十九夫故，遗腹两月，生子泽绍。氏孝养舅姑，抚孤成立。家故丰，数遭宵小侵削。氏内外摒挡，备尝艰厄，约身以俭，持家以严，门庭间子妇及臧获辈凛如也。年七十四卒。先是，泽绍将为呈请建坊，氏不许曰："守节吾分也，何旌为？"道光辛卯，孙昭配呈请入总坊，主入节孝祠。咸丰庚申，曾孙惠吉建专坊于一都，地名百围寨旧庐左侧，与祖姑孙氏坊并峙。

萧氏，谭俊典妻。于归，舅姑没。二十三岁夫故，长子世禄才三岁，次子朝爵刚三月，氏抚成立。奉继姑郑，事无大小必禀命。每对夫遗手泽，辄抚诸孤暗泣。郑命呼，挥泪趋赴，怡柔自若。日夕经理簿书，权度不少差，由是偿旧债、置新庄焉，赈孤贫、助义举不少靳。二子俱监生，建坊于一都四区稀树山。没年八十三。

王氏，监生刘理润妻。幼习女史，既长，贞静寡言。归刘，谨事舅姑。年二十七，夫故守节，抚子阶兰，课读成立，娶周氏。阶患瘵疾卒，氏年二十二，引刀自尽，婢觉救之。抚堂侄被英为嗣，姑媳相依，冰霜共励。建坊于一都崔家塅，坊前列双柏。族基定题曰"双柏楼"，盖嘉二氏之节也。王现年七十三，周现年四十四。

二都

卢氏，翰林院待诏曾兴楚妻。性贞静。年二十四夫故，抚四岁孤毓莹成立。莹年二十二复不禄，抚夫侄毓郯次子传远为莹后，率孀媳教传远以义方，家风严肃，内外秩然。现年五十三，建坊于二都六区油麻田狮子山下。

喻氏，营千总衔曾兴麓妻。性贞淑。年十七于归，孝事舅姑。二十四夫故，抚三孤成立。长子润，监生，年十九复故。率孀媳欧阳氏抚遗孤，慈严并至，现年五十。以次子涵同知衔诰封宜人，建坊于二都狮子山，与卢氏坊并峙。人称一门双节云。

彭氏，秦基崴妻。性庄重，工诗。年十六，基就赘仅六十日，患咯血病归，次年益剧。氏请归婿家调护，入门九日而夫故。氏绝粒，矢以身殉，家人解慰始强起。咸丰乙卯，建坊于二都六区学堂坡。年六十卒。

四都

萧氏，李宏矩妻。年十九于归，八阅月夫故，矢志靡他。抚夫兄子懋纯，教读成立，例授州同职衔，孙正笏入文庠。氏年五十八卒，建坊于四都六区照背。

六都

王氏，张国允继妻。年二十于归未周，夫故守节，视前子女如己出。祖姑年近期颐，两房共膳，隔居数十里，氏随往返，侍奉不少懈。夫鲜兄弟，姊妹二，出阁时助以奁田，克成夫志。年歉，蠲租平粜，乡里称贤。道光六年，建坊于六都粟溪。没年六十。

人物十四　列女三

旧《志》节妇。旧《志》《节妇传》多未请建坊者，有未注明守节年岁者，又有年例未符者，但当时采访自有确据，今照依登载。

明

黄氏，廪生吴赓雅继妻。性静婉，工女红，伉俪甚谐，家故贫，事两姑甘旨无缺。年二十八夫故，以遗书教子嘉骥成立。自舅姑捐养及夫死，连遭三丧，皆荼瘁成礼，苦守者二十年。嘉骥家稍振，氏之教也。

陶氏，蔡文光妻。文光清羸嗜学，年二十六瘵死。氏哀毁成礼，益孝事姑嫜。课子最严，自龆龀至成人，时时训课，遂为名诸生。治家严正，内外无敢或嬉者。称未亡人四十余年，贞肃如一日。万历时，邑人士举其节而表章缺焉！

张氏，廪生杨登明侧室。年二十六夫故，以遗腹生男，坚志抚孤，至于成立，授经克家，皆慈母贞俭之力。寿七十无间言，邑令汪某表其门。

胡氏，姜希哲妻。二十四岁夫故，辛勤守节，居家慈肃，课孤孔恕，无少宽纵。恕从其叔希先读，家贫无以为贽，岁织匹布奉焉。其后恕工于文，复为族人师，以书田养志，多所成就。年七十四卒。

杨氏，沈惟善旧《志》误作"义"妻。生子元勋两月，夫故，年甫十八。洗尽铅华，自贞苦节，教勋学成，试尝冠军。勋事母亦以孝闻，逮其应贡，孀居五十余年矣。兵起，先后没于乱，里人哀之。

杨氏，孝廉周铉妻。年十七适周，夜月青灯，纺绩伴读。故铉益愤志功名，得荐贤书。尤善事翁姑，姑疾笃，酷暑侍汤药，衣不解带者数月。戊子冬，铉没于兵，氏毁容裂面，以翁姑命，留未亡身二十余年。子四，中溥、和溥、敬溥、智溥，氏教之成名，家声不坠。后邑绅举节孝请旌，以世乱寝。

戴氏，嘉靖考授经历喻朝书妻。年二十三夫故，矢志守节，孤苦伶仃。时有欲夺其志而吞其产者，氏屡号辕。官司莫不咨叹，佥曰"孤立之难"，因给照以终其节。卒年七十九。

国朝

尹氏，生员陶文郡妻。年十四于归，十九夫故，二子甫数岁。常言："夫没时，嘱我善事父母，言犹在耳，敢不竭力？"篝灯课子，或背诵不熟，辄恚且泣，子章班以是成名。操井臼，啜粥自甘，守节二十四年卒。

邓氏，喻定璋妻。年二十四夫故，矢志守节。敬事继姑，闺门严肃，邻里往来，罕有见者。抚三岁遗孤，婚教成立。勤纺绩，时出赢余周贫乏，族里慕义焉。

杨氏，李遇春妻。夫死，氏年艾，姑周氏病，拘挛支离床褥，氏日夜扶持数十年。姑曰："久病无孝子，我何缘得此孝妇？愿为我厚报之。"氏子相文、相武，俱游庠。守节四十八年卒。

贺氏，监生陈仁福妻。夫卒，氏年艾，孝事姑，姑疽发背，口吮其毒。综理家政，书算亲操。时内难迭兴，恃氏保聚，家道益丰。

丁氏，赵士英妻。年十八于归，生子三，夫故。时值兵乱，骨肉相弃。姑谢氏年九十，不能步履，氏负姑匿山中。子襁褓啼哭，山中人患之。氏扶老姑兼哺幼子，琐尾全生，姑得令终。氏百计支差徭，保庐墓。既而三子皆没，两媳亦亡，惟第三媳年三十，感激相守，姑媳同心，抚三孙永祜、永福、永祖成立。其施粥、施棺、施渡船义举，未易殚述云。

黄氏，李逢琳妻，年二十四夫故。哀毁几绝，未几，子殇。抚侄锦为嗣，教育入庠，复夭。一女出字，亦死。历遭惨变，守志弥坚。

谈氏，《通志》误作"谭"。赵伯玉妻。年十八于归，二十四夫故，遗子燮。氏抚成立，娶妇生子而燮死。氏又抚孙，含饭以哺，纺绩自给。年六十余卒，邻里咸称贞节。

喻氏，陈继绣妻。年二十于归，次年夫故，遗子宗亮仅七月。时夫兄止遗二女，亦故，氏与其姒同居事姑。姑没礼葬，后其姒亦患痰疾十余年卒，氏为治丧，嫁两女。后宗亮亦故，氏抚其孙，以一身守三世。生平勤纺绩，周邻好义。族人以年例已符，请建坊，氏不许。

喻氏，张启围妻。年十八于归，时翁姑已没。二十六夫故，教子最严，克恢世业，内难外侮，一力支持。年五十，子志道欲请建坊，氏力止之。

谢氏，生员张启国妻。年十八于归，二十六夫故，舅姑相继逝。氏抚二子，辛勤教育，而次子亦亡，又抚其遗孙以承先业。夫没三十余年，每生、忌日，必设馈哀奠。舅曾抚他姓子，所分产荡尽，氏仍周其衣食，经其丧葬，乡里贤之。

汤氏，庠生钟启后妻。二十七岁夫故，事翁饮食，寒暑如夫存日，翁以天年终。教子入泮，成夫志，氏犹以夫未及见为憾。仆老者听其去，曰："吾不忍奴其累世"。苦节三十九年卒。

刘氏，徐时凤妻。夫故时，翁姑先没，家徒壁立，氏纺绩生理，家渐饶裕。教训最严，子孙居城市，毫不染浇薄习。升斗有余，辄周贫乏。守节四十五年。人谓徐氏起家之妇，子启臣亦能竭力事亲。

胡氏，刘维藩妻。年二十，有贼攻刘氏，维藩遇害，家人死者亦众，卢舍被焚。氏仓皇携三岁儿，得义仆思忠匿免。贼退，氏寻舅姑，经理烬余，曲奉甘旨，抚孤成立，待亲族休戚相关，尝谓："贼锋刀锯之余，幸而有后，谁非伯叔兄弟，敢二视乎？"督仆力耕躬，勤纺织，家中兴，孙入泮。犹以良人惨死，不及亲见为憾云。

袁氏，庠生段天锡妻。年十八于归，甫两载夫故，子炯文时尚未晬。抚遗孤以事舅姑，孝慈兼尽。姑没，事庶姑无稍懈。教子成名，家渐裕，犹不辍女红。守节三十二年卒。

陶氏，王长升妻。夫故，遗子谏远甫三岁，诚远甫一岁。孤苦伶仃，纺绩自给，教子耕读，皆克自树立。守节四十五年卒。

谭氏，邬成玺妻。守节四十二年。居家勤俭，训子义方。后家业益廓，子入成均，人谓氏有丈夫风。

黄氏，刘利恕妻。年二十七夫故，翁恐氏年少难守，令他适，氏以死誓。后分产，甘受硗薄。抚成三子，以勤俭起家。

杨氏，熊元恒妻。生子廷试。夫故，事翁姑尽礼，教子甚严，以勤俭致小康。好施济，遇凶年辄省食以周不给。

刘氏，颜元琛妻。年二十四夫故，生一女早夭。冰雪盟心，痛夫无嗣，遂子其犹子宗颜。夫遗田三十五亩，纺绩课耕，教养婚配，勤俭自持，铢积渐充，增置田二十六亩。氏年六十，命子曰："尔父没已三十余年，宜建祠宇以妥其灵，我死亦得祔祀。尔父所遗，合我添置，得田六十一亩。以十二亩入祠，为春秋祭扫费，以四亩与阿侄宗榜，志我遗爱。余为尔业，尔能自守，可无冻馁。"宗颜涕泣受命，欲明母节，仍颜曰"节母祠"。

陈氏，钟彬玉妻。二十六岁夫故，矢志守节，孝事翁姑。姑病，手足不支，饮食必亲奉，如饲小儿。课子极严，纺绩辛勤，昼夜不辍，家亦渐丰。

王氏，监生贺德明妻。夫故时，子幼姑老。氏事姑尽礼，操作辛勤，左提右挈，时携子哭于墓，闻者心寒。

陶氏，杨尧治妻。年十七归杨，未五载夫没，仅一子，抚孤成立。事翁姑，克尽妇道，兼识文字，喜谈节烈。寿九十一卒。陶之典有传。从《府志》入。

杨氏，晏孔昭妻。夫早卒，二子皆不育，抚侄为嗣。老姑多病，备尽孝养。从《通志》入。

彭氏，何中汪《通志》误作"旺"妻。年二十三，夫病革，谓氏贫不能守。氏当榻前断指自誓。夫故，姑讽以再醮，氏出指示。又嘱邻妪时微讽之，遂截发毁容，孝敬愈笃。姑病，为糜粥就哺，衣不解带者六年，祷以身代姑。年八十二。从《通志》入，今已建坊。

周氏，丁至诚妻。年二十八夫故，矢志守节。姑卢氏多病，亲侍药饵，左右不少离。姑没，事继姑尽礼如初。尝提瓮灌园自给，抚孤子，有义方。

周氏，丁大成妻。年二十七夫故，子五多夭，惟第三子锦存。督课无稍姑息，卒成诸生。翁姑多病，孝养倍至，族党钦之。

段氏，本邑人，适善化孙良赞。年二十一夫故，无子守节，抚侄为嗣。

黄氏，本邑人，适益邑姚璨华。璨华多病，姑忧之成疾。氏侍汤药，经年不懈。姑卒不起，夫亦相继没，遗腹生女复不育。氏请于父，劝翁继娶，生子二。氏事继姑，孝敬不衰。邻居有聘妇不能娶者，氏典产资之。后其翁作文悬于中堂，曰："使后人毋忘我媳节孝也。"

范氏，高能佐妻。二十四岁夫故，守节抚孤，自勤纺绩，课子若孙，秀读朴耕，皆有成业。以勤俭，故家益丰。年九十余卒。

欧阳氏，成天祚妻。十九岁夫故，值吴逆犯顺，父讽其改志。氏命竹工织巨篓置中庭，宴族长而矢之曰："苟失足，请置予篓中，沈诸江。"四十九岁卒，守节三十年。孙妇何氏，亦十九岁寡，守节五十余年。一门双节。

刘氏，黎希铉妻。年十九于归，生二子，俱不育。二十七夫故，冰操自矢，孝事舅姑。抚伯氏次梅子祚清为嗣，画荻以教，幸得游庠。无何，夫妇皆不禄，又抚两孙成立，置恒产。年九十余卒。族里以"节孝"颜其居。

杨氏，庠生周建勋继妻。元配张氏生一女，夭。氏归周，生二女。年二十七夫故，抚棺几绝，誓与殉。舅姑诏之曰："儿死媳存，吾犹有儿。媳亡，吾两人有毙而已。"乃忍死抚夫兄次子在中为嗣，鞠养如所生。舅姑相继逝，祭葬如礼。在中入大学，举五子。氏方庆宗支克衍，而在中又夭。媳少孙雏，郁郁成疾，逾年疾革，谓妇曰："我可见夫地下矣，汝好为之。"言讫而逝。生平慈惠为怀，遇张氏之亲如骨肉。其子妇亦克完节，治家教子，贤如其姑。今后裔昌显，人以为一门两贤媛之报。从《郡志》入。

喻氏，戴象山妻。年二十三夫故，守节五十二年。其姑亦喻氏，节孝，已入旧《志》。氏克承姑志，而清操弥苦。

梁氏，郡庠余鸣珮妻。性贞静，奉舅姑惟谨。年二十六夫故，痛欲自经。氏兄毓秀以义劝之曰："尊嫜在堂，遗孤在抱，奈何？"乃止。未几，遗孤又夭，念切孝养，苦节自甘，抚夫兄鸣珂次子悌为嗣，殷勤教诲，为邑名诸生。氏年六十卒。

童氏，周隆勋妻。生子二俱殇。隆勋卒，氏年二十五，仅一女。抚夫兄鸣雍三子在韶为嗣。韶年二十一卒，无子。苦节历三十二年，无亲侄可再抚。卒之日，族弟琅勋乃择在韶胞兄四子锡坤为韶后，以嗣其祀，葬同夫穴。当夫之死也，氏为墓庐，置田约三十亩，去墓稍远。

厥后，嗣孙锡坤又早卒，子洛泮年幼，其本生胞伯锡颂、锡类，以田与墓隔，非长久计，乃酌令易墓下田如原数，田墓相依，庶可世绵其祀云。

陶氏，周楚佩妻。年二十七，夫故四月，生遗腹子，未晬而夭。女二，家中落。与夫两弟析箸，售产而三分之，各不上百金。嫁长女于黎。次女字陶，贫难娶，乃赘陶。母女相依，勤女红以终身。生平言不逾阃，年五十卒。

陶氏，张德配妻。年十二于归，即能执妇道、顺姑志。二十六岁夫故，矢志守节。抚孤成立，事媚姑孝敬。治家严肃，人敬惮之。子茂松欲为建坊，氏止之曰："四代一线递传，媚妇已两代，建坊岂家庭之福耶？"氏没，茂松于祖母坊后建祠，置田祀之。

刘氏，文守宏妻。二十八岁夫故，事舅姑，生死尽礼。督五子以义方，恢廓家业，五世同堂，子孙百余人。寿九十九卒。

萧氏，庠生罗开泰妻。年十九归罗，二十九夫故，色养舅姑，义方训子。食荼茹苦，圭璧自贞。寿九十六卒。

廖氏，萧富旦妻。年二十八夫故，遗孤元贵仅二龄。事亲育子，矢志靡他。娶媳钟氏，生男三。钟氏没，复为继娶，亦钟氏，生一男，而元贵又即世。氏善视继媳，抚育诸孙。虽历遭死丧，家道中微，氏一力支持，纺绩不辍。卒年九十三。

吴氏，罗洪琳妻。二十四岁夫故，冰心自矢，抚三子成立。守节六十八年，寿九十二，曾、玄绕膝，五代一堂。

刘氏，监生陈际扶妻。扶与仲兄异母生，牛哀变起，暗致彭亡，鞫连多人，真凶始露。凶乘父耄且瞽，诈云遵严命、诛忤逆，几使扶枉死，且被恶名。氏携孤奔号讼庭，誓同死以明夫枉。当事廉得实，毙凶如法。扶旋亡，时氏年二十四，孤才三尺许，余氛未息，潜相鱼肉。家中落，苦持门户，完璧终身。年九十卒。孙、曾繁衍。

刘氏，黎大相妻。二十七岁夫故，矢以身殉。继又恸夫无后，忍死抚侄光喜为嗣，教以义方，无稍姑息。处家族间，温恭淑慎，人亦无敢亵越。守节六十一年，卒年八十八。

谢氏，周国照妻。年二十二夫故，志励冰霜。抚夫兄子平觯为嗣，义方是训，严不害慈。纺绩辛勤，家声渐振，孙入庠。氏年八十八，以无疾卒。

周氏，监生易文光妻。年二十七夫故，遗孤维纶。一庭长幼，死丧过半，家中落。上奉老姑，下抚稚子，淑慎自持，冰霜凛凛。维纶入泮，诸孙中亦有成名者。苦节六十年，寿八十七卒。

胡氏，监生罗清音妻。年二十九夫故，翁姑俱见背。子范五岁，零丁孤苦。家仅中资，延师教子二十余年，时助贫士膏火。孙正笏列邑庠。寿八十七卒。

廖氏，周平佑妻。年十九，生子甫三月，夫故。孤老子雏，纺绩自给，画荻训子，提汲事姑。子渐长，成婚配，尽瘁，守节六十七年。孙、曾辈出，族党钦之。

蒋氏，张泽灏妻。年二十五夫故，遗子新炳，训以义方，事姑尽礼。年老子死，育孙成立，励节无亏。寿八十七卒。

范氏，李熙芳妻。年二十九夫故，守节五十五年。性刚直，家法严密，闺阃肃然。免贫佃租而留其耕，乡党族戚多仰给朝夕，孙、曾林立。年八十五卒。

王氏，贺嘉名妻。九岁于归，孝事舅姑，谐和妯娌，毫不亏于妇道。二十七岁夫故，姑老子幼，独力支持。姑多疾，药必亲尝。姑没，葬祭如礼。抚子德温成立。苦节五十余年，孙、曾杰出。卒年八十四。

欧阳氏，曾时泰妻。二十四岁夫故，子唯甫一岁，辛勤抚养，唯力学能文。先卒，氏冰操益励，纺绩针纫不离手，恒刺掌以明贞。迨老，遇青年孀妇，辄示以掌，励曰："守节不易耳。"苦节六十年，寿八十四卒。

谭氏，符邦翰妻。年二十九夫故，子甫四龄，励志冰霜。翁姑七秩，奉养益隆。教子以孝义为先，乡里嘉之。年八十三卒，子孙曾多列衣衿。

张氏，萧君球妻。二十九岁夫故，奉养翁姑，抚孤成立，勤俭居家，老不自逸。年八十三卒。

刘氏，盛洪荣妻。二十四岁夫故，一恸几绝，念孤子福忠、祥忠幼，乃节哀。姑早卒，常以不及事为憾。其祖姑唐以节建坊，氏事之甚孝，因是事翁愈得欢心，谓"有媳胜有子"。守节六十年，八十四岁卒。孙孝谐监生。

黄氏，周采江妻。年二十三夫故，训子课孙，慈严兼尽，甘贫茹苦五十九年。八十二岁卒。

张氏，王启蛟妻。年十五归王，越四载夫故，仅一女，抚侄为嗣。柏舟矢志，松雪盟心。训子慈不废严，事亲顺不违礼。年过八旬，眼观四代。

黄氏，年十四归王运栻。性敦朴，谨执妇道。十七，生子人骥甫三月，运栻卒。氏抢地曰："吾二岁母死，八岁父死，今复若是，命蹇极矣，何生为？"时嫡姑、生姑、庶姑并慰曰："若独不念诸老人与藐孤乎？汝抚孤成夫志，贤于从死矣！"氏收泪从之，饮冰茹蘖，妇道益修，奉潆髓，各得欢心。其翁文清顾而怜之，诗曰："姑病是谁供药饵，儿亡有汝奉鸡豚。"道其实也！和姒娌，勤纺绩。子五岁入塾，体羸数失血，而柳丸欧荻，终不稍懈。延师款客，馔必丰腴，周济邻里疾病者尤加厚，惟自奉俭约。子尝以珍味进，氏正色曰："吾母家与汝家皆宦族，世守节俭淡泊，其分耳。汝牛祖母寿已九十，汝能馨膳色养，奉我多矣！"及老，犹出纺绩余赀于家庙前营甃石桥。寿八十二卒。

陈氏，王梦智妻。二十六岁夫故，矢志坚贞，教子成立。守节三十五年，卒年六十一。

叶氏，刘文灿妻。年二十九夫故，孀姑在堂，独任甘旨，抚孤成立。凡田宅有被侵掠者，禁其子勿与校。守节五十年，寿八十卒。嗣孙起本、序筠皆入庠。

周氏，陶鸿运妻。年二十夫故，父母因其家贫，劝改适。氏泣曰："女子从一而终，头可断，志不可夺也！"上事姑，下抚子，日夜勤纺绩，艰苦备尝，晏如也。守节六十余年，寿八十卒。

罗氏，曾尚杰妻。顺事姑嫜，侍病不离左右。姑临终嘱曰："二幼女惟妇是赖！"氏泣诺。年十九夫故，子衍福才岁余，屡欲自尽。翁曰："汝不念吾衰病，朝不保夕，孤子小姑，全倚汝身乎！"乃忍死鞠养二小姑及孤子毕婚嫁，衍福亦能承顺。氏守节六十年，寿八十卒。

周氏，舒尚从妻。年二十六夫故，子志绣、志圣俱幼，姑老病，手足不仁。氏日夜扶持，数年不倦。守节五十四年，八十岁卒。志圣娶周氏，未弱冠卒，遗孤甫二龄。氏年二十，矢志如姑，年六十卒。一门双节，乡里称焉。

何氏，王廷扬妻。二十二岁夫故，备历艰辛，抚圣传次子明道为嗣，教养成立。苦节五十余年，寿八十卒。

易氏，谭克元妻。年二十七夫故，子俊超甫六岁，严课读，勤纺纫，好施予，而家渐丰。寿八十，孙、曾绕膝。族里谋为呈请，氏不允，曰："予非为名也，何呈为？"乃止。

周氏，陈彦士妻。年二十八夫故，长子梦笔甫五岁，次梦龄方四月。励节抚孤，延师课子。卒年七十九。梦龄入庠。

季氏，李正芝妻。年二十四夫故，将以身殉，复念翁姑老，子幼稚，勉留未亡身，代子职而兼父道。不意孤既授室，生孙廷鳌、廷焕，夫妇相继逝，氏又抚孙成立，备历艰辛。守节五十四年，寿七十八卒。

曾氏，王章权妻。年二十四夫故，子德煌、德炳俱幼，氏守志不贰，内外整齐，德炳入国学，犹督耕织。暮年修新建、长寿二桥。卒年七十八。

童氏，彭远霾妻。年十七归彭，二十五夫故，守节五十二年，七十七岁卒。

杨氏，陶章浩妻。年十七于归，二年夫故，仅一女。是时庶姑有一子章澧，方数月。氏孝养翁姑，矢志待继。数年姑亡，女亦夭，家中落，茹苦含茶逾十八年。澧娶王氏，氏喜曰："绵夫嗣有日矣！"相待极和。两年，王氏生子不育，生一女，澧没于京邸。王氏闻耗，呕血数月死。氏益茕茕，阃范严肃，终身如一日。年七十卒。

陈氏，周在璇妻。年十九于归，二十三夫故，子锡祜甫两月。矢志冰霜，抚孤成立。生孙男四，祜中年失偶，又抚成诸孙而祜卒，长孙洛新亦卒，仅二女。孙妇廖氏，年二十二，克继祖姑志，抚洛璜之子为嗣。陈氏年七十六卒，诸孙亦亡，独廖氏携其抚子撑持家政，五十八岁卒。

刘氏，何其高妻。年二十一夫故，勤俭持家，隆师课子。守节四十八年，七十六岁卒。子介万入胶庠。

杨氏，喻忠复妻。年二十五夫故，子二龄。母兼父道，苦持家政，井井有法。姑病痿痹，侍奉数十年无倦。堂侄幼失怙，哺养如子。有侄孙三龄，双亲俱丧，育于家，教养如己孙。子孝则屡欲以节孝请建坊，斥之曰："全节分也，孝何敢言？"坚持不可，寿七十六卒。

萧氏，黄九道妻。十八岁夫故，有因氏年少家贫，劝令改适者，截发毁颜，以誓不贰。数月，遗腹生子文彩，教养成立，竟以辛勤铢积赡其家。卒年七十六。

黎氏，姜方淮妻。年二十八，励节抚二子成立，复相继没，仅遗一孙，摒挡艰苦。守节四十八年，七十六岁卒。次子妇高氏早寡，亦同凛冰霜。

周氏，年十五字潘纯如。纯病剧，请于氏父母曰："病不起，勿为若女累，盍另字？"氏闻，矢志不贰，家人不能夺，遂以归。逾月夫故，哀毁几绝。抚侄继传为嗣，鬓笄三载，未一归宁。姑谢氏，原中年孀妇，一子既没。姑媳相依三十余年，孝养无稍衰。姑卒，尽哀尽礼。居家勤纺绩，爱子不失义方。临终，端坐语家人曰："自分德薄，惟不愧为孀妇耳，死当素服殓"。卒年七十五。孙男四，世嘉，郡增生，余业儒。

杨氏，萧先权妻。年十六适权，二十四夫故，矢志靡他。遗孤绪盛岁半，一切殡葬周备。盛方成立，旋卒，率媳胡氏抚孤孙。婚教毕，胡氏亦亡。零丁孤苦，拮据百倍。幸孙又生子，基业少振。苦节五十一年，卒年七十五。

胡氏，丁金锡妻。生二子。年二十七夫故，奉孀姑，曲尽孝养，两世伶仃。艰辛备历四十八年，卒年七十五。

蒋氏，杨明友妻。年十八于归，逾年夫故，忍死抚夫兄子士熹为嗣，教读完娶。寿七十余卒。

谢氏，刘家炳妻，陈氏家文妻妯娌也。谢生子益勖甫周岁而炳卒，文生子益烈数月而文亦卒。时谢年二十五，陈年十九，无他兄弟，惟老姑在堂。二氏冰操共凛，视膳问寝，罔不婉委承意。未几，益勖夭，谢痛不欲生。陈泣劝曰："汝死若姑何，又若我何？益勖虽死，益烈固在，犹汝子也，盍稍自宽？"谢因与陈共抚烈，倍恩勤。姑卒，含殓殡葬，二氏躬自营办无失礼。烈事二氏如一，娶妻生子，旋失偶，感二母苦节，亦义不再娶。二氏俱寿七十余卒。

喻氏，刘邦迪妻。生二子，年二十七又有身，夫故，誓以死殉。众劝莫解，翁姑泣而怒曰："烈女必从死乎？况舍两藐孤将累我，不慈且不孝。"乃勉从，遗腹又生男，茹苦奉甘旨尽欢，丧葬尽礼。教三子，俱成立完娶，目击孙、曾。寿七十余卒。

郭氏，成士璠妻。年三十夫故。姑徐氏八旬，止不得殉，哭伤，睛突出。弃产，携子鼎元徙居，就舅氏学，自率子妇纺绩不辍。七十四岁卒。鼎元入庠。

杨氏，潘位仁妻。幼从家塾诵女箴，辄晓大义。年十八于归，事舅姑以孝闻。二十八夫故，孝慈兼尽。里人募修粟溪义渡，命子如宾竭力资助，凡义举俱随分捐施。年七十三卒。

朱氏，彭彰瑞妻。二十四岁夫故，善事舅姑。遗子杰世，教之成立。守节四十九年卒。

柳氏，丁文伯妻。文伯卒，氏年二十六，抚子用我五龄，教读成立。娶媳周氏，生子卫川四龄，而用我亡。周氏年二十七，亦守节坚贞，上孝下慈，一如其姑。柳年七十二卒，周年七十七卒，各有传载家乘。

罗氏，赵蒂华妻。年十六于归，二十二夫故，痛几绝。越六月遗腹生子，乃忍死矢志。上奉舅姑，事葬尽礼，下抚孤子，俾立室家。守节五十年，寿七十二卒。

欧阳氏，张志柱妻。年二十五夫故，遗孤甫三岁。事姑终养，训子有成，勤俭兴家，贤闻乡里。卒年九十六。孙封瑞早逝，其继妻龚氏，以贤孝闻。谷瑞增生，阖邑呈请入祀乡贤。曾孙铣，官广东兵备道。

许氏，周在崇妻。年二十九夫故，一子锡祓成立，安贫励节，七十二岁卒。

廖氏，钟家晟妻。年二十余守节，值家多故，辛苦撑持，抚孤邦肇、邦灿成立。虽篝灯纺绩，而性喜周济，尤晓大义。其宗人欲将祖山出售，氏不可而止，又以夫葬非吉改窆，垦田三亩供祭扫。守节四十余年，寿七十二卒。

欧阳氏，孝廉王明亮妻。年二十九夫故，子德懋仅三龄，老姑在堂，一门孤寡。氏上尽色养，下勤鞠育，清操无玷，苦节益贞。年七十二卒。

洪氏，彭秀世妻。年二十四夫故，抚夫兄次子尊贤为嗣。守节四十七年，寿七十一卒。

王氏，萧宏营妻。二十四岁夫故，抚孤先炅成立，独修甲子桥。守节四十八年，七十一岁卒。

王氏，廖其灼妻。年二十六夫故，抚幼子文赴守节。赴娶成氏，生锦本两月余而文赴亡。成氏年十七，两代孀居。姑极爱怜，妇加孝养。值家多故，姑媳相依，日夜饮泣，百计摒挡，卒能保全。抚孤成立，永厥贻谋。曾孙章蕃，黉序有声，以明经老。王卒年□十，成卒年七十一。

陶氏，杨世扬妻。年二十一夫故，子业巨未弥月。氏哀毁几绝，转念藐孤谁托？勉留未亡身。上事舅姑，中和妯娌，而教子独严。终身铅华不饰，言动必遵礼法。年七十，族里谋请建坊，氏觌然曰："全节岂为名乎？"力止之。守节四十九年卒。

刘氏，唐玉全妻。年十二于归，二十一夫故。时姑老子幼，氏力支家务，曲奉甘旨，能得姑欢心。姑八十七以寿终，葬祭以礼。生平敦朴，素睦族邻。教子极严，虽入国学，凡事必禀命而后行。守节五十年，寿七十一卒。

唐氏，监生杨纶修继妻。年二十归杨，抚前子如己出，事姑能得欢心。五年夫故，抚诸雏教养俱至。无何诸雏相继没，氏经纪诸丧，调停家务，一一如法。终身节俭，乐善好施。子轶杰入国学，欲呈请建坊。氏不允，曰："守节吾分也，何必然。"年五十五卒。

喻氏，戴隆明妻。年十九于归，二十六岁夫故。以上有老姑，一子德铨幼弱，忍死守节。纺绩供养，蓬首垢面数十载，家业渐裕。守节四十四年，卒年七十。

谭氏，刘有沆妻。年二十于归，二十八夫故，抚夫兄有沆子起炽为嗣。守节四十年，卒年六十八。

胡氏，黄河带妻。十九岁于归，甫三月夫故。舅姑早逝，家贫，归依父。

痛夫无后，抚侄本植为嗣。纺绩营生，备尝荼苦。守节三十九年，五十八岁卒。

姜氏，秦远楠妻。年二十七夫故，孤定焕方三岁，女半岁。家窘，茹苦坚贞，事姑色养。抚焕成立，娶媳杨氏，早卒，遗一子二女，氏抚之劬劳倍至。年六十卒。

刘氏，贺懋禀妻。年十九夫故，矢志谨严。夫兄懋兰妻胡氏，亦二十五寡，止一子，名容裕。刘氏无嗣可抚，乃佐胡氏操家政，事姑婵。胡氏视刘氏如妹，容裕事姊如母。惜裕不寿，胡氏育诸孙成立。捐田十亩入学宫为修葺费，邑令杨详请额题"光生沩水"四字。妯娌双节，而刘氏益苦，年均六十余卒。

刘氏，廖锦鳌妻。年二十九夫故，遗子章鸿。矢志靡他，事姑顺、课子严，言动不妄，完璧全归。寿终六十七。媳谭氏，笄年适章鸿，生子佐朝。二十八岁鸿没，绝食求死。姑苦劝曰："姑老子幼，汝死谁托？"乃节哀，上承姑志，抚孤成立，贤节均如其姑。一门两世，洁操同贞。时年六十三岁。

王氏，罗鉴相妻。秉性坚贞。二十七岁夫故，遗子清楚，抚育完娶。未几，楚故。妇向氏，守节十余年又故，遗孙洪瀚。氏力保家业，教养成立，绵延一线。守节四十年，六十七岁卒。

欧阳氏，刘巨璜妻。事舅姑尽妇道。二十八岁夫故，勤俭治家，课子严正。守节三十八年，六十六岁卒，入总坊。

萧氏，黎祚曜妻。年十九于归，二十六夫故，遗孤大庆三岁。又一载，舅姑继没，丧葬尽礼。治家勤俭，守节四十年，六十六岁卒。子监生。

罗氏，戴隆相妻。年二十二夫故，家贫励志，善事继姑，训子成立。守节四十四年，卒年六十六。

李氏，杨忠显妻。侍舅姑无违言，动必遵礼。年二十八夫故，悲哀几绝。一子又殇，子身苦守。勤纺绩，家日廓，乃抚孝德为嗣。所积余赀，捐助祠田外，复念女婿及同母弟贫乏，皆为置产，以安其家，而自甘布衣粗粝。闺范谨严，邻里共钦之。卒年六十四。

尹氏，姜际时妻。年二十八夫故，抚四龄遗孤，食贫茹苦，襟怀冰雪，人无间言。卒年六十四。

许氏，张志洪妻。年十六于归，善事舅姑。二十四岁夫故，抚子思枨成立，守节四十年，人无间言。年六十四卒。

袁氏，监生洪世柏妻。年二十七夫故，遗孤四龄，矢志靡他。越二年，遗孤复殇，几不欲生。然上念翁姑，下冀夫祀，乃忍死抚幼侄宗瑞为嗣，教养如己出。守节三十七年，卒年六十四。

孙氏，罗洪声妻。年十四于归，仅育一女，劝夫纳妾刘氏，生正家甫三岁，夫故。时氏年二十九，撑持家计，课子殷勤。子入国学，能诗文。刘氏又没，氏深悼之。由是辛勤独任，纺绩无虚日。守节三十五年，六十四岁卒。

朱氏，杨世铭妻。年二十七夫故，抚侄业鸿为嗣。上尽孝敬，下严课读。舅没，姑周氏双瞽，寿至八十一岁，氏朝夕奉侍，三十余年无倦容。年六十三卒。

廖氏，张百禄妻。二十二岁夫故，生女二，抚夫兄子承嗣，授从九职。族建祠，氏率了捐金百两、田二亩，并祠后山。茹辛尝苦四十余年，六十三岁卒。

秦氏，庠生胡众妻。二十六岁夫故，孤二龄。氏洁操永矢，动遵内则，勤俭持家，顺事舅姑，严课孤子，赈困济贫，乡里咸称淑德。寿六十三卒。

曾氏，胡淡庵妻。年十六于归，二十一夫故。冰雪盟心，抚夫兄子昌选为嗣，教训成立。守节五十年卒。其祖姑张氏，以节建坊。人谓氏无愧于祖姑云。

范氏，高光麒妻。年二十七夫故，抚侄名志为嗣。守节三十六年，寿六十三卒。

沈氏，姜大烈妻。年二十五夫故，矢志不贰。顺事嫡、庶两姑，抚二子成立。守节五十三年卒。

姜氏，萧周臣妻。年二十九夫故，善事老姑，抚孤成立。屡世单传，眼经四代。守节四十九年卒。

喻氏，黎祚帱妻。二十八岁夫故，抚孤成立，旋卒。茹茶尝蓼，守节三十四年，六十二岁卒。

边氏,贺容让妻。二十二岁夫故,遗孤炳成,抚养成立,创置田产。炳成死,氏又抚媳教孙,备极艰苦。年六十,孙、曾绕膝。邑绅额其堂曰:"松柏长春。"年六十二卒。

黄氏,龙国器妻。年二十二夫故,守礼法,顺舅姑,守节四十四年卒。

成氏,欧阳弼妻。年十九于归,二十六弼故,氏矢志抚二孤成立,教读完娶。家计寂寥,饮冰茹蘖三十余年,六十一岁卒。

胡氏,监生谭春鸿妻。二十六岁夫故,言笑不苟,教子孙以义方。建桥梁、修祠宇、济困穷,一无所吝。卒年六十一。

成氏,黎祚绎妻。年二十八夫故,子大毅尚幼,经营祭葬,罔不尽礼。抚子成立,族党贤之。年六十卒。

卢氏,符永贞妻。年二十八夫故,遗子维新甫三岁。亲操井臼,家日益饶。训子义方,里人称贤。年六十卒。

萧氏,秦世谦妻。年二十夫故,坚贞苦守,至六十岁卒。其子文澜没,媳周氏年二十九。孙名李没,孙媳熊氏年二十八。皆柏舟励节。周年七十卒,熊年七十五。三世苦节,里党咸钦。

刘氏,周聘庭妻。年二十夫故,子启凤甫二岁。夫嫂杨氏亦寡。一门双节,共守一孤,教养成立。刘年六十卒,杨没无考。

汤氏,喻忠官妻。年十八于归,越十年夫故,遗孤沛孝方四岁。矢志靡他,拮据支家,教子成立。守节三十一年,卒年六十。

胡氏,谢继瑀妻。二十七岁夫故,抚二男一女。侍姑顺,教子严,待族邻有礼,恢廓家计,内外整齐。守节三十一年,五十八岁卒。

严氏,武庠成华国妻。年二十七夫故,抚孤龙泰。母以兼父,义方是训。年五十七卒,泰亦入武庠。

张氏,陶景周妻。十六岁于归,克尽妇职。八年夫故,遗一子一女。氏哀毁骨立,舅姑时慰止之,始吞声忍死。事舅姑养丧尽礼,抚儿女婚嫁适宜。家道日窘,甘之若饴。晚得一孙,贫不能娶。守节三十余年卒。

杨氏,成文智妻。年二十九夫故,无嗣。勤纺绩,家稍扩,置桑园冲田二十四亩于墓侧,以绵夫祀。氏即居庐,守墓以终其身,三十年如一日，没无考。

曾氏，王相妻。自幼父教之读，即晓大义。归王，恪守内则。姑病，溲溺扶持，躬亲不怠，抑搔悉当姑意，族党均以孝称。姑卒，夫又病剧，谓氏曰:“我死，知尔必以身殉，奈无后何？”氏泣曰:“请忍死为君择继。”夫卒，氏年二十二，家贫艰于立嗣，越十年始克遂，襁褓护恤，至于成立。年五十六卒。

谭氏，周采书妻。笄而适周，虽富必亲，中馈偕夫，寝门问视，无间朝夕。年二十六夫故，宏濂六龄，宏翥周岁。矢志抚孤，孝慈兼尽。理家政，丰俭适宜。尝举先人训以勖其子，家计日廓，清操五十六年。濂以孝廉官蜀令，以直声闻，皆其遗教。

刘氏，舒宇锡妻。年二十四夫故，抚侄维炳为嗣，训子成立，苦节三十年。卒年五十四。

陈氏，罗彝淦妻。年十九适淦，二十夫故，遗腹生子鼎恩，永矢靡他。持身庄肃，日夜纺绩，自甘藿食，上奉甘旨。舅没，事姑愈谨。守贫三十余年，冰心如一日。卒年五十一。

段氏，朱绍元妻。年二十夫故，遗孤廷举。氏励节，上奉舅姑，下抚孤子。翁兄弟三人同居，姑择氏总内政，操井臼、勤女红、和妯娌、训子侄，皆井井有法。卒年五十一。子亨选监生。

温氏，谢安祥妻。年十八归祥，尝夜纺绩，佐祥读。事姑甚谨，生子继兰、继芝。祥故，氏年二十八，茹荼矢志，膏沐不容，嚬笑不苟。仰事俯畜，苦节三十余年。姑姜氏寿九十终，氏哀毁，恸不欲生。年六十卒。

胡氏，张文治妻。年二十归张，仅五年，夫故，育子煌俊甫两月。抚孤成立，家计日充，乡里无间言。年五十五卒，入总坊。

胡氏，黎大衢妻。年二十一夫故，遗孤周岁，冰霜矢志。事舅姑以孝闻，持家严肃，隆师课子。年四十八卒，入总坊。子光斗，监生，诸孙皆克守遗教。

成氏，彭序洛妻。生一子夭，年二十九夫故。家贫无嗣，痛翁姑先没，祖姑廖氏年老，至九十七终，氏纺绩供养无缺仪。每遇翁姑及夫忌辰，必设奠。五十五岁卒。族长择其夫弟序择子盛璠嗣之。

龙氏，汤昌英妻。二十九岁夫故，欲殉之，姑谕止。时子期瓒茕茕在抱，教养成立，事老姑生没尽礼。瓒，监生。守节二十五年，五十四岁卒。

欧阳氏，黄锡安妻，年二十七夫故。抚孤成立，守节二十七年，卒年五十四。

胡氏，姜义溶妻。年二十五夫故，抚嗣子方桂承桃。家贫清苦，守节五十余年卒。

刘氏，胡征卜妻。年二十六夫故，夫鲜兄弟，子亨仅一龄。氏抚孤苦守，力完危巢。有诡谋侵渔者，百计御之。安葬祖先，斋戒尽礼。胡氏先建有寺，氏复装修神像。隆师课子，亨入国学，凛敬姜之箴，家声丕振。年五十三卒。

胡氏，周大年妻。年二十四夫故，抚侄家启为嗣。其姑与庶姑不相能，氏遂奉姑赁居省垣，以妇兼子，敬养倍至。翁姑没，丧祭尽礼，哀毁无异致。年五十二卒。

夏氏，罗彝铿妻。铿善病勤读，氏为操家政，以成厥志。年二十四夫故，子鼎湖甫三岁。氏矢志事祖姑九年，事姑十年，以孝敬闻。义方训子俾成立。守节二十五年卒。

郭氏，庠生成开猷妻。二十六岁夫故，奉翁姑以妇职兼子职，课儿曹以母道兼父道，婚嫁事藉纺绩赀了之。子潜出听剧，氏启夫主楘跪惩之，其家法如此。五十一岁卒。

舒氏，周文止妻。年二十四夫故，氏冰心永矢。子世光甫三岁，及弱冠，娶刘氏，生家干。方四岁，世光死，刘氏年二十六，姑媳同守。舒卒年五十，刘时年七十五，没无考。

彭氏，王鸣竹妻。年二十九夫故，遗孤扬廷、圣传。内教严谨，妯娌和谐。有溪水湍迅，氏偕娣姒建石桥以利行人。守节二十余年，卒年五十。

易氏，王煦修妻。二十八岁夫故，上奉老姑，抚子名峻成立。守节十八年卒。

杨氏，黄思锜妻。生半月失怙，三岁失恃，年十三于归。夫固庶出，翁与嫡姑已逝。二十四岁夫故，子世泉四岁而夭，仅二女，氏誓身殉。姑谕之曰："汝独不念老身谁托乎？"氏遂忍死事姑至八十余，丧祭如礼。夫兄弟三皆弃世，氏和谐妯娌，视侄犹子，同居三十年，一门雍睦。四十五岁卒。

李氏，汪荆山妻。二十一岁夫故，遗一女，抚侄士堂为嗣。严阃范，勤女红。每月一登夫冢哭拜，闻者心寒。苦节二十四年卒。

周氏，袁汝京妻。年二十二夫故，竭力营葬，子仅三龄。奉老翁惟藉女红给甘旨。后翁亡，贫苦益甚。有劝以山地出售者，氏曰："吾翁与夫所遗，曷忍弃？"穷饿自甘，守节二十年卒。

许氏，童斯盛妻。年二十五守节，抚子开垣，教养成立。冰霜比洁，卒年四十四。

唐氏，李廷焕妻。年十九于归，八月夫故，悲号绝粒，矢以身殉。时翁姑早逝，惟祖姑在堂，年已六十余，惧重伤祖姑心，勉留一息。三年后，抚夫兄廷鳌子为嗣。年四十四卒。

张氏，吴觐宗妻。年二十二，夫故守节。遗腹生子桐，娶媳杨氏。遗两子，夫妇相继亡，氏又顾复幼孙。年四十二，忽遘疾，不药而卒。

刘氏，萧先杰妻。性淑而贞，识书史。杰以父宏烈卒，哀伤数日而没，无嗣。氏哀毁尽礼，年二十八岁。后泣吟诗曰："郎向重泉殉父死，妾留残喘奉姑生。"乃抚夫兄次子绪斌为嗣，恩如所生。斌生母傅氏亦孝妇，姑并爱之。后姑卒，二人悲深同病。年余傅卒，刘曰："吾亦偕往事姑矣！"亦卒，年四十一。

范氏，何承杰妻。年十五归杰。姑先没。二十岁夫故，抚一幼孤，针黹营生。祖姑病，吁天祈代，侍奉弗衰。年三十五卒。

谭氏，庠生成化龙妻。年二十八夫故，仅遗一子，矢志不贰，守节二十年卒。

罗氏，冯大鹏妻。年二十八夫故，事姑婉顺，教子正位成名。勤纺绩，严家范，冰霜之操，人无间言。守节十五年卒。孙四，翔、翱、翯入文庠，翀业儒。

王氏，成章焘妻。年二十五夫故，遗孤光榜。姑多病，氏侍汤药无少懈。课孤诵读，无敢姑息，而积忧成疾。守节十余年卒。

姜氏，魏经棱妻。年二十六夫故，誓以死殉，自经者数。冰霜自励，至老不轻言笑。年七十二卒。

虞氏，颜元瑕妻。年十五于归，至二十夫故，遗孤宗炯，母子伶仃。春日爰桑，秋风纫纻。母以兼父，教子成立。志洁冰霜，四十余年如一日。卒年六十八。

张氏，俞之选妻。年十六于归，事亲相夫，克尽妇职。二十九夫故，痛不欲生。以五子俱稚弱，偷生抚育撑家业，耕读为本。苦节三十八年，五十四岁卒。

李氏，袁仕义妻。年十九于归，二十四夫故，矢志守节。孝养老姑，益加敬谨。抚孤成立，教读婚娶。备历艰辛四十余年，七十一岁卒。

卢氏，程有卓妻。年二十九夫故，葬祭尽礼。遗子六，左提右挈，教读完娶，备极艰辛。睦族邻，周贫乏，里党无间言。及六旬，以家务授次男万亿，事无大小，俱必禀命。年七十余卒，亲见玄孙。

廖氏，唐志熙妻。年十八归唐，至二十九夫故。子方幼，甫七龄，或劝改适，截发自明。守节四十余年，卒年六十八。

陈氏，袁学凤妻。年二十四夫故，遗孤成锦。或劝改嫁，毁颜自明。娶媳黄氏，生兴濂。锦卒，黄氏亦年二十四，继姑守节。濂妻刘氏年二十二，濂又卒，遗腹生国祯，以襁褓承重。黄卒年七十二，刘时年四十六，国祯已娶妻生子。

朱氏，监生杨培若妻。幼娴内则，二十岁于归，八载夫故。抚孤子，殷勤课训。事翁姑，克尽妇道。年九十一卒。

杨氏，易承恩妻。二十二岁夫故，绝粒濒死。姑谕之曰："汝夫幸遗一息，可无母乎？"氏乃微进饮食，教子维纲成立。年五十二卒。

杨氏，易湘若妻。二十八岁夫故，艰辛抚子，教养完娶，家赤贫而诸孙皆食力供养。年六十一卒。

姜氏，张维藩妻。二十四岁夫故，子其莘遗腹生，甫壮而卒，遗孙祖荫。氏与媳陈氏孤苦相依。未几，媳又卒，娶孙媳欧氏。方一载，孙又夭。苦节无后，里人哀之。年九十余卒。

黎氏，彭超凡妻。年二十四夫故，遗子汝贤，甫三岁，矢死靡他。姑八十三岁，孝养有加。义方教子，不少姑息。守节四十三年，卒年七十五。

胡氏，许光唐妻。年二十九夫故，仅田数亩，一子旋夭，抚侄新支为嗣。事舅姑并祖父母，皆婉顺无违。安贫守节五十余年，内外无间言。卒年七十二。

黎氏，袁名瀚妻。二十九岁，夫故。上奉孀姑，下抚孤子，克勤克俭，无非无仪。长子汝嵩成进士，官陕，氏遗书诰诫。年八十三卒，呈请建坊。

杨氏，王明时妻。年二十八夫故，遗子德成三岁，德宣仅一周。顺以事亲，慈以抚子。冰霜励志五十余年，八十一岁卒。

罗氏，萧彰淮妻。二十七岁夫故，遗孤宣仁一岁。抚养成立，娶媳李氏。年十九，宣仁又卒，孙周孝甫数月。姑媳相依，一门双节。罗卒年六十四，李卒年七十七。

钟氏，杨端本继妻。年十七于归，七阅月夫故，遗腹不育。抚前妻二子一女如己出，富而克勤俭，怜孤恤寡不少靳。年九十六卒。二子均入庠。

熊氏，覃芳连妻。年十七适覃，甫月余夫故，氏矢志守节，生平寡言笑，族戚钦之。年七十四卒，入总坊。

罗氏，黄植勋妻。年二十四夫故，上奉继姑，下抚孤子，孝慈兼尽，藉女红给薪水，族里钦之。年六十五卒。

陈氏，胡泽澍妻。二十八岁夫故，抚二孤，洁守坚贞。年八十一卒。次子本植入邑庠。

刘氏，高光廷妻。年十八于归，阅一载夫故，遗腹生明棨。勤纺绩，严课读，和妯娌，肃闺门。守节五十余年，卒年七十一。子监生。

孙氏，杨业楷妻。二十一岁夫故，抚夫兄业果子文濂为嗣。年八十一卒，入总坊。

姜氏，陈瑞璧妻。年二十三夫故，仅一子。守节三十五年，五十八岁卒。

周氏，刘鸿道妻。年二十二夫故，家贫仅一子，或劝改醮，不从。子复卒，志益坚。年五十八卒。

孙氏，高光辽妻。性贞静，年二十一守节。子二，长明魁卒，次明哲克承欢。卒年六十二。

赖氏，贺如爵妻。二十九岁夫故，抚孤明道、明远、明迪，皆入国学。勤俭治家，田园日辟，门庭肃穆，眼观六代。卒年九十五。男妇将三百余，曾孙显春、新元俱列庠。

卢氏，胡玉山妻。年二十七夫故，柏舟自誓，顺事其姑。七十四卒，入总坊。

杨氏，王瑀修妻。年三十夫故，子女皆雏，抚养成立。冰霜励节，礼法自持。卒年六十五。

石氏，高光莲妻。二十九岁守节，抚孤贞操无玷。卒年八十。

潘氏，廪生陈瑞盛妻。年二十九夫故，抚孤应道、应遂俱幼。及应道完娶，旋故，遗孤一，氏抚成人。家贫苦节四十余年，七十六岁卒。

谢氏，颜兆贤妻。年二十五夫故，矢志守节，清操无玷。年七十八卒，入总坊。

张氏，成章达妻。年二十三夫故，矢志守节，抚夫弟子光明为嗣。卒年六十七。

杨氏，张正宁妻。年十九，于归数月，正充长夫，赴镇算，遂死，氏纺绩事姑。姑没，氏归依父母，灌园食力，忍饥励志，守节五十余年。卒年七十。

萧氏，庠生傅敬奎妻。年二十六夫故，生子二，次殇。氏含茹辛苦，清操无玷。七十四岁卒，入祀节孝祠。

钟氏，刘序琳妻。年十九夫故，抚孤端立，矢志守节。卒年六十九。

易氏，周锡莘妻，潮郡夫守容斋之孙妇也。二十一岁夫故，遗孤洛漳甫五月，矢志守节，抚孤成立。卒年五十六。

谭氏，周宏渭妻。十九岁夫故，遗腹子大楠，抚养成立。冰雪之操，人无间言。卒年六十一。与成氏为娣姒，世居五都梨树，人谓"梨树双节"。

谢氏，姜基采妻。年二十四夫故，矢志守节，抚孤人中成立。卒年七十一。

谭氏，姜时成妻。年二十二夫故，遗孤期月而夭，抚侄为嗣，教养成立。卒年七十五。子监生。

程氏，姜基梅妻。年二十四夫故，抚孤成立。守节五十七年，目见四代。卒年八十一，入总坊。

丁氏，喻忠璠妻。年十八夫故，守节抚孤孝贞成立。年九十卒。

王氏，汪国源妻。年十六于归，十八夫故。抚孤士焜，苦育成人，独力修安怀桥。守节至六十三岁卒。

何氏，杨亦瀚妻。年十六夫故，矢志守节。卒年七十八。

黎氏，庠生彭大器妻。二十一岁夫故，遗一子，教之成立。卒年六十四。

陈氏，边志怡妻。年二十三夫故，志凛冰霜，言动不苟，抚子呈祥，教养成立。卒年八十，目见四代。

刘氏，胡光簿妻。年十八，生子铭槐。二十夫故，甘贫守节，纺绩自给，抚槐成立。娶媳吕氏，育孙实理甫一岁，槐夫妇相继没，抚孙成立。守节四十二年，卒年六十二。

姜氏，欧阳子焕妻。性贞淑。二十八岁夫故，矢志守节。奉姑前后四人，无不如意。撑持家业，内外整肃。年八十八卒。训子二俱成立，长陞授州同职，次均授县丞职。

范氏，项国纯妻。旧《志》载朴庵。十六于归，逾年夫故，焚发矢靡他，乃抚侄魁文为嗣。翁麓亭为之建祠、置田。夫弟国洛官歙县黄山巡检，貤封孺人；国藻征诗选刻，阐扬节孝。卒年七十，入总坊。

贺氏，周洛东妻。年二十五夫故，遗孤校橿甫一岁，教读成立，后入邑庠。氏年五十九，入总坊。

李氏，蒋全选妻。年二十四，夫故守节。居成德塘元大司马蒋彦明故宅，尝指书楼训子曰："此先世遗泽也，宜顾门第！"励节五十余年卒。今子孙方兴未艾云。

贺氏，周校国妻。年十九夫故，抚三月孤宣炳，延师课读。甫能文，忽病瘵废学。家中落，氏奉舅姑惟谨，娶媳生一子一女。未几，子与媳亡，孙男女继亡。氏益自刻苦，尝夜泣，朝拭之皆血痕也。夫弟校元以孙培绎继其后，卒年未详。

王氏，宋朝遇妻。年二十九，夫故无子。守节五十余年，卒年八十六。

卢氏，李经邦妻。年二十二夫故，阅月遗腹子生，长子甫三岁。家贫苦，守勤纺绩。晚年家稍裕，为二子授室，今孙、曾繁衍。卒年七十八，入总坊。

童氏，袁邦历妻。十七岁于归，二十一夫故，遗一子仁贻，矢志贞守。善事翁姑，严教幼子。遭家多故，曲为调停，族无间言。卒年八十四。孙绅列文庠。

谭氏，黄建梁妻。年二十四夫故，遗子懋炳甫四月。家贫茹苦，教子成立。矢志守贞，清白无玷。及见三孙，无疾而逝，年七十七。

童氏，朱焯才妻；杨氏，朱育才妻，亲妯娌也，各以年十八归朱。童二十二岁夫故，抚堂伯之次子孟邻为嗣，教以义方，凡族里之贫者济之，年七十卒。杨二十三夫故，仅一子，抚养成立，卒年未详。旧《志》列名“节妇”。

钟氏，张大位之妻。

谭氏，成士倧之妻。

贺氏，黄履盛之妻。

张氏，潘依仁之妻。

孙氏，成之泽之妻。

袁氏，黄仕起之妻。

龙氏，罗良仪之妻。

苏氏，刘汉晷之妻。

谢氏，朱旐勋之妻。

王氏，文上略之妻。

贺氏，童耀宗之妻。

许氏，谭光祜之妻。

廖氏，邹辉南之妻。

李氏，向九如之妻。

邓氏，王成泳之妻。

廖氏，齐之三之妻。

彭氏，张世煜之妻。

唐氏，王仕福之妻。

袁氏，朱文方之妻。

袁氏，黎希侃之妻。

蒋氏，喻书赞之妻。

彭氏，李昌焊之妻。

姜氏，何大行之妻。

陶氏，谈之焕之妻。

钟氏，廖文三之妻。

黄氏，成士儒之妻。

周氏，成天祥之妻。

汤氏，杨辉悌之妻。

喻氏，戴家援之妻。

杨氏，谢　铎之妻。

易氏，成仕垲之妻。

黄氏，喻国礼之妻。

周氏，范继选之妻。

文氏，洪绍禹之妻。

杨氏，周国明之妻。

戴氏，谭贤臣之妻。

邹氏，刘应泰之妻。

文氏，秦世美之妻。

成氏，周鲁瞻之妻。

谭氏，黄日永之妻。

刘氏，喻从富之妻。

胡氏，秦　槐之妻。

彭氏，苏万钜之妻。

贺氏，朱绍衣之妻。

旧《志》载以上各妇，或夫系单传，终鲜伯叔；或子方襁褓，家无应门。或家计萧条，不免冻馁之厄；或群小噬嚼，密肆侵渔之谋。或垂白翁姑，残喘相倚；或夫嗣斩绝，形影无依。诸妇皆苦志青年，甘心白首，以万劫难化之灰，葆一片无瑕之玉。历年已久，与例无违。苦节久着于生前，芳名岂湮于没后。今仍旧载入。

以下旧《志》载，现存节妇六十四名，及将符例节妇十九名，遍访没年未悉。今仍照旧《志》入，将"现年"改作"时年"，以示区别。

吴氏，刘建康妻。年二十八，夫故守节，抚侄光祖为嗣。时年八十七。子入国学，孙之甲入庠。

王氏，杨世鎏妻。年二十八夫故，矢志守节。子一，抚育成立，旋卒。氏时年八十六。

陈氏，赵鸿儒妻。年十八归赵，甫八月夫故，抚遗腹子兼猷成立，冰雪其操。时年八十二。

李氏，刘先贵妻。年十八于归，生子文以。二十一岁夫故，痛不欲生。姑慰之曰："余老、家贫、孙幼，汝死将谁赖？"氏乃忍死勤俭操作，上养二老，下育孤雏。文以婚娶后旋卒，又抚幼孙成立。孙复生孙，目见五代。时年八十二。

成氏，黎经雅妻。十九夫故，矢志守节，无非无仪。时年八十一。

姜氏，胡尚极妻。生子以功甫四岁夫故，氏年二十八，矢志守节，操持家业。以姑老子幼，每朔望焚香，拜告祖先，并拜南岳，祈益姑寿，保子延一线。姑年七十二没，氏哀毁尽礼。以功又卒，抚孤孙课读成立。苦节三十余年，时年八十余。

邓氏，喻凤飐妻。姑早逝，事舅惟谨。年二十六夫故，孤遂孝尚稚。家四世未析箸，凡期功子侄视如己子，教子慈不失严，族戚问候相见不出户。守节五十余年，时年八十，子孙繁衍。

林氏，胡尚祯继妻。年十八，夫病危急，医云无人肉不治，因割臂入药，几濒于死。夫故，矢志坚守，抚元配汤氏三子如己出。时年七十余，伤痕犹在。

邱氏，徐龙官妻。二十岁夫故，择继承祧。节励冰操，不苟言笑。时年七十七。

邓氏，汤昌汉妻。年十九夫故，遗子仅数月，氏抚棺几绝，姑谕以忍死抚孤，乃强进饮食。事姑抚子，孝慈合礼，境虽艰而家法严。时年七十六。

彭氏，陈万年妻。二十一岁，夫故无子，矢志守贞。抚夫弟子秉裔殇，继又抚侄鼎裔子聚孝为孙。勤俭持家，纺绩不辍。时年七十余。

赵氏，童世凌妻。婉顺性成。举二子，夫故，氏年二十九，纺绩自守，克勤克俭。舅姑卒，哀毁如礼。时年七十五。孙、曾绕膝，家道浸昌。

谢氏，刘南冠妻。年十八于归，二十四夫故。遗二子，长早夭，次教育尚幼。氏誓死从夫，而以亲老子稚，勉强自存。事舅姑存没尽礼，教孤子慈严适宜。守节五十余年，时年七十四。

黄氏，监生喻敦本继室。年二十八夫故，舅姑早卒，生忌日必出主致祭。四世同爨，家人内外无间言，有从侄失母，养之如己子。平生慎起居，勤纺绩。守节四十五年，时年七十三。

尹氏，文楚白妻。年十六夫故，矢志从一，教子有方。躬勤俭，建祠宇，里中尝为征诗。时年七十三。

杨氏，童钺盛妻。年二十于归，甫九月夫故，抚伯氏次子开溥为嗣。勤俭训家，严肃垂范。苦节四十余年，时年七十。

成氏，张宗柱妻。二十八岁夫故，家贫守节，教二子成立，长炜入邑庠。炜妻没，又抚三岁孙城亦入庠。时年七十，犹纺绩不辍。

州氏，周采岐妻。夫病侍汤药，十载不懈。二十七岁夫故，矢志守节，人罕见其言笑。时年六十九。

谢氏，郭万厢妻。年二十夫故，二子一女，左挈右提，教养婚嫁，煞费辛勤。时年六十八。

殷氏，黄启辛妻。二十岁夫故，柏舟励节，金石为心。时年六十八。

唐氏，喻临忠妻。年二十九夫故，遗一子二女。氏颇知文义，教子常引箴言，戒令勿坠家声。事舅姑克尽妇职。尤勤女红，隆冬酷暑，不少休息。时年六十八。

贺氏，赖起祯妻。年十八夫故，抚孤耀杰，教育成立。勤俭持家，冰清永矢。时年六十七。

姜氏，谢述作妻。二十九岁夫故，训三子成立。贞静勤俭，戚邻称之。守节三十八年，强健弄孙，裕如也。

刘氏，易承鸿妻。年二十九夫故，抚孤维藩成立。母兼父道，纺绩不辍。守节三十七年，时年六十六。

钟氏，周元一妻。二十六岁夫故，将以身殉，值二子均石、均立牵衣索哺，遂忍死守节。抚养藐孤，撑持家政，不坠祖业。时年六十六。

袁氏，熊非江妻。年二十五夫故，孝媚姑、和娣姒，治家勤俭，课子成立。守节四十年，时年六十五。

萧氏，汤世盖妻。年二十六夫故，守节甘贫。时年六十四。

谢氏，欧阳子鹏妻。年十七于归，十八夫故。奉舅姑曲尽妇道，教子法备慈严。内外肃然，言笑不苟。守节四十七年，时年六十四。

钟氏，萧元贵继妻，已故节妇廖氏媳也。年二十三夫故，子一，前室子三。鞠育顾复，一如所生。姑老媚居，家贫子幼，蚕桑纺绩，竭蹶支持。时年逾周甲，守节已四十余年。

张氏，万文达妻。年十九，于归三月夫故。舅姑均没，家贫无嗣，归依其父。父亦家落，伶仃孤苦，完璧无玷。时年已六十余。

林氏，周济川妻。年二十九夫故，遗孤宏治，冰心永矢，训子成立。完节三十二年，时年六十一。

曾氏，喻锡申妻。年二十二夫故，守节三十九年，时年六十一。

万氏，袁兴瀚妻。年十六夫故，矢志守贞，清白无玷。守节三十四年，时年五十。

彭氏，戴梦霓妻。年十七归霓，生二子朝宣、朝宾。夫故，氏年二十六。上奉老姑，下抚幼子，冰操自励，人无间言。守节已三十四年。

王氏，庠生许鹏顺妻。二十五岁守节，教子成名。时年五十八，守节三十三年。

宋氏，潘大本妻。年十九，夫故抚子。守节三十八年，时年五十七。

王氏，喻绍修妻。年二十四夫故，家贫守节。一子早卒，乃抚侄为嗣。守节三十一年，时年五十五。

朱氏，齐永达妻。二十四岁夫故，子一早殇，抚侄光华为嗣。清操自励三十余年，时年五十五。

杨氏，邱大立妻。年二十四夫故，志凛冰霜。子本睿，例授从九。氏教以义方，动循规矩。时年五十四。

彭氏，易先猷妻。二十三岁夫故，遗孤开源甫周。事姑教子，能孝能慈。时年五十三。

易氏，成光四妻。二十二岁夫故，遗子一日靖，教之成立。时年五十二。

刘氏，庠生姜方珍继妻。年二十九夫故，冰霜自励，勤俭抚孤。视前女如己出，嫁之日，厚妆赍，给奁田，恩勤倍至。时年五十余。

喻氏，陶瑞麟妻。年十九夫故，遗孤应文。翁早逝，茕茕姑媳，两代孀居。守节三十一年，时年五十，姑尚存。

张氏，刘敦采妻。年二十七夫故，子二。长子卒，媳张氏年二十一，无子。次子又卒，媳王氏年二十，子一。氏孀居已三十年，帅媳守志，礼法不愆，乡党称之。

项氏，万大辂妻。年十九，夫故守节，茹荼尝蓼。顺事舅姑，藉女红以供菽水。完节三十七年，时年五十余。

刘氏，张碧山妻。年十九归张，二十六夫故。遗子德源尚襁褓，辛勤抚养，一线仅存。无何姑病瘫，匙箸不能自举，饮食必氏手奉。卧床十载，溲溺扶持，始终如一。守节三十年，孙枝绕膝，人以为节孝之报云。

胡氏，姜尚珍妻。年三十夫故，遗孤质义甫一岁，辛勤抚养。垂三十年又卒，遗二孙，清苦自甘。

戴氏，邓锡类妻。年十九夫故，冰霜自矢，坚不可夺。时年七十。

喻氏，萧扶云妻。年二十八夫故，事翁以孝称，抚子大傅成立。守节二十八年，时年五十六。

姜氏，戴淮贵妻。年二十五夫故，茹荼咀蓼，善事舅姑，勤俭持家，清操自励。卒年八十四。

黄氏，徐里仁妻。年二十三夫故，遗一子国举甫六岁，教养成名。时年五十余。

姜氏，宋盛鼎妻。年二十七夫故，遗子朝昕，矢志抚孤。时年五十三。

欧阳氏，姜大宽妻。年二十六夫故，矢志守节，纺绩自勤。时年五十余。

高氏，袁世济妻。年二十七夫故，遗子润本甫二龄。姑陈氏亦孀居，已八十余岁。子职父道，氏一身任之。守节已二十五年，时年五十二。

黄氏，李致中妻。年二十八夫故，家贫，纺绩自给。或劝改适，氏曰："君不见梁上燕乎？失雄者无复双栖，矧人也而不如鸟乎？"词严而志益坚。时年六十八。

段氏，周法孔妻。二十七岁夫故，事翁姑甚得欢心，处姒娌不闻诟语。夫没时，誓以身殉。夫曰："如此，呱呱何？须善抚之！"氏泣诺，夫瞑目。冰操永矢，教子成立。守节五十六年，时年八十三。

唐氏，姜举贤妻。生子不育，年二十五夫故，抚侄为嗣。未几亡，无复可继。或劝之嫁，坚志不移。孝事老姑，躬勤纺绩。越数载，夫两弟俱生男，氏各抚其一，教养无异所生。摒挡家务，独力支持。时年五十二。

苏氏，易祚勋妻。年二十七夫故，子大训甫周。姑年八十，遍体疼痛，氏日夜抚摩，甚得欢心。时年五十三。

谭氏，成光世妻。年二十四夫故，守节六十年，卒年八十三。

成氏，萧绪伦妻。于归时，姑早逝，翁病笃，随夫侍汤药无倦色。年二十八夫故，毁容抚孤，苦志已二十年。

蔡氏，彭继瑞妻。十七岁适彭，阅四载夫故，遗一子仅三龄。氏矢志守节，抚孤成立。时年五十。

廖氏，监生蔡道俊妻。年二十九夫故，清操凛凛，内外肃然。族戚以事咨，未尝逾阈。时年五十。

黄氏，杨士楷妻。事翁姑极婉顺，勤纺绩无朝昏。年二十六夫故，子经典甫四岁，经达尚襁褓。遭家不造，辛苦支持。抚孤成立，经典入庠。氏时年七十。

钟氏，成见龙妻。年十八归成，二年夫故，子年未晬，矢志不贰。事翁姑甚笃，待姒娣极和，中馈事争任不辞，教孤慈严并至。时年五十。

罗氏，戴林贵妻。年十八于归，二十四夫故，遗子常春甫三岁，氏矢志守节。遗田仅六亩，勤俭操作。善事舅姑，课子耕读。子亦善承母志，克自树立。时年六十七，守节已四十三年。

刘氏，洪文拔妻。年十九于归，二十一夫故，遗一子甫八月，教读完娶，内外肃然。守节四十三年，时年六十四。

曾氏，傅组贤妻。年二十五夫故，家贫无子，抚嗣端成，事姑甚笃。姑没，移居夫墓侧，矢同穴焉。时年五十二。

李氏，熊令绪妻。年十四于归，二十四夫故。无子女，矢志守节，事姑最孝。姑患风病，手足不仁，淹坐床褥将二十年。氏旦夕扶持，曾未委他人手，姑赖以存活。寻氏亦患痰瘤，溃烂胸臆，益强起侍姑，左右不稍息。家日贫，甘旨不能继，常典钗裙奉膳。氏年六十二，姑时年八十四。

吴氏，刘大俸妻。年二十八夫故，孤幼家贫，谨事舅姑，义训诸子。纺绩自给，家乃渐饶。见亲邻贫苦，施予无吝。年八十九，曾、玄绕膝，犹勤俭如旧云。

凌氏，易廷友妻。年二十七夫故，事翁姑无违，抚孤成立，清操五十余年，五世同堂。时年八十二。

彭氏，胡开墀妻。年二十九夫故，二子一女俱幼，贫无立锥，仅夫遗舌耕银数十金。氏矢志辛苦，日不饱食，寒无絮衣，采薪抱瓮，以及纺绩诸事，刻无宁晷。将夫遗金托族之忠直者生息，男婚女嫁，倍极经营。守节已二十年，时年四十九。

唐氏，王人维妻。年二十四夫故，抚侄开瑾为嗣。家贫守节已二十五年，卒年六十八。

刘氏，张维岳妻。性淑慎，顺翁姑。二十八岁夫故，待抚承祀，守节二十年。时年四十八。

齐氏，庠生罗起凤继妻。年二十九夫故，夫前室遗子基厚，己子基发、基祥俱幼，贫无以为活。虽日夜纺绩，不能供饔飧，甚至以糠秕、杂米作粥充饥。抚三子长成，始得力作以养。守节已二十年。

王氏，杨云星妻。年二十二夫故，矢志不贰。事媚姑钟氏，曲得欢心。两世孤孀，一门清节。时年四十七。

欧阳氏，程庭培妻。生一女。年二十九夫故，越二月，遗腹生男。食贫茹苦，顺事媚姑，女嫁男婚，艰辛备历。时年四十五。

廖氏，周致九妻。年二十七夫故，无子家贫，矢志守贞，誓不再醮。顺事翁姑，以纺绩供养。时年四十八，守节已二十一年。

汤氏，萧绪端继妻。年十九归萧，视前室子，恩如己出。二十七岁夫故，柏舟自矢，非至戚罕见其面，勤女工。守节已十八年。

周氏，姜基珂妻。年二十二夫故，家贫守节巳二十一年。

黄氏，杨经晋妻。年二十六夫故，矢志守节已十有七年。

罗氏，彭上伸妻。年二十二夫故，遗子一不育，抚侄文昴为嗣。顺事舅姑，清白无玷。时年四十一。

蔡氏，汤昌修妻。年十七夫故，一子旋殇，抚侄为嗣。守节已二十二年。

杨氏，熊朝选妻。年二十二夫故，抚侄鸿时为嗣。言笑不苟，家法严肃。守节已十六年，时年三十八。

钟氏，陈瑞祖妻。生子应中。年二十夫故，志凛冰霜，守节已十九年。

文氏，秦佑我妻。年十九夫故，抚孤守节已二十六年，时年四十五。

方氏，刘席儒妻。年二十二夫故，一恸几绝，誓以死守。长子汉鼎五岁，次汉鼐才七月，鞠养教娶，备极艰苦。家窘，纺绩自营。守节二十五年，时年四十七。

　　王氏，周远裕妻。秉性贞静，寡言笑。年十八归周，阅四载夫故。重夫嗣，保遗腹，不敢从夫地下。生子大郁，甘贫抚养，竭尽心力。苦节已二十年，虽至亲存问相见，未尝逾阈。时年四十二。

　　朱氏，黎光旗妻。年二十八夫故，遗子培塈。教读完娶，艰苦备尝。守节已二十一年。

　　钟氏，杨亦万妻。年二十二，夫故守节，抚孤成立，救贫赈乏无少吝。时年四十七。

　　余氏，袁庆瑞妻。年十八归袁，二十二夫故。生一子殇，抚侄又殇，矢志不贰。时年四十七。

人物十五　列女四

（新增已故节妇）

本城

周氏，潘世瑗妻。年二十四，夫故无子，矢志靡他。抚侄泽梃为嗣，甫冠而夭，氏忧郁成疾。居城市，凡赛会演剧，未尝寓目，终日勤女红，终身衣素服。卒年五十九，入总坊。

欧阳氏，陈士训妻。年十八夫故，子显扬，娶朱氏，相继亡。氏饮冰茹蘖，矢志靡他。卒年四十二，入总坊。

傅氏，陈应箕妻。二十一岁，夫故无嗣，矢志守节。抚侄伟典为嗣，教读完娶。年六十卒，入总坊。

沈氏，郑礼和妻。年二十一，夫故无子，矢志守节。卒年六十九，入总坊。

项氏，唐绥邦妻。年二十九夫故，矢志靡他。卒年六十三，入总坊。

高氏，儒士李应万妻。年十九，夫故无子，抚侄为嗣，善事舅姑。三十一岁卒。

高氏，李隆万妻。年二十夫故，抚侄为嗣，守节十年卒，入总坊。

陈氏、李氏，儒士胡观光妾。陈年二十四，李年二十二，夫故守节。抚侄培翰为嗣，教读完娶。陈年五十四卒，媳解氏相继亡。年余，翰亦亡。李哭之痛，抚侄为嗣。李年六十一卒，入总坊。

许氏，陶大章妻。年三十夫故，家贫守节。时子冠英方五岁，抚养成立。卒年八十六。孙三，长、次入国学，季维昌入文庠。

王氏，陈应闳妻。年二十八夫故，一子伟畇方数月。家壁立，且多凤逋。有以家贫讽令改适者，辄以死誓。赖针黹纺绩以自给，抚孤成立，育孙二。卒年六十。长孙荣寿入文庠，人谓为节孝之报云。

易氏，刘润渥妻。年十九夫故，矢志守节。事继姑无违，抚孤子成立。卒年六十四。

胡氏，梅钟汝妻。二十八岁，夫故守节。抚孤成立，教以义方。卒年六十四，入总坊。

王氏，周宗烈妻。年二十九，夫故无子。翁姑早逝，抚侄大年为嗣，教养成立。年五十八卒，入总坊。

罗氏，周宗照妻。年二十八夫故，翁姑早逝，子二，大益、大英，教抚成立。年五十一卒。

黄氏，周大启妻。年二十三夫故，侍奉翁姑，曲尽孝道。子一，洛英，抚养成立。守节十三年，卒年三十六。

洪氏，周大年妻。二十九岁，夫故无子。翁姑早逝，抚侄洛英兼嗣。卒年四十八。

梅氏，梅钟澍女，适长邑张如焕。年十九夫故，呼抢几不欲生。翁姑伤之，亟以长子之子耀斗承嗣。张固素封，氏茹蘗，曾未一尝甘脆。饮泣以事舅姑，劬劳以育孤子。卒以瘵，终年二十九，入邑总坊。

姜氏，廖执甫妻，副榜廖逢春媳。侍夫随任永兴学署，事翁姑曲尽妇道。二十五岁，夫故守节。抚子廷辉成立，孙渭臣保参将，卒于王事。人谓移孝作忠，渊源有自云。氏年六十二卒，呈请旌表。

汤氏，马维垣妻。二十九岁夫故，守节三十一年，卒年六十。

一都

黄氏，周舜农妻，举人黄原极妹。年二十夫故，无子守节，事舅姑能婉顺。夫弟二均幼，氏茕茕待继，以存夫祀。苦守十年，卒年三十二。抚从子为嗣。初卒目不瞑，兄原极以手抚之曰："汝殆以继事未立乎？汝家必能成尔志。"乃瞑，入总坊。

陈氏，宇文溥泉妻。年二十八，夫故守节，抚孤成立。卒年五十三，入总坊。

谭氏，宇文敬宗妻。年二十五，夫故无子。矢志贞操，抚侄为嗣。年五十卒，入总坊。

彭氏，袁铭玠妻。年三十夫故，矢志守节，事继姑敬谨尽礼。卒年七十三，入总坊。

黄氏，范怀忠妻。年二十七，夫故无子，抚侄禄久为嗣。冰霜励节，勤俭持家。守节十年卒，入总坊。

彭氏，范恒忠妻。年二十六夫故，矢志守节。有欲移其志者，坚拒之。课子严明。卒年三十七，入总坊。

徐氏，程以德妻。年二十六夫故，矢志守节。卒年五十六。

张氏，谭胜一妻。年二十八夫故，茹苦含辛，清白无玷。卒年四十一。

黄氏，向文绅妻。年二十七，夫故守节，善事舅姑。抚孙曾辈，拙者课耕，秀者课读。子征源，监生。孙焕辰，优廪生。卒年八十五，入总坊。

李氏，向文纯妻。年二十八夫故，事舅姑惟谨。子源鸿，中书衔。卒年七十二，入总坊。

秦氏，袁铭瑚妻。孝顺性成，侍夫病日夜无倦容。年三十夫故，哀毁骨立，矢志清贞。卒年六十，入总坊。

萧氏，袁铭斗妻。年三十夫故，训子成立，备尝艰苦，乡里无间言。卒年八十九，入总坊。

胡氏，萧名山妻。年二十三夫故，抚孤守节。卒年六十五，入总坊。

陈氏，监生袁铭桂妻。年二十九夫故，三子俱幼，教养成立，事舅姑能得欢心。卒年七十五，入总坊。

朱氏，向文熙妻。二十九岁夫故。子二，长殇，教抚次子成立。守节十六年卒，入总坊。

廖氏，秦佑坫妻。年二十夫故，子一甫二龄。事姑顺，育子慈。矢志冰霜，闺门肃穆。年五十卒，入总坊。

许氏，朱玉才妻。年二十一夫故，遗腹生子慎言。收泪抚孤，教养兼尽。经纪家政，内外肃然。年八十九卒。

熊氏，廖建章妻。二十八岁夫故，遗一子甫二龄。氏性幽闲，顺事孀姑，抚孤成立，家门肃静。卒年六十四，入总坊。

许氏，廖大章妻。二十三岁，夫故后二十日生子一。矢志依孀姑袁氏，共励贞操，抚孤新霜成立。年八十六卒，入总坊。

聂氏，廖新临妻。十九岁夫故，哀毁欲绝。因孤老子幼，封发矢志，孝慈兼尽。年七十八卒，入总坊。

李氏，庠生候选盐大使刘诰兰副室。初，诰兰应顺天乡试，卒于京。榇南旋，氏痛几绝，年方二十二。子一，训以义方。卒年五十，入总坊。以子福昌同知衔诰赠宜人。

周氏，高耀庭妻。年二十九，夫故守节。抚七岁孤汝霖，慈而能严。卒年四十七。

高氏，刘国湛妻。年二十六夫故，矢志守节。抚子大启成立。卒年八十一，入总坊。

鲁氏，高名须妻。年二十八，夫故无后，家贫守节，勤俭自持，抚夫兄名颁长子耀翔兼嗣。年五十九卒，入总坊。

高氏，刘钜玑妻。年二十七夫故，矢志守节。无子，抚侄润华为嗣。年四十七卒，入总坊。

陈氏，周霞沾妻。年二十六夫故，恸不欲生。以孤子无依，节哀抚养。无何子亦亡，号泣几丧明，积忧成瞶。年七十六卒。

朱氏，李周书妻。年二十四，夫故守节。抚孤国贤有义方，以勤俭复先业。卒年六十八。

周氏，洪余斋妻。年二十八夫故，家贫守节。抚子依居母家，纺绩自给。卒年六十八。

夏氏，唐学瑛妻。年十九，夫故有遗腹，未弥月举男。性勤俭，乐施与。一夕家失火，氏方寝疾，孙匍匐救，氏忽自烈焰中出，发肤不伤，人以为纯节所感。年八十一卒，入总坊。

周氏，覃仕忠继妻。年二十七夫故，子二均幼，氏教养成立。内难外侮，独力撑持，苦节四十三年。卒年七十，入总坊。

许氏，覃人权继妻。年二十九夫故，子五龄。氏清操无玷，不辍女红。年七十九卒，入总坊。

向氏，覃人朗妻。年二十一，夫故守节，子方一龄。氏奉姑嫜，曲尽妇道。治家克勤俭，抚孤子训课有恒。卒年六十八。

周氏，唐邦维妻。二十六岁夫故，冰洁自守。抚遗孤，母兼父道，训课不少宽。卒年五十三。

李氏，周本苒妻。年十九夫故，矢志守节。抚堂侄正身为嗣，置白石湾田二十亩为翁姑祀田。年六十卒，入总坊。

高氏，黄可斋妻。年二十三夫故，抚侄文述为嗣，闺门肃穆。卒年六十五。

余氏，黄孝达妻。年二十六夫故，舅姑令改适，氏以死誓。子连荣甫二岁，教养成立。翁老，继姑在堂，尤能委曲承志。中年子夭，家益落，氏守节益坚。年八十一卒。

萧氏，黄孝逵妻。年十九夫故，氏痛几绝。姑以遗娠止之曰："倘生男，黄氏祀不斩矣！"哀稍节。诞子连华，氏收泪抚孤，训课不倦。事姑嬬尤谨，勤纺绩。卒年七十八。

周氏，李新采妻。年二十四夫故，抚孤成立。卒年六十七。

黄氏，刘开暹妻。年二十八夫故，矢志守节。年七十卒。

章氏，廖云蛟妻。年二十六，夫故守节，克尽妇职。子二，长锦拔七岁，次锦渶五岁。氏抚之成立，辛苦一生。年八十八卒，入总坊。

谢氏，廖映坤妻。年十九于归，奉姑徐氏惟谨。二十八，夫故守节，抚三岁孤子敦本，教读婚配，绵延一线。年六十八卒，入总坊。

孙氏，邹沛孝妻。年二十八，夫故家贫，子幼翁老，矢死靡他。纺绩奉养，抚孤成立。年六十卒，入总坊。

王氏，曾兴湘妻。年二十七夫故，屏绝铅华，守节三十八年卒。子二，长玉成保蓝翎外委。

陶氏，钟星垣妻。年二十六，夫故守节，抚孤成立。卒年五十六。

胡氏，杨大梁妻。年二十八夫故，翁姑早逝，祖姑在堂，周旋奉养，葬祭成礼。子远鬵甫四龄，抚养成立，卒能遵荻教，事节母。氏年七十六卒。孙曾蔚起。

王氏，萧集和妻。年十六于归，十九生子云衢。二十八夫故，冰心雪操，以诗书课子孙。年六十六卒。

许氏，李秀芝妻。二十九岁夫故，守节五十二年。卒年八十一。

罗氏，曾尚杰妻。年十六归曾，孝事翁姑。二年，姑病剧，嘱氏曰："吾二女均幼，吾死后，惟汝是赖。"氏泣诺。越明年，夫故。氏年方十九，子福岁余，忍死鞠养二小姑及孤子成立。守节六十年，寿八十卒，入总坊。县学训导曾相有纪节诗。

陈氏，钟万年妻。二十七岁夫故，矢志守节，抚孤达三成立，居恒言动不苟。苦节五十年卒。

童氏，谭人杰妻。年二十九，夫故家贫，氏以纺绩针纫，育二子成立，勤俭积赀，至老家渐裕。年七十二卒。

谢氏，萧良源妻。年二十九夫故，抚遗腹子任旒成立，娶刘氏，旒寻卒。姑媳茕茕，形影相吊。谢年七十八卒。刘氏奉孀姑，生没尽礼。现年五十二。

胡氏，何祖运妻。年十九，夫故守节，撑持家政，内外肃然。卒年三十五，入总坊

邓氏，向新甫妻。年二十六夫故，矢志抚孤。子一旋夭，苦节五十余年。卒年七十四。

周氏，庠生向涤源妻。源嗜学，以痨疾卒。氏年二十八，矢志守节。上事姑嫜，下抚诸孤，咸尽其道。年八十卒。

李氏，文照寰妻。年二十四夫故，恸绝复苏者再。转念身有遗腹，乃忍死保身。逾月，子德基生。氏叹曰："吾夫有后矣！"奉孀姑，朝夕共寝处，得欢心。课子读书，慈严并至。性甘淡泊，喜周济贫穷。卒年四十五，族里呈请入坊。德基登贤书。

刘氏，庠生谭建章妻。年十九于归，二十七夫故。志坚金石，节凛冰霜。守节三十二年，卒年五十九。

二都

童氏，文武臣妻。二十四岁夫故，抚孤成立。谨事翁姑，纺绩自给。四十一岁卒。

唐氏，刘时峰继妻。二十五岁，夫故无子，抚夫弟子昌武为嗣，教养成立。卒年六十一。

周氏，汪茂丰妻。年二十二夫故，家贫守节。志懔松操，情殷荻画。

子三皆成立，长炳璬孝廉，贵州知府；次赞惺，广东县丞；三赞惜，监生。氏年五十八卒。

彭氏，童枝桂妻。年二十二夫故，矢志守节。事继姑尽妇道，抚孤成立。八十三岁卒，入总坊。

陈氏，左东重妻。年二十九夫故，守节十六年卒，入总坊。子一，名鸿宾。

易氏，童开煦妻。幼许煦，煦患足疾，恐负氏一生，请另字，氏誓死不二。归童，侍夫病数载，起居不离，药饵不假人手。生一子一女。年二十二，夫故守节。子继亡，志更坚。事翁姑始终不倦，抚夫兄开府子道敷为嗣。年七十三卒，入总坊。

邱氏，文先品妻。年二十二夫故，子至善生甫数月。氏矢志守节，教子义方，持躬端肃。卒年四十八。

岳氏，文宏亭妻。年二十九，夫故守节。子二，长朝品，次文蔚入庠。事姑训子，咸尽其道。朝品死，媳王氏年二十五，克继姑志，抚夫弟文蔚子为嗣。岳卒年四十三，王卒年五十六。

杨氏，黎光舞妻。年二十四夫故，抚子培轶守节。勤俭持家，义方训子。卒年六十四，入总坊。孙绳武列武庠。

喻氏，监生童枝杰妻。年三十夫故，子二，长赞盛，次鼎盛。氏教子端方，持身清洁。卒年七十五。

陶氏，杭锡龄继妻，年二十归杭。前遗一子一女，氏生子一，名福谦。姑多病，龄亦多病，氏侍姑榻刻不离。适己子患惊风，氏未暇顾，幸苏。未几，姑卒。氏侍夫病年余，夫亦卒。氏年二十七，矢志守节。忍饥寒，勤纺绩，抚前子与己子皆成立。卒年八十一，入总坊。

胡氏，张德惇妻。年十九，归张未一载，夫故守节，抚遗腹子茂赟成立。卒年六十九，入总坊。

袁氏，张国溁妻。年二十七，夫故守节。顺事翁姑，善教孤子。子没，抚孙。孙没，孙媳罗氏克继先志。袁眼观五代，卒年九十，入总坊。

黎氏，张文汇妻。年二十五夫故，遗腹将产，身藏小刀，谓侍媪曰："产后速报我，若女也，我必以身殉。"及产，媪报男，氏疑为伪，抱观乃喜。抚育成立，教以义方。治家谨严，措置井井。念嫡姒彭氏苦节无嗣，遗命男兼嗣。苦节十四年，以痨瘵卒。

彭氏，张文植妻。年二十一，夫故守节，动娴礼法。卒年四十一，入总坊。

黎氏，张璃英妻。年二十二夫故，越二十日始产遗孤家隰。奉姑婉顺，持身勤俭。守节十五年，卒年三十七。

卢氏，周明河妻。年二十六，夫故守节。抚子成立，矢志不二。卒年五十七。

黄氏，从九曾毓焴妻。年二十夫故，仅二女，矢志守节。家贫，归依父。茹苦坚贞，积忧成疾，守节十五年卒。

周氏，彭咏功妻，太守硕勋之裔孙女也。年二十九夫故，子业棠方八岁。氏持身端正，教子义方，族里咸称懿德。卒年五十，入总坊。

卢氏，左荣英妻。年二十六，夫故守节，抚孤成立。卒年四十六。

周氏，张文楔妻。年二十二夫故，抚幼子运燨。守节二十年卒。

符氏，张国泺继妻。年二十九夫故，矢志守节。孝舅姑，和妯娌，抚嗣倍极恩勤。卒年六十五。

胡氏，张文树妻。年二十六，夫故守节。子运环方七岁，独力支持。卒年六十四。

孙氏，胡大受妻。年二十七夫故，子方四岁，矢志不贰。善事翁姑，抚孤成立。卒年五十四，入总坊。

邓氏，周锡封继妻。年二十六夫故，家贫无子。时有诬陷其父于狱者，意在逼氏改节。氏愤，鸣族而诉诸官。官问："歇户谁？"氏对："无他，歇户公堂是已。"官叹之，族为申理，俾氏居族祠侧，严气贞操，族人莫不起敬。卒年七十七，入总坊。

黎氏，庠生谈维型妻。年二十七，夫故守节，遗一子世铉甫六岁。舅姑垂老，氏谨事之。勤纺绩，理内政，井井有条，而于施予不吝。隆礼延师，课世铉成立，蜚声庠序。卒年六十四。

林氏，汤友仁妻。年十九夫故，矢志守节。家贫子幼，纺绩为生。卒年七十三。

成氏，张宗桂妻。年二十八夫故，矢志守节。教三子成立，长炜入庠。炜妻没，又抚三岁孙城教读，亦入庠。年八十一卒。旧《志》历载胡氏、彭氏、廖氏、廖氏，俱山底张门，四世守节为仅事。氏乃廖氏之孙妇也。

喻氏，黎光燮妻。年二十八夫故，生遗腹男，矢志守节。谨事舅姑，勤持家政。子旋卒，又抚孤孙成立，备历艰辛。卒年八十二，入总坊。

欧阳氏，邓正桢妻。二十六岁夫故，守节二十四年，卒年五十。

吴氏，邓宗元妻。二十三岁夫故，守节二十一年，卒年四十四。

张氏，周良道妻。二十六岁夫故，抚三岁孤子世宜成立。摒挡家政，以礼自持。年五十八卒，呈请建坊。

刘氏，从九邓宗礼妻。年二十六夫故，守节坚，训子严，孝翁姑，和妯娌。卒年三十六。子义琼、义璜，俱监生。

曾氏，谢述习妻。二十一岁夫故，忍死抚孤，不苟言笑，不出户庭。凡族戚喜庆相迎者，谢曰："余不忍华衣服也。"卒年六十四，入总坊。

陈氏，黎祚煜妻。年二十八夫故，事孀姑贺氏，曲尽妇道。严课三子，及季子大濩中乡式，始解颜曰："吾今可告无罪于夫子矣！"曾孙培缘入庠。氏年七十七卒，入总坊。

汪氏，邑庠生段官俊妻。年二十一夫故，事祖姑、继姑，克尽妇道，抚孤教读完娶。年四十卒，入总坊。

周氏，陶鸿麟妻。十九岁夫故，家贫无子，依母家守节以终，纺绩自给。九十六岁卒，入总坊。

李氏，万文蔚妻。二十九岁夫故，勤俭持家，抚孤成立。四十六岁卒，入总坊。

彭氏，廖首亭妻。年二十六，夫故守节。子不育，抚侄正轩为嗣，教读完娶。六十八岁卒，入总坊。

张氏，萧光朝妻。二十七岁夫故，守节坚贞。六十四岁卒，入总坊。

黎氏，彭耀世妻。翁姑早逝，耀世馆于黎氏，生一女殇。年三十，夫故守节。孤子道贤甫周，教养完娶。氏性贞静，寡言笑，族里称贤。卒年六十五，入总坊。

周氏，曹家楫妻。年二十六夫故，家贫甚，居母家历年，兄校文为置田业，抚孤成立。卒年五十四，入总坊。

杨氏，童福春妻。年二十二夫故，抚孤守节十五年卒。

朱氏，秦佑疆妻。年二十七夫故，家贫守节，训子成立，眼观四代孙曾。卒年八十。道光年入总坊。

朱氏，孝廉黎大濩妻。及笄于归，事媵姑陈氏能尽妇道。二十九岁夫故，抚子光华、光万成立。夫兄大韶无子，氏以次子万承其嗣。年七十八卒。

三都

范氏，胡岳星妻。年二十六，夫以货殖远贸，舟覆洞庭溺死。时家渐落，族戚咸劝再醮。氏悼夫亡之惨，矢志守节。勤俭治生，育子成立。年四十一卒。

张氏，杨方珍妻。年二十三夫故，抚子上耀、上灼成立，均监生。氏清操苦节，采入总坊。寿七十卒。

万氏，陈俊明妻。年二十六，生子玖万。未及百日夫故，矢志守节。事姑孝敬，抚孤成立。年六十八卒。

张氏，欧阳泽山妻。二十一岁于归，仅五月夫病，侍汤药年余无倦容。夫故，痛几绝，抚侄必箴为嗣。事姑敬慎，三十年如一日。入总坊，目见四代。年七十，无疾卒。

欧阳氏，曾兴彩妻。年二十八夫故，家贫无嗣，归依其父，纺绩自给。五十八岁卒。

陶氏，郭信焕妻。年十九夫故，仅一女。姑劝改适，氏以死自矢。甘贫茹苦，戚里钦之。年六十八卒，入总坊。

卢氏，彭干贤妻。二十三岁夫故，遗腹生一女，清操自矢，抚侄宝南为嗣，列武庠。氏六十七岁卒，入总坊。

张氏，贺炳成妻。年二十四夫故，善事媵姑，目见五代。寿九十卒。建专坊。长子耀诩现年八十六，次子耀亲卒年七十八，三子耀望亦年将八十，均以孝敬闻。

熊氏，处士邓承诰妻。二十六岁，夫故无嗣，事姑能孝。守节二十三年卒，入总坊。

林氏，蔡蒂美妻。二十七岁夫故，抚三孤成立。卒年五十。

潘氏，谢学珀妻。廿九岁夫故，贞操自矢，勤俭持家，事舅姑以孝闻。卒年七十，子孙蕃衍。孙为松，按照磨衔。

杜氏，儒士袁国霖妻。二十二岁夫故，子二。勤纺绩，甘贫苦。守节十一年卒，入总坊。

何氏，谢最恕妻。年逾二十夫故，子方六龄。氏矢志守节，怀清履洁。卒年□十，入总坊。

陶氏，徐喜亭妻。二十七岁夫故，矢志抚孤。奉孀姑孝谨，恤邻好义，乡党贤之，入总坊。寿九十三，无疾卒。

袁氏，监生陈槐亭妻。性慈淑，恤贫苦。二十九岁夫故，抚孤青林成立。门庭肃穆，族党贤之。苦节五十七年，寿八十六卒。

贺氏，谢光照妻。二十九岁夫故，矢志抚孤。乐施与，无德色。寿六十一卒，入总坊。

谢氏，贺如龙妻，增生谢家璪次女也。奉两姑，勤谨尽礼。二十八岁夫故，家赤贫，归依父母，誓不再醮。族戚悯其志赀助之，兼藉纺绩自给。苦节三十余年，五十九岁卒。

邱氏，袁庆楼妻。年二十三夫故，矢志抚孤。奉舅姑谨。里中有困乏者，称贷无稍吝。咸丰甲寅，贼犯县城，举家奔逃。氏独依老姑，誓死不离，幸贼未入境，姑媳得全，里人称其孝。守节十年，三十三岁卒。子运鸿入庠。

陈氏，袁楚材妻。年二十一夫故，谨事姑嫜，抚子成立，旋没。家甚贫，孙俱幼，氏纺绩自给。苦节四十一年，寿六十二卒。

刘氏，谢为霖妻。年二十夫故，矢以身殉。家人劝之曰："汝子宾先仅七月，祖姑年八十余。汝死，谁任事畜？"遂勉自活。事祖姑、抚子，孝慈并尽。年七十八，无疾卒，入总坊。

张氏，杨玉泉妻。十九岁夫故，子业吉仅三龄，抚养成立，孝事翁姑。年八十三卒，入总坊。

江氏，杨杰轩妻。年二十三夫故，子女俱殇，抚侄文果，教养成立。事姑以孝闻。卒年七十八，入总坊。

曾氏，李松亭妻。年二十八夫故，女二，家贫无嗣，纺绩供姑无缺。年六十七卒。

杨氏，喻涟妻。年二十九夫故，子茂松仅七岁。氏课子严，事姑孝。家贫，婚嫁葬祭无缺礼。茂生旋亡，卒无嗣。年五十四卒，入总坊。

张氏，刘润珊妻。年二十九夫故，子蕙亭甫周。氏忍死抚养成立，撑持家业，备历艰辛，得小康。年六十三卒，入总坊。

蔡氏，刘万有妻。年二十四夫故，矢志抚孤，奉事舅姑惟谨。年七十卒，入总坊。

卢氏，朱则荣妻。二十二岁夫故，誓不改适。抚遗孤名世，训以义方。居家勤俭，年七十五卒。

程氏，张蓝瑞妻。十九岁夫故，抚侄德健为嗣。健早逝，率媳朱氏，教养诸孙，次第成立。年七十五卒，入总坊。

易氏，林彩山妻。年二十五夫故，抚侄为嗣。卒年八十。

王氏，欧阳焕华妻。二十四岁，夫故家贫，有劝其他适者，坚拒之。顺翁姑，抚孤子，勤俭起家。年逾八十卒，入总坊。

李氏，周泽焕妻。年二十七夫故，守节二十年。事翁姑孝敬备至，抚子成立，完节以终。

刘氏，归儒生胡本和。和敦品嗜学，氏纺绩伴读无倦容。和屡试不售成疾，及没，氏年二十九。孝事舅姑，严课孤子。贞节十六年卒。呈请建坊，入祀节孝祠。

朱氏，儒林郎彭售世妻。年二十七夫故，一子校贤甫周，抚之成立。守节四十九年卒，入总坊。以孙荟才州同职虪赠安人。

袁氏，杨业楚妻。年二十一夫故，矢志不贰，抚孤成立。事姑孝谨，纺绩自给。卒年六十八，入总坊。

曾氏，袁恩赐妻。年二十三夫故，哀毁如礼，抚二子成立。敬事翁姑，不苟言笑。年三十八卒。

刘氏，杨孝经妻。年十五归杨，十七举一子。越年，经病，氏侍汤药九年无倦。及没，氏年二十六，哀毁如礼。抚子成立，年三十六卒。其子潚读书成名，有声黉序。

戴氏，王再泷妻。年二十九夫故，矢志抚孤，教以义方，无少姑媳。处家族温恭淑慎，族里敬之。年八十七卒。

文氏，胡垂青妻。年廿七岁夫故，守节抚孤。年五十卒。

谢氏，贺炳桥妻。年二十三夫故，抚孤成立，事姑色养无违。卒年六十一，入总坊。

杨氏，谢成堂妻。二十九岁夫故，抚孤成立。姑老，奉养无违。卒年五十四。

徐氏，范守先妻。年二十九夫故，矢志坚贞，教子成立。卒年九十五，入总坊。

秦氏，高耀洪妻。年二十四夫故，生子一殇。抚侄汝吉为嗣，冰霜自矢。卒年五十五。

李氏，彭仁佳妻。年二十五夫故，冰霜自励，勤俭抚孤。卒年八十，入总坊。

何氏，张宏懿妻。年二十八夫故，冰清永矢，勤俭持家。卒年七十六，入总坊。

谢氏，张宏笏妻。年十九，夫故守节。卒年四十六。

谭氏，吴凤仪妻。年十七夫故，逾月举一子袖海。有欲夺其志者，誓以死殉。善事老翁。三都马桥港桥岸倾圮，授里人百金重修之，戒勿立碑。命子倡禁私宰，建芒神祠，因捐费不敷，毁家竣之。年七十无疾卒，呈请建坊。

胡氏，阮定佑妻。年二十六夫故，抚夫兄子迪沅成立，捐从九衔。家小康，皆氏勤俭所致。年八十卒。

高氏，黄正声妻。二十五岁夫故，矢志守节。勤俭抚孤，贞操无玷。年六十五卒。

汪氏，黄友楠妻。年二十夫故，抚孤成立。门庭肃穆，人无间言。卒年五十七。子二，长文彪入庠。孙六，三孙毓馥保总兵，四孙绍霖保都司。入总坊。

江氏，儒士杨显诚妻。年十九归杨，翁寻故。继姑成氏育子二，一方岁余，一遗腹生，赖氏保抱携持。二十二岁夫故，仅育遗腹女，甫笄而殇。夫没时，纷罹外侮，氏竭力助姑摒挡，抚子成立，旋抱孙。姑目见四代，临终嘱二子，曰："汝嫂氏节孝勤苦，我死后当以事我者事之。"其得姑心如此。年八十二，无疾卒，呈请旌表。

符氏，王湘霁妻。年十九夫故，举遗腹子南焕。氏三十六岁卒。

邱氏，袁庆增妻。二十九岁夫故，抚四子教读完娶，敬事舅姑。卒年六十六。

萧氏，刘序绂妻。二十七岁夫故，子二。事继姑孝，教孤子严。卒年八十七，入总坊。

四都

潘氏，蒋恭璨妻。二十四岁夫故，有劝改适者，坚不允。无子，抚侄维汉为嗣，恩逾所生。卒年四十二。

王氏，蒋先正继妻。性沉静，寡言笑。二十九岁夫故，誓以死殉。姑以遗孤劝之，乃止。子泽淏甫六龄，泽滉尚在襁褓，旋殇。氏抚淏成立。卒年五十三。

黄氏，欧阳必钰妻。素娴姆训，二十四岁夫故，遗子二。家贫，抚养成立。卒年三十八。

黄氏，许心瑶妻。性端淑，动遵礼法，事姑孝敬。二十五岁夫故，遗孤顺应、顺受，皆在襁褓，氏矢志抚养成立。卒年七十四。应入国学，受诸生。

姜氏，许心镜妻。二十一岁夫故，遗腹生一女，氏矢志守节。家中落，氏奉祖姑及继姑惟谨。越八年，乃获抚侄为嗣，爱逾己出，教读完娶，兼父道焉。年五十三卒。

傅氏，周振溱妻。年廿四夫故，抚遗腹孤。卒年三十五。

杨氏，从九黄继彰妻。年二十六夫故，抚子女成立。甘淡泊，勤纺绩，克守遗产。四十二岁卒。

黄氏，儒士姜品宣妻。年二十八夫故，抚三子成立。家贫，纺绩自给。五十九岁卒，入总坊。

谭氏，欧阳名泮妻。年二十六，夫故无子，抚侄为嗣。守节四十一年卒。

刘氏，徐弼时妻。年十六于归，仅六月夫故。抚侄声杞为嗣。苦节六十四年卒。

凌氏，易承信妻。年二十七夫故，矢志守节，抚孤成立。享寿至九十余。

张氏，刘名念妻。年二十九夫故，子二，抚之成立。卒年七十七，入总坊。

杨氏，庠生龙翔国妻。年二十九夫故，生子四。生平好捐赀成美，输财周急，目见五代。大学士曾国藩赠有"纯懿寿康"额。卒年九十二，入总坊。

潘氏，李运寿妻。年二十三夫故，有欲令其改嫁者。初嘱邻媪微讽，氏唾且骂，闭户拒之。既而谋乘不备，以夺其志。氏知之，乃挈子依母氏居。茹苦含辛，屡不再食，教子成立受室。旋里渐饶裕，买田山筑室以居，掘地得窖金，分给役夫。岁大饥，煮粥赈饥，多所全活。八十三岁卒，入总坊。

黄氏，萧直安妻。年二十七，夫故守节。遗子仁达仅一龄，抚养成立，事翁姑以孝闻。井臼亲操，尤善针黹，衣食之谋，多出其手。年八十卒，呈请建坊。

杨氏，陈国槐妻。年十九夫故，有遗腹，阅月育子。夫没时遗田十亩，后增至五十亩。八十一岁卒。

龙氏，丁用直妻。年二十五，夫故守节，子德良甫一岁。家贫作苦，督子躬耕，有如严父。寿八十三卒，入总坊。

官氏，成日赞妻。年三十夫故，悲泣病目，矢志守节。事继姑能得欢心，抚三子皆成立，眼观四代。卒年八十。

陶氏，彭文泰妻。年二十二举一女，旬日而夫故。翁年七十余，家赀仅四十金。族戚虑其为翁累，有劝以改适者。氏曰："翁恃以生者，妾夫在也。今夫死，妾又嫁，如翁何？"由是苦操，供旨甘。翁没，筹划丧葬无缺礼。卒年五十八，入节孝祠。

李氏，典史黄本谅妻。二十九岁，夫故无子，抚夫弟本龄子执中为嗣。氏和婉性成，暇日读书自娱。卒年五十五。

许氏，傅翊贤妾。年二十九夫故，奉嫡室崔氏致敬尽礼。卒年六十七。

李氏，蒋维理妻。年二十八夫故，子二均幼。家贫，矢志守节，抚孤成立。生平阃范极严，与子侄谈论逾时，体无欹侧。卒年七十九。

李氏，张新全妻。年二十九夫故，矢志守节。抚孤荣芝成立，娶媳周氏，有贤声。氏喜曰："有媳如此，夫祀不斩。"生子一，芝旋亡。周誓身殉，姑慰之，乃止。逾年，疾及革，抱男纳姑怀中，泣曰："妇将事夫子于地下，不获终事姑，反以藐孤累老人，妇死有余辜也！"言毕而逝。李氏又抚孤孙成立。卒年七十一。

丁氏，彭既贤继妻。年二十九夫故，子三均幼，矢志从一。先是，家患债累，氏综理家政有条，渐饶裕。卒年四十。

刘氏，黄世铭妻。质聪慧，习女史。年二十四夫故，矢志守节，恸不欲生。顾念曾祖姑许氏苦节，抚孤四传竟无后，正未亡人难谢之责，乃忍死抚侄为嗣。氏俭约而好义，挥百余金葺曾祖姑节坊，本支无主丘墓悉为树碣，又捐田十亩入公祠。卒年六十七。

钟氏，萧彰绪妻。年三十夫故，抚孤谱高、谱瑞成立。八十一岁卒。

何氏，黄建昆妻。年二十九夫故，矢志守节，抚孤懋周成立。冰霜自凛，人无间言。卒年八十四，入总坊。

周氏，何国安妻。年二十九夫故，家赤贫，饮冰茹蘖，备历艰辛，抚孤成立。卒年五十二。

李氏，成复杰继室。二十七岁夫故，抚孤万晏守节。初杰故，窀穸未就，氏旦夕长号，夜梦一神指示宅兆。适形家称一土地处为吉壤，因卜葬之，名其山为土地山。人谓纯节感神，子孙必多昌大者。寿八十三卒，入总坊。

赵氏，庠生成士垣继妻。年二十五夫故，抚前子如己子，教读成立，家法森严。守节四十一年卒，入总坊。

崔氏，成近龙妻。家贫，日乞乡邻，夜勤纺绩，供夫酒食。年廿九夫故，抚三孤成立。年七十二卒，入总坊。

廖氏，傅六雅妻。年二十四，夫故无子，家贫守节。以勤俭所蓄营薄产，抚侄为嗣。年五十卒。族人嘉其义，祠中别为专祀。

杨氏，训导黄本骐继妻。事姑孝，姑病，刲臂疗姑。二十五岁夫故，氏矢志守节。前氏遗二女，最明慧，氏爱逾所生。其长者名婉璩，事氏尤孝。氏病，婉璩亦刲臂以进。人谓氏纯孝所感云。年六十九卒。

成氏，丁添佑妻。年二十余，子二，夫出贸故。舅姑令改适，氏泣曰："事亲抚孤，媳分内事。"由是，以女红供姑膳，二子俱成立。守节三十年卒，入总坊。

李氏，崔国顺妻。年二十六夫故，家贫守节。卒年六十四。

傅氏，处士傅宾三女也。年十四，适善邑陈逾。二年，夫故，矢志守节。家贫，归依父兄。终身茹素，戚里咸钦敬之。卒年七十八。

王氏，崔承准妻。年二十一夫故，恸夫无嗣，终日悲号。翁姑怜之，为择从侄家楸为继。氏郁郁以终，年六十四，入节孝祠。

萧氏，崔承淦妻。年二十五夫故，矢志抚孤。悲悼早卒，入祀节孝祠。

刘氏，监生黄廷杰妻。二十九岁夫故，子一，矢志靡他，孝事翁姑。家贫，藉针黹以自活。卒年五十四。

萧氏，庠生许敬敏妻。于归，家贫作苦，佐夫读，有贤声。年二十九夫故，誓以身殉，姑王氏谕止之。氏奉孀姑，抚弱子，倍极艰辛。里有为呈请建坊者，氏曰："我之为此，岂为名乎？"固却之。卒年七十九。

周氏，龙国兴妻。年二十七夫故，守节抚孤。年六十三卒。

许氏，龙正谊妻。年二十九夫故，守节抚孤。六十一卒。

夏氏，庠生黄诰继妻。年十七于归，二十九夫故。家贫守节，坚贞不渝。抚侄本琥为嗣，教养成立。年四十七卒。长邑孝廉王钧泽，在京代为举报，旌表如例。

成氏，吴廷灿继妻。年二十八夫故，遗一子国勋。长子国富，前室周氏出，年四岁，氏视如己子。守节三十年，族党无间言。卒年五十八。

张氏，朱绪砍妻。年二十一夫故，抚堂侄启基为嗣。守节十五年卒。

罗氏，黄河幕妻。年二十七，夫故家贫，以针黹济匮乏，抚子成立。

年七十八卒。

丁氏，史绪圣妻。年二十八夫故，矢志守节。家不丰，氏事舅抚孤，茹苦含辛，人咸钦敬。卒年七十七。

萧氏，成曜益妻。年三十夫故，矢志守节。抚孤凤山、凤林成立。年五十余，忧愤成气疾卒。

周氏，黄建璜妻。二十九岁，夫故守节，冰雪其心。卒年五十七。

杨氏，庠生李遇春妻。年二十六夫故，矢志抚孤葆纯、炽昌俱成立。卒年六十四。葆监生，炽文庠，呈请建坊。

李氏，卢得渭妻。年二十九，夫故无子，悲泣丧明，矢志守节。事姑生没尽礼。晚年出余赀为太翁祥宇建支祠，捐田十七亩作祭产，族党钦之。年七十六，无疾卒。

丁氏，监生周合万妻。年二十一夫故，遗孤甫八月，苦节抚养。今曾、孙蔚起，皆遗泽焉。卒年四十八，入总坊。

唐氏，成文斗妻。年十七夫病瞀，二十三岁夫故。抚孤耀曦、耀暳成立。翁姑议令改适，氏誓死靡他。事翁姑以孝闻。七十五岁卒。

姜氏，许心真妻。年二十夫故，矢志守节。抚侄怡顺为嗣，殇。又抚孙成立，备历艰辛。家赤贫，依父纺绩自给，没于父家。时年五十三，入总坊。

五都

文氏，成盛杏继室。性淑慎，年三十夫故，子二俱幼。氏上奉老姑，下抚孤子，孝慈兼尽。卒年七十七，目见四代。

黄氏，周永镧妻。年二十九，夫故守节，抚孤成立。温恭淑慎，勤针黹纺绩，虽老不辍。卒年六十二，入总坊。

欧阳氏，杨作霖妻。二十九岁夫故，抚子春堂成立。家道日隆，子孙繁衍。卒年五十七。

唐氏，曾东岳妻。年十九夫故，孤子甫二龄，教养成立。卒年七十六，入总坊。

廖氏，唐千仞妻。年二十五，夫故无嗣，矢志不贰，守节四十八年。卒年七十三，附祀节孝祠。

陈氏，儒士周大临妻。年二十九夫故，抚子鼎才成立。年四十九卒，入总坊。

陈氏，钟葆昌妻。年二十三夫故，抚侄为嗣，善事舅姑。卒年五十三。

唐氏，李佑贤妻。年二十九夫故，抚侄建业为嗣。旋亡，又抚侄世业续承。卒年七十四。

戴氏，周猷瑞妻。年二十五夫故，矢志守节。年五十五卒。

黄氏，钟维德妻。三十岁夫故，矢志不贰。子甫四龄，抚养成立。卒年四十九。

何氏，钟维允妻。年二十三夫故，矢志靡他。子甫二龄，抚养成立。年四十五卒。

张氏，钟公世妻。年三十夫故，子二，守节五十年。卒年八十，入总坊。

吴氏，杨方来妻。年二十七夫故，子甫七龄，抚养成立。矢志坚贞，守节十九年。卒年四十六。

刘氏，罗友三继室。年二十四夫故，矢志从一，抚侄为嗣。年五十二卒，入总坊。

胡氏，监生罗清泉妻。年二十八夫故，孝事翁姑，抚三子成立。卒年六十九，四代同堂，次孙蕙春保蓝翎守备。

周氏，杨震世妻。十九岁夫故，子宗曜甫二龄，姑氏周孀而老，姒氏齐孀无子。氏独力抚孤，以延一线，与齐氏谨奉姑。姑没后，齐氏亦垂老，氏率儿孙奉之逾谨。卒年六十，祀节孝祠。

罗氏，张亮彩妻。二十四岁夫故，育子成立，贞守无亏。卒年八十七，祀节孝祠。子二，长孔贤，次国政。

刘氏，王明健妻。二十八岁夫故，子德嘉方三岁，矢志守节。敬顺翁姑，善持家政。卒年七十一，入总坊。德嘉克遵母训，恢廓田园，年八十卒。

刘氏，王德超妻。二十四岁夫故，育子辉性成立。治家有方，一门和顺。卒年五十五。

黄氏，从九齐斗南妻。二十九岁夫故，子燮廷方五岁。顺事翁姑，抚孤成立。卒年五十。

钟氏，易长龄妻。二十九岁，夫故守节。子二相继亡，孤灯夜冷，茹苦含辛。年四十五卒。

吴氏，易振采妻。二十九岁夫故，矢志抚孤子成立，事翁姑克尽其职。寿七十一卒。

袁氏，周益赞妻。二十三岁生子明哲，甫二十日夫故。家贫，携孤往父荣实临武任。及归，族人衷集百金以赀苦节。卒年六十二。

戴氏，齐华璋妻。二十九岁，夫故家贫，子三，舅姑在堂。氏仰事俯育，倍极艰辛。七十八岁卒。

郭氏，庠生冯正位继妻。年二十九夫故，以诗书励子翼，以礼法肃家门。抚前三子如己出，俱列庠。年七十，进士袁汝嵩题赠云："教读于闺家所法，德贞以寿女之宗。"寿八十三，入总坊。

吴氏，彭人盛妻。年十六于归，越一载夫故，家贫无子。有劝之嫁者，泣自誓。抚侄仕名为嗣，勤纺绩，尤孝翁姑。守节十五年卒。

童氏，廪生张庚继宰。性恬静，孝事舅姑，克相夫子。年三十，夫故守节。卒年六十八，入总坊。子寿基，廪生。

刘氏，袁兴濂妻。旧《志》所载节妇陈氏之孙妇，黄氏之子妇也。二十一岁夫故，氏矢继二代贞操，抚遗腹子国桢成立。卒年八十八。国桢去儒从吏，同事称"为袁施礼，盖服其壹矢恭慎"云。长孙子俊庠生，次镜清举人。邑刑部郎中李新庄举报三代节孝，旌表如例。

罗氏，文常在妻。二十三岁夫故，子一，立志守节。奉姑孝，训子严。持身勤俭，置田百余亩。子若孙谋为呈请建坊，氏止之曰："守节分也，何名为？"卒年九十四。五世同堂，入总坊。

易氏，罗天爵妻。二十五岁生子，未周夫故，立志守节，孝事翁姑。卒年七十，入总坊。

袁氏，杨世友妻。年二十六夫故，子方四龄，誓守节抚孤，纺绩自给。年五十七，无疾卒。

钟氏，胡元启妻。二十七岁夫故，子一。家贫，矢志靡他，隆师课读。卒年五十七。

蒋氏，谢民德妻。十六岁夫故，誓死靡他。抚侄安坤为嗣，训以义方，治家悉遵内则。尝曰："薄命人，分宜自尽。"卒年五十九，入总坊。

佘氏，罗基附妻。适罗，生二子均殇，仅育一女。二十九岁夫故，恸不欲生。越两月，生遗腹子孝悯，稍慰心焉。顺翁姑，和妯娌，族里钦之。年六十一，无疾卒。

汤氏，监生周胜琳妻。二十九岁夫故，氏侍老姑病，无片刻离左右，承欢二十年如一日。子五俱幼，氏亲操井臼，勤纺绩，创成家业。抚子皆成立，后嗣入庠者三。卒年七十八。

钟氏，胡寿桥妻。年二十五夫故，遗孤一。当夫弥留，至榻前矢曰："君病剧，殆弗起，上而翁姑，下而弱稚，未竟之事，当为君成之。"翁性素峭厉，姑亦寡言笑，委曲承顺，数十年如一日。课子镜臣，督责不少贷。至增置田园，始约终丰，又其余事。年六十余卒。

王氏，彭绍庚妻。二十九夫故，遗孤二。长夭，次胜境体羸善病，督课不少衰。姑素病，委曲调护，能得欢心。值家多故，摒挡一切，内外肃然。年七十四卒。

钟氏，李麟生妻。年二十五夫故，矢志不贰。孤子仅四龄，或劝改适，氏作色曰："吾不以身殉夫者，念有孤在也，否则从夫地下决矣！"厥后，家业日丰，子孙繁衍，皆其积累所致。年八十卒。

黎氏，汤遇昌妻。年二十四夫故，抚夫兄子安期为嗣。年六十六，无疾卒，入总坊。

林氏，江右令袁名昺侧室，福建林正茂女。正茂侨寓金溪，值疫病，举室亡。陶太史与茂善，怜氏茕茕无依，抚为义女。适昺摄金溪篆，闻其贤，以侧室纳之。奉巾栉，数年不少违。生二女，其一殇。昺卒于广昌任，时氏年二十五，恸哭矢殉，家人阻之。扶榇归里，家居益谨。嫡子汝泽，肃然敬之，嘱家人无慢视氏。氏恐重烦嫡子妇周旋也，弥自俭约，苦节数十余年卒，入总坊。

六都

欧阳氏，潘右旋妻，事姑及夫惟谨。年二十七夫故，抚三子成立，次子世琦为名诸生。寿九十卒，入总坊。

钟氏，王思纯妻。年二十八夫故，矢志守节。居家勤俭，教子严明。守节五十一年卒，入总坊。孙室藩，由庠生保候选知县。

廖氏，刘春元妻。二十八岁夫故，坚贞自矢，抚育孤儿，以次成立。守节二十一年卒。

秦氏，王世葵妻。年二十九，葵以疾没于父絜斋学署。氏痛几绝，抚幼子，矢志守节。长子卒，氏复抚其孤孙成立。卒年六十三，入总坊。

黄氏，杨桎儒妻。二十三岁夫故，抚孤成立，事姑孝谨，周济孤贫不少吝。目见四代，雍睦一堂。卒年近八十，呈请建坊。

杨氏，郑志高妻。年二十九夫故，时翁没姑存，幼孤在抱。氏孝慈兼尽，抚孤成立。卒年八十六，入总坊。

朱氏，处士王明坤妻。年二十六夫故，子定旦甫三龄。氏茹苦含酸，抚养成立。姑张氏气疾时作，氏侍汤药必亲尝。病剧，则焚香告天，祈以身代。姑尝云："自吾子没后，足以释悲哀、保余年者，以氏贤孝也。"卒年六十八，入总坊。前知元氏县事张烈为立家传焉。

潘氏，处士王湘聘妻。年二十六夫故，子二，南槐甫三龄，次甫一岁。氏饮冰茹蘗，以慈母兼严父，教之成立。性勤俭，年八十犹纺绩不辍。卒年八十四。

夏氏，刘国权妻。二十六岁夫故，子三俱幼，奉舅姑生死尽礼。卒年四十二，入总坊。

李氏，吴文俊妻。年二十九夫故，子肇择甫三龄，姑年逾六秩，家赤贫。族戚有劝他适者，氏曰："我去，如姑老儿雏何？"乃勤女红以营甘旨。姑没，丧葬尽礼。抚肇择成立，苦节三十七年卒。

刘氏，谢继点妻。年二十九夫故，子述鳌甫岁余。氏念姑氏姜青年守节，遂矢志侍养，抚孤严教读。族戚请入总坊，氏固辞曰："予分当如此，何入坊为？"孙曾恪守彝训，不废诗书。卒年八十四。

谢氏，孙秋声妻。二十五岁夫故，家窘极，遗子二均幼。氏矢志不贰，勤纺绩，肃闺阃，守节四十二年卒。

欧阳氏，卢志孚妻。二十八岁夫故，延师课子，倡建义举，不惜赀财。守节五十一年卒，以孙鹄兵部差官，膺五品封典。

蒋氏，谭显槐妻。年二十一生男文理，甫二十七日夫故。家贫，氏矢志独力撑持，颇恢先绪。卒年五十八。

邓氏，廖承洛妻。年十九，夫故无嗣，仅一女。事姑孝谨，曲体欢心，勤俭自持。抚侄祖植为子。年六十卒，入总坊。

刘氏，欧阳玉昆妻。年二十七，夫故守节。抚育孤子，备历艰辛。年七十八卒，入总坊。

潘氏，唐太源妻。年二十一夫故，家无担石，节凛冰霜，抚孤成立。年七十二卒，入总坊。

周氏，吴道轩妻。年二十九夫故，矢志守节。抚二子，慈严交至。子亦善承母志，克自树立。卒年六十四。

黄氏，处士袁兴泮妻。年十九于归，性淑慎，事舅姑惟谨。二十三夫故守节，举遗腹子国荣，旋与夫异母弟析箸。子幼产薄，耐勤苦，抚孤成立。卒年八十五，入总坊。

朱氏，潘麟让妻。二十五岁夫故，孝舅姑，和妯娌。性慈惠，教子必遵礼法。卒年六十九，入总坊。

王氏，张珂亮妻。十二岁于归，二十九夫故，守节三十四年，卒年六十三。

姜氏，李棣斋妻。年二十一夫故，矢志坚贞。孝事翁姑，治家勤俭，抚侄干祥为嗣。寿七十二卒。子孙林立。

谢氏，刘崧年妻。性柔顺，勤纺绩。年二十九夫故，矢志抚孤二，教以诗书。卒年七十五。

姜氏，刘国潢妻。年二十三夫故，矢志守节。抚侄为嗣，居家勤俭，课子严明。守节四十五年，卒年六十八。

七都

萧氏，张百江妻。年二十五夫故，遗孤二龄。舅姑令改适，氏破指血点夫主，矢志守节。卒年七十八，入总坊。

陶氏，丁克商妻。年二十七夫故，矢志坚贞。卒年七十三，入总坊。

赵氏，王纶修妻。年二十一夫故，矢志守节，抚孤成立。年三十六卒，入总坊。

黄氏，李敦本妻。年十九夫故，遗孤幼，抚养成立。年五十八卒，呈请建坊。

张氏，贺日照妻。二十六岁夫故，矢志守节。抚子代硕，教读完娶。孙曾林立，目见五代。六十余年，未损一丁。寿九十二卒。

童氏，喻光湘妻。二十七岁，夫故守节。年八十一卒。子一，先懋。孙曾蔚起。入总坊。

洪氏，张锡光继妻。年十八归张，抚前子泽丹如己出。二十三夫故，矢志守贞，为前子教读完娶。守节二十五年卒。

谢氏，廖新堂妻。年二十六夫故，食贫守节。事姑教子，两尽其道。年七十二卒。

何氏，廖锦梅妻。年十九夫故，仅育一子，矢志不贰，事姑尽道。年七十四卒，入总坊。

谭氏，张本良妻。二十二岁夫故，守节五十二年，松贞玉洁，族里无间言。七十四岁卒。

唐氏，儒士秦斐章妻，监生钟洛之女。年十八归秦，甫六月夫故。守节十九年卒，入总坊。

万氏，张思甸侧室。年二十六，思甸任江苏金山县，没于官署。时宦囊窘涩，氏典馨服物，携一幼子一老仆扶榇归里。族里咸贤之。六十三岁卒。

李氏，唐方学继室。性温厚，视前子如己出。年二十五，生子本华。越数日，夫故。氏抚孤成立，孀居十八年卒。

陶氏，周文山妻，性和顺。年二十六夫故，子二。顾念夫兄无后，以次子承其嗣，一体教训。卒年六十八。

谢氏，薛维一妻。二十四岁夫故，子二，矢志守节，勤俭创家。寿六十一卒。

喻氏，萧南英妻。年二十三夫故，矢志贞守，抚夫兄东益次子石山为嗣。年五十七卒。长孙茂亭，现保守备。

吴氏，庠生刘海藏妻。年二十五夫故，榻前誓守，抚侄为嗣。寿八十三卒。

董氏，刘士周妻。二十八岁夫故，清贞勤俭，抚孤成立。寿八十卒。四代一堂，孙、曾多起自军功。

萧氏，黄胜纹妻。生子三，季不育。年二十八夫故，矢志抚孤，教养成立。见娌乏嗣，命次子承继。居常颦笑不苟。卒年五十九。

张氏，刘昌洳妻。年二十六夫故，姑继逝。家贫，二子幼。时翁病昏，秽亵之物，氏浣濯必亲，十余年无少倦。旋以操作过苦病瘵，弥留之夕，犹以不及终事翁教子为憾。卒年三十六，入总坊。

陶氏，喻宣孝妻。二十四岁，夫故守节。卒年八十三，入总坊。

罗氏，喻孝祖妻。年二十二，夫故守节。子女先后亡，仅存一弱媳，一雏孙。初于归，以不逮事翁姑为恨，每上冢必哭，后孝祖迁父母坟于益邑。孝祖寻卒，氏虑墓远孙孤，恐荒奠扫，谋之族老，迁原兆椟抵里间，携雏孙哭而迓之。族里称贤。卒年五十一。从侄吉山军门为立家传，请入节坊。

唐氏，陶崇义妻。年十八于归，生子大吉，二十三夫故，守节二十三年卒。

吴氏，儒士唐仕拔妻。二十五岁，夫故守节。子辉煌甫三龄，抚养成立，倍历艰辛。暮年子孙繁衍，家业恢宏。年七十四卒。

陈氏，喻先位妻。二十五岁夫故，矢志守节。事姑孝，教子严，谨遵闺范，族戚罕见其面。卒年六十八。

叶氏，李斯默妻。年二十八夫故，子二，文秩、文秘俱幼。氏训诫有法，秩持家，秘入塾。其田园日扩，诗礼承先者，皆氏教也。年八十一卒，入总坊。

刘氏，周永冕妻。年二十六夫故，矢志守节。子延龄甫三岁，教抚成立，以勤俭扩先畴。卒年六十六，入总坊。

钟氏，刘昌万妻。年二十三夫故，矢志守贞。事姑孝敬，抚子成立。卒年七十六，入总坊。

李氏，刘昌贤妻。二十五岁夫故，矢志守贞。抚夫弟子为嗣，教养成立。卒年六十九，入总坊。

戴氏，黎培帙妻。年二十二，夫故守节。甘贫苦，勤纺绩，抚孤锦缦成立。卒年六十四。缦娶周氏。缦卒，周年方二十六，矢志如姑，抚孤成立，守节四十年卒。一门双节，入总坊。

吴氏，刘基义妻。年二十八夫故，遗孤体臣甫一岁，抚养成立。勤俭持家，苦节五十八年。卒年八十六，呈请建坊。

谭氏，刘名光妻。年廿夫故。守节七十三岁卒，入总坊。

八都

戴氏，蔡利贞妻。年二十三夫故，子女各一，矢志守节，教养遗孤。时夫弟幼，氏抚之成立。苦节二十八年卒。

杨氏，胡成璟妻。年二十二夫故，抚子静庵成立。媳戴氏，年二十四夫亦故，抚二孤泽光、泽慧长成。一门双节。杨卒年七十八，入节孝祠。戴卒年五十八。

薛氏，戴服传妻。二十五岁夫故，孝事舅姑。能以箴言戒其孤逢方、逢员，不坠家声。卒年六十八，入总坊。

李氏，萧继郰妻。年二十八夫故，矢志守贞。事姑丧祭尽礼，抚孤成立，四代同堂。年九十八卒，入总坊。

罗氏，喻懋怀妻。二十六岁夫故，抚子成立。年七十卒。

张氏，萧义圆妻。二十九岁夫故，矢志守节。家不甚裕，抚四子，恢廓先畴，孝养翁姑。寿八十三。今子孙繁衍，游泮援例者数十人。

傅氏，丁南都妻。二十一岁夫故，抚孤德基成立，孙曾接踵。守节三十年，卒年五十一。

陈氏，谢思举妻。年二十八夫故，遗子二，登瀛、振元。振元妻尹氏，年二十二亦寡，仅一女，同守清操不贰。陈年九十四卒，尹年四十八卒。

谢氏，胡立朝妻。年二十九夫故，育孤励志，凡义举未尝有所吝。年六十四卒，入总坊。

贺氏，蔡得之妻。年二十九，夫故守节，志凛冰霜。抚孤成立，事舅姑甚得欢心。年四十九卒。

王氏，熊经珉妻。年二十五，夫故守节，志凛冰霜，时勤纺绩。遗子纶传，抚养成立。卒年六十三。

喻氏，张思倍妻。年二十九夫故，矢死靡他，坚贞罔玷。守节三十年卒，入总坊。

林氏，张祈琢妻。年二十八夫故，遗子锡盛早殇，抚夫兄季子抚安为嗣。守节四十五年卒，入总坊。

毛氏，张抚安妻。年二十三夫故，遗子本立。守节二十四年卒，与姑林氏同入总坊。

胡氏，喻载鳌妻。二十四岁夫故，矢志守节，非至戚罕见其面。年八十四卒。

龙氏，萧振前妻。二十八岁，夫故守贞，言笑不苟。孝事姑嫜，抚孤成立。卒年六十六，呈请建坊。

傅氏，胡思齐妻。二十九岁夫故，矢志守节。孝养姑嫜，抚孤成立。尤乐施予，克勤俭，卒恢先畴，命子大吉修高桥及茶亭石路，诸义举捐资不勒。寿九十一卒。四世同堂。

李氏，戴应召妻。年二十余夫故，仅二女，矢志守贞，毁颜截发。抚侄逢邺为嗣，严慈并至。守节十六年卒，入总坊。

九都

张氏，刘德教妻。年二十九夫故，守贞从一，抚孤慈严并至。卒年八十。其子毓英性醇谨，孙式南入文庠，皆氏贤淑所致也。

喻氏，刘南钦妻，张氏孙媳也。年二十五夫故，侍孀居祖姑，孝养无违。子星泰甫四龄，不少姑息。守节十年卒，入总坊。

戴氏，喻孔昭妻。年二十九，夫故守贞，不轻言笑。抚孤二，均成立。卒年七十三。

周氏，黄宪章妻。二十一岁夫故，仅遗一子朝学。族人有劝令改醮者，氏矢志守贞，潜归母家。勤纺绩，抚孤成立。积金数千，买八亩滩业。厥后孙曾继起，四世同堂。年八十七卒。

陈氏，周凤瞻妻。年二十七夫故，清白无玷。六十一岁卒，入总坊。

张氏，李秋水妻。年二十八夫故，事姑尽孝，克勤俭，式廓田园。年八十四卒。

张氏，何焕章妻。年二十九夫故，抚二子成立，守节四十九年卒。

罗氏，刘章文妻。年二十四夫故，以《诗》《书》勖其子，达翰游泮。

守节四十八年卒，入总坊。

朱氏，刘丕显妻。年二十七夫故，遗子甫二龄，教读成立。守节三十二年卒，入总坊。

刘氏，李志仕妻。年二十九夫故，子女俱幼，家甚微，时伯姒亦嫠，氏与勤操作，董子侄，食力毋逸，广置田宅。寿百有一岁，五世同堂，入总坊。

周氏，何润身妻。年二十于归，二十八夫故，抚孤上富、上贵成立，守节五十二年，寿八十卒。

姜氏，周元辅妻。年二十九夫故，阅九日生子位重，鞠养成立。克勤俭，恢廓先畴。年八十八卒，入总坊。

彭氏，周相庭妻，克循妇职。年二十三夫故，节懔松筠，抚侄在佐为嗣。八十五岁卒，入总坊。

萧氏，监生周凤翔妻。年二十九夫故，清贞自矢，畜孤琢堂、理堂成立。年七十二卒，入总坊。

王氏，苏成治妻。年二十九夫故，矢志守节，抚三孤大本、大东、大经成立。卒年七十七，入总坊。

傅氏，苏才璋妻。年二十三夫故，畜孤成清、兆年，清操自矢。卒年七十六，入总坊。

周氏，谢举皋妻。年二十二夫故，遗孤厚亿，抚养成立，事舅姑甚得欢心。年五十四卒，入总坊。

谭氏，姜如晋妻。年二十八夫故，矢志不贰。善体姑嫜欢，抚孤鸣乔、鸣椿俱成立。年七十七卒。

李氏，文尚义妻。年二十六夫故，矢志守节。孝翁姑，和娣姒。今子孙蕃衍，族里荣之。卒年七十二。

李氏，戴得登妻。年三十，夫故家贫，纺绩无间寒暑，抚四岁孤子及二女，全教养，毕婚嫁。卒年八十一，入总坊。

薛氏，戴习贵妻。年二十四夫故，矢志守节，清白无玷。卒年六十八，入总坊。

王氏，张懋质妻。年二十九夫故，训子小鸿、江远成立。两侄及侄女幼失怙恃，抚犹子女，凡事善承姑志。年六十三卒。

十都

沈氏，姜家瑶妻。二十六岁夫故，遗孤仅四月，氏抚养成立。后嗣蕃昌，孙八，半列黉宫。卒年七十六。

方氏，范禹超妻。十八岁，生子胜传，甫十月夫故。家壁立，泣求吴姓地厝之。翁姑早逝，氏克以清苦创家，于力所能济者，不吝赀助。卒年八十六，入总坊。

罗氏，童元吉妻。年二十于归，生一子一女。二十六夫故，谨侍高堂，力持家政。抚遗孤甫成立又早世，与媳谢氏相依为命，冰节双清。五十二岁，命媳抚侄德新为嗣。氏即以是年卒，入总坊。

王氏，马荣偕妻。二十八岁夫故，事媢姑孝养无缺，抚孤子训课维严，五代一堂。卒年九十一，入总坊。

阙氏，贺天表妻。年二十八夫故，氏毁容惨切，几不欲生。继自念曰："死易易，奈上有舅姑，下有诸孤何？"乃饮泪茹血，摒挡家政。先业已恢，周急成美无少吝，耄犹纫箴、补缀不释手。孙曾满目，诗礼彬彬。卒年九十三。

夏氏，贺渭川妻。幼习女史，明大义，事姑及祖姑以孝闻。年二十八夫故，抚孤成立。善经纪，家道倍昌，济贫无少吝。夫姊适刘，窘极，馈遗较夫存加厚。协族修广平桥。子翼辅、济时，俱监生。卒年六十五。

郭氏，罗坤武妻。二十四岁，坤往蜀没。抚二子，日食糜粥。稍长，佣工以食，氏佐以箴纫。苦节五十余年，八十岁卒。

罗氏，廖全武妻。年二十四夫故，旋与夫弟析箸。独持家政，闾范肃然，广置田畴。子早亡，抚五孙成立。卒年六十。

罗氏，王天笃妻。年十八于归，善事媢姑。二十四夫故，子二均幼，家道匪亨，日勤纺绩。女逾笄，尚备妆奁以嫁，二子均完娶。以母道兼父道，族里推为贤媛，谓"不独苦节克贞也"。寿七十一卒。

谭氏，姜锡光妻。年二十，夫故无子，抚侄为嗣，矢志不贰。年三十五卒，入总坊。

金氏，吴新禄妻。二十九岁夫故，抚孤世拔成立。持家政，克勤俭。旋拔故，遗五孙，俱相继亡。氏率两代媳妇抚诸曾成立，目睹五代。八十六岁卒，入总坊。

孙氏，吴朝书妻。年三十夫故，抚孤能伟、能杰成立。事两世媳姑，生没尽礼。纺绩自勤，垂老不倦。卒年七十五，入总坊。

郭氏，彭世俊妻。性贞静，寡言笑。年二十一于归，事舅姑能尽礼。夫病，奉汤药惟谨。二十四夫故，痛毁几绝。家窘，有劝改适者。氏泣曰："妇人从一而终，义耳！"胞伯柽伍怜之，给田十五亩遂其志。八十一岁卒。

李氏，陈相武妻。年二十余夫故，生二女，勤懿训，励清操，勤俭持家，贤闻闾里。卒年七十二，入总坊。

李氏，张屹山妻。年二十九夫故，子二，矢志抚孤，延师课读。氏抚前女，爱逾所生。女没，抚外孙亦然。年六十余卒。

周氏，易绍周妻。年三十夫故，时多外侮，氏侍高堂，携幼子，拮据摒挡，老犹矍铄。年八十余卒。

张氏，庠生姜家治继室，云梦人。年廿九夫故，子尚质，前室王氏出。媳谭氏，生一孙义行，甫五龄而孤。家治病剧，谓氏曰："汝不幸无子，行孙幼，依媳谭茕茕孑立，身后事非汝将谁托？"氏泣曰："所不与报效者，生无以自立，死何以相见？"时遭家多故，氏捍御外侮，抚孙成立。苦节四十三年，七十三岁卒。谭性温恭，顺继姑，年二十九，同凛冰霜，六十五岁先姑卒。

姜氏，何廷举妻。年二十九夫故，子如松尚幼。氏撑持家政，礼法肃然。卒年七十一，目见四代，入总坊。

陈氏，龚三楚妻。性贞静，言笑不苟。年二十八夫故，遗一子佐朝。或劝改嫁，氏抱孤哀毁欲自尽。舅姑谕止之，遂坚贞自守。其子壮年早逝，抚五孙成立，教读完娶，独力支持。年八十五卒，呈请建坊。

罗氏，张志荣妻。年二十二夫故，氏抚棺几绝，泣曰："吾家单传数世，舅姑俱逝，家又中落，藐孤才四岁，何以成立？未亡人殉死，非宜也！"遂矢志守节，操井臼，勤纺绩，倍极辛苦。抚孤子思清成立，族里钦之。年六十四，无疾卒。

姜氏，何甄拔妻。年十八于归，阅八载夫故。家赤贫，矢志靡他。年五十六卒。

李氏，孙春荣妻。年十九于归，一子殇。二十五夫故，恸几绝。念姑早寡，承志奉养，抚夫兄子培卓为嗣，家范肃然。年四十，呼子媳曰："我以汝祖母荼苦一生，无以终养，故作未亡人十五年。今病不起矣，汝等谨事之！"言讫卒。

周氏，刘名震妻。年二十七夫故，矢志守节。抚夫兄子为嗣，慈严并至。年六十五卒，入总坊。

刘氏，王在新妻。十八岁于归，翁姑早逝，事祖姑何氏孝敬无违。生二子，长道尊，次道先。年二十七夫故，家窘甚，井臼躬操，抚孤成立，严慈并尽。治家有法，阃范肃然。卒年六十九。孙曾林立。

李氏，王定益妻。年二十三，夫故无子，抚侄湘兰为嗣，娶媳廖氏，生子化南。湘兰又卒，廖氏年二十四，矢志守节。姑媳双清，姑性严，媳克孝顺，人无间言。李守节十三年，卒年三十六。廖守节十四年，卒年三十八。

李氏，苏成相妻。年二十五夫故，抚孤大俊，矢志守节，不以贫苦稍异。卒年六十八。入总坊。

人物十六　列女五

（新增现存节妇，附列名节妇、贞女、孝妇、贤媛）

本城

张氏，儒士胡培峤妻。年二十五，夫故无子，居贫守志。现年六十六。

胡氏，儒士李盛桢妻。年二十五，夫故无子，矢志守节。现年五十二。

胡氏，陶□模妻。年二十夫故，遗腹生子，矢志守节。现年七十三，入总坊。

陶氏，刘钜实妻。二十六岁夫故，子一女二，家贫，矢志守节。现年五十五。

沈氏，胡培淑妻。年二十三，夫故无子。贫甚，氏搜箧笥、脱簪珥为葬。赁以针黹，纺绩自给，稍有赢余，即为翁姑及夫修墓竖碑。现年五十七，入总坊。

袁氏，林盛宽妻。年二十六夫故，抚孤守节。现年五十五。

胡氏，钟杏村妻。年二十七夫故，遗子曙堂甫三岁，氏励志守节。家贫，一力撑持，克守遗业，抚孤成立。现年五十七，入总坊。

汤氏，宇文奉璋妻。年二十九，夫故无子，矢志守节，抚侄为嗣。现年五十三。

朱氏，儒士胡培楚妻。二十六岁夫故，女二，无子，家贫守节，以针黹自给。现年七十七，入总坊。

彭氏，谢文蔚妻。二十八岁夫故，计守节二十三年，现年五十二。

黄氏，刘钜潢妻。年二十六，夫故无子，矢志守节。抚侄汉亭为嗣，教读成立，里党无间言。现年六十二，入总坊。

洪氏，胡青筠妻。年二十八夫故，计守节二十四年，现年五十三。

陈氏，喻汉门妻。年二十八夫故，家贫守节，以针黹纺绩自给，抚三孤均教读完娶，又以次子为夫兄嗣。现年六十。

钱氏，谢文源妻。年二十三，夫故无嗣，矢志守节。现年五十二。

夏氏，钱光璪妻。年二十夫故，守节坚贞。现年五十。

一都

朱氏，彭尊山妻。年十九夫故，家贫守节，一生清操无玷。现年百有二岁，目见五代，子新作亦现年八十三。

黄氏，高名曙妻。二十岁，夫故无子，抚侄裕耀为嗣，清贫自励，人无间言。现年五十一。

胡氏，监生刘春润侧室。年二十九，夫故守节，事嫡惟谨。现年五十六。

彭氏，熊际昌妻。二十九岁，夫故守节，纺绩勤俭，抚子成立。现年五十三。

刘氏，彭文质妻。年二十六夫故，氏不欲生。父母止之曰："死易耳，女当为其难者。"遂毅然自任，摒挡家政，抚子成立。现年五十三。

罗氏，张新照妻。年二十，夫故守节，内患外侮，诸艰毕集。氏曲顺姑嫜，严课孤子。现年五十三。

周氏，适益邑唐大钦。年二十三夫故，抚侄为嗣，苦节自甘。现年六十三，建坊。

刘氏，周培英妻。二十九岁夫故，子二，矢志守贞，抚孤成立。现年六十三，孙、曾繁衍。

程氏，许景新妻。年二十六，夫故无子，抚夫弟景堂子家陞为嗣，严慈兼尽，事两姑克尽孝敬。现年五十四。

童氏，刘钜晋妻。年二十五夫故，抚侄为嗣，教养成立。现年五十二。

周氏，廪生刘光润继妻，年二十二于归。光润尝读书夜分，氏缝纫灯前以待。光润数咯血，氏吁天愿以身代。光润卒，氏年二十九，誓殉，姑黄氏泣劝止之。氏抚所生周岁子及前室二幼子成立，尤善事姑嫜。

姑有病，氏衣不解带者弥月。及没，氏哀恸尽礼，每朝夕奠辄呜咽失声，族邻哀之。现年七十七，入总坊。

黄氏，儒士刘鲲兰妻。年二十九夫故，子女俱殇。遗腹生洛英，年十二复殇，抚侄崇英为嗣。善事舅姑。家素封，崇节俭，敝衣粗食，不改其常。现年七十五，入总坊。

周氏，监生刘庭兰妻。二十一岁夫故，抚侄耆英为嗣。氏性慈和而家法维严，克勤俭。尤乐襄义举，赈穷乏。子耆英，同知衔。孙二，均州同衔。现年六十五，入总坊。

朱氏，庠生王诰妻。性闲静，能吟咏。年二十八，夫因贫幕蜀，病故。逾年榇归，氏痛几绝。抚侄潘猷为嗣，恩如所生。尤勤女红，严阃范。现年六十一。

邹氏，刘世禄妻。年二十二，夫故守节，戚里无间言。抚子代瑛、代涟，慈严交尽。现年六十六。

欧阳氏，向大任妻。年二十八夫故，志凛冰霜，言动以礼。抚侄祥鳌为嗣，倍极恩勤。现年七十五，入总坊。

李氏，萧凌云妻。十八岁夫故，矢志守节，抚孤成立。现年八十一，入总坊。

周氏，陈辅廷妻。年二十九夫故，抚侄照远为嗣，教养成立。事翁姑，克供妇职。现年八十五。

傅氏，刘大明妻。年十九夫故，苦励冰操，抚孤成立。现年七十九。

贺氏，黄继周妻。年二十，夫故守节。抚孤永吉，教读成立。继姑赵氏亦孀居，氏恪供妇职。现年五十四。

张氏，谢明政妻。年二十四夫故，矢志守节，子孙林立。现年六十六，入总坊。

周氏，黄冯谟妻。年二十六夫故，家贫无子。或劝改节，氏曰："女以从一为正，况自幼归黄，姑抚我二十余年矣，曷忍离？"抚侄介福为嗣，教养成立。敬翁姑，和妯娌，人无间言。现年六十一。

袁氏，周性修妻。年二十五夫故，矢志守节，抚孤文训成立。现年六十五，因徙居益邑，入益总坊。

李氏，唐邦纵妻。年二十三夫故，子家墉甫三龄，氏教养完娶。育孙一，三岁殇，家墉旋没。氏痛夫无后，抚侄家坂为嗣。逾年又夭，孀媳亦没。氏谋之族，抚侄孙瑞骏为墉后。现年七十一，入总坊。

唐氏，邹家树妻。年二十七夫故，子大鸿、大椿均幼，氏守义奉姑尽礼。现年六十六，入总坊。

鲁氏，庠生文斐然妻。年二十八，生子甫周而夫故。父母以家贫讽令他适，誓不允。居恒纺绩自给，谨事舅姑。饥则偕女伴外乞，临富绅门，却立矫矫，深自爱惜，见者钦之。现年五十一。

邓氏，文德灏妻。二十六岁夫故，抚孤成立。继姑费氏盲而病瘁，氏涤厕必躬亲，炎雪不少倦。由勤俭致小康，里人贤之。现年八十一，入总坊。

陶氏，钟登高妻。年二十四夫故，以侄致盛承嗣两房，得两孙，抚以成立。现年八十九岁，孙、曾绕膝，内外肃然。入总坊。

胡氏，庠生彭道南妻。年二十四，夫故守节。有劝令他适者，痛哭自誓。善事舅姑，课子不少姑息。现年五十九。

黄氏，彭德昺妻。年二十六夫故，孝养翁姑，课子成立。现年六十五。

聂氏，廖起敬妻。年二十三，夫故守节，抚孤成立。现年□□□，入总坊。

黄氏，许景仁妻。年二十五，夫故守节。孝事舅姑，抚孤成立。现年五十六，入总坊。

丁氏，周鉴湖妻。年二十五夫故，家仅中赀，抚孤成立，增扩田庐。现年七十一，入总坊。

罗氏，曾衍喆妻。年二十一夫故，子二，长构三岁，次枡岁余。氏孝养祖翁，鞠子成立，为构娶周氏。构旋没，周氏年十九，自励冰操。姑媳忍饥励节。罗现年六十二，周现年三十九。

李氏，黄履安妻。年二十三夫故，子二，长二龄，次子夫故一月生。氏抚之成立。家窘，事翁曲尽孝养。翁没，葬祭以礼。现年六十五。

周氏，黄英才妻。年二十三，夫故守节。家贫无子，孝事继姑，抚侄为嗣。现年五十三，入总坊。

陈氏，何彩芳妻，年二十四夫故，子二，次殇。氏事姑克尽妇职，课子敬修，慈严并至，现年五十一。

刘氏，袁益泰妻。年二十八，夫故守节。一子二女，氏孝终三代。现年七十一，入总坊。

许氏，陶美铭妻。年二十七夫故，遗孤仅一岁，氏抚之成立。居恒言动，礼法自持。现年五十二。

潘氏，袁铭敏妻。年二十三，夫故守节。子女各一，均幼，氏抚之成立。现年六十一，入总坊。

朱氏，刘梓申妻。年二十九夫故，家中落，遗二孤俱幼。氏矢志甘贫，抚孤成立。现年五十一。

刘氏，许新植妻。性淑慎，娴内则。年二十九夫故，誓以身殉。因二老在堂，弱稚在抱，遂节哀任事，畜克勤俭。事翁姑以孝闻，生没尽礼。抚子炳蔚、召勋，教读完娶。现年五十一。

刘氏，范循忠妻。年二十九，夫故守节，抚子成立。现年七十一，道光年入总坊。

杨氏，李新榜妻。年二十四，夫故无子，矢志守节，抚侄景嵩为嗣。勤俭持家，内外严肃。现年五十九。

二都

文氏，陈益泰妻。年二十九夫故，家贫守节，抚三子皆成立。现年六十二。

黄氏，增生周校柱妻。二十六岁夫故，矢志守节。家贫，抚孤象炳成立。现年六十八，入总坊。

饶氏，罗诗秀妻。年二十四夫故，二子弱。氏闲内清外，家道以康。现年七十一，入节坊。子效敷、敏斋，均监生。

袁氏，陈昌龄妻。年二十九夫故，矢志靡他。子一，教养成立。现年五十七。

刘氏，江金龙妻。年二十一夫故，子裕春甫岁余。氏矢志苦守，持家勤俭，仰事俯畜，均尽厥职。现年六十二。

周氏，赵仁和妻。年十九夫故，遗子绍元。家贫，矢志守节，克勤俭，寡笑言，现年五十二。

唐氏，周家彬妻。年十九夫故，家贫无子，纺绩自给。有怜其年少欲劝改适者，惮其严正，讫不敢言。氏抚夫弟次子，教养成立。现年五十五。

夏氏，文德鹤妻。年二十七夫故，矢志守节。谨事翁姑，抚孤光璬成立，入国学。现年五十九。

段氏，文至善妻。年二十七夫故，子光瓒甫四岁。氏矢志守节，孝事孀姑，善抚孤子。里人欲遵例请旌，氏谓："区区薄命，何足表扬。"现年五十二。

童氏，胡实遂妻，进士翚之妹。年十八归胡，生三女一子。胡夜读尝达旦，氏每挑灯肃坐以待。年二十九，夫故守节，子旋殇。时一室萧然，庶姑犹在。氏耐饥寒，勤针黹，罄售奁物，积数十金，作俯仰计，抚侄湘翰为嗣。现年七十三。

邹氏，陈源志妻。年二十九夫故，子二，长文广，次玉和。家贫，氏矢志不移，抚孤成立。次子玉和，保蓝翎外委。现年六十一。

秦氏，陶世阀妻。年二十四夫故，抚夫兄次子美名为嗣。事姑谨，训子严，勤俭持家，贞洁守己。现年五十七，入总坊。

徐氏，武生童道南妻。生子一。道南从戎阵亡，时氏年二十九，矢志守节。典奁物，并族人助金，迁夫枢归葬。纺绩营生，抚孤成立。现年七十二。

王氏，黎锦洪妻，侍讲坦修女。年二十六夫故，抚一子泽琪，教读成立。现年六十六，入总坊。

彭氏，张文霈妻。年二十夫故，坚贞自矢，抚侄运曦为嗣。现年六十五，入总坊。

刘氏，宋宗汉妻。年二十八夫故，矢志守节。现年五十。

宇文氏，刘鼎元妻。年二十八，夫故守节。现年五十一。

喻氏，曾毓炘妻。年二十一，夫故守节，教孤传坪、传填成立。

现年六十一。

谭氏，王涟文妻。年二十七，夫故守节，育子漳淇成立。现年五十六。

彭氏，张世熻妻。年二十九，夫故守节，育子则观、则经，教读成立。现年七十五。

贺氏，彭教功妻。年二十四夫故，抚侄业万为嗣。时翁姑年老，祖姑尚存，氏孝慈兼尽。后子与媳先后亡，氏鞠育孤孙成立。现年五十一，入总坊。

王氏，监生彭禹功妻。年二十八，夫故守节，抚侄业鼎为嗣。现年五十五，入总坊。

卢氏，左荣蔚妻。年二十四夫故，矢志守节。现年五十七。

邱氏，彭茂才妻。年二十四夫故，家贫子幼，倍历辛苦。现年六十一。

魏氏，汪士伟妻。年二十九，夫故守节。事姑孝谨，勤俭自持。现年八十三，入总坊。

唐氏，周德蕃妻。十九岁夫故，抚遗腹子仁审成立。中年子亡，抚孙承桃。现年八十四，入总坊。

邓氏，傅陶琅妻。年十八夫故，矢志不贰，抚侄春林为嗣。现年六十二。

彭氏，赖世纪妻。二十八岁夫故，抚子守节。现年六十一，入总坊。

潘氏，周旦炳妻。二十二岁夫故，抚子成立，事祖姑以孝闻。现年五十四。

彭氏，文德严妻。年二十八夫故，矢志守节，抚孤成立。现年五十二。

宋氏，刘显澍妻。年二十九夫故，矢志靡他。孝事姑嫜，抚三子俱成立。现年五十一。

邓氏，文光殷妻。二十五岁夫故，家贫抚子，矢志守节。既而子卒，抚一孙长成。现五十三岁。

周氏，廖灿荣妻。二十三岁夫故，抚育二子，矢守清操。现年五十五。

江氏，谢大本妻。年十九适谢，数月夫故，恸绝复苏者数次。抚遗腹子，教读完娶。未几，子又没，媳不能守志，家益贫，氏益励纺绩自给，邻里悯之。现年六十六。

曾氏，高智若妻。二十七岁夫故，子其澍方岁余。氏抚之成立，事嫡姑克尽孝养。现年七十四。

彭氏，张三乐妻。年十九于归，夫病，多方调护，不辞劳瘁。举一子，甫三岁殇。年二十三夫故，誓以身殉，舅姑止之，乃奉命抚侄为嗣。励志坚贞，持家勤俭。现年五十四。

袁氏，邱月封妻。二十二岁夫故，抚遗腹子世煌成立。孝翁姑，和妯娌，同居二十载无间言。现年五十七。

黄氏，监生朱贤超继妻。青年夫故，好善乐施。年五十，独建二都青石桥。入总坊。

周氏，严家驹妻。年二十八，夫故守节。育子三，撑持家政，训课儿曹，慈严交济。现年五十九。

姜氏，刘鹿门妻。年二十八夫故，孝翁姑，持礼法，教子价放甚严，抚孤侄树风等如己出。现年五十一。

杨氏，黎光甡妻。二十七岁夫故，冰蘗自持，抚孤成立，并抚诸孙，克嗣书香。平生宽厚勤俭，邻里贤之。子培镈，江西试用县丞。现年六十八。

廖氏，周校秀妻。年二十八夫故，时夫兄已析箸，氏抚二子镐炳、灼炳，撑持门户，二子次第完娶。无何，长子亡，媳寡孙雏，氏省啬为一家率，稍扩先畴。现年五十二。

龙氏，从九喻光箷侧室。二十三岁夫故，遗一子。家贫，氏矢志守节，教子读书，慈严交至。嫡多病，侍汤药十余年无倦。每逢舅姑、夫、嫡生忌，祭奠尽礼。戚里欲以节孝举，氏婉谢曰："全节分也，未亡人以不逮事舅姑为恨，何孝可言？"现年五十一。

邱氏，袁必逢妻。二十九岁夫故，矢志抚孤，撑持家政，内外井然。子一，庆霖，督课成立。现年五十一。

谢氏，宇文桂妻。年二十五，夫故守节，抚孤善生成立。现年五十一。

彭氏，谢文蔚妻。年二十五夫故，矢志守节。抚孤成立，持家勤俭，族里无间言。现年五十二。

易氏，文德任妻。年二十八，夫故守节。子一，家贫，纺绩自给。现年五十三。

梁氏，杨蔚堂妻。年三十夫故，矢志守节。孝舅姑，和娣姒，克勤内职。子二，教养成立。长德坚列郡庠，次德堃入太学。承夫弟又春桃，同居一室，肃雍和睦。现年五十九，入总坊。

彭氏，州同陈聚孝妻。十八岁夫故无嗣，并无继可抚。氏奉祖姑彭氏依母家，变食资，勤纺绩，孝养有加。祖姑没，敛葬惟谨。氏所积余赀，置山屋田五亩作夫墓田祭费。守节五十四年，邻里称之。现年七十三。

周氏，孝廉汪棻妻。年三十，夫故守节。现年六十五。

陈氏，监生汪备易妻。年二十七，夫故无嗣，抚子育孙。旋子以疾夭，孙又殇，氏偕媳张氏，孤苦相依，冰兢益励，族里无间言。现年七十三，入总坊。

张氏，廖承类妻。年二十八，夫故无子，矢志守节。现年七十七。

周氏，赖泽淇妻。年二十九夫故，抚三孤成立，勤俭自持。现年五十二。

高氏，洪荆楚妻。年十九夫故，守节不贰，抚子成立。现年七十六，入总坊。

三都

欧阳氏，谢春堂妻。年二十一夫故，抚孤孙成立，守节五十余年。现年七十二。

袁氏，高名简妻。年二十八夫故，抚侄为嗣，勤纺绩，严教诲。现年六十八。

唐氏，王昌烂妻。年三十夫故，矢志守节，纺绩自给。现年六十三。

袁氏，尹袭汪妻。年二十夫故，矢志守节。有劝以年少应改醮者，氏以有遗腹辞。寻生子，抚养成立。勤俭持家，内严外肃。现年六十四。

陈氏，郭佑成妻。年二十八夫故，矢志守节。克勤俭，教子成立。现年七十六，孙、曾绕膝。

胡氏，蔡道锋妻。年二十六夫故，有劝改嫁者，氏拒之。矢志抚孤，纺绩自给。现年六十四。

刘氏，胡光祚妻。年二十九夫故，矢志不贰，勤俭持家。现年七十五，子三孙六，方兴未艾。

易氏，姜振束妻。年二十九，夫故家贫，抚两孤以成夫志，里党称其苦节。现年五十二。

任氏，杨学仁妻。年二十六夫故，毁妆尽哀，不轻言笑，抚孤仕光成立，族里无间言焉。现年五十一。

陈氏，谢家权妻。二十五岁夫故，遗一子。矢志抚孤，纺绩不辍。现年五十二。

万氏，邱敦瑞妻。年二十七，夫故守节。现年五十二。

蔡氏，潘德修妻。二十七岁，夫故无子，矢志守节，抚侄力遍为嗣。现年七十八，入总坊。

彭氏，黄华茂妻。年二十七夫故，子二，矢志守节，孝事孀姑。现年五十七。

贺氏，杨孝友妻。年二十三夫故，矢志抚孤，敬事翁姑。现年四十九。

颜氏，庠生胡梦椿妻。二十八岁，夫故守节，抚孤子纯吉、运钧成立。现年五十二。

周氏，黄垂青妻。年二十七，夫故守节，志懔冰霜。子三孙五，均教养成立。现年五十二。

黄氏，陶茂林妻。二十九岁夫故，贞洁自守，事翁姑孝养无间。现年六十，入总坊。

欧阳氏，谢家钜妻。年二十一夫故，遗腹子垂禧，抚之成立。现年五十五。

谢氏，曾兴塔妻。年二十四夫故，抚孤毓鹏成立。生孙一而鹏亡，既而孙又亡。氏伶仃孤苦，纺绩自给。现年六十一，入总坊。

贺氏，陈敬止妻。年二十九夫故，子滋福甫一岁。氏抚子事姑，孝慈兼尽，有贫戚贷二百金，给券不责偿。现年七十二，孙、曾林立。

卢氏，欧阳春妻。年二十九，子一，七岁殇。旬日夫故，氏痛不欲生。姑泣而怒，乃忍死抚侄志雨成立。事姑尽礼，纺绩无虚日。现年六十一。

黄氏，卢荣阁妻。幼习女史，颇识诗文。年二十七夫故，长子正揆甫二岁，次正扬遗腹生。氏孝事舅姑，严课孤子。现年五十五。

欧阳氏，庠生颜春松继室。年二十四夫故，矢志抚孤，善事翁姑，前二女爱如己出，侄失恃抚如己子。现年五十二。

谢氏，欧阳光曙妻。十九岁夫故，矢志守节，抚孤成立。现年六十五。

王氏，张茂芝妻。二十四岁夫故，矢志守节，抚孤成立。现年五十六，入总坊。

魏氏，欧阳秀民妻。二十五岁夫故，矢志抚孤，勤俭起家。现年八十七。

吴氏，张敬斋妻。二十九岁夫故，矢志守节，抚孤成立。现年六十六，入总坊。

彭氏，袁琢成妻。三十岁夫故，誓不改适，顺事翁姑，抚孤成立。现年六十一。

黎氏，袁上达妻。二十八岁夫故，敬事翁姑，抚孤成立。现年五十九。

王氏，胡培达妻。年二十六夫故，子一，矢志守节。现年六十二。

贺氏，谢立亭妻。事姑克孝，相夫无违。二十八岁夫故守节，抚二子成立。孙曾迭起，以耕读相督率，家业渐兴，呈请建坊。现年八十九。

刘氏，杨达焜妻。年二十二夫故，家贫守节，抚孤子以成夫志，里党称其苦节。现年五十三。

卢氏，杨开达妻。年二十，夫故守节，冰霜自励，里党无间言。现年五十六，入总坊。

王氏，姚钜才妻。二十八岁，夫故守节。事姑孝顺，持身勤俭。抚子成立复亡，待侄孙辈如己出，分赀多与金贰百余，族里贤之。现年六十八。

刘氏，边晅瑞妻。敬舅姑，和妯娌。年二十九，以母疾归，夫一夜暴卒。氏闻，数晕绝，冰心自凛，弗敢少渝，抚侄为嗣。现年五十一。

万氏，贺容煃继妻。年二十于归，姑即故。翁年近六旬，体弱多病，氏奉惟谨。年二十八夫故，哀毁尽礼。前妻遗一子，爱如己出，抚养成立。现年七十一。

何氏，陶鸿仪妻。年二十九夫故，矢志守节，抚孤成立。现年六十二。

李氏，刘家浚妻。二十八岁夫故，遗孤三。时氏翁星阁没，藏书颇富，其友某因其贫，欲备价购之。氏恸哭不允，课儿读益力。现年六十一。次子庠，登贤书。

王氏，周励仁妻。年二十六夫故，矢志守节，抚孤成立。现年六十二。

胡氏，周高植妻。年十六于归，克遵妇道，人无间言。二十一夫故，氏欲以身殉。族劝以家贫子幼，氏乃忍死抚孤，以针黹自给。课子读书，不存姑息。茹苦含辛，数十年如一日。同治年采入总坊。子兆蓉，由保举任浙江临安知县，加同知衔，请五品封典。人咸以为节孝之报。现年五十六。

蒋氏，欧阳述壹妻。年二十四夫故，誓不改适，矢俭矢勤，抚孤成立。现年五十一。

陈氏，谢垂桢妻。年二十八夫故，抚孤成立，勤俭治家。现年六十六。

四都

刘氏，蒋泽美妻。二十九岁夫故，坚贞自矢。抚孤本曛，教读完娶，备历艰辛。现年七十，入总坊。

齐氏，蒋泽泮继妻。二十七岁夫故，抚遗孤本曙，慈严兼尽。姑老病久，淹床褥，氏服侍不懈。现年五十九，入总坊。

成氏，蒋泽溢妻。年二十六，夫故守节，遗子本琮、本球。球旋殇，抚琮成立。现年五十八，入总坊。

王氏，周世棠妻。事舅姑，服劳奉养，能得欢心。二十九岁夫故，子一殇，抚侄又卒，人咸伤之。现年五十三。

杨氏，周克俊妻。年二十九夫故，矢志守节。抚孤旋亡，氏守益坚。现年六十一。

伍氏，汤臣绪妻。年二十五夫故，遗孤有行甫两月。衣食粗足，抚养成立。娶媳萧氏，未抱孙而有行又故。萧有遗腹，生男不育。氏现年六十三。

李氏，成曜英妻。年二十一，夫故守节，抚孤凤龄成立。现年五十四，呈请建坊。

黄氏，刘致祥妻。年二十六夫故，矢志守节。现年五十四。

王氏，李业宏继妻。年二十九，夫故守节，抚前子兴翰如己出。家贫，灌园自给。翰以军功奏保主簿加五品衔。氏现年五十六，呈请建坊。

周氏，萧仁培妻。年二十六，夫故守节，抚孤寿昌成立。现年五十一。

周氏，刘鸿翔妻。年二十一，夫故守节。抚遗孤尊美成立，孝顺翁姑，严肃家范。现年六十七。

罗氏，张正泰妻。年二十八，夫故守节。抚二子成立，以勤俭为子妇率，家业益恢。现年五十一。

刘氏，颜云九妻。年十八于归，育子三。二十八夫故，长、次子相继亡。氏谨事翁姑，抚幼子成立。现年七十一。

欧阳氏，刘锡田妻。二十三岁夫故，矢志守节，永励清操。现年八十五，入总坊。

张氏，监生丁孝良妻。年二十一夫故，遗孤士选甫周。矢志守节，奉姑孝，教子严。现年六十三，入总坊。

严氏，成章笏妻。年十八，夫故守节。孤子光宗甫一岁，教养成立，事翁姑惟谨。现年五十九，入总坊。

黄氏，周世绪妻。年二十八，夫故守节。现年八十一。子孙鼎盛，雍穆一堂。以孙官得受一品封典。

陶氏，黄懋恭妻。二十二岁，夫故守节。现年六十五。

周氏，黄茂时妻。年二十九，夫故守节。现年六十二。

杨氏，周世音妻。年二十九，夫故守节。现年五十四。

庞氏，刘昌富妻。年二十五夫故，时姑老、夫弟幼。氏撑持家政，备历艰辛，抚孤成立。家范綦严，虽至戚觏面，言笑未尝见齿。现年六十九。

刘氏，陕西凤县知县黄本诚妾。二十八岁夫故，志节坚贞。中馈余闲，随嫡徐氏焚香礼佛。现年五十一。

李氏，杨达昇妻。二十二岁，夫故守节。现年六十一。

虞氏，颜清质妻。年十九，夫故守节。现年六十七，入总坊。

颜氏，千总黄萃陵妻。二十九岁，夫故守节。现年五十八。

周氏，庠生黄迈妻，本骐继妻杨氏之侄妇，前《志》所载节母刘氏之孙妇也。三代贞纯，先后相继，氏尤孤苦。二十八岁，夫故守节。现年五十五。

蒋氏，张起凤妻。二十二岁夫故，翁以氏年少子幼，未便留守。氏矢志不贰，抚孤成立。现年五十一。

许氏，黄建阁妻。年二十九，夫故家贫。氏固穷励节，乡里无间言。现年五十二。

陈氏，黄廷漐妻。年二十九，夫故守节。现年六十一。

陶氏，州同衔黄茂泰继妻。二十四岁，夫故守节。现年六十六。

伍氏，杨佑民妻。归杨，育子女各一。年二十八夫故，抚孤子纶绔，殷勤教读，长而能文，以出试归，寻卒。女适汤，相继亡。氏倍极孤苦，抚侄慎徽为嗣。现年六十七，目见四代。

杨氏，成章焕妻。年二十八夫故，抚孤光誉守节，事姑维谨。光誉早逝，率寡媳庞氏抚弱孙日荣、日焜成立。一门双节，家规肃然。

现年五十八，入总坊。

刘氏，成曜逵妻。年二十五夫故，抚孤凤和、凤英守节。时翁姑早逝，夫弟二，俱幼。德氏长，养母事之。氏事祖姑及叔翁姑惟谨。咸以氏贤，命理内政，同居五世，家无间言。现年五十一，入总坊。

叶氏，成章立妻。年二十九夫故，抚孤光安、光富、光尊、光荣守节，事翁姑惟谨。姑目瞽，侍奉周详，十余年不倦。现年六十七，入总坊。

周氏，萧盛谟继室。二十六岁夫故，抚孤仁楷守节。寡言笑，慎起居，和妯娌，济穷困。现年六十四，眼观四代，入总坊。

许氏，崔家建妻。二十三岁夫故，越四月，产遗腹子复荣。家贫守节，奉翁姑，生死尽礼，柴毁凋容，薪蔬自采，以针黹纺绩资儿读。现年五十五。

萧氏，崔家谅妻。二十九岁夫故，矢志抚孤，性严谨。现年五十余，以子荣莘官县丞，援例封孺人，入总坊。

张氏，鲁祯祥妻。年二十九夫故，誓不欲生。孀姑王氏勉之曰："我在，汝不得死，且有了二，可抚成立，何轻生为？"遂矢志贞操，课育孤子，与孀姑共寝处者二十余年。现年七十一，孙、曾林立。

王氏，周世沐妻。年十九于归，生子振芨。二十四夫故，家贫守节。子旋卒，氏以纺绩自给，贞操益坚。现年七十二。

成氏，廪生周世垣妻。年二十八，夫故守节。孝事舅姑，持身勤俭，言动不苟。抚侄振新为嗣，教读完娶。现年七十二，入总坊，孙、曾林立。

卢氏，吏员张锦标妻。年二十九夫故，矢志守节。现年五十一。

戴氏，增生黄璨妾，事嫡谢氏克敬礼。年二十九夫故，抚孤成立。家无恒产，依其戚孀妇唐黄氏居，以针黹自给。现年六十五。

蒋氏，杨纶渭妻。二十三岁夫故，家贫苦守，矢志艰贞，抚孤成立，人咸钦敬。现年六十六。

王氏，黄勋妻。年十八于归，十九夫故，矢志靡他。姑老病，日侍汤药无倦容，抚侄继绶为嗣。现年五十一。

刘氏，黄善长妻。年十九夫故，仅一女，矢志抚侄为嗣。平居寡言笑、操井臼、勤纺绩，族党咸钦。现年五十七。

张氏，蒋泽湄妻。年廿九夫故，遗孤三，矢志抚养成立。舅姑俱臻高年，氏曲意承顺，族党贤之。现年六十五。

宋氏，成曜璠妻。年二十六夫故，家贫守节，抚孤成立，族党无间言。现年五十一。

黄氏，王愈金妻。二十三岁，夫故守节，矢志抚孤。现年六十二，入总坊。

黄氏，汪章显妻。二十七岁，夫故守节，矢志抚孤。现年五十四，入总坊。

五都

成氏，周宏洛妻。年十七于归，二十生子大荣，甫周晬夫故。葬值大雪，号泣于冢上数日。抚孤成立，清操白首，五世同堂。现年九十五，入总坊。

张氏，钟和清妻。年二十四夫故，仅二女，抚子不果。苦心孤节，孝舅姑、和妯娌。现年七十六。

谈氏，张雨亭妻。二十七岁夫故，育子三。上事舅姑，下抚儿媳，孝慈克尽，勤俭持家，内外严肃。现年五十一。

萧氏，钟大镛妻。二十七岁夫故，仅一女，归杨，亦卒。氏现年五十一，入总坊。

王氏，罗意诚妻。年二十八，夫故守节。孝翁姑，和妯娌，抚侄为嗣，鞠育成立。现年五十四。

袁氏，从九杨亭午妻。二十八岁夫故，子世爵甫四月。氏奉孀姑惟谨，抚孤子能严。现年六十二，入总坊，以子州同衔加二级封宜人。

卢氏，李必秀妻。十九岁于归，生子一不育。二十七岁，夫故守节。抚侄高望为嗣，备极恩勤。现年五十七。

赵氏，周嘉会妻。二十八岁，夫故家贫，姑老子雏。氏事姑能得欢心，丧葬以礼，纺绩自给，抚孤成立。现年五十三。

杨氏，周大槐妻。二十八岁夫故，抚遗孤蕙春，教育成立，旋食饩。现年五十五。

州氏，周福田妻。二十七岁，夫故守节。现年五十五。

任氏，罗元厚妻。二十四岁夫故，子一，家贫。有劝改适者，氏以死誓。现年七十一，入总坊。

李氏，刘序炳妻。二十一岁夫故，遗一子，家甚贫。事翁曲尽孝养，抚孤端诰成立。现年五十二。

萧氏，刘嘏斋妻。二十二岁，夫故守节，抚育子女各二。现年六十四。

杨氏，江月楼妻。二十二岁，夫故守节。抚侄筱楼为嗣，俾克成立。谨事孀姑陈氏，历八旬余无少忽。躬自节省，以给贫乏、襄义举。现年五十三。

成氏，监生杨亦上妻。二十三岁，夫故守节。二子幼，遗腹女一。氏秉持家政，教子义方。中年增置田畴，尤力崇俭约，孙曾辈皆循循规矩。现年六十一，入总坊。

黄氏，杨世骏妻。年十九夫故，矢志守节，抚孤成立。现年五十四，入总坊。

李氏，童开域妻。二十七岁，夫故无嗣，待继十余年，始抚夫异母弟开墉子道铣。教养完娶，倍极辛苦。现年七十五，入总坊。

钟氏，汤一正妻。二十三岁夫故，一子甫三岁。事姑孝，教子严，持家俭。现年五十七。

郭氏，杨佩玉妻。二十岁夫故，抚四月孤宗溢，教读完娶。后子媳与孙相继亡。现年八十三，入总坊。

汤氏，唐宜章妻。十八岁夫故，子甫一岁。矢志守节，抚孤成立完娶。后儿媳并亡，仅存一孙。有侄某孤无依，均教读成立。居恒纺绩不辍。现年五十九。

张氏，易培忠妻。二十二岁，夫故守节。事祖姑及翁姑以孝称。子一，教养成立，克勤俭持家。现年五十一。

蒋氏，王馥性妻。二十六岁夫故，生子道南甫六阅月。抚养成立，顺事翁姑。现年六十九。

张氏，齐复旦继妻。二十岁夫故，抚二岁子信初成立。以节俭持家，内外肃严。现年五十一。

邹氏，齐玉林妻。二十九岁，夫故守节，饮冰茹蘖。操女红，日夜不辍。现年七十。

刘氏，周茂修妻。十七岁夫故，抚遗腹子仁亭，教读完娶。翁年老，奉之惟谨。现年六十一。

刘氏，齐珍彩妻。二十四岁夫故，子一早殇，矢志守节。现年五十二。

蔡氏，陶美橿妻。二十六岁夫故，抚遗腹子忠宇成立。善事翁姑，日勤纺绩。现年五十三，入总坊。

刘氏，殷远祖妻。二十九岁夫故，抚子太山成立，倍历艰辛。现年七十五。

李氏，陶世昺妻。二十八岁夫故，家贫。子一，氏教养成立。事舅姑及孀祖姑，克尽妇道。现年五十一。

朱氏，陶世铭妻。二十四岁，夫故守节。持身严正，克勤俭，抚遗腹子春和成立。现年六十一，入总坊。

罗氏，钟明健妻。二十七岁夫故，抚贤举、贤立、贤辅三子成立，奉姑克尽妇职。现年五十四。

马氏，庠生冯翱侧室。十九岁夫故，抚遗腹子楷，教读成立，持家严肃。现年六十二。

刘氏，儒士杨世璟妻、刑部主政蔚春冢媳也。二十六岁夫故，矢志不贰。或以无子故，讽令改适。氏泣曰："吾家系何门第，敢玷辱先人耶？愿勿复言！"抚夫弟世珧子宗麒为嗣。现年五十二。

萧氏，周才煊妻。二十一岁夫故，抚侄为埴为嗣。慈严兼尽，清操自励。现年五十三，入总坊。

钟氏，唐正富妻。二十六岁，夫故家贫，抚二子天锡、天耀成立。现年五十七。

杨氏，黄时和妻。二十三岁夫故，事翁姑惟谨。遗孤万鹏甫周，氏抚之成立。后从戎，叙功授总兵职提督衔，诰封三代，人以为节孝之报。现年五十七。

唐氏，王名曙妻。年二十九夫故，哀毁如礼。抚夫兄子定晟为嗣，教训成立。现年五十一。

周氏，王定愔妻，旧《志》节妇易氏之孙妇。二十三岁夫故，继祖姑志，顺事姑嫜，课孤翰文成立。现年五十二。

钟氏，胡寿桥妻。年十三于归，廿五夫故，矢志守节。事翁姑以孝，抚孤镜臣成立，课读不少宽。现年五十二。

张氏，刘绍炽妻。年十八于归，谨事翁姑。夫病，侍汤药。二十八夫故，抢呼恸惨，濒死者再。族长谕以抚孤，始收泪。抚八月孤成立，茹苦含辛。现年五十八。

六都

张氏，杨世瑜妻。二十九岁，夫故守节，志凛冰霜。现年七十六，入总坊。

李氏，汤昌洪妻。年二十五，夫故守节，坚贞自矢，抚孤绍基成立。现年六十二。

何氏，秦吉庵妻。年二十九夫故，以有身将弥月，节哀奉姑。三阅月遗腹子柱堂生，抚养成立。现年六十三。

萧氏，刘国栋妻。年二十一夫故，遗子甫六月，茹苦鞠育。事姑能得欢心。现年八十一，犹纺绩为诸妇率，有敬姜之风焉。入总坊。

张氏，谭文吉妻。年甫笄归谭，阅一纪夫故。奉翁姑，育子女，事畜无遗憾。现年五十一。

黄氏，文庠张鹏翰妻。年二十四，夫故守节。家中落，氏克勤俭，抚孤成立，事姑孝敬。现年五十六。

张氏，李盈秩妻。二十六岁夫故，奉孀姑，哺雏子，孝慈曲尽，式扩先畴。现年五十二。

李氏，黄德明妻。孝舅姑，顺夫子。二十六岁，夫故守节，抚二龄子大源成立。现年六十四。子孝孙慈，先畴日扩。

姜氏，黄德清妻。二十八岁夫故，家计萧条，矢志不贰。生子三，长秀明甫八岁，次季犹在抱，鞠育成立。现年五十二。

朱氏，谢承超妻。娴姆训，肃阃仪。年二十八夫故，仅二女。事舅姑，存没尽礼。抚侄先遵，鞠养如所生。授室举一子，氏方幸能绵夫祀。无何，子没孙亦殇，人皆悼之。现年八十二，入总坊。

唐氏，李质彩妻。二十九岁夫故，子甫周，抚养成立。现年九十二。

张氏，邹政元妻。二十岁，夫故无子，家贫守节。事姑孝谨，纺绩之资，犹分给诸侄。现年七十五。

刘氏，儒士李鸿逮妻。二十五岁，夫故家贫，以纺绩自给。抚庶子绍逮，教诲有方。现年六十一。

欧阳氏，卢仁沣妻。二十七岁夫故，子二，矢志坚贞，抚孤成立。长朝翼，府经历衔；次兆龙入庠。现年六十二。

张氏，潘传忠妻。年二十夫故，抚孤守节。现年五十六。

易氏，卢朝榘妻。年二十夫故，仅遗一女。抚堂侄正屏为嗣，旋殇。又抚堂侄正端，殷勤教养，无异所生。现年五十二。

张氏，王莘宇妻。年二十二夫故，遗孤作宾年甫周，教读成立。娶氏侄女为媳，生子三，长棣华、次瑞庵、三志庵。媳年二十余而宾卒，棣华娶朱氏生子二，朱氏青年而棣又卒。家中落，一门三代苦节，族党钦之。氏现年八十三。

周氏，夏光景妻。年二十七夫故，三子俱幼。氏守节抚孤，茹苦含辛，教读完娶。现年五十六，入总坊。

刘氏，魏载福妻。年二十四夫故，清操自励。善事舅姑，严教幼子，乡里无间言。现年五十一。

吴氏，庠生邓诚彪妻。年二十九夫故，孝事舅姑。姑病十余年，氏朝夕扶持，抱幼子卧床侧，夜不解衣。常让产夫兄，以承舅志。子二，长早逝，抚次子凌云，延师课读，倍极殷勤。子就傅归，必令楼居，沈潜经史。及登贤书，犹未属以家事。道光己酉，岁荒，氏合家饘粥，留以待饿者，命子凌云请发常平仓谷。咸丰二年，粤匪告警，凌云倡办阖邑团练，凡登门借箸者，氏与谈论事宜，井井有法。后云殉节印江，柩归。氏初哭之恸，忽喟然曰："忠孝原难两齐，吾儿素以身许国，今得死所矣！吾何哭为？"邑人士互相嗟叹，以为非此母不生此子云。现年七十七，入总坊。

王氏，邓高华妻。年二十八夫故，遗孤四龄，寻夭，抚犹子汉才为嗣。饮冰茹蘖，里鄯无间言。现年五十四。

朱氏，张雨腾妻。年二十九夫故，坚持苦节，勤俭成家。现年五十。

谢氏，杨显诏妻。年二十九夫故，矢志守节。事姑能色养，抚孤成立。现年七十五。

姜氏，陈新游妻。年二十二，夫故无子，抚侄为嗣，教养如己出。现年七十八。

喻氏，从九欧阳禄妻。年二十六，夫故守节。事姑惟谨，抚孤成立。现年七十四，犹纺绩不辍。子巍以军功保花翎游击。

张氏，易孔学妻。二十八岁夫故，家贫守节。鞠育子女，倍极艰辛，以勤俭兴家。现年九十四，目见四代。

黄氏，王湘洪妻。十九岁，夫故无子，抚侄福谦为嗣。性贞惠，不苟言笑。事姑孝，课子严，尤好施予，克勤俭。现年五十四。谦入邑庠。

唐氏，王湘敬妻。十八岁于归，二十二夫故。子甫二龄，鞠养成立，旋卒，抚侄子泰封为孙。氏娴礼法、务勤俭，抚孙课读，慈严兼至。现年五十八，入总坊。

杨氏，刘经世妻。二十九岁，夫故守节。抚孤成立，撑持家政，井井有条。迄今孙、曾蔚起。现年六十七，入总坊。

七都

王氏，喻先梅妻。生子四。年二十八，夫故守节，抚孤成立。现年六十六，五代同堂。

曾氏，刘万煌妻。年二十六，夫故守节。抚孤子国仪成立，勤俭持家，恪守礼法。现年六十一。

喻氏，张海屋继室。二十八岁，夫故守节。荆钗布裙，清操自励。抚遗孤，教养成立。现年七十五。

李氏，沈徵五妻。年二十二，夫故守节。仅一子，抚之成立，勤俭持家。现年六十五。

唐氏，喻友能妻。年二十四，夫故守节。子贤岚仅二龄，抚养成立。

治家有条，目见四代。现年七十四。

潘氏，蒋英翰妻。年二十四，夫故守节。子二，教养成立。现年七十。

张氏，刘光柽妻。二十四岁，夫故守节，抚二子成立。现年八十七，不杖而行，事女红不辍，孙、曾繁衍，入总坊。

唐氏，沈至盛妻。二十四岁，夫故守节。抚侄锡儒为嗣，教读完娶。现年七十七。

黄氏，喻尚志妻。二十四岁夫故，矢志守节。现年六十三。

喻氏，罗宇丰妻。年二十四，夫故守节。一子一孙，抚养成立，家范肃然。现年六十二。

喻氏，江锐衍妻。年十九，夫故守节。抚两岁孤镜之成立，娶媳叶氏，生子三。镜寻卒，叶氏克体姑心，共励冰霜。子孙次第成立，一门双节，四代同堂。喻现年七十二，叶年逾五十。

宋氏，傅绍羽妻。年十九，夫故守节。事舅姑克体欢心，抚孤成立。子一，孙五。现年五十八，入总坊。

刘氏，廖俊良妻。年二十八夫故，子幼家贫。有劝令改适者，矢志不贰，抚孤成立。现年五十三。

喻氏，杨光裕妻。年二十三夫故，子一甫三岁。矢志靡他，抚孤成立。现年五十二。

曾氏，监生喻光禄妻。年二十五夫故，矢志守节。抚夫堂兄焕章子为嗣，孝事姑。现年五十七，入总坊。

黎氏，庠生黄绍曾妻。年二十八，夫故无子，寄居母家，矢志守节。现年五十八。

萧氏，黄胜�妻。年二十九，夫故守节。遗子四，教养成立，皆年近四十卒。和丸未了，又为孙谋，人称苦节。现年七十二。

陶氏，刘蔚深妻。十六岁归刘，生子一敦厚。二十六，夫故守节。现年五十九。

周氏，张文楚妻。年二十八，夫故守节。抚夫兄文麓子运昌为嗣，延师课读，摒挡家政不少休。构别墅，俾抚子朝夕读书其间。现年五十八，呈请建坊。

刘氏，张运莘妻。年二十四，夫故守节，抚夫兄运炯子复增为嗣。撑持家政，延师课读，备极辛苦。现年五十三，呈请建坊。

杨氏，刘钜锟妻。年二十七夫故，子润芝、润荃俱幼。氏奉姑曲尽妇道，教子慈严，苦节三十二年。现年五十九，呈请建坊。

宋氏，李公良妻。年十八，于归二载，夫故无子，寄居母家，苦节三十三年。现年五十三，呈请建坊。

罗氏，江茂都妻。年二十八夫故，励志冰霜，持家有法，苦节二十七年。现年五十五，呈请建坊。

八都

李氏，傅星野妻。二十二岁夫故，贞洁自守，抚孤成立，孝养尊嫜。现年七十四。

李氏，傅星野妻。二十二岁夫故，贞洁自守，抚孤成立，孝养尊嫜。现年七十四。

喻氏，庠生刘构南妻。年二十九，夫故守节。训孤成立，慈严备至。现年六十三，入总坊。

陈氏，萧芝凤妻，严氏萧芝秀妻姒娣也。陈二十九岁夫故，严二十四岁夫故，同矢志守节，孝顺翁姑，生事死葬，俱尽礼。两氏苦支家政，内外整肃，抚孤慈而兼严。乐施与，捐助石桥、石路、茶亭、义山、义棺不吝多金，独修塔子山观音亭，岁饥为粥待饿，并收育贫婴。有乞翁妪老且病，给食二十余年，没与以棺。李太守隆萼赠联云："堂上清霜，人钦两鹄；宅旁孝水，家膳双鱼。"严子涧藻、陈子涧沄，俱监生，镜湘入文庠。陈现年五十八，严现年五十五，均入总坊。

张氏，喻袭芝妻。年二十八，夫故守节，抚侄为嗣。现年五十九，入总坊。

吴氏，严岳祖继妻。年二十四，夫故守节。舅姑俱存。前子一，德尊；己子二，长天，次本菊。氏妇道与母道兼尽，教抚成立，尤乐襄义举。现年七十九，入总坊。

何氏，严用周妻。年十九夫故，痛不欲生。以老姑在堂，遗子哲夫甫六月，矢志守节，孝慈兼尽。现年七十，入总坊。

童氏，戴仲阳妻。二十六岁，夫故守节。子二，康田、均田教抚成立。克勤俭，家致小康。年六十，族里谋祝厘，命二子却之，谓："藉此沽名，非吾所愿。"现年六十五，入总坊。

张氏，黎耀朝妻。年二十二，夫故守节。有遗孕，三月后生子培福。咸丰初，土匪颇众，氏灯火终宵，纺声不绝，以防盗贼。现年七十四，入总坊。

文氏，戴心源妻。年二十四，夫故守节，以侄运聘为嗣。氏动循规矩，非至戚罕见其面。现年五十一。

喻氏，朱吉祥妻。年十六，夫故守节。无嗣，抚侄行义为嗣，备历艰苦，内外无间言。现年六十四。

石氏，张思锽妻。年二十六夫故，子雏家贫，矢志不贰，以纺绩自给。现年七十。

唐氏，张义甫妻。年二十六夫故，遗子茂蕊甫周。家贫守节，纺绩不辍，抚孤成立。娶媳生二子而媳亡，氏又抚育诸孙，劬劳倍至。现年五十五。

朱氏，儒士谢日东妻。幼习诗书，明大义，于归后琴瑟綦和。年二十二夫故，家贫无嗣，苦节艰贞。现年七十二，入总坊。

九都

杨氏，罗俊辉妻。年二十二夫故，家贫守节，抚子成立，旋没。复鞠诸孙，倍尝艰苦。现年六十九，入总坊。

陈氏，罗时中妻。二十四岁，夫故守节。自励清操，抚孤成立。现年六十八。

彭氏，周在位妻。十九岁夫故，阅三月生遗腹子恒斌，抚养成立，坚贞自矢。现年六十四，入总坊。

伍氏，刘楚光妻。年二十五，夫故守节。食贫茹苦，抚子成立。现年七十一。

刘氏，何正仪妻。年二十九，夫故守节。教两孤不涉姑息，小有失必跪受笞责。现年七十二，入总坊。

李氏，监生何长春妻。年三十夫故，矢志从一，抚堂侄正伦为嗣。现年五十七，入总坊。

刘氏，何多文妻。二十二岁夫故，遗孤甫三月，励节安贫。现年六十五。

谭氏，王明逵妻。年二十七夫故，冰霜自励。家甚贫，躬操臼杵，日勤纺绩，得致小康，目见四代。现年九十二。

刘氏，戴廷誉妻。年二十四，夫故守节，抚孤厚贤成立。姑没，翁老且病，奉事惟谨。现年七十八。

喻氏，刘独贤妻。年二十九，夫故守节。以母道兼父道，抚子万修、少溪，克兴家业。现年六十，入总坊。

喻氏，文楚英妻。年二十八，夫故守节，抚孤继先成立。现年七十五。

文氏，儒士王湘遵妻。年二十七，夫故守节。淑静端庄，食息依姑，不离左右。抚孤绍中，慈严交尽，俾承先志，不替书香。现年五十三。

周氏，唐如盛妻。年二十一夫故，遗孤仅两周。氏冰霜自励，矢志守贞。现年五十二。

张氏，刘启宇妻。年二十四，夫故守节。抚两孤训以义方，躬率勤俭，现年六十四。

夏氏，范基模妻。年十九于归，舅姑相继逝，育子三。二十六夫故，距两旬，丧二子。氏事继祖姑，抚孤子，孝慈兼尽，志节坚贞。现年八十四，入总坊。

刘氏，喻琢章妻。二十四岁，夫故守节。抚孤邦彦、邦哲成立，顺事舅姑，勤俭自守。现年五十三。

刘氏，何健顺妻。二十六岁，夫故守节，抚孤余庆、余美成立。现年五十二。

胡氏，姜明远妻。二十五岁夫故，抚侄国友为嗣，清贞自矢，事姑郭氏孝养不衰。现年七十。

姜氏，吴高美妻。二十九岁夫故，矢志守节，抚孤运吉、松泉成立。现年六十四，入总坊。

杨氏，黄宗祥妻。二十一岁夫故，抚孤敬修，娶媳苏氏。未几均没，又抚诸孙成立。氏一生苦节艰贞，现年七十八，入总坊。

王氏，谢吉亭妻，少娴内则。年二十六夫故，坚贞自矢，抚孤服德、服生成立。现年五十六，入总坊。

张氏，周敦和妻。年二十八夫故，清洁自持，抚孤莲芳、四达成立。现年五十九，入总坊。

徐氏，姜清吉妻。二十七岁夫故，节励冰霜，抚孤翔礽、克承、先绪。现年六十七。

刘氏，夏光瓒妻。年十八于归，生子浚先殇。二十一夫故，抚子申先旋卒，率孀媳贺氏守节迄今。三孙成立，恢廓田畴，氏之教也。现年六十二，入总坊。

杨氏，周聿修妻，娴妇道。年二十八，夫故守节。抚三孤昆奇、玉垣、辉堂成立，恩义交尽。现年六十五，入总坊。

戴氏，隆肇人妻。年二十九，夫故守节。遗子甫一岁，和丸茹檗，乡里无间言。现年六十六。

王氏，欧阳陞堂妻。年未三十夫故，矢志贞洁，抚子春藻成立。现年七十七。

朱氏，彭怀清妻。年二十九夫故，矢志守节，抚幼子教读完娶。现年七十七，孙、曾绕膝，四代一堂。

范氏，蒋元亨妻。年未三十，夫故守节。遗孤甫一岁，抚养成立。现年六十九。

十都

秦氏，姜鸣鹿妻。年二十四，夫故守节。遗孤甫数月，教之成立，克振家声。现年五十三，入总坊。

姜氏，欧阳会朝妻。年二十九夫故，矢志守节，抚孤成立。夫弟无嗣，氏以次子出抚，教娶皆身任之。现年七十六。

程氏，彭翠森妻。年二十七夫故，子二，家贫守节。井臼躬操，以纺绩所余资子诵读。现年五十三。

谢氏，苏兰项妻，幼字苏。夫有恶疾，议废婚，婚书已退。氏闻而泣曰："许婚时故无恙，今若此，命也，吾岂前后易心乎？"父母见其志坚，仍许婚。于归，生一子夫故。氏年二十余，贫苦坚守。现年五十一，入总坊。

张氏，喻炳蔚妻。年二十余夫故，抚孤守节。现年五十二。

彭氏，李辅益妻。二十四岁夫故，家贫励节，抚孤独元成立。现年八十一，入总坊。

龚氏，孙贤箴妻。笄年归箴，姑黄氏病瞀，孝养无违。氏艰嗣，屡劝夫置侧室。未几夫病，氏侍汤药，旦夕不眠者数月。年未三十，夫故守节，抚侄岱华成立，华又早逝。孙、曾辈出，孙子蕃游庠。现年七十九，入总坊。

易氏，彭学光妻。年二十四，夫故守节，抚孤耀彩成立。以女红供菽水，以簪珥资教读。躬亲园圃、杵臼，夜纺绩尝达旦。现年七十八。

俞氏，刘迅能妻。二十三岁夫故，矢志靡他，训三子俱成立，善持家政。姒氏罗旋寡，同励冰霜，亲同骨肉。现年五十二，入总坊。

欧阳氏，儒士袁金兰妻。金兰好学尝彻晓，氏辄添膏勖之，佐以纺绩。二十六岁夫故，仅一女。氏恸不欲生，翁姑慰之曰："汝如是，增吾恸也！"氏乃挫笄，益励妇道。抚侄高莪为嗣，训课不少衰。现年六十六。

符氏，孙奉祖妻。奉祖多疾，氏委曲侍汤药。二十九岁，夫故守节。遗孤九龄，教读完娶。举二孙，子又早世，次孙亦天。媳姜氏恸几绝，氏劝慰之，抚孤孙恩义兼尽。现年五十九，入总坊。

范氏，彭必照妻。二十九岁，夫故守节。子三，家贫，纺绩以奉翁姑。长子早逝，媳罗氏时年亦二十九，承姑志矢守。氏抚二孙，与媳同艰苦。现年六十四，罗现年四十四。

谢氏，童至极妻。十九岁夫故，仅一女。父怜其早寡，劝令改醮。氏因姑罗氏二十六孀居，愿承欢厥志，抚再从侄德新为嗣。姑病侍汤药，兼旬未解衣。及没，殡葬尽礼。现年五十二，入总坊。

王氏，姜时雨妻。年二十四，夫故守节。事翁姑以孝闻，一门雍睦，家道日隆。抚侄岳为嗣，教养成立。现年六十六。

彭氏，张周瑞继妻。幼读书，明大义，夫病瘵，侍汤药衣不解带。年二十七，夫故守节，事孀姑杨氏惟谨。姑没，家中落，课孤子，恩威并济。前子德钱妻孙氏二十一岁寡，并同艰苦。彭现年五十一，入总坊。

谭氏，吴克振妻。年二十九，夫故守节。遗腹子殇，女四，先后亡。抚侄师训为嗣，教养成立，四代同堂。现年六十九，入总坊。

张氏，罗书发妻，夙娴姆训。年二十七，夫故守节。抚孤成立，足不逾阃，礼法森严。现年五十三，入总坊。

李氏，刘合义妻。年十六于归，甫六月夫故，恸几绝，矢志守节，抚侄奉先为嗣。事舅姑曲尽孝养，非至亲不相见。孙二，每祭祠，携与祀，必祝曰："愿先人俾早成立，以慰夫君于地下。"现年五十二，入总坊。

姜氏，李必绽妻。年十九，夫故守节。女岁余，翁姑命改醮。氏不允，日夜与孀姑同寝处，抚夫兄子为嗣。女夭，舅姑旋没。副姑范氏子必昌尚幼待娶，乃抚堂侄承荫为嗣，生三子，荫又逝。三十余年中，死丧迭遭，倍历辛苦。现年五十八，入总坊。

刘氏，王室明妻。持家勤俭，相夫无违。年二十七夫故，矢志靡他。抚二子，慈严并至。孙、曾繁盛，家道日隆，目见五代。现年六十一。

周氏，张汉宇妻。二十七岁，夫故守节。子一，家极贫，归依母家，以纺绩自给。苦积羡余，迎姑奉养，菽水怡然。姑没，殡葬尽礼。后母病，侍养如姑。氏现年六十二。

刘氏，姜巨川妻。年二十七，夫故守节。抚子成立，现年六十七，眼观四代。入总坊。

喻氏，李六尚继妻。年十九于归，仅七月夫故，誓不欲生，家人力劝乃止。遗腹一女殇，抚胞侄香圃为嗣。后见两孙，香圃又早世，氏益恸，励抚两孙，勤纺绩。现年五十二，入总坊。

廖氏，黄卷中妻。二十五岁，夫故守节。子正星甫四岁，教养成立。舅年老，以媳兼子道。现年六十四。

吴氏，陈朝育妻。二十七岁，夫故守节。寡言笑，慎起居，勤俭兴家。女一、子四，教养婚嫁，皆得其宜。现年六十八。

李氏，孙岱淮妻。二十七岁，夫故守节。子二，孝事翁姑，抚孤成立。次媳李氏亦早寡，能承姑志，同励冰操。李现年六十一，入总坊。

陈氏，罗舒缜妻。年二十八，夫故守节。居贫茹苦，抚子成立。摒挡家政，礼法森严。现年五十九。

符氏，罗书政妻。二十三岁，夫故守节。性沈静、寡言笑，事舅姑维谨。夫病，侍汤药不少懈。夫没，哀毁骨立，抚侄为嗣。现年六十六，入总坊。

邓氏，颜祥麟妻。年十九夫故，矢志守节，抚孤成立。现年五十一。

邓氏，李德昭妻。年二十七夫故，无子守节。舅姑诘其志，氏曰："夫鲜兄弟，愿奉终身。"因劝舅置侧室，生二子。家渐落，与夫弟合售公业，氏摘存己分田半亩，愿身后充作舅姑墓田。现年六十七。

周氏，刘福光妻，举一子。年二十六夫故，恸不欲生。顾念姑老子幼，当任事畜之责，乃矢志守节，孝慈兼尽。现年五十八。

刘氏，高九巑妻。育子女各一。年二十八，夫故守节。含蓼茹荼，抚孤成立。现年五十七。

萧氏，监生高义方妻，性婉顺。年二十一夫故，矢志守节，抚孤明善、明德成立。现年五十一，呈请旌表。

黎氏，隆光琠妻，育子三。年二十七夫故，矢志守节。现年六十二，入总坊。

入坊无传节妇、贞女

周氏，熊绪丰妻。

陶氏，钟大昆妻。

段氏，刘润藜妻。

罗氏，陶世纬妻。

王氏，范守璧妻。

谢氏，陶美成妻。

杭氏，韩士庭妻。

李氏，何汉廷妻。

高氏，方川清妻。

邓氏，周洛湘妻。

邓氏，陈世淳妻。

尹氏，文先珩妻。

范氏，易振铨妻。

王氏，周锡珏妻。

方氏，文德丰妻。

许氏，文守桂妻。

刘氏，舒志纯妻。

袁氏，杨永绎妻。

胡氏，姜二彬妻。

钟氏，陶美镜妻。

尹氏，文守粲妻。

王氏，文先枳妻。

谈氏，钟大复妻。

胡氏，钟大德妻。

蔡氏，黄昌绪妻。

胡氏，钟昌达妻。

高氏，周大焞妻。

卢氏，周大昭妻。

舒氏，周敬孔妻。

彭氏，周大铭妻。

陈氏，周大经妻。

晏氏，宇文绍典妻。

彭氏，周德洽妻。

李氏，雷在廷妻。

侯氏，赵勋隆妻。

黄氏，赵国隆妻。

雷氏，程昭夏妻。

何氏，谭开学妻。

熊氏，程殿元妻。

高氏，程昭启妻。

刘氏，向源溶妻。

许氏，余明海妻。

胡氏，程泽远妻。

周氏，余正气妻。

刘氏，向源瀚妻。

杨氏，萧仕儒妻。

梁氏，李年诰妻。

廖氏，谭俊文妻。

陈氏，高立樛妻。

王氏，范绍谔妻。

胡氏，杨国栋妻。

周氏，胡光增妻。

黄氏，范国观妻。

徐氏，范克承妻。

陈氏，高立鳌妻。

范氏，高立樽妻。

彭氏，李凌旦妻。

段氏，朱　绍妻。

谭氏，吴添成妻。

朱氏，李宜泽妻。

江氏，谭秀禄妻。

胡氏，赵锡隆妻。

徐氏，谢学潢妻。

王氏，谢学仲妻。

张氏，胡炜瑞妻。

钟氏，徐汉桢妻。

王氏，周朝佑妻。

夏氏，程光宇妻。

熊氏，秦名李妻。

周氏，秦文澜妻。

彭氏，洪文景妻。

秦氏，洪基朝妻。

刘氏，秦继崧妻。

文氏，秦世义妻。

文氏，覃开元妻。

任氏，洪运河妻。

秦氏，王人驮妻。

胡氏，黄起炳妻。

黄氏，周洛瑞妻。

袁氏，赖世文妻。

张氏，萧芝兰妻。

汤氏，孔毓英妻。

蔡氏，杨忠义妻。

许氏，洪百煌妻。

刘氏，童可宗妻。

段氏，洪基楚妻。

杨氏，陈之松妻。

杨氏，胡征纪妻。

张氏，童枝扬妻。

张氏，周治江妻。

高氏，洪运珊妻。

杨氏，周世康妻。

杨氏，周采邑妻。

张氏，洪运珪妻。

周氏，张泽潘妻。

贺氏，廖鸿祜妻。

谈氏，张泽礼妻。

汤氏，张泽鸿妻。

孙氏，胡征礼妻。

谭氏，谈昌冀妻。

唐氏，张德鸿妻。

李氏，邹家翊妻。

贺氏，王定渭妻。

喻氏，廖鸿图妻。

张氏，萧扶溢妻。

周氏，曾兴杓妻。

周氏，丁用我妻。

李氏，娄祥镐妻。

曾氏，黎大晋妻。

宋氏，黎大涵妻。

黄氏，黎培祐妻。

黄氏，黎光阁妻。

谢氏，黎祚晋妻。

江氏，刘基宇妻。

刘氏，黎光畛妻。

姜氏，黎大笙妻。

余氏，黎祚演妻。

黎氏，朱际朝妻。

彭氏，谢家绮妻。

罗氏，黎祚峰妻。

汪氏，周洛泰妻。

张氏，周洛惇妻。

傅氏，袁仁惠妻。

文氏，彭相仁妻。

余氏，袁庆瑜妻。

张氏，杨任远妻。

刘氏，汤世焄妻。

袁氏，吴登高妻。

谭氏，李世熙妻。

贺氏，谈世元妻。

钟氏，彭开泰妻。

贺氏，杨嘉林妻。

何氏，欧阳子魁妻。

周氏，徐我武妻。

刘氏，许光璋妻。

喻氏，陈际旦妻。

袁氏，姜桂山妻。

张氏，袁邦爵妻。

苏氏，李隆鉴妻。

梁氏，朱贤纶妻。

黄氏，袁成锦妻。

卢氏，黄清洁妻。

符氏，胡桐轩妻。

刘氏，陶美楠妻。

贺氏，刘廷筠妻。

黎氏，陶美模妻。

谢氏，刘光馥妻。

贺氏，刘荣泗妻。

胡氏，贺懋兰妻。

朱氏，欧阳东晖妻。

贺氏，谢克恒妻。

许氏，罗清攒妻。

邓氏，刘全德妻。

魏氏，贺容源妻。

易氏，贺容樟妻。

杨氏，贺容灼妻。

蒋氏，张锡冬妻。

杨氏，贺嘉珩妻。

张氏，刘基烈继妻。

陈氏，贺懋章妻。

杨氏，喻源巍妻。

万氏，陈宏万妻。

贺氏，项国泮妻。

李氏，何有炳妻。

谢氏，欧阳子履妻。

郭氏，项国源妻。

项氏，杨祖树妻。

张氏，杨世纯妻。

喻氏，张烈思妻。

李氏，罗桂昇妻。

杨氏，王才俊妻。

胡氏，喻敦孝妻。

彭氏，王开第妻。

杨氏，黄河璋妻。

汤氏，成章藻妻。

张氏，卢见贤妻。

黄氏，李良偲妻。

卢氏，朱见龙妻。

谭氏，徐章条妻。

成氏，朱天潢妻。

丁氏，周合万妻。

刘氏，罗盛纶妻。

姜氏，许以真妻。

王氏，黄顺珍妻。

廖氏，傅超贤妻。

周氏，杨光宇妻。

傅氏，陈盛洪妻。

冯氏，丁公洪妻。

刘氏，丁湘皋妻。

赵氏，成坦一妻。

许氏，丁文组妻。

杨氏，龙彦国妻。

钟氏，陶文忠妻。

李氏，丁度良妻。

杨氏，李家闿妻。

李氏，杨业方妻。

刘氏，周大万妻。

江氏，陶章绚妻。

张氏，杨文勋妻。

王氏，刘序矗妻。

罗氏，张锡焕妻。

易氏，刘有济妻。

谭氏，廖章鸿妻。

胡氏，张盛德妻。

廖氏，王名堡妻。

杨氏，王熙修妻。

成氏，钟邦连妻。

洪氏，王瓒修妻。

王氏，钟家镐妻。

刘氏，黄世连妻。

丁氏，汤达五妻。

廖氏，唐启翔妻。

张氏，钟邦银妻。

唐氏，曾荣泰妻。

黄氏，杨亦楷妻。

刘氏，钟锡昌妻。

游氏，周锡龄妻。

夏氏，周锡麟妻。

罗氏，汤与仕妻。

何氏，唐启佑妻。

刘氏，罗启贤妻。

张氏，杨士溥妻。

刘氏，李元绪妻。

朱氏，王　忻妾。

喻氏，何承绳妻。

欧阳氏，廖斗极妻。

杨氏，郑家陶妻。

刘氏，郑家方继妻。

刘氏，张思乐妻。

刘氏，黎祚汰妻。

张氏，何文有妻。

谢氏，阎逢麟继妻。

黄氏，李顺祥妻。

张氏，隆宜中妻。

隆氏，杨共赞妻。

周氏，李庆莲妻。

吴氏，谭光理妻。

蒋氏，李正油妻。

李氏，张权瑞妻。

邓氏，秦邦慈妻。

潘氏，张贤英妻。

黄氏，曾衍身妻。

钟氏，袁必敬妻。

黄氏，杨培贤妻。

唐氏，萧扶世妻。

罗氏，彭玉亭妻。

胡氏，王业广妻。

杨氏，萧大渊妻。

朱氏，黎大毅妻。

欧阳氏，潘传纬妻。

邹氏，黎祚师妻。

喻氏，李秉成妻。

周氏，廖锦绅妻。

张氏，钟昌铁妻。

张氏，黎祚绅妻。

唐氏，廖新明妻。

周氏，丁灿恒妻。

胡氏，黎大徽妻。

章氏，廖辉腾妻。

谢氏，廖锦淙妻。

叶氏，喻柱中妻。

蒋氏。黄绍武妻。

喻氏，黄鹤亭妻。

周氏，喻泽民妻。

张氏，喻忠杰继妻。

曾氏，陶坤培妻。

戴氏，喻国宾妻。

李氏，胡世译妻。

喻氏，周容光妻。

戴氏，喻忠遜妻。

萧氏，李和仪妻。

王氏，刘助铭妻。

喻氏，薛念宗妻。

黄氏，喻定铨妻。

胡氏，刘邦模妻。

周氏，刘名辑妻。

胡氏，王日昇妻。

李氏，戴岳贵妻。

张氏，黎光里妻。

黄氏，张品高妻。

戴氏，贺煌绪妻。

姜氏，喻源玢妻。

傅氏，刘江有妻。

李氏，彭明章妻。

周氏，陈景星妻。

文氏，陈景祥妻。

罗氏，陈文柏妻。

刘氏，李世远妻。

张氏，刘丰沛妻。

喻氏，陈文华妻。

罗氏，刘豫焕妻。

李氏，喻启彰妻。

彭氏，何正刚妻。

闵氏，何有熙妻。

戴氏，文家运妻。

彭氏，何有仪妻。

李氏，何次尼妻。

喻氏，文兴泮妻。

项氏，何文华妻。

邱氏，何永龄妻。

周氏，黄光闾妻。

黄氏，袁十贤妻。

郭氏，罗发益妻。

张氏，何文有妻。

赵氏，邓正璜妻。

姜氏，何光宗妻。

李氏，张志椿继妻。

周氏，易开基妻。

项氏，张启沛妻。

毛氏，孙有祥妻。

蔡氏，许祖柏妻。

罗氏，张志荣妻。

黄氏，朱永达妻。

阙氏，贺章日妻。

周氏，易承基妻。

易氏，周清流妻。

姜氏，谢家政妻。

王氏，赵由常妻。

易氏，闵世泽妻。

姜氏，喻国学妻。

文氏，姜清俊妻。

谢氏，欧阳子一妻。

何氏，姜人焕妻。

刘氏，何文溪妻。

谭氏，姜清儒妻。

姜氏，田洪邻妻。

彭氏，谭正位妻。

姜氏，何贤才妻。

贺氏，万志虎妻。

彭氏，廖承滨妻。

罗氏，黄永年妻。

杨氏，宋宗华妻。

易氏，李祖清妻。

王氏，贺懋汉妻。

孙氏，符之楚妻。

边氏，王湘佐妻。

范氏，苏才佑妻。

贺氏，王定九继妻。

何氏，欧阳岭溪继妻。

胡氏，王湘霖妻。

孙氏，苏大格妻。

周氏，苏莆兰妻。

蔡氏，刘钜涵妻。

高氏，苏成韶妻。

王氏，刘钜潢妻。

崔氏，黄懋琳妻。

周氏，范守诰妻。

吴氏，张德修妻。

彭氏，傅仕翿妻。

袁氏，杨守业妻。

贺氏，谢垂带妻。

潘氏，吴万辂妻。

汪氏，许荣枝妻。

贺氏，崔文怡妻。

朱氏，谢徽典妻。

秦氏，高汉耀妻。

熊氏，陈席丰妻。

高氏，孟诗照妻。

李氏，洪大宙妻。

张氏，刘润淇妻。

张氏，廖新普妻。

李氏，周明远妻。

丁氏，周大渭妻。

梁氏，贺快亭妻。

朱氏，程泽芳妻。

李氏，文先昶妻。

彭氏，程昭定妻。

刘氏，周魁士妻。

谢氏，周粲英妻。

谭氏，钟明煌妻。

廖氏，程致和妻。

胡氏，何汉翀妻。

余氏，罗托宗妻。

程氏，张玉田妻。

胡氏，严允遐妻。

崔氏，成章华妻。

朱氏，刘豫谟妻。

王氏，刘豫贵妻。

胡氏，黄思学妻。

邓氏，徐传星妻。

周氏，唐鼎宏妻。

周氏，范忠礼妻。

袁氏，高礼田妻。

曹氏，程人馨妻。

杨氏，程昭滨妻。

蒋氏，程人录继妻。

潘氏，袁玉相妻。

黄氏，许溥安妻。

胡氏，黄有乾妻。

孔氏，陈辉廷妻。

梁氏，杨先炳妻。

唐氏，邹经世妻。

卢氏，杨焕文妻。

彭氏，赖纬斋妻。

谭氏，郭景明妻。

彭氏，黄芸亭妻。

黄氏，汪章显妻。

王氏，张楚英妻。

黄氏，王愈金妻。

陈氏，谈德樊妻。

张氏，喻伸孝妻。

何氏，黄建昆妻。

陶氏，周宗南妻。

李氏，喻纲孝妻。

李氏，胡承绪妻。

喻氏，李公惠妻。

喻氏，蔡光前妻。

谢氏，胡安柱妻。

吴氏，严昌南妻。

徐氏，蔡经纶妻。

黄氏，何重容妻。

蔡氏，喻胜章妻。

杨氏，周振海妻。

李氏，何常春妻。

胡氏，彭人仕妻。

徐氏，姜敬胜妻。

谢氏，杨碧轩妻。

陈氏，罗书纪妻。

李氏，傅　霖妻。

萧氏，钟笙仪妻。

马氏，陈尊本妻。

龚氏，姜胜彩妻。

刘氏，萧鹤龄妻。

胡氏，成光丙妻。

邓氏，黄明守妻。

姜氏，欧阳江澈妻。

周氏，喻花林妻。

贞女

刘淑贞，刘朝佑女。

喻国硕，喻礼园女。

以上诸名皆已入坊，自应立传。然或因徙居别都，致未能采访事实，故仅照坊册列名。

孝妇

一都

刘氏，程泽绍妻。性纯孝，事祖姑暨孀姑能曲体其意。姑中年病痿痹，床褥间皆待氏为之转侧。氏护视至谨，衣不解带者数十年。姑性严急，妇年五十，犹时予杖，氏受之怡然。或讽暂退，泣曰："吾不善承姑志，使怒加杖，是吾罪也！我家非姑苦节，无以至今日。姑又愈甚，杖而走，是激之怒。怒愈甚病愈，增吾罪愈重矣，奚忍退耶？"事详新化《邓瑶文集》。

陈氏，程泽绍子昭配妻，孝行一如其姑。入门后，代姑侍祖姑刘疾。或逢怒，氏笑而请曰："母弗杖我也。"刘为之改容。时家计日蹙，夫兄昭醇没，其妻弃两代孀姑弗能养。氏佐夫筹甘旨有无，黾勉数十年，极得两老人欢。祖姑临终，叹曰："汝笃孝，宜有子，我死当默佑汝。"后二年，子惠吉生，人咸以为孝报。

五都

谢氏，彭翰才妻，善事翁姑。姑寻逝，翁多病，其夫因贫出外。氏勤侍汤药，每馈粥必待翁饱而后敢食。翁临终嘱家毋忘谢氏之孝，至今邻里称之。

十都

邹氏，易道南妻。年十四于归，贞静淑慎。二十七岁，道南游学关陇，氏纺绩以育三男一女，足不逾阈者十七年。舅病泻痢，日涤裈厕十余次，执箸呕吐，犹昼夜浣濯不假他手。姑尤善病，连年不痊。氏吁天愿以身代尝，祝夫归里，以全孝道。氏夫弟少庵作《节孝吟》。

旧《志》贤媛

蔡氏，邓妻，适邓三载，丁邓氏家难。氏曲体翁姑意，劝夫罄己产六百亩，以全骨肉伯氏之祸。未息，又出奁赀二百余金以纾之，并不责偿。仍将己田二所，一供奉舅姑日膳，一安伯氏之居，而自甘俭约。卒之家道渐复，子孙日炽。

彭氏，王礼华妻。孝慈勤俭，喜亲农家劳苦。姑早逝，翁国林本孝子而兼义夫，每于祖翁及姑忌辰，哀恸倍至，氏必丰洁酒肴，助翁哀奠，以尽志意。夫礼华性刚严，氏委婉将顺，仍多匡辅。处姒娣爱如同胞，邻里贫乏求者无不应。岁凶，尤节家食以为周济。子六人，俱教以义方。长子文清有却暮夜金事，氏喜且责之曰："此汝素行不见信于人所致，否则彼安敢启口。今金虽却，尔后当自愧自励也！"

陈氏，范长湖妻。性淑慎，具才识。夫没时，年三十余，子德树仅四龄，鲜伯叔亲，氏哀毁殡葬，髽而受吊。独持家政，克勤克俭，产业渐饶。戊戌大饥，道殣相望，撤楼板埋之，楼为之空。拯救疾病，亲煮粥饵，不辞早暮，乡邻缓急，多仰赖之。尝分田宅赠其侄，后侄又索多金，不之惜。谓本支无多人，不当重财弃亲也。谓乡隅僻陋，不足令子成名，迁居省垣，遣子肄业岳麓，拜交名师。友每过从，款洽有湛母风。年七十余没，岳麓山长鸿胪卿某尝赞之曰："女中丈夫。"

吴氏，萧绪昂妻。夫遗薄田数亩，氏督子谱宗勤俭，置产千余。凡遇缓急，随意赒恤，疾苦者尤加厚，乡邻遍德之。卒年七十七，谱宗亦以寿终。

刘氏，易维梓妻。性温厚，寡语言。亲操井臼，侍养舅姑无稍懈，姒娌无间言。迨夫故，足不逾阃，事亲益笃。子四，严伸训饬，耕读为先，各安本业，内外不闻嘻嗃。

刘氏，萧谱钟妻。夫早世，勤女红，俭衣食，置产称小康。兼明大义，施予无吝容、无德色。年六十余卒。

张氏，监生周世溪妻。治家勤俭。夫故后，事其姑与祖姑养葬尽礼，育两幼孤仕拔、仕僎成立。广拓田庐，周恤乡邻，毫无吝惜。尝整理祠宇，捐置祭田。卒年七十九。

姚氏，监生刘泰柱妻。泰柱肄业太学，氏综理家政，内外井如。旋夫以疾归卒，氏年三十余，子二，长匡元甫三岁，次匡典才七月。抚孤成立，矢志冰霜。家素多婢仆，另爨外厢，有事询之同居侄，侄转决可否于氏。至戚子弟相见，无不肃恭。其闺阃严整如此。性好施粥饭破衣，活人无算，佃邻子侄辈穷苦者赒恤加厚。年九十，无病而终。其次媳宋氏亦于丰岁减佃租两次，计数百石；独修五福桥，捐祠祭赀，每岁终以银钱衣米予子侄之窭者，族里同称皆姑之遗教也，卒年九十六。

洪氏，谢克衮妻。克勤俭，好施与。邑西回龙桥颓圮，克衮以路系通衢，架以木，后欲易木为石，以垂久远，未果而卒。氏乃携子家宇费千余金以成夫志。

李氏，监生胡本杠妻。秉性贞静，善相夫子，生子二。夫没后，操持家政，秩然有条。凡里中善举，靡不竭力襄助。今其子光禄、光寿敦友爱，睦乡邻，克俭克勤，皆氏之教也。

贺氏，邓廷忠妻。勤能佐读，俭以兴家，生子淑、美、能三人。翁早世，敬事老姑，不遗夫内顾。迨夫没，耕读教子，悉如夫在日。遇翁姑及夫生忌，肃陈酒馔，必洁必丰。长子淑由廪生中嘉庆己卯科乡试，亲友称贺。氏曰："幸无负先夫教子之勤，恨不及先夫见耳！"年七十有三，孙、曾绕膝，尚不辍纺绩云。卒年九十六。

季氏，李文楚妻。夫故时，子尚幼稚。勤俭持家，耕读训子。族党中贫困者，视力所能，莫不饮助无吝色，亦无德容。己卯春，独修建梅湖坝石桥，行人利焉。迄今孙、曾绕膝，雍睦一堂。年六十八卒。

周氏，丁公滨妻。勤俭持家，性好赒恤。晚年善病，家置药物綦备。里中有贫病来丐药者，辄应之，虽数数不少吝。每际风雪交作，晨遣僮仆出探，归报某茆檐无炊烟起，急命裹米遗之，以苏其困。生子三，长光国，次相国，三早殇。光国卒，无嗣，令相国以次子用康嗣光。预为日后分产计，妥立章程，迨析箸日，晏如也。其善教子孙如此。

卢氏，崔国器妻。年三十八夫故，生子六，长十八岁，幼甫三月。家贫，藉纺绩供衣食，并分资送子读，早作夜思，矢勤矢俭。客与子聚晤，相与谈经史文章必勉，具鸡黍款焉。或稍涉嬉戏，客去必痛责其子。故其子非读即耕，无敢稍逸。长子秩中经魁，幼子程亦早食饩。年近八十，尚纺绩不辍。

艺文志

艺文之有志也，自班固始。古称六经，曰六艺。元稹《乐府题解序》谓诗之流有赋、颂、铭、赞等名，陆机《文赋》统谓之文，歌谣、词曲又诗之余也。郡邑志乘，采取过多，易设芜杂。夫《离骚》始于楚，后六籍而名经传注明，于宋辟百家而轶子倡风雅之宗，阐圣贤之旨若是者，名世之文，纯儒之文，不徒以词章相尚也。兹编所录，必其有关世道，有资掌故，足以裨益政教。其他著作，已刊行者载书目及撰人名氏，其但称某书待梓者概弗录，以纪实也。志艺文。

艺文一　文赋

宋

进阶朝散大夫正治上卿礼部尚书易祓诰

制曰：永惟先帝之时，旁求哲人，以裕股肱代理之事。咨尔谏议大夫、礼部尚书兼翰林院学士易祓，学冠群英，器周百辟。遄登高甲，育颜牧于禁中；会集良臣，贮韩魏于盛世。任之于藩垣辽邈之区，而下人宜其政令；召之于基构重新之际，而先帝鉴其忠诚。及此良图，弥加委任。锡宁乡崇德报功之赏，以光卿之旧邦；陟虞廷伯夷祀典之隆，以赞朕之新化。今特进阶朝散大夫、正治上卿，用旌表劳勋。于戏！朕惟天是敬，尔其秉夙夜匪懈之忱；朕惟民是仁，尔其布阳和化生之德。岂惟职称，当克眷增。钦哉！

封宁乡开国男易祓诰

制曰：臣子之职，固在纳忠。而辅朕幼冲，尤为切纪。尔礼部尚书易祓，历仕三朝，有功先帝；托孤七月，著绩当时。定两广而解忿息争，人民宁一；平安南而遵王奉朔，内外敉宁。诚国尔忘家、公尔忘私之臣也，宜加男爵，以慰勤劳。钦哉！

谕祭开国男易祓文

谕祭开国男、赐紫金鱼袋、前礼部尚书易祓大臣尊灵之前而言曰："噫嘻！祓臣之生，生受侯封，忠勤不泯。祓臣之薨，薨为谕葬，节义犹新。明明上品，万载留名。金阙之下，左阁忠臣。九重之内，第及皇亲。至德至仁，功满朝廷。朝官石马，敕护坟茔。一祖万考，自睹嗣孙。香祝万寿，谨附科名。屏山耸秀兮万古春，金榜悬挂兮东西二京。九重加九锡，上品登上仙。灵其有知，服我荣宠。"

识山楼记

易祓

尝观坡翁庐山诗曰："横看成岭侧成峰，远近看山了不同。不识此山真面目，只缘身在此山中。"盖以此山中之人，终日耕桑樵牧为生，于是所见益狭，所处益隘，岂识山之所以为山。予于山外求之，左江右湖，诸峰耸然，千岩万壑，层见叠出。虽未周历遍观，而庐山高致已了然于胸次。此坡翁识山之意也。

仆于嘉定己卯岁自湘城归沩浦，复寻三径之旧，正在沩山之外。作楼于所居之南，其下为读书堂，旁一舍环列于其间，设花槛与楼相对。仆老矣，日游息于是。沩山在望，紫翠交错，若拱若揖，相为酬酢。山间以四时代谢，烟云变化，朝暮万状，不越指顾之顷，洞察秋毫之微。兹果山所特识者欤？系以诗曰："山外如何便识山，白云出岫鸟知还。更看面目知端的，却在先生几杖间。"若质老泉，当为领颔一笑，遂摘坡翁诗句以为一匾。

《庆源集》序

易祓

族谱之书，沿而成学，厥俶六朝，盛于唐，纷纭淆乱于五季，卒以我宋欧、苏两公正之。披隋《经籍志》，在天下郡国族谱，吉安八，袁州七，各属类是。我家大业初迁江西，犹未盛，宜不在其数也。至唐中晚间，科第始多，自鼎臣公以会昌五年魁天下，一时父子祖孙，踵巍科、累高秩，居然江右巨族。雄州刺史赟手著一本，固仍唐之学，而又当纷纭错乱之秋者也。按唐一部十二编，类于始祖以来皆有嫡系。一或阙略，遂以为无据，期于有据，非牵依附会成之不可，淆乱之弊又何怪焉，抑何独唐？

余尝评史，观商周世系，玄鸟之卵，阅十四世而王；大人之迹，阅十五世而王。相去四百、六百年，而世数之多寡如是，其间人寿短长且不能无疑。今幸生明备之世，曾披籍直省。既以罪放，得蒙不死。久兀斋居，丹铅之暇，检兹家乘，如自易水受封锡姓后，徙太原，徙金陵，徙长沙、浏阳，至徙江西太和，散居吉安、袁州、洪州，复徙长沙宁乡等属，若恺、若雄、若仁福、若万年、若重、若亮以降，其时其地，约略可稽。必如刺史赟作某地几世，某世几人，生娶死厝，一一无疑，六朝以前，此书既不出，世周至南唐，千有余岁，何从指了而眉列也？故敢妄加删订，存信决疑，集曰《庆源》，其不可知，不敢牵附。其袁洪一派为沩之宗，自欢邦、述达后，或崇儒重道，或力田世业，长年父老，犹目击五六代人事。况庙主所传，书契所载，尤堪取信，特分派他属，不遽悉知，不敢妄入，庶几欧阳、苏氏两家之美意良法欤？苏以此书之作，使子孙知所自来足矣。欧阳亦谓远者不可知，法当自近而亲者叙之，无非欲人昭实纪信，不失祖宗之真命脉、真精神，斯有以启后昆于靡涯耳。天性难欺，人伦攸重，我罪我知，固所不计。

易山斋《周易总义》序

陈章

《易》以总义名者，总卦爻之义而为之说也。昔者圣人作《易》，得于仰观俯察者，八卦之画而已。后有圣人者作，重之以爻，系之以辞，贯天理于人事之中，而后知有显必有微，有体必有用，惟能识义理之总会，然后卦爻之指归可得而明也。

山斋易公先生，蚤岁读《易》，讲明是理久矣。常举大纲以示学者曰："大易者，元气之管辖也。圣人者，大易之权衡也。"先生之学，其梗概见于乾坤。盖一阴一阳之谓道，乾则自元而至于贞，坤则自贞而反于元，此天道所以流行而不息。先生于二卦首发二理，然则濂溪周子所谓"元亨诚之通，利贞诚之复"者，先生固已默会之矣。元亨利贞至理，无妄于是乎始，万善于是乎出，天下之事于是乎标准易之六十四卦，皆物也。先生侍经筵日，尝以是经进讲。燕居之暇，复取是而研究之。阅二十余年，优柔餍饫，涣然冰释。于是略训诂而明大义，合诸家之异而归之于一，每卦各列爻义，总为一说，标于卦首，欲其伦类贯通，而学者有所考明焉。既又为《举隅》四卷，衷象与数，为之图说，盖与此书可以参考云。

祭张南轩先生文
朱子

呜呼！敬夫遽弃予而死也耶。我昔求道，未获其友。蔽莫予开，吝莫予剖。盖自从公，而观乎大业之规模，察彼群言之纷纠，于是相与以究之，而又相厉以死守也。丙戌之冬，风雪南山，解袂楮州，今十五年。公试畿辅，我翔禁省。公牧于南，我趋岩岭。显晦殊途，心莫与同。书疏悃恻，鬼神可通。公尹江陵，我官庐岳。驿骑相望，音问愈数。去腊之穷，有来自西，告我公疾，手书在携。我观于时，神理或僭。是疾虽微，已足深念。亟遣问信，阅月而归。即亟发书，叹叱欷歔。时同曾子，实同我忧。挥涕请行，谊不忍留。曾行未几，公讣果至。熊侯适来，相向反袂。

呜呼！敬夫竟弃予而死也耶。惟公家传忠孝，道造精微。外为军民之所仰望，内为学者之所依归。治民以宽，事君以敬。正大光明，表里辉映。自我观之，非惟十驾之弗及，盖未必终日言而可尽也。矧闻公丧，痛彻心膂。缄词寄哀，不遑他语。顾闻公之临绝，手遗疏以纳忠，召宾佐而与诀，委符节以告终，盖所谓得正而毙者，又凛乎有史鱼之风。此尤足以为吾道而增气，抑又可以上悟于宸聪。又闻公于此时，属其弟以语予，用斯文以为寄，意恳恳而无余。顾何德以堪之，然敢不竭其庸愚，并矢词以为报，尚精爽其鉴兹。

重祭张南轩先生文
朱子

呜呼！自孔孟之云远，圣学绝而莫继；得周翁与程子道，乃抗而不坠。然微言之绝响，今未及乎百岁。士各私其所闻，已不胜其乖异。嗟！惟我之与兄，叩志同而心契。或面传而未穷，又书传而不置。盖有我之所是而兄以为非，亦有兄之所然而我之所议。又有始所共乡而终悟其偏，亦有蚤所同哜而晚得其味。盖缤纷罔及者几十余年，末乃同归而一致。由是上而天道之微，下而圣言之秘，近则进修之方，远则行藏之义，以兄之明，固已洞照而无遗。若我之愚，亦幸窃窥其一二。然兄乔木之故家，而我草茅之贱士。兄高明而宏博，我狷狭而迂滞。顾我尝谓兄宜以是而行之当时，兄亦谓我盍以是而传之来裔。盖虽隐显之或殊，实则交须而共济。不惟相知之甚审，抑亦自靖而无愧。

呜呼！孰谓乃使兄终在外以违其心，予亦见縻于斯而所愿终不遂也。正使得间以就其书，是亦任左肱而失右臂也。伤哉！吾道之穷，予复何心于此世也。惟修身补过，以毕余年，庶有以见于下地也。闻兄之葬而不得临，独南望长号以寄此酹也。惟兄怜而鉴之，尚阴有以辅予之志也。

元

龙坑记
周极

坑以龙名，志美也。龙以坑宅，则潜龙之义属焉。夫窅然而深者，谓之龙；潭邃然而幽者，谓之龙穴；洞然而开者，谓之龙门。兹曷为乎以坑名？或曰是固窅然而且邃然，邃然而又洞然者也，无以名之，强名曰坑。或曰出于田者为见龙，奋于渊者为跃龙，升于天者为飞龙。唯龙之独恶夫亢也，则必反乎地以为潜。象形会意，于坑字体允合焉。

予之弃官也久矣，而其来于宁也，则在今天子岁之庚戌。宁，楚邑也。楚，吾先濂溪公所居也，因欲宅以家焉。越数年，乃得所谓龙坑者，襟山带河，葱郁苍古，盖不减庐山之麓，而濯缨之溪矣。顾而乐之，遂筑室于其上，于以优游偃仰焉。

按此坑上下皆溪环，有山绕其上。数十里许，有塘名万岁，盖其源也。流之所届，直放星沙而汇洞庭。呜呼！可不谓远而长者哉。中有甘泉，潴蓄清澈，绿若玻璃，土人常续绠探之，深可数十丈。旁有小山，山之下，水之涯，石门洞开。相传开元中有海上僧浴此而入焉，竟日乃出，谓其中广里余，有石人焉。及巉崖峭石，大小洞几所。清泉之下，有石横列数丈许，直接两岸，四时皆有水声，声以时异。当桃花浪涨，冲突纵横，有巨雷声；若夫长夏久炎，水从沟泄，有击鼓声；新秋雨过，静夜横舟，有瀑布声；隆寒冻合，爱日初曛，有鸣珂声。此其大凡也。

予尝携酒载茗而听之，真有涤除万虑，净洗尘污之想。其境之宜人，有如此者。抑尝叹夫龙之为德，可潜可见而不可亢者也。昔诸葛之处而未出也，居曰龙冈。予之出而终处也，居曰龙坑。事不同而地同，地不同而致同也。予行以此世其家，而绍濂溪之风矣。倘后之子孙有若龙焉者，为潜为见，吾又乌从定之哉。

明

谕祭李兴邦母文

维洪武二十九年，岁次丙子十月壬辰朔。越四日乙未，皇帝遣礼部主事刘某谕，祭于佥都御史李兴邦故母淑人马氏曰：

人才之贤，本其所自。尔子符梦，卜佐都藩，迨底成绩。兹于尔没也，特敕有司归葬以荣之，且赐以祭，庶几有知来服于几。

旌封孝子陕西西安知府刘端诰

诏曰：昔者圣王之治天下也，必先敦孝弟之谊，以风励天下。朕今为万邦之君，诞膺天命，顾士人有一行之可取，每深嘉崇奖；王臣有一绩之勤劳，每重增显秩，矧于孝行节义之大者乎。今知县郑惟楠具奏湖广潭州宁乡有授陕西西安知府刘端者，始任广东潮州，时父丧匍归，结庐墓侧，泣血饮水，足不至庭室者三年。朕甚嘉之，理合旌表，晋阶为中宪大夫。著荣名于邦国，膺盛典于朝廷。服兹宠命，启佑后人。

谕祭袁经文

维正德八年，岁次癸酉十一月乙丑朔。越初九日癸酉，皇帝遣湖广等处承宣布政使司、右参议夏从寿，谕祭于都察院右佥御史袁经。

惟尔性资敏达，才品老成。发迹贤科，擢居风纪。累官外臬，谳狱详明。留佐内台，巡抚东徽。岁时未阅，声绩已彰。移镇两邮，益隆委任。胡为一疾，遽尔云终。爰念往劳，良深悼惜。特赐以祭，用慰幽冥。灵爽如存，尚其歆服。

谕工部侍郎兼都察院右佥都御史周堪赓督修河工敕

敕曰：兹因汴河决徙，所关陵运甚重，修筑万不可迟。特命尔星夜前去督修，兼管河南、山东、凤淮、徐州等处河工事务，先颁发御前银十万两以应急需，余该部察算拨发。尔须亲历河干，往来督率。原设管河洪闸官及各该三司、军卫有司、掌印管河等官，将徙决处所，着实用心经理，堵塞冲决，挑浚淤浅，帮筑堤岸，闸坝务要坚整深厚。定限十六年二月以内竣工，合用人夫，照常于河道项下附近军卫衙门调取应用，一面设法召募前项大小官员。敢不服调度，怠玩误事，及权豪势要侵占阻截，并违例盗决河防的，应拿问者径自拿问，应参奏者指名参奏。其余开载未尽紧要事宜，悉听尔便宜处置。有应总河、总漕及河南、山东、南直按商酌者，从长计议，妥当而行。重大奏请，定夺事竣，将修筑过河道、人夫、钱粮，备细造册，画图详明缴。尔为重臣，受兹委托，须殚心竭虑，输忠效劳。如能筑浚有法，刻期早完，仍膺懋赏。倘延縻误事，责有所归，尔其钦承，无待故谕。

重修张魏公父子祠堂记

大学士杨廷和蜀人

宋丞相魏国张公浚，在中兴号为贤相。初折张邦昌之议，平苗刘之乱，其风声气节，已耸动天下。既秉枢轴，毅然以恢复自任，势欲攘夷狄、诛僭乱，以清中原。表著天心，扶持人纪，引擢贤俊，因才授任。远人伺其用舍为进退，天下觇其出处为安危。忠君体国之诚，真与诸葛孔明相望于千百载上下。虽困于谗忌，屡起屡踬，功未克就，而志不少衰。其子右文殿修撰栻，颖悟夙成，魏公教之，一以仁义忠孝之实。又受业胡五峰之门，其为学惓惓于理欲之分、义利之辨。朱子推之以为大本，卓然先有所见，已非其匹，学者称为南轩先生。尝参赞魏公督府，诸所综画，幕中人皆以为不及。魏公寝疾，持手书谕南轩兄弟曰："吾不能恢复中原，以雪祖宗之耻，死不当归葬先人墓左，葬我衡山下足矣。"乃葬之宁乡沩山之南。后南轩卒，亦祔葬焉。至是盖三百余年矣。坟墓所在，鞠为榛莽，土人父兄亦鲜有知之者。

凤阳胡侯明善，以明进士令宁乡。居一年，政通人和。访而得之，怃然叹曰："令甲有之，凡忠臣烈士有功德于国家及惠爱在民，事迹昭著者，列于祀典，其祠墓禁人毁撤。若魏公所建立，载在信史，昭如日月，正应令甲所著。而南轩之学，师表百世，从祀孔庙，达之天下。今其祠墓在一邑者，顾芜秽不治，非我有司之责而谁也。"于是亟取赀赎之，余建专祠各四楹，其右则南轩书院。又买田四十亩，以备时享之用。门庑秩秩，缭以周垣。俎豆再陈，衣冠动色。会衡山刘侍御黻，持节按蜀，过家见而悦之。既之蜀，以告予，谓："予魏公乡后学也。"属为文刻于神道之右，且檄下广汉，访其遗裔。

予惟贤人君子之用于天下，不患无才，而患学术之不足；不患无学，而患所学之不正。尝观魏公之所以告其君矣，曰："人主之学，以心为主。一心合天，何事不济。"又曰："所谓天下之公理而已，必兢业自持，使清明在躬，则赏罚举措无有不当，人心自归，敌仇自服。"其本原皆自圣贤学问中来，非汉唐以下诸子规规于功利之末者比。至南轩每进对，必自盟于心，其言曰："此心之发，即天之所存，愿时加省察，而稽古亲贤以自辅。"是即魏公之说也，有宋一代名臣，若范仲淹之于纯仁，韩琦之于忠彦，吕夷简之于公著，前启后承。其诗书之泽，事功之盛，皆足以名当时而传后世。乃若学术议论，视魏公之于南轩，或有间也。尚论者于魏公容有责备之意，而其大处终不可泯。予是以表而出之，观者幸勿以予为齐人侍御君，思贤尚友，而乐成人之美。县侯为政而急于先务，皆可书也。故为之记。

重修儒学记

宗伯学士曾朝节临武

宁泮宫之成也，盖在沈侯为邑之六年。侯为政大率廉慈敦大，不欲轻用其民。民之浸洽其中者，亦既恬养休息，穆然安堵矣。学宫之役繫惟以风教所关，侯以为善建者不拔，暂劳者永逸。况兹形势所具，又非必疲极人力，乃有可为也。

山自大沩而来，蜿蜒百余里，结嶂攒峰，首昂玉几，矫矫如翔鸾欲振。其下则九流趣入宫墙，池环新月，波顷悠悠，其风景盖天构。然第岁久壅敝，兼以民居参错，四道交冲。侯乃翦莽疏淤，垣其涂而力禁之，令山川之气翕然复完。于是进棂星门数武，制如立戟，八面环拱。门以内庙制无所更，而一坛一宇，一榱一桷，悉犁然毖饬。其于启圣、名宦、乡贤，则撤故鼎新，广可数楹，楹可数丈。盖侯六年课士，薪樵靡倦，此即其衡文处也。循堂而出，则迁司训宅于仪门之内，而泮即绕门而下，派衍源头，而复以石堤，砥防其溃，莲波激激，即翠嶂层台，化工色相，靡不沉影其中，虽鲁沂不过是焉。泮之东则像文星，位阁之上。阁下为化龙桥，桥畔有门，启闭有栅，谓一方关键，实先于此。桥以西泮堤如带，垂杨如绣，贯穿逶迤，直抵其泮所自出之区。故杨堤之杪，桥横水面，亭曰观澜。跨亭而上，则瑰巘临流，桂丛散馥，匾为仙岭，实时所新辟之人境也。其间清虚无垠，用以祠文昌、土地两神，而南轩乔梓翼之，鬻田置守，祀缘新起，品缘租给，而一切炉瓶爵豆且得与孔庙诸祠并从增设。侯之崇往开来，制盖井然备于斯矣。

是役也，以孟春八日视事，而夏乃告成。钱刀材甓，悉侯自为斟俸。朝营夕督，若为灵气所鼓，而侯亦不知其所自为者。邑士胡生宗臣、杨生登选、吴生道行、杨生文华辈，自贺其黉序之有遭也，乃恳余言，以为之记。

余以为侯之兴学，宁独为山川跨胜，山川待人而开，亦因人而重。故邹鲁彬彬文学，非真泰峄使然，重其有孔孟为之先也。尔多士振衿胶序，则凤岭玉屏之胜会，已孕育其中。倘以此崒然莹然，与夫苍然蓊郁者，博收其趣，而发抒其性，言动出处，一惟孔孟是程，而不以此赘旒漏卮者贻山川恶，则宁之化为邹鲁也，尔多士实使重之矣。如其裂检窳行，矜鬈帨而实诡于道，是已有狐白之裘而反衣之，其何以协地灵而仰承甘棠遗庇乎？即煌煌胶序，奚谓焉？余不敏，敬记其始末，以俟来者。

侯名震龙，号霖海，世家滇之临安郡。其治行屡经荐扬，别著父老德政碑与生祠共垂不朽。兹不具论。

胡侯鼎建县治记
检讨易舒诰攸县

胡侯治宁乡之逾年，政化大行，百废皆举。于是睹县治之倾圮湫隘，又厅廨东南向而门则北出，欲改而新之。适巡按何公、分守丁公、分巡杨公同按其地，遂以白三公。乃往临视之，见其颓废，相其地宜，慨然曰："守故者愚，通变者知。是役也，殆不可以已也。"随请于巡抚张公清戎、巡按马公，皆从之。于是尽撤其旧，改而北向。为正厅六楹，高二丈六尺，广倍之。左为典史厅，右为仪从库，六房则分列于其旁。左偏为佐贰首领宅，其前竖之门曰寅恭；右偏为吏人退舍，其前竖之门曰吏掾总门。而预备仓狱圈，又复于其后祀土地祠，清军厅则并峙于六房之末。前为仪门，又前为鼓楼，又前为抚绥坊，带以阴阳、医学及申明、挂榜诸亭，后为礼宾堂。门堂中直，而斋沐、稽文二楼夹于左右，又后为正衙，又折而左为玉山书院。通计为楹凡二百十有奇，墙垣凡一千九百余丈，规模宏壮矣。经始于嘉靖癸未三月，逾七月而告成焉。宁士大夫属予记其事。

生员杨思震、刘耘至攸，予诘之曰："侯治宁可纪者止于是乎？"曰："自侯之来也，请谒不行，杂宾退矣；奸邪不近，弄法者远矣；剖折疑狱，邑无冤民矣；禁民迟婚，内无怨女矣。折户田，徭役均矣；敦节俭，里甲之费省矣。朔望进诸生讲明经义，课生童习诵，重养士也；刊孝经，选社师，所以培养士之基也。修南轩墓，置祭田，使人崇正学也；杖僧还俗，禁革淫祀，所以正风俗人心也。故邻邑之民咸来质成，异省都台亦来奖劝。侯惠政在民，吾讷不能悉举。"予曰："若子之言，皆侯治宁之大者。何释此不录，而独于县署为？"曰："县署，侯听政之所也。后之人知是署为侯之建，则知思侯之政，殆召伯甘棠之意也。"余曰："《传》云其称名也小，而取类也大，是之谓也。"乃为之记。侯名明善，霍邱人。

鼎修宁乡县学宫记
巡按颜欲章安福

国家全盛之气，必三才聚而后升，故兴学育士，道用乎此。而惟古帝王能以精神行之，三代以后鲜有窥其微者。然考其制，莫详于《周官》，迄今诵镐京辟雍，浸假而歌，子衿则聚散之，故亦略可睹已。长沙于星为轸十六度，吞吐湘漓、洞庭之间，岳麓一峰与九疑、衡山相向背，迄西百里为宁乡，山川人物，自为一区。宋易彦祥释褐之里，张南轩、胡五峰读书论道处也。

宁邑旧有学，然创自明兴以来，亦仅数颓数举，渐致湮漫，经三百年，未有能鼎新者。甲子冬，文江周君来宰是邦，甫受事，即期以兴学育士，奉扬天子作人之化，锐意图新，皇皇与多士更始。乙丑冬，尽撤文庙之旧，鸠工庀材，首建大成殿，引东西庑如翼，棂星、戟门焕然并新，左右琢为栏垣周之。两岁之间，次第告竣。金碧轩厂，悉如典制，甚盛举也。

博士弟子与夫荐绅先生，谓当伐石志不朽，乃以风纪之责，乞言于予。夫学固为聚多士设也，日星河岳之灵，每于文章相升降者，三才之气，惟性命学问足以配之。故汉唐诸代，学无专祀，而经术吏治，特往往视其所宗以为胜负耳。我朝神圣挺出，手辟三才，大学之外，仿《周官》小学，诏郡县皆特庙崇祀，孔子称师而不以爵，真度越千古也。因思三代之学，必先有祀。国朝称师，断自孔子者，惟孔子之精神能摄帝王而行之也，而我祖宗列圣之精神亦于是乎在。今观风宁士，磊砢英多，人文蒸动，适当新天子全盛之时，长令廉敏多才，深于经术，往游南皋先生门，以阳明之学为本领，多士亦出南轩、五峰后，以相与朝夕。倘能反求孔孟与我鼻息相接之处，必卓乎有用于世也。孔子曰：通天地人之谓儒。《诗》曰："济济多士，秉文之德。对越在天，骏奔走在庙。"学者身在宫墙，景行仰止，此岂独一俎豆周旋，修故事之地而已哉。虽然仲尼以六经教人，作忠于孝；《周官》以六德课吏，才备于廉。学亦有正眼，仕亦有正眼也。吾愿与官师子弟共勖之。

是役也，始于乙丑，竣于丁卯。一木一石之费，皆令君捐俸与夫荐绅士人之所乐助，未尝请公帑一钱。令君讳瑞豹，字石虬，江西吉水人。起家壬戌进士，其治宁真楚之循良也。同官襄事及士民有勋于庙者几人，其并勒诸碑阴，以示后世云。

胡侯遗爱碑记
大学士张治茶陵

嘉靖壬午，霍邱胡公择，以进士令宁乡。既越去之十年，黎子民皥复令焉。黎子曰：鱼则依水，鸟则依木。民之附贰，将视于令。令真则附，否则违之。吾何以称是哉。考其旧政之贤者，从而师之，其庶乎于是。稽诸载籍，见好德录焉。好德者，宁民思胡子而好之者也。曰：懿哉！其善之聚乎。乃徐征其实。于公署见其翼然而固可荫以止也，则征诸易太史、杨宪使之记，吾由是观制焉；于学校见其秩然而贲，可咏以游也，则征诸张子禧壬山之篇，吾由是观礼焉；于士见其文而腴、质而理也，则征诸进士周子采之戒，吾由是观教焉；于先哲见其祠墓之严，祀事之时也，则征诸杨少师、魏公之述，吾由是观敬焉；于民见其畏如严父，慕如慈母也，则征诸十伟之谣，吾由是观诚焉；于赋见其均也，于役见其平也，于仓廪见其充而实也，于权量见其明征无求丰也，则征诸杨柱史时上之什，吾由是观虑焉；于途见其涉弗病行而若归，则征诸刘侍御道林之咏，吾由是观惠焉；于残暴见其远也，于淫祀见其毁也，于异端见其辟而廓也，则征诸民习之变，吾由是观义焉。夫制慎斯永矣，礼立斯动矣，教行斯从矣，敬专斯共矣，诚一斯衷矣，虑精斯允矣，政惠斯通矣，义明斯终矣。是数者，政之纪而吏之程也。其为师也，孰有大于此乎？吾闻古君子之忠，旧令尹之政，必以告新令尹。然政有时而息，告有时而穷也。以布之金石焉，其为告也，不亦远乎？乃谋之子策，子策复谋之治。治曰：君子之为政也，尽其心焉。尔矣匪求誉乎后人，而后之人必怀而不忘者，天理之弗容已也。召之棠莱之竹，岂驱之使然哉。于戏！胡子使后人复爱后人也，虽然黎子之举忠矣。

昭勋碑记

宁乡大沩山，高六十里，广袤百四十里，山谷险峻，草木蓊蔚。嘉靖初，土寇梅四保据之作逆，因征抚焉。

廖道南

今上御极，十有五祀，显忠遂良，铲嚣祛魑，丕昭神武，覃彰隆勋。时楚宁乡寇戎孽作，大中丞东鲁翟公瓒，驰疏以闻。上命若曰："恣尔抚臣，式兹南土。顽民干纪，肆罹厥咎。尔其总若师往靖，毋玩寇，毋黩武，毋恣匪彝，毋虐不辜，惟大猷是经，尔惟钦哉。"中丞受命，再拜稽首。以告诸平蛮将军，新宁谭伯纶对曰："折冲死绥，将帅职也，敢不惟命是只。"以告诸巡按，御史慈溪沈君一定对曰："纠奸肃度，御史职也，敢不惟命是祗。"以告诸布政使，易侯瓒、按察使张侯钺对曰："督饷裕用，扬威贞纪，方伯宪长职也，敢不惟命是祗。"佥议既谐，中丞叹曰："嗟乎！有苗昏迷不恭，厥责在予，予其敢弗绥。"乃谓参议刘恩、佥事张素曰："汝咸事兹土，其往抚毋后。"自四月己丑，越五月壬戌，载谕弗听。中丞又叹曰："嗟乎！敕乃甲胄，锻乃戈矛。厥在汝众，其敢弗躬。予不汝宥。"乃又谓参议恩、佥事素曰："汝弗赞命，予不敢私。"其往督知府李日章等，征之毋纵。自五月癸亥，越六月甲申，载征弗靖。中丞又叹曰："嗟乎！庸蜀羌髳，微卢彭濮。以彝攻彝，振古如兹。矧若土兵，世秉忠顺。匪籍兹武，曷其能戡。"乃七月乙卯，宣慰使彭宗舜以兵从中丞，乃谓副使崔桐、佥事王瀹曰："汝其禁戢，勿违若令。"于时，都司潘玙暨佥事素，率厥有众。宗舜次于龙山，宗舜之族九龄次于龙田。越六日己未，九龄追至于烟竹冈，斩首百级，俘者倍之。癸亥，宗舜又追至于衡阳之三冈，斩首数百级，俘者又倍之。辛巳，宁乡平，中丞乃曰："嗟乎！歼厥渠魁，胁从弗治。凡兹有众，其勿孥戮。"乃谓佥事周在曰："纪厥功次，汝其勿让。"是役也，获丑则三百八十有奇，献馘则三百一十有奇，俘获则四百有奇。中丞乃又曰："臣罔以宠利居成功，予小子其敢贪天之功？"乃又驰疏以闻，天子嘉之，乃崇厥秩以宠异之。大将军则增岁禄，御史而下，颁赏有差。乃谓参政刘侯曰："汝其走使内史氏以纪厥实，勒诸贞石，以垂久永。"于是内史氏系之词。

重修白鸡观碑
周策

《封禅书》曰："仙人好楼居。"楼则观望远观其眆是乎？曰三清殿，又其首也。抑亦其别名。吾邑玉几山势嶒峥，擅一邑之胜。其阳有观曰白鸡，创自元至正间，元末兵燹无存矣。国朝振纲饬纪，张官置治，下至寺观刹宇，亦必使有统领，将以约之声明文物之中，使知有君臣父子之道。是故县有道会司，而白鸡观得仍为鼎建，则洪武壬戌道士李舜铭也。岁久又圮，义民刘楚仁重新之，是为成化乙巳冬腊月。今致仕节判京以生，好事者谓为福报。嘉靖辛卯遭回禄，将鞠为蔬圃，节判乃捐白金若干复新之。其为间五，高五丈有奇，广称是。由基而座而两廒砖甃之，楣以上咸斗拱，楹以上则布板以辟尘。既又范金列三像，大各四围，高十有一尺，皆南向，盖所谓玉山太清也。抟土肖像，高六尺有奇，东西相向为数十有六，盖所谓南、北二斗星君也。又有两旁对峙，所谓玉女真人也。后楹之北塑真武，前列侍从，捧印仗剑。斗君而下，饰皆五彩。今焚香有鼎，献花有瓶，皆砻石为之警昏。晓有鼓钟，鼓大四围，钟可容二十斛。适有募修玉皇者，节判复捐铜八百斤。工始于丙申冬，越五年，庚子乃竣。

乡里罔不喷然称快曰："节判其能施矣乎。"明昭幽贶,将介眉寿多男子,食报如尊人。乙巳年故事,乃以记属余。

嵇山子曰:"率性之谓道,其义不明,道流出焉,顾其说以无为为事也。"广成子云:"至道之精,窈窈冥冥。至道之极,昏昏默默。无视无听,抱神以静。形将自立,必静必清。无劳尔形,无摇尔精,乃可长生。"李少君曰:溟海之枣大如瓜,钟山之李大如瓶。某尝食之,遂生奇光。其境虚,其事幻。慨自仲尼没而微言绝,七十子之徒散而大义乖。道、释分途竟出,言人人殊。若夫祸福人之说,则诬而又诬矣。节判自朱岩退居山谷,继先人以施,固其志也。予尝慨县东长沙道一里许曰汤矮子湖,又去而六里许曰斑竹,又去而七里许曰白杨崖,霆雨为巨浸,各数仞,无坚桥,人马倾跌者不复可起。予窃悯之而力未逮,乃语节判,无难色,果而则真能施矣。其利泽不尤溥乎?节判字朝定,以入粟为吏,世居佘家洲。

徐侯生祠碑记
尚书李腾芳湘潭

百粤之水,至长沙而大;五岭之山,至长沙始平。浔、皖、申、邓绾其前,黔、益、滇、广接其后,四方轮蹄至者,朝夕不绝。又土瘠赋重,俗窳民讦,列邑长吏临此者,往往不乐而去。其不去者多不得迁,其不迁者或以讁免焉。每岁进士选于吏部皆莫肯就,偶一就之辄以调。行利之不易,图奸之不易。摘者尽以诿之,不能调去之科贡,而其人见夫去之者,益以居者为不可为也。不贤者既感于卫人嫁子之说,贤者亦将有孟子绝膑之惧。上下相蒙,彼此相苟,宿毒日长,新功日隳,循名蔑闻,民俗大坏,盖从来久矣。

有问于予曰:"长沙之地,不善如斯乎?"予应之曰:"蜀,古蛮徼也。文翁教之,学者比于齐鲁。翁之长与,抑地之长与?吾闻古君子任不选土,逊不避难,廉不近名,察不伤物,所居民富,所去见思。于戏!使得若人以为宰,设诚致行,而治可拱手俟矣。而以谓若人未易数觏也,吏部姑择才以官之,以进士为之锋,以调乞者勿听,尽心于此者既无数徙伤功之患，不尽心于此者且委之而安适，则亦蔑不奋矣。"徐侯以进士来宰宁乡。宁，长沙列邑之一也。与侯同选于列邑，长者莫不以调去，而侯独否。枨楄破岸，绝械夷径，沈居以思，悉究利病。于是爬之、搔之、嚅之、煦之，有不若者针之、砭之。居一年而政新，二年而流，三年而浃，五年而槁者苏，烦者醒，粳稻丰足，人无逋逃。予从京师归，侯以地官曹郎，迁而将去。宁之父老陶某等为屋以祠侯，肖侯生像其中，伐石刻政示来者，而索予言以记。

予惟侯治宁乡，百姓以丰，尸而祀之，所谓民富见思者也。侯至诚恻怛，不为皦皦之行，所谓廉不近名、察不伤物者也。与侯同为邑者皆调，而侯独否，所谓任不选土、逊不避难者也。其卓然有宁乡之治，固宜观宁乡而列邑可知已，名长沙难者然耶？予深嘉侯之贤，又喜予言有征，故不辞而为之记。夫国家庸贤之典，凡以邑长高第入者，必列居台谏，而侯以曹郎迁何如？或曰吏部之过也，或曰侯欲之先是。予闻吏部喜言路既开，谏垣尚虚，每从邑宰中日夜差其俸之深与人之尤者列最格，以待华选。侯名首格中，今兹之迁，繄侯之欲可知也。然则侯之意微且远矣。

沩山古锦袱记

李腾芳

此唐大中天子以供大圆禅师之物，而丞相裴公节度荆南时手献以铺坐者也。更五代、宋、元，我朝干戈改革之际，失之于民间，凡数百年矣。近寺僧某见而购得之，出以示余，而惧其不克常保有此也，乞一言以守。余命工人制白绫一幅为之副，而因盥手稽首，题数语于其上曰：

呜呼！此一缣耳，祖师不有以付之于其山，其山不有以失之于其民，其民不能有以还之于其寺之僧，岂其物之力有如是之神者乎？诸佛呵护，不可诬也。然则非佛之有而谁敢有也，苟不以归之于佛而欲有之者，前此其民或欲裂以为裳，或欲纫以为衾，欲张以为幔，而皆为之不祥，后之人又谁敢有之也。然则僧亦何忧。

时崇祯己巳秋书也。

六大弊疏
周堪赓

题为蛇豕猖狂，神人共愤，处卧薪尝胆之时，图拨乱反正之策，谨沥血上陈，仰惟乾断事。

流贼之患，起于饥荒。彼时歼厥渠魁，赈衄余党，直一长吏事耳。顾守令膜不关心，大吏视为癣疥。一坏于陈奇瑜，再坏于熊文灿，养痈十五年，而爝火之细竟至燎原，今潼关之衅尚忍言哉？臣所日夜愤懑于胸者，大弊有六。倘此时犹不痛革，则患不独在陵寝，不独在藩王，而在社稷矣。臣执役奋铤，嫌越位以妄言。但知不言，终凄切而不忍，敢昧死言之。

窃闻克敌之道，在将相和衷。相得其人，则将亦必得其人。阃内阃外，联为一体，何坚不破。自用兵以来，如洪承畴、卢象昇、汪乔年辈，皆亲提桴鼓，树勋戎马之场。奈何秉国成者异同报复，各存私见。虽有国士，谁不解体。尝考唐世睢阳之围，许远位本张巡上。远自以材不及巡，授之柄而处其下。若杨国忠数激禄山之反，而幸其言之中。君子、小人之用心，何相反哉。臣愿内外大僚，痛改积弊，化去畛域，效许远之与张巡，彼此齐心，合力效顺，除残庶有转祸为功之日。

科道风闻言事固也，迩来台省言兵事者，章疏日数十上，第悬算与临事殊异。如曹文诏前后血战杀贼，功居第一，而反以骄倨被劾；如曹变蛟猛如虎等，捐躯为国，赏不酬劳。此功名之士所为拊膺太息也。臣愚以为，军旅重寄，惟当局者担其利害。所谓将在外，君命有所不受。若廷议纷纷，求全责备，在识力未定者必因人以自馁，即忠勇素著者亦避忌而灰心。臣愿言官痛改积弊，则是非公、纲纪正，庶无毁誉杂糅、贤奸混淆之弊。

宦者典兵，自鱼朝恩始，而唐世卒以不振。如癸酉十月，诸将已扼贼于河北矣，乃监军杨朝进偏代为乞怜，致毛家寨之径渡，谁之咎耶？皇上以外臣不可信，而委以内监。然外臣倚内监为奥援而先怀二心，内监以外臣为口实而巧避文法。从前侵克兵饷，临阵先逃，皆内监导之也。臣愿中官痛改积弊，则邪窦塞、士气伸，而无跋首疐尾之患。

将不能用兵，国不能驭将，此大患也。今则法不足以摄武弁而恣其剥削，令不足以行军士而养其凶顽，威不足以服枭雄而任其跋扈。从古戡乱之法，必大示挫衄以褫其魄，因不忍滥杀然后从而抚之，而乱乃定，未有立意主抚者。此盖庸夫巧于调停，以自文其怯懦。堕军实而长寇雠，罪难擢发。臣愿将帅痛改积弊，以后申明号令。凡朘虐军士、逗留恇怯及鼠首两端者，俱按军法从事。俾将能效忠，兵自乐战，毋以招抚，再堕贼计。

至于积弱之势，由于赏罚不明。臣访诸自贼中来者，其立法或以一人逃出，即杀其管队一人，退缩即处以极刑，获一壮丁即予以良马美妻，故人皆尽力死斗。奈何官军漫无纪律，以致望风瓦解，遇贼披靡。自抚按至郡守皆大吏也，乃贿赂公行，废弛成习。振作者反訾为纷更，阘茸者咸称为安静。上下相蒙，牢不可破。甚至赐剑大臣不能使一县令，师出无功。职此之故，更闻庸劣有司寇来则避，寇去复旋，言之呜咽。臣愿大小臣工，痛改积弊。惟大吏励精图治，庶百僚奉法急公，而有震动恪恭之气。

唐臣陆贽有言曰："民者邦之本，财者民之心。其心伤则其本伤，其本伤则枝榦凋瘁，而根柢亦拔矣。"自万历矿税遍天下，下已竭泽而渔矣。崇祯四年，有按亩增赋之议，新旧所增六百八十余万有奇。十一年，又增剿饷二百三十三万五千有奇。海内之财止有此数，蒙皇上有暂累吾民一年之恩旨，非不念切如伤，闻者感泣。讵水旱频仍，抚按以赈济不可屡求，军需不可匿诎，故灾伤之报无闻，催科之严如故。且贪婪州县，乘机渔利，猾胥蠹役，夤缘作奸，全不以民命为念。皇上端居九重，无由得见，使目击其状，未有不痛恨流涕者。今则丁壮死于疮痍，老弱困于箕敛。凡此蜂屯蚁附之贼，皆穷民也；凡此敲骨刳髓之民，皆贼兵也。夫以怨民斗怨民，谁与同心？以赤子攻赤子，谁肯效死？臣愿自抚按至牧令，痛改积弊，一洗贪污，庶大法小廉，然后可收既去之人心，培国家之命脉。

臣闻天人感召之几，捷如影响。人事修于下，则天道应于上。诚能急祛此六大弊，则人知悔罪，天亦悔祸，将见和气致祥，灾祲自少，而荡平可期。此如疗病，然先除客感，然后可扶正气，未有客感不除而正气能扶者。总赖皇上宏天地之度，昭日月之明，进忠良，远奸佞，慎喜怒，宽赋役。夫殷忧启圣，多难兴邦，在一念转移间耳。臣谓疆事决裂至此，皆抚之一字误之。潼关既破，秦都百二河山资以予寇。窃恐三晋亦不能保，大有唇亡齿寒之惧。臣辗转思维，救急之策，目今河北宜置重镇，简宿将如刘肇基、金国凤者领之，令分兵屯田，且耕且战，为持久计，以壮畿辅声援。宣云两镇，乃精兵健马，所聚三关，绵长九百八十余里。此金汤之险也，应速遣才望如史可法、张国维、张肯堂者，俾以三关重寄，练兵措饷，固根本以为后图。舍此不务，而欲急已溃之中原，失可扼之险隘，臣不忍言也。臣数月以来，恸哭呕血，徬徨莫知所措。疏稿既缮，秘不敢以示人。伏乞皇上哀臣之愚，俯赐密察。如有可采，出自声灵之震濯，皆由庙算之渊深，非臣一介书生所能窥测。万一者语无忌讳，藁干冒天威，不胜席稿待罪之至。

大沩五峰禅师语录序
周堪赓

大沩圣迹，中叶稍衰。山深草幽，钟簴久废。大圆迎五峰入山，继往开来，表章宗范，而光大前休。虽住锡未久，而言动法则著于乌龙问答者，笔不胜书。侍者约略其概，编次成帙，行之于世久矣。

慧山和尚顾慈恒上人曰："五峰沩师也，其言则沩书也，岂其行于世而弗传于沩耶？集其遗编，新以剞劂，使天下后世，因其言而见其人，不亦可乎？"书成，遣侍者诣余，属余为序。余三复其言，词简而义深，语隐而意跃，随境寓言，因人引掖，直欲唤醒群梦，透出本来，殆与密云同一鼻息乎？非密云也，何其似密云也，诚密云之派乎？侍者曰："然。"后之学者，开卷展读，趺坐深思，心目之间，当自勃勃振动，豁然神开，旷然悟远，何异亲见其人而躬承白棒哉。然则是书也，盖千万人之密印，而千百世之宗旨也可传也。书传而人传，人传而沩之宗风，其不朽矣。慧公之意远矣乎！

荣木堂集序

少司马郭都贤益阳

旧史：陶密庵诗文名海内垂四十年，仙仙乎如出水芙蓉，如临风玉树，是昔所传《褐玉堂》《寄云楼》诸刻也。晚岁息影沩山，称忍头陀。伯子五徵编次先后稿，合订为《荣木堂集》。刻成，委序予。予曰：

陶公以诗文传乎，惟陶公之诗文乃传耳。予与公生同里，长同学，出处患难，同时同志，今两人冉冉老矣。回忆公方十龄落齿，文诗铮铮。总卯中出应有司试，督学徐亮生先生惊喜得异才，拔冠湖南数郡，旋以里选入成均。会上幸太学，群英咸集，廷臣交章，请复高皇积分法。大司成顾公九畴，少司成倪琼圃、陈明卿年兄前后承旨，试六馆之士，并奏公文压卷。天子首披其牍，诏除五品官不拜，乞留学待对公车。其时年不满三十，诗文词翰名动长安，有"楚陶三绝"之誉。制诰大篇，多为词林藉手，则公诗文之传，备在科名前，岂待今日。今日所传者，雾章数语，华于中允之郁轮袍也；阴房两载，荣于供奉之扶醉上殿也。以此传之天下后世，可以不朽矣。

若夫沉酣六籍，振笔千言，湔洗性灵，字字鲜洁，此公胎骨中带来。而且怀古抗今，足迹半天下，所至烟云满囊，格律（六）[亦]经数变。方宁淡寡营，思大用所学于当世。亡何，兵燹频仍，狐兔充斥，姑仗策以规江左，垂涕而受拾遗。于是，哀时命，吊战场，尚有不尽于诗若文者。晚复以凌霜啮雪之肝肠，赴笯凤弋鸿之罗罻。西台之发自晞，湘水之魂复返。人世坎坷抑郁，到此无处开口，乌知皆公之诗文登峰造极时也。集中骚赋登昭明之楼，乐府夺西涯之垒。至于歌行近体，空色妙香，有澹宕若秋云之舒卷者，有激楚若惊鸿之历乱者，有读未终篇而感慨嘻吁泪随语堕者，有一字一叫绝为之大笑发狂者，真毫发无遗憾矣。古文杂记，遇物赋形，以史迁之章法，写坡老之纵横，所谓浩然听笔之所之。平生极乐之事，无逾此者。

今年跻六帙，一切放下，惟翰墨淋漓。户外之履，鹤鸣子和，将兆于大小沩山。公之人可以不俟诗文传，而诗文之可传者又如此。予于老友，不能无妒焉矣。

义济桥碑记

举人何辅

义济桥者，吾小阮允琢之所建也。落成之日，县大夫孟侯适过焉，曰："徒杠舆梁，此王者之济人也。然等是济人，成之有司为仁政，成之乡士夫为义举。"因大书"义济"字为额以旌之，而桥遂以名。

桥在黄材市之西南十步许，江水出优钵泉。泉自悬岩峭壁而下，急湍逶迤二十里，会双流，入于江。又五六里至黄材市，势颇平，中边多乱石如累卵，风清月皓，石与波相触，硁硁有声，水盈缩不可定。桃花新涨浸市垣者尝三板焉，人往往望洋而阻。或且冒一时之险，以至死而不吊，市民设舟以济。未几，舟废。寻又架木为梁，及岸倾木朽，患又如故。吾允琢素慷慨好施，又居江之北仅三里许，用恻然者久之。出千缗为之，度地鸠工，伐石磊两岸江水，阔八十步，十步为一石墩，上施梯栈。又为长亭以屋之，覆以陶瓦，雨雪风霜不可蚀。桥之左购廛地三间，作大士堂，豢僧悟空者守焉。自是乘船之马，吹笛之牛，肩舆之縢，担簦之跷，行歌互答，络绎桥上。虽奔涛恶浪，如履康庄。允琢之心苦矣，而其功亦巨矣。是役也，攻木之工六，攻石之工四，攻漆之工二三。经始天顺六年之春，越明年冬乃竣。因碑以记之。

巡按刘公熙祚殉难本末记

布衣余鸣玲

察院刘公熙祚，武进人。由进士第，于明壬午间奉命巡按湖广。是时群盗蜂起，闯贼李自成分兵掠荆襄、汉阳，诸藩不能御，奔屯岳州。癸未五月，逆贼张献忠由黄州渡破武昌。诸藩惧逼，奔长沙。时公适巡按至长，与诸藩遇。八月，献贼复上攻长，公极力保护诸藩走永州。诸将入粤，强公偕往。公辞曰："御史，楚官。去永州一步，便非我死所。"诸藩去永。九月，贼复攻衡，公救衡不济。贼获公喜甚，诱之降不屈，遂囚之。贼又攻永，分兵攻武冈不下。侦知左良玉追兵将至，贼惧，遂回军，由衡而下，焚掠一空。十月初五，抵湘潭。初六日，群贼驻师潭邑。贼所置伪令冯某为民祈生，率潭民百方媚贼。贼大喜，不戮一人。初七日，离湘潭界至龙舍桥。初，宁乡之人，无一逢贼者，贼下令屠民。初八日，驻四都宗师庙，时公因于军中，尚未死。讹传宁薮泽多义兵，将谋夺刘巡按。贼怒，絷公于马，鞭而拽之，身死无完肤，大掠宁民，屠戮无算。公临死时，慷慨欷歔，作绝命辞于庙壁。有传其辞者曰："人生五十不为夭，满腹文章今日了。一世功名从此休，妻儿子女何曾晓。"辞颇鄙俚，恐传诵者不免讹误。公死，有僧窃识其骨，候贼退，为瘗于路旁。公子自武进来收其遗骨，寄公神主于通安关外松竹庵中。宏光元年，事闻，赠公太仆寺卿，谥忠毅，立祠于郡西路边井屈贾祠对门，与李公同祀云。

赋

汤泉赋

陶汝鼐

汤泉，水之变性也。寰中称温泉者十数处，而古今最骊山之池，以其芳清，又迩宫阙，承恩赐幸，宠艳斯极，然亦其所生之幸也。其次则歙之黄山、滇之安宁，并称朱砂泉、黄山松云。名胜超然玄圃，非高人隽游不得（致）[至]，可以无憾。安宁则滇之鄙邑，近代杨升庵太史迁谪其间，始著于书。然则此三泉者，骊山廊庙也，黄山仙隐也，安宁幽谷也。生幽谷中，后骊泉二千余年，赖文人以传，亦遇矣。彼沔渫而瀹草莽者，何限乎？或谓温泉不甚沸，而无硫黄气，故别之以朱砂，其余不得拟也。予曰：然。汤泉沸激，瀹物蠲疴，功德被幽，独先寒贱。此何异士君子负烈正之行，而严气善事溉于乡里者哉！

予家深山之内，去溪江二里许，有汤泉焉。出于江干，石为之釜，焊不可手。上有方塘，则熬波清澜，可盥、可掬、可垂钓、可引灌。我田东坡，所谓"饮食沐浴俱在"矣。盛宏之《荆州记》曰："新阳县惠泽中有温泉，冬日未至数里，遥望白云浮蒸如烟，（玉）[上]下采映，状若绮疏。又有车轮双辕形，昔传玉女乘车投于此泉。今人时见女子姿仪光丽，倏忽往来。"正此处耶？

惜邑志不考，姑传流俗，曰浣纱夫人，旧有庙。予居其里数年矣，被泉之赐，不得如安宁之遇升庵乎？于是感而为之赋，赋曰：

夫何衡泌之勺波，兼水火之令德。匪鉴此以涓涓，畴湘之而溲溲。同为山下之蒙，迥别溪中之色。观其觱沸乎古今，得无怨天壤之见。抑异哉此泉！相对叹息。吾闻玄彝导坎，渊益清冷；百川灌河，流皆寒碧。今乃易冰为炎，改澜为炽，五行之变，于斯为极矣。

然亦尝思之，岂无海潜阴焰，野汇焦渊，岱舆之喷石烂，宛渠之础波然。莽煌沾衣而愈烈，金泥拂水以如煎。白玉为樊，乃得然丘之国；黄金薄底，方浮沸海之船。至使汉苑缣缃标，奇火浣秦台。沙树最佟烘烟，广异闻于域外，觊一靓于神仙。爰有褒禅神井，咫尺西都；华清宝辂，翠辇金吾。沉香熟水，天帝所娱。又有新安海海，烁玉翻珠；云霞逸客，冰雪藐姑；浴不待赐，酣卧蓬壶。并擅朱砂之誉，分专清艳之殊。乃若匡泉汤，若汉水沸，如莱波澜乌，灵谷游鱼。访火井于临邛，志易泉于天余。事或近而有征，史尝缺而不书。得无沧桑之换世，而空识于虞初也。

眷兹惠泽，近我柴门。山江之氾，汤出云根。蒸鹜岭燠，狮仑迷鱼濑罨；鸡园流卑，潴高蓄清泄浑。如煎如熬，不崩不骞。类曹家之豆釜，比管氏之盐盆。春浪滚则桃花别色，冬霜皑而柴燎同燔。允辞冰霰，偏沃禾荪。亦有赤鳞潜而吹泳，朱鸟过而消魂。炎液暄波，匪因人之热；捐痾荡秽，欲绝俗而奔。然而投闲率野，润庇孤村。无绮栏与玉砌，足石户之陶尊。将以沤麻，将以浣纱。时逢采葛之女，聊供抱布之娃。岭上之白云常暖，池中之明月偏华。是以天姬翠盖，神女云车，歘然下凤，冉冉如霞。每蹁跹而至止，倏香雾以周遮；疑玉皇之赐浴，列云母兮障花。庶几幽光，承乎玄览，游眺绝于侠斜矣。

云何胥涛欲绝，娲墓曾沉。望失江皋之珮，虚存捣练之砧。然而烟霞吐其直气，风雨助其枯音。虽山川之陈迹，终万古以常焄。是谓至变者不变，而谁能测其阳阴。于是池上主人缨足并濯，洗耳而吟，薇可瀹兮，泉可以斟，有温泉而无寒火，悟天地长存于水心。

哀湖南赋

　　杜少陵曰:"湖南清绝地,万古一长嗟。"今昔之感深矣,然未有予所遭之荼也。长沙山寇,始自戊寅。时与观察高公,婴城借箸,闉外庐舍,火十日殆尽。属邑伏莽者四起,兵燹相接。癸未夏,百日不雨,原野如焚。逆献攻城,破武昌,憯毒万状。湖湘以上,潭城十万户与左右邑,皆烬于官军。虽勋督诸公,重茧荆棘,抚降数万,与孑遗错处,生无聊矣。予被征监幕,极虑匡陈,时势阽危,渺无所补。偶咨略沅抚,冲雪入衡,湘南七百里,如行绝漠。武、攸二镇,跋扈山间,所见惟兜鍪甲骑掠野之尘尔。怆恻心魂,爰作斯赋。

　　夫玉衡列轸,鹑火流炎。星成古郡,岳尽名川。阅古今之云物,忾代谢于风烟。地要而英雄数据,时危则战守相牵。

　　尔乃黄陵罗口,穆骏昭渊;君山轩灶,九嶷舜阡。其间千里,黛霭波连。周秦多万乘之巡幸,汉魏争鼎足之喉咽。晋经略以连帅,唐节度之中权。是以梁篡则举郡勤王,炎衰则三湘讨卓。叹潭州之焚壁,宋祚全墟;奏湖南之凯师,明兴正朔。盖忠义有余,而兵火频数。若古存亡,系兹一角。治则十万人家,乱则百千戎幄;安则南北饱腾,危则江岭肤剥。游其地者尽金银,生其乡者守磝埆。徒清慧而能文,皆军旅之未学。

　　尔乃承平,久生齿渎。征黔兵,转蜀木。金粟死生,奸伪雕朴。楚重困,而潭实半楚之租;潭已荒,而楚犹恃潭之谷。渐野诎而市充,若火焦而水沃。神尧徂落,天造崩骞,饷增辽鄙,赋竭封藩,俗靡鸩毒,网密鱼翻。迨二十载,秦寇在门,江黄窜乱,襄郧征屯,胥弁骄蹇,守令烦冤。举沿湘之州邑,倍数郡之輲辕。罟祥鸢而奖鸷,纵腐鼠以吓鹓。于是靛寇倒牛,彍冲回雁。掠郊邑之帑藏,攻严城以梯栈。毁郭千家,焚林四岸。士女骤见佁离,将吏初矜焦烂。募从军之荡子,建开府之新旌。台榭撤而楼橹,章服易乎箭袍。棘上弄兵,有如儿戏;尊前讲武,遂谓英豪。目屡棘而兽斗,尾尽赤而鱼劳。火云枯河兮见底,荧惑入楚兮生毫。一旦竹房脱距,鄂渚燎毛,长驱贼队,直上湘皋。帝子宵迁,抚臣潜别。路将款渔阳之鏊,司理洒常山之血。遂令峨鹰者慷慨于死绥,赋鹦者悲歌以截舌。蜂初垒而称王,猴沐冠而就列。牦槊贯婴,驹槽剖姜。郎伐冢于宛邱,尉摸金于王穴。缝掖拟长平之坑,踏腕比京观之坯。于是三藩宝玉,赍入盗囊;百队嫔阉,杂随逆节。龟龙委而厕盈,牛马驱而厩绝。所过辄风霾,已去犹冰雪。薄江粤之黄氛,走沅湘而赤蔑。骁骑三日五日尘,鸾镜千家万家觖。询宗党而老妪吞声,指原野而游魂呜咽。从来乐土,非古战场。既贼梳而兵篦,每贼去而兵飏。

爰有逍遥左次,窜伏夜郎。接磷纵火,张帜恢疆。燔百城之阛阓,烈三月于咸阳。水觇鱼墨,飙疾蛇行;炮烙大索,人流膏肪。倒印更资之狙狯,孑遗误尽于壶浆。荆棘瓦砾,阴阴荒荒。孝秀咸辜于迫胁,逋逃再莅而诔张。时闻市虎,来缚群羊。或人鬼相遭于路,则人弱而鬼强。悲夫!湖湘士女,半成赤渭之魂;江表戎行,再蹾黄巢之乱。妖射日而南还,马渡江而北篡。一望中原,凄然肠断。

尔乃攀辕太守,挥泪重来;浮汉中丞,孤光再旦。陈涛斜之万骨方招,文庐陵之孤军复扞。剃草故宫,止菱荒馆。无李、郭而徒伤二京,宁耿、邓而思兴中汉。始读诏以云哀,见似人而即喜。铁骑叛而初归,泽鸿散而还止。抚赤眉、铜马之雄,官琐尾流离之子。已而幕府群开,玺书频使,一路五台,两郡三抚。穷鸟入兮如云,饥鹰附兮如蚁。鬼姜鬼马兮人间,雨血雨毛兮路里。降者佩将军之印,陷者乞聊城之矢。吴越遥指为春陵,岭表已推为边鄙。盖羁縻者二十余万,而供亿者仅数百里。

予时规观,驾言倾否。马周之论事殷忧,孔璋之军书填委。弓刀戴乎晨星,帏幄张于湘水。孤城鼓角,空壮熊罴;四面胡笳,犹存壁垒。吊伤痍痛疮痏,辞鹤俸以穷年,冀毛头之少徙。亡何三山成旅,竟托崆峒;桂岭旌旗,新传黄纸。师日老而地日蹙,饷日贫而兵日宄。聊盐铸以析毫,坐狰狞而享髓。

斯时也,沙中偶语已频闻,宋室孤臣惟欠死。爰循湘江,望岳巇,岸花履虎,岳路逢魖。忍渴求浆而不得,深村听骑而先啼。王谢空堂,咸谆马溲;朱张遗院,仅长凫茨。古称避乱之地,今为走险之资。山厌深而林厌密,兵处奥而民处篱。云山何横,燕子何傲,遂使野绝田蚕之事,疆归貔貐之私。玄佐诡流佛汗，孙皓剥人面皮。飞扬跋扈，诘则诡词。

噫嘻！伤哉。夫何三秦之祸，独注于楚；三楚之难，独结于斯。或俘中郎之才女，或夭伯道之佳儿。亦有潘岳阖门，文章顿尽；少陵垂老，骨肉皆离。血影渍砖空不化，黑风吹海杳难知。匪桓灵而有其季，后屈贾而过其悲。岂黔首之稔恶，亦苍旻之阙慈。吾将谒岳灵兮往诉，效庾信以长噫。倘神鼎之载振，系江潭之一丝。或真人之有待，姑汉贼以相持。皮不存而毛安附，宝已尽而箧何为。谅皇天其怛恻，尚答问于湘累。不然，狂夫之言告来者，镜机乎安攘而深思。

国朝

侯子亭关圣祠钟铭
陶之典

维兹古侯亭，厥初表首望。急雨炎燠时，行者息其上。岁久荡为墟，出入皆惆怅。圭峰陀头来，发愿募重创。井里乐善家，捐赀首为倡。感彼三农人，各各输瓶盎。工兴应愿成，俄临巍栋壮。乘舆负来休，征途一开畅。饮渴或饲饥，僧慈且无量。因之集赢余，建祠东南向。奉祝寿亭侯，一方仰保障。范钟悬寺前，声闻彻高旷。居人与行人，昏旦自警防。省发正路中，普照心日亮。副兹侯亭名，康衢永蒙贶。

鼎建明伦堂记
袁廓宇

潭郡之西，首邑曰宁。万里日边，繇是而远。其地山川清淑，人士肤敏，古所称被胡文定春秋之学者也。国朝定鼎，翦潭荆棘，师之所处，宁亦瘅人，菁莪废而为子衿久矣。前年，燕都蒋君，奉命作宰，恺悌廉平，敏于庶绩，修举废坠，而挈纲领。初下车，谒孔子庙，诸生揖而升。考钟鼓之堂，则兔葵燕麦间敷座露下尔。君忾然顾博士弟子曰："是岂非学文定之士所与尊经论道者乎？忝为长吏，敢不图之。"阅数月，建县治成。明年，复捐赀建明伦堂，诸生庇其宇，辍末而助者千指。堂成，请予为记。

夫古之为政者，先养而后教，先德而后刑。三代以下，汉师其意以为吏，宋师其意以为儒，故汉吏治最盛，宋经术独醇。人治之大，纲常而已。夫五典克从，喻若饮食，芍药之酥具而后御之，人人能也。后世乃以忠孝为奇节，由不明故不行耳。倘使因马队为讲肆，责虎贲而授经，则汉、宋之隆，尚未可复，何况三代哉？

蒋君世家国士，才性都雅，能以经术饬吏治，宜于兴学育行惓惓焉。窃讶大师在潭，哀鸿甫集，簿书羽檄方填委于庭，而君能轻裘缓带，措意于此，虽古良牧无让矣。昔安定教湖洲业成，天子以其法诏海内郡县行之，事迈前古。考其时，实滕、胡两公相继为郡置学宫，增弟子员，尊礼瑗为之师。虽桃李不言，而为国树人之心，已及于天下。今蒋君抚我子遗，独先诸县为学，宁之士亦蒸蒸辈起，作其朝气，奋彼思皇，则登其堂，考其钟鼓，欲不敢勉于纲常之事不可得也。倘多士用宁之学以升于朝，国家用宁之术以惠于天下，举八元，敷五教，由此其选也。然蒋君治行循卓，不久当召，则不佞幸为宁之政，观厥成于宁之学。观厥始也，始事必有视焉。今朝廷求循良与求贤良并亟，一旦举春秋之学，如平津江都者，宁士必悉抒所怀，以副天子问，俾人与堂俱声施无穷。勖哉！

是役也，鸠工于丙申八月，及十二月竣。为堂三楹，库厨二房翼之，高广视昔，钟鼓具焉。又以名宦、乡贤二祠在宫墙外，非制。采诸典论，将移建戟门左右，且晚续明伦堂成。凡公所为，皆当不朽也。

公讳应泰，号汇征，都门人。同时襄事则教谕杨另辟、训导张清如，得并书。

复修县治记

刘肇国

于戏！兴废之际，其难哉。匪谋与断，则功不臻，匪才与诚，则事不立，何也？道穷于因而不得不创为之也。今天下百度维新，虽卿士子男长其地者，皆得各子其民。独湖南以上，当黔、粤之冲，三户鲜人，百雉不垒。有司芰舍而治，若蘧庐然。倘废而不举，则陨越职事。

欲一切矫为之，子遗頳尾如怨讟，何以。

予闻蒋侯之治宁也，异哉。盖一岁之间，而功已臻，事已立矣，他不具论。宁固长沙最冲地，负山贯溪，古无隍堑。兵燹之所，虔刘最毒者。市无肆，里无社，官无廨宇。长吏至，辄傲民间，舍依灌莽而治之无定处。藩垣不必设，筦籥不必谨，介马阑入于寝门，市虎潜窥于门下者久矣。经略洪公抚荒残而念之，以吾蒋君贤，辍参军之曹，擢为令。君单骑受事，戒勿入民居，至即宿部使者院。时苦旸，有甘雨随车来。侯日一放衙，进父老子弟，求民之莫，而天性乐易，涤除烦苛，内严外和，不威而肃，宁人始信朝廷有休养百姓之意。越一月而市有肆，再月而里有社矣。一旦毅然剃公堂之草，凭玉几山而览之曰："形胜哉，吾当复其旧观，奈何与部使者争传舍也。"即日与父老子弟议，佥曰可。如是古甓隆栋，贡可因之材；耆旧子衿，助将作之役。轮奂若宿，斫斤成风。不数月间，而公堂寝阁各六楹，川堂二楹，仪门四楹，门左循旧址为土地祠四楹，以次为丽谯、笔库、庖湢、刍秣之厩，皆落成。盖潭潭乎宁之旧观，侯之新猷矣。

夫信而后劳，惧其未信；屡省乃成，惧其弗成。古人爱民敬事之心，虽处升平，犹难创始。蒋侯乃得此于荒残之宁无怨讟焉？惟其令者不竟不绿，则应者不疑不畏。仁贤感孚之效，固若此哉！然尝考嘉靖初年，霍邱胡公徙宁治北向，功多奇创。旋以卓异，召为御史。今百余年，公起而继之，所处非胡公时，且未尝请公帑及谪罚民一钱，则前召后杜之绩，掩映异代矣。予不敏，与蒋公有一日知，故乐道其事。

是役也，工始于顺治乙未八月廿六日，以十一月竣。侯讳应泰，号汇征，都门人。由选举教谕杨另辟，训导张清如、喻震生，典史徐思恒克襄厥美，绅士某某克襄厥成，得并书于石。

运甓轩诗集序
王之醇昆山

畴昔醇挟制举业，谒吾师娄东官署，尊酒细论大端，文示雅洁为的，已而及诗。师曰："诗犹文也，弗雅弗洁，斯靡靡郑声。然非根诸性情，深之阅历，俟其兴会，纵刻楮镂冰，未必有当于风人之指尔。"时醇心识，未能测其所以然，且皇皇讲求制举艺，不暇更进而请益也。

非独醇不暇，吾师方以清华侍从，出膺民社剧繁之寄，案牍簿书，励精鞅掌，遑屑屑治旧业，与文人学士夸奇角韵也哉。然而，政清事理，游刃余才，晏坐焚香，吟咏不废。每一诗出，吴中士大夫争相传诵。故集中銮坡诸什，既颉颃燕许。而江左二十年来，或山川临眺，自写襟灵；或时物迁移，纪同史录；或援古镜今，因物寓意，使人低徊感触，得之言外。则韦盛山元道州之流风，于今未坠。醇迹寝食其内，乃窃窥引商切羽、敲金戛玉之中，复湔尘涤俗，绝去浮艳，归于醇古。始悟曩时口讲指画，所云"雅洁"二字，即吾师平生诗文得力处。而温柔敦厚，性情具焉；沉郁感慷，阅历备焉。适兴会偶值，遂不知何以浩浩落落，任翰所挥，不烦绳削自合也。此三言固至言而岂易测哉！

顾吾师廿年吏治，绝无意诗名。尝脱稿即散掷，不自爱惜。今且以循卓蒙简在，将去吾乡矣，吾江南北诸从游虑函丈之日远而无所咨询，爰是编次古近体若干首，亟请授梓，以为后进者之风雅模范，俾醇并述前此所提命，非独幸挂名其上，附于门下士之列为荣也。

豫章小草序
阮兆麒临川

毅斋先生官吾西江九载，所历汝水、信阳多异政，性高旷，萧然如韦布。公事之暇，手一编不置，喜哦咏，辑年来近作为一帙，题曰《豫章小草》，出示及门士。兆麒息心读之，再拜濡笔，而引其端曰：

诗自汉魏六朝、三唐宋元，风气升降，迭为变更，无论已。明代王李、钟、谭之徒，分立门户，入主出奴，纷纭聚讼，靡所适从。国初蒙叟、茶村、愚山、渔洋诸君子主持坛坫，诗品稍定。三四十年来，老成凋谢，习尚渐殊，庸懦者不足道，才智之流，矜奇凿险，相率入于牛鬼蛇神，可叹哉！善乎。先生之论诗曰："诗以道情。无情而强言之，非诗也。欣喜抑郁，发乎情所不容，已而养之以天和，涵之以学问，优柔乐易，八音谐，五味调，则哀乐中节而诗教存焉。"余由先生之言，以观先生之诗，而无不合也；由先生之诗，而进观乎汉魏六朝、唐宋、元明、国初诸名家之诗，而亦无不合也。夫十五国风歌，昔人独盛称西江诗派。余谓大江以右，词人代兴，总不若陶彭泽之人与诗为高出千古。先生本彭泽宗裔，而又宦游西江，景仰遗徽，行芳志洁，簿书旁午之下，一吟一咏，翛然自远，人与诗直追步先民。是帙虽吉光片羽，而此邦学者得奉为师承。匡山彭蠡间，千百年风雅之运，为之一振。是先生大有造于豫章也，小草云乎哉！

先生名士傧，毅斋其号也。

张玉友诗集序
举人李文炤善化

风雅骚辩之后，诗体屡变，而子美之法，尧夫之志，遂孤行于宇宙之间。然子美法虽深而识则浅也，尧夫志虽高而格则卑也。鲥鱼多骨，金橘太酸，亦不可谓非千古之憾事矣。

吾执友石攻张先生，负豪杰之才，蕴圣贤之学。间或以其余力，研精于诗歌。饮醇探汤之意，其发之也真；悲天悯人之情，其出之也切。几几乎兼二家之长而有之。有时不免于叹老，而祗虑所学之无成；有时不免于嗟卑，而实忧斯民之不古。夫岂俗情之所能测哉！迄年逾不惑以后，则志有所专，而不暇多作，且又不自珍惜，而收存者无几矣。然仪凤一羽，实备五色，又何必较量于篇什之丰啬也耶？盖先生尝诲予曰："诗而无当于兴观群怨者，虽不作可也。"百世而下，知人论世者，其必有以镜诸此矣。

夫先生本姓余，讳鸣珂，字玉友，号石攻云。

易山斋周礼总义序
王文清

玉韫于千重之石而气吐白虹，珠沉于万仞之渊而光生清夜，无他，天地精华之所聚，物莫能揜其神也。士大夫之立言也亦然。有敷文之言，有载道之言。敷文者，文敝则言穷；载道者，道不变，言亦不变。吾乡先辈宋开国男易山斋先生所著《周礼总义》一书是也。

先生居吾邑沩山右，笃学力行，著述甚富。擢宋淳熙己巳状元及第，累官大宗伯，封开国男。遇荣而素业不少改，盖孤诣之志，自悉其力于不敝矣。顾国运屡移，兵燹频作，坊本剥蚀，家刻亦焚。至今六百余年，所著书或已不复耳其名，即先生之子若孙，亦无从探之故府矣。况周礼之乱于新室，累于介甫，毁于五峰，学者言人人殊。虽有总义遗文，孰与掇拾而表彰之耶。

恭逢圣天子御极，特诏修定三礼，并谕海内士大夫家三礼藏本，皆得入献。予时备员纂修，留心搜讨。方惜先生《总义》一书仅散见王氏订义中，不得其全本采之。吾乡各省所献，亦未之及也。未几，当事奏请敕诸纂修官入中秘文渊阁，上搜遗逸礼书。予往阅至《永乐大典》，网罗数千家，中载三礼多种，而山斋《总义》在焉。按之独缺司徒一官，余五官皆完善。予为之狂喜，因出语先生族裔宗湄字公申者。公申时举鸿博来京师，闻而起祝曰："此吾先世之灵，经六百余年尚不磨灭也。"且叹且喜，因捐赀佣善书者缮之。予亦从各纂修署汇其稿，只字片言必以付。数阅月录毕，凡八百页，约数十万言。

公申揖予曰："俾我先世散佚数百年之精光重见日月者，君实大有造焉。"予曰："非也。《周礼》者，周公致太平之书。《总义》大有所发明，是能羽翼周官者也。卫圣经者，天故寿之，兵火不能灭，风雨不能坏。当此制作休明之运，自排石室，出扃钥以佐鼓吹，而滋灟黻后起者，适若有启其衷焉，而与为借手耳，岂偶然哉。且予与先生地同里，后先生六百余年而生，今适以珥笔三礼，而为先生阐失传之遗绪，若相值，若相待，又岂偶然哉。"公申大快曰："予得此差，不负此行矣。归将授梓，为先世传此绝业焉。"予因述其事而志之，俾后之人知此书所自发，并以信苦心著书者，无患后世之不传云。

亦予阅《永乐大典》之书，为卷凡数万分帙，以韵幅长尺有八寸，广尺许，皆写本大字，径寸小字，五分朱格，皆有辰砂，画墨尚有古香，书法遒劲，通部无懈笔，纸厚比高丽而洁白过之，绛帛为表，紫玉为签。修自明永乐中，总裁数十人，纂修数百人，执笔墨从事者千余人。书成，卷轴充秘阁，终明代不能锓板。后张江陵奏写副本，一藏胜朝之华盖殿，一藏于今之武英殿。及闯贼焚华盖殿，此书亦焚，惟武英殿本尚在。世祖龙飞，驻跸此殿，移此书置皇史宬，后移中秘。其书罗列万有，书目多外间所未闻。惜其征引太繁，颇伤冗杂。临川穆堂尝欲向此中挑出数百种，锓以行世，吁！向微内府有此书，则山斋之心血冷矣。因附记于此。

王九溪考古略序
大司寇梅毂成宣城

征君九溪，积学惇行君子也。予耳其声望二十余年，以其官广文于乡，吴楚东南，未经谋面。后九溪应鸿博，召入都。时诸名卿交章荐入中翰，编辑三礼。未几而律吕之后，编经史之考证，皆与有事焉。予时官宗卿，九溪适迁宗郎职，相见恨晚，形迹顿忘。每公暇则相与上下古今，参稽疑窦。予又出家藏诸集，属之折衷。因得读其所著《考古源流》一书，并及其编后之《考古略》。其书征引之富，考核之精，上呈乙览。不意纂修事竣，朝议名第一。而九溪定省心急，遂以归觐请告，从此终养不出矣。

壬申间，奉保举经学之命，予即疏其名以闻，而史、阿两相国皆先以其名首荐，一时士论快之。谓此书之悬国门，公海内也，行有日矣。孰料征书下逮，而九溪适抱失怙之痛，棘人栾栾，不能应召。服阕，事已过期。吁！合中外巨卿所推毂，而九溪独冠其选，不可谓非儒生盛遇。乃以终天大故，虚此遭逢，自是此书行世之期，遂待之异日。

今九溪姑置全书，而专以其略授梓。盖全书五百八十余卷，工费浩繁，其力之所能及者，仅此略耳。邮帙见示，予故述其事弁之。至其所考之略而详，亦略而该也，则尝鼎上一脔者，自得其味焉。予固无事赘及已。

予衰病交侵，手风目眩，高山流水，迢递知音。九溪亦终老故林者，生刍一束，其人如玉，江天相望，两地黯然，未知此生再得一促席否？附志于此。甲申春日。

邱公祠碑记

大学士陈宏谋桂林

唐太宗曰："疾风知劲草，板荡识忠臣。"昌黎谓："士穷见节义，岁寒知松柏。"凡守土之官与缝掖之士，其节义一而已矣，吾于胜国宁乡令邱公及宁乡绅士见之。

公讳存忠，滇南人。崇祯之季，奉命宰宁。未半载，献贼蹂躏湖南，州邑瓦解，守土官皆望风逃窜。公誓不与贼俱生，倡率绅士陶炂等约一百三十六人，啮指歃血，阻贼兵于南关渡头，短兵巷战，杀贼数千，犹怀印死守，以兵寡被执。贼欲强公降，为置酒延上座，授印公怀中。公抛伪印掷贼，几中贼面。贼仍百端劝公，公辱骂加厉。贼怒，缚至道林市杀之。同时殉节者，有陶炂等一百三十六人，皆延颈受刃曰："吾辈与公同尽节，死无恨也。"邑人哀之，为招魂以祭。新令党哲为立祠于北门余将军庙之右，春秋祀之，即以偕死诸绅士配享。越今岁久，庙圮祀废，祠地被占。公忠肝义胆之精灵，不享一俎一豆者，不知几何年矣。予前次抚莅兹邦，采入省志。正欲兴复祠宇，以北行匆遽不果。此番再至，专檄侯令，采访祠址，重修旧祠。侯令寻访，不得其处，复以官绅忠烈，终难缺祀，乃捐金于北门外官路旁灵官庙之右，购隙地一所，重建公祠。祠屋三间，缭以砖墙，匾额于门，月余告竣。专祝供奉香火，每年春秋二祭，庶几公之忠魂永妥永侑矣。

其殉节绅士百三十六人，昔止传陶炂、刘为邦二人。今考县志，又得周世美、周希麟父子、黎复淳、朱国昌、朱治昌、汤道揆、刘光贤、周易八人，共十人，系与公誓死同尽者。外更有抗贼杀身之诸生朱之梗、杨启华、杨会英、彭日浴四人，虽不在百三十六人之内，而其同时同事，节烈亦同，俱载在县志。侯令皆为各置木主，列祀于旁。其无可考者，另置一主，统书"宁乡殉节义士无名氏一百二十人之位"，俾宁乡为国死事之官与见危授命之士，生则洒血而戮力，死则同座而受享，官与士均与日月争光矣。县令侯可仪奉扬忠节，捐金建祠，以永厥祀，其志行亦足重云。

新建三贤阁记

邑令冯鼎高长乐

玉潭书院复兴，人文蔚起，吾宁诸绅士，厥功伟矣。余以甲午代庖兹土，赴院校士，见院后有隙地数亩，荒芜不治，颇以为恨。询之多士，佥曰："创建时议立崇祠于此，以祀有宋胡五峰、张南轩。经费不敷，事遂寝。"余感夫事之有待而成也，乃筑楼五楹，祀二夫子于其上，又益以子朱子，额曰"三贤阁"。凡四阅月，而工告成。

五峰传其父文定公明体达用之学，倡道衡山，晚游于宁，睹灵峰悦之，筑室讲学其下，称曰灵峰书院。时南轩随父紫崖公镇潭，因得师事焉。五峰闻孔门论仁亲切之旨，深思力践。而子朱子闻南轩得胡氏学，自闽来潭，相与析太极之精蕴，穷中庸之奥义。有诗曰："昔我抱冰炭，从君识乾坤。始知太极蕴，要妙难名论。"厥后南轩讲学城南、岳麓，以所传之秘，开示来学。朱子继之，明古昔圣贤教人为学之法，至精至备。名山辉映，正道昌明，以故潇湘有洙泗风，盖潜移于三贤化泽多矣。而宁之灵峰，实开其先。今玉潭沿灵峰而兴也，多士生长于斯，读其书，思其人，言其言，行其行，濯磨淬砺，讲求身心性命之要，以驯致于圣贤。处则为喆士，出则为名臣，不仅求工章句，为弋取科名利禄之技，以无愧三贤焉。此予建阁之意也。

是役也，需工二千有奇，需金一百有奇。予捐俸五十余，皆胡生本良悉力经营以成之，其功足多云。

修考棚书院碑记

邑令彭念祖黄陂

道有关乎兴学育才之大，而为士子进身之阶者，必自县试始。试不敢不公，不敢不慎。宰之所得自尽其心者，如是而已。而乃试非其地，则虽有矢公矢慎之宰，有出类拔萃之才，鲜不以防范为难，或失于不及察者矣。

宁邑应试之士，千七八百有奇。向之试士者，或扃之黉宫，或聚之官署，由来旧矣，而不能无弊。夫黉宫以妥圣人之灵，而千百人杂沓其中，甚至毁瓦裂橡，及试竣而仍劳补葺。官署则内外攸分，既不足以容众，而颓垣短棚，更为耳目所不及周。即士子自备安砚之需，尤不胜其劳惫。

余窃怅然于试士之未尽善也，乃谋于众绅士，思择宽闲之地，而醵金以置试棚焉。众绅士金以为美举也，他日复于余曰："玉潭书院之旁，可以辟舍试士。而书院将倾圮，魁星亦经久废，盍并创而新之，则有创于宁邑者，其功诚伟。"余初难之，而众绅士则无不踊跃从事，分都助费，动盈数千。诹吉鸠工，观成期月。以戊午冬创始，即于己未冬院棚与楼皆蒇事。

宁邑之兴大工大役不知凡几，而斯举独易易若此，实由经理者勤慎，劝募者殷恳。于以知贤父兄之成其子弟，莫不一乃心力，而沩山玉水间，可卜人文之荟蔚，绵历于无穷，岂非兴贤育才之大端，而宰斯邑者得以尽其矢公矢慎之意乎？故于落成之日，为志其始末，勒之珉瑶，以垂久远焉。其捐赀姓字暨数目多寡，例得备书于左。

十都西门狮子桥碑记

邑令王余英

西门狮子桥，在县治南十都三区，为省会赴安化通衢。予于嘉庆壬申春，奉檄赴安过此，见桥梁颓圮，大石纵横堆积，跋涉者咸病之。予每思倡修而未暇及。今年春，复到其地，见众工鸠集，复为修建，予顾之而心喜焉。及暮抵旅舍，兹乡绅士等投刺晋谒，询之则皆倡捐修桥之巨费而董其事者也。呜呼！如诸君子者，可谓好义而知所用财者矣夫。

兹桥也，前明成化间县令黄甄首创之，然久已倾圮，故址不可复考。至于我朝乾隆年，绅士易谛言、吴德方、周石庵等复为建立。迨甲寅，山水暴涨，桥柱冲塌，废弛几二十年矣。今诸君子不惜数千金之费，合众人之志，而成此义举，凡往来之经过此地者，孰不念诸君子之功德于不替？

然予之所望于诸君子者，则不第此也。夫修舆梁、除沟涂，四方之行人，诸君子犹思利济之，况乎比闾族党之急宜修举者乎？都区之内，旧有社仓，前人创之，以备饥荒也；然出纳无节，赢余不存。虽有社仓，而民不得受其惠也。保甲之设，编查户口，奉文行之，以除贼匪也；然稽查不严，则虚无实效，过事更张，反以病民，虽有保甲而亦不能有益于治也。诸君子诚能推此成梁除涂之美意，而施之于一乡社仓也，则慎其敛发，会其出入，行之久而境无饥民。保甲也则遵吾条教，力为究察，行之久而境无贼盗，伫见风俗醇美，鸡犬无警，受其益者不独四方行人之不病涉也。予于诸君子厚望焉，其皆勉之，以佐予于治。

官埠桥碑记
邑令王余英

闻之谋始难，图成不易。盖以将有兴作，功既巨，费既繁，欲合众力如一心故也。若乃难不见难而转见易，则非乐善好施之不乏人不及此。宁邑西北三十里，通安化驿道，有桥曰官埠。甲寅之岁圮于水，阅二十余年，术者乏拄杖之掷，行人兴匏叶之歌，岂非揆其始末，庀材鸠工，如绩狐腋，如酿蜜花欤？

余莅宁五年，往来经过者数叹。夫平道路、成舆梁，先王之政于是乎存。有守土之责，睹此而置罔闻，知于王政何居，内愧于心久矣。十九年春，邑绅既请记重修西门狮子桥。今年秋，邑绅等复以修是桥言。予嘉其能佐予为政，而窃虑谋始之不易也，援笔为引，以助之倡。不数月而桥告成，长百二十尺，广十尺，计费数千金，抑何易于谋始而并不难图成哉。

都之人来告曰："数年间，政通人和，疾疠不兴，贼盗不作，狱讼衰息，年谷丰稔。其始也，持引而示之，皆指困解囊，贫富踊跃无吝容。其继也，具畚輂，砺斤斧，伐山驱石，不劳蓍鼓，遂以通观厥成焉。"呜呼！余方愧王政之未修，安能息狱讼，除贼盗，至于政通人和也。亦惟是二三君子勇于行义，乐于施与，而又得年丰人安之天以相之，乃使难者不难，而易者自易也。由是除道成梁之举，余甚嘉赖之，而行李之络绎，履坦途，庆康庄，颂二三君子之义于胡止矣。

是役也，倡修、督修、主修、监修者，暨乐捐，俱芳名，例得并书于石。因喜而再为之记。

新增

游沩山记 [1]

陶汝（鼐）[鼐]

衡岳之下，山之大者以数十，而沩最著。其山水之源，出于岷峨，居然嶙峋天半也。[而以世外香泉、云中沃壤，尤擅绝胜矣。古称千五百年善知识所居，往有三大寺，代接灯幢，替而复盛，出而崇护之者，辄属公卿将相。沩之灵，伟矣哉！]

山去邑郊才百五十里，以其荒久而远，游屐不到，然心企之，未尝一日忘此游（为）[也]。大宗伯湘潭李公（腾芳）[家居闲]，欲揽沩山之胜，[且慕大圆禅师隐山中节高]，今秋八月，慨然来游。骖御简略，[独驱一白牛随之]，馆于香山寺。[知予兄里选在鄂]，[亟]召（鼐）[鼐]及胡子懋选[使]从。

越一日，即戒装往。公选健隶，异篮舆负幞，予二人跨蹇驴，出郊直西行。轻阴凉籁，甚与游宜。行三十里，为回龙铺，小（石）[市]桥亭憩而茗。午抵玉堂铺少息，俟仆夫饭。公曰："[僻]驿耳，曷为名玉堂？"胡子[对]曰："昔南宋时，殿元易公袚家在沩源，此其出入之路，曾建玉堂坊于此，后[代]因以名其驿云。"又三十里，入五龙寺。僧朴甚，然不寒乞，能办青刍白饭。计抵沩道里适中，遂宿焉。

旦起，四山明霁，游兴益惬，行益早。至长桥，田中获者初集，桥畔一穹碑岿然。公下舆拂碑观之，是宋南轩张公过此桥之诗刻于石，有"徘徊念今昔，领略到渔樵"之句。公顾予二人曰："昔魏公父子尽瘁国事，愿死葬衡湘间。今读其诗，尤令人（慨）[忾]然起敬。"相与徘徊久之而后去。一路望沩峦，郁苍天表，篮舆驴背上人，心目总在千岩万壑之上。

---

[1] 此文不见于《陶汝鼐集》中，但《大沩山古密印寺志》有收，题下注明作者为陶汝鼐字幼调，该志《历代护法表》称胡懋选"崇祯己巳，偕陶公幼调讳汝鼐从李大宗伯游沩"，且文中有"知予兄里选在鄂"之字样，可知此记作者是陶汝鼐而非陶汝鼐。在内容上，与《大沩山古密印寺志》相比较，《续修宁乡县志》所收《游沩山记》有较大删改，兹据前者予以校正。

由是循沩江行至黄材，崇甍巨闳与数百户村廛相错，嚣然有市气。然岩苍蔼白，已逼落游人襟袖，若未始与市遇也。逾数里，经得胜寨，危峰拔地，突起道旁。前代土人尝据绝顶，筑垣避兵于其上，因以寨名山，径由此入。李公曰："此沩山最初门户，宜有是以捍之。"自此皆悬壁绝渠，径险仄，舁者兢兢，率步过险处。萦回渡大小溪，乃入鄢家湾，平畴修曲，农世其阡，意乃坦然。夹涧林木且蓊蔚，境幽人淳，鸡犬桑麻，如一小桃花源。若卜隐结茅，可以投老。

涧流清澈，多见游鳞白石，土人指涧上三里许且有洞壑岩壁之胜。李公［曰："姑舍是，当先］（欲）谒灵祐祖师塔。"土人导而前，径至塔所，草深一丈。［公爇香拜，予二人亦拜］。巢鸟飞翔，久乃定。周视山水，峰合而泉流，高篁古松，荡（摩）［募］云际，是大沩门户上第一殊胜之地。寻同庆寺遗址，仅瓦砾在翳荟间，一二老僧缚茅［以］居（之），［怆叹而出］。日未晡，视稍下别有民居，公曰："可还就之宿，养步陟巘。"遂以诘朝升梢岭，悬磴盘旋，约六七里，半舆半步，行两岩中。俯瞰山洼，小畦如掌大，人家如厨。更逾黄土仑，远不过三百余步，而峭甚如梢岭。既降，平衍可十数丈，一溪绕西出，梁以砖，曰回心桥，谓是祐祖回心还山处。隔溪一峰独秀，桥边人指是端山，云裴公墓在其下，因立吊望之。逾是，上下小坡，凡数里，路渐坦［复］，壁上渐多樵径，隐疏柯短树间。俄峙两山如阙，阙内顿开平畴，如游广陌。独插汉一峰，卓出千嶂，乍接之悚然，此所谓毗卢峰。峰下密印寺荒址在焉。

予与胡子纵驴，先寻田家敞洁者作（次）［炊］。既就，李公与后人亦至，肃之入。公叫快曰："四十里绝巘之上，忽开此平野，奇观哉！"有顷饭罢，相率过寺基，周览良久。数草间巨础，存者尚数百，想见当时规模壮侈之概。（旧）殿址上新支一草庐，聚三四人，僧而农者。询圆禅师（所在），［指六角屋］。排闼通名，旋具蔬茗，浃谈。徐导视镜池、油盐石诸迹，与其所传甚（殊）异。祐祖昔植银杏树在西偏，大数（十）［尺］围，久枯，著叶可荫七八亩。察其本润甚，似将复荣者。去树数十笏，上石龙枧，在林薄间，瀄瀄注流泉如故。此外遗迹多湮，不复问

李公数仰仁毗卢峰，恨蓁莽久封，不可以陟。徙倚树石间，呼同

游者藉草坐。顾东西列嶂如卫，对面诸峰如觐，抃掌曰："吾〔学佛久，且〕颇解相择。此毗卢一峰，百里外蜿蜒而至，特立云中，尊如万乘，千峦围绕之，如臣如仆，群壑且汇流于前，形家所谓法王地〔者，的的〕也。试观其贡形呈象，应见历然。如禅衣岭，不俨挂僧伽黎乎？天人石，不俨献宝供乎？象王峰，不俨示法门雄力乎？其他义龙、神木之迹，且不必惊非常也。吾见海内名山〔丛席〕多矣，未有若此山之奄罗宏博、厚载不匮者。"〔乃顾谓圆师曰："山运与法运相为盛衰，剥极而复，其未远乎！今师在，有以先之矣。愿师暂度白牛为徒，以俟时节之至。吾与胡、陶二子谨营丈室，以奉巾瓶。"师曰："诺。"遂起出延眺，一望华严、插锹二坪而罢。〕是夕，仍聚一处。

明日，往寻香严岩。〔岩〕距密印寺南五里，沿溪深入，两岩夹畦，半道即闻瀑声。至岩处，石壁峭立，草树蒙茸。度岩之虚邃处，可坐十数人。香严祖师静室，其遗址隐然。瀑布自高峰下，如挂晶帘，倾流倒涧，作大朵昙花散落，是谓优钵泉。然溅雪飞霆，声撼林谷，断人语笑。〔李公曰："香严昔从大震动中安禅，看破吼喝，吾今乃亲见此公矣。"颇与圆师作微语，予二人不能强解也。〕

是时方清秋，泉瀑之气，寒若严冬，不可久对。公遽呼返，至三塔寺遗址前，望西南诸峰绵邈，曰："沩山峦岫，多严重不妖，具有道气，其形表类然。"还至寓，〔召庐中僧，委之白牛，令饲水草，嘱一二侍者善事师。施资，托胡子经营其瓶钵床座之具。手书"白牛精舍"四字遗之，并锦袱函经旧文数行，更书别纸与僧。曰："汝见阿角膊上有字。"于是〕与圆师别。师遂（往）〔住〕寺，予二人随公取道九折岭，下官山，一谒魏公祠而归。

〔归而彝考记籍，益知沩山之著也以佛寺，佛寺之兴也，必有宰官大人先持之。若唐使相裴公、连帅李公之翊灵祐祖，宋潭帅曾公之助空印轼，因缘诚盛矣。即国初彻堂禅师营构，资力于显者亦甚巨焉。陵彝至神庙，己未方衲衅生，而调御者不至，遂酿为灰劫，岂非重恃有人哉！兹忽遇李大宗伯，惠然入山，举扬圆禅师破荒行道，将复睹三大寺之重兴，千五百人之来学，山灵之倚兆于公也不偶矣！〕

予［是以既］幸［其］从公得抒游汸之愿，［而更为大汸幸其兴复之有端］也。是为记。

罘罳峰记
黎希圣

直邑之西，走百里为唐市，有峰焉，上际云汉，盖《图经》所谓罘罳峰也。客有为余言其状者，若倒竖笔颠，指苍穹而写列宿，不知造物何故于碧空窈蔼中，植此未放辛夷也。余闻而壮之，思一游焉，未果。

康熙己亥，馆于唐市戴氏适舍。兹峰之南，春风动帏，咫尺可造。雨后浓翠欲滴，若垂首与语。晴曛自醉，冶淡微嫣，则又若相对忘言。雨旸变态，不可一视，盖无日不目在矣。

时春暮，偕同人往游。从山左缘迳而上里许，数扪萝葛，犹可步武。遥望峰巅，渐与人远。再上数里，有大石千尺，负岸侧立。水从石罅散落，作垂帘状，受风则碎，为珠飐，为丝喷，薄人面。余徙倚其侧，觉冰雪霏霏，毛孔寒栗。翘首仰望，向之咫尺可造者，竟莫能意度其处。顾谓从者："岂兹峰之灵，故幻其境，以绝人攀跻与？何愈近而愈迷也。"斗折而南，见群石林立，中有若规而圆者，可三四丈，径侧却立。俄闻梵磬依稀，逗丛筱间。急循石而南数十步，地颇平衍，而兹峰之澄明肃穆，忽接于目。然势愈峻，则形愈削。平衍中有井，旁列古松数株。井水从松根啮石缝成溜沟，咽石作铮铮鸣，与松声相和。乃与同人选石憩片时，摄衣盘旋，两足缩缩于鹿径风磴间。斯时也，云气生衣，意已翛然远矣。稍折而东，始达山寺。峰顶有两石，一竖一眠。竖者高可十余丈，若屏嘉树美箭，从石隙中透出成林，眠者如砥，广可半亩，天然可屋。寺因北枕石，接木甃砖，殿之厨之，佛像、钟鼓、幢幡，凡梵刹之所有皆具。南凿石植阑干为垣，且以便眺者凭焉。

余初凭时，目眩心悸，相视无人色。盖峰之南面陡峻壁削，异于三方峰，将尽两石冠焉。眠者浮二丈许，覆压万仞若曲阁。颜师古释罘罳为曲阁，绝肖而广雅，又谓罘罳为屏石之竖者似之，故昔人字其峰曰罘罳。顷之神定,则见西南诸山罗列,真如儿孙东望邑城;溪水奔注,又如长蛇蟠屈蜿蜒万山间。柳子厚曰:"岈然洼然,若垤若穴,尺寸千里,攒簇累积,莫得遁隐。"取以颂兹峰,不诬也。僧瀹茶饮余,余询寺建何时,莫能对。睇壁间,无碑碣可识。茶罢,偕同人循级下,归山舍。时望兹峰,苍碧依然,而鸣泉幽境,怪石奇造,往来余心者,则固不类乎昔者之见而为余言者,亦徒震其似而未得其真云。

玉山书院更名玉潭书院记
周在炽

邑故有玉山书院,隶玉几山,建自前明嘉靖间邑侯胡公明善。明末兵毁。乾隆十有九年,岁在甲戌,邑人构院于玉潭,仍名玉山。越十有三年丁亥,山长周在炽商于邑人,请于当事,更名玉潭。乃复次其巅末以纪之曰:

书院之议更玉潭,言匪一人,积匪一日,兹特假炽以成。初,书院落成,岁在丙子,岸斋周公讳增瑞主教席。炽尝造谒,相与流连风景,则见玉堂横带,泻碧于前;飞凤斜骞,耸翠于后。龙溪绕其右臂,狮峰键其下关。近挹楼台,远凌天马,居然一名胜地也。环顾玉几,有尘霄之隔焉,因慨然曰:"书院隶于斯,洵得地矣,盍即名玉潭可乎?"岸斋曰:"此固吾意也。"已而,岸斋言于邑令刘公台,转禀于抚军榕门陈公,以故《湖南通志》载玉潭书院云云。丁丑,刘君景周名绍濂辑《书院志》,维时兴复伊始,行移公牒,俱称玉山。而《通志》尚未出,刘故仍之。

庚辰,九溪王公名文清主讲席,炽因致书,其略曰:"书院更名玉潭,约有四美。书院为西宁首善地,玉潭为西宁第一境,名与地称,美一也。前隶县治中,今隶东关外,避喧取静,不杂不嚣,美二也。前名玉山,今名玉潭,山与潭音近,而称呼亦协,美三也。吾道发源,泗水衍派,濂溪子舆,有取于源泉,武夷致咏于活水,睹兹浩荡,恰在春风沂水间,美四也。"会志已告成,一二首事颇艰于赀,炽言复寝。厥后数年间,炽再上公车,奔驰南北。归即键户课儿曹,四方学者频来问字,岁无暇晷,书院中无炽之迹焉。

丁亥春，应邑明府宁夏马侯名乾怡掌教之聘。登斋之后，凭眺倍亲。回首前言，依稀在抱。检阅刘君志稿，率多未善，因取《湖南通志》示诸从事曰："吾宁之人而不为书院谋久远也，为书院谋久远，舍《通志》何以哉？《通志》为通省公书，进赍各部院，又为兰台备本，异时考事征文，《通志》具在，其左券乎？"说者曰："玉山建自胡侯，仍玉山所以永胡侯也。"炽曰："但使玉潭能永于《通志》，则玉山之本末亦不泯于千秋，其所以永胡侯者更远也。"金曰："先生之识远哉！"旋以前说请于马侯，侯亟曰："善。"侯乃新其额而更令名，遵《通志》也，并属炽纪其事，由以告后之乃心书院者。时首事童昌宗、张光銮经理书院事，俱赞成之。

乾隆三十二年丁亥孟冬，上浣山长周在炽记。

器识文艺论

王文清

吾邑玉潭书院者，为教育邑中人士设也。古人曰："士先器识而后文艺。"盖以器识高而后行诣卓，行诣卓而后事业真。彼彪炳辉煌之文艺，特其积厚之所流耳。

吾谓器识莫贵乎远大，而文艺必根于义理。古之君子，独行畏影，独寝畏衾，惇孝友，饱仁义，淡泊明志，宁静致远，处有守，出有为，蔼蔼吉人。惟天子使勒旗常、铭彝鼎，社稷倚之，俎豆奉之，视彼藉诗书以博富贵、肥身家，甚则怜市童、泣妻妾者，其器识之贤不肖，居何等也。文章根柢六经，史学次之。经学通，则经术有本；史学熟，则议论有征。顾学者乃舍此而远求诸子，旁索百家，下至拾其唾余，袭其面目，掠其一枝半叶，并诸子百家之意指而又失之。

呜呼！离器识于文艺已末矣，况又失其所为文艺乎；求器识于文艺已浅矣，况文艺中又益坏其所为文艺乎？是在主持教法者，以诚心付之，以躬行帅之。尚真修、不尚虚誉，尚实学、不尚浮文，定其规程，峻其闲检，使之有名教之乐，无越畔之愆。由是，坐可言，起可行，文可经，武可纬，乡井有储才之益，朝廷收造士之功，则谓书院为胶庠可也，为成均亦可也，岂特光兹玉潭一席已哉。

是说也，吾曾笔之郡志中。今录其节略，附志于此。时庚申十月上澣也。

重修观音阁序

邑侯王余英

观世音菩萨，上合十方诸佛，本妙觉心与佛如来，同一慈力，身成三十二应，能度一切苦厄。其普济群生，拯救艰难，功德之及于民者，昭然若揭。《礼》曰："有功德于民者则祭之。"观世音之宜崇庙貌而隆祷祀者，诚有合于祭典也。故凡名都大邑，以及乡郿里巷，无不立庙。虽庙之大小各异，而人之斋戒而奉持之者，则贤士大夫与匹妇孺子无二致也。而观世音之默佑于斯人，而有感必应者，亦如水在地中，随所决而皆有以导其流也。

余于辛未冬来莅兹土，壬申春二月问观音庙于吏，将往祭焉。吏对曰："城隍庙寝殿之后，旧有阁三楹，坍圮者已四年矣。"予闻之，慨然曰："庙之不修，予之责也，安可不急为修葺而令其终圮乎？"缘邑中宜修复者多端，未获一蹴而就。

乙亥之夏，文庙业已落成，龙王庙将次就举，而城隍庙司事者适以修复观音阁请。予趣之，令其择吉鸠工。十月之杪，厥功告成，司事者志其支用募捐之数，并记见在田山，汇为一卷，请序于予。

予既乐观厥成，而又喜是举之有合于予意也。予之出身加民也，虽不能以菩萨心，现宰官身，为众生说法，而受治国土，剖断邦邑，无非奉菩萨慈念，而布于众生也。杖不欲酷，欲以蒲鞭治之，慈以弼教也。冤不可结，欲坐嘉石宥之，慈以佐讼也。然而桁杨之下，不胜痛苦之声；犴狴之中，不乏缧绁之子。岂真民之玩梗不化，不可以慈感之欤？抑予之德薄无植，不能本慈悲而敷政教耶？唯望佛力无边，修法垂范，教化众生。能令众生离诸瞋恚，魔不能侵；能令众生经过险路，贼不能劫；能令众生禁系枷锁，身不能着。救护众生，苦恼解脱，比户可封，和亲康乐，以佐圣天子仁寿德化于无疆，斯则予之所切祷欤。

通安桥碑记

邑令陈汝衡

县西郭外距利涉三十余步，跨溪接流，复建一小桥。桥路当省西孔道，星使驿传，络绎奔赴，非仅利行旅，亦以昭荡平大道、偏党胥泯也。向乃甃砖囊土，年久渐坍，里旅嗣而葺之，增建栏杆，大水冲激，桥尽倾颓数载矣。

余昔宰是邦未久，今秋旧治重莅，白叟黄童，乐土无恙。余方喜好义乐善之风，将油然而兴起。适都人士具陈是桥圮毁愈甚，邑绅周敬亭兄弟上遵其母李孺人慈训，独捐赀修建石桥，并陈其鸠工庀材、刻期蒇事如绘。余因公往视，见其为礅、为碕、为磴、为栏、为亭、为水梁，其究为磊落、为坚莹，诚可谓磐石之安，无病涉之虞矣。

考邑乘，桥原名通化，以安化邑治往来必经其间，俗号小桥。更为大观，嘉名叠锡。余兹喜其功坚利溥，复易其名曰通安桥。《易》曰"通则久"，又曰"履而泰，然后安"，此物此志也。周子之功，岂不与斯桥并称不朽哉！于是作诗以纪之：

瞻彼悬磴，跨涧贯廛。礅突屹立，有亭翼然。栏杆焕彩，人巧夺天。虹腰雁齿，下映清涟。泉流不息，灌溉陌阡。其利甚溥，遐迩播传。惟通则达，惟安乃坚。才高题柱，敢望后贤。

文昌阁记

邑侯郭世闻

文昌神，旧建阁颣池外左百数十步，溪流漱其枕，阛阓拥其间，地不越一亩，宫崇祀正祀，略区以楼，疾风至，振振焉势欲堕下，则牢醴鼎俎各陈款，与衣冠承祭及骏奔将事人切近逼处，雨沾服则失容，湫隘嚣尘，忽昧杂沓，非神居也。

予初莅兹土，即欲更诸爽垲者。商同官，集众绅耆议曰："然。然。"久未得吉卜。比计偕还，众始举善地告。鸠工庀材，不数月而阁成。谨诹日奉主祀如仪毕，为凭眺焉。阁之新背藏向仁，宅栖飞凤，肩翼左右，翔翔如也。面塔一所，卓立若笔然。玉几山一座，横竖凝静，信志乘所拟銮坡学士据案草章奏状非虚。以次引稸岹楼台，天马诸峰，岑者峤者，峄者蜀者，奋迅奔赴，起伏变幻，不可方物。俯瞰城厢，列肆居民，星罗棋布，气佳哉。郁郁葱葱，化龙池泻玉潭澄波，而迤水光岚蔼，炊烟林树相际，宛绘一幅天然画图。盖控一邑之领袖，众美毕具如是，真大观也已。

予思文昌六星，曜紫垣，挹斗杓，位置宜远宜高。向之湫隘嚣尘、忽昧杂沓者，洵未足以安之。今足迹所临，眼界所到，凌百尺层霄上，洞豁缥缈，焕然聿新其气象。神所凭依，胥于是乎在。而地斯灵，人斯杰，必将有豁达心胸，恢宏识见，建光明正大之实业于科名甲第中者，联翩而凤起也。若文风之蒸蒸日盛，其余事矣。是为记。

重修迎薰门记
邑侯郭世阆

记，纪事也，纪时也，纪人也。人往矣，时若事得所藉，而稽则可以记。邑古南门迎薰，起是事者初未审何时人。辛丑春圮，居民重修之，掘址得砖，镌邑宰沈公之煌、典史李公添福建，顾其时、其事文阙焉。工既竣，邑绅士以作记请。

予览志乘，公明季人也。意公创斯门时，当亦有如今日之请予记者。请诸公，公不自为记欤。邑之人因思公绩，乃为不记之记，以阴传公名，泐之砖欤？抑名之彰晦有期，必历二百四十年之久，待其人记而绩始出欤？

予既喜邑人之善固吾圉，而又嘉邑绅士能发潜德于事远年湮后也。爰为之记。

重修宁乡街道记
邑侯方炳文

沩邑治街衢，故孔道也。闤阓居庐，星罗而鳞比；冠盖舆马，云集而波流。苟非削屡平平，何以履道坦坦。余方有事，于建塔建坊之役，卒卒而未有暇也。适江苏职员沈丽南、蔡瑞通、钱燮庭、秦品莘等禀请改修，身董其事，鸠工凿石，计尺量寻，圆者短之，圭者规之，突者堑之，洼者盈之，荦确者削之，泥涂者甃之，不数月而工告竣。邑之人以百废具举，他务未遑，而侬助是役者则皆典商，乃苏人之寓籍而懋迁者也。夫成杠成梁，王政所必及；如砥如矢，君子所必由。人之好我，示我周行，吾故韪江苏诸生之好义，而又望生斯长斯者之共率，循于荡荡平平之路，而乐为之记云。

重修朝阳门记
邑侯方炳文

宁乡历无城，明季垒石为基，具雉堞之规，而卒未就。第当其街门焉，东曰朝阳，青云街之关键也。阛阓四周，曈曚直射，因以是名焉。

余以道光辛卯承乏兹土，建文塔于对江之南。阅岁甫成，谋所以恢拓斯门。适邑绅李祖辉请出赀改造，诹吉兴工，浃辰之间，崇墉屹立，危楼杰出。回视旧址，焕然改观。因复赎其右侧余地，使门者居之。先是西、北两门，邑人前后改作，遥遥对峙，至是而斯门复告成焉。击柝相闻，比户安堵；旭日始旦，晨门洞开。庶几启闭有藉，宵小无虞乎？余韪生之义，爰乐为之记。

重修玉潭桥碑记
邑侯郭庆飏

宁乡为省会西北通衢，轮蹄辐辏。县治南滨玉潭、沩水，入湘必经之道。郦道元《水经注》所云"沩水历沩口戍，东南注湘水"是也。春夏澴漫，行者苦之，邮牍辄稽遘。前明以来，于薜花岩下架木桥以渡，曰玉带桥，屡修屡圮。

国朝乾隆二十六年，县令刘君善谟，谋邑人移建石桥于南关外。会更替，未及葳事，越三十五年乃成。桥上置化字介次一、石狮四、铁牛二，栫以栏石，亘若雉堞，工牟费逾巨万。创始之难，有如斯尔。岁月绵历，沙渍漱啮，其下又遇大水，涨高于桥。近岸基址甃之廉且龋也，磴之悬且压也，介次半圮，狮牛亦漂落，追蠡阑剥，物理常然。盖自肇造迄今，已百年于兹矣。

庆飓以癸亥莅宁，道经巡览，见岌岌有不及之势。窃惟兴利修废，有土之职也。顾兴利难于创，而修废易为因。因其创者而踵事焉，利即存乎其间也。予之来兹土也，去粤酋犄乱未久，残缺颇多，比户方急输边，未敢扰以兴作。属都人士来谒，金以厅廊多就颓堕，相与醵赀修葺。爰自两辕头门内及二堂皆胖饰而新之，堂之西偏拓六楹为衙斋，翼以篷房，基柱衡缩恢于前。因庤其赢余，复商诸君子，益以羡锾各款，得千余缗。择朱兰恬等董其事，就地量度，广袤约十丈，召匠石鸠工庀材，绳之准之，营之缮之，础碣而砮斫之。桔槔翻翻然，竭流以藉板也；层礤礤然，涩浪而浮砌也。草端八月，两阅月而工讫。予就观之，有若琢者焉，有若削者焉，有若施砥濯者焉。夷庚由由，庶几旧规之完焉。

予稽邑志，桥自刘君经始，其间停工殆五六年。义民李廷清出佣，积百余金倡输之，邑人感而乐从，功以竣。是役也，举之不费，成之不劳。因之说也，因其易，实因利而利之也。夫兴利修废，有土之职也。顾初终一出于因，虬其飞欤？鼍其巩欤？予何力之有欤，于其成，书以纪之，更俟后之善因者。桥旧无碑，廷清事或弗闻，予嘉其义，兼以表诸石。

节孝总坊启

梅钟澍

窃惟阐显幽微，道扬芳洁，凡职司风化及植躬名教者，皆与有责焉。道光八年，大吏奏请贞烈节孝妇女之不能以独力请旌者，于各府、州、县共建一坊。事上，皇上诏如所请。夫朝廷有褒美至意，大吏承流宣化，而司牧、司铎者，奉行以实力实心，而即考实于里党士大夫之耳目，使事得上闻，以宏旌奖，甚盛典也。

吾邑风土淳厚，人尚节义。邑乘所载贞女、节妇不下数百人，顾其子孙贤而有力，而能显扬先德、绰楔树门者亦鲜矣。又况孤嫠幽困，僻处穷乡，子若孙薄弱单微，且不能自以其先德白之乡里而光于志乘，安望盛典？此非得贤者搜剔幽遐，克知灼见，为之纪其实而达之官几何，不令峻节贞操，历数十年之呞檗茹荼如一日者，终于湮没不彰耶？

今吾邑侯甫及下车，首端风化，两学师道，尊庠序，事重明伦，皆肫肫于阐显潜德之不可缓，欲有以副大吏承宣之意，而广皇上褒旌轸恤之恩。而深虑采访之不得其人，则非冒滥即遗漏，或以善政而流为弊端也。乃与邑中人慎择端恪廉介、乐闻人善如诸君子者为之，并订期会议，俾共申盟誓，条酌章程。而又恐诸君子之或疑虑而不即至也，因属胡竹塘、王方城等，先达其意。夫诸君子固有名教之责者也，其于职司风化者之意，必毅然思有以承之也。而是役经费所需，则子孙之欲表扬先德者，当不忍以为他人事而概诿之，又必不以累采访者也，则诸君子之惠然届期而来也又何疑。

储玫躬墓志铭
前湖南臬司仓景恬

咸丰四年二月，粤贼陷岳州，瞰长沙，拥众数千人，直趋宁乡，会城震动。大帅曾侍郎国藩，遣武陵训导储君，率乡勇五百御之。未至，贼已据城。君诚勇奋发，与甥生员杨华英领所部自南门入，冲击至北关，杀贼四百有奇。转战复及南郊，伏贼突起于桥之左右。君知势不敌而惧丧师，与华英当先拒之，身受重伤，遂并遇害。然贼因是逡巡遁逃而不敢进，长沙解严。余闻而叹曰："以寡敌众，勇也；舍己庇人，仁也；以身殉国，忠也。使得操大柄，握重兵，责以讨贼兴复之效，其功业岂止此哉！"已而，其弟挈状请余铭。余于君敬礼而悼惜者久矣，曷敢以不文辞。

按状，君讳玫躬，字石友，别号晴如。自其十五世明广西右布政使淮南公以来，世居靖州。曾祖声之，太学生。祖南坡，父碧山，俱州廪生，以阴德积行闻于乡。君胚胎前光，厚质而勤学，文名藉甚。嘉庆二十五年，补弟子员。旋以优等食饩，屡膺乡荐不遇。乃叹曰："大丈夫必利泽及当时，声称洽后世，安可守毛锥以终老乎？"爰究心戎律，于伏波马革裹尸数语，尝三致意焉。

州俗旧强悍。道光二十九年，岁饥，莠民相劫掠，君与弟乃昌纠众执首恶数人付有司，其风顿息。明年，新宁李沅发反，逼近州境。君倾赏募敢死士，先守通道。通道，州之门户也，次及各隘口，贼不敢入。行军署盐法道夏公廷樾，见而器之，与击贼于广西，往来追逐，不避艰险。李逆就擒，策勋诏以训导用。旋丁父忧。君孝性自天，几于毁灭。庐墓三载，哀恸无已时。

咸丰三年，授今官。夏公言其才于大帅，遂留营中。历剿桂东、蓝山、道州四广桥及洋泉、白水洞诸寇。尝以二日追贼三百余里，以三百人杀六百余人，群寇震慑，各路悉平。宁乡之役，君冒雪疾驰，乘其未成列也，击而败之。居民免于蹂躏，咸怀其德，立庙以祀。事闻，赐恤如例。

君资性醇朴，志节通亮，行而敬，言而信，诲人不倦，有功而不伐，尤轻财贵义。尝与弟乃昌以谷五百硕立义学，急人之急，无德色，无厌容。其卒也，知者莫不流涕。

君生于嘉庆庚申四月十四日，以今年二月十三日卒，年五十有五。子二，长先培，次先基，卜葬于艮山之阳。铭曰：

伟哉储君，维岳降灵。武精九法，文赜六经。孝通河鲤，友笃原鸰。庆溢门闾，名高州里。铜马无惊，土枭不起。醇酒饮人，太阿知己。俄惊火光，甚比跳梁。爰提虎阚，誓靖猖狂。三捷屡奏，百战莫当。始建奇勋，遽遭浩劫。师熸寇深，路危桥狭。怒甚虬髯，力穷骈胁。痛失张矛，悲缠刘锸。豹质千秋，驹阴一霎。遗庙常存，斯人足法。

伍宏鉴，号海门。沅江诸生。工诗文，娴韬略，遇事辄激烈敢为，侪辈多嫉之。与宁邑庠生丁应南交好最笃，以南弟应台荐入侍郎曾国藩幕中。曾奇其才，俾典陆师。咸丰四年三月，粤匪寇县垣，宏鉴率师援剿，战没于文书山。国藩甚悼痛之，诔以联云："遗蜕竟难寻，碧葬未收苌叔血；英魂长不泯，丹诚应作子胥涛。"盖纪实也。因祔主储祠。案：伍与储同时殉难，故附录之。

前县令方炳文传

教谕邓显鹤

方炳文，字梅臣。嘉庆己卯举人，道光丙戌进士。以知县即用，分发湖南。敏练明达，习于吏事，而慈惠和易，不为矫激操切之行，至义之所在，炳如也。

初权酃县，有刘氏寡媪诉其子不孝。炳文念治之无以全其天性，反覆曲谕三昼夜，至于泣下。媪感悟，卒为母子如初。府牒下，有所句摄，役张甚，炳文杖之，滋不悦于主者。炳文叹曰："是尚可为哉？"遂委印去。

大府以为能，送部议叙，仍回湖南候补。久之，补宁乡。宁当西南孔道，缺简而冲繁，甚于赤紧。辛壬之间，湖南北大水，继以江华瑶变，大军过境相属，羽书载道，流民满眼。炳文竭力供亿，悉心抚恤。民不知兵，而饥民全活以千计。又以其闲，察访节孝，表扬忠义。尤加意学校，择秀良者教之，资其膏饩，使有所愧厉。在宁五年，贤者兢兢自守，不肖者亦不至罔上干法。旋调善化，以卓荐引见，卒于都。

昭忠祠记

刘典

呜呼！一团忠愤，横塞东南。碧血丹心，荒凉千里。由今以思，非死于败，实死于胜；非死于罪，实死于功。何也？不死不胜，无死无功，是生者之命皆死者赐也，能毋伤乎？

记余自咸丰十年，与恪靖伯左宗棠偕之东，督战于江西浮梁、德兴、徽州、婺源等处，均捷。十一年，又大捷乐平。冬，余领偏师援婺，乘胜进攻开化张村一带。维时贼陷杭州及各府、州、县，骎骎乎有上犯江西之势。余以三千人，击败数十万悍贼。入浙，兵威遂自此振。

同治元年，左公巡抚浙江，率全军进战马金，克遂安，援衢州，塞江山之路，贼不敢西。左公以余功入告，五月授浙江臬司。冬，左公檄余立军，以当一路，如是始有楚军克勇之名。二年，克复浙西各郡县。贼东渡，萃于杭嘉湖，与官兵抗。金陵之贼分股上扰徽州，左公檄余赴援。余以孤军深入，贼众我寡，闻者色骇。幸将士用命，数大战而徽属肃清。贼犯江西，沈中丞葆桢求援孔亟。五月，率师入江，血战于饶、九两属。江西平，料贼必窜徽，星夜回援，至在贼先，保徽境，兼扼浙之上游，左公得以专力浙东计。是年，由浙而徽、而江，旋由江而徽、而浙，东西驰骋，寒暑于役，将士亦云劳矣。十一月，余奉先大夫讳旋里。明年二月，茔葬甫毕，奉檄募勇援浙。旋奉命帮办江西、皖南军务。适金陵贼上窜，与我军遇于江西崇仁。战经三月，贼败趋闽。八月，我旧克勇追剿来江，会于弋阳。时左公奉命总制闽浙，兴师入闽，奏请帮办福建军务。十一月，抵汀之连城，闽事决裂。余一军当其西北，山道险峻，初战不利，再战捷。四年二月，连城、上杭之贼败走永定，我军追之，连战于永定、南靖、龙岩之间。狡贼汪海洋败入广东，遂攻南靖，爰收复漳州各城。计贼之入闽者三大股，惟汪贼逃窜外，其余或灭或降，无一漏网者。八月，余方进广东镇平，以图汪贼。贼走连平，势将西窜。余由江西南安逾梅岭，驻军南雄以扼之。贼穷，回窜嘉应。时闽兵出境，恪靖伯仅八百人驻漳州，势甚孤。余振旅兼程回援。十一月晦，会恪靖伯于大浦县策攻剿，遂连营进。十二月十二日，大战于嘉应东路塔子坳，汪逆伏诛。二十二日，余贼宵遁，追及之，悉擒贼目，余予抚。

十余年巨寇一旦荡平，而东南祸熄矣，岂非告成功相庆相贺之日哉。然而古人云："一将功成万骨枯。"良可痛也。夫一战之胜，一城之克，必有伤亡，而我军实经数百战，下数十城。况他军善于持重，常多歇息之时，而我军贵神速；他军善于待援，常多声势之助；而我军每孤行，无论失利与否，而疲于奔命。其冒寒暑、触瘴疠而没者，所至不乏。呜呼！血肉之躯，出入锋镝，乃激于忠义，不忍苟生，其气诚能与日月争光，而其情甚惨矣。痛哉！

五年春，余凯撤旋里，设局查发恤赏，以赡死事之家。将恤银之无亲属领者，汇之建忠义祠于湖南会垣小吴门侧，购田于沩宁，岁以租息为祭祀修整之费。其中堂分立阵亡之位，视官阶为次第。其病故勇弁存有口粮者，祔祀于侧。且将汇集成帙，奏请敕下湖南巡抚，每年委员主祭，以垂久远。呜呼！凡我克勇之死无所归者，庶几得所依而妥其灵乎。祠侧建汝宁试馆，两旁建斋房，固求忠之意，亦庶免荒烟蔓草、苍凉寂寞之叹也。肇事于同治五年九月，阅月而告成功。计购地址、置田产并起造各费，共银贰万肆千壹百陆拾两。督修为知府衔福建候补直隶州刘倬云，监修为五品衔候选县丞冯尚祁、候选训导罗珍、副将衔参将李国良、游击谈延庆。

是为记。

汝宁试馆记

刘典

余既建昭忠祠于省城之小吴门，因于两旁构屋数楹，以居吾邑之就省试者。鸠工庀材，并手偕作，经始于丙寅九月，落成于丁卯六月，凡九阅月而工竣，额曰"汝宁试馆"。黝垩丹漆，式轮式奂，庖湢器用，百尔具备。于是邑之就试者负担既弛，即有宁宇聚处讲习，交相督绳，吾见科名之盛、人材成就之大且多也，有日矣。

抑吾更有说焉。士习者人材之根本，而天下之治乱所由分也。士习不正，伦理不明，忠义不作，平居相背负，临难则逃避，岂其性使然哉？物欲动于中，势利诱乎外，而其他有所不暇顾也。其中材之士号为驯谨者，又皆溺于词章记诵，而不务为有用之学。天下有事，率附之武人俗吏，而儒者反逡巡退避，驯至于大乱而不可救止。然则世果何赖乎士，士亦何补于天下哉！是故君子之学，必思生民所以托命之故，与己之所以负责于人，而要归于无所为而为无所为。故其自待不薄，而出处进退之际，卓然有所不苟。其所见大，故经世泽物之志，常若歉然其不足而人世所谓毁誉欣戚，举不足动其中，非其气之清明刚大，其孰能与于斯？

自世风攸降，儒效阔疏，四子六经，藉为梯荣媒利之具。试于有司者，惟侥幸苟且于一日之知，而人材几不可问矣。昔余为诸生时，盖尝恻然忧之。寇事孔棘，奉当事召，强起出山，转战江、皖、闽、粤之交，巨寇就殄。其间御灾捍患、劳烈炳著，与夫势穷力竭、致命遂志者，所在不乏，而吾乡最甚。然自待罪戎行，更历事变以来，窃见天下之大患，不在盗贼而在人心。而转移人心，则视乎士习。夫生民之困苦，吏治之堕坏，未有不自徇私嗜利之一念阶之厉者。士君子诚能躬正谊明道之实，裕拨乱反正之才，以愧励而振兴之。本其爱己之心以爱人，天下无不起之疮痍；转其为利之心以为义，天下无不可就之事功。士习既端，人心自正。虽致郅隆可也，又何盗贼之不足平也哉。他日诸君子以试事莅此，览余斯言，其益思琢磨淬励，勉为圣贤之学。一旦出而应世，遭际盛时，得以行其尧舜君民之志，虽接踵皋夔，比肩稷契，岂异人任。即或遭时多故，势处其难，益当思所以维持补救，宏济艰难，上报天子，岂惟不愧科名，足为乡里之光也哉！

　　时余方奉命西征，戎车载道，试馆适竣，爰推明国家治乱之故，与古人仕学之原，以为之记，庶几为诸君子之助，亦兼以自勖云。

云山书院记
刘典

　　书院，古之乡学也。所以培植人材者，莫大乎是。我邑书院三，一玉潭，一灵峰，一南轩。灵峰、南轩不知废于何时，至今存者玉潭。搢绅先生胥于此发迹，乃限于地不能增广楹椽，后至者及门而返。

　　余道光辛丑、壬寅间，肄业其中，目击而心计之，未尝言。县治偏东北而西南袤长，西尤甚。百里以上多崇山，士人秉清淑之气，文而有质，不乏英多磊落之才。其耕田凿井，未泽以诗书者，则似质胜于文。于以叹昔者之有书院，其用意深也。

　　余尝思复其旧，久而未敢言。同治癸亥冬，余由浙臬丁艰回籍，过信州。时魏君寓卿良总理楚军粮台事务，过舟吊余，宿于舟，更阑言及建复书院，鼓舞不已。归而谋诸同人，咸翕然从。甲子二月既望，集曾君敬庄毓郯、罗君翊廷珍、潘君复亭本矩、王君书霖懋昭于六都水云山，相其基址，咸以山水秀丽，局势开展为壮观。遂议纠费置田几百亩，岁收租千有余石，刻日兴工。建正屋四楹，最上为先师殿，次山长课艺处，次讲堂，又次为出入总会之门。左右各建两楹，分十六斋，共计一百五十八间。外垣可数百步，凿池以导源泉，流而不滞。

池畔植桂竹与兰，亦馨亦郁。院后重峦叠嶂，佳木葱茏，樵者毁伤有禁，盖以学者藏修之余，息焉游焉畅其机，固必有赏心处也。夫人之气质虽殊，而性禀则一，学所以化其殊而归于一也。五伦五事，皆人所必由之道。或行之不著，习矣不察，终身由之而不知者，未学者也。是故博学、审问、慎思、明辨以析其理，笃行以践其实，诚能百倍其功，则愚必明，柔必强。从此臻于纯粹，处为大儒，出为良佐，学之为功伟矣哉！若夫溺于辞章，汩于功利，所学者浮躁浅露也，机械变诈也，寡廉鲜耻，无所不为，是学之为害甚于不学，又何望乎？董仲舒曰："正其谊，不谋其利。"张敬夫曰："无所为而为者，义也；有所为而为者，利也。"君子、小人之分，只在义与利之间，能弗审诸？书院近南轩之墓，因南轩书院之废而继兴之。游其中者，必有所感发而兴起也。

是举也，经始于同治乙丑冬，蒇事于丁卯春。董事为运同衔候选同知曾毓郊、同知衔广东候补知县刘汝康、州同衔监生潘本桀，督修为州同衔候选县丞姜瑞芳、五品衔浙江候补从九刘大诰，监修为从九李春台等。三年于兹，不惮劳瘁，邑之人咸踊跃赴公，捐赀相助，是欲善有同心，可卜将来之人材益盛也。兹余奉命承乏陕甘，征车在途，不遑启处。喜美举之有成也，特停骖濡笔以记之。

吾宁邑治，促东北而展西南。迤西一带，百里而遥，自南轩书院废，凡造玉潭者既苦号舍之隘，复惮往返之艰。今云山成，则东、西、南、北负笈者两便焉，宜无负建造者殷殷体望之深心也。周瑞松跋

慕亲桥记（原名灰汤桥）

刘典

凡事之有济于人者，皆当为之，无论巨细，但顾其力之足不足耳。力苟足而犹徘徊却顾，则观其小者，而大者可知已。昔先大夫允慎公续修龙门桥，谓余曰："此去十余里为灰汤河，汇众流，宽约数十丈，往来络绎，乃达湘要津也。里人架木成梁，频修频圮，过者病之。宜建石桥，以利人行。余有志未逮，汝其勉之。"典时课读山村，敬听之，未敢自任。厥后，发逆倡乱，东南各省，半就沦胥。邑之人方兢兢焉，

以谋防堵保甲为事，典亦不敢以不急之务，苛我里人。

咸丰十年，恪靖伯左公宗棠奉命襄办江南军务，促余入营佐理，遂偕之东。是时，江浙蹂躏，战事孔殷，驰驱靡有宁日。同治元年，奉命补浙臬，仍督师讨贼，而未获赋遂初。二年冬，奉先大夫讳旋里。越明年二月，营葬于灰汤大湾山之阳。时春冰初解，舆夫以涉水为病。窃念先大夫在时，常寄谕来营，戒当得为之时，须在在以济世为怀，甚毋畏难而自沮。区区一桥而不能承厥志，矧大于此者乎？典目击心动，恻然思有以成之。未几，朝命促起，以余帮办江西、皖南军务。江、皖平，又奉命帮办福建军务。数年来，露宿风餐，家书常不暇答，其敢计及乎桥哉？四年冬，灭贼于广东嘉应，以靖东南。

五年春，交卸兵权，回籍省母，图成先大夫未成之事。估工计费，不欲以之劳里人，将历年廉俸所入，罄之以供厥用。于是凿石淘沙，工役大作。桥埠灰汤下里许，长四十四丈，分为十三搭，每搭用石条七根，宽尺二寸，厚尺二寸，高出水一丈八尺。桥侧建屋数椽，以蔽守者风雨。购田二十二亩，以备岁修。肇事于同治五年，落成于六年冬，共费银壹万壹千两有奇。督修为唐任之、喻梅桥及胞弟若亭、翰生，监修为周华峰、唐南杰、严梓材及堂兄诚堂。两年于兹，实著劳瘁。署其桥曰："慕亲成先志也，虽然此特遗训之小焉者耳，能不勉旃。"兹余承乏陕甘，征车靡定，恐其久而无稽也，因志其巅末云。

步云桥渡记

周瑞松

邑西九十里水云山，吐纳风云，千岩万壑，望之蔚然深秀。沩流经其下，环绕如带，江面广三十余寻。旧伐木为桥，旁设义渡，置田三亩，以资舟子。惟租入至薄，舟坏不能复，桥亦屡修屡圮，行者病之。同治乙丑，邑人建书院于兹山之麓，轮蹄络绎，遂为孔道。爰集赀重新是桥，并复义渡，而额其桥曰"步云"，属余为之记。

余维利济之事，尽人宜为，亦视夫其心而已。心之所属，力虽不及为之，必求底于成。苟不属焉，即力能及者，亦卒不肯为。逡巡退避，相习成风，而事之不举者多矣。吾邑当百废具兴之后，工作频仍，诸君子好义急公，争先恐后，人心风俗之厚，为何如也？夫天下之大，生民之众，困苦颠连之有待于拯拔，流失败坏之有待于补救者何限。苟有迫甚于中，不以患之，未形而缓其忧。即不以事之可诿而宽其责，欲贻众人以安，必先自其心之有所不安始。然则利济之事，岂独斯桥为然也哉。

书院之建，刘公克庵倡之；桥渡之修，复亦犹刘公之志。而首其事者，则曾君敬庄毓郊、刘君瀚生汝康也。昔南轩先生申明义利之辨，功在名教。其过长桥，有留题诗碣，宁人传诵至今，犹想见其流风余韵。兹桥相距不数里，皆负笈从游者往来必经之地。追维南轩夫子所以教人之意，与克庵先生欲吾乡人兴起于学之心，其亦有怵然不安、奋然以起者乎？然而盛衰靡定，兴废无常，善守善创，存夫其人。以斯桥之屡修屡圮，盖前人已成之举，得诸君子遵而守之，廓而大之，臻于完善，而后此之废坠与否，尚未可知，则又不能无望于后之君子也已。

桥畔建屋数楹，以居守者。置田若干亩，岁入租若干，以资守者佣直及岁修之费。助资者悉泐名于石。董其役为刘君约亭、陈君灿远、姜君香畹，并悉志之，以告来者。

贵州印江殉难邓沼芗传
云南臬司李元度平江次青

君讳玲筠，字沼芗，原名凌云。湖南宁乡人。父光廷，邑武生，早世。母吴抚之成立，以节孝旌门。君生七岁而孤，逾冠举道光二十三年乡试，五上春官不第。咸丰六年，以知县发贵州。七年四月，权知印江县。

时黔中俶扰，苗教匪充斥。匪酋以邪教蛊乱民，有黄号、白号等名目。团练多叛应之，列郡无完土。君下车，壹意以约己便民为务，求先达下情。每芒鞋布袜，周巡村落间，与田更畲叟握手，询地方利病。凡道途厄塞、士绅贤否及豪右莠民姓字，皆手疏小册藏夹袋中。戴星出入，民莫知为官也。而椎埋博塞诸白徒，辄不意见。执讼者至，既察其情伪，复征诸册，片言摘发，民惊以为神。先是，思南贼炽，地连印江。君亟行保甲法，虑以具文视也，乃单骑诣城乡，手自敦率，户给门牌如式，署纸尾十则，曰忤逆，曰习邪教，曰私结盟党，曰劫掠，曰藏匪类，曰窃盗，曰容留娼妓，曰赌博，曰斗殴生事，曰唆讼。各择公正士绅董之，不犯者印"不"字于其上，否则同甲勿与齿。改悔者许具状保于各条下，加小印曰"自新"，岁满换册。能改，许仍署"不"字，其顽抗及无人敢具保者治之，且计月以验绅董之能否而加劝惩焉。甫数月，讼狱衰息，夜不闭户。卧乃加意课士，割俸助书院膏火，与讲求经世学，并及军政，士皆畏爱之。劝民修水利，筑陂塘，揭示教以法，纤悉备具。有以浚塘闻者，亲履勘指示，至再三不倦，不以勺水扰民。虑邪教之蛊民也，为文告抉摘其所以然，虽老妪能解。简壮丁数百，亲教以击刺法。民间所输饷，皆笾以士绅，一钱不以自污。

是年十二月，贼陷思南，太守福君投水死，贼长驱犯印江。印故无城，君营于云泮以御之。贼耳君名，以书来假道请，终君任不复犯印。君焚书斩其人。贼分党缀君，别遣大队从间道袭城。君方巡隘，贼大至。君袖铜椎出击，曰："吾试贼能否。"乃挥椎毙贼三。余贼环攻，君掣铜铜格斗，莫敢近。贼忽大呼曰："印江已被焚矣，一人勇，胡能为？"君见四山火起，力战突围出，驰抵铜仁，乞师于太守周某，命练总王士秀领五百人随君回击，一日夜行二百里。居民见君至，皆奋跃，得壮士千余，仍从击云泮。是日大雾，人马对立不相见，噪而进。贼骇曰："官兵至矣。"则皆走，自相蹴蹋堕岩死者数百。君追百余里，至大寺顶。乡民赴义者约二万人，各诫其子弟曰："尔不能从邓公力战，无面目归见父兄也。"当是时，君冒矢石四十余日，战中坝，战螺生溪，战袁家湾，皆告捷。八年正月，剿抚旋家坝及潮底河以东大定。亡何而越境剿贼之檄至。

大堡者，思南府境也。奸民胡黑二倡乱，太守周某讨之，数失利。闻贼最畏君，乃立邓字旗慑贼，而严檄君赴剿，日三至。士民以地非印境，苦留之。君慨然曰："郡守檄县令，曷敢违，且杀贼固无畛域也。"众请以二千人偕往。君虑饷无所出，以千三百人俱。师次分水垭，居民争馈粮。贼伪为运粮者，昧爽入营门。变作，团众惊溃。君亲搏战，飞石中其首，手格杀一贼，足被创，遂及于难，丧其元。年四十有一。后军闻前军失事，愤极，殊死斗，杀声与哭声并，卒夺君尸还。乃树忠奋军帜，誓复仇。贼惧，夜退，屯八十里，时三月八日也。

丧归，士民大恸，妇孺皆失声，无远迩争致赙赗。有负贩佣絜钱四缗将运盐，悉以充赙。或曰：“如尔，家何佣？”哭曰：“公死，吾属无葬所矣，何以家为？”其感人若此。事闻，得旨赐恤，世袭云骑尉。印江人醵重金归其榇，母夫人犹在堂，曰：“有子如此，吾无愧先夫矣。”乃拊君尸曰：“尔能死王事，吾家世世有光。灵有知，勿以我为念。”印人闻言，心稍安，而益悲君之不能两尽也。

君少负才名，读书兼习拳技。令印时，微行遇斗者，咆哮莫敢撄。君跃入人丛中，手掷其人丈许，叱曰：“去。”有识君者，趋进欲与言，而君去远矣。贼尝遣刺客，伪称铜仁投牒者，袖匕首，将刺君。君拉其胁曰：“吾不杀尔，尔归告贼酋速降，当令复田宅，毋死不悟也。”居尝与客语，袖中时时以手作击刺势，故能躬履诸险，陁战必身先。士民怀其德，立祠，春秋祀之，并刻君遗集曰《巨业堂稿》。又八年，乃吁请敕建专祠，并入祀名宦。赞曰：

君与余同举于乡，屡见君恂恂儒者，不知其兼资文武，所成就及此也。君学行皆本母教，观其言，滂母曷加焉。同治丙寅，余治军援黔，印人士语及君，皆泣下。治团练，至今守其法于是。君死事八年矣，父老口之如新，各屯堡皆为位以祀。余目击者数处。呜呼！岂偶然哉。黔盗如毛，君才足办贼，卒天阏以死，身膏原野，屈左徒所为作天问也。悲夫！

祭贵州殉难邓沼艻文

李元度

惟公处则儒宗，出为循吏。社稷民人，握源而理。铜符初绾，权篆印江。彼都人士，佥颂贤良。忽煽邻氛，在印左右。率众登陴，借以安堵。

大堡胡逆，敢窜郡城。公急其难，闻信即行。不虞路歧，变出意外。

道逢贼渠，横被戕害。公之灵爽，户祝家尸。岘山峨峨，堕泪有碑。

丙寅之春，度衔朝命，称干比戈，誓兹将领。黔中鼎沸，十稔有余。岂曰滋蔓，蔓竟难图。初入两坄，斩关夺隘。扼要以图，目无余砦。纵横扫荡，乃及河西。如林险垒，群就芟夷。

今岁新春，荆巢以拔，直捣中坚，用彰挞伐。既申天讨，亦快人心。不留余孽，以期肃清。浸及大堡，厥声赫赫。凭仗王灵，罪人斯得。是为胡逆，实始戕公。声罪致讨，刺刃其胸。谕彼三军，义如献馘。敬奠公灵，愿唊此贼。诸从逆者，乃弟乃兄。王逆田逆，悉逮长缨。骈而诛之，森列鼎俎。以佐明粲，聿供清醴。愿公此日，含笑九天。下视诸界，永靖烽烟。

谨告。

礼部主事梅君霖生传

大学士两江总督曾国藩湘乡涤生

呜呼！吾友仪部霖生梅君之捐馆舍，今二十又七年矣。君与国藩为同年友，不幸早世。善化陈侍御为表墓道，同邑李太守为志墓室。余以倥偬军务，驰驱大江南北，戎马之间，不得一日握管，以追述君之遗行。去年冬，君季嗣锦源权徽州守事，以书丐余为之传。余望锦源兄弟之继志述事者愈切，则所以应其请而酬其孝思者愈不容已。盖君虽以翰林起家，六品京秩，于国史例不立传。若不及今诠次，存梗概于郡邑志中，久或湮没无征，乃后死者之责也。

按状，君姓梅氏，讳钟澍，字苏民，学者称霖生先生。先世为吴西著姓，元至正间，始祖讳九思迁湖南长沙之宁乡，遂占籍焉。累叶积德，代有显荣。十五传至君曾祖讳书笏，好义举，耆英行详邑志，貤赠通奉大夫。考讳青云，字教章，乐施好善，博洽能文，赠通奉大夫。妣谭夫人，生君兄钟清、钟灵，杨夫人生君及君弟钟浚、钟汝。君少失怙恃，育于继母张夫人，弱不好弄。八岁即通文义，诵书夜分不寐。十岁应童试，邑宰王菊潭惊为神童，试辄高等。从邑马秋耘学博游问学，词采日开月益，隽誉藉甚。每言："人当以三不朽自期，庶不虚作一世人。"嘉庆丁丑，补博士弟子员。旋领戊寅乡荐，十上春官，七荐不售，益励所学。邦人遣子弟坌集师之，常百数十辈。名公卿争罗致之，辞不就。就梅城武昌幕，诗古文词益精进。道光壬辰，考取国子监学正，名在第九。引见，宣庙垂视良久，遂擢第四。丙申，补正义堂学正。每课亲批阅，召诸生环侍，讲解经义，勉以实学。执贽请受业者多于同官，祭酒某公以为仅见。

国藩素闻君名，乙未与礼部试，始相识。清标道气，被服儒雅。寓居古刹，几案萧然。惟书帙纵横，笔墨狼籍。搜览经史子集、名臣札子奏疏而外，研及天文、兵法、舆图、律吕诸书，由是心益奇，而往来益密。每偕出，求洽闻阅识之士，相与上下议论。义理之说，远宗宋代，近溯方、姚；古文则以左氏、史汉、三唐为法守；论及时事，尤眦裂发竖，唏嘘太息。往往挑灯瀹茗，漏刻四五下，娓娓忘倦。间历厂肆，搜奇书古本，日落霞烘，犹不忍散。当是时，长安才俊之士，类皆策安车，走津要；其次者多以声伎酒食为豪宕，独君岸然自异。与同乡罗苏溪、李石梧、劳星阶、黎月桥、陈岱云、郑小珊、何子贞、彭棣楼、汤海秋、陈尧农、陈庆覃诸君子，居相亲，行相与，志趣相洽，而人弥敬礼之勿衰。戊戌，与余同捷南宫，改庶吉士。己亥，还沩宁。是冬，携仲子鉴源入都。明年，散馆，君改仪曹，语国藩曰："某困词章、声律三十年，年已四十。今得闲曹，当捐弃故技，更授要道也。"趋公之暇，手不释卷。每一稿脱，斑驳陆离，朴茂渊懿，锐志追古作者，轶宋越唐，直窥汉氏之阃。辛丑春，患咯血。五月，疾益剧，自知不起，遂搜所著古文、古近体诗、馆阁诗赋，属黎月桥、陈岱云与余三人任选刻事。且泣曰："生平所为，止此而已。"并以"千秋有志，竟成空语"，自作挽联以志恨。时道光辛丑五月二十五日子时也，年四十有四。君卒之先一日，王少崖同年墙梦君衣冠来别，曰："将邀胡君云阁赴斗极宫。"云阁者，君之同年生益阳胡文忠公之父也。君卒而胡君果同日以殁，闻者异之。

君性孝友沈毅，事继母能得其欢。田产尽畀兄弟，抚孤侄如己子，教诸子严。居京师久，同乡客死者辄谋返其榇，赙其家。拯人之急，如恐不及，而家顾屡空，曾不能以自赡也。没后，仲子鉴源扶榇归宁乡，葬二都铁坑长托出口山，丙山壬向。以季子锦源官，赠中宪大夫，晋赠通奉大夫。著有《寄巢文集》《薜花馆诗存》。配高氏，封恭人，晋封夫人。子三：镜源，廪贡生，由训导保升知县，历署湖北宣恩、来凤等县运同衔；鉴源，咸丰戊午科举人，遇缺即选知县同知衔；锦源，庠生，安徽即补府，署徽州府知府。孙文杰，优廪生，候选训导；廷杰、英杰、光杰、朝杰、栋杰俱幼。曾孙焯质。女一，适长邑副贡生张晋贤次子，例得并传。

旧史官曾国藩曰：始余为诸生时，识罗罗山，李迪安、希安，刘蹐衡杰人，王璞山梅村，或诸生，或布衣，读书深山，慷慨激昂，毅然以天下为己任。弱冠走燕蓟，又识霖生及李石梧、罗苏溪、胡润芝、江岷樵、熊子谦、袁漱六、陈岱云，闳才硕学，具淬励乾坤之量。咸丰初元，粤逆扰楚、吴、闽、浙，国藩待罪行间，而罗、李、刘、王各不罄所施以死，然皆各有战绩，昭著东南。胡润芝、江岷樵诸君，勋业文章，隆隆鼎鼎，越熊、袁、陈而上之，亦惜有未竟之事业。熊、袁、陈才大位小，不雄其施，然史传忠节，民诵遗芬，使吾楚士大夫无论知与不知，莫不悲其志而悼其人。独霖生抱无穷之业，赍志泉壤，不能微有所施，而天下亦寂寂无有知之者。当此天地干戈，需才孔亟，脱霖生不死，其旋转乾坤，克副不朽之志，安见不与江、罗、胡、李齐驱并驾，传后世而显当时。呜呼！秋风鼓角，夜月哀笳，追念故人而传霖生，不禁感慨歔欷，不能自已也。

道林节义祠碑文
丁应藩

黄公懋寅既没之数月，其少君萃勋经纪节义祠事毕，将汇次捐赀名氏刻于石，丐余言以弁其首。呜呼！寅死矣，而其子乃不忍死之也。寅与余为齐年友，性任侠，遇事辄激烈敢为，侪辈多不喻其意。岁壬子，粤匪寇潭州，时寅方馆于家，见贼势浩大，谓我邑空虚，贼去终必乘其敝，则倡义请师。救援既不获，则又起各团，勇往杀贼，终亦不果。愤填臆积，不能少平，会贼解围去乃止。今节义祠之作，其率以此。

夫节义祠者，一明季巡按使刘熙祚，一我宁邑侯邱存忠，二公先后被献贼胁，皆不屈磔杀道林者。一宋处士谢英，大节炳史册，道林之乡贤也。旧各有专祠，久圮。今合祠之，并当日殉刘、殉邱诸义士，皆得以类从祀。英风义烈，焜耀一堂，斯亦大有关于风教者也。祠创始去秋八月，计五旬而堂庑粗成，诹吉大招而祭奠之。

越今岁二月，而寅以死。或谓寅体尪羸而气壮，盛事造作以为功，耗精亡神，以故促之死。余谓不然。寅纵不为此，寅未必不死。寅而死于此，犹愈不如此而死者也。然使寅死后，更无人起而负荷之，寅亦竟死矣。今寅死而志事依然无恙，则死复又何憾哉。独是寅此举义矣。原事所由成，非二三君子之力不及此，是用勒诸贞砥，并示不朽云。

本城忠义祠奏稿
刘典

奏为湖南宁乡县建立忠义祠，合祀本邑阵亡文武员弁，请敕下湖南抚臣，列入湖南祀典，每年春、秋，由地方官致祭，以妥忠魂而昭激劝，恭折仰祈圣鉴事。

窃荷戈杀贼，臣民之义愤以伸，而力战捐躯，朝廷之恤典维渥。溯自兵兴以来，凡奋勉立功者，无不仰沐恩施，荣膺拔擢。其见危致命之士，又咸邀优恤，以荫其苗裔。更奉旨建祠，以妥其忠魂。存没均沾，遐迩感激。仰天威之丕震，致士气之益伸。是以数年之间，巨寇平而疆宇靖也。

臣查湖南宁乡县，地虽蕞尔，人尽知方，其效命疆场，业经奏奉赐恤者，文员如署浙江绍兴府知府廖宗元、署贵州印江县知县邓玲筠、署浙江乌承县知县许承岳、署贵州普安县知县刘代英、知府衔候选同知龙朝翼、尽先训导胡铮、选用州判姜景焜、蓝翎县丞陶承烈等；武弁如总兵文星明，副将喻可宗、卢华胜、颜名良、童有春、赵辉元等。或婴城固守，力竭亡躯；或督队冲锋，势穷殉难。此外，州判、县丞、从九、生监与夫副、参、游、都、守、千、把、外委以及勇丁打仗阵亡者，已共查得一千三百零三人。除钦奉谕旨，如廖宗元在于绍兴府建立专祠，许承岳在于殉难地方及本籍建立专祠，暨各员照例入祀郡城昭忠祠，由各督抚钦遵办理外，阵亡知县邓玲筠之子承袭云骑尉邓崇烈等，会商本邑官绅，愿于宁乡县城建立忠义祠，合祀廖宗元、邓玲筠等暨阵亡文武各员弁等情，筹议前来。

臣查廖宗元等，致命遂志，大节凛然。兹议建祠合祀，系属仰体皇上旌忠至意。臣前年在籍时，曾选派候选训导袁恩怡，择于宁乡县南城外购地建祠，并捐置田产，以为春、秋祭祀之费。祠内正龛分立廖宗元等主位，视官级之崇卑，以为位次之先后。其阵亡勇丁，有未经各统领、营官陈报者，查明实系打仗阵亡，未便没其忠义；又有在营立功后病故、奉旨予恤者，均令附祀，以妥其灵。其未查悉者，俟续查补入。据邓崇烈、袁恩怡等禀请陈奏前来。

臣伏核无异，除将阵亡各员弁姓名、官阶，造册咨部立案外，相应请旨敕下湖南抚臣，列入湖南宁乡县祀典，每年春、秋，由地方官致祭，以妥忠魂，垂久远而昭激劝之处，出自天恩。

所有湖南宁乡县建立忠义祠，合祀本邑阵亡文武各员弁缘由，理合恭折具奏，伏乞皇太后、皇上圣鉴训示。谨奏。

同治口年口月口日。

艺文二 诗词

五古

腊后寻梅东门外遇雪　宋　先儒张栻

赢骖出东郭，静与幽意期。寻梅冷入眼，野路信所之。寒萼靳未吐，我自爱横枝。雪花忽排空，成此一段奇。岁晚故人阔，天寒鸿雁稀。南国少霜雪，北山多蕨薇。坐看时物改，莫遣心事违。角巾风猎猎，日暮独吟归。

淳熙乙未春，余有桂林之役。自湘潭往省先茔，以二月二日过碧泉，与客煮茗泉上，徘徊久之　张栻

下马步深径，洗盏酌寒泉。念不践此境，于今复三年。人事多苦变，泉色故依然。缅怀德人过，物物生春妍。当时疏辟功，妙意太古前。屐齿不可寻，题榜尚觉鲜。书堂何寂寂，草树亦芊芊。于役有王事，未暇谋息肩。聊同二三子，煮茗苍岩边。预作他年约，扶犁山下田。

展省龙塘有作　张栻

十年衡山阴，驱马几往还。山色如故人，牧竖随马鞍。俯伏长松下，清晨涕汍澜。念昔初拱把，兹焉影团栾。白云归何时，日月如转环。矫首祝融峰，依前倚高寒。于焉百感集，欲去良独难。

送朱元晦　张栻

君侯起南服，豪气盖九州。顷登文石陛，忠言动宸旒。坐令声利场，缩颈仍包羞。却来卧衡门，无愧白日休。尽收湖海气，仰希洙泗

游。不远关山阻，为我再月留。遗经得绸绎，心事两绸缪。超然会太极，眼底无全牛。惟兹断金友，出处宁殊谋。南山对床语，匪为林壑幽。白云正在望，归袂风飕飕。朝来出别话，已抱离索忧。妙质贵矫强，精微更穷搜。毫厘有不察，体用岂周流。驱车万里道，中途可停辀。勉哉共无斁，邈矣追前修。

奉酬敬夫赠言并以为别　先贤朱子

我行二千里，访子南山阴。不忧天风寒，况惮湘水深。辞家仲秋旦，税驾九月初。问此为何时，严冬岁云徂。劳君步玉趾，送我登南山。南山高不极，雪深路漫漫。泥行复几程，今夕宿楮州。明朝分背去，惆怅不得留。诵君赠我诗，三叹增绸缪。厚意不敢忘，为君商声讴。

昔我抱冰炭，从君识乾坤。始知太极蕴，要妙难名论。谓有宁有迹，谓无复何存。惟虑酬酢处，特达见本根。万化自此流，千圣同兹源。旷然远莫御，惕若初不烦。云何学力微，未胜物欲昏。涓涓始欲达，已被黄流吞。岂知一寸胶，救此千丈浑。勉哉共无斁，此语期相敦。

拜张魏公墓下　朱子

衡山何巍巍，湘流亦汤汤。我公独何往，剑履在此堂。念昔中兴初，孽竖倒冠裳。公时首建义，自此扶三纲。精忠贯辰极，孤愤摩穹苍。元戎二十万，一旦先启行。西征奠梁益，南辕抚江湘。士心既豫附，国威亦张皇，缟素哭新宫，哀声连万方。黠寇闻褫魄，经营久徬徨。玉帛骤往来，士马且伏藏。公谋适不用，拱手迁南荒。白首复来归，发短丹心长。拳拳冀感格，汲汲勤修攘。天命竟难谌，人事亦靡常。悠然谢台鼎，骑龙白云乡。坐令此空山，名与日月彰。千秋定军垒，岌嶪遥相望。贱子来岁阴，烈风振高冈。下马九顿首，抚膺泪淋浪。山颓今几年，志士日惨伤。中原尚腥膻，人类几豺狼。公还浩无期，嗣德炜有光。恭惟定社稷，永永垂无疆。

玉潭横秀（沩宁八景诗，八首录三）　明　刘端

潭水环花封，秀横苍玉带。东流入潇湘，滩声响急濑。明月涵波光，云影散轻蔼。上有万里桥，来往多冠盖。

楼台晓色　刘端

山势耸楼台，清曙色常好。东方日瞳昽，帘箔尚青杳。彷佛骊山宫，依稀蓬莱岛。有酒当跻攀，何须问五老。

狮顾岚光　刘端

城东有名山，如狮蹲江涘。岚光浮上下，映带玉潭水。雨过山云湿，欲飞还不起。杖屦趁晚晴，微茫乱山紫。

陪陈使君来鹤亭和韵　谭孔仁

飘飘青田种，胎化称灵禽。昔时林处士，放之孤山岑。一声唳九皋，天外闻清音。白日照大荒，和者俱在阴。几年飞缥缈，提携同素琴。养翮汝山下，饮啄玉潭浔。朝与双凫出，远入碧云深。薄暮一来归，仪羽多仙心。安得鲍明远，作赋式玉金。安得薛学士，图画空古今。

汝山田父　陶汝鼐

世乱无深山，忧来何可测。皇天怒农夫，辛苦厌盗贼。山田高入云，人犊相负陟。泉多宜秋干，岁俭得晚食。婚嫁不出村，井春妇能力。有鸟催春耕，有虫促宵织。鸡黍时一烹，畏客非相识。幸是古亲邻，少年同钓弋。为言城市中，惨惨烟尘色。高冠白书生，颠倒弄文墨。坐食好盘飧，鞭笞报君国。空令陇上人，辍耕而太息。

宿宁乡布政分司官舍过状元坊有感　郭都贤　益阳

晨发湘江浦，暮至汝城隅。萧萧倦行李，借此官舍居。汲饮玉潭水，常停使者车。赋税早凋敝，句宣竟何如。扶杖步中路，绰楔于云衢。感兹第一人，曩迹琼华敷。归卧识山楼，义总官礼书。痛哉介甫异，咄咄五峰殊。贤侯仰前哲，鸟倦云犹舒。姬公有制作，慨叹还旧庐。

黄母刘孺人节孝　国朝　周公勋

贞哉黄太君，清操拟冰雪。二十茹甘荼，蚕床吊夜月。孤儿幸成名，母发日已白。愿起泉下人，剖此一腔血。

灵峰夜月（沩宁十景之一）　周在官

是处有高峰，是山有明月。不遇山中人，芳名因没没。而今几度秋，月在峰还留。阿谁明月夜，雏诵高峰头。

大沩凌云（沩宁十景之一）　周在武

大沩十万丈，上与浮云齐。山势长不改，云飞东复西。云去山有风，云来山有雨。风雨无定期，云情竟如许。

狮顾岚光（沩宁十景之一）　周在京

山势踞金猊，临江复回顾。风吼丛林乱，漫山吐岚雾。蹲伏沩水关，耻同龙象班。行将献上国，项络黄金环。

小庐山张敬夫读书处　邓廷松

山水足清娱，幽人心所托。云峰插天表，一一芙蓉削。飞瀑百尺强，怪石青冥落。岩腹透玲珑，神巧五丁凿。绿树挂青猱，虬松栖老鹤。晞发肆容与，结庐爱林壑。悟道发高契，万籁参橐籥。动静妙根荄，灵台乃澄廓。缅怀此中人，渊源证濂洛。问津款云扉，自惭尘缨缚。

挽烈妇姜蔡氏　宋宾逢

昔参史馆座，列女传摩挲。衡湘毓正气，竹泪斑湘娥。或咏黄鹄寡，或靡柏舟他。金曰死易耳，舍生人几何。胸匪填巍峨，事匪增坎轲。怀中雏呱呱，堂上发皤皤。柔肠千百结，挢割无太阿。乃恋结发恩，乃矢同穴歌。绝无寸丝挂，竟付数尺罗。愿为共命鸟，枝结连理窠。愿为比目鱼，池泳并蒂荷。所天嗟已倾，辟圹君山坡。一死百不惜，百折刚不磨。旷观古列媛，三叹发长哦。

望北峰　童培宗

汉主登嵩岳，山呼曾效灵。此峰虽默默，拱北如天星。显晦亦何定，
君臣有常经。

灵峰夜月（沩宁十景之一）　童枝发

拔地一峰起，嶷然如有灵。月固无偏照，人觉有余荧。千年此明月，
面峰怀典型。

汤泉　周朴华

水性原无热，而兹殊不然。沸沸煮石釜，烈气干青天。人世何炎凉，
往往变朝夕。咄哉此地泉，至今还炮石。

七古

青龙岩　宋　廖则逢

有泉莹洁深碕礴，齑溱泼阕声如钟。仿佛使我毛发竖，中有高卧
虬髯翁。水涯瀑布泻明月，惊溜触石调丝桐。捐烦柝醒竟造此，稽首
匐拜元冥宫。蜿蜒莫向此中处，天下苍生待霖雨。

题袁佥事松壑图卷　明　大学士李东阳茶陵

高松盘拿如攫云，哀壑动地空中闻。秋声怒呼夜涛涌，势若万马
驱千军。阴风萧萧山鬼泣，水底长鲸作人立。老手横挥似有神，纷纷
画手嗟何及。东台铁冠金石肠，携来两袖皆风霜。官船五月不知暑，
掷笔停杯听山雨。

汤泉沸玉（沩宁十景之一）　廖森

地底劫灰火未灭，炮山蒸石水应竭。如何尚有灰汤泉，浪花滚滚
频年热。跳珠濡沫气烘烘，修禊有人来春风。我亦欲寻溯水乐，山珉
错比华清宫。

沩山行　周扶枢

家门有山自天作，千峰万峰青影落。高源远溯岷峨江，全收江气归磅礴。芙蓉为室云为庭，雪净香生见楼阁。百尺门中出格人，破荒来种莲花萼。山为增高地增灵，自唐至今称法廊。毗卢之高插苍穹，万峦低首罗西东。象王狮子立下风，天花献出青冥中。集神灵，斗奇诡，潭西胜境非虚侈。山运趋秋扶即兴，雄力往往从中起。白牛玉带拨灰来，五峰接迹求真子。云畴莽莽烟霏霏，重有人行践裴李。先公大农正返初，耳根忽闻罗汉呼。丐我山畦灌香水，欣然佐钵捐膏腴。白牛肥，罗汉舞。山高水泠泠，饭熟千僧釜。天厨缤纷盛如昔，金花布遍莲花土。我欲振衣万仞峰，笑倚蔚蓝看六宇。

赠王生文清　巡抚潘宗洛

我采楚材求落实，扬帆洞庭云水疾。长沙王生甫成童，食牛之气难为匹。坐前面试再而三，豫章出土岁才七。吁嗟乎！经有十三史廿一，茫茫如海黑如漆。帖括浮词久误人，勉哉尔生寻彀率。大器毋争尺寸光，璞蕴深山才万镒。

双桂行树在五都汤家祠门首　周在炽

中山祠前有双桂，干稳根深几年岁。铜皮惨淡溜雨痕，黛色擎天接云气。左边一本分两歧，猥身傍体相因依。右边一本三干出，交柯结顶森离离。团团青盖干霄上，四布旁枝各相向。攒空补罅刀剸齐，万叶支撑同一状。深山大泽雷雨多，风摇雨洒纷婆娑。骄阳摩天夏正午，圆影储阴轻苎罗。八月凉飙花簇簇，堆云集霭黄金粟。馥馥香飘十里闻，雪压霜凋叶仍绿。鸾凤终思向此栖，鼪鼯莫上跳东西。香心岂肯容蝼蚁，美荫宁教庇鸳鸡。君不见冬青空自郁，葱葱厄闰黄杨苦。晚风门前不羡先生柳，岭头安用大夫松。寄言休斫吴刚斧，千秋鼎峙广寒宫。

玉潭桥工告葳侍家严与张邑侯桥上落成　王运枢

东来百里长沙陌，西去滇黔几千驿。沩江截下洞庭流，唤渡卬须

惊岸垺。仙人起掉蓬莱鞭，驱使炼石湘水壖。几日浮槎天上至，一条
拄杖空中悬。青龙偃卧春云卷，白雁联翩秋荻浅。二十四柱排参差，
驾浪凌虚接原衍。澄潭此日饮长虹，花狮天马生回风。楼台倒景向城郭，
波平霞衬光玲珑。吾父鸢肩眉寿侣，我来桥上侍冠履。张侯有舄偕飞来，
旌旗掩映空泠水。斯时观者盈两厓，有碑在口感在怀。火毕水涸役永逸，
赤车驷马翘天街。

沩宁刘胡氏节烈　协办大学士纪　昀河间

有明失驭坤维倾，天狗堕地妖鸟鸣。赤眉铜马各啸聚，就中黄虎
尤狰狞。谷城叛去鹰脱鞲，马蹄蹀血中原腥。僵尸枕藉八百万，西连
巴蜀南荆衡。湘灵瑟寂流水咽，女嬃砧裂愁云凝。盲飙卷地百卉尽，
澧兰沅芷同凋零。哀哉烈妇死抗节，魂招不返枫林青。死时形状虽未悉，
刀痕千百交纵横。定知骂贼触贼怒，当非拜叩求偷生。斯人若使巾而帼，
拔舌讵让颜杲卿。明季大帅例獐怯，寇来往往骑猪行。盐亭一箭事遂
已，当年毕竟无人能。女云台卷虽戏谑，一时军政亦可征。阮汉采古
女子用兵事为卷，名曰"女云台"，以讥当日诸将。倘使武将不爱死，
得如烈母完其真。空拳转斗亦足胜，何难立使黄巾平。我读轶事三太息，
我诗欲作风雷声。他年谁传高嫠女，定知绝胜杨武陵。

洋泉湖　胡文孝

洋洋有泉清且浏，一渠深碧寒星斗。噌吰夜半石钟鸣，大珠小珠
骊腹剖。老树临流拥钓几，夕阳倒影环翠柳。引泉灌田泉有余，待乞
此泉酿春酒。

五律

听泉泉在滴水岩齐己庵　前唐　齐己

落石几万仞，远声飘冷空。高秋初雨后，半夜乱山中。只有照壁月，
更无吹叶风。昔曾庐岳听，到晓与僧同。

重过长桥 宋 先儒张栻

西风吹短发，复此过长桥。木落波空阔，亭孤影动摇。徘徊念今昔，领略到渔樵。矫首山中隐，凭谁为一招。

玉堂江怀易山斋先生 明 御史龙亮

南归金马骤，西上玉堂游。叠嶂排青锁，长虹映碧流。声先题柱石，望重识山楼。为忆濯缨处，光涵浩气秋。

天马山 王锡祚

山作跷腾势，飘然天马来。东瞻轻鸟道，南牧重龙媒。万里云为路，三花树满崖。弃繻关外客，应识不羁才。

八仙石 张敏

文人须下拜，况复驻仙颜。欲问风云阵，如闻大小山。饮中歌浩荡，溪上记愚顽。不有三生分，藤萝讵可攀。

九月八日登黄蘖峰，及暝而还 陶汝鼐

最喜绝人境，空山一振衣。云泉俱在下，山殿迥无依。俯瞰横秋翠，平临落日晖。今年霜气晚，木叶未曾飞。

春雨松竹庵阅五灯纂《沩山小志》 陶汝鼐

三月春寒重，孤峰夜雨深。净随传法眼，闲寄著书心。白足劳香供，清机转妙音。谁知枯颖里，祖叶为森森。

家仲兄月夜命酒约同周伯孔登藓花岩和韵 陶汝鼐

看月临江好，移尊就此山。岩危藤影系，溪断水光环。清爱霜深夜，寒忘露坐间。几番念游事，得意不空还。

沩山道中 国朝 陶之采

策杖穿幽径，寻酤指杏村。山巾笼树杪，水碓捣云根。岭折心猿系，
九拆，岭名。崖悬石虎蹲。峃然焕楼阁，方信古灯存。

大魁阁　教谕翟容黻

奎阁招云雾，星光焰不韬。西山飞爽气，东壁涌文涛。赋就帆风借，
书成黎照高。人龙徽一点，璀璨吐花毫。

狮顾山　教谕陈恺

峰起邑城东，狮山顾盼雄。烟生水作国，云吐气成虹。吼动鲸鲵浪，
惊消虎豹踪。晦明朝夕变，回首意何穷。

中秋登罘罳峰　刘伋亨

旷野盘螺髻，临空一剑悬。劈开三岛路，挥断半山泉。金凤腾云外，
一名金凤。芙蓉插日边。西有小芙蓉山。我来秋正好，支遁合参禅。

玉潭　王文沅

玉潭千尺水，日夜起微波。月涌江心阔，风牵石濑多。寒流依凤藻，
锦浪织龙梭。借问青青柳，秋深近若何。

天马山　黎希文

石楞收不住，昂首欲长鸣。耻驾千夫长，思登万里程。云霞成锦障，
草木带秋声。翻恨孙阳顾，空教壮志生。

步张南轩夫子重过长桥韵　胡天泽

夫子何为者，行行度此桥。昔贤心未冷，古渡影长摇。树老犹依石，
云蒸不用樵。九原如可作，大隐莫须招。

飞凤山　胡桂芳

飘然千仞下，万古此高冈。迟日九苞丽，闲云两翼张。一鸣终应瑞，

五色旧成章。何日凌云上，凭空任颉颃。

登观音石山　刘邦屏

胜地浮屠住，峰高欲插天。佛原空色相，石自阅云烟。磴簇菩提树，溪环咒钵莲。几回看不厌，归步尚迁延。

七星岭　黎祚郢

北斗悬天半，珠联缀玉京。巍然诸岭矗，上与泰阶平。石岂星精陨，山随岳势横。浮云空缥缈，风雨为谁生。

铜瓦桥溪上（三首录一）　王文清

铜雀何年瓦，飞来覆此桥。云霞连浦动，灯火四山遥。春到鱼能化，秋深柳未凋。岂无车马过，终不染尘嚣。

双江口（二首录一）　王文清

家近双江口，双江古合流。溪光秋不断，岚气午方收。市逐鱼盐利，人荒稼穑谋。少微星的的，十里到菀裘。

麒麟山　周焯煊

天上石麒麟，人间那得此。矫首邱壑中，俯瞰双流水。绵蹄春草碎，石甲秋风起。谁家降星精，山灵为报喜。

龙凤山　童正宗

山灵何变幻，凤翥复龙旋。矫异烟霞际，迷离风雨天。峰腾势若竞，瑞霭气相连。绝顶闲登望，遥遥送极边。

香山精舍　王文沅

斗室函天镜，悠然坐上方。波平鱼亦乐，机静鸟俱忘。时雨生新草，和风发早芳。三春携杖过，时带雨花香。

栗桥坝 王运杰

幸有先畴在，农人莫惮劳。坝高能灌井，溪窄不容舠。春雨锄山径，秋风裹布袍。时从桥上过，战栗看秋涛。

石塘庵 廖俨

蹑步最高地，盘桓在数峰。水声咽危石，竹籁答疏钟。雪每余幽壑，风多隔古松。莲花清净域，车马亦从容。

大雾山寺 廖俨

云通一径微，春日叩禅扉。步送花香疾，神恬鸟语稀。局开僧失定，兴逸我忘归。证取山中趣，无劳悟佛机。

早登松林寺 何中瀚

胜绝松林寺，清晨拨雾登。涛声回梦鹤，曙色暗朝萤。试叩三乘妙，频来双树听。凭栏啜瓯茗，旭日满禅扃。

偕游觉华庵 何中颢

秋光到处好，携手叩禅关。黄叶堆荒径，白云横远山。磬声天际落，尘念静中闲。挥尘清谈永，悠悠带月还。

归抵宁乡 黄湘南

咫尺宁乡县，崎岖不惮劳。云笼山作锦，风入竹成涛。压水平桥迥，凌空古塔高。环城几株柳，送绿上征袍。

六度庵茶亭偶憩 高光卓

匹马长沙去，孤亭古寺连。暖烘挑菜日，香过焙茶烟。一滴无余篆，残碑卧野田。往还堪小憩，犹结后来缘。庵原名开源寺，康熙间丁仁龙建此亭，邑侯王钱昌题曰"一滴处"，以金令僧供行人茶。今匾去碑残矣。

考棚落成　张思炯

此地成文薮，釜凭玉尺量。比之还自内，坐处莫言忘。伏案蚕声细，挥毫藻思长。相期诸后进，慎勿溃关防。

东鳌山怀古　刘序炳

鹰扬踞危石，鸦噪集荒台。王子昔曾度，刘郎今复来。尘堆卧虎帖，香积豢龙才。叹息鸿仪远，倭夷鹤岭回。

游金盘山寺二首　易维新

沿溪层踏磴，入寺似升楼。花雨三春雪，松风六月秋。樵歌披翠出，鸟语杂泉流。瀑布危岩上，银河泻石头。

盘谷藏精舍，何人善画描。竹窗青欲滴，枫壑赤如烧。引磴藤为级，眠溪柳作桥。休询姑射洞，此境足逍遥。

宿沩山次远师韵　黄道宪

屈折寻樵路，禅扉夕未扃。酌泉分坐月，下榻聚占星。霜暗林光合，云深谷响冥。荒凉前代碣，半蚀藓花青。

大沩即事　胡五峰

入山方翦草，荷锸过西林。远嶂春如画，浮云昼作阴。豁开高士眼，静看老僧心。偶架数椽屋，沩山无古今。

五排

题灵祐上人法华院木兰　唐　刘长卿

庭有南中树，年华几度新。已依初地长，独发旧园春。映日成华盖，摇风散锦茵。色空荣落处，香醉往来人。菡萏千灯遍，菲芳一雨均。高柯倘为楫，波海有良因。

入都留别汋宁绅士 国朝 御史陈嘉猷

投躯寄三楚，养拙日常眠。京阙辞千里，吴关梦十年。亲知存问少，冠盖往来便。鉴绕汋流远，屏空岳影连。西邻通百粤，南陆走昆滇。曩者风多古，今兹俗不偿。先春园草绿，近水陇花嫣。梧竹分三径，丹铅冷一编。无心栖豹雾，底事汲贪泉。物但安其所，道宜合自然。政声居下下，经术尚戈戈。蜃市他乡幻，桑麻此地偏。时因民疾痛，顿使吏忧煎。暮宿罘罳月，晨炊狮寺烟。井疆天际划，沟浍雨中穿。屐敞沾泥补，筇轻傍险旋。仆骀聊暂憩，刍饭那能全。草木邱墟改，门庭耒耜悬。时奉履亩丈量。恭逢神圣日，诵法典谟篇。药石无难得，膏肓可待痊。九重十行下，百万一时蠲。时蒙恩蠲免。农乃邦之本，食为民所天。遐方同宴乐，下士竞翩翻。何意驽骀质，翻随鸳鹭迁。葵心朝日吐，石髓耐霜坚。迹异河阳令，行殊句漏仙。依依堤上柳，濯濯渚中莲。婀娜乘风舞，芳华斗物妍。丈夫虽立志，造化岂无权。入洛惭年少，擎天谢力绵。未能抟风翮，终望息牛肩。宇宙推诸子，风流比昔贤。艺林人绣虎，讲帷鸟衔鳣。囊键春城静，篝灯夜柝圆。同侪抒黼藻，一境荷陶甄。德里群星聚，名山太璞传。图书知共宝，骐骥自开先。山女笼茶焙，村童骑竹喧。川原销瘴疠，黍稷满湖埏。坐见纾南顾，薰风被管弦。

七律

寒夜访寂上人寂上人即汋仰山和尚 唐 陆龟蒙

月楼风殿静沈沈，披拂霜华访道林。鸟在寒枝栖影动，人依古堞坐禅深。明时尚阻青云步，半夜犹追白石吟。自是海边鸥伴侣，不劳金偈更降心。

访寂上人不遇 皮日休

何处寻云暂废禅，客来还寄草堂眠。桂寒自落翻经案，石冷空销洗钵泉。炉里尚飘残玉篆，龛中长锁小金仙。须将二百签回去，待得支公已隔年。

赠黄蘖山僧希莲　裴休

曾传达士心中印，额有圆珠七尺身。挂锡十年栖蜀水，浮杯今日渡漳滨。一千龙象随高步，万里香华结胜因。拟欲事师为弟子，不知将法付何人。

寄御史节判陶岑　宋　易祓

我醉欲眠君罢休，相期倚杖听江流。蕉花蔽户不知午，榕叶满庭疑是秋。吾道从来无俗累，此心何处不天游。鸿边幸有音书至，春在江南云外洲。

挽张魏公　陆游

河亭挈手共徘徊，万事宁非有数哉。黄阁佐君三黜去，青云拥盖一麾来。中原故老知谁在，南岳新丘共此哀。火冷夜窗听急雪，相思时取近诗开。

送张定叟名杓，南轩弟，时由湘入汝省墓。　陆游

紫岩衣钵付南轩，介弟曾同半夜传。师友别来真梦耳，江湖相对各潸然。但令门户无遗恨，何必功名在早年。君向潇湘我向粤，寄书秖在寄茶前。

宁乡道中　释惠洪

夹道传呼部曲奔，遥知秋色动吟魂。黄柑绿橘平芜路，剩水残山夕照村。似镜此心清自迥，如云往事去无痕。钟声有寺藏烟翠，忽见林间窈窕门。

宁乡遇雨　明　先儒薛瑄

湖南风土异中州，岁暮潇潇雨不收。黄叶未全凋老树，青林犹自满层邱。传闻屡岁都无雪，秖觉三冬总似秋。却忆故乡天道正，迎霜已着御寒裘。

宁乡怀古　薛瑄

千家县树古黔中，四望云烟锁翠峰。水引温泉分地利，雨来龙洞仰神功。朱门道学推张栻，宋室忠贤数魏公。郁郁遗阡今尚在，满山松柏撼高风。

风烟渺渺接长沙，竹树苍苍绕县衙。入境已知山水秀，观风殊觉士民佳。魏公华表横秋草，易被岩扉掩暮霞。更觅灵峰读书处，寒梅开遍古祠花。

香山寺　巡抚卢震

香山寺建已忘年，偶借神床半日眠。绕砌话僧方较腊，穿林宿鸟意听禅。花香到处明窗净，竹影移时塔顶圆。一带苍松随佛古，小桥下响自流泉。

送刘直庵太守归里　袁经

宦路驰驱快着鞭，拂衣归浴旧温泉。一泓清逼梁州宅，二顷平分颍水田。大雅衣冠敦古素，小车风月称高年。凤毛已举青霄上，令子守恒举亚魁。坐待封章下日边。

和沈学使玉潭横秀韵　邑令刘绚

百川会下一泓深，有意寻宗入海浔。桥畔月来清见底，柳边风去绿成阴。光涵尽是源头活，冷浸还胜雨后涔。秀气钟人人似玉，何须乘传问西珍。

怀陶仲调　谥忠愍蔡道宪

别后不愁秋不清，潇湘分去月中庭。十年曾谙相思面，今夜谁知独语情。雁字何曾加劘刻，花枝太苦未纵横。慰君毕竟持何事，书老寒灯漏报盈。

殉难宁乡绝命诗 刘熙祚

侘傺戎行已数年，室家迢递耗音悬。骷髅岭北俄成垒，宫殿湘南倏化烟。鹃血不沾无冢骨，乌啼偏集有狐田。死生迟速皆前定，留取丹心照楚天。

暌隔家园又一年，亲颜难睹念悬悬。山川草木俱含泪，貔虎旌旗尽带烟。妾妇漫劳寻蝶梦，儿孙戒莫种书田。苌宏化碧非奇事，留取孤忠向九天。

浯溪漫兴为袁犀潭作 易舒诰

四山围合树交加，一径穿云曲似蛇。占得风烟三亩地，买将春雨一溪花。园多鲜果朝常摘，市近香醪夜可赊。料想他年归老计，定于此处送生涯。

玉渊 释远目

百里芙蓉一径浮，天池胜引哲人游。银河正澹龙方卧，白叠无痕月正幽。为信琉璃真有国，益知淳淳莫如秋。何年凿就明珠窟，须看冰壶彻晓流。

与峰禅师以先人所纂《沩山志稿》属予竟业，贻诗订期入山，次韵奉答 国朝 陶之典

道义相维到白头，几人莲社足淹留。同心未有毫端隔，初愿应知历劫周。竹马戏常来旧梦，木犀香不待勤求。新诗总切多生事，非拟篇章压惠休。

过回心桥阻水 教谕胡期孝

沿溪古木映岩阿，若有人兮带女萝。云气无心时出岫，竹枝弄影惯翻波。逢渠久已回禅屐，问水重来觅钓槎。自是名蓝天地别，行行曲径白云窝。

聚仙岩　李宗仙

犹是人间小凿痕，破空一石起云门。丝丝灌绿寒泉细，历历分青古木繁。岩自有神邀李白，世应无窍度桃源。何年羽客曾骑鹤，割得蓬瀛贮此村。

题开源精舍　王用楷

买隐随机法象空，真心何事白云封。直携顽石开生面，还把幢风得正宗。中道上方瞠目见，苦行乐土劈头逢。一团微妙倩谁解，箭射多年着坦胸。

滩山　喻衮

层峦缥缈断还连，十里奔流激石泉。牛粪五丁时易凿，蚁珠九曲势难穿。云雷掩映疑无路，花鸟因依别有天。不识秦人曾到否，问津何处待渔船。

柳林　童昌宗

千条万缕满山阿，飞絮飞花作绿波。官道却嫌供折赠，灞陵长恨惹离歌。读书堂里垂丝密，释褐乡中染汁多。不假众芳同集锦，一家机杼织莺梭。

大芙蓉峰　周俊煊

高耸芙蓉一朵开，巨灵掌上几时栽。岩前得雨添新瀑，石蕚逢春长旧苔。选胜应惊湘岸色，登高莫作锦城猜。托根何必华峰顶，采得龙涎露几杯。

赠黄母杨孺人节诗　周挺枢

七十年来两鬓星，未堪多难费支撑。独归彩燕巢将毁，反哺慈乌羽渐成。痛定莫教思往事，旄余犹自哭芳声。到今幸得酬泉壤，忍死存孤志已明。

谒张魏公及南轩墓祠（二首录一） 按察使李徽

文献湮沉不可寻，低徊歧路访遗音。谋参开府情犹壮，迹混沩山意已深。石径松萝迷绝巘，灵峰烟雨滴荒林。得公今昔渔桥句，想见悠悠百世心。

敬和李佥宪谒先儒南轩墓祠韵（二首录一） 张锡麒

文献湮沉不可寻，松楸远近起悲音。高原有路苔常蚀，曲涧无舟水自深。宠命何缘来楚甸，观风犹幸到沩林。九原应亦酬知己，不独云孙仰素心。

前题（二首录一） 张启禹

文献湮沈不可寻，渊源百代觅知音。柏台吊古情何切，骢马巡方意独深。珠玉高悬辉墓道，辀轩遥驻灿荒林。讲求义利天人旨，想见千秋相契心。

毗卢峰 刘应祁

谁向毗卢顶上行，净瓶赢得此峥嵘。分明据胜开天宇，未许中途望化城。法以穷梯方出首，山从蓦地绝群生。当前若肯抬眸审，不怪寒山作虎鸣。

优钵泉 刘应祁

一泉高挂绝峰尖，优钵花开布若帘。罗汉顺流滋万亩，天人持供立西崦。也将险句倾三峡，却泻甘浆饮百檐。识得此中真法味，由来嵊雪彻边甜。

芙蓉峰 姜日璜

云边削玉耸诸峦，正向沩开莫侧看。五十里余青嶂合，嵯峨天半雪池寒。分持世界扶莲起，别见丹梯有路干。最是此山真面目，中峰如蕊立仙盘。

重修邱公祠三首录一 胡继诗

贼寇当年杀气昏，我公劲节柱乾坤。可怜临难犹怀印，只拚捐躯是报恩。抔土不闻埋骨血，荒祠重见慰精魂。料应肇锡嘉名日，一点忠心为国存。

题邱公祠 胡继照

积雪纷来闯贼兵，坚冰不冻楚天城。血流湘水随司李，气作沩云属太清。投虎口污奸吏肉，啼猿肠断士林声。忠臣祠宇廉官俸，长共苍松翠竹荣。

嵇岇山（二首录一） 王文清

环向千家作画屏，几峰奔处几峰停。长沙水出三分白，磊石岩悬一线青。山上望长沙如带，洞庭如沼。分得乱山龙战野，空余古寺虎听经。我随猿鹤成顽友，不作移文不勒铭。

玉山书院即事（三首录一） 王文清

邈矣前贤数亩宫，鳞鳞精舍尽朝东。云霾石鼓青衿冷，雪拥鹅湖茂草丛。文献孤存灰烬后，灵光仅寄蠹残中。嗟予梓里同今席，杖履从容对午风。

柳林 童枝荗

何年植得柳成阴，却胜桃林与杏林。日暖绿烟迷望眼，风清黄鸟弄娇音。隋堤汉苑有兴废，村落田间自古今。濯濯每当微雨后，满山苍翠汁淋淋。

邱公祠（二首录一） 周治辂

敢夸微吏救邦危，却有丹心报主知。市阒恨非能守地，壶觞坚拒诱降时。鹃魂欲断还啼血，马革遥归仅裹尸。痛念先灵陪享祀，临风有泪洒遗祠。先祖以赴公召殉难，附主于祠。

玉山书院新成谒院长周岸斋先生（三首录二） 周在炽

旧基无复觅荆榛，移向澄潭镇水滨。狮顾朝岚腾虎气，凤飞时雨化龙身。草元亭在馨香古，院本杨氏旧宅。说易人来霁月新。文曲至今光翼轸，沩山高处接星辰。

玉潭秀色泻泓清，胜地应教易旧名。适拟更院名玉潭。泗水源流千古活，濂溪风月四时更。玉山颓后浑无迹，石鼓移来幸有声。肯许东坡传独秀，东坡改鸡笼山为独秀峰，后建独秀书院。敢偕张老贺新成。

汤泉 王文洛

历乱珠玑洒涧边，天工酝酿此山泉。炎洲脉旺蒸珠沫，水宅胎深沸玉涎。可借流膏调鼎鼐，岂从寒井吐云烟。不贪不醴成今古，炉灶横空莫计年。

石潭 胡锡衮

有石瞰潭数十尺，潭上磊磊排奇石。石间老树几春秋，潭底元龟自古昔。赤日烧空石气红，清风吹水潭心碧。忘机独有钓鱼翁，沽酒夕阳闲煮鲫。

赠王九溪山长 黄道恩

谈经虎观压群儒，归隐身如鹤骨癯。竹简漫雠前代稿，秋田还约及时租。山桥催晓啼鹈鴂，野屋寻春听鹧鸪。粗粝百年耽著述，肯随俗学赋三都。

过宁乡 督学钱沣 昆明

星沙校试岁经三，指点宁乡路熟谙。讲道先生多号子，濯缨学士早封男。乌茭隐隐堆天马，风雨潇潇过玉潭。学额议增犹未得，文章至竟甲湖南。科试宁乡之文，美不胜收，限于学额，屡欲题请增添，未得果行，深为扼腕。

奎光阁落成 张思绚

岿然一阁镇汭东，拾级登临眼界空。近绕化龙灵在水，远依飞凤势抟风。书声石柱来云里，月色瑶台列槛中。多士即今天路近，含毫胸次有长虹。

九日偕友登罗仙峰（三首录一） 李四青

绝磴樵苏鸟道开，锋棱出没石崔巍。俨然带甲横戈地，曾此屯兵树寨回。旧传明季土人结寨御寇于此。属国珠犀今贡献，胜朝鼓角旧悲哀。井田累叶安征税，强半丝纶赐复来。

宗师庙吊刘忠毅公 戴德

绣衣不越楚之垠，署壁题诗泪满巾。收卒何能歼剧贼，捐躯从此瘗孤臣。灵旗夜闪江南路，碧血鹃啼故国春。谁与招魂歌楚些，生刍絮酒道林人。

五绝

逢雪宿芙蓉山主人 唐 刘长卿

日暮苍山远，天寒白屋贫。柴门闻犬吠，风雪夜归人。

山斋 宋 先儒张栻

藏书楼上头，读书楼下屋。怀哉千古心，俯仰数椽足。

裴亭云树 明 李廷玠 安化

昔人已云没，遗台江上岑。何当披翠霭，扫石坐松阴。

题袁金事石田山水卷 李东阳

偶逢湖南客，却话江东路。笑指画中山，知是乘骢处。

飞凤朝阳（沩宁十景之一） 陈清
红日生沧海，丹山起凤凰。青青衿佩拥，桐竹满高冈。

泮影冠裳（学宫八景之一） 梅灿然
小大乐从公，徘徊步芳躅。冠裳照水明，顾影人如玉。

浮榭观澜（学宫八景之一） 梅蕃祚
桥门跨流水，宛在镜中行。观澜得真趣，心迹自双清。

回心桥小坐 陶汝鼐
沩水日潺湲，何曾留虎迹。要见开山人，回心孤历历。

扶风亭 国朝 萧宗材
倦云先客落，高鸟出林窥。不到层霄上，安知息六宜。

芙蓉峰 周扬枢
黛色连空际，芙蓉接寺西。钟声天外落，常觉白云低。

灵峰夜月（沩宁十景之一） 胡灿瑞
峰以昔贤传，月映峰增色。峰与月依然，昔贤难再得。

天马翔空（沩宁十景之一） 谢震远
何年渥水驹，高踞湘山曲。未忘千里心，伫展追风足。

天马山 胡泽广
上驷有神驹，胡为逸斯土。昂霄不可羁，驻此无终古。

七绝

香山馆听子规 唐　窦常

楚塞余春听渐稀，断猿今夕泪沾衣。云埋老树空山里，彷佛千声一度飞。

识山楼 宋　易祓

山外如何便识山，白云出岫鸟知还。更看面目知端的，却在先生几席间。

沩山悬钟石 易祓

不今不古不朝昏，只与南山伴白云。我既无声亦无相，众生当以不闻闻。

大芙蓉峰 先儒张栻

上头壁立起千寻，下到群峰次第深。兀兀篮舆自吟咏，白云流水此时心。

坟庵枕上追怆 张栻

秋气恻恻侵户牖，霜林风过犹余音。八年泪湿龙塘土，展转不忘中夜心。

谒易山斋 乐雷发

淳熙人物到嘉熙,听说山斋亦白髭。细嚼梅花看总义,先生著有《周易周礼总义》。只因姬老是相知。

玉潭 明　汤铨

溶溶如玉漾清岚，素练横拖百尺潭。自是源头有活水，天然秀气壮湖南。

天马翔空（沩宁十景之一） 赵维藩

地灵拥出山为马，天帝乘将向碧空。只恐夜深龙化去，故教柱石锁云鬃。

香山钟韵（沩宁十景之一） 郑维楠

寺近花封钟易闻，晨昏为我叫惺惺。禅心不与人间事，我耳须从物外听。

石柱书声（沩宁十景之一） 周书

亭亭石柱最高头，曾有幽人读未休。谁遣六丁轻借力，移将此柱砥中流。

嵇岚山 周采

高凌天马云霄近，翠落楼台草树寒。厚雾频年滋豹变，震霆何日起龙蟠。

璃阁凌霄（学宫八景之一） 陶汝楫

倚天一阁凌云挺，万斛天香生桂岭。况有三台映日边，瀛洲倒集冠裳影。

新荷点翠（学宫八景之一） 李云鹏

玉井分来千丈莲，凭他万选尽青钱。个中会得濂溪趣，霁月光风别有天。

日映三台（学宫八景之一） 陶显功

三台垣角七星芒，九祖峰头九曜长。七十二峰非日观，东边回首是扶桑。

源头活水（学宫八景之一） 杨登选

曲涧回环泻玉河，泉声滴滴夜鸣珂。眼前浩渺长虹气，都是源头万顷波。

杨堤环玉（学宫八景之一） 杨文华

晴川烟锁绿杨堤，轻絮乘风绕槛飞。自是河阳新雨露，莺声正向此中啼。

前题 吴道行

杨堤半壁绕宫开，潘令垂杨次第栽。欲使化工呈巧处，岂徒葱茜散章台。

浮榭观澜（学宫八景之一） 胡宗臣

澜亭荡漾午风斜，青浪千层望眼赊。几度倚栏看不厌，欲浮斗酒学乘槎。

桂香万斛（学宫八景之一） 陶显位

灵根丛桂天香溢，桃李相逢自笑颜。莫笑吴刚曾住手，高枝留与后人攀。

寄檀灵树（沩山诗十三首录四） 陶汝鼐

旃檀枯杏总灵芽，今日同参转法华。何似雪山寒到骨，蓦然拈出手中花。

天人供石 陶汝鼐

插却田锹手不开，寻常玉粒满诗台。只因天外南询客，擎得须弥楼阁来。

象王峰 陶汝鼐

香象行时卓地寒，春风俱在一毫端。夜来明月寥寥白，直作沩山水牯看。

峨眉塔 陶汝鼐

峨眉当日为谁留，浩劫山空塔亦愁。莫怪飞来复飞去，普贤眼底一浮沤。

神木井（沩山诗十二首录二） 国朝 胡衷煐

曾贡梗楠拥佛幢，余材尚咽水淙淙。须知井溧威神远，吸尽西江吸蜀江。

石龙枧

梵石遥遥瀑布泉，一渠云气接炊烟。迢迢直入僧厨里，泻出骊珠万斛圆。

龟山（沩山诗五首录一） 王长昌

一壁高悬四瑞仪，此中多宝让元龟。凝然住在莲花国，永与灵山结寿期。

听蟆岩 周德至

悬岩夜色映蟾宫，地拟金蟆降碧空。鼓吹何年分雨部，春涛吼罢又秋风。

毗卢峰 王访远

托体江隈不计年，孤高耸峙碧摩天。老僧飞锡闲来望，疑是天龙一指禅。

汤泉 周宪丰

七二峰头插祝融，气钟离火一泉通。谁人识得乾坤意，到此方成既济功。

禅衣峰 喻从望

风卷晴霞露翠襟，谁传衣钵镇高岑。天工密织当年缝，不借山僧补衲针。

老龙潭 王乐钟

不归沧海作波澜，独在泥沙净处蟠。佛国近来劳拱护，梵音高出白云端。

楼台晓色（汝宁十景之一） 朱成点

海市蜃楼一幻中，无端高阁起城东。迎薰不辨朝阳色，收拾山光付晓风。

画深柳读书堂图赠补过老人 王岱

翠遍东篱几万条，野人箕踞自称陶。安知送雨迎风辈，不笑先生懒折腰。

谒蒋公祠 明 经葛世封湘乡

五丈秋风赤焰衰，安危全仗赞王资。戚容喜色都无着，遗像森森肃羽仪。

词

春晴调寄《蓦山溪》 宋 易袚

海棠枝上，留得娇莺语。双燕几时来，并飞入东风院宇。梦回芳草，绿遍旧池塘。梨花雪、桃花雨，毕竟春谁主。

东郊拾翠，襟袖沾飞絮。宝马趁雕鞍，乱红中香尘满路。十千斗酒，相与买春闲。吴姬唱、秦娥舞，拚醉青楼暮。

春晚调寄《风入松》 易祓

一宵风雨送春归，绿暗红稀。画楼镇日无人到，与谁同捻花枝。门外蔷薇开也，枝头梅子青时。

玉人应是送归期，别集作"玉人空自数归期"。翠敛愁眉。塞鸿不到双鱼杳，叹楼前、流水难西。新恨欲题，红叶东风，满院花飞。

玉潭调寄《蓦山溪》 国朝 周在炽

玉潭千尺，横泻西宁秀。霖雨酿深澜，停不住水皮重皱。晚天一色，空际远蓝拖。岩花闹、狂风骤，恰是春时候。

垂杨两岸，掩映春光漏。茅屋是渔家，看几处芦檐低覆。一声款乃，明月棹歌还。江豚舞、江鼍吼，人傍阳春宿。

狮顾山调寄《蓦山溪》 周在炽

担波神物，肯向江干驻。时吼满林风，喷几阵漫山岚雾。青丝泽泽，芊草拂毛衣。临江畔、还回顾，知有山灵护。

谩夸龙象，共证菩提树。是处得奇峰，应不见豺狼当路。回波遣此，特地镇山林。休逃去、须长住。留待东坡赋。

玉潭雨泊调寄《小重山》 王人作

雨过前山云气昏。溪声添渐急，枕前喧。箬篷寒重晓霜繁。鸡声咽，翠被几时温。

微醉思蓬腾。梦随平野阔，醒无痕。乡音闲省尚家门。扁舟恨，今夜与谁论。

艺文三　著书目录

宋

张　栻著:《南轩诗集》《南轩文集》《太极图说》《论孟解》《希颜录》。

易　袚著:《周易总义》三十卷,《周礼总义》三十六卷,《周礼释疑》《禹贡疆理广记》六卷,《汉南北军制》《易学举隅》四卷。

谢　英著:《志伊录》三卷,《白云养素稿》五卷,《循吏龟鉴》六卷。是书见凌迪知《姓谱》,旧《志》误"吏"为"例"。

明

陶显位著:《周易说旨》《玉屑日抄》《就正斋集》。

吴绍周著:《训士约言》《就正录》。

周堪赓著:《巡畿治河诸疏》二卷。

陶显功著:《仕学稿》二十卷,《九我集》《金丹说》。

袁　经著:《巡吴录》《玉潭稿》《犀潭稿》。

吴　爵著:《莆阳科第录》二卷。

蒋　宪著:《讲余集》。

王　阶著:《易经启蒙》《南华外篇》《滇南草集》。

吴道行著:《岣嵝稿》。

杨文华著:《澹宁居集》。

陶汝鼐著:《嘘古集》三卷,《荣木堂集》十卷,《寄云楼集》。

杨潗英著:《海门文集》四卷。

知县陈以忠著:《沩宁试牍》二卷。

知县刘　绚著:《宁乡县志》八卷。正德四年袁经辑稿。

知县周孔徒著:《宁乡县志》。嘉靖三十一年周采辑稿。

知县张　栋、沈震龙著：《宁乡县志》。万历三十年陶显功辑稿。

国朝

知县蒋应泰著：《宁乡县志》十卷。顺治十五年陶汝鼐辑稿。

知县权持世著：《宁乡县志》。康熙十二年陶汝鼐重辑。

知县王钱昌著：《宁乡县志》。康熙二十一年陶之典等辑稿。

知县李杰超、郭　定著：《宁乡县志》十卷。乾隆十三年王文清辑稿。

知县甘庆增、王余英、许　瀛著：《宁乡县志》十·卷。嘉庆二十三年袁名曜等辑稿。

陶之典著：《岳麓书院志》八卷，《沩山志》八卷，《陶瓶子史杂录》《伤寒源流》五卷，《冠松岩文集》）。

黎启醇著：《易诠》。

王文清著：《周易中旨》《周礼会要》六卷，《三礼图》五卷，《丧服解》十卷，《祭礼解》十卷，《仪礼分节句读》《乐制考》十卷，《乐律问对》四卷，《校定五代史》一卷，《考古原始》六卷，《考古源流》四百七十五卷，《考古略》八卷，《宋理学先儒考略》《日记杂录》二十卷，《补三字经》二卷，《四字经》四卷，《锄经余草》十九卷，《九溪诗文集》二十卷，《锄经文略》《锄经续稿》《寄生草》《历代诗汇》一百卷，《天禄拟草赋》《海内嘤鸣集》《薤露吟》《风烛吟》）。

王长昌著：《易经释义》《浪游草》《尺牍》）。

张启禹著：《易经便记》《四书备旨订讹》《昭兹录》）。

贺　瑞著：《四书集成》《捷录注释》）。

汤　昌著：《易经注》。

周珮勋著：《易经读本》。

黄道恩著：《祠礼臆说》《发蒙录》《明文说法》六卷，《塾课唐诗说法约》三卷，《古文分体汇编》八卷。

黄绂隆著：《周易研余》八卷，《大学义节钞》二卷，《汇钞》二卷，《中庸义节钞》四卷，《汇钞》四卷。

袁茂达著：《四礼宗俭》二卷。

杨士鸾著：《周易诠》《律吕正义》。

喻　逊著：《周易训义》。

邓枝鹤著：《周易会心》六卷。

刘东曦著：《易经经解》《春秋解》。

陶士偰著：《运甓轩诗草》《汉阳府志》五十卷，《汉阳县志》三十二卷。

周硕勋著：《廉州府志》。

何　焕著：《浣花溪少陵草堂志》《梅庄诗集》《湘南辑咏》《梅庄尺牍》《岱下草》。

余汝谐著：《五言鉴》。

周在炽著：《咏史乐府》二集，《燕行草》《江行草》《岳游草》《中山草》《史脮》。

邓林琦著：《迪吉录》《功过格》。

周德至著：《岐山杂议》。

黄载鼎著：《伤寒秘要》。

丁公恕著：《杂字汇考》二卷，《诗赋助豪》。

邓枝麟著：《海粟园咫闻》三十卷，《丛谈》十三卷，《海粟园诗话》四卷，《海粟园诗稿》八卷，《脞录》三十五卷，《闺雅》三十卷，《漅溪存稿》一卷，《壮心未已斋词》一卷，《三字韵语》一卷。

刘　浩著：《医学规巧》。

胡泽汇著：《考正步天歌并星宿图》二卷，《事典杂考》二卷，《白云山房古文》二卷，《靡盈诗稿》四卷，《蠡堂尺牍及杂著》四卷。

陶之采著：《秋水轩集》《香岩集》。

彭之寿著：《怡园集》。

杨之宪著：《石粟阁集》。

胡衷焕著：《青岩诗集》。

陶　瑞著：《茶村集》《西溪遗草》。

陶　煊编：《国朝诗的》《唐律分注》。

黎希圣著：《六有堂文集》十卷。

彭　铉著：《白滩文集》《河干啸咏》。

周公勋著：《朗亭草》。

张启特著：《莫大轩集》。

张鸣珂著：《常华草堂遗稿》《孺庵草》《湘舟草》。

余　恺著：《冠山堂文集》八卷。

王维汉著：《滇游草》十卷。

姜　伯著：《随意草》。

陶士㒕著：《凤冈诗钞》《东行草》《豫章小草》。

黄之瑄编：《荻斋诗征》一卷。为其母杨氏表节作。

周宪丰著：《菁庵诗草》。

朱成点著：《宁远堂诗集》一卷。

周治辂著：《虚白斋诗集》。

黄道宪著：《汇韵园诗集》。旧《志》误以是集为道宪子遇隆著。

黄道悫著：《南六堂诗草》一卷。

李宗仙著：《小白遗稿》。

黄遇隆著：《介三子诗草》六卷。

宋宾逢著：《式好堂四六》《冬余词集》。

姚盛龙著：《折雁吟》三十首。哭弟盛鹏作。

丁　节著：《慎思堂集》《几希窝集》。

邓廷松著：《笙月轩遗稿》一卷。

刘有洪编：《南塘刘母胡氏节烈诗》。

王　忻著：《泉斋存稿》《泉斋杂记》《南北纪游诗草》。

刘邦屏著：《麓庄诗集》。

黄湘南著：《大沩山房遗稿》八卷，《红雪词稿》二卷。

周增瑞著：《寻乐堂诗集》二卷，《寻乐堂文集》二卷。

姜和义著：《纪行吟》。

刘基镇著：《录微集》。

刘序拔著：《诗集杂录》三卷。

姜精义著：《开卷录》。

刘起宇著：《葆真诗集》四卷。

李四青著：《罗峰书屋诗集》四卷。

李世汉著：《无与居诗文》四卷。

知县谢攀云编：《玉潭诗选》四卷。

黄逢治著：《言吾言集》。

黄立隆妻秦邦淑著：《云骥庄拾遗诗草》一卷。

胡本泰妻宋德崧著：《双槐堂诗集》。

唐

沩山僧灵祐著：《陶神论》五卷。

僧齐己著：《白莲集》十卷，《白莲外编》十卷，《风骚指格》一卷，《流类手鉴》一卷，《元格分明要览》一卷。

宋

沩山僧慕喆著：《大沩山语录》。

明

沩山僧如学著：《五峰语录》。

沩山僧行明著：《养拙语录》。

国朝

僧万行著：《僧会署志》。

沩山僧智海著：《慧山语录》《永灯录》。

沩山僧实足著：《敬元语录》《永灯续录》。

沩山僧明智著：《与峰语录》《一灯会稿》四卷。

沩山僧明应著：《易庵语录》。

僧慧𦤀著：《寓沩集》。

同治丁卯续载著书目录

黄本骐著：《历代纪元表》《年号分韵录》《贤女录》《章水唱和录》《郴

岭纪游录》《三十六湾草堂稿》。

黄本骥著:《疑疑孟》《三礼从今》《隋唐石刻拾遗》《皇朝经籍志》《郡县分韵考》《圣域述闻》《痴学》《明尺牍墨华》《古志石华》《夏小正试帖》《姓氏解纷》《避讳录》《颜书编年录》《集古录》《诗韵检字》《时文说法》《续金石粹编》《书画谱》《孟子年谱》《长沙祀义》《历代统系录》《历代职官表》《三志合编》《湖南方物志》《嵝山甜雪》《三长物斋文略》《三长物斋诗略》《三长物斋丛书》,共二十五种。

许心源著:《湘岚制艺》《怡云堂塾课》《易诗书三经讲义》《淳溪课孙录》《归田录》《杂著》《诗草》。

黄日赞著:《龙桥文集》。

黄思藻著:《苏庵诗集》《璧斋文集》。

梅钟澍著:《寄巢文集》《薛花岩馆诗存》。

童　翚著:《企石山房制艺》《企石山房诗存》。

贺晙上著:《稧麓堂制艺》《稧麓堂诗稿》。

邓光禹著:《盘山堂文集》《盘山堂诗集》。

袁汝嵩著:《耘丰文集》。

刘　湘著:《水竹园诗集》《考古韵语》《言志偶存》。

刘基定著:《复园诗集》《晚翠阁文集》《弟子职小》《尔雅》。

刘钜观著:《圣门事业图》。

胡开洛著:《竹滨诗集》。

孟定昇著:《悦目集》。

周永龄著:《绳桂书屋制艺》《绳桂书屋塾课》。

周世炳著:《四书录》。

周新绪著:《斗畦文集》《斗畦诗集》。

谢继英著:《中庸全旨》。

戴　冠著:《清荣堂诗文》。

袁名曜著:《吾吾庐草存》。

胡光瓒著:《瞻箓山房制艺》。

丁公路著:《霍阳课子录》《山西咏古诗》《湖山分韵诗》。

胡立善著:《中庸附解》《忠经著训》。

欧阳文辄著:《古易合编》《•图说约》。

李隆萼著:《学愈愚斋试帖律赋》。

姜曰璜著:《易经纂注》。

姜新泰著:《易义正训》。

许翔顺著:《治心集》《感应篇注释》。

傅端灏著:《静乐斋诗存》。

黄　铨著:《一笑拈来诗集》。

周瑞英著:《一花草堂诗集》《征鞍杂记》。

丁炳良著:《点春斋诗集》《点春斋杂著》。

崔荣世著:《沩湘小草》。

潘世珩著:《猗菉山房小草》《述先训诗》。

赵　璘著:《一鹤山房文集》《一鹤山房诗集》。

刘光润著:《慕韩堂文集》《列朝诗钞》《列朝集评》。

周锡瑜著:《岳游草》《北征草》《杨州草》。

童　憕著:《春秋姓氏谱》。

宋盛文著:《峰南指南》《古文观海》《朱子精言》《读史便抄》。

姜盛时著:《蜗寄山房诗稿》。

边　煐著:《漱芳轩诗草》。

崔理国著:《读史纪略》《春秋心典》《历代丛书选盛》。

崔承淇著:《经义集腋》《词赋字典》《诹詹必要》《便验良方》。

罗彝钧著:《双松堂文集》《双松堂诗集》。

龙观国著:《治心录》。

杨公迪著:《春秋合纂》《槐云轩稿》《夏小正说》《彀音录》《伦鉴汇钞》《尚书句解》。

杨业勤著:《小淇园文集》《小淇园诗集》。

袁　淑著:《粟界园文集》《粟界园诗集》《壮行考略》。

周志勋著:《活云庐》《罕公宴余》《耳目治余》《粤游草》《还湘草》。

周封万著:《养恬山房诗文集》《尤侗全集释注》。

周汇万著：《凤凰厅志》《兵法辑要》。

周含万著：《今韵三辨》《子史辑要便读》《澹吟斋诗文集》。

刘士兰著：《集注标音字汇通》。

谢家鼎著：《留余录》。

谢垂青著：《一砚斋诗文集》。

胡光矗著：《诗艺纪年》《五经排律》。

程惠吉著：《读经质疑》《迪贻堂文集》。

张谷瑞著：《袯园诗文集》《野耘诗集》。

周洛璜著：《绿草堂时文》《食古录》《蜀游草》。

王　翼著：《荫枫山房杂录》。

彭开勋著：《南楚诗纪》。

刘允文著：《小桃源草》。

潘梦霓著：《晚香遗草》《晚香诸录》《窥易偶存》。

贺容煦著：《二十史纪略》《爱余堂诗草》。

姜清溟著：《考古要典》。

贺懋橿著：《五经地名志》《国语公羊谷梁汇选》。

姜向介著：《北上纪行吟》《易鉴》。

周家相著：《养拙山房诗草》。

王运荣著：《匊芳轩诗钞》。

王名撰著：《十三经总论》。

周和极著：《务实堂集》。

杨光进著：《寄湘吟诗草》。

赵　绂著：《半璧斋诗集》。

赵世景著：《中庸全部论》《介亭文集》《介亭诗集》。

梅教储著：《諏吉汇纂》。

胡征型著：《先儒集说》《尔雅类珠》。

廖鸿兆著：《半舫诗草》。

王定然著：《诗艺便读》。

成日昱著：《锦岚医诀》。

李庆玉著：《序乐轩诗草》《醉月厅集》。

张思信著：《竹间楼诗集》。

刘星阁著：《课余诗草》。

刘开选著：《幼科精要》。

丁　　东著：《克念集》《诗韵补遗》。

丁应台著：《万言策》。

黄懋倬著：《无价轩诗集》。

杨经济著：《达生编》。

图书在版编目（CIP）数据

同治宁乡县志/(清)郭庆飏修；(清)童秀春纂；杨锡贵，曾牧野点校. --
长沙：湖南师范大学出版社，2023.12
ISBN 978-7-5648-5219-1

Ⅰ.①同… Ⅱ.①郭… ②童… ③杨… ④曾… Ⅲ.①宁乡县－地方
志－清代 Ⅳ.①K296.44

中国国家版本馆CIP数据核字(2024)第014960号

同治宁乡县志

Tongzhi Ningxiang Xianzhi

（清）郭庆飏 / 修 （清）童秀春 / 纂
杨锡贵 曾牧野 / 点校

组稿编辑｜王坚强 廖小刚
责任编辑｜周基东 崔 桐
责任校对｜李 开

出版发行｜湖南师范大学出版社
地址：长沙市岳麓山 邮编：410081
电话：0731-88853867 88872751
传真：0731-88872636
网址：https://press.hunnu.edu.cn/
经 销｜湖南省新华书店
印 刷｜长沙雅佳印刷有限公司

开 本｜152 mm×230 mm 1/16
印 张｜69.75
字 数｜1000千字
版 次｜2023年12月第1版
印 次｜2024年1月第1次印刷
书 号｜ISBN 978-7-5648-5219-1

定 价｜368.00元（上、下）

著作权所有，请勿擅用本书制作各类出版物，违者必究。